京都地名語源辞典

吉田金彦・糸井通浩・綱本逸雄　編

東京堂出版

はじめに

本書は京都市および京都府内の大小の地名について、由来・語源を重点に歴史的意味を記述した辞典である。地名辞典であるから、歴史事典のように登場人物の活動や事件が詳しいわけではないし、地理辞典でもないから、土地の詳細な地勢や地図を説いているわけでもない。その点で読者には少々ご不満があるかもしれないが、そういう向きは、現行の地名辞典と称する歴史地理辞典の類で賄《まかな》えている。本書は替わって、その土地の名前の意味や由来について、可能な限りこれを明らかにした。「ことば辞書としての地名辞典」という特色を打ち出した、タイトル通りの本格派を目指したのである。

ここであらかじめ、ことわっておかなければならないのは、辞典は人間と同様、生き物であるということである。初めから完全ではない。鍛錬して成長してゆく。

編者も執筆者も懸命に努力したが、本書に漏れている地名もあるし、取り上げた地名の解釈にも未熟な所や誤りがないとも限らない。それらがもしあった場合は、読者のご指摘を頂戴して、より良い辞典に発展させようと念じるものである。辞典は人に使われる生き物であるから、読者に媚びず諂《へつら》わず、読者のために学的リーダー役を務めて、成長するものなくてはならないと考えている。よく使って成長させていただきたい。

初めにあたり、本書の記述理念と他本と異なる特色について述べて置こうと思う。

本書編纂の理念と方法

本辞典編纂に至った狙いは、大きく言って二つある。

第一は、遅れた学問と教育を取り戻すことに少しでもお役に立ちたいということである。

本来、地名や語源は学問にはなりにくい。この眼目は両方とも体系化の難しい分野だと言われている。地名学があるとはいえ、あまり人が寄ってこない。大学に地名学科というものを聞かず、国立の地名省も地名研究所もない。平成の大市町村合併で新地名に苦悩した筈なのに、国土交通省に地名担当の専属局がない。地名行政はなおざりで、混乱はご存じのとおりであった。

地名文化はその地、その国固有のものであるから、特有のものとして研究価値ありと考えられるのに、なぜか、国際日本文化の研究機関に地名部が欠けている。その勢《せい》もあってかどうか、歴史学が大手を奮っているに比べ、こちらは、言わば肩身の狭い思いをさせられている。それにはきっと、日本国の風土と、民族の伝統の美徳とされた感情の裏返しの、やむを得ない事情も認めなくてはならないと思われるものの、やはり地名学が、学問であろうとなかろうと、呼ば張りはどうでもよい、地名を阻む壁を破る否応なしの絶対必要性を、もっと高揚しなければならぬ、と迫られている。

それ程に、現実は危機に曝された状態である。

吾々が住んでいる土地、吾々の先祖が守ってきた国土、それについて知り、自覚し、研究し、主張することは、本来、無条件的にも、我がこととして当然の仕事でさえあるから、その使命は忘れてはならないはずだ。しかし現実はどうか。地名研究の今一つ奮わない結果が出ている。それは憂うべきことではないか。例えば、現今の国語辞典に固有名詞は上がっていない。周知の通り、歴史上著名な神仏の名や、国名・市町村名は掲げない。それで平気なのである。誰も不自然だとは言わない。不自然だと言う方が不自然になっている。天孫降臨《てんそんこうりん》のニニギノミコトやニギハヤヒノミコトの意味を知らない。太秦《うずまさ》が読めない、それでもよい。淡路島《あわじしま》がどこにあるか、知らなくてもどうでもよい、というような教育環境では、地名への探究心は起こしていないのである。神名・地名を疎んじる暗湛たる現状である。大いに反省しなければならない。

狙いの第二は、対象が京都だ、ということである。京都を知れば日本が分る、といわれた。今それを持ち出しているわけではないが、日本の中央において、山城の山、由良《ゆら》・木津・鴨《かも》・宇治の川、丹後《たんご》の海、この三つに恵まれ、しかも長く王城の中心だったことは、文化・歴史・地名を豊富なものにした。大昔の京都府は南の山代《やましろ》と北の丹波《たんば》で、縄文の内湖と山が続き、川を利用して弥生《やよい》の田庭《たにわ》（それが丹波）を開いていった。山は山でも、大和の山と山城《やましろ》の山とは中身が違う。歴史地理学ではこの差を論じることはないであろうが、地名が加わる、つまり国語と三位一体になるとそうはゆかない。古典文学では奈良の方は「虚《そら》見《み》津《つ》大和《やまと》」といい、京都の方は「次《つぎ》嶺《ね》経《ふ》山代《やましろ》」といっていて、文学における歌の枕詞が異なり、形容の仕方に差がある。これは、山の意味に取り方の相違があることを示す。ヤマ（yam 山）という語の起源はアイヌ語にあり、大和の場合は「栗の木が茂って空を一杯に覆った大和」という意味であることは、御所市《ごせし》の中西遺跡の調査発掘で弥生期の栗《くり》の木埋没林が出土し、証明された（二〇一二年八月七日）。

京都の場合は「山々が断続的に続いて取り囲んでいる山代（城）」という事である。平安京は都を山が城のように取り囲んだ、と桓武天皇は見られたから文字も「山城」と書かれたが、本来、縄文時代から京都盆地を囲む山並《やまなみ》は、死者埋葬の地だったことを示しているのである。その遺風は現今も行われる民俗行事、お盆の五山大文字の精霊送り火にも心的に再現されている。古典民俗の心がある、と見る必要がある。

かようにして国語は歴史・地理と共に考古学とも一体となって、地名を深く知ることができる。地名のある所人間が居て、文化がある。地名を通じ、人間を知り文化を極める事が出来るのである。以上、小生の愚見を長々と述べたが、本書出版の心をご理解頂きたい。個々の記述に際しては大勢の執筆者に分担頂き、全体の記述の方向性の統一的は編者が行い、各項目の記述の細部は各人の研究に基づいて解説した。

編集には経験豊富な糸井通浩氏と綱本逸雄氏の協力を賜わり、出版社の編集部にも長期に亘りご辛抱願う事になった。共に厚く感謝申し上げる次第である。

二〇一三年九月　吉田金彦

京都地名語源辞典　目次

凡例

1、本書は、京都の地名を対象にして、その語源（由来）の記述を目指したものであり、単なる「地誌」ではないが、地名にかかわる歴史や伝承にふれたところもある。

2、京都府の地名の中から、資料によって実証的に語源の探究が可能なものを主にして約2，500項目を収めた。

3、立項地名は京都府の範囲で、旧国名では山城（旧都を含む）、丹波（兵庫県を除く）、丹後の各国に相当する。

4、語源（由来）については、複数を掲げた場合もあり、また不明な部分もある。

5、通り名も含め、すべて見出し語の読みの五〇音順に従って配列した。

6、見出し語は基本的に現在の行政地名によっている。町名と通り名が重複する場合は通り名を優先した。

7、市名・町名・村名は「市・町・村」をつけたかたちで立項した。ただし、現在の行政地名から消えた古代地名（旧郡・郷名、旧荘園名、旧村名）などについては、この限りではない。

複合地名（例「太秦和泉式部町」など）については、「太秦」「和泉式部町」それぞれを立項して記述したものもある。

8、「見出し」の形式は「漢字見出し語―よみ―〔所在地表示〕」で示した。〔所在地表示〕は見出し語（立項地名）の上位地名までを表示する。ただし、京都市内の各区は「京都市」を省いた。また、広域地名で複数地区にわたる場合は複数の地名を示し、古代地名の場合は相当する現在の地名を示した。

9、東西南北・上下などに分かれて複数にわたり、語源の説明が重複する地名は一つの項にまとめて記述し、文中で説明を入れた。

(1) その際、東西は東→西、南北は北→南、上中下は上→下の順序で優先した。（例：北蓮池町・南蓮池町は「北蓮池町」で立項）。

(2) 「一口」のように、「東一口」「西一口」と分かれていても、「一口」と示して差し支えない地名はまとめて立項した。ただし、成立過程が異なるものなど、語源的にまとめることができないもの、別項目として説明が必要なものは別項として立てた。

10、検索する場合に、項目（見出し語）としてあった方が良いと思われるものは、例えば、「南蓮池町→北蓮池町」などと、必要に応じて「捨て見出し」を設けた。

11、見出し語としては同語になるものでも、指す地域が異なる場合は凡て立項した（〔所在地表示〕を確認のこと）。

12、表記は、現代表記の標準にしたがった。振り仮名も現代での読みを示す場合は現代仮名遣いにより、古文の引用などの部分では歴史的仮名遣いによることを原則とした。

13、引用や出典については適宜示しているが、完璧を期してはいない。巻末の参考図書・文献一覧も参照のこと。煩雑になるのを避けるため、文中には『書名』「文献名」のみを記載し、巻末の一覧で詳細をしめした。

14、当該項目に関して、内容上参照して欲しい項目（見出し語）は「（「＊＊」参照）」のように示した。参照先の項目名が同語で複数あるものについては所在地を併記した。

15、各項目の執筆者名は項目末尾に（ ）で記した。執筆者一覧は別途巻末に掲載した。

16、巻末に索引を付した。〔所在地表示〕に従って見出し語を収録している。その際、分け方は市区町村までとし、各地区内においては見出し語を五〇音順に配列した。

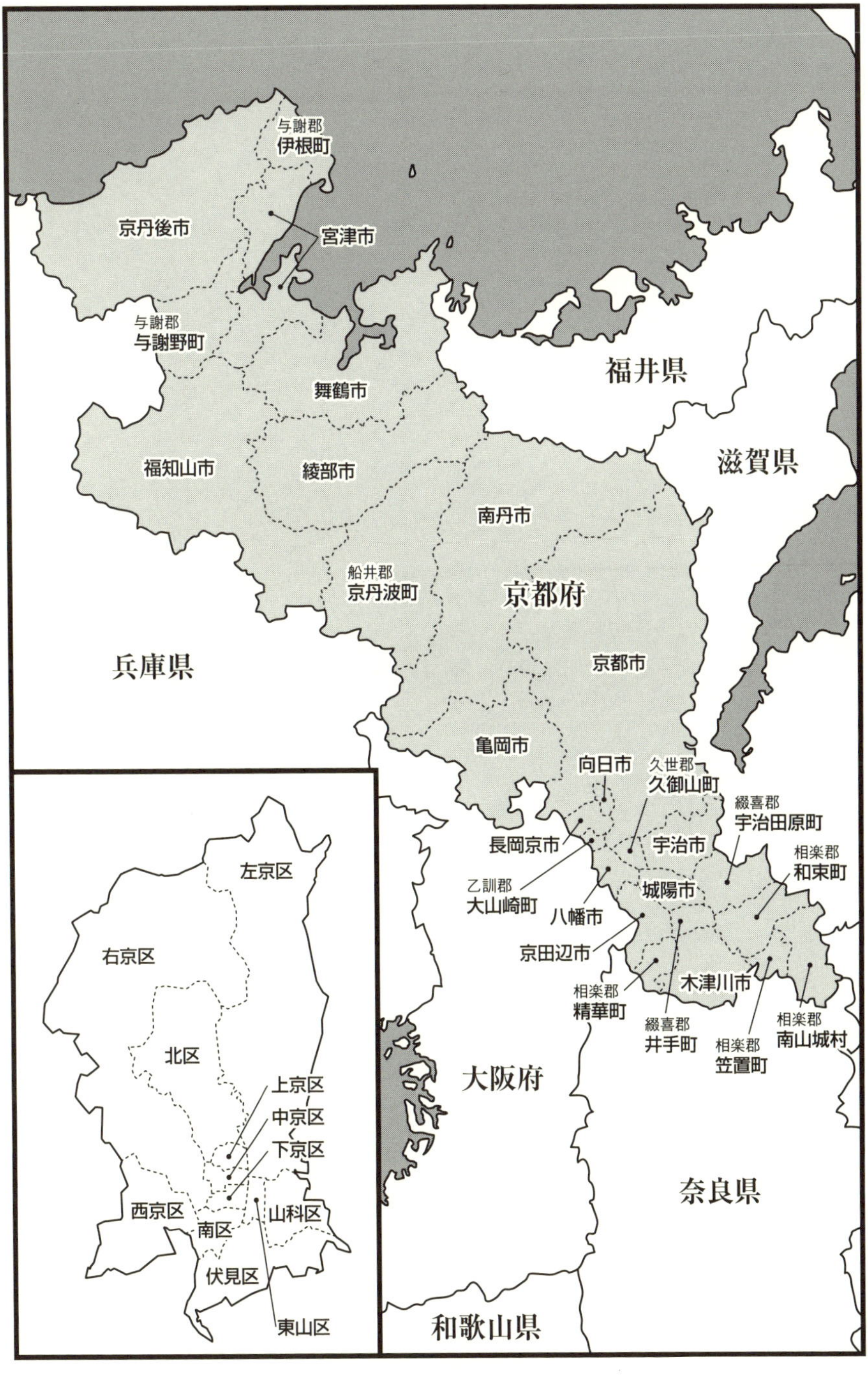
与謝郡
伊根町
京丹後市
宮津市
与謝郡
与謝野町
舞鶴市
福井県
福知山市
綾部市
滋賀県
南丹市
船井郡
京丹波町
京都府
兵庫県
京都市
亀岡市
向日市
久世郡
久御山町
綴喜郡
宇治田原町
長岡京市
宇治市
相楽郡
和束町
乙訓郡
大山崎町
城陽市
八幡市
京田辺市
相楽郡
精華町
木津川市
綴喜郡
井手町
相楽郡
笠置町
相楽郡
南山城村
大阪府
奈良県
和歌山県
左京区
右京区
北区
上京区
中京区
下京区
西京区
南区
山科区
伏見区
東山区

京都地名語源辞典

あ

相之町《あいのちょう》〔下京区〕

柳馬場通四条下ル綾小路までの両側町である。天保二年（一八三一）刊『京都商人買物独案内』が当町に「御刀脇差拵所の刀屋吉兵衛、御打物所の藤原有吉」の存在を記す。刀鍛冶二人が心を合わせて鉄を打つ動作の語源が「相槌」であり、「相槌之」が「相之」に転化したのであろう。「寛永一九年（一六四二）寛永後万治前洛中絵図」に「あいノ町」とあり、以後変化はない。（小西）

間之町通《あいのまちどおり》〔京都市・南北の通り〕

天正一八年（一五九〇）、豊臣秀吉の京都改造計画によって、新たに開通した通り。現在は、丸太町通から七条通を少し南に下がった所まで。しかし、姉小路通から高辻通までと松原通から万寿寺通までの間は中断している。また、当初は丸太町通を北へ上長者町まで延びていたが、宝永五年（一七〇八）の大火を機に京都御苑が拡張されて、丸太町通から南の通りとなった。出水町まで延びていたという説もある。高倉通と東洞院通の間に造られた通りであることからついた通り名とみられている（『京町鑑』）。しかし、こうした事情で設けられた通りはこの通りだけではない。この通りの特徴は、姉小路通から万寿寺通までという相当長い間が欠けていることである。このことを意味する名（間の空いている町通り）ではなかったか。当初は、「今在家通」とか「新在家通」とか呼ばれてもいたようだ。（糸井）

粟生《あお》〔長岡京市〕

光明寺が建つ以前は、古代の農産物・粟の産地として有名であったという。粟作りは大正初年まで続いていたという。だから地名の由来は粟の生産地だったことによるというのが従来説だ。粟は古くから五穀のひとつで、日照りに強くやせ地でも短期間で育つ救荒作物である。粟は『万葉集』にも詠まれるくらい古く各地で植栽された。だが、『乙訓郡誌』（一九三八）には、重要産物の粟は、他村にあっても粟生が属する乙訓村にないとする。したがって、粟生は粟の生産地だと漢字解釈だけで決め付けられない。

粟生は老ノ坂山地の嵐山・飛賀山東麓に位置する。東半は段丘。西方の丘陵に鎌倉初期創始の光明寺があり有名。源空（法然の諱号）の遺骸を「安貞二年（一二二八）正月二五日、西山の粟生野にわたしたてまつり荼毘をなす。荼毘所のあとに八堂をたてて、御墓堂と号して、いまの光明寺これなり」（『法然上人行状絵図』）とあり、古くは荒野だった。

南の西山公園体育館から光明寺背後は鞍部で、北西—南東方向に光明寺断層が走る。子守勝手神社の背後の谷と南の谷二ケ所から光明寺と西山短大の間の谷底平野の間は京都府指定の土石流とその被害が想定される土砂災害警戒箇所である。体育館周辺も急傾斜地で土砂災害警戒箇所。

光明寺断層は京都市西京区沓掛町の京都市芸大付近から大原野灰方町を経て、長岡京市久貝付近まで約八キロにわたる。大原野灰方町から長岡京市長法寺の間では、西側の丘陵頂の高度変化（東下がり）などが認められる。鎌倉武士の熊谷直実が開いた光明寺の地は、南北の谷底平野の間を東へ舌状にのびる小尾根だが、断層のズレで生じた地形を利用して建てられている。

箕面市粟生（摂津国粟生村）も崖下の台地に住宅が展開するが、山裾は東北東—西南西方向の箕面断層が走る。北のほとんどの谷も土石流とその被害が想定される土砂災害警戒箇所である。したがって、粟生は崩壊地形による地名であろう。粟はアハク（褫・暴・発）の語幹から、「崩壊した所、崩れた所」の意で、生はオ（尾）で山裾の末端の意だろう。（綱本）

青谷《あおたに》〔城陽市市辺〕

市の四大地区の一青谷は、奈島・中・市辺の統合体である。JR奈良線山城青谷駅があり、青谷梅林が知られ、青谷川が流れるが、青谷の地名は今はない。市北部の久津川地区が四村併合で町になったとき久津川の地名が消滅したのと同様に、村名（青谷村、明治二二年〈一八八九〉～昭和二六年〈一九五一〉）は消えたわけであるが、地区名としては存在感がある。江戸絵図をみると城陽のはげ山の中で青谷川の南側の山がひときわ深い緑に描かれている。川自体は砂の色でまっ白である。青谷の語源は「粟谷」（粟神社近くの小字名）の転訛したものと『城陽町史』には記載されているが、絶えることのない豊かな水源としての緑、即ち青い山が、川の名になり、池（青池）の名になり、ひいては村の名になったものであろう。『町史』のいう転訛説だが、市辺村の氏神である粟神社隣接の小字名の粟谷とかかわるが、この粟谷の広域の名称青谷への転訛は、奈島・中・市辺共同体のシンボル・共通認識「青（谷・山）」としてとらえうるものである。（福富・齋藤）

青戸《あおと》〔南丹市八木町〕

鎌倉時代に青砥《あおと》藤綱という豪族がこの地に居住したことが地名の由来ではないかと推定される。『臥雲日件録』の文安四年（一四四七）八月一三日条に「青砥」の地名が見られる。

昭和二六年（一九五一）からは八木町の大字となった。（安藤）

青野町《あおのちょう》〔綾部市〕

由良川左岸沖積地に位置する。当地は現在は綾部市中部の東北に属すが、青野遺跡や綾中廃寺などの重要遺跡が存しており古代の中心地域であったと推定される。地名の由来は明かでないが、「あおの」は文字通り緑の野であり、新たな居住の地を求めてこの地に分け入った人々が目にした、豊かな草木の緑が地名の由来ではあるまいか。

明治二二年に綾部町の大字となる。昭和二五年（一九五〇）に綾部市の大字、同二六年青野町となった。（安藤）

青上《あおじょう》〔京田辺市東〕

木津川左岸では防賀川下流域から手原川附近にいたる地域は小字青上を含めて大規模な内水の常習地だった。条里地割の多い東の中でも東端にあり、木津川川岸の非条里地区で無人地区である。地名の音読みは古くに遡れない。アオ（青）は湿地を意味し、アワ（泡、沫）の転訛。ジョウ（上）は（生、処、場）をいい、低湿地を指す。（綱本）

赤池《あかいけ》〔京田辺市薪〕

木津川に面して赤池・東浜・西浜がある。木津川地内の砂利採取が行われる以前は川底が高く、幹線排水路・防《ぼう》賀《が》川《がわ》がなかった頃、この辺りは湿田や池が多かったが、今では干田となり、池も消えた。わずかに赤池付近に湧水があり水道の水源地とされた。地名語彙で「赤」は、仏教用語「閼伽《あか》」の転訛で、水分、水気のある地をいう。木津川が緩く蛇行し浸食される曲流部だが、低湿地の意でなく、赤池の赤は、水気のある、つまり湧水の地を指す。（綱本）

安掛《あがけ》〔南丹市美山町〕

由良川上流の右岸、上平屋に隣接する村。『和名抄』の桑田郡弓削郷で、鎌倉時代には野々村庄であった。小浜街道に芦生道が接続する三叉路にある集落である。地名の由来は明らかでないが、ア・ガケ(崖)で、はがれてできた地の意か。あるいはこの三叉路と関係があるかもしれない。

　安掛は古来、黄蓮の産地であり、『延喜式』に貢物としてみえる黄蓮は、この地の産物であるという(『丹波志』)。また当村の毘沙門堂の周辺には、かつて七堂伽藍を備えた北方寺という大寺があったと言われるが、詳細は明らかでない(『北桑田郡誌』)。

　昭和三〇年(一九五五)から美山町の大字となった。(安藤)

赤坂《あかさか》〔京丹後市峰山町〕
　赤坂の名は、赤土の坂に由来するとか、「上がり坂」が転訛したとする説などがある。同集落南方に赤坂峠がある。「赤坂」は、傾斜地や丘陵端にあることが多く、地元にも、赤土があるゆえに赤坂の名があるというような伝承はないが、赤坂はやはり、丹坂《あかさか》と同義で、赤色を帯びた土質を指摘した地名で、水銀原鉱の産地に関係した地名であろうとする(『日本地名伝承論』)。『丹後旧事記』は「赤坂」に、城趾の部では「阪」を、神社の部では「吾歌佐歌村」と万葉仮名で漢字をあてている。明治以降は「坂」が一般的である。往昔、高い切通しの赤坂峠はなかった。なお、「茜坂」(アカネの坂)が訛って、後に赤坂になった可能性もあるのではないだろうか。
　地内にある弥生時代終末期の巨大墳墓である赤坂今井墳墓からは、全国一豪華な頭飾りをはじめ、古代中国の青色顔料「漢《はん》青《ブルー》」や赤色顔料が検出された。ちなみにこの赤色顔料の主成分は朱(硫化水銀)であるが、三重県丹生鉱山から採掘された辰砂鉱石から調製されたものとみられる(『峰山町埋蔵文化財調査報告書第二四集』)。(水野)

赤坂《あかさか》〔京田辺市薪〕
　薪に残る坂の地名は、百々坂、番ノ坂、天神坂と、この赤坂ぐらいである。その訳は、坂が急勾配でなかったり、長くなかったためだろう。この赤坂は平田谷に通じる交通の要地で、付近の土砂や粘土の赤さから付けられたか、赤松林があったので付けられたかとも考えられるという(『薪誌』)、(「百々《もも》坂《さか》」参照)。だが、「赤」は裸、空の意味である。交通の要所なら、東の堀切谷同様に平田谷へ通じる道を開けた坂を示す。赤は開の転訛である。『日葡辞書』(一六〇三)も「AQE, uru, eta(開・空け、くる、けた)開ける。Michiuo aquru(道を開くる)」という。(綱本)

赤阪町《あかさかちょう》〔北区衣笠〕
　衣笠山北麓の赤坂町スベリ谷は、京都府ハザードマップでは、急傾斜地崩壊危険箇所と土石流とその被害想定箇所。アカはハガ(剥)の転で、山崩れする「崩壊地形」を示すか。(綱本)

赤ノ宮町《あかのみやちょう》〔左京区一乗寺〕
　同町西隣に「赤ノ宮」と通称される式内社「賀茂波爾《はに》神社」が鎮座することに由来する。『拾遺都名所図会』に「赤宮《あかのみや》　高野《たかの》川原村にあり」と見える。賀茂波爾神社の所在地は、現在、高野上竹屋町。賀茂波爾神社の「賀茂」は、郷名と考えられ、「愛宕郡賀茂郷」の郷域の広がりを推定する根拠ともなる。賀茂神との関わりが深く、下賀茂神が兄貴分として賀茂波爾神をリードするので、賀茂波爾神社は弟の関係におかれ、赤(アカ)は弟分の扱いを受けるので、その古義によって「赤ノ宮」と俗称されるようになったという(『京都の地名を歩く』)。現在、賀茂波爾神社では、御蔭祭《みかげまつり》の際、路地祭が行われ、還城楽《けんじょうらく》という舞楽が奉納される。賀茂波爾神社が「赤ノ宮」と呼ばれるようになったのは、流域に赤土を産する「埴川《はにかわ》」とも関わろう。(「高野川」参照）。なお、『拾遺都名所図会』は、「祭神稲荷《いなり》明神。享保年中（一七一六～三六）に、干菜寺《ほしなでら》勧進として此所に大相撲あり」と、稲荷の朱塗りの鳥居による呼称のように記すが、賀茂波爾神社の由緒の古さから、これは退けられよう。ちなみに、干菜寺は、『菟芸泥赴《つぎねふ》』が「光福寺《こうふくじ》ト号ス。六斎念仏の寺也。鴨川の東、今出川出口より一町ばかり北にあり。太閤秀吉公へ馬草にとて、ほしな千連、此住寺奉りし事有しより、其名とせしとかや」という、田中上《かみ》柳町《やなぎちょう》に現存する寺である。（笹川）

秋築町《あきつきちょう》 〔左京区〕

『京都坊目誌』に「元聖護院領にして畑地也。町地となるに及び、秋月町・築山町の二町たり。慶応二年（一八六六）八月、合併して一町とし、秋月町とす」とある。「秋月町とす」の「秋月町」は、「秋築町」の誤りか。「秋月町」と「築山町」が合併した時、秋月町から「秋」を、築山町から「築」をそれぞれ一字ずつ採り、「秋築町」としたのである。

『京都坊目誌』は続けて「（慶応）三年四月洛中に入る。明治二年共立の小学校〈錦部校也。後錦林校に合併す〉此町にあり。二十七年岡崎町に移る」と記す。現在、岡崎入江町にある錦林小学校の元地であった。（笹川）

秋野々町《あきののちょう》 〔中京区〕

「秋野」の町。「秋野」とは時宗の秋野道場のことで、寺名は称名寺。はじめは東山の霊山にあり、歌人・連歌師として名高い正徹（一三八一～一四五九）が身を寄せ、和歌の会がもたれたことでも知られる。当町へ移転したのは一六世紀前半頃。『言継卿記』天文二二年（一五五三）の二条烏丸勧進猿楽を道場内でのことと考えるならば、これ以前のこととなる。当代の時宗の道場は芸能興業の場でもあり、とくに二条という位置からすれば、貴賤の文化の交流点の役割を果たしていたと考えられる。町名として残った理由も、そこにあるのだろう。

平安京の東に位置し、平安時代から貴族の邸宅が建てられた地域。平安京の二条大路からの歴史をもつ二条通は、応仁の乱後は上京・下京の中間に位置しており、野の状態だった。「秋野」が当地へ移転して以後の名とすれば、「空き野」だったことも考えられる。『京童跡追』などには、時宗寺院として隆盛を誇ったこととともに、近世期には京極（現寺町）夷川付近にあった大炊《おおい》道場（現左京区北門前町・聞名寺《もんみょうじ》）の寺家となったと伝えられる。（真下）

秋ノ山町《あきのやまちょう》 〔伏見区中島〕

町の北は南インターチェンジ、南はガレージと住宅地になっている。鳥羽離宮に四季の築山が造られたが、秋の紅葉がひとしお趣があったので秋の山と名付けられた。その秋山の跡地が町名となった。一二五四年成立の『古今著聞集』には「白河院鳥羽殿におはしましたる時、馬場殿に御幸ならせ給ひて秋の山のかたへいらせ給ひける」とある。明治年間、地元の有志により修理され、旧跡を伝えてきたが、現在は鳥羽離宮公園設置に伴い整備されている。（明川）

秋元町《あきもとちょう》 〔左京区八瀬〕

老中秋元喬知《たかとも》（朝）に由来する。宝永五年（一七〇八）一二月五日、日光准后《じゅごう》（公弁法親王）の御願によって延暦寺結界が改定され、結界内への八瀬の村人の入山が禁止された（『八瀬記』）。薪の伐採区域を制限されることは、田畠の乏しい八瀬村にとって死活問題だった。そのため、八瀬村は、後醍醐天皇以来の代々の綸旨を根拠に江戸幕府へ愁訴した。近衛基熙《もとひろ》の支援もあって（『基熙公記』宝永七年六月・七月）、宝永七年七月一二日、私領・寺領を上地して一村禁裏御料となり、年貢諸役一切を免除するとの裁決が老中秋元但馬守喬知によって下された。当地の秋元神社は、これを報恩して但馬守喬知を祀ったもので、毎年一〇月一一日（現在は一〇月第二日曜）赦免地踊が行われる。これ以後、近衛家が禁裏御料の諸役の監督に当たった。それに因み、秋元神社周辺の高野川左岸には「秋元町」、右岸には「近衛町」という町名が誕生したのである。（笹川）

安久《あぐ》〔舞鶴市〕

海岸や河川などの水に縁のある場所に「アコ」や「アゴ」という地名がある。マライ語ではアゴは「首飾り」、アゴックには「ブローチ・数珠の首飾り」の意味がある。この地名は中央および西南日本だけでなく南方の国にも広く散在しており、潜水漁に巧みな海洋民族の残したものと思われる。志摩のアゴ（英虞）湾は真珠で有名であり（真珠を宿す貝はアコヤ貝）、アコ、アゴの地名の分布する海岸は海女（海士）が働いているところであった。

安久は江戸時代の名所案内には「あこ村」とあって、古くは「あこ村」と称していた（『丹後之国変化物語』）。舞鶴湾に面し、五老岳の南麓、伊佐津川下流に位置する。川魚の鯎《いさざ》漁など漁を生業としていた。

古代には加佐郡余部郷（『和名抄』）に属していた。安久村はのちに、五老岳西麓の海に面し主に漁業を営む地域が下安久となり、上下に分かれた。江戸初期の慶長期には上安久村・下安久村として村高が示されている。しかし、地元ではこの地区一帯を「安久」と称してきたようである。江戸時代を通じて大庄屋を務めた安久兵左衛門の屋敷裏山の城（上安久城）は連歌師里村紹《さとむらじょう》巴《は》『天橋立紀行』（一五六九）には「安久の城」とある。また、「あこ村におき ひせんつほやき衆 き志ん仕申候 慶長一八年（一六一三）八月一五日」とへら書きがある、高倉神社の陶製狛犬（舞鶴市指定文化財）など、「安久焼」の窯跡や明倫校の明治二八年（一八九五）よりの水練場所「安久ノ海浜」は、ともに下安久村域である。（高橋）

悪王子町《あくおうじちょう》〔下京区〕

かつて悪王子社が所在したことに因む。烏丸通五条上ル万寿寺までの両側町は、豊臣秀吉の命により、天正一八年（一五九〇）「元悪王子町から移る所にして。旧称を襲用」（『京都坊目誌』）した。「寛永一九年（一六四二）寛永後万治前洛中絵図」に、すでに「悪わうじ町」とある。

東洞院通四条下ル綾小路までの両側町は、「悪王子社の創始の地」で、「元悪王子町」と称する。平安時代天延二年（九七四）四条東洞院南の方一町の秦助正の地（「大政所《おおまんどころ》町」参照）に祇園社の御旅所悪王子社を建立せよと助正へ夢のお告げがあり、天皇も同じ夢をみた伝承がある。天刑星で疫神の牛頭《ごず》天王と、南海の娑竭羅《しゃがら》竜宮の麗容な頗梨采女《はりさいじょ》との間に「八王子」が生まれる（『中世京都と祇園祭』）。この疫病を蔓延させる「八王子」を代表する神格が「悪王子」であると考える。社伝によると、悪王子社建設の際、悪王子と名乗る翁が出てきて、御供石に寄りかかって指揮をした。その石に触ると祟ったので、町民はそれを祀った。それが「悪王子社」の由来である。宝暦一二年（一七六二）刊『京町鑑』に「元悪王子町」とある。（小西）

上蔵町《あぐらちょう》〔左京区岩倉〕

アクは、①アク（灰汁）アクタ（芥）の系統を引く「湿地」の意か、②アゲ・アグ（上）の系統を引く「高地」の意か。アグが初めから濁音だったとすれば、②の可能性が高い。これに、エグル（刳）のクルが語源で、えぐられた「崖」あるいは「谷」をいう「クラ」という語が付き、アグ（上）クラ（崖・谷）から「アグラ」と変化した地名と考えられる。「湿った谷」あるいは「高所の崖地」を意味する地名は、岩倉盆地の西側の山を含んだ、岩倉川以西の山麓にふさわしい。その山麓には大雲寺や実相院が建つ（大雲寺の創建については「岩倉」参照）。『平安京散策』（角田文衞）に従えば、早くに母を亡くした紫式部は、幼い時、曾祖父の藤原文範に連れられ、しばしば大雲寺に参詣したという。その経験が、後に『源氏物語』若紫に見える「北山のなにがし寺」の舞台となったという。とすれば、『源氏物語』の「すこしたちいでつつ見わたし給へば、たかき所にて、ここかしこ僧房どもあらはに見おろさるる、ただこのつづらをりのしもに…」という記述は上蔵町の地形を反映していると見ることも可能かもしれない。（笹川）

明石《あけし》〔右京区京北〕

『和名抄』の桑田郡有頭《うつ》郷に属する山間の集落で、大堰川（上桂川）の支流明石川と熊田川の合流する辺り。「明石川」の名は、明石を流れる川の意による名であろう。「あかいし」の縮約形が「あけし」で、与謝郡与謝野町の「明石」や旧京北町内の大字「赤石」なども「あけし」（「あかし」とも）と読む。一方「い」の脱落形「あかし」もあり、兵庫県明石市の例がある。和語「あか」は「明」の意を本に「赤」の意にも拡張した語で地名の場合、本来「赤」の意に用いられていることが多い。赤土など、茶色系統の土や石・岩の印象を地名にしたものであろうが、赤石はマンガン鉱床が分布する地（『京都府鉱物誌』）にみられ、マンガン鉱石は赤味を帯びているので、文字通りの赤い石にちなむ地名とも考えられる。地名の記録としては、慶長年間以降のものがあり、「元禄郷帳」（一七〇〇）には「宇津明石村」とある。（糸井）

明石《あけし》〔与謝郡与謝野町〕

慶長七年（一六〇二）の「慶長郷村帳」に「明石村」とあるものが初出の地名である。地名の語源は、石川村との境に玉石という石があり、夜になると光って旅人の道しるべになったことに由来するという。「慶長郷村帳」以降、「明石村」と表記され、明治時代に至る。（新谷）

不明門通《あけずのもんどおり》〔京都市・南北の通り〕

天正一八年（一五九〇）、豊臣秀吉の京都改造計画で設けられた通り。中断した形だが、ちょうど北方には「車屋町通」が北へ延びている。松原通を少し上がった平等寺（因幡薬師堂）の正門前から塩小路通に至る通り。ただし七条通から塩小路通までは明治一〇年（一八七七）の開通（『京都坊目誌』）。「因幡堂突抜通」または「薬師突抜」とか「あけずのもん通」などともいった。「あけずのもん」とは、因幡薬師堂の正門のことで、常に閉ざしたままであったことを意味する（『京都坊目誌』）。これが通り名の由来。因幡薬師堂（平等寺）は、一遍上人の布教活動の場となったことでも知られる寺院であるが、「堂」と名付けられたのは、平安時代には京中に寺院を建立することが禁止されていたことによる。例に、革堂《こうどう》、六角堂などがある。（糸井）

明田《あけだ》〔京丹後市大宮町〕

明田は竹野川上流域右岸に位置し、山間地ではあるが、谷筋としてはやや開けたところである。明田は周囲より高い土地、上げ地を意味し、上げ田から明田になったものと思われる。明田は開墾田か。また、「アク（悪）タ（田）」の変化形とも考えられる。当たり一帯は低湿な土地というより、浅く乾いた田圃と見える。集落の南西部にある入谷《にゅうだに》の「ニュウ」は丹生で、水銀採掘との関連が指摘されている。弥生時代の岩立橋遺跡ほか、数基の古墳がある。（水野）

明智越《あけちごえ》〔亀岡市保津町〕

天正一〇年（一五八二）当時、亀山城主であった明智光秀が本能寺に織田信長を急襲した際の北路として使われたので、この名がある。保津町から京都市嵯峨水尾を経て嵯峨鳥居本へ至る道。古代・中世を通じて京都への間道として用いられた要路である。光秀が丹波入りしてすぐに整備したので、愛宕神社への参詣にも利用された。保津側の尾根上に「峯の堂跡」がある。この堂は光秀の敗死後にいつしか「無念堂」と呼ばれたという。「無念」は「峯の」の音のもじりであろう。（安藤）

旦椋《あさくら》〔宇治市大久保町〕

校倉《あぜくら》からの転訛説が有力か。小字旦椋は、大久保町の西端、久御山町に接する所にあり、式内社旦椋神社があった所と伝えられている。一〇世紀末期の歌人藤原長能は、「くりこまのみやけといふ所に、秋小鷹狩りしにまかりけるに…。山かげの田ぐちに立てるをみなへし我ひとりのみ見るそかなしき」（『夫木和歌抄』）と詠んでいる。詞書にある「くりこま」は久世郡栗隈《くりくま》郷の「栗隈《くりくま》」で、「みやけ」は屯倉で天皇の直轄地である御田におかれた穀物を納める倉の意。この辺りには、古代条里制が敷かれ栗隈の屯倉が設けられていた。校倉造りであった。旦椋神社は、その屯倉の穀霊を祀ったものであろう。明治中期の地籍図でも、この辺りは、湿潤地帯ではあるけれども、自然堤防状の微高地が散在して島畑景観をなしているし、土を盛り上げたと思われる平盛《ひらもり》という小字名も現存する。旦椋神社が火災のため、現在の地字北ノ山に遷座したのは、天文一九年（一五五〇）のことで、その後に、旦椋という地名だけが残されたものである。『（大久保村）村誌』（明治一四年〈一八八一〉）の字地の項に「旦椋」とある。

なお、小字旦椋は、古川（栗隈の大溝に比定されている）の東に隣接する元来は湿潤な地域なので、アサは浅い、クラは、刳《く》るで、抉《えぐ》る意、浅く抉られたところ、浅く凹んだところの意という水害地名ではないかという説がある。（「巨椋池《おぐらいけ》」参照）（高木）

朝代《あさしろ》〔舞鶴市〕

シロは白色、明るくはっきりした様子を示す語である。アサシロは昇る太陽をイメージした語ではないか。朝代は日之少宮《ひのわかみや》の別号というが、朝代を冠した朝代神社の祭神は伊弉諾尊《いざなぎのみこと》で、淡路島より向った天上の日之少宮から田辺の地に降臨したと伝える。この社は常に南に向き、陰を背にし陽を前にしているという。元文四年（一七三九）に再建されたのが現在の社殿であるが、古い神社の形を残している。永浜宇平は南接する名刹円隆寺の鎮守として鎮座していたとするが（『言行三束』）、江戸時代は城下町の産土神を祀る社と定められて、城下町に重きを持つ神社となった。春秋の祭礼には城中にも入り、町をあげての大イベントであった。現在も氏子は旧舞鶴町全域に及んでいる。（高橋）

朝妻町《あさづまちょう》〔下京区〕

間之町通五条上ル万寿寺までの両側町である。この界隈には「安土町」「堅田町」など、近江の国（滋賀県）の地名と同じ町名が多い。すなわち、中世以来の湖東荘園村落の山越四本商人の伝統をもつ商人（『日本商人の源流』）の米原朝妻からの行商の市に因む。宝暦一二年（一七六二）刊『京町鑑』に「朝妻町」とあり、その後変化はない。（小西）

朝妻村《あさづまむら》〔与謝郡伊根町〕

旧村名。明治二二年（一八八九）の町村制施行時に、津母村・峠村・畑谷村・泊村・六万部村・井室村・新井村・大原村が合併して成立した村名である。『曽我物語』（巻五）に、関連の伝承がある。平安中期、丹後の国守として藤原保昌が妻の和泉式部を伴って赴任していたが、その折、「朝妻の狩りくら」で鹿狩りをすることになった。その前夜、和泉式部が「ことわりやいかでか鹿の鳴かざらむ今宵ばかりの命と思へば」と詠んだのを聴いて、保昌は狩りを中止した、という。特定の集落名ではなく、広域を指す地名であったようだ。大和国葛城の「朝妻」や近江国坂田郡の「朝妻」との関係に注目する説もある。

昭和二九年（一九五四）一一月には、伊根村・朝妻村・筒川村・本庄村が合併し伊根町となり、朝妻村は消滅した。現在は、伊根町立朝妻小学校等にその名残りを残す。（新谷）

旭《あさひ》〔京丹後市久美浜町〕

天文七年（一五三八）の「丹後国御檀家帳」に「くミのあさい」とあるものが初出の地名であり、戦国期には見られる。また地元には朝日長者伝承が残る。地名の語源は、朝日が美しい場所であったことに由来するものであろうか。または「浅（アサ）シ」に由来するものか。

慶長七年（一六〇二）の「慶長郷村帳」には「湊村之内朝日村」とあり、湊村の端郷としての位置づけであった。延宝九年（一六八一）の「丹後国与謝郡等郷村高帳面」以降は単独で表記されることはなく、蒲井村の端郷として位置づけられ、現在に至る。

地区内には「大泊」「小泊」という小字があり、中世には船舶の風待ちや避難場所であった泊があった場所と思われる。江戸時代後期には、廻船が見られなくなった湊宮村にかわり、熊野郡内の天領の年貢米を運び出すための千石船が旭に入った。現在も、千石船をつないだとされる「もやい岩」が残されている。（新谷）

朝日山《あさひやま》〔宇治市宇治紅斉《こうさい》〕

平等院鳳凰堂の東方正面にあり、春秋の彼岸のころに朝日がこの山頂から昇ることから名付けられたもの。その陽光は鳳凰堂の正面上部にあけられている円窓から差し込んで、阿弥陀如来の白毫《びゃくごう》を耀かせるという。平等院の山号でもある。興聖寺の背後にある標高一二四・六メートルのなだらかな頂上の山。ただ、鳳凰堂の真東にあって目立つのは、むしろ、大吉《だいきち》山といわれる仏徳山である。藤原公実に「麓をは宇治の川霧立こめて雲ゐに見ゆる朝日山哉」（『新古今和歌集』四九四）と詠まれている歌枕。また、『日本書紀』に菟道稚郎子《うじのわきいらつこ》を「葬於菟道山上」とある菟道の山に比定する説があり、江戸中期の学者並河五一郎が建立した「菟道稚郎子命墓」と刻んだ石碑が、頂上に現存する。宇治の若郎子の一首「妹らがり今木《いまき》の嶺《みね》に茂り立つ嬬《つま》松の木は古人《ふるひと》見けむ」（『万葉集』巻九・一七九五）に詠まれた「今木の嶺」は、朝日山の古名である。

朝日山一帯は、古くから宇治離宮社の神域とされていたところから離宮山とも、経塚があると伝えられるところから経塚山とも呼ばれることもあったらしい。なお、宇治茶七名園の一つ朝日や名窯朝日焼もこの朝日山に因む。「旧称紅斎山」と『（宇治郷）村誌』（明治一四年〈一八八一〉）にある。（高木）

薊《あざみ》〔京田辺市薪〕

『薪誌』は、「この付近はアザミの自生地ではある。アザミは湿地を好む植物で、この辺りはその適地ともいえる」という。しかし、ここは条里制地割が遺存する地域である。植物地名は多くは災害にかかわる地名で佳字化されている。「アザミ地名はアサ・ミ（浅・水）の転訛語で、水の浅いところ、湿地」（『災害と地名』）をいう。（綱本）

浅茂川《あさもがわ》〔京丹後市網野町〕

長禄三年（一四五九）の「丹後国郷保庄惣田数帳」には、「浦富保」のうち九段二一六歩を領有する「性徳院」とある。伊藤太は、この「性徳院」を浅茂川の「正徳院」と指摘する。これが正しいならば、室町時代の浅茂川は「浦富保」の領域であった可能性が高くなる。地名としての「浅茂川」は、享禄三年（一五三〇）九月の「丹後国道者日記」（神宮徴古館農業館所蔵文書、東京大学史料編纂所所蔵影写本）に「あさまかわ」とあるものが初出である。語源は、朝もやがたちこめたことから、「あさもや川」から転じたと伝える。慶長七年（一六〇二）の「慶長検地帳」では「丹州竹野郡下岡村浅茂川御検地帳」（糸井文庫）、「慶長郷村帳」では「下岡村之内浅茂川村」とあり、江戸時代初頭には下岡村の端郷であったことがわかる。下岡は、古代～中世にかけては木津郷の領域にあたる（「下岡」参照）。そのため、浅茂川も同様に木津郷の領域に含まれていたことを示唆すると考えられる。単独で浅茂川村と記されるのは延宝九年（一六八一）の「丹後国与謝郡等郷村高帳面」以降となる。（新谷）

芦生《あしう》〔南丹市美山町〕

由良川最上流の山間の村。もと知井庄（村）のうちにある集落。アシは古語「悪し」で交通の困難な所という意味がある（『地名の語源』）。この意味の語を植物の芦で漢字化し、「生」を付けた地名であろう。文字通り「芦生」は「芦原」に通じて芦の密集地の意とみる説もある。

美山町北に鎮座する知井八幡神社は江戸時代の知井庄九ヶ村の氏神であった。そして広大な芦生の原生林も大部分が、この知井八幡神社の神領であった（『北桑田郡誌』）。原生林が保たれたのは神域として村人が大事にしてきたからだと思われる。

明治二二年から知井村の大字となり、昭和三〇年（一九五五）から美山町の大字となった。（安藤）

芦刈山町《あしかりやまちょう》〔下京区〕

綾小路通油小路東入ル西洞院までの両側町である。毎年祇園会に芦刈山を出す。祇園会の芦刈山の由来は、謡曲「芦刈」による。摂津の国に住む夫婦が貧乏のため別れ、都に上った女が贅沢な生活ができるようになり、落ちぶれた姿で芦を刈る夫を見出す話である。当山のご神体の芦刈の尉の人形は、頭に運慶の末運助の七代目「式部法印康運」の墨書名がある。元亀二年（一五七一）『御借米之記』の川西組一一町に、すでに、「綾小路あしかり山町」が記載されている。その後変化はない。（小西）

芦原《あしはら》〔城陽市市辺〕

市最南部市辺の、青谷川と並行した北側の地域（江戸期の絵図では河原になっている）の一角を「芦原」（天明八年〈一七八八〉の「中区有文書」『資料が語る城陽近世史第一集』所収）というのは、文字通り芦の生えた河原であったことによるのであろう。その上流側が上芦原であるが、その一角とほぼ重なる地域を、大芝（オオシバあるいはオシバ）という。ただし大芝は、あくまでも通称であって正式の地名ではない。古老によると、いまは周辺に多くの民家があるがかつては一〇軒程の家が並び建っていただけだった。昭和四〇年くらいまではそういう状態で、もとからの居住者ではなく、江戸末期前後によそから居住してきたものの子孫であるという。もとはその地域を限定的に大芝といったものであるが、その名の由来は不明である。地元では、履中天皇皇子市辺押磐皇子《いちのへのおしはのみこ》の居住伝承になっている。「押磐」から大芝の地名が生まれたとするものである。だが、市辺押磐皇子居住の確証はない。シバ（シハ）はシボ（萎）の転で「シボんだ地形」をいい（『古代地名語源辞典』）、当地の地形にあてはまる。（齋藤）

芦渕《あしぶち》〔福知山市三和町〕

由良川の支流・土師川《はぜがわ》両岸の山麓にある江戸時代の村名。上芦渕、下芦渕の二つの集落があり、それぞれ「琴ヶ瀬」、「岡部」とも呼ばれている。村内で土師川が蛇行して流れているので、琴ヶ瀬という地名から類推して、芦渕の由来は「芦の茂った渕」の意味から来ていると思われるが、確定的ではない。

昭和三一年から三和町の大字となった。（安藤）

芦原《あしわら》〔京丹後市久美浜町〕

芦原は川上谷川中流域の右岸に位置する。芦がたくさん生えていた平坦地であったことからの命名であろう。往昔、久美浜の海は川上谷川の中流域まで入り込んでいたと伝える。芦原には中市場《なかいちば》、下地《しもじ》、岡地《おかじ》の三集落があり、このうち中市場の古名を「あし野」という。また、同地イケノリにある円墳状を呈する古墳（前方後円墳か）の上には、芦高《あしたか》神社が鎮座する。芦原は品《ほん》田《で》の住民が移住して開発したという。（水野）

飛鳥井町《あすかいちょう》〔上京区〕

公家の飛鳥井家の邸があったことによる。町は今出川通をはさんだ両側で、油小路通の東より堀川通の西までを町域とする。町域の中央に白峯神宮が鎮座する。寛永版「平安城東西南北町並之図」に「あすかい町」とあり、江戸時代からの町名である。飛鳥井家は藤原氏の流れをくむ花山院家の一門で、鎌倉時代初期に藤原雅経《まさつね》（一一七〇～一二二一）を祖とし、歌道と蹴鞠の宗家として栄えた公家である。その屋敷跡は現在、崇徳上皇と淳仁天皇を祀る白峯神宮の社地となっている。境内には蹴鞠の神様の精大明神が祀られ、近年はサッカーの神様、スポーツの神様として、スポーツ選手の信仰を集めている。（清水）

飛鳥路《あすかじ》〔相楽郡笠置町〕

笠置山東方に飛鳥路の大字がある。当地は北辺の木津川に向かって傾斜し、平地は集落のある一部のみで山と丘陵がそれを囲む。明治一〇年代の『京都府地誌』によると、「全地稍《やや》北ニ傾斜シ無数ノ山岡村落を囲ミ、平坦ノ地ハ止《た》タ人家一部分ノミ、漕運便利ニシテ薪炭乏シカラス」という地勢である。奈良市柳生町から流下する布目川と木津川との合流地で、洲処《すが》地に立地する。かつては柳生地域で生産する薪炭などの集散河港地であった。水利の便はよいが、砂石の多い土質のため田畑は少ない。江戸初期の寛永年中より飛鳥路村が柳生藩領に属した。氏神は天照御門《てんしょうみかど》神社で、中古は天神社と称した。創建不詳だが、祭神は『三代実録』貞観元年（八五九）五月二八日条に「山城国正六位上天照御門神《あまてるみかど》」とみえる日の神のこととされる。古くから開けた土地柄だ。中世には飛鳥路荘（荘園）といわれたが史料はない。土地の住人の話によれば、「飛鳥路」というのは此処が奈良の飛鳥へ行く一つの拠点になっていることを示すという。

ところで、飛鳥といえば、一九五六年飛鳥村ほか二村が合併して誕生し、石舞台古墳や甘樫丘などがある奈良県明日香村が有名である。小字飛鳥は飛鳥川の曲流地に位置する。小字アスカは県内に約一〇ヶ所ある。桜井市・三輪山南方の初瀬川西岸に飛鳥井、橿原市豊田町の蘇武《そぶ》川下流西岸には

「上飛鳥田」「下飛鳥田」が残り、平城京内の佐保川と率《いさ》川合流地点にも「飛鳥田」の地名がある。いずれもアスカが河岸の湿地に存在している。飛鳥は「ア」（接頭語）と「スカ」（洲処）で、須賀、曾我と同義の地名とする説が有力である（『明日香村史』）。スカは早くに『万葉集』（巻一四・三五七五）に「砂地辺《すかへ》」とみえる。（綱本）

吾雀《あすすぎ》〔綾部市〕

旧郷名。『和名抄』丹波国何鹿郡一六郷の一つ。ただし、高山寺本は「五雀」とする。郷域は旧志賀郷村一帯に比定されている。郷域には何鹿郡の式内社十二座の一つ阿須々岐神社があり、郷名はこの神社名に由来すると推定される。あるいは、その逆も考えられる。平安時代末から戦国時代には「吾雀荘」が営まれた。室町時代には信濃の上田城主・諏訪氏の分流の志賀氏が国人領主として吾雀荘にはいり、志賀郷の天王山城や北野城の城主となり、丹後田辺郷の代官職などを務めた。（安藤）

朝来《あせく》〔舞鶴市〕

平安時代末期に、大浦半島は丹後国加佐郡志楽庄のうちにあったが、朝来谷は観応元年（一三五〇）に足利尊氏により醍醐寺三宝院に寄進された。文書等によると「朝来」の初見は、田口神社の拓本によってその存在を知る鰐口の銘文「丹後国志楽朝来村　田口大明神　奉施入　貞和三丁亥年（一三四七）十二月二日　願主　沙弥　成願　大工金山」である。

朝来村は朝来川流域、のちに朝来谷と称される地一帯である。杉山・笹部・登尾・岡安・長内《ながうち》・白屋・下谷（吉野）・朝来中・大波上《おおばかみ》・大波下の十ヶ村を総称。現在は舞鶴市の中に入り、中央に市立朝来小学校がある。

一般的に校倉（あぜくら）が訛ったものとされるが、それは江戸期の書『丹後風土記残欠』の「御田口祠」の項に「校倉を建て穀物を蔵したもので阿勢久良と称した」とあることによる。校倉造りの代表とされる東大寺正倉院は当初甲倉《こうくら》といい、やがて甲と音読みが同じ「校」の字を充てて訓読みで「あぜくら」と言われたりもしたが、校倉は稲倉専用でなく寺宝や経典を納める倉として重用されていたという。とすると、この地に「あぜくら」に近い地名があって、後に「校倉」と結びついたと考えざるをえない。

この谷の河口部に小字田畔《たぐろ》がある。畔はあぜ・くろ・耕作地の境という意味をもつ。縄文後の寒冷化によって、弥生時代には海水が引いた後の低湿地に杭や矢板で補強した畦畔で囲った水田跡が各地で見つかっている。この朝来の谷は石高のとりわけ多い地であるが、浜田・溝越・八田・八《や》田ノ下・田黒などの小字を残している。八田《た》は低湿地を意味し、田黒は泥土・湿地である。

朝来谷の朝来川下流域においては、早くから畔を築いて水田耕作をしていたに相違ない。その中で「たぐろ」や「あぜくろ」という地名が生まれたのではないか。村の鎮守の田口神社はもと「たぐろ神社」であり、この地域を総称する地名として「あぜくろ」が「あせく」となったのではないか。西の方から朝来谷に入ると、真正面に青葉山が聳え立つ。朝来の谷は常に青葉山の向こうより朝を迎えてきたのである。そこで、「あせく」に朝来の字を用いたと考える。（高橋）

案察使《あぜち》〔亀岡市保津町〕

律令時代の官職名の按察使に由来する珍しい地名である。按察使は養老三年（七一九）に置かれたもので、地方行政を監督する役職であった。これが地名となった由来は定かでないが、この官職にあった人物の

一人が当地の出身であったのではないかという足利健亮の説がある（『新修亀岡市史』）。現在は保津町の小字。（安藤）

安栖里《あせり》〔船井郡京丹波町〕

由良川左岸の段丘上にある村。中世に武蔵国片山郷から来た新補地頭・片山氏の本拠地であった。「アセ」には水の浅い所の意味があり、また「セリ」には端、隅の意味がある（『地名の語源』）。当地の場合、狭い渓谷で端、隅の意味と関係があるかも知れないが、確定的ではない。

安栖里、坂原、中の三集落を氏子とする阿上三所神社が坂原に鎮座している。祭神は国常立命、伊弉諾尊、伊弉冊尊。「社伝」では地頭の片山氏が観応元年（一三五〇）に隣村の本庄に鎮座する阿上神社から分祀したという。

昭和三〇年（一九五五）から和知町の大字となった。（安藤）

阿蘇海《あそのうみ》〔宮津市〕

阿蘇海は、与謝野町と宮津市にまたがる、日本三景の一つ天橋立西側の内海をいう。約三・六キロメートルの砂嘴によって宮津湾奥に生じたラグーン（潟湖）で、文殊水道で宮津湾に通じている。『丹後国風土記』逸文「天椅立」条に、「これより東の海を与謝海といい、西の海を阿蘇海という。」とある（「与謝郡」参照）。風光明媚な景勝地であることから、「内の海釣する海士の船にのり　のりにし心つねにわすれず」（『夫木抄』柿本人麻呂）など、古来多くの詩歌に詠まれた。阿蘇の語源については、「阿」は接頭語で、「蘇《そ》」は新羅《しらぎ》の原号であり、民族名であるとする説があるが、今後の解明に待ちたい。

なお、「丹後与佐海図誌」によれば、阿蘇海は「あそみ」で、丹後半島北西部海岸にある、京丹後市網野町遊《あそび》の浦をさすともいわれる。（水野）

愛宕町《あたごちょう》〔右京区嵯峨〕

愛宕山は標高九二四メートルで、元上嵯峨村の北西にあり、山城と丹波の国境にあたる。愛宕町は嵯峨に含まれる。山頂にある火難除けで有名な愛宕神社は、『延喜式』神名帳に「阿多古《あたご》神社」とある。由来には、祭神であるホノカグツチが、出生時に母神に火傷をさせて死なせたためアダコ（仇子）とよばれたが、後にアタゴになったという説がある。また「アタゴ」は「アフ（逢）タゴ（曲拙路）」で、険阻な山道で出逢うと解せられる前に、もとオタギであった。川をさかのぼる舟こぎ作用タグが語源である。漢字「愛」の音変化によりオタギからアタゴになり、アタゴは山名に固定した説（吉田金彦）もある。他に、「アダ」・「アタ」がはかないの意味、「コ・ゴ」が其処の意味を持つことから墓地を示すとする説、「アタゴ」は沖縄における先祖神を祀る聖所の「ウタキ」が転訛したとする説、松明をもってくる儀式がみられることからアイヌ語ATOK（燃ゆる束をもってくる）からくるとする説、インド北東部のレプチャ語のa. tyaka（山頂）が元であるとする説、登り口が丹波側だったことから、こちらから見えない側を意味する「アテ・ゴ」からきたとする説などがみられる。なお愛宕山のある葛野郡東隣に愛宕《おだき》郡があるが、『和名抄』には「於多木」（刊本）と記す。これは仇子を忌避したという説がある。愛宕神社は全国愛宕神社の総本社で、近代以前は白雲寺とも愛宕権現ともよばれた神仏習合の社であった。平安京王城の聖地で、役小角開山の伝承があるように修験道の行場となった。明智光秀が祈願したのは白雲寺といわれるが、明治維新時には神仏分離令で寺が廃され愛宕神社とされた。昭和四年（一九二九）には嵐山と清滝を結ぶ愛宕山鉄道が、清滝から山頂まで

は愛宕山ケーブルが開通し、裏山にはスキー場もでき、観光客を集めた。（岩田）

化野町《あだしのちょう》〔右京区嵯峨鳥居本〕

化野は小倉山の東北麓一帯をいい、阿大志野とも記す。『徒然草』第七段に「あだし野の露消ゆる時なく、鳥部山の煙立ち…」との書き出しがあり、遺体を葬送した地として東山の鳥辺野とともに有名であった。古語で「あだし（徒・空）」は、名詞につけて、移りやすい、はかない、あてにならないという意味で使う。ここの葬送の地であるイメージと結びついて、地名となった。墓地のある所として、仇野、阿大師野、安陀師野などの表記で全国にも散見できるという。この地にある念仏寺は、弘法大師創建の五智如来寺として始まり、中世に法然が念仏道場をつくった際に念仏寺と改称されたという。付近から室町期前後の小石塔が多数出土し、境内に並べられており、八月の地蔵盆の千灯供養には、多くの参拝客がある。（岩田）

新シ町《あたらしちょう》〔下京区〕

七条通新町東入ル半町北入ル東隣の仲居町までの両側町である。墓群を開発して「新しく町」としたことに因む。この地の「平安京左京七条三坊五町」では、鎌倉時代後期から室町時代にかけての墓群（東本願寺古墳群）が発掘されている（『平安京提要』）。「宝永二年（一七〇五）洛中洛外絵図」に「新シ町」とある。（小西）

温江《あつえ》〔与謝郡与謝野町〕

加悦谷平野の中央部、野田川支流の温江川の扇状地に位置する。地名の由来は、アツエはアツユが転訛したもので、古代に温泉があったことから（『日本地理志』）との説、また、織りや縫いの技術を伝えた渡来人の阿知使主《あちのおみ》にちなむ、という説などがある。謁叡《あちえ》郷は丹後国与謝郡七郷の一つで、『和名抄』に見え、奈良期から平安期、室町期にかけて存続する。高山寺本の訓には「安知江」。比定地は与謝野町温江周辺とされ、同地には式内社の大虫神社、小虫神社、阿知江神社の三社がある。ちなみに小虫神社は温泉の神で、少彦名命を祀る。阿知江神社はもと小字湯の谷にあったが、明治期に大虫神社境内に移されたという。こうしたことから、温江は温泉に関係した地名と考えられる。アチエ→アツユ→アツエ、あるいはアツユ→アチエ→アツエという変化であったか。なお、与謝野町岩屋には阿知江峠があり、さらに岩屋の小字森谷には式内社阿知江岻部《あちえいそべ》神社がある。この地も元、謁叡郷の郷域であったと考えられる。（水野）

安土町《あづちちょう》〔下京区〕

御幸町通五条上ル万寿寺までの両側町である。中世以来の伝統をもつ、近江の国安土の行商人の市が当町にあったと考えられる（「朝妻町《あさづま》」参照）。寛文五年（一六六五）刊『京雀』に、すでに、現町名の「あづち町」とあり、変化はない。（小西）

姉大東町《あねだいとうちょう》〔中京区〕

「姉」は姉小路通、「大東」は東のはての意。当町は姉小路通を挟む両側町で、姉小路通を軸に並ぶ三つの小さな町域から成る。そのうち東側の部分は平安京の東京極大路にほぼ該当する、寺町通に接している。このように姉小路沿いの最東端に位置したことからの名と考えられる。なお姉小路通と平行して北側を通る御池通沿いには、やはり三つの小さな町域から成る御池大東町があり、当町との成り立ちの上からの関わりが考えられる。

「寛永一四年（一六三七）洛中絵図」に「姉小路大東町」の名が見えるが、寛文五年（一六六五）刊『京雀』・延宝六年（一六七八）刊『京雀跡追』では「あねかかうじ丁」と見え、正徳五年（一七一五）刊『都

すゞめ案内者』には「大ひかし町」と見える。現在の「アネダイトウチョウ」に固定したのは、明治以降である。　（真下）

姉小路通《あねやこうじどおり》 〔京都市・東西の通り〕

平安京の姉小路に相当する道。現在は、木屋町通から佐井通に至る通り。途中、JR山陰本線で途絶えている。荒廃していたが、東西に通じるように再興されたのは、天正一八年（一五九〇）の豊臣秀吉による京都改造計画以降のことである。小路の名の由来は不詳。今の「あねやこうじ」と呼称するのがいつからかなども、不明。江戸期までは、「あねがこうじ」「あねのこうじ」と言っていたようだ。「や」が所有の格助詞（が・の）の働きをしていると考えられる。今は漢字表記を読んで「あねこうじ」とも。　（糸井）

穴太《あのお》 〔亀岡市曽我部町〕

古くは「穴穂」とも記される。穴穂あるいは穴師、穴という地名は坑道にちなんでいて、鉱山や鍛冶業に関係している地名であると言われている。しかし、当所の場合は、鉱山の存在を窺わせる遺跡はまだ見つかっていない。滋賀県大津市の北西部に「穴太積み」と呼ばれる石積みの技術を持った工人達の存在で有名な、同じ「穴太」という地名がある。渡来系の人々が居住していた地としても知られている。大津市の穴太も、先進的な技術者が住んだ地ではあるが、特に鉱山に関係した地名とは思われない。亀岡の地元では、桑の大木の上部に穴が開いていて、その穴に毎年稲の穂が生じていたことから穴穂と呼ばれるようになった、という伝承がある（『桑下漫録』）。穴穂の表記から生まれた伝説と考えられよう。吉田金彦は大津市の穴穂（穴太）について、一般に穴穂の地が平地であって良い地形が多いことから、「優れた有名地」の意味とされた（『京都滋賀古代地名を歩く』）。亀岡の穴太も早くから開発された先進的な土地柄であることから、土地を褒める言葉に由来するという説は魅力的である。また「穴穂」から想起される、用明天皇の皇后であり聖徳太子の母であった、欽明天皇の皇女、穴穂部間人皇女との関係も考えてよい。つまり、穴穂はこの地の春日部と並んで御名代に由来する地名であり、曽我部という地名とも関連が深いとするのも一案である。

この地の先進性を物語る古墳として、犬飼川に近い丘陵上に築かれた前期から中期に及ぶ合計二五基の穴太古墳群がある。全長三〇メートルの前方後円墳が一基、方墳が五基、他は円墳である。円墳の一つから筒形銅器という儀杖に着装されたと考えられる、四世紀前半の遺物が見つかっている。注目されるのは、古墳群が所在する丘陵裾には延喜式内社の小幡神社が鎮座していることである。祭神は開化天皇であり、倭政権と丹波の豪族とが早くから結びつきを深めていたことが窺われる。

穴太に所在する西国二十一番札所の穴太寺には『今昔物語集』や『扶桑略記』等で知られる身代わり観音の説話があって名高い。また観音霊場二十番善峰寺（所在地西京区）とこの穴太寺とを結ぶ山道が山間部を通っており巡礼道と呼ばれている。

「別本前田家所蔵文書」の中の文明六年（一四七四）「野田弾正忠正軍中状」に「丹州穴太」と見えている。明治二二年（一八八九）に曽我部村の大字となる。　（安藤）

油掛町《あぶらかけちょう》 〔右京区嵯峨天龍寺〕

広沢池の南方、兜塚から西へ約三〇〇メートルにある辻堂内の阿弥陀如来坐像に由来する。総高約一・七メートルの花崗岩製で、「延慶《えんきょう》三庚戌（一三一〇）一二月八日」「願主　平重行」と刻まれており、京都市内では数少ない鎌倉在銘の石仏である。この像に油を掛けると祈願が成就するという言い伝えから「油掛地蔵」と呼ばれる。仏像に水を掛けて身体の苦しみから逃れることを祈る「水掛不動」などと同様に、近世以降の風習かも知れない。油を掛けるのは嵯峨野一帯で栽培されていた油の材料の菜種の豊作祈願や、黒川道祐『近畿歴覧記』の『嵯峨行程』にある「油掛の地蔵この辺にあり、凡そ油を売る人、この所を過るときは、必ず油をこの像に灌いで過ぐ、然れどもその由を知らず」の記述から商売繁盛祈願などが考えられる。油商人の伝説は、伏見区京橋近辺にある油掛地蔵に似る。（岩田）

油掛通《あぶらかけとおり》〔伏見区〕

京阪本線中書島駅から北へ行き、蓬莱橋を渡って二筋目の東西の通りが油掛通（油掛町）である。油掛町は上・中・下と三つにわかれているが、この通りは三十石舟の発着場、京橋から京都へ行く道路で伏見随一の繁華街であった。町名は、下油掛町にある西岸寺油掛地蔵尊から生まれた。一七八七年成立の『拾遺都名所図会』によると昔、山崎の油商人が油を荷って地蔵堂の門前を通る時、つまずいて油桶をひっくり返した。油商人はこれも定めと思い直し、わずかに残った油をお地蔵さんに掛けて供養したところ、栄えて長者になった。それから霊験あらたかな油掛地蔵となり信仰を集めたという。油掛の初見は西岸寺の任口上人と親交のあった伊勢村意朔（一六二四～八二）の「本尊に油掛けたかほととぎす」の句である。町名は西岸寺開基の天正一八年（一五九〇）から推定すると、秀吉が伏見の城下町として、真っ先に手をつけた京への幹線道路、伏見の二八町の町造りの頃と思われる。京への幹線道路沿いの町の一つが下・中・上の油掛町なのである。西岸寺には芭蕉も立ち寄って、「我が衣に伏見の桃の滴《しずく》せよ」の句を残している。（糸井・明川）

油小路通《あぶらのこうじどおり》〔京都市・南北の通り〕

平安京の油小路をベースにさらに北へ南へと延びて、現在、北は竹殿南通から、南は久世橋通を超えて、府道中山稲荷線に至っている。通り名の由来については不明。一〇世紀には、名付けられていたか。通りの北域、一条～二条辺りには、官衙町が犇めいていたが、予想されることは、この通りのいずこかに室・倉、または油商人の座があったのかも知れない。

宝暦の『京町鑑』に「太閤秀吉公、洛中洛外の限りを立給ふ節、油小路を中にとりて条里を割給ふと也」とするのは注目される。（糸井）

油屋町《あぶらやちょう》〔中京区〕

油屋の町。『京都坊目誌』『京都府地誌』では、慶長年間に当町に五十嵐某という富豪が住み、油を販売していたことからの名だとする伝承をあげており、これに従いたい。油脂は現代では燃料用・工業用に大量に使用されるが、中近世には主に灯火用と食料および化粧用（頭髪用）に用いられた。これらは主として植物性の油であり、原料としては胡麻・荏《え》胡麻《ごま》・椿・榧《かや》・菜種《なたね》などが用いられた。戦国大名斎藤道三が菜種の栽培で莫大な利益をあげた説話でも知られるように、戦国時代の物流の盛行の中で活躍して富商となった油商人もあって、京の町ではこの種の噂話が再三、取り沙汰されたのであろう。

蛸薬師永福寺の西側、蛸薬師通を挟む両側町で、町地の東は麩屋町通に接し、中央部に富小路通が通る。商業地として活発な経済活動の展開された地域であり、室町時代にはすでに酒造が行われていた（「応永三二年酒屋交名」）。近世期の油屋は近隣から原料を買い集めて製造販売していたが、その原料の買い入れや販売にも利便性に高い立地であったろう。『都すゞめ案内者』『京町鑑』『京都坊目誌』などからは、表記に多少の差こそあれ、近世期を通して「油屋町」と呼ばれたことが確認される。

　ちなみに中京には当町にほど近い柳馬場通姉小路下ルに、同名の町がある。（真下）

海士《あま》〔京丹後市久美浜町〕

　海士（海部《かいべ》）は、久美浜町のほぼ中央部に位置し、西側を川上谷川が北流して久美浜湾に注ぐ。『和名抄』の熊野郡海部郷《あまべごう》の一部に比定される。海士は海部直《あまべのあたえ》ゆかりの地であることから、その名が残る。海部の里に海部直が館を造って国府としたという伝説があり、海士のはずれの丘陵には、海部直の館跡と伝える六宮廻（現在は楼宮廻と書き、「ろうみやまわり」と呼んでいる）の地名が残る。また海部直の祖である建田勢《たけだせ》命《みこと》とその子武諸隅命《たけもろずみのみこと》、和田津見命《わたつみのみこと》を祀る矢田神社があり、式内社の矢田神社に比定される。同社は海部直の子孫が代々祝《はふり》として奉仕し、もともと「橋爪」（別項参照）にあったが、中世になって現在地に遷座したと伝えられる。この矢田神社には、安曇系海人族の拠点の地にある、九州の志賀海神社と同じ祭神を祀る。「海士郷」として室町期に見え、「丹後国御檀家帳」には「一　川かみのあま　家八拾軒斗」とある。（水野）

余内村《あまうちむら》〔舞鶴市〕

　旧村名。明治二二年（一八八九）町村制施行に際し、『和名抄』における加佐郡九郷のうち余戸郷と大内郷の郷域の村々が合併して生まれた合成地名の村名である。すなわち円満寺・上安久・下安久・福来・倉谷・清道・天台・上安・和田・長浜・余部上・余部下の一二ヶ村が合併した。明治三四年（一九〇一）に海軍の舞鶴鎮守府が開庁し、翌年その中心地区である余部上・余部下・和田・長浜の四字が余部村を設立。余内村は昭和一一年（一九三六）に舞鶴町に編入されたが、現在もこの村域を「余内」と称する人が多い。市立余内小学校、余内交番がある。（髙橋）

天ヶ瀬《あまがせ》〔宇治市紅斉《こうさい》〕

　甘樫浜《あまがしのはま》と呼ばれる船着場が宇治川左岸にあったが、その甘樫によるもの。急流であった宇治川が、穏やかな流れを見せ始めるあたりの地名で、古くは、尼ヶ瀬と記されている。甘樫という地名は、奈良県明日香村の甘樫丘《あまがしのおか》が有名であるが、池田末則は、飛鳥川のS字型に曲流する所に立地しているという意味の曲《まが》＋瀬で、宇治の天ヶ瀬も曲流地の意ではないかという。甘樫丘の前の飛鳥川にはアマガセの渡があり、『和州旧跡幽考』には「飛鳥川にあまが瀬のわたりといふあり。あまかしの片言（訛のことば）なるべし」とある。江戸時代、宇治田原からの柴薪などが竹の輪で粗く束ねただけで田原川に流され、ここ甘樫の浜で拾われきちんと束ね直されて、いわゆる宇治の柴舟としてさらに下流に運ばれていた。『宇治川両岸一覧』（万延元年〈一八六〇〉）には、その柴薪を集積する甘樫浜の光景が描かれている。尼（天）ヶ瀬という地名は、宇治田原から尼ヶ瀬浜までの車道を、田原川・宇治川左岸に開鑿した際の「宇治道改修工事計画図」（工事完了の二年後、弘化三年〈一八四六〉の写し）の図面の中に見えるので、宇治道改修工事が云々され始める一八世紀初め頃にはなされていたのではないだろうか（「宇治川筋道普請願状留」宝永三年〈一七〇六〉）。現在、アーチ式ダムがあり、また、吊り橋もかかって景勝地の一つである。（髙木）

天座《あまざ》〔福知山市〕

　由良川支流・雲原川上流で丹後国との境界近くの山間の村名。「天寧寺文書」の文安四年（一四四七）「臣唱寺寄進田畠注文」の中に「あまさ分」として地名が出る。地名の由来は、当地に「御座石」という天照大神を祀る岩があることによるという。これは神が降臨するとして信仰された石くらである。

当村内には平安～鎌倉時代の『大般若経』六〇〇巻を所蔵する大年神社がある。この経典は福知山市の指定文化財となっている。

昭和三〇年から福知山市の大字となった。（安藤）

天田《あまた》（福知山市）

旧郡名。『和名抄』に見える丹波国六郡の一つ。『東大寺要録』の天平一九年（七四七）に「丹波国天田郡五十戸」と、天田の郡名が見えている。『和名抄』には郡内の郷として六部、土師、宗我部、雀部、和久、拝師、奄我、川口、夜久、神戸の一〇郷が記されている。地名の語源は、「アマ」すなわち「アメ」には天、雨、海、海人、海部の意味がある（『日本古語大辞典』）ので、海部との関わりも考えられよう。吉田金彦は、「天田」の由来について、本来アマ（海人）族の開いた田だった、しかしやがて天に向かってアマ（天水）を乞い、またそれを恐れ、日の神の照りますことを祈らねばならなかったので、「天田」へと意味と表記とが変わったものとしている（『京都滋賀古代地名を歩く』）。そしてこの地に和久、拝師両郷の氏神として「天照玉命神社」が鎮座することに注目している。祭神は天照国照彦火明命で、丹後一宮・籠神社の主神と同じである。そして姫髪（姫神）山は、この神社の神体山と考えられるのである。

平安時代中頃から郡内に郷名を継承した荘園が成立した。明治九年には京都府に所属した。（安藤）

天津《あまつ》（福知山市）

由良川中流域の左岸にある、室町時代から見える村名。「天寧寺文書」の応永二七年（一四二〇）「足利義持御判御教書」にある天寧寺の四至に「限東天津堺」と地名が現れている。当村は西から由良川に注ぐ大呂川の合流地点に当たり、また由良川沿いに舞鶴に行く道から与謝峠によって丹後に入る道も分岐している交通の要地である。従って当地に営まれた由良川の港（津）にちなむ地名であろう。一七世紀中葉以降は上、下の天津に分村した。

昭和三〇年から福知山市の大字となった。（安藤）

尼塚《あまづか》（城陽市寺田）

市の東北に位置する東部丘陵一区画の小字名。もと四世紀終わりごろの尼塚古墳群を形成していたが、団地造成によりいまは一部の保存のみとなった。地名はその古墳名からきている。『城陽史誌』によれば、明治維新以前には「天の塚」と表記していたが、テンノツカと読んではお上に聞こえては面倒と、明治初年に当時の戸長が役場に要請して「尼の塚」と書き換えさせたものだという。太秦に「天塚《あまづか》」（六世紀）があり、もと壮大であった尼塚は、低地から仰げば「天塚」であったともいえる。（齋藤）

天橋立《あまのはしだて》（宮津市）

天に架けて立つ橋のように見えることから名づけられた地名。「海橋立」とも表記される（『百錬抄』治承四年〈一一八〇〉）。宮津市にある名勝で、陸奥の松島、安芸の宮島と並び日本三景の一つ。宮津市江尻から文殊まで続く砂嘴で、長さは約三・六キロメートル、幅は一九から四九メートル。天橋立によってできる内海を阿蘇海と呼び、外海を与謝の海（宮津湾）という。白砂青松の景勝地で大天橋《だいてんきょう》と小天橋《しょうてんきょう》からなる。また、砂嘴の南側に文殊水道があり、内海と外海が通じる。地名の初見は『丹後国風土記』逸文に見える「天椅立」。近くには、西国札所の成相寺のほか、日本三文殊の一つ智恩寺（文殊堂）、奈良期創建の国分寺（跡）、丹後一ノ宮の籠神社などがあり、地名「府中」が残る。また、大天橋濃松《あつまつ》には吉佐宮の故地といわれる天橋立神社があり、その境内には日本名水百選に選ばれた「磯清水」がある。（水野）

天引《あまびき》〔南丹市園部町〕

　江戸時代の園部藩の村で元禄一三年（一七〇〇）の「丹波国郷帳」に上天引村、下天引村とある。瑠璃《るり》渓より流れ下る天引川とその西方の谷を流れる奥山川が合流して園部川となる。その源流の山を含む広域の村である。奥山川にそって西北に上って行くと篠山街道（山陰道）の天引峠で、多紀郡（兵庫県）との境界である。天引の語源は明らかでないが、今、舞鶴市城屋に揚松明の行事で知られる雨引神社があり、この神社は「天引」「天曳」とも記されることから、「天引」は「雨引」の意であり、稲作に不可欠な降雨への農民の願いが込められた地名であると考えられる。

　明治初年に上天引村と下天引村が合併して天引村となった。昭和三〇年（一九五五）から園部町の大字となった。（安藤）

海部郷《あまべごう》〔京丹後市久美浜町〕

　旧郷名。海部郷は、『和名抄』丹後国熊野郡五郷の一つである。郷内に海士《あま》集落（「海士《あま》」参照）があり、海人族の雄、海部《あまべの》直《あたえ》ゆかりの地名であろう。『大日本地名辞書』はアマベと読み、「海部と云ふは、蓋余部の仮借のみ、久美郷の剰戸なるべし、文字に拘るべきに非ず」とするが、首肯できない。海部郷は川上谷川の中・下流域から久美浜湾東側にかけての地、つまり橋爪、海士、油池《ゆうけ》、甲山、神崎、浦明《うらけ》一帯と推定される。『日本地理志料』は「海士、油池、甲山、浦明、神崎」村とし、『大日本地名辞書』は「海士村」に比定している。（水野）

余部《あまるべ》〔舞鶴市〕

　一般に余戸《あまりべ》は、大化改新後の律令国家で国・郡の下に里をおき五〇戸をもって一里とした時、それに満たない集落が生じた場合に称した小集落のことで、余部《あまるべ》・余目《あまるめ》ともいわれ、全国各地に存在している。

　しかし、舞鶴の余戸（余部）は余り戸ではなく、海人とかかわる部即ち海《あま》（人）部《べ》であると考える。舞鶴湾の中央に張り出して東港と西港を分けている地域が古代の余戸郷であり、海に面して北吸・余部・長浜・和田・安久の村があって、高倉神社を鎮守としていた。

　古い時代に、進んだ漁猟技術を身につけ巧みに舟を操り、九州から出雲や能登までも対馬海流にのって北上してきた海人が、日本海沿岸各地の条件の良い土地に拠点を作り住みつき、また互いに交流しあいながら強固な海人の村を形成していったといわれる。但馬・丹後・若狭の海辺の地域には海人の伝承があるが、舞鶴の余戸も凡海郷と共に海人の定着した土地柄であるとみる。鎮守の「高倉神社」、湾口の「金ヶ崎」、競漕で参る「雄島まいり」等海人の伝来を語るものである。

　中世には余戸郷は「余戸里」と称せられて、一四世紀中頃より天龍寺や春屋妙葩《しゅんおくみょうは》と関わりをもつようになり、康暦元年（一三七九）嵯峨宝幢寺鹿王院の庄園となって、一五世紀中頃までは維持されていた。余戸里に開かれた雲門寺は江戸時代には下安久を除く五ヶ村の氏寺となり、寺をとりまく地域が次第に余戸里（余部）の中心になっていたので、この地域が大字余部上・余部下として残ることになったと思われ

る。江戸期には高倉八幡宮は長浜・和田・下安久・北吸・余部上、下、六ヶ村の氏神であった。（髙橋）

余部町《あまるべちょう》〔亀岡市〕

『和名抄』にある郷名。律令時代の部の名が起源。弥生時代の住居跡が多数見つかっており、早くから開発された地である。『新修・亀岡市史』によると、明智光秀は亀山城築城の時、村民を荒塚村へ移動させようとしたが、村民は田地から遠くなったため帰住を願った。その結果、城の北西のもとの京街道沿いに東西の町並みが形成されたと言う。また『桑下漫録』によると、東方の京街道沿いにも村民の集住が行われて余部新町が形成された。そして新町は元和七年（一六二一）に河（川）原町と改称したとされる。

明治二二年（一八八九）に亀岡町の大字となり、昭和三〇年（一九五五）からは亀岡市の町名となっている。（安藤）

天若《あまわか》〔南丹市日吉町〕

江戸時代に船井郡内の大堰川最上流に上世木村があり、それから下流に世木林村、宮村があった。これらの村は、近世初頭の訴訟文書「湯浅文書」に世木庄内の村として出てくる。「天若村」はこの三村が明治九年（一八七六）に合併して成立した。村名は世木林村に鎮座する天稚神社の名によっている。

南丹市日吉町の山間部で大堰川を堰止めた大きなダム工事によって、人工の湖が出現した。このダム工事に際して天若地区の集落が水没するにあたって、民俗資料の調査と遺跡の発掘調査が行われた。調査成果は新設された民俗資料館に展示されている。発掘調査の結果、発見された遺跡は縄文時代から鎌倉時代に及び、天若遺跡と名付けられた。縄文時代では陥穴状遺構が発見された。古墳時代では、竪穴式住居跡が三九棟も見つかっている。五世紀末から七世紀半ばまで続いた山間の集落遺跡であることが分かった。七～八世紀の奈良時代についても土坑や井戸跡によって集落の存在が予測された。そして奈良～平安時代には周山地域は都に向けての木材の供給地であったことから、天若遺跡地こそ、木材搬出の中継地あるいは搬出地であったと考えられている。

昭和三〇年（一九五五）から日吉町の大字となった。（安藤）

阿弥陀ヶ峰《あみだがみね》〔東山区〕

平重盛が当山麓に四十八精舎を建立し、毎夜四十八燈を灯し、毎月一四、一五日に大念仏を修したことにちなんで阿弥陀ヶ峰という（『京羽二重織留』）。また同書「又鳥部山にあみだが峰あり」とは、『京都坊目誌』などが掲げるように、阿弥陀ヶ峰を鳥部山と呼んだことによる。「阿弥陀《あみだ》」とは古代インドの文語である梵語でA-mita（量ることができない、無量、無限）を音写したもの。また、一説にはかつて山腹と山麓に阿弥陀堂があったからとも。この阿弥陀堂は天平五年（七三三）に僧行基が建立したとされるが、鳥部野葬送地の創始者とする説とともに信憑性が薄く、後に日蓮宗徒により焼失された。東山三十六峰の一つ。東山七条の東方、山麓に新日吉《いまひえ》神社、山腹と山頂に豊国廟があり、北に鳥辺山、清水山、清閑寺山、南に今熊野山がある。

阿弥陀ヶ峰の別称を『京都坊目誌』は鳥部山、『扶桑京華志』は豊国山、そして『山州名跡志』は鳥部山と阿弥陀ヶ峰は別地とするが、古代、当山麓一帯は鳥部（部民）の居住地であり、顕昭『拾遺抄註』に「トリベ山は阿弥陀峰ナリ」とあるように、元来は阿弥陀ヶ峰を鳥辺山と呼びならわしたと考えられる。『枕草子』に「峰は、阿弥陀の峰」とある。

当地の名を冠した町名は当山の位置する今熊野阿弥陀ヶ峰町。（忠住）

網野町《あみのちょう》〔京丹後市〕

旧郷名。網野郷は、『和名抄』丹後国竹野郡六郷の一つで、引き続き室町期から戦後期までみえる。網野の由来は、垂仁天皇の時代、天湯河板挙命《あめのゆかわたなのみこと》が但馬から水江に来て、水に浮かぶ白鳥をとらえようとして、松原村の遠津神に祈願して水江に網を張ったことによるという（『網野町誌』）。または、「ア（接頭語）ミ（水）ノ（野）」で元は潟湖だったことからの命名か。松原村が平安期にみえ、網野町網野の小字に松原がある。このことから、松原村は網野郷の中心だったことが想定される。松原村は、松の木が多く自生していたことに由来するものであろう。

現在の町名は、『和名抄』にみる網野郷の郷名を引き継いでいる。天平勝宝四年（七五二）の正倉院文書に「竹野郡網野郷」とあるのが初見か。福田川の下流域に位置し、日本海に開け、東方には離《はなれ》湖がある。

全長一九八メートルで日本海側最大規模を誇る前方後円墳の網野銚子山古墳があり、付近には浦島子の屋敷跡やしわ榎など、浦島子にまつわる伝承が残る。また、網野地内には網野神社が鎮座し、水江浦島子神、水江日子坐王命、住吉大神を祭神とする。境内の早尾神社には天湯河板挙命を祀る。但馬・丹波（丹後）の伝承では、天湯河板挙命が白鳥を追った道筋は、但馬の養父市八鹿町の網馬《なんば》（和那美《わなみ》神社）、豊岡市森尾（阿牟加神社）、同下宮（久々比《くぐい》神社）を経て網野（松原村）に至り、鳥取（京丹後市弥栄町）でこれを捕らえた、という。鳥取には、古代大製鉄遺跡の遠處《えんじょ》遺跡がある。（水野）

飴屋町《あめやちょう》〔下京区〕

東洞院通七条上ル下珠数屋町通までの両側町である。「寛永正保の頃、粟飴製造の家ありしより」（『京都坊目誌』）とある。慶長七年（一六〇二）東本願寺領となり、寺内町の形成へと進んだ。宝暦一二年（一七六二）刊『京町鑑』には「飴屋町」とあり、以後変化はない。（小西）

綾小路通《あやのこうじどおり》〔京都市・東西の通り〕

平安京の綾小路に相当し、現在寺町通から天神川の少し西までの通り。途中、西院の四条中学校で中断。平安中期には「綾小路」の名が付いていたとみられる。「綾」は織物を指す。織物に関係する商店の多い通りだったのか。「綾錦」という言葉があるが、「綾小路」の存在を意識して、「錦小路通」の名も付いたといわれている（「錦小路通」参照）。（糸井）

綾部市《あやべし》〔京都府〕

由良川中流域にある都市の名。地名「綾部」は『和名抄』に丹波国何鹿郡の一六郷の一つ「漢部」として現れる。地名の由来としては、当郷には「綾部」が置かれ綾氏の支配下にあったと推定される。郷域は味方町を除く旧・綾部町域と推定されており、郷内には青野遺跡、綾中廃寺などの注目すべき遺跡が存在している。

「神宮雑書」の建久三年（一一九二）の「伊勢大神宮神領注文」に「丹波国　御厨」とあって、鎌倉時代に伊勢神宮の御厨が置かれていた事が分かる。また室町時代の応永一〇年（一四〇三）上杉憲定の領するところとなった。その後、『大日本古文書（上杉家文書一）』の「上杉顕定裏封文書目録」、明応五年（一四九六）に「丹州漢村事」とあって、やはり上杉氏が知行していた。

「元禄郷帳」では、当村の枝村として野田、味方、青野、坪ノ内、新宮、寺、田野、井倉の八ヶ村の名が見える。明治二二

年（一八八九）に合併して綾部町が成立し、旧村町名を継承する一三の大字が生まれた。（安藤）

荒内《あらうち》〔向日市鶏冠井町〕

大極殿（地名）の北側に、「荒内」がある。喜田貞吉によれば荒内裏《あれうち》の略であろうという。大津京に「蟻の内」という地名があって、荒内裏の変化したものという。長岡京には内裏跡が二つある。平城京から遷都したのと同時に造った内裏（第一内裏）と、その後、移した内裏（第二内裏）だ。つまり、この地は、長岡京の内裏跡だった。延暦一三年（七九四）に編集された『続日本紀』によれば延暦八年（七八九）二月二七日に「西宮から東宮に移す」と内裏の移転を記している。鶏冠井町沢ノ東で出土した、延暦八年正月一七日付木簡に「造東大宮所」とある東大宮がこの東宮であろうから、皇太子の御所という意味の東宮ではなく、第二内裏ということであろう。

ところが、第二内裏は、明治初年までの狭い地名の荒内とは別のところにあった。今でこそ旧小字「裏道下・山王・ヲワン・荒内・今開《いまびらき》」を合併して、小字荒内と呼んでいるが、昔はそれぞれ独立した小字であり、ことに今開は他の小字が東西に並んでいるのに対して、鍵形に南へ不自然に連繋している。その旧今開の東の小字御屋敷・坊の後（現在は東井戸の西半部となる）・東井戸にわたって第二次内裏があったことが明らかになった。

なぜ、廃都後に地名をつける時、第二内裏の跡を荒内といわなかったのか。また第二内裏へ移った後の第一内裏はどうなったのか。思うに内裏正殿は、伝統を守って遅くまでかやぶきまたは桧皮葺で、掘立柱であった。したがって伊勢皇太神宮のように二〇年ごとに遷宮の例があったのかも知れない。そうすると、最初に造った内裏が荒れはてたのを当時の人が、荒内裏と呼んだのだろう。また、荒内の西にある、古い地名の「ヲワン」は大安殿《おおあんでん》（大極殿の旧称）のなまりかも知れない（中山修一「長岡京に関連する地名」『地名の世界』所収）。（綱本）

荒木《あらき》〔綴喜郡宇治田原町〕

町の中心部にある大字名。田原川中流域北側になる。平安期に「荒木里」でみえる（『平安遺文』他）。古代の田原道・信楽街道に沿う位置にあり、早くから開かれてきた地とみられる。地名の由来は、「新墾《あらき》」あるいは「新開《あらき》」の意で新たに開発した土地をいうのであろう。山瀧寺、大宮神社などの古社寺で知られる。山瀧寺は、飛鳥時代後半（七世紀後半）に同町内で最初に建立とされる寺院で、焼失と再建を繰り返した。現在は十一面観音立像しか残されていないが、荒木の地は山瀧寺を中心に形成されてきたと考えられる。荒木は、江戸期（江戸～明治前期まで村を形成）は茶・渋柿が特産であった。（齋藤）

嵐山《あらしやま》〔西京区〕

現今は渡月橋向こうに見える山々の総称だが、最初は旧、上山田村～松室村の桂川（葛野川）の古い荒れ川の状景を云う地理の言葉だった。語源は『日本書紀』顕宗天皇三年二月の条にある「歌荒樔田《うたあらすだ》」に基く。この地名の内、「歌」は延暦十二年正月に葛野郡に遷都した宇太村の「宇太」であり、「荒樔」は文字通り「荒洲」「荒田」などと同じ句「自然のまま、荒れ果てた」の意のアラスで、ここのは「荒々しい砂地、瓦礫の砂洲」であって、「田」は「特別な処」の意である。旧桂川が泰氏によって改修される以前の古代は、保津峡の土石流で葛野川が氾濫し、その被災の土地柄を示す語であった。が、そこは松尾の神を祭る聖なる地域でもあり、特に重要視された田（処）でもあった。『書紀』にウタアラス田と「田」の字を添えたのは、「神に奉る料の御田よりやがて地名ともなれるなるべし」（『日本書紀通釈』）と解したように、川沿いの御料田の意味になっている。「荒樔」の語源にアル（産）の他動詞を宛て、神の誕生の意味があるとする解釈（『日本古典文学大系　日本書紀』頭注）は、変遷を取り違えた不具合があるから、この説には従わない方が良い。

御料田ができたもとの荒れた渓谷地名から、山名に対象移動し、松尾山から小倉山へと視野も移動した。田を切り離した「荒樔（洲）」という語は「荒洲にある山」に取って変わり、「嵐の山」とずれを起こし、山の対象も目に映る「小倉山」を含めていうようになり、それが「嵐山」と変化した。途中で「小倉山」を名指ししたのは、「大堰川浮かべる舟の篝火に、をくらの山は名のみなりけり」（『後撰和歌集』）や、「名もしるし峰の嵐も雪と降る山桜戸の曙の空」（『新勅撰和歌集』）などの歌があることに拠っても知れるように、小倉山がやがて嵐山になったことを示している。河畔の山が暗くなるまで、松などの常緑樹が茂っていたので、をぐらやま（尾暗山）と云った情景が覗える。川から山へ、アラスがアラシに変わるにしたがって、山の風情も松から紅葉に移り、華やかな色彩を愛で、風に散る景色を称賛するようになり、「嵐山」は完全に山の固有名詞になった。「朝まだき嵐の山の寒ければ、紅葉の錦着ぬ人ぞなき」（『拾遺和歌集』）、「大井川古き流れを訪ね来て嵐の山の紅葉をぞ見る」（『後拾遺和歌集』）など、紅葉と共詠される「嵐の山」は平安時代の歌枕になったが、嵐山に桜が植樹された中世以降は、さらに桜も加わって助詞「の」を略した固有名詞「嵐山」は春秋遊覧の名所となった。古代の災害地名から、中古の文学地名に、さらに中世以降現今に至るまでの、観光地名へと推移したのである。地名「嵐山」の意味変遷は、古代の政治経済史と結び付いており、古く秦河勝、近世の豪商角倉了以など、大堤川を巡る水運日本史に明らかであるから、此処では省略する。　（吉田）

阿良須神社《あらすじんじゃ》 〔福知山市大江町北有路〕

由良川左岸旧河守街道（国道一七五号線）北側の山麓（大江町北有路）に鎮座する。現在はバイパスが出来て、この神社の裏側を通り抜けている。『延喜式神名帳』にみえる阿良須神社に比定される。境内には古墳があり、須恵器が出土し、古くから人が住みついたところである。旧村社。アラスのアラには荒・新・有・阿良が充てられるが、スは砂・州・栖・巣で押し流されて堆積した土砂、河原、住み処の意を持つ。由良川はここで大きく湾曲しており、神社の前面には河原が広がる。アラスは「荒州《あらす》・新州」であろう。「室尾山観音寺神名帳」の正三位有栖明神と思われる。

舞鶴市小倉に同名の神社がある。それは明治期からであり、中世には西大寺領志楽庄の鎮守として「一宮大明神」と称していた。明治三六年に「阿良須神社」に改められたが、今も「正一位一宮大明神」の幟を掲げ、志楽谷五字《あざ》の総社として秋祭りが行われている。

式内社阿良須神社の祭神は安産の神とされ、古来子宝・安産・女性の守護神として崇敬されている。　（髙橋）

荒見田《あらみだ》 〔城陽市富野〕

ＪＲ奈良線長池駅の西に位置する小字名。南に式内社荒見神社（久御山町田井にも同名神社があり、どちらが式内荒見神社であるかは不明）がある。城陽市には水とかかわる名の神社が多い（水度神社・水主神社など）。荒見神社（『山城国風土記』逸文に

「荒海社」、『延喜式』に「荒見神社」）の「荒見」は荒水の転字とされ、河川の水害から守るため水神を祀ったものと思われる。地名の荒見田は、その状況をよくあらわしている。五穀豊穣を切に神に祈る必要からの起こりを、荒見神社の存在が証している。

（齋藤）

荒見町《あらみちょう》〔北区衣笠〕

町内を流れる紙屋川（天神川）はかつて荒れ川であつた。古くは荒見河ともいい大嘗祭の前に河禊を行った。その初見は『類聚三代格』貞観一四年（八七二）一二月一五日付太政官符に平野神社の社地の四至を「東限㆓荒見河㆒、西限㆓社前東道㆒、南限㆓典薬寮園㆒、北限㆓禁野地㆒」と載る。

地名由来は、大嘗祭の前に汚穢を除くため行う禊祓（河祓）を「散斎《あらいみ》」（荒忌《あらいみ》）といったから（荷田《かだ》在満《ありまろ》『大嘗会便蒙』）という。

しかし、荒れ川だからアラ（荒）・ミ（水）の意だろう。同町北側も北大路通まで北荒見町で紙屋川が貫流する。東側は紫野西土居町で御土居跡の町名、北野天満宮内などにも御土居跡があるが、紙屋川の氾濫から市街地の被害を防ぐ堤堰だった。

（綱本）

荒山《あらやま》〔京丹後市峰山町〕

荒山は、竹野川の中流域に位置する。集落の北東の山裾に式内社の波弥《はみ》神社があり、祭神は建埴安命《たけはにやすのみこと》とするが、同社は別名「天酒《あまさか》大明神」といわれ、豊宇賀能咩《とようかのめ》命《みこと》（豊受大神《とようけのおおかみ》）が祭神ともいう。『丹後国風土記』逸文「奈具社」の条に「（老夫婦の惨酷な仕打ちを恨んだ天女が）我が心、荒塩に異なることなしと云ひしかば、仍りて比治里の荒塩の村と云ふ」とみえる。比治《ひじの》里《さと》の比定地は、峰山町久次《ひさつぎ》とする説もあるが、『丹哥府志』、『丹後旧事記』などは、荒山が「荒塩村」の遺名であろうとする。また、『丹後旧事記』は、「荒山村という は、荒汐《あらしお》山の汐の字を抜いた」という。この説に従えば、荒塩村には荒汐山があったことになる。一方、波弥（ハミ）は蝮《まむし》の古名（『和名抄』）であり、大蛇を意味するため、荒山は荒ぶる神の山に由来するとする（『古代丹後文化圏』）。

弥生時代前期末から中期初頭に築造された方形台状墓二基が検出された七尾遺跡があり、扇谷遺跡の集落に対応する墓域と推定されている。

（水野）

有王山《ありおうやま》〔綴喜郡井手町井手〕

町大字井手東方の山名。玉川上流の山地に江戸期成立の田村新田があるが、その地に有王・南有王という小字がある。その南に位置する山（三七七メートル）である。

有王山は、元弘元年（一三三一）笠置の合戦に敗れた後醍醐天皇がさまよった山と『太平記』の記すところで、「山城の多賀郡なる有王山の麓まで落させ玉ひけり」とある。有王山の地名の由来は、『山城名勝志』記述の橘諸兄の曾孫有王の居住によるとはよくいわれるところである。『山州名跡志』は「有王の名義不詳」とする。史実の云々は不明だが、井手の歴史に影響力をもつ橘諸兄伝承の一つと理解したい。西方の石垣地区は諸兄居住地とされ、かつてあった井堤寺（玉川北側）は諸兄創建とされている。なお、井手町南部の石垣南端に所在の地福寺（伝諸兄創建、伝諸兄念持仏・位牌安置、諸兄塔がある）の山号は有王山である。また有王山麓には俊寛屋敷跡・俊寛に仕えた侍童有王の別業跡の伝承を伝えるが（『雍州府志』）、諸兄曾孫の有王伝承からさらに派生したものであろう。ちなみに「有王」という諸兄の曾孫になる人物は、たしかに橘氏系図の中に存在する（『日本系譜綜覧』）。

（齋藤）

有道《ありじ》〔福知山市大江町〕

旧郷名。『和名抄』丹後国加佐郡九郷の一つに「有道《ありち》」郷があり、高山寺本は「安里知」と訓を付す。由良川流域に有路の地名が残る。大江町の北有路・南有路がその郷域と考えられる。アリ（有）は存在する、すぐれて存在する意、ジ（道・路）はミチ（道）ツチ（土）を意味する語であり、つまり要路であることを表す。実際、有路は由良川河口部の由良・神崎の湊と中下流の接点にあたり、田辺藩の統制下においてこの地で荷の積み替えが行われた。すぐ上流の河守で丹波から丹後へのいくつかの道が合う交通の要地である。（髙橋）

有栖川町《ありすがわちょう》〔右京区嵯峨野〕

「有栖」は荒樔・荒瀬の意味をもつ。古くは、嵐山が荒樔山、大堰川（桂川）が荒樔川であったといわれる。河川の有栖川は、観空寺谷町と広沢池に源を発し、梅津で桂川に合流する。『徒然草』第一一四段には「今出川のおほい殿、嵯峨へおはしけるに、有栖川のわたりに……」と記される。江戸期は重要な用水路として利用された。有栖川町は広沢池の南方で、車折《くるまざき》神社東を流れる有栖川の左岸にある。北区を流れ歌枕となっている有栖川と混同されることがある。（岩田）

粟田口《あわたぐち》〔左京区〕

古代の愛宕《おたぎ》郡粟田郷に由来する。京中から東海道・東山道への出口。三条通を経由して大津へ抜けるので、三条口・三条橋口・大津口とも。郷名「粟田」は、『和名抄』高山寺本に「阿波太」、刊本に「阿波多」と見える。アハの語源は、植物の「粟」とは関係なく、きわめて古い交通語で、国名アハ（阿波＝徳島県、安房＝千葉県房総半島先端）と同じく、水路・陸路の入口を示す動詞アフ（逢）の変形アハ（逢）である。タ（田）はツ（津）と同語。要地の意。ゆえにアハタ（粟田）は、近江のアハツ（粟津）と同等する語で、古来、交通の要衝で、出入口の意であった。後に「口《くち》」が付け加えられたのは、粟田の古義が忘れられたからである。『日本三代実録』元慶三年（八七九）五月四日条には「太上天皇、清和院ヨリ遷リ、粟田院ニ御ス。即チ是レ、右大臣藤原朝臣ノ山庄ニシテ、鴨川ノ東ニ在ル也」と見え、清和天皇が清和院すなわち良房邸の「染殿」から基経の山庄「粟田院」へ遷御したことが知られる。『古今和歌集』墨滅歌・一一〇五には「そめどの、あはた」を詠み込んだこの時の歌が見える。粟田は、平安貴族の別業地でもあった。なお、清和天皇は、四日後の五月八日、落飾入道。翌年一二月四日「粟田院」で崩御。七日「山城国愛宕郡上粟田山」（黒谷金戒光明寺の裏山）に葬られた。

現在、左京区と東山区に分かれ、左京区に属して粟田口を冠するのは、鳥居町・如意ヶ嶽町・山下町・大日山町の四町。（笹川）

粟谷《あわだに》〔城陽市市辺〕

市南部の木津川に合流する青谷川左岸の小字名。粟神社の南に位置する。古老によると、昔市辺では粟神社辺に一族が住んでいたが平地に下りてきた。その地を粟谷とはいわず粟明神からきた通称ミョウジンタニといっている。粟谷の別称と思えるが、当地における粟神社の信仰を物語る。粟谷は、市の四大地区の一である青谷の初期の地名表現であろう。すなわちアハ（アワ）がアヲ（アオ）へと転訛、アオは緑豊かな当地の象徴を示す。そのアワはまた、青谷川の一渓谷粟谷からきたもので、古くは粟氏一族（粟氏については『続日本紀』宝亀七年に直《あたい》の姓を賜ったことがみえる）の居住地をいうとされる。粟氏は、阿波国阿波郡を本貫地とした一族で、その祖神を祀ったのが粟神社の起こりといわれる（『城陽町史』）。「粟谷」の地名は、その粟氏の居住からきたものであろう。（齋藤）

庵我《あんが》〔福知山市〕

『和名抄』丹波国天田郡一〇郷の一つ。「奄我」とも書かれる。語源は明らかでない。当地には式内社庵我神社が鎮座する。『続日本紀』の宝亀四年（七七三）に「丹波国天田郡奄我社有盗」と、この社殿に盗人が入った記録があるのは興味深い。平安時代末から室町時代には荘園が設置されていた。

明治二二年（一八八九）五村が合併して庵我村が成立した。昭和一一年（一九三六）福知山町の一部となり、昭和三〇年からは福知山市の大字となった。（安藤）

安国寺町《あんこくじちょう》〔綾部市〕

由良川の支流・八田川右岸、高城山（二九九メートル）の東麓台地に臨済宗・安国寺がある。地名はこの寺に由来する。この寺はもと光福寺と称していた。足利尊氏の母方の上杉氏ゆかりの地・上杉町は隣接地で、上杉氏とも関係が深かったと推定される。暦応元年（一三三八）に尊氏が夢窓疎石の勧めによって南北朝戦乱の戦死者の菩提のため各国に設置した安国寺の筆頭寺院として、室町幕府の厚い帰依を受けた。その改称は康永〜貞和年間（一三四二〜一三五〇）のことで『安国寺文書』（『綾部市史』史料編）の貞和二年（一三四六）「足利尊氏寄進状」に「丹州安国寺本号光福寺」とみえている。

明治二二年に東八田村の大字となる。昭和二五年（一九五〇）に綾部市の大字、同二六年、安国寺町となった。（安藤）

安朱《あんしゅ》〔山科区〕

山科盆地の北端の中央部に位置する。延宝元年（一六七三）、安祥寺村と朱雀村とが統合した時、旧村名から一字ずつをとって「安朱村」という新しい村名にしたという（『宇治郡各町村沿革調』）。安祥寺村は、仁明天皇の女御であった藤原順子（八〇九〜七一）の発願により、嘉祥元年（八四八）に建立された真言宗寺院である安祥寺に因む村名。朱雀村は、「山城国安祥寺朱雀口馬場より西三段目に在り」（『勧修寺文書』応永二一年）に見られるように、「朱雀口」とも呼ばれた地で、「安祥寺の南門の参道にある集落」の意味であろう。近世には東海道の街道筋として家々が建ち並んでいた。明治以降、琵琶湖疎水・京津電気鉄道（現在の京阪電車）・官営鉄道（現在のJR）の建設、特に山科駅がこの地に設置された後は、山科の玄関口として繁栄してきた。平成九年（一九九七）には京都市営地下鉄の山科駅も開業した。

安朱は大字名であり、現在、区内に「稲荷町」「中小路町」など、一七の小字名がある。（小寺）

安祥寺町《あんしょうじちょう》〔山科区御陵〕

嘉祥元年（八四八）、淳和太后の寿算を祝うため創建された安祥寺に因む名前である。開基は入唐僧である恵運。一時は「山上山下塔頭七百余」といわれるほど繁栄し、寺領も安朱・上野・御陵一帯に広がっていた。中世になって衰退し、安祥寺の上寺は勧修寺の、下寺は高野山宝性院の管理下に入ったが、文明一一年（一四七九）、兵火によって焼失した。慶長一八年（一六一三）、現在の地に再興が図られたが、寛文五年（一六六五）、毘沙門堂が建立される時に一〇万坪が削られたといわれている。創建当時の製作とされる木造五智如来坐像（重要文化財）は、大日如来を中心とする金剛界の五仏で、その完成度の高さは創建当時の華やかさをしのばせてくれる（現在、京都国立博物館に寄託中）。（近世の安

祥寺村については「安朱」を参照）。（小寺）

安堵山《あんどやま》〔綴喜郡井手町多賀〕

多賀の小字名。安堵山は、鎌倉・室町期の荘園安堵庄に由来する。宝治二年（一二四八）九月四日付の『法印某譲状案』（「東寺百合文書」）によると、安堵庄は法印某が領家の七条院から伝領したが、のちに東寺に寄進され、さらに東寺領から三条坊門八幡宮領となった（『井手町史第四集』）。これらに関する文書には「山城国安堵庄号多賀」と書かれている。当時多賀領は幕府の直轄地であった。室町幕府は権限強化策として山城国に守護を置かず、侍所の頭人にそれを兼任させていた。「安堵」は所領の領有権・知行権などを確認あるいは承認することをいう。幕府の御家人に対する御恩の一つで、本領安堵などをさす。荘園のありかたを示すかたちがいまに地名として残されてきたものである。安堵山西側に小字「佃」（一般に荘園領主の直営地をいう）がみえるが、これなども関わりがあろう。バス停「安堵山」があり、「安堵山」の「山」は、集落背後の山をいうか。（齋藤）

安養寺村《あんようじむら》〔右京区太秦〕

旧村名。帷子ノ辻付近から南方の地域に明治七年（一八七四）まで存在した村であるが、正確な範囲は不明。推古天皇の時代にこの地に安養寺が建立されたことによる。安養寺は大陸伝来の薬師如来を本尊とする徳願寺として建てられ、嵯峨天皇により安養寺に改称された。寛永《かんえい》元年（一六二四）の「山城国葛野郡安養寺村由緒」に、「安養寺ならびに村中法華宗門となりし事は太子の薬師御開眼のとき法華経を伝読遊されし因縁にや」と、村中が法華宗門であったことを記す。（岩田）

い

五十河《いかが》〔京丹後市大宮町〕

五十河は竹野川の源流部をなす五十河川流域に位置する。『京都の地名を歩く』によれば、地名の語源はイカ・ガ（行処）で、イカは、猛く強い意のイカ（厳）であり、「イカガ（五十河）は、山を行き事を遂行しえた、厳しい土地柄」という。

『丹哥府志』によれば、雄略天皇に父を殺された億計《おけ》・弘計《をけ》の二皇子（後の仁賢《にんけん》天皇・顕宗《けんぞう》天皇）が、難を避けて丹波の余社郡に逃れてきたとき、三重長者五十日真黒《いかがまくろ》人《うど》がかくまって保護したという。五十河は、『和名抄』の三重郷のうちであったと推定され、内山観音堂の享保九年（一七二四）棟札には「丹後中郡三重谷五十河村内山」とみえる。また、同地には絶世の美女といわれた小野小町終焉の地伝承があり、小町が開基したという小野山妙性寺《みょうしょうじ》がある。五十河はもと「五十日」と表記され、火事が絶えなかったが、「火」に通じる「日」の字を「河」にすべきだとの、小町の進言を入れて改めると火事はなくなり、村の女は安産にもなったという。新宮《しんぐう》は五十河地内にある別の一集落。新宮には、小町ゆかりの「小野坂」沿いに、飛鳥時代前期とみられる窯跡が確認されている。（水野）

何鹿《いかるが》〔綾部市〕

旧郡名。『和名抄』にみえる丹波国六郡の一つ。『和名抄』では訓を「伊加留我」としている。由良川中流域の福知山盆地東半部及びその支流の上林川、八田川、犀川、伊佐津川流域に当たる。『和名抄』には、郡内の郷として加美、土師、拝師、八田、吉美、物部、吾雀、高殿、私部、栗村、高津、志麻、文井、小幡、漢部、三方、余戸の一六郷が記されている。平安時代後期には吉美、吾雀、高殿、私市、栗村、高津、志万などの荘園が設置され、漢部郷には御厨が置かれていた。「いかるが」の地名で名高いのは聖徳太子の宮があった奈良県明日香村の斑鳩である。その地名の由来として「イカル」という鳥が多かったという説がある。これについて吉田金彦は「いかるが」は古代語の「いかづち」と同じ意味の語であって「大いなる土地の人、威厳ある地を治める人」ということで、「すぐれた人によって治められた土地」の意味であるとしている（『京都滋賀古代地名を歩く』）。天平末年頃（七四〇代）の平城宮跡出土の木簡に「丹波国何鹿郡高津郷交易小麦五斗」とあり、また藤原宮跡出土の木簡には「伊看我評」と書かれたものがある。「評」は後の「郡」に相当する。いずれも鳥の名を窺わせるものではないので、吉田説が妥当ではないかと考えられる。あるいは、「イカ（厳）＋ガ（処）」で、山々の多いけわしい所の意とも考えられる。南北朝時代には足利尊氏が八田郷にあった光福寺を安国寺とし、多くの荘園を寄進したのは、尊氏の母・上杉清子とこの地とのゆかりが深いからであった。

昭和二五年（一九五〇）、綾部町と近隣の六ヶ村が合併して綾部市が成立し、同三一年からは何鹿郡全体が綾部市域となっている。（安藤）

井川《いかわ》〔宇治市宇治・小倉・伊勢田〕

小倉地区などには、古くからイジ（井路）と称される人工の溝が存在し農業用水に活用されてきたが、そのイジに宇治川の水を供給する川という意であろう。井は、井戸よりも広い意味を持ち、この場合は、利用する水、用水という意。小倉用水とも。小倉集落は、巨椋池（旧大池）の池畔に位置しながら、農業用水には悩まされていた。折居川や追手川の水量が一定しなかったためである。そこで、平等院で創建当時から阿宇池の排水路として存在していた小川を活用したのである。現在も平等院付近の宇治川左岸から取水し、県《あがた》通りで暗渠化、蓮華・妙楽・里尻を経て西流し、小倉町から南西に向かい、旧巨椋池南岸にあたる伊勢田町遊田地内で古川に流れ入る、全長二キロほどの人工の小川である。『前代記録』（寛永一〇年〈一六三三〉）に折居川と井川が立体交差するところに石樋を架けたという記録がある（「樋ノ尻」参照）。以来、小倉の微高地の潅漑用水としてごく最近まで重要な役目を担っていた。（高木）

幾地《いくじ》〔与謝郡与謝野町〕

「智恩寺過去帳」に天正一七年（一五八九）～一八年に亡くなった「幾地之住人」とあるものが初出である。慶長七年（一六〇二）の「慶長郷村帳」以降は、「幾地村」として明治時代に至る。（新谷）

生野《いくの》〔福知山市〕

由良川の支流・土師《はぜ》川の左岸の段丘上にある村名。「生野」の地名が詠まれた和泉式部の娘・小式部内侍の歌は良く知られている。「大江山いく野の道の遠ければまだふみもみずあまの橋立」この歌は平安時代の『金葉集』に載るものである。当地は平安京から日本海側へ向かう要路であって、「生野」と「大江山」を詠んだ歌が多く作られた。「天竜寺文書」の文明一七年（一四八五）の「天竜寺領土貢注文」に「一同（六人部）庄生野方三ヶ村分」とあるので、当村は六人部庄の中にあったことが知られる。地名の由来は不明だが、「イク」は「イケ（活・生）」の転で、水気のある所をいうか。

昭和三〇年（一九五五）からは福知山市の大字となった。（安藤）

生野内《いくのうち》〔京丹後市網野町〕

生野内は、福田川支流の生野内川流域に所在する集落。「生野の内」というから、生野がなければならないが、所在が不明で、生野の語源も不詳。『丹後旧記』には「或云。生野は元おのと読む、和名抄にいふ小野是なり、後の世にいくのと呼ぶ。」とある。生野《いくの》のままとして、生命力の盛んな土地、という意味かも知れないが、今後の解明に待ちたい。なお地内には、式内社生王部《いくおうべ》神社（祭神は生王部神、日本根子天津御代豊国成媛命＝元明天皇、稲倉持神）や、真言宗生野山大慈寺があり、聖武天皇の勅願と伝える。（水野）

池内《いけうち》〔舞鶴市〕

旧保地名。村域は伊佐津川支流の池内川流域である。往古、大雨で別所と布敷《ぬのしき》境の五郎山が抜け落ち池内川を塞いだので、谷一面に水を湛えて湖になったことに由来するという。舟を浮かべて行き来したので上《うえ》根《ね》に舟つなぎ岩が残り、その畔に弁財天を祀っている。池に棲んでいた大蛇を退治して布敷の池姫神社にその骸を祀っているという。

また、布敷には「五郎の滝」の伝説がある。五郎の滝は池姫神社からわずか数百メートルの所にあるが、日照りの続く時は池内八ヶ村から村人が集まって、五郎の滝からお宮まで大きな岩を引くと必ず雨が降ると言われている。この滝の川上は岩でせかれて流れず、昔は沼であったといい、その岩をとると必ず雨が降るのは、その沼の主の大蛇の亡魂のためだと伝えられてきた。

源平争乱期の元暦元年（一一八四）の「丹後国池内保百姓等申状」がある。また「八坂神社文書」の明徳三年（一三九二）に「丹後国衙領池内保正税」とあり、国衙領であったことがうかがえる。「丹後国田数帳」には「池内保一九町二段」をのせている。江戸時代に田辺藩の代官支配の一管轄区画で、地名をとって「池之内」とよばれた。明治二二年（一八八九）～昭和一一年（一九三六）池内村が今田・堀・池内下・布敷・別所・上根・寺田・白滝・岸谷の九ヶ村を合併して成立。旧村名は大字となった。舞鶴市においても大字として継承されている。（髙橋）

池上《いけがみ》〔南丹市八木町〕

南北朝期、貞治四年（一三六五）の記録によって、丹波国吉富新庄内の神護寺領に「池上大日寺」があったことが分かる。吉富新庄は船井郡刑部郷にあった庄園であった。付近には室町期の村名として「池尻村」があり、当地に築かれた池の上に位置するのが地名の由来であろう。今も池上集落の奥に天台宗の池上院があり本尊は大日如来である。寺伝では池上寺は台密を中興した皇慶が一一世紀前半に庵を結んだのが始まりという。承安四年（一一七四）の「丹波国吉富庄絵図」の写（「真継家文書」）には「池上寺」とその北に「池上寺在家」と書かれている。

昭和二六年から八木町の大字となる。（安藤）

池下町《いけしたちょう》 〔右京区嵯峨広沢〕

八〜九世紀頃に建設された灌漑用ため池である広沢池の下手（南側）にあたる名称である。広沢池は西方にある大沢池より大きく、周囲一・三キロメートルあるため池である。その造営は、永祚《えいそ》元年（九八九）西北の朝原山に遍照寺が建立された折とも、さらに古く秦氏の支族による開墾の時ともいわれる。公家の日記『九暦《きゅうれき》』承平《じょうへい》六年（九三六）一一月六日条に「昔承和帝王（仁明天皇）行幸、嵯峨院（嵯峨上皇）之日於広沢池畔停警蹕《けいひつ》（さきばらいす）」と載る例が早い。広沢池は、古来より観月の名所として名高い。（岩田）

池須町《いけすちょう》 〔中京区〕

池洲のある町。「池」は「くぼんだ土地に水がたまったもので、いつも水をたたえているところ」（『時代別国語大辞典　室町編』）。「洲」は「土砂が堆積して水面上に現れている所」（同）であり、『玉塵七』に「洲ト云ハ、水ノ中ニ嶋ノヤウニ人ノヲルベイ所ガアルヲ云ゾ」とあるように、古くは土地が低く池のような状態だったところが干上がって、居住地となった部分をいう。当町の場合はおそらく、西洞院川の氾濫によって池洲の状態になった地形に由来すると考えられる。延宝六年（一六七八）刊『京町鑑』には、後鳥羽院の御所の池の跡であるとする説と、往時に生洲をもつ魚屋があったとする説を載せるが、確証はない。

平安京の大内裏の南西に位置する。町内の中央を通る西洞院通は、平安京の西洞院大路に相当するもので、暗渠となる以前は、通りに平行して西洞院川が流れていた。往時はしばしば氾濫を起こしたことが知られる川で、当町の周辺は東西の地域と比べて、ある程度の高低差が認められる。近世にはこの川の畔で染色業が営まれ、とくに吉岡憲法《よしおかけんぼう》創始の染め小紋である、「憲《けん》法染《ぼうぞめ》」の産地として名高い。（真下）

池殿町《いけどのちょう》 〔東山区〕

『山槐記』治承四年（一一八〇）一一月二六条に「六波羅頼盛卿家、号池殿」とみえ、『京町鑑』にも「往古平相国清盛公の舎弟池大納言頼盛卿の第宅の跡」と、この地に平清盛の弟である池大納言頼盛の居宅があったことに由来するという。所在は東山区六波羅裏門通西入ル。大和大路の西側に位置し、六波羅裏門通へと続く柿町通を挟んだ南北に延びる町。前掲書『山槐記』治承二年（一一七八）一一月一二日条に「号池殿者、御所南一町余也」ともみえ、御所すなわち清盛邸である泉殿の南に位置するもので、現在の三盛町（旧・泉殿町）との位置と符合する。

再板本『京町鑑』増補分に「池殿町（中略）西は建仁寺町通へ出る筋あり」と町名が初出することから、開町は宝暦年間（一七五一〜一七六四）頃と見られる。明治元年（一八六八）下京区に編入、昭和四年（一九二九）に東山区に編成。また異説として『京都坊目誌』に「宝暦十三年町地と為り、泉殿町と号す。其後池殿町と改む」とあるが、宝暦年刊の『京町鑑』には泉殿町は後の三盛町（旧・泉殿町）を指しており、その当時から泉殿町と池殿町は併存していたため、『京都坊目誌』の説はあたらない。（忠住）

池尾《いけのお》 〔宇治市〕

池があったことによる名か。尾は山の意。『山州名跡志』に「池有リ。伝へ云フ、悪蛇スミシト」とある。悪蛇が棲んでいたかどうかは別にして、池があったことは確かで、近年まで、現喜撰山ダム湖の最奥部にドタ（泥田）と呼ばれる、田植えの際には腰まで埋まるような水田があったという。古い池の名残に違いない。標高約二五〇メートルの山間の盆地性の小平坦部に形成された集落。『(池尾村)村誌』(明治一四年〈一八八一〉)によれば、平安初期の弘仁年間に開拓され、当初は巽原《たつみはら》と呼んだといい(そのため、炭山の人々によって開かれたのではないかと考えられている)、池尾と改称されたのは鎌倉初期の建久年間(一一九〇~九九)であったという。しかし、池尾の地名が見られるのは中世まで下る。すなわち、『後法興院雑事要録』の文明一一年(一四七九)に「(山城国)池尾郷」とある。また、同じく同年の項に「山城多田池尾」とみえる「多田」は、小字池尾多田として現存しているので、池尾のことと思われる。

なお、池尾は、説話集『今昔物語集』や『宇治拾遺物語』に登場している「池ノ尾ト云フ所」「池の尾」に擬せられている。芥川龍之介が出世作『鼻』で「禅智内供の鼻といえば、池の尾で知らない者はない」と題材にして以来、世に広く知られるところとなった。近世以後、池尾の茶は、喜撰茶として、蜀山人に「泰平の眠りをさます上喜撰たった四杯で夜も寝られず」と詠まれ、また、政治家尾崎行雄に愛飲されたということで有名。（高木）

池ノ下《いけのした》 〔山科区上野〕

文字通り「池の下の町」の意味だが、当地は扇状地の扇頂付近であり、自然の池が成立する地形ではなく、また水田用のため池もあり得ないので、安祥寺境内の池と見るべきであろう。同寺は嘉祥元年(八四八)、淳和太后の寿算を祝うため創建されたもので、開基は入唐僧である恵運。一時は「山上山下塔頭七百余」といわれるほど繁栄し、寺領も安朱・上野・御陵一帯に広がっていた。南北朝の頃に戦火で焼失。寛文五年(一六六五)、毘沙門堂が建立される時に一〇万坪が削られたといわれている。現在の安祥寺境内にも小さな池があるが、かつては大きな池が存在していた可能性がある。（小寺）

池ノ尻《いけのじり》 〔城陽市中〕

市南部中地区の中天満宮の小字黒土の東の谷を、池ノ尻(三ヶ所ある)という。これは土砂流出防止施設に因む地名である。三ヶ所とも通称墓の谷と呼ばれる谷筋にあって、古来土砂の流出で悩まされており、江戸時代の絵図に「築留」と呼ばれる土砂留ダムが描かれている。現在は水や流れはなくなっているが、全長八〇メートルにも及ぶ土の堤が谷を横切るかたちで現地に残っており、中村の土砂留事例として『城陽市史第一巻』に紹介されている。三ヶ所の池ノ尻は名のとおり池であったという共通性があった。絵図から判断できる文字通りの池の尻は土砂留ダムであるが、現在の池ノ尻区域は池・ダムを含む前後の土地に広がっているため、尻が何を指すかは確定できない状況である。（福富）

伊佐津《いさづ》 〔舞鶴市〕

イサはイサゴ(砂)の略で砂地のこと。「いさづ」は砂地の津の意である。地面を掘ると貝殻の交じる砂地が広がっており、かつて潟であったことを物語る。高野・真倉・池内の三河川が流れ込んで大きな沼であった頃、伊佐津は東方境谷村の津であった。田辺築城の際、真倉川・池内川の瀬替えを行って東方に真直ぐに北行する川を新造し、「伊佐津川」と名づけた。湿地が干拓され田畑が広がり、それまで境谷村の枝村であった伊佐津は一村となる。溝黒・菰《こも》池《いけ》・深田の小字が残る。（高橋）

磯砂山《いさなごさん》 〔京丹後市峰山町〕

磯砂山は、「いさな」(鯨の古名)の「子」であり、山頂の姿が鯨に似ており、また標高の高い山であるため、沿岸航行の目印にもなった山であることからの命名であろう。古来、海に生きた丹後の人々の歴史と意識を物語っているように思われる。別名、磯砂カ嶽、比治《ひじ》山（比沼山）、真名《まな》為岳、足占《あしうら》山ともいわれ「伊去奈子《いさなご》」嶽という表記もある。京丹後市南西部に位置する標高六六一メートルの山。久次《ひさつぎ》岳（五四一・四メートル）や磯砂山系の山を総称して呼ばれることもある。『丹後国風土記』逸文には、「丹後國の丹波の郡の郡家の西北の隅の方に比治《ひぢ》の里あり。此の里の比治山の頂に井あり。其の名を真井《まなゐ》と云ふ。」とある。この比治山が、磯砂山あるいは、久次《ひさつぎ》岳のどちらに比定されるか、定説はない。比治の里を囲む山系を総称して比治山と呼んできたのではないかと考えたい。『丹後旧事記』には、「一山四名の地にて丹波郡なり。比治山、足占山、磯砂山ともいふ。豊宇賀能売命《とようかのめのみこと》天降の記に見るべし。又、比沼山は此郷の山惣名なり。比治山は真名為といふ池の有なり。足占山は天女宇賀能売命の行衛をしたふの故を以つて名付しなり。風土記、元々集に委し、磯砂山は笛原寺の山号にて四名由来一山なるが故に斯伝ふ」とある。

磯砂山は、天女降臨の地とされ、『丹後国風土記』逸文に、わが国最古の天女伝説が今日に伝わる。この天女は豊受大神《とようけのおおかみ》とされ、天女ゆかりの神社として式内社の奈具神社や比沼真奈為《ひぬまない》神社などがある。真名《まな》井《い》はこの山にある女池《めいけ》をさすが、現在は沼と化している。この真名井に発した滝は、かつては当地域随一の滝といわれ、一の滝から五の滝まで、五段も続く高さ数十丈に及ぶ大きな滝であった、という伝承からも、比治山が古来水に恵まれていたことがうかがわれる。なお、峰山町二箇には、初めて稲を植えたという「苗代《なわしろ》」、伊勢へ初穂を献上したという「月の輪田」、籾を水に浸した「清水戸《せいすいど》」などが残る。峰山町大《おお》路《ろ》には、七夕伝説と融合した、別の天女伝説が残る。古来、磯砂山は和歌にも多く詠まれてきた山である。（水野）

石浦《いしうら》〔宮津市〕

由良川左岸の河口近く、由良村の南に位置する。もとは由良村の内にあったが、元和一〇年（一六二四）村分かれしたと伝え、享保三年（一七一八）の「領中郷村高付」に「石浦村」と記される。『丹後風土記残欠』に、蓼原《たではら》から土蜘蛛を追って由良湊に着いたが、その後土蜘蛛の行方がわからなくなり、日子《ひこ》坐王《いますのみこ》が陸地に上がり石を拾い占ってその行方を知ることができたので、この地を「石占《いしうら》」といわれるようになったとするが、由良ヶ岳は「由良石」で知られる。用字のまま「石の浦」と考えたい。由良村には石工がおり、村内に石塀ほか石の加工物が多くみられる。奈具海岸の西奥には石切り場があり、現在石浦には砕石工場があって、砂利を製造している。（髙橋）

石垣《いしがき》〔綴喜郡井手町井手〕

木津川支流玉川の下流域南岸に位置する地。平安中期～戦国期に「石垣庄」の広域荘園名がみえる。「東大寺文書」には玉井庄・円提寺（井提寺）との玉川の分水をめぐる争論がしきりにみえる。江戸期～明治五年（一八七二）においては石垣村（相楽郡）であったが、同明治五年北岸の水無村とともに井手村に合併している。いまは石垣の地名はないが、中心街に「石垣商店街」などあり、いまも石垣地区としてその地名は生きている。地名の由来は、橘諸兄の相楽別業《さがらかなりどころ》跡の石垣が残っている（『改訂京都民俗志』）ことによるといわれる。『山州名跡志』にも井手左大臣館の項に「石垣柱石等今尚所々に残れり」とある。石垣地区の道端にある六角井戸は、聖武天皇行幸の玉井頓宮内（相楽別業内）にあったと伝

承されている。江戸期の石垣村が相楽郡のうちにあるとすると、古来玉川が綴喜郡・相楽郡の境界であったようだ。（齋藤）

石神《いしがみ》〔城陽市中〕

市南部中地区の地名。同地区の天満宮境内には、隣接する黒土古墳（一九九九年発掘の横穴式古墳）の石室の石といわれる畳一～二畳ほどの青っぽい地に白い石英質の模様が入った岩が転がっている。背後の山道にはそれに類した岩が地面に露出していて、それらは古墳の石室の石材といわれている（『城陽市文化財地図』）。「石神」地名は、西方の国立南京都病院から中村にかけての丘陵部に広がっているが、地質的に岩石の産出がないこの丘陵部で、あえて「石」を地名に冠するならば、それは人工的な古墳の石に由来する。岩が存在する青谷川の南を除いて城陽市域では石のつく地名はまれである。石神の範囲は病院前築山付近を東端とし西へ延びる古墳のある丘陵部を覆っていて、古墳の分布と石神地域の範囲はほぼ一致する。石神という名前は、丘の上の梅畑が開かれたとき、神秘的な岩の配列が現れたことに畏れを感じてつけられた地名と考えられる。（福富）

石川《いしかわ》〔与謝郡与謝野町〕

旧庄名。『康富記』享徳三年（一四五四）七月二四日条に「御伝領丹後国石川庄」、同月二七日条に「丹後国石河庄」と見えるものが初出の地名である。加悦庄・大石庄とともに、『兵範記』保元三年（一一五八）に「丹後三ヶ庄」とある「三ヶ庄」の一つと考えられる。長禄三年（一四五九）の「丹後国郷保庄惣田数帳」には「石河庄」とあり、過半を御料所（室町幕府直轄領）、残りを丹後地域の寺院が領有していた。後者のうち西善寺は現在もあるが、慈観寺・善法寺は小字地名が残されていることもあり、石川庄内に所在していたことがわかる。天文七年（一五三八）の「丹後国御檀家帳」には、「石川」のほか「石川のひめかし」「石川の田中」「いし川のものゝゐ」「石川平田村」「石川たかつ村」といった「石川」を冠する地名が見られる。これらは、現在も小字地名として見られるものが多く、その分布を見ると石川庄内の各所に村が点在していたことがわかる。慶長七年（一六〇二）の「慶長郷村帳」以降は「石川村」とあり、明治時代に至る。（新谷）

飯食町《いしきちょう》〔伏見区深草〕

京阪本線藤森駅の南西、名神高速道路の南に位置する。『山城名跡巡行志』（一七五四）に「飯敷町は七瀬川の上に在り」とあり、飯食町の「食」は「敷」ではなかったか。四囲をふちにした角盆は古語では折敷《をしき》というが、元は「を（折）いしき」の転で、「い」は接頭語である。「しく」は平らにして折り曲げる意味である（学研『新古語辞典』）。「いしきちょう」の「いしき」は、この「いしき」で、もとは「折敷」だったと思われる。折敷は神事供饌ために使用する器である。平安遷都以前に遡れる産土神の藤森神社に、折敷で供饌したものが「いしき」である。これが神田からとれた供米から時を経て、飯を供える飯食（いしき）となったのではないか。地元では「いじきちょう」でなく「いしきちょう」が正しい読み方とするのは、的をついていると思われる。初見は保安三年（一一二二）一一月二四日条「久我家文書」の「深草郷飯食里」であるが、条理制の「飯食里」まで遡れるかも知れない。（明川）

石田《いしだ》〔伏見区〕

京阪宇治線六地蔵駅の東北、山科川の左岸に位置する。古代では石田は「山科の石《いわ》田《た》」「山代の石田の杜」（『万葉集』）と呼ばれていた。石田の杜は石田神社のことで式内社、現在の田中社といわれている。平安時代には「三宝院石田庄」（『醍醐雑事記』）とあり、醍醐三宝院領であった。石田地名は全国に分布するが、①石田は石処（イシド）で石のあるところ（『古代地名語源辞典』）は表現不足である。ここの地形から②山科川・日野川によって運ばれた砂や石の砂礫の堆積地からできたと考えられる。石田の「イワ」は「鍬を用いないと開墾できない石の田のことで、古くは『コワタ』（強田）といった説（吉田）」の自然地名が妥当である。（明川）

石作《いしづくり》〔西京区〕

かつての石作村は北、大原野村と南、小塩村に挟まれた、東は丘陵、西は山地で、古墳の多い石作郷として古くから栄えた。語源は文字通り石材に加工する人、物。とくに古墳の石棺作りを指す。『新撰姓氏録』の石作氏、『先代旧事本紀』の石作連はここを本拠にした氏族で、大歳神社に合祀されている石作神社がある。石作氏は垂仁天皇皇后逝去の時、石棺を献上した天火明命を祖先に持ち、その功で石作大公連《おおむらじのきみ》の姓を賜ったというが、畿内のみならず中国・四国・九州間で石作郷として勢力を伸ばした。

石作村には古山陰道が通っていたから、この古道から石作りの人足も出入りしたのである。ここにある長峰八幡宮は円墳の上に祀ってあり、本殿の下が横穴式石室になっている。玄室は高さ一・二メートル、長さ二・九五メートル、半壊した墳丘だが、内部は保存されている。長峰にはこの西南に円山古墳が二つあったが、破壊されている。そこより下った善峰川の南の山にも円墳が幾つもあったが、今はいずれも消失している。この辺、小塩・上羽・石見・灰方にかけて小さな円墳が多い。また石作村には神社・寺院が多く、石作族の菩提寺石作寺は元、灰谷にあったが、明治八年に灰谷・西坂本・長峰・灰方の四村合併して新しい石作村が出来た。それは明治八年であった。（吉田）

石ノ前《いしのまえ》〔京田辺市薪〕

一休寺（酬恩庵）の東約一〇〇メートルに、文人、佐川田喜六昌俊の墓がある。酬恩庵石庭は江戸初期の造庭で文人、佐川田喜六・松花堂昭乗・石川丈山の合作と伝わる。佐川田は漢学を林羅山に師事した。墓前に昌俊を追悼した林道春（羅山）の撰文による碑がある。その終わりの方に「薪の里の畔《ほとり》、水石の前に草茅《そうぼう》一宇を建て、歌を詠むこと幾編」という詩の一節がある。この草茅は黙々庵で、「水石ノ前」とは、『薪誌』は一休寺の石庭の前の土地という意で、石ノ前だという。林羅山は、江戸時代初期の朱子学派儒学者。出家後は道春と号した。（綱本）

石橋《いしばし》〔綴喜郡井手町井手〕

ＪＲ玉水駅東方の玉川沿いの北側一角に所在の小字名。北は府道和束井手線に接する。通称椿坂を下ったところに玉川にかかる橋本橋がある。その位置あたりに石橋（飛び石ともいう）があったといわれている。奈良山～宇治橋間の山背古道の井手通過地である石橋で玉川を渡ったものと想像される。この地は、天平一九年（七四七）の『大安寺資材帳』にある相楽郡「棚倉瓦屋」の地であることが、平成一四年（二〇〇二）の大安寺（南都七大寺の一）の創建瓦を製作した大規模な窯跡と瓦の発見で確認された。その後の調査であらたに恭仁京の瓦も見つかり、石橋瓦窯跡は国史跡に指定された。この遺跡の北には左大臣橘諸兄の創建とされる井堤寺《いでじ》跡があり、これまでに緑と白、黄色の釉薬《うわぐすり》を施した三彩瓦など、当事の諸兄の権力のほどをうかがわせる遺物が出土している。木津川の水運が重要な地理的条件を加えていたと思われる。聖武天皇は諸兄の別荘（相楽別業《さがらかのなりどころ》）を行宮（玉井頓宮）にしている。井手の地は綴喜郡になるが、棚倉瓦屋や諸兄の別業は相楽郡のうちとなり、玉川以南の石垣村は明治初年まで相楽郡に属していた。『山州名跡志』には「井堤石橋　此橋昔井堤河ニ懸ル歟今亡」とある。（齋藤）

石橋町《いしばしちょう》〔中京区〕

石橋は、石で作った橋。したがって石づくりの橋のある町の意。『京都府地誌』に「俚伝云、往古京極川架橋の墟《あと》ニヨリ名ツク」とあるように、京極川に架かっていた橋の名に由来する。京極川とはかつて寺町通（東京極大路）に並行して流れていた、中川のこと。安永九年（一七八〇）刊『都名所図会』には寺町通の東側に並ぶ、各寺の門の下を流れる川が描かれる。町名となった石橋は三条通に架かっていたと考えられるもので、各寺への参詣の目印とされたのであろう。

当町は三条通を挟む両側町で東は河原町通、西は寺町通の東側まで。したがって平安京の京域の東の境界部分にあたる。一六世紀末の太閤秀吉の寺町造営時に整備された地域で、「柳下町」とも呼ばれ、貞享二年（一六八五）刊『京羽二重』に、「柳の下」は三条通寺町を東へ入る町で、昔、この辺りが柳原だったことからの命名である意がみえる。三条街道に沿って河原町通と寺町通に挟まれた繁華な地で、北側に天性寺、南に誓願寺という大寺院に挟まれる。三条通沿いには今も、みすや針などの老舗が残る。（真下）

石原《いしはら》〔城陽市市辺〕

市最南部市辺の小字名。市内に石のつく地名は、市南部の青谷地域だけにある。更新統（地層）の丘陵部と沖積平野からなる城陽の地形では礫を除いて石はない。唯一青谷地域に古生層の岩盤を基にした地形が存在する。それが青谷での石地名の根拠となる。青谷川沿いの粟神社付近、川に近い平地の畑は石だらけといわれる。小さな礫交じりの土とも砂ともいえぬ畑で、土地利用としては梅林である。石原地区の最上流地点に鑵ケ谷林道の谷筋が口を開いており、青谷地域全体に広がる古墳の岩の供給地と考えられるほど、石材が豊富である。石原は岩の谷から流出した小石が堆積した青谷川沿いの原であり、特産の梅畑として利用されている。（福富）

石原町《いしはらちょう》〔南区吉祥院〕

一〇世紀に編纂された辞書『和名抄』に見える山城国紀伊郡八郷の一つ、石原郷に由来する古代地名である。村岡良弼《むらおかりょうすけ》著『日本地理志料』（一九〇二〜一九〇三）は「石原　本郷傍葛野川、砂石散布故名」と述べているように、桂川の運んだ砂・石が広がる土地であることを地名の由来としている。吉祥院には他に「砂ノ町」の小字名もある。妥当な説であろう。同じく一〇世紀に成立した『三代実録』に、貞観一三年（八七一）八月二八日条に下石原西外里十一条などが「是百姓葬送并放牧之地也」と定められたことが記されている。（入江）

石不動之町《いしふどうのちょう》〔下京区〕

松原通寺町西入ル麩屋町までの両側町である。松原通麩屋町東南角の明王院に、空海作と伝える「石像の不動明王」を安置する。「寛永一九年（一六四二）寛永後万治前洛中絵図」に「石不動町」とあり、以後変化はない。（小西）

石丸《いしまる》〔京丹後市峰山町〕

「石丸」の名は、貞和四年（一三四八）七月一日の「文殿廻状」（師守記第九紙背文書）に「石丸保」をめぐる争論を幕府が御前評定しているものが初出となる。おそらく平安時代後期～鎌倉時代にかけて開発され、この地を開発した人名に起源するものと思われる。地名の成立は中世前期と推定される。長禄三年（一四五九）の「丹後国郷保庄惣田数帳」には、「一　石丸保　卅七町六段百四十四歩内」を岩田肥前と井上石見が一八町八段七二歩ずつ領有しており、これ以前に下地中分（領地の紛争を土地の折半で解決）が行われていたことがわかる。慶長七年（一六〇二）の「慶長検地帳」以降は「石丸村」と表記される。（新谷）

石屋町《いしやちょう》　（中京区）

本屋町通の石屋のある町。『京都坊目誌』では当地が開発された頃に、水運によって石材を運搬して販売したところからの町名であるとしており、おおむねこれに従いたい。しかし一方で「屋」を建造物の意ととるならば、異なった解釈が可能となる。角倉了以による高瀬川開削まで、鴨川の河川敷であったこの地には、文禄四年（一五九五）に当地で処刑された関白秀次の妻妾三十余人を埋葬したという、塚が築かれた。殺生塚・畜生塚などと呼ばれたこの塚は、瑞泉寺蔵『秀次公絵縁起』や高津古文化会館蔵『洛中洛外図』などを見る限り、石を積み重ねた巨大なものであり、ここに由来することも考えられるのである。

当町は三条通の南、鴨川畔に位置しており、戦国期までは鴨川の広い河川敷だった。平安末期には源平の合戦が繰り広げられたこともあり、また刑場でもあった。居住可能となったのは慶長一六年（一六一一）に角倉了以によって、高瀬川の開削がなされて以降。高瀬川の開発は大仏建設と御所の整備のための資材運送が目的だったといわれており、開発当初は当町周辺が大型石材の搬入の基地となったことが想像される。宝暦一二年（一七六二）刊『京町鑑』には当町に車屋がある由が見える。京の各所への起点であり、大津方面への街道口にもあたることから、大型の荷物の手配がなされたのだろう。また寺町の墓地街が至近である関係上、近年まで石材業の店舗もあった。なお、町内の三条通木屋町南東の瑞泉寺は、高瀬川開削時に角倉了以が寺を建立して、秀次の妻妾を葬り直したものである。（真下）

井尻《いじり》　（宇治市伊勢田町）

用水路井路《いじ》の最後尾、もっとも後方という意。イジは、宇治の方言で、規模の小さい用水路、溝のこと。同じ意の「井ノ尻」が大久保町にある。井尻と、伊勢田村の中心集落である字「毛語《けご》」との位置関係は、「井ノ尻」と、環濠集落であったと思われる大久保村の中心集落である字「山ノ内」との位置関係と同じである。尻が同様の意味で使用されている例は、樋ノ尻・里尻・鷺尻・坂ノ尻・谷尻など数多い。井尻の井路は伊勢田の浜で巨椋池（旧大池）に繋がっていた。干ばつの際には、十数台の足踏み水車を浜に並べて村民総出で巨椋池の水を井路に汲み上げていたという。これを「おおがえ」と称した。井尻の南端の井尻道を西行すると、名木川（山川）の堤防に出るが、その辺りは、井尻山と称して、盂蘭盆の精霊送りの場所となっていたという。「伊勢田村検地帳」（宝暦一三年〈一七六三〉）に「いじり」「下ノいしり」「上の井尻」の小字名が見える。（高木）

出角《いずすみ》　（京丹後市久美浜町）

地名「出角」は神社名からの転用であろうか。式内社の伊豆志弥《いずしみ》神社があり、祭神は出石心《いずしみ》大臣命である。祭神の「出石心大臣」の「いずしみ」が「いずすみ」と転訛したのではないか。同社は往古、「民間箱森大明神」と称されていたとの伝承がある。いずれにしても、出角は、そこに鎮座する式内社の祭神名からも、但馬国の「出石」との強い関係が想定されよう。北側丘陵部には古墳が多い。川上谷川支流の出角川上流域に位置する。（水野）

泉《いずみ》〔京丹後市峰山町〕

明治二年（一八六九）五月の「峰山御用日記」に「泉町」とあるものが初出となる。これ以前は「白銀町南組」に相当すると思われ、白銀町から分割された町名と思われる。改称時期は、明治七年の「兵庫縣管下各区並村名取調書」によれば明治二年である。この地には、文化八年（一八一一）に讃岐より勧請された金刀比羅神社が鎮座する。地名は、神社境内の池に由来するものと思われる。（新谷）

泉川《いずみがわ》〔左京区〕

『山州名跡志』は「古老ノ云ク、此ノ号アルコトハ古へ此ノ辺ニ和泉式部ガ居所アリシユヘナリト。案ズルニ式部ガ居、叡山ニチカキ体、和歌ノ詞書ニ見エタリ。今此ノ所、叡山ニ至ル順路ナリ」として『新千載和歌集』所収の和泉式部詠「家の前を法師の女郎花を持ちてとほりけるを、いづくへゆくぞ、ととはせければ、ひえの山の念仏のたて花になむもてまかる、といひければ、むすびつけける／名にしおはば五のさはりあるものをうら山しくものぼる花かな」（釈教・八九四）を挙げる。しかし、和泉式部居住地説は後世の付会というべきもので、泉川の「泉」は、イヅ（出）ミ（水）、湧き水の意で、湧き水が小川となったものが「泉川」であろう。賀茂川と高野川の縫合谷から湧き出た水が下鴨地域に入り、下鴨神社境内の糺森の参道に沿って東側を南流し、高野川に流入する。

現在、下鴨泉川町という町名が存する。（笹川）

和泉式部町《いずみしきぶちょう》〔右京区太秦〕

御室双丘町の南、御室川の黒橋を西南に渡った住宅地にある。昔、ここに和泉式部塚があり、それが町名の由来となっている。『山州名跡志』には「式部塚は槲《かしわ》の木の傍に」あり、「槲の木は法妙寺円覚上人の塔の旧跡に植えられていた」（『山州名跡巡行志』）ので、式部塚は法妙寺の境内にあったようだ。円覚上人は融通念仏宗の開祖、法妙寺・法金剛院などで念仏勧進一〇万をめざして活躍した人で、踊躍《ゆやく》念仏・壬生狂言の創始者であった。法妙寺を再興した円覚上人は踊躍念仏の唱導で人々を集めた。半僧半俗の聖たちが勧進のために協力し、唱導のための比丘尼も定住するようになったと思われる。法妙寺の「一塚の傍にかつて瓦葺きの小祠があった。遠近の人々は絵馬を掛け病者祈願をしている。塚の東側の字名を和泉式部という」（『捜二式部古墳一記』一八四八）とある。このことから式部を名乗る比丘尼が病を治していたことが読み取れる。式部没後、式部塚が建てられ、字名が付いた所以である。まとめると町名の由来は次のようになるだろう。式部を語る比丘尼→和泉式部塚→字和泉式部→和泉式部町。現在、法妙寺も和泉式部塚もない。（明川）

和泉町《いずみちょう》〔下京区〕

東洞院通鍵屋町下ル的場までの両側町である。近隣に「平野町」「大坂町」など大阪府関連の町名があり、摂津、和泉国の「福島」「和泉」などとの行商関係が考えられる。「寛永一四年（一六三七）洛中絵図」には、すでに、現町名の「和泉丁」とある。延宝から宝暦にかけて「下和泉町」の期間があり、その後、「和泉町」に戻った。宝暦一二年（一七六二）刊『京町鑑』に「和泉町」とある。（小西）

泉殿町《いずみでんちょう》〔右京区鳴滝〕

福王子交差点の北西方向で、周山街道の北側にあたる。御室川が山地部から京都盆地の北端に出てくる地点の北側になる。地名は、鳥羽上皇の子の覚性法親王による山荘泉殿《いずみどの》があったことによる。御室川の上流は、平岡八幡宮の南付近では標高一〇〇メートル近辺を流れるが、中流の宇多野西方では同七〇メートル近くまで低下し、その間に渓流を形づくる。平安期には西河（川）とも呼ばれ、祓の場として有名であった。このため、河谷を訪れる貴紳が多く、泉殿を初め山荘や寺院が多く造られた。（岩田）

泉殿町《いずみどのちょう》〔左京区吉田〕

西園寺公経《きんつね》（一一七一～一二四四）の別荘「吉田泉殿《いずみどの》」があったことに由来する。『明月記』嘉禄二年（一二二六）五月二七日条「吉田泉」が初出。『百錬抄』建長七年（一二五五）六月五日条に「院、吉田泉殿ニ御幸。殿上人・御随身等、五番ノ競馬有リト云々」、『帝王編年記』文永二年（一二六五）六月四日条に「吉田泉ニ於テ公卿・殿上人・御随身、七番競馬ス。一院・新院御幸」などと見え、後嵯峨院や後深草院の御幸があり、競馬が行われた。『山城名勝志』には「鴨川ノ東、昔、吉田社ノ西北ニ泉殿ト号スル田地有リ。水石ノ跡残レリ」と記されている。現在、百万遍交差点の南西の角周辺が吉田泉殿町である。（笹川）

和泉屋町《いずみやちょう》〔下京区〕

東木屋町通松原上ル二丁目東側片側町で、町の東側は鴨川に接し、西側は高瀬川に面する。平安末期には妙法院門跡領であった。慶長一六～一九年（一六一一～一六一四）、東山方広寺大仏殿の資材運搬用に角倉氏による「鴨川水道」の開削があり、それに前後する高瀬川の開疎、さらに、寛文九年（一六六九）から一〇年にかけての鴨川筋の新堤建設以後、高瀬川の運輸面での経済的重要度が増すにつれ、高瀬川沿いに町地が開発された。「寛文一〇年和泉屋休《きゅう》卜《ぼく》なるもの官許を得て開坊す。故に町名となる」（『京都坊目誌』）とある。宝暦一二年（一七六二）刊『京町鑑』には「和泉屋町」とある。ただ、天保二年（一八三一）版『改正京町御絵図細見大成』が「和泉丁」とするので、江戸時代は「和泉丁」であった可能性が高い。（小西）

出雲《いずも》〔亀岡市千歳町〕

延喜式内社で丹波一宮の出雲神社が鎮座する地であることが地名の由来となっている。「出雲神社文書」によると、天福二年（一二三四）の「関東御教書」では出雲神社の創立を和銅二年（七〇九）としている。祭神は大己貴尊《おほなむち》、三穂津姫命である。元禄一一年（一六九八）に旗本杉浦氏の知行地となった。昭和三〇年（一九五五）からは亀岡市の千歳町の大字となった。（安藤）

出雲路《いずもじ》〔北区〕

賀茂川西岸の鞍馬口通を南北に挟む地域の地名で、『延喜式』に見える出雲寺がこの周辺にあったこととの由来の一つともされる（『京都の地名由来辞典』）。しかし、周辺が愛宕郡出雲郷にあたり、亀岡の出雲に連なり鞍馬街道の起点にも相当し街道の要衝でもあったことに由来するものと考えられる。さらに、奈良時代前期から当地周辺の上御霊神社周辺に存在されたとされる出雲寺も存在し、古代から出雲郷の出雲氏の氏寺であったこと想定されている（『京都市の地名』）。また出雲路は鞍馬街道の起点にも位置し、近代までは賀茂川川床を渡る街道であったが、現在は出雲路橋が架橋されている。（天野）

伊勢講山《いせこうやま》〔宇治市志津川〕

志津川には、近世以来、大伊勢講・小伊勢講・若伊勢講と呼ばれる三つの伊勢講が存在して、それぞれ別個の組織として運営されてきたが、その大伊勢講の諸経費を賄うための、講の共有財産である山林の通称。仙郷川の東にあり、字瀧ヶ壺と字宅尾を尾根筋で分けている。北西の山裾に志津川の産土神である神女《しんにょ》神社が祀られている。槙尾山の一部にも、同じ山名が遺存している。また、若伊勢講も、小字仙郷谷にそのための雑木山を持っていた。ちなみに、安政三年（一八五六）三月に、大伊勢講中が参宮した際の費用は、御供料などすべて含めて約三両、同行者は七名であった。「譲り渡シ申す山地の事」（天保一二年〈一八四一〉正月）という「庄五郎山地売券」（中沢太蔵家文書）が残っており「右ハ先年より伊勢講参銀入用の内、借用致シ置かれ候処…」と伊勢参りのために山地を手放している。（高木）

伊勢田町《いせだちょう》〔宇治市〕

巨椋池（旧・大池）の海岸線であったことを示すイソ（磯）＋ダ（処）からの転か。柿本人麻呂に「荒磯辺《ありそべ》に着きて漕がさね」（『万葉集』巻九・一六八九）とある。伊勢田には、この地の開拓に功績のあった那《な》美世尊《みよのみこと》を祀ったという祠が、明治維新の頃まで存在したという。また、奈美世という小字名も『（伊勢田村）村誌』（明治一四年〈一八八一〉）にある。しかし、那美世尊という神名は「記紀」にはない。この祠との関連はわからないが、この地の産土《うぶすな》の神である磯田の名に由来する、いわば古伊勢田神社とも考えられる神社がもともとあった。『山城国風土記』逸文に見える「伊勢田の社祇社《くにつやしろ》、名は大歳御祖命《おおとしみおやのみこと》の御子」がそれか。そこに、伊勢神宮の料田が設けられるにおよんで伊勢田の名が定着したのではないか。現在の伊勢田神社の祭神は、天照皇大神など三柱である。なお、この辺りは『和名抄』にみえる久世郡那紀郷に比定されており、また、『延喜式』（内膳司）にある奈癸園がおかれた所である。しかし、『和名抄』には、伊勢田郷の記載はなく、地名としての伊勢田は中世まで降る。すなわち、『後法興院雑事要録』の文明一一年（一四七九）に「伊勢田郷（山城国）」とあり、あるいは永正一五年（一五一八）四月の土地売渡証文「壱阿弥百姓職売券」の中に、「守いせた（伊勢田）のあみたきやうてん（阿弥陀経田）」とあるのがそれである。

明治二二年（一八八九）、安田村・小倉村と合併して小倉村に、さらに昭和二六年（一九五一）に宇治市に。（高木）

伊勢殿構町《いせどのかまえちょう》〔上京区〕

豊臣秀吉が造営した聚楽第があった頃、大名の伊勢兵部少輔某の屋敷があったことによると、大正五年（一九一六）刊の『京都坊目誌』は記す。町は一条通をはさんで両側を町域とする。町のほぼ中央を一条通から南に通る土屋町通があり、北へは浄福寺の南門に通じる参道がある。貞享三年（一六八六）の「京大絵図」に「伊勢殿構丁」とあり、江戸時代からの町名である。構とは京の町中に作られた防御施設である。（清水）

伊勢松町《いせまつちょう》〔下京区〕

西堀川通と猪熊通の間の通り木津屋橋通下ル僅少区間の町である。「応永二六年（一四一九）対馬、九州に朝鮮が攻め込んだ事件があり、それを撃退したのが伊勢の神の神威だったとして『伊勢の宮人』が『松を植えて伊勢の神を降臨させましょう』と呼びかけた。いわば、『はやり神』であった」（『増補洛中洛外の群像』）。宝暦以前の西九条村で、松が盛んに植えられた。そして、字《あざ》名も伊勢松であった。旧西九条村に属していた土地で、宝暦年間（一七五一～六一）に町地となった（『京都坊目誌』）。（小西）

磯《いそ》〔京丹後市網野町〕

磯は背後に山を負い、日本海に直面した、文字どおり水際の集落であるところからの命名であろう。磯には静御前《しずかごぜん》出生の地との伝説があり、地内には静御前を祀る静神社があり、崇敬を集めている。磯はもと浜詰村の一部。（水野）

板列《いたなみ》**（板浪）**〔与謝郡与謝野町〕

式内社に「板列神社」とあるものが初出となる。保元三年（一一五八）の「官宣旨」（石清水文書）には、石清水八幡宮領の荘園として佐野庄・黒戸庄とともに「板浪別宮」が記される。これは、板列八幡神社のことであり、与謝野町男山が板浪であったことがわかる。その後、永仁五年（一二九七）から康正二年（一四五六）にかけて、石清水八幡宮文書の中に「板浪」または「板浪別宮」として記録が見られる。長禄三年（一四五九）の「丹後国郷保庄惣田数帳」には記載がないが、天文七年（一五三八）の「丹後国御檀家帳」には「いたなみ」と見える。しかし慶長七年（一六〇二）の「慶長検地帳」には「忌木庄男山」、同年の「慶長郷村帳」には「男山村」とあり、板浪の地名は姿を消してしまう。現在は板列八幡神社や板列神社（与謝野町）の名に名残りを残す。（新谷）

井谷《いだに》〔京丹後市丹後町〕

往昔、地内の田んぼから湯が湧き出たとの言い伝えがあり、明治初年までは「湯《ゆ》谷《たに》」とも称したという。「ゆたに」あるいは「ゐたに」が「いたに」、「いだに」と転訛したものか。宇川下流域右岸の丘陵端部に位置する。（水野）

依遅ヶ尾山《いちがおさん》〔京丹後市丹後町〕

依遅ヶ尾山は、京丹後市丹後町にある標高五四〇メートルの山。丹後半島東部を南北に連なる金剛童子山山系の北端部に位置する。山頂部は平坦であるが、東壁と北壁は急峻な絶壁状をなすため、その山容は見るものに幾何学的な清冽感を与える。北方には犬ケ岬、東麓を宇川が流れる。また、山頂には役行者《えんのぎょうじゃ》の祠があり、日本海が遠望できる。かつて、この山には金属精錬に関係のある、式内社の依遅《えち》神社があったとされることから、山の名は、「えちの山」から「いちの山」、「いちがお（山）」と変化したのではなかろうか。（水野）

市坂《いちさか》〔木津川市〕

井関川中流域の奈良山丘陵の末端部に位置する。山城国の最南部で、大和国に境界を接し、奈良街道が北方木津から当地を経て奈良に至る。西は古代条里遺構が残る水田が広がる。

崇神天皇一〇年に大毘古命《おほびこのみこと》が「山代ノ国ヲ見る二宜シ」と述べたところからその名が生まれたという国見山（一〇五メートル、州見《くにみ》山）を擁する（『京都府地誌』）。平安期には一ノ坂とも書く（『五畿内誌』）。『中右記』大治二年（一一二七）八月二一日条や『経覚私要鈔』享徳二年（一四五三）一一月二〇日条にも「一坂」とみえる。

ただし、市坂の古名は『古事記』崇神天皇段に「山城之幣羅坂《へらさか》」とある。幣羅は『日本書紀』崇神一〇年九月二七日・分注に「山背平坂」とある。ヒラ（平）は古語ヒラ（坂、傾斜地）をいい、山間では山崩れの起きやすい所をいう。幣羅坂の坂は重複語である。

市坂から梅谷にかけて、京都府ハザードマップでは四ヶ所土石流とその被害想定箇所、三ヶ所急傾斜地崩壊危険箇所。市坂の小字西山から幣羅坂の山裾五ヶ所急傾斜地崩壊危険箇所。イチ（市、一）は、イツ（厳）の転訛で、険しい地形をいう。（綱本）

一乗寺《いちじょうじ》〔左京区〕

かつてこの地に存在した寺院「一乗寺」に由来する。『小右記』天元五年（九八二）二月三日条によると、「一乗寺ニ於テ」来る七日から一八日間、大般若経を転読すべきことが「別当ノ律師穆算ノ許」に伝えられている。当時、一乗寺には、寺門派の僧穆算《もくさん》（九四四～一〇〇八）が山門派との対立による難を避けるために住んでいた。寺院名となった「一乗」とは、一つの乗物の意。衆生を仏の悟りに導く教えを乗物に譬える。『法華経』方便品には「十方仏土中に唯一乗の法のみ有り」とあり、『法華経』はこの教えによって一切衆生がひとしく仏に成ることができると力説する。『今昔物語集』にも「聖人、偏に法花を持して、深く一乗の理を悟れり」（一二ノ三二）などと見える。『法華経』を根本依経とする天台宗の寺院であったが故に「一乗寺」という寺院名となり、それが地名となったのである。『小右記』永延二年（九八八）一〇月二九日条によると、比叡山で受戒した円融法皇が下山した後に「午時許、一乗寺ニ到リ給フ」と立ち寄っている。当時、円融法皇は御願寺である円融寺（現右京区龍安寺）を住居としていた（『栄花物語』永延三年正月条・『小右記』同二月一六日条）が、正暦元年（九九〇）一一月に円融法皇は体調を崩し、御修法《みずほう》が受けやすい西坂本にあった一乗寺に移ったらしい。『小右記』によると、実資は、六日、一五日に「一乗寺ニ参ル」と、一乗寺の円融法皇を見舞っている。一二月一六日にも「早朝、一乗寺ニ参リ、即チ御前ニ候シ」、「去ル月ヨリ心神不例、飲食受ケ難シ、菓子見難シ」という円融法皇の言葉を記録している。

『百錬抄』保安二年（一一二一）五月二七日条には「延暦寺衆徒、観音院・一乗寺ノ房舎ヲ焼払フ」とある。山門派の衆徒によって、寺門派の拠点だった岩倉大雲寺観音院と一乗寺の房舎は焼き払われてしまうのである。現在、一乗寺何々町という「一乗寺」を冠する町名が五三町、また比叡山に至る山林を中心に一乗寺何々という地名が三五ある。（笹川）

一ノ井町《いちのいちょう》〔北区大宮〕

若狭川が鷹峯の釈迦谷山北端の谷から流れ、尺八池（綿子池）にひかれたあと谷口の一ノ井町へ出てくる。一ノ井は一番目の水田への川水の取入れ口をいう。東の北・南箱ノ井町の箱は一ノ井町のハ（端）・コ（処）だろう。川は近代には御土居跡沿いに賀茂川へ導かれるよう付け替えられた。同町以東は現在暗渠である。（綱本）

市ノ久保《いちのくぼ》〔城陽市寺田〕

市中央部の小字名。「市」は同市の市辺と同じく市の開かれた所、あるいは集落をいい、人の交流があるところをいう。久保は窪で、窪んだ場所をいう。市久保はその周囲からみれば窪んだ位置に該当しているが、これは東部丘陵から丘陵の裾に水が流れ落ちてきたところと考えられる。宮の谷川と大川原川（両河川とも小字界）の堤が合わさり、一つになって西に堤の上を下っていく。二つの堤に囲まれた場所が窪地であることから「いちのくぼ」と呼ばれる。（福富）

一之坂《いちのさか》〔宇治市宇治壱番〕

宇治橋から奈良街道を南西へ向かう際の最初の坂道の意。現在、通称「一ノ坂」と呼ばれているのは、府道宇治淀線の、新町通りと本町通りとが交差する辺りからの南西のごく短距離、小字壱番の西端から通称四番町付近の坂道だけである。さらに南西に続く坂道の頂点、神明皇太神宮前辺りまでは「二ノ坂」「三ノ坂」と呼ばれているが、通称名で、行政地名としては存在しない。面白いことに、伊勢田町辺りの古老は、坂道の頂点からの道を「一ノ坂」と呼び、「二ノ坂」「三ノ坂」と坂道を下っていて、順序が逆転している。藤原頼長の『台記別記』仁平三年〈一一五三〉一一月二六日条に「午刻ニ及ビ宇治ニ着ク。船ニ乗リ河ヲ渡ル。（中略）大和大路ニ至リ南行ス。一坂ニ至リ御前々行クヲ聴ク」とある。なお、古代、宇治から栗隈越えにかかる際の、最初の登り坂の場合も「一ノ坂」と呼んでいたのかもしれないが、その記録はない。

あるいは、「一」は「市《いち》」の意で市の立つ坂ということかもしれない。「二ノ坂」「三ノ坂」という呼称は、「一の坂」を前提とするが、その「二ノ坂」「三ノ坂」という呼称が比較的新しいからである。ただし、市の存在は確認されていない。

「宇治郷触請状」（承応三年〈一六五四〉）に「一之坂町」の記載がある。その後、一之坂東町と一之坂西町の二つに分割され、やがて一之坂が脱落して、ただの東町、西町になるが、『（宇治郷）村誌』（明治一四年〈一八八一〉）では、再び「一ノ坂」の名が見られる。（高木）

壱ノ段町《いちのだんちょう》（南区吉祥院新田）

「段」は「反」と同じ。つまり一反田という田の面積を意味する。柳田国男は『地名の研究』で「字の名前としては一番割、二番割または丑年縄受というような形で残って居るが、それから又一筆（土地登記簿上の一区画の大きさ）によって五反田・三反田と謂ふ」としている。そうした耕地分配の名残とともに、また相当する面積の持主が、「〜反田」「〜段田」などと呼んだのかも知れない。近世以降の新田の開発にあたって田の区画割りをする際、規格ごとに区別された名称が地名に反映したものと考えられる。西隣に弐ノ段町・参ノ段町がある。（入江）

市之町《いちのちょう》（下京区）

西木屋町通松原上ル三丁目、ほぼ南北に走る西木屋町通を挟む両側町である。当町の東側には高瀬川が流れ、西側は河原町通にも面する。高瀬川の運輸交易面での重要度が増し、材木を中心とした「市が立った」ことによるのであろう。「元妙法院門跡所領にして畠地なり。寛文十年十月新に町地と為り。市之町の名を下す」（『京都坊目誌』）。「宝永二年（一七〇五）洛中洛外絵図」に「市之丁」、宝暦一二年（一七六二）刊『京町鑑』には「一ノ町」とあり、以後変化はない。（小西）

一ノ坪《いちのつぼ》（宇治市槇島町）

古代条里制において一の坪に当る部分であることの意。復原図によれば、この辺りは久世郡三条七里の西南隅に当ると思われる。坪は、一町四方に三六等分された区域内の一区画のことで、その番号をつけるときに最初の順番に当るのが一ノ坪。宇治には、古代条里制による小字名と思われる漢数字の地名が残る。例えば、槇島には、東西の短冊形に区画された十一・十六・十八・二十四・三十五という小字名が現存し、また、伊勢田町辺りでは、古老は、つい最近まで十二の堤防や十八の道などの数詞が付いた地名を使っていた。また、古く四ノ坪・六ノ坪・八ノ坪などという地名もあったという。『（槇島村）村誌』（明治一四年〈一八八一〉）に「一ノ坪…今地陥リ水沢トナル」とある。古く三軒家とも呼ばれていた地域である。（高木）

一ノ坪町《いちのつぼちょう》（伏見区深草）

京阪本線伏見稲荷駅の東西に位置する。大化の改新以後、「班田収受法」により制定された条理制に基づいて付けられた地名。六町の一辺を里といい、東西南北にそれぞれ六つの区画、計三六区として正方形に区割した。一区割は「坪」といい、端から順番に「一ノ坪」「二ノ坪」と呼び、六ノ坪の隣は七ノ坪とし、計三六坪まであった。一ノ坪の町名はその時の名残である。深草には、今一ノ坪しか残っていないが、四ノ坪は昭和六年（一九三一）に森吉町と改称した。「シ」の発音は縁起が悪いというのがその理由である。森吉町が四ノ坪となると、南の下横縄町は二ノ坪、現在の上横縄町は三ノ坪、藤田坪は五の坪に該当する（「新市域各町誌京都坊目読続稿」一九四一）。六町四方の里名は「柿本里」と推定され、その範囲は広い。（明川）

市野々《いちのの》〔京丹後市久美浜町〕

市野々は川上谷川の源流部、青地岳《あおじだけ》（四四六メートル）と高竜寺岳《こうりゅうじがたけ》（六九七メートル）に囲まれた山間部裾の谷間に位置する。久美浜町の最南端の山峡の集落。南にある円城寺《えんじょうじ》峠を越えると兵庫県に通じる。市野々は古代にも中世にも記録としてはその名がみえない。しかし、但馬《たじま》との国境に位置することから、往昔、市場が立ったことによる命名、「市の野」かもしれない。あるいは、京都市左京区にある「市原野」と同様に、櫟《いちい》（くぬぎ）がたくさん自生していた山間の野原、「櫟《いち》の野」の意の地名かもしれない。

地内にはカンナ流しの跡や、たたらを行った跡がある。なお当地には、京都府登録無形民俗文化財の菖蒲田植が伝承されている。これは丹後地方唯一のお田植え神事系の行事であり、中世歌謡の特徴を残している。（水野）

一之舟入町《いちのふねいりちょう》〔中京区〕

一番目の舟入《ふないり》のある町。フナイリは「船を入れるための人造の港」（『日葡辞書』）。古くはフナイレともいった。高瀬川は慶長一六年（一六一一）に角倉了以によって開削された、人工の川。伏見または大坂方面からの物資の運搬を目的とした川であり、開削当初から川の西側に直角に水路を引くかたちで、舟溜まりが設けられた。二条から四条間に、七ケ所の舟入が設けられた。当町は高瀬川の最北端に位置し、町域の東端には南北に高瀬川が流れ、中央部には東西に一之舟入の水路が引かれる。数ある舟入の中でも一番目であるということの名称こそ、高瀬川の水運での位置を最も正確に伝えたのだろう。

当町の町域は北は二条通、南は御池通、東は高瀬川、西は河原町通に及ぶ。平安京の東京極大路（現寺町通）の東にあたり、京域の外側にあたる地域であった。町地となったのは、近世初頭の高瀬川開削ならびに鴨川の護岸工事を経てのことであった。しかし町の北端を通る二条通は、古くから人の出入りの頻繁な通りであり、東側の二条河原は中世の合戦場でもあった。一之舟入によって南北を二分される町地の北側には、近世を通じて高瀬川とお土居堀を管理した、角倉家の屋敷が置かれた。また南側には萩藩の屋敷があった。町名は近世前半には角倉屋敷が置かれた関係上、「角倉町」と呼ばれた。「一之舟入町」となったのは近世中期以降のことで、それ以降は変化がない。一之舟入は現在も美しい景観を保っており、町内には日本銀行京都支店や大ホテルの建つ、落ち着いた佇まいである。（真下）

市辺《いちのべ》〔城陽市〕

市最南部の大字名。木津川支流の青谷川流域に位置する。『太平記』には市辺が二ケ所でみえる（巻第三　笠置軍《いくさのこと》事付陶山《すやま》小見山夜討事）。鎌倉期以後にみえる荘園名に「山城国市辺荘」（一二二四年、皇女宣陽門院の御領目録＝「島田文書」）がある。このように市辺は、中世以後に確認できる地名である。その地名の由来としてよく記されているのは、ひとつは古くは「櫟野辺」（『山州名跡志』）ともあり、櫟《いちい》の樹が繁茂していたことによるとある。もうひとつは履中天皇皇子市辺押磐皇子《いちのへのおしはのみこ》（『日本書紀』）。『古事記』は市辺忍歯〈別〉王、等）の居住地であったためといい、市辺にある通称「大芝《おしば》」（あるいはオオシバ）の地は「押磐」にちなんだものともいう。前者は伝承めいているが、その確証はない。また後者の市辺忍歯王が城陽市市辺に住んでいたという確証もない。『日本書紀』にみえる「市辺宮」（天理市か）が居住地であったとみたほうがよい。本居宣長の『古事記伝』（三八）に「市辺は、山城国綴喜郡に、市野辺村と云今あり、其処か」とあるが単なる推測にすぎない。市辺域は古代の古北陸道が南北を通り、宇治田原郷之口を経て近江へ、また西の木津川を渡れば河内へ通じる交通の要衝地であった。「イチ」は、「市の開かれた所」あるいは「集落」、また「崖」など嶮しい地形（『古代地名語源辞典』）をいうとされるが、市辺はそれらに該当していよう。前掲『太平記』に「市野辺山」がみえるが、中世山城の市辺城跡があり、その周辺山麓では崖を形成している。（齋藤）

市場《いちば》〔京丹後市久美浜町〕

天正一五年（一五八七）の「松井康之知行充行状」（竹田家文書）に「市場村」とあるのが初出の地名である。河上庄の領域に含まれる地域と思われ、中世の河上庄内に立った市場があったことに由来する地名と思われる。慶長七年（一六〇二）の「慶長郷村帳」には「市場村」とあり、明治時代に至る。（新谷）

市場《いちば》〔船井郡京丹波町〕

「市場」の地名は全国各地にあり、多くは古代～中世に市場が開かれていたことに由来する。しかし当地は由良川上流右岸の段丘沿いにある集落名。

江戸時代から明治二二年（一八八九）まで市場村であった。昭和三〇年（一九五五）から和知町の大字となった。（安藤）

市場《いちば》〔舞鶴市〕

中世に市場が開かれた所に由来する地名。若狭街道沿いの志楽川河口に位置し、海にも面している。一三四一年以降は南都西大寺の庄園の市場として物流の中心であった。「西大寺文書」に永徳三年（一三八三）「志楽市場」と記されている。その後も「しらくいちば」と称していたようで、貝原益軒『西北紀行』（一六八九年）に「四六市場」とある。泉源寺村の枝村で（幕末に独立）、湊町・宿場町として栄えた。明治三四年（一九〇一）海軍舞鶴鎮守府開庁により新市街が建設されるまでは、舞鶴東地域でもっとも賑わったところであった。（髙橋）

市場《いちば》〔与謝郡与謝野町〕

旧村名。明治二二年（一八八九）の町村制施行に伴い、四辻村と幾地村が合併してできた村。幾地には小字市場前・市場後・市場上があり、市場明神とも呼ばれた中村神社がある。これらは、中世に市場があったことに由来するものと思われる。村名は、これらの小字地名に由来するという。（新谷）

市原野《いちはらの》〔左京区静市〕

叡山電鉄市原駅付近で今は市原町というが、かつての風葬の地を思わせる墓地が広がっている。平安時代、市原野は櫟原野と呼ばれていた。嵯峨天皇は弘仁四年（八一三）一〇月七日の条に「櫟原野へ遊猟に来ている」（『類聚国史』）し、治承三年（一一七九）五月二五日の条の『山槐記』にも「鞍馬寺参詣の帰途に櫟原野河辺避暑」と見える。この櫟原野は「夜盗が出没する市原野」「盗賊鬼同丸が源頼光を襲ったのも一原野」（『古今著聞集』）で寂しい原野であった。中世から江戸時代にかけて「市原野」「一原野」と併用されるようになるが、元は先述の「櫟原野」が起源のようである。櫟はくぬぎのことで、葉は栗に似、実は丸いドングリとなる。あたり一面に櫟が自生していた緩傾斜地の野、櫟原野が地名由来と思われる。この地は謡曲「通小町」の舞台として有名である。「八瀬の山里に籠る僧の所へ木の実と薪を届ける女がいた。僧は今日はどんな木の実を持ってきたのかと問うと、女は櫟、香椎、真手葉椎など」と答える。これは木の実づくしといった木の実を列挙するものであるが、櫟から始まる木の実づくしはこの地の成り立ちを語っていないか。「通小町」が別名「市原小町」というのも、市原野に住む小町が舞台になるからである。（明川）

壱番《いちばん》〔宇治市宇治〕

宇治神社の神役を負うところから始まったと思われる宇治郷の自治的組織「保」の番号によるもの。宇治では、一番から十番までの番保の形態をとっていた。現存する小字名としては、壱番以外では、壱番より西にある弐番が残るのみで、それぞれ字域の範囲が拡大されている。なお、四番町・五番町・六番町という通称名が、町内会などの名としてJR宇治駅の南側あたりに残っている。その他、参番は、弐番のさらに西に、七番・八番は、東に移って、新町、橋本町辺りの宇治橋西詰に、九番・拾番は、川東の宇治神社周辺に特定されている。最も古い番保地名の記録が、文安六年（一四四九）七月の「たい二郎屋敷売券」に「七番ほう」とあることから、宇治の番保は一五世紀中ごろには成立していたものと考えられる。（髙木）

一番町《いちばんちょう》〔上京区〕

豊臣秀吉が大内裏跡の内野に聚楽第を築いた時、聚楽第の西側の仁和寺街道付近に家臣たちの武家屋敷街を作った。この武家屋敷街を七つに区画して、北から一番、二番と七番までの番号が付けられた。一番町の東は七本松通、西は下の森通で限られ、仁和寺街道の北側を町域とする。文禄四年（一五九五）に聚楽第が破却されて、武家屋敷街も荒廃して畑地になったが、宝永五年（一七〇八）三月の京都の大火で禁裏が類焼した。火災のあと禁裏が拡張され、禁裏周辺の住民がこの地に移住させられ、もとの一番、二番の地名が復活して、一番町、二番町と七番町までの町名が出来た。（清水）

一番割《いちばんわり》〔宇治市五ヶ庄〕

黄檗丘陵が開発された際に、一番最初に割り当てられた分譲地域であったことによる名。新田が開拓される際、工期が長期間にわたる場合、毎期の工事完了ごとに工事が完了した区域から順番に分譲していったのであろう。柳田国男は、「耕地分配の跡は地名になつて残つて居る。大体に各口均分を本則としたものと見えて、区域が広く年数のかゝる場合などは、毎期の完工地を次々に分けて行つて居ることは、…、字《あざ》の名前としては是が一番割二番割…といふやうな形で残つて居る」（『地名の研究』の中の「地名と歴史」）という。新田開発された時期は、元和四年（一六一八）の「五カ庄八ヶ村検地帳」には見られなかった新田村の名が、寛永一五年（一六三八）には「五ヶ庄新田村検地帳」として登場することから、その間に村の体裁を整えてきたものと思われる。同検地帳には「一番ハリ」「二番ハリ」の小字名が見られる。現在、二番割・三番割も小字名として残る。ちなみに、黄檗山万福寺の所在地が三番割である。（髙木）

壱分《いちぶ》〔京丹後市久美浜町〕

天文七年（一五三八）の「丹後国御檀家帳」に、「一ふん方」とあるものが初出となる。地名の語源は、田村庄のうち、ある領域を何らかの理由で三分割した際に、佐濃谷川の上流から順に壱分方・二分方（久美浜町関）・三分方（久美浜町三分）と呼ぶようになったことに由来すると思われる。慶長七年（一六〇二）の「慶長郷村帳」に「一分村」、延宝九年（一六八一）の「丹後国与謝郡等郷村高帳面」に「壱分村」と記され、これ以降は「壱分村」の表記で明治時代に至る。（新谷）

一文橋《いちもんばし》〔長岡京市〕

一文橋は西国街道が向日市と長岡京市の境である小畑川を渡る地点に架かる橋名に由来する。昭和五二年（一九七七）から長岡京市の町名となり、一～二丁目がある。もと今里の一部で、水田地帯を造成した住宅地。小畑川と南東流する風呂川に囲まれた三角地帯。

かつて、街道の通行にあたって大川には渡し船や仮橋が架けられていたが、小畑川などの小河川には室町期ごろから村人によって、小橋が架けられていた。小畑川の一文橋は、橋を架けた上植野村が一文の通行料金を徴収したのでこの名が付けられたという。日本最初の有料橋といわれる。（綱本）

一里塚《いちりづか》〔長岡京市〕

JR長岡京駅から北に約百メートル。神足一丁目に細長の台形にくい込んだ地域がある。そこの地名「一里塚」の由来は西側を通る西国街道の里程標にちなむ。近代的なマシンョンが並ぶ場所だが、以前の地名は神足馬場、同新馬場、同室ケ辻の三つからなっていた。昭和四五年（一九七〇）合併して、かつて西国街道と府道伏見柳谷高槻線との交差点西北側にあった一里塚付近というのでこの地名をつけた。

西国街道は京都市南区の東寺口（羅生門跡碑付近）から向日市・長岡京市大山崎を経由して西国へ向かう古道。秀吉の朝鮮出兵の通路だった。徳川家康は慶長九年（一六〇四）江戸日本橋を起点として東海道はじめ主要街道に一里塚を築かせた。一里塚は街道の一里（四キロ）ごとに土を盛り木（榎、松）を植えて、里程の印とした塚をいう。長岡京市内の西国街道の一里塚は東寺口から二里に当たっていた。「乙訓寺文書二四号」（『長岡京市史・資料編二』）の弘化四年（一八四七）八月付絵図には、街道西北側に土盛りの塚に木を描いた「一里塚」が描かれている。（綱本）

一里山《いちりやま》〔宇治市広野町〕

奈良街道の一里山があったことによる名。奈良街道と大和街道が交差する宇治屋の辻から東へ奈良街道を進んだ北側に一里山の小字名はあるが、塚はない。一里山制度を全国的に整備したのは徳川家康で、慶長九年（一六〇四）に江戸日本橋を起点に東海道・中山道・北国街道などに三六町を一里として塚を築き、榎を植えさせたことに始まる。地方では藩ごとにその城下町を起点にして独自に設けることが多かったようである。幕府が「正保国絵図」作製のために各国に渡した指示書には「一里山」としているので、一里山が正式の用語のようであるが、一般的には一里塚の方が知られている。宇治には、字名としての一里塚がもう一ヶ所五ヶ庄にある。『（五ヶ庄）村誌』（明治一四年（一八八一））にある一里塚で、近年まで小字一里塚の東端中ほどの街道（現・市道五ヶ庄宇治線）に面する所にあったという。また、もう一ヶ所、大和街道の一里塚が、小倉小橋辺りにあったようである。（髙木）

一蓮社町《いちれんしゃちょう》〔中京区〕

一蓮社の町。『京都府地誌』に「天正以前、浄土宗極楽寺当町にアリ。開基僧ヲ一蓮社及誉ト号ス」とあるように、天正以前まで当町に、浄土宗の僧一蓮社及誉が創設した極楽寺があったことによると考えたい。極楽寺は寺伝によれば、天文一二年（一五四三）に、一蓮社笈誉が四条坊門東洞院に浄土真宗極楽寺を創建。天正一八年（一五九〇）に秀吉の命で下京区本塩竈町に移転し、現在に至る。

平安京内裏の南東であり、六角堂の南にあたる。古くから人の往来も物流も盛んな地であった。平安末期には当地に釈迦堂が建てられ、応仁の乱の焼亡後に極楽寺が建った。当町はこのように中古中世は宗教的な環境だったが、近世以降は周辺の町々と同様の商工業地となった。「寛永一四年（一六三七）洛中絵図」に「一れんしや町」とあるは、寛文五年（一六六五）刊『京雀』等では、「いしや町」とされる。現在はオフィスや商店が多い。（真下）

一切経谷町《いっさいきょうだにちょう》 〔山科区日ノ岡〕

九世紀後半に円仁がこの地に「一切経堂」を建立したためとされる（『宇治名勝誌』）。円仁（七九四～八六四）は入唐僧で、承和一四年（八四七）に帰国し（『入唐求法巡礼行記』）、仁寿四年（八五四）に比叡山延暦寺の第三世座主となっている。この地に鎮座しているのが日向大神宮であり、「清和天皇貞観年中に菅原船津に詔して社殿を修造せしめ給ふ」（『京都府宇治郡誌』）とある。貞観年中とは八五九年から八七七年までで、社殿修造とほぼ同じ時期に円仁が堂を建立したことになる。一切経は全ての仏典を指し（「大蔵経」ともいう）、建立にともなって地名が命名されたと考えられることから、この時期、延暦寺が日向大神宮に大きな影響力を持っていたことが分かる。（小寺）

一色町《いっしきちょう》 〔上京区〕

室町時代の四職の一人の一色氏の邸宅があったことによる。町は、東西に通る五辻通をはさんで両側を町域とし、町の東寄りに浄福寺通が通る。「寛永一四年（一六三七）洛中絵図」では「一色殿丁」とあるが、天保二年（一八三一）の「改正京町絵図細見大成」には「一色丁」とあり、江戸時代からの町名である。（清水）

一町田《いっちょうでん》 〔宇治市槇島町〕

一枚の田が一町ほどもある広い田んぼであることの意。一丁田とも。槇島町には、条里制遺構が残されている所が多く、ここもその一つ。すぐ南側の細長く続く小字外は、宇治川の旧流域の一つとされているが、そのすぐ北側のこの地は流されずに残ったようである。「大鳳寺村田畑名寄帳」（寛文元年〈一六六一〉）に、「丁田」「上ノ丁田」とあるのは、一丁（町）田の意であろうか。また、宇治には、同様の趣旨による命名と思われる小字名が少なくなく、「三反田」「四反田」「五たん田」「六反田」「八反町」などの小字名が「大和田村名寄帳」「上村名寄帳」「谷村名寄帳」「真木島名寄帳」（ともに元和四年〈一六一八〉）、「大鳳寺村田畑名寄帳」などに見られる。これらは近世に成立したものと思われるので、あるいは、新田開拓された際、一定の面積を基準に公平に分配された、その基準となる広さによる命名とも考えられる。（高木）

五辻通《いつつじどおり》 〔京都市・東西の通り〕

大宮通から北野天満宮の東面の御前通りまでの道。平安末期辺りから文献にみられる。『京羽二重』に「此筋大宮より東、室町通まで入組《いりくみ》の辻子あり」とある。辻が入り組んでいたことが五辻の由来と思えるが、しかし、大宮通より東の通りを今は「五辻通」とは呼ばない。『京都坊目誌』に「後鳥羽上皇が御せし五辻殿、此街にありしより称す」とあるように、大宮西に入っ

た所の五辻町辺りには、「五辻」を名に持つ邸宅があったようだが、通り名が先ではないかと思われる。（糸井）

井筒町《いづつちょう》〔下京区〕

噴水、井水の井桁（井筒）があったことに因む。北小路通新町西入ル西洞院までの両側町で、「天正（一五七三〜一五九一）以来、此地に噴水あり。其後井桁のみ存す」（『京都坊目誌』）とある。西本願寺に太鼓番屋が存在し、寺内町に属していた時期には、北小路にあたる筋を「太鼓番屋ノ筋」と称し、堀川通から数えて三丁目にあたる。西本願寺寺内町は、縦の通りを町（丁目）と称し、横の通りを筋と称していた（『中近世都市の歴史地理』）。宝暦一二年（一七六二）刊『京町鑑』には、「井筒町」と現町名を記載している。

石井筒町は、油小路通四条下ル綾小路までの両側町である。当町の場合は「此町東側北方人家の後園に井水あり。石造井桁を以て囲む」（『京都坊目誌』）とある。「寛永一九年（一六四二）寛永後万治前洛中絵図」に、すでに現町名の「石井筒町」とある。（小西）

行積《いつもり》〔福知山市〕

由良川の支流・花倉川上流にある村名。「天寧寺文書」に康安二年（一三六二）の中臣宗泰による「所領寄進状」があって、その中に「中いつもりさいけ」と地名が現れる。難読地名の一つであるが、語源は明らかでない。

昭和三〇年から福知山市の大字となった。（安藤）

井手《いで》〔京田辺市薪〕

井手は井堰のことで、田に流す用水を堰き止めてあるところをいう。『薪誌』によると、甘南備山を源流とする手原川は井手と溜池の間を北流するが、手原川は井出川ともいい、元は川が井手地区から分流され北部の人家・田畑に分流されて来た。井手と西隣の西山の境を流れる手原川の中に古墳があった。これは川の中に古墳を築いたのではなく、古墳のあった所に川を人工に流したことになる。永久元年（一一一三）の「玄蕃寮牒案（柳原家記録）」に載る「井手里」（条里制呼称）の土地と推測される。天皇陵の警備に従事した民の陵戸の田だった。（綱本）

井手《いで》〔綴喜郡井手町〕

町の大字名で、旧奈良街道沿いになる。昭和三二年（一九五七）、北の多賀と合併して井手町となることで町全体の地名となる。井出・井堰・井堤などとも表記される。灌漑用水路の井堰《いせき》を意味するという説が有力だが、玉水・玉井・玉川などがよく知られるように、水の表出を意味する井出（井の出づる地）も捨てがたく、玉水・玉井と同義（水の表出）の地名（「玉」は美称）であるとみたい。それらは木津川支流の玉川下流に形成された平地に位置することからもいえることである。平安期からみえる地名で、「井出の玉水」と「玉の井」は同一視されてもいる（『京都の地名検証』）。位置のうえでも同一的である。井手は、蛙・山吹の名所として著名な歌枕であった。「かはづなくゐでの山吹ちりにけり花のさかりにあはましものを」（『古今集』）。なお、井手東手の山麓、玉津岡神社周辺の台地を上井手といい、水無・石垣などと同様もと江戸期からの村名。古刹地蔵院や小野小町塚・井堤寺址などの古跡があり、また王朝文化のロマンを残す椿坂のゆかりもあり、見晴らしの利く地である。山麓に通じる南北の細道は、多賀より続いて奈良へ向かう古北陸道であり、おのずから上井手がかつての要衝の地であったことを語っている。（齋藤）

井手町《いでちょう》〔東山区〕

『京都坊目誌』に「始め賀茂川の流域広大にして、堰あり。俗之を井手と云ふ。（中略）構成埋却して町地と為り。遂に此名を下す」と、かつてこの地に鴨川の水害を防ぐ堰があり、これを井手と称したことに由来するとある。所在は大和大路通西裏団栗上ル。四条川端通を下った団栗通の北に位置し、『京町鑑』には「又其（団栗辻子）東に北へ上ル所 井手町 此町行ぬけなし」とある。

『京都巡覧記』では当町を団栗辻子《どんぐりのずし》の項に入れており、一般的には同辻子の一町とみなされていたふしがある。明治元年（一八六八）下京に編入、昭和四年（一九二九）に東山区に編成。

開町の時期は定かではないが、『京都坊目誌』には「寛文八年（一六六八）の開通ならん」とある。（忠住）

位田町《いでんちょう》〔綾部市〕

由良川と支流八田川が合流する付近の右岸、高城山（二九九メートル）の南に位置する。『楞厳寺《りょうごんじ》文書』（『綾部市史』史料編）貞和五年（一三四九）三月の「楞厳寺敷地紛失状」に「限東位田境」とあるのが初見（『角川日本地名大辞典』）。また『蔭涼軒日録』の延徳二年（一四九〇）七月に「物部豊前守為大将攻位田城」とあって、位田城の攻防が知られる。現在、由良川の北の丘陵上に東には高城、西には低城の二つの城跡がある。「位田」は律令制下、五位以上の位階に応じて給与された田地のことであり、地名の由来が推察されるが、詳細は不明である。

昭和二四年（一九四九）に豊里村の大字、昭和三〇年（一九五五）から綾部市の大字として位田町となった。（安藤）

井戸《いど》〔右京区京北〕

『和名抄』の桑田郡山国郷内に位置する、山間の集落。大堰川（上桂川）の左岸は井戸祖父谷《そぶだに》川の流域全域にあたり、大堰川と支流小塩川との合流地区でもある。右岸には、九重桜で知られる常照皇寺がある。地名の初見は、宝徳三年（一四五一）の「山国惣庄山地寄進状」（「井本昭家文書」）に「井戸村宇須和左近」（古老の一人として）とあるもの。「ゐ（井）」は、水のたまり場の意で川（の一部）にも用いられたようだ。井関や、大堰川を大井川とも書くように。「井戸」はもとは、「ゐのへ」（川あるいは堰のほとり）であったかも知れない。とすれば、「井戸」という文字面から、後「いど」と称するようになったことになる。大堰川の流れをせき止めた「堰《い》」があったことに拠るともいわれる。

常照皇寺は通称で、常照寺が本来の寺の名であるが、「皇」の字をつけるのは、光厳上皇の開基の寺であるからで、貞治元年（一三六二）僧籍に入っていた上皇は、山国庄の無住の寺に入り、改築して開山し、常照寺とした。当寺には光厳院開山の由来を描いた絵巻があり、それに藁苞《わらづと》納豆の絵が描かれていて、当地（京北）が糸引き納豆発祥の地であることの根拠とされている。（糸井）

井頭町《いとうちょう》〔右京区嵯峨大覚寺門前〕

大覚寺の南方向、清涼寺の東方向にあたる地域である。「井頭」は、泉や井戸にまつわる地名で、「頭」は「ほとり」と読むので「井戸のほとり」、もしくは元は「井《い》処《と》」で、「井戸や井堰のあるところ」と考えられる。なお東京の「井の頭池」には、豊かな湧水があることから水源の意味がある。安永《あんえい》四年（一七七五）の『井上家文書』が初見で、清涼寺の涅槃、六斉の行事に協力する村の一つとして記されている。大覚寺門前六道町が北側にあるが、六道は平安時代からの葬送地である化野の東の入口にあたる。六道町に元存在した福正寺には、東山の六道珍皇寺から冥土へ出かけた小野篁がこの世へ戻るという伝承の井戸があった。井戸は七つあり、真ん中の井戸を六つの井戸が囲んでいた。井戸には地蔵が配置されていたようだが、それは清涼寺西の薬師寺に現存している。（岩田）

糸屋町《いとやちょう》〔下京区〕

仏光寺通室町西入ル新町までの両側町である。「天正以前（一五七三以前）本町に。山林九右衛門と呼へる。呂宋《るそん》国貿易の糸商人住す。当時世人糸屋の町と謂ひし」（『京都坊目誌』）とある。「寛永一四年（一六三七）洛中絵図」に、すでに、「糸屋丁」と現町名を記す。以後変化はない。（小西）

稲富保《いなとみのほ》〔与謝郡与謝野町〕

旧保地名。建長五年（一二五三）一〇月の「近衛家所領目録」（近衛家文書）に「丹後国稲富位田」と近衛家領として見えるものが初出の地名である。平安時代後期〜鎌倉時代にかけて開発され、稲が富むようにという意味の吉祥句または開発者の名（苗字）を冠した保地名に由来するものと思われる。元亨四年（一三二四）一一月の「武蔵殿知行目録」（早稲田大学所蔵文書）に「たんごいなとみ」、永徳三年（一三八三）の「左小弁平知輔伝宣旨書下」に常在光寺領として「稲富名」、長禄三年（一四五九）の「丹後国郷保庄惣田数帳」には「稲富保」と見える。その後は、稲富を称する地名は見られなくなる。なお戦国時代末期、丹後守護一色氏のもとで鉄砲の名手として知られた稲富伊賀守直家（祐直、後の一夢、一夢斎）が出た稲富氏は、この稲富保を開発した開発領主ないしは、稲富保に居住したことから苗字としたものと推定される。なお戦国時代末期、稲富氏の居城は弓木城であったことから、稲富保は弓木周辺に所在した可能性がある。（新谷）

因幡堂町《いなばどうちょう》〔下京区〕

烏丸通松原上ル高辻までの東側片側と、松原通東洞院西入ル北側、高辻通東洞院西入ル南側、および、それらに囲まれた内部の町地、すなわち、因幡堂（平等寺）の旧境内である。寺伝によれば、因幡堂の由来は、「一条院の長徳三年（九九七）因幡の国（鳥取県）賀露津《かるつ》の海に夜夜霊光あり、国司橘行平《ゆきひら》が漁人を海に潜らせてみると薬師の像であつた。その後、長保五年（一〇〇三）烏丸高辻の行平邸に像が飛来、仏閣を造って安置した」という伝承があり、「本願は子の光朝で、承安元年（一一七一）高倉院の勅額を賜り、平等寺と号した」という。この薬師如来は、平安中期の「穏やかさ」と表現される仏像の典型の一つとされる（『平安時代彫刻の文化史的研究』）。「寛永一九年（一六四二）寛永後万治前洛中絵図」には、烏丸通の真ん中に「因幡薬師町」と記されている。明治二年（一八六九）「平等寺（因幡堂）境内町と公称す（『京都坊目誌』）」とある。その後、「境内」がとれた。（小西）

稲荷《いなり》〔伏見区〕

稲荷山の西麓、京阪本線伏見稲荷駅の東、伏見稲荷大社周辺の地域。①『山城国風土記』逸文に「伊奈利《いなり》と称するのは秦《はたの》中家忌寸《なかつへのいみき》等の遠祖伊呂具《いろぐ》の秦公、稲や粟を積んで富裕だった。それで餅を的にして弓を射たので餅は白鳥となって山の峰に居て稲となった（伊禰奈利生《いねなりお》）。それで社の名とした」とある。「伊禰奈利生」は「稲成り生ひき」、とよみ、転じて稲荷となったというのである。

②「古事記」の久米歌の「伊奈流」に着目して、「いなり」は「いなる」という動詞の連用形で、うなる（唸る）と同源の動詞ではないか（鈴鹿千代之「山城国風土記逸

文」「伊奈利社」小考―『朱』第四四号)。その上、うなる(唸る)は雷鳴に繋がるのではないかという。稲荷の原初形態は稲神とするか、雷神とするかで稲荷の解釈は変わるが、原初的な内容は雷神信仰に発すると考えられている(星宮智光「稲荷信仰の成立と展開の諸相」『伏見の歴史と文化』)。荷田氏の先祖の竜頭太は雷神(竜神)、今も存在する剣石(雷石)・鍛冶師の伝説・賀茂別雷神の影向した磐境など、その形跡は今も残っている。雷神とすると、②説が有力である。「うなる」は雷鳴・フイゴの音につながるものを持っている。雷神から稲神への推移合体の中で考えないと稲荷の根源は分からないといえよう。(明川)

稲荷町《いなりちょう》〔下京区〕

稲荷神を祀る社または祠があったことが語源である。河原町通四条下ルから仏光寺までの両側町は、平安京では京域外で崇親院領であった。寛文(一六六一～七二)頃に町地として開発された。

間之町通高辻下ル松原までの両側町には、もと、貞門俳諧の祖である江戸初期の俳人松永貞徳が邸内に祀った「花咲稲荷社」がある。「寛永一九年(一六四二)寛永後万治前洛中絵図」には「いなり町つきぬけ」とあり、「寛文後期(一六七〇前後か)洛中洛外之絵図」には「いなり町」と、「突抜」を省いている。俳人松永貞徳が生まれたのが元亀二年(一五七一)で、当地に移ったのが六〇歳をすぎてからといわれるので、稲荷社の勧請が寛永九年(一六三二)頃と推定すると、その頃は高辻から松原までのこの通りは通行の便に供する「突抜」で、寛文後期(一六七〇年頃)の町の形成には四〇年近い年月を要したといえる。

七条通鴨川筋西入ル須原通までの南側の片側町は、もと妙法院門跡領の耕地であった。当町の松明殿稲荷神社は、天暦一〇年(九五六)、勅により燎祭《りょうさい》が行われ、その時に「炬火殿《たいまつ》」の称号を賜ったという。宝暦一二年(一七六二)刊『京町鑑』に「稲荷町」とあり、以後変化はない。(小西)

稲荷町《いなりちょう》〔東山区〕

旧耕地の字名「稲荷山」による。また「稲荷山」と称する大根の名産地によるともいう(『京都坊目誌』)。所在は三条通南四筋目白川筋西入ル。

『京都府地誌』『京都坊目誌』は元禄一三年(一七〇〇)の開町とする。『四方洛外町続之町々小名之覚』(一六七四)には名が見えず、正徳四年(一七一四)の『洛外町続町数小名并家数改帳』(同文書)で名が見えることから、元禄期の開町と考えられる。明治二年(一八六九)に下京に編入、昭和四年(一九二九)に東山区に編成。

江戸時代後期に南北に二分し、稲荷町北組、稲荷町南組とに分かれる。(忠住)

稲荷山《いなりやま》〔伏見区〕

稲荷神社の神奈備山となっている。山上には三つの峰があり、一ノ峰は標高二三三メートル。三つの峰は四世紀後半の古墳で、そこからは四獣鏡・碧玉製勾玉など出土しているが、首長の名前は未詳。一二世紀の経塚も発見されている。神奈備信仰をしていた人々は、どのような族であったのか未詳。稲荷の語源を考える時、「餅が白鳥になり稲と成った」を主とする「伊禰奈《いねな》利生《りお》」(『山城国風土記』逸文)の秦氏の伝説と、竜頭太の雷神信仰を主とする伝説(「稲荷大明神縁起」)で雷の「いなる」(唸る)の連用形「いなり」とが考えられる。雷信仰は秦氏以前の先住の族の、荷田氏や紀伊氏が推定される。その断片は現在稲荷大社に祭祀されている剣(雷)石、四大神の五十猛(須佐之男命の子)が、紀氏の祀っていた神か、田中社が地元の田の神とか、いわれているからだ。

三つの峰にはそれぞれ上社・中社・下社が建てられ稲荷三社として信仰されてきたが、室町時代に山麓の現在地に移転したようだ。お塚と千本鳥居は稲荷大社のシンボルで山全体を信仰の山としている。前者は一六世紀まで遡れる。モデルになったのは三つの古墳で、自分の塚（磐境《いわさか》）に好みの神号を付けて祀るものである。塚に神が降臨すると信じ、その数は現在約二万といわれている。後者は願いごとがかなったお礼に朱の鳥居を奉納するもので、その数一万を超える。その始まりは江戸時代からといわれる。稲荷山は広大な面積だが、標高に似合わず深山幽谷の世界で多くの滝があり、いずれもお塚の祭場となっている。稲荷山の名称は、「稲荷山」（『紀貫之集』）、嘉禄二年（一二二六）二月一三条の『百錬抄』に「稲荷山」とある。（明川）

稲荷山町《いなりやまちょう》〔山科区安朱〕

稲荷山町に鎮座する毘沙門堂の由来書の「境内仏堂六宇」の中に「鎮守堂　本尊吒枳尼天　由緒　後西院天皇第六皇子、当院第三世大明院一品公弁親王御勧請ニテ、元掌院乾ノ方稲荷山ニ安置ス。依テ字稲荷山ト称ス。（中略）維新ノ際、庭前ニ移動ス」（「府庁文書・宇治郡寺院明細書」）とある。毘沙門堂の建立は寛文五年（一六六五）。稲荷社が後西天皇の第六皇子・公弁親王（一六六九～一七一六）の勧請であるとすれば、毘沙門堂建立後、かなりの年月を経てから勧請し、そのことで地名が稲荷山となったことになり、由来書とは無理が生じる。やはり、もとから稲荷社の祠があるので稲荷山と呼ばれていたのであろうし、毘沙門堂建立の際にも地元の土地神的な存在として崇拝されたと考えたい。（小寺）

乾谷《いぬいだに》〔相楽郡精華町〕

町の南西部。木津川に合流する山田川支流乾谷川流域の山地で、南は奈良県に接する。集落は乾谷川沿いの谷間に形成されている。周囲を山で囲まれ、南を山田川が還流し、土地は凹凸が激しい。江戸期～明治二二年（一八八九）の村名。はじめ山田荘村、昭和二六年（一九五一）精華村、同三〇年（一九五五）からは精華町の大字。地名由来は平城京跡から見て乾（北西）方向に位置することによる。小字徳所には平城京の瓦を焼いた乾谷瓦窯跡がある。（綱本）

乾出北《いぬいできた》〔城陽市寺田〕

近鉄寺田駅西北の小字名。同駅東に中大小・北東西の小字があるが、それらと乾出北を含めて近世においては旧寺田村七町（「町」は集落内の区画の意）を形成していた。北東・北西・中東・中西、小南・大南・乾城がそれで、周囲には土塁や溝の跡が残り、環濠集落の形態を示している。乾出北はもと乾城で、北西の方角の城を意味する。当地はもと中世の城館であったところからの地名と考えられる。（齋藤）

犬打《いぬうち》〔綴喜郡宇治田原町南〕

宇治田原町南西部を、和束町の犬打峠の方へ流れる犬打川の上流にある小字名。『宇治田原町史』によれば名の由来は、鎌倉末期の元弘の乱で敗れ笠置山を脱出した後醍醐天皇一行が犬打峠に差しかかったとき、野犬がはげしく吠えたため犬を打ち殺したことによるという。だが、これは「犬打」という地名から生まれた伝承であろう。別の伝承もある。製鉄の守護神である金屋子神に関してのもので、「犬」は製鉄の民の間で砂鉄を求めて山野を跋渉する一群の人々をいうとされる（『京都の地名を歩く』）。こちらのほうが原義にかかわる。「犬打」は「犬内」で犬打谷（和束北部の山地）一帯の鉱山採掘に従事した一族の住居区のことだという。南山城地方は、かつて鉱山地帯であって、鉱床・鉱業に因む地名

が多い。「犬打」もその一であろうか。（齋藤）

犬飼《いぬかい》〔亀岡市曽我部町〕

犬飼川を遡った西南方にある地名。古代の佐伯郷に属する。佐伯郷には隼人が居住、佐伯氏は隼人の人々を統率して、倭政権の直轄地であった屯倉の守衛に当たっていたと考えられる。奈良時代には「犬飼部」がいたが（『南桑田郡誌』）、国府の守衛に当たっていたものであろう。守衛には飼われた犬も警護の役割の一端を果たしたと思われ、「犬飼」はそのような歴史を物語る貴重な動物地名であろう。

『兼見卿記』の天正五年（一五七七）に桑田郡之内として「犬飼村時安名十五石許」とあり、当時は吉田社領であった。明治二二年（一八八九）に曽我部村の大字となり、昭和三〇年（一九五五）からは亀岡市の曽我部町を冠した大字となった。（安藤）

伊根町《いねちょう》〔与謝郡〕

伊根の地名は、建久二年（一一九一）の「長講堂所領注進状案」（島田家文書）に「伊祢庄」と記されるものが初出となる。伊祢庄は、久美庄・田村庄・宮津庄とともに後白河法皇の持仏堂であった長講堂領の荘園であった。長禄三年（一四五九）の「丹後国郷保庄惣田数帳」には「伊祢庄」とある。明治二二年（一八八九）の町村制施行時には、伊根湾を囲む亀島村・日出村・平田村が合併し、「伊根村」となった。昭和二九年（一九五四）一一月には、伊根村・朝妻村・筒川村・本庄村が合併し伊根町となり、現在に至る。

このうち伊祢庄の領域は、明治の町村制施行時の伊根村（伊根町亀島・日出・平田）の範囲にとどまらなかった。天長寺（宮津市日ヶ谷）の『大般若経』の奥書には、「伊禰庄山王社御経」とある。この山王社は、岩ケ鼻日吉神社（宮津市岩ヶ鼻）のことであり、同社の天文一八年（一五四九）と天正六年（一五七八）の棟札には「伊祢庄一宮山王社」とある。また天文一八年の棟札には、遷宮奉仕人の村名と氏名が記されており、村名には高梨村・日出村・平田村・大嶋が見える。これらの村の範囲が伊祢庄の領域の一端を示すものとするならば、明治期の養老村の一部と伊根村・日ヶ谷村の範囲が伊祢庄の領域と見ることが可能であろう。明治期の伊根村の領域は、これと比べると狭い範囲であり、同じ「いね（伊根）」という地名であっても領域が異なることがわかる。（新谷）

井上《いのうえ》〔京丹後市丹後町〕

井上は「井ノ戸（イノヘ）」で、戸は「処」を意味するところから、あるいは「井の辺（ほとり）」を意味するところからの命名であろう。いずれにしろ、井上は水に関係した場所で、堰《い》を設けた所からの命名であろう。宇川右岸に位置する。当村出身の辻井喜左衛門は、明治初年に京都伏見の杜氏《とうじ》として活躍した人で、丹後杜氏の始祖といわれる。（水野）

井ノ内《いのうち》〔長岡京市今里〕

小畑川右岸に位置し、西方は老ノ坂山地の丘陵が広がる。地名は、当地域を取り囲むように桑ノ井・行者井戸など七つの清泉が点在することによるという。『京都府地誌』は「七清水」をあげ「本村の四面を周る小池なり、凡七所」とする。村名としては、康永三年（一三四四）の「寂照院仁王像胎内文書」に「井内」と載る。地内に角《すみの》宮《みや》神社（主神・火雷神《ほのいかつちのかみ》）があり、式内社乙訓坐《おとくににます》大雷《おほいかつち》神社に比定されている。『続日本紀』大宝二年（七〇二）七月四日条に「山背国乙訓郡に在る火雷神、旱の毎に祈雨、頻る徴験有り」と祈雨に効験のある神として著名だった。貞観元年（八五九）正月二七日には従四位を授けられ（『三代実

録』）、祈雨や止雨を祈る奉幣などの記事が散見する。（綱本）

飯岡《いのおか》〔京田辺市〕

京田辺市の東部。「いのか」とも呼ばれる。木津川と普賢寺川との合流点に位置し、隆起した標高六七メートルの独立丘陵に北原　南原　東原、西原、中峯の各集落が立地。「原」があるのは、開いた牧草地があったことを思わせる。

『万葉集』の「泉河辺作歌」（巻九・一七〇八）に「春草を馬咋山ゆ越え来なる雁の使ひは宿り過ぐなり」とある。この「馬咋山」は「うまくひやま」として『五代集歌枕』『八雲御抄』などに載り、歌枕となっているが、「春草を馬」までが「くひ」にかかる序詞で、咋山であり、飯岡に比定される。

鹿持雅澄『万葉集古義』は「くひやま春草を馬が咋とつゞきたり」といい、賀茂真淵『冠辞考』も「こは咋《くひ》山てふ山を、馬くひといひかけしなるべし。咋山を真《ま》咋《くひ》の山ともいふを、其真を馬の事にいひなして、まくひの山とよめるにや」という。この咋山の春草は奈良時代に西南にあった山《やま》本駅《もとのうまや》の馬草《まぐさ》供給地だったといわれる。

『延喜式』で「咋岡」（神社名）、『続日本後紀』天長一〇年（八三三）一〇月九日条には「勅以山城国綴喜郡区毘岳一処為円提寺地」と載る。飯岡《いのおか》の初見は、源俊房『水左記』承暦五年（一〇八一）一二月五日条に「予先立騎馬、向左衛門督儲所〈山城飯岡〉」と記す。一二世紀前半成立の『今昔物語集』巻一四第二五「山城国神奈比寺聖人、法花を誦し前世の報を知りたる語」には「今は昔、山城の国、綴喜の郡に飯《いひ》の岳《おか》と云ふ所有り」とある。

地名の由来は、①『山城綴喜郡誌』は、「大字飯岡、往昔咋岡と云ふ、後世咋を省約して飯と称する」という。

②木津川に接した独立丘陵で清水が湧出したことによる。かつて山の中腹の所に「七井」があり、七ッ井戸ともいう。この「井岡《いのおか》」の転訛とする。『山城綴喜郡誌』（名跡城堡）に「飯岡七水の事は、桜井王由緒たる事に候へば、其村の長《おさ》、心を付、猥りに汲み取らせ間敷事なり。文亀三年（一五〇三）二月朔日」とある。飯岡には継体天皇の孫桜井王が埋葬されたと伝わる古墳があり、桜井王と七井が結びつけられて、王が七井を掘らせたという伝説である。

③区毘岳の「く」が省略されて「いおか」となり「飯岡」と漢字表記されたともいう。

④『山城名勝志』は『法隆寺記』嘉禎四年（一二三八）八月一一日条の「湯岡」を「飯岡同所歟」と比定して、「ゆのおか」が「いのおか」になったとする。

諸説あるが、「咋《くひ》」は、ただ食べるというだけでなく、ざわざわ、あるいはやかましく食べることをいう。したがって、馬が秣《まぐさ》を食うことを指すと思われる。平安後期には「飯岡」「飯《いひ》の岳《おか》」とあり、クヒがイヒに転じている。『類聚名義抄』に「咋イフ」とあり、転じて別字「飯《いひ》」となったするのが妥当だろう。（綱本）

井ノ口町《いのくちちょう》〔南区吉祥院〕

全国にある井ノ口という地名は、ほとんどが河川の流域に存在していることに気づく。「井」は井戸というより、湧《わ》き水や川の流水を汲み取る場所である。同町の東は西高瀬川が流れ、用水を汲み取るイ（堰）の取り入れ口をいうか。（入江・綱本）

猪熊通《いのくまどおり》〔京都市・南北の通り〕

平安京の猪熊小路をベースに、北へ南へと延びて、現在、御薗橋西詰から十条通に至る通りであるが、途中、二条城や西本願寺などによって中断している。当初、「猪隅」とも表記したらしい。『京都坊目誌』は、近衛家の祖・藤原基実（関白）の邸宅を「猪隅殿」といったからとするが、通り名が先か殿舎名が先かは不明。今出川通以北を「北猪隅通」といった（『京都坊目誌』）。また、七条の東市を貫通していて、それより南は「南市門小路」とも、一時期称されたようだ。（糸井）

井辺《いのべ》〔京丹後市弥栄町〕

井辺は、「井ノ戸（へ、処）」、または「井ノ辺（ほとり）」で、水のある所の意か。集落は竹野川中流域左岸に位置する。古墳群があるが、井辺は古代、中世ともその名が見えない。（水野）

射場《いば》〔向日市寺戸町〕

寺戸町東野辺の南部を占める部分、向日市保健センターのあるところの地名。明治一〇年頃東野辺に合併された。『日本逸史』延暦一二年（七九三）年正月一七日の条によれば、「射を停《とど》む。射場恠《かい》（怪）あるをもってなり」とある。普通は不吉なことがあった時は、邪気を払うために弓の弦（つる）を鳴らしたりする習慣なのに、この時はその肝心の射場に怪しいことがあったのである。怨霊を恐れる天皇の気持のよく現われた記事である（中山修一「長岡京に関連する地名」『地名の世界』所収）。（綱本）

今熊野《いまぐまの》〔東山区〕

永暦元年（一一六〇）後白河上皇が紀州熊野権現を勧進し、御所の鎮守とした新熊《いまぐま》野《の》神社にちなむ。熊野の神を新たに祀ることから「新（今《いま》）・熊野」とした。こうした熊野信仰による熊野神社は全国に四千余社ある。「クマ」の意は多義にわたり、古語で「クマ」は「神」を意味するとか、「隈《くま》」と書き「隅《すみ》」と同義の「地のはずれ」とか「奥深い地」を表すとか、「クマ」とは「奥間《オクマ》」すなわち「隠《こも》る、隠れて見えぬ所」の意味から「神や霊が隠《こも》る所」など諸説多々ある。「クマノ」とはそうした人知の及ばない奥地であることを指す。阿弥陀ヶ峰西南麓付近一帯に位置し、東は山科区に接し、南は伏見区に接する。

古代は泉涌寺門前の地とともに一帯が、愛宕《おたぎ》郡鳥部《とりべ》郷の地であり、南鳥部と通称された。江戸期頃までは「新熊野《いまぐまの》」で見えるが、明治四年（一八七一）に泉涌寺門前を合併し「今熊野村《いまぐまの》」となり、明治二一年（一八八八）に「今熊野町《いまぐまの》」となる。「今（熊野）」の表記が一般化するのは明治以後のこと。明治二年（一八六九）に下京に編入、昭和四年（一九二九）に東山区編成。

今熊野何々町という「今熊野」をかぶる町名が、一七町ある。（忠住）

今小路《いまこうじ》 →元誓願寺通《もとせいがんじどおり》

今小路町《いまこうじちょう》〔東山区〕

『粟田地誌漫録』に知恩院創建の際に、その地の住民を新しく当地に移したことにちなむとある。新しくできた集落を「今《いま》～」と呼ぶ。所在は三条通白川橋西入ル。「新改洛陽並洛外之図」（一六五三）には、当地の辺りを「シン丁」とし、文献では『四方洛外町続之町々小名之覚』（一六七四）に「今小路町」とみえる。なお三条通を挟んで大井手町と対峙するため、古地図などの多くでは大井手町を採用し、当町は省略されていることが多い。明治二年（一八六九）下京に編入、昭和四年（一九二九）東山区に編成。（忠住）

今里《いまざと》〔長岡京市〕

小畑川右岸の低位段丘から氾濫原にかけて位置する。地内の真言宗乙訓寺は飛鳥時代の推古天皇の勅願により聖徳太子の開創と伝える。しかし、発掘調査で出土した瓦から、天武天皇の時期、白鳳時代のもので、この頃の創建とされる。『水鏡』によれば、延暦四年（七八五）皇太子早良親王が淡路に配流される前、しばし当寺に幽閉された。古くから開けた地である。また、伝承では、同寺付近は継体天皇の弟国宮跡の有力地という。

村名としては、康永三年（一三四四）の「寂照院仁王像胎内文書」には、「今里」の名が載るのが早い。由来は、住民が北隣の井ノ内から移住したので、古里に対して今（新しい）里をいう。（綱本）

今新在家東町《いましんざいけひがしちょう》〔中京区〕

新規の新在家の東側の町。「今」は、新規のものである意。「在家」は本来、「出家」に対する世俗の意であるが、『日葡辞書』に「ザイケ　下じもの庶民の家。また、世俗の家」とあるように、中近世には一般庶民の家の意となった。当町の前身となる「新在家」は、現在の京都御苑の蛤御門の周辺にあった。その成り立ちについて『京都坊目誌』では、元禄二年（一六八九）の御所拡張に伴って、新在家町付近の民家をこの地に移転させたことと、これによって「今新在家」の名が付いたことを記す。ちなみに当地の西側は、今新在家西町である。なお、上京区裏門通一条下ルの地にも、「今新在家町」がある。

当地は平安京内裏の南にあたり、平安時代中期には円融天皇の後院である四条後院が建てられた。その後は朱雀野の田畑が広がり、農業が営まれたと考えられるが、近世には二条城や京都所司代に近いことから、武家屋敷も建てられた。当町の南にあたる因幡町には、一八世紀の初頭に三条新地牢屋敷（六角獄舎）が設けられた。

なお『京都坊目誌』には、元禄以来毎年、当町から祇園会の神輿の夫丁（担ぎ手）を出すとの記事が見える。これは現在も三若《さんわか》（三条台若中《さんじょうだいわかちゅう》）神輿《しんよ》会によって、地域を拡大して受け継がれている。（真下）

今出川通《いまでがわどおり》〔京都市・東西の通り〕

少なくとも中世には存在したらしく、当初の北小路に相当する。京中の外、北側の通りの意から称したもので、一条通のほぼ二町北に東西に開いた通り。現在は、銀閣寺前から京福・龍安寺道駅の東手前まで至っている。天正以前から、東洞院通から東京極通へと流れ、京極川と合流して賀茂川に注ぐ「今出川」と呼ばれる川があり、その名が通り名の由来になった。川を「今出川」と呼んだのは、もとからの流路を街路に沿って人工的につけかえられた川、新しくできた川の意であったかと考えられる。当初は、新町西辺りまでを言っていたらしい。現在、鴨川以東は、東今出川通とも称する。また、銀閣寺前は銀閣寺道とも。（糸井）

今林《いまばやし》〔南丹市園部町内林〕

平安時代後期、康治二年（一一四三）の『丹波国諸荘園目録』に皇太后宮御領として「今林」の名がある。この皇太后とは、崇徳天皇の皇后・皇嘉門院聖子である（『兵範記』・仁安四年（一一六九））。その後、荘園の領家は多くの交代を経たが、室町時代の文明七年（一四七五）から永正六年（一五〇九）までの頃は、三条西実隆の所領であったことが『実隆公記』から分かる（『角川日本地名大辞典』）。

明治九年（一八七六）に垣内村と合併して内林村となる。内林は合成地名である。昭和四年から園部町内林の一部となる。（安藤）

今道町《いまみちちょう》〔東山区〕

町名の今道とは、当町が三条通に面した北側に位置することから、東海道の旧道（現在の三条通より一条南に位置する、三条南裏）に対する新道（＝今《いま》道）の意味と考えられる。所在は三条通白川橋東入ル六丁目。

明治二年（一八六九）下京に編入、昭和四年（一九二九）東山区に編成。

谷川町・東分木町とともに東三町組と称

された。「新改洛陽並洛外之図」（一六五三）に「今道丁」とみえ、開町は江戸時代初期と考えられる。粟田口焼の祖とされる三文字屋九郎右衛門の窯のあった所と伝え、当町は永く粟田口窯業の中心となった。　（忠住）

今宮通《いまみやどおり》〔京都市・東西の通り〕

賀茂川の右岸から西へ大徳寺の北辺、そして今宮神社の社前を通り、千本通までの道。通りの北面に今宮神社があることに由来する。今宮神社は、長保三年（一〇〇一）に疫病の流行に備え、その退散を願って、船岡山の北辺りに疫神を祀る神殿を建てたことにはじまるという（祭神は大己貴命ほか）。社名「今宮」の意味は、「新宮」の意味であろう。その後「やすらい祭」（重要無形民俗文化財）で有名であるが、桜の花の散るころ、風に乗って疫病が流行ることから、花の霊を鎮める祭となっている。「花鎮めの祭」とも。

今宮のやすらい祭は、鞍馬の火祭、太秦の牛祭とともに、京都三大奇祭の一つ。社前の「あぶり餅」は名物。　（糸井）

今屋敷町《いまやしきちょう》〔山科区西野〕

山科本願寺に因む地名。近くの阿芸沢町に山科中央公園があるが、ここに土塁と濠が築かれており、濠は近年までプールとして利用されていた。すぐ南側が様子見町（見張り台的な意味であろう）で、その北に今屋敷町があることから、新しく建てられた屋敷があった場所の意味であり、山科本願寺が拡張していく過程を物語っている。　（小寺）

井室《いむろ》〔与謝郡伊根町〕

文明一四年（一四八二）の七神社（伊根町泊）棟札に「伊振村」とあるものが初出で、もとは伊振村であった。現在の地名表記は、慶長七年（一六〇二）の「丹州与佐郡筒河庄井室伊樫村御検地帳」（糸井文庫）が初出となる。「慶長検地帳」以降、「井室」・「伊室」の表記が併用され、明治時代に至る。　（新谷）

一口《いもあらい》〔久世郡久御山町〕

「一口」については、地形説が有力か。すなわち、「山城国久世郡御牧郷村名宮寺初記」（文政一一年〈一八二八〉）の「両一口村名の初」に「往古ハ両村淀魚の市ニ有りし時、三方ハぬまニて一方より入口あり、これに依りひとくち村と記ス」とある。一口村は、淀城築城の折（天正一七年〈一五八九〉）現在地に移住を余儀なくされたという。名前はそのまま踏襲されたもの。

「いもあらい」については、「イミハラエ（忌み・払え）」説が有力か。以下は東一口の西隣にある相嶋《おしま》村に関する記述であるが、上掲書に「人皇四十五代聖武天皇の御宇左大臣諸兄公七瀬はらひ、夫より水引宜敷く相成りて」とある。「ななせの祓《はら》え」は「中古、朝廷で毎月または臨時に行なわれた行事。吉日を選んで、天皇のさまざまな災いを負わせた人形《ひとがた》を、七人の勅使に命じて、七ヶ所の河海の岸に持たせて祓えをした」行事（『日本国語大辞典』）。一般貴族にも広まっていた。古い表記は、仮名書き、ないしは「芋洗」が多い。『平家物語』では「淀・いもあらい（ゐ）」、『吾妻鏡』では「芋洗」、『後愚昧記《ごぐまいき》』（天授二年〈一三七六〉）では「芋洗橋」、後深草上皇（一二八七～九〇の間上皇）の「院宣案」には、「芋洗の橋勧進」などである。一口が戦略上に重要な拠点であったことは、つとに知られている通りであるが、それはとりもなおさず、交通の要衝地であったことを意味する。奈良方面から直接京都盆地に入る唯一の入口であった。他郷に出入りする際には、潔斎するという信仰が、「一口」と「忌み・払え」を結び付けたのではないか。「忌み」は「疱瘡《ほうそう》（いも）」に容易に変化する。

『元禄郷帳』（元禄一三年〈一七〇〇〉）には、東・西の一口村が揃っている。それ以降、村名としてはもっぱら「一口」で、「芋洗」は見られない。明治九年（一八七六）、御牧郷内の一〇ヶ村が合併して久世郡御牧村東一口・西一口に、昭和二九年（一九五四）久御山町誕生時に久御山町東一口・西一口に。（高木）

鋳物師《いもじ》〔福知山市〕

江戸時代の福知山城下に生まれた町。鋳物業を営む人々が住んだ町。日常に使われる鍋、釜や農耕具から武器や梵鐘が製造されていた。明治初年に福知山を冠称して福知山鋳物師町となった。

昭和一二年からは福知山市の大字となった。（安藤）

芋峠《いもとうげ》〔西京区〕

国道九号、バス停国道中山の裏手付近、かつての葛野郡岡村の小字「芋峠」である。緩やかな峠道で、此処が乙訓郡との郡境になっている。語源は「芋」は当て字、イモは穢れを払い清める意味の動詞イム（忌・斎）の再活用形イマフより変じた語である。一般的にこういう処には、病気や災難が浸入しないよう、路傍に小さな神様や仏様をまつる例がある。

イモは方言で皮膚病のモガサ（疱瘡）のことをもいう。此処より流行してこないようにと、峠に手向けする。鬼の居たという大枝の国境は、旅の草鞋を履き替えるので沓掛村があり、その手前は葬祭の地として、古墳やお墓が沢山築かれ、それで塚原村の名が付けられている。芋峠〜老ノ坂のエリアは死者慰霊の聖域であり、かつ魔界でもあった。（吉田）

芋野《いもの》〔京丹後市弥栄町〕

旧郷名。芋野は、竹野川支流、芋野川沿いに位置する。芋野郷は奈良期にみえ、鎌倉期から室町期にもみえる丹後国竹野郡内の郷名。芋野はイモノ（鋳物）であり、イモジ（鋳物師）の集落を意味する。付近には、溝谷の「イモジヤ」をはじめ、木橋《きばし》に「金久僧《かねくそ》」地名があり、製鉄との関連がうかがわれる。また、芋野には石上神社があり、物部氏の祖である饒速日尊《にぎはやひのみこと》を祀る。物部氏は古代大和政権の軍事を司る一族で、大和の石上神社が物部氏の武器庫であったことから、芋野も関連があるのではないか。芋野郷は竹野郡の郷の一つであるが、なぜか『和名抄』（高山寺本）には木津郷、網野郷、鳥取郷、小野郷、間人郷、竹野郷の六郷を載せるのみで、その記載がない。しかし、平城宮跡出土木簡には「丹後国竹野郡芋野郷婇部古与曽赤舂米五斗」と芋野郷がみえる。「芋野」の「芋」を「苧《ヲ》」と誤写されたものをさらに「小《ヲ》」と別表記したのが「小野」であるとも考えられる。「婇」は「采女《うねめ》」のことと思われる。（水野）

入野《いりの》〔西京区〕

歴《れっき》とした正史に書かれているのではなくて、『万葉集』に見える古代地名。それはイリノという地名で、歌の中に「納野」「入野」の文字で示される。場所は昔の乙訓郡上羽村、今の大原野の上羽で、小さな入野神社と呼ばれる式内社がある。が、当地の地名に「入野」という字や村名は古文書に見つからないので、公的行政地名には達しなかった、と見られる。歌は二首あり、「太刀の尻鞘に納野に葛引く吾妹ま袖持ち着せてむとかも夏草刈るも」（巻七・一二七二、人麻呂歌集）、「さ男鹿の入野の芒初尾花何れの時か妹が手枕かむ」（巻十・二二七七、作者未詳）である。語源は文字通りに「入り込んだ野」でもいいのだが、野や谷が山に入り込む、というだけでは正確には物足りない。自然地理解釈だけでなく、むしろ入り込んだのは人間である。それも只の人が来たのではなく、要人・名のある人が特別に入来したのをいうのであるから、乙訓郡の古代でいえば、古山陰道を北上してきた継体天皇があるのは無視できない。もともと入野は、歌垣に集まって来る民俗風習がある土地だったからでもある。長岡京遷都で奈良が遠くなり、それも大原野の入り口に当たるから、入野春日明神を当地にお迎えしたのは後の話。神社辺の位置に違いなく、大原野神社が正しく現在地に定住されると、入野神社は大原野神社のお旅所に変わった。そういう状況証拠から、継体天皇を除いては、入野への高貴な主人公は考えられない。

先に引いた万葉の歌は、「葛を刈り取っている娘さんに、両袖通して着物をきせてあげたい」とか、「穂孕みの芒に這入る入野で、何時になったら貴女を抱けようか」とかの気持ちで歌い掛けた男の求婚歌であって、当地がカガヒ（嬥歌）の里だった事を証明している。相手を探す行為の古代方言カガヒは、カギアヒ（嗅合）の約まった語で、かぐや姫のカグも実は、光り輝く美女という前に、匂いで嗅ぎ分けるという行為のカグと、掛け合わせであることを注意したい。従来、その事が見落とされている。『竹取物語』はヒロイン「かぐや」姫に、五人の求婚者が嗅ぎ求めて申し込む悲恋物語なのだが、仏の御石鉢取り寄せをいいつけられた第一番目の石作皇子は、『日本書紀』持統天皇一〇年一〇月の条に出る右大臣丹比真人嶋《たじひのまひとしま》だとされており、とすればそれは当地の石作氏出身者だ、ということになる。石作の里は、上羽の里のすぐ南である。入野の杜に石作の貴公子が真っ先に声を挙げたのも、ごく当然の成り行きだ。竹取伝説地が各地にあるのも、古代社会の結婚習俗いわゆる〝婚活〟が、一定の土地確保によって維持されていたからであり、各地の要所に〝嗅哉《かぐや》〟の物語が発生しても不思議ではないのである。（吉田）

岩ケ谷町《いわがたにちょう》〔山科区西野山〕

山科神社の鎮座地から西の山腹一帯を示す地名である。社伝によれば、寛平九年（八九七）、宇多天皇の勅命によって創祀されたとされる。「古来西岩屋大明神と称せしを明治維新後山科神社と改む」（『京都府宇治郡誌』）とあるように、明治維新の際に延喜式内社山科神社の名に改名したのだが、式内社と確定されたわけではない。すぐ近くの岩屋寺は、おそらく山科神社の神宮寺であったのであろう。「岩ケ谷」という名前だが、この付近には岩屋神社（大宅中小路町）の磐座に匹敵するような巨岩は見られない。となると、「西岩屋大明神」という旧名がヒントになる。この地が岩屋神社の真西に当たり、山科盆地の低地を挟んで、相対する形になっている。岩屋神社が太陽が昇る地であるのに対して、太陽が沈む場所にあり、二社で一対となって山科盆地を護っていた可能性がある。少なくとも、地元の人たちはそう認識していたはずであり、地名に「岩」がつくのは岩屋神社との関係であると考えたい。（小寺）

岩上通《いわがみどおり》〔京都市・南北の通り〕

天正一八年（一五九〇）、豊臣秀吉の京都改造計画によって、堀川通と猪熊通の間に設けられた通り。当初、元誓願寺通から松原通に至っていたが、二条城の開城によって、「二条御城より上は葭屋《よしや》町（通）といひ、御池通より下は岩神通」（『京町鑑』）というようになった。また、「南は八条坊門に至り、西九条町に接す」（『京都坊目誌』）とあるが、現在は御池通から塩小路通まで至っている。ただし、途中、西本願寺などによって中断している。「六条下ル町に岩神の社有」（『京町鑑』）が通りの名の由来で、当初は岩神通であったが、江戸中期ごろから岩上通と表記されるようになった。現在も岩上宮（中山神社）として存在する。（糸井）

岩木《いわき》〔京丹後市丹後町〕

天文七年（一五三八）の「丹後国御檀家帳」には「かくおん寺　里村々あまたあり此辺岩木村と見る」とあるものが初出の地名である。また本史料により、楽音寺庄（または保）が丹後町岩木に位置していることがわかる。竹野川から岩木方面を見た時、集落背後の山には岩が露出している様子が見える。この岩に由来する地名と思われる。「イハ（石・崖）＋キ（処・城）」であろう。慶長七年（一六〇二）の「慶長郷村帳」以降、「岩木村」と表記される（新谷）

岩倉《いわくら》〔左京区〕

古代の磐座《いわくら》信仰に由来する。「石座《いわくら》神社」の旧社地である「山住《やまずみ》神社」の境内には巨岩が存在する。岩が切り立っている断崖絶壁、あるいは岩の多い土地をいう岩崖《いわくら》に、神のいる場所を讃美していう磐座《いわくら》が重なる。『日本書紀』神代下に「天磐座、此云阿麻能以簸矩羅《あまのいわくら》」と見える。だが、宗教由来は付会の域を出ないとし、岩倉の地形を反映した、イハ（岩）・クラ（刳）、山肌が刳《えぐ》られ土砂が崩れ落ちるところの純粋な自然地名とも（綱本逸雄）。『権記』長保四年（一〇〇二）三月五日条には「石蔵《いわくら》ニ赴キ、入道中将ニ相逢ヒ、雑事ヲ相語ル」とあり、この「石蔵」は「大雲寺《だいうんじ》」を指す。「入道中将」とは、右近衛権中将だった源成信《なりのぶ》である。成信は、前年二月四日、左近衛少将藤原重家《しげいえ》と示し合わして一緒に出家、近江の三井寺《みいでら》で剃髪した。その後、岩倉の大雲寺に移っていた。行成は、かつての道長の猶子だった成信に会うため、大雲寺に赴いたのである。大雲寺開闢の由来は、『大雲寺縁起』が次のように伝える。天禄二年（九七一）四月二日、一乗止観院の法会に勅使として参列した藤原文範《ふみのり》（九〇九～九九六）が、岩倉の峰に紫雲がたなびくのを比叡山から見て不思議に思い、西坂本から岩倉山へ分け入ってみると、「石座」に老尼が忽然と現れ、この山の奥に観音浄土がある、この山を補陀落山《ふだらくさん》と思って、この清浄の地に仏閣を建てるべく奏聞せよ、と言って姿を消した。それで文範は、その四年前の康保四年（九六七）村上天皇崩御に際し、出家して「真覚」となっていた娘婿、藤原佐理《すけまさ》（九四四～九九八）を開祖とし、大雲寺を創建した。所在地は、現・岩倉上蔵町（「上蔵町」参照）。『京都の地名を歩く』（吉田金彦「岩倉」）、『京都の地名検証2』（笹川博司「岩倉」）も参照されたい。

現在、岩倉何々町という「岩倉」を冠する町名が二五町ある。（笹川）

岩倉山《いわくらやま》〔左京区岩倉〕

岩倉にある山（「岩倉」参照）。元来、岩の切り立つ断崖絶壁となっている山、あるいは神のいらっしゃる山、の意の普通名詞。それ故、京都に限らず、全国にも当然あった。『拾遺和歌集』には「いはくら山」を詠んだ二首の『神楽歌』（六〇〇・六一二）が収められ、安和元年（九六八）と天禄元年（九七〇）の大嘗会風俗歌として、不動の「いはくら山」のように「きみがよ」が「ちよ」「万代」に続くことを言祝ぐ。この「いはくら山」は「長等《ながら》の山」「三上《みかみ》の山」「鏡《かがみ》山」の間に配列されていることから、近江国の山であった可能性が高い。『京羽二重』には「岩蔵《いはくら》山　洛の四方岩蔵あり。花洛鎮護《ちんご》の為に一切経を四方の山に埋れし故、此名あり」と見え、京都においても、洛北・洛東・洛西・洛南の四方に「岩倉山」があったことが知られる

（「東岩倉山」参照）。洛北の「岩倉山」が現在の左京区岩倉「松が崎のうしろ賀茂の東北」（『京羽二重』）にある山である。やがて、大雲寺のあったこの岩倉が有名になるに従い、『五代集歌枕』はこの前述の『拾遺和歌集』の「神楽歌」二首に見える「いはくら山」を山城国の歌枕とするなど、岩倉山といえば左京区岩倉周辺の山として把握されていく。（笹川）

岩田《いわた》 〔八幡市〕

木津川下流左岸に位置する。平安末期には岩田は久世郡に属していた。『荘園志料』によると、久世郡石田荘《いわた》があり康保四年（九六七）に東大寺尊勝院領となっていた。木津川の流域を境に旧綴喜郡（現・八幡市岩田）と久世郡に分かれるが、流域がたびたび変遷しており、岩田はかつて右岸に位置し久世郡石田荘という時代もあった。中世に、伊豆三島住人の物部公宗が源頼朝に属して軍功をあげ、文治元年（一一八五）石田荘一帯を下賜されて住んだが、山科の石田と混同しやすいため「岩田」に改めたという（『山城綴喜郡誌』）。荘名は『延喜式』神名帳・久世郡に記載される式内社石田《いわた》神社（岩田茶屋ノ前）によるという。祭神は石田君の祖神・五十日足彦命《いかたらしひこのみこと》ほか二座である。五十日足彦命は『日本書紀』垂仁三四年三月に、山背の苅幡戸辺《かりはたとべ》の第三子と載る。『八幡市史』は、古代氏族石田君という首長の存在が考えられるという。（綱本）

岩滝《いわたき》 〔与謝郡与謝野町〕

天文七年（一五三八）の「丹後国御檀家帳」に「岩滝一円」とあるものが初出の地名である。岩から流れ出る滝があったことに由来する地名であろうか。あるいは、「イハ（石・岩）」の「タギタギシ」所の意で「イハタギ」の変化した名か。慶長七年（一六〇二）の「慶長郷村帳」以降は「岩滝村」とあり、明治時代に至る。岩滝村は、大正一〇年（一九二一）に町制施行し岩滝町となった。平成一八年（二〇〇六）に、加悦町・野田川町と合併し与謝野町となる。岩滝の地名は、町名としては消滅したが、大字地名として残る。（新谷）

岩滝町《いわたきちょう》 〔下京区〕

三ノ宮町通上ノ口通上ル六条までの両側町である。元妙法院門跡の耕地であったことから、妙法院の本山（天台宗）延暦寺の地主神社、日吉《ひえ》神社との関係で、町名は、「日吉神社の境内字岩滝」（『京都坊目誌』）を語源とする。この界隈の元妙法院門跡耕地の町地は、延暦寺由緒の名がつけられている。『京都市の地名』は、宝永三年（一七〇六）町地となるという説をだしながら、「寛永一四年（一六三七）洛中絵図」が、すでに、「岩タキ丁」とあることとの矛盾を説明しない。宝永三年までは「町の実態」は積み重ねられていくが、町奉行に申請していなかっただけと考える。宝暦一二年（一七六二）刊『京町鑑』は「岩滝町」とし、以後変化はない。（小西）

岩戸山町《いわとやまちょう》 〔下京区〕

新町通仏光寺下ル高辻までの両側町である。祇園会に巡行する「岩戸山」を出すのを語源とする。岩戸山は祇園祭に巡行する山のひとつで、鉾と同じように車をつけた曳山である。岩戸山は、天照大神の天の岩戸隠れの神話に基づく。「寛永一九年（一六四二）寛永後万治前洛中絵図」に「岩戸山町」とある。宝暦一二年（一七六二）刊『京町鑑』には「岩戸山町」とあり、北町、南町に二分されていたとし、「明治二年（一八六九）に合併したという」（『京都坊目誌』）。しかし、「天保二年（一八三一）改正京町御絵図細見大成」の「岩戸山丁」に、南北区分はなく、『京町鑑』『京都坊目誌』の説は疑わしい。（小西）

岩船《いわふね》〔木津川市加茂町〕

木津川支流新川の源流域の山間に位置する。平安時代にすでに山岳霊場寺院の岩船《がんせん》寺《じ》(上ノ門《かみのもん》)があり、山号は高尾山。境外は巨岩が多い。岩船寺周辺の山は、霊場として山岳信仰の拠点となっていたという。同寺の西北・西側に京都府ハザードマップ指定の急傾斜地崩壊危険箇所が三ヶ所ある。岩船の船は、各地にみられる舟の形をした山や谷間をいい、巨岩の多い谷間をいうか。

境内に鎮守社・白山《はくさん》神社がある。地域の産土神として祀られている。白山信仰は、京田辺市宮津白山《しらやま》の丘陵突端にも白山《はくさん》神社(旧村社)が鎮座する。丘陵突端は急傾斜地崩壊危険箇所が二ヶ所と土石流による被害想定箇所がある。白山の白はハグル(免)の転成語で、山肌がめくれた崩壊地形をいうのだろう。社名も地名にちなんだものと考えられ、岩船の白山神社も同様だろう。

また、寺に十二神将(室町時代)が祀られている。薬師如来の化身で衆生を守る十二の夜叉型の護法神をいう。つまり、薬師はクスシともいい、クヅシ(崩)→クスシ→薬師という四つ仮名の類音転訛と同音のあやかりから、各地に薬師信仰・十二神信仰がある。ジとヂ、ズとヅの四つ仮名の混同は室町期以降である。白山信仰・十二神信仰はともに、岩船が崩壊地形であるので除災への願いが込められていよう。

なお、小字綾《あや》吾《ご》谷《だに》の綾はアヤ・シ(落)・ゴ(処、コの濁音化)で、周囲より落ち込んだ谷間をいう。小字ガンドはカム(噛)・ド(処)の転訛で崩壊地形をいう。(綱本)

石見《いわみ》〔西京区〕

石見町は旧、石見上里村で、善峰川の両岸にあり、西に丹波街道、南に善峰参堂があって人通りが多い。此処も石に纏わる話が多いので、「石見」も石の事かと思うのも無理からぬことだが、語源は、漢字「石見」とは本来は別である。イハミは人が集まるという意の動詞イハム(衆)の連用形名詞イハミで、「人が固まっている所」「軍勢が屯《たむろ》している所」の意味。山陰の国名「石見」と同じ非常に古い言葉である。文献上では『日本書紀』の古訓に出ており、奈良の桜井市にある地名「磐余《いわれ》」も同じである。イワレはイハレで、イハフレ(衆村)が約まった語。フレは朝鮮語で「村」を意味し、和韓混合地名である。昔、イヘ(家)の事をイハ・イホともいっており、家の中に家族が一杯集合するのがイハムだから、イハムはイハ(家)の動詞化だと理解してよい。

石見の田畑から旧石器や縄文時代の石器・土器が出ており、南の竹藪には一四基の古墳があり、芝古墳群と呼ばれている。「芝」は祭祀遺跡に用いられる語である。ここは奈良時代の条里制もあり、その遺構は長岡京の右京西端に重なっていることが、発掘でわかった。法泉寺や延明寺があり、農耕が盛んであり、孟宗竹が植えられて、筍の生産も増えている。(吉田)

岩屋《いわや》〔与謝郡与謝野町〕

慶長七年(一六〇二)の「慶長郷村帳」に「岩屋村」とあるものが初出の地名である。この地にかつて存在した山林寺院の岩屋山雲岩寺に、雲岩と呼ばれる大きな岩があり、これを信仰の対象としたことに由来するものと思われる。「慶長郷村帳」以降は、「岩屋村」として明治時代に至る。(新谷)

岩屋殿《いわやでん》〔山科区大宅〕

行者ケ森の中腹にある陰陽岩(陰岩と陽岩)に対する磐座信仰に因む命名であろう。六甲山の石宝殿等に見られるように、磐座を畏敬して「～殿」と名付ける例は少なくない。現在、磐座は岩屋神社の奥の院とされている（本殿は大宅中小路町に鎮座）。同社の由緒書によれば、両岩への信仰は仁徳天皇三一年（三四三）に始まり、寛平年間（八八九～九七）に、陽岩に天忍穂耳命、陰岩に拷幡千々姫命を祀ったとされている。その真偽はともかくとして、陰岩の小さな窪みにある水（「龍闕水」と呼ぶ）は干天の時にも涸れることがないとの伝承があることを考え合わせると、古代からの巨石信仰であるとともに、農民にとっては豊作祈願の神であり、また雨乞いの神・止雨の神として信仰を集めていたのであろう。（小寺）

岩山《いわやま》〔綴喜郡宇治田原町〕

郷之口の東、田原川支流禅定寺川と石詰川の合流地点に位置し、大津と信楽へ向かう街道の分岐点にあたる大字名。宇治田原町では郷之口についで大きい集落である。もと岩本村といい、明治七年（一八七四）長山《おとのやま》・山下《さんげ》の二ヶ村と合併して岩山村となった。「岩本」の地名の由来は、双栗《さぐり》天神を祀った大岩山（三九一メートル）の麓の村落であることに由来するという（『山城綴喜郡誌』）。同神社の奥の院は、大岩を神体としている。「岩本」は鎌倉初期にみえる地名（「禅定寺文書」）。真言院、厳松院などの古刹がある。（齋藤）

隠元橋《いんげんばし》〔宇治市槇島町〕

黄檗山万福寺を創建した隠元禅師が宇治に上陸した地点に設けられた橋の名称。隠元は、承応三年（一六五四）、六三歳の時に中国から来朝、寛文元年（一六六一）に中国風の禅寺を建立し、彼が元住職を勤めていた中国の寺院になぞらえて同名の黄檗山万福寺と命名した。その隠元が宇治川を溯って上陸したのは宇治川東岸の御殿の浜（岡屋の津）近辺ではないかといわれている。それは、万福寺建立のための資材が陸揚げされた所でもある。同地は後に隠元の浜とも呼ばれ、また、この辺りは対岸向島との渡航点でもあったので渡しが設けられていたが、それも隠元の渡しと呼ばれた。昭和二四年（一九四九）、隠元の渡しの少し下流に橋が設けられた際に、ちなんで隠元橋と名づけられたものである。現在、黄檗開山隠元禅師登岸之地の碑が建てられている。（高木）

院内《いんない》〔船井郡京丹波町〕

福知山に向かう京街道に沿う村。江戸時代の記録には「曽根」を冠して記されるので、曽根村の一部であったのかもしれない。由良川に注ぐ高屋川の支流・曽谷川、曽根川流域にあり、高原状の緩傾斜地に開発された村である。地名の由来として「インナイ」には「入谷や狭隘など狭い場所」という意味がある（『地名の語源』）。当地の傾斜地が多く、平地が狭い地形から命名されたと考えられる。遺跡として院内窯跡がある。

明治三四年に須知町の大字となり、昭和三〇年（一九五五）から丹波町の大字となった。（安藤）

う

上杉町《うえすぎちょう》〔綾部市〕

由良川の支流・八田川上流の台地上に位置する。「スギ」には①砂礫地、②植物のスギの意味がある（『地名の語源』）。地名の由来は植物「スギ」によると推察されるが、詳細は不明である。丹波国何鹿郡八田郷のうち鎌倉期には荘園が置かれた。北家藤原氏の高藤から始まる勧修寺家の重房は、征夷大将軍となった、後嵯峨天皇の皇子宗尊親王に従って鎌倉に下向した。この時重房に上杉庄が与えられたので以後、上杉氏を称するようになった。足利尊氏の母清子は重房の孫娘である。

明治二二年に東八田村の大字となりその中心であった。昭和三〇年（一九五五）から綾部市の大字として上杉町となった。（安藤）

植田《うえだ》〔相楽郡精華町〕

江戸期～明治二二年（一八八九）の村名。同年稲田村、昭和六年（一九三一）川西村、同二六年（一九五一）精華村、同三〇年からは精華町の大字。古くは北稲八間、南稲八妻の地とともに稲八間《いなはちま》、稲八妻《いなやつま》と呼ばれた。平安期の『和名抄』では相楽郡祝園郷に含まれた。木津川左岸、一〇〇メートル級の丘陵のすそに位置する。小河川が細長い谷を形成して東へ流れる。集落は東部平地に集中する。東部、北部は平坦な耕地が広がり、条里制地割が残る。明治一〇年代の『京都府地誌』は当村の地勢を「東方一帯田疇《うね》ヲ隔テ、遙ニ木津川ニ臨ム、西ハ巒峰《みねみね》相属シ恰モ翠屏ヲ立ルカ如シ」と記す。植田には稲植神社（植田上山）、行基創建という西山浄土宗来迎寺には「心中宵庚申」（近松門左衛門）で知られるお千代・半兵衛の墓がある。

中世は興福寺大乗院門跡領菅井荘に属した（「菅井」参照）。「菅井荘田畠名寄帳」（永享九年〈一四三七〉一二月七日付、内閣文庫所蔵大乗院文書）に載る作人（名主も含む農民）に「ウエタ神主」「来迎寺寺師」「ウエタ五郎太夫」「南イナマツハ（稲八妻）八郎四郎」「北稲マツマ（稲八間）衛門五郎」などの名前がみえる。「神主」は稲植神社の神主を指す。

南山城をかつて上山城と称した。山城国内では古代の奈良の都に近い上手にあったからである。植田の成立時期・経過が不詳だが、植田はウエタ（上田）→上手（タは手の古訓。方向・場所を示す）で、稲八妻・植田両地域のカミテ（上手）を示す地名であろう。（綱本）

上砥町《うえとちょう》〔右京区梅ヶ畑〕

周山街道の御経坂峠南西にあたる細長い盆地が元善妙寺村域である。砥取山はこの谷の南西にあり、上砥町は北東側の一部を占める。砥取山は、『山城名勝志』に「昔此山に砥をとる也、故に高雄砥といへり」とあり、砥石産地として有名であった。宝《ほう》永《えい》五年（一七〇八）の『京都御役所向大概覚書』には、刀剣類の研ぎなどを本業とした本阿弥家が栂尾領・高雄領・善妙寺村など五ヶ所の砥石山の採掘権をもつ記述がある。当地特産の粘板岩から仕上げ用の合砥《あわせど》が作られる。これは二億五千万年前の中生代にできた地層が風化したものである。（岩田）

上野《うえの》〔京丹後市丹後町〕

上野は宇川河口部の台地上にある集落である。そのことから、形状の「野」と位置関係の「上（うへ・うは）」によって、上野となったのではないかと思われる。日本海に面する。『丹哥府志』によれば、集落の

沖合の島に高島地蔵と称する地蔵菩薩が祀られていたという。（水野）

上野《うえの》〔山科区〕

山科盆地の北端の中央部に位置する。上野の地名は、平安時代にこの地が上毛野朝臣松雄の領地であったことに由来するという説があるが、微高地を指す地形からの命名の可能性も残り、詳細は不明。「第十二世実厳ハ世ニ本願律師ト称ス。上野ニ大勝金剛院ヲ建立ス」（『京都府寺誌稿』）とあり、『玉葉』の治承二年（一一七八）一二月一日の項にも、九条兼実が大勝金剛院の額の字を書いたとの記事が見られる。この地にあった同院は、はじめは安祥寺の一堂であったが、のちに門跡寺院となり、上野門跡・上野御所と称せられるようになる。その後、応仁の乱で焼失し、再建されることはなかった。上野の地は近世になって禁裏御料となり、農家中心の小集落となった。

上野は大字名であり、現在、区内に「池ノ下町」「御所ノ内町」など、四つの小字名がある。（小寺）

上野町《うえのちょう》〔左京区大原〕

上野は、集落などよりウヘ（小高い場所）にある、ノ（なだらかに傾斜した野）原。大原盆地の南東部、仰木峠西方の山麓に位置する高野川の河岸段丘。惟喬親王の墓と伝えられる「五輪塔」のある周辺は、集落の上手《かみて》にある野原になっていて、「上野」という地名が納得される。『明月記』によると、正治二年（一二〇〇）閏二月二八日、九条兼実は藤原定家らと大原へ花見に出かけ、翌日「実詮《じつぜん》（全）法印（一一四一～一二二二）ノ上野房」に立ち寄っている。この房名は地名「上野」に由来すると考えられ、大原の地名としては最古の用例か。

『京羽二重織留』は「別荘地」として「上野村」を挙げ、「洛北大原の内にあり。伝へ云ふ、古しへ小野篁の別荘、此所にあり。時々来り、住み給へりとぞ」とする。『山州名跡志』は、惟喬親王墓の南方に親王の遁世地とされる「御所ノ内」という田の字《あざな》の存在を伝える。「大原八郷」の一つ。（笹川）

上羽《うえば》〔西京区〕

もと乙訓郡上羽村。古代は入野と呼ばれた地。語源は奈良時代の条里制の名「高庭里」のコウバガリのコウバ（高庭）に基づく。それを「上羽里」と書き、それを訓読した。もとのタカ（高）には、土地の高いことと、有力者の意味を重ね、ニハ（庭）は遊び・仕事・祭りごとなど広く、人の営む生業の場所を示す語で、ハ・バに音が変わる。

歌垣の遊び場に選ばれたり、継体天皇の行幸が推定されたりして、ここが「入野」という地名とも重なっていて、真実は一つに帰す。「入野」といえば通称名だし、「上羽」といえば行政地名である。（吉田）

植松町《うえまつちょう》〔下京区〕

松を植えたり、隣接地の松に因むことが語源である。寺町通松原下ル万寿寺までの両側町で、興味深いのは、一六世紀の『上杉本洛中洛外図屛風』や『旧高橋本』に、五条橋周辺の鴨川の河原の幅が、四条橋以北のそれと比べて倍に描かれていることである。しかも、中島があり、五条橋は中島を中心に二つの橋に分かれている。その中島や両岸には多くの松が描かれている。応永二六年（一四一九）対馬、九州に朝鮮が攻め込んだ事件があり、それを撃退したのが伊勢の神の神威だったとして、「伊勢の宮人」が「松を植えて伊勢の神を降臨させましょう」と呼びかけた（「伊勢松町」参照）。「寛永一九年（一六四二）寛永後万治前洛中絵図」に、「上松町」とある。宝暦一二年（一七六二）刊『京町鑑』では「植

松町」とある。　（小西）

上《うえ》山《やま》〔京丹後市丹後町〕

吉野山上山寺の門前集落として成立したため、寺名を地名としたものと思われる。なお上山寺の寺名は「じょうさんじ」と音読するが、地名は「うえやま」と訓読する。もと上山寺にあった、貞治六年（一三六七）の懸仏（奈良国立博物館蔵）銘に「宇河庄上山寺」とあるものが寺名の史料上の初出となる。寺伝では、隠岐国の佐々木隠岐守弘成（明法上人）が天応元年（七八一）に開いたとする。

慶長七年（一六〇二）の「慶長郷村帳」、元禄一二年（一六九九）の「丹後国郷帳」には、「宇川村之内」ないしは「宇川枝村」として「上山村」が記されている。その後、上山村と単独表記され、明治時代に至る。　（新谷）

魚屋《うおや》町《ちょう》〔下京区〕

「寛永以来下魚棚通より北に出張して魚鳥菜果を売買し一の市場」（『京都坊目誌』）となっていたことに因む。

六条通諏訪町西入ル室町までの両側町の東魚屋町は、宝暦一二年（一七六二）刊『京町鑑』に「東魚屋町」とあって、その後変化はない。

六条通室町西入ル新町までの両側町の西魚屋町は、本願寺旧寺内町に属し、古屋敷と称していた。宝暦一二年（一七六二）刊『京町鑑』に「西魚屋町」とあって、以後変化はない。　（小西）

魚屋《うおや》町《まち》〔宮津市〕

旧町名。江戸初期京極高知を継いだ高広によって宮津城の築城および宮津城下の整備がほぼ完成したと言われる。宮津市大手川の西側（左岸）に町屋や家中屋敷が集中したが、城下町の組織の中心となったのは、「本町」を始めとする「六幹町」と呼ばれる町々で、その一つに「魚屋町」が設けられた。本町の北側（海側）に位置する、東西約四〇〇メートルの細長い町である。『宮津日記』の天和四年（一六八四）の記事や元禄一六年（一七〇三）の「城下絵図」によって、町名が確認できる。名の由来は文字通り「魚」を商う町家を中心に人家が建ち並んでいたからであろう。後になると、北側の砂浜が開拓されて現在の「新浜」が形成されてきた。　（糸井）

宇賀辺《うかべ》町《ちょう》〔南区東九条〕

一八世紀の『都名所図会』に「宇賀社は九条の東にあり、祭所宇賀神なり。此所の東西の径を宇賀の辻子といふ」の一節がある。この地に宇賀神社があることが由来である。「宇賀」は『古事記』や『日本書紀』に登場する宇迦之御魂《うかのみたま》神に遡る。「ウカ」は穀物・食物の意味で、穀物の神である。京都・伏見稲荷大社の主祭神、稲荷神として広く信仰されている。伝承では、七世紀、藤原鎌足が、月輪（今の東福寺から泉涌寺にかけての一帯）に狩りに出た途中、この地で金璽（金印）を得た。将来ここに都を遷して居を構えれば子孫も繁栄するというお告げだと理解した鎌足が、その「金印」をここに埋めた後、宇賀塚と呼ばれるようになったことが神社の由来といわれる。予知どおり都は山城に遷り、藤原氏一門は隆盛の時を迎える。東九条一帯は、藤原一門の中でも名家とされる九条家が邸宅を構えたところである。　（入江）

宇《うか》川《わ》〔京丹後市丹後町〕

貞治二年（一三六三）の「左弁官下文」（鹿王院文書）に天龍寺雲居庵領として「宇河庄」とあるものが初出となる。宇川流域に位置していることに由来する広域地名と思われる。筒川（与謝郡伊根町）同様ここでは、川の名が地名となった例になるか。宇川の語源は不明。

もと上山寺にあった、貞治六年（一三六

七）の懸仏（奈良国立博物館蔵）銘には「宇河庄上山寺」とあり、上山寺のある上山地区が宇河庄の領域に含まれることがわかる。また丹後町平の八幡宮に奉納された応永一一年（一四〇四）の鰐口銘にも「敬白八幡宮丹後国宇何庄」とあり、平地区も宇河庄の領域に含まれていたことがわかる。なお、長禄三年（一四五九）の「丹後国郷保庄惣田数帳」には「宇川保」はあるがは「宇河庄」は見られない。この「宇川保」「宇河庄」と同じ領域を示すものかは不明である。

その後、慶長七年（一六〇二）の「慶長郷村帳」には、「宇川村之内」として袖石村・尾和村・中浜村・上山村・谷内村・車野村・鞍内村・井上村・遠下村が記されており、これらの村が中世宇河庄の領域にあったことを示している。（新谷）

浮田町《うきたちょう》〔上京区〕

宝暦一二年（一七六二）刊の『京町鑑』によると、聚楽第が存在していた時に、宇喜多秀勝の屋敷がこの付近にあったことによるという。町は下立売通をはさんだ両側で、東は大宮通から西は日暮通までを町域とする。天保二年（一八三一）の「改正京町絵図細見大成」に「浮田丁」とあり、江戸時代からの町名である。（清水）

浮面《うきめん》〔宇治市伊勢田町〕

ウキは「泥深い地。沼地」（『日本国語大辞典』）、すなわち、湿地の意で、メンは免除の免で課税を免れる意。水害のために年貢を免除、ないし、減免してもらうことの多かった田の意か。浮面の辺りには、古代条里制によると思われる地割りは見られるが、北側に接する小字遊田・砂田と同様、古川と名木川に挟まれた地域で、明治中期の地籍図では、水没している部分が半分ほど見られる。水害の頻発した田んぼであったのだろう。ウキは、冨家《ふけ》殿のフケ・槇島町「吹前《ふけまえ》」の「フケ」に通じる。「伊勢田村検地帳」（宝暦一三年〈一七六三〉）に「うきめん」の小字名が見られる。（髙木）

浮井《うけい》〔右京区京北下宇津町〕

『和名抄』の桑田郡有頭《うつ》郷内に位置し、後宇都（宇津）庄（吉富本庄）に属した。後世には、粟生谷《おうだん》村と合併して下宇津（村）となる。「うけ」は、「うけ―うか」など穀霊神を指す語と同じか。「い（ゐ）」は清水の涌くところを意味したか。また、当地は京都府ハザードマップで急傾斜地崩壊危険箇所、土石流災害警戒箇所なので、「ウグ（穿）」の清音化した「ウケ」かも知れない。

人尾《ひとお》峠に向かう道端にお地蔵さんを祀る祠があり、安倍貞任の下肢が埋葬されていると伝えられている。また貞任峠（南丹市日吉町の上世木へ越える峠）には、貞任首塚がある。これらにまつわる伝承は「八幡宮略縁起」（井川家蔵）に詳しい。安倍貞任は、前九年の役の折、陸奥で源頼義によって誅されたが、首級は京に運ばれ、西獄門（京都市中京区の円町あたり）でさらし首になった（『水左記』）が、有頭郷がもと貞任の父安倍頼時の領地であったが、その没後に、恩賞地として源頼義に与えられたと伝えられるところから派生してきた伝承か。中国の「蚩尤《しゆう》」のように死体はばらばらにされ、粟生山麓周辺に埋葬されたという。（糸井）

牛尾町《うしおちょう》〔山科区御陵〕

現在は牛尾町の一部のみが天智天皇陵の北域だが、かつての天皇陵は現在より東西に約三倍広がっていたことから、牛尾町全体が北域の中の一区画を占めていたと考えられる。語源についての詳細は不明だが、天皇陵と比叡山延暦寺との関係が推量できる。山科盆地の東方の音羽山の支峰である牛尾山山中に鎮座する法厳寺は「牛尾観音」とも呼ばれ、かつては山頂にあったとされる。この牛尾宮は、日吉山王権現二一社の一つで、八王子権現が祀られていた。延暦寺と関係の深い日吉大社（大津市）は、奥の院である八王子山（牛尾山）山頂の磐座が元々の信仰の地であり、同所には牛尾神社が祀られている。八王子とは、祇園精舎の守護神である牛頭天王の眷属である八人の王子のことで、山岳信仰と天台宗の山王神道が融合した神仏習合の神である。その霊力によって天智天皇の御霊を鎮めるために北域内に何らかの祠が設置されていたのであろう。なお、牛尾山は、古くは「主穂山」と称し、戸主が神々に初穂を供える山として信仰されてきたという説もある。ただ、「牛（丑）」は、方角としては東北の鬼門を指し、時刻としては深夜を指す。いずれも異界とこの世とが接するエリアであり、牛は境界を往来できる生き物として認識されてきた。地獄の羅卒が牛の頭であったり、宇和島市の祭で牛鬼が練り出すのもその例で、その延長線上に天満宮の神牛信仰もある。以上のことからも、「牛」と言う言葉が重要であると考えたい。

（小寺）

牛ケ瀬《うしがせ》〔西京区〕

場所は、桂川西岸のＪＲ東海道線が通過する辺り、旧、葛野郡の東南端で、乙訓郡と紀伊郡の堺である。語源は、ウシ（牛）はアイヌ語の湾・入り江を表すush、セ（瀬）は水の浅く狭い所の倭語で、遡れば両方ともアイヌ語での意味を共有している河川・湖沼・海湾などの水辺基礎語である。一音節サ行音語と、それにi、u母音の前接した二音節日本語は、すべて水辺を意味する名詞を形成しており、日本の国土が島山による火山列島から成り立つ事を、地名からも宿命付けされている。（「ウシの付く地名の語源」については『語源探究』三も参照）。

古代を語る眩しい記録に乏しいが、地名は物云わずして地勢の結果を残す。架橋とか、堤防とか、水争いとか、中世以来の桂川の歴史は、水を巡る地名から踏み外すことはなかったようである。

（吉田）

宇治市《うじし》〔宇治市〕

『山城国風土記』逸文に、「（応神）天皇のみ子、宇治若郎子《うじのわきいらつこ》、桐原の日桁《ひげた》の宮を造りて、宮室《おほみや》と為したまひき、御名に因りて宇治と号《なづ》く」とあって、菟道稚郎子《うじのわきいらつこ》の名に因んで宇治（菟道）と改めたと記しているが、これは信じ難い。ただ、ウヂという地名が、『古事記』『日本書紀』『万葉集』『風土記』に、宇遅・菟道・兎道・氏・是・宇治というさまざまな表記で登場するように、文字が移入される記紀以前から存在していたことは確かであろう。したがって、自然地形による命名と考えるのが穏当ではないか。弥生文化が淀川沿いに京都盆地に入ったころ、広大な巨椋入江の東方の山ふところにあたるこの地を指して、自ずと「内」と呼びはじめたのではないだろうか。平地から見て入り込んだ谷口にあたる所の意の「内」の濁音化したものであろう。ウヂは、また、伊勢市宇治など、全国的に広く分布している地名でもある。それらのすべてが海岸・河岸・谷口などから入り込んだところに位置している。

なお、ウヂには、さまざまな語源説がある。同じ「内」でも、宇治川の湾曲部の内側という河内と同義と解く考え方、また、政治的なものとしての内、すなわち、畿内の国域を定める北限として宇治を考える考え方、山城の宇治、伊勢の宇治、大和の宇智などと畿内の一牓示の役割を果たしていたのではないかというのである。あるいは、ヂを道と考えて、ウ（諾・宜）なる道、宜《よろ》しい道、最上のよい道のことという考え方、菟道は獣道《けものみち》のことではないかという考え方などである。

昭和二六年（一九五一）三月一日、近隣の宇治郡東宇治町・久世郡宇治町・槇島村・小倉村・大久保村が合併して宇治市が誕生。（髙木）

宇治田原町《うじたわらちょう》〔綴喜郡〕

綴喜郡東端の町名。北部・東部は滋賀県に接する山間地。『和名抄』に「田原（多八良）郷」、『続日本紀』に「田原道」、『兵範記』に「田原庄」、『宇治拾遺物語』に「田原《たはら》」とあり、本来は「田原」だが、宇治市の東部に位置するところから、また他にも田原の地名が多いため宇治田原（初見は室町期、『石清水文書』）と呼ばれるようになった。明治三一年（一八九八）、二ヶ村からなっていた田原村・宇治田原村が合併して宇治田原町になった。「田原」は田畑とすべき地（盆地・原、山間集落によくみられる地名）、あるいはタは接頭語で単に「原」という意味の地名か（『古代地名語源辞典』）。田原茶（宇治田原茶ともいう。宇治茶より古い）・田原祭の名で知られる。（齋藤）

艮町《うしとらちょう》〔下京区〕

新町通六条下ル旧花屋町までの両側町で、西本願寺の寺内町の中で最も早く成立した町のひとつで古町と呼ばれた。西本願寺寺内町の艮（東北）に所在することに因む。「寛永一九年（一六四二）寛永後万治前洛中絵図」に、六条通から数えて「新町壱丁目」とある（「井筒町」参照）。宝暦一二年（一七六二）刊『京町鑑』には「艮町」とある。（小西）

牛ノ宮町《うしのみやちょう》〔左京区吉田〕

『雍州府志』に「牛ノ宮　知恩寺（百万遍）西南ノ杜ノ中ニ在リ。或ハ野ノ神ト謂フ。牛ヲ守護スルノ神也」とある。『菟《つ》芸《ぎ》泥《ね》赴《ふ》』には「牛の社」と見え、「牛疫病はやるとき此社にうしをまいらすれば其難をまぬかる、といふ。此社の森をも牛森といふ」とある。農耕作業が機械化される以前は、牛は農耕における貴重な働き手であり、牛を疫病などから守護する神を祭る宮が建てられていた。それが地名の由来となったのである。『山州名跡志』に「牛ノ宮　弥勒堂ノ北二町許ニ在リ。小祠（南向）」「泉殿　牛ノ宮ノ北一町許ニ在リ」などとあり、当時、南向きの小さな祠だったこと、現在の吉田牛ノ宮町の北が吉田泉《いずみ》殿町《どのちょう》であるという位置関係にも適うことが分かる。

『京都坊目誌』によると、「維新の際、廃社し、字名のみ存す」という。（笹川）

後野《うしろの》〔与謝郡与謝野町〕

慶長七年（一六〇二）の「慶長郷村帳」に「後野村」とあるものが初出の地名である。加悦庄の領域で、加悦より後ろ側（南側）に位置する場所であることに由来する地名であろうか。「慶長郷村帳」以降、「後野村」と表記され、明治時代に至る。（新谷）

牛若町《うしわかちょう》〔北区大宮紫竹〕

一説によれば義経の父義朝の別邸もこの辺りにあったといわれ、幼名牛若丸が産湯に使った井戸跡と傍らに牛若丸の胞衣《えな》を埋めたと伝える胞衣塚がある。もう一ヶ所町内に誕生井の石碑があり、どちらの井戸の水が産湯に使われたのか真偽は不詳だが、町名はこれに由来するという。一帯が低湿地であるところから生じた伝説だろう。

釈迦谷山から来る若狭川は、むかし大雨が降ると水があふれ、大宮薬師山辺りから紫竹にかけては洪水に見舞われた。今宮神社境内の東に残る少し曲がった道は、この川のかつての流路だろう。『山州名跡志』

は、川は「今宮鳥居東を北より南に流れ、そこにては若狭河と号し、その下は大徳寺門前を流れて来也」という。

流路の西側は一段と高い段丘が南北に連なる傾斜変換線が走る。北山通付近は水《すい》衝部《しょうぶ》（河川の湾曲部で流水が強く当たる）にあたり、大雨が降れば一段と低い流路の東側一帯が被害を受けた。「正式二万分一地形図」（「京都北部」、明治四十二年測図）をみると、近代には御土居北側沿いに賀茂川へ導かれるよう付け替えられ、旧河道がそれを物語る。現在、川は大宮一ノ井町以降は暗渠である。

小川豊は「ウシ地名の所は、洪水氾濫地。近傍に河川などがあって、洪水氾濫が繰り返された水害地。古語〔憂し〕が牛〔うし〕に当て字されたもので、不安定な土地を意味している」（『崩壊地名』）という。「若」はワカス「沸・涌」の語幹で、出水を意味し各地の低湿地に多い地名である。（綱本）

太秦《うずまさ》〔右京区〕

古代の渡来氏族である秦氏の別称。『日本書紀』雄略《ゆうりゃく》天皇一五年条には、秦氏が絹織物をうず高く積んで献上したので、天皇が「兎豆麻佐《うつまさ》」の姓を与えたとある。河川の氾濫による堆積作用の「埋む」との関係（『古代地名語源辞典』）をいう説や、チベットでいう中央で諸物を集めた地（河口慧海）という説、ウツ（宇津）にイマス（坐）という敬語表記の約形ウツマサムの変形という説もある。桂川の東北部に当たり、北に御室や宇多野、東に花園、西に嵯峨、南に梅津が隣接する。平地部に北側から舌状にのびる段丘面の南端にあり、居住の適地として選ばれたようである。旧葛野郡葛野郷にあたり、渡来系の秦氏が住み着いた。この地の蛇塚古墳などの特徴から、六世紀には西方の嵯峨野一体の開発が行われていたと類推されている。秦氏は先進技術を駆使して、葛野川（桂川）に大堰を建造して、田畑耕作の基となる治水に努めた。秦氏の屋敷地とされる場所には、氏寺である広隆寺が建てられ、ここを中心に発展した。平安時代には広隆寺の薬師信仰がさかんになり、鎌倉から室町時代にも同寺は広く領地を抱えた。江戸時代以降は農村として発達し、京都近郊の蔬菜供給地となった。大正一五年（一九二六）、広隆寺の北側に阪東妻三郎がプロダクションをはじめて、映画撮影所として注目されるようになった。（岩田）

太秦安井《うずまさやすい》〔右京区〕

太秦にある行政地名の一つ。一二末〜一三世紀の僧道尊《どうそん》に因んだ地名。道尊は高倉宮以仁王の子で、正治二年（一二〇〇）に建てられた蓮華光院の開基となった。この道尊が安井宮と呼ばれたことから同院が安井御所とも呼ばれることになり、地域名として定着した。安井は安らかに居住するという意味で、全国的にもみられる地名。『太秦村誌』では、現安井池田町にある子安地蔵と井戸から一文字ずつ採ったとあるが、後世のもの。右京区の東端中央部にあり、西に太秦、北に花園、南に山之内が隣接する。蓮華光院は、後白河天皇の娘である第一皇女殷富門院《いんぷもんいん》亮子《りょうし》内親王により建立され、道尊を猶子とした。「安井殿」の名は、『百錬抄』の建仁元年（一二〇一）の記録に初めて見い出される。その後歴代法親王の門跡となったが荒廃に至り、一七世紀に東山安井で再興された。太秦安井の地は、平安京条坊では二条四坊のほぼ全域と三条四坊北半分にあたる。鎌倉末期成立の『拾芥抄《しゅうがいしょう》』西京図において、平安期に春宮太夫領の一部、雅楽《うた》町、左兵衛府町があったとする。江戸時代は、南禅寺塔頭金地院と公家の舟橋家が領有した。（岩田）

宇多野《うたの》〔右京区〕

旧葛野郡にあり、福王子、鳴滝を含める広い地域をさす。「野」は紫野、蓮台寺野と同じく、古代には葬送の地と意識された。旧宇多野村は段丘面上にあり、元々原野であったところと思われる。ウタは全国的にみると、山麓の湿地、茨《いばら》の多いところ、ウトウ型の地形を示す山間低地等と関係する例があるが、この地に当てはまるか定かではない。平安京建設にあたり、延《えん》暦《りゃく》一二年（七九三）の藤原小黒麻呂等の宇太（宇多野）村巡見が知られている。また『類聚国史』延暦二五年（八〇六）三月一九日の条に「山城国葛野郡宇太野を以て、山陵の地となす」と記されており、村上天皇等の陵墓が造られている。南北朝期には大阪府の交野とともに禁野の御鷹場とされた。宇多野地域は、斜面地が多くため池灌漑が行われた（『京都の地名検証2』）が、文化一二年（一八一五）には、大雨で堤が決壊して御室川の氾濫がおこり、下流の村と争いがおこることもあった。明治維新後は、社寺の衰退で造園が衰えていくいっぽう、明治の高官や外国人の別荘地ともなった。大正六年（一九一七）には、府市当局により秘密裏に結核療養所の市立宇多野診療所の設置が決定され、昭和一一年（一九三六）に竣工した。（岩田）

歌ノ中山《うたのなかやま》〔東山区〕

真言宗智山派、山号は歌中山と号する清閑寺にある小径の俗称。真燕《しんえん》僧都が美しい女性に出会い、俗心を起こした際のその女性の問答歌「見るにだに迷ふ心のはかなくてまことの道をいかでしるべき」が詠まれた場所が当地であったことにちなむ。この逸話は寺伝ともなっている。所在は清閑寺山ノ内。西麓の清水寺音羽滝から南へ向かう清閑寺までの山道。周囲は歴史的風土特別保存地域に指定される。（忠住）

打越町《うちこしちょう》〔下京区〕

間之町通上珠数屋町下ル渉成園までの両側町である。美味で有名な「打越酒」（『広辞苑』）を渉成園に納めていた酒店があったのであろう。町の形成は寛永一八年（一六四一）以降の市街地化による。宝暦一二年（一七六二）刊『京町鑑』に「打越町」と記載する。（小西）

内里《うちざと》〔八幡市〕

男山丘陵東南部、木津川左岸の低地に位置する。古代は、『和名抄』に記す綴喜郡有智《うち》郷に属し、『京都府地誌』は「上古山代内臣ノ居ル所……故ニ内里ト称ス」と地名由来をのべ、内里は当郷名の遺称とされる。『日本書紀』雄略天皇一七年三月二日条に載る「山背国内村」は当地をさすという。『正倉院文書』中の山城国集人計帳に「男内臣田次、年漆（七）歳、小子 男内臣石敷、年伍歳、小子」とみえる内氏は、いずれも当郷に関係する。天平勝宝五年（七五三）六月一五日付丹斤量定文の右裏に書かれた仕丁送文には「内臣東人〈年十七、山背国綴喜郡内郷〉」とある。『経俊卿記』建長八年（一二五六）八月一三日条に「山城国内里領事」と「内里」がみえる。内里の小字内に式内社内神社があり内氏の祖で山代内臣、味師《うまし》内宿禰《うちのすくね》を祀る。雄略紀は、土師連《はじのむらじ》に詔勅して、「清い器《かわらけ》を進上せよ」とあり、土師連の祖・吾笥《あけ》が内村や伏見村の私有の部曲《かきべ》を献上したが、贄《にえ》の土師部というとある。内神社付近からは土師器の破片が多く出土する。隼人の故郷と考えられる鹿児島県霧島市隼人町には「内」や「内山田」と、「ウチ」のつく地名が遺存する。（綱本）

内林《うちばやし》〔南丹市園部町〕

明治九年（一八七六）に垣内村と今林村が合併し両村の名を取って内林村となった、合成地名。内林町には丹波を代表する前期の前方後円墳が築かれた。昭和四七年（一九七二）に道路工事に際して園部町教委と同志社大学による発掘調査が行われ、多くの出土品が発見された。遺跡は残念なことに道路工事によって失われたが、出土品は国の重要文化財に指定され、園部博物館に保管されている。古代丹波の歴史を考える上で欠くことの出来ない重要な古墳である。

昭和四年から園部町の大字となる。（安藤）

打破《うちやぶり》〔宇治市白川〕

白川から宇治川に出る既存の山道を、岩石を打ち破って取り除き、荷車などが通ることができるような道幅に広げたことによる命名という。そうして設けられたのが白川の浜である。それまで、村の産物の搬出は、勧請坂《かんじょうざか》を越えて宇治津に出る道しかなかった（「勧請坂」参照）。その工事の時期は明らかでないが、近世中期のものと思われる「白川村疎絵図」には、勧請坂越えの道に「宇治道、津出し」と書き入れられているので、当時は少なくとも白川沿いの荷車道も白川の浜もなかったようである。「白川村検地帳写」（慶長一六年（一六一一））「内やふり」とあるが、『（白川村）村誌』（明治一四年（一八八一））では打破とある。（高木）

内山《うちやま》〔京丹後市大宮町〕

かつて存在したと伝える妙法寺の門前集落と思われる。地名の語源は、寺域を山内というが、山内を逆にしたことに由来するもの、または北面の山「内山」という山の名前に由来するものと思われる。現在、妙性寺（大宮町五十河）にある木造十一面観音立像は、もと内山にあった妙法寺の後身にあたる観音堂の本尊と伝える。本像の台座裏には「奉しんしん　貞享五辰年（一六八八）観世音師成相ニ而仁王仏師光珎一寸回　いかがのさとおち山村」という書入れがあるという。これによると内山は、「おち山」とも呼称されていたことがわかる。

江戸時代には、五十河村の端郷であった。昭和三八年（一九六三）の豪雪以降、離村が相次ぎ、昭和四八年には最後の一戸が離村し廃村となった。現在は、石碑が残るのみである。なお内山集落跡からさらに山へ入ると、宮津市上世屋にかけての地域にブナ林が広がる。この一帯は、丹後上世屋内山自然環境保全地域として保護されている。（新谷）

内山《うちやま》〔京田辺市大住〕

大住隼人によって内山の丘陵から東隣の城ノ谷にかけて大住城が元弘年間（一三三一～三四）に築造されたという（別称・内山城）。城の東と西は堀、北側は崖となっている。城域は城山を中心に堀や池を含む東西七〇〇メートル、南北二〇〇メートルの五角形の大規模なものである。現在、城山の城跡には遺構は殆ど残っていない。里人はこの山を城山という。

『京都府地誌』（大住村誌）には「内山城墟《あと》ハ村ノ南方中谷山ニアリ、東西六町南北二町、今半バ耕地トナリ略五稜形ヲナス。土ヲ鑿ツ者兵器ノ片砕ヲ拾フ。建築年号詳ナラス。元弘年間大住某此ニ拠り官軍ニ属シ戦功アリ足利ノ兵之ヲ攻ム」と記されている。城主大住氏が後醍醐天皇に従ったため、足利氏に攻められ、城が破壊されたと伝わるが、この人物の存在は史料上不詳である。（綱本）

有頭《うつ》〔右京区京北〕

旧郷名。『和名抄』の桑田郡有頭《うつ》郷に当たる。北桑田郡の弓削郷の南西に位置する郷で、広域地名。村名となったことはあるが、集落名としては存在しない。「有頭、宇頭、宇津、宇都」などと表記されるが、

「うづ」ではなく「うつ」といわれてきている。「木津」が「きつ」とも「きづ」ともいわれるように、「うづ」が元かも知れない。古代遺跡も多く、古くから開けた地域であったようだ。「うつ」なら「空」の意で、山間に開けた窪地を意味するか。「うづ」なら「うぢ（宇治）」「うづまさ（太秦）」の「うづ（珍・貴）」に通じ、貴重な土地の意と考えられる。

　地元の伝承では、前九年の役で、源頼義が貞任を打ち、報償として当地に「庄」を賜り、持ち帰った貞任の首（頭）を埋めたことから「有頭（うづ）」と名付けられた、と伝える。しかし、「有頭」の地名は、頼義の時代よりずっと古くから存在が認められるから、矛盾する。ただし、本郷が源氏と関係があることは認められようか。（糸井）

宇頭城《うつき》〔京田辺市普賢寺〕

　旧宇津木村。ウツは狭い谷、崖（『地名の語源』）をいい、ウトと同じくウツロ（空）の転化。つまり谷などの凹所をいう。「宇津、宇頭、宇都、洞、善知鳥」などで表記される。キはカ（処）と同源。（綱本）

打田《うった》〔京田辺市〕

　町の南西端にあり、普賢寺川最源流の丘陵部の低い凹地に位置し、南西は奈良県生駒市、南東は相楽郡精華町に隣接。浄土宗西明寺に南北朝初期の石造五輪塔（反花座《かえりばなざ》付）があり、南朝忠臣千葉左衛門の墓と伝える。明治一〇年代の『京都府地誌』に「相伝ふ千葉左衛門ナル者此村を創置スト」と見える。『山城名跡巡行志』には「内田又打田ニ作ル」と打田・内田両表記が見える。明治二二年（一八八九）普賢寺村の大字となる。昭和二六年（一九五一）からは旧田辺町の大字。

　地名由来については、①『山城綴喜郡誌』は、「字打田、中古内田外記此地に住し、内田村と称し、後打田に改むといふ、其他由来詳ならず」と、内田外記が居住したことに因むという。また、内田山城や内田城という出城があったものといわれるが確証がない。

　②打は内（ウチ）で、内側の意。とくに「入り込んだ地形」や「山谷の小平地」をいう（『民俗地名語彙事典』）。田（タ）は手（タ、「て」の古形）のことで、場所・位置などを示し、場所を示すト（処）の転訛。つまり、打田は、もとは山の小平地を指した地名である。（綱本）

宇津根町《うつねちょう》〔亀岡市〕

　大堰川の右岸で、犬飼川との合流点の南に位置する。大堰川はこの地点で増水の時に逆流を繰り返し、渦を巻く所であったので、地名の由来は「渦の根」の意味とされる。あるいは、「うつ（空）」の「ね（塚・辺・端）」つまり、凹んだ「低湿地」を意味するか（『角川日本地名大辞典』）。

　明治二二年（一八八九）に亀岡町の大字となり、昭和三〇年（一九五五）からは亀岡市の町名となっている。（安藤）

ウトロ《うとろ》〔宇治市伊勢田町〕

　ウドの入り口の意のウド口からの変化。元来は漢字の口であったものが、片仮名のロと読み間違えられて、それが定着したのではないだろうか。「伊勢田百史集」（地域の人たちが往時を回想して共同で作成した詩文。昭和五一年（一九七六））の中に「花も恥かし年頃で／嫁御を迎えるその時は／うど口《ぐち》通って南口《みなみぐち》／村は総出で大さわぎ」と、「うど口《ぐち》」と読んでいる。伊勢田史友会が聞き書きしてまとめた地域の詳細な地図「語り継がれた地名」（昭和初期を想定）には、「ウド」とのみ記載されていて口はない。その地図では、小字井尻が、ウドの北側（旧大池側）に隣接しているし、毛語とウト口の間には溝が描かれているところから、ウドは、水に関わって、湿地や水溜りなどのような意味ではないだろうか。ウツは、「凹状地形をさすもので、ウツはウツロ（空洞）・ウツセミ（空蝉）・ウツギ（空木）などのウツで空洞・空虚を意味し、ウトも同様である」（『地名の探究』）とあり、また、ウドは、「雨水によって山野の掘れてくぼんだ所」「川岸の、流れにえぐられて深くくぼんだ所」（『日本方言大辞典』）とある。「伊勢田村検地帳写」（宝暦一三年〈一七六三〉）には「うど口」、『（伊勢田村）村誌』（明治一四年〈一八八一〉）でも字地に「宇土口」とある。昭和初期の行政文書にも「伊勢田村宇土口」とある。昭和二六年〈一九五一〉宇治市発足当時の読みはウトロと片仮名書きである。変化した時期は、太平洋戦争中、現久御山町佐山を中心とする地域に京都飛行場建設が計画され、ウトロに、集められた朝鮮人労働者の飯場が設けられた昭和一六年（一九四一）以後ではないかと思われる。（高木）

兎並《うなみ》〔木津川市加茂町〕

兎並は北流する木津川支流・新川右岸の丘陵地の地域で、集落は灯明寺山（一一一四メートル）の北西麓に位置する。古代の賀茂郷。地内西北の字船屋の集落は、船問屋が軒を並べる加茂地方随一の市街を形成した。正徳二年（一七一二）八月の木津川大洪水によって船屋は流失し山際に移転したと伝える。

『山城志』（一七三六）は「菟並」、『山城名跡巡行志』（一七五四）は「苧並《をなみ》または兎並に作る」と記し、「おなみ」とも呼んだ。はやく嘉保二年（一〇九五）三月一五日付の「山城国加茂荘別符立券案」（『東大寺文書』）には「菟並里」がみえる。

兎並みの由来は、ウナ・ミ、つまり、ウナはウネ（畝）・オネ（尾根）の同行音通転訛で「山の峰」をいい、ミはミ（廻・曲、めぐるの意）で、兎並は峰峯に取り巻かれたところという意だろう。

兎並の西南に隣接する美浪は、はじめは兎並村の一部であったが、寛文三年（一六六三）に分村して南村となった。『京都府地誌』によると、明治一五年（一八八二）、相楽郡内に同一地名があったため、美浪と改めた。小字名に南が残っている。（綱本）

菟原《うばら》〔福知山市三和町〕

土師川《はぜがわ》に支流・友淵川が東から合流する付近に位置する村名。下流側が下菟原、上流側が中菟原である。地名の由来は、茨の原野であったためで、「イバラ（ノ）」を「ウバラ」「ヌバラ」と訛ったとされる（『菟原村史』）。

菟原は鎌倉時代から南北朝時代に摂関家領の荘園名として現れる。「摂籙家渡荘目録」の嘉元三年（一三〇五）と推定される条に「菟原庄」が見え、また同書の暦応五年（一三四二）にも「菟原」が記載されている。昭和三一年から三和町の大字となった。

なお菟原村は明治二二年に菟原下、菟原中、友淵、高杉、大身の五ヶ村が合併して成立したものである。（安藤）

馬立《うまたて》〔向日市上植野町〕

向日町郵便局の南に小字馬立という地名がある。馬寮は、「大宝令」（七〇一）によって右馬寮、左馬寮の二つが設けられた。しかし、長岡京のころは両者を合わせて「主馬寮《うまのりょう》」とした。平安京では、宮内のこの位置に右馬《うまの》寮があった。平安京の大内裏図を長岡京にあてはめると、右馬寮の場所が馬立と重なる。桓武天皇の時代には一時両者を合わせて「主馬寮」と書き「うまのりょう」と呼んでいた。

馬立は主馬寮か右馬寮の略字と考えられまいか。立は「りょう」とも読める。昔は熟語を略して参議を「三木」と書くことも多かった。馬立＝主馬寮としてこのあたりにその跡を考えられる（中山修一「長岡京に関連する地名」『地名の世界』所収）。（綱本）

馬司《うまつか》〔向日市鶏冠井町〕

鶏冠井町の国道一七一号線の近くの小字である。またその地名の西半部を明治六年（一八七三）の地図には院田と書き入れている。馬司とは、院庁や摂関家で馬を司った役所で、別当・預以下の職員がいた。摂関が設けられ、院ができるのは、長岡京よりずっと後のことであるから、平安時代の頃の名前かも知れない。しかし長岡京があった頃、有力者の馬を司る役所もあってもよい。また横に院田の名が並んであるので、院政時代の地名かとも思えるが、上皇にちなんで院田と呼んだと考えるより、長岡京の頃にいくつか院の名のつく建築群があるため、それの関係の田と考える（中山修一「長岡京に関連する地名」『地名の世界』所収）。（綱本）

馬塚町《うまづかちょう》〔右京区常盤〕

京福電鉄北野線常盤駅南側にあたる。この地に午塚《うまづか》という古墳があったことによる。大正一三年（一九二四）の『太秦村誌』では、午塚は、農耕の関係上四周が削り取られて、四間（約七メートル余）四方の正方形をなしており、封土五尺（約一・五メートル）の小丘であると記す。また、古墳の被葬者を、常盤殿を建てた鳥羽天皇皇女の八条女院と類推する書物もあるが、女院の墓は阿弥陀塚にあり誤りであるとも記す。被葬者は不明で、近年は破壊が進み、数個の礎石が放置されている状態である。（岩田）

馬塚町《うまづかちょう》〔右京区太秦安井〕

安井馬塚町を東西に太子道が通るが、元は平安京の大炊御門《おおいのみかど》大路であった。また同町西方の安井奥畑町辺りに西京極大路が通っており、平安京条坊の西端に当たっている。同町の民家の間に右馬塚《うまづか》とよばれる三角形の封土があり地名の元になっている。古墳と想定される塚の上に榎の古木がある。この町の北側が平安時代には右馬町とよぶ官衙町であったことに由来すると思われる。（岩田）

馬堀《うまほり》〔亀岡市篠町〕

保津峡の谷口南の山裾には、式内社桑田神社が鎮座している。また、もう一つの桑田神社が小字馬堀の中に所在しており、本来の桑田神社の場所であると考えられる。この桑田神社周辺は、築城が南北朝時代に遡る可能性のある「馬堀城跡」である。二〇〇メートル四方の規模で本丸、郭、内堀、堀ある台地の先端部の周囲との比高差を利用した平地の城である。地名の馬堀はこの城に関係するものであろう。具体的に馬と堀との関係は明らかではないが、この城を居館とした土豪が馬を居館を囲む堀の近くで飼っていたことから生じたと推定される。また『篠町史』によると、篠の南方、国道九号線付近に「上牧」の地名が残るので、古代の牧があったのではないかと想定されている。篠町内で、早くから馬が飼われていた可能性は高い。

福知山市河守の清園寺の「清園寺縁起」（京都府指定文化財）は麻呂子親王伝承を描いた最古の絵画資料である。南北朝時代のもので、聖徳太子の異母弟・麻呂子親王が薬師如来の加護を受け、丹後の三上が嶽の鬼を退治する物語である。親王は商人が死んだ馬を埋めている所に遭遇し、掘り返すと馬が生きかえって親王の愛馬となり大いに活躍したという。「馬堀」の地名は麻呂子親王伝承中に生かされており、南北朝時代には知られていた地名と考えられる。

（安藤）

馬町《うままち》 〔東山区〕

六波羅探題のおかれた鎌倉時代に、幕府へ贈る駿馬を係留したのが当地であったためという（『菟芸泥赴《つぎねふ》』『京都坊目誌』）。また同鎌倉時代、淡路の横山時広なる武将が、源頼朝に献上する〝九本足の馬〟をこの地に留めたという説、このあたりで馬市が開かれたとする説などもある。東国への玄関口である山科へと通じる渋谷越にかかる通りであり、安井道（通称・蛇《くちなわ》の辻子、現・東大路通）から入る東国街道への入口にあたり、人や物資が多く行き交う通りであった。本町通二丁目から渋谷通にかかる東西の道をさす。

馬町を冠する地名として「上馬町《かみうまちょう》」「下《しも》馬町《うまちょう》」がある。両町は、山科盆地へ抜ける渋谷通を挟んで東側を「上馬町」、西側を「下馬町」と称する。（忠住）

馬町通《うままちどおり》 →渋谷通《しぶたにどおり》

馬廻《うままわし》 〔南区上鳥羽〕

当地とは読み方が異なるが、馬廻《うままわり》は、戦国時代に生まれた武家の職制のひとつで、織田信長の精鋭部隊が属していた組織として有名である。馬廻の地名は室町期の「上鳥羽城」との関連がある中世以来の地名ではないかと思われる（「城ヶ前」参照）。この職制に属する集団が居住していた可能性がある。読み方は近世以降に変化したものであろう。（入江）

駅家郷《うまやごう》 〔与謝郡与謝野町〕

旧郷名。古代の駅家が置かれていたことに由来する地名。名古屋市博物館本の『和名抄』に、丹後国与謝郡の郷名として見える地名である。金田章裕は、与謝郡に所在することから、山陰道から分岐して丹後国府へ向う丹後支路にあった勾金駅（場所は不明）の所在地に該当すると推定する（『宮津市史』〈通史編上〉）。ほかの史料に見られないため、その後の変遷や所在地は不明である。（新谷）

梅ヶ畑《うめがはた》 〔右京区〕

御室から高雄を通り北区の中川経由で周山に至る一条街道（現周山街道）沿いの狭い空間に点在する小さな集落を総称する。確証はないが、中世には梅ヶ畑庄や梅ヶ畑郷といわれたとされる。梅ヶ畑の由来については、江戸期の『京城勝覧』に「梅多し山中なり」とある。梅ヶ畑には広大な山地により占められ、真ん中を清滝川が南西流する厳しい自然環境にある。このため山岳仏教の道場として注目され、一〇世紀までに高尾山寺が創られ後の神護寺の元となり、平安末期に出た文覚が同寺を再興している。また文覚の下で修行した明恵は、高山寺を建永元年（一二〇六）に神護寺の別院として興した。集落は街道沿いで発展すると同時に、中島・広芝・平岡は神護寺の、一ノ瀬・善妙寺は高山寺の門前村となってきた。山間でとれた料物を禁裏に献上した供御人の一部は神護寺門前周辺などに住み、山林業や商業にもたずさわる者が出てきた。その集落が中島・平岡・一ノ瀬・善妙寺の四ヶ村で、いわゆる梅ヶ畑四ヶ郷といわれ、一六世紀初めには内裏に奉仕することで諸商売公事諸役を免除され、形をかえつつも明治まで継続された。村内の林業だけでは生活はできず、男は近郷の山林へも出かけ、女は薪炭・砥石・果物・梯子などを頭に載せて商う「畑の姨《おば》」と働いた。明治以降は発電事業が興されたり、自動車道が開削されたことにより山村の環境は一変した。（岩田）

梅小路《うめこうじ》 〔京都市・東西の通り〕

旧通り名。平安京の梅小路であるが、現在は通りの名としては残っていなくて、梅小路蒸気機関車館や梅小路公園、そして江戸時代の梅小路村の名残としての梅小路本町などの町名に残るのみである。八条大路と八条坊門小路の間の東西の通りであった。平安京のいつから固有の名の梅小路が用いられるようになったかは不明であるが、嘉禎二年（一二三六）の「平氏女私領売券案」（鎌倉遺文）に「在自梅小路南」とみえるのが初見という（『京都の地名検証3』「梅小路」参照）。「楊梅小路」には、楊梅（ヤマモモ）が植えられていたといわれるように、この小路にも「梅」などが植えられていたのかもしれない。この地区の「梅径《ばいけい》小学校」の校名は、「径」が小道の意で、梅小路を踏まえたものである。（糸井）

梅迫町《うめさこちょう》〔綾部市〕

由良川の支流・八田川上流で、高城山（二九九メートル）の東麓に位置する。右岸は狭い台地で左岸には沖積地がある。「サコ、ザコ」には①狭間、狭い河谷、②湿地、③砂地の意味がある（『地名の語源』）。「ウメ」は「埋め」であって、狭い谷に土砂が堆積した地形の特色を言い表した地名と考えられる。

安国寺村の枝村であったが、幕末に分村独立した（『角川日本地名大辞典』）。昭和二五年（一九五〇）から綾部市の大字、昭和二八年から梅迫町となった。（安藤）

梅忠町《うめただちょう》〔中京区〕

梅忠の町の意。延宝六年（一六七八）に刊行された『京雀跡追』では「むかしは此町に埋忠といふかみそりかぢのすみけるよし」云々と、埋忠《うめただ》という鍛冶が住んでいたこととする。「梅忠」「埋忠」姓と鍛冶の関係については確証がないが、上京区芝薬師町の寛永頃の町名、「埋忠町」の例から推測したい。『京都市の地名』では同町名について、『京都坊目誌』の「金工の埋忠明寿」および『京都御役所向大概覚書』の「鍛冶職人梅忠信濃・象眼師の梅忠頼母」の名を紹介する。これらは伝承の域を出ないことではあるが、鍛冶職人在住説の手懸りとなるものだろう。

平安京大内裏の南東にあり、周辺は貴族の居住した地域であった。とりわけ当町は三条烏丸御所とも呼ばれた、東三条内裏跡にあたる。また東に隣接する曇華院前町《どんげいんまえ》は源平の合戦時に平氏追討の令旨を出したとされる、以仁王の高倉宮御所跡にあたる。古くからの交通の要地であり、多くの情報が飛び交う地でもあった。同時代の伝承には、源義朝長子の悪源太義平が三条烏丸に宿所を持ち、同所で追討の合戦が展開された（『平治物語』）というものもある。

烏丸通で西接する場の町とも一部重複するが、当地には室町時代から人夫や車を止めて休憩する立場《たてば》が置かれ、一里塚の遺跡という土封が築かれていたという（『京都市の地名』）。梅忠町の語源について、あえて異説を唱えるならば、塚には人骨などが埋葬されることが多いことから、「埋める」の連想が付随した。この塚が元和年間に均して平地にされた（正す）ことから、ウメタダの名が発生したという可能性も考えられよう。なお、町内の三条烏丸の東南角には、京都市道路元票の石柱が立っている。（真下）

梅谷《うめだに》〔木津川市〕

木津川支流の井関川上流域に位置する。奈良山丘陵の谷あいである。京都府南端で、南は奈良県と接する。『今昔物語集』比叡山僧光日読誦法花語第一六に「梅谷ト云フ所ニ籠居テ」とみえる。もと木津郷千童子村の内にある荒野だったが、延宝年間（一六七三～八一）に村の農民が開拓した（『京都府地誌』）。開拓には、井関川に土砂が流出するため地元の反対があったが、土砂留・植林をして新田開発した。梅谷の梅は土砂崩れによるウメ（埋）だろう。（綱本）

梅津《うめづ》〔右京区〕

太秦の南方で、現四条通を西に延長したところ、桂川の左岸にあたる地。川の堆積作用により低湿地が埋められたところである。古代より水陸交通の要地で、桂川の渡河地として、また丹波地方から供給される材木の揚陸地となっていた。梅津の名は、天暦《てんりゃく》一〇年（九五六）の山城国山田郷に関する「東寺百合文書」に初出し、当時材木を取り扱う役所があり秦氏一族が司っていたことが判明している。鎌倉時代の説話集『古今著聞集』巻一四には、延喜七年（九〇七）九月一一日の宇多法皇の大堰川（桂川）遊覧に際して、紀貫之が和歌の序文に梅津から舟が仕立てられたことが記されている。梅津の地は、平安時代から桂川の風光を愛でる貴族の別荘地として、『保元物語』、『平家物語』や『太平記』には港や合戦と場所として登場する。また西梅津にある『延喜式』神名帳に載る梅宮社と、東梅津にある長福寺はこの地を有名にした。梅宮社は橘氏の氏神で、平安初頭に嵯峨天皇の皇后により山城国相楽郡から移されたという。長福寺は梅津氏の後裔の尼真理により一二世紀に創建された。（岩田）

梅ノ木《うめのき》〔向日市寺戸町〕

かつて西国街道沿いのこの地一帯が梅林だったので、この地名が生まれたと伝えられる。小字岸ノ下の北側に位置し、段丘直下の氾濫原であるが、現在は高い盛土地となっている。かつては初田・渋川・西田中瀬・東田中瀬辺りまで梅ノ木と呼んでいた。地域がかなり広いので、元梅ノ木、中梅ノ木、東梅ノ木と三区域に分けていた。

阪急東向日駅東出口の南五〇メートルの線路沿いで踏切手前に「愛宕山常夜灯」の石碑がある。「中梅ノ木町建立之、昭和十二年五月」とある。昔は阪急線以東の中梅ノ木、東梅ノ木は人家が無くほとんど水田だった。現在の梅ノ木は元梅ノ木である。したがって、梅ノ木はウメ（埋）・ノ・キ（崎）で、大雨時水中に没する段丘の先の意だろう（「渋川」参照）。（綱本）

梅湊町《うめみなとちょう》〔下京区〕

西木屋町通正面上ル、六軒までの高瀬川に東面する片側町である。町地となった際、「六軒上ル下ル」を、高瀬川に沿って船舶の繋留所があるので「湊町」と称し、正面上ル所は、開拓の時、梅沢という者が斡旋したので「梅沢町」とした。明治七年（一八七四）両町を合併して「梅湊町」とした（『京都坊目誌』）。天保二年（一八三一）版『改正京町御絵図細見大成』には北に「ミナト丁」、南に「ウメサハ丁」とある。（小西）

梅宮町《うめみやちょう》〔東山区〕

開町以前、町域内に洛西の梅宮神を勧進した梅ノ宮と称する祠があったことにちなむ。所在は白川筋三条下ル。三条通下ル五軒町の南側、白川筋に沿って南北に延びる町。

開町以前は田畑で、開町は江戸初期とみられ、『京都府地誌』では開町を慶安二年（一六四九）とする。明治二年（一八六九）下京に編入、昭和四年（一九二九）東山区に編成。

「新改洛陽並洛外之図」（一六五三）に既に「うめノミヤ丁」の記載がある。開町に際して、梅ノ宮小祠を近くの華頂山にある尊勝院境内に移したことから、洛西梅ノ宮に対して「東梅ノ宮」と呼ばれた（『山州名跡志』）。（忠住）

宇文字《うもんじ》〔宇治市宇治〕

宇治七名園の一つ宇文字茶園があった辺りであることからの名。宇治七名園は、「もり祝《いわい》宇もじ川しも奥のやまふもとの朝日琵琶を弾くなり」という名寄せ歌が人口に膾炙されている。その中で、現在も茶園として引き継がれているのは奥山茶園のみで、また、字地として地名が残っているのは、この「宇文字」のほかに、「琵琶」「琵琶台」があり、さらに「若森」も森園との関わりがあると考えられている。七名園の多くは現宇治市JR駅の北側辺りの折居川の扇状地に設けられていた。なかでも宇文字茶園は広大で、内宇文字・外宇文字の二つに区分して呼んでいたが、その内「宇文字」が残ったものである。「忠兵衛茶園修理請合書」（天保五年〈一八三四〉）に「一、大宇／一、奥宇／内宇／外宇」とある「宇」は宇文字の省略であろうが、茶園名であろうか、字名であろうか。『（宇治郷）村誌』（明治一四年〈一八八一〉）には「宇文字」とある。（高木）

浦明《うらけ》〔京丹後市久美浜町〕

『日本書紀』雄略二三年八月八日条に「丹波国浦掛水門」とあるものは、浦明のことと推定されている。これが首肯されるならば、地名の初源は古代にさかのぼる。

確実な地名の初出は、元弘三年（一三三三）の「熊谷直経代直久軍忠状」に「丹後国熊野郡浦明庄」の二階堂因幡入道の城に押寄せ追罰したとあるものである。この時期には「浦明」の表記が成立していたことがわかる。至徳元年（一三八四）の「虎若丸鹿野別宮代官職請文」（石清水文書）には「石清水八幡宮護国寺領丹後国鹿野別宮式号浦明」とあり、浦明が鹿野庄の領域に含まれていたことがわかる。

浦明は、弘安八年（一二八五）に一遍上人が久美の浜にて布教して以降、時宗の浦明道場が置かれたことでも知られている。これは妙立寺（宮津市府中）にある、元は万福寺にあった髹漆厨子の墨書銘に「浦明ノ臨阿弥陀仏」とあり、臨阿弥陀仏が浦明に留守役を置いて橋立へ通った旨が記されていることからわかる。また「時宗過去帳」（歓喜光寺）には、永和元年（一三七五）に亡くなった往阿弥陀仏が「浦明」と記されており、臨阿弥陀仏の後の浦明道場関係者と推定される。しかし浦明における時宗の痕跡は、これ以降、確認できなくなる。天文七年（一五三八）の「丹後国御檀家帳」には「浦明村」とある。なお元禄一二年（一六九九）の「丹後国郷帳」には「鹿野庄枝村浦明村」と記載されており、中世のこの地域が鹿野庄の領域に含まれていたことがわかる。延宝九年（一六八一）の「丹後国与謝郡等郷村高帳面」以降は「浦明村」と表記され、明治時代に至る。（新谷）

裏築地町《うらつきじちょう》〔上京区〕

今出川通室町の北東部の一帯は、足利義満の邸宅の「花の御所」と室町幕府の館があった所である。その御所の北の部分に「裏築地館」と呼ばれる建物があったことによるという説があるが、大正五年（一九一六）刊の『京都坊目誌』では、当地に応仁年間（一四六七〜六九）まで一色義直の裏築地館があったことによるとしている。町は南北に通る室町通をはさんだ両側を町域とする。天正年間（一五七三〜九二）の上京文書に当町の名があり、織豊時代からの地名であることになる。（清水）

占出山町《うらでやまちょう》〔中京区〕

「占いの山」を出す町。ウラデは占い、または占う人の意。祇園祭の際に当町から出される占出山は神功皇后を御神体として、鮎を釣り上げる姿をかたどる。それは『日本書紀』によれば、新羅親征を志した皇后が肥前の松浦で戦勝の占いとして行ったものであった。

この山は明応九年（一五〇〇）に既に存在した（『祇園社記』）古い山で、「神宮皇后山《アユツリ》」「鮎祝山《あいわいやま》」などの名でも知られた。その中で「占出山」の名が山の名称としても町名としても残ったのは、「占出」という名のもつ呪術性によるものだろう。

平安京大内裏の南東で、周辺には貴族の邸宅が営まれた。中世以降は商工業が盛んとなり、京の中心部のゆたかな町衆の居住する地域であった。当町にこの山が造られたのは、洛中と桂の里を往来した、桂女たちの伝承との関わりの上でなされたものであろう。彼女たちは神功皇后の末裔として招福・魔除け・占いなどに呪力を持つと信じられ、古くは貴紳に鮎を献上し、近世には桂飴をもって、出産や育児・祝言等に携わった（柳田国男『桂女由来記』）。とりわけ疱瘡にうち勝つ呪力をもつと信じられたことも、祇園会との関わりの上から、重要となろう。手島堵庵《とあん》によって鴨川東岸に創設された心学塾・明倫舎は、寛政元年（一七八九）に当町に移転し、明治二年（一八六九）に小学校となるまで開講された。後に明倫小学校となるこの私塾は、京町衆の高い文化水準の源泉となるものであった。　（真下）

裏寺町《うらでらちょう》　〔中京区〕

寺町の裏側の町。ウラは、オモテに対する反対側の面。太閤秀吉によって築かれた当初の寺町通沿いの各寺院は、敷地の西側、つまり寺町通に面した側に入口が設けられ、東側に墓地が営まれた。このような事情から、寺町の寺々では東側がウラと認識された。当町は寺院街の東側に築かれたお土居部分を崩して造成されており、そこからの地名であろう。

近代以降に河原町通や四条通が繁華街化して、当町の寺院もビルや歓楽街と隣あわせになっており、都市の断面を示している。　（真下）

裏寺町通《うらでらまちどおり》　→寺町通《てらまちどおり》

瓜生山《うりゅうざん》　〔左京区北白川〕

比叡山南西の山裾に位置し、ウレ（末）フ（草木の生い茂る場所を示す接尾語）の意か。北の音羽川、南の白川に挟まれた標高三〇一メートルの小高い山で、瓜生山の麓の北白川一帯は、縄文住居址が発見されている古い土地柄なので、ウリ・ウルは、奈良県御所市にあるウル神古墳などと同じく、縄文時代語として「岡」の意味とも（吉田金彦）。『恵慶法師集』には「ある所に、屏風のゑに　九月、志がの山ごえ／霧も立ち紅葉もちれるうりふ山こえまどひぬるけふにもあるかな」（一一）と見え、「うりふ山」（瓜生山）は、平安時代中期の志賀の山越のルートに位置し、紅葉や霧の名所だったことが知られる。また同集には、『応和二年（九六二）九月五日庚申河原院歌合』において「瓜生坂霧深」の題で詠まれた歌が「うりふ山、きりふかし」（一六九）という詞書で収められ、瓜生山が「瓜生坂」と呼ばれたこともわかる。　（笹川）

瓜生野《うりゅうの》　〔南丹市園部町〕

園部川の支流である陣田河右岸の小盆地の地名。後期の円墳三基があり、早く開けた集落である。「瓜生（うりゅう）」は湿地を意味するので（『地名の語源』）、この盆地は稲作農耕の適地として開かれたものと思われる。

昭和四年から園部町の大字となる。　（安藤）

漆谷《うるしだに》　〔右京区京北〕

『和名抄』の桑田郡有頭《うつ》郷に属する地区で、中世には吉富新庄に含まれた。大堰川の支流である明石川の最上流域の谷間の集落。「うるしだん」とも。漆を多く産する土地による名であろう。舞鶴市の「漆原」は漆が多く取れたところとする記録がある（『丹後国加佐郡寺社町在日記』）。あるいは「潤《うる》」んだ土地、谷間の湿地帯を意味したか。　（糸井）

鱗形町《うろこがたちょう》　〔下京区〕

同町に鴨川の洪水による魚の鱗の伝承がある（同町在住の大田垣氏による）。一方、「鱗形」のニュアンスから推定してみたい。「鱗形」とは「三角形を配列した模様。能楽では鬼女などの衣裳に用いる」（『広辞苑』）とあり、また、鱗は「いろこ」から転じたもので、「鱗を吹く（鱗を刃物で取り去る）」の用法の出典に『虎寛本狂言・惣八』があり、狂言と関係があろう。宝暦四年（一七五四）刊『京羽二重』に「麩屋町　狂言師石崎伝五郎、平右衛門」とあり、町の特定はしていないが、通り名との符合もあり、この狂言師の居住と鬼の演目に因む。上鱗形町は、麩屋町通松原下ル万寿寺までの両側町である。すでに、「寛永一九年（一六四二）寛永後万治前洛中絵図」に「上いろ形町」とある。宝暦一二年（一七六二）刊『京町鑑』に「上鱗形町」とあり、以後変化はない。

下鱗形町は、麩屋町通万寿寺下ル五条までの両側町である。「寛永一四年（一六三七）洛中絵図」には、すでに、「下いろ形町」とあり、「寛永一九年（一六四二）寛永後万治前洛中絵図」には、単に「いろかた町」とある。宝暦一二年（一七六二）刊『京町鑑』に「下鱗形町」とあり、以後変化はない。

（小西）

え

永観堂町《えいかんどうちょう》　〔左京区〕

この地に永観堂があることによる。もともと『古今和歌集』に「みやづかへひさしうつかうまつらで山ざとにこもり侍りけるによめる／おく山のいはかきもみぢちりぬべしてる日のひかり見る時なくて」（秋下・二八二、藤原関雄）と見える藤原関雄《せきお》（八〇五〜五三）の山荘（山里）があった土地。仁寿三年（八五三）、空海の弟子真紹《しんしょう》（七九五〜八七三）がその山荘を購入し、真言宗の寺院として整備した。当時の本尊は、真言宗の中心仏である毘盧遮那仏《びるしゃなぶつ》（大日如来）だったが、七世住持となった永観《ようかん》（一〇三三〜一一一一）以後、阿弥陀仏を本尊とする念仏道場となった。真言宗から浄土宗西山派への正式な転宗は、一七世浄音《じょうおん》（一二〇一〜七一）の時。永観は「えいかん」とも呼ばれ、永観堂《えいかんどう》は彼に因む。

現在、永観堂は、浄土宗西山禅林寺派の総本山。正しくは聖衆来迎山禅林寺と号し、院号を無量寿院と称す。本尊の阿弥陀如来は「見返り阿弥陀」として有名。紅葉の名所で、その紅葉は関雄の歌に因み、「岩垣紅葉」と呼ばれる。『京都坊目誌』には「南禅寺町」に「寺之内」という字を挙げ、「全地、凡そ禅林寺の境内とす。故に爾か云ふ」とあるように、「永観堂町」という町名になる以前は、字「寺の内」だった。（笹川）

永養寺町《えいようじちょう》〔下京区〕

高辻通西洞院西入ル油小路までの両側町と、真ん中を貫く東中筋通の延長上に、高辻から仏光寺までの辻子を含む。治承二年（一一七八）頃から、豊臣秀吉の京都改造計画によって寺町通に移転させられる前の天正一二年（一五八四）まで存在した「永養寺」に因む。永養寺の本尊阿弥陀如来は、慈覚大師円仁が疱瘡の流行を鎮めるために造り、後に平重盛の「護持仏」になり、安元元年（一一七五）と同三年（一一七七）の京都の大火と疱瘡や疫病の流行後、重盛が、没年直前の治承二年（一一七八）頃、民衆のためにと如来を永養寺に寄進した。天正七年（一五七九）八月一三日付の『藤弘・昭連連署状』（『永養寺文書』）によると、「東者西洞院川西者油少路町北者限高辻町南者限五条道堀（五条橋通のこと）」とある。西は油小路、東は西洞院、北は高辻、南は五条と、広大な敷地に多くの塔頭があり、境内の鎮守五条天神も含め、それぞれが病治癒の役割りを担っていた。道元禅師が、晩年ここで療養し、示寂の碑が象徴するように、これが永養寺の名称の由来でもある。「寛永一九年（一六四二）寛永後万治前洛中絵図」は「ゑようし町」、宝暦一二年（一七六二）刊『京町鑑』は「永養寺町」と、変化はない。（小西）

江尻《えじり》〔宮津市〕

旧村名。拝師郷に属し、府中のうちに位置する。天橋立の北はずれを占める地域で、阿蘇海（内海）、宮津湾（外海）の両方に接している。「慶長検地郷村帳」に「府中郷之内」として「江尻村」がある。地名の語源は天橋立の「しり（尻・後・末尾）」に位置するという意味であろう。「風土記」逸文の「天椅立」に見える「久志の浜」または「久志備の浜」に相当するか。（糸井）

江津《えつ》〔京田辺市三山木〕

江戸期～明治九年（一八七六）の江津村。現在、京田辺市の行政区名・江津として存続し、三山木佐牙垣内に江津公民館の施設名で残る。かつての江津は、現在、宮津の旧小字に分かれて消え、氾濫原を示す「原」や「池」や「島」が付いた字名となっている。条里遺構が残り、今も木津川河岸まで広大な水田地帯が続く。摂関家渡領とされた池田荘に比定される。

地名由来は、①『古事記』開化段に、開化天皇の皇子・日子坐王《ひこいますのみこ》が山代之荏名津《やましろのえなつ》比売《ひめ》（苅幡戸弁《かりはたとべ》）を妻に迎えたことが記されている。『大日本地名辞書』は「荏名津古事記開化段云、御子日子坐王、山代之荏名津比売・亦名苅幡戸弁を娶る。荏名津即江津なるべし」という。

②『田辺町近代誌』は、苅幡は、木津川の対岸「カバタ」（木津川市山城町綺田）のことであり、水が淀んで大きな沼になっていたと伝えられ、「カバタ」には大国《おおくに》の淵があったという。江津はこの大国の淵の西岸にあたり、大昔は港であったため「津」の文字が付いたと考えられるという。この淵は『古事記』垂仁段に「山代大国之淵之女」、『日本書紀』垂仁条三四年三月二日条に、「曰綺戸辺《かむはたとべ》。姿形美麗。山背大国不遅之女也」と載るが、①②とも伝説の域を出ない。大国も『和名抄』に「宇治郡大国郷」とある地に比定する説が有力。

一帯は西側が扇状地性低地、東側は木津川の氾濫原で一部は水害常習地である（『平野の地形環境』）。「津」は港の意だけでなく、「水のある処」の意もある。『万葉集』（巻九・一七五九）に「その津の上《ほとり》に率ひて」（沢のほとりに連れ立って）とある。折口信夫『万葉集辞典』は「つはつむ（つまる）・とむなどの語根から、意義分化して、地形の名となったもので、集る義がある」という（港はこの意の派生語）。つまり、江津は河水が滞水した川（江）辺の低湿地、すなわち沢をいった。（綱本）

榎木町《えのきちょう》〔下京区〕

間之町通下珠数屋町上ル中珠数町までの両側町で、東側は渉成園に接する。「此町中程人家のうらに榎木」（『京町鑑』）があったことによる。町の形成は、寛永一八年（一六四一）以降の市街地化によるといわれている。宝暦一二年（一七六二）刊『京町鑑』に「榎木町」とみえ、以後変化はない。（小西）

夷川通《えびすがわどおり》〔京都市・東西の通り〕

平安京の冷泉《れいぜい》小路に相当するが、現在は鴨川の右岸から堀川の夷川橋に至る通り。鴨川の左岸を東へ行く道、琵琶湖疎水南沿いに「冷泉通」があり、旧小路名をとどめるが、明治になって開通した道。通り名の由来は、宝暦の『京町鑑』では「往古、西洞院中御門に北山の下流あらはれ、又此辺に蛭子《えびす》社有しゆへ恵比須《えびす》川と号し」ていたことによる、という。また地元では、若王《にゃくおう》子《じ》神社（左京区）の恵比須が流れ着いたところから、と伝える。寺町通から烏丸通にかけて、家具の専門店が並ぶ「夷川家具商店街」がよく知られる。（糸井）

夷島《えびすじま》〔宇治市槇島町〕

巨椋の入江に流入していた旧宇治川や旧山科川によってできた中洲の島の一つで、古くから、水運従事者や土木技術者など渡来人が数多く居住していたことによる名か。「えびす」とは、「都から遠く離れた未開人」「異国人」の意である（『日本国語大辞典』）。巨椋池（旧大池）は、『万葉集』巻一・五〇「藤原宮之役民作歌」に見られるように、材木を運搬するための重要な中継点であり、その水路を維持管理することも大切で、そこに渡来人の技術が必要とされたのであろう。柿本人麻呂の「杏人《からひと》の浜」（『万葉集』巻九・一六八九）も巨椋池東南岸周辺に比定されている。古老は、「夷島千軒」と言われるほど賑わっていて遊郭まであったと伝える。槇島では、地名は、「夷」の字が、神社名は「蛭子」の字が使われている。秀吉の宇治川改修後は、槇島とともに宇治郷と陸続きになったが、輪中化したためにかえって洪水に悩まされ、人々は大和街道の堤防上に移住して、現在の西目川や三軒家の集落になったようである。『後法興院雑事要録』（長享二年〈一四八八〉）に「十二月十三日恵比寿嶋御車副給二斗」とあり、「林成次書状」（一五世紀後半か）に「ゑひす島の御牛飼給二斗分」とある。『（槇島村）村誌』「明治一四年〈一八八一〉」には、現存する蛭子島神社が、字「夷島」にあったとするが、この小字は現在なく、蛭子島神社の所在地は「石橋」になっている。

なお、『夫木和歌抄』に「武士《もののふ》の八十宇治川のえびす島落くる水の猛くもあるかな」（読人しらず）とあるように、複雑な流れが渦巻いていたところと考えられるので、江廻《えみ》（「川が曲流しているところか」『古代地名語源辞典』）＋ス（洲）か、という説がある。（高木）

夷谷町《えびすだにちょう》〔山科区日ノ岡〕

日向大神宮の参道に当たる町の名前。社伝によれば「元慶年中に境内に清水湧出朝日の清水其中より事代主の神像現出し給ふ故に日籠谷改め恵美須谷と唱ふ」（『京都府宇治郡誌』）とある。元慶年中とは八七七年から八八五年まで。事代主の神像が出たため、「日籠谷＝日が籠もる谷」の名をめでたい「恵美須谷」に変えたという。日向大神宮の内宮・外宮両本殿に祀られているのは天照大神はじめ六柱で、事代主は入っておらず、境内社に祀られているだけである。『古事記』によると、武甕槌神に国譲りを迫られた大国主命は、二人の息子に意見を聞くことにする。その一人である事代主は国譲りを承諾し、隠れてしまう。この時、事代主は釣りをしていたため、恵比寿神と同一と見なされるようになる。そのため、出現した事代主像に因んで「恵美須谷」と改称したのである。しかし、なぜ急に事代主の像が出てきたのか。本宮開祖と伝えられる顕宗天皇が、兄の仁賢天皇と皇位を譲り合ったことと「譲り」では共通するが、詳細は不明である。事代主の神像現出の伝承は、元日の寅の刻（御前三時）に朝日泉から新年の若水をくむ行事「若泉祭」として現在も受け継がれている。

（小寺）

夷町《えびすちょう》〔東山区〕

『山州名跡志』に、当町に蛭子《えびす》社があったことにちなんで「件ノ旧地ヲ今尚蛭子町ト云フ」とある。所在は三条通白川橋東入ル三丁目。三条通を南北に挟んで位置し、西は神宮道まで。

『京都坊目誌』は、正保四年（一六四七）八月に町地となったと紹介するが定かではない。「新改洛陽並洛外之図」（一六五三）に「夷町」と町名がみえることから、開町はこれ以前（承応二年〈一六五三〉）と考えられる。

『四方洛外町続之町々小名之覚』（一六七四）に「恵美子町」とあり、『洛外町続町数小名并家数改帳』（一七一四）に「粟田口恵美子町」とある。明治二年（一八六九）下京に編入、昭和四年（一九二九）東山区に編成。

（忠住）

蛭子（夷）町《えびすちょう》〔下京区〕

「室町末期荒廃した京都に市街地が形成される中で、福神信仰にあやかつた町が出現し、各所に夷社（堂）が祀られた」（『京都の地名検証3』）ことに因む。蛭子町は、新町通五条下ル六条までと、鍵屋町通新町東入ル室町までの、それぞれの両側町である。「寛永一八年（一六四一）以前平安城町並図」は、当町西側新町通に沿った縦町を「えびす町」、鍵屋町通に沿った横町を「けいせい（傾城）町」と記す。これは、六条柳町、六条三筋町と称する遊郭であった（「柳町」参照）。これらは、「明治二年（一八六九）八月」「合併して。蛭子町とす」（『京都坊目誌』）とある。

上夷町は、猪熊通塩小路下ルJR線路までを南夷町と等分する。二条城築城に際し、当地を替え地として移転せしめられた。宝暦一二年（一七六二）刊『京町鑑』に「上夷町」とある。

南夷町は、上夷町の南側にあることによる。二条城築城に際して、当地を替え地として移転せしめられた。「天保二年（一八三一）改正京町御絵図細見大成」に「南夷町」とある。

蛭子水町は、正面通西洞院東入ル若宮までの両側町で、「北側に蛭子水の旧跡有」（『京町鑑』）り、きれいな水がでたとする。西本願寺の寺内町であったので、「寛永一四年（一六三七）洛中絵図」に「数珠屋町筋三丁目」とある（「井筒町」参照、また『中近世都市の歴史地理』も参照）。その後、変化はない。

（小西）

蛭子町《えびすちょう》〔上京区〕

南隣の荒神町の南に大黒町があり、これと対にした呼称であろう。町は南北に通る猪熊通をはさんだ両側で、下長者町通の少し北から南は出水通までを町域とする。「寛永一四年（一六三七）洛中絵図」では「ゑびす丁」とあるが、その後に南北に分れたらしく、天保二年（一八三一）の「改正京町絵図細見大成」では「北、南ゑびす丁」とある。明治七年（一八七四）提出の『全国村名小字調査書』では、「明治二年（一八六九）に紹巴丁、如水丁、南蛭子丁、北蛭子丁を合併、蛭子町に改称とある。（清水）

蛭子町《えびすちょう》〔上京区〕

北隣に大黒町があり、これと対にして付けられたのである。町は東西に通る上立売通をはさんだ両側で、東は浄福寺通までを町域とする。「寛永一四年（一六三七）洛中絵図」では「ゑびす丁」とし、天保二年（一八三一）の「改正京町絵図細見大成」では「夷丁」と記す。明治七年（一八七四）提出の『全国村名小字調査書』では、「蛭子町」としている。（清水）

蛭子町《えびすちょう》〔東山区〕

語源は京都が発祥とされる七福神信仰による。室町末期に戦乱で荒廃した洛中に、七福神信仰が流行し、商工業の発展とともに福神にあやかった町名が頻出したため。袋町筋（大黒町通）を東西に挟み、南北に北組・南組と分かれる。所在は大黒町通五条下ル。北は北棟梁町、南は正面通まで。

現在は北組、南組の二組に分かれるが、『京都巡覧記』では分かれておらず、『京都府地誌』では蛭子町北組・同二組となっているから、分町は幕末ないし明治初期か。

現在の袋町・北棟梁町・当町一帯には、扇骨製造を生業とする職人が住んだことから俗称として「骨屋町《ほねや》」と呼んだ（『京町鑑』）。しかし『京都府地誌』では蛭子町および五条橋東二丁目を「維新前、骨屋町ト云」とあり、この通称骨屋町の名は流動的だといえる。蛭子町をかぶる地名として、蛭子町北組、蛭子町南組がある。（忠住）

恵比寿（夷）之町《えびすのちょう》〔下京区〕

蛭子（夷）町と同じく福神「蛭子（夷）の社」があったことによる。恵比寿之町は、寺町通仏光寺下ル高辻までの両側町である。当町の北端が大黒町に接する。夷、大黒の対照をも示す。当町は「夷」を「恵比寿」につくる。宝暦一二年（一七六二）刊『京町鑑』に「夷之町」とある。

夷之町は、間之町通六条下ル花屋町までの両側町である。「天保二年（一八三一）改正京町御絵図細見大成」に「夷丁」と記載する。

七条通新町西入ル西洞院までの両側町の夷之町には、特別の事情がある。「中世洪水に西洞院渠（西洞院川）に蛭子大黒の木像流れ来る。住民之を得て小祠を建て（今は無し）之を祭る。夷之町之に起る」（『京都坊目誌』）とあり、当町は蛭子を祀り、西隣の町は大黒を祀った（「大黒町」参照）。宝暦一二年（一七六二）刊『京町鑑』に「夷之町」とあり、変更はない。（小西）

恵美須屋町《えびすやちょう》〔下京区〕

富小路通高辻下ル松原までの両側町である。『京羽二重』に記載の商人の屋号に、「夷屋某」（文字の美しさから「恵美須屋某」）の屋号の呉服店が多い。屋号「恵比寿屋」の大店があったのであろう。「寛永一四年（一六三七）洛中絵図」に「ゑびすや町」とすでに、現町名がみえ、宝暦一二年（一七六二）刊『京町鑑』に「蛭子屋町」とあり変化はない。（小西）

江文峠《えぶみとうげ》〔左京区大原井出町〕

「江文」の語源は、エは美称の接頭語、フは節（フシ）で高地の意、ミは辺（ベ）の転で、「高い土地」を意味する地形地名か。『大日本国法華経験記』に「江文の巓《いただき》に登りて一夏《いちげ》籠行せり」（上・二〇）と見えるのが早い時期の用例。夏安居《げあんご》や山岳修行の霊場だった。藤原俊成の父俊忠《としただ》（一〇七三〜一一二三）の家集『俊忠集』に「秋ごろ江ふみに日ごろこもりて、いづるあか月に／山ふかみ松のあらしにききなれてさらにみやこやたびごこちせん」（四七）と見える。この「江ぶみ」は江文寺《えぶみじ》であろう。俊忠の孫、藤原（吉田）経房《つねふさ》（一一四三〜一二〇〇）も、『吉記《きっき》』承安四年（一一七四）二月一六日条に、早朝に自邸を出て、先ず鞍馬寺に参り、薬王坂《やっこうざか》を越えて静原を抜け、正午頃「江文寺」に到着した記録を残している。「此ノ十年許前、一度参詣シタル所ナリ」とあり、二度目の参詣であった。次いで、経房は大原に向かい、「顕真僧都」の小堂を訪ねている。顕真《けんしん》（一一三一〜九二）は、前年に官を辞して大原に隠棲し、法華経転読と如法経金泥書写を行業《ぎょうごう》とし、江文寺の山に埋経したことでも知られる人物である。また『平家物語』大原御幸によれば、文治二年（一一八六）四月二〇日過ぎ、後白河法皇が京から鞍馬街道を経由して、静原から江文峠を越えて大原に入っている。江文峠周辺は「人跡絶えたる程もおぼしめし知られてあはれなり」と、人の足を踏み入れない深山として形象化されている。

中世・近世、江文峠は静原から大原の里へ抜ける峠で、洛北の重要な横断路であった（『京都の地名検証2』笹川「江文峠」）。

（笹川）

烏帽子屋町《えぼしやちょう》 〔中京区〕

烏帽子屋のある町。烏帽子は男子のかぶりもの。奈良時代以来公家・武家・庶民の各階層で用いられ、素材や形態も細分化した。その製造や折り方の技術をもつ職人が居住したことに由来すると考えられる。宝暦一二年（一七六二）刊の『京町鑑』には、「此町東側に御装束師三宅近江守居宅有。此辺、むかし烏帽子商うもの多く居住せし也。今も此町の東がはに一軒有」とある。

平安朝大内裏の南東。周辺は平安貴族の邸宅が造られた地。町地は室町通を挟んで三条の南側から六角通までを占めており、中世の早い段階から商業地となり、有職の服飾産業の発達した地域でもあった。烏帽子は京の階層社会から発達したことから公家の有職故実との関わりの上に成り、地方の武士階層等に浸透したのちも、長く都の流儀が本場とされた。折り方もたとえば土岐様《よう》・京極様・御所様など、さまざまであった。中世には欠くことのできないものだったが、中世末期につくられた『日葡辞書』では「昔の人がかぶったもので、今は演劇（能）の際に用いられる、つばなしの帽子」とされる。近世期には需要が減ったものの、『京都坊目誌』によれば、明治前後まで存在が確認されたようである。

（真下）

江和《えわ》 〔南丹市美山町〕

由良川上流の右岸にある村。『和名抄』の桑田郡弓削郷に属する地。鎌倉時代には桑田郡知井庄に属していた。村の西で由良川が湾曲して流れているので、「え」は「江」で「わ（和）」は輪の意味と理解できる。流れが緩やかで湾曲している所というのが地名の由来であろう。

慶長七年（一六〇二）幕府領、寛文四年（一六六四）から山林は禁裏御料となる。明治二二年（一八八九）から知井村の大字となり、昭和三〇年（一九五五）から美山町の大字となった。

（安藤）

円勝寺町《えんしょうじちょう》 〔左京区岡崎〕

かつてこの地周辺にあった円勝寺に由来する。円勝寺は、『帝王編年記』に「大治三年（一一二八）戊申三月一三日、待賢門院御願ノ円勝寺〈六勝寺其一〉供養」とある通り、鳥羽天皇の中宮待賢門院（藤原璋子）の御願になるが、実質は白河法皇が建立した寺院。『百錬抄』承久元年（一二一九）四月二日条に「午ノ刻、近衛町辺ニ火事出デ来リ…円勝寺ノ塔三基、鐘楼、西面門…等焼亡。天下ノ火災也」と見え、円勝寺の堂宇は焼亡する。その後、再建されたが、応仁の乱で廃寺となった。『京都坊目誌』は岡崎町の字として「円照地」を挙げ、「後世、円勝を誤て、円照地と云ふ。旧天保十四年ノ巡見図に字円照寺とあり。旧岡崎村に属せし田畠也。〈粟田門領図帖に、三条北、分木ノ辻子の北に円正寺道と注す〉」と記す。

円勝寺の所在地は、現京都市美術館周辺だったと考えられるが、現在の岡崎円勝寺町は、少し南西にずれ、仁王門通以南、神宮道以西にも及び、現京都文教学園の敷地まで町域である。（笹川）

円頓美町《えんとみちょう》〔左京区聖護院〕

かつてこの地にあった円頓院に由来する。『京都坊目誌』が「往昔、円頓院あり。後世、誤て円頓美と云ふ。院は僧行意の住坊也」とする。行意《ぎょうい》（一一七七～一二一七）は、土御門・順徳両天皇の護持僧を務めた天台僧で、和歌にも秀で『新勅撰和歌集』以下の勅撰和歌集に二八首が入集する。行意の僧房名となった「円頓《えんどん》」とは、円満にして偏らず、時を経ずに速やかに成仏するという意の仏教語。天台宗は、円頓宗とも呼ばれ、円頓を究極の理想とした。「円頓院」の所在地は、『山城名勝志』に「土人云フ、聖護院ノ森ノ東、歓喜光院ノ南。田ノ字ニ円頓ミト云フ。是レ旧跡歟」とあるが、「歓喜光院ノ南」の箇所はおそらく誤りで、「歓喜光院ノ北」あるいは「聖護院ノ南」とあるべきところ。歓喜光《かんきこう》院《いん》は、現在の岡崎西天王町の西部にあった美福門院藤原得子《なりこ》の御願寺で、その北が聖護院円頓美町という位置関係である（「西天王町」参照）。

『京都坊目誌』は、続いて「中古、荒廃し、其址、耕地と為り、聖護院宮領となる。維新後、民有に帰す。東西約二町、南北二町余の所也。明治二六年新道〈丸太町通〉を貫通す。同時、此所の西部より、南に新道を開く。〈武徳殿横道、疏水東岸也〉」記す。聖護院円頓美町の町域は、聖護院門跡の南を走る春日上通以南、東竹屋町通以北で、その間を丸太町通が東西に貫通し、丸太町通以南は二条通まで新道が南北に走り、その東側に武道センターや旧武徳殿がある。（笹川）

円頓寺《えんどんじ》〔京丹後市久美浜町〕

大治山円頓寺（真言宗）の門前集落として成立したと思われ、寺名に由来する地名である。

円頓寺は、寺の東側丘陵上に造営された山ノ神一号経塚から出土した嘉応二年（一一七〇）銘の銅製経筒（京都府指定文化財）に「佐野郷大治村円頓寺」とあるものが初出となる。本経塚は、現在のところ丹後地域で最も古いものである。またこの銘文から院政期の円頓寺は、佐野郷の領域に含まれていたことがわかる。本尊の木造薬師如来坐像および両脇侍像（重要文化財）は、平安時代後期の作とされており、経塚の築造時期前後に寺観を整えたものと思われる。長禄三年（一四五九）の「丹後国郷保庄惣田数帳」にも「円頓寺」とあり、寺領であった。文亀元年（一五〇一）には、「円頓寺惣門勧進帳」（京都府指定文化財）が三条西実隆により浄書されている。本勧進帳には「佐野郷大治山円頓寺」とあり、麻呂子親王のことと思われる「なにかしの皇子」による鬼退治伝承が記される。慶長七年（一六〇二）の「慶長郷村帳」には「円頓寺村」とあり、明治時代に至る。（新谷）

役行者町《えんのぎょうじゃちょう》〔中京区〕

祇園祭に役行者山を出す町。役行者小角《えんのぎょうじゃおづの》は奈良時代の僧で修験道の祖とされる伝説的人物。葛城山《かつらぎさん》で修業し吉野の金峯山《きんぷせん》や大峯《おおみね》を開いた。その験力について多くの説話伝説が知られる中で、役行者山は一言主《ひとことぬし》神を使って大峰山と葛城山の間に橋を架けたという伝承をかたどっている。

室町通を挟む両側町で、北に姉小路通が、南に三条通が通る。周辺は中近世の京の町の産業の中心地である。室町通は呉服産業で名高いが、とりわけ当町は近世の大名家用達の呉服屋が軒を並べる、豪奢な町並みを誇った。

当町では応仁の乱以前から祇園会に役行者山を出してきており、その町名も、近世を通じて不変である。役行者山と御神体の面は、疫病への効能が信じられるもので、毎年、宵山の日には、聖護院の山伏による胡麻の修法が行われる。また、会所の庭には行者影向《ぎょうじゃようごう》の水と伝えられる井戸があり、祇園祭の際には香水として供えられた（『京都民俗志』）という。（真下）

薗場《えんば》〔宇治市槇島町〕

茶園のあったところの意。「薗」は園で、茶園のことを。宇治では茶園のことを単に「薗」または「薗畑《ばた》」と呼ぶ。『山城名勝志』（正徳元年〈一七一一〉）には、「今城旧跡茶園となる、方二町ばかり一段高地也」と記し、槇島城址が茶園となっていることを伝えている。宇治川からの分流で宇治郷と小倉を結ぶ古川の北側の堤防を薗場堤というのは、淀城主としてこの槇島村を領した永井尚政が、慶安三年（一六五〇）に興聖寺を再興した際、七名園の一つ朝日茶園の一部を損亡させてしまったために、その代替地としてこの堤防などの斜面を利用して新たに茶園を拓いたことによる。加えて、この堤が以前に玄蕃堤と呼ばれるところでもあった（この堤防を築いたといわれる槇島城主真木島玄蕃頭昭光の名）ため、それが響きあったのかもしれない。『槇島村誌』（明治一四年〈一八八一〉）に字地として「園場《エンバ》」とある。（高木）

円町《えんまち》〔中京区西ノ京〕

京都市内の中央、東西に通る丸太町通と西部の南北の通り西大路通の交差点は、西ノ京円町といい、この交差点の西北側に平安から近世まで、罪人を収容する監獄があった。平安時代の有職故実事典『拾介抄』に拠ると、左京一条二坊十四町にあった東獄に対する西の獄舎で、叙弘という名で書かれた西獄である。この獄舎跡が発掘されて、建物の柱穴四基が公共のしっかりした建築物だったので証明された。さらにここは太閤秀吉が造ったお土居掘西ラインの袖に当たる所で、なぜここだけが洛外に突き出たのかが不明だった理由が、獄舎の存続にあったことで分った。今その遺跡は埋められたが、地名「円町」に残った、「円」は旧「圓」の字、「圓」は人員の「員」で多人数の囚人を囲いの中に入れておくから、四角の口で員を囲んだ文字になる。人を囲めば囚の字になり、人屋《ひとや》とか牢屋《ろうや》とかいうが、そういう施設は役所の近くに設置の必要があり、洛内に囲み込んだのである。ひとや町と言わずに円町と名付けた所に京都らしさがある。（吉田）

閻魔前町《えんままえちょう》〔上京区〕

千本通の西側に寛仁年間（一〇一七～二一）に創建された引接寺《いんじょうじ》（通称　千本閻魔堂）の門前町として開かれたことにより付けられた地名である。町は千本通をはさんだ両側で、北は鞍馬口通から南は廬山寺通までを町域とする。上京区として最北西に位置する。万治元年（一六五八）の「新板平安城東西南北町并洛外図」に「えんむ前丁」とあり、江戸時代からの町名である。

引接寺は延暦寺の恵心僧都（源信）の弟子の定覚上人を開基とする寺で、本尊が閻魔大王である。（清水）

円満寺《えんまんじ》〔舞鶴市〕

寺名による地名。海近い高野川右岸に立地し、平安仏を所蔵する円隆寺・満願寺に次ぐ真言宗の寺院あるいは庵があったと思われるが、全く伝承はない。衰退後久しく村名となっていた。天正八年（一五八〇）細川藤孝は円満寺村の真中に田辺城の縄張りをした。当村の氏神鸕鷀《うのもり》大明神は城内に取り込まれ、のちには城の守護神となったが、祭日には円満寺村の農民が入ることを許されていた。現在も田辺城を挟んで東北と西南に円満寺村の地籍がある。（高橋）

円明寺《えんみょうじ》〔乙訓郡大山崎町〕

天王山の北麓、小泉川（別名・円明寺川・狐川）沿いの低地に位置する。明治初年まで円明寺と称した東寺真言宗・円明教寺（円明寺薬師前）の寺名にちなむ。九条道家の三男である摂政一条実経が再興し、自らの号円明寺殿を寺号としたからという（『雍州府志』）。それ以前にも、康平五年（一〇六二）二月日の「僧忠覚譲状案」（京都大学文学部蔵「古文書集」）に加判僧（公文書に加判する重職の僧）として「円明寺住僧」がみえるが、創建は不詳。

寛喜二年（一二三〇）六月、藤原定家が西園寺公経とともに円明寺を訪れた。寛済法印が当寺を公経に譲ったという（『明月記』同月二二日条）。円明寺は公経から女婿九条道家に譲られ、道家は息子で一条家始祖の実経に譲った。九条家は五摂家の一、関白藤原忠通の子孫である。建長二年（一二五〇）一一月の「九条道家初度処分状」（九条家文書）には、実経宛として、「円明寺山庄 在別所。二箇所」とみえる。

実経は、『新千載集』に「円明寺にて詠み侍りける」として、「しらざりきかしらの雪のそれながら此山里にふりはてんとは」と詠み、また『新後撰集』には実経の子家経の「秋の比円明寺にて後一条入道前関白のことを思ひ出でてよみ侍りける」と詞書のある歌がある。その後応仁の乱などの兵火などによって荒廃した。現在は本堂と山門のみ。

かつての円明寺に関わる地名として、同寺の一堂だったという「薬師前」、その東側付近に仏への香料・供物のための「香田」、「仏生（餉）田」、「大門脇」がある。（綱本）

お

御池大東町《おいけだいとうちょう》〔中京区〕

「大東」は東の極限。したがって御池通の東端に位置する町の意。

当町の町地は御池通と寺町通の交差点の西側の、いずれも御池通に南面した三ケ所に分散している。寺町通は平安京の東京極大路にあたり、京域の東端とみなされた。このような事情から名付けられた地名である。

町名については「寛永一四年（一六三七）洛中絵図」および、宝暦一二年（一七六二）『京町鑑』に「御池大東町」とみえる。一方で「大東町」「大ひかし町」とする絵図類もあり、オオヒガシチョウと訓まれた可能性は大きい。当町はもとは御池通を挟む両側町であったが、戦後の道路拡張に伴って南半分が削られ、通りに南面した部分だけが残った。現在はオフィスとビジネスの街となっている。（真下）

御池通《おいけどおり》〔京都市・東西の通り〕

平安京の三条坊門小路に相当する道。川

端通の御池大橋から神泉苑の南面を経て、天神川通に至る。途中JR二条駅で中断する。通り名の由来は、宝暦の『京町鑑』が「此通の号は、神泉苑の前通ゆへ」とするのが有力な説であるが、他に、室町に御池町があり、また鴨居殿という御所もあったから（『京雀』）とか、烏丸の藤原良実邸に「竜躍」という池があり、その水が三条坊門に注いでいたから（『京都坊目誌』）など、諸説がある。神泉苑は、平安遷都以前からある湧水池として、雨乞いなどの伝承も数多くある歴史的な池であるが、徳川家康の二条城築城に伴い、池は大幅に縮小されてしまっている。（糸井）

御池之町《おいけのちょう》〔中京区〕

お池のある町の意。当町の西側が冷泉上皇の仙洞御所、または後朱雀天皇の皇后・陽明門院の御所であった、鴨院の地にあたることからの名。また東側に二条良基の邸宅だった、二条御池殿があったことも関わるかもしれない。寛文五年（一六六五）刊『京雀』は、鴨院の苑池である「鴨居の池」に因む名とするが、『京都坊目誌』では二条御池殿の池水がこの町内まで延及していたことからの名とする。どちらの邸宅の苑池に因むのかは特定しにくいが、古くから貴紳の邸宅の「御池」に隣接していたことからの地名と考えられる。現在この地に池はないが、昭和初年頃の民俗を紹介した井上頼寿『京都民俗志』には、当時室町通御池上ル民家の内に「御池の水」と呼ばれた窪地が残されていたこととともに、次のような伝説を紹介している。

二条家の家司の源守貞という人が池のほとりに住んでいた。あるとき少女に鍼治療を施したところ、少女は神仙散安栄湯黒薬の相伝書を置いて、池の中に消えた。少女は弁財天の化身で、御池の神は産前産後の女子に奇験があると信仰された。

ここからは近世にもこの池水に対して人々が畏怖の念を持ち、その龍蛇神の信仰が庶民の間に拡大していった経緯が知られるのである。

平安京内裏の東南部にあり神泉苑の東、下鴨神社の南という、地下水を豊富に湧出する水脈の上に位置した。冷泉上皇の仙洞御所をはじめ歴代の皇族・貴族の邸宅が営まれたのも、その水脈ゆえのことだろう。中世の二条良基の御池殿は、後鳥羽院の時代からの名園だったといわれ（『筑波問答』）、良基の時代にはその龍躍池の周辺に贅を凝らした橋・楼閣が築かれていた。町名については近世を通じて変化はない。（真下）

老ノ坂《おいのさか》〔西京区・亀岡市〕

大枝（江）山を越える峠の坂をいうので、文字も「大枝坂」と書いてオイノサカといったもので、オホエサカの約まったものである。この枝・江はヤ行のエであるからイエ（ye）であり、オオイエ（ooye）を短く発音してオイ（oy）になる。

大枝山に鬼が棲んでおり、その高い峠越えしていたオオイエサカ（大枝坂）の頃は、酒天童子の首塚のある老ノ坂旧道（南道）であったが、首塚峠を通らない老ノ坂新道（北道）を通る平安時代になるに従い、正確に大枝坂と云う語もくたびれて、オオイエサカを短く訛ってオイエサカとなり、五音節に語調を整えてオイノサカと発音するようになった。「老ノ坂」と書けば、漢字に引っ張られて意味付けも変わってしまう。

大枝の首塚伝説に次ぎ、六七九年に大江関が設けられ、行基の布施屋も作られたり、九三九年の頃大枝山が封鎖されたこともあり、大枝堺で疫神祭が行われ、一一五六年には保元の処刑場となるなど、社会面の関わり事項の多い地名になっていた。

国道九号が出来ると、もう旧道も新道もないトンネルになったから、老ノ坂の暗い面は消えてきた。今また京都縦貫自動車道が出来て、アッという間に通り過ぎる。名前だけは「新老ノ坂トンネル」に残してくれたが、坂のいにしえを偲ぶ暇もない。ましてや、オイ（老）の坂に変化したオオエ（大枝）の坂は、元の意味「大きな谷」とか「古くからの兄《え》の国」と云う畏敬感覚は遥かに遠ざかり、人・物流の交差する経済・社会的意味に移り、物語化した中近世の歴史も忘却に瀕している。一九五〇年、大枝村は乙訓郡から京都市に移り、初め右京区だったが、西京区になった。（吉田）

追分町《おいわけちょう》〔右京区西院〕

現右京郵便局の東南にあたる地域である。東端を清水寺に発する松原通が、西院村の南方で西の元郡村と南の川勝寺に至る道に分かれる地点で、分岐点は現在も残る。ここが追分で、全国に約六〇みられる地名である。追分とは、いっぱんに荷駄を運ぶ馬を追い分ける意味とも、会い別れの訛りともいわれる。西院は平安京の条坊内に含まれたが、江戸時代には近郊農業地帯となって、京都市内向けに野菜などを供給した。この地は道路の合流点として、運搬経路の重要地点であった。現在の追分町は分岐点の南側に広がり、現在は大規模商業店舗が展開している。（岩田）

扇酒屋町《おうぎさかやちょう》〔下京区〕

東洞院通綾小路下ル仏光寺までの両側町である。朝廷造酒司の「朝廷酒」、寺社内で造られた「僧房酒」などに対して、専業の酒屋による「酒屋の酒」が普及し、その代表的なものが「柳酒」で、土倉をも兼ねた「中世後期都市商人の最高峰をなす豪商」（『日本商人の源流』）とされる。このような情勢から、専業酒屋の大店「扇酒屋」が当町にあったのであろう。『京都坊目誌』には「元扇酒屋北町。扇酒屋南町の二町たりしが。明治一五年（一八八二）合併して一と」したとある。この説は、「天保二年（一八三一）改正京町御絵図細見大成」に「南北扇酒や丁」とあるので、正しいと考える。（小西）

扇野町《おうぎのちょう》〔右京区花園〕

双ヶ丘南東部のJR花園駅西側付近をいう。御室川の堆積によるものであろうが、双ケ丘南端の三ノ丘の東南麓を要に扇状の緩斜面があることによる。江戸時代より、花園伊町、同内畑町、同寺ノ内町とともに、法金剛院の支配地であった。法金剛院の地は、平安期の初めに右大臣清原夏野の山荘があったところで、その後寺院とされ、双丘寺とも天安寺とも称されたが、一〇世紀には記録にはみえなくなった。大治《だいじ》四年（一一二九）に鳥羽天皇中宮の待賢門《たいけんもん》院璋子《いんしょうし》が、法金剛院をこの地に建立した。『京都府地誌』によれば、一六世紀終りの天正年間に法金剛院村になったという。（岩田）

王子《おうじ》〔亀岡市篠町〕

老ノ坂峠を西へ降った街道沿いに王子神社が鎮座しており、一帯は江戸時代の王子村である。王子の地名の由来は村の氏神・王子神社による（『角川日本地名大辞典』）。神社の祭神は『丹波志』によれば、王子大権現・熊野若王子である。今のところ宿駅が山城・丹波の国境である「老ノ坂峠」のどちら側にあったかは決めがたい。

明治二二年（一八八九）に篠村の大字となった。昭和三四年（一九五九）からは亀岡市の大字篠町王子となっている。（安藤）

粟生谷《おうだん》〔右京区京北下宇津町〕

『和名抄』の桑田郡有頭《うつ》郷内に位置し、後宇都庄に属す。明治になって、浮井村と合併し下宇津（村）となった。大堰川流域の山間の集落。「粟生山」の「谷間」の村の意。「粟生」は文字通り、粟を産したことによるか。あるいは、焼き畑農耕のなごりか。「あはふ」が「アワウ」に音変化し、さらに長音化して「オウ」となったもの。別項「浮井《うけい》」同様、急傾斜地で土石流危険箇所であることと地名の由来が関係することも考えられる。「谷」を「たん」というのは、「しつたん（室谷）」などこの地方によくみられる。「たん」は、「たに（谷）」の音変化した形とみてよいだろう。地区内に八幡宮社があり、その社伝によると、当社は、桑田郡有頭郷の領主であった源頼義が九州の宇佐八幡宮を勧請したものという。当地には、頼義が陸奥で誅伐した安倍貞任の亡骸をばらばらにして、七ヶ所に埋葬したという伝説がある（「浮井《うけい》」参照）。（糸井）

黄檗《おうばく》〔宇治市五ヶ庄〕
隠元禅師が創建した万福寺の山号黄檗山に由来する地名。黄檗山万福寺は、隠元が万治二年（一六五九）に徳川四代将軍家綱からこの地を賜わり、寛文元年（一六六一）に創建したもので、黄檗山萬福寺という名前は隠元禅師が中国で住職を勤めていた禅寺と同名である。黄檗は漢方薬で主に健胃整腸剤として使用されるキハダのこと。元来この辺りにはない植物であったので、中国から黄檗の若木を持ち帰って育てたという。当初は山号としての使用であった黄檗は、万福寺が普茶料理とともに人々に親しまれるにつれて地名としても用いられるようになる。今は行政名として扱われていないが、通称名として、駅名・公園名・病院名などに使用されている。（高木）

大荒木野《おおあらきの》〔左京区静市市原町〕
古代、貴人の死後、葬るまでの間、屍《しかばね》を仮に棺《かん》に収めて安置しておく所を「オホアラキ（大殯・大荒城）」といった。『万葉集』に「神亀六年己巳（七二九）、左大臣長屋王の死を賜はりし後、倉橋部女王の作りし歌一首／大君の命恐《みことかしこ》み大荒城（オホアラキ）の時にはあらねど雲隠ります」（巻三・四四一）など。山陵造りが整うまでしばらく安置しておくのだが、その期間は大化前代では一年程だったが、後世は短縮された。山陵をオクツキ（奥つ城）というのに対してアラキ（新城）の意。オホは敬称。イチハラノにそうしたオホアラキノ（大殯野）があって、やがて地名となったか。寛文一一年（一六七一）六月二七日付『大物仲間文書《おおそうなかまもんじょ》』には「市原村篠坂墓所は往古より市原・野中・二瀬・貴布禰・鞍□（馬）此五ヶ村之葬送之廟所ニ紛無御座御事」と見え、鞍馬・貴船近隣は聖域で墳墓の建設が憚られたらしく、市原村に五ヶ村の惣墓があったことが知られる。
もともと普通名詞だったので、各地にあった。『万葉集』に「かくしてやなほや老いなむみ雪ふる大荒木野の篠にあらなくに」（巻七・一三四九）に見える「大荒木野」は、奈良県五條市今井町の荒木神社周辺に比定される。山城国にも、市原と淀の二ヶ所が歌枕として想定されている。『古今和歌集』の「おほあらきのもりのした草おいぬれば駒もすさめずかる人もなし」（雑上・八九二）など。（笹川）

大井《おおい》〔京丹後市久美浜町〕
佐濃谷川下流域左岸に位置し、この集落の近くで佐濃谷川に大きな井堰（おおい、大堰）が設けられたことからの命名であろうか。延宝八年（一六八〇）に一分《いちぶ》村から分村したと伝え、以後、大井村となる。（水野）

大石庄《おおいしのしょう》〔与謝郡与謝野町〕
旧庄名。弘安三年（一二八〇）の「明法博士明盛請文」（兼仲卿記裏文書）に「丹後国三ヶ庄内大石庄請所事」と見えるのが初出の地名である。なお三ヶ庄とは、大石庄のほか加悦庄・石川庄のことを指す。また永徳三年（一三八三）の「左小弁平知輔伝宣旨書下」（壬生家文書）などには、「丹後国大石庄上下村」という表記があり、庄域内に上村と下村の二つがあったものと推定される。このほか、文亀二年（一五〇二）には「丹後国与謝郡大石庄雲巌寺」の禅栄が大般若経百軸を施入しており（綾部市興隆寺所蔵『大般若経』）、与謝野町岩屋に所在する雲岩寺が大石庄を領域に含んでいたことがわかる。この雲岩寺には大きな岩があることから、大石の名の由来となった可能性がある。長禄三年（一四五九）の「丹後国郷保庄惣田数帳」には「大石庄」二百十三町六段百五十三歩を下地中分する形で、御料所（室町幕府直轄領）と常在光寺が領有する。その後、先述した文亀二年の大般若経以降の史料には名前が見えず、中世段階に消滅した地名と思われる。（新谷）

大石山《おおいしやま》〔山科区小山〕

音羽川の扇状地の東北一帯の山地の名称で、白石神社が鎮座する。「本社の祭神は諾冊二尊にして大同二年丁亥の勧請なり。社傍に一の白石あるを以て名づけたるものならん」（『京都府宇治郡誌』）とある。大同二年（八〇七）は、神社の創設にはよく出てくる年号で、真偽のほどは明らかではない。境内の巨石は、高さは約四メートル、幅は九メートルを超す立派なもので、社殿が造られる前から信仰されていたことは間違いなく、これに因んで「大石山」と名付けられたのであろう。山科盆地の東北の山麓には、白石神社を初めとして、大塚高岩・大塚大岩・岩屋神社と、巨石信仰・磐座信仰の遺跡が連なっている。（小寺）

大井町《おおいちょう》〔亀岡市〕

江戸時代の村名。地名の由来は村内に延喜式内社の大井神社があることによる。「社伝」では、大井神社の祭神である月読《つきよみの》命《みこと》、市杵島姫命《いちきしまひめのみこと》の二神は松尾神社から鯉に乗って大堰川を遡り、この地に鎮座したとされる。そのため村人は今に至るまで鯉を食べないという習慣が残る。また貞観八年（八六六）には競馬が許され、今も社前で「馬駆け神事」が行われている。

明治七年には並河村の一部となり、明治二二年（一八八九）に小金岐、北金岐、南金岐、並河、土田の五村が合併して大井村となり、旧村は大字となった。昭和三〇年（一九五五）からは亀岡市の町名となる。（安藤）

大炊町《おおいちょう》〔中京区〕

『京都坊目誌』に「大炊御門の南にあり故に名づく」とあるように、「大炊」は当町の北部を通る竹屋町通が、平安京の大炊御門大路に該当することからの名。ちなみに大炊門《おおいもん》（大炊御門）は平安京大内裏の十二門の一。別名郁芳門。諸国からの米・雑穀等を収納分配する大炊寮に通じていた。

当町は平安京大内裏の東にあたり、平安中期以降は貴紳の邸宅が建てられた。南北朝期に後醍醐天皇の建武の新政がなされた二条富小路内裏は、当町の南に隣接した。近世には内裏・公家町の南にあたり、また豪商の居住街にも近い立地にあり、能太夫が居住したことなどが知られる。町名は近世を通じて変化はない。（真下）

大井手町《おおいでちょう》〔東山区〕

かつて白川の流れが当町の北側を西に流れており、ここに大井手（土堤）があったことから開町の際に町名とした（『京都坊目誌』）。所在は三条通白川橋西入ル。白川より西、三条通の北側に位置する。

「此所、京中の町人いせまいり下向に爰《ここ》にてさかむかひするなり。其ざしきかす所多し。ここまで町つつきなり。これよりひがし、かいだう也」といい、立ち並ぶ旅籠屋の座敷で、伊勢参りの帰途の境《さか》（坂・酒）迎《むか》えの宴がこの地で行われた。明治二年（一八六九）下京に編入、昭和四年（一九二九）東山区に編成。　（忠住）

大炊御門大路《おおいみかどおおじ》　→竹屋町通《たけやまちどおり》

大岩《おおいわ》〔山科区大塚〕

文字通り「大きな岩がある地」の意味であろう。大岩は目立つために、境界線の目印や村の目標にされることも多い。また、古代の人々はその圧倒的な存在感に畏敬の念を抱いたようで、神が降ります依り代として信仰の対象としてきた。巨石信仰は近くの岩屋神社にも音羽山中にも残っている。すぐ近くの「大塚高岩」という町名も同じ趣旨による命名であろう。ただ、小瀬甫庵著『甫庵太閤記』に、この地から「大石を引き出すことおびただし」と書かれているところからすると、戦国時代に石垣などの材料として多くの大岩が掘り出されたようで、現在は殆ど残っていない。（小寺）

大内《おおうち》〔右京区御室〕

大内は皇居や内裏をさす言葉。延喜《えんぎ》四年（九〇四）に宇多法皇が仁和寺に離宮を営み、同寺が御室御所とよばれたことに由来する。『大和物語』三五段には、「堤の中納言（藤原兼輔）、内《うち》の御使《つかい》にて、大内山に院（宇多法皇）の帝おはしますにまゐりたまへり」とある。以後「大内山」は和歌に歌われるが、山そのものを指す場合と、皇居を意味する場合がみられた。御室村は明治一四年（一八八一）から同二二年の葛野郡の村名。御室門前村を改称して成立した。　（岩田）

大内《おおうち》〔舞鶴市〕

旧郷名。大内郷は『和名抄』加佐郡内九郷の一つ。伊佐津川ほぼ右岸域（支流の池内川の流域を含む）であるが、中心は若狭街道の通じる天清川および米田川流域である。海が深く入り込んでいたというこの谷は、山間の平地に弥生時代遺跡を有する。小盆地の意のウチ（内）に大きな意の「大」を付したものと思われる。地名の由来について、往昔穴穂（安康）天皇の頃、市辺王の子億計王（後に仁賢天皇）弘計王（後に顕宗天皇）が当地に来た際、国造が安《やすの》宮《みや》を造営して奉仕した地で、後にその地を大内と称した（『加佐郡誌』）、あるいは「王落ち」による説（『京都の地名検証２』）もあるが、それは「大内」という地名から貴《き》種流《しゅりゅう》離《り》譚《たん》とした『丹後風土記残欠』に因るものであろう。大内郷の一部は平安時代後期には開発領主たる平辰清の庄園であったが、寿永三年（一一八四）八条院女房の弁局に寄進されており、一三世紀初頭まで年貢が上納されていた。

近世初頭の伊佐津川瀬替において、左岸に位置した地域のうち伊佐津川に架かる二ツ橋から田辺城大内門までが、「大内町」として田辺城下の一町をなす。現在「大内」は、伊佐津川右岸では、倉谷に小字東大内町のみ。左岸には「大内」「大内野町」があり、小字大内町、大内口、大内口下を残している。　（髙橋）

大内山《おおうちやま》〔右京区〕

御室大内に位置する。標高二三〇メートルの御室山をいう。大内とは禁中や内裏を表す言葉。山の南麓に建立された仁和寺が御室御所とよばれたことに由来する。延喜《えんぎ》四年（九〇四）宇多法皇が仁和寺に御座所を営み、御室御所と呼ばれた。『大和物語』三五段には、「堤《つつみ》の中納言（藤原兼輔）、内《うち》の御使《つかい》にて、大内山に院（宇多法皇）の帝おはしますにまゐりたまへり」とある。以後「大内山」は和歌に歌われるが、山そのものを指す場合と、禁中を意味する場合がみられた。なお、大内山の西にあたる成就山には、江戸後期に済仁法親王

により四国を模して御室八十八ケ所霊場が建てられ、庶民の信仰を集めた。（岩田）

大枝《おおえ》〔西京区〕

漢字で書けば「大江郷」（『倭名抄』）とか、「大枝駅」（『延喜式』）とかのように「江」「枝」どちらにも使い、「枝」の用字からオオエダのいい方に迷われることもあるが、「江」「枝」いずれの用字であっても同じヤ行のエであり、ア行のエではない。元形はオオエ（オホエ）が正しい。エはヤ行だから発音はyeで、ヤya（谷）の変化だと見られ、「大枝（江）」の語源は「大きく入り込んだ谷筋」「古い谷合い」と言える。東の大河、桂川に並んで西側を斜め南北に縦走する小畑川、この二流に挟まれた低く細長い丘陵地域を「大枝」と呼んでいるのは、「小畑川」の渓谷を丘上に転用したものであって、エ（枝・江）に丘の意味があるのではない。小さな小畑川なのになぜ「大枝」なのかは、此の川筋は古山陰道が通じていた歴史があるからである。

西京を知るには大枝（江）を知れ、大枝を知るには小畑川を知れ、といえる。小畑川筋は、西京域の古代を語る底辺がある。小畑川の源流が大枝山にあり、大枝山が京（山城）・丹波の国境にあるということは、大枝が基点として大きな歴史以前からの意味を持つ。『万葉集』に、「丹波道の大江ノ山の真玉葛、絶えむの心我が思はなくに」（巻一二・三〇七一）とある歌は、関所のあった国境の大江山越えの苦悩の心情を、はびこる弦草にたとえたものである。「丹波国への道にある大江山は誠に沢山の葛や蔓が茂って、蔓草を断ち切らなければ向こうへ行けない山道なのだが、その蔓は切っても思いは立ち切れない。貴女との絆を絶やすというような気持ちは、私は持っていません」と、別れても妻を忘れない、男の「寄葛恋」歌。鬼も出る、道も険しい、そんな大枝山越えの大変さを「大」の字に託しているエリアは、「篠」の村で古墳が多く、シノという語からすれば、縄文時代に遡れる。大枝山に巣食った縄文人がおり、古墳人によって大枝の国は桑田郡の初めが造られ、「大兄の国」であった。オホエは大枝（江）と書いても大兄と書いても同じである。向日（大枝）丘陵から西に落ち込んだ小畑川畔に、「弟」の身分ですよと云わんばかり、継体天皇が弟国宮を立てて今里遺跡にその跡を留めたのも、用字から見れば、広域の「兄国」を意識して「弟国」と謙称したのに違いなく、記録に明示されない兄国が「大枝」と書かたと解せる。このように古代の「大枝」は山城から丹波に跨る漠然とした広域であったが、後、大枝は山城国の方に限られ、『倭名抄』には乙訓郡の郷名に固定された。明治二二年の町村制施行で国境に近い沓掛・塚原・長野新田の三ケ村が大枝村になったのは、『倭名抄』の平安時代に復した観がある。（吉田）

大江町《おおえちょう》〔下京区〕

東洞院通松原下ル万寿寺までの両側町である。藤原俊成と並び称される藤原清輔は『袋草紙』の中で、「能因（法師）は、子曽部より毎年花盛りに上洛して、大江公資《きんより》（兵部大輔）が五条東洞院の家に宿す云々。件の家の南庭に桜樹有り」と書く。当町は、有名なこの大江公資の庭の「桜樹」をとり、「桜町」と称していた。寛延三年（一七五〇）四月、桜町天皇の崩御に際し、その桜町天皇の「諱号を避けて大江町と改む」（『京都坊目誌』）とある。即ち、桜樹のあった「大江邸」に因む。宝暦一二年（一七六二）刊『京町鑑』から「大江町」と記す。（小西）

大江町《おおえちょう》〔福知山市〕

昭和二六年（一九五一）、加佐郡の中心河守町に近隣の河守上・河西・河東・有路

上・有路下を編入して発足。町名を、西北境界に位置し、鬼退治伝説で全国的に知られた大江山にちなみ「大江町」と改称した。加佐郡を冠する唯一の町であったが、平成一八年一月一日福知山市に編入され大字名となった。「加佐郡」の名は消滅した。（髙橋）

大江山《おおえやま》〔与謝郡与謝野町〕

大江山は、与謝野町加悦《かや》と福知山市大江町との境にある連峰で、丹後と丹波を画する。千丈《せんじょう》ケ岳（八三二・五メートル）が丹後地方の最高峰をなし、同岳が大江山と呼ばれることが多い。大江山連峰には、北東寄りから鍋塚《なべづか》（七六三メートル）、鳩《はと》ヶ峰（七四六メートル）、千丈ヶ岳（八三二・五メートル）、赤石ヶ岳（七三六・二メートル）と呼ばれる峰が並ぶ。大江山連峰には、鬼ケ茶屋、金時池（五入道の池）、千丈ケ滝、鬼の岩屋など、大江山鬼退治伝説にちなむ多くの名所がある。いわゆる源頼光の酒呑童子退治伝説の地として知られるが、一説には、京都市の老ノ坂峠に伝わる頼光の山賊退治の話が伝わったものともいわれ、大江山の鬼退治伝説は、この千丈ケ岳大江山説と、老ノ坂大江山（大枝山）説とがある。丹後の大江山は、古くは「与謝の大山」と呼ばれ、大江山と呼ばれた例はないという。また、同山での鬼退治伝承の「麻呂子親王鬼退治伝承」では、同山を「三上（みうへ）か獄」と呼んでいる。従って、山名は千丈ケ岳で修験道が盛んになり、山伏たちの間で大枝山鬼退治説話が語られた結果、「与謝の大山」の話として「大江山」が生じたのではないかとする（糸井通浩）。鍋塚は、大江山連峰を構成する一つの峰で、山頂が鍋を伏せたような形状をしているところからの命名か。また、「塚」の付くところから、なにものかの墓地との関係も想定しなければならないかも知れない。（水野）

大欠《おおがき》〔京田辺市薪〕

大きく欠けた地形から、大欠と呼んだ。薪のウマノセ山塊群の西に向かって大きく欠け落ちている（「百々坂《ももさか》」参照）。河川氾濫や土砂の流出防止のために、昭和初期に砂防工事が施された。この地を通称オガケと呼んでいる。大住にも大欠という字名があり、地形もよく似ている（『薪誌』）。（綱本）

大亀谷《おおかめだに》〔伏見区深草大亀谷〕

京阪本線藤森駅の東南、京都教育大の東に位置する。語源には次の各説がある。①八科峠に茶店があり、そこの美女を於亀といった（『山州名跡志』）。②徳川家康が側室のお亀を峠の入口にある清涼院に住まわせた。③ここは元狼谷で、誤って大亀谷とする（『雍州府誌』）。④「狼谷、藤森より大津へ通う道」（『京羽二重』）。古い地誌を主に揚げたが、以上からいえることは、地誌全体では狼谷の記載が古く、元は狼が出る山道であったと思われる。その「狼」から「お亀」へと転訛したようだ。久米直明は「オオカミ谷への転訛説で「オオカミは大神に通じ、カミは目に見えないが恐れ多い存在である」（「伏見・深草の自然環境」―『伏見学ことはじめ』）と述べている。大亀谷の地名は、室町中期頃といわれる「伏見九郷図」、「伏見山近廻地図」（宮内庁書陵部蔵）には記載がない。「伏見九郷之内、北内村ノ人民ヲ本村ニ移ス、是ヨリ北内村ノ名ヲ廃シテ、専ラ大亀谷ト称ス」（『京都府地誌』）が推測される。大亀谷の地名は伏見城築城後と思われる。大亀谷を冠る町名が現在一九町できている。（明川）

大亀茶屋《おおかめちゃや》〔城陽市平川茶屋裏・宇治市広野茶屋裏〕

市最北部の自治会名。旧奈良街道の宇治市と城陽市の境界に位置するところに、小さな祠の伏拝八幡宮がある。古来石清水八幡宮の遥拝所で、院政期から鎌倉期にかけて、京都から宇治を経て大和に向かうためにこの地を通過した貴族らの日記には、「八幡伏拝《やはたふしおがみ》」と記されている（藤原頼長の『台記別記』など）。やや小高い峠になる場所で、やがて茶屋が営まれるようになった。この八幡伏拝は大亀茶屋八幡宮ともいわれるように、付近は「大亀茶屋」（宇治市～城陽市）とよばれてきたが、いまの小字は茶屋裏で「大亀茶屋」は自治会名に残るのみである。なお、江戸中期宝暦六年（一七五六）の「久世村明細帳」「平川村明細帳」（『史料が語る城陽近世史第四集』所収）には、当村の「枝郷」として「大亀茶屋」を記載している。「大亀」は、『宇治市史6』は「拝み（茶屋）」が訛ったものとしているが、そうではなく「狼」であると思われる。狼は近世では訛ってオオカメ（オホカメ）と発音した（岩波文庫『本朝二十不孝』の補注参照）。城陽市富野小字「狼谷」は近世絵図では「狼メ谷」であり、「市辺区有文書」にみえる「字大亀谷」（市辺）ももとは「狼谷」であろう。伏見の「大亀谷」はよく知られているが、これももとは「狼谷」であった。大亀茶屋の東は広野町（宇治市）といい、元はその名のとおり広漠たる原野であった。いまは開発が進んで住宅地となり、昔の面影はない。旧街道に平行して広野の地を走っているＪＲ奈良線に「新田」駅があるが、江戸時代に開発（広野新田）されたものである。広野は古くは狼の跋扈《ばっこ》する地と思われ、それに由来する名が大亀（狼）茶屋であった。『山州名跡志』に「於亀茶屋」（大亀谷）、『雍州府誌』に「狼茶屋」（古蹟門　紀伊郡）を載せる。ここでも「狼」と「茶屋」の結びつきをみせるのが参考になる。（齋藤）

大川原《おおかわら》〔城陽市寺田〕

市東部丘陵の鴻ノ巣山に連なる尾根直下に広がる鴻ノ巣運動公園付近を「大川原」という。この丘陵部の頂上近くにこうした川地名があることに奇異を感ずるが、江戸期の「寺田村川筋等絵図」には、丘陵の尾根近くからの崩落と谷間を埋める砂の堆積と荒地が一面の白砂として描かれ、谷を横切る土砂留堤がみられる。「大川原」は大河の川原ではなく、この崩れやすい丘陵が少しの雨で手のつけられない土砂流になり、大きな川原ともいえる荒地を作り出したものである。江戸期に土砂留めと呼ばれた施策が、今でもこの砂防河川としての対策に引き継がれている。（福富）

大菊町《おおきくちょう》〔左京区〕

宝永五年（一七〇八）三月の大火後、皇宮地域拡張のため、「麸屋町丸太町上る菊本町の居民を」（『京都坊目誌』）二条川東の仁王門通と孫橋通の間に移した。そのため、大火以前の「新撰増補京大絵図」（一六九一年刊）には、仙洞御所と丸太町通の間に「きく本丁」という町名が見え、大火以後の『京町鑑』（一七六二年刊）には、「新麸屋町通」という通りの名に「菊本町」の町名が見える。『京都坊目誌』は、仁王門通と孫橋通の間を南北に走る新麸屋町通の両側地域の「東側北部を新麸屋町と号し、又菊本町と称す。南部を大宮町と呼び、西側北部を御幸町と号し、南部を高倉町と唱ふ。天保（一八三〇～四四）以後、合併し、東側を菊屋町とし、西側を大倉町とす。明治六年、又合併し、大菊町とす」と記す。「大倉町」の「大」、「菊屋町」の「菊」を一字ずつとっての命名であった。かくして新麸屋町通の両側町が大菊町となった。（笹川）

正親町小路《おおぎまちこうじ》

→上立売通《かみだちうりどおり》

正親町《おおぎちょう》〔上京区〕

京都の難読地名のひとつである。平安時代初期に一条通の南、西洞院通と新町通の間に正親司《おおきみのつかさ》の役所があり、その一画を正親町としていた。しかし平安時代中期には、その地は藤原道綱の母（『蜻蛉日記《かげろう》』の著者）の屋敷となっている。町は南北に通る新町通をはさんだ両側で、北は一条通の少し南から中立売通の北までを町域とし、町内には上京中学校や新町小学校を含む。貞享三年（一六八六）の「京大絵図」に「正親丁」と出ているので、江戸時代からの町名である。一条大路の南の小路を正親《おおぎ》町《まち》小路（現在の中立売通）と称している。また、鎌倉時代末期に藤原氏北家から分れた正親町家という公家があり、弘治三年（一五五七）に即位した天皇は正親町天皇であるから「正親町」の名は存続していたのが、江戸時代に町名として復活したのであろう。（清水）

大崩《おおくずれ》〔京田辺市薪〕

大崩は、その名の通り、山が大きく崩れ落ちている（「百々坂《ももさか》」参照）。ここに隣接する斧窪・百々坂・大仏谷・長尾谷・堀切谷・大欠の辺りを、ウマノセと呼んでいる。馬の背のように、切り立ち落ち窪んでいることから来た呼び名である（『薪誌』）。（綱本）

大久保町《おおくぼちょう》〔宇治市〕

自然湧水のある窪地に成立した集落であることによる名。大久保町は、城陽市北端の丘陵地から西北に流れる大谷川と、広野町東部の丘陵地から西へ流れる名木川とがつくる複合扇状地が西向きに大きく広がっている所で、その扇状地の先端部分から水が湧き出ていたのである。久保・上ノ山・北ノ山・山ノ内など、土地の凹凸を意味する小字名が分布しており、起伏の多い地形であることも知られる。大久保村は、その地形と湧水を利用した環濠集落ではなかったかと考証されている。古くは「大窪村」と書かれていたことが、『兼見卿記』の永禄九年（一五六六）八月二三日条に「山城国玖世郡大窪村」とあることで知られる。

昭和二六年（一九五一）に久世郡大久保村大字大久保から宇治市大久保町になる。（髙木）

大坂町《おおさかちょう》〔下京区〕

烏丸通五条下る六条までの両側町である。近隣の町に摂津、和泉の国（大阪府）との商関係の町名が多いように、大阪との行商、市関係があったのであろう。「寛永一四年（一六三七）洛中絵図」、寛文五年（一六六五）『京雀』、宝暦一二年（一七六二）『京町鑑』、「天保二年（一八三一）改正京町御絵図細見大成」、すべて「上大坂（の）丁（町）」「中（の）大坂丁（町）」「下（の）大坂丁（町）」と三町に分かれており、変化はない。（小西）

大阪町《おおさかちょう》〔東山区〕

開町の時に大坂屋某という富商が住んでいたことにちなむ（『京都坊目誌』）。所在は鞘町通五条下ル二丁目。五条通より南、鞘町通を東西に挟んで、北は鞘町一丁目まで。

明治以前は「大坂町」と表記されたが、明治以後は「大阪町」。『京都坊目誌』によると、寛永一〇年（一六三三）本町一町目記録に「大阪町四十二軒役」とある。地誌では『京雀』にみえ、地図では「新改洛陽並洛外之図」（一六五三）が早い。明治二年（一八六九）下京に編入、昭和四年（一九二九）東山区に編成。（忠住）

大阪町《おおさかまち》〔伏見区〕

京阪本線伏見桃山駅より大手筋を西、新町通を南下、東本願寺伏見別院の東、四つ当たりに位置する。江戸時代、三十石舟の到着地の京橋は京都への上陸地で、京橋の北詰から下油掛け通を東に行き、今の京町通を北行すると五条大橋に至る。下油掛通は伏見第一の繁華街になり、大阪の商人はそこに目をつけて軒下に露店を並べた。地元の商人は商売を圧迫する大阪の露店業者を上訴した。露天は御堂（東本願寺伏見別院）より東の地域に許可されたという。いつとなく、ここは大阪町と呼ぶ繁華街になった。

初見は未詳だが『伏見大概記』、『伏見鑑』に「大坂町」の記載がある。明治一八年（一八八五）、三十石舟の廃止、明治四三年、京阪京都線の開通、昭和五三年に京都市電の廃止があり、繁華街の中心は下油掛通から大手筋に移り、大阪町は寂れてしまった。（明川）

大沢町《おおさわちょう》〔右京区嵯峨〕

大沢池と大覚寺の境内の大半を占める地域で、町名は池の名称に因る。西日本では「沢」は、水たまりや池などの湿地の意味をもつ。大沢池は約二〇〇メートル四方の大きさで、東方にある広沢池より小さい。月の名所としても知られる。池は九世紀初めの嵯峨天皇の離宮である嵯峨院の園内に造営された。中国の洞庭湖に似せられたので庭湖とも、宮垣の内側にあったので内沢・内池ともよばれる。嵯峨院はその後大覚寺とされた。池は荒廃が進み石組みは失われたが、池の北にみられる名古曽《なこそ》の滝《たき》跡は、旧嵯峨院の滝殿の庭にあった。平安初期の庭園の跡として現在は国名勝に指定されている。別に嵯峨大沢という地名が大沢池の南東部にあり、それを冠する町が二つみられる。（岩田）

凡海郷《おおしあまごう》〔舞鶴市〕

旧郷名。『和名抄』における加佐郡九郷の一つ。高山寺本は「於布之安末」と訓を付す。「凡」は風をはらむ帆の象形で、すべて・おしなべての意を表すので、「凡海」はおしなべて海（人）部ということか。若狭湾から舞鶴湾の入り口にあたる地域を凡海郷が占め、その内側の舞鶴湾中に同じく海人部の余戸郷がある。

安曇系海人族の豪族海部氏の支族に凡海連がいたといわれている。「海部氏勘注系図」には加佐郡凡海郷に移った凡海連の子孫が語られ、一三世紀初めの「梅垣西浦文書」の「田畠寄進状」に海・凡・凡海姓が見られる。

「延喜式」によれば、凡海郷からの生鮭・氷頭《ひず》・背腸《せわた》等を貢納しており、また永享三年（一四三一）和江の建福寺雑掌と凡海郷代官の相論があったので、当郷は由良川河口部に比定でき、さらに漁労を職とし海産物の貢納を任務とした海人部の関わる郷として、好漁場の大浦半島の北岸部までを郷域としたと考えられている。しかしながら、郡内沿岸部に点在する広範囲の漁村を包括し地形的にもまとまっていない郷であった故か、大宝元年（七〇一）の大地震で凡海郷が沈没し、沖に大島小島のみ残ったという話がまことしやかに語られる（『丹後風土記残欠』）ほか、その後の歴史から全く姿を消してしまった。（髙橋）

大下津町《おおしもつちょう》〔伏見区淀〕

京阪本線淀駅より北西、桂川右岸の町。現在の淀城が元和九年（一六二三）に出来るまでは下津と呼んでいた。下津は平安時代から水垂・納所とともに淀の津の中心地として栄えた。淀川の起点の位置にあたる。現在の淀城が完成してから城下町に下津が出来、城外の下津は大下津と呼称するようになった。昔の津の大きな津として、大下津と名付けたと思われる。本来、下津の「下」は下流を示すものである。なお、「元禄郷帳」（一六九五）・「天保郷帳」（一八三四）に「大下津村」が見える。（明川）

大住《おおすみ》〔京田辺市〕

市の北部、木津川左岸に位置する。北東

は木津川の河岸平野、古来洪水に見舞われてきた。南西はゆるやかな丘陵地。集落は河岸平野に集中する。『和名抄』綴喜郡大住郷。式内社月読神社があり、同社には市指定無形民俗文化財・隼人舞の保存会があって毎年秋に奉納される。

語源は大隅直《おおすみのあたひ》に率いられた九州大隅国・薩摩国の隼人が広く近畿地方に居住させられたが、大住もその一所に因む。『日本書紀』天武天皇一四年（六八五）六月二〇日条に「大隅直…賜姓曰忌寸」と忌寸の姓を与えられている。『山背国隼人計帳』（正倉院文書）には「大住忌寸足人、年肆（四）拾壱歳、正丁、天平六年七月死」「大住忌寸山守、年拾捌（八）歳、少丁、天平七年六月死」とみえる。『続日本後紀』承和三年（八三六）六月一五日条にも「山城国人右大衣阿多隼人逆足、姓阿多忌寸ヲ賜ル」とある。

隼人たちの移住は、①古墳時代の五世紀頃②天武天皇朝前後の七世紀後半などの説がある。井上満郎によると、成立は古墳時代という。五世紀後半、東アジア地域への出入口である九州地方が大和政権によって制圧され、隼人たちが畿内に強制移往され地名化した（『京都の地名検証』）。『続日本紀』天平七年（七三五）八月八日条に「天皇御大極殿。大隅薩摩二国隼人等奏方楽」、同書神護景雲三年（七六九）一一月二六日「天皇臨軒。大隅薩摩隼人奏俗伎」と、隼人一族は古くより朝廷と関わり、天皇が即位後に新穀を供える儀式・大嘗会に上京して隼人舞を演じたり、宮廷の護衛を担当したり、竹製品を献じたりすることが義務づけられていた。『大宝令』（七〇一）には長官「隼人正《かみ》」の「掌」として、「隼人を検校（監督）せむこと、及び名帳（帳簿に氏名を記す）のこと、歌舞教習せむこと、竹笠造り作らむ事」と規定されている。薪舞ヶ辻はその関連地名という。

（綱本）

大谷《おおたに》〔城陽市久世・寺田〕

市北部の大谷川流域一帯の地名で、久世上大谷・久世下大谷・寺田大谷に分かれている。現在では住宅街を形成しているが、もとは文字通りの大きな谷であった。付近には他にも深谷・宮ノ谷などの谷のつく地名がみられる。大谷川は近世においては上流は山川と呼ばれていた。成立年未詳の「久世村絵図」（近世）に「大谷川原筋」（下流）がみえる（『絵図が語るふるさとの景観』）。東部丘陵地帯を源流として扇状地を形成し、本来地形上は西の古川へ合流すべきところを西北に向かっており（人工によるものとされている）、北方（宇治市西南部）で名木川に合流している。

（福富・齋藤）

大塚《おおつか》〔山科区〕

山科区の南西部に位置する。もとは「御塚村」であり、「古墳のある村」の意味であるとされる（『京都府山科町誌』『京都府地誌』）。音羽山地の山麓に沿って奈良街道が南北に通っているが、古墳の造営地としての立地条件はよく、かつてこの付近に何基もが点在していた。宅地開発の進んだ現在、その面影は殆どない。ただ、大塚西浦町には、小さな盛り土の上に、松の古株を祀る祠と「皇塚」と彫られた石碑がある。大塚・王塚とも呼ばれており、地元では桓武天皇陵とする伝承もある。もともとは直径約二〇メートルの円墳で、六世紀前半のものと推定されている。竹村俊則は、古老の話として「近年、地下一メートル余のところから、畳三畳大の石棺のふたのような石板を発掘し、人々をおどろかせた」と紹介しているが（『昭和京都名所圖會6　洛南』）、それが事実とするなら、円墳の頂上部分のみがかろうじて残っていることになる。

　大塚は大字名であり、現在、区内に「北溝町」「元屋敷町」など、一三の小字名がある。（小寺）

大塚《おおつか》〔長岡京市今里〕
　大塚の西方約五〇メートルに今里大塚古墳（天神五丁目）がある。地元では古くから「王塚」と呼ばれてきた。王塚が訛って大塚になったという。江戸時代の地誌『山州名跡志』（一七一一）に「大塚　乙訓寺東の野に在り。土人之（大塚）を号す。大《おほ》きゆえ或は小山と云ふ。是陵に見ゆ」と、古くから知られていた。「古墳に鍬を入れたらたたりがある」と、誰とはなしに言い伝えられてきた。七世紀前半に造られた乙訓地域における最後の大型古墳。山城地方を支配した豪族の一人と考えられる。この末裔によって造られたのが乙訓寺と乙訓坐火雷神社で、乙訓の中心地だった。長岡京の造営に当たっては、この今里大塚古墳を、石材利用のために用いた。その構造は、直径四五メートルの円墳で、巨石を使った横穴式石室があり、奈良県明日香村の石舞台古墳と同じ。乙訓地域の石舞台古墳である。中央部は平成一三年四月、今里大塚古墳公園として整備された。（綱本）

大津町《おおつちょう》〔下京区〕
　間之町通五条下ル鍵屋町までの両側町である。享保七年（一七二二）の京都奉行所が管轄する四か国（山城、大和、近江、丹波）に近江の国があり、政治、商業ともに、京都を近江支配の拠点とし、近江米などの蔵米を確保していた（『近世都市・京都』）。京都御蔵町にあった大津支配所の末端組織に大津町が含まれており、大津支配の役人や商関係者などが、当町に住んでいた（『京羽二重織留大全』）のであろう。宝暦一二年（一七六二）刊『京町鑑』に「大津町」とあり、変化はない。（小西）

大津町《おおつまち》〔伏見区桃山町〕
　京阪宇治線六地蔵駅の北西、大善寺の北に位置する。寛永三年（一六二六）の『京城勝覧』によると六地蔵の項目に「町あり茶屋多し。宇治川に近くして舟のつく所なり。伏見にも大津にもゆく道のちまたなり」と書かれている。ここには宇治川に近い所に船着場があった。大津へ行く人はここで荷船を止め、荷物は小栗栖・小野を経て大津への陸路を運送した。大津とは志賀の大津を指したと推定され、大津への近道として賑わったことも兼ねて地名になったと思われる。その船着場はどの辺りか不詳だが、後、大阪からの荷舟は停止され、伏見津に陸揚されるようになったのでこの船着場はさびれた（『城下町伏見町名の由来と秘話続』）。『伏見大概記』によれば六地蔵十五町の一つとして「大津町」の記載。『伏見鑑』にも「大津町」の記載がある。（明川）

大手先町《おおてさきちょう》〔山科区西野〕
　山科本願寺に因む地名。この地の旧称である「野村」という地名が示すように、水がしみ込みやすく水田になりにくい原野であったようで、人々の生活の場ではなかったため、新しく巨大な寺院を築く土地として適していたのであろう。奈良の吉野地方から五〇本の木材を運んだり、山科・近江・北陸から多くの門徒衆が集まったりで、山科本願寺は急ピッチで建設された。その東の表玄関にあたることから「大手先町」の名前が残った。また、西側の入口には船着き場が造られ、「広見町」の名前が残った。（小寺）

大丹生《おおにゅう》〔舞鶴市〕
　大浦半島の西端、舞鶴湾口に位置し、集落は大道山を背にその山脚部に南面する。赤土の顕著な地域である。ニ（丹）は赤色を表す言葉としては古くから存在した。赤土や赤い顔料をも意味したが、ニが生《うま》れるところというのでニフ（丹生）という。万葉がなで爾布・迩布なども書かれるようになったが、なかでも丹生は丹が丹砂（水銀と硫黄の化合した赤色の鉱石・辰砂）を採掘する井戸の象形であることから、水銀を産するところの意味を有している。舞鶴の大丹生の場合、赤土の土壌分析を行った結果、水銀含有率は自然に含まれているとされる数値より低い数値を示し、赤色は水銀でなく酸化鉄によるものであった。

永享一二年（一四四〇）の文書に「祢布村」とあるが、すでに永徳三年（一三八三）の「西大寺文書」に「大丹生村」とあり、両文書の名田《みょうでん》名が一致しないことから、谷の海際の広い地を大ニフといい、高みの七仏薬師伝来の寺の一つの多禰寺のある辺りをニフといったのかもしれない。

（髙橋）

大野《おおの》〔京丹後市大宮町〕

大野郷は竹野川上流域左岸に位置し、『和名抄』（高山寺本）丹後国丹波郡五郷の一つ。現在の大宮町口大野、奥大野一帯に比定される。大野は「大きな野」を意味するものと思われる。「丹後国丹波郡大野郷須酒米石部足五斗」とある木簡が平城京造酒司推定地から出土している。大野郷は『和名抄』のほか、室町期の「丹後国田数帳」にみえ、江戸期には丹後国中郡内の広域地名として「大野庄」がみえる。奥大野は中世、倉垣庄《くらがきのしょう》と呼ばれた地域である。口大野は大宮町の中心地。『奥大野村誌』によれば、嘉吉・文安のころ（一五世紀半ば）、天変地異の影響を受けて、丹波郡大野郷が口大野と奥大野に分かれたという。口大野は大野の入口を意味し、奥大野はそれに続く標高の高い地域に立地することから命名されたものと思われる。明治二二年（一八八九）四月の町村制施行時に、口大野村と奥大野村は合併して大野村となった。しかし、明治二五年（一八九二）、経済的基盤の相違などを理由として、大野村は再び口大野村と奥大野村に分村した。

大野郷が位置する竹野川と常吉川の合流点付近に裏陰《うらかげ》遺跡があり、縄文早期から後期、弥生中期から後期、古墳前期、後期、平安時代にわたる遺構や遺物が出土している。同遺跡は低地における集落遺跡の様相をうかがい知る上で貴重であり、この地域が早くから開けたことを物語る。また、口大野には式内社と伝える大野神社が鎮座するが、もと丹後町碇高原にあったという。

（水野）

大野《おおの》〔木津川市加茂町〕

北流する木津川支流赤田川と同石部《いしぶ》川の合流点付近、大野山東麓に位置する。集落は山麓の段丘に沿って南北に連なる。東は水田が広がる。昭和二八年の大水害で、赤田川堤防が決壊し、低地一帯が水没した。宮ノ谷の勝手神社境内の春日神社は岸辺の大野一町久保にあったが、正徳二年の洪水でこの地に移したものである。

大野の由来は、野は段丘上や木津川南岸の広大な自然堤防上の野原とみられる。あるいは、大野の東側は木津川南岸の氾濫原の西半分を占めるので、浸食地形で野はヌ（沼、湿地）の転訛語も考えられる。

木津川縁の大野御藪《おおやぶ》は、銭司藪などもふくめて近世藤堂藩直轄の御林《おはやし》であり、洪水に対する水害防備林として竹を植えたところである。また、特産品として藩の財源でもあり、藪廻りの番人が各村から出され管理した（『加茂町史』第二巻）。

（綱本）

大橋町《おおはしちょう》〔東山区〕

三条大橋の東詰にあたるのでこの町名となる。所在は三条通大橋東入ル。三条大橋北側のふもとから東に延び、北は左京区に接する。

寛文八年（一六六八）の開町という（『京都坊目誌』）。開町以前の天正一八年（一五九〇）に豊臣秀吉が家臣増田長盛に命じて大橋を大改修させた。呼称の定着としては、寛永年間（一六二四〜一六四四）には「橋つめ町」（「平安城東西南北町並之図」）、承応二年（一六五三）には「大はし東爪町」（「新改洛陽並洛外之図」）とある。地誌では『都すゞめ案内者』は「大橋詰町」、『京町鑑』は「大橋東一町目」と一定の定着はみられないものの、次第に「橋詰町」「大橋町」の略称が通行し、江戸時代後期には「大橋町」の名が固定する。地図上で大橋町の名が定着するのは、天保二年（一八三一）の「改正京町絵図細見大成」以降となる。明治二年（一八六九）下京に編入、昭和四年（一九二九）東山区に編成。

東京の日本橋に対して、東海道の西の起点が鴨川にかかる三条大橋であり、このふもとにある町が「大橋町」といち早く名づけられ、東側に「二丁目」、「三丁目」を派生させている。（忠住）

大橋辺《おおはしべり》〔久世郡久御山町〕

寛政六年（一七九四）、淀町新町（伏見区淀木津町）と対岸の美豆《みず》村（伏見区淀美豆町）との間に架橋された淀大橋の南詰めにあることからの名。木津川は、天正年中（一五七三〜九二）には、御牧郷坊之池村付近を北上して、淀城の北側で宇治川・桂川と合流していたが、御牧城主津田長門守が西方に付け替えた後は、北川顔《づら》村の下から淀城下の東部に向かって流れていた。これを寛永一四年（一六三七）、淀城主永井尚政が美豆村の北辺に迂回させ、淀城の西南で宇治川・桂川と木津川が合流するように付け替えた。そして、巨椋池（旧大池）や御牧郷などの排水は、新たに排水路を設け淀城の南側から三川に合流させた。その結果、輪中化した淀と御牧郷との便を図り、橋を二本架けた。一つが孫橋、もう一つが淀大橋である。大橋は幅四間二尺（約七・六メートル）、長さ一三七間（約二四九メートル）の木橋であった。大橋辺の名は、江戸時代には見られないが、明治六年（一八七三）一月一七日付で北川顔村より淀庁へ提出された村絵図には、大橋上・大橋下の小字名がある。大橋辺は、かつては北川顔村と接続していたが、明治三〇年（一八九七）からの淀川改良工事で淀町の北部を西流していた宇治川を現流路に変更したため、現在は、北川顔と川を挟んで相対するようになった。現在の淀大橋に因むものと解釈されがちであるが、江戸時代まで遡《さかのぼ》る地名である。

京都市伏見区淀に「大橋辺」という小字がある。これは、大橋辺から分割されたものなのか、あるいは、同じような命名方法でできた別の地名なのか。この近辺は大変複雑な地割りになっていて、京都市伏見区淀に「淀川顔《よどがわづら》」という地名もある。（髙木）

大畑《おおはた》〔木津川市加茂町〕

大畠とも書く。木津川南岸の支流・新川源流域の山間部に位置する。東・南側は奈良県に接する。旧当尾《とうのお》郷のうち。大畑は、大はオウ（奥）・ハ（端）・タ（処）の転で、当尾郷の奥まった端の処をいう。北岸の山間部に位置し山城町と接する奥畑も同様に、奥まった処の意である。（綱本）

大原《おおはら》〔左京区〕

大原盆地が狭小であること、『平家物語』の元和七年（一六二一）刊本などでは「大原」が「小《ヲ》原」と記されていること、京都では「大原女」を「おはらめ」と呼んだりすることなどから、「大原」は「小原」を長音化したものという説もある。しかし、早く『九暦』天徳元年（九五七）一一月一六日条に朝廷の牛馬を飼育する牧として「大原牧」の名が見え、左大臣源雅信の八男で、勝林院《しょうりんいん》を創建した時叙《ときのぶ》（寂源）（九六八～一〇二四）は、『小右記』寛仁四年（一〇二〇）閏一二月二四日条、万寿元年（一〇二四）二月六日条によれば、「大原少将入道」と呼ばれ、応徳三年（一〇八六）奏覧の『後拾遺和歌集』にも「良暹《りょうぜん》法師、大はらにこもりゐぬときききてつかはしける」という詞書をもつ素意《そい》法師詠（雑三・一〇三六）が見え、それに対して良暹法師が「おほはらやおぼろのしみづすむなばかりぞ」（同・一〇三七）と返歌している。初めから「大原《おおはら》」で、むしろ「大原」から「小原」へという変化を考えるべきか。オホは美称。ハラはハルと同根で「開けたところ」の意。高野川の河岸段丘に広がる原野である。

　中近世は、井出《いで》・戸寺《とでら》・上野《うえの》・大長瀬《おおながせ》・勝林院《しょうりんいん》・来迎院《らいこういん》・野村《のむら》・草生《くさお》の八ヶ村が「大原八郷」と総称され、明治一六年（一八八三）その八ヶ村に北方山間部に点在する大見《おおみ》・尾越《おごせ》・小出石《こでし》・百井《ももい》の四村を加えて大原村となる。昭和二四年（一九四九）左京区に編入。

　現在、大原何々町という「大原」を冠する一三町がある。（笹川）

大原《おおばら》〔福知山市三和町〕

土師川《はぜがわ》の上流地域で、北方では何鹿《いかるが》郡に東方では船井郡に接している。中心となる集落に大原神社が鎮座している。「社伝」によれば、仁寿二年（八五二）に創建され、始めは桑田郡の野々村（南丹市美山町）に鎮座した。そして弘安二年（一二七九）に領主大原氏がこの地に移したという。地名の由来は、この神社名であるか、あるいは領主の大原氏の名によると考えられる。大原神社の祭神は伊邪那美命《いざなみのみこと》、天《あま》照大日霎命《てらすおおひるめのみこと》、月読命《つくよみのみこと》である。

　社前に流れる河合川を隔てた田の中に藁葺き切妻屋根が地上まで覆った「天地根源造り」の産屋がある。大正初期頃まで、村の出産はこの産屋で行われたという。貴重な民俗資料である。

　昭和三一年から三和町の大字となった。（安藤）

大原口町《おおはらぐちちょう》〔上京区〕

若狭（現福井県）に通じる若狭街道（俗に鯖街道という）の京都の起点である大原口があったことによる。「寛永一四年（一六三七）洛中絵図」に「大原口丁」とあるので江戸時代からの町名である。町は寺町通を東端として今出川通をはさんだ両側を町域とする。今出川通と寺町通の交差点に慶応四年（一八六八）に建立された道標（京都市指定文化財）が残されている。（清水）

大原野《おおはらの》〔西京区〕

京都市西南一五キロメートルばかり、西山連峰西京区の西半分に大原野がある。後ろに丹波高原が控えた、なだらかな田園都市である。東は洛西ニュータウンに開発された。「大原野」の語源は、読んで字のごとく大きな高原の野であるが、いわゆる原《げん》野《や》と云う時代は遥かの事で、石器・弥生遺跡の上に土師氏や秦氏も勢力伸ばし、出雲族や石作り連中が棲んだ。オオ（大）は人間が棲み、其処に関わりが深くなった所に付けられる。「野」は低地ではなく、高原《こうげん》を意味すると理解するのが古代の用語である。「大原野」は略して「大原」ということもある。

　長岡京の頃から人が増え、桓武天皇が延暦一一年二月遊猟されて以来、とくに盛んになった。桓武天皇は母が鷹狩の盛んな百済の武寧王の子孫だったせいか、天皇在位二一年間に一二三回も鷹狩され、うち大原野には最高の二一回もあったという。従って、平安京時代には皇族・公卿が来、別荘も立てられた。この地に斎藤・畑・幡という姓が多いのは、勢力のあった秦氏が藤原氏に圧せられ、子孫たちが姓を名乗って庶民に溶け込んだからである。乙訓郡下では、石作・榎本・長井の三郷があった。長岡荘に属したころ、すでに「大原野の里」と呼ばれ、明治二二年以前から今の春日町の辺を「大原野村」と言っていた。大原野三郷（旧・野田・柳川・南条の村）の地に、仁徳天皇の霊を奉じて樫本神社が祀られ、産土《うぶすな》の神とされている。天武朝創建の勝持寺、俗称花の寺が大原寺となり、その寺領は広かった。長岡京遷都にともない、奈良より春日明神を勧請して、地名を社名にして大原野神社が出来た。それ以来、大原野神社は王城鎮護の神として当地の中心になり、大原野は平安京のバックグラウンドの地として、文化の振興を支え続けていた。

（吉田）

大福《おおふく》〔綴喜郡宇治田原町奥山田〕

信楽へ通じる古街道が北に、滋賀県大津市へ北流する大福川が中央を貫く位置にある小字名。谷底の大福川から吹き上げる風が夜明け前に朝露を飛ばす地形で、気候も寒暖差が大きく、茶の栽培に恵まれた地である。永禄八年（一五六五）飯尾山沙弥戒善の『茶製始巻』によると、「この大福谷の茶は宇治田原茶の根元始りなり」と記されている（『宇治田原町史』）。「大福」は、新年に飲む「福茶」が語源という説もあるが、「福」は山間地である当地の起伏（特に傾斜地）をいうのであろう。山間地の川沿いの古代地名に「福智」（信濃国伊那郡）「福地」（甲斐国都留郡）の例がある（『和名抄』）。「大」は、大いなる意の接頭語であろう。

（齋藤）

大布施町《おおふせちょう》〔左京区花脊〕

『山州名跡志』に「鞍馬ノ北ニ大悲《ヒ》山《セン》アリ。麓ニ村アリ。大布施《ダイフセ》ト云フ。蓋《ケダシ》是レ大悲山ノ民語ナリ」「按ズルニ大悲山の片言ヲ用タリ」「大布施《ダイフセ》〈実ハ大悲《ヒ》山也〉」などとあるように、「大悲山」のダイヒセンのヒがフと訛り、ンが表記されず、ダイフセになり、それに「大布施」の字が当てられ、やがてオオフセと訓まれるようになったらしい。『山城名跡巡行志』に「大布施《ヲフセ》〈村名〉別所ノ西北ニ在リ」とあるように「おぶせ」とも呼ばれた。長らく「おぶせ村」と呼称されたが、「大布施」という漢字に引かれ、現在「おおふせ町」と呼んでいる。天正一三年（一五八五）の豊臣秀吉朱印状には「丹州大布施、八舛、別所百石」を施薬院領とする（「施薬院文書」）とあり、丹波国に属すとされた時期もあったが、『山城名勝志』附図「山城国総図」や「愛宕《おたぎ》郡図」によれば山城国愛宕郡内に「大布施」が見える。鞍馬から大布施までの距離は、『山城名跡巡行志』に「鞍馬ヨリ大布施ニ至ル、三里四町〈花瀬嶺・別所ヲ歴ル〉」とある。

（笹川）

大堀町《おおぼりちょう》〔下京区〕

万寿寺通烏丸通東入ル東洞院までの両側町である。宝暦の頃、当町の東に高辻まで抜ける辻子があったという。この辻子の名前が「新堀上之町」といった。しかも、その南側が六条内裏であったとつけ加える（『京町鑑』）。この六条内裏（後の万寿禅寺）の大きい堀に因む。「寛永一九年（一六四二）寛永後万治前洛中絵図」に、現町名の「大堀（丁）町」とある。その後、変化はない。

（小西）

大牧《おおまき》〔向日市寺戸町〕

向日市の西南端、向日丘陵上に位置する。昭和の初めまで「大枚」（おおひら）といっていた。明治一〇年代の『京都府地誌』にも、その名で記されている。枚の原語は平らだったとされ、この地全体は小高い丘になっているが、その頂上一帯が平たい原になっていたので、大平で写し間違いなどの単純ミスで大牧となったらしい。

大牧の地には桓武天皇の皇后藤原乙牟漏《おとむろ》の陵（墓）がある。延暦九年（七九〇）三月、三一歳で死去、この地に葬られた。その後は高畠陵ともいう。高畠は、古文書にしばしばみえる地名で、承久の変を記した『承久記』には、北条泰時が高畠の地まできて残党狩りをしたとある（京都新聞連載「乙訓地名物語・一二八」一九八二年一〇月二三日）。（綱本）

大政所町《おおまんどころちょう》〔下京区〕

烏丸通仏光寺下ル高辻までの両側町である。当町東側には、長者秦助正の所有地（東洞院、烏丸、四条、高辻に囲まれた東西一町、南北三町）があった。天延二年（九七四）この助正に神託があり、「感神院大政所祇園御旅所」を創建したことに因む。祇園会など御霊会は、疫病を流行させる疫神を神輿に乗せて招き、いろいろな芸能や供え物で神を喜ばせ、満足したとみるや川や海に流した。ところが、御旅所をつくるということは神輿を流さないで安置する神観念の変化があった（『中世京都と祇園祭』）。その背景に、疫神（牛頭天王《ごずてんのう》）を助けた「蘇民将来」の家族の「しるし」をつけておけば災難に遭わないとする伝承がみえる（『備後の国風土記』）。天保二年（一八三一）刊『改正京町御絵図細見大成』に「大政所町」とあり、以後変化はない。（小西）

大見町《おおみちょう》〔左京区大原〕

『山城名跡巡行志』に「大見《オホミ》〈村名〉久多荘南三里ニ在リ〈山路嶮峭〉。鞍馬ヨリ三里十四町〈東北ニ当ル〉」とあり、北は尾越《おこせ》、南は百井《ももい》、西は花背の別所《べっしょ》・大布《おおふ》施《せ》・八桝《やます》、東は近江に接する山間集落で、冬季は雪が深い。また「源ト大見ノ山中ヨリ出」る大見川が村の東南を流れ、村民は多く農業を営んできた。オホは美称。ミは「水のあるところ」の意か。平治元年（一一五九）法成寺領として「大見」の名が久《く》多《た》とともに見え、久多と一体とされた。鎌倉末期には足利家領、室町期には醍醐三宝院領、近世には近江朽木氏が知行した。（笹川）

大峰《おおみね》〔綴喜郡井手町多賀〕

町西部の木津川流域より望める山。JR奈良線山城多賀駅東方の木津川支流南谷川上流に龍王の滝があり、雨を司る神として多賀地区の人々の信仰を集め、古来日照りが続く時期には水神を祀った祈雨神社（明治中頃まで存在。いまは高神社に祀られている）に灯明をともして雨乞いの儀式が行なわれていた。御神酒を備えて「雨を賜れ龍王いなあー」と祈り、灯明の火を松明に移して南西一キロの大峰山頂（標高三〇四メートル）へ登ったという。集落からはその様子がたくさんの灯呂のようにみえたところから、大峰は万灯呂山と呼ばれるようになったといわれる（井手町商工会「井手の里を歩く」・内田嘉弘『京都滋賀南部の山』）。地元では一九九三年より八月一六日に電飾による大文字の送り火行事を実施している。火にかかわる伝統行事から生まれたものだが、地元の修験者たちの集まりにより、住民の安寧祈願のため始められたというのが大峰の名に相応しい。頂上には展望台が設けられており、町民に親しまれている山である。地元では修行の山であるところからの名であろう。（齋藤）

大宮《おおみや》〔北区〕

賀茂川右岸、船岡山（一一一・七メートル）北方に位置する。式内社久我神社を大宮と称することから郷名になったという（『大日本地名辞書』）。久我神社（紫竹下竹殿町）は遷都前の下鴨神社の旧社地と伝え、社業を大宮森とする。また、『愛宕郡村志』は、郷名は「大宮通に当れるより此名起りしなるべし」とする。（綱本）

大宮尻町《おおみやじりちょう》〔南区唐橋〕

平安京条坊復元図に重ねると、この付近は西寺の西側をはしる西大宮大路（現在の御前通）の南端にあたる（やや西にずれる）ことから「大宮通の尻（末端）」というわかりやすい地名となったと考えられる。（入江）

大宮町《おおみやちょう》〔京丹後市〕

町名は、同町周枳に鎮座する大宮売《おおみやめ》神社の祭神大宮売神に由来する。同社は「延喜式」の明神大社で、女神二座を祀る。このうちの一座が大宮売神で、同神は宮中八神殿のうちの一つ、造酒司の神。また、同神は天鈿女命《あめのうずめのみこと》であるといわれる。『広辞苑』によれば、大宮売神は「太玉命《ふとたまのみこと》の子。天照大神に奉仕し、君臣間の感情をやわらげた女神」。他の一座は若宮売《わかみやめ》神で、豊受大神《とようけのおおかみ》といわれる。

同町は、昭和二六年四月、口大野、奥大野、常吉、三重、周枳、河辺の六ヶ村が合併して誕生した。その後、同三一年に五十河村と、長善村のうち善王寺を合併した。（水野）

大宮町《おおみやちょう》〔下京区〕

「大内宮城の東大路に位置する」（『京都坊目誌』）大宮大路（現・大宮通）に面しているか、大宮と称する社名に因む。

大宮一丁目は、大宮通丹波口（六条）下ル花屋町までの西側片側町である。「天保二年（一八三一）改正京町御絵図細見大成」は東側を「下やぶの内町」、西側を「上半丁、下半丁」とする。現町名になったのは、「明治二年（一八六九）」（『京都坊目誌』）といわれる。

大宮二丁目は、大宮通花屋町下ル正面までの西側片側町である。「天保二年（一八三一）改正京町御絵図細見大成」に「橋詰町」とあるが、北端に、西本願寺の北側を西へ流れる堀川の支流に「大宮大路に架かる橋」があるためである。

大宮三丁目は、大宮通正面下ル北小路までの両側町である。「天保二年（一八三一）改正京町御絵図細見大成」は、「（橋詰町の）二丁目」とする。

木屋町通七条上ル北小路の延長線上までの東側片側町と七条通木屋町東入る須原通までの北側片側町の大宮町は、旧妙法院門跡領の耕地であった。町地となる時、天台宗妙法院の本山延暦寺の鎮守日吉（神社）の「大宮（大国主尊）に取」（『京都坊目誌』）った（「岩滝町」参照）。宝暦一二年（一七六二）刊『京町鑑』、天保二年（一八三一）『改正京町御絵図細見大成』ともに「大宮（町）丁」とする。

五坊大宮町は、大宮通仏光寺下ル高辻までの両側町で、北端が仏光寺通りに接しており、仏光寺通は平安京の五条坊門小路であり、「五条坊門大宮にあり。故に名づく」（『京都坊目誌』）とある。五条坊門を「五坊」と略した。「寛永一九年（一六四二）寛永後万治前洛中絵図」に、すでに「五条坊門大宮町」とある。（小西）

大宮町《おおみやちょう》〔上京区〕

この町はもと大宮二条にあったが、慶長七年（一六〇二）、二条城の築城に際して、大宮通丸太町下ルの地に移転させられた。さらに元禄一六年（一七〇三）、この地が京都所司代の用地となり、真如堂の跡地であった現在地に再移転させられた。町名は、旧地の大宮通の時の地名を踏襲している。町域は河原町通を東端にして、北端を今出川通までとする。天保二年（一八三一）の「改正京町絵図細見大成」に「大宮丁」とあり、江戸時代からの町名である。（清水）

大宮町《おおみやちょう》〔上京区〕

御前通が平安京の西大宮大路に相当するところから大宮町と名付けられた。町は東西に通る上ノ下立売通（妙心寺道）をはさんだ両側で、御前通の少し西寄りから天神道までを町域とする。「寛永一四年（一六三七）洛中絵図」に現町名が記されているから、江戸時代からの地名である。この地は洛外の西ノ京村の一画であり、洛外町続きの町の一つである。（清水）

大宮通《おおみやどおり》〔京都市・南北の通り〕

平安京の東の大宮大路をベースに、さらに北へ南へと延びて、現在、御薗橋通少し上がった所から久世橋通を少し下がった所までの通り。途中、二条城で中断している。大内裏の東面を通る大路であったことから付いた名であろう。大内裏の西の側面には西の大宮大路があった。

『京羽二重織留』に「糸屋町八丁」とある。「丁」は「町」に同じで、糸屋を営む商人の多い町々が大宮通りには並んでいたが、その総称が「糸屋町」。中心は今出川通辺りで、その交差点は「千両ヶ辻」と呼ばれた。一日に千両にも値する生糸が商われたということを意味する。（糸井）

大向《おおむかい》〔京丹後市久美浜町〕

天文七年（一五三八）の「丹後国御檀家帳」に「くみの大むかい」とあるものが初出の地名であり、戦国期には見られる。水戸口を挟んで湊宮と向かい合わせの立地にあり、これが地名の語源となったものと思われる。慶長七年（一六〇二）の「慶長郷村帳」には「湊村之内大向村」とあり、湊村の端郷としての位置づけであった。延宝九年（一六八一）の「丹後国与謝郡等郷村高帳面」には「大向村」と表記され、明治時代に至る。（新谷）

大森《おおもり》〔北区〕

清滝川を上流にさかのぼり、小野郷の北に位置する地域の名称。大森大明神と称された大森賀茂神社がその名称の語源であり、その氏子村である東河内村、西河内村、中村が明治八年（一八七五）に合併し、大森村となった（『京都市の地名』）。京都から小浜に至る街道の一つ、周山街道の小野郷から分かれたところに位置するが、当社はかつては街道沿いにあったといわれ、中世に賀茂社領になったために大森賀茂神社と称されるようになった。（天野）

大宅《おおやけ》〔山科区〕

山科区の西南部に位置する。もともと「公村」であったのを藤原鎌足が「大宅」に改めたという伝承がある（『京都府地誌』）。「大宅」とは「大きな邸宅がある村」の意味であろうが、誰の邸宅かで意見が分かれる。①藤原鎌足（六一四～六九）の邸宅があり、その大きな邸宅を「大屋家」と称したことによる（『山州名跡志』『京都府山科町誌』）。②宮道氏（醍醐天皇の外戚）の居館があったことによる（『山州名跡志』）。昭和三三年（一九五八）、名神高速道路の建設工事の時、寺院の伽藍跡がこの地で見つかり、「大宅廃寺跡」と名付けられた。出土品から七世紀後半から八世紀にかけての、いわゆる白鳳期の寺院とされる。この遺跡も、後に山階精舎、山階寺となる鎌足の邸宅・陶原邸とする説と、豪族大宅氏の氏寺とする説がある。ちなみに、鎌足の死後に妻が創建した山階寺（山科精舎）は、その後、大和に移り厩坂寺と呼ばれ、さらに平城京に移り興福寺となる。山科寺の所在地として、大宅廃寺跡以外に中臣遺跡説もあるが、山科駅の西南、御陵大津畑町付近とする説が有力で、その地に「山階寺跡」の石碑も建てられている。ただ、確定したわけではない。治承三年（一一七九）には、後白河上皇がこの地に別業を造営し、山科御所と呼ばれた。以仁王の挙兵の折には園城寺の寺僧によって焼き払われ、一〇年後には再興されている。所在地は確定していないが、『京都の地名検証

2』によれば、山科御所の正式名称は「澤殿」であり、現在の大宅沢町との関係が注目される。

　大宅は大字名であり、現在、区内に「御所田町」「岩屋殿」など、二五の小字名がある。（小寺）

大山崎《おおやまざき》〔乙訓郡大山崎町〕

　桂川が宇治・木津川と合流する右岸の氾濫低地で、支流の小畑川・小泉川が流入。西は摂丹山地が突き出して天王山（二七〇メートル）がある。京都盆地と大阪平野につながる狭隘部にあたり、天王山と対岸の男山が迫っているため、古来軍事・交通の要衝となった。

　山崎の初見は、『日本書紀』白雉四年（六五三）是歳条に、孝徳天皇が「宮を山碕に造らしめたまふ」とあるが、未完に終わった。山崎（埼）津は長岡京・平安京の外港として重要な役割を担い、平安初期には山陽道山崎駅も設置された。

　僧行基が諸国の橋・堤防・道路を民衆と建設したが、山崎でも架橋したことが『行基年譜』神亀二年（七二五）九月一二日条に、「山埼橋を度《わた》し始める」と載る。

　『和名抄』刊本に「乙訓郡山埼（郷）夜末佐岐」と載る。地名は、天王山が突き出た山丘のサキ（先）に由来し、『乙訓郡誌』（一九四〇）によると南隣の摂津国山崎村（現大阪府島本町）と区別するため「大」の字を冠称したという（「天王山〔乙訓郡〕」参照）。

　平安時代には嵯峨天皇が開設した「河陽《かや》宮」があった。『日本紀略』弘仁一〇年（八一九）二月二一日条に、「水生野にて遊猟。日暮、河陽宮に御（出御）す」とみえる。淀川の北側にある当地を中国の都邑にならって称したもので、以後山崎の異称ともなった。九世紀には廃絶され、国府に転用され山城全域の政治の中心になる。大山崎は貞応元年（一二二二）一二月一七日付「六波羅下知状」（離宮八幡宮文書）に「八幡宮寺大山崎神人《じにん》」とみえるが、当時の地名はまだ山崎と称し、明治二二年（一八八九）市町村制施行後、村名として大山崎が定着する。

　離宮八幡宮は石清水八幡宮の末社で、中世は大山崎神人の製油・販売活動が盛んだった。戦国時代、豊臣秀吉が明智光秀を討った山崎合戦は町内一帯で繰り広げられた。当時は桂・宇治・木津川三川とも淀付近で合流し、山崎付近の川幅は現在の半分ほどだった。付近はかつてあった周囲約二キロあまりの永荒沼《えいあれ》という遊水地帯だった。世にいう「天下分け目の天王山の戦」といわれ山上の争奪戦という風評があるが、実際は沼を挟んでの主力戦だった。（綱本）

大路《おおろ》〔京丹後市峰山町〕

　古くは大呂と記したとする。『丹哥府志』では「大路」。谷川健一は、「古代の韓語では意呂《おろ》というのは井泉や池を意味し、意呂山といえば「泉の山」のことである（中略）。比治山（袖ひぢての如く、ひじ（ぢ）はひず（づ）（漬ず）で水に濡れる山）＝意呂山（泉の山）と対応する所をみれば、比治山はもと意呂山と呼ばれていたのかも知れぬ」という（『探訪　丹後半島の旅上』）。そうだとすれば、大路は池や水に恵まれた集落、真名井の集落ということになる。真名井は、比治山（磯砂山）東側の大宮町常吉《つねよし》登山路の六合目から、およそ三〇〇メートル南にある女池《めいけ》をさすが、現在は泥沼になっている。この真名井の水に発した真名井の滝は、かつて当地方随一の滝といわれ、一の滝、二の滝、三の滝、四の滝、五の滝と五段に分かれる高さ数十丈の瀑布であった、という伝承からも、比治山が古来水に恵まれていたことがわかる。こ

の大路にある安達家には、丹後国のもう一つの羽衣伝説として三右衛門《さんねも》の七夕伝説が残る。　（水野）

小欠《おがき》〔京田辺市薪〕

南に面して崖があったが、今は土砂が採取されて平地となり、西方に東面する崖が存する。大欠に対し小欠とはよく付けたものだ。この地のことを別に、コガキ・オガケ・ヘッツイ谷ともいう。ヘッツイとは竈《かまど》のことである（『薪誌』）（「百々坂《ももさか》」参照）。

（綱本）

御駕籠町《おかごちょう》〔伏見区〕

官庁街の中心、伏見区役所の西北、伏見警察署や薩摩寺で有名な大黒寺の辺りの位置にある。この辺りは昔、久米村の一部であったが、豊臣秀吉が伏見城築城の時、村全体が移転、後、この村は鷹匠町と七軒町と分かれたようだ（『山城名跡巡行志』）。町名の由来は伏見城下町に大名屋敷が増え、駕籠の需要確保から、駕籠職人が近在や国元から大勢集められた。駕籠職人がこの地に住んでいたので町名となった（『城下町伏見町名の由来と秘話』）。駕籠作り工場跡が伏見警察署・伏見中学といわれる。『伏見大概記』に「御駕籠町」、『伏見鑑』に「御駕籠町（裏通り浜がわ俗に七軒町といふ）」と記されている。

（明川）

岡崎《おかざき》〔左京区〕

岡の先端が突き出したところ、の意。神楽《かぐら》岡《おか》の南部が白川《しらかわ》に張り出した丘陵地。『京都坊目誌』は「神楽岡〈俗に吉田山〉粟原岡〈黒谷山の故名〉の南にありて、形地崎を為す故也」とする。古くは白川と呼ばれた地域で、平安貴族が別業を営んだ山里だったが、院政期、六勝寺《りくしょうじ》（法勝寺・尊勝寺・最勝寺・円勝寺・成勝寺・延勝寺）の造営などによって大きく開発され、この地の風景が一変する。「白川（しらかわ）」参照。岡崎の地名は、鎌倉初期になって、『百錬抄』承元二年（一二〇八）七月一九日条に「今日上皇、新造岡崎御所ニ御幸」など後鳥羽院御所として現れる。

その後、地震や火災などの天災、戦乱という人災によって、六勝寺や院の御所は岡崎から姿を消す。応仁の乱以後、江戸時代の岡崎は、『京都坊目誌』が「文明以後、村落となり、其後、上中下の三部落を為す。岡崎は其汎称なり」と記すように、京郊農村になった。近代に至り、再び岡崎の景観が変化するきっかけとなるのは、明治二八年（一八九五）の平安遷都千百年記念による平安神宮の創建と第四回内国博覧会の開催であった。以後、岡崎には、動物園・岡崎公園・府立図書館・市勧業館・市立美術館・国立美術館・京都会館などの文化的施設が次々と建造されていく。

現在、岡崎何々町という「岡崎」を冠する町名が一四町ある。　（笹川）

岡崎《おかざき》〔木津川市加茂町〕

岡崎と井平尾にまたがる流岡山（一二一メートル）があり、小高い丘の南東麓を木津川が流れる。伝承では、丘は上流の笠置山麓の川中にあった岩山だったという。東大寺建立に際し、用材を伊賀国より筏にして流そうとしたが、その岩山が障害となった。そこで良弁が秘法を修して岩山を打ち砕き、材木を流せるようにしたという。その砕けた岩山の一つが流れて、この地に留まったのが流ヶ岡で、いまひとつは京田辺市の飯岡という（『山州名跡志』）。流岡山の流は、川水をいう（『岩波古語辞典』）ので、和束川と木津川の川水が流れるところの岡をいうか。

岡崎の崎はサキ（先）で丘の先をいう。もっとも、崎は海や川に突き出た所もいうので、両川の合流点へ流岡山が突き出たところの意をいうか。丘の地質は花崗岩より固いホルンフェルスという変成岩で、木津川水衝部にあたり河流が強く当たるところだが浸食されにくい。恭仁京へ洪水流が流れ込むのを防ぐ役割があった。『相楽郡村誌』に「地味　水利極めて便なれとも時として水溢の患あり」とある。

　例幣の山中から発して岡崎の段丘下を南流する蛇吉川は、蛇穴川といった。『瓶原古今志』に「むかし此河の渕に大蛇有けり。常に往来の人をなやましける」とある。各地の大蛇伝説は、しばしば氾濫する川をたとえた逸話である。源流の例幣の谷口は、京都府ハザードマップでは、土石流による被害想定箇所で、決所という小字もある。西までの山腹も同様に土石流による被害想定箇所が連続する。過去にも土砂崩れがあったことを伺わせる。蛇穴も、蛇は蛇崩れ（山崩れ）の意、穴は欠で、山や川岸などが土砂崩れで欠ける意だろう。

（綱本）

岡田由里《おかだゆり》〔舞鶴市〕

　岡田川が由良川にそそぐ合流点に位置する。『和名抄』にみる加佐郡志託郷《したかのごう》の地が中世に岡田庄となったが、岡田由里はその中心地であった。オカダは岡の田であろう。ユリは山地の小平坦地、水の動揺によって平らけた岸の平地を意味する。

　江戸時代～明治二二年の村名。「由里村」とも称した。

（髙橋）

岡ノ裾町《おかのすそちょう》〔右京区御室〕

　明治一四年（一八八一）まで存在した御室門前村の一部を占める。岡は双ヶ丘を指し、当地が双ヶ丘北裾部にあたることから名付けられたと考えられる。同じく東隣には御室岡ノ本町が存在する。平安前期に宇多天皇が出家して仁和寺に室《むろ》という僧坊を設けて法務を行った。この尊称が御室で、仁和寺が御室御所とも呼ばれるようになり、付近の地名ともなったものである。

（岩田）

小川通《おがわどおり》〔京都市・南北の通り〕

　天正一八年（一五九〇）、豊臣秀吉の京都改造計画に基づき、西洞院通と油小路通の間に開通した通り。紫明通から錦小路通に至る通り。その南で一旦途切れ、さらに仏光寺通から塩小路通まで延びているが、別の通り名「天使突抜通」（または、東中筋通）になっている。古くから洛中を南流する小川があり、もと「こかわ」「こがわ」といわれていた。この川に沿って作られたことからついた通り名。当初は「こかわどおり」であったらしい。武者小路通より北には表・裏の両千家や寺院が密集する。

（糸井）

興《おき》〔福知山市〕

　由良川左岸で綾部市との境界に近い平地にある村名。当村は観音寺村の出戸によって成立し、古くは観音寺村と共に「下高津」と呼ばれたという（『丹波志』）。「興る」は「それまでになかったものが生じる」ことである（『古典基礎語辞典』）。「興」の地名は新しく拓いた地の意味と考えられる。

　当村にある式内社・阿比地神社は観音寺村と当村との産土神であった（『阿比地神社由来記』）。また平坦地のため山がないので、鎌手米を渡して三俣村の山から薪などを補ったという（『丹波志』）。また村内にある興遺跡は弥生時代の遺跡である。

　昭和二四年（一九四九）からは福知山市の大字となった。

（安藤）

奥大野《おくおおの》　→大野《おおの》〔京丹後市〕

奥海印寺《おくかいいんじ》〔長岡京市〕

　丹波山地東南部の木上山《こかみやま》（奥海印寺山）の東麓の段丘上にあり、小泉川に上流域に位置する。海印三昧《ざんまい》寺が、弘仁一〇年（八一九）道雄権僧都によって創建されたのが地名の起源。海印三昧とは、釈尊が華厳経を説く時に心を専注された三昧の境地の名。嘉祥四年（八五一）には官寺に準じる定額寺に列した。「戒印寺」とも称した（「東大寺図書館本倶舎抄裏文書」仁安二年〈一一六七〉三月二三日）。奥海印寺の由来について、「土地南晴、北西山にして入ること深を以て奥の字」を冠称したという（『山州名跡志』一七一一）。同寺は広大な伽藍を擁し、寺坊も一一院を数えたが寺運が衰え、わずかに寂照院と楼門・庫裏のみが残った。永禄一一年（一五六八）九月二七日、足利義昭が織田信長に擁されて上洛した翌日、「西岡寺士之寂勝院に御陣取る云々」（『言継卿記』）と宿泊したことがみえる（寺士は誤記）。

村名が文献でみえるのは、康永三年（一三四四）の「寂照院仁王像胎内文書」に「海印寺」と載るのが早い。

大永二年（一五二二）の「小塩荘帳写」（「九条家文書」）に初めて「おくかいせ（奥海印寺）村」と村内に「下かいせ」がでてくる。また、道元禅師が孟宗竹を中国・杭州から持ち帰って寂照院に移植し、門前には「孟宗竹発祥之地」という碑が立つ。（綱本）

奥ノ城《おくのしろ》〔京田辺市田辺〕

田辺の南方に小高い丘があり、山頂に稲荷さんの小さい祠がある。その丘のすぐ北を「城の下」といい、また「城の下」より谷になった低地を少し西へいった所を「奥の城」と呼び小字名になっている。この城の築城・廃止の年月は明らかでないが、城主は田辺氏あるいは田部《たなべ》氏と称したらしい（『京都府田辺町史』）。田辺氏は奥ノ城付近に田辺城を築き、国人として山城国一揆にも参加、威を振るった。式内社棚倉孫神社境内の銘の石灯籠に「奉天神御宝前城州田辺南因幡守祐海　天正二年（一五七四）吉日」と田辺氏の刻銘がある。のちに織田信長に討たれたという。（綱本）

奥馬地《おくまじ》　→馬地《まじ》

奥三谷《おくみたに》　→三谷《みたに》

奥山新田《おくやましんでん》　→多賀新田《たかしんでん》

奥山田《おくやまだ》〔綴喜郡宇治田原町〕

大字湯屋谷東の大字名。過疎化現象にある山間集落（標高二七〇～八〇メートル）が信楽へ通じる古街道に沿ってある。宇治田原郷の奥に位置し、山中に田畑が広がるところからの地名であろう。東端の信楽町朝宮（滋賀県）と接する飯尾《いのお》山（四一五メートル）の山上に、奈良期建立の医王教寺址が伝えられ、はやくから開けた地であることを示している。いまは茶畑になっている。「禅定寺文書」長保三年（一〇〇一）四月八日条に「奥山田」がみえる。江戸期～明治前期に村を形成。湯屋谷から奥山田にかけての山間峡谷一帯は、二億万年以上前の古生層の地層をなし、さまざまな貝類等を含む化石出土の奥山田化石層として知られる。（齋藤）

巨椋池《おぐらいけ》〔宇治市・伏見区・久世郡久御山町〕

場所を表すク（処）に接尾語ラがついたものである。谷や崖、また、山の鞍部を意味する場合が多く、低地に使われることは稀であるという。柿本人麻呂の「巨椋《おほくら》の入江響《とよ》むなり射目人《いめびと》の伏見が田井に雁渡るらし」（『万葉集』巻九・一六九九）の例が古い。「巨椋の入江」は、木津川・宇治川・桂川の合流地点のことで、現在の概念よりもずっと広い範囲をさす。京都盆地の南部に広がる大きな遊水地であったのであろう。その遊水地を、宇治川の流路を改修し堤防を築いて、二の丸池・大池・中内池・大内池などの溜め池にしてしまったのは、豊臣秀吉である。ところが、それ以後、洪水が頻発し、また、水質の悪化による風土病オコリの発生をもたらすなどマイナス面が大きく、昭和一六年（一九四一）に干拓されてしまって今はない。巨椋湖とも（「淀」「正式二万分の一地形図」明治三〇年〈一八九七〉）。『（小倉村）村誌』（明治一四年〈一八八一〉）の湖沼の項に「巨椋池《オグライケ》 俗ニ大池又ハ西池ト呼ブ…古ヘ巨椋入江ト称セル是ナリ、水禽魚鼈ヲ産シ味至テ美ナリ」とある。（高木）

小倉町《おぐらちょう》〔宇治市〕

「巨椋《おほくら》の入江」の南東部にあったために藤原氏の荘園が「巨倉荘」「小巨倉荘」と呼ばれたことに因む名。「巨倉荘」「小巨倉荘」は平安時代末期には存在していたようで、「藤原忠通書状案」（保元元年〈一一五六〉）に見える「荘々目録」の中に「小倉山城国」「泉殿小巨倉内」とある。また、『台記』の久安四年（一一四八）の条に「小巨倉津」の名も見える。「椋」をクラと訓むのは、「京」には「倉」の意があり、京《みやこ》の意と区別するために木偏を加えたのではないかという（『時代別国語大辞典』上代編）。倉は、文字通り倉庫の意で、収穫物などを保存し、積み出すための倉庫があったからではないだろうか。「売渡し申す新別所田地の事」（文明一四年〈一四八二〉）に「右在所は山城国宇治巨倉北やなはさま」、また、「売渡し申す永地の事」（明応九年〈一五〇〇〉）に「此内ヨリ本役は小巨倉へ」とあり、表記は「倉」である。荘園名を継承しながらも、地名になっている。さらに、「山城国宇治未の年分御勘定目録」（寛文一〇年〈一六七〇〉）には「山城宇治廻り田原並びに小倉村」とあり、表記も小倉である。『和名抄』にある久世郡竹淵郷は小倉町の東部に比定。江戸時代には幕府領。一説に玉露茶の発祥の地とも。

昭和二六年（一九五一）三月一日、久世郡小倉村から宇治市小倉町になる。（高木）

御蔵山《おぐらやま》〔宇治市木幡〕

御蔵山は御林山と呼ばれ、近世には幕府の直轄するところであって、宇治郷の折居山などと同様に、朝廷や幕府関係の普請用材が伐り出されたものと思われる。したがって、御蔵入地の山というところから呼ばれ始めたものかも知れない。「木幡村定書案」（寛文七年〈一六六七〉）に、山の境界線を定めた記述があり、「一、御蔵分と阿野大納言様御領分の山ハ、調子ヶ池より神山の谷口への道きり、北ハ御蔵分、南は阿部様分也、境に塚を築き杭を打ち、紛れなき様に仕置き候御事」と記す。『（木幡村）村誌』（明治一四年〈一八八一〉）の森林の項に「御蔵山林官ニ属ス…」とある。

なお、文禄三年（一五九四）豊臣秀吉が伏見城を築いた際、その資材を格納する倉庫を設けたところ、あるいは、武器庫、また、米蔵が置かれていたともと伝えられ、御蔵山の名はそれに因むものであるという説もある。ただ、蔵が置かれたという具体的な史料はない。

標高八五・六メートルの全山松樹に覆われた美しい丘陵であったが、昭和三七年（一九六二）頃から、開発・造成されて住宅地になっている。（高木）

小倉山町《おぐらやまちょう》〔右京区嵯峨〕

保津川左岸の小倉山の東裾野で天龍寺の北西の地にあたる。小倉山は嵯峨の西にあり、雄蔵・小椋とも記され、歌枕となっている。平安期の歌学書『和歌初学抄』に「クラキニソフ」の注がみえ、樹木が生い茂り暗いことが地名の元になっているという。他に「小倉」の倉はクラ（谷、崖）の意味があることから「小さい谷や崖のある山」とも、オ（御）とクラ（座）から「神の鎮座する山」とも考えられる。小倉山は標高約二九六メートルあり紅葉が有名で、南東に長く延びた尾根は亀山（亀の尾山）とよばれる。小倉山の大部分は嵯峨亀山町に属する。平安期、東の山麓は「小倉の里」とよばれ貴族の隠れ里となった。「小倉百人一首」は、一三世紀に藤原定家がこの地にある山荘（現在の厭離庵《おんりあん》）で撰んだことによるという。元は嵯峨町天龍寺字小倉。同町の東方には、かつての天龍寺門前村の一部を元とする「嵯峨小倉山」という地名があり、それを冠した五町が存在する。　（岩田）

小栗栖《おぐりす》〔伏見区〕

　大岩山の東南麓、山科盆地の北から南へ流れる山科川の流域に位置する。小栗栖は古代山城国宇治郡八郷の一つで「小栗郷《オクルス》」郷（『和名抄』）と呼ばれていた。延暦一〇年（七九一）一月二一日付「宇治豊川解」に「小栗郷」が見える。地名由来は①やまとことばで「屋根状の丘」即ち「起伏のある土地」を意味しているという（『まちの履歴書』）。この書にはやまとことばの用例は書かれていないが、「絡ル」と思われる。たしかに、大岩山の西麓に階段上の起伏が続き、北から南へしだいに低地になっている。もう一説は②吉田東伍の「栗栖は国栖だ」を支持する松永美吉の説である。「小栗栖の地名は小国主《オクニス》の意で、孤立した小地域を統治する国主の居住する土地の意。このような小国主の所在地を、国栖、小国栖と呼んだのではないか。国栖と同言で、侵入の困難な山峡の別世界がクニスの地か」（『民俗地名語彙事典』）という。ただ、小栗栖が侵入の困難な山峡の別世界であったか、というと地理的には考えられない。奈良末期、ここには大宅氏が居たし、平安時代には法琳寺が再建されている。

　南北朝時代には小栗栖は南と北に分かれていたことが、大永三年二月の「醍醐寺文書」の「南小栗栖」から読み取れる。明智光秀が豊臣秀吉との合戦に敗れ、坂本へ逃れる時、土民に討たれた場所は南小栗栖の「明智藪」の辺りという。　（明川）

尾坂《おさか》〔京丹後市網野町〕

　鷲尾山雄坂寺の門前集落として成立したものと推定され、地名は寺名に由来するものである。雄坂寺は、天平年間にこの地を訪れた行基が尾坂山にたなびく紫の雲の間から観音が現れたのを見たことにはじまると伝える。史料上では、嘉元二年（一三〇四）の「寂円坊旦那等譲状」（熊野那智大社文書）中に「一　檀那丹後国雄坂寺諸先達一円」とあるものが初出となる。

　応永二八年（一四二一）の「権大僧都道珍譲状案」（熊野那智大社文書）や文安四年（一四四七）の「那智山執行道珍譲状」（熊野那智大社文書）には、「丹後国雄坂寺一円先達門弟引檀那」とあり、同じ内容の権利を譲渡する譲状である。長禄三年（一四五九）の「丹後国郷保庄惣田数帳」には、「一　雄坂寺　三町　寺家領」、天文七年（一五三八）の「丹後国御檀家帳」では「一おさか寺　中の坊大なる城主也、国のゆみやとり也」と記され、寺領をもち武装化した山林寺院であったことがわかる。しかし、その後は衰微し、観音堂が維持されるのみとなる。

　慶長七年（一六〇二）の「慶長郷村帳」以降、雄坂寺の門前集落は「尾坂村」とされ、明治二二年（一八八九）の町村制施行時には島津村に合併し、大字地名となった。その後、昭和三四年（一九五九）の伊勢湾台風は、この地に大きな損害を与え、離村へと進んだ。翌三五年に区制廃止、同三九年には雄坂寺の堂守が山を下り廃村となった。現在は、石碑が残るのみである。　（新谷）

長田《おさだ》〔福知山市〕

　由良川の支流・土師《はぜ》川の右岸、福知山市と綾部市の境界である高岳（四一六メートル）の西麓の段丘に位置する旧村名。『新古今集』巻七に、「寿永元年（一一八二）大嘗会主基方稲春歌、丹波国長田村をよめる」として「神世よりけふのためとや、八束穂の長田の稲のしなひそめけん」という権中納言・藤原兼光の歌が載せられている。この年、丹波国が主基方に卜定され、長田村に神田が営まれたことが知られる。地名の由来は高岳から西北へ長く伸びる段丘下の長い田が特徴的であり、村の名となったのではないだろうか。あるいは、「ヲ（屋・峰）」「サ（先）」「タ（処）」で広大な段丘地形というか。

昭和三〇年（一九五五）からは福知山市の大字となった。（安藤）

小塩《おしお》〔右京区京北〕

『和名抄』の桑田郡山国郷に属し、後には、山国庄の枝郷。小塩川の上流域に位置し、木材の供給地として重視され、村の杣山が「禁裏御料地」とされたり、寺に寄進されることもあり、「大布施そま」ともいわれた。地名は古く天元三年（九八〇）の「某寺資材帳」（「金比羅宮文書」）に「小塩黒田三町」と記されている。地名「小塩」の由来は、塩の生産地として古代からよく知られた若狭からの塩を当地に一旦保存して各地に売りさばいていたことによるとみられている。しかし、京都府乙訓郡の「小塩」については「小入（おしお）」と解して、山に入り込んだ地勢を意味する、といわれる。（糸井）

小塩山《おしおやま》〔西京区〕

西京内にある標高六四二メートルの山、近くの大阪府境にあるポンポン山に次ぐ連山の一峰で、「西大原のうちなり」（『名所都鳥』）とあるように諸書、大原野に所属した書き振りである。大原野に立てば実際、すぐ目の前に見られるから「此の山は大原野のうへなる山也」（『洛陽名所集』）とも書き、山と野が一体のものとして捉えられ、「大原や小塩の山…」と紀貫之や在原業平などの平安歌人によって、人口に膾炙した名山である。語源は文字通り「塩のお山」の意味である。しかし、なぜ塩の山なのか、「岩塩」が産出した山という話は未聞だが、当たらずと雖も遠からずと言えるのは、「塩気の水が出る」というのが真相であるらしい。これは山麓の「小塩」の里が基になっており、それが続きの山の名にも用いられたので、本来は小塩村の名に由来する、といわなければならない。地許では、西山連山の釈迦岳と鉢伏山の麓に入り込んだ地勢に基づく、小入《おじお》にあるとか、十輪寺に残る在原業平の故事に因むとか言われているが、良い着眼である。しかしその経緯は、はっきりしない。

かつての行政では、小塩村は小塩山のある大原野村にあり、間に石作村を隔てた南に位置しているから、その時の山と村は離れている。が、平安末期から此処に「小塩荘」が置かれており、鎌倉時代には栄えて荘園が乙訓郡全域にも及んだという、その中心だったので、「小塩」の名は善峯寺や十輪寺などの名勝と共に、大原野とセットされて有名になった。しかも地理と政治・宗教史だけではなく、ここに文学史的にも寺の伝承で無視できないのは今触れた十輪寺だ。この寺は善峯寺に属する天台宗で、寺に在原業平の伝承がある。『都名所図会』によると、「塩竈の古跡、本堂のうしろ山上にあり。業平塩屋の景色を愛し、難波より潮を汲ませ此の所にて焼くとなり。潮溜池、当寺より一町ばかり東にあり。潮を此の池に汲み溜めしとぞ」とあって、歌人が海水を運んで来たのだという。（吉田）

押小路通《おしこうじどおり》〔京都市・東西の通り〕

平安京の押小路に当たる。木屋町通から二条城の南面を通って、千本通に至る。ただし『京都坊目誌』では、「東は寺町に起こり、西は堀川に至る」とある。「押」の意味は不明。平安朝当初の「大路・小路」が後に「通（り）」に変わって称されるようになるが、「押小路通」は、「錦小路」や「油小路」「塩小路」同様、「小路」が「通（り）」に置き換えられず、そのまま「通り」をつけた名になっている。
（糸井）

相島《おじま》〔久世郡久御山町〕

親村である中島に相対している島であることからの名。『巨椋池干拓六十年史』（平成一二年〈二〇〇〇〉）の「平安遷都以降豊公伏見城築城頃までの巨椋池およびその沿岸図」によれば、中島の向かい側に相島が位置している。ちょうど、三重県鳥羽の真珠島（古くは相島と書いてオジマと読んだ）と鳥羽との位置関係と同じである。『山城名跡巡行志』（明治元年〈一八六八〉）に「御牧ノ庄別村　島田　相島《アヒシマ》…」と「アヒシマ」と読んでおり、また、『拾遺都名所図会』（天明七年〈一七八七〉）でも「あいしま」である。ところが、「（御牧村）村誌」（明治一四年〈一八八一〉）では、「相島《あふじま》」である。すなわち、アヒ（イ）ジマ→アフジマ→アウジマ→オージマ→オジマと音韻変化したものであろう。「森村検地帳」（慶長一一年〈一六〇六〉一〇月）の出作の中に相島村の作人も含まれているので、相島村は、その頃までは遡《さかのぼ》ることが出来る。『元禄郷帳』（元禄一三年〈一七〇〇〉）によると、御牧郷一三ヶ村の中に相島村の名がある。昭和二九年〈一九五四〉久御山町誕生後は久御山町相島になる。
（高木）

愛宕《おたぎ》〔京都市〕

『和名抄』によれば郡名も郷名も、それぞれ「於多岐」「於多木」。オは接頭語で、タギは、①タカ（高）の転で、高所の意、②タギタギシのタギと同じく、険阻な所の意という二説の妥当性が高い。乙訓がオト（劣、低い）クニ（地域）とすると、その対比から①を採るべきか。京都盆地の中心に葛野《かどの》郡があり、その東北に「高地」の愛宕《おたぎ》郡、南西に「低地」の乙訓《おとくに》郡があったと考えられるのである。古代、奈良から木津川左岸を北上し、淀川を渡って乙訓郡の地に立つと、遥か彼方の愛宕郡はかなりの高地に感じられたにちがいない。平安京が造営されると、その東京極が愛宕郷の西限となったらしく、「おたぎ」といえば、火葬地であった東山の麓を指すようになり、『源氏物語』では桐壺更衣、『平家物語』では平清盛が「おたぎ」で荼毘に付されている。中世には、『伊呂波字類抄』に「珍皇寺　オタキテラ　愛宕寺…参議小野篁《たかむら》卿建立」と見えるように、現世と冥界《めいかい》の境に比せられる珍皇寺が「愛宕寺《おたぎでら》」と呼ばれた。

近世に入ると、珍皇寺は六道《ろくどう》珍皇寺と呼ばれるようになり、愛宕という地名は、千《せん》観《かん》の開基とされる念仏寺《ねんぶつじ》に受け継がれ、「愛宕《おたぎ》念仏寺」という呼称が一般化する。しかし、同寺は大正一一年から三年かけて愛宕《おたぎ》の地から葛野郡の愛宕《あたご》参道に当たる嵯峨鳥居本《とりいもと》へ移転し、昭和三二年、愛宕郡最後の村「広河原《ひろがわら》村」も左京区に編入され、地名「愛宕《おたぎ》」は消滅した（『京都の地名検証3』）。
（笹川）

小田宿野《おだしくの》〔宮津市〕

旧村名。栗田半島の東側で、鏡ヶ浦を含み東方につきでた小半島として位置する。「丹後国御檀家帳」に「くんだの小田」とあり、「慶長検地郷村帳」では「栗田村之内」として「小田村」「宿野村」と別の村であったが、「延宝三年郷村帳」では「栗田小田宿野村」と一つの村となっていて、現在につづく。「小田村」が「宿野」の本村だったとみられる（『丹哥府志』）。宿野地区は東部（小半島の先の方）に当たり、麻呂子親王鬼退治の伝承のあった廃寺成願寺や八百比丘尼の伝承を持つ塔が鼻、そして夢窓国師の遺跡と伝える「無双が鼻」など、伝承に富む。各地に見る「宿」地名に通じる地名であろうか。なお西部には「久理陀神社」が「日比宮神社」に合祀されているが、式内社の「久理陁神社」に比定する説もある（『京都府の地名』）。（糸井）

御旅《おたび》 〔京丹後市峰山町〕

宝暦三年（一七五三）の「峯山明細帳」には「出町」とある。明治二年（一八六九）五月の「峰山御用日記」に「御旅町」とあるものが初出となる。当初は、峯山陣屋町が東へ拡大した部分に位置することから「出町」と呼ばれていた。御旅の地名は、金刀比羅神社の御旅所に由来する町名と思われる。改称時期は、明治七年の「兵庫縣管下各区並村名取調書」によれば明治二年である。明治六年（一八七三）作成と推定される「豊岡県管下十一大区丹後国中郡一ノ小区峯山町川南地引絵図」には「安村高之内」とある。そのため、もとは隣接する安村の土地であったが、峯山陣屋町の人口増加による町場拡張に伴い「出町」として成立したものと思われる。明治時代以降は、商店街として発展した。明治二二年（一八八九）の町村制施行（峰山町合併）までは峰山御旅町、その後は峰山町御旅と表記され現在にいたる。（新谷）

御旅町《おたびちょう》 〔下京区〕

「此町の西の門の外祇園御旅所」があった（現存）（『京町鑑』）とある。御旅町に連なる寺社に参詣する人々と、当時も多くの商店が、繁華街の原点を表す。四条通寺町東入ル裏寺町（大竜寺辻子）までの両側町である。「寛永一九年（一六四二）寛永後万治前洛中絵図」に「おたびノ町」とある。宝暦一二年（一七六二）刊『京町鑑』に「御旅町」とあり、以後変化はない。

御旅宮本町は、四条通寺町東入ル春長寺の範囲までの両側町である。「御旅町の宮の地」にある意味である。もと御旅所の社地であって町名がなかったが、明治二年（一八六九）に現町名になった（『京都坊目誌』）。（小西）

小田原町《おだわらちょう》 〔下京区〕

室町新町間通（衣棚通の延長線上）五条上ルから万寿寺までの両側町である。寛永の頃「小田原や丁」と称していたところから、小田原屋という大店があったのであろう。八幡町、月見町、布屋町、材木町、長刀切町、坂東屋町とともに、「源氏町」、「千草町」といわれてもいた。前者は、源氏ゆかりの六条左女牛八幡宮（若宮八幡の灯明料所に因み、後者は、この地（東は室町、西は西洞院、北は松原、南は五条）に源氏物語夕顔の巻の光源氏のモデルである具平親王の千種殿があったことによる（『大江匡房』）。「寛永一九年（一六四二）寛永後万治前洛中絵図」に「小田原や丁」とある。宝暦一二年（一七六二）刊『京町鑑』に「小田原町」とあり、以後変化はない。（小西）

落合《おちあい》 〔長岡京市勝竜寺〕

小畑川左岸の一・七キロにわたる河川敷の地域である。小畑川と犬川の合流点に位置することから「落合」と称された。戦国期の「小塩荘帳写」によると、光明峯寺（東山区）領のあちこちに散らばり他領と入り組む散在入組形態の領地の一部だった（『長岡京市史・本文篇一』）。一帯は破堤や溢流による水害の常習地だった。昭和一〇年（一九三五）六月の水害でも堤防が決壊し濁流に襲われて勝竜寺地域を中心に泥池となった。落合橋ははじめ五つの橋が流出した。昭和二八年にも犬川が決壊したが、現在は護岸工事がされている。（綱本）

越方《おちかた》 〔南丹市園部町〕

当地で東南に蛇行する大堰川左岸の川沿いに耕地と集落のある村。語源は日陰、湿地を意味する「おんち」から「おち（かた）」と呼ばれたと考えられる。「おんち」は「ひかげ（日陰）」より古い言葉で近畿の外周に分布すると言う（『地名の語源』）。

江戸時代には仙洞御所料であった。昭和二六年から園部町の大字となる。（安藤）

御塔道《おとうみち》〔向日市上植野町〕

勝山中学校西の五ツ辻を西国街道に沿って南に日蓮宗・石塔寺（鶏冠井町山畑）、その町境の南隣が小字御塔道。石塔寺は、一四世紀初頭、日像が向日神社の前に「南無妙法蓮華経」の七字を刻んだ法華題目石塔を立てたのに始まる。京都七口に通じる街道に法華題目塔を建てた一つ。延慶三年（一三一〇）三月八日建立という。室町時代、題目石信仰が盛んになり、日像が立てた題目塔の近くに、文明年間（一四六九～八七）日成が堂を建立し石塔寺とした。次第に衰退し、明治初年現在地に再興した。

御塔道の由来は、信者達がこの塔を頼りに参詣した道筋という。寺の山門に高さ三二〇センチ、花崗岩製の法華題目石塔（一字一石塔）を安置する。ただし、この塔は嘉永五年（一八五二）一二月に造立したもの。山門をくぐった右手の塔堂に題目塔を祭る。正確には「題目板碑」、傍らに日像上人石像を祀っている。板碑は高さ一六五センチ、幅三五センチ、厚さ一七センチを測り、花崗岩製。身部表面中央に大きく髭文字の「南無妙法蓮華経」を刻む。

また、御塔道は「島坂」とも呼ばれる。紀貫之『土佐日記』に「かくて京へいくに、島坂にて、ひと、饗《あるじ》したり」と、島坂で供応を受けたことが記されている。長岡京のころ、この地に「嶋院」という庭園を配した建物があったことから、島坂の名称が生まれたという。一九八〇年、近くの鶏冠井町草田の発掘調査で出土した木簡には「嶋院」と刻んでいた。『続日本紀』延暦四年（七八四）三月三日条に「御嶋院。五位已上宴す。文人を召し曲水を賦《みつぎ》せしむ」と載り、桃の節句に度々曲水の宴を楽しんでいた。明治一〇年代の『京都府地誌』には、小字名として島坂の名が記されていた。（綱本）

乙訓郡《おとくにぐん》〔京都府〕

『日本書紀』垂仁天皇一五年八月一日条に、皇后日葉酢《ひはす》媛の妹竹野媛がその「形姿醜」によって出身地の丹波国へ返される途中、葛野《かづの》で自ら輿から堕ちて死んだので堕《おち》国《くに》という、「今弟国と謂ふは訛れるなり」という地名起源伝説を載せるが史実ではない。

「乙訓」の初出は『続日本紀』大宝二年（七〇二）七月八日条の「山背国乙訓郡にある火雷神《ほのいかづちのかみ》、旱《ひでり》ごとに雨に祈る」と載る。『続日本紀』宝亀五年（七七四）正月二五日「乙訓郡乙訓社」とあり、大宝令施行によって乙訓郡と書かれるようになった。

「乙訓郡」は、かつて大宝律令（七〇一）以前は「弟国評《こほり》」だった。「弟国」の名は藤原京時代（六九四～七一〇）まで用いられたことは、藤原宮木簡に「弟国評」、井ノ内遺跡（長岡京市）の「弟国」墨書土器によって確認される。評制は六四九年に敷かれたといわれる。

そこで、木簡が示す「弟国」なら、「兄《え》国《くに》」は何処かという議論がある（「大枝」参照）。九三四年ごろ成立した『和名抄』高山寺本に「乙訓《おたき》郡」とあることから、愛宕郡《おたきぐん》と乙訓郡はもともとオタギ国と呼ばれていて、分立後に一方は旧称を踏襲し他方は「弟国」を名乗ったという説。あるいは、乙訓郡は葛野郡から分離して成立したもので、その意味から兄国に対する弟国だとする。つまり、かつて京都盆地の総称は葛野であり、飛鳥浄御原令によって愛宕・弟国などの諸郡に別れたという説などがある。「弟国」の名称は、和銅六年（七一三）五月の「畿内七道諸國郡郷は好字をつけよ」（『続日本紀』）という制によって「乙訓」に改められた。

『和名抄』記載の郷は山埼・鞆岡《ともおか》・長岡（刊本なし）・大江・物集《もずめ》・訓世《ぐせ》・榎本・羽束《はつかし》・石作・石川（刊本なし）・長井の一一郷からなり、うち山埼は現大山崎町、鞆岡は現・長岡京市、長岡・物集は現向日市に比定。長井・石川は長岡京市内に比定する説がある。このほかは現京都市西京区・南区・伏見区の一部。　（綱本）

男山《おとこやま》〔八幡市〕

生駒山地最北端の男山丘陵に位置する。昭和五一年（一九七六）～現在の大字名。はじめ八幡町、昭和五二年からは八幡市の大字。男山は八幡市北部にある山名に由来する。雄徳《おとこ》山・牡《おとこ》山とも書く。「徳」はトコとも読み、男は雄徳の借字である。『類聚国史』大同三年（八〇八）正月二八日条に、「河内国交野の雄徳山に於いては葬埋（土葬）を禁ず。御器（天子の器）を造る土を採るゆえ也」と載る。

平安遷都に際し、延暦一五年（七九六）九月、桓武天皇が勅して、非常の備えに、「牡山に烽火《のろし》」を欠かすなと命じた（日本後紀）。淀川をはさんで天王山と対峙し、京都への関門をなす戦略上の要害地であった。北側山腹には、貞観元年（八五九）行教が宇佐八幡宮を勧請した石清水八幡宮があるため八幡山とも呼ぶ。現在南麓一帯は男山公団住宅となり、宅地化が著しい。

①男山の男はオトで、動詞オト（落）スから、「傾斜地、崖」などをいうか。男山丘陵の西端（「橋本狩尾《とがのお》」参照）、北・東端は急傾斜地で京都府指定の土砂災害警戒箇所である。狩尾はトグ（研・磨）・オ（尾・丘）で、風雨で山腹が削がれた意である。あるいは②オトコヤマ（男山・雄徳山・牡山）のオトコは、ホ（烽《ほう》の下略）・トコ（床）が転じた、つまり烽火台の意か。男山丘陵の頂上は鳩ケ峰（一四三メートル）である。『男山考古録』は「天徳年間（九五七～六一）庵氐《よく》了という者が、法華経を瓦に彫り積み重ねてこの峰に埋めたので、世人が宝塔の嶺と呼び、それが訛って鳩ヶ峰となった」という。だが、やはり、「烽火の山」のほうが時期的に早いので付会であろう。ハト（鳩）はホ（烽の下略）・ト（処）の転で、「烽処《とぶひどころ》」と考えられる。古代国家の烽《のろし》制は『軍防令』の規定によると、烽は四〇里（約二キロ）ごとに設置され、昼は煙を挙げ、夜は火を挙げて合図を送った。和銅五年（七一二）正月二三日には、春日烽（奈良市春日山）などが置かれ（『続日本紀』）、「烽火山」とも称した。各地には「飛火峰」「火の山」などが分布する。ただ、延暦十八年（七九九）四月の太政官符で全国的に停廃される（『類聚三代格』）。

なお、『拾遺都名所図会』に「八幡山別名男山あるひは雄徳山とも書す。嶺を香呂峯又鳩峯と称す」と記す。香呂峯は『男山考古録』に、石清水八幡本宮の南の八幡馬場山は行教（石清水八幡宮の開祖）が築き香呂峯と名付けたというが確かでないという。香炉峰は香炉の形に似た中国江西省九江市の景勝地で、白居易の詩「香炉峰の雪は簾《すだれ》をかかげてみる」で知られる。字男山香呂として遺存する。　（綱本）

男山《おとこやま》〔与謝郡与謝野町〕

慶長七年（一六〇二）の「慶長検地帳」には「忌木庄男山」とあるものが初出の地名であり、それ以前は板浪と呼ばれていた。地名の成立は江戸時代初期と考えられる。中世前期には、板浪は石清水八幡宮領であり、板列八幡神社が勧請されていた。石清水八幡宮の所在する山は男山であったため、それに由来する地名と思われる。「慶長検地帳」には「忌木庄男山」とある

が、ほかは「男山村」と表記され、明治時代に至る。（新谷）

男山泉　おとこやまいずみ　〔八幡市〕

『男山考古録』によると、西山足立付近の草むらに古井があり、石碑があって「福《ふく》聚水《しゅすい》」と刻んであった。石清水五水の一つともいわれるが、これにちなんで男山泉とした。（綱本）

男山指月　おとこやましづき　〔八幡市〕

『男山考古録』に「指月庵　足立寺村（西山足立）の中道の北に傍《そう》てあり。本尊地蔵尊也。近世造立、尼僧寺也」と載る。また、八幡八景の一つ「安居橋の月」があるところか、これらにちなんで男山指月とした（『八幡市生涯学習センターだより』一、一六五）。指月とは、場所は違うが『名所都鳥』（一六九〇）巻第二に「伏見川　紀伊郡　城山の上に、指月庵といふ有。此庵より川水にうつる月をみるに、指点《ゆびさす》中にありと云心にて、指月といふと也」とあり、『雍州府志』（一六八六）「寺院門」でも同様に、山上より指差す中に河水に映った月が在るのを指月といっている。（綱本）

男山竹園　おとこやまたけぞの　〔八幡市〕

竹園とは竹藪の意で、この地域に日本原産の真竹が群生していたことにちなむ。『男山考古録』に「呉竹（真竹の異称）御山竹は質堅くて刀の目釘にして、今も将軍家へ神符と共に目釘竹を献上する」と載る。八幡市男山の真竹はエジソンが白熱電球のフィラメントに利用したことで知られる。なお、現在男山丘陵一帯に広く生えているのは明治初期前後に伝わった中国産のモウソウチク（孟宗竹）である。（綱本）

男山松里　おとこやままつさと　〔八幡市〕

この付近には、松が多く生育し伏拝《ふしおがみ》松《まつ》、帳《とばり》の松《まつ》などという松にちなむ伝承が残っている。伏拝松とは、慶長一九年（一六一四）徳川家康が大阪の陣の時、この場所に集合し石清水八幡宮を拝んだところという。これらにちなんで男山松里とした。（綱本）

男山弓岡　おとこやまゆみおか　〔八幡市〕

「月弓岡《つきゆみおか》」と呼ばれていた丘陵が地域の北方にあり、「月弓岡の雲」といわれた元禄年間の八幡八景の一つにちなんだ地名。『男山考古録』によると、石清水八幡宮三の鳥居辺りをかつて継弓《つぎゆみ》と称した。八幡八景で月弓岡と佳字化された。継は槻《つき》（欅）のことで、『和名抄』に「槻　豆木乃木《つきのき》、弓作ニ堪《ひで》ル」とあり強木弓の意である。八幡宮は弓箭《ゆみや》神（軍神）として源氏の氏神ともなった。箭はヤダケとも訓み、当地の竹にちなんで継弓と称し、弓材にもしたという。（綱本）

男山吉井　おとこやまよしい　〔八幡市〕

歌人吉井勇氏が昭和二〇年代にこの地の東方に住み、この地域を逍遥して短歌を詠んだ。「井」は、地内に清水が湧くことにもちなんで男山吉井とした。（綱本）

音無滝　おとなしのたき　〔左京区大原来迎院町〕

『雍州府志』に「瀑水、岩ノ腹ニ傍《ソフ》テ流ル、故ニ近ク之ヲ聴モ、水音無シ」、『名所都鳥』も「此瀧の水、岩の滑《なめら》かなる腹にそふてながるゝゆへに、水の音なし。かるがゆへに名づく」とある。滝は音がするのが常態だが、常態とは異なる音のしない滝は人々の興味を引いた。声を上げず泣いて秘かに流す涙の喩えとして、「音無の滝」は、藤原公任の撰んだ『三十六人撰』に収められた「元輔」詠「おとなしのたきとぞつひになりにけるいはでものおもふ人のなみだは」（一一一二）のように詠まれた。本来は、場所を特定しない普通名詞。各地に存在したと考えられ、例えば、『能因歌枕』『五代集歌枕』『八雲御抄』などでは「紀伊国」の歌枕とされ、一方、『源氏物語』夕霧では比叡山西坂本の「小野山」と共に詠まれている。しかし、「源氏見ざる歌よみは遺恨ノ事也」（『六百番歌合』）という俊成の有名な言葉に象徴されるように、『源氏物語』が歌人の必須の教養となって流布するなかで、音無の滝は大原の小野山周辺に場所が特定されていったらしい。正治二年（一二〇〇）閏二月二八日、藤原定家は良経が大原来迎院で開いた作文歌会に参加し、『明月記』翌日条に「巳ノ時（午前一〇時）許、大臣殿（藤原良経）近辺ノ勝地等ヲ歴覧シ、還御ス。申ノ始メ（午後三時過ぎ）許、殿下、出御シ、来迎院ノ奥ノ瀧ヲ御覧ズ」と記す。この「来迎院ノ奥ノ瀧」が現在、大原来迎院町にある音無の滝であろう。（笹川）

音羽《おとわ》〔山科区〕

山科区の中心部に位置する。延慶三年（一三一〇）頃成立した『夫木和歌抄』の「過ぎにけり関のこなたになるかみの音羽の里の夕立の空」（作者不詳）の歌によれば、詠み人は逢坂関から西に広がる一帯を「音羽の里」と意識しており、かつてはかなり広い範囲を指す地名であったことが分かる。音羽の語源は確定しないが、「音羽山」「音羽川」のいずれに重点を置くかで意見が分かれる。①音羽山に焦点を当てた場合、「ヲ（小）＋タワ（撓）」の意味と捉える。「タワ」は山の尾根の撓んだ所のこと。山科盆地から見える山々が、西側はかまぼこ型であり、北側が幾重にも重なる山塊であるのに対し、音羽山が頂が連なる連山的な姿を見せることから、「美しい撓を多く持つ秀麗な山」という意味で名づけられたとする。②音羽川に焦点を当てた場合、「音がかまびすしい川」の意味と捉える。「羽」が難解だが、「輪・曲」ととらえれば流路が屈折した様子とも理解できる。また、吉田金彦は、国語学の立場から「音は！」と捉え、「は」を詠嘆の意味を込めた助詞であったと説く。各地の「音羽川」は、急流で水音も高く、滝のある所が多く見られ、「音無の滝」や「音無川」の反対の概念である。

東山区に鎮座する清水寺の山号は「音羽山」で、境内には有名な「音羽の滝」もある。『山城名跡巡行志』には、地元の伝承として、音羽川は「音羽村に至りて水絶へ、土中をくぐり清水に通ひ滝となる。依て音羽の滝という」と書かれていて、伏流水となった音羽川が清水寺の音羽の滝の水源であるとしている。山科の音羽山の支脈・牛尾山山中にある法厳寺（牛尾観音）は、当寺を開基した延鎮に坂上田村麻呂が諭され、そのお礼に清水寺を建立したとの伝承があり、「清水寺奥ノ院」とも呼ばれている。音羽川上流が山伏の行場であり、音羽の滝も修行の場とするなら、双方の地名の類似は信仰上の接点によるものと考えられる。

音羽は大字名であり、現在、区内に「乙出町」「八ノ坪」など、一八の小字名がある。（小寺）

音羽川《おとわがわ》〔左京区〕

音羽はオト（劣、低い）ハ（端）あるいはオト（落）ハ（端）で、「谷川」あるいは「滝のある川」の意。元来、普通名詞で、同名の川は、山科区にある音羽山に発し、四ノ宮川と合流して山科川となる川や、東山区の清水寺付近に発し、鴨川に注ぐ川などもあり、特定できない場合も多い。『拾遺抄』に「権中納言敦忠が西坂下の山庄たきのいはにかきつけ侍りける／おとは川せきいれておとすたきつせに人の心の見えもするかな」（雑下・五〇七、伊勢）、『うつほ物語』に「このおとど（千蔭）、いもひ、精進《さうじ》して経たまふほどに、山里の心細げなる殿設けたまひてぞ住みたまひける。そのわたりは、比叡の坂本、小野のわたり、音羽川近くて、滝の音、水の声あはれに聞こゆるところなり」（忠こそ）などと、比叡山西坂本の小野に流れ落ちる音羽川は、周辺に貴族の山荘が多く建てられ、有名になった。『山城名跡巡行志』は「音羽河」について「雲母路、鷺ノ森ノ北ニ在リ。水源ハ比叡山ヨリ出ヅ。修学院ノ西ヲ遶リ、高野河ニ入ル」と記す。　（笹川）

音羽町《おとわちょう》〔東山区〕

清水寺・音羽の滝を水源とする音羽川の下流がこの付近まで流れていたため。所在は大黒町通五条上ル。大黒町通（耳塚通）を東西に挟み、北は大黒町に接する。

開町時期は明らかではないが、下京新町巽大仏組に加入していることからも早期の市街化に取り込まれたか。明治二年（一八六九）下京に編入、昭和四年（一九二九）東山区に編成。　（忠住）

小野《おの》〔山科区〕

山科区の南端に位置する。「小さな野原」を表す自然地名と見る説もあるが、一般には、古代の豪族である小野氏の所領地（小野荘）であったためとされている。小野荘はのちに山科荘とも呼ばれるようになる。古代の小野は、現在の大宅から東野村・西野村・西野山に至る広大な地域を指していたが、現在の小野の地域は、その当時では主要な場所でなかったようで、小野荘との連続性は弱い。この地が知られるようになるのは、仁海（九五一～一〇四六）が現在の随心院の地に牛皮山曼陀羅寺を建立したことに始まる。彼はとくに雨乞いに霊力を発揮したため、「雨僧正」とも呼ばれた。弟子達の育成にも力を注ぎ、同寺の密教による呪法は「小野流」と称されるようになる。のちに廃寺となったが、隣接する醍醐寺の影響が一貫して強かったようで、中世の「山科七郷」には含まれていない。慶長三年（一五九八）、曼陀羅寺跡地に随心院が再建されてからは、その門前町として、また、宇治へ向かう奈良街道と、深草へ向かう大岩街道との分岐点として栄えるようになった。

小野は大字名であり、現在、区内に「御所ノ内町」「荘司町」など、一〇の小字名がある。　（小寺）

小野《おの》〔北区〕

小野は清滝川上流沿いの山間部の小野郷であった地域。狭隘な山間部地域における耕作に適していない「野」という意味から小野と呼ばれるようになったものと考えられる。また大原にも小野郷が存在し、さらには現在の山科区にも小野地名が存在するため、区別する意味で小野山と呼ばれることもあった（『京都市の地名』）。古代から朝廷と結びつきを持ち、仙洞料として近世まで関わりを有した。小野山の供御人は木材や炭を貢進したほか菖蒲を内裏・殿舎の屋根に葺く役も任じられた。　（天野）

小野町《おのちょう》〔左京区上高野〕

ヲは、接頭語。ノは、なだらかに傾斜した野原。かつての小野は、愛宕郡の一つの郷として、また古代氏族小野氏居住の地域として、かなり広い地域を指す地名だったと考えられる。『古今和歌集』に見える在原業平の絶唱「わすれては夢かとぞ思ふおもひきや雪ふみわけて君を見むとは」（雑下・九七〇）は、「かしらおろして、小野といふ所に侍りける」惟喬親王を業平が訪ねた時の歌である。詞書に「ひえの山のふもとなりければ雪いとふかかりけり」とあり、現在、惟喬親王墓とされる五輪塔が残るのは、大原上野町である（「上野町」参照）。『源氏物語』夕霧に見える一条御息所の山荘も「小野といふわたりに」あり、比叡山「麓近く」の西坂本に当たる修学院辺りが「小野」と呼ばれていたことがわかるし、手習・夢浮橋に見える横川僧都の母尼や妹尼の住まいも「比叡坂本に、小野といふ所に」あり、「かの夕霧の御息所のおはせし山里よりは今すこし入りて、山に片かけたる家」のあった「横川」や「黒谷」への登山道入口に当たる八瀬の地も「小野」と称されたことが知られる。しかし現在、小野町は、小野毛人《えみし》の墓がある上高野の、きわめて狭い地域を示す町名となっている。高野川に架かる三宅橋の北に位置する地域である。なお、元禄四年（一六九一）版「新撰増補京大絵図」には三宅橋が「小野小町はし」とされていて、中世・近世には、同地にも小町に関わる何らかの伝承があったかと思われる。（笹川）

小野山《おのやま》〔左京区大原大長瀬町〕

小野（愛宕郡小野郷）にある山。『実方集』に「道信中将と、花山の御時を思ひ出でて／花の香に袖を露けみ小野山《をのやま》の山の上こそ思ひやらるれ」（二九）とあるのが小野山の早い時期の用例。花山院が出家して比叡山に籠もっていた時期の詠歌なので、永延年間（九八七～九）であろう。『小右記』によると、実方は、永延二年（九八八）一〇月二〇日、円融法皇が受戒のため比叡山に登った折、東塔東谷の「かまくら」という所にあった「花山帝御房」に、使者として遣わされている。都から比叡山上の花山院を思いやる実方詠に用いられた「小野山」は、『山城名跡巡行志』が「比叡山西面ノ惣名」とするのに近い用法であろう。大原や小野の炭焼きという冬の景物はそれまでも知られてはいたが、『後拾遺和歌集』に「永承四年（一〇四九）内裏歌合に初雪をよめる／みやこにも初雪ふれば小《を》野《の》山のまきの炭窯たきまさるらん」（冬・四〇一、相摸）が入集し、歌枕「小野山」には「炭を焼く山」というイメージが定着していく。なお、『源氏物語』夕霧には「朝夕になく音《ね》をたつる小《を》野《の》山は絶えぬ涙や音無《おとなし》の滝」という落葉宮が亡き母を慕い小野の山荘で詠んだ歌が見え、その所在地は西坂本（左京区修学院周辺）だったが、「音無の滝」の所在が大原の「来迎院ヨリ一町許東」（『山州名跡志』）に想定されていくに従い、「小野山」の所在地も「来迎院ノ東ノ山ヲ云フ」（『山城名跡巡行志』）と考えられていく（「音無滝」参照）。（笹川）

小野脇《おのわき》〔福知山市〕

JR福知山駅の南西四キロほどの所に、今安小野脇という山村がある。今安は小野脇の北に位置し、小野脇は今安の支村であった。今安という地名は室町時代の『師守記』『康富記』に「丹波国今安」と散見するが、地名は金安寺山にあった今安寺という地名によるらしい。小野脇の初見は「天田郡志資料」によると、寛文九年（一六六九）六月、朽木植昌が関東の土浦から福知山へ移封された時の城地受領の記録、「八三石五升一合小野脇村」である。『丹波志』によると小野脇は次のように解説されている。「今は小野脇というが、古は野々脇といった。ここに湯の谷・湯の坪という所があり、かつては温泉が湧いて繁盛していた。古老は薬師如来を寺に安置し、極楽寺といった。薬師は小野小町が病を治す願を懸けて歌った『歌懸け薬師』となり、今は西蓮寺にこの仏を安置している。」と。小町を名乗る巫女が薬師に「南無薬師諸病悉徐の願」を懸け、自ら病になって村人の流行り病を治した伝説である。ここに小町薬師伝説が根付き、温泉のわく「野脇」（野湧き）から「小野脇」の地名が生まれたのである。（明川）

小橋《おばせ》〔舞鶴市〕

大浦半島の北部、野原村の西方に位置し、丸山砂丘で西方三浜村と接する。かつては三浜村と一村であったが、のち分村して当地へ移住し、塩屋を称したが、その後現地名に改称。地名の由来は、灌漑用の河川が少なく、小橋しか架からなかったことによるという（『西大浦村誌』）。しかし、小橋の地が海にしか活路を見出せない耕地の少ない荒地であったことを考えると、オは「山裾の末端」の意の「尾」であり、「尾の端」がオハシ、オバセとなったと思いたい。小橋村の東と南は山がせまってきている。地元小学校『百年誌』も「山の海に迫った海辺の土地を指す古語に発している」としている。小橋川の川床粘土層から一万年前の打製石器「有舌尖頭器」が見つかっている。

小橋村には、近辺の村々と異なり、古くから落人伝説があった。平家、南北朝そして赤松氏、最近まで大切に引き継がれてきた「はりま踊り」がある。「〜進上」（さしあげる）といった言葉遣いも残っており、独自の精神文化を持って生活を続けてきた村である。精霊船《しょうらいぶね》行事は京都府登録無形民俗文化財である。（髙橋）

小畑川《おばたがわ》〔西京区・長岡京市・乙訓郡大山崎町〕

西京区老ノ坂を源として南下し、向日丘陵西部を南東流し乙訓郡大山崎町下植野で桂川に合流する。旧小畑川の流路は長岡京市以南が現在とは異なり、丘陵南端の向日市との境付近から南東流し上植野の扇状地から伏見区菱川町を経て、久我縄手を横切り、同古川町から淀樋爪町付近で桂川に流入していた。頻繁に流域に洪水をもたらすため、室町初期に付け替えられたことが発掘調査で判明している。

古来、たびたび氾濫し、『日本紀略』延暦一一年（七九二）六月二二日条に「雷雨、潦水滂沱、式部省南門この為仆《たほ》れる」と載る。長岡京廃都の一因ともされる説もある。川名は、向日丘陵西麓に沿って流れるので、ヲ（峰・尾）・ハタ（端）・川の転訛か。

苧畑川《おばた》・苧波多川とも記し、『山州名跡志』（一七一一）に「苧波多〈地名〉堅木原より大原野に到る中間に在り」と記す。古くは長瀬川・乙訓川ともいった（『山城志』一七三六、『山城名跡巡行志』一七五四）。『今昔物語集』に「長岡（向日丘陵）ノ辺ヲ過テ乙訓ノ川ノ辺ニ行ク」とある「乙訓ノ川」が小畑川にあたる。（綱本）

小畑町《おばたちょう》〔綾部市〕

旧郷名。古くは「小幡」と書く。由良川の支流・犀川に注ぐ伊路屋川流域の小盆地にある地区。『和名抄』丹波国何鹿郡十六郷一つ。早く開発された地域で何鹿郡最古の成山古墳を始め古墳群が多い。平安時代末から戦国時代には「小幡荘」が営まれ、当初は崇徳天皇の皇后・皇嘉門院領であった。「オバタ」の語源は明確ではないが、古墳時代の開発から考えて、小盆地に小区画の田畑が並ぶ景色を表した語であろうか。

明治二二年、三ケ村が合併して小畑村となり、昭和二四年（一九四九）に豊里町の一部に、昭和三〇年から綾部市の大字小畑町となった。（安藤）

帯屋町《おびやちょう》〔中京区〕

帯屋のある町。和装の際に着用する、帯を商う店があったことからの名と考えられるが、江戸初期の絵地図などには「おひや」とかな書きされる例が多く、「笈屋」と書かれるものもある。「笈《おい（おひ）》」は「負う（おふ）」の名詞化したもの。「修行僧や山伏などが背に負って旅行に携行した、四隅に脚のついている、木製の箱」（『時代別国語大辞典』）。京の町には中近世を通じて修行僧や山伏の出入りが多く、笈を作る職人が居住した可能性も高いだろう。近世前期には濁点を表記しない場合が多く、「笈」も「帯」も「おひ」と書かれた。ここでは「笈」から「帯」へと転訛したと考えたい。

平安京大内裏の南東にあり、平安時代には貴族の邸宅が造られた。中世以降は商工業が盛んな地となった。貞享二年（一六八五）刊の『京羽二重』には青物問屋とともに駕籠細工とあり、接近した職種の職人が居住していた形跡がみえる。「帯屋町」の名が固定するのは元禄以降だが、室町の呉服問屋街にも近く、近年まで呉服商も居住していた。（真下）

大朴《おぼそ》〔船井郡京丹波町〕

由良川の支流である高屋川と大椋《おおむく》川の流域の村名。地名の由来は不明であるが、貝原益軒の『西北紀行』では「尾細」と書かれているので、地形の特徴が語源かもしれない。

昭和二六年（一九五一）から瑞穂村の大字となり、昭和三〇年（一九五五）から瑞穂町の大字となった。（安藤）

朧清水《おぼろのしみず》〔左京区大原草生町〕

『雍州府志』に「草生ニ在リ。建礼門院、洛東長楽寺ニ於テ落飾シテ尼ト為リ、寂光院ニ入ル時ニ、斯ノ池水ニ臨テ始テ形容ヲ写シ見ルト云」とある。

元禄三年（一六九〇）刊『名所都鳥』に「大原八郷のうち草生《くさお》村に有り。寂光院《じゃっこういん》よりは、二町ばかり西也」と所在地が記され、寂光院に隠棲した建礼門院が「尼となり給ひて、すがたの花のしぼめるを、此朧《おぼろ》の水にうつし、我ながらかはる面かげにおどろき給ひけるといへり」とある。「朧の清水」は、建礼門院が自分の尼姿を映し、変わり果てた我が身に驚いたという伝説が有名だが、実は、それ以前から既に歌枕として歌に詠まれていた。例えば、『後撰和歌集』の撰者、梨壺の五人の一人、大中臣能宣《よしのぶ》（九二一〜九一）も、「世にすまば又も見にこむ大原やおぼろのし水おもがはりすな」（新撰朗詠集・四七七）と詠んでいるし、『後拾遺和歌集』にも「良暹法師大はらにこもりゐぬときてつかはしける　素意法師／みくさゐしおぼろのしみづそこすみて心に月のかげはうかぶや／かへし　良暹法師／ほどへてや月もうかばんおほはらやおぼろのしみづすむなばかりぞ」（雑三・一〇三六、一〇三七）という贈答歌が見える。この『後拾遺和歌集』の贈答によって「良暹《リヤウゼン》が大原の山荘《サンサウ》の辺《ヘン》」（『山州名跡志』）にあったとされるが、所在地の具体的な特定は困難である。（笹川）

女郎花《おみなえし》〔八幡市八幡〕

平安後期、男山に住んでいた小野頼風《よりかぜ》と深い仲になった京の女が、八幡に訪ねていくと家人が女房がいると伝えられ、悲しんで涙川の縁に衣を脱ぎ投身自殺した。頼風が、その川辺に葬ると衣が朽ちて女郎花が咲いた。頼風が花に近寄るとゆれて垂れ、放れると花は立ち直った。頼風は自責の念にかられその川に身を投げて亡くなったという伝承がある。二人を哀れんだ人々が女塚（女郎花塚）、男塚（小野頼風塚）を建てた。女塚は、八幡女郎花の松花堂庭園の中にあり、その地の名称となった。男塚は、八幡市民図書館の西五〇メートルほどの路地奥にある。（綱本）

御室《おむろ》〔右京区〕

東の花園、西の宇多野に挟まれ、双ヶ丘の北側に位置する段丘上に広がる地域で、南西に御室川が流れる。『古今著聞集』巻一一には「仁和寺御室といふは、寛平法皇（宇多上皇）の御在所なり」とあり、平安前期の宇多天皇が出家して仁和寺に室《むろ》という僧坊を設けて法務を行った。この尊称が御室で、御室御所とも呼ばれるようになり、付近の地名ともなった。『山州名跡志』は「今寺院の傍《かたわら》の地を何門前と其寺号を呼《よぶ》なり。仮令《たとえ》ば等持院門前、東福寺門前と、然るに門前と云はず、直に寺号を以て地の名となすは、当寺の外稀なるや」としている。地域の南にあり三つの丘からなる標高一一六メートルの双ヶ丘は、平安京外縁の西側に当たり、平安時代の初めから、景勝地として名高かった。このため双ヶ丘の周辺には平安貴族の山荘が造られたが、九世紀の光孝・宇多の父子二代の天皇の御願寺として仁和寺が創られ、門跡寺院の最上位となった。続いて後三条天皇が円宗寺、待賢門院が法金剛院を御願寺として建設したことなど、平安末期から鎌倉期にかけては仁和寺の周辺には多くの寺院施設が立ち並んだ。これらは地域の発展につながり、周辺には富裕な民が集まることにもなった。南北朝期には南部に妙心寺が創建されて中心地の一つに加わった。秀吉の時代にも寺領は保たれて経済上の安定をもたらした。寛永期の仁和寺再建以降に、仁和寺門前に集落が形成された模様で、境内の八重桜や、仁清による御室焼などにより地域名は名高くなった。　（岩田）

御屋敷《おやしき》〔向日市鶏冠井町〕
向日丘陵東の段丘端に位置しその下は氾濫原が広がる。南北朝以後、荘園解体の中で農民が惣（村落共同体）として結束し、そのなかから、勢力をもつ土豪（国人）が出て城を築き、その周りに堀がめぐらされた。「御屋敷」は、国人で西岡《にしのおか》御家人の鶏冠井氏が拠った鶏冠井城があったといわれ、地名もそれにちなむという。しかし城の遺構は明らかでない。御屋敷、南側の堀ノ内などの小字名が、城との関連を推測させる。中世の城は、近世の広大な城とはちがい館を大きくしたような程度で「屋敷」とも呼ばれ、主として丘陵や台地の先端などにあった。敵が直接乱入しないためのカギ型路（雁木形）、袋小路も残る。

鶏冠井氏は、応永一二年（一四〇五）一〇月には守護高師英の守護使として、「率大勢、帯甲冑」して上野庄《かみの》（現京都市西京区）に押入り（同年一〇月付「鎮守八幡宮雑掌申状案」東寺百合文書）、寛正六年（一四六五）の『親元《ちかもと》日記』一一月三日には、西岡御被官人のうちの一人に鶏冠井太郎左衛門の名がみえ、文明六年（一四七四）の「野田泰忠軍忠状」（別本前田家文書）には、「（応仁二年（一四六八）一〇月）廿二日、寒川新左衛門尉館上久世に御敵切居込、谷之陣より着寄、合戦仕り、西岡衆は御敵鶏冠井城を搦めて、寺戸山に陣取る」などとみえる（「古城《こじょう》」参照）。長享元年（一四八七）の惣国の代表者の一員にも鶏冠井八郎次郎雅盛の名がみえる（同年閏一一月三日付「神足友善等連署書状」東寺百合文書）。西岡被官人（御家人）、守護使から西岡地方の惣国の代表者へ、それは代表的な西岡の国人の歩みである。戦国期以降の鶏冠井氏についてはほとんど所見がない。

御屋敷に北真経寺（もと真言寺＝真言宗）がある。日蓮の孫弟子日像が日蓮宗布教のため訪れ、住職の実賢を教化。実賢は日蓮宗に改宗し、寺名も真経寺に改めた（のち南真経寺の二寺に分離）。関西における日蓮宗布教最初の地といわれる。鶏冠井住民は日像の説法で改宗し、法華題目を唱えて踊る「題目踊」を始めていまに伝わる。　（綱本）

於与岐町《およぎちょう》〔綾部市〕
丹後との境である弥仙山《みせん》（六七四メートル）を源流とする伊佐津川《いさづ》と、その支流・見内川沿岸に位置する。「安国寺文書」（『綾部市史』史料編）の寛正二年（一四六一）「何鹿郡所領注文」に「於与記」とみえている。松岡静雄は「ヨキ」を「寄来・避・曲」の意味としていて、『万葉集』巻第十一の「岡のさきたみ（廻み）たる道を人なかよひそ、在りつつも君が来まさむ曲道（よきみち）にせむ」の歌を挙げている（『日本古語大辞典』）。地名の由来は明確ではないが、「オ」は美称で「ヨキ」は「曲」の意味と考え、道が迂回して行く奥まった地形を表した地名ではないかと思われる。当地は耕地が狭く、山に切畑が多く作られている所である。

　明治二二年に東八田村の大字となる。昭和二五年（一九五〇）から綾部市の大字、昭和二八年から於与岐町となった。（安藤）

折居台《おりいだい》〔宇治市〕
　昭和五七年（一九八二）に宇治玄斉、下居、折居、東山などにまたがる荒蕪地を宅地造成した際に、このあたりの通称名「折居」を冠したもので、台は、高台の意、当時はやった新興住宅地の名前である。宇治市内にも、琵琶台・平尾台など。「折居」は神の降り居るところ、神の居ます山の意の折居山、および、折居山を拠り代とする下居《おりい》神社に由来する名。下居神社は、『（宇治郷）村誌』（明治一四年〈一八八一〉）には「折居神社折居山ニアリ、或ハ下居又降居ニ作ル村社」とされていて、現在は、ひっそりと存在するのみである。額田王の「秋野のみ草刈り葺き宿れりし兎《う》道《ぢ》の京《みやこ》の仮廬《かりほ》し思ほゆ」（『万葉集』巻一・七）の仮庵に比定され、また、貞観八年（八六六）には従五位下に進められたほどの由緒ある神社である（『三代実録』）。江戸幕府の御料林であった折居山（標高一六九メートル）も太陽が丘公園として整備され、昔日の面影はない。その他、折（下・降）居（井）と名づけられた地名は、暴れ川で宇治郷の人々を悩ませた折居川、字名としては、近世初期以降、「おりい町」「折井道町」「折井町」「下居町」「奥折居町」とさまざまな変形が記録されている。表記は、本来「下」「降」であるべきところ、その訓みのあいまいさのために「折」をあてたものと思われる。『（宇治郷）村誌』では下居と書いて「オリヰ」と読ませ、現在の字名にも下居があって、これは「シモイ」である。（高木）

織元《おりもと》〔京丹後市峰山町〕
　貞享三年（一六八六）八月の「備後守様御代峯山御絵図」や宝暦三年（一七五三）の「峯山明細帳」には、「中町」とあり、当初は峯山陣屋町を標高の高い北から順に上・中・下と三分した場合の中央に位置することから「中町」と呼んだものと思われる。その後、中町は上中町・下中町・中町に細分されたようである。明治二年（一八六九）五月の「峰山御用日記」には「織元町」とあり、上中町を改めたことがわかる。改称時期は、明治七年の「兵庫縣管下各区並村名取調書」によれば、明治二年のことである。地名は、丹後ちりめんの織元が多く居住したことに由来すると推定される。（新谷）

小呂町《おろちょう》〔綾部市〕
　由良川の支流・小呂川上流の小盆地に位置する。「オロ」には①アイヌ語で、～の所、②崖、日陰の意味がある（『地名の語源』）。山間の小盆地という地勢を考慮すると、「崖、日陰」の意味が語源であるかもしれないが、明確ではない。
　明治二二年に吉美村の大字となる。昭和二五年（一九五〇）から綾部市の大字、昭和二八年から小呂町となった。（安藤）

尾和《おわ》〔京丹後市丹後町〕
　オワは開墾地名で、尾張《をはり》（尾墾、小懇など）を下略した形であろう。奈良県五条市の金剛山麓の丘陵上にも小和（オワ）という地名があり、同様であろう。尾和は丹後半島の北端部に日本海に北面して位置する。（水野）

遠下《げおん》〔京丹後市丹後町〕
　宇川下流域の流路が大きく湾曲する左岸に位置し、西方に依《い》遅《ち》ケ尾山（五四〇メートル）がそびえる。地内にある依《え》遅《ち》神社は、もと依遅ケ尾山にあった式内社の依遅神社に比定されている。谷川健一は、「オンゲ」は「アンゲ」に通じ、「奄治」「阿智」「阿知」「恩智」にも通じ、金属精錬に関係があるとする。ならば、神社名にある依遅も金属精錬に関係があるのではなかろうか。（水野）

御供《おんとも》町《ちょう》〔中京区〕

オントモは御供《ごく》の訓読。神仏への供え物。御供えをする町の意。町内の三条通黒門北西にある、三条八坂神社《やさかじんじゃ》御供社《ごくしゃ》に由来する名。「寛永一四年（一六三七）洛中絵図」に「みごく丁」、宝暦一二年（一七六二）刊『京町鑑』に「御供《ごくう》町」と見える。御供《ゴク》を訓読みにしたものである。

当町は平安京大内裏の南東にあり、周辺には貴族の邸宅が並んだ。当町北側は、醍醐天皇の第一五皇子である兼明親王の御子左邸跡にあたる。町内ほぼ中央の三条黒門に位置する三条八坂神社御供社は、古く神泉苑境内の南端だったとされる地（『平安京提要』）。同社は旧暦六月一四日（現在は七月二四日）の祇園会の神輿巡行の際に、神輿が立ち寄る重要な地点であった。近世前期の祭礼の様子については貞享三年（一六八六）刊の『雍州府志』に、「六月十四日祇園会、三社の神輿此の人家の前に舁居す。斯の処に預め壇を築き幣三本を建て、祇園神を壇上に勧請す。而して此の前に於て供物を三基の神輿に献ず。故に、此の処を御供町と謂う」と記される。現在も毎年七月二四日の夕刻には、当社の周辺は神輿の舁き手と参拝・見物の人々の熱気に包まれる。（真下）

御前《おんまえ》通《どおり》〔京都市・南北の通り〕

平安京の西大宮大路に相当するが、南北に少し延びて、現在は、北大路通の辺りから九条通の少し南札の辻通に至る通り。別に寺之内通から九条通までとみる説もある。「御前」は、北野天満宮の東頬《つら》を通り、正門前を南下する道であることから付いた名で、江戸期からみられる。しかし、一条通以北には馬場があり、江戸時代には「右近馬場通」と呼ばれていた。北野天満宮には右近馬場址があり、町名も「馬喰《ばくろう》町」で、天満宮以前はその辺り一帯が広大な牧場であったといわれている。（糸井）

戒光《かいこう》寺町《じちょう》〔南区〕

かつてこの地にあった戒光寺に由来する。戒光寺は鎌倉中期の律宗の僧侶曇照が、安貞二年（一二二八）、後堀河天皇の勅願所としてこの地に巨大な伽藍を持つ戒律復興の道場として建立した。戒光律寺と呼ばれ、皇室から庶民まで広く尊崇を集めたが、応仁の乱により焼失。本尊釈迦如来は兵火を逃れ、一時的に上京区の一条戻橋付近に移された。『大日本史料』第九編之一四、大永元年（一五二一）の補遺には、「十二月三日、山城戒光寺地巷所ニ就キ、綸旨ヲ下サル」という記録が残されている。その後、三条川東に移築され、正保二年（一六四五）後水尾天皇の発願により泉涌寺の塔頭となった。堀川一条には現在も戒光寺町の名が残っている。南区には他に「上鳥羽戒光」「上鳥羽戒光町」「上鳥羽北戒光町」という字名があるが、黒川道祐著『雍州府志』に、「寺産百二十石あり」と記されているように、戒光寺の領地と関わり

があるのではないかと思われる。（入江）

皆山町《かいざんちょう》〔下京区〕

高倉通七条上ル下珠数屋町までの両側町である。「東本願寺所属の皆山屋敷あり し」（『京都坊目誌』）とある。今はない。町の形成は寛永一八年（一六四一）以降の市街地化による。「承応二年（一六五三）新改洛陽並洛外図」に「高倉尻丁」とあり、高倉通の一番端に位置することを表す。宝暦一二年（一七六二）刊『京町鑑』から現町名の「皆山丁」がみえ、以後変化はない。（小西）

海正寺町《かいしょうじちょう》〔右京区太秦〕

京福電車嵐山本線太秦駅の南東方向にある。室町期にこの地に深山和尚開基の海正寺が建立されたことにより名付けられる。元は、現太秦椙ヶ本町にある市川神社を中心とする市川村の一部であった。『三代実録』の貞観《じょうがん》一三年（八七一）四月三日、市河神に対して従五位下の神格が授けられた記録がみえるように、この地の開発は古いと考えられる。市川村の名は、明治七年まで続いた。（岩田）

鶏冠井町《かいでちょう》〔向日市〕

向日丘陵東麓の扇状地に位置する。長岡京大極殿跡付近は条里制の七条の中の「蛙手」とある里名である。また、延久四年（一〇七二）九月五日付の太政官牒（『石清水文書』）には「蝦手井」とあり、荘園を停止された石清水八幡宮領の一としてみえる。大治六年（一一三一）の『三鈷寺文書』に「長岡庄鶏冠井里」がみえる。

鶏冠井の由来についてはいくつかの従来説がある。①泉の傍に古い楓《かえで》があり、継体天皇が弟国宮の在位のとき、遊覧で来て楓を誉めて、その葉が鶏冠に似ていることから鶏冠井になったという俗説がある。②鶏《か》冠《え》木《で》は中国原産の楓《ふう》（和語かつら）に似ているのでこの字を当てた。中国では宮殿のまわりに楓の木を植えたので、宮殿のことを楓宸《ふうしん》ともいう。それに鶏冠は鶏の赤いとさかでなく、中国では宮殿を朱で塗ったから、朱の色を意味し、ひいては皇居（長岡京内裏）跡をさすという説もある。③楠原佑介らは、カイデに開田・開出・鶏冠井の文字があてられるとして、カイト（垣内）系の集落地名などをあげている。しかし、カイト系の地名の成立するのは中世である。

当地の扇状地は旧流路が流れた小畑川によって形成された。小畑川は古代からたびたび大氾濫し、長岡京廃都の理由の一にあげられる。扇状地には網目状の旧河道がみられる（中塚良「考古学調査からみた古代末～中世の地形条件の推移」『日本地理学会予稿集』一九九二）。そのため、室町初期に現流路に付け替えられた。「蛙手」は蛙の四肢のような状態の地形（水流）をいう。小畑川が乱流するさまをいったのだろう。蛙手（カヘルデ）は、楓《かえで》（鶏冠木）の変化した語で、葉の形が手のひら状に裂けて蛙に似ていることによる。『万葉集』にも「鶏冠木」を「蛙手《かへるて》」（巻八・一六二三）と表現している。契沖の『和字正濫鈔』によると、「雞頭（鶏冠）樹　かひるてのき　和名かへるてにおなし」とみえる。つまり、蛙手は鶏冠に好字化された。ヰ（井）は、水の集まる所の義（『大言海』）である。（綱本）

開田《かいでん》〔長岡京市〕

小畑川中流域に位置し、西端部が丘陵にかかるほかは扇状地上にある。中央部を支流犬川（西北西に流れる意）が南流する。開田付近には仁和寺門跡領である開田荘があり、仁和寺の院家として、「遠所別院《おんしよのべついん》」とよばれる開田院があった（心蓮院本『仁和寺諸院家記』）。地名はこれに関わるといわれる。開田《かいでん》は、荒地などを新たに切り開いて田畑をすることをいう。

開田院は、九条家領から、法助法親王《ほうじょほっしんのう》に

よって仁和寺に寄進され、仁和寺開田院といわれた。後鳥羽上皇は、建久九年（一一九八）と建仁元年（一二〇一）の二回、開田院に行幸している（『自暦記』『明月記』）。近世には衰退したようである。村名が文献にみえるのは、康永三年（一三四四）の「寂照院仁王像胎内文書」に「開田」と載るのが初見である。

室町期には、開田村を本拠とした中小路氏の居館・開田城があった。『大乗院寺社雑事記』文明二年（一四七〇）四月一八日条に「西岡に於いて日々合戦、開田城并勝竜寺城、山名弾正（是豊）并丹波勢之を責む云々」とある。ただ、同月二一日付「室町幕府奉行人連署奉書」（離宮八幡宮文書）では、「西岡鶏冠井・青（勝）竜寺に於いて合戦」とあり、鶏冠井の聞き間違いではないかともいわれる。しかし、開田城は一九七八年発掘の結果、土塁をめぐらした平城跡が確認された。（綱本）

垣内《かいと》〔向日市寺戸町〕

向日丘陵東麓の傾斜変換線の段丘上に、中垣内を中心に北垣内・南垣内・西垣内、その北側に中村垣内・里垣内・乾垣内と七つの垣内地名がある。中垣内の西南に続く丘陵に小字古城《こじょう》がある（「古城《こじょう》」参照）。中世の寺戸城があったといわれ、それに関連する集落という。垣内は中世の垣などをめぐらした集落・耕地をいう。海道・垣外とも記す（「中条」参照）。豪族の屋敷を中心に集落が営まれ、南垣内はかつて「御城ノ内」といわれ、寺戸城の城主の館跡と想定されている。当地には一三～一四世紀の井戸や掘立建物群が出土し集落の繁栄を物語る。北部でも遺構が検出され、村落の広がりを示す（『向日市史・上巻』）。現在も土塀をめぐらした古い民家が軒を連ね寺戸の中心部をなす。（綱本）

垣内・垣外《かいと》〔城陽市久世・寺田・富野・水主・奈島・中・市辺〕

城陽市には、垣内のつく小字名が多い。その「垣内」に東西南北の方角が頭につく例も多い。北垣内・南垣内はそれぞれ四ヶ所ずつある。垣内はもとより居所の垣の内を意味し（垣外もある）、宅地・田畑にすることを予定して囲った一区画の土地をいう。転じて中世の豪族屋敷や小集落を意味することが多い（『広辞苑』）。これは中世末期の戦乱とかかわる。城陽市は応仁の乱後の戦乱で主戦場の一でもあった。在地領主である国人の抵抗による山城国一揆は周知のとおりである。当時の国人は一族と田畑を耕しての生活で、館や集落に堀（環濠）をめぐらせ敵襲に備えていた。垣内の地名は、かつての自治を求めて起ち上がった住民の、歴史のありようを物語っている。（齋藤）

開土町《かいどちょう》〔伏見区深草〕

稲荷大社の北に位置する。稲荷大社はもともと山の上にあったが、室町時代、山麓の藤の尾に遷座して以降、参拝者が増え続け町は賑やかになった。開土町は稲荷大社の旧蹟参拝道にあたる。大社内のお産場池の一画を占めるのは、人口増にともない、新たに開発された結果である。開土町というのは、土を切り開いて開発された町だからである。開土町の東を開土口町というのも、同じ理由によるものである。（明川）

皆原《かいばら》〔宮津市〕

旧村名。宮津から加佐郡（舞鶴）へ抜ける道が貫通する山間の地区。「慶長検地郷村帳」に「下宮津之内」として「皆原村」が存在する。記録には残らないが、「皆原」は「柏原《かいばら》」の別表記であろう。「かしははら（柏原）」が「かしは（わ）ら（柏原）」になり、イ音便化して「かいばら（柏原）」ともなったものであろう。「柏原」に由来するのなら、文字通り柏（かしわ）の生い茂る土地の印象が地名となったと考えられる。皆原寺があるが、存在地の地名からついた寺名であろう。また、亀岡市に「栢原《かいばら》」があり、「柏原」とも表記する。「かいばら」では「灰原」（京都市西京区）もあるが、「灰原」は石灰岩の集散地につけられる地名であることがあるという。この点も考慮すべきか。（糸井）

加賀ノ辻《かがのつじ》〔京田辺市薪〕

加賀の辻の北は貝元《かいもと》（「垣内《かいと》の元」の意）となっている（「貝元」参照）。この二つの呼び方は関連がある。カガノツジの、カとガの間にイを入れるとカイガになり、カイガモトのイを省くとカガになる。この二つは同音で、カイトの後に、ツジまたはモトが付いていると見たい。ここもまた垣内であろう（『薪誌』）。（綱本）

鏡石町《かがみいしちょう》〔上京区〕

寛文五年（一六六五）刊の『京雀』に、「そのかみ此町に鏡石とて絶景の名石あり、太閤秀吉公より取て禁中に奉らる。此石によりて町の名とするにや」とある。しかし、享和元年（一八〇一）頃に記された橋本経亮の随筆集の『橘窓自語』には、「金閣寺のほとりにある鏡石は、一条鏡石町にありしを、ここにうつすといへり」とあるが、これは誤りであろう。町域は、東西に通る一条通をはさんだ両側で、東は大宮通の少し西より智恵光院通までである。「寛永一四年（一六三七）洛中絵図」に「かがみ石丁」とあり、江戸時代からの町名である。（清水）

鏡石町《かがみいしちょう》〔北区大北山〕

西の山腹は急傾斜地崩壊危険箇所（左大文字山北東端）で、山麓の細い道筋（金閣寺から千束への古道・鏡石街道）の山側の崖地に、町名由来となった「鏡石《かがみいし》」という大岩がある。鏡石はかつて鏡のようにものを写したという。名所の一つで、『都名所図会』に「鏡石は金閣寺の北、紙屋川の上にあり。石面水晶のごとく影を遷すを以て名とせり」とある。チャートという固くて緻密な岩石で、滑らかな岩面は断層作用によって両側の岩盤がズレていくとき、お互いが磨きあって形成されたという（『京都地学ガイド』）。（綱本）

鏡田《かがみだ》〔乙訓郡大山崎町大山崎〕

小泉川の最下流に位置する低地は、洪水時には桂川への排水不良のため湛水する水害常習地域であった。鏡田の地名は大雨時に湛水して池（鏡池）になることから由来したという。近世初めまで、小泉川（円明寺川）下流付近は広い遊水地帯で、周囲二キロあまりの永荒《えいあれ》沼をはじめ大小の外島を残していた。世にいう「天下分け目の天王山の戦」といわれ山崎合戦は、山上の争奪戦という風評があるが、主力戦はこの沼を挟んで対峙した。

このあたりは淀川流域中の最低地で、水位が少しでも高くなると悪水が滞留した。度々氾濫する小泉川は、元禄一一年（一六九八）河村瑞賢らによって付け替え工事が行われ、合流点近くから右折させ、ほぼ現在の国道一七一号線付近を流して淀川本流と合流させた。

鏡池は明治初期には面積約二〇町（約二〇ヘクタール）の永荒沼とされるが、明治一七年（一八八四）頃に旧小泉川堤防の土砂を利用した埋立てと昭和一〇年ごろの干拓により約八〇〇〇〇平方メートルの鏡田農地に変わった。現在、盛土され日立マクセル・日立物流などが進出している。（綱本）

鏡屋町《かがみやちょう》〔中京区〕

『京都坊目誌』には「開坊の当時武蔵と云ふ鏡師居住す故に名く」とある。この鏡職人在住説に従いたい。ただし、実際に鏡の製造が行われたのは、中世の一時期と考えられる。なお、中京区押小路通高倉西入ルの左京町《さきょうちょう》にも、奈良の鏡磨工である藤原ノ左京が住んだという伝承（『京都坊目誌』）がある。

　能「松山鏡」狂言「鏡男」お伽草子「鏡《かがみ》破翁絵詞《わりおきなえことば》」などの中世文芸には、鏡を知らない田舎の人々が登場する。例えばお伽草子「鏡破翁絵詞」では、近江の山里に住む翁が四条通で鏡を入手するが、これを初めて手にした女房が、鏡に写った自分の影に対して嫉妬し、大騒動になるというストーリーをもつ。ここから知られるのは、中世の京の都では鏡が売買されていたが、地方ではまだ鏡を知らない人々が存在したことだろう。「鏡屋」が町名となった背後には、鏡のもつ呪性と、これを造り出す職人たちへの畏れがあったことを忘れてはなるまい。

　平安京大内裏の南東にあり、早くから貴族の邸宅地とされた。町内の一部は文徳天皇第一皇子、惟喬親王の小野宮の故地にあたる。当宮は藤原実資らに伝領され、平安時代中期以降も文化の拠点としての地位を保ち続けた。ではいつ頃当町に鏡職人が在住したのかといえば、おそらく中世以降であろう。古く、鏡は神仏の神体とも考えられ、呪性が信じられてきた。また、それは都の職人の高度な技術をもって造られる、貴重なものでもあった。当町周辺はみごとな苑池を誇った小野宮の存在からも、水量の豊富な地であったことが知られ、また当町に隣接する竹屋町・夷川通周辺は、中世後半から鍛冶師が多く居住した。当町周辺で鏡が作られたのは、このような状況あってのことだろう。中世末から近世以降は、当町は室町筋に位置することと大内裏や公家町、二条城と至近の距離にあることから、公家や大名家出入りの大規模な商家の町となった。また都の物資を仕入れるために諸国の商人が集まる地でもあった。

（真下）

鏡山《かがみやま・かがみのやま》〔山科区御陵〕

御陵の鏡山小学校の名前で現存するが、どの地を指すかは二説ある。天智天皇が崩御し（六七二年）、壬申の乱を経て山科陵を造営した時、額田王が挽歌を捧げている。「やすみしし　我ご大君の　かしこきや　御陵仕ふる　山科の　鏡の山に　夜はも　夜のことごと　昼はも　日のことごと　哭のみを　泣きつつありてや　百磯城の　大宮人は　去き別れなむ」（『万葉集』巻二・一五五）の歌で、「岩波古典文学大系」では、鏡の山は御陵の後ろの山を指すと注釈している。「明王寺の後山をいふ」（『拾遺都名所図会』）、「陵村ノ北西に在リ、円峯如（山頭有雨乞森）」（『山城名跡巡行志』）とされ、吉田金彦も「御陵の正面奥には、形のよい山が二つ並んでいる。それが鏡山である」（『京都の地名を歩く』）としていて、定説化している。しかし、「御陵仕ふる山科の鏡の山」を「（畏れ多くも帝が）お眠りになっておられる山科の鏡山」と訳するなら、鏡山は「お眠りになっておられる」場所を指すことになる。鏡は神秘的なものとされており、三種の神器にも八咫鏡が入っている。天智天皇の御霊の象徴として表現されたと解すると、『山州名跡志』の「鏡山　陵別名」という「鏡山は天智天皇陵を指す」との説も捨てがたいと考えたい。

（小寺）

垣ケ内町《かきがうちちょう》〔下京区〕

大宮通塩小路下ルJR線路までの東側片側町である。『京都坊目誌』は、雑色支配をうけた小字であるという。その小字名が町名となったのであろう（「菊屋町」参照）。二条城築城に際し、当地を替え地として移転せしめられた。「天保二年（一八三一）改正京町御絵図細見大成」は「東西

垣ケ内町」と読める。（小西）

柿花《かきばな》〔亀岡市稗田野町〕

集落の南の丘陵を越えた所が湯の花温泉（亀岡市）であるが、この丘陵からは天然記念物に指定された菫青石が産出する。小さな花がちりばめられた文様のある石であり、地名はこの花模様の石に由来するとされる（『丹波誌』）。なお今は、桜石と一般には呼ばれている。「天保郷帳」では「山内柿花村」とある。

明治二二年（一八八九）に稗田野村の大字となり、昭和三〇年（一九五五）からは稗田野町を冠した大字となった。（安藤）

柿本町《かきもとちょう》〔下京区〕

本圀寺の寺伝によれば、嘉暦三年には後醍醐天皇の勅願所となり、貞和元年（一三四五）光明天皇の勅により、一二町の広大な寺地を賜った。本国寺の法華宗徒は塀と濠に囲まれた寺内に「寺内町」をつくっていた。一つのかなりの町《ヴィラ》を建設した（フロイス『日本史3』五畿内編Ⅰ）とある。秀吉の命で、花屋町以南を西本願寺に譲渡したので、東は堀川通、西は大宮通、北は松原通、南は花屋町通の範囲となった。旧本圀寺境内の町である。「元本圀寺境内に柿本（人麻呂）神社あり。明治七年此名を下す」（『京都坊目誌』）とある。「寛延三年（一七五〇）中古京師内外地図」には、本国寺敷地の東北部に、「柿本祠」として描かれている。（小西）

柿本町《かきもとちょう》〔中京区〕

柿の本、つまり柿の木の下に広がる町の意ととれるが、実はここでの「柿本」とは、柿本人麻呂をさすもので、当町に柿本人麻呂を祀る、人丸明神が置かれていたことに由来する。柿本人麻呂は『万葉集』を代表する歌人であり、長く歌聖と仰がれた人物。「人丸」のヒトマルという音が「火、止まる」を連想させ、民間で防火の神と信仰されるようになった。防火神としての人丸信仰は、明石の人丸明神を中心に伝播されたが、当地で信仰されたのは、近世期の当町周辺に金座銀座がおかれたことと関わるのであろう。

平安京大内裏の東南にあたり、貴族の邸宅の営まれた地。当町南側は白川法皇の西三条内裏の遺跡であり、南北朝期の二条良基の邸宅である、二条御池殿遺跡とも隣接する。近世には金座銀座が置かれたことから両替町と呼ばれ、明治三年（一八七〇）から柿本町となった。当地の人丸明神の由緒を綴った浦上家文書「人丸大明神略記」（『史料京都の歴史　九』）には、当地に勧請されたのはおそらく開都以前であること、そのために当町では応仁の乱や天明の大火をはじめとする火災から免れたことなどが記される。（真下）

鍵屋町《かぎやちょう》〔下京区〕

「元鍵屋と号する巨商此に住せしより」（『京都坊目誌』）とある。米問屋、酒屋（醸造業）などの巨商の「鍵屋」の居住による。

麩屋町通高辻下ル松原までの両側町には、鍵屋五兵衛（堀田加賀守）、同又兵衛（横田備中守）が、米の蔵元になっている。大津支配所の所属で近江米との関係が深く、当町では、米問屋の屋号であろう。

鍵屋町通烏丸西入ル室町までの両側町の場合は、当町西側の下京中学校跡の最近の発掘調査（『平安京左京六条三坊五町跡』）は、「室町時代の遺構（中略）で、甕据付穴を多数検出した。室町時代の下京は、各所に酒屋・麹室が所在したことが史料（「楊梅室町西南頬之倉」）、（「酒屋交名」『北野天満宮史料』）にみえ、今回検出した遺構はそれに該当する可能性が高い」と報告している。当町に鍵屋という酒屋（醸造業）の大店があったのである。

若宮通正面下ルから北小路までの両側町

は、西本願寺が天正一九年（一五九一）に天満から移転してきて以来、移住してきた町人により寺内町の建設がすすめられ、「若宮図子三町目」と称していた（「井筒町」参照）。米問屋も相当数移転してきている。

正面通木屋町東入ル鴨川川端までの北側片側町は、趣が異なる。『京都坊目誌』も「詳ならず」としながら「或は云ふ耕地の字なりしと」と紹介している。この界隈は、縁のある大津の日吉神社関連の町名がつき（「岩滝町」参照）、元雑色支配地の耕地の町地化の場合は、字名が町名となった（「菊屋町」参照）。

同名の四町すべて、寛永以来、「鍵屋町」とあり、変化はない。　（小西）

鍵屋町《かぎやちょう》　〔中京区〕

間之町通二条下ル、鍵屋のある町。鍵屋があったことに由来すると考えられるが、鍵屋町の名は宝暦一二年（一七六二）刊『京町鑑』から。それ以前は「きせるや町」だった。およそ近世の京の町でカギといえば、二つが考えられるだろう。一つは錠と一組みで使用して、その穴に差し込んで開閉するもの。もう一つは「鉤」であり、曲がった先端に物を掛ける道具。どちらも金属製であり、精巧な技術を要することでは、煙管と共通するだろう。近世の京の町では、経済的に豊かになった町人たちが、物資の保管のために蔵を建てることが多く、錠前の需要が増えていった。また、かれらの居住する町家の内部では、数寄屋造りの茶室に掛軸・短冊・簾などを掛けるために、工芸的な鉤も必要であった。はやく煙管《きせる》職人たちが居住していた当町の職人たちが、このような需要に答えたことは、十分に想像されよう。

平安京の大内裏の南東にあり、はやくから貴族の邸宅の建てられた地。当町は平安中期の藤原氏の邸宅であり、平安後期から鎌倉前期の里内裏でもあった、二条内裏の故地。同地は鎌倉後期の亀山天皇の里内裏である二条高倉殿にもあたる。中世後半には武家の邸宅地・商工業地となった。町名は「寛永一四年（一六三七）洛中絵図」には「駿河屋丁」とあるが、寛文五年（一六六五）刊『京雀』に「此町東西両行ながらみなきせるをはりて世をわたる業とす」とあるように、煙管職人が居住したことが知られる。鍵屋の名が見えるのは、前記『京町鑑』からであるが、元禄二年（一六八九）刊の『京羽二重織留』に「小間物屋・真鍮問屋」が見えることからも、当町では金属加工が盛んだったことが知られる。　（真下）

鍵屋町《かぎやちょう》　〔東山区〕

職人たちが居住した職人町にちなむか。所在は問屋町通五条下ル四丁目。正面通の北側に位置し、川端通と問屋町通に挟まれる。

『京都坊目誌』所引の慶長一五年（一六一〇）一〇月一〇日付文書には「大仏しゆしやか通かぎ屋町」とあるが、その後『京雀』以下の地誌類からは当町の名は一時見えなくなる。「（朱雀町・上人町・橋町の三町のみを記し）このみなみは行あたり也」と記し、地図上にも記載が見えない。明治二年（一八六九）下京に編入、昭和四年（一九二九）東山区に編成。

「鎰屋《かぎや》町」とも書いたという（『京都坊目誌』）。「鍵屋町」の名は中京区、下京区、伏見区にもある。　（忠住）

楽音寺庄《がくおんじのしょう》　〔京丹後市丹後町〕

旧庄地名。長禄三年（一四五九）の「丹後国郷保庄惣田数帳」に「楽音寺庄」とあるものが初出となる。楽音寺の門前集落が庄となったもので、寺名に由来する地名と思われる。しかし「楽音寺」という寺院や小字地名は見られないため、その実態は不明である。天文七年（一五三八）の「馬場某田地売券案」（竹野神社文書）には、竹野の馬場四郎左衛門が上野兵部少輔貴誠へ売却し、翌年には上野氏から竹野神社へ寄進された土地に「楽音寺保」とある。また天文七年（一五三八）の「丹後国御檀家帳」には「かくおん寺　里村々あまたあり此辺岩木村と見る」とあり、楽音寺庄（または保）が丹後町岩木に位置していることがわかる。（新谷）

郭巨山町《かくきょやまちょう》〔下京区〕

四条通新町西入ル西洞院までの両側町である。当町から。祇園会の郭巨山をだす。郭巨山は、中国の二四孝の一人郭巨の釜堀りの故事にちなんだもので、神体は郭巨と童子である。宝暦一二年（一七六二）刊『京町鑑』に、現町名の「郭巨山町」が記される。但し書きは「革棚町」ともいうとある。明治二年（一八六九）八月、町組改正にともない、年寄勘兵衛、五人頭長兵衛名で京都御政府に町名の統一を願いでている。「是迄郭巨山町又ハ革棚町と両名相持居来り候処、以来、郭巨山町と相改申度候」（『京都市史』史料集）とある。（小西）

神楽岡《かぐらおか》〔左京区吉田神楽岡町〕

神楽はカミクラ（神座）がカグラと訛ったもので、オカ（岡）は丘陵地。『扶桑京華志』は「卜部ノ家説ニ曰ク、日神ノ天石窟ニ幽居セシ時、諸ノ神、神楽ヲ奏ス。…故ニ神楽岡ト曰フ」と、神楽岡を天石窟《アマノイハヤ》とする伝承を伝える。『日本逸史』延暦一三年（七九四）一一月九日条に「康楽岡《カグラガオカ》ニ遊猟ス」、『日本文徳天皇実録』斉衡三年（八五六）六月二五日条「賀楽《カクラ》岡・白川ノ地ヲ択ビテ葬地ト為ス」、『日本三代実録』貞観八年（八六六）九月二二日条に「勅シテ山城国愛宕郡神楽岡周辺ノ側ノ地ニ葬斂スルヲ禁ゼシム。賀茂御祖神社ト隣近スルヲ以テ也」など、早くから遊猟や葬送の地として知られた。標高一〇五メートルほどの小高い丘で、吉田社が西麓にあったので吉田山とも呼ばれる（「吉田〔左京区〕」参照）。葬送の地としては、神楽岡の南東に位置する後一条天皇の菩提樹院陵《ぼだいじゅいんりょう》が有名。『日本紀略』によると、後一条天皇は長元九年（一〇三六）四月一九日崩御、五月一九日「浄土寺西原〈神楽岡東面也〉」で火葬され、その日から「伽藍ヲ神楽岡ノ東ニ立テ、名ヅケテ菩提樹院ト曰フ」と見え、『後拾遺和歌集』に「菩提樹院に後一条院の御影をかきたるをみて、みなれまうしけることなどおもひいでてよみ侍ける／いかにしてうつしとめけむくもゐにてあかずわかれし月のひかりを」（哀傷・五九三、出羽弁）とある。

現在、吉田神楽岡町という町名が存する。（笹川）

学林町《がくりんちょう》〔下京区〕

東中筋通六条下ル旧花屋町までの両側町である。「元寺内に属す。本願寺学林の有し所なり。学林は寛永一六年（一六三九）創立し」（『京都坊目誌』）たとあり、この「学林（僧侶の教育機関）」に因む。「寛永一四年（一六三七）洛中絵図」は、西本願寺の寺内町で、六条を起点とする「天使突抜一丁目」とある。「天使突抜」といっていたのは、この通りが「五条天使社」の「突抜」の延長線上にあるためである。宝暦一二年（一七六二）刊『京町鑑』には、「学林丁」と現町名となる。（小西）

掛津《かけづ》〔京丹後市網野町〕

カケの湊、掛の浜、懸の浦などともみえる古砂丘のある海岸、津で、崖のある津、崖津、掛津になったものといわれる。三津《みつ》（別項参照）村の枝郷。『日本書紀』雄略天皇二三年八月の条に、征新羅将軍であった吉備臣尾代が、蝦夷の俘囚五〇〇人を率いて吉備に到着したとき、雄略天皇の崩御を知った蝦夷の俘囚が反乱を起こした。尾代は沙婆水門で戦い、鎮圧しようとしたが、俘囚たちは集団で逃走して丹波国の浦掛水門《うらかけのみなと》に至った。尾代はこれを追って、ようやく鎮圧したという。この浦掛水門が掛津であるともいわれている。この掛津の浜が琴引浜で、琴引浜は、国指定天然記念物及び名勝に、また鳴き砂は京丹後市指定文化財に指定されている。この名勝地を詠んだ歌に、与謝野晶子の「松三本この蔭に来る喜びも共に音となれ琴引の浜」がある。掛津湊の異称に笛《ふえ》浦《うら》がある（『丹後雑史』『丹後内名所』）。（水野）

勘解由小路《かげゆこうじ》 **勘解由小路町**《かげゆこうじちょう》 →上立売通《かみだちうりどおり》 〔上京区〕

京都の難読地名のひとつである。大正五年（一九一六）刊の『京都坊目誌』によると、江戸時代には現在の下立売通が勘解由小路と呼ばれていたことによるとしているが、勘解由小路という通りの名は平安時代からである。勘解由とは、平安時代の令外の官の勘解由使のことで、国司の交替に際して引き継がれる書類の審査をする役所のことである。平安時代初期にこの付近には役所のある修理職町があり、その中に勘解由使の役所があったことから、この通りの名が出来たと考えられる。町は南北に通る室町通をはさんだ両側で、北は出水通から南は下立売通までを町域とする。宝暦一二年（一七六二）刊の『京町鑑』に「勘解由小路町」と記され、江戸時代からの町名である。（清水）

香河《かご》 〔与謝郡与謝野町〕

慶長七年（一六〇二）の「慶長郷村帳」に「香河村」とあるものが初出の地名である。地名の語源は、川が香気を発したことに由来するという。「かかは」→「かかう」→「かこう」→「かご」と変化した地名か。地区内の香河山慈雲寺は、地名を山号とする。「慶長郷村帳」以降、「香河村」と表記され、明治時代に至る。（新谷）

笠置《かさぎ》 〔相楽郡〕

京都府南端の南山城町の西側に在る小じんまりした山の町。奇岩に富む笠置山が木津川に向かってそそり立ち、山上にある有史以前からの歴史を踏まえた笠置寺で有名である。笠置の語源は「笠を伏せたような山」にある、と云ってしまえばそれまでだが、この山の奇岩怪石やそれに彫った仏像に深い由来がある。寺の由緒は、天智天皇の皇子が狩りで登山し、馬の脚も踏み外しそうな危険場所で、山神に加護を祈願し、弥勒の仏像を彫刻しようとした。すると、天人が現れて忽ちに彫ってくれたということが、『今昔物語』や『笠置寺縁起』に書いてある。しかもその時、藺笠《いかさ》を目印に脱ぎ置いて、目印に置いた笠の場所に弥勒像が彫られたと言っている。「笠」を繰り返し強調しているので、文字通り「笠を置く」のが「笠置」の語源だ、と云うのも無理からぬ話ではあるが、これをただ単純に物理的動作の put 、lay などの「置く」なのか、疑えばそうではないことに気づく。これはある目的のために行う意図的動作でなければならない。では何が意図的なのか。というのは、此処は危険回避、災難除けの修祓場所として聖なる所に「置く」のであるから、「置坐《おきくら》」の意味の「置く」であって、神仏への強い祈願を込めた「磐《いわ》座《くら》」は自明の事である。お山は巨石がいっぱいあって、岩はいずれも磐座であり、その中で最適の〈手向《たむけ》の場〉が選ばれて弥勒仏を彫ったので、この弥勒石が笠置寺の本尊に成っているのだ。そう考えてくると、ここで言葉の隠れた意味を考え、中身を読み替えなければならない。

　カサギ（笠置）のカサは「笠」ではなくて笠によって示された場にある「立石（巨石）」を指し、オキは「置」ではなく巨石への作動、ここでは磨崖仏を「彫る」という行為を意味するのではないか。言葉の比喩が隠れている。キ（置）ではなく石を刻む「キル（切）」のキではないか。神社名に「石切」と云う語もある。石を切る字には「斫」「砕」なども使われ、『名義抄』では此の字にキル、サキ、ケヅル、タツ等の和訓も付けている。また鏨《たがね》などで切るのに「鑽」「鑱」など多くの金偏の文字があるので、石の金属と関わったかたちがある。古代の岩石加工の金石技術を思わせられるのだが、現在の研究では笠置の磨崖仏の制作年代は未定だというのだが、石剣が笠置山の岩の前から単独に出土している。町教委発行の『笠置町と笠置山』（一九九〇年）に石剣の写真が出ており、武器より祭器化した銅剣を石に摸して作ったもので「銅剣型有樋式石剣」とよばれており、このような石造品が単独にここから出たと言う事で、弥生時代からお山が信仰されていた証であり、石刻の文化が行われていた事が判るのである。

刻まれた仏石の中で、大事なのが二つある。一つは虚空像石で、この虚空蔵磨崖仏は線刻鮮明である。が、もう一つの肝心の本尊の弥勒石は、巨大な光背形を二重に残すのみで弥勒さんのお顔や身の回りのお姿は消失している。しかし、姿の明瞭な虚空菩薩像から判断すると、頭部の光背と胴体の光背と上下に半重ねになった形は、弥勒像も虚空像も同様であると判断されるから、円形の光背彫りだけでもご本尊は分かるのである。その丸い光背を目当てに寺も一般も「カサ」と云って拝んできたのではなかろうか。

　神社名に「石切」があると言ったのは、正確には「石切劔箭命神社」で、神名が「石切云々」なのである。祭神は公称、ニギハヤヒノ命《ミコト》父子であるが、そのようには云わずに「石劔神」という言い方を使っている。神武天皇時代の神社祭神は「石劔」の語で記され、笠置山寺の本尊は弥勒菩薩の石刻仏であって、用語の「笠置」の実は「暈切《かさぎ》」（弥勒の光芒を彫る）であったのである。石造仏の美術が云々される時代ではなく、金石器の石道造墳の遺構を思わせる所があり、僧侶や修験道徒たち、仮りに図柄が無くなっていても、信仰の対象では丸い彫像だけで菩薩尊を理解できたのだ、と思う。

　「笠置」は漢字では解けない「石を刻む」意味であった。ここで古代語辞書『名義抄』を見ると、面白い和訓がある。「砮カサキ」とある。このカサキは言葉としての「笠置」ではない。では何か。「砮」は『説文』に「砮石、以って矢鏃《やぞく》と為す可し」とあるように「矢尻《やじり》にする石」または「石の鏃《やじり》」だから、笠置と関係するという事なれば、この岩山から鏃用の石材が採れたということであろうか、鏃は縄文以来古代遍く使用され、笠置は搬出に木津川という利便性もあったから、あるいは「砮《やじり》（石鏃）といえば笠置」で通用していたのかもしれない。産業考古学の知見を待ちたいところである。

　言うまでもなく、日常修業に歩く実物の「笠」は、行者の無くてはならぬ一の旅具である。それは、笠をかぶると言うのは俗界を離脱して神仏の世界に入る事、笠を頭に着けて、日の放つ丸い光芒の下を歩く。一方で、丸い光芒は菩薩の慈悲・恵みであり、日や月の周囲に出来るカサを「日の笠」と呼ぶようになっている。「日の笠」は古語として「暈」とか「暉」の字を使う。『新撰字鏡』（九〇〇年ころ）に「暉比乃加佐《ひのかさ》」があるから、天体の光輪と仏の後光とは仏教の流布と共存していたであろう。

笠の物心両面と、磨崖仏本存の石加工と、この両面における言葉の解釈から、「笠置」の語源は「日の笠（暉）を磐座に刻んだ所」ということになる。（吉田）

加佐郡《かさぐん》〔京都府〕

旧郡名。カサには上の方・かざす・東の方の意がある。丹後国の東かたの意であろうか。加佐郡の文献での初出は『日本書紀』天武天皇五年（六七六）の「神祇官奏文」で、新嘗祭の主基は「丹波国訶沙郡」とある。藤原宮跡出土木簡の中に「加佐」と記されているものがあり、うち二点は丙申年（六九六）と和銅二年（七〇九）と年号が明らかである。『続日本紀』和銅六年（七一三）に丹波国から北部五郡（加佐・与謝・丹波・竹野・熊野）を分割して丹後国を置くが、加佐郡はもっとも東に位置し若狭国と接している。

加佐郡の中心は、七世紀後半の大規模な倉庫群跡の出土した女布《にょう》遺跡の辺りと考えられるが、近くに高野・真倉・池内の三つの川が集まる所にカサの名を負う笠水神社が鎮座しているが、郡名の「カサ」は古くは笠の字を用いたともいわれる。平成八年、舞鶴市千歳の浦入遺跡で「笠百私印」と刻印された平安時代前期の製塩土器の支脚が発見された。当地の塩生産を掌握していた豪族笠氏の存在が考えられる。『古事記』崇神記には「在地勢力玖賀耳之御笠」とある。九世紀中頃丹後国の国司に笠数道が任じられており、若狭國一宮二宮の禰宜に笠氏とある。加佐と笠は並び使われており、笠とあるのを好字二字にするために加佐と表記するようになったとは考え難い。

加佐郡は江戸時代にはほぼ田辺藩の治める領域であり、現在舞鶴市と昭和三〇年に宮津市に併合された旧由良村、平成一八年福知山市に編入された旧大江町が郡域であったが、今日加佐郡を名乗る町村はない。（髙橋）

笠取《かさとり》〔宇治市〕

蓋《きぬがさ》の綱を執る家格の家が存在していたからか。『延喜式』（一〇世紀）に「子部の宿弥一人、笠取の直《あたひ》一人、並びて蓋《きぬがさ》の綱を執る」とある。蓋《きぬがさ》は天皇・親王などの貴人が外出する際、背後からさしかざした長柄の傘。笠取地区の開拓は養老年間（七一七～七二四）の頃に始められたものではないかといわれるほど古く、その当初から醍醐寺領の荘園であった。笠取東庄・笠取西庄と二つに分かれていて、笠取東庄は『醍醐雑事記』に貞観一二年（八七〇）の寺領証文が残っているという。村としての名は、「北浦荘一郎家文書」に「東笠取村本家山名寄帳」（天正二〇年〈一五九二〉）が古い。「〈徳川秀忠〉知行方目録」（元和三年〈一六一七〉）には、東笠取村・西笠取村が並んで記されている。その中央に位置するのが現在の笠取山で、標高三七〇・五メートル。しかし、笠取山は、古くは醍醐山をも含めたこの山間地域の汎称であったという。歌枕で、紀貫之（『古今和歌六帖』）の「かきくらし雨ふる毎に道しらぬ笠取山に惑はる、哉」がある。

なお、花山天皇（九八四～九八六）が出家して西国霊場を巡錫した際に、この地を通過しみごとな老楓の青葉しているさまに思わず笠を取って賞讃したと伝えるところからの名という説がある。

昭和二六年（一九五一）、宇治町・槇島村・小倉村・大久保村と合併して宇治市になり、現在に至る。（髙木）

風早町《かざはやちょう》〔下京区〕

油小路通綾小路下ル仏光寺までの両側町

である。「何れの時にか。華族（公家）風早氏の第中に。鎮座せし菅神（菅原道真）ノ像を。本町に移し祀るを以て町称と為す」（『京都坊目誌』）とある。すでに、「元亀三年（一五七二）御膳方月賄米帳」に、川ヨリ西組の「天神山町風早町」とある。「寛永一四年（一六三七）洛中絵図」以来、すべて「風早町」とある。（小西）

傘鉾町《かさぼこちょう》〔下京区〕

四条通西洞院西入ル油小路までの両側町である。祇園会の山鉾巡行に「四条傘鉾」をだすことによる。明応九年には「かさはやし（傘の練物）」を出していた（『中世京都と祇園祭』）。すでに、「元亀三年（一五七二）御膳方月賄米帳」の川ヨリ西組の中に、「四条かさほこの町」とある。「天保二年（一八三一）京町御絵図細見大成」も「傘鉾町」としている。（小西）

錺屋町《かざりやちょう》〔下京区〕

近隣の仏具屋町通（若宮通）の仏具屋に対応する「金属の錺りを製作する工房」の存在が伺える。五条通新町東入ル室町までの片側町は、「東錺屋町」と称する。五条通新町西入ル西洞院までの片側町は、「西錺屋町」と称する。「寛永一四年（一六三七）洛中絵図」に、それぞれ「東、西かざりや町」とあり、変化はない。（小西）

花山《かざん》〔山科区〕

かつては山科盆地の西北部一帯を指す地名であった。もともと「華頂」と称していたが、平安遷都の際に「花山」と改称したという伝承がある（『京都府地誌』）。貞観一一年（八六九）、僧正遍昭によって開かれた元慶寺が、応仁の乱で衰微するまで、この地域に大きな影響力を持っていた。『日本三代実録』によれば、定額寺（寺格は官大寺・国分寺に次ぐ）に指定されている。花山法皇出家の寺としても有名で、花山寺とも呼ばれた。山号の華頂山から、粟田口にあった三井寺別院華頂寺との関連が考えられる。仏典によると、中国の霊峰・天台山の西南の隅にある仏像の形をした小高い山は聖地で、いつも花が咲き乱れていることから「華頂山」と名付けられたという（『法華玄義』）。「天台山と西南の華頂山」との位置関係を京にあてはめ、「比叡山と粟田口」に比定して華頂山と称したのではないかという指摘（『京都の地名検証』）は注目される。いずれにせよ、平安時代以降、この地が花の名所として遊興の場になっていて（『中右記』『続古事談』）、歌枕の「はなのやま」として親しまれてきた。

応仁二年（一四六八）には「北花山・下花山・上花山」と三区に分かれていた（『山科家礼記』）。寛保年間（一七四一～四四）に下花山村が北花山村に併合された（『京都府地誌』）。現在は「北花山」（区内に六つの小字名を持つ）、「上花山」（区内に一二の小字名を持つ）に分かれている。（小寺）

鍛冶塚《かじづか》〔城陽市平川〕

市北部中央に位置する一区画の小字名。東側の、西北に流れる大谷川が境界をなしている。江戸地誌にみえる七ツ塚の一である巨大古墳車塚の北西側に、その陪塚と思われる同じく七ツ塚の一の梶塚があった。今はほとんど消滅しているが、それが地名の由来である。鉄製農耕具（鍬・鎌・鉈・刀子《とうす》・釣状工具）が出土しており、それが塚名に関係があろうか。（齋藤）

鍛冶屋町《かじやちょう》〔綾部市〕

綾部市街地の西北方の空山（三五一メートル）東麓の村名。鍛冶屋町、鍛冶町の地名は鍛冶職人が居住したことに由来し、京都市内に多いが、当地の場合は市街地から遠く鍛冶職人の居住については明確でない。むしろ山麓にある立地から「カジ」は紙の材料である「梶」である可能性が高く、紙を漉く人々の居住が地名の由来と考えられよう。

昭和三〇年から綾部市の大字として鍛冶屋町となった。　（安藤）

鍛冶屋町《かじやちょう》〔下京区〕

針金、釘、かすがい、刃物の「鍛冶職」の居住があることによる。堺町通松原下ルから万寿寺までの両側町の場合は、『京羽二重』の堺町通の諸職商家に針がね屋とあり、また、「鍛冶屋」の項に、松原堺町下る有次、有信の名がある。「寛永一四年（一六三七）洛中絵図」に、すでに、「かじ屋町」とみえる。宝暦一二年（一七六二）刊『京町鑑』に、北の「夕顔町」を「上鍛冶屋町」、当町を「下鍛冶屋町」というとある。「天保二年（一八三一）改正京町御絵図細見大成」には、「夕顔丁」（北の町）、「鍛冶や丁」（当町）に戻っている。

西洞院通正面下ル北小路までの両側町の場合は、西本願寺が天満から移転してきたときの商人職人のなかに「鍛冶屋」がいた。「寛永一四年（一六三七）洛中絵図」に、西本願寺の寺内町の「西洞院三丁目」とある（「井筒町」参照）。寛文五年（一六六五）刊『京雀』に「かちや丁」とあり、以後変化はない。　（小西）

過書町《かしょまち》〔伏見区〕

京阪本線桃山駅から大手筋を西、疎水（濠川）を越え、西の高瀬川に挟まれた位置、北は西浜通までとなる。慶長八年（一六〇三）、徳川家康は納所の河村三右衛門・木村宗右衛門を「過書船奉行」に任命した。過書とは過所ともいい、元々「関所通過免許状」のことであった。家康は過書座の制を設け、淀川通過の船の入津料を徴収した。淀川通航の免許状を与えた船を過書船といった。過書船は三〇石以上のもので、船腹に「過」の刻印を打ち、京都、大阪間を往復した。過書座は今の過書町の南、伏見三栖の船着場にあった。過書町の由来である。町は高瀬川・疎水（昔の伏見城の外堀の一部）の合流地点にあり、宇治川の派流と交錯していた。江戸時代、過書町一帯には材木・米・木炭などの問屋が蔵を並べていたが、今は偲ぶべくもない。それでも製材工場など跡地が駐車場となって残っており、住宅地は少ない。　（明川）

頭町《かしらちょう》〔上京区〕

西洞院通の北の終わりになっていたことから頭の地名が付いた。町域は、南北に通る西洞院通をはさんだ両側で、北は上長者町通から南は下長者町通の少し北までとする。「寛永一四年（一六三七）洛中絵図」には「西洞院頭丁」と記されている。明治七年（一八七四）提出の『全国村名小字調査書』には「頭町」となっている。西洞院通がさらに北へ延長された年代は不詳である。　（清水）

頭町《かしらちょう》〔上京区〕

油小路通は元誓願寺通で北は終わっていて、北端に当たるところから油小路の頭と呼ばれていたことによる。町域は南北に通る油小路をはさんだ両側で、北は元誓願寺通までである。「寛永一四年（一六三七）洛中絵図」に「油小路頭丁」とあり、明治七年（一八七四）提出の『全国村名小字調査書』にも「油小路頭町」とある。油小路通がさらに北へ延長したのは明治二七年（一八九四）のことである。「頭町」に改称したのは明治一二年（一八七九）の町組改称の際であろう。　（清水）

膳部町《かしわべちょう》〔左京区下鴨〕

膳部とは、大和朝廷の品部《しなべ》で、律令制では宮内省の大膳《だいぜん》職・内膳《ないぜん》司に所属し、朝廷・天皇の食事の調製を指揮した下級官人。古代、柏の葉を食器として用いたことから膳部を「かしわべ」、その担い手という意味もこめて「かしわでべ」と訓む。中世になると、宮中に限らず、寺社における食膳調理をつかさどる職制についてもいうようになるので、下鴨神社の北に位置する膳部町は、あるいは下鴨神社の神官たちの食事の調製を行った集団が住んでいた地域か。現在、町内には蕪庵という広東料理店があるだけで、町名の由来を辿る術がない。（笹川）

柏屋町《かしわやちょう》〔下京区〕

「柏屋」を屋号とする問屋が存在していたことによる。柳馬場通万寿寺下ル五条までの両側町では、宝暦四年（一七五四）刊『京羽二重織留大全』に、間之町近くの真鍮屋「柏屋八郎兵衛」の存在を示唆しているのが参考になる。「寛永一九年（一六四二）寛永後万治前洛中絵図」に、「五条柏屋町」とある。宝暦一二年（一七六二）刊『京町鑑』にも「柏屋町」とあり、以後変化はない。

四条通油小路西入る堀川までの両側町では、「寛永一九年（一六四二）寛永後万治前洛中絵図」にすでに、「かしわや町」とある。また、「元。藤本寄町に連り。南方石井筒町に属せしが。寛文年中。両町を割地して分立す」（『京都坊目誌』）とある。宝暦一二年（一七六二）刊『京町鑑』は「柏屋町」とする。ただ、「天保二年（一八三一）改正京町御絵図細見大成」は、「かしわや丁」と「藤本寄町」とを並列で記載する。（小西）

柏原《かしわら》〔右京区京北〕

『和名抄』の桑田郡有頭《うつ》郷に、後には宇都庄（吉富本庄）に属する集落。黒尾山南麓に位置する。黒尾山の東峰山頂には周山城が築かれた。文字通り、「柏《かしわ》」の群生する土地であったことによるか。同じ「かしわら」でも美山町には「樫原」と表記する地名があるが、これは、「樫の木」の群生地であるからであろう。

「黒尾」は「黒生」「黒原」に通じるが、「黒」がどういう植物を意味するのかは、不明。あるいは、黒松の群生地を意味したか。また、大堰川の支流との合流点にあり、京都府ハザードマップでは急傾斜地の崩壊危険箇所で土石流とその被害が予想される土砂災害警戒箇所であることをふまえて、地名由来を考えるべきか。（糸井）

春日井《かすがい》〔向日市森本町〕

旧国鉄が操車場を造る以前は、春日井に泉福寺があった（のち四ノ坪に移転）。操車場が洗車のため大量の水を汲み上げるまでは、清水が寺の境内からゴボゴボと音を立てながら湧き出た。そのため当地には清水という姓名が多い。泉福寺は長岡京猪熊院の跡という。『類聚国史』延暦一一年（七九二）正月九日条に、桓武天皇が「車駕で諸院巡覧し、猪熊院に於いて五位以上に（弓を）射させた」と載る。猪熊とは「井の隈」であり、「井戸のほとり」という意味だという。春日井の春日も、カ（接頭語）・ス（州）・カ（処）・ヰ（井）、つまり井戸のある砂礫地の意である。（綱本）

春日小路《かすがこうじ》 →丸太町通《まるたまちどおり》

春日森《かすがもり》〔宇治市小倉町〕

小森神社が鎮座する森ではあったが、そこが春日社の管轄下であったところから、春日の字が冠せられたのであろう。「小倉村検地帳」（延宝七年〈一六七九〉）の「除地の分」の中に、春日大明神境内と並んで同（春日大明神）宮小森境内とあり、小森神社の所在地が、街道を隔ててはいるが、春日大明神に所属していたことが伺われる。元来、小倉村には小森神社と呼ばれる産土《うぶすな》の神が存在していたと思われる。ところが、古代豪族巨椋氏によって巨椋神社が奉斎されると、小森神社も合祀される。その場所は現巨椋神社のある字寺内である。さらに平安中期、巨椋氏の私領が藤原氏の荘園「巨倉荘」となったために、その守護神として藤原氏の氏神春日明神が勧請されると、旧巨椋神社に祀られていた小森大明神は巨椋池（旧大池）畔の現春日森への移転を余儀なくされたのである。春日社と呼ばれていた旧巨椋神社が、明治一〇年（一八七七）、式内社の認定を得て再び巨椋神社と称されるようになったのである。したがって、春日社の鎮座するところは字寺内であり、字かすが、あるいは春日森と呼ばれているところには、小森大明神があったことになる。現在、巨椋神社は、子守神社として、地域の人々に親しまれているが、「コモリ」は沼地の意か（『地名の語源』）、あるいは、水分《みくまり》（水配り）がミコモリ→ミ・コモリとなり、子守りの字が当てられたのであろうか。「小倉村蔵坊領検地絵図」（延宝六年〈一六七八〉）に春日森の記載があり、翌年の「小倉村検地帳」には「かすか」とある。（高木）

葛野《かずらの》〔京丹後市久美浜町〕

天文七年（一五三八）の「丹後国御檀家帳」に「くみのかつら野」とあるものが初出の地名である。中世は久美庄の領域に含まれていたことが分かる。地名の語源は、「ケヅル」から転じたもの、または「カハ（河）ツラ（面）」の略とも考えられる。

久美浜町箱石に伝わる御五野伝承は、函石浜にあった「おんごの村」が飛砂により埋まってしまい、鹿野・葛野と上野・俵野・溝野へ移転したというものである。移転した五つの村には、いずれも地名に「野」がついていることから、御五野（おんごの・おこうの）と呼んだと伝える。慶長七年（一六〇二）の「慶長郷村帳」には「湊村之内葛野村」とあり、湊（湊宮）村の端郷であったことがわかる。延宝九年（一六八一）の「丹後国与謝郡等郷村高帳面」以降は「葛野村」と単独表記され明治時代に至る。（新谷）

葛原《かずらわら》〔乙訓郡大山崎町円明寺〕

円明寺地域は平安貴族の別荘が多く営まれたと伝える。葛原《かつらはら》親王の塚や葛原親王の邸跡という桓武平氏《へいし》の祖のゆかりの地もそのひとつ。桓武天皇時代の須恵器が多量に出土、長岡京時代の残存地名である。「葛原親王塚伝承地」・「葛原親王屋敷伝承地」の記念碑が、円明寺団地内の児童公園にある。葛原親王（七八六～八五三）は桓武天皇の第三皇子、大蔵卿・式部卿などを経て、太宰帥《だざいのそつ》（大宰府長官）となった。死に際しては薄葬を遺言した。『文徳実録』仁寿三年（八五三）六月四日条に、「大宰帥葛原親王薨」と載り、史書を歴覧して物に傲らない人柄を記す。桓武平氏は平《たいら》の姓を下賜された家系。『日本紀略』天長二年（八二五）七月六日条に「葛原親王上表し、王号捨てるを庶《こひねが》ひ、許レ之」。その後歴史を動かした子孫が輩出した。平忠盛・清盛父子や平将門、鎌倉時代の一時期を築いた北条氏、戦国の雄・織田信長も清盛の後裔である。

西隣の「殿山」は、親王の屋敷があったといい、「脇山」は、屋敷の脇の台地だからというのが、地名の由来という。（綱本）

鹿背田《かせだ》〔城陽市枇杷庄〕

市南部の木津川沿い枇杷庄に所在（近鉄富野荘駅付近）。木津川市木津町に「鹿背山」があり、同じく木津川流域であるところから、「鹿背田」の「鹿背」の地名の語源は、「鹿背山」の「鹿背」と同じと思える。『万葉集』歌枕の「鹿背山」を文字通り鹿の背のような優美な山並みからという説もあるが、河瀬山、岸山、あるいは水漬（みずつき）になる岸の山の意味のカシ山・カセ山（『京都の地名を歩く』）の意ともいう。だが河を背にした山（山背＝ヤマシロを意識）、すなわち「河背山」とみるとき（齋藤幸雄「歌枕の里鹿背山の歴史と地名」京都地名研究会編『地名探究』第四号所収）、「鹿背田」（鹿背山にも「鹿曲田《かゆでん》」という地名がある）は、木津川を背にした田、「河背田」となり、両地名は整合性をもつことになる。ちなみに川を背にしたこの辺りの田は良質で、中・近世においては近衛氏の領地であった。（齋藤）

鹿背山《かせやま》〔木津川市〕

木津川左岸の丘陵地。木津川支流の大井出川が貫流する。西北へ谷が開け、木津川岸に達する。鹿背山は鹿背山集落の北東の山地を総称した。歌枕のひとつで、『枕草子』に「山はをぐら山、かせ山」と記す。『万葉集』巻六・一〇五〇に「山城の鹿背山」とみえる。「賀世山」（『続日本紀』）「柞山」（『続日本後紀』）「加勢山」（『延喜式』）とも書いた。近世は粘土による鹿背山焼が特産だった。

鹿背山の地名の由来は、①川に面している山であるところから、河瀬山、あるいは水漬になる岸の山の意味のカシ山・カセ山（カセ、カシ、カスは「浸」という（『京都の地名を歩く』）。②鹿背山は河を背にした山、「河背（かせ）山」であったともいうのが妥当か。（綱本）

樫原《かたぎはら》〔西京区〕

国道九号が向日市の西北部に最も接近した、京都市との市境近くにある。元の葛野郡岡村にあり、「七條通の西丹波へこゆる道なり」（『京羽二重』）とあるように、交通上の利便性が高い土地である。語源は当地の交通文化史にある。書かれた漢字「樫」は『和漢三才図会』にあるように日本で拵えられた国字で、「堅い木」すなわちカタギであるのだが、この原に、樫《かし》の種類の木が茂っていたのだろうか。欅や楢などの名木が一本もなかったともいえない。土地の伝承では、樫の大木があり、安政の台風で倒れたといっているけれども、もう一つぜひ考えておきたいのは、無視できない同音語があるからである。

といっても、徒歩で行く野をカチノ（勝野）などいう時のカタ（交）と見たのでは続くギの説明に窮する。カタは人間の「肩」ではないか。カタギは、四段他動詞カタグ（担《かつ》ぐ・荷う）の連用形名詞カタギ（荷物を担いで行く事、そういう人が通る所）であって、カタ（肩）の上に荷物を乗せて運んでゆく原っぱ、というのが「樫原」の由来だったと考える。東へは一直線の大縄手となるが、西へは曲折の巨勢・沓掛の坂が待ち受けており、通行人の風土感覚が反映された交通地名の一つである。

樫原が「陵村の南に在り、河島の西丹州街道也。此の所の駅也。旅宿茶店等之有り。当村西ノ塚原・沓掛は丹州路也。当村より七条口へ一里十二町云々」（『山城名跡巡行志』）とあって、街道には駅があり、南には物集目街道にも向かう本陣もある宿場町として栄えた近世であった。古代から要所だったことは、此処に白鳳時代の寺院跡が発見されたことだ。一九六七年に発掘された樫原廃寺は、四天王寺式伽藍の立派な遺構であり、出土遺物も多く、八角塔など特色があった。そしてその北には前方後円墳の天王ノ杜古墳が保存されている。今は消滅しているが、多くの古墳・窯跡が在ったことで、此処は地理的に政治・文化的に早くよりの要地だったのがわかる。参勤交代の本陣跡や樫原宿場の風情も残っており、村は三ノ宮神社の宮座で守り継がれている。三ノ宮は地名として使われているが、三ノ宮の由来は、スサノヲ（武神）・サカトケ（酒神）・オオヤマクイ（山神）の三神を祀ったからだとされている。（吉田）

堅田町《かただちょう》〔下京区〕

万寿寺通御幸町西入るから堺町西入ルま

での両側町である。『京雀』に「江州かた田の網引とも鯉鮒やうの魚をもち来たり市を立て、売りけりといふ」とある。「堅田町」は、堅田との魚の交易と関係がある。一五世紀以降、京都と山陰、北陸、東山、東海諸道間の商品流通が活発になると、京都と諸道を結節する位置にある近江の国は、政治経済面で重要な地域を占めるようになる。大津、坂本、堅田、朝妻などの港町の商人、湖東の荘園村落や漁村の商人たちの行商であった〈『日本商人の源流』〉。「寛永一九年（一六四二）洛中絵図」に、「かたた町」とある。宝暦一二年（一七六二）刊『京町鑑』にも「堅田町」とあり、以後変化はない。（小西）

片波《かたなみ》〔右京区京北〕

『和名抄』の桑田郡山国郷の東北隅の谷間の集落。ほとんどが山地。黒田地区の分家層が入山してできたといわれ（正中年間〈一三二四〜二六〉、「宮野大明神記録帳」）、その枝村的集落である。村名は近世初期以降のものとみられている。片波川、片波山などもみられるが、集落名「片波」によると思われる。「片波」の語源は不明。「かた」は辺地をさすか。「なみ」は並びの意の「なみ」であろうか。また、「ナミ」は「ナメ（滑）」の転で、急涯地をいうか。八丁平南に「ナメラ（滑）谷」がある。（糸井）

交野ケ原《かたのがはら》〔京田辺市松井〕

枚方市と接する所で、桓武天皇は、『続日本紀』に「延暦二年（七八三）一〇月一四日行幸交野、放鷹遊猟」、同「延暦六年（七八七）一〇月一七日天皇行幸交野。放鷹遊猟」とたびたび交野を訪れ狩を楽しみ、以来、交野ケ原は貴族の遊猟地として名をはせた。『太平記』巻二「俊基朝臣再関東下向事」の名文「落花の雪に踏《ふみ》迷ふ、片（交）野の春の桜狩」は河内国交野郡（現・枚方市）でなく当地という（『京都府田辺町史』）。交野と称するのは、古くはこの辺りは河内国交野郡内だったからという。（綱本）

帷子ケ辻町《かたびらがつじちょう》〔右京区太秦〕

地名の由来は、『雍州府志』では、平安時代初期の嵯峨天皇皇后の橘嘉智子《かちこ》の嵯峨深山谷への葬送の際に、棺を覆った帷子の衣がこの地に残ったという言い伝えがあったとする。『都名所図会』には、「材木町の東にあり、上嵯峨・下嵯峨・太秦・常盤・廣沢・愛宕等の別れ道なり」の記載がある。別に、全国的にみれば、カタは丘や山に沿う地形、ヒラは傾斜地をさす例がある。ここは三条通が東西に貫き、その北側には北側からの丘陵が迫っていることから、地形に由来する地名とも考えられる。さらに、帷や帷子が布に関係する漢字であることから、織物のカツイ（葛衣）からカタビラ（葛布）が生じたとも考えられるので、地理と衣類との同音語の重なりになる。（岩田）

花鳥町《かちょうちょう》〔山科区厨子奥〕

厨子奥の飛び地で、東山・将軍塚の東面一帯を指す。かつてはこの辺りも「花山」と称されていた。「花山」は「華頂山」の転化したものと考えられる（「花山《かざん》」参照）。平安時代以降、この地が花の名所として遊興の場になっていて（『中右記』『続古事談』）、歌枕の「はなのやま」として親しまれてきた。「花鳥」は「華頂」から転じたのであろうが、風光明媚なこの地のイメージをよく表している。（小寺）

河内《かっち》〔京丹後市久美浜町〕

湊宮村の端郷の一つ。天文七年（一五三八）の「丹後国御檀家帳」には記載がないため、江戸時代以降に成立した地名と思われる。現在は「かっち」と読み、難読地名の一つに挙げられている。「かはうち」であったものが「かうち」から「かっち」へ

変化したものであろうか。　（新谷）

桂《かつら》　〔西京区〕

桂の区域は、阪急電車が桂駅から三方にY字型に走る、その桂駅を南にして北は桂上野、東は桂川に区切られる範囲をいう。『拾遺都名所図会』では「桂ノ里、桂川の西にあり。上桂・中桂・下桂と三村に分る」とある。「桂」の語源は古く、由来は「葛野」と云う語にある。桂ノ里は葛野であり、桂川は葛野川であった。「葛野」は最初カヅノ、後にカドノと読む。応神天皇の歌謡に「加（伽）豆怒」と仮名書きしてあり、「豆」の字は呉音ヅ、漢音トウだから、後に混合してドと読まれるようになった。「葛」は字音カツ（カチとも）で、山野に自生する蔓草をいう。蔓草のツルは長く伸びる茎《くき》のことで、茎が連《つら》なっているというツラ（連）がツル・ツラ（蔓）の語源である。一方、蔓草をカヅラ（鬘）ともいうのは、それを頭の簪《かんざし》にして飾りとしたから、カミツラ（髪蔓）より変じた語である、と云える。この鬘が基になって出来た語が、大和吉野川上流の国栖の鬘（クニスカヅラ）、約まってクズカツラ、それがさらに略されてクズになった。だからクズ（葛）の語源は吉野山奥の古代地名クズ（国栖）にあったわけだ。

以上は茎の伸びる蔓の方のカヅラである。ところが、今、問題は「桂」で、このほうは蔓草とは思えない。「桂」は『倭名抄』にメカヅラ（女加都良）とあり、「楓」の字をオカヅラ（乎加豆良）として雌雄別に出してある。その所為だろうか、『万葉集』の歌の用字「楓」もカツラと読み下すのが一般だが、これについて万葉植物学は誤りだといっている（『万葉植物新考』三九四頁）。「楓」を除くと草ではない、樹木のカツラは『倭名抄』のいう「雌かづら」すなわち「桂」になる。ところが不思議な事に『新撰字鏡』では「楓、香樹、加豆良」として、香りのない「楓」を掲げ、「加豆良」は全四例で（木では「楓」「柏」、艸では「葛」「藟」）、ここに「桂」字は見えない。『新撰字鏡』に出る「藟」をフヂカヅラ（藤蔓）とする『諸橋大漢和』は、「桂」のうちカツラに大きく二種あげ、①香木の名。肉桂・木犀などの総称。②雲葉科の落葉喬木、雌雄異株、紅色の花が早春に咲く、としているから、『牧野日本植物図鑑』（一九五八年版）の「かつら」（古名「をかつら」）に照合すると、『諸橋』の②になる。『牧野』は木犀などの常緑樹を「かつら」とはしていない。そしてカツラ（桂）の語源がカヅ（香出）、木犀だとする『大言海』説に疑問を呈している。

『諸橋』は「桂」の最期にポツンと「月桂樹」をあげている。「桂」の字があるからだろうが、何も説明はない。これは普通、楠《くすのき》科の常緑喬木で、枝葉がよく茂り、特有の香りがある。似たクス・クズ（樟）は日本で保存樹にされたりしている。地中海原産のローレルは古代日本には存しなかった「月桂樹」であり、それは月の世界に生えるという想像の木として存在したとすれば、この方面の漢字も語源も、安定しなかった事が分かる。

カツラ（桂）の語源は文字に「桂」とあっても、推定あるいは想像される対象が香りのある常緑樹ではない以上、語源に「香出」を当てる事はない。カツラ（桂）の語源は二つある。第一は総称として蔓草一般をいう場合。それは木であれ、艸であれ、巻きついて連なり伸びる蔓（ツル・ツラ）を基にしている。蔓は掻き払って刈り取るから、カキツラ（掻き蔓）あるいはカリツラ（刈り蔓）からの音便形カイツラ↓カヅラとなったと考える。『新撰字鏡』の「真辟葛《まさきのかづら》」な「葛　加豆良」『古語拾遺』のどのケースである。第二は、頭に巻きつけて髪飾りにする場合で、これはカミツラ（髪蔓）からカヅラ（鬘）になったと見てよい。本件は、第一のケースで良いだろう。

「葛」はこれ単独にカヅラとも読まれていたから、これを清音にすればカツラになるし、元来「葛」の字音はカツなのだから接尾語ラをつければ、造語は簡単である。桂川について「葛野川をあやまりたるか」（『名所都鳥』）とあるように、葛野川というのが正式で、桂川というのは正式でないような印象を受けるにつけても、川の呼び方に連関して〝葛野→桂〟という語の変化も伺える。川を介して葛野という古語がいち早く「桂」に変身するには「月」とのコンビがあったのは、この地が「桂の渡し」と云う交通文化の発達とともに、王朝貴人の文学の舞台にもなっていた。たとえば、『土佐日記』において貫之たちは、

「水底の月の上より漕ぐ舟の棹にさはるは桂なるらし」（承平五年一月一七日）

「久方の月に生ひたる桂川底なる影も変はらざりけり」（同二月一六日）

という歌を舟で詠んでいる。前者は土佐の海で、後者は桂川で、ともに中国における故事伝説「月中の桂」をふまえて夢想に耽っているところである。とくに後者は桂川の水面に映った月影に見る「桂」を想像している。懐かしの桂川に辿り着いて、天上の〝月の桂〟を思う、作家の観念世界の「桂」である。どんな桂でもよかったのである。平安歌人の「桂」には、原初使われた葛野の「葛」が、大和葛城氏の「葛」の流れを汲むことも、ほとんど切り去られていたに違いない。　（吉田）

月輪寺町《がつりんじちょう》　〔左京区一乗寺〕

所謂「叡山三千坊」の一つ「月林寺《がつりんじ》」の跡地であったことによる。『山城名勝志』に「竹内門跡坊官云、月林寺、今ノ曼殊院ノ地、旧跡也」とある。月林寺は、『西宮記』に「三月三日ノ御灯、貞観以来、霊巌寺ニ奉ラレ、寛平ノ初ヨリ、月林寺ヲ用フ」とあり、寛平年間（八八九〜九八）以前の創建と知られる。天延二年（九七四）八月一〇日、慶滋保胤《よししげのやすたね》が「勧学会《かんがくえ》」について「此ノ会ハ草創以降十一年ナリ。期ニ常期有リ、三月九月ノ十五日ナリ。処ニ定処無ク、親林月林ノ一両寺ナリ」（『本朝文粋』巻一二）と記していて、康保元年（九六四）に始まった勧学会が、親林寺や月林寺において三月と九月の一五日に行われていたことがわかる。また『日本紀略』康保四年（九六七）二月二八日条には「左大臣（藤原実頼）月林寺ニ向カヒ、花ヲ翫ブ」とあり、この時の詠歌が『拾遺和歌集』に「清慎公（実頼）月林寺にまかりけるに、おくれてまうできてよみ侍りける　藤原後《のち》生《おう》／昔わが折りし桂のかひもなし月の林のめしにいらねば」（雑上・四七二）、『新古今和歌集』に「小野宮のおほきおほいまうちぎみ（実頼）月輪寺に花見侍りける日よめる　清原元輔／たがたにかあすはのこさむ山桜こぼれてにほへけふのかたみに」（春下・一五〇）と見え、月林寺が桜の名所だったことが知られる。と同時に、後者の用例によって「月林寺」から「月輪寺」へ表記が変わっていくことも確認できる。　（笹川）

葛野町《かどのちょう》　〔右京区西京極〕

町は阪急電鉄西京極駅の北方にあたる。葛野は古代の郡《ぐん》の名に由来し、『和名抄』に「賀止乃」（高山寺本）や「加止乃」（刊本）と記される。『古事記』応神天皇段（矢河枝比売）中の歌「千葉の　葛野を見れば　百千足る　家庭も見ゆ　国の秀も見ゆ」や、『続日本紀』大宝《たいほう》元年（七〇一）の「山背国葛野郡月読神」の使用が早い。文字上は「カズラ（クズ・葛）の生えた

野」である。葛野郡の郡家の位置は、残存地名からは旧郡《こおり》村が想定されている。　（岩田）

門脇町《かどわきちょう》　〔東山区〕

平清盛の弟、門脇宰相平教盛がこの地に居宅を構えたことにちなむ。『京町鑑』に「右同（平氏）門脇宰相範（教カ）盛の第宅の趾なり」、『京都坊目誌』に「此地平氏六波羅館の一部にして、中納言教盛の第址なりと。教盛を門脇と号す」とある。この地に平氏が全盛期に邸宅を構えたことから、この門脇町を含む三盛町・池殿町・多門町を併せて六波羅邸跡とも。所在は六波羅裏門通二筋目西入ル。

町が開けたのは宝暦一二年（一七六二）以降のことで、地図上では「改正京町絵図細見大成」（一八三一）に「かどわき丁」と見えるのが早い。『京都坊目誌』に「天保の頃、六波羅野と称し、遊女屋渡世の者住す。十数年にして停止せらる」と、遊里の存在を記すが典拠不明。明治元年（一八六八）下京に編入、昭和四年（一九二九）東山区に編成。　（忠住）

叶堂《かないどう》　〔京田辺市松井〕

鋳造を意味する鐘鋳《かないと》所の転化か。弘長三年（一二六三）仏阿・法阿なる者が松井地内に成願寺を建立し、『山城名勝志』（一七一一）に「成願寺松井郷　鐘銘云山城国松井郷成願寺鐘、当伽藍ハ沙彌仏阿同宿ノ尼法阿、弘長三年始テ不断念佛ヲ置ク。云々今此鐘ヲ鋳奉ル、文保三年（一三一九）己未卯月八日　沙彌十念敬白」と鐘が鋳造されている。成願寺の当初の寺地は不明だが、天文八年（一五三九）道誉貞把によって叶堂北隣の松井里ノ市に再建された。現在の一向山専修院西念寺。　（綱本）

金草原《かなくさはら》　〔宇治市木幡〕

金糞《かなくそ》の原の意。金糞は、「鉄を鍛えるときに、はがれて落ちるかす。また、鉱石をとかしたときにでるかす」（『日本国語大辞典』）。ここでは、道長が浄妙寺を造立した際にその梵鐘を鋳造した所で、その残滓を捨てたのではないかと推定されている。全国的に鍛冶場と見られる所に金糞という地名が残る。近くでは滋賀県比良山系に金糞峠がある。「木幡村幕府領分名寄帳」（延宝八年〈一六八〇〉）から作成したと思われる「木幡村幕府領分小字別面積」の表中に「金くそ原」の小字名が見える（『宇治市史五巻』）。佳字化した地名。『（木幡村）村誌』（明治一四年〈一八八一〉）では、金草原になっている。　（高木）

金仏町《かなぶつちょう》　〔下京区〕

寛延三年（一七五〇）刊『中古京師内外地図』には万寿寺、六条、西洞院、新町に囲まれた広大な寺地をもつ延壽寺が描かれている。『雍州府志』が「当初、油小路六条坊門（五条通）北にあり、その後五条の東南に移った」「本尊弥陀銅像至って大也俗に寺名を謂わず金仏と称す」という。油小路通五条上ル万寿寺までの両側町は、一番北にあるので、「上金仏町」と称する。宝暦一二年（一七六二）刊『京町鑑』には「上金仏町」とあり、以後変化はない。

中金仏町は、油小路通五条下ル楊梅までの両側町で、三町ある金仏町の真ん中に位置する。「寛永一九年（一六四二）寛永後万治前洛中絵図」に、すでに「中金仏町」とある。宝暦一二年（一七六二）刊『京町鑑』にも「中金仏町」とあり、以後変化はない。

油小路通六条上ル楊梅までの両側町の場合は、「天正年中卜味某なる者之に住す。嘗て豊臣公に親善す。遂に千瓢の標章を授けらる」（『京都坊目誌』）とある。そのため、「卜味《ぼくみ》金仏町」と称する。「寛永一四年（一六三七）洛中絵図」に、北部が「小金仏町」、南部が「卜味町」とある。宝暦一二年（一七六二）刊『京町鑑』では「下金仏町」（北半町也）、「卜味町」（南半町）とある。そして、「明治元年下金仏。卜味の二町を合し。今名に改む」（『京都坊目誌』）とある。（小西）

金森出雲町《かなもりいずもちょう》〔伏見区深草大亀谷〕

近鉄丹波橋の東北、海宝寺の北に位置する。豊臣秀吉の伏見城下に飛騨高山城主金森出雲守可重《ありしげ》（一五五八～一六一四）の伏見邸があったのがその由来。伏見城下には可重の父金森法印長近の屋敷も別な場所にあったが、長近は出雲守にはなっていない。長近の屋敷跡は現在の桃山町金森出雲として町名に残されているが、出雲と命名されたのは不自然である。可重は茶人として著名な金森宗和の父、可重も徳川秀忠の茶道の師であつた。

江戸時代、金森出雲一丁目と金森出雲とに分かれていたが、深草町制時代（一九二二～三〇）に合併し、金森出雲町となった。（明川）

金屋《かなや》〔与謝郡与謝野町〕

天文七年（一五三八）の「丹後国御檀家帳」に「かやのかなや村」と見えるものが初出の地名である。本史料から、中世には加悦庄の領域に含まれていたことがわかる。金属加工を行う人々が多く居住したことに由来する地名と思われる。「慶長郷村帳」以降は、「金屋村」と表記され、明治時代に至る。（新谷）

金谷《かなや》〔京丹後市久美浜町〕

「慶長郷村帳」や「延宝郷村帳」によれば、「金屋」とも書いた。「カナヤ」から、製鉄や採鉱の関係者が居住していたことが考えられる。近くの布袋野《ほたいの》には、「鋳師《いもじ》谷」や、カンナ流しの溝が残る「カンナ山」、たたら跡もあることからも関連がうかがわれる。川上谷川の上流域に位置する。式内社の三嶋田神社が鎮座する。同社は往昔、周辺一〇ヶ村の氏神であったという。「かなや」は戦国期にもみえ、「丹後国御檀家帳」に「一　川かみのかなや　家百軒斗」と見える。（水野）

金屋谷《かなやだに》〔宮津市〕

宮津市の大手川より西側大久保山の裾野に位置する。宮津城下の六幹町の一つ「万《よろず》町《まち》」（別項参照）の枝町の一つで南側に当たる。現在は多くの寺が集まった地区になっているが、もとは名の示すとおり、鋳物師や踏鞴関係の職人の町であったのではないだろうか。「万町」の西部が「鍛冶屋町」とも呼ばれていたらしいことも参考になる。（糸井）

金屋町《かなやちょう》〔東山区〕

中世以来、製鉄業に従事する職人が多く居住した職人町として発展したことによる。所在は本町通五条上ル。本町通（伏見街道筋）が当町中央を走り、北は森下町、南は東橋詰町・五条橋東三町目まで。

当初は北に隣接する「森下町」とともに一町を形成し「垣町《かきまち》」と称したが、文政一三年（一八三〇）分離した（『京都坊目誌』）。正徳二年（一七一二）に造成した六町の一つ。明治元年（一八六八）下京に編入、昭和四年（一九二九）東山区に編成。（忠住）

金山《かなやま》〔城陽市市辺〕

市最南部市辺の東端で、宇治田原町との境界をなす峠の城陽側一帯の山林をいう。青谷川の最上流部の金山は、激しく土砂を流失させて下流に押し流してきた。それ故江戸期や明治時代には砂防工事が積み重ねられ、下流の市辺は高い天井川を見上げる場所に位置している。土地の古老は、金山の谷の水は金気《かなけ》がきつくて飲めなかった、と語る。ここを水源とする青谷川の水質については、川底の石の表面に鉄イオンが付着しており、時として川底が赤褐色に染まる。地質図を見ると金山を挟んで青谷粘土層と呼ばれる青色堆積粘土層が分布している。こうした粘土層が土砂流出により空気に触れると化学反応を起こし金気を生ずるという。城陽市の平野部にあっても金尾（寺田地区）という地名があるが、これも用水中にカナケが強い地域という意味と考えられる。城陽市の水道は、平野部の地下水利用のため鉄イオン除去に特別の対策をとっており、昔も今も金気は用水にとって重要な関心事である。この関心が地名として定着したものと思われる。（福富）

金山《かなやま》〔福知山市〕

室町時代から見える村名。北には大江山連峰があり、東は天ヶ峰（六三二メートル）、西は三岳山（八三九メートル）に囲まれた山間の地域。花倉川の上流にある。応永二七年（一四二〇）の「足利義持御判御教書」に「丹波国金山天寧寺事」として地名が出る。天寧寺は今の金山より南の大呂川中流域にあるので、金山の領域が広かったと見られる。宝徳四年（一四五二）の「丹波守護代内藤元貞奉禁制」では「丹波国金山天寧寺」における甲乙人の乱入狼藉、臨時課役、違乱などが禁止されている。この天寧寺は当地の金山宗泰が名僧・愚中周及を迎えて創建した寺である。なお金山氏は元は常陸国の御家人で那珂氏と言ったが、鎌倉時代末に当地に入って金山と姓を変えた豪族である（『角川日本地名大辞典』）。

明治二二年（一八八九）に五ヶ村が合併して「金山村」となる。昭和三〇年（一九五五）に福知山市の大字として継承された。（安藤）

蟹ヶ坂町《かにがさかちょう》〔北区西賀茂〕

蟹ヶ坂町を中心に蟹ヶ坂瓦窯址（飛鳥時代後期）はじめ瓦窯跡がある。その分布は船山東麓から賀茂川の段丘上に広がり、粘土と砂が互層する。蟹ヶ坂は蟹がハニ（埴）の転で、瓦の原料である粘土が取れる坂を意味する。あるいは土砂崩れのおそれのある地形上、カニは古語カナの転訛で削る意もあり、山腹傾斜地の剥落をいう。賀茂川支流檜谷川から蟹ヶ坂町あたりまで、京都府ハザードマップでは急傾斜地崩壊危険箇所三ヶ所、土石流による被害想定箇所が六ヶ所ある。（綱本）

鐘鋳町《かねいちょう》〔東山区〕

秀吉の命による方広寺大仏殿巨鐘を鋳造する炉鍛場の址にちなむ。この巨鐘は慶長一八年（一六一三）四月から約一年を経て完成。鋳師約三、〇〇〇人が動員されたという。また当町には鋳造の際の冷却に使用されたという大きな池があり、「鐘鋳池」と呼ばれていた。所在は渋谷通本町東入ル四丁目。

『京町鑑』に五条南裏筋を境に南北に分かれていたことがみえる。明治二年（一八六九）下京に編入、明治二六年（一八九三）に若宮前通東側にあった「慈芳院門前町」が当町に編入、昭和四年（一九二九）東山区に編成。

『半日閑話』所引寛永一四年（一六三七）『洛中洛外惣町数人家数改日記』に、「同所（大仏）鐘鋳町南側」「同所北側」「同所東側」とみえ、その後『洛外町続町数小名并家数改帳』（一七一四）には「鐘鋳町南組」のみが記載され、地図では、「京都洛中洛外絵図」（一七八六）は「上かねイ丁」「下かねイ丁」と上下区別して記載する。（忠住）

金換町《かねがえちょう》〔下京区〕

猪熊通木津屋橋下ル塩小路までの両側町である。「金換又金替に作る」（『京都坊目誌』）とあり、二条城築城に際し、二条猪熊あたりの「両替商」が、当地に移転させられたものであろう。「天保二年（一八三

一）改正京町御絵図細見大成」に「金替丁」とあり、変化はない。（小西）

金ケ原《かねがはら》〔長岡京市〕

天王山の北方、山麓の台地上に位置する。東北部は小泉川支流菩提寺川流域の平地。地名は土御門天皇（一一九五～一二三一）の生母承明門院が金原寺《こんげんじ》を建立し、天皇の御骨を収めた所で、寺は「今は亡き、字と為す」という（『山城名跡巡行志』一七五四）。小字金原寺《こんげんじ》が遺存する。土御門天皇は承久の乱で土佐に配流され、のち阿波の配所で死去。遺戒によって母が同寺を建てた。『明月記』天福元年（一二三三）二月一一日条では、「金カ原御堂」と記す。寺はその後廃絶したが御陵として残された。ただ、地元では、水田のたわわに実った稲が黄金色に輝く様からを金ケ原と呼んだともいう。また、当地は西山腹の急な傾斜地から土石流が流れ出しその被害が想定される京都府指定の土砂災害警戒箇所である。カナ（金）は、鉋の古語カナ、つまり、カイ（掻）・ナグリの約カナグリ（『岩波古語辞典』）の語幹で、掻き薙がれた原野の意も考えられる。（綱本）

鐘付田《かねつきでん》〔京田辺市松井〕

鐘は金のことで、農民が年貢上納できず田畑を捨てて逃げたので、庄屋が金をつけて耕作させた田だという俗説が各地にある。しかし、この「カネツキ田」は、寺鐘を撞き、時を知らせたり、灌漑用水の時刻を報じるなどした寺役人の費用を賄った田地と考えられる。府下ではカネツキは綴喜郡井手町多賀鐘付、亀岡市曽我部町犬飼鐘撞谷、亀岡市曽我部町穴太鐘ツキ、相楽郡精華町下狛鐘付田、京都市山科区小野鐘付田町、京都市左京区上高野鐘突町などがある。山城国拝志荘の正中二年（一三二五）の東寺文書に「鐘付給…五斗」とみえ、延慶二年（一三〇九）の南禅寺文書に「国分寺鐘撞免一反」「小寺鐘撞免廿代《しろ》（注、五〇代で一段）」などとあり、「鐘つき田」が各地に設定されたと考えられる。（綱本）

鐘付《かねつけ》〔綴喜郡井手町多賀〕

木津川東岸国道二四号沿い、JR奈良線の南南西になり、木津川支流南谷川の南部に位置する小字名。文字通り解釈すると、かつては木津川堤防は低く洪水にさらされる地にあって、木津川の水位が上昇した時に鐘を鳴らして洪水の危険合図の鐘を鳴らしたことによるのであろう。鐘が常備されていたものと思われる。いっぽう地元では葬式の時に鐘を鳴らして知らせたともいい、いまも葬式の時には鐘を鳴らす習慣が残っているという。だが、生活の様式の変化や洪水の危険性も薄れたいま、鐘を常備する意味がなくなり、姿を消したと思われる。残された地名が当地の民俗的習俗や慣習を語る。江戸期以降の地名か。（齋藤）

金屋町《かねやちょう》〔下京区〕

西洞院通六条上ル鍵屋町通の延長線上までの東側片側町である。『京都市の地名』が、『京羽二重』の西洞院通の諸職人商家の項の「鍛冶、左官」、および、『京都御役所向大概覚書』の「諸職人之事」にある西洞院魚店（六条）上ル町鋳物師対馬に注目し、鍛冶、鋳物等の金属関連の商家の存在を推定している。近隣には仏具商が多く、仏具の金物を扱う職人商家も多くて当然で、金物を扱う「金屋」に因む。宝暦一二年（一七六二）『京町鑑』に、「金屋町」とあり、以後変化はない。（小西）

鹿野《かの》〔京丹後市久美浜町〕

文治四年（一一八八）一〇月の「石清水八幡宮記録」（大日本史料）に、後白河法皇が石清水八幡宮護国寺長日供花料所とした荘園の一つに「丹後国鹿野庄」があり、これが初出の地名である。鹿野庄は、これ以降、石清水八幡宮領の荘園として史料に散見する。地区内の鹿野八幡神社は、石清水八幡宮領であった痕跡を残すものである。なお箱石浜の御五野《おこうの》伝承（「葛野《かずらの》」参照）では、移転先の一つが鹿野であったと伝えられる。実際には、鹿野の初源は院政期と見られ、御五野伝承より以前から見られるものと推定される。読みについては、天文七年（一五三八）の「丹後国御檀家帳」に「くみのかの」とある。刈野や仮野から転じて鹿野となったものと思われる。

『猪熊関白記』建仁元年（一二〇一）五月廿六日条には、長講堂領久美庄・田村庄と鹿野保の間で境界論争があり、裁許したことが記される。ここでは鹿野庄ではなく「鹿野保」と見える。この両者が同じ領域を指すものかは不明である。また「丹後国御檀家帳」の「くみのかの」から、鹿野が久美庄の領域に属していたことがわかる。「くみのかの」と鹿野庄の領域が同じものかは不明であり、今後の検討課題である。慶長七年（一六〇二）の「慶長郷村帳」には「鹿野庄」、延宝九年（一六八一）の「丹後国与謝郡等郷村高帳面」以降は鹿野村と表記され明治時代に至る。（新谷）

樺井《かばい》〔城陽市水主〕

市西部水主の木津川域の小字名。新木津川橋（京奈和自動車道）が架かるあたりは近世以後においては「水主の渡し」とよばれた。『延喜式』にみえる「樺井渡瀬」の位置とみられる。『古事記』にみえる、近江でのちの雄略天皇に暗殺された市辺忍歯王《いちのべのおしわのみこ》（履中天皇皇子）の遺児（のちの顕宗・仁賢天皇兄弟）が、播磨国へ逃げた際通過したという「苅羽井《かりはい》」の渡しはそれにあたる（木津川市山城町綺田《かばた》とする説もある）。水主神社境内の樺井月神社は、もとはその渡しの守護神として祀られたもので、はじめは対岸の樺井（現・京田辺市大住）にあったものが木津川の洪水で流され、水主神社末社になったという。寛文一二年（一六七二）と伝わる（『史料が語る城陽近世史第三集』）。また『城陽史誌』によると、樺井月神社の「旧社地は亀這」、「亀這は綴喜郡で元来樺井神社の地」とあり、「カメハイはカンハイの訛りで元はカバイ」であろう、という。『大日本地名辞書』にも記される「東岸久世郡に亀這《かめばい》（寺田村水主）の字」は今はなく「樺井」（小字）の地は木津川寄りになる。水主神社の地は宮馬場（小字）である。『城陽市史第四巻』付図五「城陽市地名図」では「樺井」「カメハイ」の両地名が採集されており、渡しの地は樺井に、樺井月神社（水主神社摂社）の地はカメハイになっている。前掲山城町綺田のカバタは、カは河、バはニハ（庭・場）で、カバタはカ・ニハ・タで河端の稲田とする言語史的分析がある（『京都の地名を歩く』）。ここは、カニハ・カリハ（『古事記』）→カンバ・カバ、イ（ヰ）は、水のあるところをいうので、カバイは河端をいうのであろう。（齋藤）

綺田《かばた》〔木津川市〕

旧・山城町にあり、綴喜郡井手町に接する。「綺田」と書いてカバタと読むのであるけれども、漢字「綺」に本来カバの読みは無い。「綺麗《きれい》」のキは綾絹《あやぎぬ》のように美しいという意味の文字であるのが、なぜ昔の村名「綺田村」と使われたのか。その理由はここの歴史と地理の事情によっている。カバタ（綺田）は漢字とは直接の関係ではなく、国語の三語の複合語からなり、語源はカハニハタ（河庭田）の約まった地理語である。ここは東高西低の地勢で、村の住民は、東の山から一斉に西の木津川にに向かって流出する渋川・天神川・不動川などの水が溜まる低地の田を、暮らしの場としていた事に起因する。国語カバタがもと「河庭田《かはにはた》」に由来する証拠は、『万葉集』の歌に、「丈夫《ますらを》と思へるものを刀佩《たちは》きて、可尓波乃多為《かにはのたゐ》に芹《せり》ぞ摘みける」（巻二〇・四四五六）とある。天平元年（七二九）の班田法施行の折、田圃の芹を貰った命婦が葛城王（後の橘諸兄）にお礼を云ったもので、「立派な男子様が太刀を腰に着けたまま、河庭でこの芹をわざわざ摘んでくれたのですね」とわざとらしく相手を持ち上げている。この「かにはのたゐ」は「河庭《かには》の田居《たゐ》」で、綺田村の低地にも班田の開発が行われた事を示す律令行政の具体一例である表現に、カバという言葉の原型カハニハがある。Kafanifa → kanifa の変化でこれは語中の唇音 fa が消失した現象なのだが、他の変化もあって nifa→nba→ba の経由によるのが kabata（河場田《かばた》）になった。ちなみに、国語のカハの起源は中国語の「河《か》」だという説もある。だからカバタのカバに樺桜・白樺などの「樺《かば》」の字を使うのは不具合である（近くの樺井神社など。ただ、同様な語構成であるので間違いやすい、このカハは「皮」で天然の紙である）。

では、そのような自然地理語「河場田《かばた》」が、どうして「綺田《かばた》」と書かれるようになったのか。後世の行政地名「綺田」以外にこういう熟語は辞書にない。ただ『景行紀』五一三年天皇はヤマトタケルの跡を訪ね、一二月東国から伊勢に来て留まられた。その行宮が「綺宮」と言ったという。宮名の「綺宮」は、岩波の『古典文学大系日本書紀』ではこれをカニハタノミヤと読み、「所在未詳、能褒野に近い三重県鈴鹿市高宮に伝承地がある」としており、古く飯田武郷の『日本書紀通釈』はカムハタノミヤと読み、諸説を考証している。そして、「『通証』に今按疑是飯高郡川俣村也。今猶有大和道とあり、なほ考ふべし。…」と注釈し、鈴鹿郡に式内社川俣神社のある事を注意している。村名や社名に「川俣」があるのに注目すると、このカハマタはカバタに通じるのではないかと考えられる。という事は、伊勢の川俣神社は綺宮の事であった。ここに言語上においても ba→ma の変遷が認められる。

一方相楽郡の綺田村では、『記』『紀』に詳しい伝説があり、カリバタトメという神名が出てくる。『垂仁紀』三四年三月山背大国の不遅《ふち》の女に「綺戸辺《カムハタトベ》」という佳人がおり、姿形美麗というので道で出会い、亀を刺して白石に化す占いをし、綺戸辺を後宮に召し磐衝別命《いはつくわけのみこと》を生んだが、それより先、山背刈幡戸辺《かりはたとべ》を娶って三男を生んだとある。これに対し『古事記』では開化天皇の巻に山代荏名津比売《えなつひめ》の亦名「刈幡戸辨《かりはたとべ》」があり、垂仁天皇の巻に山代大国之淵《ふち》の女「刈羽田刀辨《かりはたとべ》」が出て来る。トベ（戸辺・戸辨・刀辨）は刀自《とじ》と同じ婦人の敬称で、その前の部分が地名であるが、『記』ではカリハタ（刈幡・刈羽田）であり、『紀』では後にカムハタと読ませる「綺」になっている。『記』の方は素朴な観があり、『紀』の方は派手な印象である。『記』が始めの記録で、『紀』は整頓された文章だとわかる。

『万葉集』のカニハノタ（ヰ）が『記』ではr音のカリに、『紀』ではm音のカムに転じている。『倭名抄』は「加无波多」の訓だが郷名漢字は「蟹幡」でm—n音の相通例になっている。当地式内社名に「綺《カム》原《ハラ》坐健伊那大比賣神社」とあり、天平宝字六年『安部雄足牒』に「綺園」がある。『今昔物語』の蟹伝説で有名な蟹満《かにまん》寺は「蟹満多《かにまた》寺」とも言い、n—m—r 三音間の揺れと共に民俗語としての意味変化を反映している。『倭名抄』の「綺、於利毛《おりも》能《の》、似錦而、薄者也」の影響であろうか、カムハタは極美の織物に理解され、「神《かむ》布《はた》」とダブってきた。当地に高貴な織物産

業の形跡がないので、最初の狩猟・農耕文化的語彙に被せて、貴族産業にあやかろうとしたのではあるまいか。（吉田）

鹿原《かはら》〔舞鶴市〕

若狭街道沿いの志楽川に南より鹿原川が合流するが、谷に沿って集落がある。谷の奥に真言宗の名刹金剛院がある。「鹿原」の文字面からは紅葉に鹿が群れる景が浮かぶが、もとは「河原」であったに相違ない。昭和二八年（一九五三）の台風一三号においても、洪水で仁王門が流された。鹿原川下流に下川原、大柳の小字がある。

金剛院は「鹿原山慈恩寺金剛院」という。元弘三年（一三三三）制札には「丹後国志楽庄内鹿原山金剛院　美福門院御願所」、また天正二年（一五七四）の「西大寺文書」に「鹿原宿」の次郎太郎が田地を売却している。（髙橋）

甲塚町《かぶとづかちょう》〔右京区嵯峨〕

広沢池の南方、JR嵯峨野線の北側に兜塚と呼ばれる兜塚古墳がある。有栖川が東向から南へと流れを変える屈曲部の内側にあたる地で、町名はこれに由来する。古墳時代後期の円墳であるが、外形が兜の形状に見えることからその名が生まれ、別に大塚とも呼ばれる。墳丘は径三八メートル、高さ五・五メートルで二段の構築である。南面する横穴式石室は、全長一四・四メートルで、玄室は長さ五・二メートル、幅二・九メートルあり、奥に祠が設けられている。（岩田）

兜山《かぶとやま》〔京丹後市久美浜町〕

兜山は、京丹後市久美浜町甲山《こうやま》にある、標高一九一・七メートルの山で、別名、権現山ともいう。山容が兜の形をしていることからの命名と思われる。『北丹勝景集』には亀甲山《かめのこう》が見え、兜山をさすものと考えられ、山名は式内社丸田神社にある亀石に由来するともいう。兜山東麓には「甲山」地名がある。また、兜山山頂には旧熊野郡の総社である式内社熊野神社が鎮座し、展望台からは眼下に景勝地の久美浜湾や、日間の松原、小天橋などを一望することができる。別に甲山がもとの名で、「かむやま（神山）」が「かうやま（コウヤマ）」となり、甲山と書かれ、「甲」が「かぶと」を意味することから「兜山」と表記されるようになったという説がある（水野）

蒲井《かまい》〔京丹後市久美浜町〕

文明一六年（一四八四）の「本願寺制法条々」（本願寺文書）に「自蒲井林和布任先例可有寺納事」とあるものが初出の地名である。天文七年（一五三八）の「丹後国御檀家帳」には「くみのかまい」とあり、中世を通じて「かまい」と呼ばれた。地名の語源は、釜形に穴のように入り込んだ台地に由来するものであろうか。端郷に旭がある。慶長七年（一六〇二）の「慶長郷村帳」には「湊村之内蒲江村」とあり、湊村の端郷としての位置づけであった。延宝九年（一六八一）の「丹後国与謝郡等郷村高帳面」には「蒲井村」と表記され、明治時代に至る。（新谷）

鎌倉《かまくら》〔亀岡市東別院町〕

室町時代には確認される集落（郷）名。氏神・鎌倉神社の永正一二年（一五一五）の棟札に「丹州桑田郡別院鎌倉郷惣社中興造営之棟札」とある。地名の由来は不明であるが、「カマ（噛）」「クラ（刳）」で、流水によって湾曲型に浸食されて釜のようになったところであることを意味するか。

そして明治二二年（一八八九）に東別院村の大字となり、昭和三〇年（一九五五）からは亀岡市の東別院町を冠した大字となった。（安藤）

蒲入《かまにゅう》〔与謝郡伊根町〕

慶長七年（一六〇二）の「慶長郷村帳」に「蒲入村」とあるものが初出の地名であ

る。「慶長郷村帳」以降、元禄一二年（一六九九）の「丹後国郷帳」に「野村之内枝村蒲入村」と記されるなど「蒲入村」と表記され、明治時代に至る。蒲丹生（がまにふ）→「ガマニュウ」→「蒲入」と表記、という変化をたどったか。（新谷）

釜輪町《かまのわちょう》〔綾部市〕

由良川右岸段丘上およびその支流乙味川沿いの斜面に位置する地区。「鎌輪」とも書く。地名の由来は不明であるが、「わ」とあることからすると川沿いの湾曲した地形を表した地名であるかもしれない。

江戸時代から明治二二年（一八八九）までの村名であったが、明治二二年に「山家村」の大字となる。昭和二五年（一九五〇）から綾部市の大字、二八年から釜輪町となった。（安藤）

蒲江《かまや》〔舞鶴市〕

由良川下流右岸に位置する。地名の由来は、山椒大夫が塩焼きをした釜屋があったことによるともいうが、岸辺に蒲《がま・かま》が繁茂していたからであろう。由良川の対岸に和《わ》江《え》、北に接する集落に油江《ゆご》と「江」を用いる地名があり、同じく水の入り込んでいる湿地の意で、もとはカマエであったかもしれない。当地は領主の狩場となっていたようだ。『丹後国加佐郡旧語集』に「先御代…庄屋瀬左衛門座敷にお泊り鷹野に被遊御入」とある。天保年間、魞《えり》漁法を由良川で最初に行った。（髙橋）

鎌屋町《かまやちょう》〔下京区〕

下魚棚通堀川西入ル下ル、東は堀川通に面し、西は西堀川通に面する、北は下魚棚通、南は木津屋橋通に囲まれた地域。東北から西南にかけて流れていた堀川の暗渠道路が町の真ん中を貫通する。「往年堀川洪水の時溢れて東側の人家を浸す。時に鎌一挺松樹に懸りしより。遂に町名と為す。元二条にありし時より。運慶の作と云ひ伝ふる鐘馗の鬼を踏む偶像あり。鎌と共に今尚保存すと云ふ」（『京都坊目誌』）との伝承がある。江戸時代の絵図は、七條以南の町の位置を正確に描いていない。（小西）

釜座通《かまんざどおり》〔京都市・南北の通り〕

天正一八年（一五九〇）、豊臣秀吉による京都改造計画によって設けられた通り。新町通と西洞院通の間を貫通する。現在、府庁正面の下立売通から三条通に至る通りであるが、当初は、菅大臣社前の「高辻下ル町より南は七条通」までの通り（今は若宮通〈→別項参照〉という）も含めた総称であった（『京雀』）。『京羽二重』では、「北は中長者町通りより」とする。「かまんざ」は「かまのざ（釜の座）」の訛り。江戸時代には「釜座突抜通」と呼ばれた。三条辺りに釜の鋳物師が多く居住していたことから付いた名。正応二年（一二八九）の資料（「東寺古文書零聚」）に「三条まちかまのさの弥藤三」が東寺に釜を納めたとあるように、すでに鎌倉時代から三条に釜「座」があったことが分かる。（糸井）

上《かみ》〔京丹後市峰山町〕

貞享三年（一六八六）八月の「備後守様御代峯山御絵図」に「上町」と初出する地名である。峯山陣屋町を標高の高い北から順に上・中・下と三分した場合、もっとも陣屋に近い北側に位置すること、または峯山陣屋に近い側から上・中・下と三分したことから「上町」と称したものと思われる。地名の成立は江戸時代前期にさかのぼると思われる。峯山陣屋町のうち、札（不断）町のすぐ南側に位置する。明治六年（一八七三）作成と推定される「豊岡県管下十一大区丹後国中郡一ノ小区峯山町川北地引絵図」には「峰山高之内無税地」に「上町」がある。明治七年の「兵庫縣管下各区並村名取調書」には「カミ」という振り仮名が付される。（新谷）

上安久村《かみあぐむら》 →安久《あぐ》

上生州町《かみいけすちょう》 〔上京区〕

鴨川沿いにあり、川魚を入れる生州が設けられていたことによると考えられる。明治七年（一八七四）提出の『全国村名小字調査書』には、南北の生州丁を、明治二年（一八六九）に合併して「上生州町」にしたとある。「上」を付けたのは、二条木屋町に東西の生州町があることから、それと区別するためであろう。町は北端を荒神口通とし、鴨川の西岸から河原町通の西側を含む一帯を町域とする。寛文七年（一六六七）の「新板平安城並洛外之図」には町名は出ていないが、貞享三年（一六八六）の「京大絵図」には「いけす丁」とあり、この地域は寛文一〇年（一六七〇）の鴨川の新堤の造成以後に開かれたものと考えられる。（清水）

上植野町《かみうえのちょう》 〔向日市〕

向日丘陵南端部に位置し小畑川中流左岸に沿って、北西側は段丘上、南東側は扇状地を展開する。かつては小畑川の旧流路が集落内を貫いていたが、氾濫防止のため室町初期に現流路に付け替えられた。植野は、かつては上野と表記され、小高い丘にある野という意である。乙訓郡大山崎町にも「上野」があり、区別するため北方に上、南方に下を冠称、上野もいつしか植野と表記されるに至った（『京都府地誌』）。『師守記《もろもりき》』貞治六年（一三六七）九月一四日条裏書に「上々野郷御稲田《みいねだ》事」とみえる。足利義詮が侍所頭人今川貞世に宛てた御判御教書で、上々野郷の上野兵庫助らが御稲田の半済《はんぜい》（年貢の半分を引き渡す）と号し押妨したのを停めさせた直状である。御稲田は天皇の日々の供御を上進する宮内省大炊寮所管の供御田。また、応仁・文明の大乱中、西岡被官人の一人、野田泰忠の活躍を記した「野田泰忠軍忠状」（「別本前田家文書」）によると、「応仁二年（一四六八）、秋田館上野処に陣を張る」とある。秋田館の場所は不詳だが、『雍州府志』（一六八六）では、「上野城址。西郊神足村南北に二村有り。南は下上野と謂い、北は上上野と称す。斯所城趾有り。是中世室町家之臣上野氏之居所也」と述べる。『京都府地誌』は「某城墟　村の北字大西町にあり」と記す。大西町は上植野村の村組（ロ組）をいい、現小字・北小路付近をいう。付近の小路は中世集落特有の屈曲（袋小路）を示し、地内の持泉寺の南に、かつて掘跡があった。（綱本）

上梅屋町《かみうめやちょう》 〔東山区〕

江戸初期の寛文・延宝年間（一六六一～一六八一）頃、梅屋某が地頭の許可を得て町地としたことによる。所在は大和大路通五条下ル三丁目東入ル。通称薬罐町《やかんまち》通が町域の東西を走り、北は上新《かみあたら》シ《し》町、南は茶屋町、東は鐘鋳《かねい》町が位置する。

『洛中洛外惣町数人家数改日記』（一六三七）に「同所（大仏）梅屋町」「同所梅屋下町」とあるのが早く、当初は上、下町の区別だった。南に位置し「大仏畑」と呼ばれる耕地であった南梅屋町が二町に後れて寛保頃（一七四一～一七四四）開町。明治元年（一八六八）下京に編入、昭和四年（一九二九）東山区に編成。

当町の西に下梅屋町、南梅屋町が位置する。昭和初期まで、上・下・南梅屋町と上棟梁町の東側部分のこの地一帯に、金属打物および鋳造職人、とくに薬罐《やかん》を製造する職人が多く居住し、通称「薬罐《やかん》町」「大仏薬罐《やかん》町」と呼ばれる。「薬罐《やかん》町」の町名は、「新改洛陽並洛外之図」（一六五三）に当町名がみえ、昭和初期までこの地域の通称として用いられていた。ちなみに土地の人は「ヤッカン町」と発音したという。（忠住）

上大阪町《かみおおさかちょう》〔中京区〕

上《かみ》の方の、大阪（近世以前は「大坂」）の町の意。大坂から移り住んだ人々が多かったことからの名称。『京都坊目誌』には、高瀬川開削時に浪花より薪炭の商人が多く出店してこの名がある由が記される。当町の南西に下大阪町があることから、上（北の方）の大阪町と呼ばれたのだろう。

鴨川の西岸かつ高瀬川の東岸に位置し、北は御池通から南は三条通の北側までの町。当地は慶長一六年（一六一一）に高瀬川が起工されるまでは、鴨川の河川敷だった。京と伏見間の物資運搬の大動脈となった高瀬川の開通は、すでに淀川を経由して伏見まで往復していた大坂商人たちを、京に導く結果となった。当町は高瀬川の沿岸の北端に近く、『京雀』などからは当初は木材や建築資材の運搬・交易が主軸となったことが知られるが、近世後半・明治期以降は、料亭・旅館街となった。（真下）

上賀茂《かみがも》〔北区〕

賀茂別雷神社を中心とする地名で、賀茂御祖神社を下鴨神社と呼ぶのに対応して同社を上賀茂神社と呼称し、その周辺地域の地名として付けられた。平安京遷都以前からこの地に居住し山城国葛野郡と愛宕郡を支配した賀茂氏に由来するとされ（『京都市の地名』）、この賀茂氏は神武東征の折に神武天皇を導いた賀茂建角身命《かもたけつぬみのみこと》を始祖とする天神系氏族とされる（『新撰姓氏録』）。この賀茂建角身命の神が葛城山（奈良県）に移り、ここから山城国加茂（旧・相楽郡加茂町、現・木津川市）に移り、さらに北上し京都盆地に移動し鎮座したことが『山城国風土記』逸文に伝えられており、また近世の『都名所図会』でもこの説を紹介している。

周囲には賀茂別雷神社の社家町が形成され、京都市内に四ケ所存在する国の重要伝統的建造物群保存地区に指定される歴史的町並みを有する。またその周辺の賀茂川東岸一帯にかけて、上賀茂社の南・東・北側の広い地域にも上賀茂地名は付けられており、特に神社南東部は近代都市計画によって形成された計画的な町並みを有する地域であり、歴史的な地区と対照的である。

さて、カモの由来は、①井上光貞によると、カモ県主は元来鴨川と高野川の流域一帯を支配した葛野県主であったが、神官化した。カモは神の音便変化したもので、その職掌を明示するためカモ県主と称したという（「カモ県主の研究」『日本古代国家の研究』）。②川の上流を意味する「上《かみ》」の転訛とする説もある。また、③井出至は、全国各地の神山とそれにつながる土地に神尾・宮尾…と「尾」がつくことが多いことから、かむやま（神山）の尾、「神尾」（かむを）の音がカモに転化（kamuo→kamo、u音脱落）したと説く（「カモの神の性格」『古事記年報』四一、一九九一）。

だが、これらの諸説は、カモ氏が主水《もいとりの》司《つかさ》水部《もいとりべ》や主殿寮《とのもりょう》殿部《とのべ》に仕えたことと関連付けていない。これまで負名氏《なおいのうじ》ではカモ氏だけが職掌と無関係の氏名といわれてきたが、古来、カモ氏は水を管掌する氏族である。

井水については、古くに井は「湧泉や流水を利用して水を貯めたもの」（『角川古語大辞典』）、本居宣長『古事記伝』に「凡て古は泉にまれ川にまれ用ふる水を汲む処を井と云へり」という。つまり、井は元来川水をふくめて汲むべき水源に広く当てた名称である（後世は井戸を指す掘井に用いた）。下鴨神社の社家・鴨脚《いちょう》家は数百年にわたって庭にある泉の水位を見て、御所の井戸水を管理してきた。

井の古語はカーである。伊東節子『日本語単音節の辞典―古語・方言・アイヌ語・

琉球語』によると、全国方言・琉球語でカーは天然に湧いていて用水に使われる水、または井戸をさす。沖縄の言葉（琉球方言）は、古く日本祖語から分岐したものである。

「カー」は、沖縄だけでなく、分布区域は九州、広島県沼隈郡鞆町、同県賀茂郡豊島と広く、伊豆の大島では湧き水をためた共同井戸をカァという（『日本方言大辞典』、『改訂総合日本民俗語彙』）。井の古語カーが方言として残っている。

つまり、井水は古くはカー（カハ）・モヒと呼んだ。水の古語はモヒである。カモ（賀茂）はカーモヒの約音転訛であろう。また、清涼な水（井）を入れる器は盌《もい》という。水は古訓カハでもある（『類聚名義抄』観智院本）。水瓶《みずがめ》もカハ・モイ→カモとも訓める。したがって、湧泉や川水、氷を管理し貢納した葛野の古代氏族をカモ氏と称したと考えられる。他の負名氏と同様に職掌に因んだ名称といえよう（『京都の地名検証3』）。

（天野・綱本）

上京区《かみぎょうく》 〔京都市〕

京都の町を大きく分けると、北の部分を上《かみ》、南の部分を下《しも》という。その北半分の呼び名である。平安時代初期の京都の町は、二条通以北に大内裏を中心に公家の屋敷や役所が集まり、南は七条通大宮の北に設けられた東市を中心に商工業者が多く集まり、北と南で町の性格が異なっていた。このように京都の町を二つに分けてとらえるという考えは、鎌倉時代頃からのようである。「上京」の文字が現れるのは、応永一〇年（一四〇三）の『遍智院宮御入壇記』という文書である。天文五年（一五三六）の天文法華の乱以後、町衆による自衛、自治の動きが活発になり、町組の組織が生れてきた。上京には立売組、一条組、小川組、川ヨリ西組の町組が出来、これを結合した「上京中」を作っていたことが知られている。織豊時代の豊臣秀吉による都市改造では、範囲を変えながら町組の組織は継承された。明治元年（一八六八）に京都府ができ、翌年に町組の改正が行われ、上京は第一番組から第三三番組までが形成された。同五年（一八七二）の町組の改正で番組を区に変えた。同一一年（一八七九）に区を組に改正した。行政区としての上京区と下京区は同二二年（一八八九）の市制実施により誕生した。この時の境はほぼ三条通であった。大正七年（一九一八）に白川村、下鴨村など周辺の村を合併して面積が大きくなり、昭和四年（一九二九）には、ほぼ丸太町通以南が中京区となり、鴨川以東が左京区となった。昭和六年（一九三一）に上賀茂村、大宮村、鷹峯村が編入され、同二三年（一九四八）に中川村、小野郷村が編入され、翌年には雲ヶ畑村が編入され、面積が拡大したので、同三〇年（一九五五）に北区が分離して、現在の上京区が確定した。

（清水）

上狛《かみこま》 〔木津川市山城町〕

南は西流する木津川を隔てて木津川市木津町に接する。集落は段丘上の古北陸道を軸に南北に連なる。『和名抄』大狛郷の南半分にあたる。木津川北岸段丘上の小字高麗寺に高麗寺跡があり、飛鳥期に渡来人狛氏が創建したと推定されている。狛の名はこれに因むとされ、奈良～平安時代に「高麗里」「狛」「狛野」などの地名がみえる。『続日本紀』和銅四年（七一一）七月五日条に「山背国相楽郡狛部宿禰奈売」が三つ子を産んだと記す。

上狛の地名は、建暦三年（一二一三）四月一三日条の「尼源阿弥陀仏畠地売券案」（東大寺文書）に「上狛郷」と出てくる。上狛村の沿革について『京都府地誌』は「元ト上狛郷ト称シ南村、林村ノ二村タリシヲ、何レノ時カ之ヲ裂キ五村トス。林村、西法華野《ほうけの》村、東法華野村、野日代《のびだい》村、新在家村ト称ス。明治七年ニ至リ又四村ヲ合セ上狛村と称シ、明治九年林村ヲ加へ今の村称ニ改ム」と記す。

西部一帯は広大な自然堤防が形成されている。自然堤防と東の段丘の間は氾濫原で、木津川の増水時、北流するちさえ川に沿った低湿地を濁水が通り抜けた。近世は木津川が大きくカーブする低地帯で被害が多かった。度々川床に土砂が堆積して浅くなり増水が堤を越えた。正徳二年（一七一二）八月一九日の大洪水と享和二年（一八〇二）六月二九日の旧新在家村東方の片刈切れによる洪水では大被害を被った。この洪水は上流の新在家から下流の北河原に至る上狛・椿井・北河原における過去最大規模のものであった。上狛の水害史からみると、上狛は西流してきた木津川が北に大きく流れを変える曲流点にある。渡来人が來住する以前からの「川の曲流点」を示す語で、クマ（曲）→コマの転訛か。（綱本）

上樵木町《かみこりきちょう》〔中京区〕

上《かみ》の方の、薪炭を商う町。「樵木」は薪《まき》やたきぎにするために、伐採した木。高瀬川に沿った同町南側に下樵木町があることから、「上」の字が冠されたのだろう。寛文五年（一六六五）刊『京雀』には「今は此町筋の上下は樵木柴炭《こりきしばすみ》材木をあきなふ」とあり、近世前半には木屋があったことが知られる。

鴨川の西岸に位置し、平安京では京域外であり、鴨川河川敷につながる地であった。高瀬川開削にともなって居住可能となった地域。既述のように当初は材木関係を扱っていたが、後に料亭・旅館街となった。（真下）

上御霊竪町《かみごりょうたてまち》〔上京区〕

神社の前の南北（竪）の通りに沿っていることによる。町は上御霊神社を含む一帯で、上御霊神社の前の通りの東側と南側を町域とする。天保二年（一八三一）の「改正京町絵図細見大成」では、神社の前に北から「かぢや丁」、「四軒在丁」と記されている。明治七年（一八七四）提出の『全国村名小字調査書』には、明治二年（一八六九）に合併して現町名になったとある。なお、「上御霊」の名の付いた町名には、他に「上御霊前町」、「上御霊馬場町」、「上御霊仲町」が神社の周辺に存在する。（清水）

上七軒《かみしちけん》〔上京区〕

室町時代に北野天満宮の門前に、七軒茶屋と称した参拝客相手の茶店が形成されたという。江戸時代には遊郭として幕府が認可していた。この所より下（南）に五番町遊郭があったので、そこより上（北）にあるということで、「上の七軒茶屋」が縮まった呼び名として成立したのであろう。北野天満宮の東の鳥居前町、真盛町、社家長屋町の地域にある花街《かがい》の地名である。江戸時代の中期には四〇軒余りのお茶屋があって、近くの西陣の織屋の人たちなどでにぎわったという。現在は京都の花街のひとつで、毎年四月に地域内にある北野会館で、舞妓・芸者による「北野おどり」が開催されている。（清水）

上珠数屋町通《かみじゅずやまちどおり》〔京都市・東西の通り〕

平安京の左女牛小路の東端部分に相当するとされる。土手町通から、渉成園（枳殻邸）の北面を通り、不明門通に至る、短い通り。中珠数屋町通はさらに短く、正面通の一部の別称。下珠数屋町通は、上の通りと同じで、こちらは渉成園の南面を通る道。町名が通り名になったものであろう。「左女牛通」の別称（『京町鑑』）とも。上・中・下の通りいずれも、いわば、東本願寺の門前町で、町名の通り、数珠などの仏具

や法衣などを商う店や門徒のための宿泊施設も多いところ。（糸井）

上錫屋町《かみすずやちょう》〔下京区〕

若宮通楊梅下ル鍵屋町通の延長線上までの両側町で、北は毘沙門町、南は上若宮町に接する。当町が挟む若宮通は仏具屋町通とも呼ばれ、『京羽二重』巻一の「諸職商家」の項に「五条南北　仏具屋」とあることに注目する。七条通の仏所などとともに、仏像関係の商家が多く存在した。鈴《りん》など錫製の仏具を作る商家があったことが語源であろう。「寛永一四年（一六三七）洛中絵図」にすでに「上錫屋町」とある。宝暦一二年（一七六二）刊『京町鑑』も、当町を「上錫屋町」とし、以後変化はない。（小西）

上清蔵口町《かみせいぞうぐちちょう》〔北区〕

洛中から洛外への出入り口「京の七口」は、実際には数十を数え時代と位置も変遷を繰り返すが、その中の一つで新町通から北へ通じる清蔵口周辺の町名である。『雍州府志』には西蔵から誤記され清蔵となったと伝えられ、また『山州名跡志』では清蔵という人名に由来するとされる。また、『京都の地名由来辞典』では西倉《せいそう》という言葉が転化したと記している。享保年間の「京大絵図」（同志社女子大学蔵）でも「清蔵口町」標記が見られ、東側に近接する室町口が御土居外側に道が展開していないのに対して、清蔵口からは賀茂別雷神社の境内末社である岩本社に通じる道が描写されており、上賀茂神社へ通じる重要な出入り口であったことが伺われる。また南に隣接して下清蔵口町（上京区）も存在する。（天野）

上世屋《かみせや》　→**世屋**《せや》

上高野《かみたかの》〔左京区〕

古くは「高野」と呼ばれた場所。高野は「神聖な、なだらかな傾斜地」の意で、『延喜式』神名帳に見える「出雲高野神社」の所在地か。古代の小野郷。桓武天皇の弟早良《さわら》親王を祀る崇道《すどう》神社（上高野西明寺山）の裏山から慶長一八年（一六一三）小野毛人《えみし》の墓が発見され、古くから小野氏と深い関係にあった土地であることがあらためて確認された。昭和に入り、かつての「高野河原」に当たる地域（「高野」より高野川下流域）が「高野」と称されることになり、それと区別するために、旧「高野村」に当たる地域が「高野河原」より高野川上流域に当たったので「上高野」と呼ばれることになった。

現在、上高野何々山という地名が四ヶ所、上高野何々町という「上高野」を冠する町名が四九町ある。（笹川）

上立売通《かみだちうりどおり》〔京都市・東西の通り〕

京都には「立売通」が「上、中、下」と三筋あるが、洛外に属するのは「上」だけで、今出川通よりさらに北部にあり、寺町通から西は馬代《ばだい》通まで至る通り。ただし、六軒町通から平野道までの間が中断している。「立売」は、路上脇に臨時の店を構えて商いすること。この通りには、そうした商人が多くいたことが名の由来。特に室町通との交差点辺りが賑やかで、「立売りの辻」と呼ばれていた。室町幕府が法令を記した「制札」を建てた辻の一つで、もう一つは、四条通と新町通の交差点当たりで、「四条町の辻」といわれていたという。

「中立売通」は、平安京の正親町《おおぎまち》小路に相当するが、現在は京都御苑の中立売御門前から七本松通に至る通り。「正親町通」とも。『京都坊目誌』は、烏丸通から千本通西入るまで、とする。六軒町通から七本松通までは、西北方へ斜めの道になっている。「正親」を「おおぎ」と読むのは「おおきみ」の略、「親王」の意とされる。上立売同様、立売の名を持つのは、天正年間、この通りで呉服の立ち売りがなされていたことによる。聚楽第の通りとして、元和元年に再興したものといわれる。

「下立売通」は、平安京の勘解由《かげゆ》小路に相当するが、現在は烏丸通から花園で丸太町通と合流地点までの通り。ここも、商人たちが多く集まり、特に呉服の立ち売りが多くいたことから名付けられたらしい。（糸井）

上長者町通《かみちょうじゃまちどおり》〔京都市・東西の通り〕

平安京の土御門大路に相当するが、現在は烏丸通から千本通の一筋西の通りまで。「土御門通」とも。応仁の乱以降荒廃していたが、再興された当初は「新（今）在家」と称した。『京都坊目誌』に「天正中、此街（通り）の東に貨幣の兌舗《だほ》（両替店）及び諸家の金穀を用達する者住す。当時富有（富裕）の聞へあり、人呼んで長者と云ふ。街名（通り名）之に起る。中下長者町之に同じ。」とある。金融街であった。上長者町通の西端の西側は、元遊郭の五番町があった。

「下長者町通」は、鷹司小路に相当するが、現在は、烏丸通から御前通に至る通り。「鷹司通」とも。『京雀』に「万里《まで》小路通東に鷹司殿ありし故に名とす」とあるが、通り名が先かも知れない。

「中長者町通」は、南北にある「上下」の長者町通の中間に設けられた通りで、室町通から油小路通までの短い通り。（糸井）

上常吉《かみつねよし》 →常吉《つねよし》

上天神町《かみてんじんちょう》〔上京区〕

現在は堀川通の東側の扇町にある「水火天満宮」が戦前まで当町に鎮座していたことによる。堀川通の西側で上御霊前通の北の一帯が町域である。天保二年（一八三一）の「改正京町絵図細見大成」に「上天神丁」とあり、江戸時代からの町名である。貞享三年（一六八六）の「京大絵図」では、「上天神町」「中天神町」「下天神町」が記されているが、現在は、「下天神町」が当町の南にあり、北には「天神北町」があり、「中天神町」は消えている。「水火天満宮」は昭和二七年（一九五二）の堀川通の拡張のため、通りの東に移転させられたのである。（清水）

上中《かみなか》〔右京区京北〕

『和名抄』の桑田郡弓削郷のうちに位置する。大堰川（上桂川）の支流の弓削川の流域に細長く開けた、弓削郷の盆地の中央に位置する集落。大字上弓削と下弓削に挟まれて、上中、下中の集落がある。元禄一三年（一七〇〇）の「丹波国郷帳」や「天保郷帳」には「弓削中村」とある。それ以降に上と下に村が分かれたとみられる。上中、下中の「中」は「弓削中」の意である。上中には、弓削八幡神社（八幡宮社）があるが、貞観元年（八五九）、宇佐八幡を勧請して、創建したものといわれる。（糸井）

上中之町《かみなかのちょう》〔下京区〕

上中之町は、大宮通木津屋橋下ル塩小路までの東側片側町である。大宮通に面していることにより、七条下ルから「大宮上之町」「大宮中之町」と並んでいた。明治時代に入って「上之町」が「大宮」をはずしたので、「中之町」もはずした。

「坊門中之町」は黒門通木津屋橋半町下ルの両側町である。坊門に面しているので、坊門をつけている。（小西）

神無森町《かみなしもりちょう》〔山科区小山〕

この付近一帯は縄文時代から奈良時代にかけての土器や須恵器が発掘された地で、芝町遺跡と呼ばれている（『遺跡地図台帳』）。その中に磐座があり、諸羽神社・岩屋神社・若宮八幡宮の御旅所となっている。祭で御輿を渡御させるのは、氏子のいる範囲を巡る「国見」のような行事であり、そのため、御旅所は、氏子地域内の神殿から離れた地に設置されることが多い。ここが三社の御旅所となっているのは、境界の場であることを示しているのであろう。中世には山科七郷の住民が神無森関を設けたとされるのも（『山科家礼記』）、この地が境界の場であったからだろう。近世には森はなくなり、芝地になっていたが（『山城名勝志』）、一貫して聖なる地と意識されてきたと考えられる。「神無」は「神がいない」のではなく、「神が業を為す」の意味であろう。（小寺）

上之町《かみのちょう》〔下京区〕

大宮通下魚棚通下ル木津屋橋までの両側町である。「七条以南に於ける出屋敷上之町にして其南を中の町とす。（中略）官上京師地図には大宮上之町と註す。今略して上之町と云」（『京都坊目誌』）うとある。「寛永一九年（一六四二）寛永後万治前洛中絵図」に「おうみや上ノ町」とある。「天保二年（一八三一）改正京町御絵図細見大成」にも「大宮上之丁」とあり、江戸時代には変化はみられない。（小西）

上白山町《かみはくさんちょう》〔中京区〕

上《かみ》（北側）の方に位置する、白山の町。町内に白山権現（現・白山神社）の社があることに因む名。白山は石川・福井・岐阜の三県にまたがる修験道の山。京でも中世頃から白山修験の布教が行われ、行者の験力を求める人々が多かった。

当町は平安京内裏の南東に位置し、早くから貴族の邸宅が建てられた。『拾芥抄』では当町の周辺に藤原永頼の邸宅である、山《やまの》井《い》殿《どの》が営まれたとする。中世には当町西側の地所は、石清水八幡宮寺検校によって管理されていた。町名は「寛永一四年（一六三七）洛中絵図」に「上ノ白山町」と見え、寛文五年（一六六五）刊『京雀』に「上白山町　中はくざん町　下はくざん町…」と書かれるように、近世前半には麩屋町通御池を挟んで並ぶ、上中下の白山町の名が定着していたことが知られる。また、麩屋町通じたい、上中下白山町があることから白山通と呼ばれたこともある。（真下）

神原《かみはら》〔八幡市八幡〕

馬場の南より岩清水までの両側町で、神原を「かはら」「かわら」とも訓み、町の東側を河原崎といい、河原の先の意という と伝える。慶長五年指出帳（「石清水八幡宮史」所引）には、すべて「かはら」「かわら」と仮名書きがある。『男山考古録』に「古此地谷川など流るる所にて、其河原にてもや在けん」と記す。（綱本）

上本能寺前町《かみほんのうじまえちょう》〔中京区〕

本能寺の門前町のなかで、上《かみ》（北側）の方の町。本能寺は応永二二年（一四一五）の創建の日蓮宗の大寺院。

当町は寺町通を挟む両側町であり、平安京の東端にあたる。平安中期以降には貴族の邸宅も間近に建つようになったが、室町期に入り西隣地域に足利二代将軍足利義詮による三条坊門第が造営され、活気づくこととなる。近世には寺町建設とともに寺院街となった。近世には御池通は寺町通までで、現在の本能寺寺域である下本能寺前町と当町の寺町通以東は、すべて本能寺の寺域だった。ちなみに安永九年（一七八〇）刊の『都名所図会』には、当代の伽藍配置が描かれている。本能寺が当町にあったのは、本能寺の変で焼失して天正一〇年（一五八二）に旧地から移転して以後、明治初年まで。明治六年（一八七三）には京都府栽培試験場が建設され、明治二七年（一八九四）には京都市会議事堂（現市役所）が建設された。現在、町域の大半にあたる寺町通以東の部分は京都市役所の敷地となっ

ている。町名については近世を通じて「上本能寺前町」「本能寺丁」「ほんのうじ前丁」など。　（真下）

紙屋川町《かみやがわちょう》〔上京区〕

紙屋川に沿った地域で、川の名に由来する地名である。町は紙屋川（天神川ともいう）の東側で、川に沿って今出川通までを町域とする。天保二年（一八三一）の「改正京町絵図細見大成」に「紙ヤ川丁」と記され、江戸時代からの町名である。この川を紙屋川と呼ぶのは、平安時代前期に朝廷で使用する紙を漉いていた紙屋院という役所がこの付近にあったことによる。「かい川」の異名もある。　（清水）

上山田《かみやまだ》〔与謝郡与謝野町〕

山田という地名は、藤原宮・平城宮址出土の木簡には見られないが、『和名抄』の郷名に初出するため、古代にさかのぼる地名とわかる。現在は、大字地名として与謝野町下山田・上山田がある。至徳二年（一三八五）の「周瑎山田郷代官職請文案」（曇華院文書）に「丹後国山田」と見え、曇華院領であったことがわかる。山田郷は、さらに東と西に分かれていたようであり、応永三年（一三九六）の「元領請文」（曇華院文書）には、「山田のひんがし方」すなわち東方、応永九年（一四〇二）の「瑞豊山田郷東分年貢請文」（同文書）には「山田郷東分」とある。これは、応永一二年（一四〇五）の「長清山田郷所務職請文」（同文書）に、半分は曇華院領であるが、半分は八幡宮へ寄進した旨が記されており、曇華院領であったのは山田郷の東側、八幡宮領であったのは山田郷の西側であったことがわかる。前者は現在の下山田、後者は上山田に相当するものと思われる。その後、長禄三年（一四五九）の「丹後国郷保庄惣田数帳」には山田郷とあり、曇華院領であった痕跡は消えているが、八幡宮領は「東方」として残る。

下山田・上山田の地名の初出は、天文七年（一五三八）の「丹後国御檀家帳」に見える「かみ山田にて」である。本史料には上山田のみが見られるが、江戸時代に入った慶長七年（一六〇二）の「慶長郷村帳」には下山田村・上山田村の両方が見られ、明治時代に至る。なお元禄一二年（一六九九）の「丹後国郷帳」には、下山田村を「上宮津枝村」と記すが、このような記載はほかに見られない。明治二二年（一八八九）の町村制施行時には、下山田村と上山田村が合併し、古代の郷名と同じ山田村となった。　（新谷）

神吉《かみよし》〔南丹市八木町〕

鎌倉期から室町時代の郷（集落）名。丹波国船井郡吉富新荘のうちにあった。「神護寺文書」の「僧文覚請文」に「神吉」の地名がある。地名の由来は不明。承安年間に藤原成親は宇都庄（「有頭」とも）に神吉、八代、熊田、志摩、刑部などの郷を加えて立荘し、後白河法皇の法華堂に寄進した（『角川日本地名大辞典』）。平家が滅びた後は神護寺領となった。また承久三年（一二二一）の北条時房書状「氷室文書」には「丹波国神吉氷室司等訴事」とあり、当地に氷室があったことが分かる。

承安四年（一一七四）の「丹波国吉冨庄絵図」の写（「真継家文書」）には「有頭」と隣あって「神吉村」と書かれており、高床の大型倉庫と見られる家屋が描かれている。元禄一三年（一七〇〇）の「丹波国郷帳」では神吉上村、神吉和田村、神吉下村に分かれている。この三村は明治七年（一八七四）に合併してまた神吉村となった。そして昭和三〇年に八木町と合併してその大字となっている。　（安藤）

亀井町《かめいちょう》〔東山区〕

カマエ（構え）の訛か。所在は大和大路

通四条下ル二丁目。建仁寺の北西角に位置し、団栗通の北側に位置し、当町内中央を大和大路通が走る。江戸時代初期は大和町などとともに、南は松原通までを広く「建仁寺町」と総称された。明治元年（一八六八）下京に編入、昭和四年（一九二九）東山区に編成。

　亀井町の称が生じたのは江戸中期以降のようで、『京町鑑』に見えるのが早く、『京都巡覧記』も同様。建仁寺門前町を構成する一町だったので、「建仁寺二丁目」「建仁寺北門前下町」「建仁寺北門前南町」とも、夷社にちなんで「夷町」とも称された。（忠住）

亀岡市《かめおかし》〔京都府〕
　江戸時代の地名は亀山であった。明智光秀が天正五年（一五七七）に亀山城をこの地に築いて以来、城を中心として城下町が形成され、江戸時代には約六万石の亀山藩が置かれた。明治二年（一八六九）に三重県亀山との混同を避け、「山」を「岡」に換えて亀岡町となった。城名の亀山は築城された地形を吉祥語によって表したものであろう。
　明治四年（一八七一）に亀岡県を経て、京都府桑田郡に、そして明治一二年には南桑田郡に属した。昭和三〇年（一九五五）に、亀岡市が誕生した。さらに昭和三一年に船井郡東本梅村、昭和三四年には篠村を合併して現在に至っている。（安藤）

亀島《かめしま》〔与謝郡伊根町〕
　慶長七年（一六〇二）の「慶長郷村帳」に「亀島村」と見えるものが初出の地名である。舟屋で有名な伊根町平田から南方へ延びる半島部分と、平田の西方にまたがって位置しており、伊根湾を囲むような領域を形成している。平田や日出から半島部分を遠望した時に、亀のように見えたことに由来する地名と思われる。また、神島（かむしま）が亀島（かめしま）と音変化した地名とも考えられる。湾内の「青島」は、全国にみる「青」地名に通じる「埋葬地」の意である、神の島の意と思われるが、この青島との関係にも注意する必要があろう。「慶長郷村帳」以降、「亀島村」と表記され、明治時代に至る。（新谷）

亀ノ尾町《かめのおちょう》〔右京区嵯峨〕
　嵐山の対岸北西部にある小倉山の東南部を亀山と呼ぶ。山の形が北西を向く亀の甲羅に似ていることに因み、亀の尾山とも別称する。この山の東南端にあたる地が亀山公園となっており、同公園の南部分が亀ノ尾町である。亀山は、亀の文字が長寿を連想させることから歌枕にもなっている。亀山の東麓には、九世紀の承和年間、嵯峨天皇の命で慈覚大師が一尊院を建立している。またその南には建長《けんちょう》七年（一二五五）に後嵯峨上皇により亀山殿《どの》という仙居を建てられたが、後の暦応《りゃくおう》二年（一三三九）にこの地に霊亀山天龍資聖禅寺と正称する天龍寺が建立されている。（岩田）

亀町《かめまち》〔下京区〕
　不明門通上珠数町下ル中珠数町までの東側片側町である。現在は烏丸通拡張により烏丸通歩道に面する。南に隣接する卓屋町の旧名「つるや丁」の鶴に対応する縁起のよい「亀」が語源である。「寛永一四年（一六三七）洛中絵図」では「（因幡堂）三丁目」とする。当初「因幡堂突抜」といっていたことから、寺内町の時期に、六条から三丁目ということにしたのが語源である（「井筒町」参照）。寛文五年（一六六五）刊『京雀』に「かめや町」とある。「宝永二年（一七〇五）洛中洛外絵図」で現在の町名「亀町」がでるが、「天保二年（一八三一）改正京町御絵図細見大成」に「亀や丁」とあるので、宝永以後は、「亀町」と「亀屋町」の併用がつづく。（小西）

亀屋町《かめやちょう》 〔下京区〕

「つるや町」に対応する場合や、単独に、縁起のよい町名を選ぶ場合がある。高倉通万寿寺下ル五条までの両側町の場合は、近隣町との対応はなく、単独に、亀を選んだといえる。寛永一四年（一六三七）洛中絵図に、すでに「亀屋町」とある。宝暦一二年（一七六二）刊『京町鑑』に「亀屋町」とある。

若宮通松原下ル万寿寺までの両側町の場合は、「寛永一九年（一六四二）寛永後万治前洛中絵図」に「つるや町」とあり、「元禄四年（一六九一）京大絵図」にも依然として「つるや丁」とある。徳川綱吉の娘の名が鶴姫であることを理由に民間で鶴を使用禁止にした元禄元年（一六八八）（『地名の社会学』）に変えたわけではなく、「宝永二年（一七〇五）洛中洛外絵図」にさらに縁起のよい「亀屋丁」に変えている。以後変化はない。　（小西）

亀屋町《かめやちょう》 〔中京区〕

亀屋を名乗る人物の住む町。または亀屋という屋号の店のある町。「亀」は長寿や富貴繁盛を連想させるめでたい名で、京の町ではこの名をもつ屋号や町名は珍しいものではなかった。しかし、蛸薬師通油小路の当町の場合は、延宝六年（一六七八）刊『京雀跡追』「かめや町」項に、「世にたたき町といふ」として、俗称を記している。

このように当町は、通称である「たたき町」の名で知られていたようだ。「たたき」とは、当町の空也堂極楽院を拠点とした空也僧たちの遊行の形態。鉦や瓢箪を叩きながら踊り念仏を行って歩くことで、京の町で広く知られていた。

平安時代は四条坊門堀川小路の東にあたり（『平安京提要』）、中世に応仁の乱の合戦場となった六角油小路町は、当町の北東にあたり、戦国期の本能寺境内とも東接する。当地に空也堂が建立されたのは天正年間（一五七三～九二）のことで、今新在家西町から移転した（『京雀跡追』）。『雍州府志』によれば空也堂極楽院を中心に一八軒の妻帯有髪の生活形態を営む塔頭が、茶筅を製造販売するなど、独特の存在感をもっていた。現在も空也堂極楽院では、毎年一一月の第二日曜に空也忌が営まれ、岐阜の大垣別院をはじめ、各地から到来した空也僧たちによる、踊り念仏が行われる。　（真下）

亀山町《かめやまちょう》 〔右京区嵯峨〕

嵐山の対岸北西部にある小倉山の東南部を亀山と呼ぶ。東方遠方からみると、山の形が北西を向く亀の甲羅に似ていることに因む。亀の尾山とも別称する。この亀山を町域とする。亀山は、亀の文字が長寿を連想させることから歌枕にもなっている。亀山の東麓には、九世紀の承和《じょうわ》年間、嵯峨天皇の命で慈覚大師が一尊院を建立している。またその南には建長《けんちょう》七年（一二五五）に後嵯峨上皇により亀山殿《どの》という仙居を建てられたが、後の暦応《りゃくおう》二年（一三三九）にこの地に霊亀山天龍資聖禅寺と正称する天龍寺が建立されている。　（岩田）

加茂町《かもちょう》 〔木津川市〕

東部は笠置山系、北部は鷲峰山系、南・西部は奈良山丘陵に囲まれた小盆地。町域内で木津川が中央部を西流し、北岸を南流する和束川と南岸を北流する新《しん》川・赤田川が木津川に合流する。相楽郡東部の水陸交通の接点として古くから発達し、商業地が形成された。木津川は古くは鴨川とも呼ばれ、『万葉集』（巻一一・二四三一）に「鴨川の後瀬静けく後も逢はむ妹にはわれは今ならずとも」と詠まれ（一説には京都市内）、『続日本紀』天平一五年（七四三）八月朔日条に「幸鴨川。改名為宮川也」とある。

加茂は賀茂とも書かれ、奈良期～平安期に見える郷名。山城国相楽郡に属し、『和名抄』賀茂郷は南岸、水泉《いづみ》郷は北岸に比定される。他の記録には恭仁郷・岡田郷と載る。

北岸は古くは瓶原とも呼ばれ、天平一二年（七四〇）から三年間恭仁京が造営され、後に山城国分寺も置かれた（「瓶原《みかのはら》」参照）。南岸の賀茂郷は宝亀三年（七七二）一〇月二三日付の「上村主馬養優婆夷貢進文」（『正倉院文書』）に「相楽郡賀茂郷」とみえる。賀茂氏の居住地として伝承され、『山城国風土記』逸文に「賀茂建角身命、大倭神倭《かむやまと》石余《いわれ》比古《ひこ》の御前に立ちまして、大倭の葛木山の峯に宿りまし、彼より漸《ようやく》に遷りて、山代の国の岡田の賀茂に至りたまひ」とみえる。同町北に賀茂氏にちなむ式内社岡田鴨神社（祭神・賀茂《かも》建角身命《たけつのみのみこと》）がある。『三代実録』貞観元年（八五九）一月二七日条によると、「従五位下岡田鴨神」は進階して従五位上となった。

賀茂は鴨・甘茂とも書く。松岡静雄は、カモはカミ（神）と同源で、君主の意をもって貴種の族称となり、さらに地名に転用されたとする（『新編日本古語辞典』）。もとは木津川河川敷に位置し、洪水によってのちに移転したのが現社地と伝える。当社の南西一キロメートルの所に鴨大明神の鳥居と称される地や、北方、木津川辺りに鴨大明神跡と称する地があるという。洪水で幾度かの遷座を行ったとみられる。

賀茂の地名由来は、神にちなむというのが従来説だが、字音解釈である。井水は古くはカー（カハ）・モヒと呼んだ。カモはカーモヒの略音である。井は湧き水や川をいう。小川豊『川を考える地名』『災害と地名』によると、古代のカモ地名のたいていのところは、河川沿岸に存在することが多い。「昔、川がここらを流れていた」という伝承もある。旧河道は地下水位が高く湧水に恵まれたところである。小字北一帯は旧河道である。つまり、賀茂は当初神社のあった河川敷（旧河道）の伏流水を指したものである。古くは川床の低い木津川から用水が引けなくて、水田灌漑に利用する水源地を祀ったのであろう。

中世は東大寺領賀茂荘・出水荘ほか興福寺領など多数。近世は南岸の加茂郷七村が伊賀上野の藤堂藩領で船屋は木津川水運の拠点。当尾《とうのお》郷一四村は伊勢久居の藤堂藩領。北岸の瓶原郷は例幣使料（領）と禁裏新御料。明治二二年（一八八九）に近世の郷を継承し加茂・当尾・瓶原の三村として村制施行。昭和二八年（一九五三）に加茂町発足。二〇〇七年三月山城町・木津町と合併し木津川市となった。

賀茂の用字が、加茂に改められたのは、正徳二年（一七一二）八月の大洪水によって当地の村々が流失。その復興に当たってのことが、里の「常念寺什物記録」に載る。（綱本）

掃部林町《かもんはやしちょう》〔左京区上高野〕

『古語拾遺』（斎部広成、八〇七）には、豊玉姫命《とよたまひめのみこと》が彦瀲尊《ひこなぎさのみこと》を生む時、「掃守連《かにもりのむらじ》が遠祖《とほつおや》天忍人命《あめのおしひとのみこと》、供《つか》へ奉り陪侍《はべ》リ。箒《ははき》ヲ作リテ蟹ヲ掃《はら》フ。仍リテ、鋪設《しきもの》ヲ掌《つかさど》ル。遂ニ職《つかさ》ト為ス。号《なづ》ケテ蟹守《かにもり》〈今ノ俗ニ借守《かりもり》ト謂フハ、彼ノ詞《ことば》ノ転《うつ》レルナリ〉ト曰《よ》フ」と見える。このカニモリ（蟹守）からカンモリ・カモリ・カモンという、宮中の掃除や儀式の設営をつかさどる「掃部司《かもんづかさ》」ができたという。令制では、宮内省の内掃部司と大蔵省の掃部司があったが、弘仁一一年（八二〇）、両司を併合して掃部寮とし、宮内省の所属とした。林とは、樹木の群がり生えた所の意から転じて、同類の物事の多く集まっている状態をいう。掃部寮の下級職員が集まって居住した場所か。カモリ

（掃部）は、カミオリ（神降）部の約という説もある。　（笹川）

加悦《かや》〔与謝郡与謝野町〕

建武四年（一三三七）の「吉川経久軍忠状」（吉川家文書）に「加悦庄」とあるものが初出の地名である。翌五年の「日置久季軍忠状」（田辺家文書）には「賀悦庄」と表記され、以後の中世史料には「賀悦」の表記が多く用いられる。加悦（賀悦）庄は、「一条師嗣御教書」に「丹後国三ヶ庄之内、賀悦庄」とあることから、大石庄・石川庄とともに三ヶ庄の一つであることがわかる。そのため、地名の起源は院政期にさかのぼる。地名の語源は諸説があり、古代において茅原であったから、吾野神社の祭神が我野迺姫であるから、朝鮮半島にあった伽耶国に由来するものなどといわれる。長禄三年（一四五九）の「丹後国郷保庄惣田数帳」には「加悦庄」として一六三町余りが実相院領として記される。天文七年（一五三八）の「丹後国御檀家帳」には、「かやの御城」として国の御奉行であった石川氏の名があり、「かやのいちはにて」「かやの松の下」「かやのかなや村」が記載される。また応永五年（一三九八）の奥書をもつ鎌倉神社の『大般若経』には「賀悦庄一宮鎌倉大明神」とあり、南は滝（与謝野町）まで賀悦（加悦）庄の領域に含まれていたことがわかる。なお加悦城は、加悦中学校裏山の安良山城と推定され、永正四年（一五〇七）には細川氏・若狭武田氏との合戦の舞台となった。天正一〇年（一五八二）前後には、丹後国を支配した細川氏の家臣有吉氏が安良山城に入り、ふもとに城下町を建設したものと推定される。慶長七年（一六〇二）の「丹州加与謝郡加悦庄町方検地帳」（籠神社所蔵）や「慶長郷村帳」、元禄一二年（一六九九）の「丹後国郷帳」には「加悦庄」とあり、「加悦庄」という表記はその後もしばらく残ったようである。しかし延宝九年（一六八一）の「丹後国与謝郡等郷村高帳面」には「加悦町」とあり、明治時代に至る。なお、加悦から加悦奥川をさかのぼった谷の奥に位置する地は「加悦奥（村）」と称する。　（新谷）

加舎《かや》　→東加舎《ひがしかや》

加悦奥《かやおく》　→加悦《かや》

烏丸通《からすまどおり》〔京都市・南北の通り〕

平安京の烏丸小路をベースに北にも南にも延びて、現在は今宮通から十条通をこえて、久世橋通に至る。ただし、JR京都駅で中断している。今は「からすま」というが、もとは「からすまる」であった。貴族の「烏丸家」の名は、この通り名を用いたもの。平安京以前からあった地名か、いつからあるのか、「烏丸」と表記する理由などよくわからないが、吉田金彦（『京都の地名を歩く』）は、京盆地には多くの川筋があり、烏丸川があったことを推定し、河原洲（かはらす）にできた村（まる）（朝鮮語の村を意味する「マウル」による）とみている。『京都坊目誌』によると、中世に東洞院川の別称として、烏丸川があったという。南の端九条あたりに「烏丸町」があり、また烏丸今出川あたりに「烏丸町」（今は移転）があったといわれる。いずれも通りの名にちなんだ町名であろう。　（糸井）

唐津屋町《からつやちょう》〔下京区〕

四条通堀川西入ル猪熊までの両側町である。九州唐津港を通じた貿易品を扱う大店、唐津屋があったと推定する。「寛永一九年（一六四二）寛永後万治前洛中絵図」に、すでに「唐津や町」とある。「天保二年（一八三一）改正京町御絵図細見大成」には、堀川の分流が描かれ、南側を「南唐津丁」北側を「北唐津丁」とする。この二町は「明治二年（一八六九）合併して」

『京都坊目誌』）両側町となる。　（小西）

唐櫃越《からとごえ》　→唐櫃越《からひつごえ》

唐戸鼻町《からとはなちょう》〔東山区〕

耕地の字を町名としたともいわれるが、自然地名から考えるのが適当か。「カラ・ト」とは「韓《カラ》」ではなく、自然地名としてカラは「涸」「小石まじりの土地」と解せる。ここでは「カラ・処《ト》」とは「水の乏しい」「干上がった」場所という意。ハナ（鼻）はサキ（崎）と同じく「先端」の意。度々の洪水によって運ばれた土砂が堆積して生じた平坦な涸れ地であることを指した地形名である。所在は三条通南二筋目白川筋西入ル。東大路通より西で、東側が白川によって限られ、町の中央を南北に古川町通が通る。『改正増補京羽二重大全』（一七四五）にも三条より南、白川より西の新家地として当町がみえる。

元禄一三年（一七〇〇）に周囲の地域とともに町地となる。明治二年（一八六九）下京に編入、昭和四年（一九二九）東山区に編成。　（忠住）

唐橋町《からはしちょう》〔南区〕

『京羽二重織留』に、「唐橋、東寺の西梅が小路の南山崎道にあり。いにしへ韓人来朝の時、此橋を経て鴻臚館《こうろくわん》に入る。此故に唐橋と称す」とある。東寺の西にある紙屋川（現在の西高瀬川）に架かる橋の名を地名にしたものと思われる。

鴻臚館は北斉の外交施設「鴻臚寺」に由来し、唐の時代にその名称が日本に導入された。「鴻」は大きな鳥の意から転じて大きいの意。「臚」は腹の意から転じて伝え告げるの意である。鴻臚館はおもに渤海使を迎賓していた。『三代実録』元慶三年（八七九）九月二五日条には、左京九条東側の鴨川には「鴨河辛橋」が架けられていた記録がある。同音で紛らわしいが、羅城門の南側に架けられた「唐橋」とは別個のものである。　（入江）

唐櫃越《からひつごえ》〔西京区・亀岡市〕

現在の山田南町辺より西へ岡の上を通って亀岡の山本に至る六キロの山越え道。「九条家文書」暦仁元年（一二三八）の「山城国乙訓郡物集女荘の四至牓示」に「北限丹波路唐櫃越」と見える。老ノ坂の道の北側を通っている。谷筋の山陰道があればそれで事足りるのに、なぜ辛労《しんど》い山越え道が作られたのだろうか。それは「唐櫃」という名前に秘密がある。「唐櫃」は物を入れて運ぶ容器。米櫃・炭櫃・鞍櫃などいえば中に入れるものが分かるが、衣類・調度品・鎧・記録・文書など、重要な物を入れる長方形の運搬箱で、被せ蓋がある。文字通り「唐物の櫃」である。白木もあれば、塗り物に螺鈿を施した上等なものもある。ぐるりに四本または六本の、外に反った脚が付いており、櫃が置かれる時に泥などがつかないように工夫してある。坂道を舁いて行くのに脚があるのは、かえって邪魔になるはずだが、あえてこのような唐櫃を使った所に意味がある。唐櫃は石棺だとする説もあるが、この道中に古墳も崩れた石室もない。死人を入れる屍櫃をカラビツとも読むので、そういう特殊な運搬物をも兼ねたケースもないではなかろうが、少々無理なように思う。足利健亮も石棺説には賛同せず、櫃の脚の反り具合は尾根筋を辿る地形に合わせたものだ、という解釈を出している（『京都・大枝の歴史と文化』）。しかし、これも珍解というべきである。この尾根道は一列でしか通れない狭い痩せ道で、唐櫃の荷い棒を前後の二人が担ぐには精いっぱいになる。それ以上の有効な運送手段を用いる事が出来ないというのが、命名の起こりだとする説明もある（『史料京都の歴史』一五）。道の実況はその通りだが、これもやはり正解には届いていない。

それは「唐櫃」という語の本義を見つめる必要がある。唐櫃には重要品を入れる。唐物すなわち唐土よりの舶来品を入れる、というのが最初で、「韓櫃」と書いたのもある。それから次第に輸入品に限らず、珍しくて高価なもの。それに準じて上物・貴重品・重要な書類などを入れる御櫃になった。だから、破損したり、略奪されたりしてはならない。貴重な運搬だから、多少時間をかけ、難儀しても事故や事件を避ける。安全第一のために、一般道路の危険な老ノ坂は通らなかったのである。運送の目的・中身によって区別されたと考えられ、これの最初は、山の尾根を利用した特別な間道だった、と見てよいと思う。

現在はカラトゴエと呼ばれているが、カラヒツ→カラウツ→カラウト→カラトの変化である。カラフツと振り仮名したのもある。吉田東伍が建武三年古文書に「賀羅冨津越」とあるのを引いて、「唐櫃越」にカラフトと振り仮名し、「世にこれを唐櫃越といふは誤なるべし」（『大日本地名辞書』）としたのは不可解な文言である。恐らく、カラヒツの音便形の一表記にカラフツがあった事を、気付かなかったからであろう。地名「唐櫃」は比叡山より近江へ越える道にもあり、カラフトという（『類聚名物考』）。また、摂津国有野村（現・神戸市北区有野町）、六甲山北麓の登山口にもあり、カラトと言っている。遥々と有馬街道を通って、険しい山を越え、有馬ノ湯に行幸された古代を偲ぶ事が出来る。険しい山道であるが京への近道ということもあり、『太平記』にも語られるが、戦略的に重要な間道であった。　（吉田・糸井）

杏人の浜《からひとのはま》　〔宇治市小倉町・伊勢田町〕

杏人は、韓人で、朝鮮系の外国人の意（『時代別国語大辞典　上代編』）、したがって朝鮮系の外国人が居住している水辺の意。柿本人麻呂が「名木河にて作れる歌二首」として詠んだ和歌の一つ、「荒磯辺《ありそべ》に着きて漕がさね杏人の浜を過ぐれば恋しくありなり」（『万葉集』巻九・一六八九）の中に出てくる地名。その浜は、名木河（山川）河口か、伊勢田の浜辺りであろうか。小倉村の西側の巨椋池（旧大池）の中に、築造年代不明の古堤の存在が、近世の文書や絵図にしばしば触れられている。その古堤は、小倉村北端の小字春日森から伊勢田村境を経て名木川河口部に及ぶものであるという。あるいは、杏人の浜の遺構かもしれない。古代の巨椋入江周辺には、渡来人の存在が不可欠であった。木材の集散地として、水路の確保や港の整備などで、その技術力が期待されたからである。渡来人が関わっている浜がこの周辺には多かったにちがいない。

なお、「杏」の訓には定説がないので、「杏」は同音の「京」が転じたものであり、それは「椋」の略字であるという考え方がある。すなわち、クラヒトノハマと読んで（巨）椋の人の港という意味だとする説である。　（高木）

唐物町《からものちょう》　〔下京区〕

富小路通花屋町下ル上珠数屋町までの両側町である。語源は「寛永の頃中国船載の雑貨類（唐物）を販ぐ家あり」（『京都坊目誌』）の「唐物」であろう。「天保二年（一八三一）改正京町御絵図細見大成」には「カラモノ丁」とある。　（小西）

雁金町《かりがねちょう》　〔下京区〕

その町の職人、商人の種類によるが、「雁金屋」の屋号の大店があったのが語源であろう。高辻通柳馬場東入ル麩屋町までの両側町の場合は、『京雀』にあるように、渋紙を販売する大店があったのであろう。「寛永一九年（一六四二）寛永後万治前洛中絵図洛中絵図」に、「雁金町」とある。「天保二年（一八三二）改正京町御絵図細見大成」の「鴈金丁」は、「雁」の誤字であろう。

　岩上通綾小路下る仏光寺までの両側町の場合は、『京羽二重』巻一の「此通職人売物」の項に、岩上通四条下ルには古道具屋が多いとあるように、古道具店があったのであろう。「寛永一四年（一六三七）洛中絵図」に、すでに、「雁金町」とあり、以後変化はない。（小西）

河合《かわい》〔福知山市三和町〕

　土師川《はぜがわ》に西北から注ぐ支流・河合川流域に位置する、室町時代から見える村名。山間に集落が点在している。河合は川の合流点を意味しており（『地名の語源』）、土師川との合流点付近であることに由来する地名と考えられる。

　「南禅寺文書」の中にある文亀三年（一五〇三）の「大和守藤原朝臣・筑後守紀朝臣連署禁制木札」の文中に野々宮荘の境として「下限川合落合」と地名が出てくる。『丹波志』によれば、天正の頃、河合谷の村は廃絶寸前であったが、その後、本村である峅《ゆり》村から回復し、加用、上河合、下河合、峅、大原、台頭の六ヶ村が明治二二年（一八八九）にまた合併して河合村となる。昭和三一年から三和町の大字となった。（安藤）

川上郷《かわかみごう》〔京丹後市久美浜町〕

　旧郷名。川上郷は、川上谷川（総延長約一〇キロ）の上流部に位置した郷名であろう。『古事記』開化天皇の段にみえる「丹《たに》波之河上之摩須郎女《わのかわかみのますのいらつめ》」は川上郷の名を負うものと考えられる。『古事記』によれば、大和朝廷から遣わされた四道将軍の一人丹《たに》波比古多多須美知能宇斯王《わひこたたすみちのうしおう》（丹波道主命《たにわみちぬしのみこと》）は、河上摩須郎女を娶っているが、その娘、日葉酢《ひばす》媛は垂仁天皇の皇后となった。

　川上郷には南北朝期から室町期にかけて河上荘（本庄・新庄）が立荘されるが、川（河）上郷としても中世まで存続する。近代には、川上谷川上流部に旧川上村が成立した。川上谷川が久美浜湾に注ぐあたりに形の美しい山容をなす兜山《かぶとやま》（甲山）があり、その山頂には、旧熊野郡の総社である熊野神社が鎮座し、イザナミの命を祀る。（水野）

川上谷川《かわかみだにがわ》〔京丹後市久美浜町〕

　川上谷川は、京丹後市久美浜町のほぼ中央部を南から北に向かって貫流する、総延長九・八キロメートル、流域面積四四平方キロメートルの河川。源流は市野々付近で、途中、布袋野《ほたいの》で笹倉谷川、また須田で伯耆谷川、島で永留川と芦原川などの支流を加え、海士、神野を経て、甲山（兜の形に似ていることから、兜山《かぶとやま》ともいう）で久美浜湾に注ぐ。古代の熊野郡川上郷の名は、『古事記』開化天皇の段にみえる「丹波之河上之摩須郎女」が負うが、川の名も郷名（土地の名）にちなむものと考えられる。（水野）

川口《かわぐち》〔八幡市〕

　山城盆地南部、木津川下流左岸に位置する。木津川底より古式土師器・須恵器などの遺物が出土する。中世は河口郷。石清水八幡宮領。明治二八年（一八九五）頃まで木津川筋の浜は、物資の積み出しと、食料品・日用品の陸揚げ地として発達し、川口浜は、明治三二年の淀川改良工事まで繁栄していた。それ以後は川底の上昇、改良工事による淀川の水位の低下、近代交通機関の発達によって衰えた。現在も当地の木津川岸に浜が残る。明治二年改修以前の旧木津川は川口小字天神崎より、やや屈曲して久世郡美豆村（現・伏見区淀美豆町）へ流入していた。川口は木津川の浜へ通ずる出入り口をいう。（綱本）

川島《かわしま》〔西京区〕

西京区東部の地区。『和名抄』葛野郡川嶋郷の地で、山陰道が東西に通る。『日本紀略』昌泰元年（八九八）一〇月二〇日条に、宇多上皇が「朱雀院より出でて川島に至りて、始めて猟騎を命ず」とあるのが地名として早い。

中世、革島庄があり、その下司職を世襲した革島家の屋敷を中心にした環濠集落（河島城か）が自然堤防上（川島玉頭町）に遺存する。川島は、文字通り河岸の低湿地に取り囲まれた自然堤防の微高地をいう。「革島家文書」延宝七年（一六七九）六月付には、二条城へ上納のため竹検地帳が作成されたが、早くから建材・防災用の多くの竹薮が植えられていた。「天明六年（一七八六）京都洛中洛外絵図」など江戸期や明治初期の古絵図をみると、桂川流域の点在する各村々は、みな集落を竹薮で囲んでいる。一九六〇年代から急速に住宅地化され一帯は大半が盛土地となっている。（綱本）

川関《かわぜき》〔亀岡市千代川町〕

亀岡盆地の北で、大堰川の左岸に位置する。鎌倉時代から見える地名。地名の由来は、この地点付近で灌漑用の井堰が造られ、また筏によって運ばれる木材や物品にたいする関所が設置されていたことによるという（『丹波志』）。当地を延喜式木工寮の項にある滝額津《たきぬつ》に比定する説もある。

承安四年（一一七四）の「丹波国吉冨庄絵図」の写（「真継家文書」）には国八庁の近くに「川関所」があり、大堰川を管理する関所があったことが窺える。「摂津鹿田文書」の承久二年（一二二〇）の「草部末友譲状」に「丹波国川関御門」と見える。また室町時代・文明一一年（一四七九）の「内藤元貞書下」に「当郡川関村長興寺」とあって村の存在が分かる。

明治二二年（一八八九）に千代川村の大字となり、昭和三〇年（一九五五）からは亀岡市の千代川町の大字となった。（安藤）

川田《かわた》〔山科区〕

山科区の西端の中央部である。大正時代に川田梅ケ谷町で発見された遺跡は、平安時代初期の貴族の墓と見られている（『西野山古墓』）。埋葬者としては坂上田村麻呂（七五八〜八一一）も候補に挙げられている。その後、資料的に空白の時代が続くが、中世に入り、勧修寺の寺領の耕作者として「号梅谷　作花山清目孫四郎」の名が出てきて（「勧修寺文書」）、応永三二年（一四二五）から一五年間ほど耕作に従事したことが分かる。「清目」は本来「浄める」の意味で、不浄とされる地を清浄な状態に回復させる役割や人物として重要視されていたが、専業化するにしたがって、平安末期頃から身分を表す概念となった。卑賤視された彼らは、時には「河原者」とも呼ばれた。天正年間（一五七三〜九二）の検地では、花山の河原者は「川夕」と記されている。この地の中央部を岡西川が流れているが、「川田」は、自然地名というより、封建時代の身分制度を反映した町名といえよう。

川田は大字名であり、現在、区内に「岩ケ谷」「前畑町」など、一六の小字名がある。（小寺）

川端町《かわばたちょう》〔下京区〕

西堀川通（旧堀川小路）木津屋橋上ル下魚棚までの西側片側町である。「堀川に面するが故なり」（『京都坊目誌』）とあり、「堀川の川端」にあることが語源である。古絵図を確認すると、「天保二年（一八三一）改正京町御絵図細見大成」に、堀川が当町東側に描かれている。「寛永一九年（一六四二）寛永後万治前洛中絵図」に、「しみつ町通」とある。当町と清水町のある通り名を「清水町」で代表させたのであ

ろう。宝暦一二年（一七六二）刊『京町鑑』に「川端町」とあり以後変化はない。（小西）

川端町《かわばたちょう》〔東山区〕

「賀茂川の涯《きし》にあり故に名とす」（『京都坊目誌』）とあるように、川端通の名は鴨川端に通じ、町名もそれに由来する。所在は四条通大橋東入ル。

川端通沿いの弁財天町などとともに、祇園外六町の一つで、町地となったのも他と同じく寛文年間（一六六一〜一六七三）のこととされる。明治二年（一八六九）下京に編入、昭和四年（一九二九）東山区に編成。

常盤町から当町を抜けて鴨河原へ下りる道を、俗に「車道《くるまみち》」（元は「伏見車道」）と称し牛馬専用の道路であった（『京都府地誌』）。橋の破損を防ぐため、牛馬の引く車は鴨川を渡河したという。（忠住）

川向《かわむかい》〔宮津市〕

旧町名。江戸初期京極高知を継いだ高広によって宮津城の築城および宮津城下の整備がほぼ完成したと言われる。宮津市大手川の西側（左岸）に町屋や家中屋敷が集中したが、城下町の組織の中心となったのは、「本町」を始めとする「六幹町」と呼ばれる町々で、その一つに「川向町」が設けられた。地名「川向」は城下の町名となる以前からあったものであろう。同じ六幹町の一つであった「白柏《しらかせ》町」の北に位置するが、その境に如願寺川が流れている。中心地からみて、この川の向かいに位置する地区であることからついた名であろう。（糸井）

川向町《かわむかいちょう》〔山科区安朱〕

安祥寺川の上流であり、安朱地区から見て川の向かい側に当たるという地理上の理由から「川向町」とされた。但し、「ムカイ」は「向い」だけではなく、「迎い」とも考えられる。つまり、他の地域から別の地域に来る人や神を迎える地点であり、一種の境界の地でもある。当地は安祥寺川が谷間から平地に出る場所であり、扇状地の扇頂部近くにあたる。扇頂部によく水分信仰が見られるように、親しまれつつも畏れられてきた地である。その意味で、川向町という地名には、境界の地に対する人々の信仰的な思いも重ねられていると考えたい。（小寺）

河原《かわら》〔京田辺市〕

市の東北部、木津川中流域に位置する。東流する天井川の馬坂川が流路変更し、古代条里の遺構に並行して北流し木津川に注ぐが、馬坂川両岸一帯の地域である。『和名抄』綴喜郡一〇郷の一つ「甲作《かはら》郷」は、河原が遺称地だとされる。だが、「甲作郷」は『和名抄』高山寺本・刊本ともに訓がない。邨岡《むらおか》良弼は「与呂比都久利《よろひつくり》」と訓んでいる（『日本地理志料』）。地名由来の伝承として『日本書紀』崇神天皇一〇年条によれば、武埴安彦の乱で、敗走した武埴安彦が「乃ち甲《よろひ》を脱きて逃ぐ。…其の甲を脱きし処を号けて、伽和羅と日ふ」とある（甲を脱ぐのは降伏を意味する）。この「伽和羅（カワラ）」は当地のこととされている。

『山城名勝志』は「和名抄云、綴喜郡」と当地の旧河原村をあて、谷川士清『日本書紀通証』は「伽和羅、山城国綴喜郡に在り。今河原に作る。棚倉野と相近」とし、吉田東伍も「甲作《かはら》郷　和名抄、綴喜郡甲作郷。蓋田辺村を云ふ、今田辺の東に大字河《か》原《はら》あり、甲《よろひ》は古言カワラと云ひ甲作の部民此に住したるか、武埴安彦の族党なるべし」（『大日本地名辞書』）と述べ甲説が通説化している。

郷名の初見は『続日本紀』霊亀二年（七一六）九月二一日条に「正七位上山背甲作客小友等廿一人、訴えて雑戸を免《の》がる」と見え、『東大寺奴婢帳』(「東南院文書」)天平一三年(七四一)六月二六日条にも「綴喜郡甲作里戸主粟国加豆良部人麻呂」とみえる。九世紀後半編『令集解』職員令に引く「甲作六十二戸」も当郷付近にあたるか。『続日本紀』天平勝宝四年(七五二)二月二一日「京畿諸国鉄工。甲作《よろひつくり》…等之雑戸」とある。雑戸は律令制の諸官庁に隷属した技術者集団をいう。しかし、古代の「伽和羅」を受けて以後旧河原村となったかは疑問である。

河原の辺りは、古代の条里地割以前にはまだ木津川の氾濫原で、砂礫を堆積した。木津川左岸では防賀川下流域から手原川附近にいたる地域は大規模な内水の常習地だった。地名もそれに由来するものと考えられる。その昔、東河原と西河原というふたつの村があり、東河原を東、西河原を河原と呼ぶようになったという(「東《ひがし》」参照)。(綱本)

河原《かわら》 〔木津川市加茂町〕

木津川北岸縁に位置する。恭仁京の大内裏跡ともいわれる山城国分寺跡の南に位置する。東部の微高地に集落があり、周りは氾濫原である。地名は文字通りの氾濫原を指す。河岸沿いに茶ノ川原・川端・下ノ浦・尻江・帰虎・上ノ浦が連なる。茶ノ川原の茶はサ(砂)、帰虎は北浦の転訛で、北へ入り込んだ地形をいうか。

国分寺跡の南側に大門・東大門・吹上(噴泉)の地名があるが、恭仁京や国分寺に関わるとみられる。(綱本)

瓦坂《かわらざか》 〔東山区〕

製瓦職人が付近に居住していたことによる。東瓦町の南を通り今熊野を経て滑石越に通じる旧・醍醐街道のことで、東大路通から東瓦町、今熊野日吉町(蛇《へび》ヶ谷)・南日吉町(北谷)を抜けて、旧・醍醐道、滑《すべり》石越《いしごえ》に通ずる東西路の古名。現在は「日吉《ひよし》南《みなみ》通」と呼ばれる。

早くは『江談抄』(一一〇四～〇八成立)にこの名が見える。「汰石越」(『京羽二重織留』)、「日吉坂」「濘石越」(『山州名跡志』)などの呼称があり、『山城名跡巡行志』には、三十三間堂から山越えまでの道を総称するとある。(忠住)

瓦師町《かわらしちょう》 〔中京区〕

瓦工の住む町。『京都府地誌』上瓦町項に「瓦工の居る処」とあるように、平安京の造営当時、内裏の南東にあたるこの地に瓦工たちが居住したことによる。

平安京大内裏の南東、左京三条一坊三保にあたる。『京都坊目誌』には当地が神泉苑の域内であり、開坊のときに瓦工の居住地になったとある。

周辺は平安時代には貴族の邸宅が建てられた地域だが、中世には野や農地となった。近世には北側に二条城が建設され、周辺地に武家の邸宅や寺院が建設された。当町にも来迎寺が建てられているが、市中には珍しい建仁寺領の農地も広がっていた(『京都坊目誌』)。町名は「元禄末期洛中絵図」に「瓦師町」とあり、その後「上瓦し丁」「瓦師町」の二町に分けられる場合もあるが、ほぼ不変である。現在はJR二条駅の東側、京都三条会商店街の北側の至便な地で、友禅染をはじめとする、和装関係の職人が多く居住している。(真下)

川原町《かわらちょう》 〔山科区四ノ宮〕

かつて四ノ宮川の広い河原があったことが分かる地名である。すぐ近くの南河原町も同じ。『宇治拾遺物語』には「山科の道づらに、四ノ宮河原と云所にて、袖くらべといふ、あき人のあつまる所あり」と描かれている。「袖くらべ」は、商人が袖に手を入れて値段のやりとりをすることであり、平安時代から大きな市が立っていたことも分かる。この話はここに地蔵菩薩像を建立するとの内容だが、地蔵菩薩は境界を守る道祖神的な役割も果たす。『平家物語』で、都落ちする木曾義仲（一一五四〜八四）が「去年信濃を出しには五万余騎と聞えしに、今日四宮河原を過るには主従七騎に成にけり」とこの地で嘆くのも、四宮河原が都と決定的に画される場所として認識されていたからであろう。（小寺）

瓦町《かわらまち》〔伏見区深草〕

真宗院の南、京阪本線藤森駅の東、真宗院の南に位置する。豊臣秀吉が指月伏見城の建設を文禄元年（一五九二）から始めたが、城の瓦を焼く職人たちが集められ、現在の東瓦町付近に窯をつくらせた。この辺りは瓦に適する土に恵まれた所で、職人たちがここに住み着いたのが由来である。瓦職人の中には、地元深草の土器に携わっていた人々も参加したと思われるが、京都聚楽第建設に参加した瓦師、さらに播磨・河内から優れた瓦の技術者が入来したという。瓦職人がここに住み着いたのは、城の竣工後といわれているが、それは疑問である。瓦町の記述は「瓦町村は真宗院の南にあり、天正年中の新家なり。此の所、瓦を以って実業となす」（『山城名跡巡行志』）が初見である。真宗院は現在もある寺である。この記述通りだと、秀吉が指月伏見城を築城前の準備期間の天正年間（一五七三〜一五九二）の終わり時期に、既に瓦町の村造りが始まっていたことになる。元和九年（一六二三）木幡伏見城（慶長大地震後築城）廃城後も、瓦町には瓦師が居住し、宝暦五年（一七五五）には一八軒もの瓦師がいたという。現在は製瓦の工場が一軒あるのみで、閑静な住宅地になっている。（明川）

河原町通《かわらまちどおり》〔京都市・南北の通り〕

現在南北に長く延びた通りの一つであるが、長い年月掛けて現在に至っている。この通りの誕生は、豊臣秀吉による京都大改造の一環として、天正一九年（一五九一）にお土居がめぐらされて以降のことで、お土居の東側はまだ鴨川に続く河原であった。直接には高瀬川の開削によって、一七世紀中期以降、お土居との間に町が形成されていったことが引き金になった。通りはお土居の東側を走っている。通り名が確認できる最初は、「寛永以降万治以前京都全図」と云われる古絵図に、荒神口通から丸太町通までを「河原町通」としているものである。現在は、賀茂川の葵橋西詰から十条通に至る。お土居の東側の河原に敷かれた通りであったことから名付けられた。ただし、河原町二条に高瀬川を開削した角倉家の屋敷があったことから、一時期二条通から南は角倉通と呼ばれていた。河原町通と寺町通の間に町屋が密集して来たことで、その地区のお土居が消滅していったとみられている。（糸井）

瓦役町《かわらやくちょう》〔東山区〕

方広寺大仏建立の際、製瓦工場が当町に設けられ、監督役人が居住したことに由来するとある（『京都坊目誌』）。所在は渋谷通東大路東入ル。清水山の麓で、渋谷通の上馬町北側に位置する。

明治元年（一八六八）下京に編入、昭和四年（一九二九）東山区に編成。（忠住）

観音寺《かんおんじ》〔木津川市加茂町〕

鹿背山の東麓に位置し、東の低地を赤田川支流の石部《いしぶ》川が流れる。地名のもととなった観音寺は現在存在しないが、『大乗院寺社雑事記』長享三年（一四八九）七月一九日条に「山城国加茂之観音寺坊主」とみえ、室町期にはあった。

北貝戸・中貝戸・南貝戸の貝戸《かいと》は各地にみられる垣内《かいと》をいい、カキツの転で垣で囲まれた土地の区画や、中世の小集落をい

う。その周辺に垣添・貝鍋（垣内の辺）がある。（綱本）

歓喜町《かんきちょう》〔上京区〕

天正年間（一五七二〜九二）まで、この地に歓喜寺という寺があったことによる。町は東西に通る寺之内通のひとつ北にある鉾参道（千本町通）をはさんだ両側で、智恵光院通以西を町域とする。天保二年（一八三一）の「改正京町絵図細見大成」には「歓喜寺町」と記されている。しかし明治七年（一八七四）提出の『全国村名小字調査書』では「歓喜町」とあり、同書は歓喜寺という寺がないので、明治二年（一八六九）に改名したとある。歓喜寺は豊臣秀吉の都市改造で、寺町通今出川上ル鶴山町に移転している。（清水）

願興寺《がんこうじ》〔京丹後市丹後町〕

願興寺は、室町期に見える丹後国竹野郡の地名で、寺の名前からついた地名。集落は竹野川の下流域右岸に位置し、集落背後の丘陵頂部に丹後七仏薬師の一つという薬師堂がある。「丹後田数帳」に「一　願興寺　十三町四段百八十歩内」と見える。（水野）

函谷鉾町《かんこぼこちょう》〔下京区〕

四条通烏丸西入ル室町までの両側町である。当町から祇園会の函谷鉾をだすことに因む。『京都市の地名』は、「鉾の名は、中国の戦国時代（紀元前四〇三〜二二一）に、斉の孟嘗君が、函谷関で家来に鶏鳴をまねさせて関門を開かせ、難を逃れたという故事にちなむ。鉾頭の山形と三日月は山中の闇を表わし、真木の上部には孟嘗君の人形と雌雄の鶏の彫刻がまつられる」と記す。元亀二年（一五七一）の『御借米之記』に、中組の「かんこくほこ町」と、すでに、現町名がでている。以後、「函谷鉾町」で変化はない。（小西）

神崎《かんざき》〔舞鶴市〕

由良川河口の右岸、北は若狭湾に面する。集落は東西約二キロにわたる松林と砂丘の内側にある。集落北東の岬を金ヶ崎《かながさき》というが、その音転化が語源である。丸木舟に乗ってきた海人《あま》は大浦半島から由良川にかけての海辺に住み着いたが、この地はもと凡海郷《おおしあまごう》の中にある。「金ヶ崎」という地名も宗像系海人族の拠点筑前の宗像《むなかた》郡鐘崎《かねざき》からきていると考えられる。潜水海女は九州から対馬暖流に乗って能登半島まで行っている。

対岸の由良村と同じく古来製塩業・海運業に従事する者が多かった。曹洞宗大明《だいみょう》寺《じ》は、文禄元年（一五九二）豊臣秀吉の朝鮮出兵で細川氏軍勢が神崎村より出帆したが、戦死した船乗り達の霊を祀るために建立されたという（『丹哥府志』）。奉納された「大般若経」の一部が残る。西神崎の湊十《みなとじゅう》二社《にしゃ》権現は当村の氏神で、海運業との関わりが深く、千石船の船絵馬が奉納されている。「神崎の扇踊」は京都府無形民俗文化財である。（髙橋）

観三橘町《かんさんたちばなちょう》〔上京区〕

明治七年（一八七四）提出の『全国村名小字調査書』によると、明治二年（一八六九）に「観音堂図子南半丁」、「同北半丁」、「三条殿丁」、「橘図子丁」が合併して、それぞれの一字を組み合わせて町名に改称したとあり、明治になってからの地名である。なお、「観音堂丁」はこの地に観音堂があったことによる。「三条殿丁」は公家の三条家の屋敷があったことによる。「橘の図子丁」はこの地に橘の木があったことによるという。町は今出川通のひとつ南の武者小路通の南から次の小路まで、東端を烏丸通とする町域である。天保二年（一八三一）の「改正京町絵図細見大成」では、この地には「三条殿丁」、「観音堂丁」、「橘の辻子丁」が記されている。

元日町《がんじつちょう》〔下京区〕

醍ヶ井通六条下ル花屋町までの東側片側町で、昭和二〇年の強制疎開による堀川通拡張に伴い、醍ヶ井通の五条通以南は堀川通に吸収され東側歩道となっている。天正一九年（一五九一）正月、秀吉の街区整備計画により、本願寺の寺基が京都堀川七条に移転してきた。朱印状は正月五日であるが、寺内町の客屋の町としては、験がよい「元日」を選び、改称したと推定する。「寛永一九年（一六四二）寛永後万治前洛中絵図」に、「堀川壱丁目」とある（丁目の数え方は「井筒町」参照）。宝暦一二年（一七六二）刊『京町鑑』には「元日町」と現町名になっているから、「明治元年九月今の名に改む」という『京都坊目誌』の指摘は誤りであろう。（小西）

官社殿町《かんしゃでんちょう》〔下京区〕

万寿寺通高倉東入ル堺町までの両側町である。「今四条京極にある冠者殿社元此町にありしゆえに名に残れり」（『京町鑑』）とある。もと、烏丸仏光寺の大政所にあったが、天正一九年（一五九一）に、当町に遷され、さらに、慶長の初め（一五〇〇末）に四条寺町東の御旅所内の冠者殿社に遷座された。「寛永一四年（一六三七）洛中絵図」に「くわしや殿丁」とある。宝暦一二年（一七六二）刊『京町鑑』には現町名の「官社殿町」とある。「天保二年（一八三一）改正京町御絵図細見改正」に、簡略化した「官社丁」とあり、一七世紀後半から両町名が併用されていたと考えられる。（小西）

勧修寺《かんしゅうじ》〔山科区〕

山科区の西南に位置する。勧修寺から栗栖野にいたるこの一帯は、広大な中臣遺跡に見られるように、先土器時代から人が住んでおり、弥生中期から七世紀にかけては大規模な集落が形成されていた。昌泰三年（九〇〇）、若くして死去した生母・藤原胤子追善のため、醍醐天皇が胤子の祖父にあたる宮道弥益の邸宅跡に寺院を建立したことから（「勧修寺縁起」）、勧修寺という地名も始まった。寺の名の由来は、醍醐天皇の外祖父・藤原高藤の諡号による。ただし、現在の行政地域名の「かんしゅうじ」に対して、寺名の「勧修寺」は「かじゅうじ」と読むのが正しい。真言宗山階派の大本山で、随心院と並ぶ門跡寺院である。『勧修寺旧記』によると、山内には大伽藍が甍を競い、金色仏が多数安置されるなど、その繁栄ぶりが伺える。中世後期になり、度重なる戦乱で被害を受ける。さらに「豊臣氏の時は再興未だ全からざれども寺領八百三十二石余ありしと。其後天正十七年関白秀吉故ありて禄を減じ三百石余となす」（『京都府宇治郡誌』）とあり、秀吉により寺の規模も縮小させられたことが分かる。近世になってやや復興するが、往年の姿には及ばなかった。明治になり、大岩街道沿いに官営鉄道の東海道線が敷設されたことで、近代化への道をたどるが、やがて付け替えにより廃線となる。その後、他の山科各地と同じように、道路整備が間にあわない内に住宅が急増していくことになる。

勧修寺は大字名であり、現在、区内に「北大日町」「小松原町」など、二九の小字名がある。（小寺）

勧請坂《かんじょうざか》〔宇治市白川〕

白川村の内外の接点であった所で、古くは勧請縄が張られていたところからの名。勧請縄は、結界に掛けられた呪《まじな》いの縄。白川側から峠を上り詰めたところには、「三《さん》西原《さいばら》」と呼ばれる、「塞の原」を思わせる小字があり、そこには共同墓地もある。白川の人々には勧請縄の風習の記憶はないというが、その名残であろう。白川の浜への道が通じるまでは、村の中央部からすぐに急坂を北に登り、東山を越えて宇治善法から谷の辻を経て宇治にいたる道が、白川から宇治へ出る唯一の道で、村内の産物のすべてが、この道を通って宇治津に運び出されていたのである。近世中期のものと思われる「白川村疎絵図」には、「宇治道、津出し」と書き入れられている。峠の中央付近、現折居台四丁目の東端に、肩切地蔵と呼ばれる石仏が今も祀られている。（髙木）

勧進橋町《かんじんばしちょう》 〔南区上鳥羽〕

「勧進」とは、中世以後、仏教の僧侶が、寺院・仏像などの建立、あるいは修復・再建のために寄付を求める行為をさすことが多い。四条大橋は、祇園社への、五条大橋は、清水への参詣路であり、それぞれ勧進聖《かんじんひじり》が広く人々から喜捨を集めて架橋したので、勧進橋ともよばれた。当地の勧進橋は伏見稲荷大社への参詣路としてかつて通行料を取った私有の橋で、その代価はその改修費用にあてられたという。渡り賃を取られる橋を「銭取橋」といい、勧進橋も幕末の頃はこう呼ばれていた。新撰組五番隊組長武田観柳斎が慶応三年（一八六七）六月二二日にこの付近で暗殺された。（入江）

岩栖院町《がんすいんちょう》 〔上京区〕

室町時代に管領の細川満元《みつもと》（一三七八～一四二六）の邸宅があった。満元は岩栖院と号していたことによる。町は北は鞍馬口通で北区と接し、新町通より東が町域であり、史跡の「雍翠園」と児童公園を含む。江戸時代には金工の後藤家の邸宅があり、その庭園が「雍翠園」であり、史跡として旧京都地方貯金局によって保存されてきたが、近年、民間企業に売却された。江戸時代には岩栖院町は東西の二つの町であったが、明治二年（一八六九）に合併された。（清水）

観世町《かんぜちょう》 〔上京区〕

室町時代の能楽師の観世清次（観阿弥）の屋敷があったことにちなむ。町は南北に通る大宮通をはさんだ両側で、北は五辻通から南は今出川通までが町域である。万治元年（一六五八）の「新版平安城東西南北町并洛外之図」では「観世丁」とあり、天保二年（一八三一）の「改正京町絵図細見大成」では「観世丁南」と「同丁北」の二町に分れているが、明治元年（一八六八）に合併して現町名になった。明治二年（一八六九）に、観世屋敷跡に桃薗小学校（現西陣中央小学校）が建設された。（清水）

菅大臣町《かんだいじんちょう》 〔下京区〕

仏光寺通西洞院東入ル新町までの両側町である。当町南側（北は仏光寺、南は高辻、東は新町、西は西洞院）一町四方には、菅原氏の邸宅があった。白梅殿と呼ばれ、道真の父是善が居住していた。道真の誕生地でもある（『平安京提要』）。北側は、「紅梅殿　五条坊門（現・仏光寺）北　町尻（現・新町）西　町面（新町に面して）菅家御所也」（『帝王編年記』）とあり、道真の邸宅、紅梅殿が存在した。平安時代の右大臣菅原道真を祀る「菅大臣神社」が語源である。「寛永一九年（一六四二）寛永後万治前洛中絵図」に、すでに、現町名の「菅大臣町」とあり、以後変わりはない。（小西）

神谷《かんだに》 〔京丹後市久美浜町〕

現在、久美浜町新町に所在する神谷太刀宮は、もと神谷に鎮座していた式内社神谷神社を合祀した宮と伝え、古神谷という小字地名が残る。神谷の地名は、「カミ（噛）谷」に由来し、土石流で崩れた地形であったことに由来するものであろうか。あるいは文字通り、神を祠る谷の意であったとも考えられ、「かむだに」（神谷）から「かんだに」と転化した名とみられる。

史料上の初出は、永正八年（一五一一）

の本願寺の所領を示す「下地目録」に「神谷イフ子谷」や「神谷堂ノ奥」と神谷にある小字名が記されているものとなる。

なお神谷の神谷寺にあった飲飯具には「丹後国久美庄神谷寺寄進申宗順渡永禄参庚申年九月一二日藤原宗次壬戌歳敬白」、「丹後国熊野郡久美庄神谷寺寄進申永禄参庚申年九月一二日藤原宗次壬戌歳敬白」という銘があり、中世の神谷が久美庄の領域にあったことがわかる。天文七年（一五三八）の「丹後国御檀家帳」には「くみのかん谷」とある。元禄一二年（一六九九）の「丹後国郷帳」には「馬地村之枝村神谷村」と馬地村の端郷と記されるが、延宝九年（一六八一）の「丹後国与謝郡等郷村高帳面」などには「神谷村」と表記され、明治時代に至る。（新谷）

甘南備台《かんなびだい》　〔京田辺市〕

旧小字アチラ谷である。京田辺市と枚方市の境界にある峠に進出してきた企業が、「所在地の小字地名が企業イメージにふさわしくない」として、地名の変更を市当局に求めてきた。平成一三年（二〇〇一）、甘南備山東南麓の谷間、手原川源流の「ボケ谷」と「アチラ谷」の変更について、京田辺市は一二月定例市議会で、町名変更を可決した。アチラ谷だけ「甘南備台」と改名された。「アチラ谷」は市中央から見て「あちらの谷」で、方位地名というが、そう思えない（『京都の地名検証』「ボケ谷・アチラ谷」参照）。アチ・ラ⇅アテ・ラと音通（同行の音の転訛）で転換し、柳田国男は「アテは陰地又は日陰の義。樹木の日陰に向った側面」（『地名の研究』）という。ラ（接尾語）は方向・場所を示したり、状態を表す。各地に分布するアテラ（安寺、阿寺、左）は、松尾俊郎も「あちら（後方）の転といい、山の斜面や沢筋の、日当たりの悪い、住む条件のあまりよくない場所につけられた」（『地名の研究』）と述べている。（綱本）

甘南備山《かんなびやま》　〔京田辺市薪〕

薪にある一休寺（酬恩庵）南西の山（標高二二一メートル）。甘南備は神奈備から転じたもので、カン（ム）は、「神」、ナは助詞「の」の転、ビは「ヒ（霊）」を指し、つまり、「神の霊が鎮座する場所」という意味の山である。奈良県桜井市の三輪山、生駒郡の斑鳩の三室山と同様に崇敬されてきた。表記としては各地に、神並山・間鍋山・神奈比山・神奈備山・神鍋山・神辺山などがある。北東麓に黄檗宗甘南備寺（薪山垣外）がある。天平年間（七二九―四八）行基創建と伝え、旧寺地は甘南備山頂下の東面にあり、一二世紀前半の『今昔物語集』巻一四に「綴喜郡に飯の岳と云所あり、其戊亥の方の山の上に神奈比寺と云山寺あり」、『山州名跡志』は「神南備山　神社、同所峰ニ在ル小社」と記す。創建以前の奈良時代に「役小角（行者）が柴灯護摩の秘法を修した」（『京都府の地名』）とあるが、「護摩」は平安以後の密教の修法で、天台・真言各宗に取り入れられ、修験道でも柴灯護摩と称されたもので時代が合わない。甘南備山のことをソウ（惣）山とも呼ぶ。中世の村の共有の山（室町末期以降は入会山もいう）のことである。（綱本）

神野村《かんのむら》　〔京丹後市久美浜町〕

旧村名。明治二二年（一八八九）の町村制施行時に生まれた地名で、神崎村の「神」と鹿野村の「野」をとった合成地名が村名に採用された。甲山村・神崎村・浦明村・鹿野村の四村が合併して神野村となった。その後、昭和三〇年（一九五五）には久美浜町・川上村・海部村・田村・神野村・湊村が合併し久美浜町となり、神野村は消滅した。現在は、北近畿タンゴ鉄道の丹後神野駅などに名残りを残す。（新谷）

観音寺《かんのんじ》〔福知山市〕

福知山市街地の東方、由良川左岸で高岳の北麓、綾部市との境界近くに位置する村名。当地には鎌倉時代以来の名刹である観音寺があり、地名もこの寺によっている。南の高岳の丘陵上、標高約一二〇メートルの所にある平坦地は、城山と呼ばれる観音寺城跡である。『丹波志』には城主は大槻氏としている。高津から観音寺、石原そして長田野から多保市付近までは、中世に大槻氏の勢力範囲であったとされる（『日本城郭大系十一 京都・滋賀・福井』）。

昭和二四年（一九四九）からは福知山市の大字となった。（安藤）

観音堂《かんのんどう》〔城陽市〕

市南部の大字名。江戸期〜明治前期に村を形成。木津川支流の長谷川下流域（右岸）に位置する。『青谷村誌』が載せる「椎尾山観音寺縁起」（成立年代不詳）によると、かつて青谷東方の椎尾山にもと行基建立の観音寺があったと伝える（所在地不明）。椎の木で一体の十一面千手観音像を造って安置したのが起こりという。地名の由来は、その観音像を当地に移し観音堂を建てたことによるとされる。口碑によれば、当地の光明寺（今は廃寺）に安置していた観音像（平安期）がその遺仏と伝えられている（『城陽町史』）。観音堂村の名は、慶長一七年（一六一二）のものと思われる「作事場争論絵図」中の記載がその早い例である（『史料が語る城陽近世史第二集』）。（齋藤）

観音峠《かんのんとうげ》〔南丹市・船井郡京丹波町〕

国道九号線沿いに西北に谷筋を登った旧道の傍らに観音堂があり、これが峠の名となった。この峠は近世までは水戸野峠あるいは三戸野峠と呼ばれていた。「みと」は狭小な谷中、谷口、水口の意味である（『地名の語源』）。この峠は日本海側と大阪湾側との分水嶺となっている。

この観音堂に祀られている観音は「湧出観音」とか「生えぬき観音」とか呼ばれて、道の傍らから掘り出されたものという伝説がある。昔、峠を通ったある旅人が使い古した草鞋を捨てたところ、石に当たって急に腹痛が起こった。そこで村人がその石の下を掘ったところ、観音を写した石が出てきたというのである（『京都府の地名』）。（安藤）

観音堂町《かんのんどうちょう》〔中京区〕

観音堂のある町の意。『京都坊目誌』では『法燈国師年譜』をあげて、鎌倉時代に当地に龍福寺という観音堂があったと述べ、これを語源とする。『法燈国師年譜』の龍福寺の由来の中で、国師逗留中に当寺に神泉苑の龍女が現れて受戒し、その晩、泉が湧いたという伝説がみえる。神泉苑の池には古くから龍女が棲むという伝承があって、祇園会の神輿が必ず立ち寄る地として重視されてきた（『講座日本の伝承文学八 在地伝承の世界〈西日本〉』）。このような観音堂をめぐる伝承からは、中世の山鉾町の住人たちによって観音堂が大切にされた経緯が想像される。

平安京大内裏の東南に位置し、周辺には貴族の邸宅が建てられた。四条に至近であることから、中世には商工業地となり、応仁の乱を経て豊かな町衆たちの町となり、近世以降も繁栄した。菊水鉾町と東接し、月鉾町と南接、放下鉾を出す小結棚町と西接、天神山町と北接する。町名については「寛永一四年（一六三七）洛中絵図」に「東くわんおんノづし」とあり、宝暦一二年（一七六二）刊『京町鑑』には、「観音堂東辻子《ずし》、俗に撞木《しゅもく》辻子」とある。「撞木」とは鉦《かね》などを叩くT字形の棒であり、当町の中央を東西に通る細い通路と、東側を南北に通る西裏通とが、交差することによる名

称。観音堂とは仏教的な連想によって繋がる。なお現在の町名は明治以後に固定した。（真下）

上林《かんばやし》〔綾部市〕

旧荘園名、旧村名を形成した広域を指す地名。平安時代末から戦国時代に見える荘園名。丹波国何鹿郡の内。語源は明確ではないが、山間の森林地帯の景観がもとになっていると考えられよう。荘域は由良川の支流上林川の流域で、口上林、中上林、奥上林一帯である。室町時代には上林氏やその一族の中嶋、長野、渡辺氏などの在地豪族が割拠していた。しかし、大永七年（一五二七）の大永の乱の後、氷上郡黒井城主・赤井氏の勢力が及んできて、上林氏は山城の宇治に移住し、宇治茶栽培の元祖となっている。（安藤）

上林町《かんばやしちょう》〔伏見区向島〕

京阪本線中書島駅の南、宇治川公園の西南。元、巨椋池の大小の島の一つ、上林島から町名となった。上林島の隣には津田島・東定請島《ひがしじょうけ》などがあったが、いずれも干拓地になってから町名になっている。伝承では慶長五年（一六〇〇）、石田三成が伏見城を取り囲んだ時、上林政重が鳥居元忠の反対を押して入城し、籠城討ち死にした。政重は宇治の茶師で代官、家康の恩顧を受けた人であった。政重の兄弟たちは参戦せず高みの見物をしていた場所が上林島であったという。槇島などは早くから上林家の支配下にあったが、上林島も支配下に入ったようだ。現在は町の大半が田畑、東北の隅が住宅地になっている。（明川）

神戸郷《かんべごう》→河辺《こうべ》

冠島《かんむりじま》〔舞鶴市〕

舞鶴市北方、若狭湾上の無人島。舞鶴港より二八キロ。島は東西約四一三メートル、南北約一三一六メートル、最高地の標高一六九・七メートルで面積二二万三千平方メートルであるが、ほとんど山地であるが、南部に平地があり、遠望すると冠に見えるので名づけられた。沖に隣接する沓《くつ》島と合わせて「沖の島」と言ったり、大島小島、雄島女島とも称され、沿岸民から親しまれている島である。地元では普通「雄島《おしま》さん」と呼んでいる。

古来、この島周辺海域は丹後・若狭漁民には好漁場であり、また海難時の避難地として利用されてきた。島内に老人島《おいとじま》明神を祀り、近辺の漁民に崇敬されており、とくに大浦半島の三浜・小橋・野原三村は氏神として祭祀に関わってきた。今も近辺漁村からの「雄島まいり」が行われている。

大浦半島北部の漁村と伊根漁民との間に競艘《きょうそう》の伝承が残るが（雄島づけ）、それは中国南部に発祥した風習という。現在は、国指定天然記念物「オオミズナギドリ」の繁殖地として舞鶴市が冠島の管理を行っている。なお、京都府の府島はオオミズナギドリである。（髙橋）

き

祇園《ぎおん》〔東山区〕　八坂神社の旧称「祇園社」別名「祇園感《ぎおんかん》神院《しんいん》」の門前町であったことによる。「祇園」とは「祇樹給孤独園精舎《ぎじゅぎっこどくおんしょうじゃ》」の略。貧しい人々に施しを行っていたインドの須達《スダッ》多《タ》長者（別名・給孤独《ぎっこどく》）が釈迦に帰依し僧院を寄進しようと、祇陀《ジェーダ》太子の林を求め、その熱意にほだされた太子が自らも寄進して僧院設立を援助した。このためこの僧園を祇陀太子と給孤独（須達多）両者の名を冠して「祇樹給孤独園《ぎじゅぎっこどくおん》」と呼び、そこに建てられた精舎（僧院）を「祇樹給孤独園精舎」と呼ぶ。祇園社の創祀時期は諸説多々あるが、八坂神社に伝わるものでは斉明天皇二年（六五六）八月、高麗より渡来した調進使伊利之使主《いりのおみ》（八坂氏の祖）が新羅国牛頭山に鎮座する素戔嗚尊《すさのお》の神霊をもたらし、天智天皇六年（六六七）に社号を感神院と改めたという。明治元年（一八六八）祇園社から八坂神社と改称された。八坂と称される地は、四条通を中心に、西は鴨川の東岸付近から東は円山公園付近までの広範囲の地域である。

古代は八坂郷、江戸時代の享保一四年（一七二九）「山城国高八郡村名帳」では、祇園村（現・八坂神社西門前、四条通を中心とする鴨東一帯）、祇園社境内、祇園廻り（祇園社正門・南楼門の門前に展開する付近一帯）の広範囲を祇園と称した。祇園社西門前の門前町として、中世以前より市街化が進んでおり人家が多く密集していた。しかし近世に入ると、地の利を生かした交通の要衝地として発展する三条通や五条通と比べ、門前町として町化が深化し、茶屋の設置や門前町遊里としての機能が発展する。（この遊里・遊興地の広がりは『京都の地名検証』〈清水弘〉も参照）。また、全国に「祇園」を冠する神社名および地名が散見できる。これは元は疫病鎮めの御霊《ごりょう》信仰を起源とする祇園信仰（牛頭《ごず》天王、素戔嗚尊に対する神仏習合に対する信仰）が全国に広まったものである。

「祇園町」をかぶる地名として、「祇園町《ぎおんまち》北側《きたがわ》」「祇園町南側《ぎおんまちみなみがわ》」がある。所在は四条通大和大路東入ル北側、南側で、四条通を境にして東大路通が南北の境となる。中世以前より祇園社の西門の門前町として人家が密集し市街化が進んだ。しかし近世に入るとさしたる発展は見えず、「洛中洛外図」などでも当地域の街並みが描かれていない。寛永年間（一六二四～一六四四）の地図に「ぎおん丁」の記載が見られ、『慶《けい》弘紀聞《こうきぶん》』（明治四年〈一八七一〉）では、寛文六年（一六六六）を「田を廃して市街を起こす」と当地の市街化の始点とする。現在は、東大路通の東側、八坂神社境内を含む広大な町域を持つが、これは明治初年に形成されたもので、旧来の祇園町は、四条通沿いの街区に限られる。現在の町名がみられるのは正徳四年（一七一四）『洛外町続町数小名并家数改帳』だが、それ以前延宝二年（一六七四）『四方洛外町続之町々小名之覚』に「北祇園町」「祇園南側町」という名が見えるように、祇園町の北と南という観念、呼称は以前からあった。

呼称当初の町域は四条通北側に面した部分のみだったが、「祇園町北側」は、明治元年（一八六八）に小堀《こっぽり》通（現・東大路通）の東、八坂社の北西角に位置する祇園町松原町（「こっぽり町」「祇園北門前」）および東大路通の西側に位置する旧膳所《ぜぜ》藩邸を当町と併合したため、現在の町域へと拡大した。祇園町南側も明治元年（一八六八）に

「藪《やぶ》の下」と呼ばれた八軒《はっけん》町を合併して現在の町域へと拡大した。明治二年（一八六九）下京に編入、昭和四年（一九二九）東山区に編成。（忠住）

祇園林《ぎおんばやし》〔東山区〕

元は真葛ヶ原と呼ばれる山野で、往時は鬱蒼とした木々がひしめく場所であった。八坂神社境内を含むその周辺の森林を指す。この祇園林の南側一帯を「新更科《しんさらしな》」とも呼んだ。

謡曲「熊野」に「花やあらぬ初桜の、祇園林下河原」、中世末の『二水記』永正一六年（一五一九）三月一八日条「今日より東山祇園林辺りに於いて勧進猿楽有り」と記されるように、風光明媚な遊興を兼ねた参詣地であった。江戸時代には北林・南林と区別されていたようで、その後南林は町地開拓で北林のみを残すにとどまった。今日では明治一九年（一八八六）の公園整備で森林の体を失った。（忠住）

祇園廻り《ぎおんまわり》〔東山区〕

『京都坊目誌』に「耕者部落を作及、之を祇園村と称し、付近周囲を祇園廻と云ふ」とある。八坂神社正門および南楼門の門前に展開する一帯で、東山区下河原町・鷲尾町・桝屋町・八坂上町・月見町・上弁天町・下弁天町・南町・金園町・星野町・毘沙門町を指す。

古代は山城国愛宕《おたぎ》郡八坂郷。中世には南楼門門前には祇園社と関係する職人が多く居住し軒を連ねた。江戸時代には天明（一七八一～一七八九）頃までにほぼ全域が町地化したと同時に祇園村同様、門前町の深化ともいえる遊興地としての性格を強くし、祇園新地に発する鴨東遊興地に、下河原・八坂・清水門前という新たな広域遊興地が加わることとなった。当地の遊里を下河原・辰巳新地と呼ぶ。「～廻り」と称するのは他に方広寺周辺「大仏廻り」もみられる。（忠住）

菊水鉾町《きくすいぼこちょう》〔中京区〕

菊水鉾のある町。菊水鉾の名については井上頼寿『京都民俗志』（一九三三）に、菊水井から起こったものであり、井戸は今も同所の民家の内に残っていると記されている。「菊水」は中国の菊慈童説話とも響きあう名で、井戸は茶の湯の名水として知られた。一方、菊水鉾は応仁の乱以前からあった古い鉾だったが、元治元年（一八六四）に焼失し、昭和二七年（一九五二）に復活した。

四条通室町という京の中心地にあり、古くから交易の盛んな地域であった。当町の菊水井は茶の湯の名水であり、侘茶の祖といわれる村田珠光が居住したことや、堺の茶人武野紹鴎が大黒庵を結んだことでも知られる。「大黒庵」の名は、すぐ北に夷（恵比寿社）と夷（恵比寿）井があったことによるといわれる。当町の夷社は京でも名高く、寛文五年（一六六五）刊「京雀」に「この町ひがし行にいにしへよりえびすの木像あり」と見える。またお伽草子『かくれ里』（別名『恵比須大黒合戦』）に登場する恵比須の一統は、四条通室町の当町を拠点とし、大黒の一統は二条通河原町の大黒町に陣をとる。物語は布袋和尚の仲介で仲直りが成立して、二条富小路のほていや町でなされる運びとなる。

町名については古く室町末期の元亀二年（一五七一）の記録（「立入宗継文書」）には、「ゑびすの町」と見えるが、「菊水鉾町」と呼ぶことも、古くから行われたらしい。しかし夷社が貞享元年（一六八四）に焼失した後は、菊水鉾町の名で統一されることとなる。当地には近年まで金剛能楽堂があり、茶の湯の名水とあわせて、中近世の京町衆の文化の拠点としての性格をもつ町であった。（真下）

菊鉾町《きくほこちょう》〔左京区〕

仁王門通新東洞院（新柳馬場）下ルの両側町。『京都坊目誌』に「宝永五年（一七〇八）六月、柳馬場丸太町上ル、駒薬師町民を之に移す」とある。大火後の皇宮地域拡張のための移転である。東側は「駒引町」、西側は「旧名を採て、駒薬師町」と呼称したという。大火以前の「新撰増補京大絵図」（一六九一年刊）を見ると、柳馬場通丸太町通上ルには「こまやくし丁」、堺町通丸太町通上ルには「こまひき丁」という町名があるので、「駒引町」の町民も同時に移したか。大火以後の『京町鑑』（一七六二年刊）には、「川東《かわひがし》」に「新柳馬場《しんやなぎのばば》通」が見え、その二条下ル東側に「三本木町」、同町西側に「若竹町」、其南東側に「駒薬師町」、同町西側に「駒引町」の町名が見えるので、当時は、現在の「新東洞院町通」も含め、二条通から孫橋通までまとめて「新柳馬場通」と称されていたことが知られる（「新東洞院町」参照）。『京都坊目誌』は「明治六年二月、二町を合して今の名に改む」と、「駒薬師町」「駒引町」の二町が合併し、菊鉾町という町名になったことを記し、その町名の由来として、東山天皇の治世（一六八七～一七〇九）以来「毎年、下御霊《しもごりょう》神社私祭に此町より菊鉾を出す」ことを指摘する。（笹川）

菊屋町《きくやちょう》〔下京区〕

雑色支配の字や大店の屋号が語源である。上ノ口通三宮町通東入ル鴨川の川端までの南側片側町は、「旧雑色の支配に属せる耕地にして字を菊屋と称」（『京都坊目誌』）していたのが、語源である（「鍵屋町〔下京区〕」参照）。宝暦一二年（一七六二）刊『京町鑑』は「六条新地」に「菊屋町」を記載し、以後変化はない。

若宮通高辻下ル松原までの両側町では、大名屋敷の呉服所、分糸屋に菊屋の屋号が多いことから、菊屋名の大店があったのであろう。「寛永一九年（一六四二）寛永後万治前洛中絵図」には「菊屋町」とある。宝暦一二年（一七六二）刊『京町鑑』に「菊屋町」とあり、以後変化はない。（小西）

私市《きさいち》〔福知山市・綾部市〕

旧郷名。福知山市街地の東方、由良川右岸で綾部市との境界近くに位置する村名。『和名抄』に見える丹波国何鹿《いかるが》郡の一六郷の一つ。私部《きさいちべ》に由来する地名。「賀茂別雷神社文書」によれば、寿永三年（一一八四）の「源頼朝下文《くだしぶみ》」に同神社領として「丹波国　由良庄　私市庄」とある。荘園の範囲は、現在の福知山市私市、報恩寺、印内、山野口、綾部市私市町に比定されている（『角川日本地名大辞典』）。

明治二二年佐賀村の大字となり、昭和三一年（一九五六）からは西部は福知山市の大字となる。東部は綾部市の大字となり、昭和三二年に私市町となった。（安藤）

私里《きさいべのさと》〔京丹後市久美浜町〕

古代地名。藤原宮跡出土木簡に「熊野評私里」がみえる。また、「私部郷」が平城宮跡出土木簡にみえる。しかし、これらの出土木簡のほかには、「私里」や「私部郷」は所見資料が見当たらない。皇后の名代部としての私部は、『日本書紀』敏達天皇六年（五七七）の条に初めて見える。久美浜町の私里の所在地は不詳であるが、友《とも》重《しげ》（久美浜町）に鎮座して、菊理媛《くくりひめ》命を祀る式内社聞部《ききべ》（現地では、「聴部」と表記神社付近に比定することには無理があろうか。私里（キサキベ）から→聞部（キキべ）への音転化とみることができよう。（水野）

木崎《きざき》〔南丹市園部町〕

『和名抄』に見る船井郡の郷名「木前」に由来する。中原康富の『康富記』文安六年（一四四九）六月一一日の条に天田郡司を訪れた後の帰路で「於木崎用一盞」とあり、地名は「木崎」となっている。しかし『薩藩旧記』文明一一年（一四七九）には「木前庄」とあり、木前、木崎の両方が用いられていたようである。村内には城崎神社があり、『三代実録』元慶六年（八八二）一〇月九日条にある「丹波国荒井神、城崎神並従五位下」の城崎神（社）は当社であると考えられる。用字は異なっているが、神社名が地名の由来であるかもしれない。

　木崎の集落は古墳時代の早い時期から開かれ発展していた所である。江戸時代には上木崎村と下木崎村に分かれていた。明治初期に合併して木崎村となった。昭和四年から園部町の大字となる。（安藤）

喜撰山《きせんやま》〔宇治市池尾〕

　六歌仙の一人喜撰法師が隠れ住んだ所であるといわれ、その洞窟が西面の山腹にあるところからの名。正式には仙郷山といい、標高四一六メートル。池尾の集落の、揚水式喜撰山ダムを挟んで西側にある。洞窟は現存するが、崩落して小さくなっており、中には磨滅した石仏が安置されている。鴨長明は、『無名抄』（建暦元年〈一二一一〉以降）に「三室戸のおく二十余町ばかり、山中へ入りて宇治山の喜撰が住みける跡あり。家はなけれど堂の礎などさだかにあり」と書き、『玉葉和歌集』（正和元年〈一三一二〉）にも「うぢ山のむかしの庵の跡とへば都のたつみ名ぞふりにける」（法限慶融）と詠まれている。鎌倉時代にはその隠棲の跡が世に知れていたのであろう。一説には志津川地区に存在した喜春庵がこの草庵であり、喜撰法師は、ここから山腹の洞穴に登って修業していたのであるともいう。近世には、洞穴付近に碑石が存在していたようである。この喜撰山には古来自生の茶樹があり、その野生の茶芽を摘みとって焙製したものが、ほんとうの喜撰茶、すなわち「正喜撰」と呼ぶものであるという。（髙木）

喜多《きた》〔宮津市〕

　旧村名。宮津から普甲峠を越えていく京街道筋の集落で「上宮津（庄）」に属し「上宮津三か村」の一つ。東に「今福（村）」南に「小田（村）」がある。古くは「北村」とも表記したようで、この方が文字通りの地名の意味を伝えているかも知れない。上宮津にあって北部に位置することからついた地名であろう。「延宝三年郷村帳」に「上宮津喜多村」とある。（糸井）

喜多《きた》〔舞鶴市〕

　舞鶴湾（西港）に面し、建部《たてべ》山の東麓に位置する。『丹後国加佐郡旧語集』の「喜多村」の項に「以前ヌカタベ村」とあり、「慶長検地郷村帳」に高一二一五・九八石「糠田部村」と見える。享保三年（一七一八）の「領中郷村高付」には「喜多村」と記されているので、この間に改称されたものだろう。会津若松における北方（喜多方）のように、城下町の北に位置するので付けられたものか。細川氏が田辺城築城にあたり、円満寺村の農民を北の方位に移住させたことが地名の由来と語られている。「丹後国田数帳」（一五世紀半ば成立）の加佐郡に「気多保」があるが、判然としない。（髙橋）

喜多《きた》〔福知山市〕

　由良川支流・大呂川の上流域で三岳山の南麓に位置する村名。当村は中世の「佐々岐荘」に属していて、その北部に当たっていたので「北」と呼ばれたが、「喜多」と表記を変えたものである。「金光寺文書」（『福知山市史　資料編』）の嘉暦四年（一三二九）の「預所道戒寄進状」に「佐々岐下山保北村七王子大般若転読料事」とあって地名が見えている。真言宗・金光寺は三岳山に鎮座する三岳神社（蔵王権現）の神宮寺であった。元は野条《のじょう》村にあったが、天文一九年（一五五〇）に焼失したため当地に移転したものである。

明治二二年三岳村の大字となり、昭和三〇年（一九五五）からは福知山市の大字となった。（安藤）

北《きた》〔南丹市美山町〕

由良川上流の右岸にある村。『和名抄』の桑田郡弓削郷に属する地。鎌倉時代には桑田郡知井庄に属していた。地名の由来は、由良川を挟んで南の集落を「南」とい い、北の集落を「北」と呼んだものである。

北集落は茅葺きの民家が多く残ることで知られている。北集落には現在、約五〇戸の茅葺民家が残っており、平成五年（一九九三）に国の伝統的建造物群保存地区に指定され「茅葺きの里」として整備されて、大勢の観光客が訪れている。里の中には江戸時代初期の民家もあり、生活用具や生産用具を展示した民俗資料館となっている。

昭和三〇年（一九五五）から美山町の大字となった。（安藤）

北《きた》〔木津川市加茂町〕

木津川南岸沿いに、川に沿って東西に細長い地域を占める。集落はその西方の低地や山際にある。古代に岡田と称された地の中心とみられ、岡田鴨神社の鎮座地であるところから、古代の賀茂郷の中心地とされる（「加茂町」参照）。小字に岡田ノ庄・鴨村がある。「北」はその北端に位置する地域であることにちなむ。

小字の船屋は、木津川舟運の津、信楽街道・伊賀街道の交差する交通の要衝として、船問屋が軒を並べて賑わった。しかし、和束川が北から、新川が南から木津川へ合流する地域でもあるため、洪水によりしばしば流失した。このために船屋地区を除いて付近の里村など各集落は山際の高台に移動していった。南岸縁の小字広《ひろ》は、ヒロ（従）で低い土地をいい、洪水時に水が溜まる所をいう。（綱本）

北有路《きたありじ》 →有道《ありじ》

北稲八間《きたいなやづま》〔相楽郡精華町〕

北稲八間、南稲八妻とも江戸期～明治二二年（一八八九）の村名。明治二二年稲田村、昭和六年（一九三一）川西村、同二六年（一九五一）精華村、同三〇年（一九五五）からは精華町の大字。両大字は町の中央部に位置する。西部は一〇〇メートル級の丘陵地帯で中央部の丘陵際に集落が立地する。東部は木津川左岸の河岸平地。

古くは稲蜂間《いなはちま》、稲八間、稲八妻と呼ばれた。中世には石清水八幡宮領稲間荘（稲屋妻、稲松葉とも）が存在した。村内には条里制の里名「稲捌間里《いなやつまがり》」もみえる。この里は、北稲八間の地に相当する（『平野の開発』）。

地名の由来は、①元正天皇の時代（七一五～七二四）、稲蜂間氏が当地に蟠踞したところから稲蜂間《いなはちま》と称し、のち稲八間に転訛したという人名由来説である。

稲蜂間一族については、仲村女《なかむらめ》が聖武天皇の後宮に女官として出仕し、のち孝謙天皇に近侍した女性がいる。『続日本紀』天平宝字五年（七六一）四月二一日条に「従五位下稲蜂間連仲村女。親族稲蜂間首醜麻呂等八人。賜姓稲蜂間連」、『続日本紀』天平宝字八年（七六四）九月二三日条に「従五位上稲蜂間連仲村女賜姓宿祢…従五位上稲蜂間宿祢仲村女並授正五位上」などとみえる。だが、姓氏の由来は不詳である。

②水田用水については、京田辺市が普賢寺川はじめ河川灌漑に多くを依拠しているのに対して、精華町は、水利が不便で、西部の丘陵地に多くの溜池を構築し灌漑用水として利用しているのが特徴である。古代の水田は、山麓地帯の谷あいを開拓し谷頭

に土手を築いて溜池を作った。明治一〇年代の『京都府地誌』は「三面山ヲ負ヒ東方一帯田野闢《ひら》ケ、又山間ニ窪地アリ纔《わずか》ニ田圃ヲ開ク」と記す。

北稲八間に築造年代が不詳だが、胡麻谷池・唐子谷池・焼山池・中ノ谷池・国名平池・吹谷池・鳥取池・大塚池など、南稲八妻には地蔵池・水落池・蓮池・板尻池・美濃谷池・寺谷池・北又池などの溜池がありいずれも丘陵端にある。また、稲蜂間一族の居館跡とされる町南部丘陵端の畑ノ前遺跡では奈良期の建物群とともに深さ七メートルの巨大な井戸が出土した。この時代では日本最大級である。飲用だけでなく水田用の地下水灌漑も考えられる。

溜池の古語は「堤」である（金田一春彦ほか『古語類語辞典』）。『和名抄』に「陂隄《つつみ》　礼記云蓄水、和名豆豆三　隄又作堤」とある。『類聚名義抄』は「陂」「隄」「堤」とも「イケ、ツツミ」と訓んでいる。溜池は今も各地の方言で「ツツミ、イデ（ヰデ、井堤、堰）」という。方言に古語が残ることは、本居宣長が『玉勝間』で「ゐなかにいにしへの雅語ののこれる事」で「すべてゐなかには、いにしへの言ののこれること多し」と論じている。さらに、溜池の古語ヰデ（堰）は京都方言ではイネ（堰）という（『日本方言大辞典』『日本語の語源』）―ヰとイは音通（同段の音の転換）。

「ヤツ」（八）は数の多いこと。「間」は際《ま》（辺り、そばの意）をいう。『万葉集』巻三・四八一「山城の相楽《さがらか》山の山の際《ま》に行き過ぎぬれば」とある。したがって、イネ（堰）が稲に、八が蜂に転じ、稲蜂間・稲八間・稲八妻は、溜池（井堰）の多い山際の土地を意味すると考えられる。（綱本）

北大路通《きたおおじどおり》 〔京都市・東西の通り〕

「大路」という名称がついているものの、平安京由来の歴史的な「大路」ではなく、かつ旧平安京域の外部、洛外に存在する通りで、近代に建設された京都北部の東西を通る都市計画道路（市区改正道路）の名称。大正八年（一九一九）の都市計画法制定以降、京都の既成市街地の縁辺部において、環状道路ならびに市電敷設、さらにその両側を土地区画整理事業で整備する都市計画事業が行われた。一般的に戦前の土地区画整理事業は、土地所有者を中心とする民間の組合施行が中心であったが、京都市では全国的にも数少ない行政施行（一三条施行）となり、市街地整備だけでなく道路や軌道敷設も一体となった都市計画事業が可能となった（天野太郎「近代都市形成期における土地区画整理事業の果たした役割」『日本都市学会年報』三三、二〇〇〇）。これにともない北大路・西大路・東大路の高規格道路が大正末期から昭和にかけて造成された。その環状道路ならびに京都市街地の北側部分に相当するため、「北大路」と呼称されたものと考えられる。（天野）

北川顔《きたがわづら》 〔久世郡久御山町〕

「顔《つら》」は面で、「ある物や場所に面したところ。かたわら」（『日本国語大辞典』）の意である。「山城国久世郡御牧郷村名宮寺初記」（文政一一年〈一八二八〉）に「宇治川木津川大池ニて落合て淀と成り、美豆と間を流れ落る時、川の北端《べり》に有る村とてこれに依り北川顔村といふ」とある。木津川の北側の傍らにある村の意。「顔《つら》」の用例は、「永代売渡申田地之事」（永禄四年〈一五六一〉）の四至に「南者池顔　北者池顔」とあり、「上山城久世郡狭山検地帳」（天正一二年〈一五八四〉一〇月）に「いけつら」という小字名が見られる。

『元禄郷帳』（元禄一三年〈一七〇〇〉）に御牧郷一三ヶ村の中に北川顔村も含まれている。明治九年（一八七六）御牧郷一〇ヶ村が合併して久世郡御牧村に、昭和二九年

〈一九五四〉年久御山町誕生後は久御山町相島になる。

京都市伏見区淀に「淀川顔《よどがわづら》」という地名がある。北川顔から分割されたものなのか、あるいは同じような命名方法でできた別の地名なのか。この近辺は大変複雑な地割りになっていて、同じく「大橋辺」も京都市伏見区淀に二ヶ所ある。　（高木）

北小路通《きたこうじどおり》〔京都市・東西の通り〕

平安京の北小路に相当する。新町通から佐井西通西入ルに至る通り。途中平安学園及びJR山陰本線や中央卸売市場で中断する。堀川通から大宮通までは、西本願寺と興正寺及び龍谷大学の間を通り抜けている。なお、元北小路に相当する、不明門通から土手町通までは、「下珠数屋町通」と称している。洛中でも下京に位置する通りで、なぜ「北」かは、不詳。ただ、今の興正寺や龍谷大学辺りが平安京で「東市」が設けられていた場所で、空也上人が布教活動した所としても知られるが、その「東市」の北の通りの意であったか。また、より西の並びには東西の鴻臚館《こうろかん》及び「西市」があったが、七条通の「一町北の通り」の意か。七条通と共に、経済を支えていた地域である。この通りを堀川通から西へ入った所に桃山時代の国宝の唐門があり、重要文化財の龍谷大学大宮学舎の本館等がある。今出川通の両側町に北小路町があるが、全く別。　（糸井）

北御所町《きたごしょちょう》〔右京区太秦安井〕

太子道を西行して御室川まで行く手前の北東側にあたる。『太秦村誌』では、後白河天皇の第一皇女で高倉・後鳥羽両天皇の准母殷富門院《いんぷもんいん》の安井御所があったところという。『百錬抄』正治《しょうじ》二年（一二〇〇）一〇月一七日条に「殷富門院安井御所御堂供養、上皇並宣陽門院御幸」とあり、御所をこの時に蓮華光院と号したという。（岩田）

北御所町《きたごしょちょう》〔左京区岡崎〕

『京都坊目誌』が岡崎町の字として「御所ノ内」を挙げ「岡崎御所の旧地也。故に名とす」とする。その所在地を「此字、東西南北、道路を以て堺とす。東は、字宮脇、字池ノ内。西は字入江、字西天王、字西正地《さいしょうじ》。南は字塔之壇。北は字黒谷、字福の川に相対す」と記すので、現「北御所町」「南御所町」の町域を合わせた地域に相当することが知られる。字御所ノ内が「南北約四町、東西一町」という南北に長い地域だったため、南と北に分けて、それぞれ「南御所町」「北御所町」としたのである。岡崎御所は、『百錬抄』承元二年（一二〇八）七月一九日条に「今日上皇、新造岡崎御所ニ御幸」と見え、後鳥羽上皇の行在所《あんざいしょ》として建てられたが、その後の消長は詳らかにしない。『山城名勝志』は「岡崎御所」について「今、岡崎村東天王社ノ西二町余ニ御所ノ内ノ畑有リ。是、旧跡歟」と記す。　（笹川）

北白川《きたしらかわ》〔左京区〕

白川は、比叡山と如意ヶ嶽の間を水源とし、山中越《やまなかごえ》の峠道沿いに京都盆地側に流れ落ち、扇状地を形成する。その後、白川は南流するが、この白川上流域を「北白川」という（「白川」参照）。縄文時代各期にわたる北白川遺跡群があり、平安京遷都以前に造営された北白川廃寺跡、近接する北白川瓦窯跡などが残り、この京都盆地を一望できる扇状地の傾斜段丘は早くから集落が成立していたらしい。『拾遺抄』に見える「北白河の山庄に花のおもしろくさきて侍りける、見るとて人人まうできたりければ／はるきてぞ人もとひける山ざとは花こそやどのあるじなりけれ」（雑上・三八八、公任）が早い時期の用例。藤原公任の山荘があった。『小右記』長和二年（一〇一三）二月四日条によると、藤原実資は高遠と白河辺を遊覧して「小白河〈大皇太后宮大夫（公任）山庄〉」を訪ねている。「北白河」にあった公任の山荘が「小白河」と呼ばれていたことが確認できる。『枕草子』にも「小白河といふ所は、小一条の大将殿の御家ぞかし」と見え、寛和二年（九八六）六月当時、北白川には藤原済時の山荘もあったらしい。この地より近江志賀里、志賀寺と呼ばれた崇福寺へ至る「志賀の山越」は、『古今和歌集』に「しがの山ごえに女のおほくあへりけるによみてつかはしける／あづさゆみはるの山辺をこえくれば道もさりあへず花ぞちりける」（春下・一一五、つらゆき）「しがの山ごえにてよめる／山河に風のかけたるしがらみは流れもあへぬ紅葉なりけり」（秋下・三〇三、はるみちのつらき）などと見え、古来、歌に詠まれて名高い。

現在、北白川何々町という「北白川」を冠する町名が四二町ある。（笹川）

北新在家町《きたしんざいけちょう》〔上京区〕

大正五年（一九一六）刊の『京都坊目誌』によると、聚楽第の撤去後の畑地に、寛永の初め頃（一六二五頃）に新しく町屋が開かれ、「新在家」と呼ばれたという。明治七年（一八七四）提出の『全国村名小字調査書』には、「新在家北側」「同南側」とあり、現町名になったのは、明治一二年（一八七九）の町組改正の時と思われる。町は東西に通る一条通の北側で、東は智恵光院通から西は浄福寺通までを町域とする。一条通の南側は南新在家町である。もとは一つの町であったらしく、「寛永一四年（一六三七）洛中絵図」には「一条新在家丁」とある。宝暦一二年（一七六二）刊の『京町鑑』には、「新在家丁北側、南側」と記されていて、この頃までに南北に分れたものと思われる。（清水）

北吸《きたすい》〔舞鶴市〕

北吸村は舞鶴湾（東港）に北面して立地していた。古くは北汐《きたしほ》・北浜《きたはま》・北宿《きたしゅく》とも称したというが、公文書には「北吸」が使用されている。古代には『和名抄』に記す余戸郷内の地と推測され、中世には余部里庄に含まれていた。長浜・余部上・余部下・北吸・和田・下安久の六ヶ村は氏神を長浜の高倉神社とすることでまとまっていたが、「スイ」はスエの転で、「末端」などの意があり、六ヶ村のうち北の末というので「北スエ」と名付けられ、やがて北スイとなったものか。舞鶴鎮守府設置により、明治二〇年頃から北吸村住民四八戸は東の糸谷に移転を余儀なくされた。以後氏神は三宅神社と変わり、倉梯《くらはし》村の大字となる。（髙橋）

北田辺《きたたなべ》〔舞鶴市〕

江戸期には田辺城地として町名のなかった地域が、明治になり南田辺・北田辺の町名を持つことになった。田辺城の三分の二以上が南田辺町となり、北田辺町は田辺城内の「追手前」と北の「三の丸」、「舟着」、外堀埋立地、外曲輪であった「七軒」、城外にあった藩地の「築地」「築地馬場跡」「元砲台跡」などからなる。地内の「築地」は中洲が埋立てられたもので御蔵があった。また小字元職人町は外堀外だが、字北田辺である。文久二年（一八六二）、参勤交代制度の緩和による江戸詰藩士の帰国に際し、屋敷地確保のために職人町を魚屋町向かいの大手の堀沿いに移転させたものである。（髙橋）

北町《きたちょう》〔下京区〕

烏丸通六条下ル花屋町までの両側町である。示唆に富むのは、『京雀』の但し書きに「此町より南は東本願寺の寺内也」とあり、「改正京町御絵図細見大成」に当町北隣りの下大坂町に寺内町の境界の堀が描かれていて、それを裏付けている。旧寺内町の最北に位置したことが語源であろう。「寛永一四年（一六三七）洛中絵図」には「烏丸一丁目」とある（「井筒町」参照）。「天保二年（一八三二）改正京町御絵図細見大成」に「北丁」とある。 （小西）

北棟梁町《きたとうりょうちょう》 〔東山区〕

『京都坊目誌』に方広寺大仏殿の造営のための大工の工房があったとある。当地には扇骨を製造する者も多かったという。また、低地のために「下町《したまち》」とも称された。

所在は馬町通本町東入ル。棟梁町は西・北・南・上・下の五町に分かれており、西棟梁町・北棟梁町・上棟梁町・下棟梁町はほぼ南北を正面通・渋谷通、東西を大和大路通・本町通に囲まれた区域に位置し、南棟梁町はこれとは別に七条通より南、塩小路通より北に位置する。

明治二年（一八六九）下京に編入、昭和四年（一九二九）東山区に編成。

最も早く町名が見えるのは北・上棟梁町で、寛永一四年（一六三七）の『洛中洛外惣町数人家数改日記』にみえ、下棟梁町は寛保年間以降に開町され、『京都巡覧記』に現町名が見える。西・南の棟梁町については開町時期は未詳。 （忠住）

北野《きたの》 〔北区・上京区〕

北野天満宮所在地一帯を指す地域名称で、平安京大内裏の北に所在する野であることから付けられたとされる（『京都の地名由来辞典』）。『日本後紀』延暦一五年（七九六）には「遊猟於北野」とあり、北野が他の洛外の野と同様に、遊猟の地として利用されていたことがわかる。また天暦元年（九四七）には当地に社地が築かれたことが北野天満宮の社伝にみえ、後の天満宮への展開していく。このことから北野は、洛外の北に位置する野であるとともに、菅原道真の没後は道真を祀る天満宮の地としての性格が強まった。 （天野）

北ノ庄《きたのしょう》 〔亀岡市千代川町〕

中世に庄園があったことが地名の由来といわれる（『ふるさと命名伝』）。村内の丘陵上には一一基の北ノ庄古墳群があり、発掘調査された中に古式の横穴式石室が発見されている。また山麓の嶺松寺の裏山には「二十一尊磨崖仏」が花崗岩に刻まれていて、南北朝時代のものといわれる。

明治二二年（一八八九）に千代川村の大字となり、昭和三〇年（一九五五）からは亀岡市の千代川町の大字となった。 （安藤）

北蓮池町《きたはすいけちょう》 〔伏見区深草〕

師団街道と七瀬川通の十字路を南下した辺りに位置し、南にはマンションが多い。この辺りは平安時代、貞観寺の蓮池があったというが、貞観寺址は仁明天皇陵の付近、嘉祥寺西院の独立説が有力なので疑問である。ただこの辺は古代、湿地帯だったので、「昔時郷村ノトキ、蓮池アリシヲ以テ呼フ」（『京都府地誌』）の推定は可能である。

「豊公伏見城ノ図」には南北の蓮池町の記載があり、道路の両側には町家が並んでいる。町家の裏東には武家屋敷、西裏には大名屋敷が並んでいるのは興味深い。『伏見大概記』によれば南・北の蓮池町は墨染組一一ヶ町の傘下に記載。『伏見鑑』には南北の蓮池町の記載がある。天保三年（一八三二）には北蓮池町は戸数三〇軒、南蓮池町は戸数三二軒（「伏見組町家数の覚」）となっている。明治二二年、村制施行の時、深草村は二八村を編入したが、南・北の蓮池町は、そのまま町名として使われている。 （明川）

北牧方《きたひらかた》 〔乙訓郡大山崎町下植野〕

小畑川河口左岸の七間堀川との合流点に位置する。室町初期小畑川が現流路に付け替えられた低湿地で水害常習地。それ以前でも桂川の河道変遷や洪水にたびたび見舞われたところ。南東隣は南牧方。枚方はヒラ（片）・カタ（潟）で、片側つまり小畑川・桂川の縁の瀬をいうか。（綱本）

北沮沢町《きたふけちょう》〔左京区修学院〕

フケは、フケダ（深田）の略で「泥深い田」「低湿地」「沼沢地」などの意。『平家物語』に「或は谷・ふけをも嫌はず、懸いり懸いり一日戦暮しけり」（妹尾最期）と見える「ふけ」である。修学院の梅谷と音羽谷の間の山腹に、赤山禅院と修学院離宮があり、その北西側の低湿地が当該町域。享保二年（一七一七）刊『書言字考節用集』には「澍」「泓」「淖」「深泥」などの表記が挙げられているが、「水がたまってひかない湿地」を表す「沮《そ》」と「草地と水たまりがつながる湿地」を表す「沢《たく》」を組み合わせ、「沮沢」で「ふけ」と読ませる。

「南沮沢町」「東沮沢町」はなく、現在「北沮沢町」「西沮沢町」だけがある。（笹川）

北町田《きたまちだ》〔京田辺市薪〕

「薪付近の条里復元」（谷岡武雄『平野の開発』所収、一九六四）によると、この小字名は条里制地割のほぼ二坪分に当たる。町は『和名抄』巻一「田園類第七」に「町和名末知。田区也」とあり、縦横に通じる畔に囲まれた田地の一区画をマチと訓んでいる。町田はその区画内の田を指す。北は旧薪村北部の意味だろう。（綱本）

北溝町《きたみぞちょう》〔山科区大塚〕

大塚区内には「北溝町」「南溝町」「野溝町」「中溝」が存在する。いずれも音羽川扇状地に因む地名であろう。扇頂付近の堆積物は粗い砂石が多く、川はしばしば伏流水となる。ただ、大雨となると鉄砲水となって扇央部分を一気に流れ下るため、流路がしばしば変更する。残された古い河川跡は、堆積物に囲まれたえぐれた地形となり、「溝」と称されるようになる。なお、同じ命名の地名が安朱地区にも小山地区にも見られる。（小寺）

北門前町《きたもんぜんちょう》〔左京区〕

法皇寺《ほうおうじ》北門前の町。宝永五年（一七〇八）三月の大火以後の「新地」の様子を詳しく示す『都すゞめ案内者』付録絵図には、「法皇寺」の大きな境内が見え、その北に仁王門通から二条通まで東寺町通《ひがしてらまち》が走り、その東側に「妙伝寺」「聞名寺」「大雲寺」「本妙寺」、西側に「大光寺」「信行寺」「教安寺」「西方寺」「大恩寺」の名がある。宝永五年の類焼によって、京極の寺《てら》町《まち》から移ってきた寺々である。そのうち「みやうてん寺」「本妙寺」「信行寺」「教安寺」「西方寺」「大恩寺」などは、「新撰増補京大絵図」（一六九一年刊）で旧地が確認できる。現在の地図を重ね合わせると、北門前町の中央を東大路通《ひがしおおじどおり》が南北に走り、その東側に妙伝寺・聞名寺・本妙寺、西側に大光寺・信行寺・教安寺・西方寺・大恩寺が今もあり、かつての「東寺町通」が今の「東大路通」に当たることが知られる。市電の軌道を敷設するため、大正元年、二間内外の道路を九間に拡張したのである（「東門前町」参照）。『京都坊目誌』には「宝永五年の開地にして、享保四年（一七一九）東寺町の名を下す。此南に法皇寺あり。故に北門前町と云ふ。明治二年、東寺町と合併して今の名とす」とある。（笹川）

吉文字町《きちもんじちょう》〔下京区〕

吉文字屋と称する大店があったことが語源であろう。

柳馬場通高辻下ル松原までの両側町の場合は、紅染屋、呉服問屋などに使われている吉文字屋（元禄二年〈一六八九〉刊『京羽二重織留』巻六）であろう。「寛永一九年（一六四二）寛永後万治前洛中絵図」に、

「吉文字町」とすでに現町名を記す。以後変化はない。

岩上通高辻下ル松原までの両側町では、『京町鑑』が「吉文字屋町」と「屋」をつけたことから、それが語源であると考えられる。「寛永一九年（一六四二）寛永後万治前洛中絵図」に、「吉文字町」とある。宝暦一二年（一七六二）刊『京町鑑』は「吉文字屋町」と「屋」を加え、「天保二年（一八三一）改正京町御絵図細見大成」は「吉文じ丁」に戻る。　（小西）

木津《きつ》（京丹後市網野町）

旧郷名。平城宮跡木簡に「丹後国竹野郡木津郷紫守部与曽布五斗」とあるものが初出であり、古代にさかのぼる郷地名である。『和名抄』に「竹野郡木津（郷）」がある。古代の港である津があったことに由来するものと思われる。なお地元には、「橘」を音読した「きつ」に由来し、垂仁天皇の代に橘（蜜柑）をもたらした田道間守と関係づける伝承がある。売布《めふ》神社は、帰国した田道間守が神籬を設けて礼典を挙げた場所に祀られたと伝える。また木津温泉は、行基が開いたと伝える京都府下で最も古い温泉として有名である。寛治四年（一〇九〇）の「賀茂社古代庄園御厨」（大日本史料）には、賀茂社領として「丹後国木津庄　田地四十町」とある。現在、木津にある加茂神社は、下鴨社領時代に勧請されたものと推定され、現在の網野町木津が木津庄の領域にあったことを示す。その一方で、長禄三年（一四五九）の「丹後国郷保庄惣田数帳」には、木津庄のほかに、古代以来の木津郷が記載されている。元亨四年（一三二四）の「観音寺良実阿闍梨願文」（熊野那智大社文書）に「たんこのくにきつのかう下おかくわんをん寺」（丹後国木津郷下岡観音寺）という記載があることから、古代の木津郷は、現在の網野町木津のみではなく、東北側の網野町下岡付近までの広がりをもっていたことがわかる。そこから寛治四年（一〇九〇）段階に、木津庄が分離して立庄し、残された領域が中世を通じて木津郷であったと思われる。しかし江戸時代に入ると、中世木津郷の領域は木津を冠することはなくなり、中世木津庄の領域のみを指すようになる。

木津庄の領域は、慶長七年（一六〇二）の「慶長郷村帳」に木津之庄浜爪村・木津之庄磯村・木津之庄塩井村が見られることから、網野町浜詰・磯・塩江を含んでいたものと思われる。　（新谷）

木津川《きづがわ》（京都府の河川名・市名・町名）

上流は伊賀川・名張川の合流する南山城村から、下流は八幡市の淀川までの区間河川名だが、「山代《やましろ》（背）川」と言われたのが国名の表記「山代（背）」の契機で、木津川の初名である。「木津川」の発音はキツガワよりコヅガワと言うのが古く、「古津川」と書いた例もあるが、意味は文字通り「木材を引き上げた川、筏流しの川」ということで、古代史上極めて重要な役割を果たした。

北は由良川、南は木津川と、京都府内の二大河川は其の全域の山の水を二分して集める。大河と共に生じた「山代」と云う語、その枕詞「つぎねふ」は、ヤマシロが「開木代」と書かれた『万葉』の例からして、「森林を伐り開いて山に生きた…」という意味が感じ得られるから、大和から山代へ、山並みが川沿いに断続的に次々に続くと見た上代人の感覚を表しており、山代の「山」は「岡山」の意味でもある。大河と言われる程の大きな川はない大和、その山は「大きな山」で、大和の枕詞「そらみつ」と好対照を示す。『記』『紀』の「山代川」は『万葉』ではイヅミ（ノ）カハ「泉（乃）河・出見河」とあるように、洪水を引き起こす暴れ川であった。鹿背山の麓は泉河の大水に漬《つ》け淅《かさ》れ、山が水流で押し流されたという伝説がある「流れ岡山」と云う地名も注目される。『崇神紀』十年には輪韓河《わからがわ》を挑河《いどみがわ》といってイドム（挑）という語を使っているが、これは官軍と埴安彦軍との対決挑戦を暴れ河の襲いかかり激突する形容でもあって、これは発音上「挑み」idomiを同じ仮名の「泉《いづみ》」河idumigawaに懸けて理解したのである。

JR線が河を横切る南岸に発見された泉木津遺跡と上津遺跡は、ここが木津水運の基地であることが分かった。「上津」と書いてコウヅと読ませるのは「国府津」に肖ったからで、出土遺構から役所跡であることが確認された。津が二つあって、その上方の津を意味する見方もあながちに否定は出来ない。「津」と云うものは細かくはシーズンと目的に応じ、複数存在するものだからである。崇神天皇の頃、反乱を起こした武埴安彦が大彦命に討たれたのは泉河畔というが、戦域をこの辺に当てるのもあながちに否定はできない。奈良時代になり恭仁京造営や泉河大橋の架橋など、中世においては東大寺領泉木津に始まる荘園、木津荘や木津郷の発達など、木津川なくして以後も当地の歴史は語れない。戦後一九五一年相楽村を編入した木津町は、市制施行により山城・加茂の両町と平成の大合併で木津川市と改称した。

（吉田）

吉坂《きっさか》〔舞鶴市〕

若狭街道に沿い、東は吉坂峠を経て若狭国（福井県）に接する。峠の西下集落吉坂は、青葉山麓の西国三十三所札所松尾寺への参詣道にあたる。地名の由来は当地が往古若狭木津庄のうちで、高浜から峠を下った地に位置するため「木津坂」と称し、のちに「吉坂」に転じたという（『稚狭考』）。「金剛院文書」の承久元年（一二一九）寄進状に「吉津坂村」と見える。

（髙橋）

木辻北町《きつじきたまち》〔右京区花園〕

明治七年（一八七四）まで存在した木辻《きつじ》村の中央部の地で、村名は木辻通が中央を通っていることによる。現花園木辻北町の南隣に同木辻南町があり、東西に通るJR嵯峨野線が境となっている。文献上の木辻の初見は、『長秋記』天永《てんえい》四年（一一一三）八月における鳥羽天皇の松尾行幸に関して、「松尾行幸云云、大宮より北に行き、二条支辻子《きづし》より北行し」とある部分である。『山州名跡志』では源義経を平泉に同行した金売橘（吉）次宅があったとの伝承を載せ、「或作吉次」とするが、『雍州府志』（貞享元年刊）では誤伝としている。

（岩田）

木辻通《きつじどおり》〔京都市・南北の通り〕

平安京の木辻大路に当たるが、現在行政的には、妙心寺道から太子道に至る道のことであるが、民間では、さらに馬代通から斜めに北東へ金閣寺の東面鞍馬口通までの道や、さらに太子道から南の御池通までの道も「木辻通」と呼ばれている。「木辻大路」の名は、平安末期、天皇の行幸の通りとして文献にみられる。大路として西の京では交通の幹線であったと思われる。江戸初期のころ、妙心寺通との交差点周辺が木辻村といわれていた。木材の集散地であったか。なお、「辻」は和製漢字で、「つじ」は「つむじ→つんじ」の変化した語とみられる。

（糸井）

木津天神山《きづてんじんやま》〔木津川市〕

天神山という地名は近くは京田辺にもあり、全国所々によくある通称名だが、ここでは木津川市の天神山を取り上げる。天神という語の意味は、最初は「天神地祇」などいう時の「天《あま》つ神《かみ》」から始まり中近世に至っては、神別の氏族を指す。ごく古い最初の渡来族が天神になるわけで、菅原道真公を祭る天満天神の天神とは別なのであるが、合体されることも多い。木津町木津大谷に在る岡田国神社が天神社と呼ばれていることから、延喜式内の大社の所在を以って、当地の山を天神山というようになったことが判る。岡田国神社は『三代実録』の貞観元年（八五九）正月に従五位上の叙位あり、軽い美称だけの天神山に非ずして、内容のある「神おわします山」という畏敬意識は、その後の歴史で証明できるので、後に記す。神社名になっている「岡田国」という言葉は、恭仁大橋南詰め近くの式内社岡田鴨神社の「岡田鴨」とペアを見せているので、「岡田」は共通している。大河木津川の曲流する鹿背山の周囲一帯の洪水を受ける平地を、もともと「岡田」といったもので、当地に渡来した加茂族の奉祭したのが岡田鴨神社であり、広域通称の「岡田のクニ（国）」を名乗ったのが岡田国神社である。岡田国神社は一時、鹿背山東麓の加茂町勝手神社内の春日神社に祀られた、と式内論社があるのは、恭仁京のクニに惹かれたものと思われる。

平成二〇年（二〇〇八）、岡田国神社の南直ぐの地、天神山西南の木津額田の馬場南という所から新しい考古学上の発掘発見があった。馬場南遺跡で、『万葉集』の和歌木簡が出土し、隣接の山中から史上未知の奈良朝の無名の寺跡が掘り出され、墨書土器から「神雄（尾）寺」だということが分かった。文献に見えないが、一般寺院とは異なる、極楽浄土的な高貴な変わった道教風の印象がある。何か特殊使命を帯びた寺らしく、出土彩釉土器の鯉の文様は寺名「神尾寺」の「尾」が「魚」であることにおいて一致しており、この寺が寺院建立の好きな聖武天皇の縁が感じられるのは、魚紋が王権のシンボルを示す他に、出土土器に書かれた「大殿」がもう一つの寺名「神雄寺」に合い、寺の立地が岡田国天神社の「馬場前南」という場所であったことだ。出土歌木簡は『万葉集』巻一〇の「阿支波支乃之多波毛美知」（秋萩の下葉紅葉…（以下欠損））で、『万葉集』では作者未詳歌だが、木簡裏には「越中守」とあり、この歌は家持作であることが明らかになった。『万葉集』巻一〇は作者無名の作品集だが、柿本人麻呂集のほかに、大伴家持歌集も存在した証拠の一端が示された次第で、『万葉集』巻一〇の編纂は人麻呂歌集と家持歌集とから編纂されていることが決定的なものになった。この判明は万葉編纂史に書きくわえられる事項である。木津川の港に陸揚げされた地方歌木簡は、その一部はここで開荷され、整理され、処理終了した歌木簡はここで捨てられたのではないか。

神尾（雄）寺は喧騒の政治の中心を離れた、正規の宗教儀式のやかましい一般大寺とは異なる文教寺院として、特殊な目的寺院の性格に合致しており、大伴氏や橘諸兄の勢力下にある平城京のすぐ北、という場所の便利で静逸な天神山、その岡田国天神社の馬場南に寺が設けられたのである。

（吉田）

狐川《きつねがわ》 〔八幡市八幡〕

長岡京市柳谷付近に発する小泉川が桂川と合流する最下流部の対岸に位置する。小泉川は古くは狐川といい、桂川の流路変遷で八幡市側に川名が残る。狐河とも記す。この川は古戦場として幾たびか歴史に名をとどめる。建武中興の新政前、後醍醐天皇を擁する宮方勢が鎌倉幕府の六波羅勢を倒した戦いが狐川であった。『太平記』によると、元弘三年（一三三三）三月一五日六波羅勢が山崎へ押し寄せたので、宮方の播磨の豪族・赤松則村が迎え撃とうと三〇〇〇騎を三手に分け、一〇〇〇騎を「狐河の辺りに引《ひか》へ」させ追い散らした。六波羅勢は深田・溝に落ちて馬も鎧も見る影もなかった。狐川は世阿弥の謡曲『忠度』（室町初期）にも登場し、「心の花か蘭菊の狐河より引き返し、俊成の家に行き」とある。平忠度の歌が『千載集』（撰者・藤原俊成）に「読み人知らず」として入れられた逸話を題材にした能だ。昭和初期まで大山崎〜八幡への狐川の渡しがあった。渡しは西国街道と大坂街道を結ぶ重要な交通路だった。『淀川両岸一覧』（一八六一）に「狐渡口　八幡宮御参向道の鳥居の傍により、このわたし場に出づる。山城乙訓郡円明寺村に渡る淀川の舟わたしなり」とある。

①この川はしばしば洪水をおこし河道が変わったが、変幻自在の狐に例えて、藤原為家が「とにかくに人のこゝろのきつね川かけあらはれん時をこそまて」（『夫木抄』七社百首石清水、一二六〇）と詠んでおり、歌枕の一つである。狐川の由来について、『大日本地名辞書』は「中世狐川大渡と云ふは八幡山崎の間、河道の変に従ひ何処と推し難し、狐の称は変化に比喩したる者にや」と、河道が頻繁に変化したのでこの名があるとする。②だが、狐川は『男山考古録』では「一説に木津根川也」という。狐の古語は「きつ」で、『奥儀抄』に「きつとは狐なり」とある。従って、木津根は「きつね」の当て字だろうが、もともとは木津だったといえる。松尾俊郎は、「海岸や河岸におりおり木津（キヅ）という地名がある。船着場をさす語」（『地名の探究』）と指摘している。つまり、木津は河津（こうづ、こづ）の音通（同行の音の転訛）と考えられる。（綱本）

狐坂《きつねさか》　〔左京区松ヶ崎〕

『京師巡覧集』は「狐坂」の項に「コヽニ到ヌルニ坂ケハシクテ老歩シバラク悩ヌレバ月ノ出マデ木カゲニ休ミキ」と記す。険しく、人通りの少なくて狐が出るような坂と考えられていたか。あるいはキツ（強、急）・ネ（嶺）の意か。『山州名跡志』には「木列坂《キツレザカ》」とあり、「今狐坂《キツネザカ》トイフハ誤《アヤマリ》歟。古老ノ説、古《イニシヘ》此山繁茂《ハンモ》セリ。此故ニ実ハ木摺《キスレ》坂トイフト。然レドモ石蔵大雲《イハクラダイウン》寺境界《ジキヤウカイ》ノ証文《シヤウモン》ノ古記《コキ》ニ西ハ木列坂ヲ限ルノ文《モン》アリ。此坂ヲイフ。今猶此坂ノ北ヨリ石蔵領《イハクラリヤウ》也」と見える。樹木が繁って木に摺（擦）れながら登り下りするので「木摺坂」が原義という古老の説を紹介し、大雲寺の証文に見える「木列坂」を採用する。『拾遺都名所図会』も「洛陽《らくやう》より鮮《あざやか》に見ゆる」とし、同様の解説をする。（笹川）

狐谷《きつねだに》　〔京田辺市薪〕

関西では狐のことをケツネと呼ぶ。薪の人はこの地のことをケツネダンと呼ぶ。手原川最源流にある土地、つまり狐が出るような、狐が棲んでいる寂しい土地ということでこの名が付いた。狐谷の西に平田谷があるが、昭和二〇年代（一九四五〜五四）までここに多くの狐穴が掘られていたという（『薪誌』）（「百々坂《ももさか》」参照）。だが、寂しい地というのは住居に適さないということである。キツネはキズ（崩）・ネ（嶺）の転訛であろう。「キヅはクズれる（崩）の語が縮語訛されたとみるほうが地形のクセとして当っている」（『川を考える地名』）。また、『薪誌』は、南北朝時代に、楠木氏と足利氏がここで戦い、この戦いを狐谷合戦という伝えもあるという。正平七年（一三五二）三月一一日の八幡合戦で「（足利尊氏の子）義詮《よしあきら》兵を遣わして八幡を攻めしむ。官軍之を宇治、荒坂山、松井野（注、松井）、洞峠…等に邀《むか》へ戦ふ。楠木正儀《まさのり》…等の軍を洞峠、荒坂山に破り」（『園太暦』『後藤文書』ほか）と八幡中心に広域で戦闘があり、大字松井近辺の薪一帯も戦闘に巻き込まれた。（綱本）

狐塚《きつねづか》〔山科区栗栖野〕

文字通り「狐の住む古墳」の意味であろう。狐信仰の歴史は古い。かつては中部地方を中心に広がる「管狐《くだぎつね》」「飯綱《いづな》」のように、キツネは人に災いをもたらすものとして畏れられていた。吒枳尼天信仰は、密教と習合することで、一度祀ると自分の命と引きかえに最後までその信仰を受持することが要求されるほどの厳しい修法も生まれ、外法ともされてきた。近世に稲荷社が五穀豊穣・商売繁盛の神として多く祀られるようになり、神使としての狐が人間にとって親しい存在へと変化していく。現在も「狐の住む穴」を境内に祀っている稲荷社は多い。当地には宮道古墳や稲荷塚古墳をはじめ、かつては中臣十三塚古墳と呼ばれるほど多くの古墳があり、その羨道や玄室が狐のすみかと見なされたのであろう。（小寺）

狐藪町《きつねやぶちょう》〔山科区東野〕

「狐塚」（山科区栗栖野）という地名が狐信仰との関わりを強く感じさせるのに対して、「狐藪町」は実にのどかな印象を与える。現在は住宅地であり昔の面影は全くない。「〜町」となっていることから、昭和六年（一九三一）の京都市東山区への編入時には一定数の人が住んでいたことが分かる。夜になると狐の鳴き声がよく聞かれたようであり、整備の行き届かない竹藪の中に狐のすみかを想像してつけられた素朴な名称であろう。（小寺）

木津屋橋通《きづやばしどおり》〔京都市・東西の通り〕

平安京の塩小路に相当する。現在、東洞院通から御前通に至る通り。途中、JR山陰本線等で中断。『京都坊目誌』は「東は西洞院より西は大宮」とする。『京雀』は「塩小路通」とする。「木津屋橋」は堀川に架かっていた橋。此通りに酢を商う家があったことから（『京町鑑』）、「木津」は「生酢《きず》」の当て字（万葉仮名表記）とみられている。『京都坊目誌』にも「生酢屋橋に作る（表記する）」とある。寛永・寛文ころの絵図に「きすや町」と町名がみえる。酢は「す」、津は「つ」。濁音では「ず」と「づ」であり、本来別の音であったが、江戸期になると「ず」「づ」の混同が起こる（発音上の区別がなくなった）。現在、一筋南に「塩小路通」も別にあるが、この方は元八条坊門小路に当たる（「塩小路通」参照）。（糸井）

木寺町《きてらまち》〔長岡京市神足〕

中山修一によると、木寺は紀寺で、豪族名を負った寺地名である。紀伊国を本拠とした紀氏《きうじ》は、桓武天皇の父光仁天皇の母が紀橡《とち》姫といい紀氏の出身であったため、紀船守・紀古佐美などの人々が参議以上となった。船守は延暦三年（七八四）、藤原種継らとともに長岡京遷都のため、乙訓郡長岡村を視察、造長岡宮使に任ぜられた。古佐美は征夷大使も務めたが、延暦一二年（七九三）平安京遷都のため藤原小黒麻呂らと葛野郡宇多村の地を相した。紀寺はじめ私寺は平城京においても初期の平安京においても都の外に建てる風習があったので、長岡京廃都後、跡地を豪族に施与して氏寺を建てさせたのかもしれない（「長岡京に関連する地名」『地名の世界』所収）。しかし、貞観八年（八六六）の応天門の変（放火事件）で連座した紀氏は没落、文人として紀貫之・友則がいる。（綱本）

衣笠下町《きぬがさしたちょう》〔右京区龍安寺〕

衣笠山の南南西にあたるなだらかな傾斜地で、町名も同山との位置関係による。標高約二〇一メートルの衣笠山は、絹笠山のほか絹掛山とも書き、『山州名跡志』には寛平（宇多）法皇が、炎天に深雪の眺望を工夫して山に白絹を掛けさせたとする説がみられる。他に山の形が絹張りの長柄の傘に似ている説や、古代が葬送の地であったことから遺骸を覆い隠す絹掛や衣笠などの布類の名が付いたとする説がある。龍安寺からみれば、南側に位置する。宝徳《ほうとく》二年（一四五〇）に龍安寺が建立され、この地は同四年には龍安寺領となって以降、龍安寺門前と称された。ただし谷口の地名も併用された。（岩田）

衣笠山《きぬがさやま》〔北区衣笠〕

衣笠山は標高二〇一メートルで北山の一つ、京都市街地からも明瞭に認識できるランドマークの一つであった。山名およびその周辺地域を衣笠と呼ぶ。『山州名跡志』によれば、「絹笠山」とも標記し、宇多法皇が夏の雪見のため山に白絹を掛けさせた伝承によるとされる。また、その南麓は都の郊外地域に展開した葬送地の一つでもあり、遺体にかける衣の様から「衣笠」と称したとする説もある。西麓には一條天皇円融寺北陵、堀河天皇後円教寺陵などの御陵も存在する。（天野）

木橋《きばし》〔京丹後市弥栄町〕

『弥栄町誌』によれば、もとは橋木（峰山町）と同じ村であったものが分かれた時に字を逆にしたと伝える。地名の初出は、長禄三年（一四五九）の「丹後国郷保庄惣田数帳」にある「木橋村」である。天文七年（一五三八）の「丹後国御檀家帳」では、「きはし」と記され、現在も残る太慶寺が記される。慶長七年（一六〇二）の「慶長郷村帳」以降は「木橋村」と表記される。（新谷）

吉備寺《きびでら》〔向日市上植野町〕

一文橋や上植野の墓地を含む一帯が小字吉備寺である。その東に堂ノ前、さらにその東に御妙林などの小字が続くことから考えると、かなり大きな寺があったらしく、付近からは布目瓦が多く出土する。長岡京には吉備真備《まきび》の子息の泉がいた。吉備は吉備地方（現・岡山県）出身の貴族。奈良時代には右大臣にまでなつた真備が出ている。泉はあまり天皇の覚えのよくない男ではあったが、当時従四位下という高位にあった。「吉備寺」は泉が氏寺として建てた寺で、それが地名に転じたという。平城京や平安京では、京内に私寺を建てることを禁じていた。したがって、この氏寺は、長岡京廃都後に賜った土地に建てた寺の名だろう（『向日市史・上巻』ほか）。

なお、貴族の氏寺が地名として残ったものに、「吉備寺」のほかに、長岡京市下海印寺の「伊賀寺」、同市神足の「木寺町《きてらまち》」がある。木寺は「紀寺」が変形したもので、紀氏の氏寺名が地名になったと伝わる（中山修一「長岡京に関連する地名」『地名の世界』所収ほか）。（綱本）

貴船町《きぶねちょう》〔左京区鞍馬〕

キブネの語源説は、玉依姫が黄船に乗って淀川から賀茂川を経て貴船川のほとりのこの地に上陸し、一宇の祠を営んだことに由来するという「黄船」説、樹木の生い茂る山の神だったという「気生根（木生嶺）」説、山々の谷間をつないで川沿いに網の目のように走っていた古代の道に注目し、語源を「人の往来し（キ）経由する峯（フネ）」とする説（『京都の地名を歩く』）など様々だが、『延喜式』神名帳に見える「貴布禰《キフネ》神社」が賀茂川の水源地域に祀られ、古来、京都の雨水を司る水神として崇敬されたことから考えると、「キ」「ミ」の子音交替の可能性を指摘し、「水生峰（ミブネ）」ではなかったかとする説（『京都の地名検証3』）が有力。『日本紀略』弘仁九年（八一八）七月一四日条に「使ヲ山城貴布禰神社・大和国室生山上竜穴等ノ処ニ遣ハシテ雨ヲ祈ラシムル也」とあり、『京雀』に「此御社は龍神なり。されば、あまごひにも、又雨をやむるにも、此宮をいのるなり」と見える通りである。

貴船北方の芹生《せりょう》峠より発し、貴船の集落を貫流し、貴船口で鞍馬川と合流する貴船川は、氾濫することもあったらしく、『扶桑略記』天喜三年（一〇五五）五月八日条に「奉幣使ヲ賀茂・貴布祢両社ニ発遣ス。是即チ貴布祢本宮、水ノ為ニ流損ス。仍テ他所ニ移シ立テラルルノ由也」とある。また、『後拾遺和歌集』に収められた和泉式部の絶唱「ものおもへばさはのほたるもわがみよりあくがれいづるたまかとぞみる」（神祇・一一六二）には、「をとこにわすられて侍けるころ、きぶねにまゐりて、みたらしがはにほたるのとび侍けるをみてよめる」という詞書が付けられている。貴船川は貴船社の御手洗川とも呼ばれたのである。（笹川）

吉美《きみ》〔綾部市〕

旧郷名。旧村名。『和名抄』丹波国何鹿郡一六郷の一つ。語源は明確でない。郷域は旧吉美、現在の里町、有岡町、多田町、高倉町、小呂町、星原町一帯に比定されている。聖塚、菖蒲塚などの中期の大型方墳や久田山古墳群、田坂野古墳群など古墳群の多い地域である。鎌倉時代末から戦国時代には「吉美荘」が営まれた。当初は西大寺領、後に相国寺の塔頭常徳院領となった。

明治二二年（一八八九）、六ケ村が合併して吉美村と称す。昭和二五年から綾部市の一部となるが、町名からは消えた。（安藤）

木屋町通《きやまちどおり》〔京都市・南北の通り〕

江戸時代の初め、慶長一六年（一六一一）から角倉了以によって始められた高瀬川の開削工事に伴って、その東側の左岸に開通した通り。二条通から七条通に至る。後に右岸の西側にも通りが整備され、三条下がった大黒橋から七条までを、西木屋町通という。当初「樵木《こりき》町通」と呼ばれたように、材木や木材に関わる商品の店が高瀬川沿岸に多く並んでいたことによる。「木屋町通」と呼ばれるようになったのは、江戸中期以降である。通称「きやまち（木屋町）」というが、町名でなく通り名である。なお「木屋町」（中京区）と書いて「きやちょう」と呼ぶ町名は、また別の地名。また「木屋之町《きやのちょう》」（上京区）もある。

一つ東側に旧遊郭・先斗町通が江戸前中期にできると、タイアップして遊興地として繁栄する。そして、日本で最初（勿論京都で最初）に市街電車が走ったのが、木屋町通であった。（糸井）

久僧《きゅうそう》〔京丹後市丹後町〕

今は「久僧」と書いて「きゅうそう」というが、もとは「くそ」と呼んでいたことがある。糞（クソ）からの転訛か。『日本地名伝承論』（池田末則）や、『谷川健一著作集（四）』によれば、古代人は地名や人名に汚賤、糞穢名称を敢えて付すことによって、悪霊や危害を防ぎ、厄病神や邪神が近寄りがたくする考え方をもっていたという。しかし、和銅六年（七一三）、元明天皇の詔「畿内七道、諸国の郡郷の名は好字を用ひるべし」や、『延喜式』の「民部式」で「凡そ諸国の郷里の名は二字とし必ず嘉名を取れ」との官命により、嘉名または好字二字が使われるようになった。久僧は吉野川河口の右岸、日本海に面した海岸沿いの集落。（水野）

旧土居町《きゅうどいちょう》〔北区鷹峯〕

御土居は秀吉が天正一九年（一五九一）都市の軍事的防備と洪水を防ぐため洛中全域に構築した堤防である。隣接の大宮土居町とともに、その堤防があったことに由来する町名である。細長い逆L字型の御土居跡の地域である。御土居西側の崖下は、古来暴れ川だった紙屋川が南流する。築造時から竹が植林されていた。江戸時代には御土居は「御土居藪」と記され徳川幕府の直轄地だった。水害防備林用だけなく、町奉行は重要な建築資材として二条城、内裏、御所、上賀茂・鴨神社、伏見稲荷神社、今宮神社などの祭礼、死刑執行時は竹矢来として使用した。毎年数千本伐採され竹仲間など京都町人に販売し幕府の財源ともなった。また、密生した竹藪のため犯罪者が洛中からの逃亡を防ぐ役割もあった（『御土居堀ものがたり』）。（綱本）

清井町《きよいちょう》〔東山区〕

開町の際に清泉（伏流水）が湧いたことによるという（『京都坊目誌』）。所在は下河原町通八坂鳥居前下ル西入ル。安井道（東大路通）に面し、北は祇園町北側まで。

祇園南林の一地域だったが、安永九年（一七八〇）より天明元年（一七八一）にかけて開発が進んだ。明治二年（一八六九）下京に編入、昭和四年（一九二九）東山区に編成。

開発の途上で早く開けた西側を西清井町、その後東側を東清井町と東西に分けて呼ぶ時期もあったが、寛政四年（一七九二）五月の「鳥居筋下川原付近絵図」（「上河原雄吉家文書」）では、既に清井町と総称されている。（忠住）

行願寺門前町《ぎょうがんじもんぜんちょう》〔中京区〕

行願寺の門前にある町の意。革堂行願寺境内を主たる町域とする。行願寺は「革堂」の通称で知られる寺で、西国三十三ケ所の観音霊場。古来、多くの巡礼者を迎える寺院であり、また中世には六角堂・千本閻魔堂と並ぶ町堂としても親しまれたために、寺の通称をもって町名としたのだろう。革堂行願寺は皮聖《かわひじり》と呼ばれた天台僧行円《ぎょうえん》によって、寛弘元年（一〇〇四）に一条小川新町に創設された。『今昔物語集』巻一五に比叡山横川の僧が当寺で極楽往生を遂げた話があり、貴賤の信仰を集めた寺であることが知られる。『元亨釈書』には本尊の観音像について、行円が夢告を得て賀茂社の槻の木を刻み、余材で善峰寺の本尊が造られた話が載る。境内北西に立つ賀茂の石塔は、巨石を組み合わせた偉容をもって、賀茂社との関わりを今に留めている。

平安京の東端とされた東京極大路（現寺町通）に接する位置にあり、京域外にあたる。行願寺が当地へ移転したのは、天正一八年（一五九〇）。太閤秀吉の御土居建設ならびに寺町建設に伴う移転であり、当初は町名を持たなかった。『京都坊目誌』によれば、宝永五年（一七〇八）からという。（真下）

京極町《きょうごくちょう》〔下京区〕

町を寺町通（平安京の京極大路）を貫くか、接していることによる。

寺町通高辻下ル松原までの両側町である。「寛永一九年（一六四二）寛永後万治前洛中絵図」に、「はすいけ町」とあり、「古昔東側の地は。施薬崇親両院の領所たり。崇親院荒廃の後は蓮池のみ存す」（『京都坊目誌』）とあるのに因む。「天保二年（一八三一）改正京町御絵図細見大成」にも「蓮池丁」とあるので、江戸時代は「蓮池（町）丁」で変化はなかった。「明治二年（一八六九）に、京極町と改められた」（『京都坊目誌』）。

南京極町は、西木屋町通五条下ル六軒までの西側片側町で、西木屋町に東面し、当町の北端が「寺町」（平安京の京極大路）に接し「京極町」より南にあるので、町名に「南」の字を冠した。宝暦一二年（一七六二）刊『京町鑑』に「五条新地」の「南京極町」とある。（小西）

行者ケ森《ぎょうじゃがもり》〔山科区大塚〕

奈良街道と音羽山の間にある、標高約四四〇メートルほどの小山である。「～森」

は「～山」「～岳」「～峰」と同じように山を表す言葉で、東北地方に多いが、京都府下では「天ケ森」（京都市左京区）とここだけである。「行者」は修験道の修行僧（山伏）を指し、この付近一帯が行場であったと考えられる。役小角を開祖とする修験道は、山中での厳しい修行を経て悟りを開こうとする宗派で、大きくは醍醐寺（真言宗）の当山派と、園城寺（天台宗）の本山派に分かれる。両寺の真ん中に近いこのあたりは、地理的にもその行場にふさわしい場所である。山中の法厳寺（牛尾観音）は現在も「役の行者神変大菩薩の秘法・六大縁起に基づいた道場」とされている。音羽川上流の経岩に弘法大師が修行したと伝説が残るのも行場であった名残であり、また、行者ケ森から東面の音羽川にかけての「葭ケ谷」という地名も、修行の場に対する美称であろう。ただ、山が浅く、谷も緩やかで、修行に適した岩や滝も少ないため、あまり発展しなかったようで、近くでは鷲峰山（綴喜郡宇治田原町）や笠置山（相楽郡笠置町）、飯道山（滋賀県甲賀市）などへと行場の中心地は移っていったようだ。（小寺）

京田《きょうだ》〔舞鶴市〕

古く国府の給田《きゅうでん》とされた地が、のちキョウデンと称して「興田」、そして「京田」と記されるようになり、やがてキョウダとなったとする。元暦二年（一一八五）丹後国国司の、田辺郷に対して国雑色《ぞうしき》七人に合計十七町の給田を充行《あておこな》うとの文書がある。「慶長検地帳」では「興田村」とあり、江戸期の「土目録」では京田村田二十一町八反九畝であった。高野谷の出口南にあたり、西舞鶴平野南端の山麓に広がる。京街道に沿い七日市・公文名と接している。（髙橋）

京田辺市《きょうたなべし》〔京都府〕

明治二二年（一八八九）町村制施行により、田辺・河原《かわら》・興戸《こうど》・薪《たきぎ》の四村が田辺村、草内《くさじ》・東・飯岡《いのおか》の三村が草内村、三山《みやま》木《き》村と宮津村が三山木村、水取《みずとり》・多々羅《たたら》・天王《てんのう》・高船《たかふね》・打田《うった》・上《かみ》の六村が普賢寺《ふげんじ》村、大住《おおすみ》村と松井《まつい》村が大住村となった。田辺村は同三九年（一九〇六）に町制を施行。昭和二六年（一九五一）これら一町四村が合併して田辺町となり、平成九年（一九九七）四月一日、市制を施行し、京田辺市になった。近年、大規模な宅地開発や交通網の整備、学研都市の建設にともない、人口が急増。

木津川の左岸の沖積平野と、高度一〇〇～一五〇メートルの更新世丘陵が市の大半を占め、府境附近は生駒山地の北端に当たり、二〇〇メートル前後の花崗岩山地になっている。古くから摂津、山城、大和を結ぶ要に位置し、木津川や陸上の交通が早くから開け、継体天皇の筒城宮の伝承地である。和銅四年（七一一）設置の山本駅の推定地があり、古代の条里制遺構を残す地名もある。語源は「田辺〔京田辺市〕」項を参照。（綱本）

京都御苑《きょうとぎょえん》〔上京区〕

第二次世界大戦以前は「京都皇居」と呼ばれて皇室財産であった。昭和二二年（一九四七）の閣議決定で、京都御所と大宮御所・仙洞御所は皇室財産として宮内庁が管理し、その他の所は国有財産として当時の厚生省が管理することになった。この時に、国有財産の地域を「京都御苑」と名付けたことによる。この地域は明治以前の天皇の居所と公家が居住していた公家町をいい、その区域は、南北は今出川通から丸太町通までの約一三〇〇メートル、東西は東の寺町通から烏丸通までの約七〇〇メートルの範囲で、面積は約九平方キロであり、周囲を石垣で囲んでいる。
　京都御苑は現在、環境省が「国民公園」として管理し、一般に解放されている。御苑が現在の範囲になったのは、宝永五年（一七〇八）三月の大火で禁裏が類焼して、幕府による再建が行われた際に、園地が拡張されたことによる。寺町今出川以西、烏丸通以東、丸太町通以北にある民家を立ち退かせて、鴨川の東や聚楽第跡地に移転させて、ほぼ現在の広さになり、公家たちの屋敷をここに集めて、公家町が形成された。明治二年（一八六九）二月に太政官を東京に移し、三月に明治天皇が東京に行幸。一〇月に皇后が東京に行啓されて、それが東京遷都となった。公家たちも東京に移住し、公家屋敷の解体が行われ、無人の空地が出現した。明治六年（一八七三）には、この跡地を利用して京都博覧会が開催され、多くの人たちを集めたが、その後は雑草の茂る荒れ地となった。明治一〇年（一八七七）に京都に行幸された明治天皇は、荒れ果てた御所を見られて、京都府に御所の保存を伝えられた。京都府は「京都皇居」として保存する工事を進めた。その後、天皇の即位の大礼を京都皇居で行うこととなり、大正天皇、昭和天皇の即位が京都で行われ、京都皇居の整備が進んだ。第二次世界大戦中は、芝生の地が食糧増産のために畑となり、戦後は荒廃していたが、昭和二二年の閣議決定以後、国民の公園として整備され、野球場やテニスコートも作られ、平成一七年（二〇〇五）四月には京都迎賓館が御苑内に建設された。

（清水）

京橋町《きょうばしちょう》〔伏見区〕

　京阪本線中書島駅から北西、宇治川派流に架かる橋を京橋という。その橋の北から阿波橋通を東に到る一帯。京橋はいつ竣工したのが、定かではないが、元々、この辺りは入り組んだ低湿地帯だった。文禄三年、豊臣秀吉の伏見城築城の時、大幅な宇治川の流路改修工事により、外堀と宇治川の派流と繋がった。その時、派流に架けられた橋の一つが京橋であったと思われる（「豊公伏見城ノ図」）。橋名が町名となったが、軍事的にも要衝の地点だった。
　京橋が水陸交通の要衝として発展したのは寛永一二年（一六三五）、参勤交替制度から船を利用するようになってからである。『山城名跡巡行志』によると「京橋此所大坂入船津也、下流宇治河分流。（中略）長二十二間、西国諸大名旅館土民旅宿此の辺りに在り、京江戸往来荷物問屋此に在り」と書かれている。西国諸大名の参勤交代は京都経由が禁止されて伏見港経由となり、京橋は一層賑わった。今も、東西南北に浜の付く地名、例えば北浜・東浜などが残っているのは、船着場が京橋周辺に集中していたからである。京橋は京都への上陸地である。京橋の北詰から油掛通を東に行き、今の京町通（京町筋）を北上すると三十三間堂から五条大橋に至る。参勤交代の大名は墨染辺りから東に折れ、大津へと向かった。京橋の地名は江戸・大阪などの城下町に残っているが、いずれも出発点兼到着点を指すようになっている。

（明川）

京町通《きょうまちどおり》〔伏見区〕

　この通りは、文禄三年（一五九四）に豊臣秀吉が伏見城（指月城）の築城に着手したが、同時に城下町を整備するため道路を開いた、その早くに開いた南北の通り。五条から南下してきた伏見街道（別名大和街道）を国道二四号線（奈良街道）で引き継ぎ、南へと宇治川派流の手前南浜通に至っている。伏見から京へ向かう幹線道路であることから付いた名。

（糸井）

京見峠《きょうみとうげ》〔北区大宮〕

　長坂峠とも呼ばれる標高四四六メートルの峠。古代から日本海側から京都へ通じる数多くの若狭街道の一つのルートに当たり、若狭側から京都に上洛する場合に、京都の市街を遠望できる峠であることが語源であるとされる（『京都市の地名』）。またこの峠を越えるルートの坂が長いことから長坂越とも呼ばれ、『山州名勝志』では「長坂峠」とも標記されている。『太平記』に「京中ヲ足下に見下シテ」とあり、峠の持つ地理的特質からその名称が付けられた。（天野）

喜吉町《きよしちょう》〔下京区〕

仏光寺通醒ヶ井東入ル油小路までの両側町である。当町の西の町「荒神町」の東側に清荒神があったので「清町」といっていた。その音をとって縁起のよい「吉を喜ぶ」にしたのが語源であろう。元亀二年（一五七一）の『御借米之記』に「川西組十一町」の「五条坊門清町」と現町名がでている。宝暦一二年（一七六二）刊『京町鑑』は「喜吉町」とする。以後変化はない。（小西）

清滝町《きよたきちょう》〔右京区嵯峨〕

愛宕山東南部の嵯峨鳥居本から清滝トンネルを越えて坂を下った清滝川沿いのところで、愛宕山登山道の登り口にあたる。辺りは金鈴《きんれい》峡と名付けられ、ひときわ瀬音が大きい。清滝という地名は、清らかな滝があることが起源である説が有力で、付近には清滝川支流にある空也の滝がある。『山城名勝志』では、上流の高尾にある清滝《せいりゅう》大明神に関係する説を紹介している。大明神は神護寺の鎮守として、弘法大師が唐の青龍権現を勧請されたものだが、渡海したことに因み青滝という名になったという。江戸期の清滝村は、上嵯峨村の枝村として登場する。現在の嵯峨清滝各町にあたる。嵯峨清滝町を含む行政地名としての「嵯峨清滝」は、愛宕神社参道を山間の清滝川に出た辺りの上流部に点在する集落をさす。（岩田）

清水《きよみず》〔東山区〕

清水寺の門前町であったため。清水寺の縁起は諸説あるが、一説には宝亀九年（七七八）僧延鎮《えんちん》の霊夢により、「金色の一筋の水脈」を頼りに当地愛宕郡八坂郷東山の上「清水滝下（現・音羽の滝）」に至って千手観音を刻んだことが清水寺の起りとなり、後に坂上田村麻呂の助力を得て大規模に創建したという（『扶桑略記』）。六根清浄《ろっこんしょうじょう》の清めの水が信仰の対象となり「清水寺」となった。この清水（霊水）と観音信仰の結実は、坂上田村麻呂の創建伝承とともに明川忠夫「清水」（『京都の地名検証』）に詳しい。音羽山清水寺の麓から西に東大路通をはさんで興善町まで位置し、一丁目から五丁目まで延びる。東大路通より清水寺に至る清水坂、八坂方面より清水坂に通じる三年坂（産寧坂）、五条通より清水坂に合流する五条坂、および五条坂より分かれる茶碗坂（清水新道）の一部が町域内を走る。いずれも清水寺への参詣道。

近世には清水寺門前領として見え、門前には清水寺参詣者を対象にした茶屋などが並んだ。『洛中洛外惣町数人家数改日記』（一六三七）に「清水門前町」の記載が見える。一丁目から四丁目は江戸初期から開発された町だが、五丁目は「改正京町絵図細見大成」（一八三一）に見えるので、一八〇〇年代以降の成立と思われる。

清水一丁目から五丁目まであり、清水寺に至る参道一帯に展開した町地のためこの名が生じ、清水寺に近い順に一丁目から五丁目と続く。（忠住）

清水焼団地町《きよみずやきだんちちょう》〔山科区川田〕

江戸時代に、京焼が東山山麓一帯で発展した。その代表的な焼物が清水焼であり、名前の通り、清水寺への参道である五条坂界隈に多くの窯が並び、薄手の美しい磁器が大量に焼かれた。戦後、場所が手狭になるとともに、とくに窯から出る煙が公害として社会的な批判をあびた。昭和三七年（一九六二）に清水焼団地協同組合が設立され、昭和四三年（一九六八）に、用地総面積八・二五ヘクタールの新産業都市として造成が完成したこの地に集団で移住した。その時につけられた町名である。現在も窯元や問屋が並び、とくに七月に開催される陶器まつりには多くの人々で賑わう。（小寺）

雲母坂《きららざか》〔左京区〕

修学院・鷺森《さぎのもり》神社の北辺りから比叡山・四明ヶ岳に至る道で、比叡山登山コースの一つ。雲母寺跡辺りが登山口になっている。はやい例に『太平記』の「サシモケハシキ雲母坂、蛇池ヲ弓手ニ見ナシテ」がある。また、『易林本節用集』に「雲母坂キララサカ」とみえる。延暦寺への、朝廷の勅使が使わされた道だったことから「勅使坂」また「表坂」ともいう。他にも色々な呼称があり、「西坂」、「禅師坂」「水飲越え」「不動坂」などの別名もある。坂の名を「雲母」というのは、古刹の寺名からか。「雲母（うんも・うんぼ）」は鉱石の名で、和名は「きらら、きら、きらいし」で、きらきら光ることによる。雲母を含む花崗岩を産出する土地がらからついた坂名ともいわれる。各種の和紙や色紙の装飾に使ったり、粉は漢方薬にも使われる。なお、『山州名跡志』には、比叡山は高い山なので「旦夕に雲覆る。京師（都）より是をみれば、此の坂は雲を生じるに似ている」ことから「雲母坂」というとある。（糸井・笹川）

切畑《きりはた》〔京丹後市網野町〕

切畑は焼蒔田で、いわゆる焼畑の典型をなす地名であろう。「ナギハタ」「カイリュウ」「ソウリ」なども同様である。水利に恵まれない山中の小さな平地や、傾斜した土地しかないところでは、潅木や草を切り払って焼き、その灰を肥料として、米以外の雑穀などの作物を育てた。

切畑は福田川の上流域から源流部の山間部に位置する。東南は峰山町に、西は久美浜町に接する。（水野）

切山《きりやま》〔京田辺市宮津〕

切山の西側に隣接して三山木下切山と上切山がある。『大日本地名辞書』は「佐牙《さけ》乃《の》神社（桐山）三山木村大字宮津に旧江津村と云ふあり、其西北に天神あり、即是とぞ。社地を切山《きれやま》と云ふ、地妖ありて地裂けたるによりて祭る所か、三代実録云、貞観十二年綴喜郡山本郷山崩陥、小山涌起、呼曰桐山」と山が裂けたのが由来という。宮津佐牙垣外の佐牙神社（「佐牙垣内《さがかいと》」参照）から約六〇〇メートルほど東の宮津切山へ向かう直線の細道が、寸断されているが延びている。崩れた山は飯岡の丘陵だとされるが（「山本」参照）、その南に位置する切山は約一キロ離れた遠藤川南岸にあり、一帯は木津川の氾濫原（低湿地）で、社地の来歴を山崩れと結びつけるのは無理がある。切山は江戸期～明治九年（一八七六）旧江津村に属した（「江津」参照）。式内社佐牙神社は、明治一〇年代の『京都府地誌』に「本村（江津村）西北隅ニアリ。創建ノ年月詳ナラス、初メ村内字切山ニ鎮座、延暦年間当地（小字佐牙垣内）ニ移ス」とある。

地名由来は、切山一帯は木津川の氾濫原で一部は水害常習地である（『平野の地形環境』）。一般にキリヤマ（切山）は切り開いた「開墾地」をさす（『民俗地名語彙事典』『地名の語源』）。また、山は山地ばかりでなく、方言で「田、耕作地、野良」をいう（『日本方言大辞典』）。つまり、佐牙乃神社の社領として低湿地に切り開いた耕作地を指す。あるいは、キリノマ（切り開いた野間＝沼の意）→キリヤマの転訛も考えられる。
（綱本）

銀閣寺町《ぎんかくじちょう》〔左京区〕

銀閣寺のある町。延徳二年（一四九〇）二月、将軍足利義政の没後、その菩提を弔うため、山荘東山殿は寺に改められ、慈照寺《しょうじ》とされた。その境内にあった観音殿《かんのんでん》が銀閣である。銀閣という呼称は、足利義満建立の北山殿の「金閣」に対するもので、観音殿が銀箔で覆われた形跡はない。銀閣にちなみ、慈照寺自体が銀閣寺と呼ばれるに至る。

天文一九年（一五五〇）一一月、慈照寺の裏山に築かれた中尾城（如意城・如意ヶ嶽城とも）が同一一月、三好長慶《ながよし》軍に攻められ、「放火」（『山州名跡志』）された際、慈照寺も破壊されたが、元和・寛永期の修復で慈照寺は今日の景観となったらしい。延宝九年（一六八一）黒川道祐は『東西歴覧記』に「慈照寺ニ入リ、先銀閣ニ登ル。潮音閣ニ本尊観音岩窟ニアリ。閣ノ額今ハナシ。下ヲ吟月ト云フ。コレモ今額ナシ。暫池上ヲ詠メ、ソレヨリ池ヲメグリ、東求堂《とうぐどう》ニ到ル」と記し、銀閣（観音殿）と東求堂（持仏堂）の指図が描かれている。旧浄土寺村に属すが、現在「浄土寺」を冠することなく、単に「銀閣寺町」とする。
（笹川）

銀座町《ぎんざちょう》〔伏見区〕

京阪本線伏見桃山駅より西、南北の両替町通の大手筋通と下板橋通の間の位置。銀座一丁目から四町目まである。徳川家康は、関ケ原合戦の翌年の慶長六年（一六〇一）、政治の中心であった桃山城下に銀座を設けた。銀座とは銀貨鋳造所、現在の造幣局のことである。銀座の場所は銀座三丁目にあった。ただ「豊公伏見城の図」にすでに銀座の記載があるのは疑問が残るが、秀吉の命令で大黒常是《じょうぜ》が両替町で銀貨の鋳造をしているので、それを継いだ家康とみるのが妥当かも知れない。大手筋から下板橋の西側に銀貨鋳造所と「座人」という従業員の屋敷も同じ敷地内に設置された。銀貨は今まで品物の価格に応じて銀をのべ棒にしていたが、貨幣の統一が必要となったのである。各地で使用の銀ののべ棒は伏見へ持参、刻印を押した銀貨と交換してもらう。この伏見の交換所は両替座と称した。今に残る両替町通の町名の由来である（『城下町伏見町名の由来と秘話』）。銀座といえば東京が有名だが、これは慶長一七年（一六一二）、駿府にあった銀座を江戸へ移転させたからである。伏見の銀座は銀座の発祥の地なのである。

伏見の銀座は慶長一三年（一六〇八）京都へ移転したが廃絶、『伏見鑑』、『伏見大概記』には銀座一・二・三丁目の記載が見られる。
（明川）

錦砂町《きんしゃちょう》〔上京区〕

大正五年（一九一六）刊の『京都坊目誌』によると、明治三年（一八七〇）に高砂町の一部と錦町が合併してそれぞれの町名の一字を取って錦砂町にしたという。町は河原町通と寺町通の中間を南北に通る道が新烏丸通で、丸太町通の少し北で、この通りと河原町通の区域を町域とする。天保二年（一八三一）の「改正京町絵図細見大成」では、「高砂丁」と「錦丁」が記されている。伊勢屋町にあった上京第三十番組小学校を明治一〇年（一八七七）にこの町と南隣の高島町に移転している。のちの春日小学校であり、現在は閉校になっている。
（清水）

金東横町《きんとうよこちょう》〔下京区〕

五条通油小路東入ル東中筋までの北側片側町である。もと、上金仏町にあった通称金仏寺にちなむ。「金仏寺のある町の東の横町にある町」の意味である（「上金仏町」参照）。「寛永一九年（一六四二）洛中絵図」に「ひらや町」とある。宝暦一二年（一七六二）刊『京町鑑』には「金東横町」とあり、「平屋町」と二町に分かれる。「天保二年（一八三一）改正京町御絵図細見大成」に「金東丁」とあり、江戸時代をつうじて「金東丁」であったと推定する。（小西）

金吹町《きんぶきちょう》（中京区）

貨幣を鋳造する町。金《きん》は、貨幣の意。吹《ふき》は「吹く」の連用形。液体が煮立つことや、鉱石を溶かして金属を精錬すること。ここでは鋳型に流しこんで貨幣を鋳造する意となろう。近世期、当町に金座・銀座があったことによる地名である。

平安京内裏の東に位置し、公家の邸宅が建てられた地。当町のほぼ全域が、南北朝期の太政大臣であり歌人であった、二条良基の邸宅・二条殿に比定される。中世には武家の館が建ち、応仁の乱後には商工業地となったが、近世初頭から金座銀座が設置された。金座は慶長五年（一六〇〇）から、銀座は同一三年（一六〇八）からのことで、これらは現・両替町通の二条下ルから三条までの地域に置かれ、小判の鋳造が行われた。金吹町は明治三年（一八七〇）からの名で、それ以前はほぼ近世を通じて、両替町と呼ばれた。当町は両替町通を挟む両側町で、中央部を東西に押小路通が通る。江戸時代の貨幣経済の発達を担った地である。（真下）

く

空也滝町《くうやだきちょう》（右京区嵯峨清滝）

愛宕山東麓山腹にある月輪寺《がつりんじ》の南側の谷を大杉谷川が流れる。空也滝は川の途中にあり、その南側尾根下の斜面一帯を空也滝町という。月輪寺は、天応《てんおう》元年（七八一）の開基で、愛宕五山寺に含まれる。空也の伝記である源為憲撰『空也誄《くうやるい》』（天治《てんじ》二年〈一一二五〉）に、「愛宕護山東面月輪寺毎月十五日念仏、上人被始也」とあり、空也上人が参籠したことを載せている。滝は高さ五丈（約一五メートル）あり、空也上人が修行したとの言い伝えが残る。（岩田）

空也町《くうやちょう》（中京区）

空也の町の意。現代では「空也」といえば、平安時代中期の踊念仏の祖の名を喚起するだろう。しかし中近世の人々は空也を祖とする念仏僧たちを、「空也（空也僧）」と呼んだ。かれらは年末に入ると鉦を叩き踊り念仏を行って京の町の各所で亡魂供養を行った。『都名所図会』に載る松尾芭蕉の「から鮭も空也も痩せる寒の入り」の句は、まさにその間の事情を物語るものだろう。その空也僧との関わりの上からの町名と考えられる。空也僧たちの拠点である空也堂極楽院光勝寺は、この空也町にほど近い亀屋町にあり、そこは通称「たたき町」（『京雀跡追』）と呼ばれた。空也僧は年末に京の町で鉦を叩きながら念仏供養をして歩くことや、茶筅の製造販売で、名物となっていた。何十もの茶筅を担いで歩く有様は、着物や屏風に描かれる洒脱な図柄として、現在も親しまれている。空也僧の茶筅製造は、宗祖の空也が醍醐天皇の皇子であり、平安時代に喫茶による悪疫退散を行ったという伝承のもとになされてきた（『踊り念仏』）。

錦小路通を挟む両側町で、東側に西洞院通が通る。当町の北側に隣接する元本能寺町・元本能寺南町には戦国期に本能寺があり、近世以降は筑紫久留米有馬氏の藩邸など、武家の京屋敷が設けられた。空也堂のある亀屋町とは北西の山田町を挟んで、隣接している。当町と空也僧との関わりについては確証がないが、空也堂の塔頭が設けられた可能性は考えられよう。また当町の中央に錦小路通が、東側を西洞院通が通ることからは、時宗膏薬《こうやく》道場があったとされる、四条通西洞院東入ルの膏薬の辻と空也堂との間の、行き来の通り道であったことも考えられる。いずれにしても当町の町名は、空也僧の「遊行」の形態との関わりの上に成るものであろう。（真下）

久貝《くがい》〔長岡京市〕

小畑川と支流犬川が合流する右岸の低地に位置する。大永二年（一五二二）の「小塩荘帳写」（九条家文書）に、惣村として「くかい村」がみえるが、『京羽二重織留』（一六八九）に「勝竜寺村　家数七十二軒、内二十三軒は枝郷久貝村にあり」と記す。「元禄国絵図」（一七〇〇）〜「天保国絵図」（一八三八）も「勝竜寺村ノ内　久貝村」である。『明治一〇年代の京都府地誌』には小字「久貝後《くかいご》」と記されている。昭和四七年市制施行で大字となる。

桑原公徳『地籍図』によると、勝竜寺の集落は、応和元年（九六一）頃開かれ、元応二年（一三二〇）には、前村として南方の郊原を開墾した。そこを「訓界の里」といい、紀伊乙訓二郡分界の地で、一名「久貝」と称した。つまり、久貝は「訓界」の転訛である。（綱本）

釘隠町《くぎかくしちょう》〔下京区〕

仏光寺通烏丸西入ル室町までの両側町である。「近世、洛下に三富人あり。その一は角倉、その二は十四屋倉、その三は醍醐倉、これなり。この内十四倉、この町にあり。その家の結構、美尽す。倭俗、高貴の家、書院を構ふ。上下閾の内において、上の閾両面に片木を添て。これを倭俗長押《なげし》と称す。観て以て美とす。その長押、鉄釘をもってこれを貼す。その鉄釘の現出を嫌ひ、別に鍮あるいは銅をもって、鳥獣・草木・その状を造り、その上に蒙らしむ。これを釘蔵《くぎかくし》と称す」（『訓読雍州府志』）とあり、当町の十四屋倉の釘蔵（隠）が語源である。「寛永一九年（一六四二）寛永後万治前洛中絵図」に、「釘かくし町」とある。「天保二年（一八三一）改正京町御絵図細見大成」に「釘隠丁」とあり、以後、変化はない。（小西）

釘貫村《くぎぬきむら》〔久世郡久御山町〕

華台寺《けだいじ》（現中島）境内に安置されている釘貫地蔵に因む旧村名。釘貫地蔵は、古くは苦抜地蔵と呼ばれていた。寺伝によれば、山崎の合戦（天正一〇年〈一五八二〉）に敗れた御牧三左衛門が、敗戦の苦しみと頭に受けた傷の痛みで苦悩していた時、苦抜地蔵に七日間祈願したところ、その満願の夜の夢で、「汝の苦しみは前世に人を怨んで人形の頭に五寸釘を打って呪ったことによる。汝が罪を悔いているので、仏の力をもって怨みの釘を抜いてやろう」とのお告げがあった。目覚めると、痛みは消え地蔵尊の前に血染めの五寸釘があったという。以来、苦抜地蔵は釘貫地蔵と呼ばれるようになり、人々の信仰がますます深くなったという。

もろもろの苦しみを抜き取ってくれる地蔵信仰は、京畿一円に広く見られる。中島村の釘貫地蔵も、その道標が寛政四年（一七九二）に旧奈良街道と宇治道との四つ辻（宇治市広野町宇治屋の辻）に建てられているほど、信仰が篤かった。

明治八年（一八七五）中島村に吸収合併される。（高木）

草内《くさうち》〔京田辺市〕

市の東部。草智《くさち》とも書いた。木津川中流域左岸の河岸平野。南側を普賢寺川が流れて木津川に注ぐ。条里制遺構が残る水田地帯である。古くからの交通の要所で、旧河内国から甘南備山麓や普賢寺谷を経てきた街道は当地を通り、草内渡《くさちのわたし》で木津川を越えて川東の青谷川に沿って宇治田原を経て旧近江国に至る最短コースであった。草内の初見は平安末期の永久元年（一一一三）一二月付の「玄蕃寮牒案（柳原家記録）」に「草内中嶋」「草内中村里（条里制呼称）」とある。また、郷名としては、文治二年（一一八六）九月五日付の源頼朝下文《くだしぶみ》に「山城国草内郷、旁《あまねく》武士狼藉を早く停止《ちょうじ》せしめるべし」（「賀茂注進雑記」）とあり、賀茂別雷社領だった。

地名の由来は、①「法泉寺縁起」によると、往昔、村民の五郎右衛門が毎日草の内に紫雲たなびくのを奇異に思い、叢中を探ったところ、一寸八分（五・五センチ）の黄金の観音像を発見したことによるという。観音像は十一面観世音の胎中に納め、本尊として祀られたが、天長年間（八二四～八三四）の干ばつ時にこの観音に祈ると寺傍より水が湧き出し、これより寺名を法泉寺とし、同寺は以後農耕守護・五穀豊穣を祈る霊場となったと伝える（『京都府田辺町史』）が、伝承の域を出ない。

②「草（クサ）」は、水陸交通の交わる結節点「渡し」を意味する。草内は土地の人はクサヂと発音している。中世ここにあった草路《くさぢ》城の表記からしても、吉田金彦は、元はクサミチ（草道）が地名の起こりだったと指摘する。クサヂ（草内）というのはクサミチ（草路）のことで、「其処を通ってゆく、其処を越えて向うに行く」という意味がある。つまり、草は渡しの意味である（『誤解された万葉語』『草枕と旅の源流を求めて』）。

『万葉集』以後よく用いられた「草枕」は、すべて旅にかかる枕詞といわれてきた。しかし、『万葉集』には「ゆくさくさ（往左来左）」「ゆくさもくさも（往方毛来方毛）」（巻三・二八一、巻九・一七八四、巻二〇・四五一四）という慣用語法がある。そのクサは「来さ（サは接尾語）」という語構成である（接尾語サは時・処・道などの意も含む）。行きと帰り、この両方があるのが「渡し」の特徴である。今、山城大橋に架け替わった西岸堤防に、昔の草内渡の石碑が建っている。「元禄国絵図」には「普賢寺川歩渡《あるきわたる》広二十五間（四五メートル）常水ナシ」と記す。渡し場に「草」の付いた例は多く、姫路の西にあった草上駅《くさがみのうまや》は古山陽道が夢前川を渡る手前にあったと推定されるなど、そのよい例である。国府に近いから「草上」であって、京田辺の場合は渡しのこちら側（村の中心集落、垣内）という意識が働いて、草内の文字が使われたようで、もともとはクサミチ→クサヂ→クサウチという変化によったものと思われる。

（綱本）

草生町《くさおちょう》　〔左京区大原〕

『山州名跡志』に「村ノ名、動《ヤヽモスレバ》訓ヲ誤ル所」として「草生《クサヲ》」が見える。クサは、①「草」そのもの、②クチ・クタに繋がるクサ（腐）で「湿地」の意味、③クズ（崩）の転で「崖地」の意味、の三説が考えられる。ヲは、①ヲカ（丘）の略で「山の高い所、尾根」の意、②ヲ（尾）で「山の裾野の延びた所、山裾」の意、の二説が想定される。周辺に瓢箪崩山《ひょうたんくずれやま》という山があり、その北に、江文《えぶみ》峠、金毘羅《こんぴら》山、翠黛《すいたい》山、焼杉山と続く山並の麓に位置する地名「クサヲ」の語源は、「山裾の崖地」が元来のものであろう。翠黛山と焼杉山の間から流れ出てくる川は「クサヲ」の里を抜け、高野川に合流する。川辺は当然「湿地」となり「草」が繁る。「クサヲ」の「クサ」に「草」という漢字が当てられるようになると、ワ行の「ヲ」にも、ワ行ではない「生（オフのオ）」が当てられることになる。元禄三年（一六九〇）刊『名所都鳥』が「尾の部」に松尾・水尾・栂尾・槇尾・高尾などと並べて「草尾」を採り上げ、「草生なり。大原八郷の一つ也。…寂光院は此村に有なり」とするのは、その過渡期の姿を示している。

（笹川）

草川町《くさがわちょう》　〔左京区南禅寺〕

『京都坊目誌』に「草川の流れ、此地を通ずるを以て、之を呼ぶ。按ずるに、此号、最も古し」とある。クサは、①「草」そのもの、②クチ・クタに繋がるクサ（腐）で「湿地」の意味、③クズ（崩）の転で「崖地」の意味、の三説が考えられる。『京羽二重織留』によると、草川には、「東岩倉観勝寺《くわんしやうじ》の旧地、駒が瀧よりながれ出て、南禅寺塔頭楞伽《りやうが》院、栖雲《せいうん》院の後を曆《へ》て、東三條川原鴨川に入る」大草川と、「南禅寺の中、少林庵、慈聖《じしやう》院の間より出る」小草川があったことが知られるが、東岩倉山の崖地から流れてくる川が「クサ川」の元来の意味だったかと考えられる。川辺は当然「湿地」となり「草」が繁る。それで「クサ川」の「クサ」には「草」の漢字が当てられるようになったのだろう。『歌枕名寄』に「草河〈白河辺也〉／新六　衣笠内大臣／夕すずみかへるさやすむますらをのかりてすすげる草河の水」（一六一九）と見え、藤原家良（一一九二～一二六四）の生きた時代、納涼を求めるにふさわしい行楽地だったらしい。

同町には、山県有朋の別荘「無鄰庵」があり、『京都坊目誌』によると「林泉は自然の景趣に拠り、草川の流れを利用し」たもので、「今の石泉院町と岡崎町字円照地との間の小溝は、小川の上流、草川が下流の遺跡なり」という。

（笹川）

草津町《くさつちょう》　〔伏見区横大路〕

鴨川と桂川と合流する地点、現在の横大路小学校付近に草津町がある。平安時代、鴨川がもっと東方にあり、草津も東方にあったようだ。草津の「津」で分かるように、ここに湊があり、「鳥羽作道」から京都の羅生門に通ずる交通の要衝だった。地名としては九条兼実の『玉葉』（文治元年〈一一八五〉四月二五日条）に「草津に参向」、『平家物語』に「鳥羽の草津より御船召されけり」と見える。が、実際には『御堂関白記』（長和二年〈一〇一三〉一〇月六日の条）に「藤原道長が賀茂河尻から船で宇治の別業へ行く」、『兵範記』（保元元年〈一一五六〉七月二三日条）には「鳥羽の辺で乗船」と見える。「賀茂河尻」「鳥羽の辺」はおそらく草津湊のことと推定される。草津の湊は古くからあったが、「草津」の呼称が定着するのは平安末期のようだ。二つの川の合流する船着場には葦や葭が繁茂している低湿地だった。

本来は舟付場というアイヌ語のクサッだったが、その意味は忘られ、今は草深いその地勢の意味に変わった。江戸時代から草津の川岸にあった魚問屋などの倉庫は、明治一〇年東海道線の開通によって衰退し、七条の中央市場に吸収されていくことになる。桂川堤防の魚市場遺跡の記念碑はそれを物語る。　（明川）

櫛笥町《くしげちょう》〔上京区〕

現在の日暮通が平安京の櫛笥小路にあたることから、通りの名を町名とした。町は南北に通る日暮通をはさんだ両側で、北は下立売通から南は椹木町通までを町域とする。聚楽第があった頃には、この町と北隣の浮田町にかけて、宇喜多秀家の屋敷があったという。「寛永一四年（一六三七）洛中絵図」に「くしげ丁」とあり、江戸時代からの町名である。　（清水）

櫛笥通《くしげどおり》〔京都市・南北の通り〕

平安京の櫛笥小路をベースにした通りであるが、北部は一条通から松原通までが今はなく、現在は松原通から十条通に至る。ただし途中、木津屋橋通から九条通まで―この間に梅小路公園、JR本線、東寺などあり―が中断している。平安時代、櫛笥大納言が住んでいたからというが、櫛笥など化粧の具を商う店や商人の住居が存在した土地であったか。日暮通の立町（両側町）として椹木町通上がった所に「櫛笥町」があるのは、日暮通が、昔の櫛笥小路のあった辺りに位置するからである。　（糸井）

公庄《ぐじょう》〔京丹後市網野町〕

公庄は、福田川中流域に位置し、東部は中郡（もと丹波郡）に接する。『丹哥府志』が引く『丹後旧事記』には、「和銅六年（七一三）夏四月丹波五郡を割て丹後の国を置く、始め郡を分つ時先づ加佐郡河守庄より始めて竹野郡網野庄に終わる、両所に公庄村を置く、蓋し始終を示すなり、其終る処に一社を建つ、蓋帝を祀るなり、延喜式に云ふ生王部《いくおうべ》神社是なり、今郡立大明神といふ」とある。この説に従えば、公庄はこの網野庄に置かれた公庄であると思われる。福知山市大江町にも公庄（次項参照）がある。公庄とは、郡や郷を分かつ際に、地勢上の要衝に設けられた、公的な性格をもつ特別の集落を意味するのかも知れない。　（水野）

公庄《ぐじょう》〔福知山市大江町〕

丹波国境に近い由良川左岸に位置する。西に山地を背負い、宮津街道沿いの村である。『丹哥府志』所引の「丹後旧記」に「和銅六年四月丹波五郡を割て丹後の国を置く、始め郡を分つ時先づ加佐郡河守庄より始めて竹野郡網野庄に終る。両所に公庄村を置く。蓋し始終を示すなり」とある。京丹後市網野町にも「公庄」が存在するので、丹後国を置いた時に境となった加佐郡の地に設けられた地名と考えられる。もとは令制に関わる公的な役所の意なのか、判然としない。

「慶長検地郷村帳」には「公庄村」と見えるが、宮津藩領と幕府領を変遷する。由良川舟運の船着場として栄えたこともある。　（髙橋）

久住《くすみ》〔京丹後市大宮町〕

久住は、天文八年（一五三九）の「披露事記録」には「丹後国光富保　付三重内久住村」とあるものが初出となる。この記載から、長禄三年（一四五九）の「丹後国郷保庄惣田数帳」に見える「光富保」が久住に該当することがわかるほか、久住村が三重郷（『和名抄』丹波郡の郷名に見える）の領域に含まれていたことがわかる。地名の語源は、地区内の式内社木積神社の「こつみ」が変化したもの、あるいは、その逆とも推定される。慶長七年（一六〇二）の「丹州中郡明田ノ内久住村御検地帳」（筑波大学所蔵）では「明田ノ内久住村」とあり、元禄一二年（一六九九）の「丹後国郷帳」にも明田村の枝村と記される。その後は、久住村の単独表記となり明治時代に至る。（新谷）

薬屋町《くすりやちょう》〔中京区〕

薬屋の町。製薬業の町。中世後半から近世初頭にかけての一時期に、製薬業が営まれたと考えられるが、確証はない。しかし『京羽二重織留大全』に「薬種屋、二条通東洞院西へ入町より西洞院東入丁迄数多有之其外諸方多在之故略之」とあるように、近世には薬種業は烏丸通を挟んだ二条通の東西の地域に展開しており、当地に及んだことも考えられる。

当町は平安京の大内裏の東に位置しており、醍醐天皇の皇后であった藤原穏子の邸宅の、二条院跡にあたる。穏子は関白藤原基経の娘で、朱雀・村上天皇の母。したがって二条院は藤原氏により摂関政治の重要な舞台であり、天皇の御幸を迎える場ともなった。また当町西側一部は陽成天皇の後院である陽成院跡に相当する。中世には室町幕府の有力守護大名であった赤松満祐邸跡の一部に相当。近世には二条城の東側、至近距離に位置して、諸大名の屋敷が造営されており、また諸大名家用達の豪商も店を構えた。町名については近世前期から変化はない。（真下）

久世《くせ》〔城陽市〕

旧郡・郷名。城陽市は、もと久世郡（現在は久御山町のみ）に属していた。久世郡は木津川東岸に位置しており、古代久世郡一二郷の一に久世郷があった（『和名抄』）。久世は市北部になり、東部丘陵地には久津川古墳群や廃寺群・郡衙跡（国指定史跡の正道遺跡）が残存、かつて久世郷周辺は南山城の古代政治・文化の中心地であった。『正倉院文書』天平勝宝九年（七五七）に、「画工司未選、山背国久世郡久世郷戸主正七位下黄文連乙麻呂戸口、黄文連黒人」の名がみえる。語源は、木津川の湾曲部になるところから、ク（曲）セ（瀬）ともされるが（『日本地名ルーツ辞典』）、東部丘陵を背後にもつため、ク（陸）セ（背）が注目される（『京都の地名を歩く』）。久世郷はかつては栗隈《くりくま》県に属していたとみられるが、それは栗隈郷の南部に位置しており（山田良三「栗隈県寺院址の歴史的背景」『歴史読本』昭和五一年一〇月号所収）、クリクマはもとク（陸）・クマ（奥）で、クセとククマは同意義の地名と思われる（齋藤幸雄「栗隈の歴史と地名」『地名探究』六号）（「栗隈《くりくま》」参照）。江戸期には村を形成。（齋藤）

久世《くぜ》〔南区〕

平安時代中期に作られた辞書『和名抄』では、桂川西岸一帯の郷名を「訓世」と呼んでいる、京都府久世郡・岡山県真庭市久世などにも共通しているが、河川の曲流する区域にあって、氾濫原を形成している地域に見られることから、浅瀬の、砂や石が多く集まったところの意である「曲瀬」が語源であろう。（入江）

九世戸《くせど》〔宮津市〕

久世戸とも。南北朝期から戦国期、江戸期にかけて見える丹後国与謝郡内の地名。『丹哥府志』によれば、救世戸、久世の渡、九瀬の戸、奇戸、久志渡、切戸などとも書かれ、天橋立の南にある対岸一帯をさす。久世戸の地名は、切戸（渡）の意と救世、久世、または「くしび（奇）」の意が重なってできたものであろうといわれる。往古、切戸にある文殊堂周辺には海が入りこんでいたといわれる。

『東寺五代記』「若狭今富名領主次第」などによると、将軍足利義満はしばしばこの文殊堂に参詣している。久世戸は信仰の地であり、天橋立眺望の絶景の地でもあることから古来多くの和歌に詠まれ、花山院の「九世の渡や松の葉越に沖見れば　いつも絶えせぬ海士のつりふね」や、細川幽斎の「立別れ松に名残は惜しけれど　思ひ切戸の天の橋立」などがある。智恩寺文殊堂の所在地を「九世戸」といった。（水野）

久多《くた》〔左京区〕

北に三国岳（九五九メートル）、南に峰床山（九七〇メートル）があり、その山間を宮谷川《みやたに》が東に流れ、「久多下《しも》の町」付近で北から南流してきた久多川に合流して東流、そして「久多川合町《かわい》」付近で針畑川《はりはた》に合流し、さらに東へ流れて滋賀県に入り、安曇川に注ぐ。川の集まる久多という地名の語源はおそらく「湿地」の意味するクタ（腐）であろう。近くの安曇川沿いの朽木《くつき》（滋賀県高島市）のクツも、同じ語源という（『京都の地名を歩く』）。『万葉集』の「富人《とみひと》の家の子どもの着る身なみ腐し捨つらむ絁綿《きぬわた》らはも」（巻五・九〇〇）の「腐し」も「久多志」と文字を当てる。康平七年（一〇六四）法成寺領として早く「久多」という地名が見え、以後「大悲山寺（峰定寺）」「醍醐三宝院」の所領となる。文和五年（一三五六）から葛川との境争論が始まり、天正七年（一五七九）信長が朽木氏に久多荘代官職を与えて以後、朽木氏の支配下に置かれた。

室町時代、久多に関所が設けられ、鞍馬口から二ノ瀬を経て鞍馬街道は、さらに北上して百井《ももい》・大見《おおみ》を経て若狭に至る道が利用されていたらしい。昭和二四年「愛宕郡久多村」は「京都市左京区」に編入された。現在、久多何々町という「久多」を冠する町名が五町ある。（笹川）

久田美《くたみ》〔舞鶴市〕

クタミのミはあたり、漠然とした場所を示す接尾語であろう。あるいは「水」を意味する「ミ」とも考えられる。クタには腐る、朽ちるの意がある。久田美川は毎年夏期に小字中地《なかじ》から下地《しもじ》の辺りまで川水が枯れ、伏流水として下流で再び地上に現れる。「くたみ」の地名も腐れ水・芥水《くさみ》のごとく、当地方では珍しく清水に乏しいことに由来すると伝える（『京都府の地名』）。しかしながら、地元では水の不足を言う人はない。中地においても地下水が豊富で、生活用水にこと欠かない。それどころか水質が良いというので対岸の者が汲みに来るほどである。

クタ、クダには下る・降るの意もあり、その意味で生まれた地名ではないか。久田美の谷は峠まで細長くゆるやかに続き、昔から丹波より久田美峠（丹波峠）を越えて人がやってきていた。谷を下って由良川に出、舟戸より物資の交易をしていた。大川神社の祭礼には丹波よりの参拝者が多かったし、このルートは西国三十三所巡礼第二八番札所成相寺への最短距離でもある。久田美谷では丹波よりの移住者でまず上地《かみじ》に集落が出来たといわれている。この地には医王寺跡に応安七年（一三七四）銘の宝篋《ほうきょう》印塔《いんとう》（市指定文化財）があり、六〇〇年より以前からの峠の通行を確認することができる。（髙橋）

口人《くちうど》〔南丹市園部町〕

江戸時代には上口人村、中口人村、下口人村があった。語源は不明であるが、松岡静雄『日本古語大辞典』によれば、『古事記』の仁徳記に「口子の臣」という人がおり、天皇の命を受けて石之日売《いわのひめ》皇后のもとに使いしたという。そして「くち」は兄妹共通の呼称で、「こ（子）」は敬称であるとする。「くちひと」の訛が「くちうど」。口人はなんらかの部民を意味する古語であると思われる。

昭和三〇年（一九五五）から園部町の大

字となる。

口大野《くちおおの》　→大野《おおの》　〔京丹後市〕　（安藤）

口枳郷《くちのすきごう》　〔京丹後市〕
旧郷名で、高山寺本『和名抄』には見えないが、大東急本や版本では、丹後国丹波郡七郷の一つ。比定地は不詳。『大日本地名辞書』は「口の周枳の謂ならん、即周枳郷の連接する新山村長岡村なるべし」とするが、なお不詳。（水野）

口八田《くちはった》　〔船井郡京丹波町〕
由良川に注ぐ高屋川の支流・須知川上流域の村名。「八田」の地名は、船井郡内に、ここの他に土師《はぜ》川の支流・井尻川流域の旧瑞穂町八田と旧園部町の八田の三ヶ所がある。八田の語源には水田の意味であるものと、名代である八田部に由来するものとがある（『地名の語源』）。船井郡内の八田はいずれも水田開発に由来する地名であろう。「蜷川家文書」の中に、「御料所　丹波山内庄八ヶ村」という注文があり、永禄年間（一六世紀中後期初期）と推定されているが、この八ヶ村の一つに「八田村　勝智院領」とみえている。
明治九年（一八七六）に笹尾《さそ》、辻、中畑の三村が合併して口八田村となった。明治三四年に須知町の大字となり、昭和三〇年（一九五五）から丹波町の大字となった。（安藤）

口馬地《くちまじ》　→馬地《まじ》

口三谷《くちみたに》　→三谷《みたに》

久津川《くつかわ》　〔城陽市久世〕
市北部には、近世において久世村・上津屋《こうづや》村・平川村の三ヶ村があった。明治二二年（一八八九）、町村制の実施により三村が合併し（上津屋村は木津川両岸にわたり、東岸の東上津屋が合併）、久世の「久」、上津屋の「津」、平川の「川」をそれぞれ一字ずつとって「久津川」村となった。昭和二六年（一九五一）城陽町発足により久津川村は解消した。久津川の地名は消えるが、久津川小学校・久津川駅・久津川古墳群などに名をとどめる。もちろん久津川という川があるわけではない。（齋藤）

沓脱《くつぬぎ》　〔京田辺市田辺〕
かつては一帯は田んぼで、三軒屋という三戸だけが建っていた寂しいところだった。奈良街道と木津川を結ぶ街道が通り、この辺りで草鞋《わらじ》を脱いで履き替えたという。（綱本）

くつわ池《くつわいけ》　〔綴喜郡宇治田原町郷之口〕
郷之口西方宇治白川に接した六石山（六国山・三郷山とも、三六六メートル）に所在の池。宇治田原最古の灌漑用水池で、南北の二つの池からなる。『日本後紀』天長八年（八三一）二月九日条に「新築山城国綴喜郡香達池《かたちのいけ》、百姓所願也」とある「香達池」が南の池にあたる。北の池は、江戸末期に地元の功労者奥田治作（一七七七～一八五五）が営んだものである。二つの池がセットで輪をなす形を示し、それが馬の轡に似るところからクツワ池とよばれるようになったといわれる。ところが、『山城名跡巡行志』（一七五四）に「香達池」を「今具都輪池と呼ぶ」とあり、これだと北池成立以前にすでにクツワ池と呼ばれていたことになる。ちなみに『山城名勝志』（一七一一）には同じく「香達池」を記すが、「クツワ池」の記載はないところをみると、それ以後の名称と思える。「輪」の文字がみえるところから高みからの眺めでは南池自体で轡（口輪）とみなされたものか。それが北池の成立で「轡」の名称が固定したものであろう。宇治白川と田原間を結ぶ山道の古道は、現在東海道自然歩道に指定されている。（齋藤）

国久《くにひさ》　〔京丹後市弥栄町〕
長禄三年（一四五九）の「丹後国郷保庄惣田数帳」に「国久保」とあるのが初出の

地名である。平安時代後期～鎌倉時代にかけて開発された保地名として、国が久しいという吉祥句を用いたものと思われる。天文七年（一五三八）の「丹後国御檀家帳」では、「くにひさの里」として、一城の主の巻源次郎が居住していた。また「ふもん寺」という寺があったことが記されており、現在の小字地名「普門寺」に寺院があったことがうかがえる。慶長七年（一六〇二）の「慶長郷村帳」以降は「国久村」の表記が使われており、明治時代に至る。なお現在は、国久を「くにしゃ」と呼びならわし、難読地名の一つとなっている。しかし戦国時代には「くにひさ」と表記されており、現在も正式にはこの呼称が用いられる。（新谷）

熊ケ谷《くまがだに》〔山科区四ノ宮〕

当地は山科で発見された三つのたたら遺跡の一つである。たたらは日本古来の製鉄方式で、六～七世紀が最盛期とされる。製鉄地域は、比良山系から湖西・湖南地域に分布している。ここでは鉄鉱石を材料にしていたようで、鉄鉱石もこの谷で発掘されたのであろう。すぐ北に小金塚という地名がある。静岡県にある小金塚という地名も砂鉄地名の可能性が指摘されており、この地も可能性が皆無とは言えまい。その北にあるのが行者谷。行場であることは確認されていないので、行場に匹敵するほど厳しい谷の意味か。この三つの地名が並ぶと、たたら製鉄の特殊な能力を持った集団が七世紀前後にこの近辺を闊歩していた可能性が出てくる。なお、「熊ケ谷」の「熊」は「曲」で、谷が曲がりくねっている様子を表した言葉であろう。（小寺）

熊田《くまた》〔右京区京北〕

『和名抄』の桑田郡有頭《うつ》郷に位置した、谷間の集落。大堰川の支流熊田川の流域に奥地まで広がっている。熊田は、もと上熊田、中熊田、下熊田と分かれていたが、明治初年に上、中が合併して、熊田（村）となり、今は熊田と下熊田が大字名である。川の名「熊田川」は、「熊田」地区を流れることからついた名であろう。一連の「熊」地名の一つとみるなら、「くま」は「隈・隅」に通じ、川を遡った奥地の田所を意味したと思われるが、「夕」は「処」を意味する語とみるべきかも知れない。（糸井）

熊野郡《くまのぐん》〔京丹後市〕

旧郡名。熊野は、「くま（熊）」の野で、「球磨」「久万」などとも書かれるが、「隈・隅」を意味するものと思われる。熊野郡は古代からの郡名で、今は熊野郡の総社としての「熊野神社」にその名が残るのみである。ただ、『和名抄』の熊野郡には「久美《くみ》郷」があり、吉田金彦は、この「くみ」は「熊野」の「くま」と同源語であろうとする（『京都の地名を歩く』）。神代は「くましろ」、神稲は「くましね」と読み、「くま」は神の意もあらわす。「熊野郡」は大宝律令以降の表記であるが、すでにその前身として評《こおり》制の時代に「熊野評」として存在し、藤原宮跡出土木簡には「熊野評私里」がみえる。『和名抄』刊本に「久万乃」と訓む。また、同郡の郷として、田村、佐濃、川上、海部《あまべ》、久美の五郷をあげている。

久美浜町神崎《かんざき》に、久美浜湾を眼下に臨む兜《かぶと》山（甲《こう》山）があり、その山頂に式内社熊野神社が鎮座している。同社は熊野郡の総社で、祭神は伊弉冉尊《いざなみのみこと》。『丹後旧事記』によれば、川上郷の豪族川上摩須《ます》は、孫娘（ヒバスヒメ）が垂仁天皇の皇后になったことを慶祝し、熊野神社を勧請して兜山（甲山）の頂上に宝殿を建て、伊弉冉尊を祀ったという。熊野神社一帯は、海士を拠点とする海人族の海部直《あまべのあたえ》氏が祭祀する神域であったと考えられる。郡内には、国指定史跡函石浜遺物包含地があり、中国「新」代の「貨泉《かせん》」が出土したほか、黄金の太刀の出土で有名な湯舟坂二号墳があり、遺物が一括して国の重要文化財に指定されるなど、古代から開けた歴史的な地域である。（水野）

久美谷村《くみたにむら》 →久美浜町《くみはまちょう》

久美郷《くみのさと》 →久美浜町《くみはまちょう》

久美浜町《くみはまちょう》〔京丹後市〕

久美浜は、「久美」郷（庄）の「浜」を意味する地名である。「久美」は、平城宮跡東大溝より出土した木簡に「丹後国熊野郡久美里」とあるものが初出の地名であり、古代にさかのぼる。『熊野郡誌』は、四道将軍の丹波道主命が持っていた「国見剣」に由来し、「国見」が「久美」へと変化したとする。「くみ」は「くま」（隈・隅）の意とも考えられる。

建久二年（一一九一）の「長講堂所領注進状案」（島田家文書）には「久美庄」と記され、宮津庄・伊祢庄・田村庄とともに後白河法皇の持仏堂であった長講堂領であったことがわかる。久美庄の領域は、天文七年（一五三八）の「丹後国御檀家帳」から、久美浜湾沿岸部の北・西・南側を占め、湾および湾沿岸部のおよそ三分の二をその範囲としていたことがわかる。

なお「久美浜」は、弘安八年（一二八五）に一遍上人が踊念仏を行った場所として「丹後の久美の浜」（『一遍聖絵』）が初出となる。「久美の浜」の表記は、天文七年（一五三八）の「丹後国御檀家帳」にもあり、久美庄の中で湾側に面した「浜」と呼ばれた地であったことに由来することがわかる。「丹後国御檀家帳」の記載から推測すると、その場所は久美浜町西本町・東本町周辺に比定できる。

これに対して現在も残る「久美浜」という表記は、慶長七年（一六〇二）の「慶長検地帳」に「丹州熊野郡久美浜村御検地帳」（籠神社所蔵）とあるものが初出となる。おそらく天正一〇年（一五八二）に久美浜の松倉城へ入った松井康之（細川氏重臣）が、現在に残る町並みを整備した際にできあがった地名と思われる。

「慶長検地帳」以降は「久美浜村」と表記され、明治二二年（一八八九）の町村制施行時には、単独で久美浜村となったが、明治三七年（一九〇四）一一月二四日には、町制を施行し久美浜町となった。ここまでの久美浜（村・町）の領域は、現在、久美浜一区と呼ばれる地域にあたる。その後、昭和二六年（一九五一）には久美谷村を編入合併し、昭和三〇年に久美浜町・川上村・海部村・田村・神野村・湊村が合併し久美浜町となった。

また明治二二年（一八八九）の町村制施行時に神谷村・河梨村・口馬地村・奥馬地村・三谷村・栃谷村の六ヶ村が合併して成立した久美谷村は、中世久美庄のうち栃谷川や久美谷川の上流部に位置する。この領域を流れる久美谷川は、村名から命名されたものである。（新谷）

久御山町《くみやまちょう》〔久世郡〕

昭和二九年一〇月に御牧村と佐山村とが合併して久御山町が誕生した際に、久世《くぜ》郡の「久」、御牧《みまき》村の「御」、佐山村の「山」を生かして作った合成地名である。御牧村は中堤の西側の地域で、明治九年（一八七六）に御牧郷内一〇ヶ村（島田村・相島《おじま》村・東一口《いもあらい》村・西一口村・森村・野村・中島村・坊池《ぼうのいけ》村・藤和田《ふじわだ》村・北河顔《きたがわづら》村）が合併して誕生した村。佐山村は中堤と大池堤（外堤）とに挟まれた地域で、明治二二年（一八八九）佐山村・佐古村・林村・市田村・田井村・下津屋村が合併して誕生した村である。山城盆地の中でも最も低く、巨椋入江の真っ只中に位置するような久御山町は、開発が遅れていたと思われがちであるが、一ノ坪（現存）・四ノ坪・五ノ坪（現存）・六ノ坪・十五・十六など条里制遺構と思われる小字名もあり早くから開発されていた。昭和四三年（一九六八）、大字栄が加わった。

昭和四七年（一九七二）同じ久世郡内の城陽町が市制を敷いた結果、久世郡は一郡一町のみとなった。（髙木）

雲原《くもばら》〔福知山市〕

北方に江笠山（七二八メートル）、北東に赤石岳（七三六メートル）、北側に与謝峠、西南に三国山（五七七メートル）と三岳山（八三九メートル）、東南に天ヶ峰（六三二メートル）と山々に囲まれた山間の地にある村名。中央を由良川支流の天座川が東へ流れている。高地であるため、雲のかかることが多いことが地名の由来と考えられる。また「クモ」が「クマ（隈）」の転とすると、人里からおくまったへき地であることを意味するか。南北朝時代から見える地名である。『慕帰絵詞』によれば、貞和四年（一三四八）四月四日に本願寺三世覚如が当地を通り、「みちに雲原といふ深山のなかにて郭公の鳴き声を聞き」と地名が詠みこまれている。丹後国与謝郡のうち、宮津藩領。明治二二年に雲原村となる。はじめ与謝郡に明治三五年（一九〇二）から天田郡となる。昭和三〇年（一九五五）からは福知山市の大字となった。（安藤）

雲宮《くもみや》〔長岡京市神足〕

小畑川左岸の扇状地に立地する。中世の直営田「公文名《くもんみょう》」の転訛である。公文とは、荘園の現地の村々における責任者として年貢徴収などを司った下級荘官（公文職）。公文給と呼ばれる所領給与された名田（給名《きゅうみょう》）とともに子孫に継承されていった。「山城国乙訓郡条里図（小塩庄）」（九条家文書）には「くもん明」と記している。荘官の職に合わせて地頭ならば「地頭名」、下司ならば「下司名」、公文ならば「公文名」といった。「小塩荘帳写」（九条家文書）大永二年（一五二二）にも、古市村の坪付に「くもん名」と載る。名の責任者はのち名主《みょうしゅ》に成長し、神足氏ら土豪（国人）が台頭する。（綱本）

公文名《くもんな》〔舞鶴市〕

中世庄官の公文の給田として与えられた、名田《みょうでん》公文名《くもんみょう》にちなむ。かつて「くもんみょう」と称していたことは、慶長五年（一六〇〇）関ヶ原の戦いに際して、大坂方一万五千人が田辺城（舞鶴市）を攻めたが、城より三町（三二七メートル）南の銃撃戦で「二ツ橋という大河あり　其の川上にいさつと申す在所あり　九文明よりこなたなり」（「丹後田辺籠城之覚書」）に「九文明」と記されていることからもわかる。近世になって名主《みょうしゅ》や名田という語が使われなくなると、「くもんみょう」という言い方はそぐわなくなったに違いない。地元では「公文名」と書いても「くもん」と言う人が多く、『京都府の地名』では「公文名《くもん》」とし、舞鶴市は「公文名《くもんな》」とする。真倉川と池内川により形成された自然堤防に位置し、後には「真名井の清水」として珍重される湧水を持ち、しかも洪水の被害を受けにくい田辺郷の一等地である。この微高地は京に向う街道となり、南接する四つ辻に市場（七日市）が立ち、河守・池内へ向う辻になっている。（髙橋）

鞍内《くらうち》〔京丹後市丹後町〕

鞍内は宇川中流域の山間部に位置する。クラウチのクラは谷を意味し、薄暗い所も意味するようになった。鞍内は谷内と同義。「倉内」とも書いた。なお、鞍内は中世、一色氏の勇将であった倉内将監通倫が所領して山城を構えたところである。ま

た、江戸末期から大正年間にかけては、大和杜氏《とうじ》として多くの者が活躍した。（水野）

倉垣庄《くらがきのしょう》　〔京丹後市大宮町〕

旧庄地名。長禄三年（一四五九）の「丹後国郷保庄惣田数帳」に「倉垣庄」とあるものが初出の地名である。古代郷名には見られないため院政期前後の成立と推定される。庄域は、大宮町奥大野を中心とする領域と推定される。大宮町下常吉との境界に位置する通称地名「塩境」が「庄境」のなまったものとすることが可能であれば、庄域の北端はこの地点となる。地名は、倉がたくさんあったことに由来するものであろうか。あるいは「クラ（刳）」・「カケ（欠）」の転じた他名で、崖の崩壊地名とみる説もある。同じ倉垣庄という地名は、富山県射水市（賀茂社領）や大阪府豊能郡能勢町（春日社領）にもあった。

倉垣庄の地名は、中世には見られるが、江戸時代以降は使われなくなった。明治七年（一八七四）に成立した奥大野村の倉垣小学校は、倉垣庄の名に由来していたが、昭和五五年（一九八〇）に大宮第二小学校（平成二五年より大宮南小学校）へ統合し、廃校となった。現在は、倉垣という地名があった痕跡を示すものはみられない。

（新谷）

蔵ノ町《くらのまち》　〔向日市上植野町〕

上植野の推定長岡京二条大宮の東南にある。大宮の東南部にあったはずの廩院《くらのいん》の跡と考えられる（『向日市史・上巻』）。廩院《りんいん》は、「くらのいん」とも読む。民部省に属した施設で、日本各地から徴発された納税米等を保管するものである。現在はJR京都線の線路下になっており、発掘調査は困難である。（綱本）

倉橋（倉梯）町《くらはしちょう》　〔舞鶴市〕

『和名抄』（高山寺本）の丹後国加佐郡九郷の一つに椋橋郷がある。のちには「倉橋」と書く。与保呂谷、祖母谷およびその谷口一帯が郷域である。山地を与保呂川と祖母谷川が刻み開けていった地域で、クラには岩壁、山の岩が多い所、浸食地形、谷の意味があり、ハシは端で先端、縁辺、とくに丘陵・台地の端を意味する語なので、「山塊が開析された土地」をいうのだろう。すでに天平勝宝元年（七四九）の文書に「加佐郡戸主　椋橋部乙理之奴」とある（「東大寺奴婢帳」）。平安末期〜戦国期に倉橋郷と見える。倉橋庄ともいう。永正一四年（一五一七）、若丹抗争の中で、丹後守護代延永春信の居城「倉橋城」が陥落したが、竜勝寺裏山とも溝尻城ともいわれ、城跡は確定できていない。なお、元和三年（一六一七）の『和名抄』刊本、ならびに『丹後風土記残欠』に「高橋郷」とあるのは倉橋郷の誤りである。現町名として、倉梯町、倉梯中町がある。（髙橋）

倉梯山《くらはしやま》　〔宮津市須津〕

倉梯（椅）山は、宮津市須津にある小さな山である。天橋立の内海である阿蘇海の沿海に位置する。吉田金彦は、「（天）海の橋立」に対し、内湾沿いの道は、橋立の奥にあるので「橋立の倉椅」とも言うべきであると述べている。「はし」は「はしご」の意で、「はしだての」は「倉」の枕詞。さらに、吉田東伍は「宮津郷倉椅山、宮津の西、橋立の南なる峻嶺なり」と述べたあと、『万葉集』の「橋立の倉椅山に立てる白雲見まく欲り我がするなへに立てる白雲」（巻七・一二八二）を引き、大和桜井の倉椅を丹後に移転した、と解釈している（『大日本地名辞書』）が、真相はその逆ではないかと考えられている（『京都の地名検証』）。なお、倉梯山には円墳があり、須恵器、直刀片、勾玉などが出土している。（水野）

鞍馬《くらま》 〔左京区〕

クラ（谷）マ（間）で、山の谷間の意。クラは朝鮮語コル（谷・渕）に由来し、マは間（between）ではなく、地域（zone）を示す接尾語とも。（『京都の地名を歩く』吉田「鞍馬」、『京都の地名検証』木村「鞍馬」参照）。「鞍馬」は、その音「くらま」から暗い所というイメージで和歌に詠まれたり、当てられた文字「鞍馬」に引かれて馬に関わる伝説が生まれたりした。『後撰和歌集』には「すみぞめのくらまの山にいる人はたどるたどるも帰りきななん」（恋四・八三二）や「昔よりくらまの山といひけるはわがごと人もよるやこえけん」（雑二・一一四〇）などと詠まれているし、『今昔物語集』には桓武朝の藤原伊勢人《いせひと》が寺院を建立するために聖地を求める話が見え、「馬ニ鞍ヲ置テ遣テ、其跡ヲ注《しる》シニテ尋得タル所ナレバ、鞍馬トハ云ナルベシ」（巻一一・三五）という。『扶桑京華志』は、壬申の乱で天武天皇が大友皇子に追われたとき、「山中ニ入テ鞍馬ヲ繋テ止息」して逃れたので「其ノ山ヲ呼テ号シテ鞍馬トヒフ」という説を紹介する。『小右記』長和三年（一〇一四）正月一四日条には、当時権大納言だった藤原頼通が「鞍馬寺ニ参ル」記事が見える。京から鞍馬へ抜ける鞍馬街道は、『京羽二重』に「みぞろ池、はたえだ村、市わら、くらまみち」と見え、深泥池―幡枝―市原―鞍馬を通る道だったことがわかる。『古今著聞集』巻一二に「鞍馬までのもの、、夕暮に市原野をすぎけるに、盗人に行あひて、きたる物はぎとられて」（四四二）とあるように、山間の谷を行く鞍馬詣での道は追剥が出没することもあった。

明治二二年（一八八九）の市町村制施行によって「鞍馬寺門前」「貴船村」「二ノ瀬村」が合併して「鞍馬村」となり、現在、「鞍馬本町」「鞍馬貴船町」「鞍馬二ノ瀬町」という三町がある。（笹川）

鞍馬口《くらまぐち》 〔北区鞍馬口町〕

京都市街と郊外とを結ぶ諸街道のうち、京都から洛北の鞍馬寺、そして日本海側の小浜へと通じる若狭街道のひとつ、鞍馬街道の京都側の出入り口にあたる場所。一般にいう洛中と洛外を結ぶ出入り口「京の七口」のひとつ。出雲郷に位置するため、出雲路口とも称する。

室町時代までは場所が不確定であったが、豊臣秀吉による御土居建設に伴って現在の賀茂川堤周辺の場所に固定した。またこの鞍馬口を基準とした東西の通りが鞍馬口通である。市営地下鉄烏丸線の「鞍馬口」駅はこの鞍馬口通沿いに存在する駅名であるが、「鞍馬口」それ自体からは距離が離れている。（天野）

栗隈《くりくま》 〔宇治市・城陽市〕

宇治市南部・城陽市北部の古代地名。木津川東岸に位置している久世郡の古代一二郷の一に栗隈郷があった（『和名抄』）。『日本書紀』にみえる「栗隈県」は、古代郷の那紀（宇治市伊勢田付近）・栗隈（宇治市大久保付近）・久世（城陽市北部）の範囲とみなされる（山田良三「栗隈県寺院址の歴史的背景」『歴史読本』一九七六年一〇月号所収）。仁徳紀・推古紀には「栗隈大溝《おほうなて》」がみえ、平安期の『更級日記』に「高名の栗《くり》駒山《こまやま》」とある。仁徳期の久津川古墳群（その最大が車塚古墳）、飛鳥・白鳳期創建の奈良期寺院址（広野廃寺・久世廃寺・平川廃寺・正道廃寺）、それらの東部には奈良期郡衙跡の正道官衙遺跡（国史跡、城陽市寺田）がある。栗隈氏（栗隈県主の後裔とされるが疑問）が主宰者であったとみられる。地名の由来は不明。久世廃寺遺跡のある久世神社（久世社）の祭神は日本武尊であるが、景行記にはその妃の一人に山代《やましろの》玖々《くく》麻毛理比売《まもりひめ》がみえ、ククマは栗隈とみなされている（本居宣長『古事記伝』他）。「クリクマ」の元のかたちは「ククマ」とみられる。クリクマは「山や川の屈曲した内側」（『古代地名語源辞典』）の意ともいう。吉田金彦によれば、クセ（久世）はク（陸地）・セ（背、微高地）で、「わずかに高くなった台地」という意味である（『京都の地名を歩く』）。これは木津川を背景にした地名である。同じくククマは、ク（陸地）・クマ（奥まったところ）であろう。西部の低湿地帯にたいして東部の台地を表現したものである。つまりは、クセもククマも同意義である。（齋藤）

栗所《くりしょ》〔綴喜郡宇治田原町南〕

南地区南部に位置する小字名。辺りには「栗林茶園」と名付けられた茶畑がある。『宇治田原町史』によると、当地には古くから上質の実がなる栗林があり、明治元年（一八六八）まで収穫した実を宮中に献上していたという。『山槐記』永暦元年（一一六〇）一二月二四日条に「田原供御所より甘栗三十籠を持ち来る」（献上）とある。明治四年（一八七一）に住民有志等が栗林を開墾したのが「栗林茶園」である。街道に面した茶園の一画に「栗林園由来碑」が建つ。『宇治拾遺物語』によれば、壬申の乱の前年（六七一）、吉野から大津（大友皇子方）へ攻め入ろうとした大海人皇子（天武天皇）がこの地を経由した。村人から煮栗と焼栗を献上された皇子は、「願いがかなうならば、芽を出し、木となれ」と言って栗を道端に埋めたところ、みごとな栗林になったという。いまは茶園には栗林は残っていないが、そういった栗とのかかわりが地名の由来であろう。碑の近くには天津彦根命を祀り、境内に一二〇本の栗の木が植えられている御栗栖《みくるす》神社（南宮ノ上西）がある。『山城名勝志』に「御栗栖今名村（現・南）に方二町はかりの栗林あり。云人くるし所《じょ》と云、今に置て毎年御栗を貢す」とあるが、「くるし所」とは「栗栖所」で「栗所」をいうか、あるいは貢納の厳しさをあらわす「苦し所」で「栗所」のもじりであろうか。（齋藤）

栗栖野《くりすの》〔山科区〕

山科区の西南に位置し、現在では東野・西野山・勧修寺に囲まれた比較的狭い地域を指す地名だが、「栗栖小野は勧修寺より北花山のほとり辺の野をいふ」（『都名所図会』）とあるように、かつては山科盆地西側の丘陵地帯のかなり広い地域を指していた。文献の初出は延暦一〇年（七九一）（「東南院文書」）で、「小栗郷」と表記されている。古くから歌に詠まれてきた地名だが、現在の京都市北区紫竹にも栗栖野という地名があり、ともに遊猟の地であったことからも混同されてきたきらいがある。享保一五年（一七三〇）以降、新しく開発されて栗栖野新田と呼ばれるようになるが、明治五年（一八七二）に栗栖野と改められた。語源は主に四つの説がある。①栗林の多い地で、住民は栗を採り献上していた（吉田東伍）。②来栖は国栖のことである。国栖は国巣と同義で、中央集権から外れ、山間僻地などで孤立して住んでいる土着の民族のことで、彼らの住む場所を指していた（吉田東伍）。③西日本に多く見られる地名で、河川の狭い谷間を通り抜けた所にある、四方を山に囲まれた小盆地状の桃源郷的な小世界を表す（谷川健一）。④古代からの地名であり、「山のあちら、山のある其の所」の意味である（吉田金彦）。いずれの説にしても、中央から一定の距離があり、そこだけで独特の小宇宙を形成している場所を指していることになる。なお、当地から少し南に離れた山科盆地の西南の丘陵地にも「小栗栖」という地名がある

（伏見区小栗栖）。大岩街道で隔てられているとはいえ、栗栖野とは丘陵としてつながっており、かつては同じ文化を持つ地であったのだろう。「小栗栖」の「小」は接頭語であり、飛び地的な意味合いで付けられたと考えられる。

栗栖野は大字名であり、現在、区内に「打越町」「中臣町」など、四つの小字名がある。（小寺）

栗町《くりちょう》〔綾部市〕

旧郷名。旧村名。由良川とその支流犀川が合流する沖積地にある地区。『和名抄』丹波国何鹿郡十六郷一つ。早く開発された地域で、北部の洪積台地には前方後円墳を含む以久田野古墳群二百余基がある。平安時代末から戦国時代には栗村荘が営まれ、当初は崇徳上皇領であった。語源は明確ではないが、栗林や栗山と同様に栗樹が多く植えられた村と考えられる。

江戸時代から明治二二年（一八八九）の村名。昭和二四年（一九四九）に豊里町、昭和三〇年から綾部市の大字栗町となった。（安藤）

栗栖野《くるすの》 →西賀茂《にしがも》

車田《くるまだ》〔宇治市莵道〕

揚水水車によって潅漑をしていた田圃であったところからの名。『徒然草』以来、水車は淀のものと考えられがちであるが、水車はもともと宇治川のもので、すでに『梁塵秘抄』（平安時代末）の中に「平等院の水車」が歌われている。明治三五〜四〇年（一九〇二〜〇七）の調査によれば、宇治川東岸沿いに一一ヶ所（三八基）の揚水水車が記録されていて、「車田」にも三基設置されている。「岡本村名寄帳」「上村名寄帳」（ともに元和四年〈一六一八〉）などには、水車に関わりのあると思われる車田・高車・四両車（何らかの形で四連結させたものか）・車はた・車添・轟などの字名が見え、いずれも田地として利用されている。江戸時代初期から水車が利用されていたことは、慶安元年（一六四八）の「五ケ庄村勘定目録」中の渡方に「水車ノ入用ニ渡ス」「同ゆいちんニ渡ス」などの記録があることから確認できる。宇治には、巨椋池（旧大池）があり、宇治川が流れていて大小の支流も多いが、水不足には悩まされている。伊勢田村では、臨時に足踏み水車を設置し、村中総出で水をくみ上げていた様子が古老に記憶されている。

なお、稲苗を車輪のように丸く植えてその中心を神座とし、田の神をそこに迎えるという風習によるとする説があるが、この地でそのような神事が行われていたという記録はない。（高木）

車塚《くるまづか》〔城陽市平川〕

市北部の平川古墳群の中心をなす巨大な前方後円墳である久津川車塚古墳（全長一八〇メートル、五世紀、山城地方最大級の古墳）の存在による小字名。江戸地誌に七ツ塚の一に数えられており、江戸期には塚の認識があったことが確認される。『山州名跡志』には車塚を「在（中略）大和街道東、形南北ニ亘テ如山、是則チ所葬送、車ヲ所蔵也」とある（「車ヲ所蔵也」は意味不明）。近鉄久津川駅の東部で、付近には平川廃寺（白鳳期創建）があり、この地の、大和政権とかかわる巨大勢力をもつ豪族の居住が考えられる。なお車塚は、前方後円墳を意味する俗称。（齋藤）

車屋町通《くるまやちょうどおり》〔京都市・南北の通り〕

天正一八年（一五九〇）、豊臣秀吉の京都改造計画によって設けられた通り。当初、北は出水通からはじまっていたが、京都御苑の拡張により、現在は丸太町通から姉小路通に至る通り。そこから松原通までは中断するが、さらに南に下る通りは存在している。しかし、「不明門《あけずのもん》通」といわれる別の名の通りになっている。「車屋町突抜」とも称された（『京都坊目誌』）ように、この通りには車輛の製造者（車鍛冶）や運送業者（車借）が多く居住していたことから付いた通り名。この状況は、東隣の通りが、車馬道として交通量の多い、幹線道路である東洞院通であったことが大きく影響している。（糸井）

黒岩《くろいわ》〔山科区御陵〕

山科ではたたら遺跡が、この地と、御陵大岩、四ノ宮熊ケ谷の三ケ所で発見されているが、距離的にも近く、同一の遺跡群と考えられる。たたらは日本古来の製鉄方式で、六〜七世紀が最盛期とされる。この地も、比良山系から湖西・湖南地域に分布する製鉄遺跡の一つである。当地では鉄鉱石を材料にしていたようで、「黒岩」という名称は「くろがね」を連想させる思わせぶりな地名である。（小寺）

黒尾山《くろおやま》〔右京区京北〕

旧桑田郡有頭《うつ》郷に位置する、周山の名の起こりである周山城の築かれた山、その東峰（城山）の山頂に明智光秀によって、城郭が築かれた。山の麓や向かいの峠に「栗尾」という地名があるが、これは、「栗生（あるいは栗原）」と同意語で、栗の木の多い所を意味していると思われる。「黒尾（くろを）」も「くりを（栗生・栗尾）」であった可能性がある。もっとも、「栗」地名を、崩壊地形を意味するとみる説もある。または、「尾」が「峰（を）」だとすると、「くろ」は鬱蒼と暗いの意であったとも考えられる。「くろ」には、一般に小高くなった所、小山のような積み上げた所の意があるから、黒尾山は、周りの山々よりはかなり高くとびぬけているから、「小高い峰」の意の山名とも考えられる。（糸井）

黒田《くろだ》〔右京区京北〕

『和名抄』の桑田郡山国郷に属する土地で、後山国庄の枝郷となる。「黒…」とする地名は、黒谷、黒瀬、黒部、黒岩など数多いが、「黒田」は土の色が黒いところの意か、あるいは窪んだ暗部をなす耕作地の意か。田畑の「くろ（畔・あぜ）」を意味した可能性もある。しかし、黒部川同様黒田は大堰川が大きく蛇行する地形（曲流）である。「クル（曲）」の転訛「クロ」に「タ」（処）のついた語とも考えられる。広域にわたる地名で、正中年間（一三二四〜二六）には上下の黒田村、黒田宮村（単に宮村とも）など六ヶ村に分離した。「某寺資材帳」（「金比羅宮文書」）の天元三年（九八〇）に「小塩黒田三町」と名がみられ、「小塩」と共に、禁裏御料地として内裏や寺社の建築用材を供給する土地であった。黒田宮村が宮と呼ばれるのは、当地に宮野大明神（宮春日神社）を祭祀していることによっている。「記録帳」（元禄六年（一六九三））によると、長和二年（一〇一三）に藤原氏の神を大和春日大社から勧請したものという。比売神《ひめがみ》（宇賀社・永久三年（一一一五）建立・穀物神か）も祭神とされることは注目される。（糸井）

黒谷町《くろたにちょう》〔綾部市〕

丹後との境である弥仙山（六七四メートル）を源流とする伊佐津川と、その支流・黒谷川が合流する一帯の山間に位置する。『地名の語源』によれば、「クロ」には（一）黒。（二）畔。あぜ、うね、小高いところの意味がある。また『播磨国風土記』の「黒田の里」は土が黒いので名が付けられたとある（『日本古語大辞典』）。立地を考慮すると後者の、土の色が黒いための命名とするのが良いと思われるが、明確ではない。

黒谷川の水を利用して自生の楮による紙漉きが行われていた。紙漉きは平安時代末期に平家の落人・川上某が、この地に隠れ住んで始めたとの伝説がある。記録によれば、元禄の頃、山家藩の代官・十倉十衛門が資金を援助して奨励したので、紙を漉く家が十六戸から三十戸に増えたとされる。安政六年（一八五九）には四国から技術者を招いて技術革新を図り、そのため京都の呉服屋で使う値札紙や文庫紙、一般家庭の障子紙として売れるようになった（『謎の丹波路』）。昭和二五年（一九五〇）から綾部市の大字、昭和二八年から黒谷町となった。（安藤）

黒谷町《くろだにちょう》〔左京区〕

黒谷と俗称される金戒光明寺《こんかいこうみょうじ》のある町。平安末期、比叡山西塔黒谷の叡空上人のもとにあった源空（法然）が弘通《ぐづう》のために比叡山を下ってこの地に草庵を結び、初め比叡山西塔の「黒谷」に対して「新黒谷」と呼ばれたが、浄土宗が広まるにつれ、単に黒谷と呼ばれるようになった。金戒光明寺は、知恩院・知恩寺（百万遍）・清浄華院《しょうじょうけいん》と共に浄土宗四ヶ本山の一。山越来迎図の代表作、絹本著色山越阿弥陀図（鎌倉時代）が有名。延宝九年（一六八一）に当寺を訪れた黒川道祐は『東北歴覧之記』に「浄土宗四箇ノ本寺ノ随一ナリ。法然上人ノ塔、并ニ平敦盛、熊谷直実ノ塔アリ。直実、発心シテ蓮生ト称シ、法然上人ニ随逐シ、此ノ山ニ菴ヲ構フ。今ノ蓮池院、其ノ跡ナリ。則チ蓮生自作ノ木像アリ」と記す。

旧岡崎村に属すが、現在「岡崎」を冠することなく、単に「黒谷町」とする。（笹川）

黒土《くろつち》〔城陽市中〕

市南部中地区の地名。同地区には黒土の小字が隣接五ヶ所に分散している。うち四つは長谷川筋の側の畑に集中、もう一つは中天満宮の林である。黒土の起源を示す文献は未確認であるが、亨保三年（一七一八）の「五ヶ村立会山論関係図」を見ると、その共通項が理解される。中村の周辺は砂の流出する川筋に囲まれており、白い荒れ地として描かれている。白砂の川原の両側に森と畑が黒土区域となっており、絵図の色もその部分が濃い緑と黒である。黒土区域は、白砂の氾濫を食い止めた両岸の畑地と、村を守る森にあたる。こうしたことから、黒土は林と畑地をあらわすと考えられる。（福富）

黒部《くろべ》〔京丹後市弥栄町〕

『弥栄町誌』では、もと「春《はる》部の里」と呼んでいたが、春部を玄《はる》部と書いたので、クロ部と読み誤り、文字も黒部となったと伝える。黒部の地名の初出は保元三年（一一五八）の「官宣旨」（石清水文書）であり、石清水八幡宮領の荘園として佐野庄と板浪別宮とともに「黒戸庄」と記される。これ以降、文亀四年（一五〇四）の「室町幕府奉行人連署奉書」（石清水文書）まで「黒戸」の表記が主として使われる。なお長禄三年（一四五九）の「丹後国郷保庄惣田数帳」には「黒部保」とあり、「部」の横に戸と記される。慶長七年（一六〇二）の「慶長郷村帳」以降は「黒部村」となり明治時代に至る。（新谷）

黒門通《くろもんどおり》〔京都市・南北の通り〕

天正一八年（一五九〇）、豊臣秀吉の京都改造計画によって設けられた通り。元誓願寺通からJR東海道本線手前まで至る。ただし、途中、二条城や西本願寺などで中断している。「太閤秀吉公聚楽城の鉄門の有りし通故号す」（『京町鑑』）という。元は北から丸太町通までの名であったようだ。『京町鑑』によると、御池通以南では、まず「丹波屋町通」、あるいは「新《あたら》シ町通」といい、四条通辺りでは「御太刀松通」、仏光寺辺りでは、「竹屋町通」といっていたという。現在の名に統一されたの

は、昭和の戦後のこと。（糸井）

桑飼村《くわがいむら》〔与謝郡与謝野町〕

旧村名。明治二二年（一八八九）の町村制施行時に、温江村・香河村・明石村が合併し成立した村の名。村名は、三村の中心にあたる小字名に由来するものという。昭和二九年（一九五四）には、加悦町・与謝村・桑飼村が合併し加悦町となり、桑飼村は消滅した。現在は、与謝野町立桑飼小学校などにその名残りを残す。（新谷）

桑田郡《くわたぐん》〔北区・亀岡市〕

旧郡名。和銅六年（七一三）に分国された後の丹波国は、桑田、船井、天田、何鹿、多紀、氷上の六郡より成っていた。「桑田」の郡名は『日本書紀』の「継体天皇即位前記」に「倭彦《やまとひこ》王在丹波国桑田郡」とあるのが初見。『和名抄』では、小川、桑田、漢部、宗我部、川人、荒部、池辺、弓削、山国、有頭、横作、佐伯の一二郷が記されている。桑田郡は都に最も近く、平安時代以降は都に隣接する交通の要地であった。山陰道を東南に降るとそこは嵯峨、松尾であり、五世紀の頃から渡来系氏族の秦氏が居住した所である。

郡内には四世紀の古墳時代前期からすでに古墳が築かれた先進地ではあったが、秦氏の持つ新来の技術が早くからこの隣接地に影響を与えたと推定される。養蚕に関わる桑の栽培もその一つであったろう。文字通り桑田は桑の植えられた田が並ぶ、古代の文化的景観を示す地名と考えられる。『大日本地名辞書』は、桑田郡桑田郷は大字山本に桑田神社があること等から篠村（亀岡市篠町）であるとしている。しかし西隣りの三宅町が古代の屯倉の所在地で、また馬堀にある桑田神社が元の桑田神社であるとして三宅町から馬堀にかけてが桑田郷の主要な範囲であるとする説もある（『篠村史』）。

明治一二年（一八七九）に南桑田郡、北桑田郡に分割された。（安藤）

栗田《くんだ》〔宮津市〕

旧庄名・旧村名。栗田半島全域をさす広域地名で、特定の集落地名としては存在しない。古くは等持院文書の明徳四年（一三九三）の「等持院常住記録」に「丹後国宮津・栗田両庄領家職事」とあるように荘園名として見られるのが初見。またしかし、「慶長検地郷村帳」では「栗田村之内」とあって、「栗田村」が栗田半島を一括する村名であった。「丹後国田数帳」などでは宮津庄の一部として栗田村が扱われている。さらに延喜式内社の「久理陁神社」の「久理陁」が、地名「くりた（栗田）」が平安時代には存在したことを証していると見て良いだろう。「くんだ」は「くりた」の音訛。「くりた」の語源は不明だが、文字通りなら古代の食料として重要視されていた「栗」の産地であったことを意味するが、今の「上司《じょうし》」地区が栗田半島でも「表栗田」と言われる東部にあって、栗田の中心であったとすると、剔られたような形の栗田湾の印象が「剔り＋た（所の意）」と命名されたとも考えられる。（「上司」参照）（糸井）

け

毛語《けご》〔宇治市伊勢田町〕

警護所を設けられていたことにより、警護が毛語に訛ったものというのが地元での通説であるが、警護所があったとする史料は見あたらない。天領で、幕末には、会津守護職領にもなっている。毛語は、東側は小高くなっていて中山・南山・北山・角山など山の付く小字名が南北に連なり、西側は一段と低くなって田圃が広がるような、丘陵部の裾に立地する。伊勢田村には、延宝七年（一六七九）の検地帳に対応する精細な絵図が残っているが、それによれば、伊勢田集落は毛語を中心にして屋敷がかたまり、その周囲に水路がめぐらされているので環濠集落であったのではないかと考えられている。『（伊勢田村）村誌』（明治一四年〈一八八一〉）には「毛五《ケゴ》屋敷地」とある。（高木）

玄以通《げんいどおり》〔京都市・東西の通り〕

西は紫竹西通、東側は賀茂川の上賀茂橋までの東西の通りで、上賀茂にある玄以という小字名に由来することから名付けられたとされる（『京都の大路小路』）。この玄以の由来自体は不明確であるが、豊臣時代の五奉行の一人であり、京都所司代を務め亀山の初代藩主であった前田玄以との関連性も想定できるが、詳細は不明である。近代以降の市街地開発によって、玄以北通、玄以南通も存在する。（天野）

玄琢《げんたく》〔北区大宮〕

玄琢は大徳寺の北西で豊臣秀吉の御土居の外側に広がる地名。これは人名に由来する地名で、江戸時代初期の医師、野間玄琢が住んでいたことにちなむとされる（『京都市の地名』）。野間玄琢は江戸において徳川秀忠の侍医をつとめ、また後に京都に移り、御典医として後水尾天皇の中宮・東福門院和子《まさこ》を治療したことでも知られる。（天野）

玄武町《げんぶちょう》〔上京区〕

大正五年（一九一六）刊の『京都坊目誌』によると、明治六年（一八七三）に玄武町と命名したとあり、この年に京都御所の北に位置するところから岡松町から北の守護神である玄武を町名にしたのであろう。町は今出川通の北側で相国寺門前の道より東を町域とするが、現在は全域が同志社女子大学の校地となっている。天保二年（一八三一）の「改正京町絵図細見大成」には、「二本松丁」とあり、その北に「伏見宮御屋敷」と記されている。明治七年（一八七四）提出の『全国村名小字調査書』では、明治二年（一八六九）に「片岡丁」と「二本松丁」が合併して「岡松丁」にしたとある。（清水）

こ

小石町《こいしちょう》〔下京区〕

堺町通四条下ル綾小路までの両側町である。宝暦四年（一七五四）刊『京羽二重織留大全』に大石屋という真鍮屋の店があるが、小石屋という店が当町にあったと推定する。東洞院から寺町までの四条通は「立ち売り」で有名であった。商業の盛んな四条に影響を受けているといえる。「寛永一四年（一六三七）洛中絵図」、「寛永一九年（一六四二）寛永後万治前洛中絵図」に、現町名の「小石町」とある。宝暦一二年（一七六二）刊『京町鑑』は「小石町」と記す。以後変化はない。（小西）

小泉川《こいずみがわ》〔乙訓郡大山崎町円明寺〕

乙訓郡大山崎町内を流れる小泉川は古くは狐川といい、旧・円明寺村の前を流れることから円明寺川ともいわれた。桂川との合流点右岸の桂川河川敷公園内には「狐渡し跡」の説明板が立っている。昭和初期まで渡船場があり「狐川の渡し」ともいった。現在、対岸の八幡市内の河川敷に小字狐川が遺存する。

この川は幾たびか古戦場となった。建武中興の新政前、『太平記』元弘三年（一三三三）三月一五日条に、鎌倉幕府の六波羅勢が山崎へ押し寄せたので、後醍醐天皇を擁する宮方の赤松則村が迎え撃とうと三千騎を三手に分け、一千騎を「狐河の辺りに引《ひか》へ」させ追い散らした。『応仁記』にも文明年間に川名は出てこないが、大山崎神人も巻き込んだ天王山の城の攻防で一帯がしばしば戦場となった。戦国時代の山崎合戦では主戦場が天王山でなく平地で、天正一〇年（一五八二）六月一三日午後四時、円明寺川を挟んで光秀軍と秀吉軍が対峙したが、短時間で決着した（『太閤記』）。

狐川は世阿弥の謡曲『忠度』（室町初期）にも登場し、「心の花か蘭菊の狐河より引き返し、俊成の家に行き」とある。平忠度の歌が『千載集』（撰者・藤原俊成）に「読み人知らず」として入れられた逸話を題材にした能だ。この川はしばしば洪水をおこし河道が変わったが、変幻自在の狐に例えて、藤原為家が「とにかくに人のこゝろのきつね川かけあらはれん時をこそまて」（『夫木抄』七社百首石清水）と詠んでおり、歌枕の一つだった。

近世初頭の川の景観は桂・宇治・木津の三川とも淀付近で合流し、山崎付近の川幅は現在の半分ほどという。円明寺川と淀川合流点の付近は広い遊水地帯で、三〇ヘクタールちかい永荒沼をはじめ大小の外島を残していた。このあたりは淀川流域中の最低地で、水が少しでも高くなると悪水が滞留した。元禄一一年（一六九八）河村瑞賢らによって付け替え工事が行われ、円明寺川を合流点近くから右折させ、ほぼ現在の国道一七一号線付近を流して淀川本流と合流させた。円明寺川の名称は近世の古絵図にはじめて出てくる。明治以降もしばしば洪水に見舞われ改修工事が行われたが、泥川とも呼ばれた。

合流点の狐川の浜は狐浜とも泥ヶ浜とも称された。狐浜は淀上荷船の寄港地であっただけでなく対岸との渡し舟の発着場でもあり、狐川の渡しは西国街道と大坂街道を結ぶ重要な交通路だった。『淀川両岸一覧』（一八六一）に「狐渡口（八幡宮御参道の鳥居の傍により、このわたし場に出づる。山城乙訓郡円明寺村に渡る淀川の舟わたしなり）」とあり、尿舟の発着もあってか浜辺に肥担桶《こえたご》らしきものが幾つか描かれている。

狐川の由来について、『大日本地名辞書』は「河道の変に従ひ何処と推し難し、狐の称は変化に比喩したる者にや」という。しかし、狐川は『男山考古録』では「一説に木津根川也」とある。狐の古語は「きつ」で、木津根は「きつね」の当て字だろうが、もともとは木津だったといえる。松尾俊郎は、「海岸や河岸におりおり木津《きつ》（キヅ）という地名がある。船着場をさす語」（『地名の探究』）と指摘しており、河津（こうづ、こづ）の転訛と考えられる。京都の木津川もかつては「こつ」といった。

ところで、『土佐日記』二月一六日条に、紀貫之が任地から帰京して山崎に停泊した「山崎のこひつのゑも、変らざりけり」とある。「こひつのゑ」は従来、小櫃の絵看板の意で山崎辺りの店頭風景を描いたと解釈され、国語辞典類にもそう載っている。だが、歌枕の研究者、奥村恒哉氏は県神社（宇治市）所蔵の古地図（江戸中期）を参考に「古比津の江」だと地名説を唱えた。「ゑ」についても、本来江はヤ行「え」だが、両者の区別は大坪併治『訓点語の研究』で「当時すでに混乱していた」ことをあげる。

では、「こひつ」とは何か。『和名抄』に「泥　比知利古。一云、古比千《こひち》」、『類従名義抄』にも「泥　コヒチ、ヒチ」と載り、「こひつ」は「古比千」の転訛とみられる。「つ」「ち」は通音である。「小泥《こひぢ》」とも表記するが、『字訓』に「ひづ・つ〔泥〕四段（動詞）、『ひぢ』はその名詞形」と載る。つまり、古比津の江は「泥の江」で、小泉川の後背湿地（沼地）という意味だろう。だから「こひつ」はまた、こひ→こい（ハ行転呼）となり、『類従名義抄』に「泉　イツ」とあるので、後に「こいつ」に「小泉」を当て字としたと見られなくはない。古地図の古比津の江は現在の小泉川に接した大山崎町大山崎の小字小泉あたりである。小泉川の名称は近世の古絵図、古文書から頻繁に現れる。狐浜が泥浜、狐川が泥川といわれたのも頷ける。（綱本）

小泉町《こいずみちょう》〔下京区〕

醒ヶ井通万寿寺下ル五条までの両側町である。ある時期、「上金仏町」を「金池丁」、「卜味金仏町」を「うちほりの丁」といった。その由来となった延壽寺の堀や泉水からとった「小泉」を語源と考える。『拾芥抄』記載の『京城図』には、右京のいたるところに、『小泉』なる記載がみられ、右京の地が長く湿地帯をなしていた」（『京童から町衆へ』）。これが、「池や堀や湿地」についての語感でもあろう。「天保二年（一八三一）改正京町御絵図細見大成」に「小泉町」がみえ、以後変化はない。（小西）

五位山《ごいやま》〔右京区〕

双ケ丘の南端三ノ丘の東隣に位置し、低い丘となっている五位山古墳をいう。花園扇野町にある。『続日本後紀』承和《じょうわ》一四年（八四七）一〇月一九日の条に、淳和天皇の行幸の折、双ケ丘の東にある東墳が、「天皇遊猟の時、蹕《さきばらい》墳上に駐し、以て四望の地となす」との理由で従五位の下の位を授けられたとあり、これに由来する。『山城名勝志』には「法金剛院境内に在り、五位山と号す、又内山と称す」とあり、法金剛院の境内にあって、内山《うちやま》ともよばれたことが分かる。法金剛院は、大治《だいじ》四年（一一二九）に鳥羽天皇中宮の待賢門院《たいけんもんいん》璋子《たまこ》が、この地の南麓に建立したもので、山号を五位山としている。（岩田）

鯉山町《こいやまちょう》〔中京区〕

祇園祭で鯉山を出す町。山の意匠は「登龍門」の語源ともなった、中国の龍門の滝の故事をかたどるもので、巨大な鯉・鳥居・回廊などから成る。同故事は平安時代の漢詩文から近世の浄瑠璃に至るまで、各種の文芸の素材となり、広く知られていた。また吉兆としても尊ばれたものであった。当代には何よりも「鯉山」の名によって、めでたいイメージが喚起されたのだろう。鯉の彫像は左甚五郎作と伝えられる迫力のあるもので、往時の町衆の心意気と財力を示している。

平安京大内裏の南西にあたる。室町通を挟む両側町で北は六角通、南は蛸薬師通までの町。中世には商工業の盛んな職人町となった。鯉山は応仁の乱以前からの古い山である。当地の豊かな町衆の心意気は、鯉山の前掛・胴掛・水引・見送りなどに一六世紀にベルギーのブリュッセルで織られたタペストリーが使用されたことからも推察される。現在も当地は工芸などが盛んであり、この山に対して熱意を持つ人々が多い。（真下）

郷《ごう》［京丹後市久美浜町］

郷（さと）は律令制による地方行政の末端組織で、霊亀元年（七一五）に国・郡・郷制に改められ、五〇戸をもって一郷とされた。したがって、久美浜町の郷も、網野町の「郷」同様制度の名称そのものが地名となったもので、固有地名というよりは、一般地名であるといえる。佐濃谷川の支流、円頓寺川の下流域にある谷の入口に位置し、東方に久次岳《ひさつぎ》（五四一メートル）を望む。（水野）

郷《ごう》［京丹後市網野町］

福田川中流域に位置する集落。郷は律令制による地方行政の末端組織で、霊亀元年（七一五）に国・郡・郷制に改められ、五〇戸をもって一郷とされた。したがって、旧網野郷のうちに属する郷集落は、いわば制度の名称そのものが郷名となったため、固有地名というよりは、一般地名そのものであるといえる。地内には式内社大宇賀神社が鎮座し、倉稲魂命《うがのみたまのみこと》を祀る。また、『竹野郡誌』によれば、真言宗岩倉山明光寺があり、文武天皇の御宇僧行基が創建したと伝える。なお、郷村は昭和二年（一九二七）三月七日に発生した、丹後大震災の震央地で被害が大きく、断層は国の天然記念物に指定されている。（水野）

光悦町《こうえつちょう》［北区鷹峯］

鷹峯の地が元和元年（一六一五）徳川家康によって本阿弥光悦（一五五八〜一六三七）に与えられたためつけられた呼称（『京都市の地名』）。洛北の郊外の地に、周辺地域とは明確に異なる東西南北の街路をもつ計画的な町割りがなされ、書家、陶芸家でもあり多彩な芸術家として知られた光悦をはじめとした本阿弥一族のほか、尾形宗柏などの芸術家、さらには茶屋四郎次郎などの豪商が集住した地域で、芸術村の様相を呈していた。（天野）

皇嘉門大路《こうかもんおおじ》 ↓七本松通《しちほんまつどおり》

甲坂《こうさか》［京丹後市久美浜町］

天文七年（一五三八）の「丹後国御檀家帳」には「くみの一しやうじ　此寺上坂ニあり、湊木下長左衛門建立の寺也、平田村へ移ル寺の門前ニ家あまたあり」とあるが、『区誌甲坂』は、ここに記される「上坂（かみさか）」が甲坂へ音変化したものとする。また同書の「くみのおんかき」は、現地比定ができないものの、前後の状況から甲坂のことを指すものと思われる。江戸時代以降、栃谷村の端郷であった。（新谷）

高山寺町《こうざんじちょう》［右京区西院］

西大路四条交差点付近の町名である。交差点北東部に高山寺があることに因る。高山寺の本尊は地蔵菩薩で、創建は不詳である。文明《ぶんめい》一二年（一四八一）の『親長卿記』や江戸期の『山城名跡巡行志』にも

「高西寺」の地蔵尊の記述があり、中世・近世に高西寺と称されていたことや地蔵尊信仰が見られたことが分かる。『山城名勝志』によれば旧地は現在地の東南部であるという。現在、門前には「淳和院跡」碑がある。（岩田）

糀屋町《こうじやちょう》〔下京区〕

「寛永の頃糀を製造し。販売する家ありしより名とす」（『京都坊目誌』）とある。上糀屋町は、黒門通木津屋橋半町下ルの両側町で、北半町のため「上」の字を冠する。「天保二年（一八三一）改正京町御絵図細見大成」に「上糀屋丁」とある。下糀屋町は、黒門通木津屋橋下ル半町より南の両側町で、南半町のため、「下」を冠する。「天保二年（一八三一）改正京町御絵図細見大成」に、「下糀屋丁」とある。（小西）

荒神口通《こうじんぐちどおり》〔京都市・東西の通り〕

荒神橋の東詰めから西は寺町通までの短い通り。東へは少しずれるが、さらに近衛通に繋がっている。荒神口に通じる道の意による通り名。「荒神口」は、いわゆる「口地名」で、京へ出入りする「京の七口」の一つ。京から近江国坂本へ越える山中越え（志賀越えとも）の出入り口である。中世には、「今道（路）越え」ともいわれたようだ。『京雀』には「吉田、くろ谷みな此川原口よりゆく」とし、「吉田口」「今道口」「志賀越口」などとも称したとする。「荒神」と称するのは、この通りの南、新烏丸通の東側に「清《きよし》荒神（護浄院）」という三宝荒神を本尊とする、伝八世紀創建の古刹が存するからである。寺の石碑には、三宝荒神を祭祀する「日本最初」とうたっている。荒神橋や荒神河原といった名もある。この清荒神は、もと高辻通堀川（下京区）にあったものを慶長五年（一六〇〇）に当地に移したものという。（糸井）

荒神町《こうじんちょう》〔下京区〕

醍ヶ井通仏光寺下ル高辻までの両側町である。「後小松帝至徳年中（一三八四〜六）。摂津国勝尾山より荒神ノ像を移し。清荒神と号」（『京都坊目誌』）したのが荒神勧請の由来といわれる。今も東側にある観音寺に、荒神ノ像が安置されているのが語源である。「寛永一九年（一六四二）寛永後万治前洛中絵図」に、「荒神町」とある。「天保二年（一八三一）改正京町御絵図細見大成」は「荒神丁」とし、以後変化はない。（小西）

荒神町《こうじんちょう》〔上京区〕

この町内にある護浄院には、京都御所の守護神として清荒神（三宝荒神）を祀っていることによる。町は東西に通る荒神口通の北側で、寺町通より東は河原町通の東までを町域とする。天保二年（一八三一）の「改正京町絵図細見大成」に「荒神丁」と記されているので江戸時代からの町名である。（清水）

荒神町《こうじんちょう》〔上京区〕

明治七年（一八七四）に廃社となって現存しないが、当町に「稲荷荒神社」があったことによる。町は南北に通る猪熊通をはさんだ両側で、北は出水通から南は下立売通までを町域とする。「寛永一四年（一六三七）洛中絵図」に「荒神丁」とあり、江戸時代からの町名である。（清水）

紅雪町《こうせっちょう》〔伏見区桃山〕

現在、伏見桃山東陵の北に大池があるが、紅雪堀の名前が残る。紅雪堀は、もと伏見城の名古屋丸と松の丸の東対岸、山岡修里大夫との間にある堀の名前で、山岡屋敷の南隣に岡紅雪の屋敷があったのが由来。丘陵地の伏見城築城に際し、城内の堀に新しく水を入れることは大変な事業だったが、秀吉は紅雪の水利の技術に優れていたのを知り、この難事業にあたらせた。紅雪は宇治川より引水したと伝える。紅雪堀の名はそこから来ている。紅雪は小田原藩北条氏政の家来であったが、「功成るに及んで秀吉に殺された」（伏見叢書）というが詳細は不明である。

現在は桃山御陵の一部となり、辺りの竹林・山林の土地は、高台にある住宅地となっている。（明川）

興善町《こうぜんちょう》〔東山区〕

『京都府地誌』にかつて興善院（臨済宗建仁寺派）という寺院があり、明和四年（一七六七）にその跡地が開町されたことにちなむとある。所在は松原通大和大路東入三丁目下ル。

六波羅新地では最も開発の遅れた地で、田圃であった頃には、興善寺野と称された。現在の町域は、明治二年（一八六九）に成立したもので、近世には東興善寺町・西興善寺町・寺林町の三町からなり、興善町・小島町に再編された。

南部東大寺の四天王像を彫刻した仏師が居住した地といわれ「仏師町」とも呼ばれる。（忠住）

神田《こうだ》〔南丹市八木町〕

神田は古くは「上田」あるいは「興田」と書かれている地名である。承安四年（一一七四）の「丹波国吉富庄絵図」の写（「真継家文書」）では天曳川（園部川）と大堰川とが合流する北側に「上田村」とある。また観応三年（一三五二）の足利義詮御判御教書「北野神社文書」には「北野社領丹波国船井庄雑掌申、当庄内熊崎村興田村等事」とあり、「興田村」と書かれており、後に「神田」という好字となったものである。「上田」の「かみだ」が「かうだ」そして「こうだ」となって「興田」と表記されるようになり、「神田」とも表記されたと考えられる。一方「神田」も「かむだ」から「かうだ」「こうだ」と変化した結果と考えられる。

明治二二年からは吉富村の大字、昭和二六年から八木町の大字となる。（安藤）

高台院町《こうだいいんちょう》〔上京区〕

宝暦一二年（一七六二）刊の『京町鏡』によると、このあたり一帯は豊臣秀吉の聚楽第があり、当町付近には秀吉の正室の政所の邸宅があった。正室の法名が高台院であったことから町名に付けられたという。町は東西に通る上長者町通をはさんだ両側で、東は裏門通から西は浄福寺通までを町域とする。「寛永一四年（一六三七）洛中絵図」では「高大院丁」とするが、天保二年（一八三一）の「改正京町絵図細見大成」では「高台院丁」し、江戸時代からの町名である。（清水）

幸竹町《こうたけちょう》〔下京区〕

河原町通松原斜め西へ入る路地を上り、高辻を越え富永町の中ほど浄願寺裏までの両側町である。当町はお土居の破壊によって新たな土地を開発する「第十二番組形成の第三期」（『町と町屋の構造』）の町である。お土居はその上に竹を植えたのでその「竹」は「幸」いをもたらす縁起のよい植物と、町民が意識したのが語源であると推定する。「天保二年（一八三一）改正京町御絵図細見大成」には、「幸竹丁」と読める。（小西）

神足《こうたり》〔長岡京市〕

小畑川の東・西岸にまたがって位置する。右岸の段丘上には西国街道が走り、沿道は旧村の中心部である。神足・東神足の大字がある。左岸は河岸沿いの自然堤防と氾濫原からなる低地である。

『扶桑略記』延暦二一年（八〇二）一〇月条に「勅、維摩会《ゆいまえ》（仏典・維摩経を講ずる法会）、是より先、長岡の神足家にて之を修す」と見えるのが初見である。神足家譜によれば、初祖神足光丸が延暦三年（七八四）桓武天皇の行幸に供奉して長岡に移り住み、同一五年勅によって初祖を祀り、神足大明神としたと伝わる（『府社以下神社明細帳下調書』、ただし、家譜は後世の作という）。これが神足神社の創建とされるが、斉衡元年（八五四）十月一七日「山城国神足神を以て官社に列す」（『文徳実録』）とあり、「延喜式」に載る式内社である。

神足の訓は「こうたり」「かんたり」「かみたり」ともいう。神足神社は右岸の段丘上にあり、背後の谷をコウダニ（後谷か）あるいはコウダンと呼び、それが神足（こうたり）に転訛したという（『新撰京都名所図会』）。

鎌倉時代後期、神足を本拠とする国人神足氏が台頭し、建武三年（一三三六）幕府の再建を目指す足利尊氏に応じて御家人に列している。天正元年（一五七三）神足長勝が、将軍足利義昭を奉じて宇治市槙島で織田信長に決戦を挑んで敗れ、神足城は焼き打ちに遭った。神足という姓は現在も存続している。（綱本）

上津屋《こうづや》〔城陽市・八幡市〕

木津川下流域の両岸に位置し、東岸は城陽市域、西岸は八幡市域となる。木津川を往来する船の停泊所で、荷役の運送問屋を津屋と称したが（「津」は港の意）、上津屋は津屋の集落地として室町時代より繁栄した。木津川のさらに下流には下津屋（久御山町）がある。上津屋には、上津屋の渡しがあった。西岸に石田《いわた》君の始祖五十日足《いかたらし》彦命《ひこのみこと》（垂仁天皇皇子）を祭神とする石田氏の氏神を祀る式内大社石田神社がある（同名の神社は東岩田・西岩田にもあり、いずれが式内社であるかは不明だが、西岩田説が有力）。近世に「上津屋村」が成立。川の両岸にわたって一つの村を構成していた例は珍しい。もと東岸にあったものが木津川川筋変動によって分断されたものか、ともいわれるが、近世以後における川西（本郷）による川東（枝郷）への支配力の強さ（『史料が語る城陽近世史第四集』）からみると、東上津屋の集落は、もとは本郷による川東の耕地開発によって成立したと推測することもできよう。木津川を隔てた両岸には姻戚関係も多いという。地名は、「津屋」の発達による室町以降の成立であろう。前掲書資料編「狩野多美子家文書」などに「東上津屋村」などがみえる。（福富・齋藤）

講田町《こうでんちょう》〔山科区上花山〕

当地に鎮座する福応寺は、元慶寺の座主である僧正遍昭（八一六～九〇）の開基と伝えられている。「僧正曾て此寺に於て衆僧を集め講筵を開きたるを以て此地を講田と字す」（『京都府宇治郡誌』）とあるが、「講」に引っ張られた解釈であり、「田」の意味が不明となる。かつて寺が教典の講義や祖師の賛仰の講会を行う時の臨時費用は、寺領からの収納米から捻出していたが、平安後期から室町時代にかけて、特定の田からの収入を当てることになる。その田を講田と呼ぶのであり、この地が、すぐ近くの元慶寺の講田であったことを示している。（小寺）

興戸《こうど》〔京田辺市〕

防賀《ぼうが》川が丘陵地帯から木津川河岸平野へ流れ出す地に位置し、地内に式内社酒屋《さかや》神社がある。興戸は、南北朝時代の「山城国綴喜郡興戸郷慈明寺鐘売券（売渡状）案」に「山城国綴喜郡興戸郷慈明寺鐘所売渡申東寺也　至徳三年（一三八六）六月三日」（『東寺百合文書』）、『招提千歳伝記』（招提は唐招提寺）至徳四年（一三八七）条に「和尚諱慶圓、住持城州興戸郷善律寺」とみえるのが早い例だろう。下って、酒屋神社石鳥居の柱に「山城国綴喜郡祖穀《そこく》荘興戸村正一位酒屋大明神御宝前」「弘化三年（一八四六）」の銘がある。

①『山城綴喜郡誌』は「応神天皇の御世に、百済の酒人須々許理《すすこり》等帰化して、大陸醸酒の法を伝ふ。天皇之を嘉《か》（目出度い）して当社内（酒屋社）に置く。須々許理酒を醸《か》みて献《たてまつ》る。是酒部の連《むらじ》の祖なり。其後子孫世々此地に住居し、之を観れば酒人は『サカウド』と呼び後サ音の省かれてカウドとなり、之に漢字を用ひて興戸となせし」とするが、伝承の域を出ない。

②「講堂邑卜称ス。正治二年ノ頃興戸ニ改メ、南北分立ス」と往昔は講堂と書き、正治年間頃（一一九九〜一二〇一）興戸と改めたともいう（『京都府地誌』）。

③「コウツ」「コウト」にあたる地名のほとんどが、上古の郡衙（郡役所）のあった郡家《ぐうけ》をさしており、興戸もこの郡家の遺名であると推測される（『田辺町近代誌』）。谷岡武雄も、郡衙すなわち「コホリト」（トは所・門）の「リ」がつづまって「コウド」となったという（『野道の歴史を歩く・一』）。

④『山州名跡志』は「酒屋社　式格其社（各式内社）は地の名を取て記す。然れば則ち当社も所地の名にして、古は酒屋村と号す歟。神号に非ず」といい、『大日本地名辞書』も「酒屋神社　名跡志云、興戸の西の山上に延喜式酒屋神社あり、古は興戸を酒屋と号せしか」とする。『京都府田辺町史』は「酒屋といっても酒を売る店ではなく、屋は処の意である」とする。

酒屋神社は創建不詳だが『延喜式』に載る綴喜郡一四座の一つ「サカヤノカミノヤシロ」である。『三代実録』貞観元年（八五九）正月二七日条に「酒殿神」とみえ従五位下に叙されたとある。ただし、現在の祭神は応神天皇と津速魂《つはやむすび》神で、津速魂神は『新撰姓氏録』河内国神別に載る中臣酒屋連《むらじ》の祖であるが、『山州名跡志』に「祭所未考ズ」、『山城名跡巡行志』も「祭所不詳」とあり、近世までは祭神不詳だった。したがって、コウドの由来を「酒」に関連付けるのは合理性がない。

興戸地域は東部の平地より西部の山地のほうがはるかに広く、その傾斜変換線に集落が展開する。つまり、谷口にこの大字がある。従来、興戸の地名由来は「酒」や「郡衙」関連地名として説かれてきたが、やはり地形語であろう。酒屋のサカはサキ（先、崎）の音通（同行の音の転換）、屋はヤ（谷）で、サカヤは谷の先端部を意味し、谷口を指す。サキ（先、崎）は「丘や山のはしが平地に終わる突端」（『民俗地名語彙事典』）である。

さて、「興戸」の「興」は名付け（人名用漢字）でキと訓み、崎（キ）の借字。谷はウト（うつろ・空の転）、ウドともいう。キ・ウドは谷口を指し、キ→コは音通で、コ・ウドに転じ、興戸と表記したのだろう。「酒屋」「興戸」とも同じ地形語に因む。あるいは、コウ（上）ド（処）か。酒屋神社は防賀川上流の谷奥にある。（綱本）

革堂町《こうどうちょう》　〔上京区〕

次項の革堂町と同様に、天正一八年（一五九〇）まで、当地に革堂行願寺があったことによると伝えている。二ヶ所に同じ伝承がなぜ生まれたのかについては不明である。町は東西に通る元誓願寺通をはさんだ両側で、東の浄福寺通と西の千本通との中間に町域がある。（清水）

革堂町《こうどうちょう》　〔上京区〕

平安時代初期に僧の行円を開基として革堂行願寺が建立され、天正一八年（一五九〇）までこの地にあったことによる。『日本紀略』や『百練抄』では、「一条北辺堂、行願寺は是なり」と記されている。町は南北に通る小川通をはさんだ両側で、北は武者小路から南は一条通の北までを町域とする。天保二年（一八三一）の「改正京町絵図細見大成」に「革堂丁」とあり、江戸時代からの町名である。革堂行願寺は現在、中京区寺町通丸太町下ルにある。（清水）

講堂町《こうどうちょう》〔上京区〕

寛文五年（一六六五）刊の『京童』によると、「かうだうの観音」がこの町にあったことによると記している。町は南北に通る葭屋町通《よしやまちどおり》をはさんだ両側で、北は椹木町通の少し北より南は丸太町通の北までを町域とする。「寛永一四年（一六三七）洛中絵図」では「かうだう丁」とあり、寛文一二年（一六七二）の「洛中洛外大図」では「革堂丁」とある。天保二年（一八三一）の「改正京町細見大成」では「講堂丁」とする。（清水）

河梨《こうなし》〔京丹後市久美浜町〕

天文七年（一五三八）の「丹後国御檀家帳」に「くみの川なし」とあるものが初出の地名である。この段階の地名の読みは不明であるが、「カワナシ」であった可能性がある。地名の語源は、「川」が「なし（為）」た、すなわち川から土砂が流出してできたことに由来するものであろうか。その後、いずれかの段階に「かうなし」「こうなし」へ変化したものと思われる。慶長七年（一六〇二）の「慶長郷村帳」や元禄一二年（一六九九）の「丹後国郷帳」には「馬地村之内河梨村」とあり、江戸時代前期には馬地村の端郷であったようである。延宝九年（一六八一）の「丹後国与謝郡等郷村高帳面」などには「河梨村」と表記され、明治時代に至る。（新谷）

高尾《こうの》〔綴喜郡宇治田原町〕

郷之口西北大峰山の中腹にある大字名。江戸期～明治前期に村を形成。平安期に見える地名（「禅定寺文書」）。俳人与謝蕪村が天明三年（一七八三）田原村を訪ねた時、宇治川畔から高尾村を眺めて「最高頂上に人家見えて高ノ尾村といふ」「かかる絶地にも住む人有りやと、そゞろに客魂を冷す」（「宇治行」）と記した絶境で、源氏あるいは平氏武将の「隠れ里」などともいわれてきた。現在は舗装された道も開通、僻地の印象はない。弘法大師掘削伝説の井戸や田原天皇（天智天皇皇子の施基皇子《しきのみこ》）居住伝説などの秘話豊かな、傾斜地に開かれた小平野の集落。コウノの語源は高野山の「高野」と同じく「高いところにある平野」であろう。『宇治田原町史』の説くように、高野→高野尾→高尾、の変遷か。（齋藤）

郷之口《ごうのくち》〔綴喜郡宇治田原町〕

宇治田原町北西部の大字名。宇治・城陽市市辺あたりから宇治田原郷への入り口にあたることに由来する地名。古代～近世期の交通の要衝で、大和と近江を結ぶ田原道の通過地点であった。中世期には承久の乱（一二二一）で鎌倉幕府軍が京都を攻めるのに勢多から田原を経て宇治へ出ている（『吾妻鏡』『承久兵乱記』）。戦国期には織田信長が京都と東国を結ぶ地として山口甚介秀康に山口城を築かせた。本能寺の変（一五八二）の際、堺にいた徳川家康が最短距離での三河への帰途、伊賀越え断行で郷之口の山口城で山口甚介から接待を受けたことはよく知られる。『改正三河後風土記』に「郷之口」が出る。『山州名跡志』『山城名勝志』は「郷口」と記す。（齋藤）

鴻ノ巣山《こうのすやま》〔城陽市寺田〕

市東北部に位置する標高約一二〇メートルの丘陵。水度神社境内に散策道の入り口があり、神社と連なって鎮守の森を形成しており、市民に親しまれている小高い山である。展望台からは京田辺市や八幡市などが一望でき、たいそう見晴らしがよい。地名の由来は、鴻ノ鳥が巣を作った年は豊作になるとの古い伝承からといわれる（『城陽町史』）。一説にもとは長谷山、南に至って蛇喰山《じゃばみやま》などとよばれていたが（前掲書）、いまの名は明治以降のことだという（『昭和京都名所圖會7』）。あるいはもと寺田三縁寺ゆかりの勇誉寂念大和尚（天保三年〈一八三二〉三縁寺に隠居）が埼玉県北足立郡鴻巣町勝願寺の住職で、鴻巣上人ともよんだのに因んで、鴻巣山の名が生じたものであろうともいわれる（『城陽史誌』）。もと「宮山」（宮は水度神社をいう）といわれたようであるが、市の「水田厚正家文書」に「鴻巣南手へ」「高キ所へ」（嘉永三年〈一八五一〉）がみえ（『史料が語る城陽近世史第三集』）、また水度神社の神主だった中嶋白檮《しらかし》の「日記第二」文政四年（一八二一）九月九日条寺田八景に、「影さはる木梢はなれてさし昇る月おもしろき鴻巣の嶺」と詠まれており（『広報じょうよう』二〇〇二年三月）、少なくとも江戸末期には「鴻ノ巣山」といわれていたようだ。ただし実際は、「鴻」はコウノトリではなく、大鴨をいう。（齋藤）

甲畑《こうはた》〔城陽市観音堂〕

市南部の小字名。JR奈良線東部に位置する。当地に旦椋《あさくら》神社が所在する。当神社は江戸時代は「冑大明神《かぶと》」と呼ばれていた。旧観音堂村の産土神で、高倉宮以仁王を祭神としている。治承四年（一一八〇）、以仁王が平家打倒の謀反で宇治川合戦に敗れ、奈良へ逃げる途中綺田《かばた》（木津川市山城町）で討たれるが、当社はその以仁王の冑を祀ったものという。その伝承に因んでの地名であろう。江戸時代に成立の地名か。「甲」は冑に同じである。JR線の西にも「甲田《こうだ》」の地名があるのも同様と思われる。なお観音堂の小字名のほとんどは「―畑」あるいは「―田」になっている。冑神社は明治初年旦椋《あさくら》神社と改められたが（旦椋は古代の屯倉《みやけ》をいうとされる）、その理由は不明。（齋藤）

河辺《こうべ》〔京丹後市大宮町〕

『和名抄』（大東急本・刊本）で丹後国丹波郡七郷の一つである神戸《かんべ》郷は、比定地は不詳とされている。『大日本地名辞書』には「今詳ならずといえども、五箇村蓋是のみ、即伊勢外宮豊受大神の天降の故地とす」とみえる。一方、旧中郡（もと丹波郡）大宮町に河辺《こうべ》があり、『丹哥府志』『丹後旧事記』『中郡誌稿』『日本地理志料』などは、この河辺を『和名抄』（大東急本など）で丹波郡神戸郷の遺名と捉え、大宮売《おおみやめ》神社（式内社名神大）の社領であったとする。池田末則は「川（河）をコ（コウ）と発音することは相当古い時代に遡るのではなかろうか」と述べている（『日本地名伝承論』）。

河辺は竹野川中流域右岸の支流、大谷川の流域に発達した集落であり、「河部」とも書く。また、河辺は大宮売神社が鎮座する周枳に北接する。かつての丹波郡内には、河辺のほかに神戸（かんべ、こうべ）を想起させる地名はなく、もともと河の辺《ほとり》を意味する河辺（かわべ）と呼ばれていた集落が、大宮売神社との関係で神戸郷としての性格をもち、やがて河辺へと表記が変わったのではないかと思われる。（水野）

光明寺《こうみょうじ》〔京丹後市峰山町〕

かつてこの地にあった光明寺という寺に由来するもの。地名の成立は明治時代初期である。光明寺は、浄土真宗大谷派本願寺別院として、天保四年（一八三三）に創建された寺院である。その後、廃寺となった期間を経て、富貴屋町へ移転し、真宗大谷派本願寺別院として復興した。（新谷）

河守《こうもり》〔福知山市大江町〕

「川守」とも書いた。南流する宮川が由良川に合流する地点にあり、北東部で、由良川沿いから宮川沿いに変わって走る宮津街道と、田辺城下（舞鶴市）に向かう河守街道とが交会する。『和名抄』の「河（川）守郷」の地。河（川）守とは河川の運搬労務者のことである。この地は水運・陸運に恵まれ、当地方の要衝として早くから開けた。

近世には「慶長検地郷村帳」に「河守庄」と記され、「延宝三年（一六七五）郷村帳」には「河守町」と見える。由良川左岸に位置し、丹波と丹後とを連絡する宮津街道上の宿場町としてだけでなく、近郷の櫨《はぜ》実・桐実・繭などの原料を集荷して蝋燭・桐油・生糸を製造する地として栄えた。当村南部を流れる由良川は物資輸送の幹線として水運の便をもたらし、明治初期加佐郡では舞鶴町と共に河守町と町を名乗る。明治二三年（一八九〇）河守町、昭和二六年（一九五一）からは大江町の大字。平成一八年大江町は福知山市に編入された。

（高橋）

膏薬図子《こうやくのずし》〔京都市・南北の通り〕

新町通と西洞院通の間の四条通から綾小路までの短い道。『重篇応仁記』の永正一七年（一五二〇）の記事に「三条ノ等持院並びに膏薬道場ニ陣取テ」とある道場は、一般に「空也供養の道場」と呼ばれていたところ。この図子に神田明神と呼ばれる小さな祠がある。平将門の首をさらしたところと伝える（『拾遺都名所図会』）。将門の霊を弔って、空也上人が建てた堂が「空也供養の道場」である。膏薬は、「かうや（空也）」が「コウヤ」となって、「供養」の「ク」も反映して、「コウヤク…」が「膏薬」と意識されたものであろう。「空也」は一般には「クウヤ」といっているが、「クウ」は慣用音で、「コウヤ」が正しいとも。財団法人奈良屋記念「杉本家住宅」が通りの東沿いにある。

（糸井）

高野堂町《こうやどうちょう》〔下京区〕

醒ヶ井通四条下ル綾小路までの両側町である。四条西洞院東入ル南側の膏薬辻子に空也上人の道場があり、高野聖の念仏遊行と空也のそれとが交錯していた（『新釜座《しんかまんざ》町』参照）。その関連から、「高野聖《こうやひじり》の念仏堂」が当町にあった（西陣会館の理事長が、「子供のとき当町の弘法大師のお堂にお参りに来た」と話されたと、当町の西澤氏からお聞きした）。「寛永一九年（一六四二）寛永後万治前洛中絵図」には「かうや道ノ町」とある。宝暦一二年（一七六二）刊『京町鑑』には「高野堂町」とあり、以後変化はない。

（小西）

甲山《こうやま》〔京丹後市久美浜町〕

天文七年（一五三八）の「丹後国御檀家帳」に「かうやまの里」とあるものが初出の地名である。北側に見える兜山《かぶとやま》は、古くより信仰の対象となった山であった。地名の由来は、「神山」（かむやま）→かうやま→こうやま「甲山」で、山の名はさらに「甲山」（こうやま）→かぶとやま→「兜山」と表記するに至ったもの。または熊野山甲山寺（真言宗）の門前集落として成立したものと思われる。なお甲山寺は、天平八年（七三六）に行基により開かれたと伝える。慶長七年（一六〇二）の「慶長検地帳」には「丹州熊野郡幸山村御検地帳」（舞鶴市糸井文庫）と表記される。その後、延宝九年（一六八一）「郷村帳」に「甲山村」の表記が初出し、以後、明治時代に至る。また北近畿タンゴ鉄道の甲山駅の駅名ともなっている。

（新谷）

高竜寺ヶ岳《こうりゅうじがたけ》〔京丹後市久美浜町〕

高竜寺ケ岳は、京丹後市久美浜町と兵庫県との境に位置する標高六九七メートルの山。京都府側からは、市野々《いちのの》と尉ヶ畑《じょうがはた》からの登山口があり、麓には無明の滝がある。「兵庫五十山」にも選定されている。高竜寺は兵庫県豊岡市にある寺の名前で、山名は寺の名に由来するものと思われるが、寺名の語源は不詳。なお、久美浜町須田にある古墳時代後期の湯舟坂二号墳からは、黄金に輝く金銅装環頭大刀（全長一二二センチメートル）が出土。柄頭の環内には、大小二対の竜が向かい合って玉を喰わえる姿を表した装飾が施されている。山ないし寺の名と何か関わりがあるのであろうか。

（水野）

五雲峰《ごうんぽう》〔宇治市五ヶ庄〕

黄檗山万福寺の開祖隠元が境内および、近傍の景勝地を選んで作成した黄檗十景詩や黄檗十二景の中にある「五雲峰」に因む山名。地元の人たちは、ゴウンポという。五ヶ庄の東にあり、標高三二三・三メートルである。隠元の詩の一節には「檗峯永仰五雲間」とある。『(五ヶ庄)村誌』（明治一四年〈一八八一〉）では、山の項にあり、字地の中にはない。また、宇治川を隔てて平等院に向かいあう仏徳山も、同じ十景詩・十二景の「大吉峰」に因み大吉山という名が市民に親しまれている。その他、隠元に因む地名は、隠元橋（隠元が上陸した宇治川東岸）・隠元の渡しなど数多い。五雲峰は、現在はゴルフ場に蝕まれて、空から見ると痛ましい光景である。（「黄檗《おうばく》」参照）

（髙木）

郡《こおり》〔右京区西京極〕

桂川の東岸で、梅津と川勝寺の間に位置し、西京極の一部分にあたる。古に葛野郡家があったので郡とよばれたという説がある。この郡家に由来するとされる地名は全国に散在する。「東寺百合文書」における正和五年（一三一六）の「上野荘実検取帳」の「郡里」が史料中の初出である。なお葛野郡家の位置は、現在の西京極運動公園付近と推定されており、辺りには西京極郡《ごおり》町・同郡沢町・同郡猪馬場町・同郡醍醐田町・同郡附州町の地名がみられる。明《めい》応《おう》四年（一四九五）に西岡五ヶ庄が出した「桂川用水差図案」に、近郷の一つとして記されている。『言継卿記』には、天文二年（一五三三）に法華宗徒が、同二一年には細川晴国の兵が、当地を放火したり破却したとの記録がある。丹波より京に攻め込むためには桂川の渡河が必要だが、当地は要衝としての位置にあり戦いの場になったと考えられる。郡村は江戸期以降は幕府領・禁裏役人知行地・公家領となった。桂川の治水・利水をめぐっては、上流の東梅津、下流川勝寺との間に協力関係ができたり争論が生じたりした。村には郡念仏という六歳念仏の古い姿が伝えられている。

（岩田）

郡《こおり》〔宇治市槙島町〕

現宇治川対岸、岡屋にあった古代宇治郡家に関係する地名ではないか。古代の宇治川本流は、谷口開口部から西北方向に分流していて、その流れの間にいくつかの自然微高地が形成されていた。槙島町小字薗場・北内・門口・幡貫・郡・吹前などのある微高地もその一つである。吹前は、その名の通り冨家殿との関わりが考えられ、槙島町が宇治川右岸と緊密な関係にあったことを示す。ところが、秀吉による宇治川河道の付け替え・固定によって、新流路が久世郡里内を貫流することになり、その結果、条里地割の六坪分程度の地積が失われることになった。その代替地として先の微高地の北端部があてられたのではないだろうかという。立地的に、宇治郡家の跡とは考えがたい。とにかく、郡家とのなんらかの関係でここに郡《こおり》という地名が残されたのであろう。『(槙島村)村誌』（明治一四年〈一八八一〉）には、字地としては載っていない。現宇治市内に郡《こおり》と名の付く地名はここだけである。

なお、「こおり」は、郡家との関わりはなく、毀《こぼ》りの意で、微高地の崩壊地形ではないか、という説もある。（高木）

郡塚《こおりづか》〔京田辺市興戸〕

①『山州名跡志』に「此塚当郡の験のため築く所なりと伝える。亦曰く、件の塚より二町（約二〇〇メートル）許東に大なる塚、南北に二つあり。若し塚を載絶ことあれば奇怪有り。土人恐をなす」と記す。コオリ（郡）はコリ（凝）の転訛で、寄り集まってかたまること。二つの塚（墓）が集まっていることをいうか。②防賀川が谷口に形成した扇状地上にあり、北東の丘陵二ヶ所は急傾斜地、地すべり地でその区域内に一部入る土砂災害警戒箇所である。郡塚はコホル（壊・毀ル）・スカ（砂地）の転で、かつて地すべりの及んだ砂礫地をいうか。コボ・ル（壊・毀ル）は鎌倉時代までは清音コホ・ルである。北側の小字興戸小《こ》モ詰《もづめ》は、地すべり地の東端に位置し、コホ（壊・毀）・ツメ（詰）で、地すべり地の行き止まりの所をいうか。（綱本）

久我《こが》〔伏見区〕

鴨川・桂川の合流点、羽束師の北方、桂川の右岸、久我橋の西に位置する。ここにある久我神社は式内社の久何神社で、『三代実録』貞観八年（八六六）閏四月七日に出てくる「興我万代継神」と推測されている。平安時代から久我氏との関係が深く、『中右記』の寛治元年（一〇八七）二月一〇日条に、源（久我）通親が別業の「古河水閣」に遊覧したことが見えている。久我は古河・興我・久何のほか、「木我」（『中右記』）とも書かれ、久我家の領知となっている。久我はもともと荘園の形成過程で、荒地・未開地を空閑（クガ）と呼ばれた（『日本の地名』）。未開地を賜った領家は開拓して荘園にしたといわれ（『地名用語語源辞典』）、空閑が久我・古賀などの地名になったといわれている。（明川）

五箇《ごか》〔京丹後市峰山町〕

寛喜元年（一二二九）の「藤原頼経袖判下文」（真壁文書）に、藤原氏子がその子薬王丸に知行させようとした地として「丹後国五箇保」とあるのが初出の地名である。近接する峰山町二箇と同様に箇所数を表記した地名であることから、五つあった保を総称または統合して成立した地名と思われ、地名の成立は中世前期と推定される。

五箇保は、長禄三年（一四五九）の「丹後国郷保庄惣田数帳」には見られないが、天文七年（一五三八）の「丹後国御檀家帳」では「五ケの御城」と記され、丹後守護一色氏のもとで国の御奉行とされた石川氏の子息石川小太郎が居住していた。慶長七年（一六〇二）の「慶長検地帳」では、「丹州中郡ノ内五ヶ郷御検地帳」（筑波大学所蔵）・「五ケ村」（京都府立総合資料館所蔵本）と記され、江戸時代には「五ケ（箇）村」と表記されていたことがわかる。明治二二年（一八八九）の町村制施行時には、五箇村・二箇村・鱒留村・久次村の四村が合併し五箇村となった。端郷としては、茂地・訓谷・大ヶ谷・山崎がある。（新谷）

五ヶ庄《ごかしょう》〔宇治市〕

五ヶ庄とは、いくつかの散在した集落の総称で、冨家殿・岡屋庄周辺の散在地などを一つにまとめた際に、複数の村々を集約したということで「五ケ庄」と名付けたのではないか。「五ヶ」「五ケ」「五箇」の付く地名は全国的に数多いが、必ずしも五ヶ所である必要はない。『（五ヶ庄）村誌』（明治一四年〈一八八一〉）に「本村元ト大和田・広芝・畑寺・岡本・新出・岡屋・上・谷ノ八村ニ分レ、倶ニ岡屋郷ニ属ス、慶安四年（一六五二）…八村ヲ合併シ五箇庄ト総称ス」とある。また、「五ヶ庄八ヶ村惣山取替証文」（元禄一四年〈一七〇一〉）でも、全く同じ八ヶ村が含まれている。ただ、新出(田)村と畑寺村とは、小村のため、五ケ庄六ヶ村と呼ばれることもある。

なお、「五ヶ」「五箇」(ゴカ)については、一説に、「こが[空閑]空閑地(くうかんち)を開墾したところ」(『日本国語大辞典』)からの転訛か、という。あるいは、五は、伍に通じて仲間の意か。五ケ庄という名が見られるのは、「宝帳布所進庄々注進状」(正応三年〈一二九〇〉)に、近衛家へ進納する宝帳布割り当て田地の中に「五反五ケ庄」とあるのが古い。また、『後法興院雑事要録』(長享二年〈一四八八〉)には「冨家殿号五ヶ庄」とある。平安末期以降明治維新まで、藤原氏の系譜を引く近衛家の所領であったところで、人々は、現在でもなお、他の地域に比べて恵まれているといい、屋敷地が一反(約九九二平方メートル)ほどもあると自慢する。（高木）

粉川町《こがわちょう》〔下京区〕

不明門通七条上ル下珠数屋町までの両側町である。『京町御絵図細見大成』の絵図に、粉川町の南に、東本願寺寺内町南入り口(七條の南)の堀が描かれている。この堀に「小川」を感じて、「小川町」と命名して後、音の似た「粉川」に変えたと考えられる。『京雀』の「小川町」の記載がそれを裏づけている。宝暦一二年(一七六二)刊『京町鑑』に現町名の「粉川町」とあり、以後変化はない。（小西）

御器屋町《ごきやちょう》〔下京区〕

大宮通七条上る北小路までの両側町で七条下る西側片側を含む。語源は「本願寺天満より此に移りし時。紀州黒江の塗器商人御器屋甚右衛門と云ふ者。同寺に随従して来り此町に住す。膳椀器具を製造して之を調進す。真宗には供膳の仏器を重んして御器と称す」(『京都坊目誌』)の「漆器商人御器屋」による。「天保二年(一八三一)改正京町御絵図細見大成」に「御器や丁」とある。（小西）

御供石町《ごくいしちょう》〔下京区〕

万寿寺通烏丸西入ル室町までの両側町である。当町に御旅所があった伝承とともに、『京都坊目誌』のいう「祇園祭日に神饌を供する台石今(大正時代)猶存す」に注目したい。当町の古老も語り伝えるこの石が、現在、元祇園といわれる四条坊城「那岐神社」の鳥居の左側に納められている。この御供石に因む。当町の町会長が、毎年就任時に、参拝に行く慣習も残る。「寛永一九年(一六四二)寛永後万治前洛中絵図」に、「みこく石町」とある。「天保二年(一八三一)改正京町御絵図細見大成」に「御供石丁」とある。（小西）

虚空蔵谷山《こくうぞうだにやま》〔京田辺市大住〕

大住地域西南の虚空蔵谷山にある虚空蔵堂(法輪山葛井寺)が承久三年(一二二一)大住家友によって建立されたことによるという。毎年四月一三日(旧暦三月一三日)に十三参りが行われる。虚空蔵菩薩は、虚空のように広大無辺の福徳・知恵を蔵して、衆生《しゅじょう》の諸願を成就させるという菩薩。十三参りはこの菩薩の縁日一三日に因んだ行事で、一三歳になった男女が厄落し、開運を願って参る。（綱本）

国分《こくぶ》〔亀岡市千歳町〕

当地において奈良時代に建立された国分寺が地名の由来である。国分寺の西には国分尼寺があり、国分寺・国分尼寺ともに亀岡市教育委員会によって発掘調査が行われている。特に国分寺の調査は長期に渡って行われ、金堂跡、講堂跡、中門、築地跡などが明らかになり、また現在も残る巨大な礎石を用いた塔跡の基壇の状況も判明した。現在の堂宇は近年のものであるが、平安時代の薬師如来坐像(重文)が収蔵庫に保存されている。

明治二二年（一八八九）に千歳村の大字となり、昭和三〇年（一九五五）からは亀岡市の千歳町の大字となった。（安藤）

国分《こくぶ》〔宮津市〕

旧村名。天橋立西部の内海（阿蘇海）の北岸に位置する、府中と呼ばれる地域の一画をなす。背後の成相寺への登り口（西谷）の一つになる。名の由来は、丹後国の国分寺があったことに因む。現国分寺とは別に元の国分寺の跡が存在する。かつて「こくぶん」とも。（糸井）

極楽寺町《ごくらくじちょう》〔伏見区深草〕

京阪本線深草駅東南に位置する。平安時代、この地に極楽寺があったので地名となった。極楽寺町は現在の宝塔寺・瑞光寺の境内の一部といわれている。極楽寺は仁明天皇が芹川に行幸したとき、琴の爪を無くし、藤原基経に捜すよう命じた。基経は爪が見つかったら、仏閣を建立すると祈願したところ、不思議や発見された。この約束を基経の子の時平が果たして建てたのが極楽寺である。鎌倉末期、極楽寺は当時の住職良桂律師が日像上人に帰依し、日蓮宗に改宗された。後、応仁の乱などで荒廃、天正一八年（一五九〇）日銀上人によって再興された。寺名は宝塔寺と改められ、極楽寺を偲ばせるものは基経を祀る昭宝堂くらいしかない。なお、極楽町が極楽寺町の南西にあるが、これは極楽山西休寺の極楽山をもって町名としたものである。（明川）

小桑《こぐわ》〔京丹後市久美浜町〕

地名「小桑」は古代、中世とも記録としてはみえないが、桑を産したところからの命名であろうか。土石流とその被害想定地なので、コク・ル（擦）＋ワ（曲）、つまり土砂で削られた山裾の曲がったあたりの意か。佐濃谷川の上流域に位置する。旧村名。（水野）

五軒町《ごけんちょう》〔下京区〕

東堀川通高辻下ル松原までの東側片側町である。堀川通の昭和二〇年（一九四五）の強制疎開による拡張で東堀川通は堀川通の東側歩道のみとなった。「五軒町」は、八軒町、三軒町などの例から、人家が五戸しかなかった町と考えられる。「天保二年（一八三一）改正京町御絵図細見大成」に「五軒町」とある。（小西）

五軒町《ごけんちょう》〔東山区〕

『京都坊目誌』によれば、当町は古くから街道沿いの要地として開かれたが、応仁・文明の乱後、田地となり荒廃し、わずかに人家五軒を残すのみであったことが町名の由来となったとある。所在は三条通白川橋東入ル。三条通を南北に挟むように位置し、白川を西限とする。

文書等では、延宝二年（一六七四）の『四方洛外町続之町々小名之覚』に「五間町」とみえるのが古く、江戸時代には青蓮院の領地であった。明治二年（一八六九）下京に編入、昭和四年（一九二九）東山区に編成。（忠住）

五軒町《ごけんちょう》〔東山区〕

『京都坊目誌』によれば寛文六年（一六六六）に町地となった際に人家がわずか五軒しかなかったことによる。所在は大和大路通三条下ル。三条大橋東詰南側に位置し、東は大黒町、南は新五軒町に接する。

明治二年（一八六九）下京に編入、昭和四年（一九二九）東山区に編成。（忠住）

御幸町通《ごこまちどおり》〔京都市・南北の通り〕

天正一八年（一五九〇）、豊臣秀吉による京都大改造計画によって生まれた通り。現在、丸太町通から五条通までであるが、「中むかし公家町絵図」によると、丸太町通からさらに北へ一丁ほど延びていた。京都御苑の拡張に伴い、現在に至る。『京雀』『京都坊目誌』などでは、「ごこうまち」としているが、現在通称では「ごこまち」。名の由来ははっきりしないが、大方は秀吉が大坂や伏見から禁中へ参内する折に利用した通りであったからとみている。とすると、「御幸（みゆき）」は天皇、上皇の出で立ちをいう言葉であるから、秀吉をそのようになぞらえていたことになる。（糸井）

小島町《こじまちょう》〔下京区〕

諏訪町通高辻下ル松原までの両側町である。寛永に「ほねや町つきぬけ」とあるのは、北隣に「骨屋町」があり、そこから町民の営為で、諏訪町通が松原通へと「突抜」として始まったことを表す。「突抜」形成に指導的役割りを果たしたのが小島某だったのであろう。宝暦一二年（一七六二）刊『京町鑑』が「小島町」と現町名を記す。（小西）

古城《こじょう》〔向日市寺戸町〕

中世の城跡（寺戸城）があるのが由来という。室町期に寺戸を本拠地とした土豪竹田氏がいた。南北朝以後、荘園解体の中で農民が惣（村落共同体）として結束し、そのなかから、勢力をもつ土豪（国人）が出てきた。九州から上洛し幕府再興を目指した足利尊氏は、国人懐柔策として竹田成忍に建武三年（一三三六）七月一一日「竹田一族、戦いに駈けつけたのは神妙。地頭職とし、御家人とする」（「東寺百合文書」）とある。「観応の擾乱」（尊氏が弟直義を殺した足利家内の争い）では、功のあった竹田次郎兵衛尉秀之や竹田掃部左衛門尉仲重が活躍し、尊氏から観応二年（一三五一）に、上久世庄の公文職を宛行われており、当西岡地方における最有力の国人だった。

丘陵上にある中世の城は有事に立て籠るもので単に堡塁が置かれただけで、居住には不適当な地である。「野田泰忠軍忠状」に鶏冠井城に対向して西岡衆が陣取った寺戸山はこれであろうとされる（『京都社会史研究』）。館跡はこの丘の麓にあり、古城の東隣の南垣内はかつて「御城ノ内」といわれ、寺戸城の城主の館跡と想定されている。一三〜一四世紀の遺構や遺物が出土する。古城の西側には「はりこ池」「大池」「列見池《れつけ》（消失）」があったが、城館の周囲の堀切とみられている（『向日市史・上巻』）。なお、江戸時代の「寺戸村古絵図」（向日市史史料編付図）では、小字北野辺りも「城所」といった。しかし、寺戸には竹田氏以外にも寺戸氏らがおり、古城もふくめていずれの一族の寺戸城かは不明である。

また、同古絵図に載る列見池は近年まであったが、埋め立てられ西部防災センターとなり、その名前はわずかに「列慶《れっけい》児童公園」として残されている。片山秀雄・向日市文化財保護審議会委員によると、向日神社の祭礼は旧暦四月辰の日（五月第二日曜日）に行われ、上植野御旅所を神輿が出発して地域一帯を巡り神社に戻る。途中、列見に神幸する。祭礼に先立って、寺戸区の宮座の当年の神事役である当屋が列見に注連縄を張って準備する。列見とは列立させて点検すること。もとは、律令制下で位階昇進の手続きとして、大臣が叙位候補者を列立させて点検した行事をいった。向日神社の祭礼では、列見で当屋が神輿を迎え、ご神体にその役目を評価・点検される重要な儀式の場所だった。（綱本）

古城山《こじょうざん》〔伏見区桃山町〕

桃山丘陵の中央に位置する。現在の明治天皇桃山御陵一帯を古城山という。そこに伏見城の天守閣があった。伏見城があった場所を古城山と呼んだのが由来である。城跡を古城山と呼称する地名は各地にある。（明川）

五条通《ごじょうどおり》〔京都市・東西の通り〕

平安京の六条坊門小路に相当する通り。現在は、東は清水坂と合流する地点から桂川にかかる西大橋東詰に至っている（「松原通」参照）。東大路通から清水寺へ向かう参道の部分は「五条坂」と呼んでいる。江戸期以降の五条通の名に従ってつけられている。

（糸井）

御所ノ内《ごしょのうち》〔京田辺市普賢寺〕

摂関家の近衛基通《もとみち》（一一六〇～一二三三）が出家後、貞応元年（一二二二）当地に隠棲し法号を普賢寺殿と称し、天福元年（一二三三）に没した。『明月記』に「天福元年五月小廿日普賢寺殿危急、廿一日普賢寺（殿脱か）昨夕事切給了」とある。『吾妻鏡』も六月八日条で「五月晦日（三〇日）丑刻、近衛禅定（基通）殿下、普賢寺殿に於て薨ず、御年七十四」とある。ただし、命日は『百錬抄』の「天福元年五月廿九日普賢寺入道摂政薨年七十四歳」が通説となっている。

また、明治一四年（一八八一）近衛家は近衛基通の墓所などを選定・確定させるが、その根拠となった唯一の「史料」が偽文書「山城国普賢寺郷惣図」で、陽明文庫（近衛家設立）資料であった。室町期に普賢寺では山城が築かれるが、『多聞院日記』永禄一二年（一五六九）四月一八日条に、「城州普賢寺谷ノ城今中・上松・大西・田辺以下生害（殺害）セシム」と信長勢に落とされ、闕所処分になったが、子孫の近衛前久が知行還付を申し入れた。『信長公記』天正六年（一五七八）六月一四日条には、「近衛（前久）殿へ御知行、合わせて千五百石、山城の内普賢寺にて進められ候」とある。『兼見卿記』に前久は同年八月一一日、普賢寺に新造の邸宅を検分していると載るが、当地であろう。

地名由来は、邸宅を構えた場所に因むといわれる。近衛基通邸跡と伝える所に白山神社があった。近衛家の鎮守社という。『山州名跡志』は白山社の項で「伝曰此所、近衛殿ノ一代住玉ヘリ、故ニ御所内ト云、案ニ近衛基実《もとざね》公男、基通公ヲ普賢寺殿ト号ス。此所基通公ノ殿舎ノ地、因テ所地ト号ス」と記す。白山社は当地の式内社地祇神社に明治初期まで存在していたが今は無い。

（綱本）

御所ノ内町《ごしょのうちちょう》〔右京区太秦〕

寛永《かんえい》元年（一六二四）の「山城国葛野郡安養寺村由緒」に「近き西に御所のうちと言ふ処あり。此の地ハ則秦川勝より四代まへ四代後まで九代の間の居城の跡也」とあると記している。また『山城名跡巡行志』には「太秦殿、今御所ノ内と云う、坊門信清公の第」とあり、平安中期の関白藤原道隆の子孫で、太秦殿とも称された信清の屋敷があったという。いずれも古代豪族や貴族の屋敷のあったことから名が付いた。

（岩田）

御所ノ内町《ごしょのうちちょう》〔山科区上野〕

上野御所があった場所としてこの地名が残っている。文明二年（一四七〇）、「凡そ天下動乱の後、醍醐、山科辺り悉く焼失す。是故上野御所回禄（火事）して之なし」（『仟遍法院の記』）とあるように、上野御所は灰燼に帰してしまう。以降、その後の動向を巡って勧修寺と安祥寺で論争が繰り返されるが、結局再興されることはなかった。現在は山科駅周辺の繁華な地であり、往時の面影は全くないが、この地名が残ったことによりその場所がほぼ確定できる。

（小寺）

御所内町《ごしょのうちちょう》〔山科区勧修寺〕

現在は勧修寺の寺域より南側に当たる地域を指すが、かつてはこの地も勧修寺内であったことを示す地名である。豊臣秀吉が「鉢伏山ノ要害ヲ以テ之ヲ本寺ニ求メシニ応セサルヲ怒リテ、其南方ノ道路ヲ北ニ寄セ寺域ヲ縮メ、田地ヲ丈量シテ八百余石ノ内二百石ヲ存シ、其他ヲ没収セリ」（『京都府寺誌稿』）とある。この「道路」とは現在の大石街道のことであり、その南の御所内町もこの時に没収されたのであろう。勧修寺の所在地は、現在「勧修寺仁王門町」となっている。空海の直筆とも伝えられる「仁王経良賁疏」（重要文化財）を所有している寺であるから、仁王信仰にも熱心で、創建当時から仁王門もあったはずだ。今日の勧修寺が仁王門を表す地名の中にすっぽりと入っているのも、いかに大幅に縮小されたかを示している。（小寺）

御所ノ段町《ごしょのだんちょう》（左京区鹿ヶ谷）

『京都坊目誌』に「此地、隆然として壇を為す。中古以来、妙法院宮領地たり。後水尾皇女谷ノ宮、之に占居す。故に御所の壇と云ふ歟」とある。承応三年（一六五四）五月、後水尾院が皇女多利《たり》宮（浄法身院宗澄）を開山となし、円成寺《えんじょうじ》跡に霊鑑寺《れいかんじ》を創建。延宝九年（一六八一）三月、黒川道祐は『東北歴覧之記』に「近世、後陽成院前ノ長橋ノ局、妙法院ノ宮尭然《ぎょうねん》親王ノ母公、尼トナリ玉ヒ、此ノ鹿ガ谷ニ閑居シ玉フ。此ノ地、今ハ霊鑑寺ト号ス。比丘尼所ノ寺トナレリ。近比ノ御住持ハ、後水尾ノ院皇妃也。故ニ谷ノ宮ト称ス」と記す。貞享四年（一六八七）寺地を北隣に移したが、明治二三年（一八九〇）まで尼門跡寺院として皇女・皇孫女が歴代住持を継承し、鹿ヶ谷の霊鑑寺は「谷の御所」と通称されてきた。初め天台宗だったが、現在は臨済宗南禅寺派。周辺が一段高い扇状地だったので、「御所の段」という地名になったという。（笹川）

御所山《ごしょやま》（山科区大宅）

『玉葉』の治承三年（一一七九）六月三日の項に「今日、法皇、山科に幸す」とある。「法皇」とは後白河上皇（一一二七～九二）のことである。行幸は内々に行われたようで、「公卿・殿上人、前駆せず乗車す。各両三人参仕すと云々」（『兵範記』）と記録されている。山科御所は上皇が休養される別業であったのだろう。「土人云く、御所森、大宅村と大塚村との間に在り。又、大宅村氏神山を御所山と呼ぶ」（『山城名勝志』）とその所在地を一応限定してはいるが、詳しい位置については確定していない。「御所山」は上皇が所領する山の意味であり、山科御所もこの近くであろうと考えられる。なお、「御所山」の他にも、「御供田町」「御所田町」「桟敷」「沢町」「堂ノ山」という、山科御所と関係を匂わせるような小字名が散在している。現在ではなくなった江戸時代の小字名にも「山門殿」「唐門」「広ノ御所」「鎊りでん」「中ノ御所」「西ノ御所」「南泉殿」「北泉殿」「堂ノ西」などがあったという（『京都の地名検証2』）。（小寺）

木住《こずみ》（南丹市日吉町）

近世初頭の訴訟文書「湯浅文書」に世木庄内の一村として出てくる村。元禄一三年（一七〇〇）では上木住村と下木住村とに分かれている。

明治九年（一八七六）に両村は合併して木住村となった。昭和三〇年（一九五五）から日吉町の大字となる。（安藤）

小田《こだ》（京丹後市弥栄町）

天文七年（一五三八）の「丹後国御檀家帳」では、「にしこ田」（西小田）と「東小田」の二つの地名が記される。このうち西小田は、京丹後市丹後町西小田に相当するため、「東小田」が現在の京丹後市弥栄町小田に当たることが分かる。またこの記載は、小田の地名の初出となる。耕作地が小さかったことに由来するものであろうか。本来は、小田という一つの地域であったものが、戦国時代以前に東西二つの村に分かれたものと推定される。慶長七年（一六〇二）の「慶長郷村帳」以降は「小田村」と

表記され、「東小田」の表記は使われなくなる。（新谷）

小佃《こつくだ》〔向日市寺戸町〕

阪急東向日駅西側の「小佃」、それに同市森本町、大山崎町円明寺にある「佃」はいずれも荘園領主直営の農地をいう。農民に夫役《ぶやく》として耕作させた。「佃」は作田《つくりだ》の変化した語で、それが地名に転じた。小佃は、しばしば水はついたが市内の他の水田より米の収穫は抜群によかった。単に「佃」ではなく「小佃」になったのは、佃にも一定の広さがあり、それより小さかったからという（京都新聞連載「乙訓地名物語・八七」、一九八二年五月一一日付）。（綱本）

小出石町《こでいしちょう》〔左京区大原〕

『雍州府志』所載の地図に「小弟子村」とあり、『山州名跡志』に「村ノ名、動《ヤヽモスレバ》訓ヲ誤ル所」として「小弟子《コデシ》」を採り上げる。古来「こでし」と呼び、「小弟子」という表記を当ててきた。コは、接頭語で美称。デシの清音テシは、トシ（利）の転。トシはよく切れる、鋭利であるの意。尖った北側の尾根は土砂崩れが予想される急傾斜地。集落は急崖な台地上にある。コテシは「鋭く険しい地形」の意。『日次紀事』によれば、八月一五日には「大原小弟子八幡祭」、一一月一日には「小弟子村祭」が行われ、村祭には「流鏑馬」もあったという。『山城名跡巡行志』には「小出石《コデシ》〈村名〉大原ノ北東一里ニ在リ〈又小弟子ト作ル〉。此所ヨリ北東ノ行程一里ニシテ坂在リ山城峠ト号ス。是レ山州江州両国ノ堺也」とある。「小出石」の表記に引かれ、現在「こでいし」と町名を読んでいるが、元来は「こでし」である。（笹川）

御殿の浜《ごてんのはま》〔宇治市五ヶ庄〕

御殿は、近衛家に対する尊称で、近衛家が利用した港（着船場）の意。浜と呼ばれるところは、宇治川沿いにも、甘樫浜《あまかしはま》・白川の浜・平等院の浜・三室の浜・宇治の浜など、数多い。五ヶ庄の人々は、現在でもなお、近衛家に対する謝恩の気持ちは篤い。岡屋津は、郡家が廃された後も岡屋の浜と称されて、宇治川河畔の重要な港として機能していた。例えば、隠元が上陸したのも、万福寺建築のための資材が陸上げされたのも、この岡屋の浜である。その岡屋の浜が、近衛家との関わりで御殿の浜と呼ばれたものである。隠元の浜とも。この付近は昭和二四年（一九四九）に隠元橋が架設されるまで隠元の渡しと呼ばれて、向島との間の渡河地点でもあった。（高木）

小伝馬町《こでんまちょう》〔上京区〕

聚楽第が存在していた頃、聚楽第と各地を結ぶ荷物の輸送の施設である伝馬所がこの地にあって、運送業の人たちが多く住んでいたところから付いた地名という。町は南北に通る黒門通をはさんだ両側で、北は椹木町通の少し南より丸太町通の少し北までを町域とする。「寛永一四年（一六三七）洛中絵図」に記されているので、江戸時代からの町名である。（清水）

琴引浜《ことびきはま》　→**掛津**《かけづ》

小西《こにし》〔京丹後市峰山町〕

小西山禅定寺の門前集落であったことから、その山号に由来する地名と思われるが、その逆であったことも考えられる。

三条西実隆の日記『実隆公記』の永正二年（一五〇五）九月一七日条に「丹後国丹波郡吉原庄小西山善城寺勧進帳草並清書事」とあるものが、山号ながら初出となる。「善城寺」は「禅定寺」の異表記。同月二二日に「勧進帳今日書之」と実際に筆書したことがわかる。勧進帳自体は現存しないが、幸いなことに実隆が日記に内容を記していた。それによると、禅定寺は和銅年間に遍然上人が草創し、本尊聖観音菩薩像は行基が彫刻したものと伝える。しかし永正二年三月二一日、失火により伽藍を焼失し、再興のための勧進帳の筆書を実隆に依頼したことがわかる。その後、永禄一二年（一五六九）にこの地を訪れた連歌師里村紹巴の『天橋立紀行』には、菅《すげ》から成相寺へ向けて出発する紹巴を送った人物として「小西山岡坊」という禅定寺の僧が見える。慶長七年（一六〇二）の「慶長検地帳」では「小西村」、「慶長郷村帳」では「吉原庄之内小西村」とある。近世には峯山陣屋町に近いということもあってか、元禄一二年（一六九九）の「郷帳」では、「峯山町之枝村小西村」と記される。（新谷）

近衛大路《このえおおじ》　→出水通《でみずどおり》

近衛町《このえちょう》　〔左京区吉田〕

『京都坊目誌』に「此地、洛中ノ近衛〈今ノ出水通〉の直り、古く此称あり。近時、前街を近衛通と命名せしも、之に基因す」とある。すなわち、平安京の近衛大路（現在の出水通《でみず》）末《すえ》に当たることによる。そもそも平安京の近衛大路の名称の由来は、この大路が突き当たる大内裏の内側に左右近衛府あったことによる。八瀬の町名「近衛町」の由来となった近衛家も、その邸がこの大路に面してあったことに因んでいる。『京都坊目誌』は続けて「此字、元田畑にして、東西凡三町、南北一町余とす。明治三十年、其大部分は府立中学校の敷地となれり」と記す。同三二年四月一日、京都府第一中学校と改称する。現在の近衛中学校である。（笹川）

近衛町《このえちょう》　〔左京区八瀬〕　→秋元町《あきもとちょう》

此代《このしろ》　〔京丹後市丹後町〕

「木代」とも書かれる。「このしろ」の語源は不詳。しかし、古来、霊力がある魚と信じられていたニシン科の海産の硬骨魚のコノシロ（鮗）に由来するものか、あるいは人名に由来するものか。今後の解明に待ちたい。

集落は宇川の河口部西方に位置し、日本海に突出した小さな犬ケ岬が西方にある。「このしろの里」が、戦国期に見え、「丹後国御檀家帳」に「一　このしろの里　家五拾軒斗」とある。また、地内にある熊野神社の縁起によれば、江戸期以前には戸数八〇戸とあり、中世には隆盛していたことがうかがえる。（水野）

木幡《こばた》　〔宇治市〕

許の国の秦氏からのコハタではないだろうか。古代の木幡は、「山科の強田の山」（『万葉集』巻一一・二四二五）とあるように、桃山丘陵や久世郡域まで含む非常に広い範囲であったという。現木幡地区には、京都盆地周辺の雲ヶ畑・梅ヶ畑・越畑と同様、畑寺村を始め、畑・畠・端のつく字名が比較的多い。許波多神社もあるし、秦河勝縁の橋寺放生院もある。応神天皇が「佐佐那美道を　すくすくと　吾が行ませばや　木幡の道に　遇はしし嬢子《をとめ》」（『古事記』）と詠んだように「木幡」は、「記紀」・万葉時代から知られた地名であった。中世には、「木幡シ水右衛門太郎ウリ券」（延文二年〈一三五七〉）と字名としての木幡が見られる。『（木幡村）村誌』（明治一四年〈一八八一〉）には、「本村故ト岡屋郷ニ属シテ木幡庄ト称ス、古時ハ許波多《コハタ》・巨田《コハタ》・強田《コハタ》ト書セシヲ寛弘中ヨリ専ラ今ノ字ヲ用リ」とある。「コハタ」と読むか「コワタ」と読むか、地元の人々の間でも揺れが見られるが、見出し語の読み「こばた」は、昭和二六年（一九五一）宇治市発足当時の正式な読みを踏襲したもので、疑問ではある。

なお、許の国の端＝ほとりとする説、強田＝砂礫の多い不良耕地とする説、小さいワダ＝入江、または円みのある平地とする説、また、新たにクハ（鍬）をおろして開いたクハタ（鍬田）とする説など、数多く

の考え方がある。　（高木）

小浜《こばま》　〔京丹後市網野町〕

享禄三年（一五三〇）九月の「丹後国道者日記」（「神宮徴古館農業館所蔵文書」東京大学史料編纂所所蔵影写本）に「小はま」とあるものが初出である。海に面した地であり、船が入る小さな浜があることに由来する地名と思われる。慶長七年（一六〇二）の「慶長郷村帳」には、「下岡村之内小浜村」、元禄一二年（一六九九）の「丹後国郷帳」には「下岡ノ内小浜村」とあり、江戸時代初頭～前期には下岡村の端郷であったことがわかる。その後、明治時代に入るまでの間には、単独の小浜村として記載されるようになる。　（新谷）

五番町《ごばんちょう》　→一番町《いちばんちょう》

御廟野町《ごびょうのちょう》　〔山科区御陵〕

「御廟」は霊廟を敬っていう言葉で、天智天皇陵を指しているのであろう。『延喜式』に「兆域東西一四町、南北一四町」とあるとおり、かつては広大な墓陵であった。「御陵は往古は八角形の御廟陵上にありしが応仁の兵燹に罹り今は唯其基礎を存するのみ（中略）中古以来大荒廃せし」（『京都府宇治郡誌』）とあり、中世には大いに荒れていたようだ。明暦三年（一六五七）に改修が行われる。元禄一〇年（一六九七）の全国的な墓陵調査の時に、まわりが柵で囲まれていたという記録が残っているが、天智天皇の陵戸の長であるとの家伝を持つ竹鼻氏が御陵鎮守社の神主として常駐していたことによるのであろう。明治に入ってから整備が続き、大正一〇年（一九二一）の大整備で現在の姿となった。「御陵野」の「野」には、人家のない広大な野原のイメージがつきまとう。　（小寺）

呉服《ごふく》　〔京丹後市峰山町〕

明治二年（一八六九）五月の「峰山御用日記」以前は、「下町」であった地域と推定される。明治二年（一八六九）五月の「峰山御用日記」には「呉服町」とあるため、下町が改称されたことがわかる。改称時期は、明治七年の「兵庫縣管下各区並村名取調書」によれば、明治二年である。丹後ちりめんの呉服商が多く居住したことからつけられた町名と思われる。　（新谷）

瘤木《こぶのき》　〔福知山市〕

由良川支流・大呂川の下流域の右岸に位置する村名。北方には、すぐ北側の支流である花倉川中流域の長尾に通じる花並峠がある。『続日本紀』には白臘（白目）を産した地として見えている。白臘とはアンチモンを主成分とし砒素を含む鉱物である。また山陰道別路の花並駅にも比定されている（『大日本地名辞書』）。地名の由来は不明であるが、鉱物の含有からコブのある木が良く見られたからとも思われる。

『丹波志』によると、古くは大呂村の枝村であった。明治二二年下川口村の大字となり、昭和二四年（一九四九）からは福知山市の大字となった。　（安藤）

御坊ノ内町《ごぼうのうちちょう》　〔山科区小山〕

町内にある明教寺が浄土真宗西本願寺派の寺であり、浄土真宗の寺院を「御坊」というところからついた町名であろう。文明元年（一四六九）、地元の郷士・中山喜平治が、本願寺第七代存如上人に帰依し、当寺を建立した。その子玄鎮に蓮如上人より授けられた名号や巻物等が寺宝として伝わっている。洪水の折、この寺の本尊であった十一面観音像が流され、数年後、音羽川の下流で見つかり、その地にお堂を建てた（現在の称名寺）との伝説が残るが、本尊が流される話は寺院の信仰対象が変わったことを暗示しているのであろう。　（小寺）

胡麻《ごま》　〔南丹市日吉町〕

地名の由来は、古代においてこの地に牧

が置かれていたことから、駒《こま》が転化したものと考えられていた（『船井郡誌』）。『延喜式』左右馬寮の項に、諸国が貢納する馬牛を放牧する所として丹波の国では「胡麻牧」の名が出てくる。しかし、ゴマの語源として、谷底の盆地や平頂の峰などの狭い土地という意味がある（『地名の語源』）。胡麻は、蒲生を中心とした盆地から東北にある丘陵地を越えた狭小な平地であることから、柵を設けて馬牛を飼うには適している地域である。そして地名の由来も、この地形的な特色からきていると見られ、胡麻の地の牧であるので「胡麻牧」と呼ばれたのであろう。

胡麻牧はやがて平安時代末には「胡麻庄」となっていた。そして天正から文禄の頃は「護摩之畑村」として文書に出る。昭和三〇年（一九五五）から日吉町の大字となった。（安藤）

小結棚町《こむすびだなちょう》〔中京区〕

小結《こゆい》とは、小結烏帽子《こゆいえぼし》のこと。頂頭懸を用いずに、「小結（侍烏帽子にモトドリを結び付ける、二本の組糸）」を懸けてあって、それで頭に固定する烏帽子。とくに、子どものつける侍烏帽子」（『時代別国語大辞典』）。棚《たな》は、店《たな》・ミセ。したがって小結烏帽子を売る店のある町の意。

新町通を挟む両側町で、南北はおよそ四条通から錦小路通まで。中世の早い段階から人の往来が多く、商工業が盛んだった。寛文五年（一六六五）刊『京雀』には「此町は毎年七月と極月とに万の物をもち出てあきなふ市の棚ある故に町の名とす」とあり、四条・新町という往来の盛んな地にある当町では、定期的な市が催されたことが知られる。

小結の棚の名は、室町時代後期から確認される。元禄二年（一六八九）刊の『京羽二重織留』には「凡そえぼしを造るものは洛下所々にあり、其内室町三条の南にある所根本とす。小結えぼしを造る者いにしえ新町四条にあり。其所を小結の棚と云。〈略〉小結は少年の着する物にして、五色の紙捻を以てえぼしの角を結て飾とする也。凡、元日、上巳、端午、重陽、児女のもてあそぶ所、品々の物、此処にて商売す。是又、少年着する小結えぼしより、もとづく物なり」とある。このように当町の名は小結《こゆい》烏帽子に由来するものであったが、近世には日常的に烏帽子を被る習慣が失せ、「小結」の意も忘れられてゆく。「寛永一四年（一六三七）洛中絵図」には「こひノ棚町」とあり、そこから「鯉棚町」とする表記も生まれた。『京羽二重織留』にも、「今あやまり恋の棚と云」の一文が見える。コムスビダナとする現在の町名も、コユイの意を忘れてコムスビと訓んだことに因るものである。なお当町には現在も、少年用の和装関連用品を扱う専門店がある。（真下）

米屋町《こめやちょう》〔下京区〕

油小路通北小路下ル七条までの両側町である。「京師米店売之」（『雍州府志』）とあり、当町に米穀店の大店があったに違いない。米屋にしても仏具屋にしても、天満から本願寺とともに移転してきた商人職人であった。「寛永一九年（一六四二）寛永後万治前洛中絵図」に、（寺内町の）「油小路四町目」（「井筒町」参照）とある。なぜか宝暦一二年（一七六二）刊『京町鑑』は七条上ルの町を省いている。「米屋町」に改称した時期が不明といわれるが、「天保二年（一八三一）改正京町御絵図細見大成」が「米や丁」としており、これは天明七年（一七八七）の原図といわれるので、一八世紀末には「米屋町」と改めたと推定する。（小西）

蒲生《こもう》〔船井郡京丹波町〕

由良川に注ぐ高屋川の支流・須知川上流西岸の村名。川沿いに水田が営まれるが、村の西部地域は広い高原となっていて、「蒲生野《こもうの》」と呼ばれている。地名の由来は明確でない。高原地形であるので、その名のとおり湿地で多くの蒲が生えていたことからと考えるのは不自然である。あるいは、川沿あたりを「蒲生（かまふ）」とみて、「かまふ」→「かまう」→「かもう」→「こもう」と変化してきたか。村内には弥生時代の遺物が発見される散布地があり、また台地には円墳の蒲生野古墳群七基がある。明治三四年に須知町の大字となり、昭和三〇年（一九五五）から丹波町の大字となった。（安藤）

小山《こやま》〔京田辺市薪〕

江戸時代、油屋で小山四郎兵衛と呼ぶ豪商が、六代にわたって居を構えていた。今の府道八幡・木津線（当時の奈良街道）から、この小山家に通じる広い道があり、絞油の生産物を積んだ鉄輪四輪の牛車が通っていた。この道をベタ道といい、小山から四反田・水取へ通じる小山道を経て木津川に至り舟積みされた。昭和二〇年代（一九四五～五四）まで薪の重要産業に莚《むしろ》織りが盛んだった。莚織機《ばた》を操るときは、「精出い縄綯《な》うて、縄倉建てて、小山半四郎はんに、負けぬよう」と唄われたほどだった（『薪誌』）。（綱本）

小山《こやま》〔山科区〕

山科区の東の中央部に位置する。平安末期の「山階郷古図」に、集落の南にある向山が「音羽里小山」と書かれていることから、この山に因んで「小山」とつけられたとされる。しかし、「小」は大小を表す接頭語の「小」ではなく、美称の「小」であり、「おやま」という意味で付けられたと考えたい。各地で「おやま」と呼ばれる山は信仰の対象であり、富士山をはじめとして修験道の行場として意識されている所が多い。この地も山中にある法厳寺（牛尾観音）への登山口に当たる。寺伝によれば、第一一代垂仁天皇の時代に音羽山（牛尾山？）山上に音羽権現を祀ったのが始まりとされる。「最初は今の地より四五町許山上に在て巍然たる伽藍」（『京都府宇治郡誌』）であったらしい。中世に衰微し、山頂から現在の中腹の小堂に移ったことが、音羽山と牛尾山とを混同させる一因にもなっている。注目すべきは、石山・醍醐に連なる峰々を「其の峰は険峻にして絶頂に達る。則ち雲を踏み、霄を凌ぐ。其の谷は幽邃にして徹底を極める」（『山城名勝志』）と、ことさら深山幽谷ぶりを極端なほどに誇張して紹介していることである。法厳寺は延鎮の開基ともいい、清水寺の奥の院として観音信仰霊場とされるが、山全体が修験道の場であり、現在も「役の行者神変大菩薩の秘法・六大縁起に基づいた道場」とされている。地理的にも、修験道の二大本山であった醍醐寺と園城寺との中間に位置し、また行者ケ森という山名や弘法大師修行伝説も残っている。山全体が行場であり、霊場であり、その入口の地としての地名と考えたい。

小山は大字名であり、現在、区内に「一石畑」「御坊ノ内町」など、二〇の小字名がある。

（小寺）

小山《こやま》〔北区〕

鞍馬口通周辺の地域に広がる地名で、小山板倉町、小山元町など数多くの町名として残る名称である。明治二二年に測量された仮製二万分一地形図では、水田地帯に若干の微高地が確認でき、その景観から付けられたものと推定することができる。かつては村名で、中世の賀茂六郷の一つ、小山郷の領域に相当する。

中世には小山郷であったこの地は、近世には「中山村」と称されていた時期があり、『京都府地誌』によれば、明治元年（一八六八）に小山村に改称したとするが、享保年間作成の「京大絵図」（同志社女子大学蔵）には「こやま」標記が見られ、併用されていたものと考えられるが、その経緯は不詳である。（天野）

御霊町《ごりょうちょう》〔山科区小野〕

小野小町伝説や深草少将の百夜通いの伝説で有名な随心院が鎮座する場所が御霊町である。「小町が深草少将の霊を慰めるために御霊町と名付けた」というのは俗説で、失恋が原因の死去では怨霊にならない。かつてこの地は小野郷の中でも注目される場所ではなく、目立つのはすぐ東にある醍醐天皇陵であった。後山科陵と呼ばれ、直径約四五メートルの円墳であり、「老樹森々として遠く之を望めば小高き岡の如く」（『京都府宇治郡誌』）と形容されている。醍醐寺が管理し、祭祀してきたので、天皇陵としての認識は共有されていたことから、最初は御陵町と呼ばれていたのであろう。醍醐天皇（八八五～九三〇）は、菅原道真（八四五～九〇三）を左遷した人物で、晩年は日本最大級ともいえる道真の怨霊に悩まされている。また、この地には「雨僧正」と言われた霊力に秀でた仁海（九五一～一〇四六）が曼陀羅寺を建立している。「海く密講の席を啓き、四もより来り業を受くる者多し。世に小野密派と号す」（『元亨釈書』）とあるように、その霊力は広く知られていた。以上のような背景から、「御陵町」が後に「御霊町」になったと考えたい。（小寺）

御陵ノ下町《ごりょうのしたちょう》〔右京区龍安寺〕

衣笠山の南西麓に位置する龍安寺がある地をいう。同寺北側山腹の標高一〇〇～一五〇メートルに散在する天皇・皇后陵の南下方にあたることに由来する。これを朱山《しゅやま》七陵といい、南西部からみて後三条天皇陵（在位一〇六八～一〇七二）、後冷泉天皇陵（在位一〇四五～一〇六八）、後朱雀天皇陵（在位一〇三六～一〇四五）、貞子内親王陵（後朱雀天皇皇后）、一条天皇陵（在位九八六～一〇一一）、堀川天皇陵（在位一〇八六～一一〇七）及び山頂の円融天皇火葬塚（在位九六九～九八四）を総称するものである。永観《えいかん》元年（九八三）に円融天皇によりこの地に円融寺が建立され、同寺衰退後の宝徳《ほうとく》二年（一四五〇）細川勝元により、龍安寺が造られた。（岩田）

御林山《ごりんやま》〔綴喜郡宇治田原町立川〕

町南部の御栗栖《みくるす》神社東方の山名（四〇二メートル）。元和九年（一六二三）禁裏御料となり、松茸・栗の御所献納が義務付けられた山。山廻役が置かれ、その費用を村々が負担した。幕末では、山下の名村《なむら》・符作《ふつくり》・老中《おいなか》・切林《きりばやし》・糠塚《ぬかづか》・大道寺《だいどうじ》六ヶ村が給米一石を負担、百姓の立ち入り、伐木、下草の刈取りが禁止され、冥加銀を納めて許可を得、生計の資としていた。また毎年松茸五千本納入が決められていた（「加美家文書」）。山名の由来は、皇室御料林からきている。（齋藤）

是安《これやす》〔京丹後市丹後町〕

長禄三年（一四五九）の「丹後国郷保庄惣田数帳」に「是安保」とあるものが初出の地名である。平安時代後期～鎌倉時代にかけて開発された保地名として、この地を開発した人名に由来するものと思われる。天文七年（一五三八）の「丹後国御檀家帳」の「吉長の内寺谷」に「新宮寺　大寺なり」とあるが、新宮寺は、神宮寺のことと思われ、寺谷は是安のことと思われる。元禄一二年（一六九九）の「丹後国郷帳」には、吉永村の枝村として「是安村」が記される。その後は、是安村の単独表記とな

り、明治時代に至る。（新谷）

五老岳《ごろうがたけ》〔舞鶴市〕

五老岳（三〇六メートル）は舞鶴市域のほぼ中央にあって、東西市街と湾内の景観を一望する位置にある。もと安久《あぐ》山と言ったというが、江戸中期には「五老峰」、「五呂ケ嶽」（『丹後国加佐郡旧語集』）と称している。江戸末期の俳人は舞鶴湾の風景を「九景浦」と呼び親しみ「五老峯」と記す（「まつの月」一八〇五年）。後に野田笛浦は九景の第一に「五老峰朧月」と称えている。明治一一年（一八七八）『京都府加佐郡村誌』は「五郎ヶ嶽」とする。この山が正式に地図に表示されたのは、大正一〇年（一九二一）修正の陸地測量部五万分の一地形図で、「五老嶽」と記している。

察するに、京都所司代を勤めた牧野親成が丹後田辺藩主となった時、田辺城の東北に聳える独立峰を「五老峰」と呼ぶことにしたのではないか、というのは一五年の所司代在任中、所領のある河内国八尾高安に陣屋を置いていたが、その東方に際立つ高安山は「五老峰」と称されていたという（『大阪府の地名Ⅱ』）。「五老峰」は中国江西省廬山の名峰であり、李白の詩にもうたわれている。（髙橋）

五郎太町《ごろうたちょう》〔伏見区深草大亀谷〕

近鉄京都線丹波橋の東北、清涼院の辺りで住宅地は少ない。尾張藩祖徳川義直（幼名は五郎太丸、一六〇〇生）が幼年時代この辺りにあった清涼院で過ごしたところに由来する。義直の母は八幡正法寺志水宗清の娘、父は徳川家康で義直は九番目の子。宗清の娘はお亀の方といった。清涼院は元清涼庵といい、奈良の長谷寺から移した福寿観音に、お亀の方が安産祈願をしたのが始まりである。後、家康がお亀の方のために寺として建立したといわれている。五郎太町の初見は「大亀谷五郎太町」（『京羽二重織留』）と思われる。現在の清涼院には一六歳の五郎太丸立像、お亀の方の肖像画がある。（明川）

衣棚通《ころものたなどおり》〔京都市・南北の通り〕

まず天正年間に豊臣秀吉によって設けられた、下長者町通から三条通までの通りをベースに、次第に北へ南へと延びて、現在は大門北通から六角通まで至っている。途中、一条通から下長者町通までなど二ヶ所で途切れている。ただし、三条通から六角通までは、茶人広野了頓の邸宅の中を抜けていることから、この部分は「了頓の図子」「たまくらの図子」とも呼ばれる。『京町鑑』（宝暦一二年〈一七六二〉）に「三条上ル町に袈裟法衣商ふ店多く有るによつて衣《ころも》店《たな》といふ」とある。「たな」は、「店」にも「棚」にも通じる語。東隣の室町通が織物など衣類の卸問屋の多い通りとしてよく知られているが、この通りにも同種の商いが及んでいたのであろう。（糸井）

金剛童子山《こんごうどうじやま》〔京丹後市弥栄町〕

金剛童子山は、京丹後市弥栄町にある標高六一三・四メートルの山で、宇川源流部の西側に位置し、高尾山（標高六二〇・二メートル）から依遅ケ尾《いちがお》山（標高五四〇メートル）まで南北に連なる金剛童子山山系（別称、熊野山系）の主峰をなす。頂上付近には切り立った険しい絶壁をなす岩が多く、行場や行者堂跡がある。かつて役小角《えんのおづぬ》が修行したと伝えられ、創建当時には七堂伽藍が完備していたといわれる。南東麓の緩やかな斜面にある味土野《みどの》は、細川忠興夫人の玉（洗礼名ガラシャ）が幽閉された地として知られる。山の名は、役小角が修行したと伝わる、この山の険しい形状に由来するものであろう。（水野）

金毘羅山《こんぴらやま》〔左京区大原〕

古くは「江文山」と呼ばれていたが、山上近くに金毘羅大明神と崇徳天皇を祀る琴《こと》平《ひら》神社が建てられて以後、「金毘羅山」というようになった。標高五七二・八メートル。「金毘羅《こんぴら》」の語源は、神格化されたガンジス河に棲む鰐を意味するサンスクリット語。仏法を守護し、衆生を苦悩から救済する存在である。『大日本国法華経験記』には蓮坊阿闍梨が「江文ノ巓《いただき》ニ登リテ、一《いち》夏《げ》籠行セリ」とある。江文山では早く夏安《げあん》居《ご》が行われたことが知られる。また、藤原俊成の父俊忠（一〇七三〜一一二三）の家集『俊忠集』には「秋のころ江ぶみに日ごろこもりて、いづるあか月に／山ふかみ松のあらしにききなれてさらにみやこやたびごこちせん」（四七）の一首が見え、この頃には江文寺が建立されていたことがわかる。『後拾遺往生伝』によると、藤原為隆（一〇七〇〜一一三〇）は「鞍馬・法輪・江文・信貴・高野・粉河・勧修寺等」に四天王を安置し、比叡山西塔の僧快賢《かいけん》は「大原江文寺ニ移住シ」保延元年（一一三五）に往生を遂げている（「江文峠」参照）。讃岐国で憤死した崇徳天皇を慰めるため、琴平神社をこの地に勧請したという伝承があるが、真偽は不明。（笹川）

昆布屋町《こんぶやちょう》〔中京区〕

昆布屋のある町。昆布は貴重な海産物であり、古くから公家・武家・庶民・寺社の各階層で需要があった。その用途も料理の出汁《だし》にとどまらず、日本の伝統食では各種の料理や菓子の主材料ともなり、薬用としても使用された。またヨロコブの語感や不老長寿の神泉郷の産物としての印象があって、めでたい食物として各種の儀礼に重用された。当町のひとすじ南にあたる竹屋町通沿いには魚屋町があり、ともに海産物商が営まれていた経緯が想像されるが、昆布の名が残されたところからは、宮中・公家や寺社に出入りする昆布商の存在が考えられる。ちなみに現在も京都御苑の南側には、昆布を商う老舗が健在である。

当町は丸太町通に北面して、麩屋町通を挟む両側町である舟屋町と東接し、富小路通を挟む両側町の枡屋町と西接する、きわめて面積の小さな町である。位置の上からは近世の大内裏と公家町に至近の距離であることが、当町を「昆布の町」として成り立たせた、大きな要因となろう。（真下）

紺屋町《こんやちょう》〔下京区〕

紺染工の居住による。

土手町通正面（中珠数屋町）下ル下珠数屋町（北小路）までの両側町は、東本願寺新屋敷の町であることから、法衣その他の染物を納入する紺屋があったのであろう。町地形成は、渉成園の建営にあたり、御土居の付け替え道路の開通による。町名の初見は「承応二年（一六五三）新改洛陽並洛外図」で、「こんや丁」とある。「天保二年（一八三一）改正京町御絵図細見大成」に、「こんや丁」とあり、変化はない。

御方《みかた》紺屋町は、醒ヶ井通（現在は堀川通の拡張により堀川通西側歩道）木津屋橋下ル塩小路までの西側片側町である。「古老云ふ慶長以前に紺染工此に住し。豊臣氏の命に因り。征韓の役に幕幟を染めた」（『京都坊目誌』）に因む。宝暦一二年（一七六二）刊『京町鑑』に「御方紺屋町」とあり「おんかた」と読ませている。（小西）

さ

西院《さいいん》〔右京区〕

平安時代に淳和天皇の譲位後の離宮があったが、これが西院と別称され、地名となった。西院は古くは、「さい」とも「ざいん」とも訓じたという。右京区の東端で、地域の大半は旧平安京の域内に入る。平安期から鎌倉期には西院荘や西院小泉荘があったところで、領有権をめぐり興福寺や貴族の間で争いが頻発した。またこの地は、軍事的には摂津・西国方面からの攻撃を桂川で防ぐ拠点として重要であった。戦国時代には地元の小泉氏による西院小泉城があり、細川晴国軍と法華一揆衆とが戦闘を繰り広げた。秀吉の御土居築造時には洛外となったが、洛中改造に伴う公家や社寺の替地が集中し、細かく複雑な領有が進んだ。江戸期には、隣接の村落との間で、御室川や紙屋川の治水や利水を巡って争論がおこった。明治には京都市内向けに出荷する近郊農業が営まれた。昭和三年（一九二八）には新京阪電車（阪急電車）が京都西院まで開通し、その後四条大宮、四条河原町へと延伸して、交通至便の地となった。（岩田）

西院町《さいいんちょう》〔上京区〕

この地は、平安京の大内裏の東半分の中央付近に当たり、「西院」という建物があったところから付けられた町名である。町は南北に通る智恵光院通をはさんだ両側で、下立売通の少し南より丸太町通の少し北までを町域とする。この地は聚楽第が存在した時には、徳川家康の屋敷があった場所で、江戸時代になると京都所司代の用地となっていたため民家はなく、町名もなかった。明治になって民有地となり、明治八年（一八七五）に、現在の町名が定められた。（清水）

道祖大路《さいおおじ》 ↓佐井通《さいどおり》

西海子町《さいかいしちょう》〔東山区〕

皀莢《さいかち》の当て字。古くこの地の南にある長《おさ》田《だ》塚に皀莢の樹があったのにちなんだという。所在は三条通東大路西入ル。東大路通の東側に面し、三条通を南北に挟み北は左京区に接する。

「新改洛陽並洛外之図」（一六五三）に「さいかいし丁」とあるのが早い。現在の町域は、明治四五年（一九一二）、従来の三間幅の三条通を一〇間幅への拡張と、東山通の延長に伴い、当町内中央に東山三条交差点が位置することとなった。明治二年（一八六九）下京に編入、昭和四年（一九二九）東山区に編成。

別称として「松《まつ》之《の》木《き》町」。当町南側の浄土真宗本願寺派真覚寺の門前にあった松の木にちなむ（『京町鑑』）。（忠住）

サイカシ町《さいかしちょう》〔山科区竹鼻〕

目印にもなる大きなサイカチの木があったためとされる。サイカチは樹高が一五メートルにもなる日本固有の落葉高木である。若芽を食用にしたり、実はこすると泡が出るので石鹸として使われたり、サヤから去痰剤の生薬を作ったりと、昔から親しまれてきた木である。とくに根の張りがよいため、決壊を防ぐ木として堤防によく植えられた。街道筋でもよく見られるのは、目印になると共に、大きな樹冠で旅人の憩いの場所となったからである。魔除け・厄除けの木として信仰する地方も多い。現存しないが、山科盆地の中心部として開けた平地での目印として親しまれてきた木であったのだろう。（小寺）

西京《さいきょう》〔向日市上植野町〕

西京の地名が長岡京域内に二つある。一

つは上植野町の南部にあって「西京（さいきょう）」と呼んでいる。他の一つは長岡京市滝ノ町の小畑川をへだてた西側にあり、今は「の」の字を中に入れて「西《にし》の京」と呼んでいる。昔は今の西京を「西（にし）の西京（さいきょう）」と呼び、その東隣りの「堀の内」の南半を「東の西京」と呼んでいたらしい。

東の西京は朱雀大路およびその東に広がりを持ち、はっきり左京（東の京）の中に包まれることになる。平安京の西の京も一部朱雀大路の東にわたっている。ちょうどこのあたりは、平安京ならば左京職のあったところにあたるので、あるいは最初は左京職跡とでも呼んでいたのが、後になって左京が西京と呼ばれるようになったのかも知れない。いずれにしろこの名前は長岡京に関係すると思われる。（中山修一「長岡京に関連する地名」『地名の世界』所収）。（綱本）

西寺町《さいじちょう》〔南区唐橋〕

平安京の創建時、羅城門の東西に建てられた官立寺院の一つ、西寺に由来する。西寺は、東寺と同様、平安遷都後すぐに造営され始めたという。一八世紀に成立した『高野春秋編年輯録《こうやしゅんじゅうへんねんしゅうろく》』によると、弘仁一四年（八二三）、守敏《しゅびん》僧都に下賜されたとされるが、伝説の域を出ない。弘仁一五年（八二四）の干ばつの際に行われた神泉苑での雨乞いの儀式において空海に敗れた守敏は、恨みの果てに空海に矢を放ったが地蔵菩薩に阻まれたという有名な矢取地蔵の伝説がある。西寺は、正暦元年（九九〇）に火災に見舞われたことを契機に衰亡したが、一三世紀の初頭までは存続したという。西寺は東寺よりも格が上だったという指摘もある。東寺により近い、鴨川にかかる「唐橋」の造営・管理をしていたことがその事実を補強すると、追塩千尋は「西寺の沿革とその特質」（『北海学園大学人文論集』二三・二四）の中で指摘している。西寺の遺構は、現在、同町内にある「唐橋西寺児童公園」にわずかに礎石を残すだけである。（入江）

最勝寺町《さいしょうじちょう》〔左京区岡崎〕

かつてこの地周辺に最勝寺があったことに由来する。『帝王編年記』元永元年（一一一八）一二月一七日条に「御願ノ最勝寺〈六勝寺其一〉供養。行幸有リ」とある。最勝寺は鳥羽天皇の御願寺として創建された。『花園天皇宸記』によれば、正和三年（一三一四）二月一四日、尊勝寺とともに焼失。応仁の乱で廃寺となる。『京都坊目誌』は岡崎町の字として「西正地」を挙げ、「古へ最勝寺のありし所也。後世、最勝を誤て、西正とせり。応仁以後、地は岡崎村に帰して田疇と為る。明治二十六年京都市に売り、博覧会の敷地に充つ。〈西は運河限り〉二十八年開場となり、翌年道路を開く。〈応天門通〉…西部は三十七年岡崎公園とし、俗に桜ノ馬場と称す。運河以西は二十六年迄畑地なり。其後、人家建続く」と記す。最勝寺跡は、現在、岡崎公園野球場となっている。（笹川）

斎藤町《さいとうちょう》〔下京区〕

西石垣《さいせき》通四条下ル両側町で、東は鴨川、西は高瀬川に接し、南は「天王町の北端（団栗橋と仏光寺橋の中間付近）」に接する。町地開発を主導した斉藤某に因む。角倉による「寛文九年（一六六九）から同一〇年にかけて鴨川筋の新堤の築造が行われたが、その際石垣を築き堤としたゆえに西石垣の名がある」とされ、「新堤築造後の町地の開発」で、宝暦一二年（一七六二）刊『京町鑑』には「斉藤町」とし、「俗に西石《さいせ》垣町《きちょう》といふ」と但し書きしている。（小西）

佐井通《さいどおり》〔京都市・南北の通り〕

平安京の道祖《さい》大路にほぼ相当するが、さらに北へ延びて、現在、わら天神北辺から八条通の南、西高瀬川の左岸に至っている通り。東側には佐井東通、西側には佐井西通がある。「佐井」は、平安京の大路の名「道祖（さい）」による。「道祖」は、境を守る道祖神（さへ〈さい〉のかみ）の道祖であろうが、由来はよくわからない。京への入り口の北端か南端に道祖神が祀られていたか。他には京中にも道祖神は祀られている。四条通辺りに淳和天皇の後院・淳和院があり、西院と呼ばれた。その辺りが西院（さい）という地名になっている。また九条通を南に抜けたところに古くからの石原郷（紀伊郡）があり、その南部が「佐比河原」と呼ばれていた。この通りは別に「春日通」とも呼ばれたが、四条通の北にある春日神社にちなんだ通り名である。また、「細井大路」（『山州名跡志』）とも「佐比小路」（『山城名勝志』）とも呼ばれたらしい。（糸井）

幸神町《さいのかみちょう》〔上京区〕

この町のほぼ中央に幸神社《さいのかみしゃ》があることに由来する。町は寺町通今出川の北から西に入る小路をはさんだ両側が町域である。天保二年（一八三一）の「改正京町絵図細見大成」に「幸神丁」とあり、江戸時代からの町名である。幸神社は猿田彦神を主神とする神社で、境内に「大日本最初御降臨旧跡之地　猿田彦御神石」と表示された神石がある。（清水）

際目町《さいめちょう》〔伏見区淀〕

際目町は京阪本線八幡市駅の東、宇治川・木津川が合流する三角地帯で、明治三年（一八七〇）の木津川付け替え以前は川の堤防沿いの左岸に位置していた。際目は境界・境目のことで、ここでは土地の境界を表した地名が由来と思われる。現在、際目は伏見区淀に所属するが、江戸時代の「石清水八幡宮文書」によると、八幡庄外四郷（生津・際目・美豆・川口）の一つで、石清水八幡宮の所領であった。際目は綴喜郡美豆郷に属していたので、久世郡淀との境界の地の意味と思われる。なお、際目には古代の土地区画の条里制の地割のなごりが見られる（『山城国綴喜郡村誌』）ので、田や畑の境界から考える説も推定される。（明川）

材木町《ざいもくちょう》〔下京区〕

『京都坊目誌』に「材木町は京都所々にありて。堀川の東岸に木材の貯蔵所を設け。各所に於て販売す。其商家のある所を皆材木町と称す」とあり、材木町という町名がある所、材木商が住んでいた。

木屋町通松原下ル万寿寺の延長線上よりやや南までの東側片側町は、東は鴨川に接し、西は高瀬川に面する。「慶長年間（一五九六～一六一五）に門倉了以により高瀬川が開削されて後、（中略）当町には材木問屋が多く」（『京都市の地名』）、高瀬川が伏見まで開削され、大阪との交易が進むなか、当町の材木問屋は発展していった。寛文九年（一六六九）から一〇年にかけての鴨川新堤建設以後、畑地を開発して町地とされた。「寛文一二年（一六七二）洛中洛外大図」に、五条通までを「材木町」とし、南に隣接する「下材木町」を含んでいる。宝暦一二年（一七六二）刊『京町鑑』には「上材木町」とあるので、この時期に南に接する「下材木町」が分離された。「天保二年（一八三一）改正京町御絵図細見大成」には「下材木丁」を分離したうえで「材木丁」としている。

下材木町は、木屋町通五条上ル万寿寺手前までの東側片側町である。東は鴨川に接し、西は高瀬川に接する。高瀬川開発後、交易が進む中、材木商の多い地域であった。一町であった「材木町」から、下（南）にある町として独立した。

新町通万寿寺下ル五条までの両側町で

は、新町五条の材木商「三文字や喜兵衛」の居住（『京羽二重織留大全』）に因む。「寛永一四年（一六三七）洛中絵図」から「天保二年（一八三一）改正京町御絵図細見大成」まで「材木町（丁）」と変化はない。

七条通東洞院東入ル高瀬川までの両側町の場合は、宝暦四年（一七五四）刊『京羽二重織留大全』の「材木屋」の項に、「七条木や丁」酢屋惣兵衛の名がある。とくに、当町では、材木と仏所と時宗金光寺との特別な関係が注目される。「寛延三年（一七五〇）作中古京師内外地図」に「大仏師定朝《じょうちょう》宅寺云七条道場」とみえる。鎌倉末期の「正安三年（一三〇一）、おそらく七条仏所の某仏師によって、二世上人他阿真教に寄進された土地に金光寺が建立され」（『日本仏教彫刻史の研究』）、以後、運慶に象徴される慶派の仏所が時宗の祖師や仏像を製作することになる。一一世紀初頭に、定朝によって完成した木寄法（木割法）により、「同時に多くの造像をすすめることが可能になって」（『京都の美術史』）きたという。「天保二年（一八三一）改正京町御絵図細見大成」には、舟入りを真ん中にして、両側に「材木丁」とある。

高倉通四条下ル綾小路までの両側町の場合は、同名が多いので、明治維新後、高倉の「高材木町」としている（『京都坊目誌』）。東隣りの「綾材木町」、南隣りの「竹屋町」などとともに、材木、竹商の集中がみえる。「竹屋町」に材木商野村や伊兵衛の名がある（宝暦四年〈一七五四〉刊『京羽二重織留』）。「寛永一四年（一六三七）洛中絵図」にすでに「高倉材木町」とある。

綾小路通柳馬場西入ル高倉までの両側町の場合も同名が多いので、綾小路の小路を省いて、「綾材木町」としている。宝暦四年（一七五四）刊『京羽二重織留大全』に、当町近辺の柳馬場と高倉の間の堺町に菱や茂兵衛など材木商が記載されている。「寛永一九年（一六四二）寛永後万治前洛中絵図」に「綾小路材木町」とある。宝暦一二年（一七六二）刊『京町鑑』にも「材木町」とする。（小西）

佐伯《さえき》〔亀岡市薭田野町〕

『和名抄』の桑田郡の郷名の一つである。この地名は、古代豪族佐伯氏が部民の人々と共にこの地に居住していたことから生じたものと考えられる。佐伯という氏名は古語「さへく」に由来しているとされる。松岡静雄『日本古語大辞典』によれば、「さへく」とは「さわがしい声で物を言う」あるいは「聞き分けにくいように物を言う」の意味である。奈良時代には蝦夷地の俘囚や南九州の隼人族がはるばると連れてこられて畿内各地に部民として編成された。これらの民の言葉は畿内の人々にとっては異国の言葉と聞えたに違いない。佐伯氏は、その俘囚や隼人族の人々を統治した豪族であった。中央豪族から地方豪族まで多くの佐伯氏があるが、亀岡の佐伯氏については確かなことは分からない。ただ奈良時代の丹波国司の中には佐伯常人（天平一〇年補任）、佐伯久良麻呂（延暦元年補任）という二人の佐伯氏の名が見られる（『篠村史』）。当地の佐伯氏の場合は九州の隼人との関係が指摘されている。中原康富の日記『康富記』には桑田郡佐伯庄、佐伯隼人保、太田隼人司領等の地名が記されている。この地名から佐伯郷には隼人が居住していたことが窺われるのである。このように佐伯氏が隼人の人々を率いて、国府の守護を担ったと考えてみると、奈良時代の丹波国府の位置についても、佐伯という地名が、奈良時代丹波国府が千代川町北部にあったとする説の一定の傍証となる。国府が八木町屋賀に移った平安時代には、山陰道は佐伯を通り湯の花から園部町西方の山間部を抜けて篠山へ通じる道に変わるとされる。足利健亮は、穴太から少し北にある吉田から北へ行く道が平安時代の国府への支道とされる。この支道は奈良時代からの道で、直進して川関付近で大堰川を渡り、東岸の官道にも接続していたと思われるのである。

鎌倉時代には佐伯庄が置かれた。田中忠三郎氏所蔵「文書」の寿永二年（一一八三）「建礼門院庁下文案」に「丹波国佐伯郷内時武名」と見えている。その後、高倉天皇の母、建春門院が建立した最勝光院領となったが、後宇多天皇の時、東寺領となった。下って「醍醐寺文書」の建武三年（一三三六）に「丹波国佐伯庄地頭職」が足利尊氏から篠村八幡宮に寄進されている。

明治二二年（一八八九）に稗田野村の大字となり、昭和三〇年（一九五五）からは亀岡市稗田野町の字名となった。（安藤）

嵯峨《さが》〔右京区〕

桂川左岸にあり、京都盆地の最北西部にあたる。『嵯峨名勝志』は「愛宕山の阪より出たる名なるへし」をあげ、『嵯峨誌』では「背面に高山ありて険《さが》しきが故に、単にさがと呼びし」として、いずれも地形起源の説をとっている。『新撰京都名所図会』では、中国の長安郊外の景勝地である巀嶭山《さつがつ》（嵯峨山）の名を移したという説をあげている。嵯峨の初見については、『類聚国史』延暦二一年（八〇二）八月二七日条に「嵯峨荘」とある。平安期には、自然の美しさから天皇や貴族の山荘が造られた。中世になれば、天皇を譲位した後嵯峨・亀山・後宇多上皇が大覚寺に住んだことから、同寺は嵯峨御所とも呼ばれた。また足利尊氏による天龍寺の造営は、門前町の発展にもつながった。近世には、角倉了以により大堰川（桂川）開鑿が行われ経済的発展をもたらされた。同川の材木運送は奈良時代からあったが、この時期に揚陸地として発展し、材木仲間等が活躍した。（岩田）

坂井《いさか》〔京丹後市久美浜町〕

「慶長郷村帳」では「堺」、「共武政表」では「阪井」とも書く。川上谷川左岸の山麓に位置し、東方の山麓には海士《あま》集落がある。『熊野郡誌』によれば、地内の小字永《えい》助《すけ》にある陵《みささぎ》神社へは、往昔、海士からの参道が通じ、海士の海部直《あまべのあたえ》の子孫が代々祝を職として、同社に奉仕したという。陵神社の祭神は、神服連海部直《かむはとりのむらじあまべのあたえ》。「坂井」地名は、記録としては古代、中世には見えない。この地名は、陵神社との関係からある一定の地域、範囲を示す「境」、あるいは久美浜町西部へ通じる谷間の道の入口に位置することから「境」としたことに由来するものであろうか。（水野）

堺《いさか》〔京丹後市峰山町〕

宝暦三年（一七五三）の「峯山明細帳」には「田町」とある地域である。明治二年（一八六九）五月の「峰山御用日記」に「堺町」とあるものが初出となる。峯山陣屋町の一番西側、安村との境に位置することに由来するものと思われる。改称時期は、明治七年の「兵庫縣管下各区並村名取調書」によれば、明治二年である。（新谷）

堺町通《さかいまちどおり》〔京都市・南北の通り〕

天正一八年（一五九〇）の京都改造計画に基づき、旧・万里《まで》小路（今の柳馬場通）と高倉通の間に新しく設けられた通り。丸太町通から五条通に至るが、途中仏光寺通と高辻通の間が中断している。一説に五条以南、仏仙寺や渉成園などで寸断されるが、七条通までとも。名の由来は、西の高倉通あたりの町家の立込と東側の、鴨川に続く野原をなす地との境に開通した道だからとみられている（『京雀』『宝暦京町鑑』など）。しかし、江戸の中期頃までは二条と

四条の間は「材木町通」と四条の南辺りは「亀屋突抜」とも云われていたという。（糸井）

栄町《さかえちょう》〔下京区〕

六条通富小路西入ルの両側町である。町が栄えるようにとの願望による命名であろう。旧東本願寺寺内町の新屋敷に属した。「天保二年（一八三一）改正京町御絵図細見大成」に「栄丁」とある。（小西）

佐牙垣内《さがいと》〔京田辺市宮津〕

低地に臨んだ丘陵の端に位置する。江津公民館の施設名が残っているように、江戸期から明治九年（一八七六）旧江津村に属した（「江津」参照）。

当地に式内社佐牙神社があり、『新抄格勅符抄』に「大同元年（八〇六）佐牙神九戸」とみえる古社である。

『延喜式』神名帳（九六七年施行）に「佐牙乃神社」と載り、社名は「サカノ」と読まれた（『式内社調査報告・第一巻』）。中世は池田荘（摂関家・吉田社・北野宮寺領と変遷）に比定されている。

語源は、①「佐牙神社神紀」に「敏達天皇二年勅して酒部連友三と云人に命じて、佐賀弥豆男神《さがみづを》、佐賀弥豆女神《さがみづめ》を咋岡ノ山本に鎮座なし玉ひて」とあり、祭神は山本から遷座したという造酒の神とされる。『京都府田辺町史』は「江津は佐賀荘であって、氏神は佐牙神社である。この神社の参道より南、ほとんど江津部落全体を、今も佐賀垣外という小字名で呼び、昔のなごりをとどめている」、酒に関わる「社名と地名が同一であった」という。だが、「佐牙神社神紀」は偽文書「椿井文書」であり、佐賀荘という荘名も「椿井文書」の創作である。

②佐芽は清音「サカ」が原義である。サカは酒に因むのでなく、サキ（先、崎）の転訛で「丘や山のはしが平地に終わる突端」（『民俗地名語彙事典』）をいう地形語である。垣内（カイト、カイチ、カキツ）は、古代、中世の農村で周囲を垣で囲んだ他と区別した一区画の土地をいう。佐牙垣内は丘陵突端の集落がある一区画の土地をいう。（綱本）

嵯峨観空寺《さがかんくうじ》〔右京区〕

大覚寺西方の嵯峨観空寺久保殿町《くぼでんちょう》にかつて存在した寺の名に由来する。現在の観空寺は江戸期の再建で、野中にある観音堂である。元の観空寺は、嵯峨天皇創建で、『三代実録』貞観《じょうがん》一二年（八七〇）八月二六日の項に観空寺の額を預けるとの記述がみられ、伝行基作の十一面観音を本尊としている。中世以降荒れてしまったが、慶長年間に後水尾天皇により再建された。その後また荒廃して大覚寺の境外仏堂となったが、銅山を開発した住友家の初代がこの地に住んで、修復した。境内に愛宕参道の灯籠石柱が遺り、前方に愛宕山に詣る本道があったと伝えられる。（岩田）

嵯峨越畑《さがこしはた》〔右京区〕

右京区の西北端で愛宕山の北西部に位置し、北・西・東の三方を丹波国に接する山間の地である。地名は愛宕山の腰にあたることから起ったという。古くは越畑邑といい、天応元年（七八一）に愛宕山白雲寺領となった。永禄一〇年（一五六七）の『腰畑村従来記』では、村の始まりは、弘仁五年（八一四）に愛宕山の使用人雲平・竜徳が愛宕山・丹波間の交通の便をよくするために開拓して定住したことによるとしている。貞観《じょうがん》二年（八六〇）には坂上田村麻呂の妻薩捶が清水寺創建の協力者である雲平・竜徳を当地に訪ねた記録がある。その後平安から室町の間に都人が移住して戸数が増え、一五世紀には五八軒と最多になった。このうち承平三年（九三三）に移住した松井兵庫と鍋浦賀門については、現在も兵庫や鍋浦という地名が残されている。山城・丹波国境の村として、山の利用を巡る争いが絶えなかった。耕地も少なく灌漑もできなかったことが原因となった。明治初年に細野川からの水路により二〇町内外の灌漑が可能となり、その後も開墾が続いた。また愛宕山腹にあることから、亀岡盆地東麓の村々への利水のため、明治以降に西ヶ谷池や廻り池が建設された。（岩田）

嵯峨樒原《さがしきみがはら》〔右京区〕

愛宕山北西麓の山間にある。『京師巡覧集』によれば、南側の水尾からの一帯に樒の木が自生していたことに由来するという。樒は、一種の香気があり仏事に使用するが、古くには榊と同様に神事に用いられた。ここ愛宕山では「火伏の神花」として、ふもとの住民が参拝者に販売授与してきた。この地は近世以降は原村と呼ばれる。享保期成立の『山城志』では、越畑・水尾とともに古くは丹波国に属したと伝える。中世は愛宕山福寿院の寺領であった。すでに平安期の『曾根好忠集』や『江師集』などには、樒原が詠まれた和歌がみられ、地名として認識されていたようである。また、天正一五年（一五八七）一二月付の豊臣秀吉朱印状写には「原越畑の内、字樒原（略）荒し置候儀是非なく候、早々に開発仕り、作毛申し付けられるべく候なり」とある。近世は山城国葛野郡に属した。近隣の村との間に山稼ぎを巡って山境・国境争論が続発したが、文政年間には田畑用水確保のため桃源池が造られ、丹波側の村々にも利用を認めた経緯がある。（『史料　京都の歴史一四』）（岩田）

嵯峨釈迦堂《さがしゃかどう》〔右京区〕

嵯峨にある清涼寺《せいりょうじ》の本尊釈迦如来への信仰から、同寺が嵯峨の釈迦堂と称されることに由来する。同寺は五台山の号をもつ。清涼寺の地は、平安前期、嵯峨天皇の皇子左大臣源融《とおる》が山荘栖霞観《せいかかん》を営んだところで、融の死後に栖霞寺とされた。寺はその後衰えたが、東大寺の僧奝然《ちょうねん》が寛和《かんな》三年（九八七）に宋から帰朝し、愛宕山を中国の五台山になぞらえて、この付近に大伽藍の建立を企画した。奝然の没後、高弟盛算が勅許を得て、栖霞寺の釈迦堂を清涼寺と号し、師が持ち帰った栴檀《せんだん》の釈迦如来像を祀った。像はガンダーラ様式がみられ波状衣文（清涼寺式釈迦像）が有名で、多く模刻された。浄土教信仰が盛んになるにつれ、室町中期には融通念仏の大道場となり、清涼寺の名が高まった。境内では四月に、中世末期以降に始まったとされる念仏狂言が催される。（岩田）

嵯峨大覚寺門前《さがだいかくじもんぜん》〔右京区〕

嵯峨に多く存在する寺院名に基づく地名の一つ。大沢池の西に位置する大覚寺の南側一帯にあたる地をいう。『山州名跡志』も「今寺院の傍の地を何門前と其寺号を呼なり。仮令は等持院門前、東福寺門前と」と記している。大覚寺は、平安初期の嵯峨天皇の離宮である嵯峨院を、皇女である淳和天皇皇后正子が貞観《じょうがん》一八年（八七六）に寺院としたものである。嵯峨院の初見は、『日本後紀』弘仁《こうにん》五年（八一四）閏七月二七日条に「猟で北野に遊び、日晩《ひくれ》に嵯峨院に御する、侍臣に衣被を賜る」とある。大覚寺は淳和天皇第二子恒寂法親王を開山として、寺院としての姿が整備された。その後いく度か火事にあったが、信長、秀吉、家康により寺領の寄進や安堵が発せられ、門跡寺院としての体裁が整えられていった。とくに秀吉が天正一三年（一五八五）に行った「上嵯峨内六百拾五石」の寄進により、付近の寺域の整備が進んだと考えられる。（岩田）

坂谷《さかだに》〔京丹後市久美浜町〕

坂谷は長野集落の東隣にある狭小な谷に

展開する集落。四方を久次岳《ひさつぎ》（五四一メートル）や、女布《にょう》権現山（三四八メートル）などの山々に囲まれ、佐濃谷川支流の丸太川（別名、竹藤川）の上流に位置することから、傾斜した谷、坂状になった谷を意味するものと考えられる。狭い谷なので、狭（サ）処（コ）、つまり迫（サコ—山がせまっている）の転で狭い谷をいうか。（水野）

嵯峨天龍寺《さがてんりゅうじ》〔右京区〕

嵯峨にある。江戸期以降は天龍寺門前村と称し、明治八年（一八七五）に天龍寺村と改称した。暦応《りゃくおう》二年（一三三九）に創建された臨済宗天龍寺に因む名前である。秀吉の頃、嵯峨郷が上嵯峨村・下嵯峨村・生田村・天龍寺門前の四ヶ村に分離させられたという『沿革取調書』の記述もみられる。大堰川（桂川）が山地部から平地部に出た辺りの左岸に位置する。古代においては『和名抄』の葛野郡橋頭《はしもと》郷に当たると想定でき、大堰川と密接な関係をもちつつ発展した。付近は景勝の地として皇族や貴族に愛されるところであった。鎌倉期には後嵯峨上皇が大堰川の水を引き入れた亀山殿という御所がつくられた。南北朝期には後醍醐天皇の菩提を弔うため、足利尊氏・直義が亀山殿の地に天龍寺を建立し、夢窓疎石を開山とした。この後も禅宗寺院が立ち並ぶ土地となり、その外交・交易には商人の参加も得たため、門前には商工業・運送業者が集まった。徳政一揆や応仁の乱では荒廃したが、慶長一一年（一六〇六）、角倉了以により大堰川が開鑿されて、材木・薪・米などの重要な荷揚げ場となった。幕末には天龍寺が兵火にかかったが、明治三〇年（一八九七）には京都鉄道が二条—嵯峨間に敷かれ、同三二年には京都—園部間が開通し、同四三年には嵐山電車（京福電鉄）が営業を始めて、住宅や観光の開発が進むことになった。（岩田）

嵯峨鳥居本《さがとりいもと》〔右京区〕

伏見藤森神社正面の鳥居崎町、上京区北野天満宮東の鳥居前町と同様、鳥居に因む地名の一つである。愛宕神社参道に沿う地域の名称で、平地部から北西の山地部に入る部分で一の鳥居が建てられている。本来は禁足地の意味。愛宕神社は標高九二四メートルの愛宕山山頂付近にあり、平安時代から火難除けで全国的な信仰を集めてきた。またこの地は、五山送り火の「鳥居形」がある標高一五三メートルの曼荼羅山（仙翁寺山）のふもとにもあたる。鳥居形の点火については、『井上家文書』の宝暦《ほうれき》一〇年（一七六〇）の記録に、「毎年七月一六日晩、鳥居之形を仙翁寺村鳥居本一所立会燈シ申候。」とある。同書の明治一九年（一八八六）の項には、旱損《かんそん》の折、愛宕社一ノ鳥居で雨乞いが行われたことが記されている。鳥居本町の名は江戸期からみられ、上嵯峨村に属していた。（岩田）

嵯峨二尊院門前《さがにそんいんもんぜん》〔右京区〕

嵯峨に多く存在する寺院名に基づく地名の一つ。『山州名跡志』も「今寺院の傍地を何門前と其寺号を呼なり。仮令は等持院門前、東福寺門前と」と記している。二尊院は小倉山の東麓にあり、小倉山と号する。同寺は承和年間（八三四〜八四八）、慈覚大師が嵯峨天皇の命で建立したとされる。『雍州府志』によれば、荒廃した同寺を法然が九条兼実の協力の下で中興したという。法然の弟子湛空《たんくう》が土御門・後嵯峨両天皇、次の叡空が後深草・亀山・後宇多・伏見四天皇の戒師となったことから帰依をうけて諸堂が整備され、天台・真言・律・浄土の四宗兼学の寺院として盛んになった。応仁の乱で荒廃したが、豊臣氏・徳川氏の寄進を受け、檀家に公家の二条・鷹司・三条・三条西家や豪商の角倉家などを有することから、西嵯峨での有名寺院と

なった。江戸時代は上嵯峨村中院町の一部であった。　（岩田）

嵯峨野《さがの》　〔右京区〕

山野のけわしい地勢が語源。葛野郡の行政区として下嵯峨と梅津の間に位置する嵯峨野村の名については、『京都府地誌』によれば江戸期の生田《おいた》村の小字名「嵯峨ノ段」に由来するとある。明治七年（一八七四）の高田・生田村合併時、生高や高生の案が出されたが、自らの村名を下に置きたくない意見が出て、嵯峨野と命名されたという。観光地として一般的に呼称される「嵯峨野」の地は、大堰川（桂川）が平地部に出た左岸側で、北に山地、東に太秦、西に小倉山、南に桂川が流れる一帯をいう。平安遷都後には天皇・貴族が遊び、山荘や大寺院が建てられ、古典文学の舞台ともなった。『三代実録』元慶《がんぎょう》六年（八八二）一二月二一日の条に「葛野郡嵯峨野」とあるのが初見。嵯峨野村域の南にあった高田村は、『和名抄』の葛野郡一二郷の含まれる高田郷が元で、郷名が村名になったと考えられる。『太秦村誌』では、高句麗からの渡来系氏族である高田首の居住が起りであると記している。旧生田村域の現神ノ木町一帯には、相楽郡から遷された山背国府があったといわれる。のち長岡遷都に伴い長岡京の南に再度遷された。両村とも河川から離れているため、隣村との間で用水をめぐる争いが続いた。地味が悪い土壌で畑地が多く、合併後も木綿・菜種・大根などを栽培する近郊農業地帯となった。なお、六歳念仏の伝承があり、八月に旧生田村の浄土宗阿弥陀寺で行われる。　（岩田）

坂本町《さかもとちょう》　〔中京区〕

坂の下の町。当町の由来については『京雀』では「そのかみ坂本のひとすみそめたり故に名とす」とあり、『京都坊目誌』では、天文年間に馬鐙工の坂本忠辰という者が、足利氏の命で摂津野田から移住したとする。近世に当町の周辺が職人町を形成していたことからすれば、ありうることだろう。しかし、あえて仮説を立ててみるならば、京の人々が「坂本」の名で想起するのはおそらく、琵琶湖西岸比叡山麓の坂本の町だろう。京都御苑の南に位置する当町は高倉通を挟む両側町で、北は丸太町通、南は竹屋町通に接している。周辺にはそれほどの高低差はない。しかし、当町の中央に通る高倉通を北に延長すれば、そこは内裏の建礼門。内裏が古くから大内山《おおうちやま》と呼ばれたことを考えるなら、そのヤマの麓、すなわちサカモトにあたる。

なお、当町の西隣には大津町《おおつちょう》があり、ここからはこの坂本町が先行し、近江の地名の連想の上で大津町が成ったと考えることもできるだろう。

平安京大内裏の東にあたり高倉通を挟む当町は、平安時代には貴族の邸宅の建てられた地域だった。中世には商工業地となり、酒屋が営まれた記録もある。中世末以降はこの町の北側に内裏と公家町が形成された。現在も京都御苑と京都地方裁判所に近い、閑静な町並である。　（真下）

下り松町《さがりまつちょう》　〔左京区一乗寺〕

枝が下方へ垂れ広がった松の木が、この地にあったことによる。『山州名跡志』は「同ジキ（一乗寺）村ノ口、路傍ニ在リ。古松《コセウ》ハ滅シテ、其ノ後植ウル所也」とし、『山城名勝志』（大島武好、一七一一、初秋）は「今古松数株存」とする。『梁塵秘抄』に「根本中堂へ参る道…観音院のさがり松、ならぬ柿の木、人宿り、禅師坂…」（三一二）と見えるのが早い時期の用例。比叡山へ登る西坂「禅師坂」の目印であった。また『平家物語』によれば、山門の衆徒は、師高・師経を罰すべき裁断が下りないことを不満に思い、安元三年（一一七七）四月一三日早朝、ついに神輿《しんよ》を振り上げて入京する。その様が「さがり松、きれ堤《づつみ》、賀茂の河原、糺《ただす》、梅ただ、柳原《やなぎはら》、東北院の辺に、しら大衆《だいしゅ》、神人《じんにん》、宮仕専当《みやじ、せんだう》、みち／＼て、いくらと云ふ数を知らず」と語られるように、「さがり松」は、比叡山から西坂本へ下山した時にまず到着する地点でもあった。「さがり松」には「下松」「降松」「山下里松」などの漢字が当てられ、『山州名跡志』は「世ニ云フ、平ノ敦盛ニ幼児アリ、敦盛ノ死後、母義《ボギ》、此ノ児《チゴ》ヲ源家ニ隠スニ便リ無クシテ、一条ノ降松《サガリマツ》ニ捨ツルト云フハ、一乗寺ノ降松ヲ誤ル也。法然上人、叡山ヨリ賀茂参詣ノ時、拾得テ養育スト云フハ、此ノ所、其ノ往返《ワウヘン》ノ順路ナルナリ」という逸話を載せる。（笹川）

下り松町《さがりまつちょう》〔下京区〕

黒門通り四条下ル綾小路までの両側町である。『京雀』は「此町に大木の松一本あり世にいふ九郎判官よし経太刀をかけられし今もこの松を太刀かけの松と名づく」と付記する。貞享三年（一六八六）刊『雍州府志』は、この町は「細川頼有戦死の場で、松を植えて徴とした」とある。いずれにしても、これらの松の枝が垂下していたことに因む。「寛永一九年（一六四二）寛永後万治前洛中絵図」に、すでに現町名の「下り松町」とある。（小西）

鷺坂《さぎさか》〔城陽市久世〕

市北部の万葉地名。古代における大和から近江方面への通過地点（「山背《やましろ》の久世《くせ》の鷺坂」）である。「鷺坂にして作れる歌」と題する「柿本朝臣人麻呂之歌集」所出。「白鳥の鷺坂山」（巻九・一六八七）・「細領巾《たくひれ》（白い布）の鷺坂山の白躑躅《しらつつじ》」（巻九・一六九四）と、白のイメージが鮮やかである。

鷺坂は久世神社（『万葉集』に「久世社」が出ている）の東の坂（その東側には奈良時代の郡役所跡正道官衙《しょうどうかんが》遺跡がある）とされる（富野鷺坂山とする説もある）が、当神社は中世においては「白鳥宮」と呼ばれ、ヤマトタケルノミコトを祭神とする。この古道は城陽東部丘陵を横断して宇治に直進したルートとされるが、この丘陵部には白砂にちなむ地名が南北に存在する。南の端の峠道に白い山砂が産出する「市辺《いちのべ》白坂」がある。北の峠を越え果てた集落は「宇治市白川」である。いずれも崩れやすい大阪層群の地層中の白砂を根拠としている。この城陽地域には白砂に対する思い入れがあり、かつては旧村各地正月を迎える準備として白砂を用いて門口に模様を描く砂播き民俗行事が盛んであった。主に東部丘陵の山砂が利用されたもので、より白いものが珍重されたという。久世の奥山は宇治に山越えする位置にあるがここが最も美しい白砂を産する場所として語られている（「城陽市民俗調査報告書第二集」）。白砂を産する丘陵部は北の白川、南の白坂、そして中央部に鷺坂の地名を残したものであろう。「鷺坂」は「白坂」と同義語であったものと考えられる。（福富）

左義長町《さぎちょうちょう》〔山科区西野〕

小正月に行われる火祭りの行事である左義長が町名になったのであろう。左義長は鎌倉時代には行われていたようであり（『徒然草』）、平安時代の貴族の遊び「毬杖」を起源とする説が有力だが、なぜ「左義長」と書くのかは不明。京・大坂では、比較的、とんど・どんど・とんど焼き・どんど焼きと呼ばれることが多い。音羽森廻り町に鎮座する若宮八幡宮の年中行事も「とんど祭」と呼ばれている。この地が山科本願寺の外寺内に当たることと、近江から越前にかけては左義長と呼ばれることが多いことを考え合わせると、その人たちによって寺内町で行われた行事に由来する可能性が高い。（小寺）

桜井町《さくらいちょう》〔上京区〕

古来、この地に「桜井」という名水の井戸があったという伝承があり、正徳元年（一七一一）刊の『山州名跡志』によると、室町時代の連歌師桜井基佐が当地に居住して、この名水にちなんで「桜井」の姓を名乗ったという。町は南北に通る智恵光院通をはさんだ両側で、北の五辻通と南の今出川通の中間を町域とする。天保二年（一八三一）の「改正京町絵図細見大成」に「桜井丁」とあり、江戸時代からの町名である。また、源義経の伝説で知られる金売り吉次（橘次）の屋敷がこの地にあったといわれ、町の西にある「首途《かどで》八幡宮」の社名は、義経が吉次に連れられて奥州へ旅立つ際に参拝したことによるという。（清水）

桜木町《さくらぎちょう》〔下京区〕

烏丸通七条上ル下珠数屋町手前までの両側町である。ただし、烏丸通の拡張により、ほとんどの家は失われ、東北部に一部残るのみである。『京町鑑』に「櫻町」とあるように、当町にあった「桜の木」に因む（「大江町」参照）。「寛永一四年（一六三七）洛中絵図」には東本願寺の寺内町の「（烏丸）五丁目」とある（「井筒町」参照）。「天保二年（一八三一）改正京町御絵図細見大成」に「桜木丁」とある。（小西）

桜ノ馬場町《さくらのばばちょう》〔山科区西野山〕

馬場は乗馬の練習や競馬をする場所を言う。かつての競馬は「競べ馬」と呼ばれ、二頭以上で競争するのも、武芸を競うだけではなく、神意を伺うという意味があった。現在、上賀茂神社などで行われている流鏑馬（馬で走りながら道の脇に据えられた的を矢で射る行事）も、元来神意を伺うものであった。桜ノ馬場町は、山科神社の目の前の約二キロメートルにも及ぶ直線の参道近辺を指し、実際に馬場があったのか、馬場に見立てられたのかは不明だが、花の咲き誇る風光明媚な雰囲気を表すために「桜」を冠したのであろう。なお、山科盆地の東方の山中に鎮座する法厳寺（牛尾観音）の登山口にも「桜馬場」と呼ばれる広場がある。（小寺）

双栗《さぐり》〔久世郡久御山町佐山〕

雙（双）栗神社が鎮座することによる名。雙栗神社の雙栗は、「久世郡神社明細帳」（明治一六年〈一八八三〉）にいうように、『和名抄』に羽栗《はぐり》・殖栗《なぐり》のふたつの郷に鎮座する社である所からの名か。『延喜式神名帳』に「雙栗神社三座」とみえ、『三代実録』貞観元年（八五九）正月二七日の条に、正六位上の雙栗神に従五位下が叙位されたとある。岩清水八幡宮との関わりのある神社で、江戸時代には椏本《あてもと》八幡宮とも呼ばれていたが、明治八年（一八七五年）に式内社双栗神社と元の名に改められた。

なお、①『佐山村郷土誌』（昭和三年〈一九二八〉）に、古代豪族である羽栗氏（乙訓郡を本貫とする）の祖神を祀った神社であり、本来は羽栗神社であったということから、「羽」を「双」と誤写したことよるもの、または、羽栗から雙栗への音韻の転訛という考えがある。また、②『京都府地誌』の佐山村条に「狭山（佐山）江ノ址今雙栗神社ノ傍ニアリ、昔時ハ大池（巨椋池ノ旧称）ナリト云フ」とあり、明治末まで狭山江の名残の池が社の傍らにあったことから、『和名抄』羽栗郷のハグリは、ハ（端）・クリ（転、クルクルのクル）で、湾曲した入江の端をいうか、という考えもある。（高木）

柘榴《ざくろ》〔相楽郡精華町〕

町の南西部。「石榴」とも書く。木津川の支流山田川下流域の山間地で、民家は北方にせまる山の中腹に集まり、水田は山田川沿いの平地に開ける。明治二二年（一八八九）～現在の大字名。はじめ山田荘村、昭和二六年（一九五一）精華村、同三〇年（一九五五）からは精華町の大字。戦国期に見える地名。当地辺りで合戦があり、『多聞院日記』永正四年（一五〇七）一〇月一日条に「今日此方より、木津・山田辺取懸被《られ》了、則柘榴焼了」と見える。

地名由来は、小字向井に日出《ひので》神社（祭神・光明皇后）があり、境内には、神石と称し旱魃の時に川に沈めると雨が降るといわれる雨乞い石がある。この石はもと西隣の奈良県生駒市鹿畑町に鎮座していて、延暦年間（七八二～八〇六）ご神体の大石がここまで流れ巨木に留まったという。「石が木に留る」、すなわち、「石留」の二字に、ともに木偏を副えて柘榴となったという。

当地は大字乾谷・東畑とともに中世の朝日荘に比定されている。『吉記』承安四年（一一七四）九月一三日条に「蓮華王院朝日庄」とみえる。『精華町史・本文篇』は、「日出」あるいは「日出の祭神・光明」は、「朝日」を意味するという。つまり、神石は朝日庄の境界を示す榜示石で、移動される危険があるために、光明皇后を祭神として神格を付与し、流れてきた大石は神石として触れないようにし、「日出」神社としたのではないかという。石が流れてきた延暦年間と光明皇后の奈良時代とは時期が合致しないが、石に因んで成立した伝承地名である。（綱本）

雀部《ささいべ》〔福知山市〕

旧郷名・旧荘園名・旧村名。由良川とその支流・土師《はぜ》川が合流する地点の東、上流側の由良川をはさむ地域の村名。この地に仁徳天皇の名代「雀部」が設置されたのが地名の由来とされる。『和名抄』に見える丹波国天田郡の一〇郷の一つ。『大日本地名辞書』は、「今、三岳村なるべし、大字佐々木存す」としているが、当郷の地名を残す、中世の雀部庄の位置から上記のように比定される。平安時代後期に置かれた庄園は、「松尾大社文書」の養和元年（一一八一）の官宣旨に「上自社雀部庄堺、下至丹後国堺、可停止私漁釣」とあって、松尾社領であることが分かる。当庄園は松尾社家・東氏が伝領して室町時代に至っている。「松尾大社文書」「東家文書」には庄園内の村として「石原村」「前田村」「提村」「野中村」などの村名が見えている。

明治二二年に「土師村」「前田村」「河北村」の三ヶ村が合併して「雀部村」が成立した。昭和三〇年（一九五五）からは福知山市の大字となった。（安藤）

佐々江《ささえ》〔南丹市日吉町〕

大堰川上流の田原川流域で、船井郡の東北端にある、南北朝時代～戦国時代の村名。当地で山間から流れ出る幾つかの支流が合流している。ササには細小という意味がある（『地名の語源』）。「ササ江」は「小さな江」で、支流の合流で流れが緩やかとなり入り江状の箇所が出来ていたことが語源であろうか。

昭和三〇年（一九五五）から日吉町の大字となった。（安藤）

佐々岐荘《ささきのしょう》〔福知山市〕

旧庄園名。平安時代末～室町時代の文書に見える荘園名。平安時代末に妙香院という寺院の領地であった。妙香院は藤原兼家が、娘・詮子の子（一条天皇）の子孫繁栄を願って建立した伽藍であるという（『角川日本地名大辞典』）。その後「醍醐寺文書」では観応二年（一三五一）に「丹波国佐々庄内牧八郎入道跡」が足利尊氏によって篠村八幡宮に寄進されている。その後、正長二年（一四二九）、文安六年（一四四九）、応永二年（一三九五）の醍醐寺三宝院の「所領目録」に篠村八幡宮領として「佐々岐」が見えている。

後に上佐々木村と下佐々木村に分かれた。昭和二四年（一九四九）からは福知山市の大字となった。（安藤）

笹屋町《ささやちょう》〔下京区〕

東洞院通中珠数屋町下ル下珠数屋町までの両側町である。東本願寺に近く、笹屋という仏具用品の諸国からの買物商があったのではなかろうか。寛文五年（一六六五）刊『京雀』、「元禄四年（一六九一）京大絵図」ともに、東洞院通の六条下ルからの町名順の誤記によって、笹屋町のその時期（一七世紀後半）の町名が抜けてしまっている。『京都市の地名』までが、当町を筒金町の旧町名である「とうかね丁」とする間違いをしてしまった。「天保二年（一八三一）改正京町御絵図細見大成」には「笹や丁」とある。（小西）

篠屋町《ささやちょう》〔下京区〕

醒ヶ井通松原下ル万寿寺までの両側町である。江戸末期に丹波園部藩二万九千石小出伊勢守の京屋敷があったことから、丹波地名篠山の篠に因む。「寛永一九年（一六四二）寛永後万治前洛中絵図」にすでに「ささや町」とある。「天保二年（一八三一）改正京町御絵図細見大成」に「篠や丁」とある。（小西）

桟敷ヶ岳《さじきがたけ》〔北区雲ヶ畑〕

標高八九六メートルの桟敷ヶ岳は、京都盆地の北側に広がる北山山系の中でも北に位置し、旧京北町と北区との境界にほど近い山である。文徳天皇の第一皇子である惟喬親王が、山頂に桟敷を設けて都を眺めたということから付けられた名称であるとされる（『雍州府志』）。また『拾遺都名所図会』では「此地の南の方一面に晴て、鷲峯笠置の翠嶺、生駒葛城の高根、あるは難波津のかたまで眼中の客となりぬ」と記されるように、都のみならず生駒や大阪方面をも展望しうる桟敷として地名が付けられていたことがわかる。近世には、『拾遺都名所図会』には「さんじきがたけ」とよみがなが当てられている。（天野）

指物屋町《さしものやちょう》〔中京区〕

指物師の居住する町、指物屋のある町。指物とは、例えばたんす・机・火鉢など、木の板を組み合わせて作られた中型・小型の家具。「指《さし》（差）」は、物差しで寸法を測って箱物などを作ることで、近世以降に家大工から分化した。居職でノミ・カンナ・ノコギリなどを駆使して、仕上げの磨きに至るまで、一貫して手作業で行った。寛文五年（一六六五）刊『京雀』に「さし物町　此町から木細工、其外よろつのさし物師おほし」、延宝六年（一六七八）刊『京雀跡追』には「さし物や町　さし物や一町に多し。中にも佐助といふ者細工上手也」と見え、当代には指し物師が多く軒を並べて高度な製品を作り出していた様子が伺える。

当地は平安京大内裏の東にあたり、平安期には周辺に貴族の邸宅が築かれた。当町および南に隣接する亀屋町の一帯は、関白藤原師実の邸宅である、大炊殿跡に相当する。京の中央部に位置することから中世以降には武家屋敷が建ち、また当地の近隣は竹屋町通の竹屋、夷川通の鍛冶屋などの、職人町を形成した。当町で指物が生産されたのは、木材の集散地である丸太町通や木屋町通に近いことも関わったのだろう。町名については「寛永一四年（一六三七）洛中絵図」、寛文末「洛中洛外大図」に「西大炊横町」とあるが、それ以後は変わらない。（真下）

佐竹町《さたけちょう》〔下京区〕

岩上通四条下ル綾小路までの両側町である。『京町鑑』が「一名植木屋町ともいふ」と但し書きをしているところから、植木に「竹を添える」を連想したものであろう。「寛永一九年（一六四二）洛中絵図」に、すでに、現町名の「佐竹町」がみえる。宝暦一二年（一七六二）刊『京町鑑』には「佐竹町」とある。以後変化はない。（小西）

里《さと》〔木津川市加茂町〕

木津川南岸の灯明寺山（二二四メートル）の西麓に位置する。地内東方を木津川支流新川、西方を同支流赤田川が北流する。明治一〇年代の『京都府地誌』は地勢を「東方連山を負い、西北田野闢《ひら》け」と記す。近世加茂郷の中心をなし、集落は北の船屋辺りにあり、里・北・兎並の三村にまたがり町場が形成されていた。正徳二年（一七一二）八月の木津川大洪水で流失し、住人は山際に移転したという。以後船屋の中心は里村域であったらしい。北から里にかけてJR加茂駅前の北側一帯は自然堤防と呼ばれる河川の洪水時に堆積した微高地がある。その周りは後背湿地である。昭和二十八年大水害では、船屋の標高四〇メートルあたりは浸水を免れている。しかし、『京都府地誌』は、字船屋を北・兎並村の小字にいれている。「里」は、人家の集まっているところ、生活の本拠となるところをいう（『岩波古語辞典』）。（綱本）

里町《さとちょう》〔綾部市〕

由良川とその支流・八田川に挟まれた丘陵上にある地区。地名の由来は『和名抄』何鹿郡吉美郷の本村・吉美里に当たるためというが、明確ではない。東部の久田山には弥生時代末期～古墳時代初期の土壙墓や周溝墓が発見されており、早くに開けた地であると知られる。そして六世紀頃の円墳、前方後円墳、方墳が三十余基存在していて、古代の有力な村落があったことが推定される。そうした古代村落の家々が連なる中心的な地区であったことが「里」という地名に反映しているものと考えられよう。丹波国何鹿郡のうち、始め幾見村の一部。枝村が分村した後に幾見村が里村と改称した。昭和二五年（一九五〇）から綾部市の大字、二八年から里町となった。（安藤）

里ノ内《さとのうち》〔京田辺市薪〕

古代の条里制（耕地の区画法）の名残で、『京都府田辺町史』は「里について」は、田辺に里ノ内の地名がある」と記す。しかし、谷岡武雄『平野の開発』（一九六四）所収の「薪付近の条里復原図」では、丘陵の末端で非条理地区である。里は一般に村落をいい、サトナカは山村に対して平野の村をいうが（『民俗地名語彙事典』）、サトノウチもこれに準ずるだろう。当地は一休寺、薪神社が所在する薪村の中心集落である。（綱本）

里波見《さとはみ》〔宮津市〕

旧村名。旧与謝郡日置郷に属する。波見川の下流域の海岸部を含む地域になる。波見川を遡った山間部は、中波見、奥波見と呼ばれ、「波見」はこれら三つを合わせて言う広域地名であり、川の名「波見川」はそれによる。「慶長検地郷村帳」には「里波見村」、「奥波見村」とある。「はみ（波見）」の語源は判然としない。（糸井）

佐野《さの》〔京丹後市久美浜町〕

旧郷名。飛鳥池遺跡出土木簡に「□野評□（佐カ）野五十□」とあり、「熊野評佐野」と推定されるため、これが初出の地名である。また奈良時代の宮町遺跡（紫香楽宮）木簡には「丹後国熊野郡佐野」とあり、古代にさかのぼる地名であることがわかる。地名の語源は、谷間の狭い場所であったことに由来する「狭野」から変化したものであろうか。なお『和名抄』には「佐濃」郷とあり、二通りの表記があったことがわかる。

長禄三年（一四五九）の「丹後国郷保庄物田数帳」には「佐野郷」のほか、「佐野庄」「佐野一色」が見られる。このうち佐野庄は、佐野郷より分割されて立荘した荘園と思われる。「佐野庄」の初出は保元三年（一一五八）の「官宣旨」（石清水文書）であり、石清水八幡宮領の荘園として板浪別宮・黒戸庄とともに記される。宝治元年（一二四七）の「石清水八幡宮使者・佐野庄下司職鹿野行氏和与状案」では、「佐野一色近末保」とあり、「丹後国郷保庄物田数帳」に八幡領として見える佐野一色や近末保が、この段階に石清水八幡宮領であったことがわかる。なおこの史料から、佐野一色や近末保は古代の佐野郷の領域ないしは近接する地域に位置することが推定される。その後も、永正七年（一五一〇）の「善法寺雑掌興清重陳状案」（石清水文書）に「佐野別宮」とあることから、この時期までは八幡宮領であったことが確認できる。この別宮とは、佐野に鎮座する矢田八幡神社のことを指すと思われる。天文七年（一五三八）の「丹後国御檀家帳」には、「佐野のとりいのしろ」「佐野のひじ山」が見える。後者は、比治山峠の登り口に小字名として残っており現地比定できるが、前者は不明である。「とりい」とあるため、矢田八幡神社の鳥居のことを指すものであろうか。

慶長七年（一六〇二）の「慶長検地帳」（籠神社所蔵）とあり、「慶長郷村帳」には「佐野庄之内尉ヶ畑村」「佐野庄之内二俣村」とある。佐野から尉ヶ畑・二俣方面の谷筋が佐野庄の荘域であったことがわかる。その後、延宝九年（一六八一）の「丹後国与謝郡等郷村高帳面」以降は「佐野村」と表記され、明治時代に至る。（新谷）

佐波賀《さばか》〔舞鶴市〕

大浦半島の西南端に位置し、舞鶴湾に面する沿岸集落で、上佐波賀と下佐波賀に分かれる。一三四一年に成立した西大寺領志楽庄は志楽谷と共に浦分が含まれるが、浦分四村のうちに「佐波賀」が入っている。サハは「狭い所」「沢」の意か、カは処・場所を示す接尾語である。

西方の隣村千歳はかつて「波佐久美」と称していたが、共にリアス式海岸の山の迫った地のわずかな平地に集落がある。海中の蛇島《じゃじま》は、中世若狭守護武田氏の重臣逸見《へんみ》駿河守の城があったというので、「へんみ島」と称したという。永禄一二年（一五六九）連歌師里村紹巴がこの島に逗留している（『天橋立紀行』）。（髙橋）

左馬松町《さままっちょう》〔上京区〕

江戸時代にあった「松屋町四丁目」と「左馬殿丁」が明治二年（一八六九）に合併して、両町の文字を組み合わせて作られた町名である。「左馬殿丁」の語原は、聚楽第が存在した頃に、この地に加藤左馬介嘉明の屋敷があったことによる。「松屋町四丁目」は松屋町通の名で、北より一丁目、二丁目と四丁目まであった。町は南北に通る松屋町通をはさんで丸太町通以北の両側と丸太町通以南の西側だけを町域とする。天保二年（一八三一）の「改正京町絵図細見大成」には松屋町通に「松屋町四丁目」があり、丸太町通に「左馬殿丁」がある。また、丸太町通以南が西側だけであるのは、東側に京都所司代の用地が拡張され、この地域の住民は寺町通今出川に移転させられたからである。（清水）

佐女牛小路《さめうしこうじ》 →花屋町通《はなやちょうどおり》・上珠数屋町通《かみじゅずやまちどおり》

醒ヶ井通《さめがいどおり》〔京都市・南北の通り〕

現在は、六角通から五条通までの通りであるが、もとは「北は六角に起り、蛸薬師錦小路（注：堀川高校の敷地）を中断して南は三哲通を越え、西九条町に至る」（『京都坊目誌』）通りであった。しかし、五条以南は、戦時中の堀川通拡張にともなって消滅した。五条通下がった所にあった名水「佐女牛井」にちなんでついた名。通り名だけでなく、醒泉小学校や佐女牛井町などに、名水存在の記憶が残っている。佐女牛井は、源氏の館にあった井戸で、後世村田珠光をはじめ多くの茶人が好んだ名水であった。井戸の跡に石碑が建てられている。（糸井）

佐山《さやま》〔久世郡久御山町〕

狭山が、本来の表記で、「狭」は狭い・小さい意、山は相対的に小高い所のことで、狭く小高い所であったことからの名であろう。条里型土地割を残す佐山地域には、旧木津川の一時的な流路と考えられている乱れた土地割が見られるが、その中に自然堤防である微高地が散見される。そういう微高地を山と呼んだのであろう、古川を挟んで隣接する宇治市大久保町にも、低湿地帯であるにも関わらず山の付く字名が目立つ。昭和二八年（一九五三）九月の台風一三号による大水害の際にも、御牧地域では稲がほとんど全滅したのに対して、佐山地域においては収穫が可能であったという。佐山地域の地勢が高いという印象は強かったであろう。佐山地域には梨などの果樹園も多い。『久我文書』保安三年（一一二二）一一月二四日付の「右京大夫宅牒案」に「久世郡狭山郷」とあるのが古い。また、『実相院文書』（建武四年〈一三三七〉一一月二九日付に「山城国狭山荘」とあるなど、南北朝時代から室町時代にかけて寺領であることが多かった。

『元禄郷帳』（元禄一三年〈一七〇〇〉）に既に佐山村の名がある。近在では最も戸数も多かったことから、連合体佐山組の中心的な存在であった。明治二二年（一八八九）、市田村・田井村・下津屋村・佐古村・林村を吸収合併して久世郡佐山村に、昭和二九年（一九五四）、御牧村と合併して久御山町になる。

『類聚雑要抄』（平安末期）にある「山城国狭山江厨《くりや》」も佐山地域内に比定されている。（高木）

鞘町一丁目《さやまちいっちょうめ》〔東山区〕

脇差の鞘を作る職人が居住した職人町であったことによる。「この筋の諸職人さやぬし・柄巻《つかまき》刃物かじや」（『京羽二重』）とある。しかし、明治初年の廃刀令により多くは廃業となる。所在は鞘町通五条下ル。鞘町通を東西に挟み、北は五条通、南は大阪町、東は本町一丁目、西は朱雀町に接する。『京都坊目誌』のひく寛永一〇年（一六三三）の本町一町目記録に旧称である「中町一町目」と出るのが古く、下って『京都府地誌』では「鞘町壱町目」と見られることから、幕末頃には旧称は使用されなくなった。明治二年（一八六九）下京に編入、昭和四年（一九二九）東山区に編成。旧称は「中町（一町目）」、本町と問屋町との中間の意であるという（『京都坊目誌』）。（忠住）

佐羅科《さらしな》〔八幡市西山足立〕

西山足立の河内へ通ずる峠道周辺の地名だったが消滅した。南北朝の動乱のさなか、「正平の役」で正平七年（一三五二）二月、後村上天皇は京都を奪回するための軍を起こし、京都に進入したが、三月一五日には幕府側の足利義詮（尊氏の子）に京都を奪還され、南軍（「官軍」）は八幡に退却。同月二七日、洞峠《ほらがとうげ》で開かれた八幡合戦は、男山丘陵の佐羅科・美濃山・財園院《ざいおんいん》・守堂口・園殿口などを戦場に約五〇日間にわたって戦われた。『太平記』（巻三一）八幡合戦事付官軍夜討事に、南軍が「佐羅科に支《つかえ》て戦ふ」とある。だが、陣中の兵糧が少なくなったため南軍は五月一一日、大和路へ落ち延びた。

『山城名勝志』に「佐羅科　在ニ男山西麓足立寺辺一、従ニ葛葉一登八幡山通路也、土人サラスナト呼リ」とある。

『山城綴喜郡誌』は「足立寺の辺の地勢信州佐羅科（旧・更級郡）に似たり故に此名あり」という。旧更級郡大岡村は長野市に合併され地名が消えたが、土砂崩壊や地すべりが発生しやすい地域。地すべり対策事業が明治の初期から国の重要施策として進められてきた。男山丘陵の南西部一帯は砂・砂礫・粘土層より構成されている。北部や東部は泥質岩・硅質岩や硅岩（硅石）の岩質からなっている。硅岩は主として石英の粒から成る堆積岩。硅質岩は石英砂岩・チャート・頁岩などから成る堆積岩であり、石英はガラス・陶磁器の材料となる。昭和三四年一二月大阪のガラス・メーカーが原料採取のため、男山丘陵地帯に注目し、硅砂鉱区設定許可を通産省に願い出たが、地元は団地誘致を決め男山団地が同四八年造成された。つまり、サラシナ（佐羅科）一帯は砂礫が多く、サラ（晒・曝）・スナ（砂）で砂の露出地、あるいは形容詞サライ（脆い）・スナ（砂）で脆い砂地をいう。（綱本）

晒屋町《さらしやちょう》〔下京区〕

仏光寺通堀川西入ル猪熊までの両側町である。堀川に近く、染め生地の晒を業とする商家があったのであろう。「寛永一四年（一六三七）洛中絵図」に「さらしや丁」とある。「天保二年（一八三一）改正京町御絵図細見大成」に、「晒屋丁」とあって変化はない。（小西）

猿丸《さるまる》〔綴喜郡宇治田原町禅定寺〕

旧田原道にあたる、大字禅定寺と大津市大石曾束の県境へ抜ける街道の近くにある小字名。猿丸神社の付近になり、猿丸太夫の墓と伝える小祠がある。鴨長明の『無名抄』には「田上のしもに曾束といふ所あり、そこに猿丸太夫が墓あり」云々とあり、曾束に近いこの地は平安末期ころには猿丸隠棲地として知られていたらしい。『方丈記』にも「田上河をわたりて、猿丸太夫が墓を」訪ねた由を記す。近くの峠を猿丸峠という。『山州名跡志』に「土人云、江州曾束村と城州田原郷禅定寺村との間に両国の境有、其所に古へより猿丸と呼ぶ地あり、土人あまねく名をしれり」と記す。「奥山に紅葉踏み分け鳴く鹿の声聞く時ぞ秋はかなしき」（「百人一首」）で知られる猿丸だが（『古今和歌集』では、この歌を「読人知らず」とする）、平安末期においてすでに伝説的人物であり、その実像・実在ははっきりしない。当地はその伝承に基づいての地名である。（齋藤）

沢田《さわだ》〔向日市鶏冠井町〕

阪急西向日駅東約五〇〇メートルのJR京都線路下に位置する。「明治六年（一八七三）鶏冠井村古地図」では、「沢」で、大正時代は「沢田」となる。西側が「沢ノ西」、東側が「沢ノ東」である。沢田には旧国鉄操車場が敷設されるまで「中ノ池」と呼ぶ池があり、湧き水があった。明治六年の地図では「池一畝六歩（一一九平方メートル）」と載る。「沢」は水がたまり、芦などが生い茂った地をいう。かつて長岡京時代は太政官の厨家《くりや》（台所）だったという。（綱本）

椹木町通《さわらぎちょうどおり》〔京都市・東西の通り〕

平安京の中御門大路に相当するが、現在東側には京都御苑があり、その西側の烏丸通から始まり千本通に至る通り。ただし、『京都坊目誌』では、西は日暮通までとする。「中御門通」とも、また「さわらぎまち通り」とも。名の由来は、宝暦の『京町鑑』によると、通りの中程に椹木を商う材木屋が多くあったことによるという。「椹木」はヒノキ科の木で、耐水性があって、家具類の用材となった。もっとも、『京雀』が「この筋は西にては魚のたな通といひ、東にてはさはら木町通と名づく」というように、堀川以西では「上魚棚通」と呼ばれる。名の通り、その地区には生魚問屋が多かった。（糸井）

三軒替地町《さんげんかえちちょう》〔下京区〕

岩上通に東面し金換町松本町伊勢松町清水町に囲まれた小町である。始め二条大宮の邊にあり。慶長七年二条城を築く時、「其地の住民に換地として此地を與へ移転せしめし」（『京都坊目誌』）とある。三軒しかなかった二条城の町から移転してきた。「天保二年（一八三一）改正京町御絵図細見大成」に「三けん替地丁」とある。（小西）

三軒町《さんげんちょう》〔下京区〕

高辻通東洞院東入ル仏光寺境内西端までの北側片側町である。「天正年中開坊の際僅に人烟三戸あり。故に三軒町と呼ぶ」（『京都坊目誌』）とある。仏光寺境内から独立した新しい町である。宝暦一二年（一七六二）刊『京町鑑』は「三間町」とし「元三軒町と書く也」と但し書きをする。「天保二年（一八三一）改正京町御絵図細見大成」は「三けん丁」とする。以後変化はない。（小西）

三郷山《さんごうやま》〔綴喜郡宇治田原町〕

三郷共有の入会地の山地であることによる命名。三郷山は、三六六メートルの山。その南斜面一帯が、久御山町飛び地である。入会地としての飛び地は、山林を持たない平野の村々には、日々の炊《かし》ぎに用いる柴や薪を得るために必要であったろう。その三郷とは、「（林村・佐古村・佐山村）村誌」（明治一四年（一八八一））が、それぞれの山の項に記すように、この三村のことか。とくに、三郷山には、佐山村に鎮座する雙栗《さぐり》神社のお旅所があり、その祭礼には神輿が三郷山まで渡御したということなので、三郷山と三村との関わりは深いであろう。「椏本《あてもと》八幡宮縁起」（延宝四年（一六七六））に「三郷村より東二里ばかりに遥拝所あり、俗に是をお旅所といふ」とある。「椏本八幡宮」は雙栗《さぐり》神社のことである（「双栗」参照）。あるいは、「近世にはこの付近一帯が郷ノ口村と宇治郷および久世郡諸村の立会山とされており、俗に三郷入会地と呼ばれていた」（『宇治市史』）とあることから、三郷とは、郷ノ口村・宇治郷・久世郡諸村のこととも考えられる。

なお、三郷山の頂上は、宇治市・宇治田原町郷ノ口、そして、久御山町飛び地との接点であることから、この三郷に属する山、全国に数多く見られる三国山と同じ発想ではないかという説がある。（高木）

三十三間堂廻り《さんじゅうさんげんどうまわり》〔東山区〕

三十三間堂（蓮華王院）が当町中心にあるので、明治以後この町名となった。明治以前は大仏境内地（妙法院境内地）として、特別な呼称はなかった。三十三間堂は、内陣の柱間が三十三間あることから。南北を塩小路通と七条通、東西を東大路通と大和大路通の区画により囲まれた広範囲の地域。当町の西半分は三十三間堂の寺地。旧大仏境内（妙法院境内）で、明治二年（一八六九）二月に境内を南北に分割。南を当町とした。明治元年（一八六八）下京に編入、昭和四年（一九二九）東山区に編成。（忠住）

讃州寺町《さんしゅうじちょう》〔左京区〕

二条川東。『京都坊目誌』に「宝永五年（一七〇八）の開地にして、南部の地は、富小路丸太町上る、讃州寺町より移民し、北部は富小路丸太町以北より転ぜり」とある。大火後の皇宮地域拡張のための移転である。「新撰増補京大絵図」（一六九一年刊）によって、宝永五年（一七〇八）の大火以前、富小路丸太町上ルにあった町名を確認すると、「さいしやうし丁（讃州寺町）」とある。これは、応仁の乱以前の様相を記載したとされる「中古京師内外地図」には、西洞院一条下ル東側に「讃州陳《ママ》（陣）館」と見え、「寛永十四年洛中絵図」（一六三七年）は同地を「さいしやうし丁」と記しているので、応仁の乱の兵火によって焼けた同町が西洞院一条下ル讃州寺町から富小路丸太町上ルへ移ったと考えられる。西洞院一条下ル讃州寺町の近くには、革堂町や元百万遍町という地名もあり、革堂は富小路丸太町に近い寺町竹屋町に移っているのである。讃州寺町は再度、宝永の大火によって二条川東に移転したのである。ちなみに「讃州」とは讃岐国（香川県）の異称で、「じ（寺）」は「じん（陣）」だった可能性もあろう。

仁王門通と孫橋通の間を南北に走る通りを「新富小路通」と呼び、その両側町が讃州寺町である。『京町鑑』（一七六二年刊）には「新富小路通」に「讃州寺町」の町名が見える。（笹川）

算所《さんじょ》〔与謝郡与謝野町〕

慶長七年（一六〇二）の「慶長郷村帳」に「算所村」とあるものが初出の地名である。中世の散所に由来する地名であろうか。散所は、住民が年貢免除される代りに、寺社に属して土木・交通などの雑役に服した地域と言われている。「慶長郷村帳」以降、「算所村」と表記され、明治時代に至る。（新谷）

三条町《さんじょうちょう》〔中京区〕

三条の町。三条通は京の町の中心部を東西に通る重要な通路。この通りに面した町は他にもあるが、当町の中央を通る新町通は、東側の室町通とともに、近世の京の町の流通の中心をなしてきた。そんな経緯の上から当町の名には三条でも有数の町ともいうべく、自負が込められているのだろう。ちなみに新町通沿いの南にあたる新町通四条には四条町があり、祇園社を本所とした綿座などの座棚が密集していたという（『京都市の地名』）。後述するように当地も祇園社と密接な関係があり、地名の上からも関連があったことが考えられる。

平安京の左京四条三坊、平安中期以降の三条町尻小路の南にあたり、平安中期には貴族の邸宅が置かれた。平安中期の貴族、藤原有佐の邸宅もその一つであり、『今昔物語集』巻二七に載る「鬼殿」の伝承の地にも比定される。中世以後は当町は商業の中心地として栄え、財力をもった町衆たちが居住し、応仁乱以前から祇園会には八幡山が出された。町名については「寛永一四年（一六三七）洛中絵図」には、「伊藤ノ丁」とされる。これは天正頃の洛外大官の伊藤道光によるという（『京都市の地名』）。天保二年（一八三一）「改正京町絵図細見大成」などには「八幡町」とみえる。これは当町内から祇園会に八幡山を出すことに因む名である。（真下）

三蔵町《さんぞうちょう》〔山科区御陵〕

地名の語源は不詳だが、藤原鎌足の妻が、その邸宅跡に山階寺を建立した場所として有力視されている地であることから、それに因む地名である可能性が高い。「三蔵」とは、仏教では、経蔵（釈迦の教えを集めたもの）・律蔵（僧の生活の規律を集めたもの）・論蔵（注釈や解釈をまとめたもの）を指し、「一切経」「大蔵経」ともいう。三蔵を納めた蔵があったのだろう。なお、鍛冶屋や馬方のいた村を「三蔵子」と呼ぶ例もあるが、その可能性は少ない。（小寺）

三反長町《さんだんおさちょう》〔左京区松ヶ崎〕

「三反田町」《さんだんだちょう》という町名は、左京区上高野にも右京区西京極にも存する。西京極の「三反田町」は、その元となった小字名が『京都坊目誌』に「西ノ京」「京極村大字郡小字二反田、三反田、野田、七反田、鍋淵、沢、醍醐、川勝寺」と見える。「三反田」という地名は、京都に限らず、長野県を走るJR小海線にも「三反田」駅があり、その佐久市大沢地方から採石される輝石安山岩は、「三反田石」《さんだんだいし》と呼ばれ、土木建築石材として有名である。元来、「三反田」とは、三段（約三〇アール）の田畑の意。『飯の社会学』（吉方一広、一九三五）に「水呑百姓、三段百姓と軽蔑する。…頭から人間扱ひしてゐない」と記されるように、「三段百姓」《さんだんびゃくしょう》という語は貧しい農民の代名詞として用いられるので、「三段（反）田」は、「わずか三段しかない狭い田畑」というニュアンスのこもった呼称であったと考えられる。そして、「三反長」《さんだんおさ》も、「三段（反）百姓」と同じく、「わずか三段の田畑しかない貧しい農夫のかしら」の意であろう。「長」《おさ》は「田長」《たおさ》の意で、『古今和歌集』に見える「いくばくの田をつくればか郭公しでのたをさ（田長）をさなあさなよぶ」（誹諧・一〇一三、藤原敏行）以来の語。そうした、わずか三段の田畑しかない貧しい農夫のかしらが住んでいた場所というのが「三反長町」という町名の由来と考えられる。

（笹川）

三町《さんちょう》〔伏見区下鳥羽〕

鴨川と桂川と合流する地点、鴨川の河川沿いに細長く広がる町で、北三町、中三町、南三町の総称。三町は鳥羽津（草津湊）とともに船の発着地で荷物の集積地であった。江戸時代、三町には大沢又左衛門という米問屋が蔵を並べ、草津の港には生魚問屋が蔵を並べていた。港周辺には七軒町・中ノ町・南ノ町の三つがあった。ここの住民は鴨川の洪水、凶作に度々見舞われ、年貢を納めることは困難だった。住民は生活のため、港の荷役をするようになり、農繁期でも荷役を買って出たという（『まちの履歴書』）。三つの町はしぜんと荷役の行動を共にしたので、いつの間にか三町と呼称されるようになったという。

明治一〇年（一八七七）、東海道線が開通してから港の役目が終わり衰退した。現在は中小企業の工場、民家・マンションも増えている。なお、七軒町・中ノ町・南ノ町の呼称は隣組単位として使われている。

（明川）

三町目《さんちょうめ》〔東山区〕

西に位置する大橋町より派生し、三条大橋より三丁目にあたる「三条大橋東詰三丁目」の略称。東海道の起点である三条大橋に隣接する大橋町の発展により派生した町名。所在は三条通大橋東入ル。

明治二年（一八六九）下京に編入、昭和四年（一九二九）東山区に編成。当町と隣接していた十五軒町および今七軒町は明治四年（一八七一）に当町に編入された。

（忠住）

山内《さんない》〔京丹後市久美浜町〕

旧村名。湊宮村の端郷の一つであり、現在は廃村となっている。この地にあった山林寺院である迎接寺（こうじょうじ）の門前集落であったと推定される。寺域を山内ということから、迎接寺域内にあった集落を山内と呼んだものと思われる。

迎接寺（現在の遍照寺）は、『丹哥府志』によれば、天平二年（七三〇）、鉢ヶなるの地に行基が開いたと伝え、享祿二年（一五二九）に空俊上人が大向（別項参照）へ移転したと伝える。天文七年（一五三八）の「丹後国御檀家帳」にある「くみのいま山寺」は、現在地（遍照寺）裏山の小字名が「今山」である点から見て迎接寺のことと考えられ、寺伝のように一六世紀前半に大向へ移転したと見て間違いないと思われる。

山内は、昭和四四年（一九六九）に一一戸が離村し、廃村となった。（新谷）

産寧坂《さんねいざか》〔京都市〕

清水寺への参道の脇道で、北の西向院の所から清水坂に合流するまでの石段の坂道。西向院前で「二年坂」が北へと続く。「三年坂」ともいうが、「二年坂」もあるように、産寧坂より三年坂の方が本来であろう。『京都坊目誌』は、「二町目に上る石階を産寧坂と称し、再念坂に作る。三年坂ともいふ。北に二年坂あり。けだし、やや小坂なるをもってこの名あり」とする。最近では、「産寧坂」とすることが多い。しかし、江戸期になってから京都の各地誌で名の由来が取り上げられてきたが、産寧坂とするのもその説の一つに過ぎない。産寧坂とみるのは、清水寺の子安観音に参る道だからとする説で、他に「再念坂」とみたり、坂上田村麻呂が大同三年（八〇八）に開いた坂道だからとする説があるが、後から開いた二年坂が先に大同二年にできたとなると時代錯誤となる。

京都清水だけでなく、三年坂は江戸・東京の数ヶ所をはじめ、全国各地にみる坂地名で、京都の地元でも「清水さんに参るお年寄りが転ばないように注意をしている」とみているように、各地でも「この坂で転ぶと三年のうちに死ぬ」という言い伝えを伴っている。

戦前、韓国の教科書に取り上げられ、最近では日本の小学校の国語の教科書にも取り上げられている韓国民話「三年峠」も同じ話で、「一度転ぶと三年しか生きられない」という話。民話として、日本のと韓国のと、どちらが基かについてなど、問題提起が為されているが、なお不明なままである（『地名探究』一一号参照）。（糸井）

三年坂《さんねんざか》 →産寧坂《さんねいざか》

山王町《さんのうちょう》〔下京区〕

「山王神道とは、比叡山に祀られた神祇の信仰・祭祀儀礼をいい、神仏習合の天台神道である。〈山王〉とは山麓にある日吉《ひえ》神社のことで、本地は仏で、垂迹・権現して日吉神となったということから〈山王権現〉とも称される」（『岩波仏教辞典』）ことから、日吉神社は山王神社と同義で、この「山王神社（山王権現）」に因む。正面通木屋町東入ル二ノ宮町通までの南側片側町の場合は、「旧妙法院門跡に属する耕地なり。宝永三年町地と為るに及び。天台の鎮守たる日吉山王に名を取る」（『京都坊目誌』）とある。「寛永一四年（一六三七）洛中絵図」に「山王丁」とある。「天保二年（一八三一）改正京町御絵図細見大成」にも「山王丁」とあり、変化はない。

室町通仏光寺下ル高辻までの両側町には、その東北部に日吉神社がある。「寛永一九年（一六四二）寛永後万治前洛中絵図」に、現町名の「山王町」を記す。宝暦一二年（一七六二）刊『京町鑑』にも「山王町」とあり、その後変化はない。（小西）

山王町《さんのうちょう》〔左京区聖護院〕

『京都坊目誌』「聖護院町」の小字「山王」の項に「中央に山王神社あり。大樹の松、生す。伝て宝荘厳院の旧蹟と云ふ」とある。この「山王神社」に由来する。宝《ほう》荘厳院《しょうごんいん》は、長承元年（一一三二）一〇月七日、鳥羽上皇の御願寺をして創建され（『帝王編年記』）、承久三年（一二二一）四月一八日、焼亡する（『百錬抄』）が、その間、詩歌の舞台となった。有名なものでは、承安二年（一一七二）三月一九日「暮春白河尚歯会」が宝荘厳院で開かれ、その時集まった源頼政ら一六名の和歌が、藤原清輔の序文とともに残る。『源三位頼政集』によれば、宝荘厳院には「なべてならぬ梅」があり、藤原通憲（信西）男、静賢《じょうけん》（憲）がその執行であったことが知られ、また『重家集』によれば、宝荘厳院に人々が集まって「近見瞿麦」「疑行末恋」「寺辺時鳥」「寄祝恋」などの漢字題で和歌を詠んでいることが分かる。宝荘厳院が焼亡し衰退した後、江戸初期、天海によって山王神道説が再形成され、諸国に山王日枝神社が造られた時、この地にも山王神社が造られたか。「山王」とは、比叡山の山麓にある日吉《ひえ》神社のことで、山王神道とは、本地は仏で、垂迹《すいじゃく》・権現《ごんげん》して日吉神となったとする、神仏習合の天台神道である。（笹川）

三ノ宮《さんのみや》 〔船井郡京丹波町〕

由良川の支流である高屋川の上流の村。山間の地にある。地名の由来は「三宮神社」とも呼ばれる延喜式内社の酒治志《すじし》神社が鎮座していることによる。神社は質志《しずし》川と高屋川の合流地点近くにあり、祭神は伊《い》邪那岐尊《ざなぎのみこと》と伊邪那美尊《いざなみのみこと》である。他の説では、近江坂本の日吉神社（滋賀県大津市）の分社で、祭神は大山咋神《おおやまくいのかみ》であるともいう。なお三ノ宮小学校の裏山には戦国時代の豪族・山内氏の城跡がある。また古墳時代後期の横穴式石室も見つかっている。

元禄一三年（一七〇〇）の「丹波国郷帳」によると、幕府領および旗本・田中氏と旗本・島氏の知行地であった。佐藤信淵は天保一一年（一八四〇）に綾部藩領を視察して『巡察記』を残しているが、その中の「三之宮」の項に「当村ハ土地肥沃ニ百姓能ク農事ヲ勤ル」と書かれている。産物として茶、木綿、繭などを挙げている。

明治二二年（一八八九）八ヶ村が合併して成立した三宮村の大字の一つとなった。昭和三〇年（一九五五）から瑞穂町の大字となった。（安藤）

三之宮町《さんのみやちょう》 〔下京区〕

元妙法院門跡領の耕地であった。「三之宮は坂本日吉八王子山に鎮座せられ。祭神を惶根尊《かしこねのみこと》とす」（『京都坊目誌』）という。妙法院の本山天台宗延暦寺の鎮守の「日吉大社の三之宮（前掲書）」の名を採った（「岩滝町」参照）。

上之三宮町は、三ノ宮町通（鴨川西岸より一筋西の通り）正面下ル下珠数屋町までの両側町である。「寛永一四年（一六三七）洛中絵図」に、すでに、「上三宮丁」とみえ、「天保二年（一八三一）改正京町御絵図細見大成」は「上三ノ宮丁」と変わらない。下之三宮町は、三ノ宮町通七条上ル下珠数屋町までの両側町である。北隣りの町の「上」に対する「下」である。「寛永一四年（一六三七）洛中絵図」は「下三宮丁」とみえ、「天保二年（一八三一）改正京町御絵図細見大成」も「下三ノ宮丁」と変化はない。（小西）

三番町《さんばんちょう》 →一番町《いちばんちょう》

三分《さんぶ》 〔京丹後市久美浜町〕

天文七年（一五三八）の「丹後国御檀家帳」に、「三分方」とあるものが初出となる。地名の語源は、田村庄のうち、ある領域を何らかの理由で三分割した際に、佐濃谷川の上流から順に壱分方（久美浜町壱分）・二分方（久美浜町関）・三分方と呼ぶようになったことに由来すると思われる。慶長七年（一六〇二）の「丹州熊野郡三分村御検地帳」以降は「三分村」となり、明治時代に至る。（新谷）

三坊大宮町《さんぼうおおみやちょう》 〔中京区〕

大宮通の三条坊門の町。当町が大宮通の東西に広がる両側町で、三条坊門通（現在の御池通）の南側にあたることからの名称。当町以南の大宮通沿いの町名は、「姉大宮町」「三条大宮町」「六角大宮町」など、おおむね通り名に沿った名称となる。

当町の中央を南北に通る大宮通は平安京以来の幹線道路であり、平安京では大内裏の東の境界、近世以降には京の町の西の境界としての性格をもつことがあった。

当町は位置の上からは平安時代の内裏の南東にあたり、町の西側には神泉苑、東側には兼明親王創設の御子左邸があった。近世以降は二条城の南にあたり、大宮通沿いには出入りの商家が軒を並べ、町地の西側の大半を占める二条陣屋は諸大名の宿泊施設として活用された。現在は重要文化財に指定され、両替商を兼ねた代々の当主である、小川氏によって丁寧に管理されている。（真下）

三本木通《さんぼんぎどおり》〔京都市・南北の通り〕

元々今の京都御苑内にあった三本木町の人々が、宝永五年（一七〇八）の京都大火に焼け出されて、鴨川右岸に移住して作った町を通る通り。これらを旧三本木、新三本木（現在）と云い分けている。京都府立医科大学の南面から丸太町通に至るが、途中で東三本木通と西三本木通の二本の通りとなって、丸太町通手前で合流。「三本木」の名は、旧の三本木町の実態から考える必要があるが、詳細不明。由緒ある樹が存在したことによるか。

三本木南町には、頼山陽の別業（水西《すいせい》荘）があり、その鴨川に面した離れ屋が「山紫水明処」としてよく知られている。（糸井）

三昧の坂《さんまいのさか》〔宇治市小倉町〕

府道六九号線の宇治市立小倉小学校西側にある、険しい坂道のことで、死ぬほどの思いをしなければ大八車を引き上げられなかったという苦しい経験から出た通称名。現在は切り通して緩やかになっているが、昔は、小学校の敷地と同じ高さで、だらだらとした厳しい登り坂であったという。三昧は、ここでは、宇治でも用いられている方言で、三昧場の略語で、墓・墓地の意。坂道の西側に小倉共同墓地があることからの連想でもあろう。（高木）

算用田《さんようでん》〔乙訓郡大山崎町円明寺〕

算用田は、荘園時代に収穫の基準を定める標準的な田んぼで、この基準にもとづいて他の水田の一反当たりの年貢を決めていた。川沿いの竹薮は水害防備林で室町末期に各地で植えられ、小泉川も豊臣秀吉が洪水で堤防決壊を防ぐために植えたものといい、昭和初期まではもっと多くの真竹が植えられていたという（「大山崎町文化協会だより」）。（綱本）

し

獅子崎《しいざき》〔宮津市〕

旧村名。「慶長検地郷村帳」に「下宮津之内」として「椎崎村」がみえ、「延宝三年郷村帳」にも「下宮津椎崎村」とあるが、天和元年（一六八一）の「宮津領村高帳」では「獅子崎村」と表記している。「獅子崎」は今も「しいざき」と呼ぶ。漢字表記では「椎崎」から「獅子崎」となっていて「シイ」に「獅子」を当てたことになるが、それは考えにくい。「シシザキ」→「シイザキ」の音変化が自然であろう。「椎崎」は「シシザキ」が「シイザキ」と音変化して以降当てられた漢字で、元は「獅子崎」少なくとも「ししざき」であったのだろう。崎は海に突き出た部分で、「獅子」は獅子の鼻のような地形を意味したか、あるいは北に隣接する栗田の「獅子《ちし》村」と元は一つでその岬を抱える部分をだし、「獅子崎」というようになったものか。ただし、「獅子村」は栗田村に属し「獅子崎村」は「下宮津」に属していた。宮津市内

には、他に「虎が鼻」「岩ヶ鼻」「無双〈夢窓〉が崎」「塔が鼻」などがある。「鼻」は「端・崎」の意である。（糸井）

椎尾《しいのお》〔城陽市奈島〕

市南東部山中の標高二〇〇メートル前後の地。その地は四〇〇メートルを越える片原山から続く長い尾根筋で、分かれた尾根に抱かれた小盆地を有する。この付近では広い山塊の中で場所を特定するのに木の名前で尾根を識別しており、松尾、檜尾、椎尾などがあげられる。南山城では、椎の木は神社等に群生し鎮守の森をなしている。

しかし城陽の山々では江戸時代以来松が少々生える程度の草山が多く、年月を要する椎が生えていたのはかなり古い時代のことと考えられる。地元の伝承ではこの地の椎の木から刻んだ観音を祀る椎尾山観音寺がこの地にあって、この小盆地から流れ落ちる椎尾の滝で僧が修行したといい、ありし日の山岳寺院の可能性を示唆している。

「椎ノ堂と中所凡壱町四方斗御座候事」（『城陽市史第四巻』）、と山林利用関係資料中の宝永四年（一七〇八）中区関係村方文書に記載がみえる。椎尾の地名は、そうした古い伝承とかかわる地名である。（福富）

塩江《えしお》〔京丹後市網野町〕

塩江は日本海に面して、小さな山峡に展開する海辺の集落。語源は不詳であるが、塩の生産と関係があるのではないだろうか。あるいは、「しお」は「入」で「入江」の意か。塩江はもと浜詰村の一部。（水野）

塩竈町《しおがまちょう》〔下京区〕

平安初期、嵯峨天皇皇子、左大臣源融の邸宅を有名にしたのは、陸奥国塩竈の様を模した庭園で、毎月難波から潮水を運ばせ、塩焼く煙を絶やさず風情を楽しんだことであった（『京都の地名検証3』）。この「塩竈」に因む。

本塩竈町は、下寺町（富小路通）五条下ル、北は五条通、南は旧万年寺通（花屋町通）、東は河原町通、西は堺町の延長線上の範囲の広域町である。当町の東部の大部分が、平安京の条坊の左京四坊一一町と一二町にあたる。『拾芥抄』によって、当初、左大臣源融の邸宅は同一三町（「南京極町」「都市町」の位置）であった。その後、一一町、一二町、一四町を加えて四町四方とした（『平安京提要』）。さらに、鴨川河原へ四町拡張した説があるが、現鴨川が平安遷都時も地質学上自然流路であり、六条坊門小路（現・五条通）で東京極大路（現・寺町通）に接しており、拡張は不可能である。町名は、五条通北側の片側町が、早々と「塩竈町」と命名してしまったので、明治になってから、当町は「河原院」そのものの地であることから、「本家」意識で「本塩竈町《もとしおがまちょう》」と命名した。「天保二年（一八三一）改正京町御絵図細見大成」は、富小路五条を下ル道を「下寺丁」とする。『京都坊目誌』には、明治四年（一八七一）に「本塩竈町」となったとある。

五条通富小路西入ル高倉までの北側片側町では、昭和二〇年（一九四五）、五条通の強制疎開による拡張前、当町の南側は、平安京の条坊の左京六条六町と一一町で、その一一町の西北隅は、源融の河原院の一部であった。早々と「寛永一四年（一六三七）洛中絵図」に「しほかま丁」とし、宝暦一二年（一七六二）刊『京町鑑』に「塩竈町」とあって、以後変化はない。（小西）

汐霧山《しおぎりやま》〔宮津市〕

汐霧山は、宮津市の北部丹後半島の東南にある標高六二四メートルの山で、「夕霧《ゆうぎり》山」ともいう。汐霧山の東麓には波見《はみ》川、南麓には世屋《せや》川、北麓には宇川の支流が流れる。平家落人伝説が残り、山名は当地に身をひそめた平家の落人に対し、夕霧の忍び寄るころ、村人が塩を運んで施したという口碑に由来するという。口碑は大切にしなければならないが、やはりこの山の名は、山に発生する霧や雲などにちなんで命名されたものではないかと考える。（水野）

塩小路通《しおこうじどおり》〔京都市・東西の通り〕

平安京の八条坊門小路に相当する。東大路通から大宮通に至る通り。さらに梅小路の公園や蒸気機関車館区域を西へ越えて、道は七本松通から西高瀬川の向橋まで続くが、こちらは西塩小路通と称している。平安京の塩小路は、現在の木津屋橋通に相当する。塩小路の名がなぜこちらの通りに残ったのかは、不明。「塩小路」の名そのものは、塩を商う家の存在、または塩の集散地であったことによるのだろうか（「木津屋橋通」参照）。（糸井）

塩田谷《しおただに》〔船井郡京丹波町〕

この村は中世には塩田村に属していたと考えられている。塩田村は文明九年（一四七七）の『親元日記別録』の中の「政所賦銘引付」に飯河中務丞忠資の知行分として「塩田村内元末名」と見える。文書で忠資はこの知行地が須智源三によって押領されたと訴えているので、須智氏が勢力を伸ばしていることが窺われる文書でもある。語源として、山間の塩の付く地名の場合は、楔形の谷の奥や川の曲流部など、地形から来ている場合が多いとされている（『地名の語源』）。「塩」の「しお」は「入（しお）」の意か。その場合、奥まった所に「田」のある谷とみることになる。丹波地域に見られる、塩の付く地名も多くが地形的な特徴に由来すると思われる。

昭和三〇年（一九五五）から丹波町の大字となった。（安藤）

塩屋町《しおやちょう》〔下京区〕

塩座の塩、または、「海産魚類干物の市場」（『京都坊目誌』）、塩漬け魚など、すべて、扱う店は「塩屋」と言う。綾小路通柳馬場東入ル麩屋町までの両側町の場合は、「曽て華族三条西家の邸地たり。故に里俗塩屋三条の称ありし」（『京都坊目誌』）という説に対し、「三条西家は中世青苧《あおそ》座の本所で（中略）塩座の本所ではなかったから、この説は信頼しがたい」（『京都市の地名』）という。むしろ、瀬戸内製塩地帯から年貢または商品として入ってくる塩は、淀、京都諸口の座（近江粟津供御人、六人百姓塩座など）が独占的に取り扱っていた（『日本商人の源流』）。そのようなルートで入る塩を販売する当町の塩屋があったのであろう。宝暦一二年（一七六二）刊『京町鑑』に「塩屋町」とあり、以後変化はない。

黒門通綾小路下ル仏光寺までの両側町の場合も、魚などの塩干物も含め、塩屋の業に属する「塩魚の店」、すなわち「塩屋」があったのであろう。慶長（一五九六）以来「雑魚屋町」と呼ぶ（『京都坊目誌』）とある。「寛永一九年（一六四二）寛永後万治前洛中絵図」に、「塩屋町」とある。宝暦一二年（一七六二）刊『京町鑑』に「塩屋町」と現町名を記す。以後変化はない。

下珠数屋町通河原町西入ル一つ目下ル七条までの両側町でも、七条材木町と渉成園に接し、高瀬川が伏見へ通じたのと関連し、当町へ塩座から搬入される「塩屋」の店が語源であろう。「元禄四年（一六九一）京大絵図」に「志をや丁」とある。「天保二年（一八三一）改正京町御絵図細見大成」に「橋丁」とあるのは、塩屋の屋号が「橋屋」であったのではなかろうか。（小西）

塩屋町《しおやちょう》〔中京区〕

塩屋のある町の意。『京都坊目誌』に高瀬川の開通時に諸国の塩商人がこの地に移住したと載る。

塩は調味料であると同時に、生命の維持

に必要な要素であるが、海を持たない京都では塩の生産は不可能であり、諸国からの流通に頼らざるを得なかった。近世には瀬戸内海沿岸の各藩で製塩がなされており、その製品は高瀬川開削時には大坂経由の水運で搬入された。当町は河原町通を挟む両側町で蛸薬師通の南側に位置し、高瀬川とは至近の距離であった。当町の南側にあたる河原町通四条には、「米屋町」がある。流通の基本である塩・米の名をもつ町が隣接することは、当代の町の成り立ちの一端を示すものだろう。しかし貞享二年（一六八五）刊の『京羽二重』に、当町の河原町通に面した部分には「諸職商人」が集まっていたと記されるように、四条通に近い要地に位置する関係上、多業種の出入りもあった。町名については近世前期の地図に「塩屋町」の名が見えるが、北接する奈良屋町、南東の下大阪町の一部とする地図もある。宝暦一二年（一七六二）刊『京町鑑』で「塩屋町」となって以降、変化はない。（真下）

塩屋町《しおやちょう》〔南区〕

江戸期より残る古い町名。明治一二年（一八七九）の地図『京都府区組分細図』をみると八条坊門通南側に「塩や丁」、北側に「八百ヤ」「タルヤ」「木津ヤ」などの商工業者に由来する町名が見受けられ、塩屋町も塩を扱う複数の商家があったところから名付けられたのであろう。（入江）

志賀越道《しがごえみち》 →**山中越**《やまなかごえ》

志賀郷町《しがさとちょう》〔綾部市〕

由良川支流の犀川上流域にあたる地区。何鹿郡の内。したがって地名は「志賀」を基としており、「シガ」で地名の由来を考えねばならない。

志賀村は江戸時代には山家藩と柏原藩に分かれていた。「何鹿郡天田郡元禄高付帳」に「志賀の内」とある。明治二二年（一八八九）に七ヶ村が合併してより広域の「志賀郷村」となった。昭和三〇年（一九五五）綾部市と合併し、綾部市の大字志賀郷町となる。（安藤）

式部町《しきぶちょう》〔中京区〕

和泉式部の町。当町と寺町通を隔てた東側にある中筋町に、和泉式部ゆかりの誠心院があることからの地名。和泉式部は関白藤原道長の娘である、上東門院に仕えた女房歌人。私歌集『和泉式部集』や、『和泉式部日記』で名高い。誠心院境内には中世の宝篋印塔が建っており、この和泉式部の極楽往生の物語を諸国に語って歩いた女性たちが存在したことを伝えている。誠心院は往時は念仏信仰の性格の強い寺で、そこで伝えられた『和泉式部縁起』は、王朝文学の『和泉式部集』『和泉式部日記』等とは、やや異質な面をもつ。そこにはおよそ次のような和泉式部の極楽往生の経緯が述べられる。

和泉式部は若い時代には華やかな宮廷生活を送っていたが、気がつくと既に中年になり、後世安楽が気にかかってきた。そこで名高い性空上人への入門を志して、書写山を訪ねた。しかし、上人は式部が女人であることをもって受け入れず、悲しんだ式部は「冥《くら》きより冥きみちにぞ入りぬべきはるかに照らせ山の端の月」の絶唱を詠む。これに心打たれた上人は式部に八幡への参詣を勧め、その八幡大菩薩の導きで式部は誓願寺の一隅で修業することとなり、往生の本懐を遂げることができた。

中近世には女性は五障三従の掟によって、極楽往生が叶い難いとされており、誠心院は女人往生を願う女性たちの心のよりどころとなった。安永九年（一七八〇）刊の『都名所図会』の誠心院の条には、和泉式部ゆかりの軒場の梅の花のもとで、だれもが往生を保障されるという札を、晴れやかな表情で受ける男女の姿が描かれる。

当町の東を通る寺町通は、平安京の東京極大路にほぼ該当する。したがって当町は平安京の京域の東端に位置することになるだろう。また北側の六角通は平安中期以降の四条坊門に相当し、『拾芥抄』によれば、藤原家隆の父の光隆邸があった地。誠心院がこの地に移転したのは太閤秀吉の寺町建設以降のことで、それ以前の誠心院は誓願寺とともに一条通小川にあった。町名は「寛永一四年（一六三七）洛中絵図」に「和泉式部町」と見え、正徳五年（一七一五）刊『都すゞめ案内者』に「和泉式部前町」、慶応四年（一八六八）刊「改正京町御絵図細見大成」に、「式部前町」と見える。（真下）

宿野村《しくのむら》 →小田宿野《おだしくの》

指月《しげつ》〔城陽市平川〕

近鉄久津川駅の西側一画に位置する小字名。『拾遺都名所図会』には「指月塚」とあり、「大久保の巽平河村民家の東南にあり。いにしへ此所に月見の楼ありし所なりとぞ。封地今なほ高壇なれば土人、塚と称す。惣じて此ほとりはいにしへ官家の住居なるや」と記す。この地は月見の名所であったらしく、高台があったとされる。その位置が指月塚古墳であると思えるが、江戸期の絵図（『絵図が語るふるさとの景観』所収）に描かれた塚をみると、いまの久津川小学校の位置に相当する。いま校門の付近に「指月塚」の古碑が建っているが、地元の古老によると一九一九年に小学校が移転されるまで塚の一部とみられる竹林が残っていたが、削られたという。この地は扇状地の中央に位置した平川村そのものであった。かつては見晴らしのきく場所であり、低地の田水に映る月も望まれたであろう。「指月」はもとは中世の禅の用語であるが（「指月認指」、月を指さしているのに、その月を見ないで指を見るの意から、物事の本質を認めないたとえ）、伏見の「JR桃山駅南側に広がる『指月』とよばれる台状の土地」（岩田貢「伏見の歴史と地名―指月と観月のものがたり」―『京の歴史・文学を歩く』所収）など、月を望むに相応しい位置の地名に転用されて用いられた。江戸期の命名か。（齋藤）

指月の森《しげつのもり》〔伏見区〕

京阪宇治線観月橋駅の北方から北東一帯を指す地名だったが、今はない。『山州名跡志』には「指月とは地名で橋の北東二町余内を云い、景色が優れている。巽に巨椋の入江、東に伏見沢、月を愛するに無双の景色である」。『京羽二重織留』には「所々の川水に月の影うつりて山上より見る時は月四所に見えるので四月《しげつ》と云う」が由来である。

また一説に「指月、これは南禅寺の僧此辺に庵室をかまえて名付けしもの」とある。四所を空・川・池・盃の四つの月を見ることが可能な所とする説もある。初見は永徳四年（一三八四）一〇月二八条の『空華日用工夫略集』に「指月」、続いて『蔭涼軒日録』の寛正二年（一四六一）二月七日条に「伏見指月之佳境有八景」があげられる。（明川）

宍人《ししうど》〔南丹市園部町〕

『北野社家日記』の延徳元年（一四八九）に「宍人村」の名が見える。宍人は部民・宍人部に由来していると考えられる。宍人部は『日本書紀』雄略天皇二年一〇月に、狩の時、よく鮮（なます―生肉）を作る人を当てて設置したことが記されている部民である。「しし」は獣、又は獣の肉の意。「ししひと」の訛が「ししうど」。

村は園部川の支流本梅川の流域で、西の金胎寺山（四二一メートル）の支峰に地元の豪族・小畠氏の宍人城跡がある。「小畠文書」によると、明智光秀の丹波攻めに当たって小畠氏は案内役として協力したことが分かる。この功績で小畠氏はその知行地を安堵された。元和五年（一六一九）の小出吉親の園部入部に際して吉親は、この宍人城に逗留して園部城の築城に当たった。そのため小畠氏は城下に屋敷地と三〇〇石を与えられたという（『日本城郭大系十一 京都・滋賀・福井』）。

昭和三〇年（一九五五）から園部町の大字となる。（安藤）

鹿ヶ谷《ししがたに》〔左京区〕

シシ（縮）は「地形が次第に狭まっていく」意か。東に如意ヶ嶽を背負った深い谷の形状に合致する。鹿ヶ谷は急傾斜地で、土砂災害警戒箇所（京都市防災マップ）。ヒシグ（拉）の語幹ヒシがシシと転化したと考えることもできる。いずれにせよ、シシガタニは断崖の谷、の意。かつて智鉦大師円珍がこの地を訪れた際、一頭の鹿が現れ、円珍を案内したことによるという説（『京都府地誌』）もあるが、当てられた漢字に引かれた後世の付会であろう。『平家物語』巻一に「東山の麓、鹿《しし》の谷と云ふ所は、うしろは三井寺につづいて、ゆゆしき城郭にてぞありける。俊寛僧都の山庄《さんざう》あり。かれに常は寄り合ひ寄り合ひ、平家ほろぼさむずるはかりごとをぞ廻《めぐ》らしける」とあり、「鹿の谷」とも呼ばれた。如意ヶ嶽を経て近江の三井寺園城寺《おんじょうじ》に抜ける「如意越」の山城側の入口で、貴紳の山荘や寺院が営まれた。

現在、鹿ヶ谷何々町という「鹿ヶ谷」を冠する町名が一八町ある。（笹川）

四条町《しじょうちょう》〔下京区〕

新町通四条下ル綾小路までの両側町である。「四条町」については、町の北端が平安京の四条大路であることによる。応仁の乱前に祇園会の「じんぐうこうごうの船」「大船鉾」を出していた（『中世京都と祇園祭』）。現在、「凱旋船鉾」が復活するのも近い。元亀二年（一五七一）の『御借米之記』によると、中組一七町に、現町名の「四条町」がみえ、元亀三年（一五七二）の『御膳方月賄米帳』にも「四条町」とあるが、「北南半町ツ、」と付記されている。「天保二年（一八三二）改正京町御絵図細見大成」にも「南北四条丁」とあり、『京都坊目誌』の「明治二年（一八六九）一町に復す」とあるのを裏付けている。（小西）

四条堀川町《しじょうほりかわちょう》〔下京区〕

堀川通四条下ル綾小路までの両側町である。「四条堀川にある」（『京都坊目誌』）、すなわち、両側町を堀川通が貫通し、北端が平安京の四条大路に接している。「寛永一四年（一六三七）洛中絵図」に、すでに、現町名の「四条堀川丁」とある。「天保二年（一八三二）改正京町御絵図細見大成」には、堀川の流れを挟んで、東側は「四条東堀川丁」、西側は「四条西堀川丁」とみえる。（小西）

静市《しずいち》〔左京区〕

愛宕郡に属していた「静原村」「市原村」「野中村」が明治二二年（一八八九）の市町村制施行によって合併し、元の村名から一字ずつ採った合成村名「静市野村」が新しく出来た。昭和二四年、左京区へ編入されるに及び、元の村名が復活して「静原町」「市原町」「野中町」となったが、三町の総称としての「静市野」から「野中」の「野」が落ちて、「静市」という地域名が残った。

『京都府地誌』で明治八年（一八七五）〜一八年（一八八五）当時の三村の戸数・人口を見ると、静原村が一〇一戸・五六一名、市原村が六四戸・二九二名、野中村が一五戸・七二名であった。現在「静市」を冠して「静市静原町」「静市市原町」「静市

野中町」という三町がある。（笹川）

質志《しずし》〔船井郡京丹波町〕

由良川の支流である高屋川の上流の村。村内を質志川が流れる。山間地で川沿いに耕地がある。室町時代と推定される「蜷川家文書」断簡に「丹波山内庄　八ヶ村小川殿御料」として「志津師村」と見えている。「シヅ（ズ）」には清水の意味がある（『地名の語源』）。地名は清水に恵まれた所から来ているであろう。船井郡に属する。佐藤信淵の綾部藩領の『巡察記』の中の「三之宮」の項に「種々産物ノ員数質志村ニ伯仲ス」と書いており、「質志村」の項で麻、煙草、楮、漆、茶など多くの産物の名を挙げている。大正末年に質志鍾乳洞が発見された。現在は洞内が整備され、京都府下では珍しい鍾乳洞として観光客を集めている。

昭和三〇年から瑞穂町の大字となった。（安藤）

静原町《しずはらちょう》〔左京区静市〕

シヅ（垂）は、背後に急斜面や崖のある地、あるいは傾斜地をいう地形地名。集落の四方は急傾斜地で囲まれている。京都市防災マップでは、土砂災害警戒箇所である。ハラ（原）は、ハルと同根で、開けている平地、あるいは、開墾地。すなわち、シヅ（垂）ハラ（原）は、開けている傾斜地の意であろう。『日本紀略』によると、天徳三年（九五九）四月二九日、清原深養父山荘跡に「補多楽（補陀落）寺」が建立され、天台座主延昌が落慶供養を営み、応和三年（九六三）四月一七日、同寺は村上天皇の御願寺となっている。『門葉記』寺院四には、そのときの太政官符が見え、「山城国愛宕郡志津原里常嘗山中ニ在リ」とあって「志津原里」に補陀落寺があったことがわかる。『小右記』寛仁二年（一〇一八）一二月一九日条に「志豆原天台領」と見え、当時天台領だったことが知られる。また、『平家物語』巻一一「烽火之沙汰」にも「大原《おほはら》、しづ原、芹生《せれふ》の里にあぶれたる兵《つはもの》共、…馳せ参る」と地名が見える。静原は、市原や野中を経由せず、薬王坂を越えて鞍馬へ通じ、江文峠を越えて大原へも至る要衝地で、弘治二年（一五五六）三好長慶が静原城を築き、岩倉の山本氏を城代としておいた。天正元年（一五七三）織田信長の命令による明智光秀の攻撃で落城、焼失したが、現在も石垣などに使用した巨石が残存する。（笹川）

地蔵寺南町《じぞうじみなみちょう》〔山科区竹鼻〕

近世にはこの竹鼻地域に由緒ある寺院が多かったが、とくに、円信寺・西念寺・地蔵寺が「竹鼻三ノ堂」と呼ばれていた。その中で西念寺のみが現存する。地蔵寺は日蓮宗護国寺の南に在り、「足利尊氏衣冠黒袍像帯剣の木像」が有名であった。「近時廃寺となし堂宇を毀ち花山寺に合併し本尊及尊氏の像を之に移す」（『京都府宇治郡誌』）とあるように、廃仏毀釈によって明治一一年（一八七八）に廃寺となり、本尊などを花山寺（元慶寺）に移した。同像は明治三九年（一九〇六）に太陽山安国寺（大分県国東市）に移されている。「地蔵寺南町」の地名が残ったことにより、その位置が確定できる。（小寺）

志高《しだか》〔舞鶴市〕

『和名抄』は加佐郡内の郷名として九郷の一つに「志託」郷をあげる。高山寺本は「之多加」と訓を付す。また平城宮跡出土木簡に「加佐郡志宅里」とある。シダカはシ・タカであろう。志高の地形から、シはシモ・シタの語幹で「下」の意、タカは「寄せる、付く」の意とし（志宅・志託の「乇」は人が身をのびやかに寄せてくつろぐ形という）、「下に身を寄せる、下に付ける」

意をもつ語と考える。あるいは、「シダ」は「シダク（荒れる）」で、「カ」（処）を付した地名か。または「シダル（垂る）」で急傾斜地をいうか。由良川は下流において東流から北流へと流路を変えるのだが、志高村はこの地点の左岸に位置し、自然堤防によって囲まれた堆積平野を耕地としている。堤防上に縄文から中世に至る遺跡が存在する。

平安期に村上天皇の女御が山城広隆寺の薬師如来の燃灯料として寄進したとして「志高庄」が成立している。それは大字志高一帯と考えられる。志高庄は鎌倉・南北朝時代を通じて広隆寺領として伝領されてきたが、室町中期の「丹後国田数帳」によると、押領などあり、支配権は失われてしまっている。（高橋）

四反田《したんだ》〔京田辺市薪〕

京田辺市東に七反割《しちたんわり》、草内に五反田・八田などの小字名がある、これ等は条里制地割の名残である。条里制は六町（約六五四メートル）の幅で碁盤目状に区画し、これを里という。里はさらに一町間隔で縦横に区切って三六に区分けし、その一区画を坪という。坪の中は一〇等分に地割され、この区画は「段（反）」と呼ばれた。薪の四反田もその類かと考えられる（『薪誌』）。（綱本）

七観音町《しちかんのんちょう》〔中京区〕

七観音の町。七観音とは衆生済度のために姿を七種に変える観音で、千手《せんじゅ》観音、馬《ば》頭《とう》観音、十一面観音、聖《しょう》観音、准胝《じゅんてい》観音、如意輪観音、不空羂索《けんじゃく》観音の総称。町名は当地にあった護持院が高倉天皇妃の七条院殖子（後鳥羽天皇の母）ゆかりの七観音を祀っていたことに因んでいる。同寺は亀山天皇が文永年間（一二六四～七五）に再興して七観音院とし、応仁の乱で焼失するも文明年間（一四六九～八七）に再建された。現在は東山の高台寺に移転し、ひっそりと佇んでいる。

烏丸通を挟んで三条通から六角通に及ぶ当町は、京の中心地にあって一六世紀にはその名が確認される。近世には仏具をはじめ、さまざまな産業が行われていたことが知られるが、七観音院がいつまで当町にあったのかについては、確証がない。『京都坊目誌』によれば、宝暦年間（一七五一～六四）まで当町にあった篠山城主青山氏邸がその跡地という。（真下）

紫竹《しちく》〔北区〕

船岡山の東側から賀茂川西岸にかけて、かつて豊臣秀吉が築造した御土居の北東内側に広範囲に広がる地域名。かつての大宮郷内の五ヶ村の一村名で、紫野の北東にあたる。淡交社『京都大辞典』によれば、この周辺にかつて竹の一種であり黒色で細工物・観賞用として用いられる紫竹（黒竹）が群生していたことに由来するとされているが、隣接する紫野の語源との関連も考えられる。（天野）

七軒町《しちけんちょう》〔東山区〕

開町時に七軒の人家しかなかったため。所在は三条大橋東入ル四丁目。川端通と東大路通の丁度中間くらいに位置する。三条通を南北に挟み、東を三町目、西を西海子町に接し、北側は左京区と接する。

明治二年（一八六九）下京に編入、昭和四年（一九二九）東山区に編成。

地誌では、当町付近に街道の左右にある松並木からちなんだ「松原《まつばら》町」の名が見えるが、当時から当町名は存在した。（忠住）

七軒町《しちけんちょう》〔東山区〕

開町時に七軒の人家しかなかったため。所在は大和大路通七条下ル三丁目。三十三間堂の南西角に位置し、大和大路通と塩小路が交差する付近。

当初は「七軒町北側」・「七軒町南側」と

南北の区別があり、以後「上七軒町」・「下七軒町」と続くが、『京都巡覧記』以降には「七軒町」とのみ記す。（忠住）

七条御所ノ内《しちじょうごしょのうち》〔下京区〕

西京区南区に接し、東は西土居通、北は下魚棚通、南は梅小路に囲まれた地域である。「（上古）高貴ノ別業アリ。後人字シテ御所内と称す。或云、西八条院跡ト。或云、高倉天皇ノ御所跡ト」（『京都府地誌』）の伝承がある。また、他に、勝明寺が平清盛の別邸跡の伝承もある。七条御所ノ内を冠する町名は五町ある。（小西）

七番町《しちばんちょう》 →一番町《いちばんちょう》

七百石町《しちひゃっこくちょう》〔綾部市〕

八田川支流の大谷川・岩王寺川が合流する地域で何鹿郡の国人・大槻氏の城のあった高城山（二九九メートル）や岩王寺山などに囲まれた小盆地に所在する。岩王寺山南麓には古墳が多く築かれている。地名の由来は岩王寺領が七〇〇石あったためという。江戸時代には岩王寺山中麓から白条銀紋で知られる「岩王寺硯」を産出していた。

明治九年（一八七六）四ヶ村が合併して七百石村が成立した。昭和二五年（一九五〇）から綾部市の大字、二八年から七百石町となった。（安藤）

七本松通《しちほんまつどおり》〔京都市・南北の通り〕

平安京の皇嘉門大路に相当し、さらに北へ南へと延びて、現在では寺之内通から十条通に至る通り。途中JR東海道本線で中断している。豊臣秀吉の京都改造計画で復興した通りで、特に丸太町通以北の東西に寺院が集められている。開通は元和元年（一六一五）という（『京都坊目誌』）。『京町鑑』に「此通下の森に一株七本に分れたる松あり、故に通筋の号とす」とある。「下の森」は、北野天満宮の南にあった森という。一条通七本松通の西に「下の森通」がある。

今出川通七本松は五叉路になっている。その北部、この通りと北野天満宮の間に、花街として知られる「上七軒」（七軒の茶屋がはじまり）がある。『都すずめ案内者』によると、七本松通の東側は「京」の地で、西側は「西の京」だという。そして「遊女屋（上七軒）」は京地の外だとする。（糸井）

志津川《しづかわ》〔宇治市〕

地域の中央を流れて宇治川に合流する志津川による名。志津川は、『（炭山村）村誌』（明治一四年〈一八八一〉）に記されているように清流で、清水川と称されている。すなわち、シミズのミが脱落してシズカワとなったものか。古くは、「植渡シ申すさる取はら手形の事」（寛文九年〈一六六九〉）に「右は観音山東ノ谷よりひつ（志津）川道の垣へりりく（離宮）山さかい…」とひつ（櫃）川ともいわれていた。村の名も、『（志津川村）村誌』に「昔時、櫃川或ハ室川或ハ静川ト称セシヲ文禄中（一五九二～九六）志津川ニ改ム」とある。しかし、ここは、天明二年（一七八二）の火災によって「旧記灰燼して」しまっていて、その真偽は不明である（「志津川村碑」）。「智積院役者存仙訴状」（元禄一三年〈一七〇〇〉）に「此の山川、志津川村・黄檗領・大鳳寺村の山より水集め」とあるのが古い。見出し語の読み「しづかわ」は、昭和二六年（一九五一）宇治市発足当時の正式な読みを踏襲したものであるが、地元の人たちは、「シツカワ」と「ツ」は清音である。漢字表記は、志津川以外には、室川・静川であった。

昭和二六年（一九五一）宇治郡東宇治町志津川から宇治市志津川に。（高木）

実勢《じっせ》〔船井郡京丹波町〕

「十勢」とも書かれる。蒲生《こもう》の東にある山間の村。中央部に高屋川に注ぐ小河川が西方に流れ、川に沿って田地がある。「蜷川家文書」の中に「丹波山内庄八ヶ村　小川殿御料」の村の一つとして「十勢村」があり、年代は室町時代と推定されている。川の上流側は上十勢、下流側は下十勢と呼ばれていた。地名の由来は不明である。

昭和二六年（一九五一）に須知町の大字となり、昭和三〇年から丹波町の大字となった。（安藤）

実相院町《じっそういんちょう》〔上京区〕

かってこの地に実相院という寺があったことによる。実相院は応永年間（一三九四～一四二八）に、洛北の岩倉村（現在の左京区岩倉）に移転している。町は南北に通る油小路をはさんだ両側で、北の上立売通と南の今出川通の中間が町域である。天保二年（一八三一）の「改正京町絵図細見大成」に「実相院丁」とあり、江戸時代からの町名である。宝暦一二年（一七六二）刊の『京町鑑』に、「実相院町　本阿弥辻子とも云」と記している。これはこの町に本阿弥光悦に代表される本阿弥家の屋敷があったことによる。（清水）

室谷《しったん》〔右京区京北〕

『和名抄』の桑田郡弓削《ゆげ》郷内に属して、川原川上流域にあり、室谷川沿いの、四方を山に囲まれた谷間の集落で、耕地はすくなく林業を主とする。「しつたに」ともいうが、北桑田郡では「―谷」を「―たん」ということは他にもみられる（ちなみに沖縄の読谷村は「よみたんそん」と読む）。「しつ」に「室」を当てるのは、「室」の音読みであるから、「室」は和語「しつ」の当て字であろう。船井郡京丹波町瑞穂には「質美」と書いて「しつみ」と読む地名がある。この「質」も同じこと。しかし和語地名としての「しつ」の語源は不明。なお、室谷にある室次谷は「むろじだに」というようである。室谷も元は「むろだに」であったかも知れない。（糸井）

質美《しつみ》〔船井郡京丹波町〕

由良川の支流・高屋川に注ぐ質美川流域の村。古代・中世に石清水八幡宮領であった質美庄があった地である。「シヅ（ズ）」には清水の意味がある（『地名の語源』）。「質志」と同様に地名の由来は清水に恵まれた所から来ていると思われるが、確定的ではない。「石清水文書」治安三年（一〇二三）の「付僧兼清解案」の中に「一庄家捌箇所」として「丹波国一所名質美庄」として現れるのが早い。また室町時代にも「石清水文書」天文六年（一五三七）の「幕府奉行人連署奉書」の中に「石清水八幡宮領　質美庄事」と見えるので、その後も八幡宮領であったことが分かる。

元禄一三年（一七〇〇）の「丹波国郷帳」では「質美庄村」「質美庄村枝郷下村」「質美庄村枝郷北久保村」の三村に分かれている。

昭和三〇年から瑞穂町の大字となった。（安藤）

地頭《じとう》〔舞鶴市〕

由良川下流の左岸に位置する。当地が中世岡田庄の地頭方であったので名付けられたと伝える。村内の「西飼神社旧記」によれば嘉禄年間（一二二五～一二二七）、地頭村は「御厨熊浪」と記されており、氏神（二宮明神、現西飼神社）社域にある経塚から出た写経断簡に寛政一二年（一八〇〇）貼付の紙片によれば「丹後州加佐郡岡田庄熊浪邑滝尾寺」で書写、とあり、庄園の「地頭」が村名となるまでは熊浪村であったようだ。「熊浪」は、クマ（曲・隈）で川などの曲り目（水衛部）、ナミはナメ（滑）の転で「平坦地」あるいは、滑りやすい急傾斜地、川が湾曲した所の平坦地、あるいは急傾斜地の意か。（髙橋）

科手《しなで》〔八幡市八幡〕

男山・鳩ヶ峰のほぼ北麓に位置する淀川（現・木津川）縁の氾濫原で、排水不良の低湿地だが、現在大半盛土地となっている。北流してきた大谷川が山麓に沿って橋本まで流れる。地名は仁和三年（八八七）七月一一日付「大安寺安宗置文・極楽寺縁起」（「石清水八幡宮史料叢書」）の「伽藍壱院号曰極楽寺、在山城国久世郡科手上里」とあり、久世郡条里制があった地域である。明治二年（一八六九）の木津川改修で、北部が削られ川床になった。淀川や大谷川の度々の洪水で土石流が流出して形成された寄州である。①『男山考古録』は、シナとは山などの片さがりをいい、山科・信濃も階《しな》坂多い、科手郷は山の片下がりの所なれば名を負った。テとは方または所というのに同じ、と記す。②しかし、寄州なので、スナ（砂）・テ（場所の接尾語）の転で、洪水によって流出し堆積した砂礫地をいう。（綱本）

信濃町《しなのちょう》〔上京区〕

聚楽第があった頃に、この地に鍋島信濃守勝茂の屋敷があったことによる。聚楽第が破却されたあと、畑地となっていたが、一八世紀の中頃から町が形成されていった。町は南北に通る土屋町通と千本通の間で、東西に通る上長者町通の北側を町域とする。元禄四年（一六九一）の「京大絵図」には町名はなく、空地になっているが、天保二年（一八三一）の「改正京町絵図細見大成」では、「志なの丁」とあり、江戸時代からの町名である。（清水）

篠町《しのちょう》〔亀岡市〕

山陰道を老ノ坂峠を越えて亀岡盆地に入った一帯が旧・篠村である。交通の要衝としてこの地は早くから開け、王子神社に向かいあう山裾に前期の向山古墳、次いで中期の三ツ塚古墳が築造されており、篠町西部には中期の大型方墳である桝塚、滝ノ花塚古墳が、そして前方後円墳の野条古墳等が築かれている。七世紀後半には今、観音芝廃寺と呼ぶ寺院が建立された。この地は秦氏との関りが深かったと推定される。奈良時代から平安時代にかけては篠町南方の丘陵地帯で大規模な須恵器生産が行われた。鵜川上流の山裾では平安時代の瓦窯も造られ、一帯は古代の新興産業の地であった。「篠」という地名は、『宇治拾遺物語』に戒律を守らぬ僧が茸にされたという平茸の話に登場する。地名は、篠竹が繁茂する景観から「篠野」が基であろう。

篠村は平安時代末に源義経の領地であった。義経は嵯峨松尾の延郎上人を尊崇し、この地を寄進した。義経が頼朝に追われる身となった後、頼朝は改めて文治二年（一一八六）に篠村荘を延郎上人に寄進したという（『吾妻鏡』）。篠村八幡宮は足利尊氏の旗揚げの地として名高い。

江戸時代は亀山藩領。昭和三四年（一九五九）からは亀岡市の大字篠町となっている。（安藤）

東雲村《しののめむら》〔舞鶴市〕

旧村名。明治二二年（一八八九）市町村制度施行により、由良川右岸の三日市・上東・下東・中山・水間《みずま》の五ヶ村が合併して成立した。東雲《しののめ》は夜明け・あけぼのの意をもつ語であるが、村名の由来は大雲川（現由良川）の東岸にあたることによる。大正一二年（一九二三）国鉄峰山線の舞鶴・由良間が開通し、村内に東雲《しののめ》駅が設置された。（髙橋）

四宮《しのみや》〔山科区〕

京阪京津線四宮駅付近に位置する。鎌倉時代、四宮駅付近は四宮河原といった。京都への出入り口にあたる要衝の地で率分所（関所）が設けられていた。四宮には人康《さねやす》親王《しんのう》の遺跡が多い。人康親王は仁明天皇の四宮なので四宮の地名由来を人康親王に求める説が一般的であるが、それ以前にもう一人の四宮がいた。琵琶の名手蝉丸である。雑色の身分の蝉丸は「延喜（醍醐天皇）第四の四宮なれば此関のあたりをば四宮河原と名づけたり」（『源平盛衰記』）と身分を格上げで記されている。蝉丸も人康親王も、賎しい身分であった盲目の琵琶法師たちが創り出した皇統始祖伝承である。四宮にこだわったのは、京への出入り口の境の地に芸能を司る宿神が祀られていたからではないか。琵琶法師たちは「祝神を守護神」（『座中天文記』一五四〇）としてきたのである。「祝」「宿」から帝の「四宮《しく》」へと連動したのである。その後、蝉丸は逢阪の関、人康親王は四宮を中心に伝承を創出していくが、宿神が祀られていた場所は今の諸羽神社と思われる。諸羽神社の祭神は天児屋根命、この神は藤原氏の祖神だが、宿神と同一神となっている。（明川）

芝ヶ原《しばがはら》〔城陽市久世〕

市北部のJR奈良線域の地名。木津川の低地に対し、その東部は丘陵地をなし、古来古墳・寺院が造成され文化の中心をなしていた。芝ヶ原古墳（寺田大谷に所在）は三世紀末のものとされ、古墳の先駆けとして注目されているが、それ以前にも弥生住居遺跡が確認されている。シバのつく地名は『和名抄』にも出るが、シバはツバ（崩）の転で「崖」の意という（『古代地名語源辞典』）。当地の地形に合い、「芝ヶ原」は丘陵地平野ということであろう。（齋藤）

柴座《しばざ》〔八幡市八幡〕

柴座は中世、石清水八幡宮の庇護のもとに燃料に用いる柴・薪を販売した座。居住地が地名として残る。座というのは、中世、商工業者などの同業組合。社寺・貴族の保護を受け、商品の製造・販売上の独占権を有した。背後に八幡宮へ燃料を供進する「薪御園」をひかえ、その売買商人として柴座は有用なものだった。（綱本）

慈悲町《じひちょう》〔伏見区日野〕

日野の法界寺の東北の小さな町。かつてこの辺りは法界寺の境内の一角。法界寺の草創は参議藤原家宗が薬師如来を祀ったのが始まりである。家宗の後裔、日野資業《すけなり》の子、実綱は観音堂、実綱の弟実政は五大堂を建立した。薬師堂、阿弥陀堂・観音堂の他に、不動堂・地蔵堂を付加して日野の五大堂といわれた。慈悲町はこの観音堂のあった場所で、由来は観音の慈悲から町名としたという。町名は昭和六年、醍醐村日野から京都市に編入、伏見区日野になったとき、慈悲町と付けられた。（明川）

渋川《しぶかわ》〔向日市寺戸町〕

南隣の小字「二枚田」との境を今は暗渠になったが、石田川が流れている。この川の水が酸味が強く渋い味がしたことから、「渋川」の地名が生まれたという。

阪急京都線以東は広大な桂川の氾濫原でかつては水田地帯だった。向日丘陵側から麓の段丘を経て流れる雨水はこの地に集中した。昭和三〇年から四〇年代の高度成長期の急激な宅地開発による市街化の形成に伴い、地中への浸透量が減り、多くの雨水が寺戸川、石田川に一気に流れ込むようになった。段丘東のすぐ下は寺戸町梅ノ木・岸ノ下である。その東が渋川・二枚田、さらに東へ森本町上・森本・下森本と続く。渋川の北は東田中瀬（旧・渋田）・西田中瀬・飛龍である。十数年前までは渋川周辺は大雨が降れば床下浸水した。渋川の由来は泥水が酸っぱいというより、「渋」は、各地の同地名のように、水が渋る、つまり湛水しやすい所をいう。浸水被害を守るため、京都府は二〇〇一年から西京区・南区・向日市域の雨水貯留施設「呑龍」を建

設し、長岡京市勝竜寺まで二〇二三年に完成予定である。二〇一一年は向日市域がほぼ完成しており、被害が軽減された。（綱本）

渋谷通《しぶたにどおり》〔京都市〕

渋谷街道、汁谷《しるたに》（渋谷）越えとも言われた。本町通（伏見街道）から東へ清閑寺の南に至る通り。『京都坊目誌』に「古昔の苦集滅道《くずめじ》にして、大津に通ずる間道なり。平氏、六波羅に館し、別邸を小松谷に設くるや極めて繁昌の地たり」とある。新旧の国道一号線より南に位置して、古くから大津へ抜ける最短の間道として、平安から中世にかけては軍事的にも重要であったという。沿道に平家ゆかりの三島神社や平重盛の屋敷小松殿の址がある。

馬町から東に入った谷が小松谷といわれ、「馬町通」ともいう。この谷が馬の繋留地であったことによる。山科へ越える峠も含め、「渋谷街道」といった。軍記物語などに「久久目路《くくめじ》」（『保元物語』）、「苦集滅道《くずめじ》」（『太平記』）とみえるが、この街道の一部を指していたか。「苦集滅道」の四文字は、「四諦《したい》」という、仏教の四つの真理を指すという。『下学集』によると、三井寺の僧が木履の音を「苦集滅道（くずめじ・四諦）」と聞いたからとするが、『大日本地名辞書』は「仏家の附会」とし、「くくめじ」が本来とする。渋谷（しぶたに・しぶや）は地名、人名によくみられる名であるが、ここは、渋谷街道を「汁谷《しるたに》越え」ともいうように、江戸期の地誌にも「澁谷」「滑谷」とも書いて、「しるだに」と読ませており、はやく「中昔京師地図」にも「汁谷、汁谷越え」とあり、「しるたに」が元であろう。「しる」はしるい、じるいの意で、ぬかるんだ谷の意味の語、これが元で、のち「渋谷」になったと思われる。渋谷町という町名もある（『京都の地名検証2』）。（糸井）

慈法院庵町《じほういんあんまち》〔東山区〕

当町に臨済宗慈芳院があることから。豊臣氏家臣で、方広寺大仏の建立に功があったとされる近江国蒲生《がもう》城主山中山城守長俊が、妻・慈芳院追善のため邸宅内に建立した寺といわれる（『京都坊目誌』）。所在は東大路通五条下ル。大谷本廟に向かう五条坂の上がり口南付近に位置し、東大路を東西に挟む。

明治元年（一八六八）下京に編入、昭和四年（一九二九）東山区に編成。西に隣接して「慈芳院門前《じほういんもんぜん》町」があったが、明治二六年（一八九三）鐘鋳《かねい》町に編入する。（忠住）

四本松町《しほんまつちょう》〔下京区〕

若宮通旧花屋町下ル正面までの両側町である。「若宮の社地にして放生池のありし所と。中世地に凹所ありて四株の古松存す」（『京都坊目誌』）とある。もと西本願寺寺内町であった。「寛永一九年（一六四二）寛永後万治前洛中絵図」に、「若宮図子二丁目」とある。「天保二年（一八三一）改正京町御絵図細見大成」に「四本松丁」とみえる。（小西）

島《しま》〔京丹後市久美浜町〕

島は村・集落の意であろう。言い伝えによれば、島の住民の一部は昔、近隣の「友重」（別項参照）から移住したという。川上谷川流域の集落で、東の茶臼山に全長四二メートルの、古墳時代前期の前方後円墳がある。（水野）

島田《しまだ》〔久世郡久御山町〕

旧木津川流域の堆積物によってできた島を新たに開拓したことによって生まれた村の意か。島田は、全国的に存在する地名で、「沼や川に囲まれた島状の地形」「川洲の堆積した島状の地形」のことである。島田は保元三年（一一五八）一二月三日付の「官宣旨」に島田園として見え、早くから石清水八幡宮の菜園として存在していた。この島田園は、隣接する、同じく石清水八幡宮の菜園である藤和田園《ふじわだ》の存在からも現島田の地と比定できるであろう。

「山城国久世郡御牧郷村名宮寺初記」(文政一一年〈一八二八〉)の「嶋田村名の初」に「貞観元卯年八幡え八幡宮御幸の節、今嶋田弥惣治御供ニ御出成され、夫より此処を開キ是則ち豊前の嶋田村といふ所の人ニて、これに依り生国の村名をとりて嶋田村と申すなり」とある。真偽はともかくとして、島田村は、御牧郷一三ヶ村の中で唯一の石清水八幡宮の氏子であり、菜園もあるなど早くから石清水八幡宮と密接な関係にあったのは事実である。

元禄一三年(一七〇〇)の『元禄郷帳』では、御牧郷一三ヶ村に含まれている。明治九年(一八七六)に御牧郷内の一〇ヶ村が合併して久世郡御牧村島田に、昭和二九年(一九五四)久御山町成立後は久御山町島田になる。　(高木)

島津《しまづ》　〔京丹後市網野町〕

島津は、現在、大字地名として用いられているが、その語源は、明治二二年(一八八九)の町村制施行時に島溝川村の「島」と掛津・三津村の「津」をとって命名された合成の村名である。現在の大字島津は、近世には「島溝川村」といった。さらに以前には、島と溝川に分かれていたことが史料上からわかる。「島」は、長禄三年(一四五九)の「丹後国郷保庄惣田数帳」に「嶋庄」とあるものが初出となる。天文七年(一五三八)の「丹後国御檀家帳」には、「一　しまのたかおと申城」とあり、丹後守護一色氏の国の御奉行であった石川氏の一族と思われる石河中務丞が居住していたことが記される。「溝川」は、「丹後国御檀家帳」に「一　みそ川」とあるものが初出となる。「しま」を冠していないいため、嶋庄域に属さない村であったとみられる。その後、慶長七年(一六〇二)の「慶長郷村帳」には、「島村」と「島村之内溝川村」として、溝川が島の枝村として記され、延宝九年(一六八一)の「丹後国与謝郡等郷村高帳面」以降は「島溝川(河)」となった。　(新谷)

島原《しまばら》　〔下京区〕

花屋町通壬生川通西入ル一筋目に門がある。公称は「西新屋敷」である。寛永一七年(一六四〇)七月に六条三筋町から移転してきた(「柳町」参照)。京都唯一の遊郭として、大宮から西の、いわば都市から離れた西の新屋敷として位置づけられた。通称の島原の語源は諸説あるが、特に、「肥前の天草一揆の取り籠りし島原の城の如く、三方は塞がりて一方に口ある故に、かやう名付け侍り」(『浮世物語』)とある。「さらに、〈島《しま》〉という語には、特に場所・区域という意味を強調することがある。例えば、〈地域一帯〉を〈島一帯〉と言う。これはなわばりを張ることで〈中略〉島原も塀で囲まれた特殊な一区画を指す名であり、まさしく〈島〉であった」(『京都の地名検証』)。「天保二年(一八三一)改正京町御絵図細見大成」は「嶋原」とあり、その後変化はない。島原には、南北(縦)の通りが三本あり、その真ん中に東西の「胴筋」と称する通りが貫き、三本の縦通りを六町に分けている。いちばん東の通りは、胴筋より北が「中之町」(楊梅蛭子町から移転〈「蛭子《えびす》町」参照〉)、南が「上之町」(楊梅上柳町から移転〈「柳町」参照〉)である。真ん中の通りは、胴筋より北が「中堂寺町」(「中堂寺」から移転)、南が「大夫町」または「西洞院町」(五条西洞院小柳町から移転〈「柳町」参照〉)である。西の通りは、胴筋より北が「下之町」(的場銭屋町から移転〈「銭屋町」参照〉)、南が「揚屋町」(各町に

あった「揚屋」をまとめた）である（『中近世都市の歴史地理』参照）。（小西）

志水町《しみずちょう》〔下京区〕

塩小路通西堀川西入ル猪熊までの両側町で、西堀川通にも面しＪＲ線路に至る。「京都七井の一と称する。噴泉極めて清涼」（『京都坊目誌』）とある。「清水」が「志水」に音で変化した。「天保二年（一八三一）改正京町御絵図細見大成」に、「南清水丁」とある。（小西）

志水町《しみずちょう》〔伏見区羽束師〕

外環状線横大路の西の羽束師橋を渡った辺りの地域、桂川・鴨川の合流地点の右岸に位置する。町の中心に羽束師神社（式内社）がある。志水が出てくるのは中世で、「三鈷寺文書」暦応二年（一三三九）一〇月に「清水本荘」、「久我家文書」明応三年（一四九四）五月に「志水」の記載がある。文政八年（一八二五）、久我・水垂など一一ヶ村の協力で羽束師川の排水路が完成した。悪水抜きができるまで、志水は水に浸かるとなかなか水が引かない低湿地・洪水多発地であった。地名の由来は清らかな清水でなく、浸み水が志水の由来であろう。下流の淀、水垂と似た災害地名である。羽束師神社境内には排水路を完成した古川為猛らの治水頌功碑が建てられている。（明川）

清水町《しみずちょう》〔下京区〕

河原町通松原上ル高辻までの両側町である。清水寺への参道としての松原通を意識したか、高瀬川の清い水に因むのであろう。寛文九年（一六六九）から一〇年にかけての鴨川筋新堤の築造以後、町地として開発された。宝暦一二年（一七六二）刊『京町鑑』には「清水町」とある。（小西）

清水町《しみずちょう》〔中京区〕

清水《せいすい》の湧く町。『京都坊目誌』は、かつて町内にきわめて清涼な清水が湧いていたことが地名の由来であるとして、その清水は法雲寺本坊の跡にあったとする。二条河原町の北東にあたる当地は、人馬の往来の盛んな地で、そこに清水が湧きだしていたのだろう。

平安京の東京極大路の東側にあたり、平安時代には京域外であった。しかし二条河原に近い当地は鴨川東岸との接点にあたり、古くから往来の盛んな地であった。中世には二条河原は合戦場となり、京と並んで活況を呈した。白川との接点ともなった。近代に入っていち早く京の町に導入された路面電車の拠点となったのも、木屋町通二条の周辺であった。

町内北部には元和三年（一六一七）から昭和四一年（一九六六）まで浄土真宗高田派別院の本誓寺があり、多くの門徒が訪れた。また清水が湧いていたと伝えられる法雲寺境内には、目医者が開業していた（『京羽二重』）という。同寺の御神体「縁切石」は現在は縁切りの菊野大明神で名高く、全国から信者が訪れる。（真下）

四明ヶ岳《しめいがだけ》〔左京区修学院〕

中国浙江省寧波《にんぽ》にある四明山《しめいざん》を擬したという。四明山は、古来霊山として名高く、東晋の孫綽《そんしゃく》「天台山ニ遊ブ賦」（文選・巻一一）に「陸ニ登レバ則チ四明ト天台有リ。皆、玄聖ノ遊化スル所、霊仙ノ窟宅スル所」とあり、李善注の引く宋の謝霊運「山居ノ賦」には「天台ト四明ハ相接連ス。四明ハ方石（四角い岩）四面ニシテ、自然ニ窓ヲ開ク」と見える。比叡山（八四八メートル）を天台山に擬し、その西に位置する標高八三八メートルのこの山を四《し》明《めい》ヶ岳《がだけ》と呼んだのである。『平家物語』巻二「座主流」には「延暦の此ほひ、皇帝は帝都をたて、大師は当山によぢのぼッて四《し》明《めい》の教法を此所にひろめ給し」とある。伝教大師最澄が中国の天台山で学んできた教えを日本で布教する拠点とした山である。慈円の家集『拾玉集』には「四明之勝趣」「四明之風景」「四明之幽趣」、『太平記』には「四明山」「四明ノ嶽」「四明ノ峯」などと見える。四明ヶ岳から西南西へ延びる尾根筋に経塚が発見されている。遺構から発掘された銅板には銘文が刻まれ、それによって造営時期は「保安二年（一一二一）七月五日」で「阿弥陀仏丈六像」その他の仏像と「法華経」その他の経巻が納められていたことが確認できる。『都名所図会』によると「四明嶽《しめいがだけ》」から「快晴の日は、西海の淡路嶋、四国の海路、幽に見ゆる」という。（笹川）

紫明通《しめいどおり》〔京都市・東西の通り〕

賀茂川西岸から堀川通にかけてカーブ状に曲がりながら接続する全長約一キロの東西道路の名称で、もともとは明治二三年（一八九〇）に建設された第一次琵琶湖疏水の疏水分線の経路に沿って造られた道路であり、その語源は「山紫水明」から付けられたとされる（『京都市の地名』）。琵琶湖疏水は多目的運河として造成され、当初は灌漑・水運・水力（水車、のちに水力発電）・防火などが主目的であり、現在の上水道主体の用途とは基本的に異なっていた。蹴上まで建設された疏水本線から、北側に延長した運河ルートが疏水分線であり、最終的に堀川まで通水し、周辺地域に農業用水を供給していた。この疏水分線ルートに沿って紫明通が建設されている（「琵琶湖疏水」『京都歴史アトラス』）。（天野）

下安久村《しもあぐむら》 →安久《あぐ》

下石橋町《しもいしばしちょう》〔上京区〕

豊臣秀吉が築いた聚楽第の外堀に架けられていた石橋の跡があったからという。町は南北に通る大宮通をはさんだ両側で、一条通の少し北を町域とする。天保二年（一八三一）の「改正京町絵図細見大成」には、「下石橋北半丁」と「同南半丁」が記されている。明治七年（一八七四）提出の『全国村名小字調査書』にも、「北半丁」と「南半丁」とある。現在、「下石橋南半町」があるので、下石橋町は「下石橋北半丁」が改称されたのであるが、その時期は明治一二年（一八七九）の町組改正の時と思われる。（清水）

下植野《しもうえの》〔乙訓郡大山崎町〕

小泉川・小畑川・桂川の三方に囲まれた低地にある。地名は、足利氏の臣上野某が当地に居住していたからという（『雍州府志』）が、あきらかでない。もとは、単に上野と称していたが（『山州名跡志』）、乙訓郡北部の同地名と区別するため、南方の当地を下上野と冠称し、のち上野も植野と改めたという（『京都府地誌』）（「上植野《かみうえの》町」参照）。

中世には、『教言《のりとき》卿記』応永一二年（一四〇五）七月一九日条に「下上野率分所《りつぶんしょ》」とみえる。率分所、つまり中世の関銭を徴収する機関（のちの関所）があった。応仁の乱直前の文正二年（一四六七）三月六日付「大山崎神人中宛守護代名倉泰家奉書」（離宮八幡宮文書）には「諸関保（課か）役之事、当国下上野に於いて兵士違乱なすの由候」と、東・西軍いずれかの兵士が下上野の関を占拠したことを伝える。

天正一〇年（一五八二）の山崎合戦では、明智光秀が陣を構えた勝竜寺城の前面にあたるため、合戦の主戦場となった。前線基地となった旧御坊塚は段丘上にあり、現在の下植野境野で古墳群があるところからの地名だろう。御坊は隠亡の意である。境野は、長岡京市奥海印寺の旧久貝村と旧下植野村の境界にちなむ（「久貝《くがい》」参照）。（綱本）

下魚棚四丁目《しもうおのたなよんちょうめ》〔下京区〕

下魚棚通猪熊通東入ル西堀川までの北側片側町である。天保二年の絵図をみると、下魚棚通は、西洞院通から数えて町のブロックが数えられる図面になっている。その「四丁目」と、下魚棚通に面することによる。「寛永一四年（一六三七）洛中絵図」に「西寺内魚ノたな」とある。「天保二年（一八三一）改正京町御絵図細見大成」に「四丁目」とのみある。宝暦、天保の地誌、絵図は、当町が下魚棚通に存在することを前提にして「四丁目」とのみ記述している。（小西）

下岡《しもおか》〔京丹後市網野町〕

下岡の地名は、元亨四年（一三二四）の「観音寺良実阿闍梨願文」（熊野那智大社文書）に「たんこのくにきつのかう下おかくわんをん寺」とあるものが初出となる。天文七年（一五三八）の「丹後国御檀家帳」には、「木津のしもおか」とあり、木津郷の領域に含まれていたことがわかる。地名の語源は、丘陵から一段下がった小高い岡に立地していることに由来するものであろうか。慶長七年（一六〇二）の「慶長郷村帳」以降は「下岡村」とある。（新谷）

下乙見《しもおとみ》〔船井郡京丹波町〕

上乙見川と上和知川とが合流する地点付近の村。「オト」には乙字形に曲がった崖、海岸などの意味がある（『地名の語源』）。したがって川が合流している当地の地形に由来すると考えられる。なお美山町の「音海」も同様の語源であろう。

昭和三〇年（一九五五）から和知町の大字となった。（安藤）

下鴨《しもがも》〔左京区〕

『続日本紀』宝亀一一年（七八〇）四月二六日条に「山背国愛宕郡ノ人、正六位上、鴨《カモ》ノ禰宜《ネギ》、真髪部津守《マカミベノツモリ》等十一人ニ姓ヲ賀茂《カモ》県主ト賜フ」とあるように、平安遷都以前から鴨氏の居住地であった。同地に鴨氏の氏神である「賀茂御祖《かもみおや》社」が祀られ、賀茂川上流の賀茂別雷《かもわけいかずち》社を上賀茂神社というのに対し、「下鴨神社」と呼ばれる。地名は、この神社名に由来する。『続日本紀』延暦三年（七八四）一一月二〇日条に「賀茂ノ上下《かみしも》二社ヲ従二位ニ叙セシム」と見えるように、平安時代以前から賀茂社は上社・下社とも篤く尊崇を受けてきた。平安中期の公家日記『小右記』によると、藤原実資は毎月一日、賀茂社に奉幣することを原則としていた。賀茂下社の祀られる地域の地名「下鴨」が確認されるのは、南北朝時代以降で、康永二年（一三四三）一一月二四日付で「しゅんえ（順恵）」なる人物の記した「しもがもの四たんかもんそ（文書）あつけまいらせ候」という知行に関わる『大徳寺文書』が最古といわれる。現在、下鴨何々町という「下鴨」を冠する町名が四六町ある。（笹川）

下河原町《しもかわらちょう》〔左京区南禅寺〕

本願寺第三世覚如の行状を記した、文和元年（一三五二）成立の『最須敬重絵詞《さいしゅきょうじゅうえことば》』に「天台ノ名匠宰相法印宗澄《しゅうちょう》ノ禅房ハ法勝寺ノ東、下河原ノ辺」、南禅寺に住した惟肖得巌《いしょうとくがん》（一三六〇～一四三七）の詩文集『東海瓊華集《とうかいけいかしゅう》』に「若宮ヨリ下河原ニ過リ黒谷ニ臻《いた》ル」などと地名「下河原」が見え、白川の下流域の河原だったことに由来すると考えられる。『山城名勝志』は「南禅寺ノ北、永観堂ノ西ニ在リ」とする。『京都坊目誌』は「此名古し。亀山帝の皇子、恒明親王ノ王子、乗朝親王、僧と為り、此地に住し、下河原門主と称す」とし、「上乗院ノ址」「毘沙門堂ノ址」「僧宗澄ノ房址」などの古蹟があったという。（笹川）

下河原町《しもかわらちょう》〔東山区〕

高台寺山から流れる菊谷川と、清水音羽山から流れる轟川がこの地で合流し、土砂が堆積して河原になったことにちなむ（『京都坊目誌』）。また真葛ヶ原《まくずがはら》の下手にあることから「下原」といい、その後「下河原」と呼ばれるようになったともいわれている。現在の下河原町の南半分および南町の東部分を「高台寺門前町」と称したが、現存しない町名である。所在は下河原町通八坂鳥居前下ル。下河原通の東側に位置し、ねねの道（旧「高台寺道」、一九九八年石畳に舗装をしたのを機に改称）を東西に挟むように位置し、現在は高台寺境内、東大谷墓地を含む広大な町域となったが、もともとは高台寺境内と旧高台寺門前町とを除く範囲であった。

慶長一〇年（一六〇五）高台寺の創建に際して、高台院北政所の召しにより舞芸に秀でた芸妓たちが多く集められ居住した。これがのちに近隣の鷲尾町、上弁天町、月見町をも含めた下河原遊郭の前身となる。明治元年（一八六八）下京に編入、昭和四年（一九二九）東山区に編成。（忠住）

下狛《しもこま》〔相楽郡精華町〕

町の北部。木津川中流域の左岸に位置する。『和名抄』に「下狛郷」とみえる。訓は「之毛都古末《しもつこま》」。東部は水田地帯。西部は丘陵地帯で木津川の支流煤谷川《すすたにがわ》が東流する。宮廷歌謡「催馬楽《さいばら》」の「山代の狛のわたりの瓜つくり」の地で知られる。

木津川対岸の木津川市山城町上狛（『和名抄』の大狛郷）と対をなす地名。その由来は、①『日本書紀』欽明天皇三一年（五七〇）四月二日条に、高麗《こま》の使人が難船し、漂流の果て越の海岸に辿り着いた。しかし、郡司が報告しないので、越人江渟臣《こしのひとえぬのおみ》裙代《もしろ》が京に出て奏上した。天皇は詔して、命が助かったのは、わが徳政のおかげだ、「山城国相楽《さがらか》郡にして館《むろみつ》を起《た》てて、厚く相《あひ》資《たす》け養え」といった。渡来人高麗人が居住したことに因んだものとされる。ただし、相楽館の場所は木津川市山城町上狛や同市相楽神社説がある。

②渡来人が定住するはるか以前からの「川の曲流点」を示す地名で、クマ（曲）→コマ（同行の音通）の転訛が考えられる。上狛は西流してきた木津川が北に大きく流れを変える曲流点にあり、下狛もまた、地形分類図（池田碩ほか「南山城、木津川流域の段丘地形」『奈良大学紀要』九、一九八〇）をみると、かつては蛇行曲流していた木津川の旧河道が残る。下狛から北側の大字菱田、京田辺市宮津にかけて左岸沿いには川原、久保（窪）地名が多く連なって残り、かつての水路関連の場所だったことを物語る。（綱本）

下珠数屋町通《しもじゅずやちょうどおり》 →上珠数屋町通《かみじゅずやまちどおり》

下清蔵口町《しもせいぞうぐちちょう》〔上京区〕

京の七口のひとつにあげられ、上賀茂方面への出入口であったことによる。清蔵の語原については、昔、ここに西蔵があったのが誤って清蔵になったとする説と、この地に清蔵という長者がいたという説があるが、詳細は不明である。町は東西に通る御霊前通の北側で、新町通の東から小川通の西側までを町域とし、妙覚寺の境内を含んでいる。「寛永一四年（一六三七）洛中絵図」に「上清蔵口丁」と「下清蔵口丁」があり、江戸時代からの町名である。なお、上清蔵口町は現在は北区になっている。（清水）

下世屋《しもせや》 →世屋《せや》

下立売通《しもたちうりどおり》 →上立売通《かみだちうりどおり》

下長者町通《しもちょうじゃまちどおり》 →上長者町通《かみちょうじゃまちどおり》

下堤町《しもつつみちょう》〔左京区〕

『京都坊目誌』に「堤町は賀茂川の護岸にして元堤塘也。寛永五年（一六二八）以来、堤に副ふて民居建つ。東丸太町上る所を上堤町とし、丸太町下るを中堤町とし、東竹屋町下るを下堤町とす。慶応三年（一八六七）四月、上堤町を東丸太町に合し、中堤町を下堤町に併し、市中に編入す」とある。丸太町から東竹屋町通を越えて疏水夷川橋（現「川端橋」）までの、鴨川の東堤が町域。『保元物語』保元元年（一一五六）七月条に「清盛ハ、明レバ十一日、東フサガリ、其上、朝日ニ向テ弓引カン事、恐アリトテ、三条ヘサガリ、河原ヲ東ヘ渡リ、東堤ヲノボリニ、北ヲ指テゾ寄タリケル。二条川原ノ東堤ノ西ノハタニ、北ヘ向テゾ引ヘタル。義朝ハ、大炊御門川原ニ、川ヨリ西ニ、東ヲ向ヒテ引ヘタリ」とある。平安京の大炊御門《おおいのみかど》大路が現在の竹屋町《たけやまち》通に当たるので、ここで「大炊御門川原」と呼ばれている場所が現「下堤町」辺りである。

（笹川）

下常吉《しもつねよし》 →常吉《つねよし》

下津林《しもつばやし》〔西京区〕

西京区東部の地区。一五世紀の「桂川用水差図案」（「東寺百合文書」）に、西岡一ヶ郷の一つとしてその名がみえる。近世は葛野郡の一村。旧集落は自然堤防上にある。周辺の村々が洪水被害にあったが、下津林村は、五社神社や村の北にある藪が堤防の役割（水害防備林）の役割を果たし、被害は比較的少なかったが、慶応二年（一八六六）大洪水では被害を受けた（「湯浅〔馨〕家文書」明治四年〈一八七一〉五月付）。

地名は古代の下林郷（『和名抄』）によるとされるが、下林郷は現北区に比定する説が有力である。津林の由来は、津は「水のある所」（万葉集」巻九・一七五九）、林は豪雨時に水勢が増すと川になる所、旧河道跡をいう（『あぶない地名』）。つまり、豪雨時に湛水する低湿地をいう。

第二次大戦中の昭和一七年（一九四二）、海軍経理局が南部一帯の農地（氾濫原）を飛行機工場建設のため強制的に買収、現在陸上自衛隊桂駐屯地が占める広大な土地は、この時整地された。地盛りのための土は、下津林・六反田・佃などの土地を掘り起こし、大池が出来る始末だった。人家の無かった前泓《まえふけ》町（泓は湿地の意）には強制連行され工場で働かされた朝鮮人労働者が居住させられた（『川岡百年史』ほか）。

（綱本）

下津屋《しもつや》〔久世郡久御山町〕

津屋は、木津川の左岸にある港として、船の発着に伴う荷物を取り扱う問屋があったことからの名。下は、木津川下流側の意で、上流の上津屋《こうづや》（現城陽市・八幡市）を意識したもの。下津屋の名は、『大乗院寺社雑事記』寛正三年（一四六二）正月一八日の条に「予当年三十三役（厄）也、為祈祷令参八幡役神、自西下剋出門了（中略）、自木津至下津屋船也、修理船二艘召之了」とある。また、「随心院殿上洛、…、北面等少々木津マテ参了、自木津船ナリ、船ノ一献実浄房可進云々、船ハ修理目代ニ仰了、下津屋マテナリ」とある。石清水八幡宮参詣の際や、上洛に際し木津から上船した場合の着岸地点であり、また、淀川を下り兵庫津（兵庫県神戸市）へ向かうときの中継点でもあった。現在は木津川右岸に位置するが、明治三〇年の流路を付け替えた結果で、それ以前はずっと左岸にあった。

『元禄郷帳』（元禄一三年〈一七〇〇〉）に既に村として存在している。昭和二九年〈一九五四〉久御山町成立とともに久御山町下津屋になる。

（高木）

下鳥羽《しもとば》〔伏見区〕

近鉄京都線丹波橋駅の西方、国道一号線との交差付近。『和名抄』に「紀伊郡鳥羽郷」が記されており、古くから開けた水陸交通の要衝の地であった。鴨川と桂川とが合流する場所で、淀川から瀬戸内海に通じている港、鳥羽津（草津湊とも）であった。鳥羽津からは都大路に繋がる鳥羽の作り道があった。都の南玄関として、鳥羽には多くの交通業者・運送業者が集住し、下鳥羽・上鳥羽へと発展していった。特に白河院の鳥羽離宮の造営、幕末の鳥羽伏見の戦いなど、鳥羽は歴史的にも名高い。

鳥羽の語源はよく分かっていない。①トバはツバ（潰）の転で湿地中の微高地または自然堤防の称か（『古代地名語源辞典』）、②鳥羽は水辺の地名、古代的にはトニハ（津）が語源か。トニハとは鳥羽郷に即していえば鴨川・桂川の落ち合う出会いの地で、カハトニハ（川門庭）のこと、古代ではツ（津）もト（津・門）といっていた。トニハの（庭）は水辺儀礼が行われたマツリノニハ（祭庭）と考えられ、トニハが約まって鳥羽となった。鳥羽はトマリニハ（停泊庭）なのである（『京都の地名を歩く』）、③「野渡場」「泊まり場」がトバに約まっていったのではないか（『日本国語大辞典』）、の三説がある。（明川）

下中《しもなか》 →上中《かみなか》

下ノ池《しものいけ》〔山科区小山〕

鏡山次郎の研究によれば、平安末期の「山科郷古図」の「音羽里小山」の北側にある「龍池」がほぼ同じ場所であり、この地が古来からの「龍池」であった可能性が高いとされる。地形的にも湧き水を得やすい所であり、龍神が祀られていたのであろう。龍神は水の神であり、干天や大雨の時には「雨乞い神事」や「止雨神事」が行われていたと推察される。その信仰が廃れるとともに、「下の池」という一般名称に変化したのであろう。

現在、音羽川沿いに「山の神」の信仰が残る。毎年二月九日に藁で長さ一三メートルもの大蛇を作り、霊木にぶらさげるというもので（二の講の行事で京都市無形民俗文化財）、龍神信仰の一種と考えることが出来る。（小寺）

下ノ茶屋町《しものちゃやちょう》〔山科区勧修寺〕

勧修寺の南側、大岩街道の登り口に残る町名である。豊臣秀吉は土木工学的発想に優れ、物資の流通経路整備に秀でた人物であり、伏見城築城に際しても、宇治川の付け替えをはじめとして、多くの整備を行っている。その一つが大岩街道の拡張である。山科と京を結ぶ大動脈は東海道だが、蹴上げの坂の厳しさは牛馬運送にとって大きな難関であった。最も勾配が緩いのが大岩街道で、拡張工事により山科から深草を経由して伏見に至る物流の流れが大きく改善された。その結果、茶屋も必要となったのであろう。「下」は、京・伏見に対する「下」であり、当地の茶屋で一服する江戸時代の馬子たちの姿が浮かんできそうな町名である。（小寺）

下丸屋町《しもまるやちょう》〔中京区〕

丸い品物（ここでは丸太から製造する盆や什器）の店のある町。当町の北にある末丸町の一部が近世まで「まるや丁」と呼ばれており、これに対する南（＝下）の意がある。

東西は木屋町通と河原町通に挟まれ、南北は姉小路と御池通の間に位置する。平安京の東京極大路の東にあり、平安時代には京域外であった。中世までは鴨川の河川敷に近く、太閤秀吉によって建設されたお土居の外部でもあった。当町が居住地となったのは、近世初頭の高瀬川開削時以降である。近世前期の地図に「丸や町」と見えるが、その後「ふくろ町」「ふろや丁」なども見え、地域区分の細分化に伴って「塗師屋町」「やくはんや町」「なべや町」の名も見える。下丸屋町の名で現在の地域が統一されたのは、明治初年のことであった（『京都坊目誌』）。高瀬川開削当初は水運で搬入される木材で、什器の製造を行っていたが、近世中期以降は高瀬川の西岸部分に前田家の金沢藩邸をはじめとする邸宅が置かれた。現在は御池通・河原町通・木屋町通などの繁華な通りに囲まれ、教会・幼稚園・ホテルなどが建つ。（真下）

下山田《しもやまだ》　→上山田《かみやまだ》

尺八池《しゃくはちいけ》　〔北区大宮〕

北区大宮の釈迦谷山（二九一メートル）東麓にある池で、谷地形の南側を築堤して造られた灌漑用ため池である。灌漑用水の水樋が尺八の穴のように見えること、水音が尺八の音色に似るから名付けられたとあるが（『京都市の地名』）、典拠に不詳な部分が多い。建造年代は不詳であるが、平安時代中期から周辺に存在したとされる綿子《わたご》池を改修したものとの考えもあるが定かではない。南の栗栖野一帯の「野」と呼ばれる地域は、複合扇状地上で農業用水が得にくく一般に耕作地に適しておらず、その灌漑用途として造られたものと考えられる。（天野）

蛇島《じゃしま》　→佐波賀《さばか》

修学院《しゅうがくいん》　〔左京区〕

かつてこの地にあった叡山三千坊の一つ修学院《しゅがくいん》に由来する。修学院は、叡山の僧正勝算《しょうさん》（九三九〜一〇一一）を開基とし、佐伯公行が建立、永延年間（九八七〜九）一条天皇により官寺となった（元亨釈書・一二）。『権記』長保六年（一〇〇四）二月二六日条には「修学院ニ参詣ス。此ノ院ニハ倶力迦羅《くりから》大龍王（不動明王）像坐ス也」と見え、藤原行成は不動明王を安置する修学院に参詣している。また『小右記』によると、寛仁四年（一〇二〇）九月一一日、藤原道綱は危篤に陥ったが、「日来《ひごろ》道綱卿、修学院ニ於テ修善スト云々」とあって危篤状態から「蘇生」したという。『更級日記』には「親族《しぞく》なる人、尼になりて、修学《すがく》院に入りぬるに」と見え、『兼好法師集』にも「修学院といふところにこもり侍りしころ／のがれてもしばのかりほのかりの世にいまいくほどかのどけかるべき」（五一）という歌があり、南北朝時代までは寺院としての修学院が存したことが知られる。この地に、後水尾上皇が離宮を造営して完成させたのが、万治二年（一六五九）四月一四日（『隔蓂記《かくめいき》』）のことである。

現在、修学院何々町という「修学院」を冠する町名が三六町、また比叡山に至る山林を中心に修学院何々という地名が一九ある。（笹川）

周山《しゅうざん》　〔右京区京北〕

古墳時代から開かれた土地で、古墳はじめ瓦窯跡や廃寺跡などがある。『和名抄』の桑田郡有頭《うつ》郷に属するが、中世には吉富新庄に属した。明治一八年に北桑田郡の郡役所が北方の山国・比賀江から当地に移され、京北町の中心的地区になっている。もと縄野《なわの》村といったが、天正七年（一五七九）明智光秀が黒尾山東峰に城を築き、中国は「周」の武士の故事を踏まえて「周山城」と命名、地名も周山と改めた。字音語の地名であるが、周りを山に囲まれた山間の地であることも踏まえられている。なお旧名「縄野」の語源は、大堰川流域の縄手に開けた野の意であろうか。（糸井）

十禅師町《じゅうぜんじちょう》　〔下京区〕

木屋町通正面下ル下珠数屋町までの東側片側町である。旧妙法院門跡領の耕地であった。十禅師は、妙法院の本山天台宗延暦寺の鎮守「坂本日吉（大社）二宮と同所にあり」(『京都坊目誌』)とあり、また、この十禅師は、「祭神を天瓊々杵尊《あめのににぎのみこと》とす」(前掲書)とある(「岩滝町」参照)。その「十禅師」に因む。「寛永一四年(一六三七)洛中絵図」に「十禅寺丁」とある。宝暦一二年(一七六二)刊『京町鑑』は「七条新地」の「十禅子町」と記す。「天保二年(一八三一)改正京町御絵図細見大成」に現町名と字も同じ「十禅師丁」とある。

(小西)

須知《しゅうち》〔船井郡京丹波町〕

『和名抄』の丹波国船井郡一一郷の中の一つ。「須智」とも書く。丹波高原の交通上の要衝の地。地名の由来は不明である。

須知は中世の豪族・須智氏が本拠地とした所である。その居城・須智城跡は観音峠を下って東の谷を入った、玉雲寺の向かいの丘陵上にある。岩を流れ下る様子が琴に例えられる琴滝も近くにある。「遠山文書」にある観応三年(一三五二)の「中津川秀家軍忠状」に「須智の城」と書かれている。『太平記』巻九では足利尊氏が篠村八幡宮で挙兵した時、馳せ参じた国人の一人として「志宇知」の名が出ている。須智氏は南北朝時代には南朝に属したが、その後、丹波守護細川氏に従った。しかしその城は延徳元年(一四八九)の国人一揆の中心となったため細川政元に攻められて落城した。須智氏は一時没落したが、その後、丹波守護代松永氏や内藤氏の被官となって復活している。城には本丸の東に石垣が残り、西には城戸口があり、枡形の原形や石塁が見られるなど、城郭史上も貴重な城跡である。明治三四年に須知町となり、昭和三〇年(一九五五)から丹波町の大字となった。

(安藤)

十二坊町《じゅうにぼうちょう》〔北区紫野〕

京都洛外における葬送の地・蓮台野の中心には、上品蓮台寺《じょうぼんれんだいじ》が位置した。聖徳太子が母・間人皇后の菩提のために建てたという寺伝もあり、古い由緒を持つ寺であるが、平安時代に宇多法皇により再興され、一二の坊舎が建ち並ぶ状況であったことから上品蓮台寺そのものが十二坊とも称されるようになり、町名となったとされる(『京都市の地名』)。現在も上品蓮台寺の境内地を中心として紫野十二坊町として名称が残る。

(天野)

十文字町《じゅうもんじちょう》〔下京区〕

高辻通猪熊西入ル黒門までの両側町である。『京羽二重』の「此通商人職人」の項に黒門高辻近辺に「竹屋」が多いという。材木屋にも「三文字や」、「八文字屋」などの屋号もあり、当町にあった竹屋の大店「十文字屋」があったのであろう。「寛永一九年(一六四二)寛永後万治前洛中絵図」に「十文字町」と現町名が記される。宝暦一二年(一七六二)刊『京町鑑』も「十文字町」とする。以後変化はない。

(小西)

十楽《じゅうらく》〔京丹後市久美浜町〕

慶長七年(一六〇二)の「慶長検地帳」に「十楽町」とあるものが初出の地名である。松井康之の時代には、城下町の町名であったと思われるが、地名の起源はもう少しさかのぼるものと推定される。すなわち「十楽」とは、恵心僧都源信の『往生要集』に見える仏教用語であり、また中世においては自由な商取り引きの行われた場所という意味をもつ。久美浜の本願寺本堂に残る千体仏は、戦国時代には源信の作と伝えられていた。また十楽は、中世の久美浜では「久美の浜」や「久美の土居浜」からはずれた場所にあたり、本願寺の境内とでも言える場所であった。十楽の地名は、町はずれのアジールに成立した十楽の市に由来するものと思われ、また本願寺と源信との関係に由来する地名とも考えられる。一九世紀代と思われる「丹後久美浜図絵」

（糸井文庫）には、十楽町と若松町の二つの町名が記載される。若松町という地名は現在見られないが、地元では伝えられていた。明治六年（一八七三）の地籍図である「第九大区壱之小区丹後国熊野郡久美浜村見取図」には「十楽」のみが見られる。この段階で町表記は消えており、現在は小字地名として残る。（新谷）

十六《じゅうろく》〔城陽市奈島〕

市南部の小字名。『城陽市史第一巻』には、かつての条里の区割り単位を用いて何里何条何坪と呼ばれた数詞地名の事例として、「奈島十六」が挙げられている（他には江戸時代の絵図に残るだけの「寺田五ノ坪」「富野六ノ坪」）。条里制の座標軸の交点を示す条里地番号に由来する名前である。条里遺構として具体的な数字が示すものが「十六」である。青谷地区奈島は、旧綴喜郡に属する。青谷地区は綴喜郡条理の八、九、十条であり、「十六」の地名は綴喜郡八条某里の十六坪をあらわす（前掲書）。木津川の近くに位置し、航海の神を祀る松本神社（後堀河天皇貞応年中解脱上人建立）がある。『宇治拾遺物語』などの説話集に丈六堂（丈六仏があったか）がみえ、藤原経房の日記『吉記』養和元年（一一八一）五月四日条によると、丈六堂には宿泊の施設もあった。十六を「丈六」の訛りとする説もある（『青谷村誌』）。（福富・齋藤）

主計町《しゅけいちょう》〔上京区〕

聚楽第が存在していた頃、この地は、加藤主計清正の屋敷があったことによるという。町は南北に通る東堀川通の東側で、北は一条通より南は中立売通の少し北までを町域とする。「寛永一四年（一六三七）洛中絵図」には「主計片原丁」とあり、天保二年（一八三一）の「改正京町絵図細見大成」では「かずへ丁」とある。明治七年（一八七四）提出の『全国村名小字調査書』では「主計町」とあり、「カズエ」とルビが付けられている。「かずえ町」の呼称が読みにくいので、いつしか「しゅけい町」と読まれるようになった。（清水）

珠数屋町《じゅずやちょう》〔下京区〕

「念珠を販く家軒を雙べしより。自然に呼称」して町名としたとある。現在でも、西本願寺前の仏具屋の立ち並ぶ通りである。通り名ともなった、軒を並べる念珠店に因む。正面通西中筋（堀川通）東入ル油小路までの両側町は、もと西本願寺の寺内町で、「珠数屋町筋一丁目」といわれていた。現在の「正面通」は寺内町の「珠数屋町筋」である（『近世都市の歴史地理』）。宝暦一二年（一七六二）刊『京町鑑』には現町名の「珠数屋町」とある。

上珠数屋町通不明門東入ル東洞院までの両側町の場合は、「上珠数屋町」と称する。旧寺内に属し古屋敷と称していた（『京都坊目誌』）。「寛永一四年（一六三七）洛中絵図」に「方鼓番屋筋」とあるが、西本願寺の寺内町の通り（東西の筋）と同様に「太鼓番屋筋」であろう。宝暦一二年（一七六二）刊『京町鑑』にも「上珠数屋町」とみえ、以後変化はない。（小西）

主税町《しゅぜいちょう》〔上京区〕

江戸時代には、このあたりの土地は京都所司代の用地であり、町名はなかった。明治四年（一八七一）に民有地となり、町名が定められた。その由来は、この地が平安京の大内裏の主税寮があった跡地に当たるところからの命名である。町は北は丸太町通の少し南から南は竹屋町通まで、東は西日暮通から西は千本通までの広い地域が町域である。「ちから町」が本来の呼び名である。明治七年（一八七四）提出の『全国村名小字調査書』にも「主税町」として「ちから」のルビが付いている。しかし読みにくいので、いつからか「しゅぜい町」

と読まれるようになった。（清水）

撞木町《しゅもくまち》〔伏見区〕

近鉄京都線伏見駅の東方に位置する。豊臣秀吉が伏見城を築城、伏見は一躍新興都市として天下の中心となった。撞木町は当時、夷町と呼称し遊郭が慶長元年（一五九六）に開かれたが、慶長の大地震や関ケ原の合戦などで衰退した。慶長九年一二月に渡辺掃部・前原八衛門の二人が奉行に申請し、富田信濃守屋敷跡に再興された。夷町は町並みがT字型となっているところから、鐘を打つ撞木に例えて撞木町と言われた。『伏見大概記』には「恵美酒町」、『伏見鑑』には「恵比酒町」（俗にしゅもく町）とある。遊郭の町名は実名をいわず、外の町名をいうことが多かった（『色道大鏡』一六七八）からである。撞木町を有名にしたのは赤穂浪士の大石良雄である。良雄が元禄年間（一六八八～一七〇四）に遊んだ遊郭「笹屋の跡の碑」がある。他には西鶴の『好色一代男』、十返舎一九の『東海道中膝栗毛』に遊里として撞木町が登場する。

昭和四年（一九二九）に撞木町は正式に町名となり、油掛町にあった撞木町は元撞木町と呼んで区別していたが、昭和六年に上油掛町に合併され、紛らわしくなくなった。昭和三三年売春防止法が実施され、僅かに残っていたお茶屋はアパート、旅館・商店などに転業、今はすっかり町並みが変わってしまった。（明川）

聚楽町《じゅらくちょう》〔上京区〕

明治になってからの町名で、豊臣秀吉が築いた聚楽第に近いところから付けられたのであろう。町は千本通の東側で北は竹屋町通より南、東は土屋町通の範囲を町域とする。江戸時代は京都所司代の用地で、天保二年（一八三一）の「改正京町絵図細見大成」では、所司代の組屋敷と畑地が描かれて町名は記されていない。大正五年（一九一六）刊の『京都坊目誌』では、明治八年（一八七五）に町名を付けたと記すが、明治七年（一八七四）提出の『全国村名小字調査書』にこの町名が記載されているので、明治三年（一八七〇）に民有地になった際に付けられたものと考えられる。町内には千本通に面して出世稲荷神社がある。（清水）

聚楽町《じゅらくまち》〔伏見区〕

伏見の官庁街の西、濠川と東高瀬川の間に位置する。豊臣秀吉は伏見城築城後、京都の聚楽第を壊したので、聚楽第の周辺に住んでいた人たちは、伏見へ移住した。しかし、城下には住めず、濠の外の拓地に住んだ。拓地は城の外濠の開削の残土で埋めた所で、そこを京都聚楽第に因んで聚楽町と称した（『城下町伏見町名の由来と秘話』）のが由来である。『伏見大概記』に「聚楽町」、『伏見鑑』には「聚楽一丁目俗に紙や町」、「聚楽二町目俗にかし町」、「聚楽三丁目俗に問屋町」とある。現在も聚楽町と聚楽町一丁目、二丁目がある。（明川）

俊成町《しゅんぜいちょう》〔下京区〕

松原通烏丸東入ル東洞院までの南側片側町である。五条三位といわれた歌人藤原俊成の本邸宅がこの町から南西にかけて存在した（「玉津島町」参照）。当町西端烏丸通にある「俊成を祀る俊成社」に因む。「寛永一四年（一六三七）洛中絵図」に「因幡堂南片原町」とある。「片原町」は「片側は原、片側は家並のある通り、後には、片側だけ家並のある通り」を意味する（『岩波古語辞典』）。因幡堂の南の片側町を表現している。寛文五年（一六六五）刊『京雀』には「やくしの前町」とし、「此町北行《がわ》は因幡堂の南の門堀端にて南行ばかり町屋あり」と但し書きをしている。宝暦八年（一七五八）、町民から出された「因幡堂前町」から「俊成町」に、町名改正の奉行所への「御願書」が受理され、正式に「俊成町」となった（『俊成町古文書』）。「天保二年（一八三二）改正京町御絵図細見大成」には「俊成丁」とある。（小西）

淳和院町《じゅんないんちょう》〔右京区西院〕

四条通の北で西大路を挟んで西淳和院町と東淳和院町が並ぶ。平安期の淳和天皇の後院《ごいん》である淳和院に因む地名である。別称を西院といい、初め南池《なんち》院として創建された。後院とは天皇の譲位後の離宮である。位置は、現在の西淳和院町、同東淳和院町の全域と、その西隣の同巽町、東隣の同高山寺町、中京区壬生淵田町と比定されている。淳和院は、焼亡や再建がみられたが、その後廃院となった。平安京の区域内であるが、平安期から江戸期に至るまで複雑な領有がみられたところである。（岩田）

順風町《じゅんぷうちょう》〔下京区〕

河原町通四条下ル二筋目までの両側町である。順風満帆で発展するよう「験がいい町名」を選んだ。その背景に高瀬川周辺の町が北から南へ順調に開発されていった第一期の町の誇りもあったろう。お土居跡を祇園社参道として開発し、真町、橋本町とともに、下京第十二番組の形成の第一期の町であった（『町と町屋の構造』）。「寛永一九年（一六四二）寛永後万治前洛中絵図」を始め、宝暦一二年（一七六二）刊『京町鑑』まですべて「ふろや（風呂屋）町」とある。当時、風呂屋は許可制で、特に注目される業種である。「明治二年（一八六九）三月順風町に更名す」（『京都坊目誌』）とある。（小西）

正往寺町《しょうおうじちょう》〔左京区〕

『京都坊目誌』に「此地、元、岡崎領たる畑地也。宝永五年（一七〇八）三月八日大火、延て皇居を焚く。火後、皇宮地修展の事あり。寺町付近にある寺院に換地を賜ひ、茲に移転せしめらる。其時、諸否区々たり。正往寺は、此地を希望し、有司に出願すること七十三回に及び、遂に望みを達せり。故に町称となる」とある。正往寺町は、二条通と仁王門通の間を南北に走る西《にし》寺町《てらまち》通の両側町で、町内のほとんど土地は寺地が占める。「新撰増補京大絵図」（一六九一年刊）では御所東の寺町通に名前の見えていた「正念寺」「常念寺」「西昌寺」「見性寺」「仏光寺」「三福寺」「専念寺」「専称寺」など多くの浄土宗の寺院が、この町に移転している。宝永五年三月の大火以後の「新地」の様子を詳しく示す『都すゞめ案内者』付録絵図には、西寺町通の西側に「正往寺」「正念寺」「常念寺」「本正寺」「西昌寺」「見性寺」、東側に「仏光寺」「三ふく寺」「千念寺」「専正寺」「善香寺」の名前が見える。地名の由来となった「正往寺」について、『京都坊目誌』は「正往寺、今は正念寺の兼務にして、寺を挙て俗家に貸与し、寺院の体面を失ふ。惜むべし」とコメントを加える。（笹川）

尉ヶ畑《じょうがはた》〔京丹後市久美浜町〕

尉ヶ畑の「畑」は、焼蒔田のことで、焼畑のことであろう。また、「尉」には「炭火が白い灰になったもの」の意味があることから、尉ヶ畑は焼畑を意味すると解してよいだろう。河上《かみ》の畑の意「上畑」が音読みされてひろまった地名とも。高竜寺《こうりゅうじ》ケ岳（六九七メートル）の北麓、佐濃谷川の源流部に位置し、南方にある尉ヶ畑峠（四九〇メートル）を越えると、豊岡市但東町（旧・但馬国）に出る。（水野）

成願寺《じょうがんじ》〔京丹後市丹後町〕

麻呂子親王の七仏薬師の伝承をもつ慈福山成願寺の門前集落として、寺名に由来する地名である。成願寺は、本尊の木造薬師如来坐像および両脇侍像（府指定文化財）が平安時代後期の造像とされ、この時期にさかのぼるものと思われる。地名「成願寺」の史料上の初出は、天文七年（一五三八）の「丹後国御檀家帳」であり、「しゃうくわん寺」とある。慶長七年（一六〇二）の「慶長郷村帳」以降、「成願寺村」と表記される。（新谷）

将軍塚《しょうぐんづか》〔東山区〕

延暦一三年（七九四）長岡京より平安京へ遷都の折に、桓武天皇が八尺の土偶を作らせ、この都を守護するようにと鉄の甲冑と弓矢を身に付けさせて東山山麓に西向きに埋めたことによる。この土偶は天下に一大事が起きた場合には鳴動すると伝え信じられてきた。所在は粟田口粟田山南町。華《か》頂《ちょう》山頂にある塚で、東方百メートルのところに大日《だいにち》堂が位置する。現在では東山ドライブウェイから続く東山山頂公園付近も広く将軍塚と呼ばれることが多い。

当塚の縁起は『平家物語』にも記されるが、当塚は花山院陵であるとする異説（『京羽二重織留』）なども見られる。しかし天下に事変あらば鳴動することは時が推移し近世に入ってからも信じられ、折々の天変地異の際に鳴動したことが伝えられる。この地には古代多くの古墳があり、当塚周辺の華頂山頂には現在三基の古墳群が確認されている。首長墓の系譜に繋がるような大規模古墳もあったといわれる。その後将軍塚は長く荒廃していたが、明治三八年（一九〇五）整備され、周囲の環境も整えられた。（忠住）

上古《じょうこ》〔向日市鶏冠井町〕

鶏冠井町の北東部、JR京都線と新幹線の間にある上古は、条里坪名の「十九ノ坪」にあたる。ジュウク→ジョウコの転である。大山崎町の下植野にもあり、その地も十九ノ坪に当たるという。上古の北東に「十相」がある。やはり、「十三ノ坪」が変形したものだが、条里地名の遺存である。上古の南西の「四ノ坪」は「三十四ノ坪」を短縮したものである（足利健亮「上古と甚八」『地名の世界』所収）。（綱本）

聖護院《しょうごいん》〔左京区〕

古くは白河と汎称される地域の一区画だったが、「聖護院」という寺院がこの地に建てられると、その寺院名に因み、周辺の地名にもなった。『京都坊目誌』は「二条帝の御宇、僧覚忠（関白藤原忠通ノ子。千光院僧正と云ふ）応保二年（一一六二）二月、天台座主兼三井ノ長吏に補し、白河の地に住房を構へ、修法を為し、乃ち聖体を護持す。之より聖護院と号せしに起因す。其後、地名と為り、汎称するに至る」と記す。『兵範記』仁安二年（一一六七）四月二六日条に「白河ノ法務御房ニ参ル。中御門末ノ聖護院也」と見え、一二世紀半ば、中御門大路末（現在の春日《かすが》上通《かみどおり》に相当）に聖護院があったことが確認できる。聖護院の前身は、『熊野三所権現順礼先達職之事』（若王子神社文書）によると、寛治四年（一〇九〇）正月、白河上皇の熊野詣の先達を務めた増誉《ぞうよ》（一〇三二〜一一一六）が、その賞として熊野三山検校職に補せられ、法務を営むために建てた白河の寺院。三世覚忠《かくちゅう》（一一一八〜七七）の時に聖護院と号したらしい。四世門主に後白河天皇の皇子静恵《じょうえ》法親王（一一六四〜一二〇三）が入り、「聖護院宮」と称され、以後、宮門跡となり、代々、法親王が門主として入室した。本山派と呼ばれる天台宗修験道の大本山も兼ねる。

応仁二年（一四六八）の兵火に巻き込まれて焼失。寺地は、岩倉長谷《ながたに》、烏丸上立売《からすまかみたちうり》（御所八幡町《ごしょはちまん》）と移ったが、延宝四年（一六七六）現在の地に戻った。現在、聖護院何々町という「聖護院」を冠する町名が八町ある。（笹川）

上司《じょうし》〔宮津市〕

旧村名・旧町名。栗田半島の東側（表栗

田と言われる）で栗田湾の奥まったところの鉄道「栗田駅」を含む地区。江戸期の「延宝三年郷村帳」には「栗田上司村」とあるが、中世末の「丹後国御檀家帳」に「くんた志やうし町」とあるのが初見で、江戸期の享保二年（一七一七）の「丹後国郷村帳」にも「栗田上司町」とあり、栗田半島で唯一「町」とついた地区で栗田地区では古くから中心的な地区であったことが分かる。地区内の住吉神社を延喜式内社「久理陁神社」に比定する説もある。

「上司」は、「志やうし町」以来「ジョウシ」と呼ぶ字音語地名で伝わり、和語地名としてどう言ったのかは、不明。（糸井）

少将井御旅町《しょうしょういおたびちょう》 〔中京区〕

少将井神輿の御旅所のある町の意。祇園会の神輿巡行で、西の御座である少将井神輿が立ち寄った御旅所があったと伝えられることにちなむ。

文明一八年（一四八六）成立の『兼邦百《かねくにひゃく》首歌抄《しゅかしょう》』には、昔、少将井の尼と呼ばれる歌人宅に井があり、熱病流行時に井桁の上に祇園会の神輿を据えたことから、神輿を少将井と呼んだことが記される。寛文五年（一六六五）刊『京雀』には町名の由来として、車屋町通が人家もまばらだった頃に祇園会の神輿の旅所を設けたとする。

平安京の左京二条三坊三保一四町にあたり、周辺には早くから貴族の邸宅が建てられた。『拾芥抄』によれば、当町周辺に少将井があったと想定される。祇園会の神輿の巡行は、『祇園社記』によれば天延二年（九七四）の円融天皇熱病罹患時に開始され、烏丸高辻の大政所御旅所が設けられた。その後、太閤秀吉によって四条通寺町に移転の命が出されるまで、これは続いている。また正徳五年（一七一五）刊『都すずめ案内者』には、「むかし祇園殿の御たび所此町ニ有。又此町西がわに少将井とて、ぎをん殿のてうずの水あり」とみえるが、当地の御旅所にいつまで神輿が逗留したかについては、不明である。少将井御旅所の遺構としては、現在、京都御苑内宗像神社の本殿前に、その小さな祠が祀られている。（真下）

少将井町《しょうしょういちょう》 〔中京区〕

少将の井のある町。少将の井は、平安京の名井。『枕草子』第一六八段には京の井として飛鳥井・千貫の井・桜井・后町の井とともに、その名が載る。

またその井のもとに住んだといわれる少《しょう》将井尼《のいのあま》は『後拾遺和歌集』『新古今和歌集』にその名が載る歌人である。少将の井は祇園会の三基の神輿のうち、西御座（少将井神輿）ゆかりの井戸として名高いが、祇園会における神輿巡行が円融天皇の天延二年（九七四）に開始された伝をもつ（『祇園社記』）ことと、『枕草子』の最終的な成立が長保二年（一〇〇〇）をさほど下らないことを考えるならば、少将井は祇園会の神輿伝承成立以前からの、名井と考えられる。

平安京大内裏の東、左京二条三坊にあたり、平安中期以降の大炊御門烏丸小路南に相当する。平安時代を通して貴族の邸宅が建設された地であり、『拾芥抄』によれば当町の東側に少将井があり、西側に惟喬親王の小野宮があったことになる。中世以降は商工業者の居住も増えたが、近世期には内裏や公家町に近く落ち着いた雰囲気を保っていた。近代以降、烏丸通に面した部分は商工会議所や新聞社のある、ビジネス街となっている。なお、烏丸通東側の京都新聞社前に、少将井跡石碑がある。

「少将井町」の名は「寛永一四年（一六三七）洛中絵図」に見えるが、寛永から承応頃の地図には「常せい町」「常けい町」の名も見える。寛文五年（一六六五）刊

『京雀』に「少将井町」と見えて以降は、変化がない。　（真下）

猩々町《しょうじょうちょう》〔中京区〕

猩々の町。寛文五年（一六六五）刊『京雀』に「猩々酒やの町」とあり、猩々を庇《ひさし》の上に出した酒屋が名物だった由が見える。また『京都坊目誌』には、町の西側に猩々人形を置いた酒屋があり、おのずと屋号となったと書かれる。

現代語の猩々はオランウータンの意をもつが、中近世のそれは中国伝来で「海中にすみ、人身獣面で、小児のような声を出し、よく人語を解する」、空想上の動物であった。また「極めて酒を好むというところから、酒好きの人にたとえ」（『時代別国語大辞典』）られたという。猩々頭《しょうじょうがしら》と呼ばれた頭の部分が緋色で赤熊《しゃぐま》の形状であることなどから、疫神としても信仰された。大津祭の曳山である「猩々山」は、その好例だろう。能「猩々」では酒に浮かれた猩々が孝子高風を祝福する舞を舞うが、その姿をかたどった人形は近世まで富貴繁盛の象徴とされた。

平安京大内裏の南東に位置して、周辺は貴族の邸宅が建てられた地であった。町地は小川通を挟む両側町で、南北は六角通北側から三条通南側まで。中世の早い時期から商工業が盛んであり、戦国期には南側に本能寺境内が広がっていたことから、武家や庶民の出入りもあった。町名については「寛永一四年（一六三七）洛中絵図」に「しほやのつきぬけ」とあり、そこからは北接する塩屋町への通り道としての名称で呼ばれたことがわかる。それが寛永以降は「せうじやう酒や丁」（「寛永版平安城東西南北町並図」）、「猩々之町」（『京町鑑』）、「猩々町」（天保二年刊「改正京町絵図細見大成」）となる。近世の京の商工業者にとって、小川通は主要な道の一つであり、酒屋の庇の人形は町のランドマークの役割を果たしていたのだろう。　（真下）

聖真子町《しょうしんじちょう》〔下京区〕

木屋町通上ノ口上ル六軒まで木屋町通に西面し、西木屋町通六軒下ルの部分は西木屋町に東面する。元妙法院門跡領の耕地であったことから、妙法院の本山（天台宗）延暦寺の地主神社日吉神社と関連が深く、「日吉の祭神聖真子（天忍穂耳尊《あめのおしほみみのみこと》）」（『京都坊目誌』）に因む。宝暦一二年（一七六二）刊『京町鑑』は「六条新地」の「聖真子町」と記載し、以後変化はない。　（小西）

上善寺町《じょうぜんじちょう》〔上京区〕

現在は南隣の南上善寺町にある上善寺の門前町として開かれたことによる。上善寺の西隣にある浄土院は、豊臣秀吉がこの寺を訪れて茶を所望したが、水しか出されなかったので、秀吉が、「水たく山茶くれ寺」といったという話がある寺である。町は南北に通る千本通の両側で、北は五辻通の少し南から今出川通の少し北までを町域とする。「寛永一四年（一六三七）洛中絵図」では「上善寺前丁」とあり、天保二年（一八三一）の「改正京町絵図細見大成」では「上善寺丁」と記され、江戸時代からの町名である。　（清水）

上善寺門前町《じょうぜんじもんぜんちょう》〔北区〕

豊臣秀吉による京都都市改造の一環として実施した寺院集中政策により、市街地東部のかつての平安京東京極大路に寺院を集中配置した。その際に従来千本今出川周辺に存在した浄善寺（現在の上善寺）の門前に展開した町。鞍馬口通の北側に位置し、近世中期の享保年間の「京大絵図」等の古地図には「浄善寺」と標記され、近世京都市街地のほぼ北端に位置している。また、上善寺には、行基作と伝えられる深泥池地蔵が安置されている。この地蔵は、かつて王城守護と疫病除け、そして旅人の安全を祈願するために、平清盛によって主要街道沿いの都の出入り口に設置された六つの地蔵（六地蔵）の一つであり、深泥池地蔵は鞍馬街道沿いに設置されていたことになる。当寺に移設されているものの、鞍馬街道の起点である鞍馬口に近接する点ではその意義が継承されており、街道と関わりの深い立地であることが指摘できる。（天野）

松竹町《しょうちくちょう》〔中京区〕

松と竹の町、または松と竹が植えられた町。常緑の松は古代から神の宿る神聖な樹木とされ、めでたさと長寿を連想させる樹木であった。一方の竹も、清涼殿の庭に呉竹と河竹が植えられたように、古くから神聖な植物とみなされた。このような松と竹の組み合わせも、正月に来訪する神の依代となる門松のように、神聖さ・高貴さを象徴するものであった。ここでは当町がなぜ松竹の名を持つに至ったかが問題となるが、それはおそらく当地が惟喬親王の邸宅として造られ、のちに藤原実資の邸宅となった、小野宮の地にあたることと関わるものであろう。惟喬親王は文徳天皇の第一皇子で、母は紀氏出身の静子。藤原明子の産んだ第四皇子・惟仁親王（後の清和天皇）との位争いに敗れ、隠棲したと伝えられる。この高貴な皇子の説話は『伊勢物語』『曽我物語』などの中古中世の物語や説話文学をはじめ、近世の浄瑠璃などの素材ともなり、あるいは各地の山間を渡る木地師たちの祖師伝説ともなって膾炙《かいしゃ》した。帝位に即くことが叶わず出家して没した親王の霊魂は、やがて畏怖の対象となってゆく。「松竹」の名のもつ祝言性には、その恐れの裏返しとしての意味が込められていたのではなかったろうか。

当地は平安京大内裏の東にあたり、平安期には当町およびその周辺に、貴紳の邸宅が建てられた。小野宮の名称は、惟喬親王が出家して小野（現左京区）に隠棲したことに由来するもので、親王の没後は藤原実頼を経て実資へと伝領され、大規模な造営の手が加えられ、壮麗な殿舎と庭園が造り出された。しかしそれも天喜五年（一〇五七）の火災で終焉を迎える。町名については「寛永一四年（一六三七）洛中絵図」に「鶴かめ町」と見え、「松竹町」となったのは、元禄末期以降である。

「松竹」という祝言性の高い町名の例としては、菅原道真生誕の地と伝えられ、中世に北野天満宮の神輿の御旅所となった（『拾芥抄』）という、菅原院天満宮（上京区烏丸通下立売上ル）周辺の近世期の町名が同名（現在は「堀松町」）であった。道真はその悲劇的な最期によって、御霊神として祀られた。（真下）

定使田《じょうつかいでん》〔向日市上植野町〕

定使《じょうし》とは、中世、荘園・国衙領において、年貢・公事などの徴収・検断のために現地に派遣された者。「じょうづかい」ともいう。領家と現地の下司・公文らとの間の連絡に当たった。定使給田が与えられた。それが「定使田」の地名で残った。『天正十七年本節用集』は「定使ヂヤウシ」とみえる。『日葡辞書』では「Giǒzzucai ヂャウヅカイ（定使）定まりたる使〈伝言を伝えたり、用足しをしたりなどする特定の人〉」とある。長岡荘、鶏冠井荘などが複雑に入り組んでおり、所属荘園名は不詳。（綱本）

聖天町《しょうてんちょう》〔上京区〕

聖天像を本尊とする雨宝院という寺（俗称西陣聖天さん）が町内にあることによる。町は智恵光院通の上立売通を西に入った所の南北の小路（通称聖天町通）の両側で、寺之内通より少し南から上立売通までを町域とする。天保二年（一八三一）の

「改正京町絵図細見大成」にあり、江戸時代からの町名である。　（清水）

正道《しょうどう》　〔城陽市寺田〕

市北部の古代の古道である鷺坂（万葉地名、久世神社東の坂といわれる）の東に位置する小字名。国史跡の「正道遺跡」がある。正道遺跡は久世郡官衙（郡衙）跡とされ、正道廃寺の存在も推定されている。近くには久世廃寺・平川廃寺があり、当地が白鳳・奈良期における政治・文化の中心地であったことを証している。平安時代には廃れ、郡衙も機能していないが、『長能《ながとう》集』や『蜻蛉日記』にみえる「くりこまの三宅」「久世の三宅」（宿泊している）は、久世郡衙をいうものと思われる。倉跡（正倉）が確認されており、「みやけ」とよばれていたようである。鷺坂の道から役所の郡衙への道が開かれていてそれを「正道」と呼んだものか。あるいはショウソウ（正倉）の転訛とも考えられる。地元寺田の「堀道和保管文書」（元文三年〈一七三八〉）に「庄土」がみえ、正堂・正土・正戸とも表記され、明治初期に「正道」と表記が統一された（『広報じょうよう』「市史の散歩道」一九八六）。　（齋藤）

浄土寺《じょうどじ》　〔左京区〕

古くは愛宕郡上粟田郷の地。かつてこの地にあった浄土寺に因む。『日本紀略』寛和二年（九八六）三月一四日条に「従三位藤原暁子、浄土寺ニ於テ尼ト為ル」と見えるのが初出。『小右記』万寿二年（一〇二五）二月二五日条に「浄土寺ノ阿闍梨ノ事ヲ定ム」とある。浄土寺周辺は、葬送の地でもあった。『日本紀略』長元九年（一〇三六）五月一九日条に「浄土寺ノ西原（神楽岡ノ東面也）ニ火葬シ奉ル」とあるのは、後一条天皇の火葬である。天文一九年（一五五〇）一一月の三好長慶《ながよし》の中尾城（如意城・如意ヶ嶽城とも）攻めや、元亀四年（一五七三）四月の織田信長の上京焼き討ちの際、浄土寺一帯は兵火にまみれ、大きな破壊に遭った。江戸時代以来、浄土寺村の行事で有名になったのは、大文字の送り火（精霊送り火）である。黒川道祐は『東北歴覧之記』（一六八二）に「毎年七月六日、浄土寺ノ村民、慈照寺山ニ於テ、松ノ木ヲ伐リ、薪ト為ス。十六日ノ晩、浄土寺ノ山腹ニ右ノ薪ヲ以テ火ヲ点シテ大ノ字ノ形ヲ作ル。洛下ノ人、争ヒテ観ル」と記している。

現在、浄土寺何々町という「浄土寺」を冠する町名が一六町ある。　（笹川）

浄土谷《じょうどだに》　〔長岡京市〕

丘陵性の摂丹山地東南面に突出した小倉山・天王山の地塊を分断する谷筋に位置する。江戸期には浄谷村といった。北流する柳谷川上流の柳谷（「柳谷」参照）と、南流する水無瀬川上流域に宮ノ谷の二集落がある。

浄土谷の地名の由来は、浄土教の祖・恵心僧都源信（九四二〜一〇一七）が当地で修行したことにちなむ。恵心僧都は寛和元年（九八五）に、西方極楽浄土の阿弥陀如来の国に往生すべきことを説いた『往生要集』を著し、浄土教成立の基礎を確立した。浄土谷は西方浄土の地で、恵心僧都が本尊阿弥陀如来を彫刻し、乗願寺を創建した。乗願寺の西五百メートルほど入った山中に、三畳ほどの広さの「行道石」が残っている。「恵心僧都時々こゝに来て行道持念したまふ」（『拾遺都名所図会』）という。安養《あんにょう》（心を安らかにして身を養う意）・堂ノ谷・ミロク谷などの寺院跡か修行跡と称する字名が遺存し、浄土宗の寺院が栄えていたことを伺わせる。ミロク谷は、府道伏見柳谷高槻線が山中で柳谷と宮ノ谷集落の分岐する地点の地名で、削りとった山肌に十三体の石仏（江戸期）が群立する。「弥勒十三仏」と刻む石碑が立ち、地名も石仏に由来すると伝わる。宮ノ谷の地名由来は、天児屋根命を祭神とする御谷《みたに》神社にちなむといわれる。（綱本）

上人町《しょうにんちょう》〔東山区〕

『京都坊目誌』に豊臣秀吉の方広寺造営で招致された高野山の僧木食応其《もくじきおうご》がこの地に草庵を営んだためとある。またこの当町名から、山嵜泰正（『京都の地名検証』）が「京都人の秀吉びいき」と公家擁護に繋がる「江戸幕府・徳川への反発」を指摘する。所在は問屋町通五条下ル二丁目。五条大橋の東詰より南に位置し北を朱雀町と接し、南北に川端通・問屋《といや》町通が通る。「新改洛陽並洛外之図」（承応二年〈一六五三〉）に見えるのが早く、地誌では『京雀』（寛文五年〈一六六五〉）にみえる。明治二年（一八六九）下京に編入、昭和四年（一九二九）東山区に編成。（忠住）

庄ノ渕《しょうのふち》〔長岡京市今里〕

今里地区のほとんどの所で水に対して苦労をしてきたが、この地だけは自然に湧き出る地下水に恵まれ、良質の米がたくさんとれた。水不足で不作にあえぐ水田があったときも、この地からは多くの品質の良い米がとれ、年貢物納の税金徴収の責任を負わされていた庄屋を喜ばせた。そこで庄屋を喜ばせるほとり（渕）と呼ばれたのがつづまって「庄ノ渕」になったという（「乙訓地名物語・五二」京都新聞連載、一九八二年二月二六日付）。だが、伝承にすぎない。庄ノ渕は段丘下の扇状地に位置する。段丘上の赤根神社と大正寺北側は低湿な谷底低地で雨水は庄ノ淵付近に流出し滞水する。つまり、ショウ（庄）は古訓シフでシブ（渋）の転訛であり、水の溜りやすいところ。フチ（淵）は段丘の縁をいう。（綱本）

菖蒲谷《しょうぶだに》〔右京区梅ヶ畑〕

菖蒲谷の地名は、寛喜《かんぎ》二年（一二三〇）の神護寺の四至牓示にみえる。地名は『扶桑京華志』に「菖蒲有るが故に名づく」とあるように、当地の菖蒲が有名であったことによる。毎年五月五日には、禁裏の菖蒲湯のために献上された。『平家物語』巻一二では「大覚寺と申す山寺の北のかた、菖蒲谷と申す所にこそ、小松三位中将（平維盛《これもり》）殿の北方・若君・姫公おはしませ」と、敗将維盛の妻子が隠れた地とされている。（岩田）

定法寺町《じょうほうじちょう》〔東山区〕

中世、当地にあった天台宗定法寺（青蓮門院の院家の一つ）にちなむ。応仁元年（一四六七）の兵火以後廃寺となり、その後耕地の名となり「定法寺畑」と称されていたが、開町にあたり町名となった。往時の定法寺は、現定法寺町と東に隣接する柚之木町にかかる規模であった。所在は三条通北裏白川筋東入ル二丁目。神宮寺通の東側に位置し、北を白川の旧流路に沿って左京区に接する。

明治二年（一八六九）下京に編入、昭和四年（一九二九）東山区に編成。（忠住）

浄菩提院町《じょうぼだいいんちょう》〔伏見区竹田〕

近鉄京都線・京都市営地下鉄の竹田駅の南西、安楽寿院陵の南に位置する。白河天皇陵の北に成菩提院があり、その跡地が「浄」菩提院の町名になった。もともと「浄菩提院」の名称が考えられていたが、鳥羽の地が湿地の水難の地なのでサンズイ（三水）字を改めたという（『長秋記』天承元年〈一一三一〉八月二五日の条）。町名は「浄」に戻されているが、いつの頃からかは未詳である。天永二年（一一一一）、白河法皇は生前、自分の墓所として、鳥羽離宮泉殿内に三重塔を建立された。法皇が亡くなったのは大治四年（一一二九）、没時、塔内に遺骨を納める御堂の成菩提院が完成されていなかった。完成は天承元年（一一三一）、ただちに鳥羽上皇は塔内に遺骨を改葬させた。成菩提院は荒廃後、文明三年（一四七一）法然の弟子によって東九条に移転再興されたが今はない。（明川）

上明《じょうみょう》〔宇治市白川〕
治承の乱の際に、源三位頼政に従って宇治橋で平家の大軍を相手に奮戦した三井寺の堂衆筒井の浄妙明秀が、その余生を送った所と伝えられることからの名という。白山神社の西脇を通ってさらに奥に進むとうっそうとした寺川沿いの山道に入るが、そこを抜けると、突然開けた緩斜面の平地に出る。田んぼや茶園が点在するその辺りの小字名。勧請坂から白川の里を通ってさらに谷筋を南へ辿る道は、宇治田原町へ抜ける最短道である。この道は、『続日本紀』天平宝字八年（七六四）九月一八日条にある、叛乱を決意した恵美押勝（藤原仲麻呂）が平城京を脱出して近江に拠点を求めた際に通ったとされる古道「田原道」ではないかといわれている。現在、その一部分が東海自然歩道になっている。（高木）

正面通《しょうめんどおり》〔京都市・東西の通り〕
平安京の七条坊門小路に相当する。豊国神社前の大和大路通から千本通の一筋東の通りまで至るが、途中、渉成園（枳殻邸）、東西の本願寺で中断している。『京都坊目誌』は、大仏方広寺前から東枳殻馬場《ひがしきこくばば》まで、とする。千本通に至る、とするものもある。「正面」とは、豊臣秀吉が建立した東山の大仏殿方広寺に対することばで、大仏殿正面の通りの意。つまり、天正一七年（一五八九）以降に付いた通り名である。枳殻邸（渉成園）と東本願寺の間の部分は、「中珠数屋町通」ともいわれる。また、東西両本願寺の間の部分については、西本願寺の総門及び御影堂門に突き当たることから、「御前通」ともいわれる。（糸井）

城屋《じょうや》〔舞鶴市〕
高野川が奥山の谷から北流してきて、東に方向を変える谷の出口に位置する。古くは「城谷」と記したと伝え、山城・陣屋を構えた谷を意味する。ここに拠っていた土豪は一色氏（あるいは細川氏）に滅ぼされたといい、細川氏の時「城屋」に改められたと伝える。城屋村を取り巻く山には城跡がいくつか見付かっている。
古くから「城屋の揚げ松明」として近郷に知られた奇祭は、水分神《みくまりのかみ》を祭神とする雨引神社の祭礼に奉納される行事である。長さ一八メートル余の杉の大木の先端に苧《お》殻《がら》で組んだ摺鉢型の大松明をつくり、神幣《ごへい》を祀って高く揚げると、高野川の清流で潔斎した数十人の若者達が神火をつけた小松明を大松明に向かって投げ、点火を競う。大松明に移った火は夜空を焦がして壮観である。元来、この行事は農作物の豊凶にかかわる「雨乞い」の祭りであった。また、城屋・野村寺・高野由里・女布の地には大蛇退治の話が語り継がれている。
小字河原・瀬谷から登尾峠を越えて南に行くと、丹波何鹿郡内久井から志賀郷《しがさと》（綾部市）に至る。（高橋）

城陽市《じょうようし》〔京都府〕
府南部の市名。木津川右岸に位置する。東部丘陵地帯は、古代においては芝ヶ原古墳群、久津川古墳群、平川廃寺跡、正道官衙遺跡などにみられるように山城の政治・文化の中心地のおもむきがあった。昭和二六年、久世郡久津川・寺田・富野荘、綴喜郡青谷の四ケ村が合併して城陽町に、昭和四七年に城陽市となる。候補地名（一般応募による）としては、「城陽」の他に城南・南久世・南宇治等があった（「宇城久の歴史と文化」『宇治地区保護司会六〇周年記念誌』所収）。地名の由来は、山城の南部（陽のあたる豊かな所）の意から。（齋藤）

勝竜寺《しょうりゅうじ》〔長岡京市〕

小畑川・犬川合流域の氾濫原に位置する。集落のほぼ中央に勝竜寺があり地名はこれに由来する。寺伝によれば、大同元年（八〇六）帰朝した空海が唐で学んだ青龍寺の名をとって開基し、応和二年（九六二）千観の祈雨の効験によって勝竜寺と改めたというが文献上では未確認。『山城名跡巡行志』（一七五四）はじめ江戸期の地誌はいずれも「開基不詳」とする。中世になって、「宝積寺文書」正嘉二年（一二五八）七月八日条に、勝竜寺が乙訓郡内の私領田地三ヶ所を沙弥修覚から買得しているのが、文献上の初見である。元応元年（一三一九）に鋳造された梵鐘が真如寺（大阪府能勢町）に現存するが、銘文中に「山城国乙訓郡神足郷　勝竜寺　洪鐘《こうしょう》を鋳《い》る事元応元年己未五月十日」と出る。

村名については、明治一〇年代の『京都府地誌』によると、応和年間（九六一～九六四）同寺門前に人々が来住した頃は長岡勝竜寺と称していたというが、元応二年（一三二〇）神足郷勝竜寺前町、さらに永禄一二年（一五六九）勝竜寺村と改称したという（「久貝《くがい》」参照）。

古代には寺院を中心とする集落、中世には周囲を堀で囲まれた防御的な環濠集落であった。地内に勝竜寺城跡がある。南北朝時代に細川頼春が、楠木軍の男山進撃を阻むため築城したのが最初といわれる。しかし、江戸時代の地誌『山州名跡志』（一七一一）などはすべて文明年中西軍の畠山義就が築いたとする。『応仁記』（山崎天王寺軍《いくさ》之事）には、「畠山右衛門佐（義就）の方より西岡の勝蔵寺（勝竜寺）を陣城に相かまえ…文明四年（一四七二）八月二日夜、勝竜寺より兵を勝《すぐ》て、山崎天王山へ夜討をしけり」と載る。また、『細川家譜』明応六年（一四九七）五月条には、細川元有が「将軍義澄より城州西岡ノ内ニ地ヲ給ハル、依テ青竜寺ニ城ヲ築キ在京ノ里城トス」と載る。応仁・文明の乱では、たびたび城の攻防をめぐって合戦となった（「離宮八幡宮文書」ほか）。永禄一一年（一五六八）の織田信長の乙訓出陣で落城、細川藤孝の居城となった。この城で明智光秀の娘・ガラシヤと藤孝の子息忠興と婚礼をあげた。天正一〇年（一五八二）の山崎合戦では、光秀はこの城を本陣したが、秀吉に破れ小栗栖で、土民に殺された。（綱本）

勝林院町《しょうりんいんちょう》〔左京区大原〕

この地に勝林院のあることに由来する。『元亨釈書』には、寂源《じゃくげん》（九六八～一〇二四、俗名・源時叙《ときのぶ》）が「長和二年（一〇一三）、太原山ニ入リ、勝林院ヲ創ス」とある。「生年十九ニシテ、世ヲ捨テ出家シ」（拾遺往生伝）「大原入道少将」と呼ばれた。時叙は、左大臣源雅信の八男で、母は中納言朝忠女穆子。同母兄弟に、時通、時方、倫子（道長室）などがいた。その関係で、道長はたびたび勝林院を訪れたらしい。『小右記』には、寛仁四年（一〇二〇）閏一二月二四日条「昨、入道殿（道長）、大原入道少将ノ許ニ坐ス。民部卿〈俊賢〉同車。講説ヲ聴ク為ナリ」、万寿元年（一〇二四）二月六日条「今暁、禅室（道長）関白（頼通）、大原入道少将ノ許ニ向カハルト云々。日来、腫物ニ労スト云々」と見える。天和二年（一六八二）に大原を訪れた黒川道祐は『北肉魚山行記』に「律ノ川ノ橋ノ金帽子ニ銘アリ。魚山大原寺勝林院来迎橋ト記セリ。山ヲ魚山ト名付ル事ハ、陳思王曹子建、曾テ魚山ニ遊ビ、忽チ空中ニ梵天ノ響ヲ聞キ、其ノ声節ヲ模《ウツ》シテ梵唄撰文トス。此ノ所、大原声明トテ音声ニ精シ、故ニ魚山ト号ス。橋ヲ過テ堂ニ至ル。本尊ハ仏師光乗ノ作、弥陀如来ナリ。法然上人ト山門ノ僧ト法問アリシ時、証拠ニ立玉トテ、世ニ証拠ノ弥陀仏ト称ス」と記し、代々の住僧によって継承されてきた大原流の声明《しょうみょう》音律や、文治二年（一一八六）の法然の大原談義を伝える。（笹川）

職人町《しょくにんまち》〔宮津市〕

旧町名。江戸初期京極高知を継いだ高広によって宮津城の築城および宮津城下の整備がほぼ完成したと言われる。宮津市大手川の西側（左岸）に町屋や家中屋敷が集中したが、城下町の組織の中心となったのは、「本町」を始めとする「六幹町」と呼ばれる町々で、その一つに「職人町」が設けられた。宮津市大手川左岸の柳縄手の西側で「万町」の東半分の南側に位置する。今の字「宮本」にほぼ当たるといえよう。文久二年（一八六二）に「宮本（町）」に改称されたのは、町の北側に「和貴宮神社」（「わきの宮」、また「わけの宮」とも）がある故である。しかし、もとの「職人町」の名は、「紺屋」など諸々の職人の家のあった地区であることに由来するのであろう。（糸井）

卓屋町《しょくやちょう》〔下京区〕

不明門通下珠数屋町上ル中珠数屋町までの東側片側町、烏丸通の拡張により烏丸通歩道に面する。「卓屋町」の「卓《しょく》」とは、「仏前において香華を供えるのに用いる机。上卓・前卓・向卓・脇卓などがある」（『広辞苑』）ことから、東本願寺御影堂前の当町に「卓」（実際には、御伝鈔卓・焼香卓・御経卓など）を造り販売する店があって当然である。寛永一四年（一六三七）洛中絵図に（寺内町の）「（因幡堂）（突抜）四丁目」とある。「元禄四年（一六九一）京大絵図」に「鶴（つる）や町」とある。興味深いのは、「徳川綱吉の娘が鶴姫といったため、元禄元年（一六八八）に民間で鶴の字を使用することを禁止した。そのために改称した」（『地名の社会学』）との指摘がある。タイムラグはあるが、屋号から職名へ変更され、宝暦一二年（一七六二）刊『京町鑑』に「卓屋町」と記載された。（小西）

白柏《しらかせ》〔宮津市〕

旧町名。江戸初期京極高知を継いだ高広によって宮津城の築城および宮津城下の整備がほぼ完成したと言われる。宮津市大手川の西側（左岸）に町屋や家中屋敷が集中したが、城下町の組織の中心となったのは、「本町」を始めとする「六幹町」と呼ばれる町々で、その一つに「白柏町」が設けられた。江戸期の城下絵図などには町名としてみられるが、それ以前の記録はない。しかし、城下の町となる以前から土地の名として存在していたものを用いた町名であろう。山麓で浜辺に沿った地区で、如願寺川の氾濫や洪水で水害に見舞われることが多かったようだ。名の由来は判然としないが、水害に関わる地名であろうか。柏は海岸などに自生するという。「しらかせ」という音の地名に、「白」はともかく、「かせ」に「柏」の字をあてるのはむずかしい。もと「かしわ・かし（柏）」であったものが、音の方が変化して「かせ」となったとみられる。（糸井）

白銀《しらがね》〔京丹後市峰山町〕

峯山陣屋町では、一番南のはずれに位置する。宝暦三年（一七五三）の「峯山明細帳」には、「藪町」と記され、その後、「白銀町」となった。銀を扱うものが多かったことに由来するものであろうか。（新谷）

白川《しらかわ》〔宇治市〕

宇治を別業の地とした平安貴族によって、洛東の北白川に対比するものとして命名されたもの。この里を流れて宇治川にそそぐ白川と寺川の二流が、北白川の清流を連想させるものであったからであろう。『（白川村）村誌』（明治一四年〈一八八一〉）によれば、古くは北白川に対して南白河と称したともいう。平等院を開基した関白藤原頼道の四女寛子が別所金色院を営んだ古い村。今は、建造物はまったくなく、寛子の供養塔といわれる九重石塔が残るのみである。『兵範記』仁平三年（一一五三）四月一五日条に「宇治白川等座々（田楽）法師原」と白川の名が見られる。江戸初期には、村として認知されているのが、「山城国宇治郡白川村御検地帳写」（慶長一六年〈一六一一〉）で確認できる。今なお、『雍州府志』が「山水幽遠の地にて、誠に小桃源と謂うべし」と評しているように、閑寂そのもの、茶園が広がる豊かな山間の集落である。（高木）

白川《しらかわ》〔左京区〕

白川は、比叡山と如意ヶ岳の間を水源とし、山中越《やまなかごえ》の峠道沿いに京都盆地に流れ落ち、扇状地を形成する。その辺りが北白川。その後、浄土寺・鹿谷《ししがたに》を南流し、南禅寺の西で琵琶湖疏水と合流し、西流する。平安神宮の大鳥居前の慶流橋を潜ると間もなく、白川は疏水と分かれて南西に向かう。『京都坊目誌』には「古へ白川の流域は、今の姉小路を西注し、法林寺の北に於て鴨川に入る。之に今、孫橋あり。天正十八年（一五九〇）、三条大橋を架設し、東岸の地、隆か成り（高くなり）、一年の洪水を以て流域を変じ、今の三条白河橋の下を南注するに至れり。或云、今の白河橋は、古へ白川の支流に流せるものにして、南下の流れを小《ヲ》川と云ふ」とあり、白川の流域が変わったことを伝える。白川流域は、そのまま地名となり、北白川以南、三条以北の鴨東一帯が「白川」と汎称される。「白川」という呼称の由来は、流域が花崗岩地帯で、川砂が白砂であることによる。『古今和歌集』には「白河のしらずともいはじそこきよみ流れて世世にすまむと思へば」（恋三・六六六、平貞文）と見え、川底の澄んだ清らかな流れであった。それゆえ、平安貴族たちは、白川の流れる東山の景勝の地に憩いを求め、遊覧に出かけたり、別業を営んだりした。白川の別業のなかでもとくに有名なものは、藤原良房の「白河院」である。基経、忠平、師尹《もろまさ》、済《なり》時《とき》、道長、頼通、師実《もろざね》などが次々と伝領していく。『日本三代実録』によると、貞観一四年（八七二）九月二日に薨去した太政大臣良房が二日後「愛宕郡白川辺」に葬られている。この時のことが『古今和歌集』に「さきのおほきおほいまうちぎみ（前太政大臣）をしらかはのあたりにおくりける夜よめる／ちの涙おちてぞたぎつ白河は君が世までの名にこそ有りけれ」（哀傷・八三〇、そせい法し）と見える。良房の死を傷む「血の涙」で「白川」が赤く染まってしまったというのである。（笹川）

志楽《しらく》〔舞鶴市〕

旧郷名・旧庄園名。舞鶴市東の市街地を抜けて、国道二七号線が志楽川を遡り吉坂峠に向かう谷が志楽谷である。この谷の道は若狭街道と称されるが、西国三十三所第二九番札所の松尾寺や重要文化財の深沙大将等を有する金剛院があり、古くから人々が繁く行き来していた。最近はこの谷のみを志楽というが、古くは北に広がる大浦半島のほぼ全域を志楽としていた。『和名抄』には丹後国加佐郡内九郷の一つとして「志楽」郷をあげている。

志楽の初出は、藤原宮跡出土の木簡である。「丹□(波カ)國加佐郡白薬里大贄《おおにえ》久己利《くこり》魚腊《うおきたい》一斗五升和銅二年（七〇九）四月」とあり、「白薬里」から御贄のクコリ（カワハギの一種）干物を献納したというのである。「白薬」は桔梗《ききょう》の異名であるという（『和漢三才図会』）。桔梗は古くから観賞用や薬用として栽培されてきた。葉や茎を傷つけると白い汁が出て、黄色の根は乾燥させて咳を鎮め痰をとる薬となる。志楽地域には今も桔梗が自生している。「白薬」の「しらくす」は音韻脱落すれば「しらく」になり、「薬」が「楽」になるのは容易である。

白薬里よりの貢献物が魚の干物であることから志楽郷の郷域には海辺が含まれており、その後の寄進状等から青葉山北方の地域を除く大浦半島の大半を占めていたと考えられる。その広範な領域を引き継ぎ、平安末期に志楽庄が成立した。鳥羽上皇の御願寺である宝荘厳院を本家とし、平清盛を領家とする庄園であった。源平争乱後鎌倉幕府の御家人に与えられたようだが、南北朝時代には河辺谷・朝来谷は山城醍醐寺領、志楽谷と四ヶ浦は大和西大寺領となった。しかし、志楽の中心は街道筋の志楽谷にあり、海に面した志楽川河口左岸に一四世紀すでに「志楽市場」があった。（高橋）

白山《しらやま》〔京田辺市宮津〕

宮津白山の丘陵突端に白山《はくさん》神社（旧村社）が鎮座する。明治一〇年代の『京都府地誌』は祭神を「蛭子神《えびす》」と記す。本殿内の慶長四年（一五九九）銘の棟札に「御夷奉上葺事（中略）普賢寺の庄宮の口惣中より造立仕所也」と記され、御夷とは当社を夷社または蛭子社と称したからである。エビス信仰は中世以降七福神のひとつとして各地で流行する。農村では福をもたらすイメージが山の神、田の神と結び付けられた。創建もその頃だろう。本殿は永享年間（一四二九〜四一）の造営と伝え、本殿前に永享五年（一四三三）銘の石灯籠がある。室町時代の建築様式をとどめ、重要文化財。

丘陵突端の神社東側は急斜面で、京都府が土砂災害警戒箇所と公表している急傾斜地（傾斜度三〇度以上、高さ五メートル以上、保全人家が存在）である。したがって、白山の白はシラケルかハゲ（剥ぐ）の清音化で、過去に山崩れが発生していたと推測できる剥げ山の意である。（綱本）

尻江《しりえ》〔乙訓郡大山崎町大山崎〕

尻江付近にはかつて山崎津《やまさきのつ》があった。平安期港町として賑わい運送業者や遊女たちが生活していた。『文徳実録』斉衡二年（八五五）一〇月一八日条に「山崎津失火、延焼三百余家」と載る。土佐守の任を終え、帰洛する紀貫之が「やまざきのこひつのゑも、まがりのおほじのかたもかはらざりけり」（『土佐日記』）と記している。この文意の解釈は諸説あるが、山崎で油餅を売る店の絵看板も、釣針を売る店の看板も変わらない、というのも一例。これに対して、奥村恒哉は、地形説で「古比津の江も、曲がりの大路の形もかはらざりけり」（『歌枕』）とする古比津の江があった。奥村は古比津の意味を示さないが、コヒチ（泥・湿地の意『和名抄』泥、古比千）の転で、尻江の江は入江、尻はシリ（後）で、淀川に面する背後の入江の意をいう。尻江は五位川の左岸に位置するが、『山城名跡巡行志』（一七五四）は「五位河、古比津即此」と記す。（綱本）

城ケ前《しろがまえ》〔京田辺市薪〕

①文字通りに読めば、城の前ということになる。狐谷で合戦があったとしたら（「狐谷」参照）、この地に城または砦があり、その前の地といったのか。②神様の依り給う所を、磐代・神代ともいう。甘南備山の神が、依り給うシロの方が正しいような気がする。（『薪誌』）。（綱本）

城ケ前町《しろがまえちょう》〔南区上鳥羽〕

山下正男「京都市内およびその近辺の中世城郭復元図と関連資料」（『京都大学人文科学研究所調査報告』第三五号）によると、ここは田中氏の居城と比定される室町期の平城（上鳥羽城）が存在した。中世の城郭の存在が地名の背景になっていると思われる。遺跡として北と東に水路が残る。山下の研究によると、南区には他に石原城（吉祥院石原町）、殿城城（久世殿城町）、西ノ内城（吉祥院西ノ内町）、東土川城（久世東土川町）、吉祥院城（吉祥院西ノ庄東屋敷町）など一四の中世城郭が存在したという。「西ノ内」や「東屋敷」という字名などもこの中世城郭に由来している。（入江）

白坂《しろざか》〔城陽市市辺〕

市辺南部の、井手町との境界にある丘陵部にある小字名。井手町側にも白坂がある。城陽側の白坂の丘陵は崖になっており、その壁面は白い砂質の城陽礫層（『宇治市史1』）の断面である。城陽市では、正月を迎えるのに白い砂を家の周囲に波形模様に撒く、江戸期から行なわれていたと思われる民俗行事があった。その砂を山や木津川・大谷川などの川で採集していた（『城陽市民俗調査報告書第二集』）。白坂は、市辺地区における白砂採集の地であった。ちなみにこの正月民俗行事は城陽市だけのものではなく、木津川左岸の精華町や京田辺市では、赤土が用いられるという（福富城介「白砂白坂を考える」城南郷土史研究会『やましろ二〇号』所収）。かように民俗行事と結びついた地名であった。（福富）

城下《しろした》〔城陽市市辺〕

市南部に属する市辺の小字名。市辺集落背後の段丘頂上を城山といい、中世の平山城である市辺城が築かれたところだが、その西斜面の崖下の地が「城下」である。後醍醐天皇が鎌倉幕府倒幕を図り笠置に籠ったとき、『太平記』によれば鎌倉軍が笠置山を取り巻いて攻めた場面で、「市野辺山ノ麓ヲ回テ」とある（なお市辺城は、笠置山を脱出した後醍醐天皇を、有王〈井手町〉で逮捕した松井蔵人の居館跡と伝えられている）。城下の西生寺から急坂を約一〇〇メートル登ると小字北山の城跡に至る。崖下は、古代の古北陸道が南北に通じる道で、近江・河内へ向かう分岐点でもあった。（齋藤）

城ノ内《しろのうち》〔京田辺市薪〕

かつて薪には城ノ内のほか城山・城ノ前・城屋敷などの小字名があり、山城《やましろ》があったことを示す。これに関して慶長一九年（一六一四）大坂冬の陣に際し、「十月二十九日加賀金沢城主前田利光、薪村付近に陣し、尋て河内に入り砂（村）に次す」（『前田家大阪冬陣日記』ほか）と、前田利光の軍が河内街道を押えるため薪村に陣をしたと伝える。（綱本）

白屋《しろや》〔舞鶴市〕

丹波の質志《しずし》を経てほぼ北へ石灰岩の地層が走っている。常《つね》に鍾乳洞があり、終戦頃まで金剛院奥や松尾北方で石灰《いしばい》を作っていた。それらに続く白屋において、谷奥の山峡に鍾乳石が露出しており、「長内乳岩《ながうちちいわ》さん」の水滴を求める参拝者が絶えなかったという。シロヤのヤを谷の意とすると「白い谷」となる。白屋は朝来谷のほぼ中央、朝来谷から志楽谷への入口に位置していた。国立舞鶴高等専門学校のある所である。昭和一四年（一九三九）海軍用地のため接収され、集落の多くは舞鶴方面その他へ転出したが、一部は小字堤に移住し、のち岡安よりの移住者も加わり新しい集落が出来た。（髙橋）

城山《しろやま》〔相楽郡精華町北稲八間〕

丘陵上に中世城館の稲屋妻城跡があったと比定されている。東に遠く木津川を望み、眼下の集落を隔てて奈良街道（歌姫越）を押える。文明一七年（一四八五）一〇月、畠山氏の東西両軍南山城対陣に際し、『大乗院寺社雑事記』同月一四日条に「〈本人〉稲屋ツマ之城」とみえる。西軍畠山義就《よしなり》方の城として、稲八妻庄を基盤とする国人稲八妻氏本人が籠った。山城国一揆

(一四八五〜九三)の成立後は、一揆の中心的拠点となったという。明応二年(一四九三)九月の国一揆崩壊と共に幕府方の手に陥落した。その状況を『大乗院寺社雑事記』同年九月一一日条に「国衆共数百人稲屋妻城に閉籠の処、井上九郎手と合戦せし、両方大勢打死之由風聞」と記す。

この痕跡として、わずかに城山南麓の北稲八間区共同墓地に残る地蔵石仏と「逆修《ぎゃくしゅ》の碑」と呼ばれる一三基の五輪塔が、稲屋妻城の戦死者の供養墓ではないかといわれている。中央の地蔵尊は「天文六年(一五三七)逆修人数十四名」と刻まれている。逆修はふつう生前にあらかじ(逆)め自分の供養をすることをいうが、ここでは、老いた者が生き残って、年若くして死んだ者の冥福を祈ったのだろう(逆縁の修福《しゅふく》)。

『精華町史・本文編』によると、この稲屋妻城跡の所在については従来二つの説がある。一つは小字城山の地で、頂上が稲屋妻城跡といわれていた。しかし現地には曲輪や土塁、空堀といった城郭施設の痕跡を認めることはできない。山頂部には昭和三五年(一九六〇)に配水池が施設されており、破壊されてしまった可能性もある。

これに対して、近年南稲八妻の西方山頂に稲屋妻城が想定されたが、昭和六二年(一九八七)の発掘調査で遺構、遺物ともに検出されなかった。南山城の中世城館は小規模な土から成る臨時的な城という(「政ケ谷《まさがたに》」参照)。山頂を中心に楯や幕を張り、柵をめぐらす程度のものである。城山の地名は落城後に国人衆が閉籠した山として付けたものであり、遺構は残さないものの、稲屋妻城はやはり北稲八間周辺に存在したとされる。 (綱本)

志和賀《しわが》 〔南丹市日吉町〕

日吉町殿田の西方にある村。地名は、慶雲二年(七〇五)創建の式内社「志波加神社」によっているという(「社伝」)。神社の祭神は月読命である。村名は暦応二年(一三三九)の寄進状「新善光寺文書」に「丹波国志和賀村」と見えるのが古い。これは足利尊氏が山城新善光寺(京都市東山区)に志和賀村地頭職を寄進したものである。

昭和三〇年(一九五五)から日吉町の大字となった。 (安藤)

新開町《しんかいちょう》 〔下京区〕

高倉通仏光寺下ル高辻までの西側の仏光寺と、中央に柳馬場に通じる東西の道路の両側の塔頭も含む。仏光寺は空性房了源の開いた寺で、親鸞の末娘覚信尼の孫覚如の子、存覚に指導をうけ、正中元年(一三二四)山科に興正寺を建てた。その後、元徳二年(一三三〇)、興正寺は東山渋谷に移り、存覚の命名により仏光寺と改めた(『本願寺』)。仏光寺は、天正一四年(一五八六)豊臣秀吉の東山大仏殿の造営にあたり、東山渋谷から、五条坊門高倉の秀吉の別荘であった当地に移転してきた。当町は、もと、その仏光寺の寺内であった。「明治六年(一八七三)五月。仏光寺境内を道路と為し。新に新開町の名を下し」(『京都坊目誌』)て、新たに町として開いた。 (小西)

新釜座町《しんかまんざちょう》 〔下京区〕

綾小路通西洞院東入ル上ル四条に抜ける両側町である。当町は「膏薬辻子」から町に発展した。「新釜座町」は、辻子から町への発展にあたり、釜屋、釜鋳造仲間の「三条釜座」(貞享二年〈一六八五〉刊)『京羽二重』の所在地「釜座通」の延長線上にあることから、「新しい釜座」を名乗った。「天保二年(一八三一)改正京町御絵図細見大成」に「カウヤクのづし」とあり、江戸時代をつうじて「辻子」であり、「町」ではない。その由緒は、念仏聖の空也が開いた「空也供養道場（平将門の首塚供養）」が当町の西側にあったことによる。当時、空也聖の念仏も、高野《こうや》聖の念仏も、京の街では共通の音が、自然に受け入れられた。「空也供養道場《こうやくようどうじょう》」の「よう」が抜け落ちて簡略化され、「膏薬道場」と俗称された。「明治二年（一八六九）四月に『新釜座町』と命名した」（『京都坊目誌』）。（小西）

新宮《しんぐう》 →五十河《いかが》

新車屋町《しんくるまやちょう》〔左京区〕

二条通と仁王門通の間を南北に走る通りを「新車屋町通」と呼び、その両側町が新車屋町である。『京都坊目誌』に「元、岡崎領の畑地也。宝永五年（一七〇八）三月大火後、車屋町丸太町以北の町民を之に移す。東側を大炊《おおい》町、西側を光堂新町と呼ぶ」とある。皇宮地域拡張のための移転である。「新撰増補京大絵図」（一六九一年刊）を見ると、車屋町通丸太町上ルに「大炊丁」という町名があるので、移転地の東側に同じ町名が使われたことが分かる。『京都坊目誌』によると、「明治六年、東西合併して一町となる」というが、この合併によって、元の「車屋町」が復活し、「新車屋町」と呼ばれることになる。現在、新車屋町通の東側は、北の一部を除き、新洞小学校の敷地となっている。（笹川）

新御霊口町《しんごりょうまちぐち》〔北区〕

鞍馬口通にある両側町の町名で、語源は不詳であるが、南に位置する上御霊神社境内と近接し、享保年間の「京大絵図」（同志社女子大学蔵）には「新御霊ひがし丁」と標記がなされており、上御霊神社から由来する地名であることが想定される。また、鞍馬口通りが絵図類などで近世京都市街地範囲のほぼ北端にあたり、また上御霊神社に接続する道も町内に存在することが大正時代の土地台帳附属地図で確認できることから、「口」という標記にもつながるのではないかと考えられる。（天野）

新更科《しんさらしな》〔東山区〕

当地が月見をするのにふさわしい場所であり、信州更科の風情を彷彿とさせることから、当地一帯を「新更科」と呼んだ。しかしその後人家が建ち並び、月見にふさわしくなくなったためこの名はなくなった（『扁額軌範《へんがくきはん》』）。

月見町、鷲尾町、下河原町、上弁天町、清井町などを含む祇園南林《みなみばやし》及びその周辺一帯の雅称。（忠住）

新山村《しんざんむら》〔京丹後市峰山町〕

旧村名。明治二二年（一八八九）町村制施行時に、新町村・荒山村・内記村の三村が合併して成立した村である。村名は、新町村の「新」と、荒山村の「山」をとって命名された。昭和三〇年（一九五五）の峰山町合併に際して消滅した。現在は、京丹後市立新山小学校にその名を残す。（新谷）

真宗院山町《しんじゅいんやまちょう》〔伏見区深草〕

京阪本線深草駅南東、立命館高校の南、真宗院を門前とする町。法然上人の孫弟子である円空上人が真宗院を建立、後深草天皇の帰依を受けて円空が開山した。真宗院の名前は天皇から貰った勅号によるものである。寺名が地名の由来である。

浄土宗西山深草流本寺根本道場の大伽藍で、元は現在地より西南の地にあった（『山州名跡志』）。円空は証空上人に師事、宝治年間（一二四七～四九）には後嵯峨天皇が仏殿・山門・経蔵・般若堂を建立され、念仏三昧に修せられた（『山城名勝志』）。永仁元年（一二九三）落雷のため伽藍焼失・再興、さらに応仁の乱で伽藍は焼失したが、京都誓願寺の竜空上人が中興の祖となって寛永年間（一六二四～四三）に再興、延宝四年（一六七六）、大阪堺の篤志家によって堂宇が再建された。境内には開山廟、その西に解剖学者の山脇東洋と、その一族の墓がある。昭和二七年にはお寺も含めて八軒の町内であったが、今は三〇軒に増えている。 （明川）

新庄《しんじょう》〔京丹後市久美浜町〕

文保元年（一三一七）一〇月の「女阿河上新庄譲状」（長楽寺文書）に「かはかみ新しやう」とあるものが初出となる。河上本庄に対して、熊野郡河上郷の領域から新たに分割され立庄した荘園であったことから「河上新庄」と呼ばれたものと思われる。その後、江戸時代に入ると、河上を省略するようになり、単に「新庄」と呼ぶようになった地名であろう。応永五年（一三九八）の「霊卍寄進状案」（法観寺文書）には、霊卍という人物が河上新庄の地頭分のうち一町を法観寺に寄進したことが記される。その後、長禄三年（一四五九）の「丹後国郷保庄惣田数帳」には、「川上新庄」とあり、伊賀次郎左衛門と駒沢備後守が廿町三段三百六歩ずつ領有していた。これ以前に河上新庄は、下地中分されていたことがわかる。慶長七年（一六〇二）の「慶長郷村帳」には「新城村」、延宝九年（一六八一）の「丹後国与謝郡等郷村高帳面」には「新庄村」とある。 （新谷）

新庄《しんじょう》〔京丹後市網野町〕

福田川支流新庄川上流の谷間にある集落。新庄は新たに開かれ庄となったところを意味する。中世荘園制による地名であろう。網野町郷との関わりが深いところから、郷が本庄に相当するか。 （水野）

新庄町《しんじょうちょう》〔綾部市〕

小畑川が東流して犀川に注ぐあたりの地域。『和名抄』何鹿郡小幡郷の地に比定され、その新荘として設置されたことに由来する地名。

江戸時代から明治二二年（一八八九）の村名。昭和三〇年（一九五五）から綾部市の大字新庄町となった。 （安藤）

真盛町《しんせいちょう》〔上京区〕

町内にある西方寺を開基した僧が真盛であるところから付いたという。町は北野天満宮の東にあり、上七軒花街の一部で、北は五辻通の少し北より南は今出川通の北までを町域とし、社家長屋町の一部に飛び地がある。天保二年（一八三一）の「改正京町絵図細見大成」に「志ん盛丁」とあり、江戸時代からの町名である。天台宗の西方寺は現在は尼寺で、本堂の前に「利休の井」と呼ばれる井戸がある。天正一五年（一五八七）、豊臣秀吉が開いた北野大茶会の時に、千利休が用いた井戸と伝える。 （清水）

新千本通《しんせんぼんどおり》 ↓千本通《せんぼんどおり》

真町《しんちょう》〔下京区〕

四条通小橋西入ル河原町までの両側町である。「寛永一九年（一六四二）洛中絵図」に「新町」とあるように、京域外に新しく町を形成したことによる。「しんまち」と混同しないため、音の同じ「真町」を採ったのであろう。宝暦一二年（一七六二）刊『京町鑑』に、ともに「真町」とある。以後、変化はない。祇園社の参道の商店の連なる町であり、成立の一部は中世まで遡る（『町と町屋の構造』）。 （小西）

新田《しんでん》〔宇治市広野町〕

広野村がまだ大久保村の枝村であった頃、本村大久保村に対して、広野新田村と呼ばれていたことによる（「広野町」参照）。ところが、宇治屋の辻が宇治方面へ向かう奈良街道と伏見方面へ向かう大和街道との追分地点であり、また、広野新田村の町並みが計画的に整備されていたということもあって、奈良街道沿いに町場が形成され、宿屋・茶店・商店が並び立ち、明治維新以降には、郵便局をはじめ警察署や小学校など公共施設もできて、本村である大久保村を凌いで賑やかなところになってしまった。『（広野村）村誌』（明治一四年〈一八八一〉）によれば、「維新後、新田ノ称ヲ廃ス」とあって、行政名としての新田は消えるが、人々は、その中心部を、親しみをこめて単に新田と呼んだ。最近まで近在の人びとは、買物に出ることを単に「新田に行ってくるわ」と称したという。したがって、現在もとくに新田という字名があるわけではないが、通称名として、JR新田駅や新田郵便局にその名を留めている。ちなみに新田とは、江戸時代以降に開発された農地のことで、宇治には新田村と称されたところが、五ヶ庄・伊勢田にもあった。

（髙木）

神童子《じんどうじ》 〔木津川市山城町〕

町の東部。西の平尾から腰越峠・桜峠を越えて木津川右岸を東進する古くからの伊賀街道に沿って、山地の狭小な谷底平野に東西に集落が立地する。由来は地内の修験道の行場として栄えた古刹・真言宗北吉野山神童寺（金剛蔵院とも号す）の寺名にちなむ。『京都府地誌』は村名について「（神童）子、旧ト寺ニ作ル」とあり併用されていた。寺は役小角創建とか行基開基とか伝わり、平安期に興福寺の僧願安が再建と伝える。ただ、興福寺修験道は、平安末期から吉野の金峯山寺を末寺として当山派修験を形成している。したがって神童寺が興福寺と関わりをもつのはこれ以降だろう。

（綱本）

真如町《しんにょちょう》 〔左京区浄土寺〕

真如堂（真正極楽寺《しんしょうごくらくじ》）のある町。「真如堂縁起」によれば、真如堂は、永観二年（九八四）一条天皇の母、東三条院藤原詮子の御願により、延暦寺常行堂にあった阿弥陀如来像を神楽岡の東の女院離宮に移し、正暦三年（九九二）に寺としたのが始まり。同五年には一条天皇の勅願寺となり、養和元年（一一八一）には慈円が別当となった

応仁二年（一四六八）兵火によって、壮麗を極めた堂塔伽藍は尽く焼失し、本尊は比叡山西塔黒谷青竜寺《せいりゅうじ》に移された。その後、寺地も転々とし、天台宗から浄土宗への転宗した時期もあったが、元禄六年（一六九三）旧地の南西に当たる現在の地に真如堂が再建され、天台宗に復した。（笹川）

陣ノ内《じんのうち》 〔宇治市木幡〕

文禄三年（一五九四）、豊臣秀吉によって伏見城が築かれた際、木幡北部のこの辺りも伏見陣屋（伏見城下）の内になったところからの名。御蔵山など、六地蔵・木幡北部あたりには、伏見城築城にかかわる地名が数多く見られる。「山城国宇治郡北木幡村名寄帳」（延宝八年〈一六八〇〉）に「ちんの内」の名が見える。

なお、この辺りは、藤原道長が造営した浄妙寺の寺域内にあたるものと考えられるところから、寺ノ内が転じたものではないかとも、また、「陣」は戦陣・本陣などというように戦時における軍兵の駐屯地や戦場そのものを指す場合も多いので、源平合戦や慶長五年（一六〇〇）の伏見攻城戦にからんでの名ではないかなどの説も伝えられている。

（髙木）

新白水丸町《しんはくすいまるちょう》 〔上京区〕

明治二年（一八六九）に白水町と新丸屋町が合併してできた町で、両方の町名を組み合わせて命名した。「白水町」の語原は、大正五年（一九一六）刊の『京都坊目誌』によると、この地は、聚楽第の庭の泉があった所だったので、「泉町」と称していたが、正徳年間（一七一一～一六）に泉の文字を分けて白水にしたという。一方の「新丸屋町」の語原は不詳である。町は東西に通る中立売通をはさんだ両側で、東は

松屋町通から西は智恵光院通の少し西までを町域とする。天保二年（一八三一）の「改正京町絵図細見大成」では、「白水丁」とその西に「新丸ヤ丁」が記されている。（清水）

新橋《しんばし》〔京丹後市久美浜町〕

土居・本町間の久美谷川にかかる橋は早くからあったが、新橋・中間町間にかかる橋が新しくできたことに由来する地名と思われる。一九世紀代と思われる「丹後久美浜図絵」（糸井文庫）に「新橋町」と初出する。慶長七年（一六〇二）の「慶長検地帳」に「裏町」とあるものの一部が、後に新橋となったものと推定する。明治六年（一八七三）の地籍図である「第九大区壱之小区丹後国熊野郡久美浜村見取図」には「新橋」とあり、現在は小字地名として残っている。（新谷）

新東洞院町《しんひがしどういんちょう》〔左京区〕

『京都坊目誌』に「宝永五年（一七〇八）の開発にして、元、東洞院丸太町以北、三本木一、二、三町目の町民を此に移す」とある。大火後の皇宮地域拡張のための移転である。たしかに大火以前の「新撰増補京大絵図」（一六九一年刊）には、東洞院通丸太町通上ルには「三本木丁」「同二丁め」「同三丁め」という町名が見える。大火以後の『京町鑑』（一七六二年刊）によれば、「新柳馬場通」の二条下ル東側は「三本木町」、同町西側は「若竹町」と呼称され、「此町に松平安芸守殿御屋敷あり」と記されている。『京都坊目誌』によると、東は「三本木元町」、西は「若竹町」という町名で、「明治六年、東西両町を合併して今の名とす」という。合併して「新東洞院町」となるに及び、町の中央を南北に走る通りの二条通と仁王門通の間を、「新柳馬場通」から「新東洞院町通」へ名称変更した。現在、新東洞院町通の西側は、北の一部を除き、新洞小学校の敷地となっている。かつて「松平安芸守殿御屋敷」のあった土地なのであろう。「新洞」という校名も「新東洞院」という町名に由来する。（笹川）

新日吉町《しんひよしちょう》〔下京区〕

西木屋町通七条上ル下珠数屋町までの西側片側町である。旧妙法院門跡領の耕地であった。「永暦元年（一一六〇）十月後白河上皇始めて社殿を東山に建て。近江坂本日《ひ》吉《え》の神を遷し祭る。故に新の字を冠す。妙法院は天台の別院にして新日吉社を土堭神と為す。」（『京都坊目誌』）とあり、「新日吉社」に因む。『京町鑑』も「新日吉町」とし、以後変化はない。（小西）

新町《しんまち》〔京丹後市久美浜町〕

新しくできた町であることからついた地名と思われる。一九世紀代と思われる「丹後久美浜図絵」（糸井文庫）には西裏町・東裏町とあるが、慶長七年（一六〇二）の「慶長検地帳」に「うら町分」と記されるものが該当すると思われる。地名の成立は、江戸時代でも後半に下ると思われ、久美浜代官所設置後の可能性が考えられる。

また神谷神社方面への街道筋は、天文七年（一五三八）の「丹後国御檀家帳」に「久美の宮本」、慶長七年（一六〇二）の「慶長検地帳」に「宮本」、一九世紀代と思われる「丹後久美浜図絵」（糸井文庫）に「宮下町」とあり、中世以来の集落が、久美浜代官所時代に町場として取り込まれていったと思われる。なお「宮本」という地名は、明治時代以降は見られなくなる。

明治六年（一八七三）の地籍図である「第九大区壱之小区丹後国熊野郡久美浜村見取図」には「新町」とあり、現在は小字地名として残っている。（新谷）

新町《しんまち》 〔京丹後市峰山町〕

大宮町河辺《こうべ》に北接して位置する。はじめ河辺村（河部村）の枝村で、「慶長郷村帳」に「河部村内、新町村」と見える。また、五箇村戸長役場の『町村沿革』には「河辺村、神戸村と称す。天正十一年、今の文字に改む。…新町村は河辺村の支村なりしが、明治七年、分離独立す」とある。北東に金剛童子山（六一三メートル）系の山が連なり、西方を竹野川が北流している。『丹後旧事記』などによれば、城山に中世の新町村城址があり、城主は三宅美作守と伝える。また、『峰山郷土史』によれば、釁野《こうの》山小谷太郎若狭守の城址があり、五稜形で井戸が残る。また、新町村の発祥の地は、現在の集落の裏手にあたる田久《たこ》谷で、「田久千軒」の名が残っているところから、はじめ河辺村から移住し、次第に新しい集落を形成したため、新しい町、「新町」と称するようになったという。（水野）

新町通《しんまちどおり》 〔京都市・南北の通り〕

平安京の町尻小路、あるいは町小路をベースに北へ南へと延びて、現在、上賀茂橋近くの玄以通から十条通をさらに南に久世橋通に至る。途中、JR京都駅で中断する。『京都坊目誌』では、「北は鞍馬口上ル愛宕郡上賀茂村境に起り南は三哲通に至る」としている。通り名にある「町」は、条坊制のブロック単位の「町」ではなく、店や住居などが密集している地域（街）を意味する「町」であろう。「室町」同様、各種の店舗が並ぶ商業地をなす通りであったことに由来すると思われる。町尻小路が古い呼称で、一二世紀以降単に町小路ともいうようになり、今の「新町通」になったについては「天正以来今（の）名と為る」（『京都坊目誌』）と指摘されている。秀吉の京都改造計画によって「町」の様子が一新したのであろう。（糸井）

新町通《しんまちどおり》 〔宇治市〕

古代からの幹線道路であった本町通に対して、新しく開けた町の通りの意。現在の宇治橋商店街にあたる通り。古代からの幹線道路は、現宇治橋西詰を南に折れ県《あがた》神社の一ノ鳥居を潜って南下するとT字交差点に突き当たるが、その交差点から西に向かって進んで新町通と交差するまでの道路のことである。古代の奈良街道に擬せられていて、平安時代から京都奈良間を往来する人々は、この道路を利用している。大正年間までは、県《あがた》祭の梵天や宇治祭の神輿なども、本町通を通っていたというから、その名のとおり宇治本来の幹線道路であった。しかし、新町通が新しいとはいっても、「久世郡宇治里御検地帳」（慶長一六年〈一六一一〉）に「一、…新町／新太郎」とあるように、江戸初期にはすでにその存在が見られる。復原された番保も新町通に沿っている。江戸初期と思われる絵図にも、新町通には町並みが描かれているが、本町通の町並みは疎らである。字名としての新町は、『（宇治郷）村誌』（明治一四年〈一八八一〉）では消えている。現在も行政名としてはない。（高木）

新丸太町《しんまるたちょう》 〔左京区〕

『京都坊目誌』に「始め岡崎村に属せる田畑也。宝永五年（一七〇八）三月の大火後、皇宮地域の拡張に際し、丸太町北側にありし民家を此所に移す」とある。この宝永五年の「皇宮地域拡張」によって、「東は寺町、西は烏丸、南は丸太町、北は今出川に至る」（同書）という現在の京都御所の敷地がほぼ確定する。一方、民家が移された二条川東の地域は、同書によると、「東側、北部を毘沙門町〈又多門町〉と号し、南部を若蛭子町と呼び、西側、北部を大黒町と唱へ、南部を弁財天町と称し」ていたが、明治「六年四月、之を合して新丸太町とす」という。
仁王門通と孫橋通の間を南北に走る通りを「新丸太町通」と呼び、その両側町が新丸太町である。宝暦一二年（一七六二）刊『京町鑑』には「新丸太町通」に「多門町〈仁王門通下ル東側北方〉」「若夷子町〈同東側南方〉」「大黒町〈同西側北方〉」「弁天町〈同西側南方〉」の町名が見える。（笹川）

神明《しんめい》〔宇治市〕

神明神社があったことによる命名。現在は神明皇太神宮と呼ばれているが、古くは宇治神明神社と呼ばれていて、方一〇町の境内を誇り、「栗隈神明」「今神明」などで狂言の舞台になるなど、中世から参詣客で賑わったところであった。『康富記』嘉吉二年（一四四二）九月二七日条に「参詣宇治明神」とある。奈良街道を宇治一ノ坂から上り詰めたところにあり、行政的には、宇治郷に属していた。隣り合わせの小字羽拍子は、現在では「はびょうし」と読まれているが、古くは「はいびょうし」で、「灰拍子」とも書かれている。羽拍子は、羽拍子神社に由来する地名であるが、その神社は今はなく、地名のみが残されている。神社名とは別に、字名としての記録は、「宇治郷触書状」（承応三年〈一六五四〉）の中に神明山町がある。これは狂言「栗隈神明」の道行の記述「神明山に着きにけり」から見て神明町のことと思われる。（高木）

神明町《しんめいちょう》〔下京区〕

町に存在する神明社に因む。綾小路通東洞院東入ル高倉までの両側町の神明神社は「祭神天照太神とし。豊受太神を合」（『京都坊目誌』）祀している。社伝は、「神明社は藤原忠通の邸宅の鎮守であったという」。「寛永一八年（一六四一）以前平安城町並図」に現町名の「神明町」とある。寛文五年（一六六五）刊『京雀』、宝暦一二年（一七六二）刊『京町鑑』ともに「神明町」とし、以後変化はない。

富小路松原下ル万寿寺までの両側町の場合は、元の上神明町として、「本上神明町」と称する。『京都坊目誌』には「今、下鱗形町にある朝日神明社。元と此町にありしと。『上神明社』と称す」とある。「寛永一四年（一六三七）洛中絵図」に「上神明丁」とある。『京都坊目誌』が「延宝（一六七三～八〇）以来本の字を冠す」というのは誤りである。「天保二年（一八三一）改正京町御絵図細見大成」は「上神明町」としているので、江戸時代は「本」の字はない。

富小路万寿寺下ル五条までの両側町の場合は、「本神明町」と称する。「左大臣源融遥拝の所とす」（『京都坊目誌』）といわれる神明社が鎮座していた。源融の在世期には朝日神明宮は、丹波に存在した。融が天照大神を遥拝していた縁で、その伝承から遷座してきたと考えられる。「本」は神明社があったことによる。天保二年（一八三一）版『京町御絵図細見大成』に「元神明町」とある。（小西）

神明町《しんめいちょう》〔中京区〕

神明宮を祀る町。『京都府地誌』に、「宝性院といへる真言寺あり、寺に神明宮を祀れり」と記される。町地の南西にあたる姉小路北西洞院東にあった高松神明社（姉小路神明社）のことと考えられる（『洛中洛外の群像』）。

当町は平安宮の南東にあたり、貴族の邸宅の建てられた地。醍醐天皇の皇子で『西宮記』の著者としても名高い源高明の邸宅跡といわれ、保元年間（一一五六～五九）には後白河天皇の皇居・高松殿の敷地となった。

瀬田勝哉は当地に高松神明社が営まれた経緯について、安和の変で大宰府に流された源高明が中世においても御霊神と恐れられた結果、比較的早い時期に当地に社が営まれ、その後、室町期に至って神明社が祀られたとする（瀬田氏前掲書）。当町は中世中期以降には酒造業が営まれ、近世には長崎糸割符商人が居住するなど、豊かな町人の町となった。（真下）

新門前通《しんもんぜんどおり》 →古門前通《ふるもんぜんどおり》

す

水銀屋町《すいぎんやちょう》〔下京区〕

烏丸通四条下ル綾小路までの両側町である。当町に大店をもつ「水銀屋」が語源であると推定する。水銀は、化粧用の白粉《おしろい》の原料となり、中世にはこの地の射和白粉座という特権商人が京都への白粉売買を独占していた（『日本商人の源流』）。平安末期から鎌倉期以降に、当町の水銀商も含む冒険的な遠隔地商人のことが物語に描かれている。水銀の産地は、伊勢の飯南郡射和が有名で、「今ハ昔、伊勢ノ国、飯高（現在の飯南）ノ郡（中略）ニハ水金ヲ堀リテ公ニ奉ル」（『今昔物語集』）とある。また、「京ニ水銀商スル者有ケリ」とある。「寛永一九年（一六四二）寛永後万治前洛中絵図」、寛文五年（一六六五）刊『京雀』など、すべて「みず（水）かねや（丁）町」（「水かね」は「水銀」）で、「この町東行《がわ》に大仏師の家あり」と付記する。「大仏師康正法印の工房」（『日本仏教彫刻史の研究』）のことであるが、「木寄製法」による造仏に適した工房（「材木町」参照）であり、水銀や水銀屋との関係は薄い。宝暦一二年（一七六二）刊『京町鑑』には「水銀町」とあり、以後変化はない。（小西）

末《すえ》〔福知山市夜久野町〕

由良川の支流牧川の上流域右岸で、その枝川が造る谷間にある村名。地名の由来は、古代に陶部の人々が須恵器を生産した地であることによる。いまも多くの窯跡が残っている。

明治二二年に河西村の大字となる。昭和二六年（一九五一）からは夜久野町の大字となった。（安藤）

末丸町《すえまるちょう》〔中京区〕

末長く丸くおさまる町の意。江戸時代を通して「まるや丁」「大こく丁」「つちや丁（土手町）」と呼ばれた地域から成るが、明治初年に末丸町に改められた。おそらく竹屋町通の東端（末）に位置することと、まるや丁の「丸」を組み合わせた名であろう。『京都坊目誌』は「土手町を末広町と名つけ」とするが、末広町の名があった確証はなく、付会ではないかと考える。

鴨川の西岸部、竹屋町通の東端に位置する町。平安京では京域外の地であり、太閤秀吉による天正一八年（一五九〇）のお土居構築、寛文八年（一六六八）の鴨川護岸石垣の完成を経て、現在のような地形になった。近世前半には、まるや町は木屋町・丸太町に近いところから、塗り師が多かったといい、つちや町は旅籠が多かったという（延宝六年〈一六七八〉刊『京雀跡追』）。町内東側には近世中期の宝永六年（一七〇九）から享保六年（一七二一）まで、京都定火消屋敷が置かれた。当該地はその後、近衛家・鷹司家の屋敷となった。（真下）

菅井《すがい》〔相楽郡精華町〕

町の東南部、木津川左岸の河岸平地に位置し、全域に水田が広がる。集落西方を南北に奈良街道（歌姫越）が通る。中世は興福寺領菅井庄として推移するが、応仁・文明の乱やその後の畠山氏内部の勢力抗争に際しては度々戦場になった。菅井の初見は、永享九年（一四三七）一二月七日付の「菅井荘田畠名寄帳」（「内閣文庫所蔵大乗院文書」）に載る。氏神は小字西ノ辻にある天王神社で、素戔嗚尊《すさのをのみこと》・阿智之岐高彦根《あじすきたかひこねの》命《みこと》を祀る。江戸期には木津川に菅井浜の船着場があり、船問屋があった。

地名の由来は、天王神社境内に菅井と称する清泉があったことによる。この清泉は、菅原道真が賞したことから菅井と呼称されるようになったと伝え、現在も菅公の井戸跡と称するものが残る（『角川日本地名大辞典』）。相楽・綴喜郡内には産土神を祀る天王社、天神社が多くあり、菅公に付会した貴種譚が伝わるが、もとは原初的な祈雨・止雨神を祀った社が目立つ。菅井の由来も、水の恵みをもたらす境内の清泉、つまりスガヰ（清井）からであろう。（綱本）

菅野《すがの》〔与謝郡伊根町〕

天文二三年（一五五四）の「荒神社上葺造営之記」（菅野上山神社）に「筒河庄菅野村荒神社」とあるものが初出の地名である。菅《すげ》が密生する野原であったことに由来する地名であろうか。慶長七年（一六〇二）の「慶長郷村帳」以降は「菅野村」と表記され、明治時代に至る。（新谷）

須川《すがわ》〔京丹後市弥栄町〕

須川のスは洲であり、砂洲や砂嘴などの発達した場所のことであろう。また、支流須川の宇川との合流点から味土野までの谷間の流れがほぼ直線であることから、「直《す》ぐ川」の意で「ス川」か。宇川上流域の山間部に位置する。地内にある味土野（別項参照）は細川忠興夫人玉（ガラシャ）幽閉の地として知られる。須川村は江戸期から明治二二年までは丹後国与謝郡内の村名。もともと野間村内の一つの集落であったが、野間村が須川、野中両村に分村し、野間村のうち須川集落以南の霰、大谷、来見谷、住山、味土野などを合わせて須川村となる。その時期は『丹哥府志』では延宝年間（一七世紀後半）と、『野間村誌』では元禄四年（一六九一）といい、定かではない。（水野）

周枳《すき》〔京丹後市大宮町〕

周枳は竹野川が北流する右岸、木積嶽《きづみだけ》（二七〇メートル）の山麓に位置する。周枳郷は、『和名抄』（高山寺本）丹後国丹波郡五郷の一つ。地名の由来は諸説あるが、まず『大日本地名辞書』によれば、大嘗会の際に神穀を献ずべく卜定された主基方の里によることからとする。しかし、この説は疑問とされ、奈良時代以前には「キ」の音には甲乙二類あることから、周枳を主基と同語とは考えられないとする。他説として、「スキ」は白村江（ハクスキノエ）の「スキ」と同源で、集落を意味する「スキ」であるという（『探訪丹後半島の旅上』）。

丹後二ノ宮の式内社大宮売《おおみやめ》神社（名神大）が鎮座し、通称新羅神社といわれる。

同社周辺は弥生時代前期から室町時代後期にわたる大宮売神社遺跡として知られ、その特徴は弥生時代前期から集落が形成され、古墳時代中期後葉には神社境内地を中心に祭祀遺跡が成立、奈良時代には神社として発展したものと推定される。同社の祭神は大宮売神（別名、天宇受売命《あめのうずめ》）と若宮売神（別名、豊受大神《とようけのおおかみ》）の女神二座で、大宮売神は「延喜式」神名帳の宮中神祇官の巫《かんなぎ》の祀る神八座のうちの神。崇神天皇の時、四道将軍丹波道主命がこの地に初めて祀るといわれる。

昭和二六年四月、当時の六ヶ村が合併して大宮町が誕生した際に、この周枳の祭神名、大宮売神から町名が決まった。周枳集落に北接して河辺《こうべ》（別項参照）があるが、この河辺はもと神戸で、周枳の大宮売神社の領地であったと考えられる。（水野）

杉蛭子町《すぎえびすちょう》〔下京区〕

黒門通高辻下ル松原までの両側町である。「（東隣の町の真龍寺）境内に古墳あり。其上に杉樹繁茂す。時に土人地を拓きて蛭子ノ祠造立す。因りて杉蛭子の町と称す」（『京都坊目誌』）という。宝暦一二年（一七六二）刊『京町鑑』に「杉蛭子町」と記し、変化はない。（小西）

杉坂《すぎさか》〔北区〕

清滝川の支流である杉坂川の狭隘な流域の地名で、古代・中世には小野山と呼ばれた地域で小野郷一〇ヶ村の一つである（『京都市の地名』）。『山州名跡志』には「此ノ所古へ杉アリケルニヤ今ハ稀也」とあるように、近世以降は杉の植生がなかったものの、かつては杉の産出地であったことに由来するものと想定される。丹波国から都に入る陸上交通路沿いに位置するため、交通の要衝でもあった。また『都名所図会』には「小野道風のやしろは杉坂といふところにあり、此所の氏神なり」と標記されており、平安中期の能書家で三蹟の一人、小《お》野《の》道風《とうふう》を祀る小野道風神社が所在する。

あるいは、杉板の「杉」はスグ（直）の転訛で、丹波へ向かうまっすぐな道、つまり最短距離の道をいう説もある。（天野）

杉谷《すぎたに》〔京丹後市峰山町〕

峰山町の中心部、竹野川支流の小西川中流域に位置する。地名は、杉谷のほかに杉山とするものもあるところから、杉の木に関係した地名であると考えられる。スキ（剥）谷の濁音化で、地すべりではぎとられた地形を意味した可能性も考慮すべきか。一方、口碑によれば、杉谷は須賀谷《すがたに》の転訛であるという。このことを裏付けるように、地内には素戔男命《すさのおのみこと》を祭神とする須賀神社があるが、鎮座年代は不詳である。

地内にカジヤ古墳がある。元和八年（一六二二）から峰山藩領となり、峰山の城下町に続き村域の一部が城下町になっている。しかし、「慶長郷村帳」には村名が見えない。また、「文化郷村帳」では「吉原之庄　五ヶ村」の一村とされ、「天保郷帳」では峰山町枝郷とある。（水野）

杉末《すぎのすえ》〔宮津市〕

宮津市街地の北西部のはずれに位置し、その先は天橋立のある「文殊」地区となる。慶長七年（一六〇二）の「宮津下村検地帳」に「杉ノ末」とみえる。城下絵図によると「犬の堂町」と呼ばれることもあったが、「杉ノ末町」とある。それ以前の記録はないが、延喜式内社に「与謝郡杉末《すぎすえ》神社」があり、現在宮津市宮町の日吉神社境内にある摂社「杉末神社《すぎのすえ》」がそれに比定されている。「杉末」という地名も古くからの地名で、「杉末」と呼ばれた地域にも変動があったことが想像される。いずれにしても旧宮津郷の中心地からは端に位置したことが「すえ（末）」を用いている由来であろう。しかし、「すぎ（杉）」の意は不

明。（糸井）

杉屋町《すぎやちょう》〔下京区〕

松原通高倉東入ル柳馬場までの両側町である。貞享二年（一六八五）刊『京羽二重』の「此通諸職商家」の項に「高倉松原扇のほね」の店が多いとある。扇の骨職人の屋号「杉屋」があったのであろう。宝暦一二年（一七六二）刊『京町鑑』も「杉屋町」と、全く変化はない。（小西）

菅《すげ》〔京丹後市峰山町〕

天文七年（一五三八）の「丹後国御檀家帳」に「すけの里」と見えるのが初出となる。永禄一二年（一五六九）にこの地を訪れた連歌師里村紹巴の『天橋立紀行』には、嶺山（「峰山町」参照）の城にいた入道殿のもとを出発した紹巴が菅という城まで到着したが、入道殿も下山してきたことを記す。地名の語源は、スゲが多く生えていたことに由来するものであろうか。あるいは、荒地なら「ス（砂・洲）」・「カ（処）」の可能性がある。慶長七年（一六〇二）の「丹州中郡菅村御検地帳」（筑波大学所蔵）以降、明治時代まで「菅村」と記される。（新谷）

朱雀大路《すざくおおじ》 →千本通《せんぼんどおり》

厨子奥《ずしおく》〔山科区〕

山科区の中央に位置し、語源としては次の二説がある。①中世には「辻子」「辻子の奥」と記載されている（『山科家礼記』）ことから、辻子を表す地名である。町通りが発達すると、それらを結ぶ連絡的な道路が必要となり、それを一般的には辻子と呼ぶ。京都市内は辻子が独自の発展をした土地で、金坂清則によると『京町鑑』には一一八の辻子が認められるという（『京都の地名検証2』）。現在も下京区を中心に多く残っている。この地は東海道（三条通）と渋谷街道の分岐点であり、両道をつなぐ抜け道的な道の奥にあることからこの名がついた。②山科に大きな影響力を持った山科家が、一三世紀以降、朝廷の御厨子別当を勤めていたことに因む。御厨子別当とは、宮中の食事を調える役所の長官である。

厨子奥は大字名であり、現在、区内に「尾上町」「長道」など、六つの小字名がある。（小寺）

直違橋《すじかいばし》〔伏見区深草〕

京阪本線藤森駅から直違橋通を南に行くと、東北から西南に流れる七瀬川に、斜めに掛けられている橋を直違橋という。『山城名跡巡行志』によると斜橋《すじかいばし》の項目に「藤森の北京街道にあり、橋を以って所名となす。また直違橋」とある。「直」はまっすぐの意味だから、直違は「まっすぐなものに交わる」意味の「筋交ひ」の当字となる。「筋」はまっすぐ、「交ふ」は交わるだから、斜橋ともいったことが分かる。『京羽二重織留』『拾遺都名所図会』では本来の「筋違橋《すじかえばし》」と書かれている。「豊公伏見城ノ図」によると、直違橋北・南の辺りは武家屋敷、二丁目から北は町家が連なっている。道の両側の家は一軒ごとにノコギリの歯状にかどが出ていたといわれ、それは、敵が攻めて来たとき、兵を隠すためといわれている（『まちの履歴書』）。この伝承からいけば、公儀の直違橋（『京羽二重織留』）の意味は、いざという時のために長くした橋、即ち斜め橋ということとなる。斜めの橋の長さは「六間二尺（約一一メートル四〇）、幅三間一尺（約五メートル七〇）」（『京羽二重織留』）、直違橋の地名は木幡伏見城築城の時に造った直違橋から生まれたものである。

現在の直違橋通（伏見街道・大和街道とも）は直違橋の南あたりから、直違橋南一丁目、北一丁目、直違橋二丁目から十一丁目までが町名となっている。（明川）

朱雀町《すじゃくちょう》〔東山区〕

当地が往時の東朱雀大路にあたるという誤った俗説に基づいているため（『京都坊目誌』）。所在は問屋町通五条下ル。北は五条通、西は鴨川まで、当町内を南北に川端通と問屋町通が走る。

『京都坊目誌』に、元は二条通堀川以西にあり「珠数屋町《じゅずや》」と称していたが、慶長七年（一六〇二）の二条城の造営にともない、替地として現在地に移転したという伝承が記されている。明治二年（一八六九）下京に編入、昭和四年（一九二九）東山区に編成。

「新改洛陽並洛外之図」（承応二年〈一六五三〉）に「しゆしやか丁」とみえ、朱雀町と称されていたようだが、『都すゞめ案内者』（正徳五年〈一七一五〉）には「しゆしや町」（数珠の転訛か）とみえ、『京都巡覧記』では朱雀町に「しゆしやか」と仮名をふる。『京都府地誌』も「旧称、珠数屋町ト云」とある。現町名になるまでに変遷があったことが推察される。異説として『京町鑑』やその他地誌に、千本通の西朱雀に対する称であると記されているが誤りか。（忠住）

筋屋町《すじやちょう》〔下京区〕

富小路通仏光寺下ル高辻までの両側町である。江戸時代、風呂屋は京都で何軒と規制があったというが、当町には釜風呂屋があった。珍しい釜風呂屋の屋号が「筋屋」であったのではないか。「寛永一四年（一六三七）洛中絵図」に「すち屋町」とある。宝暦一二年（一七六二）刊『京町鑑』には現町名の「筋屋町」とあり、以後変化はない。（小西）

須田《すだ》〔京丹後市久美浜町〕

須田地区は、川上谷川の支流である伯耆谷川の流域に立地しており、「記紀」に見える河上摩須郎女《かわかみのますのいらつめ》の出身地と推定されている。また地区内には、古墳時代後期の古墳が多数見られ、特に六世紀後半の湯舟坂二号墳（京都府指定史跡）は、その未盗掘の横穴式石室内部から、金銅装双龍環頭大刀などの多数の遺物（重要文化財）が出土したことで知られる。地名としての初出は、慶長七年（一六〇二）の「慶長郷村帳」の「須田村」である。長禄三年（一四五九）の「丹後国郷保庄惣田数帳」には、須田にある大雲寺の領有する土地が川上本庄に記されており、須田が川上本庄の領域に含まれていたことが推定される。地名の語源は、川のもたらした州に位置したことを意味する洲田と考えられる。江戸時代を通じて須田村と表記される。（新谷）

須津《すづ》〔宮津市〕

旧村名。天橋立の西側の内海（阿蘇海）の湾内西部の南に位置する地区。野田川（倉梯川とも）の河口の右岸にある。地域内に倉梯山（別項参照）がある。「慶長検地郷村帳」に「須津村」と見える。「すづ（須津）」の語源は、野田川の流れが作った砂州の地の「津（つ）」の意であろうか。

須津彦神社には、雄略天皇に父を殺された後、億計・弘計の二王子が、日下部氏の庇護のもと丹後国與謝郡に逃れてきた土地であるという伝承が伝わる。倉梯山の古墳を始め多くの古墳が残っており、古代史上重要な地であったことを思わせる。『万葉集』には「橋立の倉梯…」と「橋立」を「倉梯」に掛かる枕詞とする表現がいくつか見られるが、この地の「天橋立」「倉梯（山・川）」（加佐郡・舞鶴にも見られる地名）との関係について古来議論があるが、まだ確定しているとは言えない。（糸井）

砂方《すながた》〔京丹後市丹後町〕

『丹哥府志』には「砂潟」とみえる。砂方は、同地に浅く入りこんだ小さな砂浜があるところから、あるいは往昔、砂の多い潟があったところからの命名かもしれない。ただ、土石流の想定箇所とされていることからみて、地すべりの地で潟（かた・内江）は考えにくいか。「カタ」は「山」や「丘」の「肩」の意とみるべきか。間人地区の七集落の一つで、丹後町の西端部、日本海に面して位置する。（水野）

須浜町《すはまちょう》〔下京区〕

御幸町通松原下ル万寿寺までの両側町である。浜辺或いは水辺に陸の見えかくれする場所。その形を模型にしたものを島（後世島台）とも云って当時珍重し、歌合せ、草合、雛合等に盛んに使った。「州浜形ともいふ。共上に肴を盛る也。飾には岩木花鳥などを置く也（『貞丈雑記七酒盃』『宇津保物語』補注）」とあり、「州浜形」を製造販売する大店があったのであろう。「寛永一九年（一六四二）寛永後万治前洛中絵図」に「五条すあま町」とあり、宝暦一二年（一七六二）刊『京町鑑』も「須浜町」とあり変化はない。（小西）

須浜町《すはまちょう》〔上京区〕

町内に聚楽第の「州浜の泉」だという井戸があり、この井戸の名を町名に付けたという。町は東西に通る上長者町通をはさんだ両側で、東は日暮通から西は裏門通までを町域とする。天保二年（一八三一）の「改正京町絵図細見大成」に「須浜丁」とあり、江戸時代からの町名である。文化六年（一八〇九）、その井戸を修理したところ、井戸から石の地蔵が出てきたので地蔵堂を建てたという文書が町内に残っている。（清水）

角倉町《すみくらちょう》〔中京区〕

角倉氏の邸宅がある町。角倉氏は慶長一六年（一六一一）から高瀬川を開削し、高瀬川の起点に近い一之舟入町（角倉町）に屋敷を置き、高瀬川や御土居藪の管理を行った。しかし宝永五年（一七〇八）の大火で焼失後、当町に屋敷を移した。

当町はもと、要法寺《ようぼう》の境内であった。同寺が宝永五年の大火で消失して鴨川東岸（左京区法皇寺町）へ移転後、角倉の邸宅が置かれた。なお、角倉屋敷が旧地へ復帰後は、近衛家の領地となり、その後は民家が建ったという（『京都坊目誌』）。

町名は正徳五年（一七一五）刊『都すゞめ案内者』に「角のくら丁」とあるが、その後は町地の北半分を下革堂町、南半分を角倉町とするなどの変化があり、現在の角倉町に統一されたのは明治初年（一八六八）のことであった。（真下）

墨染町《すみぞめちょう》〔伏見区〕

京阪本線墨染駅より西、商店・住宅が混在する通りに日蓮宗墨染寺《ぼくせんじ》（別称桜寺）がある。寺内に地名の起りとなった墨染桜がある。寛平三年（八九一）一月、太政大臣藤原基経が亡くなった時、上野峯雄《かみつけのみねお》が悲しんで、「深草の野辺の桜し心あらば今年ばかりは墨染に咲け」と詠んだ。葬送地深草の桜は悲しみに応えるように喪服の墨染めの衣の色に咲いたという。喪服の色は当時、濃い灰色であったようだが、悲しみの濃淡が墨染めになったと思われる。町名の由来である。この歌を現在まで伝えてきた寺が墨染寺である。墨染寺は豊臣秀吉が、この歌の伝承を聞いて感銘し、土地を寄進して寺を再興したものという。墨染町の初見は未詳だが、恐らく秀吉が寄進した後のことであろう。『伏見大概記』、「組町家数の覚」（一八三二）に「墨染横町」の記載がある。

昭和四年（一九二九）、伏見市制実施の時、周辺の南新町・七軒町・墨染横町は「墨染町」に合併されている。なお、墨染町は深草にも存在するが、これは別の町である。（明川）

角倉町《すみのくらちょう》〔右京区嵯峨天龍寺〕

渡月橋から三〇〇メートル程下流の左岸にある地で、元々角倉了以による大堰川（桂川）開削の際、舟運の水夫の住居とされたところである。了以は、現岡山県美作の吉井川の河川交通を視察した後、慶長《けいちょう》一一年（一六〇六）に大堰川上流に高瀬船を通せるよう開削を開始した。工事完了後に、通船技術の伝搬のため、岡山県和気郡伊部《いんべ》村（現備前市）の法蔵寺《ほうぞうじ》檀徒の水夫一八名を招き、嵯峨小倉山の功源寺《こうげんじ》（現常寂光寺）に居住させた。後に同寺檀徒全部が嵯峨に移住することになったので、了以は大堰川に近い嵯峨天龍寺の小字大雄寺を開墾して小屋を建てた。ここは小屋町と呼ばれたが、明治に角倉町と改められた。（岩田）

炭山《すみやま》〔宇治市〕

中世・近世を通じて醍醐寺の支配下あったが、文字通り醍醐寺の薪炭を主に賄っていたことによる名。古く一〇世紀に『和名抄』を著した源順の和歌に「すみ山のもえこそまされ冬寒みひとりおき火のよるはいもねず」（『順集』）と、この地の炭竈のさかんな様が詠まれている。また、『方丈記』に「歩みわづらひなく、心遠くいたるときは、これより峰つゞき、炭山をこえ、笠取を過ぎて、或は石間《いわま》にまうで、或は石山ををがむ」とあるように、近江南部各地を最短距離で結ぶ交通路としてよく利用されている要衝の地でもあり、三室戸寺・醍醐寺間の巡礼道でもある。醍醐寺所蔵の「御教書」（暦応元年〈一三三八〉）に「南禅院并びに伏見・炭山等料田以下領し申され候」とある。（高木）

住吉町《すみよしちょう》〔右京区龍安寺〕

龍安寺とその西方の仁和寺の間に位置する地。山麓部に九世紀に始まる住吉大友《すみよしおおとも》神社があることによる。『続日本後紀』承和《じょうわ》元年（八三四）に大伴氏の氏神である伴氏《とものうじ》神社の始まりが記され、神社名は『延喜式』神名帳にも載せられている。同氏は平安遷都後この地に移住して氏神を祀ったが、平安初期の淳和天皇の諱《いみな》が大伴であったため、伴氏と改めたという。同氏の衰退後、平安末期には藤原氏の領地となり、一門の徳大寺家が和歌の神である住吉神を勧請したため住吉社と称した。昭和一七年に式内社伴氏神社を加えて現在の名称となった。近くに大伴家持ゆかりの万葉歌碑「海ゆかば」（巻一八・四〇九四）の碑がある。（岩田）

住吉町《すみよしちょう》〔下京区〕

住吉神社、または、祠の存在が語源である。河原町通下珠数屋町（北小路）下ル七条（材木町北端）までの両側町の場合は、南に隣接する材木町とともに、高瀬川を利用した材木の交易が、難波から和歌山まで繋がっていると想像できる。当町が、水運、航海の神「底・中・神の筒男之命」（「住吉町」参照）を、小祠で祀っていても不思議ではなく、その住吉の祠に因む。「町名の初見は『承応二年（一六五三）新改洛陽並洛外之図』で『すみよし丁』と記される」（『京都市の地名』）。「天保二年（一八三一）改正京町御絵図細見大成」に、「住吉丁」とある。

醒ヶ井通高辻下ル松原までの両側町の場合は、当町北側の醒ヶ井通高辻角にある住吉神社に由来する。「五条三位藤原俊成の邸宅に和歌の神玉津島神社を勧請したが、応仁元年（一四六七）兵燹《へいせん》に罹り。永禄十一年（一五六八）今の地に遷座す」（『京都坊目誌』）とある。しかし、玉津島神社は現地で再建されている。しかも、当社の祭神のなかに、玉津島神社の和歌の神「衣通《そとおし》郎姫《いらつめ》」の名がない（「玉津島町」参照）。和歌の神は当社の末社「人麿社」である。むしろ、当社の駒札にあるように、祭神は神功皇后と三韓征伐のときの守護神・田霧姫命、そして、特別に注目すべきなのは、三柱の筒男之命である。即ち、『誤解された万葉語』によれば、「イザナギ神が禊をされた時、海底では底筒男之命、中程では中筒男之命、海上では上筒男之命を生んだ」「もののこもり生成させる呪力空間がツツ（筒・管）」であり、「ウミ（海）の巨大なツツウミ（筒見・包み）は万物生成」の母体で、磯、海底とともに、この三者の「壮大な立体把握が、住吉三神の名義」なのである。当社は、住之江の住吉大社を勧請したと解すべきである。宝暦一二年（一七六二）刊『京町鑑』ともに「住吉町」とあり、以後変化はない。

西中筋通六条下ル新花屋町までの両側町と、新花屋町から旧花屋町までの東側片側町である。当町には「寺内と為る以前住吉の神祠あり」「今中堂寺町にある住吉神社是なる歟」（『京都坊目誌』）という。「寛永一九年（一六四二）寛永後万治前洛中絵図」に、（寺内町の）「西中筋壱町目」とある。宝暦一二年（一七六二）刊『京町鑑』に「住吉町」とあり、以後変化はない。

（小西）

諏訪町通《すわんちょうどおり》〔京都市・南北の通り〕

天正一八年（一五九〇）、豊臣秀吉の京都改造計画によって開通した通り。高辻通から東本願寺北面の花屋町通に至る。当初は七条通まで延びていたらしいが、慶長七年（一六〇二）以降、東本願寺の建立によって花屋町通以南は消滅した。平安京の烏丸小路と室町小路との間に設けられた通りであるが、同様に三条通以北に開かれた通りは、「両替町通」と呼ばれるようになり、別の通りとなった。「すわんちょう」は「すわのちょう」の訛り。「すわ（諏訪）」というのは、この通りの的場《まとば》通上がった西側に「諏訪神社」があることによる。

実は、東西の通りである的場通も、江戸時代には「諏訪町通」（「すわのとおり」とも）と呼ばれ、むしろこちらの方がよく知られた諏訪町通であった。秀吉によって設けられた日本最大の遊里といわれた「二条柳町」が、慶長七年（一六〇二）に二条柳馬場から東本願寺の北面六条あたりに移され、遊里「六条三筋町」として栄えたことから、東洞院通から新町通まで、もう一つの諏訪町通（今の的場通）が設けられた。

（糸井）

せ

精華町《せいかちょう》〔相楽郡〕

地勢は、京都府南西部。『和名抄』祝《ほう》園《その》・下狛《しもこま》両郷の地。西部は甘南備丘陵が続き東部は木津川に流入する山田川・煤谷《すすたに》川の扇状地で、水田が多く、条里制遺構が分布する。当町内における荘園には、祝園荘・菅井荘（古河荘とも）・下狛荘・稲八間（稲八妻）荘・菱田荘・朝日荘があった。室町期には山城国一揆が文明一七年（一四八五）に起こる。山城南部の国人衆を中心とする一揆で、寺社本所領の還付、新関停止を決め、以来八年間にわたって自治支配を行った。明応二年（一四九三）、古市澄胤に進攻され、国人衆は稲屋妻城に立て籠もったが敗れ、自治支配は終る。なお城跡は北稲八間集落西方の丘陵上にあったとされている。

江戸期には菱田村・下狛村・北稲八間村・南稲八妻村・祝園村・植田村・菅井村・山田村・乾谷村・柘榴村・東畑村があった。昭和二六年（一九五一）四月、川西村（菱田・下狛・北稲八間・南稲八妻・祝園・植田・菅井）と山田荘村（東畑・山田・柘榴・乾谷）が合併し精華村となり、同三〇年（一九五五）四月に町制。

地名由来は、明治二五年（一八九二）、「教育勅語」の一節を取って名付けられた「精華高等小学校」が設立。昭和二二年（一九四七）川西・山田荘・相楽の三ヶ村組合によって、戦前の校名を引き継いで精華中学校が設立され、同二六年精華村誕生の時、同じ学校を運営するという意味で中学校名を町名とした。（綱本）

清閑寺《せいかんじ》〔東山区〕

一条天皇の頃（一〇世紀末）に佐伯公行が建立した清閑寺の名に由来する。清水山の山頂から西側山麓一帯に位置し、北は高台山南麓から、南は阿弥陀ヶ峰北麓まで。清水山山頂から山麓の清閑寺付近一帯を含み、粟田口一帯と接する広大な町域。

清水山麓は古く愛宕《おたぎ》郡鳥戸《とりべ》（部）郷に属し、とくに阿弥陀ヶ峰山麓は葬送の地・鳥《とり》部野《べの》に連なり、天皇陵墓などが多く点在する。

清閑寺何々町という「清閑寺」を冠る町名が池田町・歌ノ中山《うたのなかやま》町・清水上山《きよみずうえやま》町・下山町・山ノ内町・霊山《りょうさん》町と六町ある。（忠住）

成勝寺町《せいしょうじちょう》〔左京区岡崎〕

かつてこの地周辺に成勝寺があったことによる。『百錬抄』保延五年（一一三九）一〇月二六日条に「成勝寺供養。〈行幸〉」とあり、成勝寺は崇徳天皇の勅願寺として創建された。そのため、同抄治承元年（一一七七）八月二二日条に「始テ成勝寺ニ於テ御八講ヲ行ハル。崇徳院ノ御菩提ノ為也」とあるように、成勝寺では、保元の乱で後白河天皇らと対立して敗れ、隠岐に流されて怨霊となった崇徳院の菩提を弔うため、御八講がしばしば行われた。成勝寺は、室町中期頃まで存続したが、応仁の乱で廃寺となった。

『京都坊目誌』は岡崎町の字として「道照地」を挙げ、「此字、東は黒谷道を隔て塔の檀に対し、西は小径を以て北門前町に境し、南は字円照地にして、北は二条通を以て字西正地に境せり」とあるので、現「岡崎成勝寺町」の町域が字「道照地」という地域に相当することが分かる。同書は続けて「古へ此地は、円勝寺、延勝寺、成勝寺の敷地なり。応仁以後、田畠となり、岡崎村に属せり」とし、岡崎の小字「圓照寺」「西正地」が円勝寺・最勝寺に由来するので、この「道照地」も、「天保十四年ノ巡見記に字道照寺とあり」と記す。成勝寺の仮名表記「じやうしようし」が「ぜうせうし」と書かれ、「ぜ（世）」が「だ（堂）」に誤って「だうせうじ（道照寺）」そして「だうせうぢ（道照地）」へ変化していったものと考えられる。（笹川）

清明町《せいめいちょう》〔上京区〕

この地は平安時代の陰陽師の安倍清明の屋敷があった所と伝えていることによって付けられた。屋敷跡と伝える所に、安倍清明を祀る清明神社がある。町は南北に通る葭屋《よしや》町通をはさんだ両側で、北は元誓願寺通の少し南から南は一条通まで、東は堀川通から西は猪熊通の手前までを町域とする。寛文五年（一六六五）刊の『京雀』では「神明町」と記すが、天保二年（一八三一）の「改正京町絵図細見大成」では「晴明丁」とあり、江戸時代からの町名である。（清水）

清和院町《せいわいんちょう》〔上京区〕

大正五年（一九一六）刊の『京都坊目誌』によると、清和天皇の母の藤原明子の住居である清和院が、この地にあったことによると記している。町は南北に通る室町通をはさんだ両側で、北は上長者町通から南は下長者町通までを町域とする。天保二年（一八三一）の「改正京町絵図細見大成」に「清和院丁」とあり、江戸時代からの町名である。（清水）

関《せき》〔京丹後市久美浜町〕

天文七年（一五三八）の「丹後国御檀家帳」に、「二ふんかた　たむらせきのとう」とあるものが初出となる。またこの記載から、関は「二ふんかた」と呼ばれていた時期があったこと、壱分・三分に対する「二分」が関付近であったことがわかる。また同書の「二ふんかた」には「ようらくじ」の記載があり、現在、小字名で「瓔珞寺」とあるものに相当し、戦国期に寺院があったことがわかる。「二分」の地名の語源は、田村庄のうち、ある領域を何らかの理由で三分割した際に、佐濃谷川の上流から順に壱分方（久美浜町壱分）・二分方・三分方（久美浜町三分）と呼ぶようになったことに由来すると思われる。その後、戦国時代までに、二分の地に関所または堰が設けられたことから、この地区の地名は二分から関へ変化したものであろうか。（新谷）

世木《せぎ》〔南丹市日吉町〕

大堰川上流およびその支流の中世木川、木住川、田原川流域にある、南北朝時代に見える村名、また庄名。「佐々木文書」によると、感応二年（一三五一）の「足利義詮下文」に佐々木秀綱が相模国大庭御厨の替地として与えられた所領の中に「丹波国世木郷」の名がある。セキには関所、堰、溜池などの意味がある（『地名の語源』）ので、川との関わりのある地名かもしれない。また山国にふさわしい樹木との関連も考えられる。世木林村に鎮座する天稚神社が蔵する、寛延元年（一七四八）の「願主吉田知興文書」によれば、「往古、天稚彦の『吾を鎮祭する処には世に久しき木を生ず』との託宣があり、はたして一夜に杉が三本生じたので世木の庄名はこれにちなむ」という伝承があることは興味深い。

「足利義詮下文」以後は佐々木氏の領地であったが、『親元日記別録』の文明九年（一四七七）の記録によってその頃は常徳院領であり、また「蜷川家文書」によって永正二年（一五〇五）には高屋氏の知行地であったことが知られる。

江戸時代には世木林村、上世木村、世木中村が存在していた。昭和三〇年（一九五五）から日吉町の大字となった。（安藤）

石泉院町《せきせんいんちょう》〔東山区〕

この地に比叡山東塔石泉院の別院があったが、応仁の乱後荒廃し耕地の字名となり、開町に際し町名となった。石泉院は文永年中（一二六四～七五）に僧承源によって創建、応仁元年（一四六七）の兵火で廃絶した。所在は三条通北裏白川筋西入ル。三条通を白川沿いに上がった西側に位置し、北は左京区との境界に接する。

石泉院別院は応仁・文明の乱の兵火によって失われたが、その後字名となり、明和以降の町地化によってさらに町名となる。明治二年（一八六九）下京に編入、昭和四年（一九二九）東山区に編成。（忠住）

石峰寺山町《せきほうじやまちょう》〔伏見区深草〕

京阪本線深草駅の東、伏見稲荷大社の南、石峰寺に位置する。五百羅漢の石仏で有名な黄檗宗石峰寺が町名となった。石峰寺は正徳三年（一七一三）、黄檗山万福寺第六世千呆《せんがい》和尚の開いたものなので、町名はそれ以降と思われる。本尊薬師如来は元、多田満仲の念持仏で摂州多田郷の沙羅連山石峰寺に安置されていた。その後兵火にあって寺は消失、薬師如来は京都五条若宮八幡の辺りに移り、寺は石峰寺と名乗っていた。宝永（一七〇四～一一）の頃、そこへ千呆がお参りして、薬師如来を伏見深草に移し、その名をとつて石峰寺とした

（『都名所図会』）。

（明川）

関屋《せきや》〔京田辺市大住〕

「関屋は関所のあった所」（『薪誌』一九九二）である。中世は通行料徴収のための経済的関所だった。関屋は関守が詰めている建物。地内を奈良街道（歌姫越）が通り、これに沿って関屋の集落がある。鎌倉時代大住には隼人司領大住庄、興福寺領大住庄、石清水八幡宮寺領薪庄があった。南北朝期以降は減少する荘園からの収益に代わる新たな財源として着目した大社寺などの荘園領主によって、京都や奈良周辺など幹線道路のいたるところに関所が乱設された。興福寺大乗院門跡・尋尊が「去る嘉吉・文安（一四四一～四九）…八幡神人《じにん》（石清水八幡宮下級神職者）等、数百ヶ所に及んで、新関を立たしむる者なり」（『大乗院寺社雑事記』文明一五年（一四八三）九月一二日条）と記している。大住関屋もそのひとつとも考えられる。関所は民衆の経済生活を圧迫し、しばしば土一揆の襲撃対象となった。山城国一揆（一四八五）もその要求の一つとして新関の撤廃を掲げていた。

当地は昭和一〇年（一九三五）頃より渡辺義三郎が「健康村」と名付けて住宅開発したが、いまはこの通称地名のほうが流布している。

（綱本）

銭司《ぜず》〔木津川市加茂町〕

木津川の右岸、妙見山（二六三メートル）南麓の緩やかに下る段丘上に位置する。地名は、日本最古級の貨幣・和同開珎《わどうかいちん》などの貨幣鋳造のために官営の鋳銭司《じゅせんし》（役所）が置かれたことにちなむ。和同開珎が和銅元年（七〇八）に作られたが、律令政府は全国各地に鋳銭司を設けた。当地には和銅・金鋳山《きんじゅざん》・金谷の鋳物関連地名も遺存する。金鋳山の国道沿いに石碑「鋳銭之遺跡」が立っていて、坩堝《るつぼ》・鞴羽口《ふいごはぐち》（送風口）・銅滓《どうかす》・銭貨（和同開珎）などが出土した。西方の流岡山には銅鉱があった（『京都府相楽郡村誌』）。

銭司に最初に鋳銭司が置かれたのは天平七年（七三五）から延暦元年（七八二）と推察される（『加茂町史』第一巻）。ただし、山城国鋳銭司が初めて文献に出るのは『日本三代実録』貞観七年（八六五）九月二六日条に「木工《もく》寮に勅して、山城国相楽郡岡田郷の旧鋳銭司山において採銅せしむ」と記す。銭司は旧・岡田郷に属した。

また、康保四年（九六七）には東大寺尊勝院領として「旧鋳銭岡田荘」「銭司荘」が所見される（『東大寺続要録』七月三日付）。皇室領としても、上西門院より「宣陽門院（一一八一～一二五二）御領目録」（「島田文書」）へ「銭司庄」が伝領された記録がある。銭司庄という荘名は室町時代に至っても確認でき、地内の氏神春日神社に残る永正一四年（一五一七）八月一日の銘のある太鼓に「銭司庄」とある。近世には銭司は「でず」とよばれた（『山城名跡巡行志』『京都府地誌』）。

（綱本）

瀬戸川町《せとがわちょう》〔右京区嵯峨天龍寺〕

JR嵯峨嵐山駅の西側の地である。町域の東を南北に瀬戸川が流れていることによる。瀬戸川は古名を芹川という。瀬戸川は、小倉山北の深谷山から流れだし清涼寺の東を通り、南の臨川寺の南東部で大堰川に合流する。『類聚名所和歌抄』に「臨川寺の東、下嵯峨へ流る、小川をいふ、土人せと川と呼ぶ」とあり、瀬戸川のもとになっている（『嵯峨誌』）。後嵯峨上皇の亀山殿の一院である芹川殿は、この川の側にあったことによる命名と考えられる。

（岩田）

瀬戸屋町《せとやちょう》〔下京区〕

猪熊通綾小路下ル仏光寺までの両側町である。「延宝。元禄の頃。瀬戸物町と呼ぶ」（『京都坊目誌』）と示唆する。当町に、瀬戸物を製造販売する大店があったと推定し、瀬戸物屋の屋号「瀬戸屋」があったのであろう。「寛永一九年（一六四二）寛永後万治前洛中絵図」に、現町名の「瀬戸屋町」とある。「元禄四年（一六九一）京大絵図」に「せと物丁」とある。宝暦一二年（一七六二）刊『京町鑑』には「瀬戸屋町」とある。以後変化はない。（小西）

銭原《ぜにはら》〔乙訓郡大山崎町大山崎〕

天王山中腹の字名で、行基の開基という真言宗宝積寺《ほうしゃくじ》があり、山号は古く補陀洛山、江戸時代以降は銭原山と称した。『乙訓郡誌』（一九四〇）によると、神亀三年（七二六）寺の落慶式の時、行基が山崎橋を架橋し諸人の参詣の便を図った。その頃、悪疫流行し万民大いに難渋し、行基が厄除儺《おにやらい》式の大祈祷をしたところ、霊験著しく、参詣者日に多く、善男善女の投げる賽銭が一山のごとく銭の原となった。これより山号を銭原山と改めた。地名もそれにちなむと伝わる。

寺の略称を宝寺という。平安末期の『伊呂波字類抄』に「宝山寺〈宝寺〉宝積寺同寺之異名歟、山崎橋辺、天平年中行基菩薩造立之寺歟」と載る。打出小槌を祀る小槌の宮は奈良時代以来の伝承をもつものの、元禄一四年（一六八八）作の縁起にはじめて見え、宝寺の名称と結びつく福神信仰で知られる。（綱本）

銭屋町《ぜにやちょう》〔下京区〕

的場通新町東入ル室町までの両側町である。この地はもと「六条三筋町」という遊郭であったことから、遊郭に「銭屋」を称する置屋があったのであろう。寛永一八年（一六四一）に島原ができるまで、上柳町、蛭子町とともに、遊郭であった（「柳町」参照）。宝暦一二年（一七六二）刊『京町鑑』に、現町名の「銭屋町」とある。（小西）

世屋《せや》〔宮津市〕

旧村名。「世野村」とも。旧与謝郡日置郷に属する。海岸部の日置・里波見（宮津市）の西側の山間に位置する。上世屋と下世屋があるが、世屋村であったときはさらに松尾、東野および廃村ないしは過疎の駒倉、木子などの集落をも含んでいた。地名の初見は、建久三年（一一九二）の「丹波某願文」に「野間世野者、境内勝地也」とある。「野間」と併称されているが、当時「野間（村）」（京丹後市弥栄町）は与謝郡に属していた。中世末の「丹後国御檀家帳」に「大せや」とあり、「慶長検地郷村帳」には「上世野村之内、駒倉村、木後村、東野村、松尾村、下世屋村」と見える。「京極丹後守御領地郷村帳」ではこれらを一括して「世野村」と呼んでいる（『京都府の地名』）。古くは「世野」でのち「世屋」の表記を専らとするようになったか。あるいは「世野」と「世屋」を広域か限定地区かで使い分けたか、判然としない。「せや」の語源は、河岸部から見た地形の印象、「せ」は背で、こんもりとした屋根のような高原地帯を意味したか。

世屋谷の中心である「上下」の世屋地区は、近世以降紙漉きや藤蔓を原材とする藤布織りを副業としてきたことで知られる。藤布は今でも特産品としている。（糸井）

芹川町《せりかわちょう》〔伏見区下鳥羽〕

国道一号線赤池の東南、下鳥羽公園を中心とする場所。平安時代、皇室の遊猟地として「紀伊郡芹川野」（『三代実録』元慶六年〈八八二〉一二月一日条）、『類聚国史』延暦一五年（七九六）正月一一日に「芹川野に遊猟す」と記されている。『大鏡』には、仁明天皇が芹川に行幸の時、琴の爪を落とされ、それを殿上童であった藤原基経が探し出している。遊猟地の芹川は現在の芹川でなく、芹川に総称される場所は「芹河は城南宮の南五町ばかり」（『山州名跡志』）といわれているが、現在の芹川はもう少し南よりである。地名の由来は「古へ此処に清流ありて三尺の根芹を生ず。因って名と為すという。その水源は鴨川の下流で東の方、竹田より入ったという」（前掲書）。

平安期末には「芹川庄」（「安楽寿院古文書」、康治二年八月一九日付）、室町時代には「竹田芹川庄」（「親元日記別録」、文明一三年七月一七日条）、江戸時代には芹川村（「元禄郷帳」）とある。城南宮境内社の芹川神社（唐渡天満宮）は、菅原道真の苗裔が芹川庄に祀っていた社である。（明川）

芹生《せりょう》 〔右京区京北〕

『和名抄』の桑田郡山国郷の黒田の一集落。黒田宮の「宮野大明神記録帳」によって、正中年間（一三二四～二六）に成立した村とみられている。大堰川支流の灰屋川の最上流域にあり、耕地の少ない山間に位置する。芹生峠を越えると、左京区貴船に至る。文字通り、「芹」の生えているところの意であろう。「芹生」は、「せりふ」が「セリウ」でなく「セリヲ」となり、長音化して「セリウ」と呼ぶようになったもの。「セリウ」であったとすると、「セリュウ」になっていた可能性が大きい。

『菅原伝授手習鑑』の武部源蔵が菅原道真の子を連れて隠棲したところといわれ、その屋敷跡が伝承されている。芹生の里で寺子屋を営んだが、それが「寺子屋の段」の舞台となったところであり、寺子屋跡という石碑もある。黒田宮の宮家菅河家は菅原氏の子孫と伝えている。勢龍《せりょう》天満宮が昭和一八年（一九四三）に、この伝説にちなんで建てられた。（糸井）

千ヶ畑《せんがはた》 〔亀岡市畑野町〕

傾斜地に多くの棚田、いわゆる千枚田が作られていることからの地名。畔にみごとな石垣を積んだ人々の労苦と技術の高さが偲ばれる。この傾斜地の高台の一角に江戸時代後水尾天皇の帰依をえて一絲文守が開基した法常寺がある。下の街道から寺を目指すと山城のように巨石を積んだ寺の石垣が現れて見る者を圧倒する。千ヶ畑の千枚田を築いた石垣もこうした石積みの技術者の手になったものと推定することが出来る。

寛永一一年（一六三四）から仙洞御料となる。明治二二年（一八八九）に畑野村の大字となり、昭和三〇年（一九五五）からは畑野町を冠した大字となった。（安藤）

泉源寺《せんげんじ》 〔舞鶴市〕

寺名による地名。暦応四年（一三四一）、足利尊氏から南都西大寺へ丹後国志楽庄の志楽谷、四ヶ浦が寄進された。志楽谷の西北、愛宕山南麓の谷に西大寺末寺として鎮座したのが泉源寺である。七堂伽藍を備えた真言律宗寺は、光明真言の寺として地元に深く関わりのある寺院となっていった。

一五、六世紀、丹後・若狭間の勢力争いによる小競り合いが繰り返されたが、なかでも天文二三年（一五五四）の戦いは、この地が主戦場であったと伝え、その折に焼き果たされたのであろう。地元文書に一五一三年・一五一七年には「泉源寺僧」とあるが、一五六一年以降は村名として「泉源寺」が確認できる。また、昭和一八年（一九四三）に創立された、現府立東舞鶴高等学校は同窓会名を「泉源」とし、『孟子』より「原泉混混として昼夜を舎《お》かず。科《あな》に盈《み》ちて而る後に進み四海《しかい》に放《いた》る」をとりあげている。（髙橋）

千石山《せんごくやま》 〔宮津市〕

千石山は、若狭湾を望む宮津市の長江にある標高三一二・三メートルの山。丸い椀を伏せたような山容をなす。山名の由来は、諸説あり一定しない。『丹哥府志』によると、江戸中期に山全体に黍豆類を作ったところ、その全収穫高がおよそ一千石になったことによるといい、また、『宮津府誌』によると、畑作すれば一〇〇〇石の収穫が得られるという見通しから名づけられたともいうが、両説とも創作としか思われない。他説に、千石は「浅嶽」のあて字であるとするものがあるがこれも信じがたい。今後の解明に待ちたい。なお、山の西麓に戦国期の奥波見城跡が残る。（水野）

川勝寺《せんしょうじ》〔右京区〕

右京区の最南端で、桂川左岸に位置する。西京極の旧地名。集落を東西に山陰道（丹波街道）が走る。『山州名跡志』では、秦河勝が建立した蜂岡《はちおか》寺（川勝寺）が当地にあったことから、地名になったと伝える。『山城名跡巡行志』では、現在の西京極北裏町における福元院の地を川勝寺跡とするが、確かではない。『京都府地誌』では、延暦《えんりゃく》一三年（七九四）に桓武天皇が平安京を巡覧した際に行幸した高橋継縄の邸があったともいう。平安京の条坊では、村の西部に西京極大路が通っていた。「川勝寺」の名は、明応四年（一四九五）の「桂川用水差図」にみえるのが早い。大永《だいえい》七年（一五二七）には下剋上の風潮下、管領細川高国方の軍を反乱方の柳本賢治が破る合戦があった。江戸期の川勝寺村は、南川勝寺村・北川勝寺村・出在家村・宿村・材木町からなっていた。宝暦《ほうれき》四年（一七五四）の『名所手引京図鑑綱目』には、桂川東岸に材木町がみられ、嵯峨・梅津とともに材木屋仲間が形成され、上流域からの丹波材の取引で繁栄していた。（岩田）

禅定寺《ぜんじょうじ》〔綴喜郡宇治田原町〕

田原川の支流禅定寺川沿いに集落がある大字名。江戸期～明治前期に村を形成。近江瀬田へ通じる旧田原道沿いでもあり、平安時代中期に建立の禅定寺を中心に発展した。藤原道長一族の帰依により成立の禅定寺は、摂関家の保護を受け、寺領はのちに平等院（道長息頼通建立）に寄進される。大字は禅定寺の名に由来する。寺名の「禅定」は心静に瞑想し、真理を観察すること、あるいはそれによってもたらされた心身の安定した状態をいう。宇治田原特産の柿は、禅定寺本尊の観世音菩薩がみなし児に化身し、村人に柿の製法を伝授したと伝えられている。なお禅定寺所蔵の重要文化財「禅定寺文書」（平安～江戸時代までの、それぞれが独立した文書）は、当地の歴史や中央との関係史を知るうえでの重要な史料である。（齋藤）

泉正寺町《せんしょうじちょう》〔下京区〕

高辻通柳馬場西入ル高倉までの両側町である。「中昔泉正寺と云ふ梵刹あり」（『京都坊目誌』）という。「寛永一九年（一六四二）寛永後万治前洛中絵図」には「せんせうじ町」と読める。宝暦一二年（一七六二）刊『京町鑑』は「泉正寺町」と記す。以後変化はない。（小西）

泉水町《せんすいちょう》〔下京区〕

醒ケ井通五条下ル楊梅（中堂寺）までの東側片側町である。『中古京師内外地図』には、五条通、六条通、油小路通、堀川通に囲まれた「六条殿（後白河法皇仙洞御所）」が描かれていて、この「六条殿の治水の堀川に流出する所」（『京都坊目誌』）という「泉水」に因む。「寛永一九年（一六四二）寛永後万治前洛中絵図」に、「泉水町」とある。宝暦一二年（一七六二）刊『京町鑑』は「泉水町」とし、以後変化はない。（小西）

千束《せんぞく》〔福知山市三和町〕

土師川《はぜがわ》中流域の左岸に位置し、広い河岸段丘上にある村名。村内を京街道が通り、地域の中心的な村であった。地名の由来は、『細見村史』によれば、往古租税を稲穂で課されていた時、当村は戸数百であったので千束の租税を納めたことによるという。また『丹波志』には「古ク此所ニ鍛冶アリ、荻原村ヨリ刃を作ラセ萩ヲ刈ル、千束ニ及」と記され、これが地名の由来となったとしている。両説共に確定的ではない。

佐藤信淵の綾部藩領の『巡察記』によると、「当村ハ肥草薪木ハ寺尾村ノ山ニ入リ会ヒテ苅採ルコト古例ナルヲ以テ是ノ事ニハ不自由ナシ、米ハ買ヒ入レテ食フ、畑多キ故ニ大豆・小豆ヲ売リ出スコト五六十石?ニ及フ、繭モ百五六十貫匁ヲ得ベシ」と記している。その他、茶、烟草、麻、漆なども少しく出すとし、暮らしぶりが良く分かる。

昭和三一年から三和町の大字となった。（安藤）

千束町《せんぞくちょう》〔北区鷹峯〕

千束の「ソク」の訓みは「ツカ」で、塚に通じる。つまり、千束とは多くの墓地があったところという（『京都北山を歩く1』）。

ところで、町内を紙屋川が貫流し、釈迦谷山（二九一メートル）と西の独標（三〇九メートル）の間の谷から千束町長坂口まで京都府ハザードマップでは、土石流による被害想定箇所、千束の南・北の山腹は急傾斜地崩壊危険箇所、然林坊南の吟松寺西も急傾斜地崩壊危険箇所。千束は山麓などの傾斜地にみられる地名である（『民俗地名語彙辞典』）。セン（山）・ソグ（削）の濁音化であろう。（綱本）

善長寺町《ぜんちょうじ》〔下京区〕

綾小路通新町東入ル室町までの両側町である。「始め浄土宗善長寺此地（当町北側）にあり。故に名とす」（『京都坊目誌』）とある。当町から祇園祭に綾傘鉾がでる。明応九年（一五〇〇）に再興をみた祇園会の前祭に「こきやこはやし」がでている（『中世京都と祇園祭』）。「素戔嗚尊（牛頭天王）巨旦《こたん》（北天竺）を退治し給ふとき、鬼類が主を捨てて尊に従った」故事が原型で、「赤熊《しゃぐま》の棒振隠太鼓はやし方ハ、壬生村より出る」（『京都市の地名』）のが古例である。元亀二年（一五七一）『御借米之記』に「中組十七町」のひとつに、すでに「善長寺町」とあり、以後変化はない。（小西）

船頭町《せんどうちょう》〔下京区〕

西木屋町通四条下ル東側は高瀬川に接し、西側は順風町稲荷町に接する。南は団栗橋までの一帯である。「慶長中高瀬梁開濬の日。備前国より舟子を募り。始めて備前島町（中京区木屋町四条上る）に置き。後ち当町に移す依て町名となれり」（『京都坊目誌』）とあり、高瀬川の船頭の住まいに因む。「寛永一九年（一六四二）寛永後万治前洛中絵図」に、すでに、「船頭町」とあり、以後変化はない。高瀬川が、二条木屋町を起点とすることの重要性と、角倉素庵《すみのくらそあん》も、高瀬川の三期にわたる伏見までの開疎に、大阪との連撃を企図していた（『角倉素庵』参照）ことから、船頭町がいかに大切な町であったかがわかる。（小西）

泉涌寺《せんにゅうじ》〔東山区〕

皇室の菩提寺である真言宗泉涌寺派本山にちなむ。泉涌寺は、寺伝によれば天長年間（八二四～八三四）に空海が編んだ草庵法輪寺をはじまりとする。後に天台宗に属し仙遊寺と号し、やがて泉涌寺に改まった。泉涌寺を中心とする一帯で、その範囲は九条通から伸びる東大路通を挟んで東西に延び、東山山麓を今熊野地域と重なるように位置する。当地域内を泉涌寺道が走る。

古くは愛宕《おたぎ》郡鳥戸《とりべ》（部）郷に属し、新熊野《いまぐまの》とともに南鳥部の地を形成。しかし江戸時代初期の元和四年（一六一八）に分かれて一村となったという（『京都坊目誌』）。

「泉涌寺」をかぶる町名が五葉ノ辻《ごようのつじ》町、雀ヶ森《すずめがもり》町、東林《とうりん》町、門前町、山内《やまのうち》町と五町ある。（忠住）

善王寺《ぜんのうじ》〔京丹後市大宮町〕

元弘三年（一三三三）の「熊谷直経代直久軍忠状」に「同（丹波）郡内善王寺松田平内左衛門入道焼城畢」とあるものが初出となる。その後、天文七年（一五三八）の「丹後国御檀家帳」では、「せんわう寺」に「坊数あまたあり、同地下ニ家数あり」と記され、寺院と門前集落の存在が記される。その後、文禄二年（一五九三）にあったと伝える真言倒しにより寺院の善王寺は衰微し、歴史の表舞台からは消えてしまった。地名としては、善王寺の門前集落として成立したことに由来すると思われ、寺名を起源とするものである。慶長七年（一六〇二）の「慶長検地帳」以降は「善王寺村」とあり、現在の大字地名に受け継がれる。（新谷）

仙翁町《せんのうちょう》〔右京区嵯峨鳥居本〕

センノウは、中国原産のナデシコ科の多年草である。室町期の『下学集《かがくしゅう》』に「仙翁花　嵯峨の仙翁寺よりはじめてこの花を出す故に仙翁花という」とある。同寺は、五山送り火の「鳥居形」がある標高一五三メートルの曼荼羅山（仙翁寺山）の中にあった。同寺の創建は不詳で、『経俊公記』正嘉《しょうか》元年（一二五七）三月二四日条にある「仙音寺」とのつながりが考えられる。江戸期の『雍州府志』には、「仙翁寺清涼寺の北にあり、今寺は絶え村の名となる。……この寺の跡に仙翁花蕃茂《はんも》す」とある。この仙翁寺村は室町後期の『実隆公記』に登場する（『京都の地名検証』）。現在の仙翁町は、化野念仏寺の北側にあたる小さな町である。（岩田）

千原《せんばら》〔福知山市大江町〕

由良川右岸の河東街道に沿って延びた細長い村で、標高一五〇メートル足らずの山地の北麓にある。この村で由良川は大きく蛇行し、広い氾濫原を形成している。それが村の名の由来であろう。わずかな水田を除けば一面の桑畑で、最大の現金収入源として養蚕業が行われてきた。明治初期、当村出身の松尾五郎兵衛は自費で関東の養蚕先進県に行き、研究を重ね新品種を生み出したが、それは「千松桑」と称された。（髙橋）

千鉾山《せんぼこやま》〔京田辺市高船〕

高船集落の西、生駒市との境にある標高三一一メートルの山である。『田辺町郷土史・社寺編』には、高船の石船神社の解説に、「櫂峰《かじがみね》（千鉾《せんぼこ》）」（「高船」参照）とあるが、地元では「せんぼこやま」と呼んでいる。柴田昭彦によると、江戸中期から大正初期にかけて、山頂から大阪の米相場を旗振りリレーで近畿各地に早く伝え米取引を行う役割を担った山々のひとつである。「旗振り山」と称し、京都には四分ほどで伝わった。京都府内には旗振り山が四つほどあり、「千鉾山」と「相場の峰《むね》」（相楽郡笠置町）、「二石山《にこくさん》」（山科区）、「天王山」（乙訓郡大山崎町）である。かつては造成前の相楽ニュータウン内に相場振《そばふり》山（木津川市）があった。千鉾山の山名は、戦国時代、戦いに敗れた落武者が逃げる途中、この山中に刀・槍などの武器を埋め、敵の追及を免れたことに由来すると土地の古老はいう。直接、大阪堂島と連絡できないが、一番近い交野市の旗振山（標高三四五メートル）と連絡できる立地にある。伏見とも直接の連絡はできないので、天王山を経由した（『京都の地名検証』）。（綱本）

千本通《せんぼんどおり》〔京都市・南北の通り〕

平安京で左京と右京を分ける大路であった朱雀大路にあたるが、現在は、北へも南へも延びて、北は、鷹峯の源光庵南から、南は宮前橋の東にまで至る通り名。もっとも、九条通以南は鳥羽街道ともいう。なお、途中七条通から八条通までＪＲの東海道本線や梅小路蒸気機関車車庫などで中断。『京都坊目誌』は、鞍馬口通以南の通りとし、また北大路通以南とみる考えもある。大路の名の「朱雀」は、大内裏の大極殿南の正門である朱雀門による。朱雀は、東が青龍、北が白虎、北が玄武とあわせて、方角を司る四神といわれる、その一つ。朱雀大路は、朱雀門から南へと羅城門まで至るが、幅約八五メートルの大道路であった。「千本通」と呼ばれるのは、江戸期になってからである。その由来を『山州名跡志』は、日蔵上人が冥府（地獄）で逢った延喜帝（醍醐天皇）から、千本の卒塔婆を洛北蓮台野（墓地）への道に立てよと言われて沿道に立てた卒塔婆の千本に由来すると語る。この通りは蓮台野への往還の道とされ、沿線近くには千本閻魔堂（印《いん》接寺《じょうじ》）や千本釈迦堂（大報恩寺）がある。異説に、千本の桜並木があったとも、千本の松並木があったともいわれる。現在、千本通というと、丸太町通辺りから北大路通辺りまでを意識するのが一般的。別に「新千本通」がある。仏光寺通から上鳥羽橋側の府道中山稲荷線までの通りで、途中、ＪＲ東海道本線等で中断している。千本通の一筋西側に大正から昭和初期にわたって造られた新道である。

この通りの真北に船岡山があるが、北の船岡山と南の八幡・男山とを結ぶ線上に都を二分する朱雀大路が設けられたという説がある。

（糸井）

そ

惣《そう》〔宮津市〕

旧村名。「慶長検地郷村帳」に「下宮津之内」として「添村」とある。延宝三年（一六七五）の「郷村帳」には「惣村」とあり、現在に残る表記になっている。この地名がいつごろからのものかは判然としないが、漢語の「惣」より和語の「添」の方にもとの意が残っていると思われる。つまり、「添」は「そふ（添）」で、「副」の意に通じる。中心地からみて傍（そば）の地区の意であったか。大和国の「添上」「添下」郡も参考になる。宮津の中心街から「皆原《かいばら》」「山中」を通って加佐郡（舞鶴）へ抜ける道の出入り口の地区に当たる。

（糸井）

相国寺門前町《そうこくじもんぜんちょう》〔上京区〕

相国寺の門前にあたるところからの命名である。町は北の上御霊前通より南は今出川通の少し北まで、東は東相国寺通から西は烏丸通を越えた西まで、相国寺の境内や同志社大学の校地を含んだ広い範囲である。天保二年（一八三二）の「改正京町絵図細見大成」では、この地域は「石橋丁」、「二本松丁」、「九軒丁」などの地名が記されている。明治七年（一八七四）提出の『全国村名小字調査書』では、明治二年（一八六九）に「石橋丁」と「二本松丁」が合併して相国寺門前町にしたとあり、明治になってからの地名である。（清水）

僧正谷《そうじょうだに》〔左京区鞍馬本町〕

僧正が住んでいた谷ということだが、その僧正の正体について説が分かれる。『雍州府志』は「山門ノ慈恵僧正、魔ト為リ斯ノ谷ニ棲ト云フ」とし、『菟藝泥赴《つぎねふ》』は「僧正は天狗の名也」とする。また『京城勝覧』には「壹演《いちえん》僧正住せしゆへに名付」とある。『菟藝泥赴』は続けて「源義経、牛若丸とて此寺の東光坊阿闍梨もとに児なりしほど、毎夜此谷にて僧正に剣術を習ひ給へり。其太刀疵とて其谷の石に疵つけり。此渓のかたはらより貴船へくだる山道をば八町坂と云」と記す。谷の所在は『京城勝覧』が「くらまの本堂の西のかたより山をすこし登り、西にゆけば僧正が谷にいたる」とするのが正確。（笹川）

僧坊町《そうぼうちょう》〔伏見区深草〕

深草丘陵の西、深草十二帝陵の南、現在の嘉祥寺の南西に位置する。僧坊とは寺院に付属する僧とその家族が住む所なので、その寺とは近くの旧跡嘉祥寺が推測され、旧跡嘉祥寺の僧坊があったところが由来になったようだ。「僧房の村名は極楽寺の南にあり」（『山城名跡巡行志』）と記載されているので、僧房ともいったようだ。嘉祥寺は仁明天皇の死を悼み、その子の文徳天皇が嘉祥三年（八五〇）に創建、仁寿元年（八五一）、父が居住していた清涼殿を移して嘉祥寺の堂とした（『文徳実録』仁寿元年二月一三日条）。天皇が亡くなった年号を寺名として、嘉祥寺となった。嘉祥寺は応仁の乱で焼失、現在の嘉祥寺は江戸時代の寛文年間に再興されたものである。旧跡の嘉祥寺の場所は、「瓦町の東に」（『山城名跡巡行志』）とあるので、今の瓦町付近にあったようだ。なお、僧坊山町は僧坊町の北東にあたる。（明川）

相楽郡《そうらくぐん》〔京都府〕

古代地名「相楽」は国語サガラカで、漢字は当て字。サガは山川の自然の険《けわ》しい事をいう形容詞「険《さが》し」の語幹、ラカはアラカ（荒れた所、荒涼として手つかずの新しい土地）の略語から成る。だから日本語としての意味を漢字で書けば「険荒処《さがらか》」または「険新処《さがらか》」とありそうな当時の土地柄だったのであるが、時の政府の方針により好字二字「相楽」が選ばれ、「お互い楽しく暮らす」の意味を込めた。吉祥文字の選択に際しては意味はもちろんながら、土地を表す国語に従う類似の音を持つ漢字でなければならない。「相」は今、歴史的仮名遣いでシャウ・サウだが、中国古代音はshangであって、漢字渡来〜奈良時代の日本は仮名で書けばサングと聞き取っていた。この語尾音ngが国語のサガのガに当てたわけである。サンガアラカのような言い方がサガラカの前にあっただろう。漢字「楽」にはラク・ガク・ゲウの三音あるうち「楽しむ・豊かに穏やかに暮らす」意の場合の音ラクを利用している。「楽《ラク》」leは入声音（語尾が詰まる音）だから本来母韻は無い。それを開音節語の日本語で表すときは、母韻のないどんな閉音節にも対応しなければならない。そこでlak（楽）を用いて「安楽」「楽々」という時はラクとするが、地名の場合は「信楽《シガラキ》」の時はラキであり、「相楽《サガラカ》」の時はラカであるという偏差が生じた。地名が先に在り、それに都合のよい漢字を採用したからである。

「相楽」の語源が『古事記』中巻垂仁天

皇の時の醜姫自殺事件「懸木《さがりき》」にあるという話を伝えているが、言うまでも無く民間語源であって、言語史的な語源ではない。「相楽」は古代地名で、土地の人は「上《かみ》山背《やましろ》」と云っていた。『和名抄』には山城国の郡名として出ており、その中七郷の筆頭名としても「相楽　佐加良加」とある。長く郡名を担う郷名だったので村人は郡の中心という意識からも「相楽」をサガナカと呼ぶようになっているのは、国語のラ行音はナ行音と相互に交替する習慣が原因になっている。相楽村は一九五一年に木津町に合併して以来村名を失い、ニュータウン建設に拠って「相楽山」も無くなり、名を残すのは「相楽神社」だけになった。しかし自然破壊の代償として、相楽山より弥生土器や方形周溝墓のある大畑遺跡が発見されたり、相楽山銅鐸が出土したりして、当地の歴史や性格を知る事が出来たのは収穫であった。

相楽神社は式内社だが、由緒は不詳という。その祭神が定まらないことがもとで、社伝に足仲彦命・誉田別命・氣長足命とあるのが信じられていない（『式内社調査報告一』）。とすれば、今のところ無名の祭神となる。しかし異見在る中で、出口延経の『神名帳考証』が韓神説を取っているのは注意すべきで、その考えに沿えば当地入来の高麗《こま》人の祖神を祭ったために名を逸することになったのではないか、と考えられる。その傍証は、木津川が此処だけ特に別の名を持っている。直角に大屈曲するこの両岸一帯が、古代半島人の渡来地であって、地名を「狛《こま》」といい、高麗寺跡や遺跡が多いのを反映したのであろうか、屈曲部の木津川をワカラガハと呼んでいる。「和《わ》訶羅河《からがは》」（『古事記』）、「輪韓河《わからがは》」（『日本書紀』）と書いてあるのに注目すると、河の名の意味は「韓国人の上陸した湾曲した河」という意味が伺え、相楽の神は、相楽にやって来た高麗氏の祖先神を祭ったことが源流だったと考えられるからである。

『日本書紀』によると欽明天皇の時に高麗使者が道に迷った末、相楽郡に館を建てて迎え入れ、また饗応したというが、それらの相楽館も相楽神社の付近にあったであろう。相楽の輪韓河の周辺が門戸となり、起点となって、以後の歴史の展開を見る。群内には蟹満寺・岩船寺・海住山寺・浄瑠璃寺、それから消失した高麗寺・万葉歌木簡が出土した神雄寺などがあり、奈良時代を中心に相楽郡地域は歴史的史料が多いのである。　（吉田）

宗林町《そうりんちょう》〔中京区〕

延宝六年（一六七八）刊『京町鑑』に、戦国大名・大友宗麟《おおともそうりん》の邸があったことに由来する説がみえる。大友宗麟（義鎮《よししげ》）は豊《ぶん》後臼杵《ごうすき》城主。北九州六国を統治し、アジア諸国やポルトガルと交易。また、キリシタン大名として少年遣欧使節を派遣したことでも名高い。

平安中期以降の姉小路油小路南にあたり、周辺は貴族の邸宅の建てられた地である。大友宗麟の居住については確証がないが、戦国期の一時期に大名の邸宅が建てられた可能性はあるだろう。町名の宗林町は近世を通じて不変であるが、その由来についてはもう一つ、宗林という名の茶人が住んだという説もある（延宝六年『京町鑑』）。

京の町では遠国について関心が高く、戦国大名たちの去就が町衆たちにも取り沙汰された。とりわけ九州は豊かな物産に恵まれた異文化の地として、ある種の憧れを持たれた面がある。茶人・宗林居住説も併せて、京町衆の口伝えの情報の中で付けられた地名だろう。　（真下）

曽我谷《そがたに》〔南丹市園部町〕

大堰川と園部川の間にある山間の村。長

井古墳、山の井古墳群などの後期古墳があり、早く開けた村である。開発の古さから、蘇我氏の部民の曽我部と何らかの関連のある地名であるかもしれない。あるいは、狭隘な谷底の地で、ソギ（削）に通じ、ソギ谷→ソガ谷の変化したものか。
昭和四年から園部町の大字となる。
（安藤）

袖志《そでし》〔京丹後市丹後町〕
「慶長郷村帳」によれば、「袖石」とも書く。丹後町には筆石《ふでし》（別項参照）もある。袖志は丹後半島の経ヶ岬に近い近畿地方最北端の漁村であるところから、左右の端を表す「袖」からの命名かもしれない。または、竹野から見て岸に位置する集落の意かも。集落の西部には、真言宗清涼山九品寺、別名「穴文殊」がある。元禄年間には海女による採藻業が盛んに行われ、最盛期には、兵庫、鳥取、福井県の水域まで出たという。
（水野）

外《そと》〔宇治市槇島町〕
槇島村本来の地域よりも外にあった地域の意。地籍図を見ると、東西に整った地割が見られる月夜・一町田・五才田などの南側に東西に細長く乱れた地割が見られる。この乱れた地割は北西に伸び、小倉の寺内・春日森の北側を廻って巨椋池（旧大池）に入っている。これは旧宇治川の分流の一つ古川の痕跡で、旧河道であったところである。その北側に薗場《えんば》堤の痕跡が宇治川から巨椋池まで続いている。つまり、外とは、槇島村と宇治郷の境界線であった薗場堤の外側、本来の槇島村の地域外からあたらしく槇島村に含まれるようになった地域という意である（「薗場《えんば》」参照）。その時期は、秀吉の宇治川改修がなって以降であることはいうまでもないだろうが、『（槇島村）村誌』（明治一四年（一八八一））の字地の項に「外《ソト》　古川ニ拠ルノ地名」とあるのみである。
（高木）

外山街道町《そとやまかいどうちょう》〔伏見区醍醐〕
日野の法界寺北を流れる合場川の奈良街道へ通ずる道筋にあたる町。『方丈記』に鴨長明が庵を営んだ辺りを「外山といふ」「建暦二年（一二一二）外山の庵にてこれ（方丈記のこと）を記す」とある。『山城名勝志』にも日野の「外山」の記述がある。外山というのは醍醐山の「外の山」を指したらしく、他に醍醐の「端山」という地名も残っている。外山・端山の範囲は広かったようだ。街道町が付いたのは昭和六年（一九三一）宇治郡醍醐村が京都市伏見区に編入された時である。外山街道は山科から奈良へ通ずる道として、古くから知られていたので、「外山」に付加されたものである。
（明川）

園部町《そのべちょう》〔南丹市〕
南北朝時代の正平一七年（一三六二）に「薗部道場」という施設の名が見える（「興長寺文書」）。また文明五年（一四七三）には「薗部村之坂本」に井関を設けた記録がある（「薗部村天満宮文書」）。園には「神社に属する菜園あるいは朝廷に供する野菜、果樹などを栽培した所」という意味がある（『地名の語源』）。したがってこの地名は、朝廷に貢進する野菜などを栽培した部民がこの地に居住していたことを示唆している可能性が高い。
江戸時代の元和五年（一六一九）に小出吉親が出石から園部に移封され、それから二年をかけて園部城を築いた。そこは中世の薗部城があった所と推定されている。昭和四年に園部町、平成一八年（二〇〇六）に南丹市の大字となった。
（安藤）

相場振山《そばふりやま》〔木津川市兜台六丁目〕
相楽ニュータウンの造成工事で原形を失ったが、東西に見通しのよい標高約一〇〇メートルの山があった。米相場の動向を知らせる狼煙《のろし》場だった。江戸中期から大正初期にかけて、山頂から大阪の米相場を旗振りリレーで近畿各地に早く伝え米取引を行う役割を担った山々のひとつである。「旗振り山」とも称し、京都には四分ほどで伝わった。京都府内には旗振り山が他に四つほどあり、「千鉾山《せんぼこ》」（京田辺市）と「相場の峰《むね》」（相楽郡笠置町）、「二石山《にこくさん》」（山科区）、「天王山」（乙訓郡大山崎町）である。また、近くにウシの墓と呼ばれる処やコレラ山と伝えられる山もあった。コレラが流行し罹病して死んだ人たちを人里離れた処へ埋葬したのだろう（『精華町の史跡と民俗』）。（綱本）

祖母谷《そぼたに》　〔舞鶴市〕

祖母谷は丹後・丹波・若狭境の三国岳《みくにだけ》に発する祖母谷川が西流して刻んだ構造谷である。三国岳とその南西の養老山から流れる与保呂川もほぼ並行に西流するが、与保呂川が緩やかに谷を流れて、谷口から平野を形成しながら北に向かい舞鶴湾（東湾）に注ぐのに対し、祖母谷川はほぼ直ぐに西に向かう。そこに祖母谷と与保呂谷の二つの谷名の違いが生じたと考える。ソボはソバ（岨）でけわしい所、がけ、急斜面の意である。

観応元年（一三五〇）「阿良須神社文書」は一宮御供田の在所を「曾保谷境杉か谷」とする。また寛正二年（一四六一）の「一宮之田坪付注文」に二段の在所を「ソフ谷のさかい」としている。祖母谷川沿いに多門院・堂奥・溝尻の村があり、それぞれに寺社があり、文化財を持っている。（髙橋）

た

田井《たい》　〔久世郡久御山町〕

「田井」は「田居《たゐ》」で、「たんぼ。田のある場所」の意、「居」は「居る」の名詞形である（『時代別国語大辞典　上代編』）。『万葉集』に「巨椋《おおくら》の入江響《とよ》むなり射目人《いめひと》の伏見が田井に雁渡るらし」（巻九・一六九九）とある田井が、田んぼのあるところの意か、地名か（『和名抄』に田井郷の名が三ヶ所見られる）、意見の分かれるところであろう。天正一二年（一五八四）一〇月の「上山城久世郡狭山検地帳」に「東たい・西たい・はまたい・南代《みなみたい》」の小字名が見える。その他、古く、田井には浜台が、下津屋には上ノ浜代・下ノ浜代・鯛ヶ鼻が見られる。これらの「タイ」は、田井で、狭山荘の木津川右岸一帯に水田が広範囲に広がっていた状況を表しているのではないだろうか。すなわち、地名ではないと考えたい。上ノ浜代以外は、現在も小字名として残っている。「佐古郷東明寺領田畠坪付注進状案」（北朝康応二年（一三九〇））に

「一、田井領」とあるのが古い。

明治二二年（一八八九）、佐山村・佐古村・市田村・林村・下津屋村と合併して、久世郡佐山村田井に、昭和二九年（一九五四）、久御山町成立後は、久御山町田井になる。（高木）

田井《たい》〔宮津市〕

旧村名。栗田半島の北端に位置する地区の名。「慶長検地郷村帳」に「栗田村之内」として「田井村」が見える。文字通りであれば、「田井」は「田居」とも書き「たんぼ」を意味するが、稲作農耕を特徴とする地区とは見られない。海岸に見られる各地の「田井」地名と合わせて語源は考えるべきであろう。加佐郡の「田井」（次項参照）や竹野郡の「間人（タイザ）」も「田井（＋サ）」だとすれば、これらも合わせて、「田井」の意味は考えてみる必要があろう。『丹後旧事記』は当地の代長（しろなが）神社を式内社の「多由《たゆ》神社」（祭神に代長大明神、息長足姫命など）に比定する。とすると、地名「田井《たゐ》」は「たゆ（田《た》結《ゆい》）」と関係するか。（糸井）

田井《たい》〔舞鶴市〕

若狭湾に突出する大浦半島の東北端に位置する集落。集落は湾奥の平地にあり、半農半漁の村である。平城京跡出土の木簡には「田結」と書かれているが、「田井」は「水田」を意味する語である。古代には若狭国遠敷《おにゅう》郡《ごおり》青郷《あおのごう》の中にあって、贄《にえ》として鯛《たい》腊《きたい》を献上していたりしたが、文永二年（一二六五）「若狭国惣田数帳写」によれば、田井浦二町八反六分の地頭得宗領が丹後国志楽庄に押領されたとある。田井村には古墳や「田井大墓」と称される中近世の墓群があり、この地域の中心であった。同村の臨済宗海臨寺は室町時代から江戸時代にかけて末寺二〇数ヶ寺を数えたという。漁業も盛んで、中世末からブリ刺網が行われ、初ブリは領主に献上されていた。（高橋）

大工町《だいくちょう》〔下京区〕

大工職人が住んでいたことによる。土手町通上ノ口通下ル上珠数屋町までの両側町では、すぐ東に、材木その他の交易の動脈高瀬川がある。南の七条通に「材木町」、北の五条、松原にも「材木町」がある。その木材を活用する大工職人が多く住んでいても当然であろう。「天保二年（一八三一）改正京町御絵図細見大成」に「大工丁」とあり、変化はない。

七条通大宮東入ル猪熊までの両側町は、「慶長以来本願寺の境内に属す。足利氏の旧臣水口某なる者。同寺の棟梁と為り。当町に住せしより」と「紀州雑賀の工匠等本寺と共に移住せしに因る」の二説を立てる（『京都坊目誌』）。石山本願寺顕如が信長と和睦し紀州雑賀に退出した歴史から、雑賀の工匠説（「常葉《ときわ》町」参照）を支持する。「寛永一九年（一六四二）寛永後万治前洛中絵図」に、「大工町」とあり、その後変化はない。

東大工町は、下魚棚通と木津屋橋通の間の通、油小路東入ル西洞院までの両側町である。「後に工匠の住地と為る。付近に大工町あり。故に東の字を冠す」（『京都坊目誌』）とある。工匠の居住は、七条堀川に近いため、堀川にある材木の集積場と関連があると考えられる。東大工町は「貞享三年（一六八六）以来の名称」（『京都坊目誌』）とある。しかし、「天保二年（一八三一）改正京町御絵図細見大成」にも、当町を記載しない。（小西）

醍醐《だいご》〔伏見区〕

京阪宇治線六地蔵駅の東北、宇治と大津を結ぶ大津宇治線（奈良街道）沿いの地帯、醍醐寺がある。醍醐寺開山尊師（聖宝）が水辺で休息した時、一人の老翁に出会った。翁は木の葉を掻き分け水を汲み醍醐味といった。尊師はまた水を汲んで実に醍醐の妙味といわれた（『醍醐寺文書』）。この伝承は醍醐水の閼伽井《あかい》のことといわれ、醍醐の地名由来とされてきた。しかし、醍醐とは本来、牛乳から造られたチーズのようなもので最上級の味をいい、転じて仏教の崇高な教えをたとえていると、「涅槃経」にある。醍醐は仏教用語なのである。醍醐で酪農が行われていたかどうかは未詳だが、七〇一年制定の「大宝律令」には官製の乳の戸という酪農家が設けられたこと。平安時代、典薬寮の付属機関乳牛院に品部の乳戸が皇室に牛乳を供御、蘇・醍醐などは薬として使用されたとある。翁と尊師は酪農の普及とともに仏教語の醍醐の意味を知っていて、醍醐味といったと思われる。醍醐の由来のきっかけは山の聖水信仰の源を基として仏教語を用い、伝承化されたものと思われる。それは醍醐水の後ろにある准胝観音堂につながるものであろう。

（明川）

大黒町《だいこくちょう》〔中京区〕

大黒天の町。三条通を挟んで北接する恵比寿町とともに、当代の福神信仰の流行をうけて付けられたのだろう。京の町では中世以来の福神関連の町名が珍しくないが、この地は三条大橋と至近の位置にあり、人々の出入りの頻繁なことから、大黒天のもつ悪霊退散・富貴繁盛の強い呪力への願いがこめられたと考えられる。

当町は秀吉によって築かれた御土居の外側にあり、慶長一六年（一六一一）から開削された高瀬川をもって東限とする。近世初期に開かれた町である。町名については寛永以後は「大黒町」だが、隣接する「山崎町」と一時的もしくは部分的に名称が流動した跡もある。また『京町鑑』では「川原町上ル下ル東入西入真中を、四辻町」とするが、この「四辻町」の名は当町周辺で人の出入りが頻繁だったことを反映するものだろう。ちなみに当町には近世を通じて「オランダ人定宿《じょうやど》」が設置されていた。長崎のオランダ人が毎年、江戸参府する途中で寄宿したもので、往路は正月末から二月初め、帰路は三月二〇日頃に各四日滞在した。これは京の町の人々にとっても恒例だったようで、たとえば『都名所図会』には、祇園二軒茶屋で豆腐を食すオランダ人と、その様子を見つめる京の人々の様子が描かれる。また当町周辺は幕末の動乱期の舞台ともなっており、元禄の頃から南部分にあった讃岐丸亀藩の屋敷は、幕末嘉永七年（一八五四）から明治初年までは彦根藩井伊家の京屋敷となった。これは井伊直弼が京都警護の命を受けたためであった。

（真下）

大黒町《だいこくちょう》〔東山区〕

室町末期、戦乱で荒廃した洛中に七福神信仰が流行り、商工業の発展とともに福神にあやかったものによる。所在は大和大路三条下ル東側。三条通に面し若松通を南北に挟むように位置する。現在は「KYOUEN」という商業施設の敷地で大半を占める。

明治二年（一八六九）下京に編入、昭和四年（一九二九）東山区に編成。

『四方洛外町続町々小名之覚』（延宝二年〈一六七四〉）に「新屋敷大和大路」とみえ、次いで『洛外町続町数小名并家数改帳』（正徳四年〈一七一四〉）に「大和大路大黒町」とみえる。

（忠住）

大黒町《だいこくちょう》〔東山区〕

当町に面する街路に寿延寺《じゅえんじ》大黒天堂《だいこくてんどう》の所在したことにより、通り名・町名ともに大黒町とする。大黒天は、仏教を守護する武神であったが、台所の神の役割も持っていた。京都を中心に大黒天が台所の守り神として祀られるようになった。所在は大黒町通柿町下ル。大黒町《だいこくまち》通を東西に挟み、北を柿町通、南を音羽町辻子まで。一説に寛文年間（一六六一〜一六七三）、当地に大黒屋伝兵衛という質商がおり、その彼の功績を称えて屋号を取り町名としたともいう。大黒屋伝兵衛は牛馬の交通のために三条通の石畳に輪型をつけるなど、義侠心に満ちていた人物だが、当町の地名由来説としては不詳。

明治二年（一八六九）下京に編入、昭和四年（一九二九）東山区に編成。（忠住）

大黒町《だいこくちょう》〔下京区〕

大黒を祀っているか、大黒の祠は稀なので、隣接の町に蛭子の社や祠が存在することで「蛭子（夷）、大黒」と対応させている。仏光寺通麩屋町東入る寺町までの両側町では、当町東南に隣接する「恵比寿之町」と「蛭子、大黒」で対応する町名である。どちらに本尊が祀られていたかは不明であるが、「恵比寿之町」にあったと推定する。「寛永一四年（一六三七）洛中絵図」に、すでに「大黒町」とあり、以後変化はない。

室町通五条下ル鍵屋町までの両側町も、当町に西接する「蛭子町」に対応する。「寛永一四年（一六三七）洛中絵図」に、すでに「大黒町」とあって、変化はない。

七条通油小路東入ル西洞院までの南側と下魚棚通にも南面するこの町は、「古老の云ふ。中世西洞院渠洪水に際し蛭子大黒の両像流れ来る。土人大黒ノ像を得て此に祭」（『京都坊目誌』）ったのが町名の起源となったという（「恵比寿之《えびすの》町」参照）。「寛永一四年（一六三七）洛中絵図」に「大黒丁」とある。以後変化はない。

今大黒町は、黒門通仏光寺下ル高辻までの両側町で、南隣の「杉蛭子町」に、「今」も「杉蛭子社」がある。近隣の蛭子に対応する「大黒」である。「寛永一九年（一六四二）寛永後万治前洛中絵図」に、「今大黒町」と、すでに、現町名を記す。「天保二年（一八三一）改正京町御絵図細見大成」に「今大黒丁」とあり、以後変化はない。（小西）

大極殿《だいごくでん》〔向日市鶏冠井町〕

現在、大極殿の跡は小字大極殿と小字秡所《はらいじょ》にまたがって公園化され、コンクリートでその輪郭が示されている。大極殿の中央を南北に通る線を地図に入れてみると、その南の延長に朱雀大路が通ることも、すでに確かめられている。その線より東が左京であり、西が右京である。その南北線の断面を描いてみると、大極殿が一番高いところにある。天皇はこの大極殿で政務をとり、また、賀正・即位・大嘗祭などの大礼を行った。大極殿は難波京のものをそのまま移転した。

今の小字大極殿は、西から旧小字興隆寺・山開・牛廻りの三小字からなっていた。また今の小字秡所の中に旧小字大極天・山開・秡所・坊の後の小字があることがわかった。つまり、大極殿の地名は合併のさい、道を越えて北へ移され、しかも三つの小字の代表名となったのである。大極殿の碑が、もとあった場所に「長岡宮跡史跡公園」として保存されている。（中山修一「長岡京に関連する地名」『地名の世界』所収）。（綱本）

間人《たいざ》〔京丹後市丹後町〕

難読地名を代表する間人は、竹野川河口部の西側に位置する。地名の由来は諸説あり、一定しない。地元で流布されているものとして、用明天皇の皇后で聖徳太子の母である穴穂部間人皇女が、蘇我・物部の争乱を避けて「大浜の里」に滞在され、乱が治まってのち退座されたことによるとするもの（『間人村濫觴《らんしょう》記録』『丹後町史』）。また、「間人」と書く記録として、平城宮跡出土木簡に「丹後国竹野郡間人郷土師部乙山中男作物海藻（カ）六斤」があるところから、丹後の「間人」も本来は「はしひと」であり、「明日香」の枕詞の「飛鳥」の例にならい、「はしひと」は「土師部（はじべ）」の意で、「はしひと（間人）のたいざ」というように、「はしひとの」を「たいざ」の枕詞とみて、「間人」をも「たいざ」と読むようになったとの説（糸井通浩）がある。さらに、もともと向かい合う磯の地形を表わす対磯《たいいそ》を意味する「タイザ」という音の地名（「タイイソ」→「タイソ」→「タイサ」→「タイザ」へと転化）があり、大間（オオマ＝大きい港）、小間（コマ＝小さい港）に住む人が「マヒト」と呼ばれていた。そこへ漢字が入ったとき、「マヒト」にあたる漢字として「間人」をあて、音はもとからの地形（対磯）を表わす「タイザ」としたためにこの難読地名ができあがったとの説（三浦到）また、地形が岩場のあらあらしいところから「たぎたぎし」の「たぎ＋さ（磯）」という地名ができ、音便化して「たいざ」となったとする説（吉田金彦）などがある。

間人郷は『和名抄』丹後国竹野郡六郷の一つで、比定地は竹野川下流域から河口部西の間人、徳光付近。（水野）

太子道《たいしみち》〔京都市・東西の通り〕

平安京の大炊御門大路をベースに、現在、千本通から西へ朱雀二条商店街を通り、西部では南に折れながら、広隆寺門前に至る通り。「旧二条通」ともいわれる。聖徳太子ゆかりの、太秦の広隆寺（太子堂の名で親しまれる）への参詣路として開けた道で、古くから京の人々に利用されてきた。名の由来もここにある。広隆寺は推古天皇一一年（六〇三）、秦河勝が聖徳太子から下賜された弥勒菩薩座像（国宝）を本尊として祀った寺が起こりといわれている。本通りは途中、秦氏ゆかりの「蚕の社」（木島坐天照御魂神社）の社前を通る。御室川には、太子道橋が架かっている。（糸井）

太子山町《たいしやまちょう》〔下京区〕

油小路通仏光寺下ル高辻までの両側町である。祇園会の山鉾巡行に当町が出す「太子山」に因む。応仁・文明の乱前は「太子ほこ」と称し、乱後の明応九年（一五〇〇）に「太子のそま入り山」として復活した（『中世京都と祇園祭』）。四天王寺の建立の用材を求めて山城国の杣入りした聖徳太子が、泉水を浴びたところ、傍らの樹木に懸けた念持仏の如意輪観音像が木から離れなかった。そこに六角堂を創建したという。この『六角堂頂法寺縁起』よる「大杉に斧を入れようとする太子の姿」が山のご神体である。この太子の人形は運慶作である。「寛永一九年（一六四二）寛永後万治前洛中絵図」に、「太子山ノ町」とある。宝暦一二年（一七六二）刊『京町鑑』も「太子山町」とあり、変化はない。（小西）

大条《だいじょう》〔乙訓郡大山崎町下植野〕

桂川右岸の低湿地に位置する。大永二年（一五二二）の「小塩荘帳写」（九条家文書）の山崎村坪付に「たいちやう」とみえる。しかし、大条は古くからある地名で、長岡京の条坊である西一坊大路と都の最南端の九条大路が交差する付近にあたり、両大路の「大」と「条」をとってつけられた地名だといわれる。西一坊大路でなく朱雀大路ともいう見解もあるが、朱雀大路は小畑川東岸にあり位置がずれる。（綱本）

大正池《たいしょういけ》〔綴喜郡井手町多賀〕

町東部の山地に所在（田村新田の北）。もと大正池は、多賀新田北方の玉川源流付近に大正時代に築造された灌漑用の池をいうが、昭和二八年（一九五三）の南山城大水害で決壊し、下流域で大被害をもたらした。この地域には江戸時代築造の灌漑用池として二ノ谷池があり、その場所に現在の大正池が装いを新たにして築かれたものである（『井手の里を歩く・改訂版』）。旧大正池は住民グラウンドになっている。旧二ノ谷池は、田村新田開墾時代の築造ともいわれる。新大正池は昭和の産物ということになるが、旧名を継いだものである。標高三百メートルの高さにあり、大正池は貯水量二十万トンを超えるとされる。周囲は山林に囲まれ、豊かな大自然を生かした観光施設となっている。（齋藤）

大将軍《だいしょうぐん》〔北区〕

平安京大内裏の西北角周辺に相当する大将軍八神社に由来する広域地域名で、旧村名。現在の北区・右京区・上京区に接する地名で北京極大路（一条大路）に接する地域にあたる。大将軍とは陰陽道における西方の星で、都の西北に鎮座し、その方除けならびに疫病除けの神として機能した。この大将軍八神社が平安京遷都時に奈良の春日大社から勧請され置かれたと社伝は伝える（『京都市の地名』）。この大将軍は、陰陽道における八将神の一つであり、方位の吉凶を司る八神の一つである。なお『都名所図会』には大将軍社の由来として「一説、中古兵乱の時、京城の北方に蜀の関羽の廟を建て祭るともいふ」と記されているが、中国や日本の官職名にも大将軍は存在するが、この地名との関連は薄い。（天野）

大将軍町《たいしょうぐんちょう》〔山科区四ノ宮〕

京都市北区の大将軍町は、桓武天皇が平安遷都に当たって東西南北四方に大将軍神社を据えたことに因むとされているが、この地の大将軍町の由来は不詳である。そもそも桓武天皇の勧請した大将軍神社も、陰陽道でいう「四方」とはかなりずれており、交通の要衝の地、つまり邪なものの進入しやすい所に祀られていて、境界線の神の意味合いが強い。当地はかつて東海道が四宮河原を横切る場所であり、人々の往来が増加するにしたがって都の実質的な出入口として認識され、その守りとして大将軍の名が使われたのであろう。（小寺）

大嘗料《だいじょうりょう》〔京田辺市大住〕

古来、朝廷の大嘗会のための費用の料（所領）としての領田があった。室町期の権大外記中原康富の日記『康富記』康正元年（一四五五）一〇月一七日大住荘隼人司領大嘗会田について、大住庄の南という名主が康富を訪ね、荘内の大嘗会田一丁二反は、「大嘗会時参洛、官庁に於テ風俗舞人ヲ奏ス役是也」の領田だが、知行してきた南の叔父西が死に、子がなかったため公田が分売されていることを告げたので、公領料田売買はできないと下知した。当地に御《ご》霊《りょう》神社があるが、怨霊を鎮める神社でなく、御料社すなわち、領田に奉祀された神社である（『田辺町郷土史・社寺編』）。（綱本）

大心院町《だいしんいんちょう》〔上京区〕

大心院とは、室町時代の管領細川政元の号で、この地に細川家の邸宅があって、政元の死後に邸宅が大心院という寺になったことによると伝える。大心院はのちに妙心寺に移り、その塔頭になった。町は南北に通る新町通をはさんだ両側で、上御霊前通より南を町域とする。「寛永一四年（一六三七）洛中絵図」では「大真院丁」、宝暦一二年（一七六二）刊の『京町鑑』では「大信院町」と記す。明治七年（一八七四）提出の『全国村名小字調査書』では、「大心院南半丁」、「同北半丁」を明治二年（一八六九）に合併して「大心院町」にしたとある。（清水）

大寿町《だいずちょう》〔下京区〕

御幸町通四条下ル綾小路までの両側町で

ある。「斯町に大和屋某と云ふ老夫婦住めり」「豊臣秀吉伏見に在り。参朝の帰途此所を過ぐ。時に渇して飲水を求む。某便ち茶を点して進む公欣んで茶銘に寿の字を賜ふ。依て家号の大の字とを合せ以て町名と為す」（『雍州府志』）とある。「寛永一九年（一六四二）寛永後万治前洛中絵図」に、「大和町」とある。「大和屋」があったことによる。宝暦一二年（一七六二）刊『京町鑑』は現町名の「大壽町」とするが、「だいじゅ」と読ませている。但し書きに「又大和町ともいふ」とする。その後、変化はない。（小西）

泰長老《たいちょうろう》〔伏見区桃山町〕

京阪宇治線観月橋駅から東北の丘陵地に位置し、町の半分は観月橋団地が占めている。ここに豊臣秀吉に仕えた僧、泰長老の屋敷があったところに由来する。泰長老は相国寺の僧録司（僧職名）、承兌長老《しょうたいちょうろう》のことで、承兌長老の「兌」が「秦」になり、秦長老になったという。承兌長老は秀吉の外交顧問として活躍した。慶長元年（一五九六）、明の使節が秀吉に謁見のとき、明の国書を代読している。秀吉没後は徳川家康に仕えた。「豊公伏見城ノ図」によると、現在の月橋禅院の南あたりに屋敷があったようだ。泰長老は長年、宇治川増水による堤防決壊の地であったが、昭和四〇年（一九六五）からの堤防改修で住みやすくなった。（明川）

台頭《とだい》〔福知山市三和町〕

土師川《はぜがわ》の上流地域で大原の西方にある山間の村名。「ダイ」は段丘、台地、丘の意味であるから（『地名の語源』）、台地状の地形が地名の由来であろう。

『巡察記』（佐藤信淵）によると、当村は、木綿を作り、蚕を飼ったが、それぞれ六十貫匁に過ぎないこと、茅を売ること頗る多く、特に薪木は牛に背負わせて綾部の町に売り出すこと。毎日二十駄に下らず、と記している。

昭和三一年から三和町の大字となった。（安藤）

大道寺《だいどうじ》〔綴喜郡宇治田原町立川〕

岩山集落より鷲峰山《じゅぶせん》に至る街道の中途にある山間集落の小字名。宇治川支流田原川上流に位置する。『平治物語』に、平治の乱（一一五九年）で藤原信西が都を追われ、「宇治路にかかり、田原が奥、大道寺といふ所領にぞゆきにける」とあるのが知られ、信西塚がある。初見は『兵範記』にみえる保元二年（一一五七）三月二九日条の「故左大臣領　山城国参箇処　田原庄　川島庄　大道寺」（左大臣は藤原頼長）。語源は天平勝宝八年（七五六）に鷲峰山金胎寺の泰澄大師建立の大道寺の寺名による。「大道」は、悟りへの道をいい、修験系の鷲峰山への道（登山口）の意を含めたものか。大道寺は、大道寺氏が永禄一〇年（一五六七）に織田信長に滅ぼされて衰退、現在は名のみの小堂が残る。付近に大道神社がある。（齋藤）

大日町《だいにちちょう》〔山科区勧修寺〕

平安時代にこの地にあった大日寺に因む地名。『今昔物語集』巻一五の「大日寺僧広道往生語第二十一」には、大日寺に広道という極楽往生のみを願う僧がいたこと、寺の近くに住む貧しい老婆が極楽往生したこと、夢告どおり広道も極楽往生したことが述べられている。北大日町は、稲荷山から南に続く丘陵地帯で、名神高速道路の北側にあたり、醍醐天皇の生母・藤原胤子の「小野陵」もある。第二次世界大戦前、この付近の山中から緑釉骨壺や土器・瓦などが発見され、丘陵南斜面の二町四方の地が大日寺の寺域であったと推定されている。現在は「大日寺跡」と書かれた石柱が立つのみである。（小寺）

大悲山《だいひざん》 〔左京区花脊〕

『京羽二重織留』に「鞍馬山の北にあり。或は北大峯と云。凡、山城の北は大悲山をかぎりとす。観音堂、此山にあり」とあるように、修験行場で、吉野大峰山に比して「北大峰」と呼ばれ、山城国北限の山で、その向こうは丹波国だった。この山が大悲山と呼ばれたのは、観音堂の存在による。久寿三年（一一五六）の信西（藤原通憲）撰「大悲山寺縁起」によれば、「久寿元年（一一五四）二月、三間ノ堂一宇ヲ建立シ、白檀二尺千手観音菩薩像一体ヲ安置シ奉ル」したという。『日次紀事』によれば、二月一八日「大悲山峯定寺観音会式」という法会が営まれ、同寺が鳥羽法皇の本願で、俊寛僧都が鬼界島に流謫された時、妻と女がこの寺に身を隠したという。『拾遺都名所図会』に詳しい図と記事が見える。「開基ハ観空上人（西念）、建立ハ平相国清盛」という記事の他、信西の縁起の大意を和解して記す。図は四面あって、大悲山の伽藍全体図、大悲山乳岩《ちいは》、「長材《ちやうざい》を奥山より出すは雪中に峯より谷へ転《ころ》ばす也」と記す冬の林業の様子、「大悲山の奥なる溪川《たにがは》より大木《たいぼく》を筏《いかだ》として末《すへ》は大井河《おゝゐかは》に落《をと》すなり」と記す筏で川を下る様子である。

（笹川）

大仏谷《だいぶつだに》 〔京田辺市薪〕

この谷は顔を西に、頭を南に、体を北にした、大きな仏頭のように見える。土砂崩れの激しさから、砂礫の山が仏像に似た形を呈していたのだろう（「百々坂《ももさか》」参照）。または、その昔、甘南備山の甘南備寺本尊である薬師如来像を拝む谷地として、大仏谷と呼ばれたものか（『薪誌』一九九一）という。しかし、当地の地形は崖下の窪地であり、仏はブチ（呉音）と訓み、大仏はダイ（頽、崩れるの意）・ブチ（淵）の転化で「崖下の縁」をいうか。

（綱本）

大明神町《だいみょうじんちょう》 〔左京区上高野〕

この地に「いたいたの大明神」があったことに由来する。「いたいたの大明神」とは、『山城名勝志』に「いた〳〵の大明神、按ずるに、神名帳云ハク、伊多太社、愛宕郡ニアリト。疑フラクハ此ノ社カト。今、高野村ノ西山ノ際ニ森アリ。社ハ絶ユ。社領田ノ字《アザナ》有リ。九月九日、之ヲ祭ル。土人、いた〳〵の大明神ト云フ」と記すように、『延喜式』神名帳に見える「伊多太社」を、高野村の村民が「いたいたの大明神」と崇める社であるが、正徳元年の時点で既に社は廃絶していたという。

（笹川）

大文字山《だいもんじやま》 〔左京区〕

盆の送り火を焚き、「大」という文字が山腹に描き出されるため、この名で呼ばれる。『山城名跡巡行志』には「大文字山、同山（如意ヶ嶽）西表に在り。慈照院義持公ノ発起ニシテ相国寺ノ横川和尚ト芳賀《ハガ》掃部〈義持公家人横川門弟〉二人ノ作也。今浄土寺村ノ土民、七月五日慈照寺山内ノ松ヲ切テ割テ日ニ干シ、十六日未刻ヨリ土民山ヘハコビ片荷ヲ一炬トシ一人シテ二焼ヲ守ル。日暮ヲ待テ焼捨テ帰ル〈火数八十四也。人数四十二人シテ焼ク〉」、『都名所図会』には「此麓に浄土寺《じやうどじ》といふ天台の伽藍あり。本尊阿弥陀仏は一とせ回禄《くわいろく》（＝火事）の時、此峯に飛去り光明を放ち玉ふ。これを慕ふて本尊を元の地へ安置し夫《それ》より盂蘭盆会《うらぼんゑ》に光明のかたちを作り火をともしける。其後《そのゝち》弘法大師、大文字にあらため玉ふ」とある。

（笹川）

大門町《だいもんちょう》 〔上京区〕

室町幕府の一三代将軍の足利義輝が、当町の北側の現在の武衛陣町に足利武衛陣第を造営した。当町はその武衛陣第の大門の位置に当たるところから付けられた。永禄八年（一五六五）、三好義継・松永久秀の軍勢がこの武衛陣第を攻めた時、足利義輝は第に火を放ち自害している。町は南北に通る室町通をはさんだ両側で、北は椹木町通から南は丸太町通までを町域とする。「寛永一四年（一六三七）洛中絵図」に「大門丁」とあり、江戸時代からの町名である。（清水）

田歌《たうた》〔南丹市美山町〕
由良川上流の右岸にある村。『和名抄』の桑田郡弓削郷に属する地。鎌倉時代には桑田郡知井庄に属していた。地名の由来は、神社の祭りで田歌が奉納されることによるという。氏神の八坂神社の祭礼に祇園神楽が奉納されるのであるが、これは田楽の一種で踏歌を伴うものであった。この田楽の踏歌を村人は田歌と呼んだのであろう。
昭和三〇年（一九五五）から美山町の大字となった。（安藤）

多賀《たか》〔綴喜郡井手町〕
木津川右岸で、城陽市青谷の南に位置する。南谷川流域を中心とする地。『和名抄』に「多河《たか》」郷がみえる。「高《たか》」とも記した。『万葉集』に「山背の高の槻村《つきむら》（群）」（巻三・二七七）とみえ、『延喜式』神名帳に「高神社」がみえる。同神社は、多賀地域の氏神として崇敬されてきた。聖武天皇の天平三年（七三一）勅願によって高御産日神《たかみむすびのかみ》の義に従って「高」の字をとり、「高神社」と号するようになったという（『井手町史第四集』）。始まりは多賀明神社（多賀大明神）としての奉斎にあったともいう。『新撰姓氏録』左京諸蕃に「高史」「高」氏がみえることから、高麗からの渡来人の居住地による地名とする説があるが、疑問。タカは、高神社の位置が象徴するように、高みを表すのであろう。木津川の低地からは舟で行き来する人たちにとって、「高の槻（欅）群」はひときわ目立って印象的に見えたことであろう。なお、JR奈良線山城多賀駅の多賀はタガとあり、最近はそのようにも呼ばれるが、本来はタカである。（齋藤）

高雄町《たかおちょう》〔右京区梅ヶ畑〕
高尾とも書き、清滝川に沿い北から約一キロメートル内外で栂尾、槇尾と続く「三《さん》尾《び》」の最も南にあたる。標高三四二メートルの高雄山の東南麓地域をいう。尾は山裾が延びたところの意味であり、三尾のいずれもが同様の地形を示している。栂や槇は建築用材との関係を連想させるが、高は高度があるとみるより、江戸期『和訓栞《わくんのしおり》』の「山の形が鷹の尾に似ていることから」という記述から、地形との関係を見る方が妥当であるとの考え（『京都の地名検証2』）もある。平安期『拾遺集』の「なき名のみ高尾の山と云立つる……」や鎌倉期『新勅撰集』の「清滝やせゞのいはなみ高尾やま……」などから、鎌倉期『玉葉集』の「高雄山きよたき川をそこにみて……」や江戸期の俳句「初嵐時こそ来たれ高雄山」などとあるように、時代を経て高尾から高雄へと変化してきたことがうかがえる。（岩田）

高雄町《たかおちょう》〔下京区〕
北小路通西洞院西入ル東中筋までの両側町である。町民が、「文覚が空海を信奉して、高雄の神護寺を復興した由緒」をよく知っていた。文覚の神護寺から連想した（「文覚《もんがく》町」参照）。近世には西本願寺の寺内町であった。寛永一四年（一六三七）洛中絵図に「太鼓番屋筋二丁目」とある。「時刻の通知だけでなく、火災があれば、太鼓を打ち鳴らし」（『京都市の地名』）た「太鼓番屋」を「寺内町の通り名（筋）とした」（『中近世都市の歴史地理』）。宝暦一二年（一七六二）刊『京町鑑』が、「高雄町」を記して以後、変化はない。（小西）

鷹峯《たかがみね》〔北区〕

猟遊の地である栗栖野にほど近く、鷹が雛を生む地であることからつけられたとされるが（『京都市の地名』）、明確な根拠には乏しい。近世の『山州名跡志』では、近くに天峯《あまがみね》・鷲峯・鷹峯の三峯が存在することから地名が付けられたとする。また平安時代初期にこの地に存在した高岑寺《たかがみね》との関連性も想定できる。またこの地を通り、杉坂を経て洛北・丹波国へと至る長坂越の街道を鷹峯街道と呼ぶこともあり、村名であるとともに一定の範囲を指す地名である。（天野）

高木《たかぎ》〔京田辺市三山木〕

木津川支流の普賢寺川流域に位置する。元禄一三年（一七〇〇）の「元禄国絵図」によると「高木村」の枝郷として「南山・出垣内」が記されている。明治九年（一八七六）南山村・出垣内村・山本村と合併、三山木村となった。昭和二八年（一九五三）市町村施行令により田辺町の大字。平成九年（一九九七）四月一日市制施行に伴い高木は行政区となる。区域は三山木の小字野神、天神山、七瀬川などの一一小字全域及びその一部区域を含む。

天神山に浄土宗日光寺がある。「綴喜郡寺院明細帳」（一八八三）には神亀元年（七二四）行基開基だが焼失し、寛永三年（一六二六）再建、享保四年（一七一九）に高木村枝郷の領主浅井政隆の援助で本堂が建立されたと記す。浅井氏は江戸時代を通して旗本として領主となり光政の墓が南山の共同墓地にある。南山には光照寺の北に浅井光政による山城があったという。

高木は幕府領で、「元禄郷帳」では南山村、出垣内村の枝郷分も含め一三七一石余、南山村分のうち浅井主水知行地二五二石余、出垣内村分のうち浅井主水知行地二四七石余と浅井家が約五〇〇石占める。

語源は、①普賢寺郷で『古事記』上巻に記す丹波遠津臣の娘で迦邇米雷王《かにめいかづちのみこ》の妻「高材比売《たかきひめ》」の「高材」が「高木」地名に由来するといわれるが、伝承の域を出ない。

②城に関する命名が考えられる。『京都府田辺町史』などでは、浅井氏の山城が枝郷の南山にあるというが、江戸幕府の「武家諸法度」（一六一五）は、新規築城を禁止しており、旗本の築城はありえない。一帯はもと普賢寺荘で、高木、南山、出垣内ほか一〇村を含んだ。宝徳三年（一四五一）以降、普賢寺郷といった。当地の土豪らが一揆を結んで守護畠山持国に反抗し、のち山城国一揆（一四八五）も起こる。国人一揆は戦国期には普賢寺郷悪党と称された。『春日神社文書』永正一三年（一五一六）四月二〇日条に「城州普賢寺悪党御成敗事」とみえる。高木もふくめ南山にも国人らが砦を設けたのだろう。のち『信長公記』天正六年（一五七八）六月一四日条には、「近衛（前久）殿へ御知行、合わせて千五百石、山城の内普賢寺にて進められ候」とある。タカギは「塞《とりで》」（『地名の語源』）という。トリデ（塁、塁）はタカとも訓む。あるいは「山」もタカと訓む。「キ」は「古い城が所在する所。城塞の古語はキ（柵、城）」（『民俗地名語彙事典』）。つまりタカキは中世の山城を意味するといえよう。（綱本）

高倉通《たかくらどおり》〔京都市・南北の通り〕

平安京の高倉小路（の一部）に相当する。現在は、丸太町通から八条通までをいうが、途中渉成園（枳殻邸）で途切れている。また途中で仏光寺に行き当たることから、三条辺りから仏光寺までを「仏光寺通」といったという（『京雀』）。また、南は上珠数屋町通までとも（『京都坊目誌』）。名の初見は『貞信公記』天暦二年（九四八）五月条に「高倉小道（ママ）東方人宅、群盗入来」とあるもの。旧高倉小路の北部は、貴族の邸宅や仮の内裏が置かれた地域で、藤原頼通をはじめ藤原氏の別邸「高倉殿」(高倉院とも?昭宣公のすみたまひし家?)があったことから、小路(通り)の名となったといわれているが、殿舎の名はそれが位置する大路小路の名で呼ばれるのが一般であったと思われることからすると、疑問。平安京の高倉小路の名は、文字通り、高床で屋根の高い倉・室が建ち並ぶ通りであったことによるのであろう。 (糸井)

高砂町《たかさごちょう》〔下京区〕

諏訪町通五条上ル万寿寺までの両側町である。縁起のよい謡曲「高砂」による。「寛永一九年(一六四二)寛永後万治前洛中絵図」に「みこく石突抜町」とある。「みこく石突抜」は、北端の「御供石町」から五条通へ町民の営為で「突抜」ける通りを造った意である。「御供」や「みこく」は、祇園会に御旅町の御供殿へ御供を上げる町である。宝暦一二年(一七六二)刊『京町鑑』に「高砂町」とあり、以後変化はない。 (小西)

鷹匠町《たかじょうちょう》〔伏見区〕

伏見区役所・伏見警察署など、伏見区の官庁街の中心にある町。室町時代の「伏見九郷之図」によると、この辺りは久米郷といい、金札宮が久米村の鎮守であった。豊臣秀吉が伏見城築城のとき、久米村全体が伏見城の鬼門の方角へ強制移転させられた(『京・伏見歴史の旅』)。鷹匠町は久米村の移転のあと、伏見城下町建設で生まれたもので、各大名の鷹の匠が居住していたのが町名の由来である。徳川家康が江戸に幕府を開いてから、大名お抱えの鷹匠たちも伏見を去った。久米村の住民は再び鷹匠町に戻り、金札宮も三代将軍家光の頃、現在の地に再建された。町名は『伏見大概記』に「鷹匠町」が見えるので、そのまま踏襲されたと思われる。 (明川)

多賀新田《たかしんでん》〔綴喜郡井手町多賀〕

享保一七年(一七三二)、時の将軍吉宗の享保の改革の一環として奨励された新田開発に応じて、多賀村の奥山で開発された新田地域。面積二町二反四畝一歩(田村新田の八分の一)、石高八石九斗六升二合、田村新田(二キロばかり南)より田畑の条件が悪く、収穫量は少なかった。多賀の地内に多賀村の者が開いたものであるため、新しい村として独立することはなかった。開発三三年後の明和二年(一七六五)に洪水で荒廃、天明二年(一七八二)には本村との間にもめごとが起ったりして(「松田怜万家所蔵文書」)、明治時代になって廃村となった。開発者の名は伝わっていないが、多賀地区の村田くにえ家は「代官」とよばれており、新田開発の古文書が残っていることから、開発にかかわった家とされる(『井手町史第四集』)。大正池の一キロばかり北に「代官屋敷跡」があり(たいていの市販地図にも記されている)、周辺に石垣等が残っていて、ハイキングコースにもなっている。「奥山新田」の名は、当時の免定《めんさだめ》(年貢額の決定通知書)などに「多賀村之内奥山新田」とあり、正式名称とも思えるが、地図などには「多賀新田」と記されることが多い。 (齋藤)

高田《たかだ》〔木津川市加茂町〕

北流する木津川支流赤田川の中流左岸に位置する。地内中央に真言宗高田寺《こうでんじ》があり、創建・寺歴不詳だが、地名もこれにちなむという。本尊薬師如来坐像は重要文化財。台座裏に保安(一一二〇～二四)の年号と、藤原実方の歌「五月やみくらはしやまのほととぎすおぼつかなくもなきわたるかな」(『拾遺集』)が散らし書きされていた。 (綱本)

高田町《たかだちょう》〔右京区嵯峨野〕

元嵯峨野村域の南にあたる高田村《たかたむら》は、『和名抄』葛野郡一二郷に含まれる高田郷が元で、郷名が村名になったと考えられる。『太秦村誌』には、高句麗系渡来氏族で『日本書紀』にも登場する高田首《おびと》が部民を率いて居住したのが起りであるとの記述がある。高田村は、明治元年（一八六八）に京都府に所属、明治七年には生田村と合併し嵯峨野と命名された。生高や高生の案がでたが、自らの村名を下に置きたくない意見から嵯峨野の名が採用されたという。（岩田）

高田町《たかだちょう》〔中京区〕

高田派の寺のある町の意。寛文五年（一六六五）刊『京雀』に「この町のひがし行に高田の寺あり。この寺は親鸞聖人の弟子たかだの覚信坊の開基也」とあり、『京都坊目誌』には当地に柳原坊と呼ばれる親鸞の遺跡があったが、はやく断絶したこと、慶長一〇年（一六〇五）に伊勢の国の一身田専修寺（高田寺）の僧である恵隆が一堂を建てて高田坊と呼ばれたこと、元和三年（一六一七）に焼亡したため、寺は河原町二条に移したことが記される。

平安京大内裏の東南にあたり、はやくから貴族の邸宅が建てられた地。『枕草子』「家は」の章段に見える「竹三条《たけさんじょう》」（大進生昌《だいじんなりまさ》邸）は、当町全域を中心として周辺に及ぶと比定される。清少納言が仕えた中宮定子が、最期を迎えた邸宅でもあった。

中世以降は武家の館や庶民の商工業地となり、町衆たちに信徒を増やした浄土真宗高田派の寺院が建てられたのだろう。町名については「寛永一四年（一六三七）洛中絵図」に高田町の名が見え、変化はない。（真下）

鷹司町《たかつかさちょう》〔上京区〕

下長者町通にあり、この通りは平安京の鷹司小路と呼んでいたので、この通り名を町名とした。町は次項の鷹司町の西にあり、東西に通る下長者町通をはさんだ両側で、東は西洞院通から西は油小路通に手前までを町域とする。元禄四年（一六九一）の「京大絵図」に「たかつかさ丁」とあり、江戸時代からの町名である。（清水）

鷹司町《たかつかさちょう》〔上京区〕

下長者町通は平安京以来鷹司小路と呼ばれていた。この通り名を町名に付けたものである。町は烏丸通より西で、下長者町通の北側を町域とする。元禄四年（一六九一）の「京大絵図」では「ならや丁」とあるが、天保二年（一八三一）の「改正京町絵図細見大成」では「鷹司丁」とあり、江戸時代からの町名である。（清水）

鷹司小路《たかつかさこうじ》 ↓上長者町通《かみちょうじゃまちどおり》

高月《たかつき》〔綴喜郡井手町井手〕

JR奈良線玉水駅東手の玉川以北に位置する地名。東高月・西高月に分かれている高台集落である。これが見逃せない問題を含んでいる。『万葉集』に「疾く来ても見てましものを山背の高槻村散りにけるかも」（巻三・二七七、高市黒人）の歌があり、その「高槻村」は、多賀（高）の槻（欅）群ということで落ち着いている。ところが古代では玉川を以って綴喜・相楽郡の境をなし、その以北は多賀郷になっていたらしいことからすると、高月は、多賀（高）の月（槻）ともみなされる。つまり、高月をずばり謎の万葉地名「高槻村」とする可能性を秘めた地名となる。近世地誌の『山城名跡巡行志』は「綴喜郡多賀井提村二村間有高槻村」と記している。だが今に残る「高月」地名が万葉時代に遡る地名であるかは『井手町史』も慎重である。あるいは、江戸時代の万葉研究好事家による名付けの地名かもしれない。なお、欅（槻）はいまは周辺山中にわずかに残るの

みである。（齋藤）

高槻町《たかつきちょう》 〔下京区〕

不明門通花屋町下ル上珠数屋町までの両側町である。近隣には、摂津の国、和泉の国などとの行商関係の町が多い。この「摂津の国高槻の仏具材料の商関係」による。東本願寺寺内町の古屋敷に属した。「寛永一四年（一六三七）洛中絵図」には、六条を起点とする寺内町の「因幡堂（突抜）二丁目」とある。宝暦一二年（一七六二）刊『京町鑑』に「高槻町」とあり、以後変化はない。（小西）

高辻通《たかつじどおり》 〔京都市・東西の通り〕

平安京の高辻小路に当たり、現在は鴨川の西岸から梅津街道までの通り。『京町鑑』には「此通、東は寺町より西は千本へ出る畠道也」とある。大宮通以西は昭和に建設されたもの。「高辻」というのは、堀川通から醒ケ井辺りが、洛中で一番高いところであることからといわれる。『京町鑑』によると、この通りを別に「藪の下」というが、柳馬場から東洞院までに藪があったからだとする。堺町通の、この通りを下がったところに「夕顔町」があるが、『源氏物語』夕顔巻のヒロイン夕顔が住んでいた町とされている。（糸井）

高津町《たかつちょう》 〔綾部市〕

旧郷名。高岳（四一六メートル）北麓、由良川左岸に位置する地区。西は天田郡に接している。平城宮跡出土木簡に「丹波国何鹿郡高津郷交易小麦五斗」とあるのが初見。語源は明確ではないが、由良川の水運の要地と考えられ、「つ（津）」は港の意で、港の存在が地名の由来であろうと考えられる。『和名抄』丹波国何鹿郡一六郷の一つ。昭和二五年（一九五〇）から綾部市の大字となり、昭和二八年に高津町となった。（安藤）

高天山《たかてんやま》 〔京丹後市網野町〕

高天山は、京丹後市網野町にある標高二八五・六メートルの山。地元では「たかてんやま」、または「たかてん」と呼び慣わしてきたが、高天ケ原の存在からしてもと「たかま（が）やま」と呼んだ可能性があるのではないか。山頂からは四方の山々を始め、丹後半島西部の海岸や依遅《いち》ヶ尾山も遠望することができる。また、眼下には網野町の市街が一望できる。高天山の東には小さな平野をはさんで、日本海側で最大級の全長約二〇〇メートルの前方後円墳、網野銚子山古墳がある。いつの時代から高天山と表記してきたのかわからないが、丹後半島は縄文、弥生の時代から開けた古代の先進地であり、当地にも祖神が降臨した聖なる山、「高天ケ原」ならぬ「たかま（が）やま」が存在したとしても、少しも不思議ではない。（水野）

高野《たかの》 〔左京区〕

タカは、高い、大きい、または美称。『万葉集』には「この川の　絶ゆる事なく　この山の　いや高知らす　水《みな》そそく　滝の都は　見れど飽かぬかも」（巻一・三六）という柿本人麻呂の吉野讃歌があるが、そこに見える「高知る」（山の高さに導かれながら「立派に統治する」の意）のタカなどと同様の用法。ノは、なだらかに傾斜した野原。高野は「なだらかに傾斜した神聖な野原」というのが原義。タカ（猛、滝）・ノ（野）で、たぎたぎしい野原（氾濫原）を意味するとも（綱本逸雄）。古くは「高野河原」と呼ばれた高野川下流域。元禄郷帳（一六九五）以来、明治一九年（一八八六）の地方行政区画便覧に至るまで「高野河（川）原」と見える。明治二二年（一八八九）の市町村制施行による村名変更で「田中村」に吸収されたが、その後「高野河原」に当たっていた地域が独立して「高野」と称されることになり、現在に至る

（「上高野《かみたかの》」参照）。

高野何々町という「高野」を冠する町名が八町ある。（笹川）

高野《たかの》〔舞鶴市〕

舞鶴西の平野部を真倉川・池内川と共に形成したのが高野川である。高野川は城屋の南の山より発して東流し、高野由里で北に流れを変えるが、この谷が高野谷である。

タカノには丹後北部に古代地名「竹野」があり、また京都市左京区の「高野」は、狩野でもあったので鷹野であったものを後に「高野」と書いたと伝えるが（『京都府愛宕郡村誌』）、この地の「高野」は文字通り「高」の意として、やや高みにある、人が住んだり田畑の広がる野と考えたい。かつて海は深く入り込んでおり、谷口の高野川右岸微高地には弥生時代から奈良時代にかけての住居跡が多数見つかり、中でも七世紀後半の大規模な倉庫群跡は地方官衙もしくは豪族の邸に付随する施設跡と推測されている。高野は、大字としての高野由里のほか、高野川、高野小学校などにその名を残している。（高橋）

竹野《たかの》　→竹野郡《たけのぐん》

高野川《たかのがわ》〔左京区〕

高野を流れる川。「高野（たかの）」参照。弘化二年（一八四五）刊の熊谷直好《なおよし》の家集『浦のしほ貝』に「たかの川清きながれにうつりきて御陰の山の名こそしるけれ」（一二一二）と見える。直好が御蔭《みかげ》神社（上高野東山）に参詣した際の一首である。平安時代には「埴川《はにかわ》」と呼ばれ、『日本後紀』延暦一八年（七九九）八月八日条には「埴川ニ於テ禊ス」とある。大原北部の山中を源とし、大原付近では大原川、八瀬付近では八瀬川とも呼ばれ、上高野の下流で岩倉川を合わせ、山端で修学院から西に張り出す音羽川扇状地の扇端に圧されて南西へ流れ、右岸の松ヶ崎から下鴨へ扇状地を拡げた。白川扇状地も西に張り出し、埴川の流路を西に移動させた。「埴川」は、流域に赤土を産することに由来する呼称かと思われ、式内社賀茂波爾《はに》神社との関係も考えられる（「赤ノ宮町」参照）。

現在、高野川と賀茂川は、糺森でY字形に合流し、真南に流れる鴨川となる。しかし、平安京遷都以前の高野川は、糺森を過ぎてもそのまま北東から南西へ流れ、京都盆地の中央で堀川と合流していたという説がある。賀茂川と高野川が土砂を運んで形成されたそれぞれの扇状地の中央に本来の流れを想定すれば、賀茂川の本流は現在の堀川であったと考えられ、平安京造都の際に、京中での氾濫防止のため、新しい流路を造ったというのである。たしかにそう考えると、堀川と分かれた後の賀茂川が高野川と出会うまでの流路があまりに直線的であることにも納得がいく。（笹川）

鷹栖町《たかのすちょう》〔綾部市〕

「鷹巣」とも書く。由良川右岸でその支流上林川が合流する西方に位置する地区。勇壮な地名であるが、由来は明確ではない。丹波国何鹿郡で始め「山家村」のうちであったが、後に分村独立した。寛政一一年（一七九九）「丹波大絵図」によると、当村の町分は山家藩一万石の城下町であり、坂町・上町・馬場町を形成し旅籠屋や人足駅問屋があった。また若狭街道と綾部街道の分岐点であった。

明治二二年（一八八九）に山家村の大字となる。昭和二五年（一九五〇）から綾部市の大字、同二八年から裏番と呼ばれた北部の集落は旭町に、町分は東山町に、残りの地域は鷹栖町となった。（安藤）

高槻村《たかのつきむら》〔綴喜郡井手町〕

『万葉集』にみえる「多賀」地名を含む語。その歌は、「疾く来ても見てましものを山背の高槻村散りにけるかも」（巻三・二七七、高市黒人）。この「高槻村」は摂津の高槻村ともされてきたが、「山背の」に難があり、これを「高の槻群」とよみ綴喜郡の「多賀」（高）をあてる説が定着してきている。槻は欅をいい、かつては山背の欅の一大群が遠くからも見渡せ、よく知られていたようだ。いまは欅の群はみあたらないが、台地上の高神社の杜叢が欅の群であったともいわれ、美的景観をなして木津川往航の舟からよき目印になっていたと思える。『万葉集』には他にも「高の山辺」（巻一〇・一八五九）がみえ、「高」（多賀）が高みを表していることを裏付ける。（齋藤）

高野林《たかのばやし》〔亀岡市千代川町〕

当地には丹波国府が置かれ、この国府（こう）の林が「高野（こうの）林」となったと言われる（『ふるさと命名伝』）。丹波国府千代川説は、木下良によって小字名や地形から提唱され、今も有力な説である。

明治一二年には南桑田郡に所属。明治二二年（一八八九）に千代川村の大字となり、昭和三〇年（一九五五）からは亀岡市の千代川町の大字となった。（安藤）

高野由里《たかのゆり》 →高野《たかの》〔舞鶴市〕

高橋《たかはし》〔乙訓郡大山崎町大山崎〕

かつて大山崎から対岸に架けられていた山崎橋が付近にあった。僧行基が山崎でも架橋したことが『行基年譜』神亀二年（七二五）九月一二日条に、「山崎橋を度《わた》し始める」と載る。『続日本紀』延暦三年（七八四）七月には長岡京造営のため、阿波以下三ヶ国に「山埼橋を造る料材」の送進が命じられている。

橋の位置は淀川の洪水で度々流失しているため特定されていないが、小字高橋付近もその一つである。山崎には平安初期嵯峨天皇が河陽離宮（のち山城国府）を設けたが、その場所は離宮八幡宮も含め諸説ある。これに関して『文華秀麗集』（八一八）の仲雄王の作「河陽橋」が「別館雲林相映出し、門南の脩路《しゅうろ》に河橋あり」と詠んでいる。雲林は高い山の林だから、河陽宮は高い所にあり、門前の長い道（脩路）は山崎橋に続いていることになる。ところで、『三代実録』貞観八年（八六六）一〇月二〇日条をみると、「山城国乙訓郡相応寺者、東至橋道。南至河岸。西至作山。北至大路」とあり、河橋はかつてあった相応寺の東を通る「橋道」に通じ、さらにこの道が河陽宮門前を横切る大路（山陽道）と直交していた。ここから河陽宮の所在を、多量の古瓦が出土する小字上ノ田の台地に比定でき、隣接に小字「高橋」が遺存する（木下良「山城国府の所在とその移転について」同志社大『社会科学』三一・三）。

つまり、地形からみて台地上にある高橋が橋道だとすれば、高い所にある橋道の意といえよう。あるいは高がタカ（上）であるなら、河崖下の山崎橋の上手の意といえる。（綱本）

高橋町《たかはしちょう》〔下京区〕

東洞院通仏光寺下ル高辻までの両側町である。仏光寺には「仏光寺通りに面して、堀があり塀を設けた絵図」が描かれている（『京都市の地名』）ことから、「高い塀」と「堀に橋」のイメージではないか。「寛永一四年（一六三七）洛中絵図」に「玉雲町」とある。仏光寺の西側に位置するため「浄土への玉雲」を感じたのであろう。寛文末期までは両町名が併用されていたが、宝暦一二年（一七六二）刊『京町鑑』で「高橋町」となり、以後、変化はない。（小西）

高船《たかふね》〔京田辺市〕

市の南西部に位置する。西は奈良県生駒市に接し、普賢寺川支流鬼灯《ほおずき》川源流部の千《せん》鉾山《ぼこやま》（九三一一メートル）山頂下の谷底平野に位置する農山村地域である。西山浄土宗極楽寺があり、鎌倉後期の五重塔二基と板碑がある。集落手前の墓地に鎌倉後期の地蔵石仏がある。この時代に浄土教が栄えた反映で、優れた石造美術品が遺存する歴史の古い土地である。

語源については、①高船の地名は、当地の石船神社（創建不詳）に残される伝説によると、祭神の饒速日命《にぎはやひのみこと》が天磐船に乗って大和国鳥見《とみ》の白庭山に向かう際、この地の櫂峰《かじがみね》（千鉾山）に降臨し、それから哮峰《たけるがみね》に向かったということに因むという（『田辺町近代誌』）。当地が河内や大和との国境で、ことに大和の鳥見（登美）に近いため創作された神話伝説である。櫂峯―哮峯―白庭山へと神の遊幸があり、当地には神の足跡として伝説に登場する船石と称する巨岩があり、天磐船が転じて高船となったとする。

②高船は地形語である。高はタカ（岳・山・峰）をいう。フネ・フナ（船）は、鞍部を意味する古語である（池田末則『地名伝承学論』）。『岩波古語辞典』も「ふね［船・舟］形の類似から槽（おけ）状のもの」といい、山頂直下の船底状の凹地をいう。（綱本）

高坊《たかぼう》〔八幡市八幡〕

石清水八幡宮の所在地。もと一の鳥居北東山麓にあった天皇や上皇の宿坊にちなむ。創建は『男山考古録』に「高坊は、第八代検校元命始めて之を新造す。後一条院（一〇〇八〜三六）御宇也」とある。足利尊氏・直義の八幡宮社参時にも宿舎として利用されたが、度々焼失している。（綱本）

高宮町《たかみやちょう》〔下京区〕

三宮町通上ノ口下ル正面までの両側町である。当町も、元雑色支配の耕地であった。その字名を「高宮」と称したことによる（「鍵屋町」〔下京区〕参照）。「寛永一四年（一六三七）洛中絵図」に「高宮丁」とみえる。宝暦一二年（一七六二）刊『京町鑑』は「六条新地」の「高宮町」と記す。（小西）

高宮町《たかみやちょう》〔中京区〕

『京雀』に「江州高宮の布をあきなふ」とあるように、近江高宮の布帛を商う店があったことからの地名。高宮布は滋賀県彦根市高宮から産出された麻織物で、高宮晒《さらし》として、またはその縞織物は高宮縞《たかみやじま》の名で、近世には広く商われた。用途としては夏の袴地《はかまじ》としての高宮平《たかみやひら》や畳の縁《へり》地としての高宮縁《たかみやべり》などがあり、当代には需要が高かった。

平安京大内裏の東南にあたり、貴族の邸宅が並ぶ地であった。有名な邸宅としては、『枕草子』に中宮定子が行啓したと記される、大進生昌《だいじんなりまさ》（平生昌）邸の竹三条《たけさんじょう》が、当町北部に比定される。中世には武家の館も建てられ、『京都府地誌』に「土人云、当町ハ足利尊氏邸散楽ノ舞台跡。因テ廃邸後一時能場町トなづく」と見えるように、足利尊氏邸の伝承も行われた。

高宮布の産地である高宮は中山道に面し、京への運搬も盛んだった。当町は京という大消費地の窓口として、盛んな交易を展開したことが推測されるが、『京雀跡追』に「高宮じま　三条東洞院」とあるように、高宮布を商う地域は、複数だったようだ。当町にはこのほか長崎糸割符商人の居住も確認され（『京羽二重織留大全』）、近世には活況を呈していたことが推測される。当町の南側は第二次世界大戦末期の強制疎開で、現在は御池通の一部となっている。なお当町の南東、富小路蛸薬師下ルにも、同名の町がある。（真下）

高屋《たかや》〔南丹市園部町〕

盆地東方の山並みの裾を南流する大堰川右岸の村。西方の園部の町との間に独立した小丘陵が連なり、丘陵の西に千妻と曽我谷があり、東が高屋である。この丘陵上に中世の豪族・蜷川《にながわ》氏の居城・高屋城がある。地名の語源は明らかではないが、蜷川氏の城や居館の存在が由来ではないかと思われる。あるいは、「ヤ」を峰の意とみると、小高い丘陵をいうか。

蜷川氏は京都山科で宮道姓を名乗っていたが、やがて越中に移った豪族である。昔からの領地が丹波や山城にあり、また幕府の御料所が丹波にあったことから蜷川親朝が船井郡桐野河内村に移り、蜷川城の最初の城主となった。江戸時代初期には存在していた城は、小出吉親の園部城の築城に際して取り壊された。今は本丸、天主台、空堀跡などが残っている。(『日本城郭大系十一　京都・滋賀・福井』)。

昭和二六年(一九五一)から園部町の大字となった。　(安藤)

笋町《たかんなちょう》　〔中京区〕

笋《たかんな》とは、タケノコのこと。そこからは「タケノコの町」の意となる。祇園祭に孟宗山を出すことからの町名である。孟宗山は元の郭巨敬作『二十四孝』中の「孟宗」に取材するもので、親孝行者の孟宗が病身の親の願いを叶えようと雪中を掘ったところ、天帝の感応あって地中からタケノコが湧出したという説話を意匠化したものである。『二十四孝』説話は、室町時代の禅林を経由して民間でも広く愛好された。孟宗竹など「孟宗」も一般化した名であるが、タカンナの名が町名として固定した背後には、タケノコ湧出場面をかたどる孟宗山のデザインを、端的に喚起させる、より親しみやすい名だったことが想像される。

烏丸通を挟む両側町で、錦小路の南側に位置する。中世の早い時期から交易の活発な、豊かな地域だった。町名は「寛永一四年(一六三七)洛中絵図」に「たかの丁」とあるが、寛文五年(一六六五)刊『京雀』に「たかの、町本名は笋《たかんな》の町と名づく」と見え、「たかの丁」「たかの、町」が、タカンナチョウの約まったものであることが知られる。笋《たかんな》町に統一されたのは近世中頃のことで、その後は不変である。　(真下)

滝《たき》　〔与謝郡与謝野町〕

「丹州与佐郡瀧村御検地帳」(筑波大学所蔵)に「滝村」とあるものが初出の地名である。地名の語源は、地区内に鳴滝・大滝という滝があることに由来するものとされる。また地区内にある滝山施薬寺は、もとは赤石ヶ岳にあった根本寺を前身にするといわれ、「滝」を山号とする。応永五年(一三九八)の奥書をもつ鎌倉大明神の『大般若経』には「賀悦庄一宮鎌倉大明神」とあり、この地区が賀悦(加悦)庄の領域に含まれていたことがわかる。「慶長検地帳」以降、「滝村」と表記され、明治時代に至る。　(新谷)

滝ヶ宇呂《たきがうろ》　〔舞鶴市〕

由良川支流の桧川の支流滝川の最上流に位置し、滝ヶ有路・滝ヶ有呂・滝ヶ洞とも記す。入口が狭く奥が少し広いウロ(空・洞)のような地形であることに由来する地名であろう。

天正年間に戦いに敗れて流浪していた、豊前の士・田村氏が藩主京極高三に寄食していたが、寛永一二年(一六三五)印符が与えられ、郷士として当村を開墾したと伝える。牧野氏からも特別な待遇を受けていたといわれる。田村家に蔵される『滝洞歴世誌』は、利盛より利隆まで二七〇年間の田辺藩中に起った事件が日記体で記されていて、当時の藩の状況を知る貴重な文書である。山間僻地にもかかわらず、日食・彗星・地震など天変地異のほか島原の乱・江戸大火事など、全国の事件も記録されてい

る。（髙橋）

薪《たきぎ》〔京田辺市〕

市の中央部。西南は甘南備山（二二一メートル）。その麓に発する天津神《あまつかみ》川流域と甘南備山を源流とする手原川流域の間に位置する。集落は西南の山麓と東の天津神川沿いにある。由来は薪が昔、石清水八幡宮に燃料を供進する「薪御園」であり、八幡宮が年中行事で用いる薪を送っていたので薪の地名が生じたといわれている。「石清水文書」保元三年（一一五八）一二月三日付官宣旨に「宮寺領 山城国……薪庄」とあるのが初見。『兼仲卿記』弘安七年（一二八四）一一月条紙背文書に石清水八幡宮護国寺所司等解状に「当園者依有山木（水か）之便、為廿□□二季御神楽燎新（料）所、村上御宇被寄進之間」とあり、平安中期に神楽燎料（神楽用かがり材供進領）の薪を奉納する薗として石清水社に寄進されたと推定される。ところで酬恩庵（一休寺）の門前には、一休禅師とその友人たちが、ここで薪能を鑑賞したという「金春芝跡の石碑」がある。このため、薪を薪能発祥の地とする説もあるが、定かではない。（綱本）

滝ノ町《たきのちょう》〔長岡京市〕

向日丘陵最南端を流れる小畑川左岸沿いに細長く延びる氾濫原一帯をいう。第二次世界大戦前までは、「滝ノ下」といった。向日市向陽小学校の南側、滝ノ町との境付近に、戦後三〇年代後半までは「滝」があり、滝ノ町方向に流れ落ちていたのが地名の命名という。小学校のある丘陵南端は急傾斜の崖で、京都府指定の土石流とその被害想定箇所である。この崖に沿って湧き水が落ちており「滝」と称した。

この滝は長岡京時代の遊宴邸「嶋院」と深いかかわりをもつ（「御塔道《おとうみち》」参照）。嶋院は滝の所在地までは三百メートル程度の場所で、『続日本紀』延暦四年（七八四）三月三日条に「御嶋院。五位已上宴す。文人を召し曲水を賦《みつぎ》せしむ」と載り、桃の節句に度々曲水の宴を楽しんでいた。宴に欠かせない池の水をこの滝から引いたといわれている。

滝ノ町自治会が二〇〇七年にまとめた冊子「滝ノ町の今昔とこれから」によると、周辺は大正時代は水田と竹藪くらいで、小畑川岸は沿岸沿いに栗石を入れた竹篭（蛇籠）を敷き詰めて堤とした。大雨のたびに増水して決壊し、川床が移動したり竹藪が崩れ落ちたりした。向日神社の北西は池があり、その辺から南は葦が茂る湿地帯だった。神社西麓に「増井の井」（井戸）を祭神とする古い増井社があり、その山裾に沿って南へ馬立川の清流が流れていた。崖下の現滝ノ町保育所あたりに蓮池があった。今の向日町ショップセンター辺りは歩道に沿って竹林のはえた傾斜地で、駐車場辺りは堀池があった。

滝ノ町は旧乙訓村の井ノ内地区と今里地区内の小畑川以東であった部分が、両区から独立して、昭和五一年（一九七六）に成立した。現在は一帯は盛土され住宅が密集している。（綱本）

竹田《たけだ》〔伏見区〕

近鉄京都線竹田駅周辺に位置する。竹田庄の記述が出てくるのは『実隆公記』（一四九〇）の中で、それ以前の記録としては藤原為家（鎌倉初期）の歌「長き夜を竹田の原の淀車」の竹田がある。古くは「竹田は往古、真幡木庄（マハタギ）に属した。保元中、真幡寸庄を竹田に合併した」（『京都府地誌』）といわれている。たしかに真幡寸庄は「安楽寿院文書」（一一四三）に出てくるが、竹田庄の記述はない。「竹田は安楽寿院荘園真竹庄と同じか」（『山州名勝志』）とされてきた。「真竹庄」は「真幡木庄」のことと思われるが、「竹」が入った理由は不明である。伏見はもともと、竹に縁が深い。深草には竹林が多く、「呉竹の伏見」は伏見の代名詞のように使う。「ふし見の竹田は呉竹を植えた所」（『伏見鑑』）とする説がある。呉竹が御香宮神社に神后皇后が植栽させた矢竹とすると、その竹は御香宮神社にしか見られない。竹田一帯は鴨川氾濫原の沼沢地・低湿地であったので、「竹田の早苗」（『続古今集』『夫木集』、いずれも鎌倉時代）のように、湿田・沼田があった可能性は高い。集落は低湿地帯より高い処にないと住めないので、竹田の「竹」は「高」、「田」は「処」（ト）の転化か（『古代地名語源辞典』）という説に魅かれる。吉田金彦によると他の地方の「竹田」は、全て街道・交通路に名付けられたものが多いので交通地名と考えている。語源は「日がたける」という旅人の時間観念を表すタクル（長）の古い名詞形タケである。「竹」はまったく当て字であるというので、竹田はもっと究明したい地名の一つである。

（明川）

竹野郡《たけのぐん》 〔京丹後市〕

旧郡名・郷名。古代から近代まで続く郡名で、丹後国五郡の一つ。網野町、丹後町、弥栄町の範囲。もと「たかのこほり」か。多くの木簡に記されており、古代にさかのぼる地名である。史料では、『古事記』開化天皇の条に「此の天皇、旦波之大県主、名は由碁理《ゆごり》が女、竹野《たかの》比売を娶して生みませる御子、比古由牟須美《ひこゆむすみ》命。」として登場するのをはじめ、『日本書紀』開化天皇の条にも「天皇、丹波の竹野媛を納れて妃と為したまふ。彦湯産隅命を生む。」とあり、竹野媛は郡名、または郷名を負う。藤原宮跡出土木簡にも「旦波国竹野評鳥取里大贄布奈」と早くみえ、これ以降異表記はない。『延喜式神名帳』には、竹野郡内に天照大神を祭神とする竹野神社（大一座）として名がみられ、「タカノ」と訓じる。同社は神明山古墳（全長一九〇メートルの前方後円墳）に近接して鎮座し、天照大神を祀る（摂社の斎宮《いつきのみや》神社には日子坐《ひこいます》王《おう》命、建豊波豆良和気《たけとよはずらわけ》命、竹野媛《たかのひめ》命を祀る）。また、『和名抄』（高山寺本）は、竹野郡内の郷として木津郷、網野郷、鳥取郷、小野郷、間人郷、竹野郷の六郷をあげているが、竹野郷の中心となるのは現在の竹野、および宮と呼ばれる地域である。『和名抄』に「多加乃」とする。

また、『古事記』懿徳《いとく》天皇の段には、「次に当芸志比古《たぎしひこ》命は、血沼之別《ちぬのわけ》、多遅麻之竹別《たけのわけ》、葦井之稲置《あしいのいなぎ》の祖なり」とあって、竹別は但馬国美含《みくみ》郡竹野郷（兵庫県豊岡市竹野《たけの》町）にあった別氏である。このことから、丹波国と但馬国がまだ一体であった一定の時期、丹後北部から但馬北部へかけての一帯を竹野という総称で呼んでいたと考えられ、竹別の本拠地であったことがうかがわれる。ちなみに、豊岡市竹野にある式内社の竹野神社は、正式には「鷹野《たかの》神社」と表記されている。

竹野川は丹後半島を南から北へ貫流し、丹後地方では由良川に次ぐ規模の河川。竹野川の河口部にある集落の竹野が「タカノ」と称する一方、竹野川は今「タケノガワ」と通称されているが、「タカノガワ」の転訛であろう。なお一説に、竹野川はかつて京丹後市大宮町三重付近から与謝野町へ南流し、野田川に合流していたという。

（水野）

竹鼻《たけはな》 〔山科区〕

山科区の中央部に位置し、語源は次の三説がある。①天智天皇の陵戸の長であった竹鼻氏の住居があったことによる（『京都府山科町誌』）。竹鼻氏が資料に登場するのは中世からで、貞治四年（一三六五）六月二〇日の項に「今暁三井寺より山科竹鼻弾正宿所に押し寄せ焼き払う」（『師守記』）とある。他の資料からも三井寺と争うほどの勢力を持っていたことが分かり、この地に屋敷を構えていたと推察できる。しかし、「陵戸の長」については確認できる資料に乏しい。②「タケ」は高くなった場所、「ハナ」は突き出た場所を指す言葉で、周囲より一段高い場所であったことによる。③「竹」は山科の名産品であり、竹藪が突き出た所であったことによる。実際に山科は筍が多く採れ、昭和初期まで多くの竹藪が残っていた。「雨後の筍」と言われるような驚異的な生長ぶりや、中が空洞であることから、竹は古来より神秘的な植物と見なされてきており、地名に「竹」をつけるのは、竹藪の存在だけでなく、地を言祝ぐ気持ちが込められたと見るべきであろう。とくに、交通の要衝の地に「竹」の地名が多く見られることが注目される。

竹鼻は大字名であり、現在、区内に「木ノ本町」「忠兵衛谷」など、一三の小字名がある。（小寺）

竹藤《たけふじ》〔京丹後市久美浜町〕

室町期にみえる、丹後国熊野郡内の保名に竹藤保とある。「丹後国田数帳」に、「一為延・吉岡・竹藤三ヶ保　廿五町二段九十歩内」とみえて、七人の知行者をあげ、このなかに竹藤右京亮の名が見えるところから、竹藤の地名は人名からの転化であろう。逆も考えられる。佐濃谷川支流の丸太川も別名、竹藤川と呼ばれている。地内からは弥生後期の遺物が出土している。（水野）

竹屋町《たけやちょう》〔下京区〕

竹材を販売する家の存在が語源である。高倉通綾小路下る仏光寺に至る中間点までの両側町には、「慶長より元禄の頃まで。竹材を販《ひさ》ぐ家あり」（『京都坊目誌』）とある。貞享二年（一六八五）刊『京羽二重』の「此通諸職商家」に、当町には「材木竹」の店が多いとある。「寛永一九年（一六四二）寛永後万万治前洛中絵図」に、「竹や町」とある。宝暦一二年（一七六二）刊『京町鑑』にも「竹屋町」と記す。

竹屋之町は、綾小路通烏丸東入ル東洞院までの両側町で、近隣町名に「竹屋町」名が多く、「竹屋」のあとに「之」を付けたと考える。「寛永一九年（一六四二）寛永後万治前洛中絵図」に、「竹屋町」とある。「寛文後期洛中洛外之絵図」には、現在の町名「竹屋の町」となるが、宝暦一二年（一七六二）刊『京町鑑』は「竹屋町」に戻ってしまう。「天保二年（一八三一）改正京町御絵図細見大成」に「竹屋之丁」とあり、以後定着する。

若宮通北小路下ル七条までの両側町では、西本願寺の「開坊の頃竹材を販売する者居住せし」（『京都坊目誌』）とある。もと西本願寺寺内町であった。「寛永一九年（一六四二）寛永後万治前洛中絵図」に「若宮図子四丁目」とある（「井筒町」参照）。宝暦一二年（一七六二）刊『京町鑑』は、「竹屋町」とし、以後変化はない。（小西）

竹屋町《たけやまち》〔舞鶴市〕

田辺城下町地子御免の本町《ほんちょう》の一つ。平野屋町の西に位置し、高野川河口に面した南北に長い町である。田辺城の築城とともに湊町として城下町の交易・商業の中心となって栄えた。船問屋が多く、土蔵が河岸に建ち並んでいた。細川氏の城下町は高野川大橋より東に築かれ、高野川河口右岸は「舟戸町」であったが（「田辺籠城図」）、京極時代には橋西に城下町は拡大して、同じ位置に「竹屋町」と出ている（京極家所蔵「丹後田辺之城図」）。同図の高野川左岸には

「御竹蔵」が描かれている。竹材は木材同様需要が多く、藩の立藪から竹材・竹の子を運び込み、また払下げもなされていたようで、高野川河口あたりに竹材を扱い販売する業者が住みついたものだろう。それが町名の由来と思われる。この町には商業と手工業とを兼業するものが多く、天保五年（一八三四）は一三九軒、中商売別延軒数は四二二軒（うち竹・竹皮五軒）であった（竹屋町「商売書上帳」）。（高橋）

竹屋町通《たけやまちどおり》〔京都市・東西の通り〕

平安京の大炊御門《おおいのみかど》大路に相当するが、現在は平安神宮西面の桜馬場通から二条城北面を通って、千本通に至る通り。ただし、途中鴨川などで中断している。大内裏の郁《いく》芳門《ほうもん》に通じていることから、古くは郁芳門大路ともいわれた。今の通りの名は、竹屋が多かったことから、といわれている。寺町通り東側、下御霊神社の南に革堂《こうどう》（行願寺）がある。西国三十三霊場の第十九番札所として知られる。（糸井）

蛸田町《たこでんちょう》〔西京区堅原〕

もとは葛野郡川岡村岡字蛸田。昭和五一年（一九七六）から西京区の町名。樫原断層の東側、桂川の氾濫原との間には、丘陵から流れ下る鳴谷川・荒木川が緩傾斜地を形成したが、いずれも天井川となり、低地から三〜六メートルも高い堤防を形成している。このため、下流側の蛸田町は堤防により囲い込まれて排水不良となった谷底低地。この部分には軟弱な粘土層が厚く堆積しており、かつ周囲より低いため宅地化の際に厚く盛土工事が実施された。兵庫県南部地震被害の集中地区として、蛸田町周辺が著しかった（『京都の地震環境』）。タコ（蛸）はタム（撓）・コ（処）→タンコ→タコ、デン（田）は澱で、谷底の澱みをいうのだろう。（綱本）

蛸薬師通《たこやくしどおり》〔京都市・東西の通り〕

平安京の四条坊門小路に相当する通りで、現在は、河原町通から佐井西通を西へ一筋行ったところまでの通り。途中、ＪＲ山陰本線などで中断しているところがある。今の通り名は、天正時代の豊臣秀吉による京都改造計画の実施に伴って生まれたものといわれる。薬師如来を本尊とする永福寺が、室町通二条下ルから、この通りの新京極通の東に移転されて以降である。この本尊の薬師が、俗に蛸薬師といわれたことによる（『京雀』）。当寺の善光という僧が、病床の母の願いから蛸を買ってきたが、その荷物を怪しんだ人たちから「開けてみせろ」と問い詰められて、本尊の薬師如来に祈念したところ、荷物の中味が経典に変わっていて救われたという、蛸の名がつくいわれを語る伝承がある。殺生を戒められる僧が蛸など喰うことは堅く戒められていた。此の堂近くの誓願寺の住職も務めた安楽庵策伝の『醒睡笑』にも、同種の仕立ての笑話がある。「沢薬師」の訛りという説もあるらしい。（糸井）

田尻町《たじりちょう》〔北区大宮〕

賀茂川縁に位置する。各地の川辺に見られる地名で田後とも表記する。タ（端）・ジル（汁）の転訛で、川縁の湿地をいう。沿岸に上ノ岸町、北ノ岸町、北椿原《つばきはら》町、南椿原町がある。椿原の椿は帽子のツバ（端）と同源だろう。（綱本）

戦川《たたこがわ》〔宇治市莵道〕

三室戸寺東北の山中から流れ出て、小字平町の西端で宇治川にそそぐ小河川である。古来、この辺りは戦場になることが多かったことから、戦い川（たたかいがわ）からの転ではないかといわれている。その戦いは、神功皇后の命をうけた武内宿祢が叛乱軍を討ち破った、忍熊《おしくま》王の乱（神功紀）であるとも伝えられているが、むしろ中世の諸合戦の古戦場であったと考える方が穏当であろう。事実、旧奈良街道の戦川橋付近からは錆び朽ちた甲冑の断片が掘り出されている。「庄屋長左衛門等届書」（元禄一一年〈一六九八〉）に「谷川筋三室太鳳寺入組所／た、かう川　但シ川幅拾四間／但シ、歩行渡、常水五寸」とある。

なお、古老の「ハザコ川ちゅうて、むかし羽戸とゴカンショウ（五ケ庄）の堺どしたんや」というハザコからの音転説がある（宇治市史巻五）。「五ヶ庄惣百姓訴状」（慶安四年〈一六五一〉）に「はさかう谷と申す所ニ御植させ…」とある「はさかう谷」は戦川の上流ではないか。ハザコとは、宇治の方言で境・間のことである。　（高木）

糺森《ただすのもり》　〔左京区下鴨〕

賀茂川と高野川が合流する河合にあった水湿沼地にできた森。糺森にある賀茂御祖《かもみおや》神社の摂社「河合神社」（小社宅《おこそべ》神社）が「只洲社」と記されている（『拾芥抄』『色葉字類抄』）ところに「タダス」の由来が知られる。タダはタヌタ（泥土の田・沼田）の約《つづ》まった形という（『京都の地名を歩く』）。やがて河川の流れが固定し、一帯が陸化する時代になって、タタスは「真実を正す」を掛けた歌枕として和歌に詠まれるようになる。『平中物語』第三十四段に「いつはりをただすのもりのゆふだすきかけてちかへよわれをおもはば」（一一二九）とあるのが「糺の森」の初見。「糺の森」には下鴨社が祭られて「糺の神」という歌語も頻出する。藤原師氏（九一三〜九七〇）の家集『海人手古良集』の「おもはむとしのびしのびにちかひしをいまはただすの神ぞゆゆしき」（八四）をはじめ、『古今和歌六帖』『小野篁集』『源氏物語』など。「糺の森」周辺の賀茂川・高野川の河原は「糺河原《ただすがわら》」と呼ばれ、『太平記』に「三千余騎ヲ差副《サシソヘ》テ、糺河原へ向ケラル」とあるように、山門勢力や東方からの侵入を防禦する上での要衝の地で戦場ともなって、同じ『太平記』には足利尊氏が陣を敷く場所として「河合森」が見え、「河合」に「タダスノ」とルビが振られている。また『師守《もろもり》記《き》』によると、康永元年（一三四二）五月四日と貞和二年（一三四六）五月二〇日に「河合川原ニ於テ八万四千基ノ石塔ヲ立テラル」と見えるように、戦死者を弔う墓地にもなった。戦乱が収まると、やがて「糺の森」や「糺河原」は、勧進興行や納涼の場となっていく。『看聞御記《かんもんぎょき》』永享五年（一四三三）四月二一日条には「ただす河原に於て勧進猿楽あり」、謡曲『賀茂』には「御手洗の、声も涼しき夏蔭や／＼、糺の森の梢より、初音ふりゆくほととぎす」と見えるのである。　（笹川）

多々羅《たたら》　〔京田辺市〕

市の中央部、普賢寺谷の開口部に位置する。普賢寺川の北側丘陵上の多々羅都谷には同志社大学田辺校舎があり、敷地内には、継体天皇が河内国樟葉から移り、約八年間宮居としたという「筒城宮址の碑」がある。『新撰姓氏録』山城国諸蕃「任那多多良公《たたらのきみ》」に「御間名国王《みまなのこにしき》、爾利久牟《にりくむ》王の後なり、天国排開広庭天皇《あめのくにおしはるきひろにわのすめらみこと》（欽明）の御世投化《まい》りて、金《こがね》の多多利、金の乎居《をけ》等を献《たてまつ》りき。天皇誉めたまひて、多多良公の姓《かばね》を賜ひき」とある。多多利を献じて多多良姓を下賜され、居住地名が多々羅となったとされる。小字新宮《しんぐう》前にある新宮社（祭神・素戔嗚命《すさのをのみこと》）はかつては多々良公の祖、余璋を祀った。余は百済王の姓、第三〇代の武王《ぶおう》（五八〇？〜六四一）の諱は璋である。また『古事記』仁徳段に筒木の韓人奴《ぬ》理能美《りのみ》の名がみえ、『日本書紀』仁徳条では、皇后磐之媛《いはのひめ》が移り住んだ筒木宮址（異説もある）があり、その伝承地と伝える。

多々羅の由来については、金の多多利の解釈をめぐって、従来から金属地名説と機織地名説とがある。①金属説では、タタリは蹈鞴《たたら》のことで、足で踏んで風を送るフイゴ（鞴）か、蹈鞴製鉄つまり砂鉄を集めて鉄を溶かした溶鉱炉をさし、製鉄工業地だったとする。「田辺」もタタラベ（蹈鞴部）→タタナベ→タナベの転訛（『けいはんな風土記』）だという。ただ、地質から見ると、「多々羅」をふくむ京阪奈丘陵は大阪層群といい、礫・砂・シルト・粘土の互層からなり、約三〇〇万年前から数十万年前に川や湖だった所に堆積した地層である。したがって砂鉄や鉄鉱床は存在しない。金属地名にこだわるとすれば考古遺物・遺跡の存在が決め手になろう。

②これに対して機織説では、タタリは紡績の絡垜《たたり》で、糸がもつれない様に操る道具をさす。絡垜は『類聚名義抄』『和名抄』『延喜式』祝詞に載る実在の紡織器具だ。奴理能美は「三色《みくさ》に変わる奇《あや》しき虫」を飼っていた。三色とは蚕から繭、蛾に三回変わることで養蚕を意味する。また、仁徳天皇が磐之媛を追って、「筒木」まで来たとき、「うち渡す八桑枝《やがはえ》なす来入り参来れ」（『古事記』）と、遠く見渡されるよく繁った桑の木のように、多くの供人を連れてやって来たと歌っている。『日本書紀』では河船で山代にきたら、「桑の木が流れてきた」と記す。説話の域を出ないといえ状況証拠は金属説より多い。

これに関して十数年ほど前、村田源元京大講師（植物学）は古代桑を木津川河川敷一帯で発見した。それによると精華町菅井から山城大橋の河川敷にかけて、点々とマグワ（別名カラヤマグワ）が野生状態で生えていた。マグワは日本の山に野生しているヤマグワと違い（マグワは雌しべの花柱が短い）、蚕の餌として古く中国より導入され、畑に栽培された。調査ではマグワが生育しているのは木津川流域だけだった。かつて大正から昭和にかけて各地で盛んに栽培されたクワはマグワでなく、ヤマグワを品種改良したもので、マグワとの間の雑種だろうという。マグワが自然状態で河川敷に残ったのは、河川より外では水田耕作や住宅開発で消失して河川敷に追いやられ、度々の洪水で流出しても、また種が発芽（実生）して、生き残ってきたからだとしている（『プランタ』二六、一九九三）。今後発掘調査が進めば、金属か機織か当否が明らかになるであろう。

（綱本）

立売《たちうり》〔伏見区桃山町〕

現在の観月橋の東北、JR桃山駅南西に位置する。秀吉伏見在城当時は池田武蔵守・浅野紀伊守などの屋敷が東から並び、南は月光院・文殊院・東条伊豆などの屋敷が東から西へ並んでいた。その北が立売筋の一画で庶民の住居が並んでいた（『山城名跡巡行志』）。伏見城築城の時、全国からやって来た二五万人の役夫のため、町の人々は物品の立ち売りをし、繁盛したところである（『城下町伏見町名の由来と秘話続』）。町名は立ち売りから付いたものである。

平日の物品入用の市場が立ち並ぶ一画となり賑やかになったが、慶長一〇年（一六〇五）、有馬邸から失火、町は焼失した。伏見城廃城の後、町の人は各種の草花を栽培して都の市へ出すのを業としていたという（『拾遺都名所図会』）。現在は住宅地だが、駐車場・マンションなどが多い。

（明川）

立売町《たちうりまち》〔下京区〕

『京雀』に、麩屋町から高倉までの四条通は、「絹布を商ける故に世に四条立売と云ふ」とある。特に、「此街東洞院より寺町西を総称して立売と云ふ。中昔以来。物貨売買の市場として商家軒を竝ぶ」（『京都坊目誌』）とある。立売東町は、四条通麩屋町西入ル柳馬場までの両側町で、「立売町」の最も東に位置する。「寛永一九年（一六四二）寛永後万治前洛中絵図」は「東立売町」とある。宝暦一二年（一七六二）刊『京町鑑』には「四条立売東町」とある。「天保二年（一八三一）改正京町御絵図細見大成」以後は、「東立売丁」となる。

立売中之町は、四条通柳馬場西入ル高倉までの両側町で、東町と西町の間に位置する。「寛永一四年（一六三七）洛中絵図」に「中立売町」とある。寛文五年（一六六五）刊『京雀』は東の「立売町（現・立売東町）」に対し「立売西町」としている（この場合、現・立売西町は、「みごく町」とする。東に祇園御旅所、西に鉾町のある四条通で、祇園祭に「お供えをする町」の意である〈「御供石町《ごくいし》」参照〉）。「天保二年（一八三一）改正京町御絵図細見大成」は「中立売丁」とし、その後変化はない。

立売西町は、四条通高倉西入ル東洞院までの両側町で、一番西にある町である。「寛永一四年（一六三七）洛中絵図」に「西立売町」とある。宝暦一二年（一七六二）刊『京町鑑』に「立売西町」とある。江戸時代を通じて「天保二年（一八三一）改正京町御絵図細見大成」の「立売之西丁」となる。（小西）

立川《たちかわ》〔綴喜郡宇治田原町〕

町南部の御林山（四〇二メートル）の北麓に位置する大字名。明治七年（一八七四）、贄《ね》田《だ》村・平岡村・大道寺村が合併して立川村が成立。同二二年（一八八九）贄田村は田原村大字贄田となり、他の二村は宇治田原村大字立川となる。昭和三一年（一九五六）宇治田原町の大字に。村名「立川」の名は、小字名からとったものである。「立川」のタチは、台地・小丘陵などの平坦地、緩傾斜地をいい（タテ・タツも同様）、立川は「台地をきざんで流れる川」と考えられる（『古代地名語源辞典』）。山間集落の多い同町ではよくみられる現象で、大字荒川にも小字立川がある。（齋藤）

舘町《たちちょう》〔綾部市〕

旧村名。由良川支流の犀川左岸にあたる地区。何鹿郡の内、綾部藩領。東部の台地上に式内社・赤国神社が鎮座し境内は弥生時代の遺跡である。また北部には高谷古墳群がある。地名は在地豪族の居館があったことによると推定される。『丹波志』はここに石河備後守の舘があって、舘はカラ堀が囲む一町×一町半とする。また天守の跡は三重の堀があると記す。

昭和二四年（一九四九）豊里町の大字、同三十年から綾部市の大字舘町となった。（安藤）

橘町《たちばなちょう》〔下京区〕

橘名の商品、または、それを販売する大店の屋号による。御幸町通仏光寺下ル高辻までの両側町には、当町の北端にあたる四条寺町、河原町にかけて菓子所が多く、橘屋の屋号を使用している店が、当町にもあったのであろう。寛文五年（一六六五）刊『京雀』、宝暦一二年（一七六二）刊『京町鑑』に「たち花（橘）町」とあって、以後変化はない。

松原通堀川東入ル油小路までの両側町の場合は、隣接の橘橘町（堀川通）が北半部を花橘町と称していたこともあり、堀川丸太町上るに東福門院の銘酒「花橘」を造る「坂田屋」との関係を類推する。隣接地の油小路五条にも名酒屋「三笠丸雪酒」があることから、「花橘」を売る店があったと推定する。「寛永一九年（一六四二）寛永後万治前洛中絵図」に、「たち（立）花町」とある。宝暦一二年（一七六二）刊『京町鑑』に、「橘町」とあり、以後変化はない。

下珠数屋町通東洞院西入ル烏丸までの両側町では、当町に法衣や仏具の店が多く、

「大谷家と関係の深い九条家の上久世庄公文真板氏の一族に門弟橘行宗（法名了賢）がいて、東本願寺成立の時期から、初期の大谷家の経済を支えていた」（『本願寺』）。橘行宗の大店が、支援の土台と考えられる。宝暦一二年（一七六二）刊『京町鑑』は、現町名の「橘町」を記す。「天保二年（一八三一）改正京町御絵図細見大成」は「立花丁」とする。（小西）

橘町《たちばなちょう》〔中京区〕

橘の木のある町。橘とは食用の柑橘《かんきつ》類の総称。古名を非時香菓《ときじくのかくのこのみ》という。神仙郷の植物にも擬せられ、内裏では左近の桜と右近の橘が植えられた、縁起のよい木。近世期の大内裏に近い地域には、古典的な植物に因む町名が点在しており、当町も同様な事情が考えられる。しかし寛文五年（一六六五）『京雀』には、やや違う由来が載せられる。昔、この町には遊里があったが、六条三筋町に移されたことが述べられ、「花の立のきたればとて、立花町と名つけしとにや」とである。遊里であった二条柳町と当町は部分的に重なるが、この説についてはこじつけの感が否めない。

当町は押小路通を挟む両側町。平安中期以降の押小路通富小路付近であり、平安貴族の邸宅が建てられた地。中世末につくられたわが国最古の遊里・二条柳町は、「京極西・万里小路東・冷泉小路南・押小路北」（『京都市の地名』）を範囲としており、当町の場合は北半分がそこに該当する。したがって『京雀』のような由来を考えることもできるが、内裏にほど近い当町の位置からは、橘町の名はふさわしいものだろう。ちなみに近隣である堺町通竹屋町上ルにも、同様の町名が確認される。（真下）

龍池町《たついけちょう》〔中京区〕

当町が二条良基の邸宅の二条殿御池殿の旧地にあたることと、その苑池であった竜《りゅう》躍池《やくち》の後名である、竜池《たついけ》に因む町名。『京都府地誌』には「二条殿竜躍池遺跡ノ内タルヲ以て名ヲ獲タリ」とある。なお、龍池には本能寺の変のときに織田信長の嫡子の信忠の首を洗ったという伝承がある（『京都民俗志』）。

当町は平安京大内裏の東方に位置して、はやくから貴族の邸宅が営まれた地。平安京の左京三条三坊にあたり、南北朝期に二条良基によって営まれた二条御池殿の南部分にあたる。応仁の乱以後に二条殿が荒れ果てた後も竜躍池は残って、往古の庭園の壮麗さを語るようすがとなったに違いない。

近世には当町周辺に金座・銀座がおかれて、両替町と呼ばれており、「龍池」は明治三年（一八七〇）からの町名である。町名変更に際しては北西に隣接する御池之《おいけの》町《ちょう》が、同じ龍躍池にちなむ地名をもつことからの連想であろうか。（真下）

立中町《たつなかちょう》〔下京区〕

四条通猪熊西入ル大宮までの両側町である。二条城の城下町として藩の京屋敷と寺院の西の寺町が配置された。すなわち、三条大宮から松原大宮までの寺院列がある（『中近世都市の歴史地理』）。四条大宮はその真ん中にある。当町は寺院列に接しており、「その真ん中に立つ町」であろう。「寛永一九年（一六四二）寛永後万治前洛中絵図」に、現町名の「立中町」とある。宝暦一二年（一七六二）刊『京町鑑』以来「北立中町」「南立中町」と二つの片側町に分立している。「明治元年（一八六八）合併し」（『京都坊目誌』）て、「立中町」に戻った。（小西）

辰巳町《たつみちょう》〔下京区〕

新町通北小路下ル七条までの両側町である。初め西本願寺寺内町であった。その位置は「本願寺境内の巽位に当たる」（『京都坊目誌』）。「寛永一九年（一六四二）寛永後万治前洛中絵図」に（寺内町の）「新町四丁目」とする（「井筒町」参照）。宝暦一二年（一七六二）刊『京町鑑』に現町名の「辰巳町」が記される。　（小西）

辰巳町《たつみちょう》〔東山区〕

『京都坊目誌』他に、当町が建仁寺の辰巳（東南）の方角に位置することが町名の由来となったとある。所在は東大路松原上ル。松原通、清水坂の北側に面し、東大路通を東西に挟む。

明和（一七六四〜七二）刊の『増補京町鑑』にその名がみえ、開町を明和年間とする『京都坊目誌』と一致する。当町は清水寺への参詣路にあたることから町化が進んだ。明治元年（一八六八）下京に編入、昭和四年（一九二九）東山区に編成。　（忠住）

蓼倉町《たでくらちょう》〔左京区下鴨〕

植物地名としては説明しがたい。タテ（台地）クラ（谷）であろう。現在の下鴨蓼倉町は、下鴨神社の北の狭い町域しか持たないが、かつては高野川を越え、北白川、田中あたりにも及ぶ広い地域を表す地名だったという（『京都府愛宕郡村志』）。扇状地がゆるやかに傾斜する北白川あたりの地形に符合する地名で、『和名抄』に見える愛宕郡「蓼倉（多天久良）郷」はタテ（台地）クラ（谷）にふさわしい地域にあったと考えられる。『山城国風土記』逸文に「三井社」の所在地として「蓼倉里」とあるのが初見。『小右記』所収の寛仁二年（一〇一八）一一月二五日付「太政官符」によって「蓼倉郷」が「賀茂下社」に寄進されたことが見える。　（笹川）

竪大恩寺町《たてだいおんじちょう》〔中京区〕

縦の大恩寺の町の意。当町の南側に隣接する大恩寺町に対して、南北に（縦に）長い地形であることからの名。『京都坊目誌』に「中世大恩寺と云寺あり。（略）二条通に同名あるを以て、元禄年中竪の字を冠す」とあるに従う。

当町は平安京内裏の東にあたり、平安中期以降は貴族の邸宅が建てられた。藤原道長の兄・道兼の邸宅である町尻殿（町尻邸）は、当町を中心とする地域に営まれた。道兼は関白の座に就くも七日で没し、七日関白と呼ばれた人物。その後もこの地は鎌倉期まで貴紳の邸宅として受け継がれた。

近世期には内裏や公家町の南側にあたり、落ち着いた商業地を形成していたようで、貞享二年（一六八五）刊『京羽二重』からは唐本屋や菓子所、両替屋などの居住が知られる。

町名は近世前期に「立大恩寺町」とあり、タテの表記については「立」「竪」の二通りが行われた。また、「大恩寺町」とする絵地図もあるが、おおむねこの域を出ない。　（真下）

竪町《たてまち》〔右京区御室〕

明治一四年（一八八一）まで存在した御室門前村の一部を占める。当村は双ヶ岡の北東部にあたる地で、『京都府地誌』によれば平安期には小松郷立屋《たちや》里と称されていたという。竪の名はそれに基づくと考えられる。現在この地には、御室小松野町と御室竪町が隣接しつつみられる。仁和寺は、仁和《にんな》二年（八八六）双ケ丘北方に、光孝天皇の御願寺として起工され、翌年遺志を継いだ宇多天皇が完成した最初の門跡寺院である。かつて御室仁和寺の区域は、双ヶ丘の東方から衣笠山一帯を含んでいたといわれる。　（岩田）

田中《たなか》〔左京区〕

タ（田）ナ（接語）カ（処）で、北白川の扇状地のゆるやかに広がる地形を表すか。『日本三代実録』貞観五年（八六三）五月二二日条に「勅シテ山城国ノ広幡ノ神・田中ノ神ヲ愛宕郡伊佐弥里ニ遷ス。旧社ノ汚穢ニ近キヲ以テ也」とあるのが「田中」の初出。「伊佐弥《イサネ》ノ里」は、『山城名跡巡行志』によると、岩倉の「花園村」の旧名で、「広幡ノ神ノ祠」は「同村民居ノ間ニ在リ、今、妙見社ト称」し、「田中ノ神ノ祠」は「同所ノ北、妙見山ノ下ニ在リ、今、神明ト称ス」とある。田中郷には、『親長卿記《ちかながきょうき》』文明六年（一四七四）八月一日条に「夜ニ入リ、田中構（田中郷ノ輩、先年炎上ノ後ニ構フ。五霊日ノ群集ノ人々、近日、田中構ト号ス〉ニ火事有リ」と見えるように、郷民が築いた自衛のための堀構があったが、『鹿苑日録《ろくおんにちろく》』天文五年（一五三六）七月二一日条に「法花衆、田中ヲ責メテ火ヲ放ツ」とあるように、天文法華の乱で、田中構は崩壊し、田中社も焼き打ちされた。しかし、田中社は復興され、延宝九年（一六八一）に同地を訪れた黒川道祐は、『東北歴覧之記』に「知恩寺、光福寺、河合ノ森、田中社、西ニ見ユ」と記している。

現在、田中何々町という「田中」を冠する町名が三〇町ある。（笹川）

田中殿町《たなかでんちょう》 〔伏見区竹田〕

名神高速道路の京都南インターチェンジが町の多くを占めている。南インターチェンジの東に田中殿の建物があった。跡地が町名の由来である。建物は鳥羽上皇（一一〇三～五六）が鳥羽離宮内に建てたもの、鳥羽上皇の皇女八条院の御所であった。現在の田中殿公園がその跡地にあたる。（明川）

棚倉《たなくら》 〔京田辺市田辺〕

従来、棚倉の所在地は、京田辺市田辺棚倉と木津川市山城町の平尾・綺田辺りの二説が指摘されてきた。まず、山城町は明治二二年（一八八九）、綺田村・平尾村が合併して棚倉村となった地である。天平一九年（七四七）の「大安寺伽藍縁起并流記資財帳」に「山背国相楽郡、棚倉瓦屋」とあり、新村名として命名されたが、昭和三一年（一九五六）相楽郡山城町成立で消える（棚倉は現在、JR奈良線の駅名、小学校名に残るのみ）。

綺田東山上に一〇世紀後半創建といわれる光明山寺《こうみょうせんじ》跡がある。「興福寺官務牒疏」に「光明山寺　相楽郡相谷の東、棚倉山に在り」とある。同書は幕末の偽文書「椿井文書」であり、山名は古代にさかのぼれないが、幕末には寺院一帯を「棚倉山」と称したことが伺われる。また、平成一四年（二〇〇二）、玉川右岸の段丘上の井手石橋で瓦窯跡が発掘され、「棚倉瓦屋」と比定。「大安寺旧境内附石橋瓦窯跡」として国指定史跡となった。したがって、「相楽郡」に属した瓦窯跡のある井手南部から山城町にかけて連続する山野が棚倉の範囲にふくまれると考えられ有力視されている。

すでに、相楽説では、『大日本地名辞書』が旧相楽郡棚倉村に比定。大井重二郎は「相楽郡に現在棚倉村があり、その地方の平野を棚倉野と云ふ」といいながら、「北は直ちに綴喜郡に接し、式内社棚倉孫神社は綴喜郡に在り、同郡に属してゐた時代があったと思はれる」（『萬葉集山城歌枕考』）とする。

一方、『万葉集』に、「手束弓《たつかゆみ》手に取り持ちて　朝猟《あさがり》に君は立たしぬ　棚倉の野に」（巻一九・四二五七）と棚倉野が歌われている。君は天皇を指し、聖武天皇の久邇京《くにのみやこ》時代の狩猟の歌で、『続日本紀』天平一三年（七四一）五月六日条には「天皇河南に幸《いでま》して校猟《きょうりょう》を観る」とある。校猟は、木製矢来に獣を追い込んで獲ることである。河南とは、つまり、木津川中流以南の左岸、綴喜郡の棚倉野とされる。京田辺市田辺棚倉には棚倉孫神社があり、神社は創祀不詳だが、『延喜式』神名帳の山城国綴喜郡一四座のなかに「棚倉孫神社」が載る。
僧丈愚『京師巡覧集』（一六七九）、契沖『万葉代匠記』（一六九〇）、鹿持雅澄『万葉集古義』（一八五七年頃成稿、明治以降刊行）は、棚倉は神名帳に山城国綴喜郡棚倉孫神社とある地だという。武田祐吉『増訂万葉集全註釈一四』（一九五七）は「綴喜郡田辺町の附近」、折口信夫『万葉集辞典』（一九七五）、『式内社調査報告第一巻』（一九七九）なども「綴喜郡」とする。しかし、神社名に依拠しているが、田辺の字名「棚倉」が何時成立したのか不問である。神社は、創祀年代不詳、近世は郷社・天神宮とされる。地名もこれにより薪東南部も含めて「天神ノ森」と称した。したがって、「棚倉」はそれ以後の字名である。明治になって式内社棚倉孫神社と決定された。しかし、綴喜郡の式内社は石清水八幡宮を除き近世までは、一三社すべて所在不詳だった（「天王」参照）。つまり、田辺棚倉とするのは史料の裏づけが不十分である。

語源については、これまでの諸説は①棚倉孫神社の祭神は天香古山命《あめのかごやまのみこと》。饒速日《にぎはやひ》命の子で、高倉下命《たかくらじのみこと》・手栗彦《たなくりひこ》命ともいい、手栗彦が棚倉孫に転じた。地名もこれに因む②『京都府田辺町史』は、「棚倉とは穀物を収蔵するに湿気を避けるため、床を棚作りにした倉のことで、穀物のみならず養蚕地に設けられたから磐之媛《いはのひめ》記事と合わせて、養蚕からきた」とする。仁徳天皇の皇后磐之媛は蚕を飼う筒木の韓人奴理能美の家に身を寄せた（『古事記』仁徳段）。この地は渡来人が養蚕を営んだ伝承地とされる。大井重二郎は「多奈久良の語源は、古事記神代巻に御倉板《みくらたな》擧之神の名が見え、校倉であって、湿気を嫌うて高く床を張り、宝物を収めたものか」（『万葉集山城歌枕考』）。志賀剛も「タナクラ（棚倉）は屯倉《みやけ》の種倉であろう。されば棚倉孫神は種倉彦神である」（『式内社の研究・第三巻』）。これらの説に対して、③松尾俊郎は「棚倉の棚は、地形的平坦面をいい、倉は『場所』の意であろう。クラは高御座《たかみくら》や磐座《いわくら》などの座《くら》（座所、場所）」という（『日本の地名』）。吉田金彦は「タ（田）ナ（助詞）クラ（谷、低所）ということで、タ（田）は住むべき所」という（『京都の地名を歩く』）。

古代産金の地、福島県東白川郡棚倉町《たなぐらまち》は、久慈川上流部の段丘上にあり、山城町の「棚倉瓦屋」も段丘上にある。当地の棚倉孫神社は、丘陵が東へ突出した低い先端部に位置する。ヒコ（孫）は、「先」の名付け（人名用漢字）ヒコで、端の突き出た所をいう。棚倉孫は低い台地の先端という意味で、棚倉はいずれも、③説の小高い所の平地をいう地形語であろう。（綱本）

棚倉《たなくら》 〔木津川市山城町〕

明治〜昭和の村「棚倉村」は綺田《かばた》・平尾の二大字合併による相楽郡山城町の旧村名だが、「棚倉」と云う地名の起りはすぐ北に隣接する綴喜郡井手町の玉川流域にある。したがって棚倉の名義や由来は玉川の文化史に遡る必要がある。玉川の上流域に棚倉という地理を示す場所があるからだ。国語の語意として、タナ（棚）はイタナメ（板並）の略（『大言海』）というより、ずばりタナメ（田並）の略と言えそうで、「棚《たな》田《だ》」のことであり、クラ（倉）はクラタニ（暗谷）で低く谷になっている所という意味である。棚田が川沿いに開けた地は全国各地に在り、珍しくはない。ここ井手の地勢は南、山城町にも及び、綺田・平尾も同地理故に地理語「棚倉」が地名に広げられたのである。

棚倉の原点が井手町玉川上流にあるというのは、棚田に設けられた窯跡が発見されたからである。井手町大字井手小字石橋、玉川の谷口で発掘があり、二〇〇二年五月に二基の窯跡・灰原と二か所の排水溝が発見されて、灰原より軒丸瓦・軒平瓦・塼などが多量に出土し、石橋瓦窯跡と名付けられた。此の石橋瓦窯は、奈良時代の『大安寺伽藍縁起并流記資材帳』に出て来る山背谷荘園三処の内、相楽郡二処の一つに「棚倉瓦屋」とある、まさにそれである。しかも続けて「東谷上、西路、南川、北南大家野堺之限」とあって、地理の記述が遺跡現地とぴったり合致しているし、出土瓦は大安寺創建瓦と同一瓦だったので、石橋窯跡は大安寺荘園の棚倉瓦屋であることが確定した（二〇〇二年九月、井手町教委現地説明会資料）。私は現地説明を教委担当者から伺い、段々に傾斜した棚田の環境風景を見て、すばらしく幸運な地名の原点発見に感動したのであった。遺跡は棚田の東斜面にあり深い谷、玉川縁では断崖になっている。今、川の右岸沿いの崖道は桜と山吹の遊歩道丹成っていて、道下の玉川は怖いほど深いのである。それで「棚倉」の「倉」の意味も地理にマッチしているのが了解できるのである。

それからもう一つ言い添えて置きたいのは、「棚倉」という地理語だけにとどまらず、ここが「椿坂」という有名な場所でもあった事だ。平安京から平城京に至る奈良街道（山背古道）が玉川を渡る手前の棚倉の傾斜地に「椿坂」はあり、王朝和歌に「井出の下帯」を解いて「井出の玉水」を掬い飲んで契を結んだという歌枕の土地になっている。ツバキ（椿）の字が水飲み場近くに用いられてあるということは、関所とか官衙の類が置かれたことを暗示するもので、此処の場合、奈良大安寺瓦窯の役所があったことを暗示させる。窯造りやその営業所が廃れた平安時代は、もっぱら交通の要地として、旅人の安らぎの名所となった。従来注意されていなかった。

高みの傾斜地棚田、水利用の都合宜しく、製品の運搬も便利であった玉川石橋の地は地理語「棚倉」を生み、この近辺以西を「棚倉野」として『万葉集』に詠まれたのも文学的好みに時代の格差はなかったのである。

手束弓手に取り持ちて朝狩に君は立たしぬ、多奈久良能野に（巻一九・四二五七）。

棚倉野は聖武天皇も遊猟されており、恭仁京からも遠出可能の好地だったことを改めて注目したい。

（吉田）

田辺《たなべ》〔京田辺市〕

市の中央部に位置し市行政の中心地である。中世から近世にかけては、当地は天神森村と通称される地域として知られており（「天神堂」参照）、田辺の呼称は村の南側の小地域だったという。南山城特有の天井川の一つ天津神川《あまつかみがわ》の傍に式内社棚倉孫《たなくらひこ》神社があり、古跡に中世の土豪・田辺氏の田辺城址がある。「田辺郷」が南北朝期から見える。『宝生院図書目録』観応三年（一三五二）八月二三日付の奥書に「於山城国綴喜郡田辺郷令書写了」とあるのが初見。田辺荘（『後法興院政家記』）・田那部荘（『大乗院寺社雑事記』）・多奈部（『経覚私要抄』）ともいった。三論宗の僧憲朝が当郷において経典書写したことが見え、寺庵の存在が推定される。『東院毎日雑々記』によると、当時は興福寺東院領で、応永二年（一三九五）正月二九日同院光暁が上洛して、「田辺郷の事」（知行地の安堵）を幕府に訴えている。

語源は諸説ある。①『京都府田辺町史』は、南田辺に城があって藤原氏の庶流田辺家が城主で、田辺の地名もこれに由来という。しかし、偽文書「椿井文書」の引用なので疑問視されている。②万葉集研究家・

井村哲夫は、奈良県磯城郡田原本町法貴寺の小字タナベがあり、永仁二年（一二九四）の「大仏灯油料田記録」には「多々羅部」と記されているので、タタラベ→タタナベ→タナベの転訛といい、多々羅部は鍛冶部と同義で、京田辺市には大字多々羅が存在し、鍛冶に関する地名という。ただし、多々羅の由来は紡績説が有力で、鍛冶にちなむとするのは無理がある。③タナ（棚）・へ（辺）で、「段丘ほとりの地」の地形語のこと。④田辺に小字棚倉《たなくら》があり、明治一〇年代の『京都府地誌』は、棚倉野（一説に手枕野）の棚倉が転訛したとする。「タ（田）ナ（助詞）クラ（谷、低所）」ということで、タ（田）は住むべき所をいい、つまるところ小高い所の平地をいう（「棚倉」参照）。などである。諸説あるが、③の地形由来が妥当だろう。（綱本）

田辺《たなべ》〔舞鶴市〕

旧郷名。『和名抄』は丹後国加佐郡内の郷名として「志楽」・「椋橋《くらはし》」・「大内」・「凡《おおし》海《あま》」・「志《し》託《たか》」・「有道《ありち》」・「川守」・「余戸《あまるべ》」とともに「田辺」郷をあげている。元和三年（一六一七）刊行の版本は「田辺」を「田造」とするが、それは「田邊」を誤記したものであろう。『丹後風土記残欠』も「田造」と記載し、「田造」が流布することになるが、古写本やそれまでの文書の中に田辺郷はあっても、田造郷という郷名はみえない。

タナベは田の辺（ほとり）で、田の周辺を意味し、古代農耕民の住むのに適したところであった。舞鶴湾はかつて海が深く入り込み潟なしていたが、その奥に位置する女布《にょう》遺跡からは弥生時代から平安時代にかけての住居跡や郡役所とも推定される七世紀後半の大規模な倉庫群跡が確認されている。田辺郷はこの辺りを中心に、高野川流域の旧高野村・中筋村・舞鶴町に旧四所《ししょ》村も郷域であったと考えられる。

室町時代には阿波三河守護細川氏の庄園になっている。公文名・七日市の大字名を残す地が中心であった。天正八年（一五八〇）織田信長より丹後国を宛行《あてが》われた細川藤孝は、宮津に本城を、この田辺の海に面した地に支城を築いた。本能寺の変後は剃髪した藤孝（幽斎）の隠居城となり、関ケ原の戦いに先立つ大坂方の攻撃に対し、幽斎は宮津城等を焼き払い田辺籠城策をとった。そのために、細川氏の九州転封後に入った京極高知は田辺城に入り、一二万石にふさわしく城を拡張し町を整えていった。しかし、高知の死後遺言により宮津・田辺・峰山に三分される。三万五千石の田辺藩はほぼ加佐郡の郡域を治め、のち藩主を牧野氏に代えて約一五〇年続くことになった。ところが、明治二年（一八六九）版籍奉還に際し、「田辺」は紀伊国にもあって紛らわしいので改称するように太政官より沙汰があり、藩主の居城の別名「舞鶴」を採って、田辺藩は舞鶴藩となった。明治二二年町村制施行により城下町は舞鶴町になり、その後周辺の村と合併して、大江町を除く田辺藩の領域が舞鶴市となった。こうして千年近くも人々に親しまれてきた「田辺」は「舞鶴」にとって代わられ、わずかに元城内ということで付けられた北田辺、南田辺（のちに東田辺が分かれる）が大字として残るばかりである。（髙橋）

谷《たに》〔京丹後市久美浜町〕

谷は狭小、狭隘な地形を形容したことに由来する地名であろう。佐濃谷川中流域の山麓に位置する。伝説によれば、現在、女《にょ》布《う》にある式内社の売布《めふ(ひめふ)》神社の祭神は、当初、この谷に鎮座していたという。（水野）

谷内《たにうち》〔京丹後市大宮町〕

文字どおり集落が「谷の内」に位置する

ことからの命名であろう。竹野川が大きく湾曲して南流から北流へ、ほぼ流路を反転させる上流域右岸の山峡に位置する。縄文時代早期、弥生時代後期から鎌倉時代の谷内遺跡、また女性が単独で埋葬されていた大谷古墳（古墳時代前期末から中期前葉築造）があり、この時期この地域一帯に「女王国」があったとみられる。大谷古墳は、丹後町の神明山古墳とほぼ同時期の女性首長墓として貴重である。若一王子権現、真言宗本城山岩屋寺があり、岩屋寺は行基の開基と伝える。（水野）

谷口《たにぐち》〔右京区〕

衣笠山の南方で、龍安寺の南側にあたる。古くは、東の衣笠山と西の大内山（御室山）がつくる谷の入口となることから、谷ノ口と称した。宝徳《ほうとく》二年（一四五〇）、衣笠山西隣の朱山の山麓に龍安寺が建立され、龍安寺門前と改められたという。以後、双方の地名とも使用されてきた。江戸期の所領を示した文書にも、谷口村と龍安寺門前との併用がみられており、概ね二八〇石の石高を示している。特産は松茸で、『雍州府志』寺院門「龍安寺」の項では「松茸は洛山処々に出ず。然れども斯の山の産を以って、馨香風味、洛下第一となす。世人、之を争い求む」とある。谷口村は明治二二年（一八八九）まで続いた。（岩田）

田貫《たぬき》〔右京区京北〕

『和名抄』の桑田郡弓削《ゆげ》郷内に位置し、田原川支流の室地川沿岸の地区で、船井郡に接する。洪水で田が流されたことから「田抜き」の意でついた地名という説があるが、不詳。「たぬき」が「たに（谷）おき（沖・奥）」の縮約形（たのき―たぬき）とみると、「谷の奥まったところ」の意と考えられる。地区内にある白山神社は、元北に隣接する室谷《しったん》の室次谷《むろじだに》にあったものを当地に再建したものといわれる。（糸井）

足袋屋町《たびやちょう》〔下京区〕

綾小路通寺町西入ル麩屋町までの両側町である。「天正の末斯町に笹屋太右衛門と云ふ者あり。始めて黄紅染の足袋を製し。一時江湖に伝播す。依て此名あり」（『京都坊目誌』）という。足袋屋の笹屋が存在するだけでなく、『京羽二重』巻一の「此通諸職人」の項に「木綿足袋や」が多いとある。「寛永一九年（一六四二）寛永後万治前洛中絵図」には「たひや町」とある。宝暦一二年（一七六二）刊『京町鑑』に、「足袋屋町」と、変化はない。（小西）

玉井《たまい》〔綴喜郡井手町井手〕

「たまのい」とも。町大字井手の水無地区に属する小字名（玉ノ井）。玉川北の玉川保育園（旧奈良街道東、JR玉水駅東三五〇メートル）東北隅にある蛙塚の一角の小さな井泉を古来玉井という。現在人家の奥になるが、もとは玉井寺《ぎょくせいじ》（一八七二年廃亡。園内に「玉の井　玉井寺跡」の碑が建つ）の庭内にあたる。かつては木津川右岸にあって湧水地は多くあったとみられる。それらを玉ノ井と称したと思われ、井手の歌枕の一をなしている。「玉の井に咲ける山吹の花こそ春の盛りなりけれ」（源師時、『堀河百首』所収）。いまに遺されたこの玉井の周辺が、現在では小字玉ノ井となっている。「玉の井の水」と平安・鎌倉和歌にみえるが、これなどは「玉水」に同じであろう。玉ノ井とは、もちろん清泉の美称であり、普通名詞が地名化したものである。玉井の初見は、『続日本紀』（天平一二年一二月一四日条）にみえる聖武天皇が橘諸兄の別荘（相楽別業《さがらかのなりどころ》）へ行幸の「玉井頓宮」である。玉川の南にその別荘があった。古代・中世においては東大寺領の玉井庄がみえる。（齋藤）

玉川《たまがわ》〔綴喜郡井手町〕

井手町南部を東西に流れる木津川の支流。六玉川の一をなす歌枕の名所。「駒止めてなを水かはむ山吹の花の露そふ井手の玉川」（『新古今和歌集』俊成）。水量が少ないため水無《みずなし》川ともいわれた。井手扇状地を形成してきた川である。古来山吹と蛙で知られ多くの歌が詠まれてきた。昭和二八年（一九五三）の南山城大水害で蛙（河鹿）は死滅、山吹も壊滅したが、地元の努力で山吹は復活、下流域は桜の名所として賑わう。清流でしか生息できない河鹿の存在が「玉川」「井手」の名を象徴してきたが、最近その復活の動きも地元ではみられる。「色も香もなつかしきかな蛙なく井手のわたりの山吹の花」（小野小町、『小町集』所収）。地名の由来は玉のような清流の川をいう。（齋藤）

玉津島町《たまつしまちょう》〔下京区〕

松原通烏丸西入ル室町までの両側町である。当町南側に「新《にい》玉津島神社」が存在することに因む。「新玉津島神社由緒書」には、「後鳥羽天皇文治二年（一一八六）、正三位藤原俊成卿は勅命により、邸宅の地に和歌の浦の玉津島神社を勧請した」とある。勧請した神は、和歌の神衣通郎姫《そとおしのいらつめ》である（「住吉町〔下京区〕」参照）。藤原俊成の本邸宅は、史跡＝新玉津島神社のある「東は烏丸小路、西は室町小路、北は五条大路（松原）、南は樋口小路（万寿寺）と五条大路との中間点、の範囲」であった。また、俊成は宅地の西半分を、『千載和歌集』撰進の「和歌所」とした（『京都の地名検証2』）。「寛永一四年（一六三七）洛中絵図」に「玉つしまノ丁」とみえ、宝暦一二年（一七六二）刊『京町鑑』に「玉津島町」とあり、変化はない。（小西）

玉水《たまみず》〔綴喜郡井手町井手〕

ＪＲ奈良線玉水駅周辺の地。木津川支流の玉川下流（北側）の平地に位置する。平安初期の『伊勢物語』に「山城の井出の玉水手にむすびたのみしかひもなき世なりけり」（一二二段）とあるが、京都から奈良へ向かう旅人が、古北陸道井手通過の道筋で玉水を手に結び一息をつく地であった。その意味で井出・玉水・玉井・玉川は歌枕の名所であった。時を得れば、蛙と山吹に心慰む地であった。平安末期～鎌倉初期頃成立の『袖中抄』（藤原顕昭著の歌学書）にも、「ゐでのたま水とは、山城にならへ行く道にゐでの清水とてめでたき水の道づらにあるなり。ゆききの人これを手にむすびつつ飲む」と記している。玉水とはもちろん玉のような清泉・清水をいう。なお、豊臣秀吉以後あらたな大和大路が整備され、玉水宿駅が置かれて大いに繁栄した。（齋藤）

玉水町《たまみずちょう》〔下京区〕

隣接する渉成園に、滴翠園（臨水亭）、漱枕（印月池に臨める水亭）など一三勝（景）があり、それを詠じた賀茂季鷹の和歌に、『名にしおふ玉藻に月も去なして影静かなる夜々の池水』とあり、その「玉」藻の池「水」を「玉水」ということによる。渉成園は東本願寺の別邸で、寛永一八年（一六四一）徳川家光が本願寺宣如の求めに応じ寄進した。宣如は石川丈山に諮り、伏見桃山から樹石を移し、高瀬川の水を引いて作庭、池亭を構え、明暦三年（一六五七）に完成させた（『京都市の地名』）。

下珠数屋町通間之町東入ル両側町は、当初、間之町西入ル東洞院までの両側町の「西玉水町」と一体で「玉水町」であったが「西玉水町」が独立したため、「東玉水町」とした。宝暦一二年（一七六二）刊『京町鑑』に「東、西玉水町」とあり、以後変化はない。（小西）

玉水町《たまみずちょう》〔東山区〕

『京都坊目誌』に玉水と呼ばれる井泉に依るとある。元々「玉水」の名は伏見の「玉水里」が有名であり、玉水とは清らかな水のことを指す。所在は東大路通松原上ル二丁目。南北を東大路通、東西に八坂通が交差して走る。北は下弁天町、南は辰巳町まで。

元建仁寺領の耕地であり（『京都坊目誌』）、明和年中（一七六四～七二）に開市した（『京都府地誌』）とある。明治元年（一八六八）下京に編入、昭和四年（一九二九）東山区に編成。『京都巡覧記』には「安井門前通三町目」とある。（忠住）

玉本町《たまもとちょう》〔下京区〕

油小路通正面下ル北小路までの両側町である。「西側人家（猪上某）の井水中より稲荷の木像を得たり。仍て玉本町」（『京都坊目誌』）としたとある。玉は稲荷の霊に通じる。元西本願寺の寺内町のなかでも権威のある「由緒町」と呼ばれた。「寛永一四年（一六三七）洛中絵図」に（寺内町の）「油小路三丁目」（「井筒町」参照）とある。「天保二年（一八三一）改正京町御絵図細見大成」に、「玉元丁」とある。（小西）

玉屋町《たまやちょう》〔下京区〕

不明門通万寿寺下ル五条までの両側町である。玉は「宝石類。多くは彫琢して装飾とするもの」（『広辞苑』）である。当町に玉を製造する店があったのであろう。江戸時代には、玉屋と装飾で共通する、金銀箔を吹き付けた装飾和紙、「砂子紙」を扱う「御用砂子屋」の砂子屋長兵衛が住んでいた（『京都御役所向大概覚書』）ことも裏付けとなろう。「寛永一九年（一六四二）寛永後万治前洛中絵図」に「大堀つきぬけ町」とある。当町の北端が大堀町で、それを起点として、町民営為の「突抜」が形成された。宝暦一二年（一七六二）刊『京町鑑』に、「玉屋町」が記される。（小西）

田村《たむら》〔京丹後市久美浜町〕

旧郷名・旧村名。平城宮址出土木簡には「丹後国熊野郡田村郷神人丈万呂五斗」「丹後国熊野郡田村郷刑部夜恵五斗」および「丹後国熊野郡田村郷中男作物海藻一□〔籠カ〕」とあり、また『和名抄』の郷名の一つでもあることから、地名の存在が古代にさかのぼることがわかる。水田など耕地面積が大きかったため、田が多い村として田村と命名されたものと思われる。「村（むら）」は「群れ」の意で用いられたか。

建久二年（一一九一）の「長講堂所領注進状案」（島田家文書）には「田村庄」と記され、久美庄や宮津庄・伊祢庄とともに後白河法皇の持仏堂であった長講堂領の荘園であったことがわかる。『猪熊関白記』建仁元年（一二〇一）五月廿六日条には、久美庄・鹿野保との間で境界論争があったことが記されており、両者と境界が接していたことがわかる。長禄三年（一四五九）の「丹後国郷保庄惣田数帳」にも田村庄とあり、百廿三町あまりの広い田地があったことがわかる。天文七年（一五三八）の「丹後国御檀家帳」には、「二ふんかた　たむらせきのとう」とあり、二分（現在の久美浜町関）が田村庄の領域に含まれていたことがわかる。しかしこれ以降、田村を冠する地名表記は見られなくなり、江戸時代には使われなくなったことがわかる。

その後、明治二二年（一八八九）の町村制施行に伴い、大井村・三原村・関村・三分村・平田村・壱分村が合併して成立した村名に田村が用いられた。なおこの時の田村は、「田」村、すなわち漢字一文字の村名であった。昭和三〇年（一九五五）には、久美浜町・川上村・海部村・田村・神野村・湊村が合併し久美浜町となり、田村

は消滅した。現在、京丹後市立田村小学校などにその名残りを残す。（新谷）

田村新田《たむらしんでん》〔綴喜郡井手町〕

木津川支流玉川の上流で、有王山麓の北に位置する。有王新田ともいうが、田村は江戸期（元禄一五年）の新田開発者田村清兵衛（和束郷の庄屋）の名による（『井手町史第四集』）。明治二二年（一八八九）までは村名で、相楽郡和束郷のうちであった。同年綴喜郡井手村の大字、昭和二年（一九二七）より井手町の大字となる。小字有王に「後醍醐天皇旧跡」碑（松の下露の碑）が建ち、有王山をさまよい当地で鎌倉幕府方に逮捕されたという南北朝史の一齣を伝える。（齋藤）

溜池《ためいけ》〔京田辺市薪〕

地内に溜池がある。『薪誌』によると、江戸時代後期にもとはこの池の南側にあった。溜池の少ない薪村の村人は灌漑用水に事欠いていた。そのため小山に住む豪商・油屋小山四郎兵衛がここの私有地の大半を薪村に寄進し、現在の地に溜池が移された。薪共同墓地の角にあったので墓角池《はかんかどいけ》と呼んだ。今は墓が北に移り、墓の東側に池がある（「小山〔京田辺市薪〕」参照）。（綱本）

溜池町《ためいけちょう》〔下京区〕

土手町通上珠数屋町（の延長線上）下ル正面（中珠数屋町）までの両側町である。「承応二年（一六五三）東本願寺主宣如東園（枳殻邸）に退隠し。尋て園池を修補するに及び。高瀬渠の水を貯溜し。運漕し来りし土砂木石の類を陸揚げせし所なり。（中略）此時今の名を下す」（『京都坊目誌』）とあり、「高瀬の水の貯留」に由来する。寛永一八年（一六四一）に、六条と七条の間、東洞院通の東が東本願寺領となって以後、別業渉成園の建営にあたり、御土居の付替え後、新御土居の内側に沿った土手町通を挟んだ町が形成された。町名の初見と思われるものは、「承応二年（一六五三）新改洛陽並洛外之図」で、「ためいけ丁」と記され、その後変化はない。（小西）

多門町《たもんちょう》〔東山区〕

町名は往時当地に毘沙門堂があったことに由来するとされるが出典不詳。所在は六波羅裏門通東入ル。洛東中学校の敷地が当町の大半を占め、当町内を東西に六波羅裏門通が走る。

江戸期は建仁寺領。その後宝暦一三年（一七六三）に建仁寺領の畑地を開発した（『京都府地誌』）。明治以前は現状の北半分の町域で、明治になり当町と南に隣接していた旧宮辻町《みやのつじ》と合併した結果、現在の町域となる。明治元年（一八六八）下京に編入、昭和四年（一九二九）東山区に編成。

明和刊「洛中洛外絵図」には泉殿町（現三盛町）の東に「多門丁」、門脇町の東に「裏辻子丁」の記入があり、天保二年（一八三一）「改正京町絵図細見大成」では門脇町の東が「ミヤ筋丁」、同年『京都巡覧記』には「多門町」「宮辻町」と見える。（忠住）

陀羅谷《だらたに》〔伏見区醍醐〕

醍醐からの飛び地。宇治笠取と滋賀県石山との境。陀羅谷は隔絶された山奥にあるので、三井寺僧兵落人伝説・平家落人伝説が生まれている。『醍醐寺雑事記』の中の「慶延記」（平安後期）「陀羅谷」が初見である。『山城名跡巡行志』には陀羅谷越えとして「醍醐より石山寺へ通ずる道」とある。地名は石山寺の観賢僧正が醍醐寺の理源大師のもとへ通う時、いつも陀羅尼経を唱えて無事を祈ったので、この谷を陀羅尼谷と呼ぶようになったという（『近江の伝説』）。現在も昔と同じく家は六軒、地名は醍醐一ノ切・二ノ切・三ノ切という。なお、上醍醐の北方にも陀羅谷がある。

（明川）

樽井《たるい》〔長岡京市下海印寺〕

下海印寺地域の南東、友岡地域に接し、小泉川左岸に位置する「樽井」は、樽状のものを重ねてつくった井戸があり、それを樽井と呼んだという。しかし、古代の集落跡・井戸跡は見つかっていない。樽井の北西は下海印寺岸ノ下、対岸は川向井、南は友岡川原で川関連地名が隣接し小泉川沿岸の氾濫平野である。小泉川は土砂流出で阪急線以南は天井川となり、河道改修が行われた。樽井はこの川の水衝部にあたり降雨時は溢水する所である。そのためかつては真竹が水害防備林として川沿いに植えられていた。樽井はタル（垂）・ヰ（井）の転訛で、増水時に川水が溢れ出る所の意であろう。（綱本）

垂箕山町《たるみやまちょう》〔右京区太秦〕

ＪＲ嵯峨野線太秦駅の南に仲野親王陵がある。高畠陵ともいい、全長約六〇メートルの前方後円墳で、周囲に堀が残っている。なだらかに盛り上がった形状から、垂箕山の名が生まれたと推定される。仲野親王は、桓武天皇の皇子で、貞観《じょうがん》九年（八六七）にこの地に埋葬された。『延喜式』には、高畠《たかはたけ》墓とし「贈一品太政大臣仲野親王、山城国葛野郡に在り、墓戸一烟」と記されている。（岩田）

樽屋町《たるやちょう》〔下京区〕

猪熊通下魚棚下ル木津屋橋までの両側町である。「慶長開坊の後酒樽を製造する者住す」（『京都坊目誌』）とある。「寛永一九年（一六四二）寛永後万治前洛中絵図」に、「上たるや町」とある。宝暦一二年（一七六二）刊『京町鑑』には「樽屋町」とあり、「東側西側二町に分る」と付記する。「天保二年（一八三一）改正京町御絵図細見大成」に「樽屋丁」とある。（小西）

樽屋町《たるやちょう》〔中京区〕

樽屋の町。『京雀』に「此町は桶・樽つくれるものおほし」とあり、『京都府地誌』には、天正年間に本願寺光佐《みつすけ》（顕如）が南紀から京都へ移住した際、門徒がここに雑居して桶や蓋造りを生業としたことがみえる。これらに従いたい。

平安京大内裏の南東にあたり、早くから公家の邸宅の建てられた地域である。町地の東側が堀川に面していることから、堀川の水運で運ばれた木材を加工する職人たちが居住したのだろう。『京都府地誌』に見える本願寺門徒らの移住についても、当地と西本願寺が堀川で結ばれていることからは、ありうることと考えられる。（真下）

俵野《たわらの》〔京丹後市網野町〕

「元禄郷帳」には「田原野」と見える。「原」と「野」が同義であるとすれば、俵野（田原野）は、田の広がった土地を意味すると考えられる。俵野川左岸の沖積平野に、飛鳥時代後期から平安時代にかけての俵野廃寺がある。同廃寺は丹後地域において七世紀末葉に創建が確認できる唯一の寺院。網野町溝野などと同様、昔「おこう野村」（「葛野《かずらの》」参照）から分村したとの伝承がある。（水野）

田原道《たわらみち》〔城陽市市辺・綴喜郡宇治田原町〕

宇治田原へ通じる道、あるいは経由する道に由来する古代道名。城陽市市辺から宇治田原を経て滋賀県大津市瀬田に至る古道をいう。『続日本紀』天平宝字八年（七六四）九月一八日条に、藤原仲麻呂（恵美押勝）の乱に際し「（押勝）宇治より遁れて近江に奔り拠る、山背守日下部子麻呂、衛門少尉佐伯伊多智等直ちに田原道を取り、先に近江に至つて勢多橋を焼く」とみえ、この道が宇治川・瀬田川を渡らずに東国へ至る近道であったことが知られる。ただし現在の、市辺から宇治田原郷之口へ至る道

（国道三〇七号）は、弘化五年（一八四八）に完成の新道であり、古代の田原道（谷筋に沿うて山中を東北行したものとみられる）と同一ではない。古代・中世の田原道は、市辺から青谷川をさかのぼり、粟谷峠越道に至る谷道で難所であった（『南山城の歴史的景観』）。「田原道は往時大和より志賀の都に出でし捷径にして、徳川中世には渓谷を渉り、山腹を縫ひ、羊腸曲折、渓には大なる飛石を置き、所謂青谷四十八飛を越えたり」と『青谷村誌』は記している。　（齋藤）

俵屋町《たわらやちょう》〔下京区〕

俵屋宗達の扇絵工房の販売の大店「俵屋」が存在した場合か、俵屋という米屋の屋号の場合がある。麩屋町通綾小路下ル仏光寺までの両側町の場合は、『雍州府志』の「扇ノ骨并二要」の項に「麩屋町四条ノ南に之ヲ造ル」とあり、俵屋宗達の扇絵工房の販売の大店「俵屋」があることは十分に考えられる。「扇は京都の俵屋が評判を取っており、光源氏の夕顔の巻などは絵具にあかせて贅沢に描いた」（仮名草紙『竹斎』）「宗達はその棟梁格の職人（技術者）であった」（『俵屋宗達』）。「天保二年（一八三一）改正京町御絵図細見大成」までの絵図、地誌類には、すべて「俵屋町」とあり変化はない。

堺町通万寿寺下ル五条までの両側町の場合は、近隣町の行商関係から、当町付近の町には、近江国との交易関係からくる町名が多い。仙石因幡守の蔵元（米屋）に俵屋四郎兵衛の名があるように（『京羽二重織留大全』）、米屋の大店があったのであろう。「寛永一九年（一六四二）寛永後万治前洛中絵図」に、「田原屋町」とある。宝暦一二年（一七六二）刊『京町鑑』に「俵屋町」とあって、以後変わりはない。　（小西）

俵屋町《たわらやちょう》〔中京区〕

俵を製造する俵屋の町。俵といえば米俵の印象が強いが、往時は海産物や芋類・食塩・炭など、俵詰めにする物産は多岐にわたり、需要も多かった。従って当町に俵を商う店があったとも考えられるが、「寛永一四年（一六三七）洛中絵図」に「田原町」、寛永以後万治以前京都全図に「たはら町」とあることに注目したい。「田原」とは田んぼ、または田と原の意。応仁の乱で二条周辺が焼土と化して以後、このあたりには田や原が広がっていたのではないだろうか。そのタハラが近世以降に、富の象徴たるタワラに転換したのであろう。

既述のように当町の町名は寛永頃には「田原」または「たはら」と表記されたが、元禄頃に当地には角倉屋敷があったことや、町域の中央を通る「富小路通」との連想の上に、「俵」に転化したのだろう。俵が富の象徴とされたことは、『信貴山縁起絵巻』をはじめ『福富草紙』などに描かれるところからも明らかだろう。　（真下）

談《だん》〔福知山市〕

由良川支流である和久川上流域にある村名。西方の榎木峠が兵庫県氷上郡との境界である。「だん」と称する地は交通・軍事上の要地に多く、この地もその一つで、城砦があったことに由来するとの説がある（『角川日本地名大辞典』）。しかし城跡はまだ確認出来ておらず、確定的ではない。あるいは、「タニ→ダン」（谷）のことか。「正保郷帳」の段階では豊留村に含まれていた。昭和二四年（一九四九）からは福知山市の大字となった。　（安藤）

丹下《たんげ》〔伏見区桃山町〕

京阪線と国道二四号線と交差。琵琶湖疏水と濠川と合流する地点で、栄春寺の西に位置する。豊臣秀吉の伏見城下に東から玉置・遠藤・信濃守・本多丹下・奥田良右衛門と屋敷が並んでいたが、そのうちの本多丹下の屋敷名をとって町名とした。本多丹下とは本多成重のことで成人して丹下と称した。徳川家康に仕えた大名で、越前丸岡藩の初代藩主、幼名は仙千代で、「一筆啓上。お仙泣かすな」のお仙は成重のことである。

琵琶湖疏水は明治四五年第二琵琶湖疏水として完成。ここは丹下船溜まりといい、墨染発電所に注ぐところで、伏見インクラインと称した。栄春寺は曹洞宗永平寺の末寺、兵学者長沼宗敬の墓がある。現在は上下水道管理センターがあり、マンション・住宅地になっている。（明川）

丹後《たんご》〔京都府〕

旧国名。本来「たにわのみちのしり」と訓んだ。京丹後市の町名の一つ。丹後国は、現在の舞鶴市、福知山市大江町、宮津市、与謝野町、伊根町、京丹後市の範囲。和銅六年（七一三）四月、旧丹波国から加佐郡、与謝郡、丹波郡（後の中郡）、竹野郡、熊野郡の五郡を割いてつくられた。『続日本紀』に「夏四月乙未、丹波国の五郡を割きて、始めて丹後国を置く。」とある。丹波国の後《しり》に位置することからの命名。『和名抄』に「太邇波乃美知乃之利《たにはのみちのしり》」と訓じている。同年、美作国、大隈国が分国により誕生している。丹後国の場合は、行政的な便宜上の理由による分轄だったと考えられる。この分国により、丹波国は海を失い、内陸の国となった。

和銅六年には、風土記編纂の詔勅も下されている。『丹後国風土記』逸文には、奈具社（天女の羽衣）、天椅立（由来譚）、浦嶼子物語の伝説が残る。また『古事記』には、開化天皇が旦波《たにわ》之大県主由碁理《ゆごり》の女竹《たか》野《の》比売を娶《め》して妃にしたことが、また『日本書紀』には、丹波道主命《たにわのみちぬしのみこと》の五人の女を垂仁天皇が娶《めと》り、そのうち日葉酢媛《ひばすひめ》は皇后になったことが記されている。弥生時代の赤坂今井墳墓（京丹後市峰山町）からは豪華な頭飾りが、函石浜遺跡（同久美浜町）からは中国・新の「貨泉」が、また扇谷遺跡（峰山町）や途中ヶ丘遺跡（同）からは陶塤《とうけん》が出土している。さらに、古墳時代では日本海側最大の前方後円墳である網野銚子山古墳（全長一九八メートル、京丹後市網野町）、第二位の神明山《しんめいやま》古墳（全長一九〇メートル、同丹後町）、第三位の蛭子山《えびすやま》古墳（全長一四五メートル、与謝郡与謝野町）などが集中する。

丹後町（京丹後市）は、昭和三〇年二月一日、間人町、豊栄村、竹野村、上宇川村、下宇川村の一町四村が合併して誕生した自治体の名称。「丹後ちりめん」の特産地から「丹後」を町の名称として採用した。丹後半島の突端西部に位置する。神明山古墳のほか、海岸部には立岩や丹後松島、屏風岩などの景勝地が多い。近畿では最北の経ケ岬灯台がある。平成一六年四月、京丹後市の町の一つとなった。（水野）

談合谷《だんごうだに》〔左京区鹿ケ谷徳善町〕

『山州名跡志』に「是レ則チ世俗ノ称号。鹿谷ノ上《カミ》二町余ニ在リ。左ニ上ル所、奇岩ヲ峙《ソバダ》テ、眺望絶景也。古ヘ此ノ所、法勝寺ノ執行俊寛山荘ノ地也。治承ノ初メ、新大納言成親《ナリチカ》卿、僧都俊寛、平判官泰頼《ヤスヨリ》等、平家ヲ滅ボス謀《ハカリゴト》ヲ跂《タ》テ、遊宴ニ事寄セテ密謀ヲ為セシ所也」とある。『山城名勝志』は「土人云フ、俊寛僧都ノ山庄ノ跡、鹿ヶ谷村ヨリ十余町東ニ在リ、談合谷ト号ス。或イハ云フ、是レ、安祥寺ノ上堂跡ニシテ、壇ノ谷ト曰フ。然ルヲ誤リテ談合谷ト呼ベリ」と山科区の安祥寺の「壇の谷」との混同説を紹介する。（笹川）

旦所《だんじょ》〔八幡市八幡〕

『男山考古録』に「当所は往古より当宮安居《あんご》神事の時（中略）門前に神壇を築所なれば、此壇所てふ名ある也」による。安居神事は、鎌倉幕府の命を受けて「百姓安居、天下無事」を祈る祭式で、毎年一二月一五日に行われた。寿永二年（一一八三）に始るといわれ戦乱によって途絶えたが、慶長五年（一六〇〇）復活した。（綱本）

だんじょ水《だんじょすい》〔山科区竹鼻竹ノ街道町〕

竹鼻地区の商店街の一角にある湧き水をいう。「男女の水」ではなく、「談所の水」の意味である。寛永二〇年（一六四三）、この地の竹藪四〇〇〇坪を切り開いて日蓮宗護国寺が建立された。「往時は同宗の教堂にて幾多の学寮境内に充ち法界の隆運を極めし」（『京都府宇治郡誌』）とあるように、教育機関として多くの僧侶を養成した。一方、水不足に悩まされていた竹鼻地区の人々は、一説には元禄三年（一六九〇）、護国寺の協力を得て、地下埋設水路で寺の余り水を現在地まで導水する難工事を完成させた。一時渇水したが、地域の人々の努力によって現在は復活し、水辺に浄行菩薩も安置され、地域の人々の交流の場にもなっている。「談所・檀所」は修業する場所の意味で、地元の人たちは護国寺を単に「だんじょ」と呼んでいたことから、「談所の用水」という意味で「だんじょ水」と呼ばれている。（小寺）

丹田《たんだ》〔山科区大塚〕

語源の推定が難しい地名である。「丹田」の読みが現在も「タンデン・タンダ」と揺れているところから考えて、「丹田」の表記が確定してから音読みに変化した可能性もある。「丹田」をもともと「ニタ」と読んでいたとすれば、「仁田・仁多・似田」とも表記が可能で、「ヌ（沼）タ（処）」と同義となり、「湿地・沼地」を指すことになる。大塚地域の産物は「茄子・竹・製茶・菜種」（明治一四年の調査）と、扇状地らしい産物であるのに対して、明治時代の地図によると、当地は音羽川に接している水田が見られた。新興住宅に囲まれた現在でも若干の水田が残っており、水量の多い、水田や湿田の地としての丹田と見ることも可能であろう。近くに四ノ宮泓という湿地地名があるのも参考になる。なお、この地を扇状地の中心部と見なして、人間の丹田（東洋医学でいう人の気力が集中する場所で、主に臍下三寸にあるとされる）に当たることから命名されたという説もあるが、山科盆地に多く見られる同様の地形に同じ地名が見られないのが苦しい。（小寺）

檀ノ後《だんのうしろ》〔山科区御陵〕

現在は天智天皇陵の西北に接する地名だが、かつての天皇陵は現在より東西に約三倍広がっていたことから、かつては北域の中の一区画を占めていたと考えられる。「壇」は祭の場所につきあげた高い土の台で、ひいては、「祭壇」のように、壇上の建築物をも指すことにもなる。天皇陵の北側に当たり、語源としては「天皇陵の祭壇の後ろの地」が適切と考えられる。天皇陵であるため、「壇」の字をはばかったのか、あるいは、高価な香木に通じる「檀」という好字を選んだのかで、「檀ノ後」になったのであろう。（小寺）

檀ノ浦《だんのうら》〔山科区大塚〕

この地のすぐ北側が「元屋敷町」であり、京都市の調査により寺院等があったことが確認されている。「元屋敷廃寺遺跡」と名付けられているが、その「大きな建物の裏側にある地」という意味であろう。「檀」は梵語の音訳で元来は施主の意味であったとされる。檀家・檀徒・檀林等と使用されることから、寺院そのものをも指すようになったのであろう。なお、祭の場所につきあげた高い土の台を「壇」といい、ひいては、「祭壇」のように、壇上の建築物をも指すことになる。「壇ノ浦」の可能性もあるが、いずれにせよ、かつてこの地にあった寺院に因む地名であると思われる。　（小寺）

丹波《たんば》〔京都府・兵庫県〕

旧国名。旧の丹波国は、和銅六年（七一三）に分国されて都に近い方が丹波国、その奥の日本海側の五郡が丹後国とされた。但馬も古くは、「丹波」に属していたのが、分国して但馬国となったとみる説がある。現在の丹波市は兵庫県の旧篠山市である。また旧丹波町が平成一七年（二〇〇五）の市町村合併後に京丹波町となっている。　（安藤）

丹波《たんば》〔京丹後市〕

旧郡名・郷名。旧丹波郡は、丹後国五郡の一つ。国名「丹波」は、「記紀」その他の古書に、丹波、旦波、但波、丹婆、谿羽などとみえ、『和名抄』は丹波に「太邇《たに》波《は》」と注し、その名義は「田庭なるべし」とあることから、郡名「丹波」も同様に読む。丹波郡のうちに丹波郷が所在することから、和銅六年（七一三）、旧丹波国から丹後国が分轄されるまでは、同じ国郡郷名の「丹波国丹波郡丹波郷」が存在した。つまり、丹波郷の発展が丹波郡となり、丹波郡の拡大が丹波国の成立につながったものと考えられる。丹波郷と丹波郡が負っている古代史上の意義には大きなものがある。峰山町と大宮町で形成された旧中郡盆地一帯が郡域である。

『丹後国風土記』逸文にも「丹後国丹波郡」がみえる。奈具社の伝説のなかで、丹波郡に比治《ひじ》の里があり、この里の比治山の頂に真奈井《まない》という井があり、天女八人が水浴していたという、記録としては最古の羽衣説話がある。

丹波郡はのち、中郡と改称される。『拾芥抄』や「丹後国諸荘郷保惣田数帳」（享徳・長禄年間に注進）にはなお「丹波郡」とあり、伊勢御師の「丹後国御檀家帳」（天文七年〈一五三八〉）には「中郡、たんばの郡とも申」とあって、享徳・長禄年間から天文七年の間に丹波郡が中郡と改称されたことがわかる。「中郡」の名は、丹後国の五つの郡の中央に位置することによるとみられる。

丹波郷は『和名抄』（高山寺本）丹後国丹波郡五郷のうちの一つで、奈良期から平安期、鎌倉期、戦国期まで見え、現峰山町丹波がこの丹波郷に比定される。丹後半島を北流する竹野川の中流域に位置し、地理的にも歴史的にも、この地域一帯の要衝である。地内には湧田山古墳群をはじめ、その近傍に多久《たく》神社や、矢田神社が鎮座する（いずれも式内社）。

『丹後国風土記』逸文「奈具社」の条には「（天女が）丹波の里の哭木の村に至り、槻の木に拠りて哭きき」とある。また『大日本地名辞書』によれば、「峰山の東北、口枳郷の西に接し、北は竹野郡鳥取郷に至る。蓋古の丹波道主貴の故墟にして、中古の郡家とす。延喜式多久神社は丹波村に在り、同矢田神社も同村大字矢田に存す、又大字橋木に延喜式発枳神社在り」と言う。正倉院文書などの史料に「丹波直《たにわのあたえ》」がみえ、この地との関係が深いことがうかがわれる。　（水野）

丹波街道町《たんばかいどうちょう》〔下京区〕

丹波口通大宮西入ル櫛笥通東側の裏片町に接する両側町である。大宮通に丹波問屋が集中しており、「丹波に至る要口に当る故に名く」（『京都坊目誌』）とある。天正一九年（一五九一）、西本願寺が六条堀川に移転して以後、その寺内町として開発された。「寛永一九年（一六四二）寛永後万治前洛中絵図」に「丹波海道町」とある。宝暦一二年（一七六二）刊『京町鑑』は、「松原

下ル五丁目」として「丹波海道町」とする。付記に「此町南の辻丹波街道也則丹波口と云」うとある。（小西）

ち

血洗町《ちあらいちょう》〔山科区御陵〕

「刀についた血を洗った池」の伝承地は「大刀洗の池」と言われることが多く、この地の場合は「血で洗ったような赤い水の池がある町」の意味であろう。かつてこの地にそのような池があったと伝えられる。大宅地域に「赤土原」と呼ばれる赤色土層があるように、赤土は珍しくなく、そのために水が赤く見えることはあるが、義経伝説と結びついたために有名になった。『山城名勝志』には「異本義經記云」として「安元三年初秋ノ此美濃國ノ住人關原與市重治ト云者在京シタリ私用ノ事有テ江州ニ赴タリ山階ノ辺邊ニテ御曹司ニ行逢重治ハ馬上ナリ折節雨ノ後ニテ蹄蹟ニ水ノ有シヲ蹴掛奉ル義經其無禮ヲ尤テ及闘諍重治終ニ討レ家人ハ迯去ヌ」と紹介されている。鞍馬寺を抜け出した義経が、安元三年（一一七七）にこの場所を通った時に、誤って水を蹴りかけた平氏の関原与一一行を血祭りにする。その刀を洗ったために血洗池になったという。史実とは考えにくいが、戦いの前に生け贄を捧げるのは宗教的な儀式でもあり、義経の出立を飾る話として作られたのであろう。「血洗池」の推定地は他にもあり確定しないが、自然現象が地名になり、その地名が伝説を生み出していく好例であろう。（小寺）

知井《ちい》〔南丹市美山町〕

由良川上流の村で「知伊」とも書かれる。吉田金彦によると、知井チイはもとは一音語のチであり、これは道の意味であり、チが長音化してチイと発音されるようになったという。（『京都滋賀古代地名を歩く』）。チについては、松岡静雄も道の意味で、さらに転じてそこで物々交換がなされる市の意味があるとしている（『日本古語大辞典』）。「知井」は徳治二年（一三〇七）の八丁山の「山論文書」に見えるのが初見。室町時代には知井庄の一部は鹿王院領となっていた。戦国期には豪族・川勝氏の勢力下にあったが、やがて明智光秀の支配下となった（『角川日本地名大辞典』）。

明治二二年（一八八九）広域地区が合併して知井村となり、昭和三〇年（一九五五）から美山町の大字となった。（安藤）

智恵光院通《ちえこういんどおり》〔京都市・南北の通り〕

豊臣秀吉の京都改造後に設けられた通り。『京羽二重』『京町鑑』では、北は盧山寺通からとするが、『京都坊目誌』では寺之内通から下立売通までとする。また、一般に丸太町通までとみられているが、現在、北大路通の大徳寺前から二条城に突き当たる竹屋町通までの通り名とみて良いだろう。一条通上がった西側に浄土宗の智恵光院（知恩院の末寺）があることによる。今出川通を上がった西側に首途《かどで》八幡宮がある。ここで、牛若丸は金売吉次と東国に旅立つとき、武運長久を祈ったという。（糸井）

力石《ちからいし》〔京丹後市丹後町〕

旧村名。天文七年（一五三八）の「丹後国御檀家帳」に「ちからいしの里」と見えるものが初出の地名である。力石とは、一般的に力試しをする石のことを指すが、一六世紀代に入ってから見られるもののようであり、この地の地名の語源となったかどうかは不明。慶長七年（一六〇二）の「慶長郷村帳」や元禄一二年（一六九九）の「丹後国郷帳」には、吉永村の枝村として記される。その後は、単独で表記され、明治時代に至る。その後、昭和五〇年（一九七五）に全戸離村し、廃村となった。（新谷）

稚児ケ池町《ちごがいけちょう》〔山科区北花山〕

清水山と京都大学の天文台のある花山との間を稚児川が南に向かって流れている。その上流にある小さな二つの池を「上稚児ケ池」「下稚児ケ池」と呼ぶ。「稚児」は「小さな、かわいい」の意味で、各地に見られる地名である。「稚児」という文字から、子ども等が入水したとの伝説が生まれやすく、この池も平安時代に稚児が入水したとの話が伝わっている。地名から伝承が生まれる一例であろう。遊興の地としても親しまれてきた池だが、丘陵地帯が多く水不足に悩む北花山地区にとっては重要な灌漑用水池でもあった。わざわざ上下二つの小字名を付けているのも、その歴史性と重要性によるものであろう。（小寺）

獅子《ちし》〔宮津市〕

旧村名。栗田半島の西側で宮地湾に面する地区の名。「慶長検地郷村帳」に「栗田村之内」として「地子村」とある。この表記から「チシ」と呼んだことは明らかであるが、それに「獅子」の字を当てる理由はよくわからない。南に接する村の名「獅子崎（しいざき）村」と関係があるのだろうか。あるいは「し」の古代音「tsi」が残存し、近代語では「tsi」は「ち」の音であることから「獅子」を「ちし」と呼んでいると考えられないだろうか。（糸井）

千歳《ちとせ》〔京丹後市峰山町〕

千年をあらわす吉祥句を語源とするものと思われる。峯山陣屋町の範囲からははずれた地域にあたる。御旅の西側に位置しており、現在は機械金属の工場などが展開する。『角川日本地名大辞典』によれば、昭和三〇年以降の地名であり、もとは峰山町安であったという。（新谷）

千歳《ちとせ》〔舞鶴市〕

大浦半島の西端、舞鶴湾の出口に位置する。千年、数えつくせぬ年の意をもつ瑞祥地名。海岸の山に文殊菩薩が祀られており、文殊が千年ここに在しているという伝承がある（『丹後之国変化物語』）。その因縁で波佐久美村が千歳村と改まったという。ハサクミのハサには「二つの谷（川）にはさまれた地」の意があり、クミには「（山あいなどの）入り組んだ所」のほか「物と物との間の狭い所・隈《くま》」の意もあり、短い二つの川でW字型の湾に面した村の形を語る名である。

永禄一二年（一五六九）連歌師里村紹巴は、京都から若狭を経て天橋立に舟で向かう途中に千歳に立寄って、「夏の日やふべき千とせの浦の松」（『天橋立紀行』）の句を詠んでいる。「文殊此所にて千年御説法趾とて、岩に獅子ガ鼻鮮か也、嶋々の聳えたるに上中下海に入たる面白さは詞に表しがたし、石に毘沙門形自らなる所過りて」栗《くん》田《だ》に向かった。このように千歳の名は古くからあったが、村名となったのは江戸中期で、それまでは「波佐久美」と言っていた（『丹後国加佐郡旧語集』『町在旧記』）。一四世紀に南都西大寺の庄園は、志楽谷と佐波賀・大丹生・瀬崎と波佐久美の浦分であった。「慶長検地郷村帳」（一六〇二）には「波佐久美村」だが、天和三年（一六八三）に改称したとし、一九世紀初頭の「土目録」では「千歳村」となっている。（高橋）

千歳町《ちとせちょう》〔亀岡市〕

当地に鎮座する丹波一宮・出雲神社の神体山は、神社のすぐ南の小山、御影山である。この山は千歳山（千年山）とも呼ばれる。地名の由来はこの山であり、山の麓の村は「千年の里」と称されたのである。

明治八年（一八七五）に小口、江島里、中、出雲の四ヶ村が合併して千歳村となった。昭和三〇年（一九五五）からは亀岡市の町名となる。（安藤）

千原《ちはら》〔亀岡市千代川町〕

旧村名。亀岡盆地の北西部、千々川の流域に位置する。村の西に奈良時代の丹波国府が置かれたと見られている。地名の由来は定かではないが、川に茅が茂っていたことから茅原（ちはら）が地名の元となり、川の名も茅々川であったのではと推定される。なお千原山は良質の花崗岩を産出していた。

村内にある小松寺には石造十一面観音が祀られている。この観音は、当地出身の妙善がこの地に伝えて、観音堂を建てて安置したものである。もとは小松内大臣平重盛が中国の育王山から入手した念持仏で、それを寵愛していた妙善に与えたと伝えられている。また村内の「高卒塔婆」は諸国を行脚中の北条時頼が法華経を一石一字で書き写して埋め、その上に建てた卒塔婆との伝承がある。

明治二二年（一八八九）に千代川村の大字となり、昭和三〇年（一九五五）からは亀岡市の千代川町の大字となった。（安藤）

茶磨屋町《ちゃまやちょう》〔下京区〕

高辻通麩屋町東入ル寺町までの両側町である。『京町鑑』に、振り仮名を「ちゃうすちょう」とあることから、主として抹茶をつくる「臼屋」があったのであろう。「寛永一四年（一六三七）洛中絵図」に「茶うす屋町」とある。宝暦一二年（一七六二）刊『京町鑑』に「茶磨屋町《ちゃうすちょう》」とある。「天保二年（一八三一）改正京町御絵図細見大成」には「茶磨や丁」とみえる。（小西）

茶屋町《ちゃやちょう》〔東山区〕

町名は、当初茶を商う商人が居住したことによる（『京都坊目誌』）。所在は正面通本町東入ル。七条通の北側に面し、大和大路通と東大路通に東西を挟まれる。明治三〇年（一八九七）に帝国京都博物館（現・京都国立博物館）が開館して以来、当町の大部分を占める。

『洛中洛外惣町数人家数改日記』（一六三七）に「同所（大仏）小松谷茶屋町」とあり、これを「小松谷」「茶屋町」の二町とすれば、開町は寛永期（一六二四〜一六四四）まで遡ることができる。明治二年（一八六九）に方広寺境内を町域に加える。明治元年（一八六八）下京に編入、昭和四年（一九二九）東山区に編成。

『洛外町続町数小名并家数改帳』（一七一

四）には「大仏境内茶屋町」とあるが、その後当町と同じ位置に、正面通を挟んで「正面北門前《しょうめんきたもんぜん》町」「正面南門前《しょうめんみなみもんぜん》正町」（『京都巡覧記』、「改正京町絵図細見大成」）と名称が変わるが、明治期に「茶屋町」と戻る。（忠住）

忠庵町《ちゅうあんちょう》〔下京区〕

柳馬場通松原下ル万寿寺までの両側町である。「忠庵」の庵は、幸庵、清庵など、医師に多い名である。『京羽二重（宝永版）』にある「よいや町一条の小児科医者石川忠庵」のように、「某忠庵」が当町に住んでいたのであろう。「寛永一四年（一六三七）洛中絵図」に「中わん町」とある。宝暦一二年（一七六二）刊『京町鑑』に「忠庵町」とあり、以後変化はない。（小西）

中院町《ちゅういんちょう》〔右京区嵯峨釈迦堂門前〕

現在、嵯峨清凉寺の西側に、嵯峨釈迦堂門前南中院町と嵯峨二尊院門前北中院町の二つの中院町がある。江戸時代は一つで、『山城名跡巡行志』に、清凉寺四足門の西の町をいうと記される。中院は、『山州名跡志』によれば、愛宕山の白雲寺（愛宕権現）の末院で、山上の上院、京の大仏殿の近くの下院と同様、宿坊と考えられる。『山城名勝志』には、「清凉寺の西、二尊院の東に在り」とあり、町の位置と整合する。藤原定家が息子の岳父である宇都宮入道頼綱に依頼され、中院の障子を飾る色紙に書いた歌が、「小倉百人一首」の始まりとされている。この中院の位置は、現在の厭離庵《おんりあん》付近とみられている。中院町は秀吉期に嵯峨郷が分離した際に上嵯峨村を称した五町六ヶ村に入っている。（岩田）

仲禅寺《ちゅうぜんじ》〔京丹後市網野町〕

中央山仲禅寺の門前集落として成立したものと思われ、地名は寺名に由来する。

仲禅寺は、和銅六年（七一三）創建と伝える古い寺である。文明一三年（一四八一）に造られた金剛力士像（仁王尊像・京丹後市指定文化財）は、昭和五三年に行われた解体修理により、頭部内面に墨書銘が発見され、縁城寺の頼舜が中心となり、院勝という仏師が作成したことがわかった。（新谷）

中大小《ちゅうだいしょう》〔城陽市寺田〕

市の中心部になる小字地名。近鉄寺田駅の東部で、この小字地区に並行して三本の道路が東西に並んでいる（古代条里遺構）。北の通りを「中の通り」、その南は「小《こ》南《みなみ》」、さらに南の通りは「大南《おおみなみ》」と呼ばれている。旧寺田村の南半分を占める地区だが、その寺田村が寺田庄と呼ばれていた中世末期ごろは、同地区はその三地域に分かれていた。北から北小路、中小路、南小路である。村の人口が増えるにつれて南小路は大南と小南に分かれ、最終的には北東・北西・中東・中西、小南・大南・乾城の七町に分かれた。この七地域は、いまも自治会名として生き残っている。明治一〇年（一八七七）ころに地租改正の過程で地名の統廃合が実施された際、中東・中西、小南・大南がひとつのブロックとなって各町名から一字ずつ採り「中大小」としたものである（『史料が語る城陽近世史第三集』）。なお北東・北西は「北東西《きたとうざい》」、乾城は「乾《いぬい》出北《できた》」の小字名となっている。（齋藤）

中堂寺《ちゅうどうじ》〔下京区〕

北は松原通、南は花屋町通、東は櫛笥通、西は御前通に囲まれた地域である。松原通壬生川東入る南側、地域の北端に「中堂寺」がある。寺伝によれば、天台宗の僧円仁（慈覚大師）の開基で、延暦寺横川中堂の別院として開かれた。中堂寺を冠する町名は一四町ある。（小西）

長延《ちょうえん》〔与謝郡伊根町〕

慶長七年（一六〇二）の「慶長郷村帳」

に「蒲入村之内長延」とあるものが初出の地名である。もと和語地名だったとすると、和語「テフエ」あるいは「ナガヘ」で語源も考えなければならないが、延宝九年（一六八一）の「丹後国与謝郡等郷村高帳面」以降、「長延村」と表記され、明治時代に至る。　（新谷）

調子《ちょうし》〔長岡京市〕

西国街道沿いにある地名の由来は、下毛野武正の子孫調子氏が当地を領有したことによるという。平安中期より江戸時代まで代々摂関家、次いで近衛家の随身、馬芸・鷹飼を務めてきた家柄である。『古今著聞集』巻第一六「下野武正山崎を領知の事（略）」に「法正寺殿（平安後期の摂政・関白藤原忠通）天王寺へ参らせ給いけるに、武正御供したりけるが、山崎にて馬より落ちにけり。その後、又山崎を過ぎさせ給ふとて、先日の落馬のこと思（おぼ）し出でて、ここが武正が所は、など仰せられければ、武正、さん候ふ（さに候）と申して、それよりやがて（すぐに）領知しけり」とある。落馬した武正を忠通が「ここが武正のところだ」と揶揄したのを、武正が「殿下が武正の所だと仰せられた」といって、すぐこの地を領有したという。同書には、元の領主は、逆らえず不祥（不運）だったと記す。

調子氏の名字は、聖徳太子の愛馬の口取りをして近侍した調子丸からきたと伝わるが、調子氏という名乗りが始めて登場するのは南北朝期の明徳元年（一三九〇）である。武正が下賜されたのは、「近衛家所領目録」にみえる摂津山崎の散所（物資集配所）の管理責任（沙汰権）である。子孫は調子荘を領有した。名字は歴史の古い下毛野の氏から分かれて、その地に住む地名などから取った家の名である（『長岡京市史・本文篇二』）。だが、地名由来は伝承以外は不詳である。西国街道の交差点「調子八角」は通称地名だが、かつて八角堂（八角形の仏堂）があったからという。交差点付近に馬ノ池があるが、下野武正が落馬した池と伝わる。　（綱本）

長善村《ちょうぜんむら》〔京丹後市峰山町〕

旧村名。長岡村の「長」と善王寺村の「善」をそれぞれとった地名。明治二二年の町村制施行時に成立した。その後、昭和二六年（一九五一）の大宮町合併に際して、当初は加わらなかったが、後に、大字長岡と大字善王寺を分離し、昭和三一年（一九五六）に善王寺が大宮町へ、長岡が峰山町へ編入合併して長善村は消滅した。現在、長岡・善王寺は小学校区も異なり、長善村の名残りを残す施設などは見られない。　（新谷）

桃燈町《ちょうちんちょう》〔山科区髭茶屋〕

もともとは奈良街道沿いにできた町で、「道林町」と称していたのを、秀吉が西国出兵でこの町を通過した時、人々が桃燈を出して歓迎したことから、後にその褒美として諸役を免除され、桃燈町の名前が与えられたと伝えられている。天正年間（一五七三～九二）に、方広寺大仏殿造営の際に街道が付け替えとなり、そのために八軒と髭茶屋の町が転居して独立する。明治初年に髭茶屋と合併し、髭茶屋町に含まれることになる。かつては髭茶屋を含む地域であったのが、現在は髭茶屋に含まれる地域になっている。　（小寺）

長法寺《ちょうほうじ》〔長岡京市〕

由来は長法寺山の中腹にある天台宗長法寺にちなむ。山号は清厳山と号し、本尊十一面観音。洛西観音霊場九番札所。寺伝では、延喜年間（九〇一～九二三）園城寺（三井寺、現・滋賀県大津市）で修行した千観の開基とする。

しかし、千観は延喜一八年（九一八）生

まれで、年代が合わない。諸国巡歴の途次この地に立寄り、夢告によって一堂を応和二年（九六二）に建立したとされる。さらに祈雨の霊験によって造営を加え、七堂伽藍の大寺院だったという。千観の伝記は『元亨釈書』にあるが、長法寺建立のことはみえない。しかし、摂津箕面山（現大阪府箕面市）にいた時、朝議によって大滝の傍らで祈雨し効験あったことを伝える。長法寺では千観の祈雨は寺域北西隅の巌窟の泉と関連付けて伝えている。応仁の乱の戦火で焼失。いまは本堂と庫裏などが残るにすぎない。

村名としては、康永三年（一三四四）の「寂照院仁王像胎内文書」に「長法寺」と見られるのが最古の例である。『山城名勝志』（一七一一）には「今按ずるに光明寺南に在り、今村名と為す、則ち村裏に草堂有り、正観音を安ず、是れ長法寺旧跡」とある。（綱本）

千代の古道《ちよのふるみち》〔京都市〕

どの道程を指したか、については諸説あるが、いずれも「広沢池」辺りを目指した路とみられており、中で有力なのは、京福電鉄の鳴滝駅の北辺りから広沢池の南面の西端に至る道とするもの。鳴滝駅付近に、新しいが「千代の古道」という石の道標がある。もっぱら歌枕として知られ、歌に詠まれてきた地名。永遠に名を残す、由緒ある道と、ほめ言葉で「道」をいったものであろう。例歌として最も古いのは、在原行平の「さがの山みゆき絶えにし芹川の千代の古道跡はありけり」（『後撰和歌集』）がある。ただし、右の歌の「芹川」を伏見の地名とみる説もある。（糸井）

珍事町《ちんじちょう》〔山科区音羽〕

東隣に「小山鎮守町」「小山神無森町」があることから、「鎮守」が「珍事」に転じたものと考えられる。「鎮守」は、もともとは神がその土地を鎮め守るという意味である。（「鎮守町」参照）。（小寺）

鎮守町《ちんじゅちょう》〔山科区小山〕

この付近一帯は縄文時代から奈良時代にかけての土器や須恵器が発掘された地で芝町遺跡と呼ばれている（『遺跡地図台帳』）。その中に磐座が現存し、諸羽神社・岩屋神社・若宮八幡宮の御旅所となっている。祭で御輿を渡御させるのは、氏子のいる範囲を巡る「国見」のような行事である。御旅所は、神が一時的に滞在する場所であり、その土地を鎮め守るという意味で「鎮守」の名称となったのであろう。西隣の小山珍事町もこの地と一帯であり、同じ趣旨による命名である。地元で受け継がれてきた土着的な信仰が、神社信仰の中で御旅所として取り込まれていったと考えられる。（小寺）

つ

津軽町《つがるちょう》〔中京区〕

近世町内に、奥州弘前の津軽氏の京邸があったことからの名。宝永二年（一七〇五）刊『京羽二重』には「津軽越中守殿　奥州弘万津軽共　四万七千石　屋敷　釜座姉小路上ル丁」とある。

平安京内裏の東にあたり、平安時代以来公家の屋敷が営まれた地域であり、一〇世紀には当町全域および周辺に、源高明《みなもとたかあきら》（九一四〜九八二）の邸宅である高松殿が営まれた。高明は醍醐天皇の皇子で西宮左大臣と呼ばれ、『西宮記《さいぐうき》』の作者としても高名。安和の変で太宰権帥に左遷されたが、後に帰洛した。娘の明子は藤原道長の妻として、高松殿の名で呼ばれた。邸宅は久寿二年（一一五五）に後白河天皇が践祚して内裏として使用するなど、平安中後期の政治の舞台となった地である。

近世には二条城に至近であることから、周辺地域とともに武家の藩邸が建設されることとなった。（真下）

築留《つきどめ》〔城陽市寺田〕

市東部丘陵の鴻ノ巣山東山麓になる大川原地区から流れ出る小川から下流地域を「築留」という。川のそばには今も砂防河川の標識が建っており、土石の流出防止対策がとられていて、付近河川の所々に設けられた砂防用コンクリート堰堤と護岸工事がある。その堰堤の江戸版が絵図に数多く見ることができる土砂留堤と思える。『史料が語る城陽近世史第一集』には城陽地域の山を「元来草山之砂山ニ而御座候」「松木植立候得共土砂流れ出候故生立兼申候所」「土砂留」以来、ようやく松が育ったと記している。『城陽市史第一巻』江戸時代の「はげ山と土砂留」の項には、この土砂留の工法の種類として「逆松留」「土木留」「水請留」「蛇籠留」等の他「築留」が記されている。「築留」は江戸時代の土砂留工法名で、この土砂留が設置された場所にこの名が付けられたものと考えられる。この築留地区の川筋には大川原、丁子口等、江戸期の土砂留にちなむ地名が並んでいる。（福富）

突抜《つきぬけ》〔下京区〕

ある東西の通りを起点に目的の通りまでを、町民の営為で突き抜き通行の便に供する道で、未だ家屋が存在しない状態を「突抜」と称する（『近世都市の歴史地理』）。この名称のついた町は、その後家屋が建ち町となっても町名として残った。東中筋通松原下ル六条までの両側町は、「天使突抜」と称する。西洞院通松原の五条天神社（五条天使社）の旧境内（「永養寺町」参照）の「西洞院から油小路」までの真ん中を町民の営為で開発し、松原から六条までを通行の便に供した道（『近世都市の歴史地理』）で、「天使社の突抜」が語源である。松原通を起点に万寿寺までを「一丁目」、五条までを「二丁目」、楊梅までを「三丁目」、六条までを「四丁目」と称する。「寛永一四年（一六三七）洛中絵図」に、すでに、それぞれ、「天使壱、弐、三、四丁目」とある。宝暦一二年（一七六二）刊『京町鑑』にも、それぞれ現町名の「天使突抜一、二、三、四町目」とある。

下松屋町通（一貫町通）丹波口（六条通の延長線上）下ル正面までの両側町は、花屋町までを一丁目、正面までを二丁目という。「寛永一四年（一六三七）洛中絵図」に現町名と同じ、それぞれ「突抜一、弐丁目」とあり、町家の並ぶ「町」ではなかった。「寛永一八年（一六四一）以前平安城町並図」には、一、二丁目とともに「新町」を称している。この頃から寺内町になっていったのであろう。「元禄四年（一六九一）京大絵図」には、それぞれ「寺内一、二丁目」とある。宝暦一二年（一七六二）刊『京町鑑』に至って、それぞれ「丹波海道一、二町目」だとしていることとから、寺内町を脱した独立の「町」になったと考えられる。その後、町は「天保二年（一八三一）改正京町御絵図細見大成」にみえるように、それぞれ「突抜一、二丁目」となる。（小西）

月ノ輪町《つきのわちょう》〔右京区嵯峨清滝〕

愛宕山東峰の中腹にある鎌倉山月輪寺《がつりんじ》が「つきのわでら」とも呼ばれることから地名となる。町域は、最上部にある月輪寺から最下部の大杉谷川までの斜面一帯である。『山城名勝志』によれば、月輪寺の名は、当地から出土した鏡に「月輪」の文字を含む銘文があり、「新月の鏡形にして満月の鏡体なり。乃ち有始有終の謂なり」と説明されることに因るという。月輪寺は、天応《てんおう》元年（七八一）の開基で、愛宕五山寺に含まれる。天治《てんじ》二年（一一二五）の奥書がある空也の伝記『空也誄《るい》』によれば、「愛宕護山東面月輪寺毎月十五日念仏、上人被始也」とあることから、空也上人が参籠したと伝えられる。平安期末の九条兼実は、出家後この地に隠棲し、月輪殿、月輪関白と呼ばれた。（岩田）

月鉾町《つきぼこちょう》〔下京区〕

四条通室町西入ル新町までの両側町である。祇園会に月鉾を出すことに因む。月鉾は「鉾頭に三日月をつけるのでこの名がある。神体の天王は月読尊で祇園祭神の素戔嗚尊の兄である」。『元亀二年（一五七一）御借米之記』にある中組十七町のうちの「扇座之町」とある。これが当町であるのは、「寛永一九年（一六四二）寛永後万治前洛中絵図」に、「扇ノ座ノ町」とあることで裏付けられる。「扇座の町」は扇子の製造販売を独占する扇座が当町にあったからであろう。一方、「寛永一八年（一六四一）以前平安城町並図」から宝暦一二年（一七六二）刊『京町鑑』まで、すべて「月鉾町」とある。「天明六年（一七八六）洛中洛外絵図」に、「扇ノ座ノ町」がでてくる。「天保二年（一八三一）改正京町御絵図細見大成」の「月鉾丁」で終わる。（小西）

月見町《つきみちょう》〔下京区〕

万寿寺通西洞院東入る新町までの両側町である。当町の西半分の北側から松原にかけて、鎌倉初期に関白九条兼実の花園別邸があり、兼実が帰依する法然上人が、この別邸の池に映る月を鑑賞した故事に因む。現在は、ここに大泉寺があり、月見の池がある。「花園別邸」の存在は、親鸞の曾孫、覚如の子存覚の著書『親鸞上人正明伝』に、月輪殿（兼実）は「綽空（親鸞）ヲ五条西洞院ノ御所ニ移シ、御娘玉日姫に配嫁シタマフ」とあることから、確かである（『京都の地名検証3』参照）。「寛永一九年（一六四二）寛永後万治前洛中絵図」に「月見町」とある。寛文五年（一六六五）刊『京雀』は、西隣りの「万寿寺通西洞院西入る」町を「月見町」とする。これは誤りで、この西洞院西入ル醒ヶ井までの万寿寺通は、現在も両側とも、それぞれ南北の竪町に付属していて、独立の町名はない。宝暦一二年（一七六二）刊『京町鑑』に「月見町」とあり、以後、変化はない。（小西）

月見町《つきみちょう》〔東山区〕

町名は、宝暦四年（一七五四）に建仁寺・知恩院領の地を開拓し堂宇を立てた際、「月見松」と称する大樹を伐採したことに由来するという（『京都府地誌』）。所在は東大路通松原上ル五丁目。安井北門通の北側、東大路通が当町の南北を走る。

江戸時代は蛇《くちなわ》の辻子に沿って、八軒町（祇園町南側に合併）の南に位置した。

観月の名勝地として、信州更科の地に寄せて当町一帯を「新更科」と称したが、人家密集に伴い「月見町」としたともいわれている。当町の西側にある安井門跡から「安井門前月見町」とも称された。（忠住）

築山町《つきやまちょう》〔南区久世〕

築山の地名は、文明九年（一四七七）一二月三〇日条の『室町幕府奉公人連署奉書』に「山城国東久世庄号築山事」や、明応四年（一四九五）ごろの「桂川用水差図案」（「東寺百合文書」）などに見えるので一五世紀には存在していた。近世までは東久世荘という久我家の所有する荘園としての歴史をもつ。「築」は、土や石などを積み重ね、固めて作る意の「杵（き）築（つ）く」といわれる。鳥羽離宮など庭園築造に関わった人々が居住した可能性もある。（入江）

佃《つくだ》〔相楽郡精華町祝園〕

一般に中世荘園で佃、正作《しょうさく》、御正作《みそさく》は、領主・荘官・地頭などの直営田をいった。各地に用尺、ミソフ柵、味物作の転訛地名も残る。祝園にも佃のほか、小字正尺・味噌柿がある。当地の正尺は正作、味噌柿は御正作がミソ（味噌）・サク（柵→垣→柿）と転じた地名だと考えられる。

佃は古代においては田地耕作を意味し、「タックル」を略して「ツクル」と称した。八世紀にはいると「佃」は耕作田そのものを意味するようになり、さらに直営田を意味する語に使用されるようになる。佃と正作の区別は明確ではないが、『庭訓往来』も「佃御正作」と併称しており、正作は広義の佃のうちに含まれる。のちには農民に請作、小作させるものが多い。用作ともいう。

小字佃・正尺・味噌柿の西側には小字堀《ほり》殿城《とのじょう》、城ノ内の居城関連とみられる小字がある。中世は祝園荘に属したが、鎌倉末期から南北朝にかけ東大寺、西大寺、東寺、摂関家、歓喜光院が領主だった。のち春日社領となるが、公文（春日社が当荘に補任した荘官職）葛野某が謀叛を起こした。また、管領畠山持国の被官に度々横領され、山城国一揆の時期には下狛の国人大西八郎太郎が横領していた。永正元年（一五〇四）三月には細川高国の武将・内堀二郎左衛門尉が押領（「春日社司祐弥記」）、同五年一〇月、蜷川某の地頭職違乱もある。だが、これらの支配者と直営田との関わりは不詳である。（綱本）

辻《つじ》〔右京区京北〕

『和名抄』の桑田郡山国郷に位置する、山間の集落。地区内を大堰川が流れる。地名初見の「山国惣庄山地寄進状」（宝徳三年〈一四五一〉「井本昭家文書」）にある「中村今安右近」などから、元は「中村」と称していたが、近世以降「辻村」といわれるようになったようだ。大堰川沿いに東に中江村、北に塔村、西に鳥居村と、三方を集落にかこまれた位置関係から「中」とみられ、また三方に分かれる「辻」に当たる集落ともみられていることによるようだ。（糸井）

土《つち》〔福知山市〕

由良川の左岸で綾部街道沿いの段丘上にある村名。この一帯には「くろぼく」と呼ばれる真っ黒な土が堆積しており、この特徴的な地層が地名の由来かと考えられる。段丘は長田野《おさだの》段丘、下野段丘、河岸沖積世段丘の三段になっている（『角川日本地名大辞典』）。長田野段丘には古墳が多く築かれており、中でも横穴式粘土室という珍しい埋葬施設を持つ中坂古墳群は特筆される。

昭和二四年（一九四九）からは福知山市の大字となった。（安藤）

土橋町《つちはしちょう》　〔下京区〕

七条通油小路西入ル堀川までの南側片側町で、下魚棚通にも面する。由来は「土橋の名は七条堀川橋始め木桁土橋を架せしを以てなり」（『京都坊目誌』）とする。「寛永一四年（一六三七）洛中絵図」には「土はし丁」とある。宝暦一二年（一七六二）刊『京町鑑』に「土橋町」とあり、以後変化はない。　（小西）

土橋町《つちばしちょう》　〔中京区〕

土橋のある町の意。『日葡辞書』に「ツチバシ　上を土で覆われた橋」、『易林本節用集』に「土橋《つちはし》」とある。木などを組んだ上に土で固めた橋。ここでは堀川二条に架かる橋のこと。当町の町地は、橋の南東にあった。

平安京の堀川は大内裏の東の外堀の役割を果たしており、二条の橋は外界との接点となった。また二条城構築後は、東大手門への通路となる橋でもあった。町名はその橋の重要度に由来すると考えられる。

平安京大内裏の東にあたり、早くから貴族の邸宅が建てられた。『拾芥抄』によれば平安前期の藤原基経の邸宅である、堀川院の地にあたる。堀川院はその後、円融天皇・堀川天皇らの里内裏として使用された。応仁の乱後、中世後半から近世にかけては、職人の居住する町となった。延宝六年（一六七八）刊『京雀跡追』からは、染色や染色の型彫りの職人の居住が知られる。また近世前期の俳人、松永貞徳も当町に居住した（『京都坊目誌』）。現代では大規模な観光ホテルが二軒建っている。

町名については「寛永一四年（一六三七）洛中絵図」に「堀川土橋下ノ町」、寛文五年（一六六五）刊『京雀』に「土橋丁」とあり、「土橋」の名は変わらない。

土橋は慶長期に石橋に架け直されたが、「つちばし」の名は残ったという（『京都坊目誌』）。　（真下）

土御門大路《つちみかどおおじ》　→上長者町通《かみちょうじゃまちどおり》

土御《ちどおり》**門町**《つちみかどちょう》　〔上京区〕

上長者町通は、平安時代には土御門大路と称されていたことにより、通り名を町名にしたのである。町は東西に通る上長者町通をはさんだ両側で、東は新町通から西は西洞院通までを町域とする。新町通の東には「元土御門町」がある。元禄四年（一六九一）の「京大絵図」では、元土御門町に「土御門丁」とあり、現在の土御門町には「土御門西丁」と記されているが、天保二年（一八三一）の「改正京町絵図細見大成」では「土御門丁」とあり、いつ町名が変わったのかは不明であるが、江戸時代からの町名である。　（清水）

槌屋町《つちやちょう》　〔下京区〕

猪熊通仏光寺下ル高辻までの両側町である。猪熊通四条下るは「包丁小刀鍛冶」が多い（『京羽二重』）とある。鍛冶屋が使う「槌」を売る「鎚屋」の店がこの町にあったのであろう。「寛永一九年（一六四二）寛永後万治前洛中絵図」には「ちや町」とある。「つ」がぬけた誤植と思われる。宝暦一二年（一七六二）刊『京町鑑』に現町名の「槌屋町」とある。　（小西）

筒金町《つつがねちょう》　〔下京区〕

東洞院通上珠数屋町下ル中珠数屋町までの両側町である。当町の西に東本願寺、東に渉成園があり、近隣に仏具関係の店が集中している。「銅の金気を取るもの、これを絞り金といふ。（中略）鍛錬して後、色黒きもの、唐金と称す」「唐銅の具は、七条油小路仏具屋、これを造る」（『雍州府志』）とあり、当町にも「唐銅を造る仏具屋」が存在したと推定する。「たうかね町」と云っていた時期がそれを証している。「とうがね（唐銅＝筒金）」から「つつがね（筒金）」に変化したのであろう。寛文五年（一六六五）刊『京雀』に「とうかね町」と記載されている。宝暦一二年（一七六二）刊『京町鑑』は「筒金町」と書いて「どうかね」と読ませている。

（小西）

筒川《つつかわ》〔与謝郡伊根町〕

地名「筒川」の由来については諸説あり一定しない。河川の筒川は、丹後半島東部を流れる延長約一八キロメートルの河川。与謝郡伊根町と京丹後市弥栄町との境界付近に位置する太鼓山《たいこやま》（六八三・一メートル）の西側を源流とする。筒川は多くの支流をもち、滝坪谷川、畑川、河来見川、吉谷川、足谷川、田原川、奥田川、滝山川、長延川などがある。山間部の渓谷を流れて、伊根町本庄浜で日本海（若狭湾）に注ぐ。河川の名は、「筒」という地名が存在せず、河口部でまさにごく狭い山峡を筒のように抜けて海に入るところから、「筒状になった川」から筒川という呼称ができたものと考えられる。なお、「つつ」には、「筒状になった」、「包む」、「立ち塞がる」、「堤」などの意味がある。このことから、筒川という地名は、「筒状になった川」という意味の河川名がまずでき、そこから集落名にもなったとの説を採りたい。

筒川村は奈良期に見える丹後国与謝郡日《ひ》置里《おきのさと》のうちの村名。本庄地区には、『丹後国風土記』逸文に載る浦島子を祭神とする宇良《うら》神社（浦島神社）が鎮座する。同逸文に、「与謝郡の日置里。此の里に筒川村あり。此の人夫、日下部首《くさかべのおびと》等が先祖、名を筒川嶼子と云へるありき。」とあり、浦島《うらのしま》子《こ》伝説の発祥の地。筒川荘が、鎌倉期から戦国期にかけて見える。また、「丹後国田数帳」には、「一　筒川保　三十四町四段五十五歩」と見える。

（水野）

綴喜郡《つづきぐん》〔京都府〕

ツヅキの語源については、次の諸説がある。①松岡静雄は、山背の枕詞に用いられた「つぎねふ」は、ツキ（槻）・ネ（根）・フ（生）で、木津川流域に槻が多く自生していたことからこれを冠したものであり、ツヅキ（綴喜）という郡名もツキ（槻）の畳頭語（複数表示）だという。②吉田金彦は、ツツキ（処築・津津来）が語源で、津津を経て宮を築いたとし、③丹羽基二は「城や宮を築いた所」とする。これを楠原佑介らは文字による付会として、④動詞ツツク（突）の連用形ツツキの転で、崩壊地形・浸食地形、あるいは⑤ツツは川の曲流や山ひだなどに「包まれた地」、キは場所をさす接尾語、⑥動詞ツヅク（続）の連用形で、「長くつづいた地形」などをあげているが特定していない。

ところで、綴喜郷の地には、原と丘陵が広がっていた。広大な地の中心には和銅四年（七一一）山本駅が設置され、東西南北の十字路として交通の要であったと推測される。「ツツキ」は、『万葉集』の「次嶺経《つぎねふ》山背道《やましろぢ》」（巻一三・三三一四）の意は、賀茂真淵『冠辞考』（一七五七）のいう「つぎねふ　やましろ　山外《やまと》の国より山背の国へは、あまたつゞきたる嶺々を経過ていたる故に、この冠辞はあるなり」と「峰つづき」のことである。吉田金彦は別件で「次々と続く嶺、或いは次の嶺を経る」（「つぎねふ山代と河内との関係」京都地名研究会第六回例会報告、二〇〇三年一〇月）という。つまり、「ツツキ」は「都都伎」（『万葉集』五・八〇四）で動詞ツツク（続、清音）の連用形であり、⑥の「長く続いた（広大な地形）」の意と取りたい。

『和名抄』によれば、綴喜郡は山本・多可（多河）・田原・中村・綴喜・志磨・大住・有智・甲作・余戸の一〇郷からなっていた。古代の山背国から現在に残る郡名で、現在の郡は井手・宇治田原の二町である（「京田辺市」参照）。綴喜郡の成立時期は不明だが、『古事記』開化段に「筒木」、同仁徳段に「都都紀」、『日本書紀』仁徳三〇年条には、皇后磐《いは》之《の》媛《ひめ》命《みこと》が「更に山背に還りて、宮室《おおみや》を筒城岡の南に興《つく》りて」、同書・継体天皇五年条に、「都を山背の筒城に遷《うつ》す」と「筒城」の地名が見える。磐之媛や継体天皇の伝承から小字都谷がある京田辺市多々羅、隣接の普賢寺一帯が早くから開けていたといわれる。『万葉集』には「山代の管木《つつき》の原」（巻一三・三二三六）、『東大寺奴婢帳』（東南院文書）には「綴熹郡」、『続日本後紀』には「綴憙郡」とも記された。「綴喜」の郡名初見は『続日本紀』和銅四年（七一一）正月二日条で「綴喜郡山本駅」とある。訓は『和名抄』（刊本）は、綴喜郡を「豆々岐」、「綴喜郷」を「豆々木」とする。同（高山寺本）は「ツツキ」である。（綱本）

堤《つつみ》〔京丹後市弥栄町〕

永正一四年（一五一七）に丹後国へ侵入した若狭武田氏は、府中へ攻め入った後に、竹野郡まで軍勢を進めた。その際の「若狭守護武田元信感状」（白井家文書）に白井氏が丹後国勢と合戦した場所として「堤籠屋城」と見えるのが、地名の初出である。竹野川に堤があったことに由来するものと思われる。天文七年（一五三八）の「丹後国御檀家帳」では、「つつみの里」と記される。慶長七年（一六〇二）の「丹州竹野郡内堤村御検地帳」・「丹州竹野郡ノ内堤村御検地帳」（いずれも籠神社所蔵）以降は「堤村」となり、（新谷）

堤町《つつみちょう》〔東山区〕

当町が白川の西堤にあたることにちなむ（『粟田地誌漫録』）。所在は三条通南二筋目白川筋西入ル。東山三条の東、白川の西沿いに位置する。

『京都坊目誌』は寛文六年（一六六六）町地となるとするが根拠不明。明治二年（一八六九）下京に編入、昭和四年（一九二九）東山区に編成。（忠住）

九折坂《つづらおりざか》〔左京区鞍馬本町〕

ツヅラ（葛）は、蔓草の総称。『山家集』に「つづらはふはやまはしたもしげければすむ人いかにこぐらかるらん」（九六一）など。急坂のジグザグ道が蔓草が曲りくねる様子に譬えられた。それは、『古今和歌六帖』に「さざなみやしがの山路のつづらをりくるひとたえてかれやしぬらん」（一四三五）などのように、鞍馬寺参道に限られるものではなかった。『源氏物語』若紫には「たゞこのつゞら折りのしもに」とあり、「北山」とは言うが「鞍馬」とはどこにも語られないが、『枕草子』に「近うて遠きもの」として「鞍馬のつづらをりといふ道」が挙げられ、急な坂道で幾重にも折れ曲がった鞍馬寺への参道は平安時代から有名だったらしい。『莵《つ》藝《ぎ》泥《ね》赴《ふ》』には「鞍馬寺の楼門よりのぼりゆくを七曲と云」とあり、「七曲《ななまがり》」とも呼ばれていたことが知られる。（笹川）

葛籠屋町《つづらやちょう》〔下京区〕

高倉通高辻下ル松原までの両側町である。貞享二年（一六八五）刊『京羽二重』の「此通諸職商家」の項に「つゞらや」が多いとある。「寛永一四年（一六三七）洛中絵図」に、すでに現町名の「つゞらや町」とある。寛文五年（一六六五）刊『京雀』に「つゞらや町」とあって、「此の町にはつゞらをあみて業とす」と付記する。宝暦一二年（一七六二）刊『京町鑑』は「葛籠屋町」と記す。以後変化はない。（小西）

常吉《つねよし》〔京丹後市大宮町〕

常吉は、長禄三年（一四五九）の「丹後国郷保庄惣田数帳」に「恒吉保」とあるものが初出となり、鎌倉時代前後に開発された保の一つと推定される。「恒吉」という表記が使われており、恒（常）に良いという意味の吉祥句に由来するものと思われる。
　慶長七年（一六〇二）の「慶長検地帳」では「丹州中郡恒吉村御検地帳」（糸井文庫）とある。なお、現在は上常吉・下常吉の二つに分かれているが、これは「慶長郷村帳」に「恒吉村」のほか「恒吉村之内下村」と見えるものが初出となり、その後、延宝九年（一六八二）の「丹後国与謝郡等郷村高帳面」の段階に至って上常吉村・下常吉村の二つが見られるようになる。
（新谷）

椿井《つばい》〔木津川市山城町〕
「椿井」と書いてツバイと読む。「ツバ（津場）の所にイ（井）居る」という意味で、ツニハヰ（津庭居）が語構成で、「祭りごとをする大事な場所に居を構える」というのが語源である。樹木の「椿」は当て字で、木の名と直接の関係はない、「津」は地理の上で、政治・経済等の文化史上から見て重要な所を示す語で、そのような居場所がヰで、大王とか豪族とかの権威ある人物が居住した所という事になる。
　此処に権威ある支配者が居たということは、山の末端部を利用して築かれた古墳前期前方後円墳がある事でわかる。しかし行政上の地名としては古代に見えず、一五世紀からある通称地名だ。由緒のある土地と云う事は一九五三年の鉄道敷設工事によって現れた。鉄道で前方部と後円部が分断され、後円のノリ面、破壊された石室木棺から夥しい中国鏡が出土した。発見された鏡のうち三三面は三角縁神獣鏡で、こんなに多量の三角縁鏡がなぜ同所から一括して出たか、魏鏡の同笵鏡が日本各地に渡って出土していること、文様に他鏡との墾用がある魏鏡もあるし、三世紀中国人が日本に渡来して作った倭鏡らしさもあるなどから、椿井大塚山古墳の主人公が三角縁神獣鏡の同反笵鏡を沢山造って全国の要所にばら撒いた、と理解される。天理市の黒峰古墳からも同じ鏡が沢山出ており、ともかく近畿中央部より出土の銅鏡は、景初三年（二三九）古代中国の魏の少帝から邪馬台国の卑弥呼に賜った銅鏡百枚と関係する。ことに椿井大塚山古墳から黒峰古墳へ、さらに南一直線上に箸墓古墳があり、オオヤマトの椿井大塚山古墳は、最古の古墳、箸墓古墳と形状の酷似した古墳であることからも、卑弥呼の鏡配布の重要作業に関わり、帰するところ、箸墓存在の一部をカバーしていたと歴史解釈していいようだ。
（吉田）

椿坂《つばきさか》〔綴喜郡井手町井手〕
大字井手の高台に位置する上井手を、南北に通過する古北陸道の一部をなす坂道。かつて平安京から宇治を経て大和へ向かうには、井手町の山麓を縫い奈良山をめざした。その古道にあたる、上井手より玉川にかかる橋本橋に至るゆるやかな坂の小径をいう。その名のとおり、もと道のほとりに椿の花が咲き乱れる道であったろう。『大和物語』（一六九段）は、別れていた男女が再会して契を結ぶ「井手の下帯」伝説を伝える。「解き返し井手の下帯行きめぐり逢瀬《おうせ》うれしき玉川の水」（藤原俊成『長秋詠藻』）。その王朝ロマンが、当地で奈良街道の一部をなす椿坂と結びついて古来伝えられてきたらしいが、椿坂の名は古典文学にはみえず、また近世の地誌にもみえない。昨今の町おこしで町づくりセンターなどが椿坂の傍に建設されたが、センターの前の一部をなす椿坂と結びついて
昨今の町おこしで町づくりセンターなどが椿坂の傍に建設されたが、センターの前のハイキングコース（昭和一〇年代にはすでに、椿坂は天王寺鉄道管理局のハイキングコースに含まれていたという）ともなっているあぜ道が、実はよく紹介されている椿坂ではないらしい。その西手のかつてあった薄暗い自然歩道（椿の樹がみられた）が古態を維持した椿坂であった。もと「椿坂」

と記した小さな石碑が建っていた。（齋藤）

潰《つぶし》〔山科区椥辻〕

この地域の中央を山科川と封ジ（シ）川が流れている。また、地下水が湧く所も多く、その地は「生水」と呼ばれている。水量の豊富なことは農業に適している反面、治水対策が必要となり、この地は水との戦いを繰り返してきたといえよう。「潰」は、大雨や地震による土砂崩れや崩壊した地、堤防などがつぶされた地を指す言葉で、各地に残る災害地名の一つと考えられる。（小寺）

壺屋町《つぼやちょう》〔中京区〕

壺屋の町。壺を製造または販売する店のある町の意ともとれるが、ここでのツボは、局《つぼね》や坪庭《つぼにわ》のように、囲まれた状態の意であり、「壺屋」は、囲まれた建物を意味する。『京都坊目誌』では当地に西三条獄門が置かれていたことを語源とするが、ここではむしろ、小川通の一部を含む西側部分に「ロ」の字形の通路が形成されて、囲まれた状態であることに注目したい。

当町の地名については「寛永一四年（一六三七）洛中絵図」や「寛永一八年（一六四一）以前平安城町並図」に「張付町」または「はりつけ町」とあり、この町名については、嘉吉元年（一四四一）に赤松満祐の首が獄門樹にさらされたという西三条獄門に由来すると考えられる。元禄七年（一六九四）序『京独案内手引集』には「はりつけや　ひゃうぶ・しゃうし　小川おいけ下ル丁」とあり、町内に建具の張りつけ職人が居住したことによるともされるが、建具の張りつけ職人はむしろ、当町の「はりつけ町」の名にちなんで開業したと考えるのが穏当であろう。（真下）

津母《つも》〔与謝郡伊根町〕

天文二四年（一五五五）の津母八坂神社（伊根町）の棟札に「津母御宮」とあるものが初出の地名である。地すべり地で、土石流で形成された所と思われるので、「ツモ」は「ツボム」の転で、つぼんだ、えぐられた地をいうか。慶長七年（一六〇二）の「丹州与佐郡筒河庄津母村御検地帳」（筑波大学所蔵）から、津母村が筒河庄の領域に含まれていたことがわかる。これ以降、「津母村」と表記され、明治時代に至る。（新谷）

釣殿町《つりどのちょう》〔右京区嵯峨〕

広沢池の西側にあたる地で、かつて池の畔にあった釣殿に由来する。釣殿は、寝殿造の屋敷において池に臨んで造った建物である。平安時代には、広沢池の畔には、釣殿の他にも月見堂や大覚寺の観月所であった潜龍亭《せんりゅうてい》などの建物が造られていて、観月の名所となっていた。広沢池は、周囲一・三キロメートルあるため池で、その造営は、永祚《えいそ》元年（九八九）西北の朝原山に遍照寺が建立された折にとも、さらに古く秦氏の支族による開墾の時ともいわれる。釣殿町の池畔には、遍照寺を建立した寛朝僧正に仕え、その死後入水自殺した侍童を祀る児社《ちごのやしろ》がある。（岩田）

鶴賀《つるが》〔宮津市〕

宮津市の大手川河口の右岸に位置し、左岸の島津公園の一部を含む。東南角に北近畿タンゴ鉄道の宮津駅があり、駅前に拡がる地区で、もと宮津城の本丸、二の丸、三の丸があったところが中心となっている市街地。地名「鶴賀」は、明治四年（一八七一）の廃藩置県以後に付いた名で、宮津城の別称であった「鶴賀城」による、吉祥地名とみられる。（糸井）

て

手洗水町《てあらいみずちょう》〔中京区〕

手洗水のある町。町内東側の烏丸通沿いに置かれる手洗水井戸は、毎年、祇園祭の期間だけ開けられる。八坂神社の神輿が巡行の際に立ち寄る地点であり、その水は疫病退散の効能を持つと信じられて親しまれてきた。

当町は烏丸通を挟んだ両側町で、錦小路から蛸薬師通までにわたる。

烏丸通四条の北側にある当御旅所は、太閤秀吉によって建設された四条寺町お旅所の前身にあたるという伝承をもつもので、安永九年（一七八〇）刊『都名所図会』には、その清水を求めて集う庶民の様子が描かれている。なお、現在の位置は烏丸通拡張工事の際に東へ移転したもので、もとは道路中央の位置にあったという。

町名については太閤秀吉に願って許されたという伝承がある（『明倫誌』）が、「寛永一八年以前平安城町並図」に「てうず水町」、寛文五年（一六六五）刊『京雀』では「てうずの町」など、近世を通してチョウズと呼ばれたようだ。テアライミズとなるのは、明治以降だろう。　（真下）

貞安前之町《ていあんまえのちょう》〔下京区〕

寺町通四条下る綾小路までの両側町である。天正一八年（一五九〇）、二条烏丸にあった竜池山大雲院が当地に移転してきた。そして、その開基である浄土宗の僧「貞安」が語源である。大雲院の開基貞安は、本能寺の変で信長信忠父子が死んだとき、二条烏丸の地でその回向をした。その寺地は正親町天皇に給わったという。寺名の大雲院は織田信忠の法号によるという（『京都坊目誌』）。「寛永一九年（一六四二）寛永後万治前洛中絵図」に、「天んやノ前町」とある。宝暦一二年（一七六二）刊『京町鑑』に「貞安前町」とある。「天保二年（一八三一）改正京町御絵図細見大成」に「貞安前の丁」とあり、変化はない。　（小西）

出垣内《でがいと》〔京田辺市三山木〕

木津川支流の遠藤川流域に位置する。現在は出垣内公民館として施設名で残っていて、北垣内・南垣内にまたがる旧字名。垣内（カイト、カイチ）は、本来は、耕地化することを予定して垣などで区切られた一区画をいう。『万葉集』（巻一三・三二二三）にも垣根の中の意として「垣内田《かきつた》の池」（垣の内の田の池）と載る。出垣内の場合は、開戸をいい本村から分かれて開かれた分村を指す。

江戸期～明治九年（一八七六）の村名。元禄一三年（一七〇〇）の「元禄国絵図」には「出垣内村、高木村枝郷」が記され、奈良街道の開通により新しい集落が「出垣内」といわれるようになった。普賢寺谷の谷口南部の山崎と呼ばれる地を含み、山崎そのものを指すこともあった。中世は普賢寺荘のうち。往古山本村より分離し、普賢寺郷一〇ヶ村の一つという（『京都府地誌』）。明治九年（一八七六）南山・高木・山本の三ヶ村と合併、三山木村となった（「中垣内《なかがいと》」参照）。　（綱本）

出在家町《でざいけちょう》〔南区吉祥院嶋〕

「在家」とは中世の荘園《しょうえん》において、住居と宅地、それに付属する園・畠などを在家と呼んだ。また洛中の住民をさして在家といった。のちに在家集落を形成するような大規模なものも存在した。したがって「出在家」とは、「出町」「新町」「今出」「今在家」「出垣内（でかいと）」「出屋敷」などと同様に、新開された所に付けられる地名の一つであり、洛中から集団で移住した歴史が刻まれている。

豊臣秀吉の時代に京都改造の一環として京都を直接掌握するため、洛中の地子（租税）を免除した。地子を収入としていた公家・寺社には吉祥院・西院の両村があてられた。江戸期になっても、慶安四年（一六五一）に二条城付近の田地が大名邸の建設により没収され、吉祥院村の荒地が代替地として与えられたという記録がある（『地蔵院文書』）。このようなケースに中心部などから集団で移住したことを示す地名の一つと思われる。（入江）

徹宝町《てつぽうちょう》〔下京区〕

黒門通下魚棚下る木津屋橋までの両側町である。「鉄砲丁」が転じて町名となった。岩上御池上るに「橋、国義」などの鍛冶所が集中している（貞享二年（一六八五）刊『京羽二重』）ことから、近隣の町同様二条城の建設にあたり、移転してきていたに違いない。『京都坊目誌』に「慶長七年二条より移民の時」とある。「貞享三年（一六八六）増補再板京大絵図」は「テッホウ丁」とする。宝暦一二年（一七六二）刊『京町鑑』に「徹室（宝の誤植か）町」とある。「天保二年（一八三一）改正京町御絵図細見大成」は「鉄砲丁」と読める。（小西）

出水通《でみずどおり》〔京都市・東西の通り〕

平安京の近衛大路に相当するが、現在烏丸通から、途中京都府庁で中断して、七本松通に至る、江戸期からの通り名。京都御苑に中断されて、その東に続く道は、荒神口（又は吉田口などとも）通といわれ、さらにその東、川端通から「近衛通」の名がわずかに残っている。『京都坊目誌』に「此街（通り）烏丸の西に湧泉あり。ときに溢れて道路に浸水す」と。また「烏丸川の埋没と共に湧泉やむ。」とあり、それが通り名の由来という。また「中川」とも呼ばれていたと記す。「出水」を「いずみ」とも称していたらしい。河原町通をはさむ両側町として出水町がある。

西洞院通から油小路通に至る間の南側に「左獄」といわれた獄舎があったが、天正一三年（一五八五）以降、小川通御池上ルへ、さらに六角通因幡町に移されて、「六角獄舎」と呼ばれた。（糸井）

寺井町《てらいちょう》〔山科区上野〕

この地のすぐ西側に當麻寺があり、人々の崇敬を集めていた。その井戸水の関係に因む地名であろう。井戸水は生活用水としての必要性だけではなく、神聖なものとして理解されており、各地に「井」のつく地名は多い。當麻寺は鎌倉時代、西山（証空）上人が創建したと伝えられている。本尊の「丈六阿弥陀如来坐像」は「山科大仏」と呼ばれていて、京都府指定文化財。仏像の下に台車が付いていて、仏像ごと動かしたようだ。なお、現在は山科区御陵鳥向町に鎮座しているが、かつては今より北側にあった。（小寺）

寺内町《てらうちちょう》〔山科区北花山〕

寺の境内であることを示す地名。現在は阿弥陀寺が鎮座しているが、この寺はかつて阿弥陀峰（東山区）にあったのが移ってきたもので、地名が指す寺は元慶寺のことであろう。陽成天皇の誕生に際して僧正遍昭が発願し（『日本三代実録』）、勅命を受けて貞観一一年（八六九）に開いた寺である。元慶元年（八七七）に定額寺（官大寺・国分寺に次ぐ寺格）になった時に、元号を取って「元慶寺」と名付けられた（ただし、寺はガンケイジと読む）。延喜式二十五大寺に入るほどの大寺であった。応仁の乱で焼失し、衰微する。元の位置より東側に再建された現在の境内は狭いが、西国三十三観音霊場番外札所として参拝者は多

い。（小寺）

寺界道《てらかいどう》〔宇治市五ヶ庄〕

万福寺が創建された当時、材木運搬のために、岡屋浜（御殿浜）から広芝の辻まで九尺（約二・七メートル）幅の道路が作られたという。すなわち、万福寺建設のための街道の意である。ただ、「寺かいと」という小字名が岡屋村名寄帳（元和四年〈一六一八〉）に見られることが気になるが、しかし、もともと「寺かいと」の小字名があったところに、万福寺用の街道ができたことから、従来土地の区画などをいうカイトと呼ばれていたところが、街道に変化したとは考えられないだろうか。一七世紀に大規模な工事で造成された道路の名が、現在見られないというのは、むしろ不審である。因みに、宇治市内の「かいと」例は、延べ約五〇、表記は、垣内か、カイト・かいとであって、界道はこの一例のみ。また、宇治海道・三室海道など、街道を海道と記している例はあるが、界道の例はない。『（五ヶ庄）村誌』（明治一四年〈一八八一〉）では、寺界道である。（高木）

寺田《てらだ》〔城陽市〕

市の中央部に位置する大字地名。律令制のもとでは、田地は口分田の他に寺院や神社に与えられる寺田《じでん》や神田《じんでん》があった。寺田地域が属する久世郡には大和の弘福寺《ぐふくじ》（川原寺）や薬師寺の寺田がおかれていたことが知られているが（『城陽市史第一巻』）、奈良時代の郷名としては寺田は登場していない（『和名抄』）。南北朝動乱の時代に「元興寺領山城国寺田郷の住民らがすべての寺領土を掠め取った」と「東大寺文書」の記録に残っており（前掲書）、この地に大和の大寺院領が集中していたことにより寺田郷の名がついたものと考えられる。地元の口碑によれば、寺田の名は円城寺・正面寺の領地であったことによるとされるが、両寺についてはあきらかではなく、平安末期の平重衡の南都攻めの折、敗走した兵が逃げ込んだため焼き払われたと伝える（『城陽町史』）のみである。寺田地名の初見は、『公卿補任』の元徳三年（一三三一）の項にみえる、鎌倉幕府の倒幕を企てて敗れた後醍醐天皇側の公卿を捕らえた人物の名としてあげられている「山城国寺田郷地頭代、野辺若熊丸」とされる（『史料が語る城陽近世史第三集』）。（福富・齋藤）

寺戸町《てらどちょう》〔向日市〕

北東部は桂川右岸の平地に位置し、南西部は向日丘陵の南部に位置する。『小右記』寛仁三年（一〇一九）七月二〇日条に、相撲人阿波介為時「山城国寺戸云処」に住していたとみえる。地方の相撲人は寺社の祭礼の相撲奉納に従事していた。『今昔物語集』巻二七（左京の属《さかん》の那利延、迷はし神にあひし語）にも、「長岡の寺戸」がみえる。長岡とは向日丘陵をさす。寺戸の西の丘陵中腹には白鳳期以来、願徳寺（のち宝菩提院）があった。持統天皇の夢告によって創建したと伝わる。寺戸は、寺所の意といい（『乙訓郡誌』『大日本地名辞書』）、大伽藍を誇った同寺があったところから来ているとされる。（綱本）

寺ノ内町《てらのうちちょう》〔右京区花園〕

双ヶ丘南東部のJR花園駅付近をいう。花園伊町、同内畑町、同扇野町とともに、江戸時代より法金剛院の支配地であったことによる。法金剛院の地は、平安期の初めに右大臣清原夏野《きよはらのなつの》の山荘があったところで、その後寺院とされ、双丘寺とも天安寺とも称されたが、一〇世紀には記録にはみえなくなった。大治《だいじ》四年（一一二九）に鳥羽天皇中宮の待賢門院璋子《たいけんもんいんしょうし》が、法金剛院をこの地に建立した。『京都府地誌』によれば、一六世紀終りの天正年間に法金剛院

村になった。　（岩田）

寺之内通《てらのうちどおり》　〔京都市・東西の通り〕

烏丸通から西へ紙屋川を越え、廬山寺通に至る道。縦の通りの寺町通同様、特に新町通から大宮通にかけての北辺地域に寺院が密集していることが名の由来。豊臣秀吉の天正期における京都改造の一環として洛中の寺の移転が行われたが、ここも移転地となり、その結果で寺が多い。寺院への道であり、寺々の中を行く道の意でついた通り名。

しかし、それ以前からも寺は多く、今はないが、安居院《あぐい》流唱道（説経）の本拠地であった安居院という寺院が大宮通上がった辺りにあった。唱道僧としては、平安末期の延暦寺の僧澄憲《ちょうけん》親子が有名で、安居院はその里坊の名であった。　（糸井）

寺町通《てらまちどおり》　〔京都市・南北の通り〕

平安京の東京極大路を活用して、天正一八年（一五九〇）豊臣秀吉によって寺院街として再興された通りで、「寺町通」という名もそのときつけられた。通りの東側に沿って寺々が立ち並ぶが、これらは天正一八年に一挙に移築されたのでなく、それ以前から、特に天正年間後期に寺は各地から移されたようだ。現在、鞍馬口通から五条通に至る。五条通以南は中世、鴨川の付け替えによって川床となっている。

通りの左右（東西）に今も寺が密集している通りがある。裏寺町通で、六角通から四条通に至る短い通りである。寺町通に対して「裏」とつけられたようだ。寺町の寺々にとっては東側が「裏（うら）」と認識されたことによる。また、五条通の南側に下寺町（今の本塩竈町）があったが、寺院が多かったことに拠るという。　（糸井）

天使突抜通《てんしつきぬけどおり》　〔京都市・南北の通り〕

天正一八年（一五九〇）、豊臣秀吉の京都改造計画によって設けられた通り。当初は「北は高辻に起こり」（『京都坊目誌』）であったが、さらに延びて現在は仏光寺通から塩小路通に至る。「東中筋通」とも、この方が一般的。この通りが、「天使の社」ともいわれる「五条天神社」（医薬の神・少彦名神が祭神）を貫通して設けられたことから名が付いている。『義経記』では、牛若丸と弁慶が最初に出会った場所が五条天神社の境内だったと語る。　（糸井）

天守町《てんしゅちょう》　〔中京区〕

天守閣の町。天守《てんしゅ》とは、「城郭の本丸の中央、または一隅に適えた、ひときわ高い物見櫓。安土城に、その完成した壮麗な形式が見られた」（『時代別国語大辞典室町時代編』）もの。

当町の町名は、「寛永一四年（一六三七）洛中絵図」には「雨森町」とあり、元禄九年（一六九八）に「天守町」と書かれる。ここからは「雨森」をアメモリと読んだこと、それが天守《アメモリ》と表記され、その後テンシュと転じた経緯が想像される。事実、寛文五年（一六六五）刊『京雀』、宝暦一二年（一七六二）刊『京町鑑』などでは「あまかみ町」とされており、流動した様子を伺わせる。

中世末から近世にかけての時期には、天《てん》守《しゅ》は城郭建築の意において親しまれたが、一方でキリシタンの天主《てんしゅ》（天の神）とも同音であった。近世初期の京の町に多くのキリシタンが居住したことを考えるならば、テンシュの音は人々に馴染みがあったに違いない。

当町は高倉通を挟む両側町で、北は夷川通、南は二条通が通る。応仁の乱で京の町が荒廃した時期には二条周辺には焼け野が多く、当地に樹木が繁茂していたことも考えられる。しかし当地は内裏や商工業地に近いこともあり、中世後半または近世の早

い段階で市街化していたと考えられる。そのような事情が雨森《あめもり》から天守《てんしゅ》への転換の背後にあったのではなかろうか。（真下）

天神《てんじん》〔長岡京市〕

昭和五〇年（一九七五）以降の町名で、一～五丁目まである。もとの長岡京市開田一～四丁目・奥海印寺・太鼓山・宇津久志・今里・東台の一部が合併した。地名は長岡天満宮（天神二丁目）が鎮座することによる。長岡天満宮（祭神・菅原道真）は、社伝によれば、道真の所領で、筑紫に左遷される時、ここに立ち寄り名残を惜しんだという。

道真没後、一族が当地に聖廟を造って霊を祀ったのが始まりという。古くは開田天満天神と称した。元和九年（一六二三）境内一帯は八条宮智仁《としひと》親王の所領となり、社地が整備された。江戸時代中頃から長岡天満宮と称されるようになった（『都名所図会』）。社前の東にある八条ヶ池は、寛永一五年（一六三八）に灌漑用水を兼ねた溜池が造られ、明治まで大池と呼ばれた。現在、キリシマツツジの名所である。（綱本）

天神川《てんじんがわ》〔北区〕

平安京造営期から存在する河川で、かつては西堀川と称したが、後世に河川の隣接する北野天満宮の名称からつけられた。現在は上流域を紙屋川、鷹峯千束町以南を天神川と呼ぶが（『京都市の地名』）、その呼称区間には混用もみられる。

平安京内には、京域内部の南北に流れる二本の人工河川が存在した。東堀川・西堀川のうち、東堀川は現在も堀川として現存しているが、これに対して天神川は西堀川の名称・位置が変化したもので、江戸時代までは一般には紙屋川と呼称された（『京都歴史アトラス』）。（天野）

天神町《てんじんちょう》〔下京区〕

間之町通花屋町下ル上珠数屋町までの両側町である。当町西側に「文子《あやこ》天満宮」がある。文子天満宮は社伝によれば、菅原道真の乳母が自宅に小祠を建てて祀ったのが起源という。この「文子天神の祠あるを以てなり」（『京都坊目誌』）に因む。「寛永一四年（一六三七）洛中絵図」に、すでに現町名の「天神町」とある。宝暦一二年（一七六二）刊『京町鑑』にも「天神町」とあり、変化はない。（小西）

天神堂《てんじんどう》〔京田辺市薪〕

天神堂は、薪と田辺の間を流れる天津神《あまつかみ》川《がわ》の西にある。天神堂の由来は、棚倉孫《たなくらひこ》神社（田辺棚倉）に因むかと『薪誌』は記す。同社は江戸時代には「天神宮」と称した。天満天神を祭り、本殿前にある石灯籠には「奉天神御宝前（神の御前）城州田辺南因幡守祐海」「天正二年（一五七四）甲戌卯月吉日」の銘がある。『多聞院日記』天文八年（一五三九）一〇月二八日条にも「ハ、ソノ森ノ時分ニテ夜明了、天神ノ森ニテ飯ヲ食テ、ヨマキ（御牧）行テ伏見ノ渡ヲ上了」と記す。一帯は昔は広大な森で、地名も「天神の杜」と称した。出口延経『神名帳《じんみょうちょう》考証』（一七三三）は、棚倉孫神社の所在地を「薪村」とも記す。つまり、天神堂を含む棚倉周辺一帯が天神の森だっただろう。「堂」は社を指す。川名の天津神も、ツ（津）は助詞で「天の神」、つまり天神である。ただし、付近に式内社天神社《あまつかみのやしろ》がかつてあったともいわれ、地名・川名もこれに因むだろう。（綱本）

天神前町《てんじんまえちょう》〔下京区〕

松原通西洞院西入ル油小路までの両側町である。当町東端、南側の五条天神社《てんしん》（元五条天使社）の前に当町があることによる。五条天神社は、社伝によると、延暦一三年（七九四）の平安遷都の時、空海が勧請したという。祭神に薬の神少彦名命があることから、「病気退散の神」とされ、後に、祇園社の支配下にあり、同じく「疫神」＝「疫病から守る神」とされる。応永二八年（一四二一）の「五条天神流罪事被宣下」（『看聞御記』同年四月二八日条）は、疫神を流す慣習を示している。永養寺の鎮守であり、社域は、その寺域と重なっていた（「永養寺町」参照）。「寛永一九年（一六四二）寛永後万治前洛中絵図」に、「天使前（ノ）町」とある。宝暦一二年（一七六二）刊『京町鑑』に「天神前町」とあり、以後変化はない。（小西）

天神通《てんじんみち》〔京都市・南北の通り〕

平安京の西靫負小路《にしゆきえ》に当たるが、現在は今出川通から八条通南のＪＲ東海道本線に至る通り。途中六角通から五条通までが中断している。「靫負」とは、平安時代に此の小路で武具の生産が行われていたからか。この通りの北辺は平安京の官衙街で、隼人町、兵庫町、右兵衛町などがあったとされる。江戸期には、「行衛通《ゆきえ》」とも呼ばれていた。「天神」は、この通りが北野天満宮の正面辺りから南下する通りであることによる。

「とおり」といわず「みち」と称しているのは、太子道、妙心寺道、平野道、貴船道などと同様に参詣の道であったからであろう。また、沿道には、天満宮ゆかりの一ノ保社や文子天満宮の旧址などもある。（糸井）

天神山町《てんじんやまちょう》〔中京区〕

天神山の町。祇園祭に霰《あられ》天神山を出すことに因む地名。「天神山」は永正年中（一五〇四〜二一）に火災が発生した際に、時ならぬ霰が降って猛火がたちまち消え、寄ってみれば長さ一寸二分（約三センチ六ミリ）の天神像が霰とともに降り、屋根に留まっていたという。そこで霰天神と名付け、また火除けの天神とも呼んだという由来をもつ（『祇園会細記』）。

錦小路通を挟む両側町で、東西は室町通の西側から新町通の東側まで。中世には早くから商工業地として栄えた地域で、応仁の乱以前から祇園会に「天神山」を出していた。祇園祭には「天神」の名をもつ山として、このほか油天神山がある。「天神」と仰がれた菅原道真は、祇園社の祭神である牛頭天王（現在はスサノオノミコト）と同様に、御霊神としての性格をもち、結びつきやすかったのだろう。

町名については「寛永一四年（一六三七）洛中絵図」に「天神山町」と見えるが、ほぼ同時期に「あられや町」「あかねや町」の名もあった。前者は霰天神に因む名であり、後者はその訛伝だろう。宝暦一二年（一七六二）刊『京町鑑』では「天神山」となる。（真下）

天清川《てんせいがわ》〔舞鶴市〕

舞鶴市余内地区を流れる川。天台に源をもつ天台川と清道に源を発する清道川が天台大橋付近で合流し、西流して上安久で伊佐津川に注ぐ。川名は源流をなす天台川と清道川にちなむ。地元の一部では、天神社があるので天神川ともいう。灌漑用水として利用されてきたが、流域の宅地化が進み、水田面積は減少している。（髙橋）

天台《てんだい》〔舞鶴市〕

佐武嶽《さぶがだけ》連山を背にし、村中を天清川支流の天台川が流れる。古くは五十里《いかり》村と称したというが（『丹後国加佐郡旧語集』）、「慶長検地郷村帳」では「天台村」である。古墳や経塚があり、村内の天台寺は天台宗の寺院として古くは四八坊あったと伝える。慶安元年（一六四八）京極高直により再興されたが、天台宗の天台寺のある村として、それ以前から「天台」の名が定着していたようである。『丹後之国変化物語』は、天台寺の桜「ぬれさき」を見た細川幽斎（藤孝）の歌として「色も香もまさきのかつら来る人をまつはかりなる山さくらかな」を載せ、以後境内の桜は「人待桜」といわれたとする。五十里村のイカリは「定着の根拠地」といった意味をもつ古代語だという。明治二二年町村制施行により余内村に入り、「天台」は大字名となった。天台寺西方の鴻巣《こうのす》山には守護神山王権現を祀る。本来は航海守護の神であるが、漁民の豊漁や農村の豊作を祈願する神となり、戦時中は戦いの神様として武運長久を祈ってきた。小学校の遠足で行ったという人が多い所である。（髙橋）

殿長《でんちょう》〔向日市寺戸町〕

　阪急東向日駅から南西に約三百メートルにひろがる小字名である。平安京ではちょうどこの位置に「長殿《ながとの》」という建物があった。長岡京にあてはめると殿長の場所にあたる。「長いりっぱな建物」という意味で横に長殿と書いてあったのを縦書きに写す時上下を誤って殿長と誤写したものであろう（中山修一「長岡京に関連する地名」『地名の世界』所収）。しかし、「江戸時代の寺戸村古絵図」（『向日市史・史料編付図』）には「とのをさ」と載り、一帯は水田である。段丘上にある殿長の殿はトノ（棚・タナの転）で台地をいい、ヲサは水田の一区画をいう。六〇年代まで梅ノ木からの大原道沿いに民家があるだけで周りは田んぼだった。（綱本）

天王《てんのう》〔京田辺市〕

　市の南西部の丘陵地帯に位置し、西は大阪府枚方市に隣接。高ケ峰（三〇五・五メートル）の東面に集落が立地する。天王大岩の浄土宗極楽寺には南北朝時代の正中二年（一三二五）銘の板碑や室町期の寛正五年（一四六四）銘の九重石塔がある。集落入り口の共同墓地には天正一八年（一五九〇）銘の十六尊板碑はじめ多尊石仏が並び歴史の古い土地である。山頂に式内社に比定された朱智神社がある。

　語源については、明治一〇年代の『京都府地誌』は「旧名上山城ト称シ古時ヨリ綴喜郷朱智《すち》庄ニ属ス。村内ニ朱智神社アリ」とあり、村名は「天王祠朱智社ノ旧名アルニ依テ起ルト云」。『田辺町近代誌』も、「この地の朱智神社の主神である迦爾米《かにめ》雷命《いかづちのみこと》を朱智天王と称え奉ったことにより天王の名が生じた」と記し、『京都府田辺町史』も同様の記述である。

　これらの解説は、「興福寺官務牒疏」「朱智牛頭天王宮流紀疏」「山城国綴喜郡筒城郷朱智庄佐賀庄両惣図」などを引用し、朱智神社は迦邇米雷命を主神として式内社と断定してきた。また、古代豪族息長氏の祖神を祀った氏神社で、息長氏の本拠地であったともいう。ただし、「興福寺官務牒疏」含め、「息長」「朱智」の文言があれば、すべて幕末の偽文書「椿井文書」であり、史実として朱智社・朱智庄・佐賀庄は存在しない（「普賢寺」参照）。

　しかも、綴喜郡の式内社は石清水八幡宮を除き近世までは朱智神社も含めて、一三社すべて所在不詳だった。『山城志』は「朱智神社　在所未詳」、『山州名跡志』は天王村の項で「牛頭天王《ごずてんのう》社　鎮座記不詳。土人産沙神ト為ス」、『山城名跡巡行志』には「天《あま》ノ神社、天王村ノ山上ニ在リ、今牛頭天王ト称ス、鎮座記不詳」と記すだけである。伴信友『神名帳考証』、出口延経『神名帳考証』、『雍州府志』も所在を記さない。つまり、神社はかつては天ノ神社と称し近世は牛頭天王社と称していた。

　そのことは、本殿擬宝珠の四個にいずれにも「奉寄進　山城綴喜郡普賢寺牛頭天王、慶長拾七年九月吉日　藤原朝臣宗勝　敬白」との銘があることからわかる。寛政六年（一七九四）二月一三日に天王村庄屋利右衛門らが奉行所に出した藁葺仮屋を瓦葺にしたいという嘆願書（中島覚次郎家文書）に「氏神牛頭天王社則天王村ニ有之、普賢寺郷十ケ村之 氏神」とあることで示されている。

牛頭天王社はその鎮守で、天王の地名もそこから来ている。乙訓郡大山崎町の天王山も山中に素戔嗚尊《すさのをのみこと》を祀る酒解神社があり、素戔嗚尊は本地仏（本来の姿である仏）が牛頭天王であることから、山名の由来となっている。明治維新後、古名の式内社朱智神社だと比定したが、「椿井文書」に依拠したものである。（綱本）

天皇《てんのう》〔綴喜郡宇治田原町荒木〕

町の中央を流れる田原川中流から北、荒木山（四七二メートル）の麓にある小字名。「天皇」とは田原天皇をいうとの伝承がある。『宇治田原町史』によると、天智天皇第七子施基皇子《しきのみこ》（光仁天皇の父で、万葉歌人志貴皇子《しきのみこ》）は、同町高尾《こうの》に邸宅をかまえたという言い伝えがある。高尾の高台には「小院の馬場」「大院の馬場」と呼ばれる馬場跡があり、皇子が馬を調練した場所という。だが、『山州名跡志』は「追犬《おういぬの》馬場」とし、「オフインノ馬場ト称シ」「天子住玉ヘリト云フ可笑」と記している。皇子はその後高尾から谷を下った荒木の里に居を移したとされ、天皇にある大宮神社西南の杉林の中に「田原天皇社旧跡」と刻んだ石碑が建つ。元頂上にあったものを移した社が、明治四〇年（一九〇七）まではあったという（その後大宮神社に合祀されている）。『山州名跡志』に祠を「土人之ヲ御廟ト云フ」とあるが、陵があるわけではない。田原陵は奈良市田原にあり、その墓所の所在地により施基皇子は田原天皇と称された。同じ田原名であるところから生まれた伝承であろう。「天皇」の地名は、そうした伝承から生まれたものと思われるが、もとは高所にみられる牛頭天王信仰に田原天皇伝承がからんだものか。頂上にあったという社というのも、牛頭天王を祀ったものとも推定される。（齋藤）

天王後《てんのうごう》〔伏見区横大路〕

横大路の産土神、田中神社に位置する。神社の南を天王前、東を天王後と称している。田中神社は治暦年間（一〇六五～六九）祇園感神院より勧請、牛頭天王田中神社といった。主神は素盞嗚命・稲田姫命となっているが、神仏分離の時、牛頭天王を素盞嗚命と改めたものである。地元では今でも天王さんと称しているが、これが町名の由来となった。（明川）

天王山《てんのうざん》〔乙訓郡大山崎町大山崎〕

摂丹山地東南端の淀川を望み、山崎と対岸の男山との狭隘部にあり、古くは「山崎山」といった（「大山崎」参照）。山頂東山腹には、『延喜式』神明帳に式内社酒解《さかとけ》神社が載り、正式名は自玉手祭來酒解神社（たまてよりまつりきたるさかとけのじんじゃ）。玉手とはどこの玉手か定説がない。『延喜式』には「自玉手祭来酒解神社、元名山埼社」と記す。という。また酒解神社は「ウネヤマサキノカミノヤシロ」とも訓まれた。『続日本後紀』承和六年（八三九）四月一三日条に「奉授无（無）位自玉手祭來酒解神従五位下〈云云〉」とあり、次いで同書同一〇年四月一日条に、梅宮社（右京区）とともに正五位下となり名神に列した。天王山を源にして小字傍示木と堀尻の間を流れる川を、「五位川」というのはそれに由来する。

しかし、当社は平安時代以来一貫して当地にあったわけでなく、また鎌倉～江戸時代には社名も失われていた。

鎌倉時代には天神八王子社が祀られ、素戔嗚尊と御子八王子が鎮座した。素戔嗚尊の本地仏を牛頭天王といい、山崎天王社とも称した。『雍州府志』（一六八六）には

「牛頭天王社、山崎山上に在り。創建不詳、本社の両座は東は東天王八王子と称す、西は天神八王子と号す」と記すが、『山城名勝志』（一七一一）は「天王八王子社、天王山に坐す」と記す。すでに『名月記』建仁二年（一二〇二）四月八日条に、藤原定家が山崎を通った時、「此辺の辻祭二社が御前を渡られ其の中の一方は頗る田楽等供奉を副《そ》ふ、土民等毎年此事営む」とある。中世以降、これらの社名にちなんだ「天王山」の山名が現れる。『山城名跡巡行志』（一七五四）は「山崎山。天王の社有り、故に天王山と号す」という。神社は明治になり式内社式内社酒解神社として旧称に戻った。

古来しばしば戦場となった。天正一〇年（一五八二）秀吉と光秀の山崎合戦で有名となった。この故事にならって勝敗や運命の分かれ目を「天王山」という。秀吉が味方鼓舞のため山頂近くの松に旗を立てたという「旗立て松」がある。酒解神社参道には、幕末の元治元年（一八六四）七月の禁門の変（蛤御門の変）で敗走した筑後国久留米水天宮の祠官真木保臣ら一七人が天王山に陣取り、会津藩、新選組等に攻められ自刃した史蹟「十七烈士之墓」が立つ。（綱本）

天王山《てんのうざん》〔綴喜郡井手町多賀〕

高神社所在地周辺の小字を天王山という。「天王」は、高台の位置にある古社周辺によくみられる地名である。京田辺市の朱智神社（近世は牛頭天王社と号した）は、天王集落の西端にそびえる高ヶ峯の山頂に鎮座している。また宇治田原町の田原天皇社址は、荒木山山麓（大字荒木小字天皇）にある。山崎合戦で有名な天王山の山麓には、離宮八幡宮がある。「天王（皇）」は牛頭天王にちなむ天王信仰を表すが、高所をも意味するものと思われる。高神社は、『延喜式』神名帳によれば官幣社という格式の高い社として格付けされていた。イザナギノミコト・イザナミノミコト・アマテラスオオミカミ・タカミムスビノカミなどの神は、高天原《たかまがはら》の神々であるが、高神社は、聖武天皇の天平三年（七三一）勅願によって高御産日神《たかみむすびのかみ》の義に従って「高」の字をとり、「高神社」と号するようになったという（『井手町史第四集』）。「天王」の意にかなうものであろう。（齋藤）

天王町《てんのうちょう》〔下京区〕

木屋町通松原上ル三丁目、斉藤町南端から仏光寺まで、東側は鴨川、西側は木屋町に西面する。祇園社にも近く、牛頭「天王」を祀る民家があったのではなかろうか。「寛文一二年（一六七二）洛中洛外大図」に「天王町」とある。「正徳四年～享保六年（一七一四～二一）（中井家作成）京都明細大絵図」、「天保二年（一八三一）京町御絵図細見大成」に「天王町」とあり、変化はない。（小西）

天満町《てんまちょう》〔下京区〕

西木屋町通松原上ル二丁目、北は仏光寺から南は高辻まで、東は高瀬川に接し、西は河原町に面する。「宅地中央の蔵がすべて西木屋町の方向を向いていて、西木屋町に面した家はいずれもマエニワ形式の町家が並ぶ。河原町に面した町家は、その形式や規模から借家であり、天満町は西木屋町に面した『薪屋仲間』により担われていた町である」（『町と町屋の構造』）。高瀬川の開削を契機に、摂津の国（大坂）「天満」と当町薪屋仲間との交易に因むのであろう。「寛文一二年（一六七二）洛中洛外大図」、「正徳四年～享保六年（一七一四～二一）（中井家作成）京都明細大絵図」、宝暦一二年（一七六二）刊『京町鑑』すべて「天満町」とあり、以後、変化はない。（小西）

と

土居《どい》〔京丹後市久美浜町〕

天文七年（一五三八）の「丹後国御檀家帳」に「くみのどいはま」とあるものが初出の地名である。防御機能をもつ土塁が築かれた居館があったことに由来する可能性があるが、現在は痕跡をとどめていない。地名の成立は中世後期にさかのぼるものと思われる。

慶長七年（一六〇二）の「慶長検地帳」には「土居町」とあり、「くミのどいはま」から地名の変化があったものと推定される。これは、天正一〇年（一五八二）に松倉城に入った松井康之が、城下町を整備した段階に町名とした可能性が考えられる。一九世紀代と思われる「丹後久美浜図絵」（糸井文庫）にも「土居町」と記されており、明治時代に至る。現在は小字地名として残る。（新谷）

都市町《といちちょう》〔下京区〕

木屋町通五条下ル六軒までの東側片側町で、南西に斜行する木屋町通に西面し、東側は鴨川にも面する。当地に「市比売神社の旅所あり。祭神は都市《とし》の守護神なれば此名あり。明治二年旅所を廃せり」（『京都坊目誌』）という。同神社は、現在の「花園町」にあった平安京の東市の守護神である。「都市」というのは「都市《みやこのいち》」であろう。「寛永一四年（一六三七）洛中絵図」に「トイチ丁」とある。また、「宝暦一一年（一七六一）一二月北野七軒の内真盛町より茶屋株を分派し遊里と為す」（前掲書）とある。宝暦一二年（一七六二）刊『京町鑑』は（遊郭の）「五条新地」としたうえで、「都市町」としている。（小西）

土居之内町《どいのうちちょう》〔東山区〕

白川の流れに沿った土居（土塁）の内側に位置するため。所在は三条通南裏白川筋西入ル。東山三条の東、白川沿いの西に位置する。

『京都坊目誌』は慶安元年（一六四八）の開町と伝え、すでに白川の土居があったと伝えるが、町名は『四方洛外町続之町々小名之覚』（延宝二年〈一六七四〉）の記録に出るのが早い。明治二年（一八六九）下京に編入、昭和四年（一九二九）東山区に編成。（忠住）

土居町《どいまち》〔北区大宮〕

豊臣秀吉が京都を本拠地として京都市街の改造事業を行ったものの一つで、聚楽第ならびに京都市街地全体を囲郭するかたちで天正一九年（一五九一）に全長約二二・五キロにおよぶ御土居が築造された。その土居にあたる町名として土居町や、近世に削平された場所に旧土居町など、土居名称が数多く存在する。

近世の市街地の発展や、鴨川河岸の土地開発にともない京都市街の東側は早期に削平されたが、北側・西側には明治中期までその多くが残存したことが明治二二年（一八八九）測量の仮製二万分一地形図「京都」・「伏見」上に確認することができる。この残存地域の旧土居ラインにおいて、地名として多くが連関して分布している。大宮土居町は、そうした現存する数少ない土居が残る地域であり、大宮御土居では土居とその北側に展開する空堀が現存し、史跡指定されている。（天野）

塔《とう》〔右京区京北〕

『和名抄』の桑田郡山国郷内に位置し、中世には山国庄本郷に属す。下弓削から狭間峠を東南に下ったところの地区。狭間谷の入口。丹波路が通っている。初見は、宝徳三年（一四五一）の「山国惣庄山地寄進状（写）」（「井本昭家文書」）に「塔本村有…」とある。また、天文一九年（一五五〇）の「吹上家文書」にも「塔本右近尉行重」（名主の名）とあって、近世以前は「塔本（村）」といっていたが、後「たうの村里」とか「とのむら」などと記録されるように、「塔《とう》」が地名として落ち着いたものらしい。「塔」とは、集落から狭間峠に少し入ったところに三明院《さんみょういん》（天竜寺派寺院）があるが、その近くにあった寺院の塔のことと伝えられている。あるいは、「塔（たう・とう）」は、峠（たむけ→たうげ・とうげ）の意であったか。　（糸井）

峠《とうげ》　〔与謝郡伊根町〕

天文二四年（一五五五）の津母八坂神社（伊根町）の棟札に「峠村」と見えるものが初出の地名である。この場所は伊根町六万部と本庄上との間の峠となっていることから、これに由来する地名と思われる。慶長七年（一六〇二）の「慶長郷村帳」以降、「峠村」として明治時代に至る。（新谷）

等持寺町《とうじじちょう》　〔中京区〕

等持寺のある町。「等持寺」は、足利尊氏の諡号《しごう》（おくり名）。町域の西側に尊氏の館があり、死後に等持寺がおかれたことによる町名である。

柳馬場通を挟む両側町で北は二条通に、南は押小路通に面した町。平安中期以降の押小路万里小路北にあたり、平安時代には飛鳥井殿などの貴族の邸宅が建てられた。室町時代に尊氏の邸宅が建てられたが、これは二条という当代の幹線に面しており、鴨川にも近い利便性と守りの面からだろう。

足利尊氏館を受け継いだ等持寺は、足利家の菩提寺として広大な規模を誇り室町期の十刹の首位とされたが、文安三年（一四四六）の火災で焼亡して後は、洛北衣笠の等持院に合併された。このような事情のためか近世の京の町では、トウジジの名は馴染みが薄かったらしい。「とうちん町」「たうじの町」（『京雀』『京雀跡追』）などの表記がなされ、『京雀』では文禄慶長の役時に渡来した「唐人《とうじん》」が居住したとするなど、転訛の様相が伺える。　（真下）

童侍者町《どうじしゃちょう》　〔下京区〕

綾小路通烏丸西入ル室町までの両側町である。釈尊に仕えた阿難陀の例のごとく、侍者には堅い信心、精進など八つの徳が必要とされる（『岩波仏教辞典』）。侍者そのものも、信仰の対象になり得ると考えられる。「竜侍者詣で（『碧山日録』）」という表現があるが、当町には地蔵尊に準ずるような「童形」の「徳高い侍者」の祠があったのであろうか。元亀二年（一五七一）『御借米之記』と元亀三年（一五七二）『御膳方月賄帳』に「東綾少路町」とある。「貞享三年（一六八六）京大絵図」、宝暦一二年（一七六二）刊『京町鑑』で現町名の「童侍者（丁）町」となり以後変化はない。　（小西）

東寺町《とうじちょう》　〔南区〕

平安京の創建時、羅城門の東西に建てられた官立寺院の一つ、東寺に由来する。ただし、東寺町の住所に東寺はなく、東寺の北西にあたる区域をさす。ちなみに東寺の現在の住所は九条町である。宗教法人としての登録名は「教王護国寺」であり、正式名として「金光明四天王教王護国寺《こんこうみょうしてんのうきょうおうごこくじ》秘密伝法院《でんぽういん》」「弥勒八幡山《みろくはちまん》総持《そうじ》普賢院《ふげんいん》」の二つの名称がある。ただし、東寺は俗称というより、創建当時からの歴史的名称である。南北朝時代に成立した東寺の記録書『東宝記《とうぼうき》』によると、延暦一五年（七九六）に藤原伊勢人《ふじわらいせんど》が造寺長官となって建立したという。その後弘仁一四年（八二三）、嵯峨天皇から弘法大師空海に下賜され、東寺は国家鎮護の寺院であるとともに、真言密教の根本道場としての性格を強めていく。交通の要衝に位置することもあり、戦乱の舞台となり、度重なる火災に見舞われるなど、創建当時の建物こそ現存していないが、その位置が当時とほぼ変わらない、数少ない寺である。　（入江）

道正町《どうしょうちょう》〔上京区〕

江戸時代にこの地に「道正庵」という薬屋が営まれていたことによる。町域は南北に通る新町通をはさんだ両側で、北は上御霊前通の少し南から寺之内通までとする。明治七年（一八七四）提出の『全国村名小字調査書』によると、明治二年（一八六九）に「道正南半丁」、「同北半丁」、「道正丁」の三町が合併して現在の町名にしたとある。道正は一三世紀前半に道元に従って宋に行き、かの地で病になった。ある老人から薬を与えられて助かったので、その薬方を授かって帰国し、解毒丸という薬を販売したことに始まるという。　（清水）

東寺領町《とうじりょうちょう》〔左京区聖護院〕

東寺の所領地だったことによる。『京都坊目誌』に「貞応年中、後堀河帝の准母邦子内親王、此地に住す。号を上り、安嘉門院と云ふ。弘安六年崩御の後、殿舎の地を東寺に施入せらる。故に此名ありと云ふ」とある。「後堀河帝」も「安嘉門院《あんかもんいん》邦子内親王」も、後高倉院と呼ばれた高倉天皇の第二皇子守貞《もりさだ》親王（一一七九〜一二二三）の子どもで、弟と姉である。貞応《じょうおう》年間は一二二二〜二四年。「弘安六年」は一二八三年。「東寺《とうじ》」（教王護国寺）は、弘法大師に対する新たな信仰の展開により、その寺領が拡大する時期に当たっていた。『京都坊目誌』は続けて「其後、聖護院宮領となるも、幸に旧号を失はず、今日に至る」と記す。　（笹川）

東泉寺町《とうせんじちょう》〔伏見区向島〕

京阪宇治線観月橋駅の東南、向島東中学の西側に位置する。ここに浄土真宗の東泉寺があったので、その名を付けて町名とした。ここは元山科川と宇治川の合流する地点で、雨の時堤防が度々決壊し、巨椋《おぐら》池の増水にも弱く、水害の頻発場所だった。そのため寺は深草大亀谷敦賀町に移転し、等泉寺と寺名を改めた。移転した年号は未詳。「開基は等超禅師」（『拾遺都名所図会』）という。本尊は恵心僧都作といわれる阿弥陀如来、その台座には東泉寺の寺号が刻まれている。現在は田畑が大半、宇治川沿いが住宅地になっている。　（明川）

童仙坊《どうせんぼう》〔相楽郡南山城村〕

京都府最南端の南山城村に属する、明治の旧村名。江戸時代には童仙坊村は存在せず、高尾・法ケ平尾・田山・北大河原・南大河原・野殿の六村だったが、明治の開拓で童仙坊村が加わり、法ケ平尾村が高尾村に合併して、数の上では六大字を維持していた。

童仙坊の由来について、旧い所は分からない。敏達天皇十四年恵智上人の教えを聞いた僧侶が御堂を千坊設けて千体仏を祭ったとか、平城京の鬼門に当たる当地なのでここに御堂を建てたとかの、ドウセンボウと云う語にかこつけた伝説はあるものの、それを証明する遺跡などは発見されていない。ただここが、奈良・吉野に近く、山岳仏教の流伝候補地として思案されていたらしい。北に鷲峰山金胎寺があるし、南には弥勒信仰の修行場笠置寺もあることから、修験道などの寺院が考えられていたということはあったであろう。というのも「童仙坊」と書く漢字の印象からは、「童子仙人の僧坊」の風がある。が、「童仙」と云う熟語は漢籍には見当たらない。ただ、これから入門する人も、もう不老不死の術を得た人も、という思いが込められた未練の修験道の土地だったことを思わせる。それはここの開拓史の有り様から想像できる。

童仙坊には古い小字が二〇ある。明治開拓時に付けられた一番〜九番という番号制の通称地名のほかに、一本松・稲千穂・参郷田・長谷などの小字に並んで「道宣」がある。この「道宣」という語は気になる小字地名で、明治一七年ごろの『相楽郡村誌』には「道宣山」とあり、「村ノ北ニアリ、山脈西国見山ニ連リ、北面ハ湯舟ニ属ス」と書いてある。この山名「道宣」は読みが「童仙」と同じだから、童仙坊に関係した過去の人の名前らしいと想定できよう。とすれば、あるいは自己の名を秘して「さて、どうしようか」と呟《つぶや》いた嘆声《なげき》「如何将為《どうせむ》」をもじったのかもしれない、と云えば想像にすぎようか。というのもここは昔、誰の所有か未定の無主地があった。明治四年の『童仙坊開拓記』によると、和束杣山の裏側の境界は、近世まで未開拓の無主空間だったと言う。荘園の近辺は持ち主の無い空白地があって、地図も白地図で残されてある。そこで正徳四年『童仙坊絵図』裏書きにあるように、三郷内山立合で四至が決められたものの、実効は発揮せず、無所属地は一つの緩衝地帯の性格を帯びていたらしい。しかも「野殿」近辺の「三郷田」は、三村惣代が立ち会って「仏の三界」に因んで決めた領域だったという。「童仙坊」という名をいぶかった滋賀民俗学者の橋本鉄男氏は、現地を調査し「仏谷」「穴ノ尾」などの地名に注目して、仏教関係の跡ではないか、寺の有無はともかくとして、古い葬地だったと推定している（『南山城山村民俗文化財調査報告書・山村のくらしⅡ』）。妥当な見解であろう。行政の手の届きにくい山中辺地の童仙坊が、なんとかしようとしても続かずに荒野化し、白紙地図のまま長く放置状態だったのも理由があったわけで、〝山城国のチベット〟としてそれなりの聖地利用もあったのかもしれない。（吉田）

戸津《とうづ》〔八幡市〕

戸津村の小字は中世末に登場するが、江戸期は淀藩領・石清水八幡宮社領。明治元年、淀藩領は淀県を経て同四年京都府に所属。明治二二年（一八八九）〜現在の大字名。はじめ有智郷村、昭和二九年八幡町、同五二年からは八幡市の大字。木津川左岸、男山丘陵と木津川とのほぼ中間の低湿地帯に位置する。そのため、蜻蛉尻川の堤切れによる内水排除の困難さがあった。また、木津川の河床も高いため、特に明治期は内水災害が多く、五〇ミリ以上の雨で二日間ほどは湛水している。水害用小舟を軒に吊るしている家があった。地名由来は木津川の港説があるが、明治初期や寛永一四年（一六三七）の二度の付け替え以前の旧流路から距離があり港説は疑問である。戸津・内里地区と上奈良・上津屋地区との間に木津川に通じる河道跡があり、『和名抄』有智郷と那羅郷の境界線でもある。トウヅはソウズ（沢水、清水）の音通（五十音図の同行の音の転換）で、川水が流れる「湿地」を指すと考えられる。（綱本）

多保市《とうのいち》〔福知山市〕

由良川支流である土師《はぜ》川上右岸にある村名。地名は『丹波志』によると、古代に当地に塔のある寺院があり、その塔の前で市が開かれたことに由来するという。

昭和三〇年（一九五五）からは福知山市の大字となった。（安藤）

堂ノ後町《どうのごちょう》〔山科区四ノ宮〕

「徳林庵の裏手の町」の意味であろう。室町時代に南禅寺の雲英禅師が建立した寺で、天文年間（一五三二〜五五）に焼失したため、この地に移ったとされる。いつからか「人康《さねやす》親王の菩提を弔う寺」と信じられ、江戸時代には検校位をもった盲人が集まり、人康親王供養塔の前で得意の琵琶の曲を奏でた。門前にある四宮地蔵は、保元二年（一一五七）、後白河天皇によって分置されたもので、六地蔵巡りの一つとして著名である。東海道に面していて、旅人や飛脚の休憩所としても使われた。また、当時の四ノ宮川が広い河原をなしていた場所でもあり、雑踏と遊興の地でもあった。（小寺）

堂ノ前町《どうのまえちょう》〔山科区竹鼻〕

近世には竹鼻地域に由緒ある寺が多かったが、とくに、円信寺・西念寺・地蔵寺が「竹鼻三ノ堂」と呼ばれていた。その中で西念寺のみが現存する。正式には浄土宗知恩院派紫雲山西念寺という。創立年代は不詳だが、「昔西雲大徳ト云フ者此寺ニ住シ、寛永年間ニ堂宇ヲ再建シタリト伝フ」（『宇治郡名勝誌』）とある。寛永年間とは一六二四年から一六四四年まで。その門前町としてこの名がつけられたのであろう。（小寺）

堂之前町《どうのまえちょう》〔中京区〕

ここでの「堂」とは、六角堂のこと。したがって六角堂の前の町の意。当地は平安時代以来、六角堂の門前町にあたる。京域に寺が少なかった時代から存在し、本尊の如意輪観音は当初から現在に至るまで、貴賤男女の厚い崇敬を受けてきた。中世には京町衆の拠点となる町堂として親しまれたことからも、京の町では「堂」といえば六角堂をさすのが慣例であった。

六角堂頂法寺は聖徳太子の草創と伝える古寺。本堂手前に置かれる臍石は、平安京造成時の六角通開通の際に、境内に移動したと伝えられる。『御堂関白記』『小右記』などからは、平安貴族の崇敬を受けたことが知られ、鎌倉初期には親鸞が一〇〇日間参籠したことで名高い。応仁の乱後は町堂として、町衆たちの自治の拠点となり、祇園会のくじ取りの会場ともなった。また一方で西国三十三ケ所の観音霊場としても名高く、近世には巡礼者を対象とする大規模な門前旅宿街を形成した。六角堂は華道家元の池坊の拠点としても高名であり、当町は華道の町としての性格も担ってきた。現在も周辺には関係の店舗がある。（真下）

塔ノ森《とうのもり》〔南区〕

寛政三年（一七九一）に五〇〇年前の京都の様子を復元して木版で出版された地図『花洛往古図』には、塔ノ森付近の絵として森の中に三重の塔を描いている。塔のある森という解釈であろう。塔があったとすれば、佐比寺のそれであろうが、遺構は発掘されていない。「柴田（昌）家文書」によると後鳥羽院の頃に仕えていた主殿《とのもり》（内裏における消耗品の管理・供給を主な職掌とした下級役人）が初めて住んだ所なので「とのもり村」と呼んだが、転訛して今の塔ノ森になったともいう。しかし、空也上人作と伝わる『西院河原地蔵和讃』（一八八四）の一節には夭折した子どもたちが「河原の石を取り集め　これにて回向《えこう》の塔を組む」とある。葬送の地に広がる無数の石積みの「塔」や墓標があたかも森のように立ち並んだ様子をさしたものという説をとる。西高瀬川と桂川の畔一帯は、古くは平安京佐比大路の南端に位置し、佐比河原と呼ばれ、早くから庶民の葬送地であった。『三代実録』には貞観一一年（八六九）、一二月八日条に、付近に佐比寺があり桂川に佐比橋が架けられていたが、弘野《ひろの》宿禰《すくね》河継《かわつぐ》が送葬者の便を図って橋を修理し、費用を寺に寄進したという記事がある。（入江）

道風町《とうふうちょう》〔北区杉坂〕

杉坂地域にある町名で、平安中期の能書家で三蹟の一人、小野道風《おののとうふう》（八九四～九六七）を祀る小野道風神社が所在することが町名の由来である（『京都市の地名』）。社伝

では延喜二〇年（九二〇）創建とされる杉坂村の産土神であるが、小野道風との具体的な関連性は不詳である。（天野）

等楽寺《とうらくじ》〔京丹後市弥栄町〕

太平山等楽寺の門前集落として成立したものと推定され、寺名に由来する地名である。等楽寺は、麻呂子親王の鬼退治伝承の中で、七仏薬師の一つを安置する寺院として知られ、鬼退治を描いた等楽寺縁起（府登録文化財）が竹野神社（丹後町宮）に伝わる。もとは等楽寺にあったが、現在は成相寺にある正応三年（一二九〇）銘の鉄湯船（重要文化財）は、物部家重を大願主とし、河内鋳物師の山河貞清が作ったものである。その銘には「丹後国船木庄等楽寺」とあり、等楽寺が船木庄の領域に含まれていたことがわかる。本史料が地名の初出となる。慶長七年（一六〇二）の「慶長検地帳」には「丹州竹野郡東楽寺御検地帳」（籠神社所蔵）、元禄一二年（一六九九）の「丹後国郷帳」には「東楽寺村」とあり、延宝九年（一六八一）「郷帳」では「等楽寺村」とあり、二つの地名表記が併存する。その後、明治時代には「等楽寺」の表記に統一される。端郷のひとつ「高原」にあった観音堂は、江戸時代中期に成立した丹後国三三箇所の一つとされたが、高原廃村に伴い等楽寺境内へ移転している。（新谷）

燈籠町《とうろうちょう》〔下京区〕

東洞院松原東南部に平重盛の建立になる「燈籠堂」があった。これが語源である。この燈籠堂には、大無量寿経の「六八弘誓の願になぞらえて、四十八間に四十八の燈籠を懸け」（『平家物語』）たものである。寺伝によれば、後花園天皇の勅願で、この堂を浄教寺と名付けた。東山小松谷から当町北側に移転し、さらに、秀吉の京都整備計画により寺町四条下ルに移転して現在に至っている。今も燈籠堂と燈籠は存在する。東洞院通松原上ル高辻までのこの両側町は、祇園会に「保昌山」を出す。「頼光四天王の一人平井保昌が宮中の梅を手折ってくれたら妻になるとの難題に、夜間宮中に忍び込んで、梅の枝を切ったところ宿直の武士に矢を射かけられて髻が切れたという物語による。（中略）前掛けの蘇武図と胴掛けの帳騫巨霊人図は、円山応挙の下絵である」（『京都市の地名』）。「寛永一四年（一六三七）洛中絵図」に「とうろう町」、宝暦一二年（一七六二）刊『京町鑑』にも「燈籠町」とあり、変化はない。

松原通東洞院東入る高倉までの両側町では、当町西端北に「燈籠町」があるので、こちらが「燈籠堂」の燈籠に近かったのか、「本家」の意識があったのであろう。本燈籠町と称する。「寛永一九年（一六四二）寛永後万治前洛中絵図」に「本燈籠町」と現町名が記載されている。宝暦一二年（一七六二）刊『京町鑑』、「天保二年（一八三一）改正京町御絵図細見大成」ともに、「元燈籠町（丁）」とある。（小西）

蟷螂山町《とうろうやまちょう》〔中京区〕

祇園祭の蟷螂山を出す町。蟷螂とはカマキリの漢名。応仁の乱以前の存在が確認される山で、古くは「いぼじり山」「かまきり山」と呼ばれた。

西洞院通が中央に通る両側町で、南北に四条通と錦小路通が通る。古くから人の往来の多い、商工業の盛んな地である。御神体のカマキリは山鉾の中でも屈指の、からくり技術を駆使した構造で知られた。幕末に焼失したが、昭和五五年（一九八〇）に復活。緑色の神体が大きく前足をもたげて動かす動作に特徴がある。「蟷螂の斧」の故事に因むと考えられるが、カマキリは古代から呪的な力を持つと信じられる一面もあった。

町名については「寛永一四年（一六三

七）洛中絵図」に「かまきり山丁」とあり、宝暦一二年（一七六二）刊の『京町鑑』には「蟷螂山」と見える。ここからは江戸時代中頃に表記を、「かまきり山」から漢語の「蟷螂山」に変更したことが考えられる。

一方、本町の場合は寛永一八年以前の地図などから、近世の早い時期に「外郎町」と呼ばれた形跡も確認できる。外郎は元朝の医師、陳外郎が博多経由で応永年間（一三九四～一四二八）に当地に伝えた万能薬で、別名「透頂香《とうちんこう》」。北条氏に出入りした関係から近世には小田原に拠点を移しており、寛文五年（一六六五）刊『京雀』には「小田原の外郎は、この町より出すといふ」とみえる。外郎は現在も小田原市本町の外郎藤衛門が製法を伝えている。町名がその町の特徴を端的に表すものであるという、好例だろう。（真下）

栂尾町《とがのおちょう》〔右京区梅ヶ畑〕

清滝川に沿い北から約一キロメートル内外の範囲で連続する「三尾《さんび》」（栂尾・槇尾・高雄）の最も北にあたる。尾は山裾が延びたところという意味がある。栂尾の北方背後には五〇〇メートルを越す峰山がある。栂は建築用材との関係を連想させる。栂尾の名については、貞観《じょうがん》一八年（八七六）、天台座主法性坊尊意僧正が幼少時に度賀尾《とがのお》寺に入山したとの記録が早い（『元亨釈書』）。清滝川北東岸に栂尾山高山寺がある。元は尊意僧正が修行した度賀尾寺で、幾度かの荒廃の後、建永《けんえい》元年（一二〇六）に明恵上人により華厳宗の道場として再興され、高山寺と号した。（岩田）

常盤《ときわ》〔右京区〕

双ヶ丘の南西側に位置し、古くは『和名抄』葛野郡田邑郷にあたる。『山城名勝志』によれば、『続日本後紀』承和《じょうわ》一四年（八四七）の記録から、嵯峨天皇の皇子源常《ときわ》の山荘がこの辺りにあったことに因るのではないかとしている。また源義経の母常磐御前の墓と伝える石塔があり、『都名所図会』では常磐が生まれたことに因るとの説を載せている。他方、古くから変わらぬ物や心の象徴としての意味を込めて、歌枕として常磐の里・常磐の杜・常磐の山などの語が詠まれており、人名に語源を求めるのは難しいとの説もある。平安期には貴族の別荘地となり、『大鏡』の作者とも伝えられる藤原為業《ためなり》なども住まいした。中世以降は耕地化が進み一般に常磐とよばれるようになった。近世には常盤村・谷村・久保村となるが、いずれも小規模であった。常盤村源光寺は京都の六地蔵巡りの参拝客を集めたが、丹波街道につながる位置により、その地位を得たものと思われる。（岩田）

常盤井殿町《ときわいでんちょう》〔上京区〕

江戸時代初期にこの地にあった桂宮の屋敷が、のちに常磐井殿と称せれた。その常磐井殿があったことによる。町は今出川通の北側で、現在は全域が同志社女子中・高等学校の校地となっている。天保二年（一八三一）の「改正京町絵図細見大成」には、今出川通に「常磐井殿北丁」、「同西丁」、「同東丁」が記されている。明治七年（一八七四）提出の『全国村名小字調査書』では、明治二年（一八六九）にこの三町が合併して常磐井殿町になったとしている。（清水）

常盤町《ときわちょう》〔東山区〕

演劇にちなむ吉祥地名か。所在は大和大路通四条上ル二丁目。東西を縄手通（大和大路通）と川端通に挟まれ、北は白川まで。

寛文一〇年（一六七〇）頃鴨川の河原を開いて開町したとみられ、祇園外《そと》六町の一つの水茶屋町として発展する。元禄以前から芝居小屋がかけられ、当町の南に隣接する中之町（南・北四条河原）とともに、芝居町を形成した。明治二年（一八六九）下京に編入、昭和四年（一九二九）東山区に編成。

寛文一二年（一六七二）「洛中洛外大図」では「大和大路町」とみえ、『四方洛外町続之町々小名之覚』（延宝二年〈一六七四〉）が当町名の初見となる。それ以前の古称「大和はし町」（吉田六兵衛『京鑑』〈一六九四〉）も当町名成立以降も通行していた。ちなみに「大和橋」は、白川にかかる当町の北側「弁財天町」の南側にある橋「大和大路橋」の略称。（忠住）

常盤町《ときわちょう》〔東山区〕

常盤（トキハ）とは、谷底低地の下流のこと、すなわちトキ（解・溶）・ハ（端）でバラバラの土砂崩れの溜まった地点をいうか。当町を貫く渋谷街道が伸びるこの一帯は低湿な谷底低地である。所在は渋谷通東大路東入ル。東大路通東側に面し、東大路通から渋谷通の入り口が当町にあたる。

明治元年（一八六八）下京に編入、昭和四年（一九二九）東山区に編成。

江戸時代初期には「石塔町《せきとう》」と呼ばれていた。これは町の北に佐藤継信・忠信の供養塔が存在することによる。元禄年間（一六八八～一七〇四）に町奉行所の許可を得て「常盤町」と改名した（『京都坊目誌』）とあるが、『四方洛外町続之町々小名之覚』（一六七四）に「石塔町北側・石塔町南側」とみえ、南北に分かれていたことがわかる。幕末まで二つの町名は併用された。『京都巡覧記』でも「（常盤町）南・北」と二町に分かれている。（忠住）

常葉町《ときわちょう》〔下京区〕

烏丸通七条上ル花屋町までの西側（東本願寺）の境内の大部分を占める町である。「同寺（大谷派本願寺、通称東本願寺）の宝庫に蔵する宗祖（親鸞）の像は元鎌倉常葉郷にあり故に常葉の影像と称する」（『京都坊目誌』）からの命名である。東本願寺建立の史実は、元和五年（一六一九）、徳川幕府の「本願寺内敷地御寄付状（武家厳制録）」に、六条七条の間四丁分寄付したことが示される。この時すでに教如は没し、裏方（信浄院）であった宣如が、本願寺門跡として幕府公権から確認されることになる（『本願寺』）。江戸時代の絵図には東本願寺（御門跡）とあるのみである。明治八年（一八七五）の命名という。（小西）

木賊山町《とくさやまちょう》〔下京区〕

仏光寺通油小路東入ル西洞院までの両側町である。「毎年の祇園会に木賊刈山と呼べる山棚を出す。町称之を採る」（『京都坊目誌』）とあり、祇園会に木賊山を出すことに因む。木賊山は、世阿弥作の謡曲「木賊」による。園原山で木賊刈りを業としていた信濃国伏屋の里の老翁が、かどわかされたわが子と対面する物語である。元亀三年（一五七二）『御膳方月賄米帳』の「川より西組」にすでに、「とくさ山町」と現町名がみえる。「寛永一九年（一六四二）寛永後万治前洛中絵図」、宝暦一二年（一七六二）刊『京町鑑』など、すべて「木賊山町」とあり、変化はない。（小西）

徳正寺町《とくしょうじちょう》〔下京区〕

富小路通四条下ル綾小路までの両側町である。当町の西側に真宗大谷派徳正寺があることによる。徳正寺が移転してきた経緯は、「本寺は越前国荒井ノ城主井上遠仲本願寺ノ僧蓮如に帰し僧となり。願知と号し。文明一八年（一四八六）正月二八日。東山大谷の辺に一宇を創建し。勝久寺と号す。其後二条。猪熊に移り。徳正寺と改む。慶長七年（一六〇二）、徳川氏二条城を築くに当り。命して之に移転せしむ」（『京都坊目誌』）とある。「寛永一九年（一六四二）寛永後万治前洛中絵図」に「徳正

寺町」とあり、西側に徳正寺を描く。宝暦一二年（一七六二）刊『京町鑑』は、「徳正寺町」とする。以後変化はない。（小西）

徳大寺殿町《とくだいじでんちょう》〔上京区〕

平安時代末期にこの地に公家の徳大寺家の屋敷があったことによる。町は南北に通る新町通をはさんだ両側で、北は元誓願寺通から南は武者小路通までを町域とする。天保二年（一八三一）の「改正京町絵図細見大成」に記されているので、江戸時代からの町名である。徳大寺家は藤原氏の一門で、左大臣藤原実能《さねよし》を始祖とする家柄である。（清水）

徳万町《とくまんちょう》〔下京区〕

室町新町間通（中京区の衣棚通に相当）松原下る万寿寺までの両側町である。「徳万町」の場合は、明治二年（一八六九）五月二一日に、日本で最初の小学校が、下第十四番組小学校として開校し、ただちに授業を開始（『日本近代思想体系六「教育の体系」』）した。大年寄北条太兵衛が土地を寄付し、町民が資金を出し合って建設した経過がある。一般に、町名に縁起のよい名前をつけることがよくあるが、当町の場合は、江戸時代から、そのような町民の「徳」が満ちるようにと命名したのであろう。「寛永一九年（一六四二）寛永後万治前洛中絵図」と『京町鑑』には「丹波屋町」、『京雀』には「たんばや町」とある。『京都坊目誌』には「元治元年（一八六四）徳万町と称す」とあるが、すでに、「天保二年（一八三一）京町御絵図細見大成」に、現町名の「徳万丁」とある。（小西）

徳光《とくみつ》〔京丹後市丹後町〕

長禄三年（一四五九）の「丹後国郷保庄惣田数帳」に「徳光保」とあるものが初出の地名である。平安時代後期～鎌倉時代にかけて開発された保地名として、徳が光り輝くといった意味の吉祥句を用いたものと思われる。天文七年（一五三八）の「丹後国御檀家帳」では、「とくみつ」「とくみつよし里」「とくみつの高山」の三ヶ所に徳光を冠する地名が見られる。このうち「とくみつの高山」は、現在、集落は見られないが、小字地名に残る高山を指すものと思われる。また「とくみつよし里」は、「丹後国郷保庄惣田数帳」に「吉里保」とあるものと同じ領域を指すものと思われる。慶長七年（一六〇二）の「慶長郷村帳」以降は「徳光村」とあり、明治時代に至る。（新谷）

徳屋町《とくやちょう》〔下京区〕

岩上通仏光寺下ル高辻までの両側町である。「中昔徳屋某と云ふ富者。此地に住居せし因により名く」（『京都坊目誌』）という。「寛永一九年（一六四二）寛永後万治前洛中絵図」に、すでに「徳や町」とある。宝暦一二年（一七六二）刊『京町鑑』には「徳屋町」とあり、以後変化はない。（小西）

十倉《とくら》〔綾部市〕

旧村名。由良川の支流上林川下流域の河岸段丘上にある地区。室町時代後期には波多野氏傘下の渡辺九郎左衛門の知行地であった。地名の由来は明確ではないが、倉を持つ大農家が多く見られたためであろうか。のちに山家藩領となり寛永五年（一六二八）から旗本十倉谷氏の知行地となり、大庄屋と上下両組の庄屋が置かれた。昭和二五年（一九五〇）から綾部市の大字、二八年から十倉名畑町などに名が残る。（安藤）

十倉《とくら》〔舞鶴市〕

クラは動詞クル（刳）あるいはクユ（崩）の変化形で崩壊地形・浸食地形をいい、「谷」を意味する古語である。トは「戸」で出入り口を示す。十倉は山間を抜けてくる真倉川の削った谷の出口に位置する。真倉村の枝村であったが、まさに真倉村の出口の村であった。当地にある山崎神社は十倉・真倉両村の氏神であるが、田辺郷の一の宮と称されていた。（高橋）

年取島《としとりじま》〔舞鶴市〕

年取島は舞鶴湾の西岸、吉田の集落南東の岬から五〇メートルほどのところに位置する小島である。天正八年（一五八〇）中納言中院通勝《なかのいんみちかつ》卿が先帝の勅勘を蒙った時、京都を出奔し、勅免までの一九年間丹後に在国した。親交のあった田辺城主細川幽斎（藤孝）公とは頻繁に往来があったようで、丹後各地で連歌を行っている。通勝がこの島に小庵を結んで滞在中、細川幽斎は舟に乗って時々島に遊んだが、歳の暮の一日、夜を徹して閑談清話、ついに島で除夜の鐘を聞いたので、幽斎が年取島と名付けたと伝わる。（高橋）

栃谷《とちだに》〔京丹後市久美浜町〕

天文七年（一五三八）の「丹後国御檀家帳」に「久美の栃谷」とあるものが初出の地名である。「久美の」を冠するため、久美庄の領域内にあったことがわかる。あるいは、栃の群生する谷の意か。地名の語源は、山に囲われた閉（トヂ）た谷であったことに由来するものであろうか。慶長七年（一六〇二）の「慶長郷村帳」以降、「栃谷村」と表記され、明治時代に至る。（新谷）

栃本《とちもと》〔右京区京北〕

『和名抄』の桑田郡有頭《うつ》郷に位置し、後宇都庄（吉富本庄）に含まれ、中地地区と共に、庄の中心をなした。大堰川の流域にある。栃の実を産出する地は「栃生（尾）」「栃原」と呼ばれることがあるが、「栃本」も同じく栃の木の繁茂する土地であったことによるか。あるいは、当地が南の幾筋かの谷から土石流が流出し、その土砂で突き出た地形であることを考えると、「トチ」は「トチ（凸）」「トツ」の意かも知れない。平安末期、宇都庄を領していた藤原成親の子成経《なりつね》にまつわる伝承がある。当地の宇津八幡神社は、九州・福岡市の筥《はこ》崎の八幡宮を勧請したことにはじまるとされ、また地区の西方にある、弁才天像を祀る弁天堂は、鹿《しし》ヶ谷での平氏討伐の密議に関わったことから、俊寛僧都らと鬼界が嶋に流された丹波少将成経が、安芸・厳島の弁才天の神助のお陰で罪許されて帰郷したとき、お礼に自ら刻んで弁才天を祀ったものといわれている。（糸井）

鳥取《とっとり》〔京丹後市弥栄町〕

藤原宮跡木簡に「旦波国竹野評鳥取里大贄布奈」とあるものが初出の地名である。平城宮跡木簡には「丹後国竹野郡鳥取郷鳥□　□」とあるほか、正倉院宝物の天平一一年（七三九）一〇月の絁《あしぎぬ》には「丹後国竹野郡鳥取郷□（深カ）田里車部鯨調□絁壱匹長六丈」とある。後者は、丹後の伝統産業である丹後ちりめんと同じ絹織物である絁が、古代に織られていたことがわかる史料である。鳥取は、古代にさかのぼる地名であり、鳥取部が居住していたことに由来すると思われる。乾元二年（一三〇三）の「造内宮所条々事書写」には、「同（相国）被申丹後国鳥取庄事」とあり、これ以前に立庄された「鳥取庄」が、この段階で相国寺領であったことがわかる。その後、長禄三年（一四五九）の「丹後国郷保庄惣田数帳」には「鳥取庄」、天文七年（一五三八）の「丹後国御檀家帳」には「とつとりの里」とある。慶長七年（一六〇二）の「慶長検地帳」には「丹州竹野郡内鳥取村御検地帳」（籠神社所蔵）とあり、明治時代に至る。（新谷）

土手町通《どてまちどおり》〔京都市・南北の通り〕

宝永五年（一七〇八）、鴨川右岸のお土居を改修して造った通り。丸太町通から七条通に至るが、途中、夷川通から上ノ口通

までは中断している。お土居の土堤を撤去してできたことから命名された通り名。（糸井）

戸寺町《とでらちょう》〔左京区大原〕

トは、①戸あるいは門で「出入りする所」または「両側に山が迫った所」の意、②外で「そとがわ」の意。テラは、①寺そのもの、②タヒラ（平）の転で「平坦な土地」の意。トデラは、大原盆地の最南端に位置し、八瀬の山間地を抜けて、少し開けた「平坦な土地の入口」に当たる。『雍州府志』に「惟喬宮　八瀬ノ北、戸寺ノ東、叡山ノ麓ニ在リ。斯ノ処、小野ト称ス。土人、或ハ一本杉ト謂フ。惟喬親王隠淪ノ地ニシテ、在原ノ業平訪レ来ル処カ」とある。戸寺村の北東には、上野村の小高い野原が広がる（「上野町」参照）。『拾遺都名所図会』によると、「戸寺村のひがし三町計山腹に」は「殊に眼疾に奇瑞」のあった「十禅寺」が存在したという。（笹川）

百度《どど》〔城陽市中〕

ＪＲ山城青谷駅北部の小字名。北に長谷川が流れ、西に旧奈良街道が接する。同地域より高い位置を流れる天井川の長谷川は、東部山地より西の木津川へ流れ込む水音がかつては激しかった。「中区有文書」（江戸期）に「長谷川之水字百度と申所へ一時に切落」とあり、どうどうと轟く川音の激しさを語る。地名の由来はその水音からきている。「百度」の表記は、川音の「十十《とと》」を「百」と表したものである（『地名の語源』）。ことば遊びで「百百《どど》」の表記など、各地にみられる。（齋藤）

百々《どど》〔乙訓郡大山崎町円明寺〕

近世初めまで、小泉川（円明寺川）下流付近は広い遊水地帯で、三〇ヘクタールちかい永荒沼をはじめ大小の外島を残していた。このあたりは淀川流域中の最低地で、水が少しでも高くなると悪水が滞留した。百々は、トドの転で、動詞トドマル（留）の語幹、水が留まる所をいう。

度々氾濫する小泉川は、元禄一一年（一六九八）河村瑞賢らによって付け替え工事が行われ、合流点近くから右折させ、ほぼ現在の国道一七一号線付近を流して淀川本流と合流させた。明治以降もしばしば洪水に見舞われ改修工事が行われたが、泥川とも呼ばれた。百々はその沿岸にあった。東隣の小字「夏目」は、昔ナツメの木がいっぱい植わっていたから地名となったという。しかし、淀川に近い湿地帯だったから、動詞ナヅム（泥）の清音化したもので、湿地・泥地をいう。（綱本）

百々《どど》〔山科区川田・西野山〕

百々は全国各地に見られる地名で、多くは川の流れや滝の擬音語を表す「ドドッー」からつけられたとされ、トドロキ・ドドメキとなる場合もある。川田百々も西野山百々町も近くの町であり、双方とも当地の山科川（現在の安祥寺川）の流れ落ちる川音から命名されたのであろう。なお、東山区の蹴上浄水場付近を流れている百々川も同じ語源と考えられる。（小寺）

菟道《とどう》〔宇治市〕

地域内に菟道稚郎子《うじのわきいらつこ》の墳墓があることによるもの。『（菟道村）村誌』（明治一四年（一八八一））に「宇治郡菟道《ウヂ》村　本村往古ノ事詳ナラス、元大鳳寺・三室戸ノ両村タリシヲ、明治八年合併シテ、一村トナシ、更ニ今ノ称ヲ用ユ」とある。大鳳寺村と三室（戸）村とが合併して成立した菟道村であるが、その当時は、菟道に「ウヂ」の振り仮名が振られている。ウジと呼ばれたものをトドウと音読したもの。昭和二六年（一九五一）三月一日市制施行時には、「とどう」と読んでいる。なお、宇治市立宇治小学校が川東（五ヶ庄・菟道側）にあり、宇治市立第一・第二菟道《とどう》小学校が川西（宇

治側）にあるという、ややこしい関係になっている。（高木）

僧尊坊町《どどんぼうちょう》〔伏見区醍醐〕

地下鉄東西線醍醐駅南、万千代川の南、新奈良街道西の住宅地。鎌倉中期、醍醐寺の学僧御園律師浄尊の住房がここにあった。里人は僧尊坊を「ドドンボウ」と訛称した（『城下町伏見町名の由来と秘話続』）という。ソウソンボウからソソンボウへの変化、さらに、ゾゾンボウ・ドドンボウへ濁音化したといわれている。僧尊坊町の東に御園尾町が隣接しているのも、「御園律師」に由来するものと思われる。なお、僧尊坊の塚が地蔵と共に存在したという（『京都府宇治郡名蹟志』）。（明川）

富野《との》〔城陽市〕

市中央部の大字名。木津川の右岸に位置する。『和名抄』の郷名に「富野」があり、「止無乃」と読ませる。鳥野・外野とも表記する。富野を、木津川原近く芦荻の生い茂る中に多くの鳥が群生していた鳥野、あるいは内野（枇杷庄・長池）に対する外野、ともいわれる説を『城陽町史』が紹介している。前者が湿地帯を示しているように、地形上からいえばトムは「止・留・停・泊」で、トムノは水の滞る野が原義か。なお明治二二年（一八八九）成立の富野荘《とみのしょう》村は、江戸期の富野村・枇杷荘村・観音堂村（観るの「み」を「とみの」に含ませる）の三村合併による。近鉄京都線の「富野荘《とのしょう》」の駅名にその名残を留める。（齋藤）

殿城町《とのしろちょう》〔南区久世〕

山下正男「京都市内およびその近辺の中世城郭復元図と関連資料」（『京都大学人文科学研究所調査報告』第三五号）によると、殿城には、室町期の久世氏の居城である「上久世城」があった。南には水路が残る。この居城が地名の由来となった可能性が高い。一九九九年に実施された当地における発掘の結果、桓武天皇が平安遷都を目前にして長岡京北東角に設けられた宮殿の跡であり、主殿は幅約八〇センチの円柱跡七四基を用いた紫宸殿に類する建物であった。「東院」、「延暦十二年」などと墨書きされた土器や木簡が多数出土し、桓武天皇が皇居とされた国の心臓部にあたる巨大な建物であることが判明した。（入江）

外村《とのむら》〔京丹後市弥栄町〕

外村は、竹野川支流の溝谷川中流域に位置する。地名の由来は、関係の深い溝谷集落の端の方、外れにある村という意味であろう。地内に式内社溝谷神社がある。『丹哥府志』には、溝谷神社は「今、新羅《しらぎ》大明神と称す、神功皇后新羅より帰朝の時、竹野浦に着船す、因て祭る」とある。現在新羅《しらぎ》大明神＝須佐之男命、奈具大明神（奈具社）＝豊宇気能売命、天照大神を祀る。はじめ溝谷村の一部であったが、その後分村して独立した。（水野）

鳥羽街道《とばかいどう》〔京都市〕

平安京の造営にあたり、まず都の玄関口となる羅城門の前から南にまっすぐな道が造られた。「鳥羽の作り道」ともいわれてきたのがこの街道で、現在、九条通の羅城門址の前から南へほぼ川沿いに続くが、これは千本通（旧朱雀大路）と重なっている。つまり、千本通の九条以南を古くから「鳥羽街道」といってきた。南の方は、「京街道」とも「大坂街道」ともいうことがある。都への物資の運搬の盛んな通りであった。「鳥羽」は、『和名抄』の山城国紀伊郡鳥羽郷のこと、のち上鳥羽、下鳥羽に分かれる。平安京以前からの地名であろう。城南宮の西方の小枝橋で鴨川の左岸に移るが、このあたりから下鳥羽に掛けては特に鴨川、桂川、西高瀬川が合流するあたりは河の氾濫（水害）に悩まされる地域であったが、水運にとっては利用度の高い土地であったと思われる。「とば」は、「つには（津庭）」の意の語の変化形か。逆に、水に恵まれたことが、野菜作りに適した土地であったようで、九条葱や壬生菜など野菜が多く取れたという。また、通りの一部に牛車のための車石が敷かれていたことでも知られる。（糸井）

飛石《とびいし》〔城陽市奈島〕

市南部奈島の山地地名。飛石は、江戸期奈島村の一部持ち山であった青谷山山中にあり、林道も里道もない場所である。急斜面の谷筋で、大きな背丈以上の岩が谷に多く転がっている。こうした石を使って炭焼き窯が築かれており、炭の搬出などのために続く踏み跡が、岩の谷をいくたびも横断したのが飛石の語源であろう。現在は炭焼窯跡を残すのみで、滅多に人の訪れることのない椿の純林が広がる谷である。（福富）

泊《とまり》〔与謝郡伊根町〕

文明一四年（一四八二）の七神社棟札に「泊」とあるものが初出の地名である。中世、海上を行く船が、荒天などの際に一時的に避難する場所（泊）であったことに由来する地名と思われる。慶長七年（一六〇二）の「丹州与佐郡筒河泊村御検地帳」（筑波大学所蔵）から、泊村が筒河庄の領域に含まれていたことがわかる。これ以降、「泊村」と表記され、明治時代に至る。（新谷）

富田町《とみたちょう》〔下京区〕

東洞院通新花屋町（万年寺通）下ル上珠数屋町までの両側町である。近隣に近江や摂津との行商関係のある町が多く、摂津国富田《とんだ》との商関係が想定され、音が変わったと考えられる。東本願寺寺内町の旧屋敷に属した。「寛永一四年（一六三七）洛中絵図」に「是より六条寺内弐丁目」とある。寛文五年（一六六五）刊『京雀』、元禄四年（一六九一）版『京大絵図』ともに「たんた町（丁）」とある。宝暦一二年（一七六二）刊『京町鑑』、「天保二年（一八三一）改正京町御絵図細見大成」ともに、「富田町（丁）」とある。（小西）

富永町《とみながちょう》〔下京区〕

「富裕な町として永く続く」縁起のよい文字を選んだと考えられる。河原町通高辻上ル仏光寺までの西側片側町である。寛文九年（一六六九）から一〇年にかけて行われた鴨川新堤の築造後に町地として発展した。「寛文一二年（一六七二）洛中洛外大図」には、すでに、「富永町」とある。宝暦一二年（一七六二）刊『京町鑑』、「天保二年（一八三一）改正京町御絵図細見大成」すべて、「富永町（丁）」とあり、変化はない。

高辻通堀川西入ル猪熊までの両側町の場合は、「元禄四年（一六九一）京大絵図」に「たんば（や）丁」とある。堀川に材木の集積場があったので、当町にも丹波屋という材木店があったのであろう。宝暦一二年（一七六二）刊『京町鑑』で「富永町」となり、以後、変化はない。

新町通松原下ル万寿寺までの両側町の場合は、「寛永一九年（一六四二）寛永後万治前洛中絵図」、寛文五年（一六六五）刊『京雀』ともに「山崎町」とある。大山崎との油などの交易関係か。「貞享三年（一六八六）京大絵図」には現町名の「とみなが丁」とある。「富永町」になった時期を、『京都市の地名』は元禄末（一八世紀初頭）とするが、その一五年前には現町名となっている。『京町鑑』以後も変化はない。（小西）

富永町《とみながちょう》〔東山区〕

商い繁盛にちなむ吉祥地名か。所在は大和大路通四条上ル東入ル。縄手通（大和大路通）の東側に面し、末吉町・清本町の南側に位置する。当町中央部の東西を走るのが富永町通（旧古道通）である。

正徳三年（一七一三）に町地として編入され、延享二年（一七四五）以降に知恩院領の畑地を開いた。祇園内六町の一つで、花町として賑わった。明治元年（一八六八）下京に編入、昭和四年（一九二九）東山区に編成。

当町の東、古道通の北約一町にわたり、近江の膳所藩邸があった。現在この膳所藩邸付近を「東富永町」と呼び、「ぜぜ裏」の俗称も生きる。これは隣接する祇園町北《ぎおんまちきた》側《がわ》と別個の街区であることを意図する。（忠住）

富小路通《とみのこうじどおり》〔京都市・南北の通り〕

通り名「富小路」は、平安京の通り名をそのまま用いたもので、もともとの富小路は今の麩屋町通、これと旧万里《までの》小路（今の柳馬場通）との間に、豊臣秀吉の京都大改造計画によって新たに設けられた通り。このように通り名が錯綜した理由は不明である。丸太町通から上珠数屋町通に至る。旧富小路について、富小路と称する貴族の屋敷があったことから付いた通り名とする（『京都坊目誌』）が、通り名の方が先にあったとみるべきである。縁起の良い名（瑞祥地名）として「富」を用いたのであろう。江戸期からの町名に「富小路町」（上京区）がある。（糸井）

富浜町《とみはまちょう》〔下京区〕

木屋町通上ノ口下ル正面までの東側片側町である。元雑色支配の耕地であった。雑色支配の場合、町名はその字名（富浜）によった（『京都坊目誌』）（「菊屋町」参照）。「寛永一四年（一六三七）洛中絵図」に「富浜丁」とある。宝暦一二年（一七六二）刊『京町鑑』は「六条新地」に「富浜町」を記す。（小西）

富松町《とみまつちょう》〔下京区〕

三ノ宮町通正面上ル西側片側町である。但し、南端の一部のみ両側町となっている。元雑色支配の耕地であった。雑色支配の場合、その町名は字名（富松）によった（「菊屋町」参照）。寛永一四年（一六三七）洛中絵図は「富松丁」とする。宝暦一二年（一七六二）刊『京町鑑』に「六条新地」の「富松町」とある。（小西）

富屋町《とみやちょう》〔下京区〕

高倉通楊梅通下ル六条までの両側町である。「桝屋丁」のとき、桝屋が居住したと考えられ、この「桝」が、量のごまかしなく「留」める町となり、音の変化と縁起の両面から「富」屋町となったと考えられる。「寛永一四年（一六三七）洛中絵図」に「舛屋町」とあり、南の「升屋町」との一町であったと想像される。「寛永以後万治以前京都全図」で「舛屋丁」と「留屋丁」に分かれ、「宝永二年（一七〇五）洛中洛外絵図」には「留屋丁」とある。寛文五年（一六六五）刊『京雀』に「とみ屋町」、宝暦一二年（一七六二）刊『京町鑑』に「富屋町」とある。（小西）

友岡《ともおか》〔長岡京市〕

古くは「鞆岡郷」と記した。『和名抄』の「乙訓郡鞆岡」の訓みは刊本「度毛乎賀」、同高山寺本では「止毛乎賀」とあり、いずれもトモオカである。白鳳期以来の瓦が出土する鞆岡廃寺があり、郷の中心をなしてきた。『続日本紀』延暦九年（七九〇）九月三日条に「京下七寺に於いて誦経」とある長岡京下にある七寺のひとつといわれる。当地は東西を小畑川・犬川と小泉川に挟まれ、天神山から舌状にのびる段丘上に位置する。『古代地名語源辞典』は「トモはトビ（飛）」の転で、〝崖地〟で崖状の丘陵をいったものか、と推測。しかし、傾斜の緩やかな丘が天神山から突き出しているので、「飛び出た」の意としたほうがよい。あるいは、地形が弓を射るとき、左の臂に巻きつける丸い皮製の具「鞆」に似ているところから生まれたとの説もある。

山王の森（集落西南）に密生する五枚笹は古くから有名で、『枕草子』（三巻本）二四九段には「岡は船岡、片岡、とも岡は、笹の生ひたるがをかしきなり」と詠われた。（綱本）

友重《ともしげ》〔京丹後市久美浜町〕

長禄三年（一四五九）の「丹後国郷保庄惣田数帳」に「友重保」とあるものが地名の初出となる。平安時代後期～鎌倉時代にかけて開発され、開発者の名を冠した保地名に由来するものと思われる。天文七年（一五三八）の「丹後国御檀家帳」には、「ともしげ」に一宮殿（丹後守護一色氏）御一家一城の主として氏家殿が記され、「丹後国郷保庄惣田数帳」に見える氏家遠江の子孫と思われる。慶長七年（一六〇二）の「慶長郷村帳」以降は友重村と表記され、明治時代に至る。（新谷）

豊栄村《とよさかむら》〔京丹後市丹後町〕

旧村名。大正一四年（一九二五）徳光村・八木村が合併し、豊栄村が発足した。命名したのは、時の京都府知事の池田宏であった。合併の上ますます豊かに栄え行くという意味と、一四の大字があったことから、一四を豊（とよ）と置き換え豊栄村とされた。昭和三〇年（一九五五）の間人町・竹野村・上宇川村・下宇川村との合併により丹後町となって、村名「豊栄村」は消滅した。現在は、京丹後市立豊栄小学校にその名をとどめる。（新谷）

豊富《とよとみ》〔福知山市〕

由良川の支流・和久川の上流域の村。西方の山地で兵庫県の氷上郡に接している。鎌倉時代から室町時代に荘園「豊富荘」が置かれていた。「竹内文平氏所蔵文書」の嘉元四年（一三〇六）の「永嘉門院（暉子内親王）御使家知中状并昭慶門院御領目録」に「同（丹波）豊富庄」として庄園名が見える。地名の語源は庄園設置に当たって、田畑の豊かな実りを願う嘉名が選ばれたと考えられる。あるいは、「トヨ」は「トヒ（樋）」の転で川をいうが、トミをドブの転とすると、川辺の泥地（湿地）をいうか。

この村はその後、分村した。「元禄郷帳」には豊留を冠称した談、小牧、北山、樽水、畑中、石場の六ヶ村が見えている。現在は、福知山市の大字名となっている。（安藤）

虎石町《とらいしちょう》〔中京区〕

太閤秀吉の時代まで町内の法泉寺の庭に、虎石と呼ばれる名石があったことからの町名。宝暦一二年（一七六二）刊の『京町鑑』には、町内の寺に親鸞が居住し往生を遂げたこと、その庭の築山泉水の石に虎に似た石があったことから町名となったことが記される。

虎石の行方については『京町鑑』に「其後太閤秀吉公の御時、聚楽の城に引取て築山に居給ふ。後に伏見の城へうつされ、又其後狼谷の日蓮宗の寺に此石ありと云伝ふ。又今は深草の宝塔寺にありともいふ」と、所有者の変化が述べられる。また井上頼寿『京都民俗志』には、石を所有する法泉寺が北区下総町を経て、下鴨松ノ木町へ移転したことが紹介されるとともに、東大谷などにも同名の石がある由が記される。

柳馬場通を挟む両側町で、北は押小路通、南は御池通に面している。（真下）

鳥居《とりい》〔右京区京北〕

『和名抄』の桑田郡山国郷内に位置する、山間の集落。地区内を大堰川が流れる。地名の初見は、宝徳三年（一四五一）の「山国惣庄山地寄進状」（「井本昭家文書」）に「鳥居村久保道祐」とあるもの。地名「鳥居」は、地区内に式内社山国神社（の鳥居）があったことによる。鳥居本という地名に通うといえる。山国神社は、社伝によると、宝亀年間（七七〇～八一）の建立と伝えられ、山国一の宮ともいう。

（糸井）

鳥居崎町《とりいざきちょう》〔伏見区深草〕

京阪本線墨染駅の北東、藤森神社に位置する。町が藤森神社の鳥居前にあり、鳥居の「崎」は「先」「前《さき》」に通じるのが町名の由来。寛文一〇年（一六七〇）の「山城国伏見街衢並近郊図」には「鳥井町」。「伏見町絵図」には「鳥井サキ丁」と記されていて、一定していない。藤森神社は平安遷都以前から深草郷に祀られている由緒ある神社である。祭られている十二の祭神から推定すると、諸社が合祀されて現在に至っていることが分かる。その神域は広大で、町域はもちろん、京都教育大の敷地まで及んでいた。

『伏見大概記』によると、大亀谷十三町に属し、「伏見組町家数の覚え」（一八三二）によると戸数九軒。明治になってから鳥居正面に一四戸、正面の南側に仏光寺御茶所（『城下町伏見町名の由来と秘話続』）があった。

（明川）

鳥居前《とりいまえ》〔乙訓郡大山崎町円明寺〕

『延喜式』神名帳に載る式内社小倉《をぐらの》神社とその鳥居がある地名で、その南側が参詣道の小字「小倉《おぐら》口」。神社の祭神は建甕槌《たけみかづちの》命《みこと》・天児屋根命《あめのこやねのみこと》・比売大神《ひめおおかみ》・斎主神《いはひぬしのかみ》。祭神からみて藤原氏の氏社・春日大社系である。円明寺地域は、鎌倉時代に藤原氏の子孫、摂家一条家始祖の実経（一二二三～一二八四）が再興した円明寺（現円明教寺）や一門の山荘などがあり藤原ゆかりの地である。したがって、小倉神社も藤原氏子孫の手で創始されたと流布されている。しかし、平安中期の『延喜式』施行時から藤原氏がこの式内社と関わっていたのかは不明。社伝によれば養老二年（七一八）勧請、文徳天皇のとき正一位の神階を授与され正一位小倉大明神と号したという。だが、文献に見当たらず、戦火などで文書・記録を失い歴史的経過は不詳である。おそらく、祭神は鎌倉期の再興時に祀られたものだろう（「円明寺」参照）。なお、小倉はミクラ（御座→神座）の転で、長岡京・平安京の守護神的性格を持つという説がある。

天正一〇年（一五八二）の山崎合戦では、豊臣秀吉は戦勝を祈願したという。合戦の前日の『兼見卿記』六月一二日条には、明智光秀方から「勝龍寺之西ノ在所放火」とあり、勝竜寺城の西は小倉神社の方向で、焼失したらしい。

（綱本）

鳥居前町《とりいまえちょう》〔上京区〕

現在の北野天満宮は今出川通に面する所を正面として、そこに大鳥居があるが、江戸時代には東の入口を正面として、そこに鳥居があった。その鳥居の前の町ということである。町は北野天満宮の東側を通る御前通の東で、五辻通より北、七本松通より西を町域とする。天保二年（一八三一）の「改正京町絵図細見大成」に「鳥井前丁」とあり、江戸時代からの町名である。また、天満宮の別当であった「松梅院」が明治の廃仏毀釈で廃され、その跡地に翔鸞小学校が建設された。

（清水）

鳥辺野《とりべの》〔東山区〕

山城国愛宕《あたご》郡鳥戸郷。『和名抄』「鳥戸止利倍」と載る。山野の鳥獣を天皇の食膳に供することを職掌とした部民《べのたみ》である鳥取《ととり》部《べ》が居住した。元来部民の居住地であることによる「鳥部（野）」であったが、時代の推移と共にその意が薄れ、端やはずれといった「辺」が当てられたと考える。現在の西大谷本廟から今熊野までの広域一帯を指し、古代は清水山以南から南は稲荷社周辺の森にまで及ぶ広域な範囲を指したが、中世に入るとやや北上し、阿弥陀ヶ峰の北・西・南麓に広がる扇状地の裾野を指し、近世以降には清水寺から小松谷《こまつだに》（上・下馬町、瓦役町の北側付近〜西大谷）までの一帯を指す。

『山城国風土記』逸文に「山城の国の風土記に云はく、南鳥部の里。鳥部と稱ふは、秦公伊呂具《はたのきみいろぐ》が的の餅、鳥と化りて、飛び去き居りき。其の所の森を鳥部と云ふ」とあり、これとほぼ同様の伝承が稲荷社の縁起となっていることから、南北二つの鳥部野（里）があったと推定される（『大日本地名辞書』）。中世に入ると、顕昭『拾遺抄註』に「トリベ山は阿弥陀峰ナリ。ソノスソヲバ鳥辺野トイフ。無常所ナリ」とあるように、阿弥陀ヶ峰山麓一帯を鳥辺山とした。近世以降は『都名所図会』に「鳥辺野あるひは山とも。北は清水寺、南は小松谷を限る。むかしより諸家の墓所なり」とあるように、その範囲は北上する。葬送地としての初見は、『日本紀略』天長三年（八二六）五月十日条に、六日に薨じた淳和天皇皇子恒世親王のこととして「恒世親王山城国愛宕郡鳥辺寺以南に於て葬る」とある。この「鳥辺寺」とは、『文徳実録』天安二年（八五八）四月九日条「是の夜、宝皇寺火俗名鳥戸寺、金堂礼堂尽《ことごと》く灰燼《かいじん》と為す」とあり、この俗称「鳥戸寺」と呼ばれた宝皇寺は、阿弥陀ヶ峰西麓に位置するとされ（「中古京師内外地図」）、妙法院前側《みょうほういんまえかわ》町に在したかとも比定されている。（忠住）

鳥辺山《とりべやま》〔東山区〕

鳥辺野（鳥部野）に位置する山という意。よって鳥辺野自体の範囲縮小、変遷に伴い、当山名を付した山も変化した。

現在は大谷本廟背後（東端）に位置する旧称「延年《えんねん》寺山」を鳥辺山と称するが、顕昭『拾遺抄註』に「トリベ山は阿弥陀峰ナリ。ソノスソヲバ鳥辺野トイフ。無常所ナリ」とあるように、中世までは「阿弥陀ヶ峰」を鳥辺山と称した。しかしその後慶長四年（一五九九）に阿弥陀ヶ峰山麓に豊国《ほうこく》廟、西麓に豊国《とよくに》大明神社が造営されたため、付近の火葬が制限されたことや、同八年（一六〇三）大谷本廟が現在の五条橋東の延年《えんねん》寺山西麓に移転建立され、延年寺山における墓地化が確立、拡大し、付近の諸寺の墓地化も進行したため、延年寺山が「葬送地鳥辺野」の山として確立し、数多くの歌にも読まれる。「鳥部山谷に煙の燃え立たばはかなく見えし我と知らなむ」（『拾遺和歌集』）。（忠住）

曇華院前町《どんげいんまえちょう》〔中京区〕

当町東側に曇華院があったことによる。曇華院は中近世を通じて格式の高さを誇った尼門跡寺院。同時代の天皇の身辺を記録した『お湯殿の上の日記』などからは、宮中との密なつながりがあったことが知られる。皇女の生活の場である「尼御所」として、高い塀で囲まれた、特別な世界が作りだされていたのだろう。

平安京大内裏の南東にあり、高倉宮跡にあたる地。中世の暦応年間（一三三八〜四二）に足利義詮の義母の智泉尼がここに瑞雲山通玄寺を創建し、のち曇華院と改めた。足利義満の禅刹等位では尼五山の一つとされた名刹だった。応仁・慶長期に焼亡するも再建し、幕末の大火の後は明治四年（一八七一）に、右京区嵯峨北堀町へ移転し再建した。（真下）

蜻蛉尻川《とんぼじりがわ》〔八幡市〕

防賀川の部分名称。京田辺市を水源とする防賀川は、岩田・内里の境界を北流し、内里の北より西流する辺りから蜻蛉尻川と称し、上奈良・下奈良の南端をかすめ戸津で大谷川に合流する。江戸時代は上流を虚空蔵川、下流を蜻蛉尻川と称し、防賀川の名称はない。一帯は遊水地が多い。川が曲った形で幅が膨らむなどトンボのお尻のような形からきているのではといわれている。（綱本）

な

内記《ないき》〔京丹後市峰山町〕

『丹哥府志』によれば、『丹後国風土記』逸文「奈具社」の条に「亦丹波里の哭木村に至りて、槻の木に拠りて哭きき。故れ哭木村と云ふ」とあり、哭木《なきき》村が転訛して内記になったとする。竹野川中流域の右岸に位置する。集落の北西に鎮座する式内社の名木神社は、伝説に登場する天女豊宇賀乃咩命を祭神とし、『丹後国風土記』逸文の天女八人のうちの一人と伝える。内記村は元和八年（一六二二）「村高帳」、宝暦の『峯山明細記』とも「内記」とし、文化七年（一八一〇）の『丹後旧事記』では「名木村」と見える。（水野）

内記《ないき》〔福知山市〕

福知山城の西の郭名・内記丸によって命名された地名。明治初年に福知山町藩地と呼ばれ、家老屋敷、評定所、対面所があった丸ノ内、およびその西の武家屋敷があった稲荷町、堀端町一六軒町を合わせて成立した町で福知山を冠称して福知山内記町となった。

昭和一二年からは福知山市の大字となった。（安藤）

中《なか》〔城陽市〕

市南部を流れる長谷川（木津川支流）左岸の大字名。『和名抄』にみえる山城国綴喜郡中村郷の遺名とされる。『新撰姓氏録』に中村連《むらじ》の名がみえる。地形的に周辺の地の中心をなす意からの地名であろう。よくある地名である。中世建武年間城資茂の屋敷があった地と伝えられ、城氏館跡があるなども地名のありようを証している。中村は江戸期村を形成、明治二二年（一八八九）以後現在の大字名（はじめ青谷村）となる。「中」への改称は中村では村名ととられるとの判断からであろうか。（齋藤）

永井久太郎《ながいきゅうたろう》〔伏見区桃山町〕

桃山丘陵の西、明治一三年（一八八〇）に造営された桓武天皇柏原陵の西に位置する。秀吉伏見在城当時、永井右近大夫直勝、島津大隅、西に松平伊豆守、堀久太郎などの屋敷があった。廃城後、町が屋敷跡であった永井右近と堀久太郎の二つの屋敷に跨っていたので、永井久太郎とした。

町は大正時代から桃山御陵の外苑となっていたが、昭和二八年（一九五三）、農林省林業試験場関西支部（現在の森林総合研究所関西支所）が「北陸の一部・近畿・中国地方を対象に森林・林業を総合的に研究する機関」として、設置された。試験場の広さは約一二万平方メートル、町は森林総合研究所が大半を占めている。研究所の西には高級住宅地が並ぶ。ここの住民は官舎が多いが、配達される手紙は桃山町永井久太郎様方、○○様と書いてあるものが多く苦笑するそうだ。（明川）

長池《ながいけ》〔城陽市〕

市中央南部のJR奈良線域（長池駅周辺）の字名（大字でも小字でもない）。近世初期豊臣秀吉により伏見～広野（宇治市大久保付近）～長池～玉水（井手町）～木津の街道が開かれた。江戸期には長池宿で栄えた。『山城名勝志』に、「今長池町の北に長池の跡とて廻りに堤あり。今の町も古への池の跡なりと云ふ。是昔の栗隈大溝《くりくまのおおうなで》なるへし」とある。「栗隈大溝」の跡というのは疑問だが、かつて大きな文字通りの長い池が集落付近にあったことは『大乗院寺社雑事記』に記された図にあきらかである。それには「新野池　十八町池也」とあり、中世の文献にあらわれる「ニイ（ニヱ）ノ（新野・贄野）ノ池」の所在地をも暗示している。なお付近には「今池」と呼ばれる池があり、「池ノ内」、「新池」などの地名も多く、かつての長池の存在を明示している（福富城介「長池について考える」『和訶羅河』第一号所収）。『史料が語る城陽近世史第二集』所収の「谷口修家文書」に「長池村之義、太閤秀吉公之御代ニ富野村ヨリ罷出候枝村」（年欠）とあるが、長池はそのころ消滅したと考えられ、その名を地名に留めている。（齋藤）

中居町《なかいちょう》〔下京区〕

烏丸通七条上ルすぐ西入ル室町までの両側町である。当町に「ご家来衆」や、隣接地に「輪番町」の名があり、また、「仲居」は寺院に属する下位の僧と、その居間の意もあり、門跡家来（僧）の居住によるのであろう。「寛文一二年（一六七二）洛中洛外大図」では、現仲居町、新シ町の二町一帯に「ご家来衆」と記される。おそらく東本願寺門跡の家来が居住していたものであろう。「元禄四年（一六九一）京大絵図」には、当町と新シ町との間は「御墓所」となっている（「新《あたら》シ町」参照）。宝暦一二年（一七六二）刊『京町鑑』に現町名の「仲居町」とあって、以後変化はない。（小西）

中内《なかうち》〔久世郡久御山町森〕

中内池に因む名。中内池は、巨椋池（旧大池）西側にあった池で、さらにその西側には大内池があった。すなわち、大池堤（西堤）と呼ばれる堤は、御牧郷・佐山村側から言えば、外堤（東堤）であり、さらにその内側（御牧郷側）の中堤に隔てられて大内池があった。中堤・外堤によって巨椋池（旧大池）と隔てられた、御牧郷側から見て一番内側にあるのが大内池で、その大内池と巨椋池（旧大池）とに挟まれた中に位置するのが、中内池である。文禄三年（一五九四）に始まった秀吉の宇治川改修工事は、巨椋池（旧大池）西岸にも及んでいる。中堤は、木津川の川違い工事をした御牧城主津田信成が、文禄三年から慶長一二年（一六〇七）にかけて、御牧郷を取り囲むように北川顔《づら》から西一口《いもあらい》を経て東一口村の南を通り、田井・島田両村の間から木津川右岸堤に接続するように築いた堤防である。また、外堤は、秀吉の築堤後、慶安元年（一六四八）から、淀藩主永井尚政が、文禄の大池堤（外堤）を改修補強して、古川左岸を経て市田村・佐山村を通り木津川に繋げたものである。その結果、御牧郷・佐山組六ヶ村が輪中化した。

中内池は、大内池とともに、巨椋池干拓事業の一環として昭和一七年（一九四二）八月に干拓された。森に大内という小字名も残る。なお、両池の干拓に際し、池の主および諸神を祀るために大中内池神社が昭和一六年（一九四一）に創建された。（高木）

長岡《ながおか》〔京丹後市峰山町〕
天文七年（一五三八）の「丹後国御檀家帳」に「長岡の里」と見えるのが初出の地名である。地名の語源は、小高い丘が長く続くことに由来するものであろうか。なお、一九世紀前半の『丹哥府志』は、もと長尾であったと伝え、『一色軍記』には「長岡長尾城」などとある。慶長七年（一六〇二）の「慶長検地帳」以降は「長岡村」とあり、現在の大字地名に受け継がれる。（新谷）

長岡京市《ながおかきょうし》〔京都府〕
府南部にある住宅・工業都市。昭和四七年、長岡町から市になり、長岡京市とした。市名は平安京以前の都の長岡京からとったものであるが、宮都の中心は向日市である。かつての「長岡町」の地名は、向日市の西方から長い向日丘陵が延び、「長岡」と呼ばれたことに由来する。『続日本紀』の延暦三年（七八四）五月一六日条に、遷都のため「藤原小黒麻呂、藤原種継らを派遣し山背国乙訓郡長岡村の地を相《み》る」とあり、『和名抄』高山寺本にも「長岡」が記載されている。都が移されると、新都は「長岡京」とつけられたが、わずか一〇年で廃都、平安京に遷都した。
二〇〇五年、向日市森本町域で「長罡」と墨書した七世紀後半の土器片が見つかった。長岡京遷都（七八四年）より一〇〇年ほど前になり、長岡の地名を記した最古の遺物で、「長岡」の地名がすでに存在していた。土器片は口径一七センチある杯のふたの一部で、裏に三文字書いていた。三文字目は欠けているが、ウカンムリがあり「家」や「宅」など役所を示す字と推定できるという。この土器には長岡という地名を含む役所名が記されていたと考えられる。この長岡という名称が出土地点の西に長く横たわる長岡に由来する。（綱本）

長尾谷《ながおだに》〔京田辺市薪〕
長尾谷を長尾根谷とも呼ぶ。この土地が、長い尾根と谷からなっていることから、こう呼ばれたのであろう（『薪誌』）（「百々坂《ももさか》」参照）。（綱本）

長尾峠《ながおとうげ》〔宮津市〕
江戸時代、田辺城下より宮津に至る街道は、由良川を渡ったあと由良からは山路を登り、長尾峠を越え栗田《くんだ》・宮津に至った。長尾峠は七曲《ななまがり》八《や》峠《とうげ》ともいわれ、厳しい坂道ではないが、いくつかの小さな谷をくねくねと巡っており、それが名の由来であろう。山際の細い道に花崗岩の崩れた小石が常に転がり、「座頭転ばし」ともいわれ、難所であったという。峠の田辺・宮津の藩境には番所が置かれ、西国三十三所の巡礼道であったから茶屋などもあった。また由良近くに三庄大夫の「首挽松」があった。明治二二年（一八八九）、海に面した北麓に馬車道が完成してから、この道は通行されなくなり、今日では絶えてしまった。（髙橋）

中垣内《なかがいと》〔京田辺市薪〕
垣内（カイト、カイチ）は、中世はカコイの内や外を指すのではなく、豪族屋敷や小部落を意味することが多い。『薪誌』は「中垣内のことを別に中ノ垣内と呼ぶ、今は一軒の家もないが、もとはここに集落があったと考える。鎌倉時代の薪荘と大住荘の争乱の頃、このカイトは消えたものと思われる」という。京田辺市内には田辺西垣内、三山木谷垣内、薪山垣外、三山木垣ノ内、三山木垣内、三山木南垣内、草内中垣内、草内西垣内、草内南垣内、興戸御垣内、宮津佐牙垣内、宮津古垣内、宮津東垣内、多々羅中垣内、普賢寺打垣内、普賢寺小田垣内、大住辻ノ垣内、大住姫ノ垣内、大住西ノ垣内、天王上垣内、天王下垣内、河原室垣外がある。カイトの表記は垣内・垣外などがあり、府南部では垣内・垣外地名は木津川市に多い。これらの地域は大概が木津川の氾濫を避けた居住によい微高地である。　（綱本）

中川原《なかがわら》〔宇治市槇島町〕

豊臣秀吉の宇治川付替工事前までは宇治川の本流域内で、かつてその河道であったことによる命名。工事後、陸地化したものである。工事以前の宇治川の流れは、谷口の狭隘な部分から抜け出ると一気に広がって、いくつかの流れができている。その流れは、条里制の痕跡が認められる地域と、それが認められない地区とを対照することで判断できる。

その一本は、小字外に当る部分で、薗場堤の南側から小倉集落の東・北を廻って巨椋池（旧大池）に入っている細い流れである。一本は、宇治小桜から北西方向の小字大幡・大町および幡貫西部から石橋・南落合を経て巨椋池（旧大池）に入っている流れである。さらに、もう一本は、小字吹前から中川原南部・大川原を経て巨椋池（旧大池）に入っている流れである。二本目・三本目の流れが、石橋・中川原付近で合流して流域幅が広くなっている。その広くなっている辺りが現在の大川原・中川原で、ボーリングなどによってかつて河道であったことが確認されている。

古代の宇治郡・紀伊郡と久世郡との境界線は、この二本目の流れか、三本目の流れかのどちらかであったのだろうが、はっきりしたことはわかっていない。『槇島村村誌』（明治一四年〈一八八一〉）には、省略されたのか、中川原の字地は見られない。　（髙木）

永倉町《ながくらちょう》〔下京区〕

西洞院通松原下ル万寿寺までの両側町である。「始め天水町と称す。文禄の頃長倉某と称する。富人住せしと云ふ」（『京都目誌』）とある。「寛永一九年（一六四二）寛永後万治前洛中絵図」に「天水ノ丁」とある。『京雀』の但し書きに「此町は扇の地紙又は白紙を漉《さらす》家おほし」とある。とくに、紙は西洞院川での紙漉座が高辻（当町の北隣り）に存在する。寛文五年（一六六五）刊『京雀』に、「天」の誤植か「大水町」とする。宝暦一二年（一七六二）刊『京町鑑』に「永念町」（倉の誤植か）とある。「天保二年（一八三一）改正京町絵図御細見大成」に、現町名の「永倉丁」となる。　（小西）

中郡《なかぐん》〔京丹後市〕

旧郡名。丹後国五郡の一つで、もと丹波郡と称した（「丹波」参照）。峰山町と大宮町で旧中郡盆地を形成し、地理的な一体感がある。「丹後国御檀家帳」（天文七年）には「中郡、たんばの郡とも申」と記され、「中郡」の初出か。享徳・長禄年間から天文七年（一五三八）の間に丹波郡が中郡と改称されたとみられる。丹後国五郡（加佐・与謝・丹波・竹野・熊野）のうちでは、位置的にほぼ中央に位置することからの命名と思われる。一説によれば、大宝律令に基づく郡の規模の基準から、「中」郡にしたのであろうとするものがあるが、首肯できない。　（水野）

長坂口《ながさかくち》〔北区鷹峯〕

若狭から京都方面に通じ、都と日本海を結ぶ数多くの若狭街道の一つにあたる古道の一つが京見峠を越える「長い坂」である長坂越の道（『京都市の地名』）である。京都盆地の複合扇状地にみられるような地形の傾斜がその地名に反映したものと考えられ、この街道を通じて京都市街に入る入り口に付けられた名称である。一般にいう「京の七口」のひとつ。

室町時代までは、「口」概念や場所が、京都市街の広がりに応じて変化することもあり不確定であったが、一六世紀末の豊臣秀吉による御土居建設に伴って、御土居に可視化した出入り口が構築されることにより、現在の場所に固定した。洛外北部から洛中への口としては数少ない出入り口の一つで重要な意味を持った。（天野）

中島《なかじま》〔乙訓郡大山崎町下植野〕

小泉川と小畑川両河口の間の桂川河川敷で、現在、淀川河川公園となっている。小泉川はかつて狐川と呼ばれ、河口に狐渡《わたし》の渡し場があった。対岸の八幡市の河川敷に小字狐川が遺存する（「小泉川」参照）。桂川の流路が洪水で変幻極まりないところから狐川と称したともいう。両河口地域を含む中島は淀川や小畑川・小泉川から運ばれた土砂で形成された中州の意である。「山崎の聖天さん」で知られる観音寺（大山崎白味才）では「狐川中嶋より砂運入候事」と書き、それが「客舎寮前御庭用」であるとか、書院の庭に敷いて清雅な感じがしたという記録がみられる（『大山崎史叢考』）。（綱本）

中島《なかじま》〔久世郡久御山町〕

「山城国久世郡御牧郷村名宮寺初記」（文政一一年〈一八二八〉）の「中嶋村名の始」に「元来八三ツ嶋有る処也、此中の嶋を開キこれに依り中嶋村と申す」とあるが、旧木津川流域の堆積によってできた洲島の一つを中島と呼び、そこを開拓して出来た村からの名であろう。川中島など、全国的に同様の命名は多い。中島村から、坊之池村、釘貫村、森村、相島村が分村している。「森村検地帳」（慶長一一年〈一六〇六〉）に、中島村から分村した坊之池村・相島村などからの入作がみられることから、その頃までには、中島村は存在していたであろう。『元禄郷帳』（元禄一三年〈一七〇〇〉）によると、御牧郷一三ヶ村の中に、中島村を始め、坊之池村・釘貫村・森村・相嶋村も見られる。

明治九年（一八七六）御牧郷一〇ヶ村が合併して久世郡御牧村中島に、昭和二九年（一九五四）年久御山町成立後は久御山町中島になる。（高木）

中島《なかじま》〔伏見区〕

城南宮の南西、国道一号線と二〇二号線の交差する辺りに位置する。鳥羽離宮跡のほぼ西半分の面積を占めている。鳥羽離宮にあった庭池に広大な中の島が出現した。もともと、この辺りは湿地帯であったが、離宮造営の時、それを庭池として造成された。室町時代、離宮が荒廃した後、中島と呼称されたのが由来である。初見は明らかではないが、江戸時代の『京都御役所向大概覚書』に中島村、一六九五成立の「元禄郷帳」に中嶋村が見える。（明川）

中島町《なかじまちょう》〔中京区〕

川に囲まれた、島の状態の町。『京都坊目誌』に「鴨川及び高瀬川の間に起こるを以て名と」したと記されるように、東方を鴨川が、西方を高瀬川が流れる地形からの名と考えられる。ここではまた、三条通を挟む両側町であり、三条大橋と連続する特異な地形も重要となろう。近世にはこの地は旅館街を形成し、三条街道を経由して京に入った旅人たちが一日目の宿をとる場所となっていた。そのような意味からも、他の地域とは隔絶された場所（＝ナカ）だったと考えることができよう。

古くは鴨川の河川敷につながる地であった。天正一七年（一五八九）の三条大橋の設営や鴨川の護岸工事を経て、多くの入洛者を迎えることとなり、旅館街を形成した。寛文五年（一六六五）刊の『京雀巻五』には「古しへより、旅人に一夜は宿かせとも二夜は借ざる掟なり」と、一日目だけ宿泊を提供する掟があった由が見える。宝暦一二年（一七六二）刊『京町鑑』には、三八軒の旅籠を載せる。新撰組の池田屋事件で名高い池田屋は、三条小橋西入ル北側にあった。現在も少数ながら旅館は残っている。（真下）

中珠数屋町通《なかじゅずやちょうどおり》**・上珠数屋町通**《かみじゅずやまちどおり》 **→正面通**《しょうめんどおり》

中条《なかじょう》〔向日市物集女〕

中世の土豪物集女氏の城郭跡といわれ、中条は中城から変わったものと考えられる（『京都社会史研究』）。向日丘陵の東麓台地末端部に堀の一部を残す。堀をめぐらす一角は南北一〇〇メートル弱、西方は丘陵に連なる。国人物集女氏は、天竜寺領物集女荘の荘官を勤めた。忠重の代の天正元年（一五七三）、織田信長が桂川右岸一帯の支配権を細川幽斎（藤孝）に与えたが、忠重が本領安堵の礼に参上しなかったため、勝竜寺城に呼び出され誘殺され物集女氏は滅んだ。

昭和の初めまで、物集女で民家があったのは、中条を中心に北側の御所海道、北西の中海道、南側の堂ノ前ぐらいだった。海道は垣内（中世の垣で囲った集落）をいい、北ノ口（御所海道の北側）は集落の北の出口、出口（堂ノ前の南側）は南側の出口をいうか。（綱本）

中筋町《なかすじちょう》〔中京区〕

中筋、すなわち内側の通りに面した町の意。当町は明治以前には寺地であり、町名を持たなかった。明治五年（一八七二）に新京極通が寺町通の東側、つまり寺地の内側に通された際に、この「中筋（新京極通）」を挟んで広がる地域であることから付けられた地名。

平安京の東京極大路にほぼ該当する、寺町通の東側にあり、古くは京域外であった。太閤秀吉の寺町移転に伴って寺地となった。新京極通の東側の北部分には和泉式部寺の通称をもつ誠心院が、南部分には虎薬師の通称をもつ西光寺がある。（真下）

中筋村《なかすじむら》〔舞鶴市〕

旧村名。城下町田辺に接した高野川流域に舞鶴西湾の西沿岸部は、江戸時代には田辺藩の代官支配の一管轄区で「中筋」とよばれた。

江戸時代に伊佐津川の瀬替がなされる前、笠水《かさみず》神社の北で高野川に真倉川と池内川が合流していた。「中筋」とは、その真倉川と池内川の作った自然堤防が山崎一ノ宮神社から北へ約二キロほぼ直ぐに一筋延びる道筋を称したものである。一等地たるこの微高地は、中世には田辺郷の庄官である公文の名田《みょうでん》となり、公文所がおかれ、市場が立てられた。京極時代に城下町が整備された後は、京口番所前の京橋からの京街道には真倉まで松が植えられ、松並木は「岡の橋立」と賞賛されたという。

「京田」「七日市」「公文名」と続くこの道（府道七四号）は、昭和七年（一九三二）に真倉から市内への道路（国道二七号）が整備されるまでは、城下町から南へ向かう京街道として主要道路であった。「中筋」は明治二二年に周辺九ヶ村をまとめた村名となったが、昭和一一年舞鶴町に編入され村名は消えてしまった。市立中筋小学校、中筋保育園、舞鶴中筋郵便局などにわずかに残っている。（高橋）

中立売通《なかだちうりどおり》 **→上立売通**《かみだちうりどおり》

長谷町《ながたにちょう》〔左京区岩倉〕

ナガは長い、あるいは美称。岩倉盆地の東北、瓢箪崩山《ひょうたんくずれやま》西麓に流れ出る長谷川沿いの、細長い谷。あるいは神聖な谷。土石流警戒区域に当たり、長谷《ながたに》の由来は、ナガル（流）あるいはナギ（薙）の転で、流れ谷（薙ぎ払われた谷）の意とも（綱本逸雄）。『権記』長保元年（九九九）九月一日条に「権中将（源成信《なりのぶ》）ト同車、長多仁《ながたに》ニ詣ヅ」とある。「長多仁」とは、当地にあった「解脱寺《げだつじ》」を謂う。行成は、左大臣道長の猶子成信と一緒に解脱寺に参詣したのである。成信は、その一年半後の長保三年（一〇〇一）二月四日、右大臣藤原顕光の長男重家としめし合わせて三井寺で出家する。成信二三歳、重家二五歳であった。前途ある若い二人の出家を知った藤原公任《きんとう》は、行成に「思ひ知る人もありける世の中をいつをいつとて過ぐすなるらん」（『拾遺和歌集』一三三五）と歌を贈り、いつまでも現世に執着する自分の生き方を反省する。その二五年後の万寿三年（一〇二六）正月四日、公任は解脱寺で出家し、長谷に隠棲する。既に六一歳だった（『日本紀略』）。現在も、北長谷のバス停の東方に、解脱寺閼伽井跡が残る（「中町」「花園町」参照）。（笹川）

中長者町通《なかちょうじゃまちどおり》

↓上長者町通《かみちょうじゃまちどおり》

中務町《なかつかさちょう》〔上京区〕

大正五年（一九一六）刊の『京都坊目誌』によると、町名は明治八年（一八七五）に定められたという。その由来は、この地が平安京の大内裏にあった中務省の跡地であることによると記す。町は千本通の一つ東の土屋町通から東の浄福寺通の東まで、北は下立売通の南から丸太町通の南側までを町域とする。天保二年（一八三一）の「改正京町絵図細見大成」では、この地域は「千本御屋敷」と「御用地」とあり、京都所司代の用地で町名はない。明治八年に民有地となり町名が定められたので、明治七年（一八七四）提出の『全国村名小字調査書』には町名は出ていない。なお、明治三七年（一九〇四）に当町に出水小学校（現二条城北小学校）が移転してきている。（清水）

長門町《ながとちょう》〔上京区〕

聚楽第があった頃に、この地に木村長門守重高の屋敷があったことによる。町は東西に通る下立売通をはさんだ両側で、東は六軒町通から西は七本松通の少し西までを町域とするが、西隣の西南町をはさんで飛び地がある。天保二年（一八三一）の「改正京町絵図細見大成」に記され、江戸時代からの町名である。（清水）

中臣町《なかとみちょう》〔山科区栗栖野・西野山〕

古代に神事や祭祀を司った有力な中央豪族の中臣氏の拠点が山科にあったとされ、双方ともそれに因む地名である。中臣鎌足（六一四～六九）は中大兄皇子とともに乙巳の変で蘇我氏を退け、のち、有能な政治家として天智天皇を支えた。臨終に際し、大織冠の位とともに藤原姓を賜ったことにより、「藤原氏の祖」とされる。鎌足の死後、山科にあった邸宅・陶原邸を、妻の鏡女王が寺院とし、山階精舎と称した（『藤原鎌足伝』）。不比等の時代に藤原京に移り、厩坂寺と呼ばれた。さらに平城京に移り興福寺となる。その山階寺の所在地の候補地の一つとしてこの地が考えられている。昭和四四年（一九六九）、高校生が弥生式土器の破片を発見したことがきっかけで、以後八五回にわたって発掘されてきた。先土器時代の石器を含め、縄文から七世紀にいたる複合遺跡であることがわかり、「中臣遺跡」と名付けられている。縄文と弥生では住むのに適した土地の条件は異なるはずだが、一貫して大きな集落があったことが発見されたことにより、この地が山科盆地の中でも最も住みやすい場所

ととらえられていたことが分かり、中臣氏の本拠地としてふさわしい場所と言えよう。（小寺）

永留《ながどめ》〔京丹後市久美浜町〕

天福元年（一二三三）五月の「石清水八幡宮寺申文案」（宮寺縁寺抄）に「永富別宮」とあるものが地名の初出である。永仁六年（一二九八）五月の「永富保雑掌重遠・地頭経忠連署和与状案」には「永富保」とあり、石清水八幡宮領であったことがわかる。平安時代後期～鎌倉時代にかけて開発され、末永く富むという意味の吉祥句をつけた地名と思われる。長禄三年（一四五九）の「丹後国郷保庄惣田数帳」には「永富保」とあるが、石清水八幡宮領ではなく、丹後守護一色氏被官の成吉越中・同三郎左衛門領へと変化している。その後、慶長七年（一六〇二）の「慶長検地帳」に「丹州熊野郡永留村御検地帳」（籠神社所蔵）と、現在の地名表記「永留」が初出する。ところが延宝九年（一六八一）の「丹後国与謝郡等郷村高帳面」や元禄一二年（一六九九）の「丹後国郷帳」には「永富村」とあり、「永留」「永富」両方の表記が併用されていることがわかる。「ながとみ」→「ながとめ」の音変化が伴っている。現在の「永留」という表記は、江戸時代に入ってからのものであり、明治時代までに定着したと思われる。（新谷）

中野《なかの》〔右京区太秦〕

明治二二年（一八八九）まで存在した村で、双ヶ丘と太秦の西方、帷子ノ辻の北方にあたる。北部は山越地区が入り組んでいる。『京都府地誌』によれば、村名は南に中野内親王の邸宅があったことに因むという。南の太秦村には九世紀の仲野親王の陵（高畠陵）があるので、これが混同したともとれる。また人名ではなく、平坦な高燥地の中央部にあることから、地形に因る地名とも考えられる。この地は、古代の山城国葛野郡一二郷のひとつ、田邑郷の地であると考えられている。『三代実録』では、天安《てんあん》二年（八五八）九月二日に、大納言安倍安仁以下一〇名が葛野郡田邑郷真原《さねはら》岡に至り、文徳天皇の山陵の地と定めると記しているが、後に陵の位置が不明となった。幕末に国学者谷森善臣《たにもりよしおみ》が、現太秦三尾《さんび》町にある茶臼山という塚であると比定し、現在それが文徳天皇田邑陵とされている。一四世紀の『井蛙抄《せいあしょう》』に「中野禅尼俊成卿女」の記載があるという。これは「さかの禅尼」とよばれる藤原俊成の養女となった歌人で、夫源通具の死後に出家してこの地に住んだと『山城名勝志』に記されている。当地は、北の音戸山の麓にある弁慶足形池などのため池から用水を得ていたが畑作が主となっていた。（岩田）

中ノ川町《なかのかわちょう》〔山科区小山〕

音羽川の扇状地に因む地名である。現在の音羽川は名神高速道路を横切る手前から南に流路を曲げているが、もともとは暴れ川であり、大雨となると鉄砲水となって扇央部分を一気に流れ下るため、流路をしばしば変更してきた。残された古い河川跡は、堆積物に囲まれたえぐれた地形となり、「溝」と称されるようになる。近くの「北溝町」「南溝町」がそれにあたる。中ノ川町も同じで、音羽川の中心的な流路であった。住宅開発により現在その面影は殆どなくなったが、町の中央にわずかな溝地が残っていて、その部分の住宅の宅地が奇妙に歪んでいる。なお、同じ命名の地名が安朱地区にも大塚地区にも見られる。（小寺）

中之町《なかのちょう》〔下京区〕

寺町通綾小路下ル仏光寺までの両側町である。寛永一四年洛中絵図が「寺町中ノ町」とするように、「両側町の真ん中を寺町通が貫通している」から、寺町を略したのであろう（「松原中之町」参照）。「寛永一四年（一六三七）洛中絵図」に「寺町中ノ町」とあり、「寛永一九年（一六四二）寛永後万治前洛中絵図」は「中ノ町」と、現町名を記す。宝暦一二年（一七六二）刊『京町鑑』は「中之町」とする。以後変化はない。（小西）

中之町《なかのちょう》〔中京区〕

新京極通を挟む両側町で、南北は四条通と錦小路通、東西は裏寺町通と寺町通が通っている。ナカとは内側であり、ここでは寺の内側の町の意であるが、寺の場合は外界とは異なった、特別な世界のニュアンスを伴う。

明治以前は時宗の大寺院である金蓮寺《こんれんじ》と歓喜光寺《かんきこうじ》の寺地であり、町名を持たなかった。明治五年（一八七二）に寺町通の東側に新京極通が開通した際に、付けられた名である。

平安京の東京極大路に該当する、寺町通の東側に位置することからは京域外となるが、四条通と寺町通の交差点の東にあたる当地は、早くから人の往来が頻繁であった。室町時代には当地に佐々木京極氏の屋敷が置かれたが、これは四条の鴨川べりという要地ゆえのことであろう。

四条道場の名で知られる時宗四条派の金蓮寺《こんれんじ》は、応長二年（一三一二）に建立されている。中世には踊念仏のみならず曲舞などの芸能が盛んに行われ、貴族階層をはじめとする老若貴賤が集う場として賑わいをきわめた。

また当町北側には太閤秀吉の寺町建設に伴って、天正年間（一五七二から九二）に時宗六条派本山の歓喜光寺《かんきこうじ》が移転。四条通の祇園御旅所建設もあり、近世を通じて当町は多くの参詣者・見物者を迎えた。明治以降は新京極建設に伴い、寄席・映画・劇場・浴場などが進出した。

明治四二年（一九〇九）に歓喜光寺は法国寺に合併して移転し、大正一五年（一九二六）に金蓮寺は北区鷹峯に移転して、現在はこの地に大寺院があったことを知る人もほとんどない。しかし歓喜光寺はその鎮守の神であった錦天満宮に、金蓮寺は安産腹帯の信仰で名高い染殿地蔵に、面影を残しており、どちらも参詣者が絶えない。（真下）

中野之町《なかののちょう》〔下京区〕

松原通室町西入ル新町までの両側町である。「貞享三年京大絵図」の「中のノ」という名称は、「中の」「の」町という感覚で、両側町を、松原通が貫いている意である。漢字の「野」は当て字と考えられる（「松原中之町」参照）。七条大橋の「稲荷町」、「松明町」との関連で、由緒を付記したい。稲荷大社の神輿は、烏丸以南も松原通を通っていた。当町南側にある福田金属箔粉工業の旧本社屋には、稲荷祭神輿田中社の神輿名札が祀られ、稲荷祭の度に稲荷社から受け取りの儀式が行われる。「寛永一四年（一六三七）洛中絵図」に「中野ノ丁」とみえる。宝暦一二年刊『京町鑑』には「中野々町」とある。「天保二年（一八三一）改正京町御絵図細見大成」に現町名そのものの「中野之丁」とある。（小西）

中浜《なかはま》〔京丹後市丹後町〕

中浜は久僧浜に接する入江の集落で、日本海に面する。浜の中ほどにあるところからの命名か。あるいは中規模の浜の意か。『竹野郡誌』によれば、中世後期は小村だったが、永正の頃（一六世紀初）、若狭国日向村の漁夫が中浜近海で漁をしたところ豊漁だったことから、大永の頃に三十戸余りが移住して、以後次第に増えたという。また、江戸初期には竹野郡内でも最も漁業が盛んな村であったとする。地内の大野山に式内社の大野神社があり、『大日本地名辞書』によれば、『和名抄』竹野郡小野郷の一部に比定されるとするが、「芋野郷」の「芋（いも）」を「苧（を）」とみて、「小（を）」と誤写したとする説が有力である。また、『丹哥府志』によれば、地内にある一万度神社は、俗に船玉といい、舟人の信仰する神という。（水野）

永原町《ながはらちょう》〔下京区〕

柳馬場通綾小路下ル仏光寺までの東側と中間の路地までの西側、堺町通綾小路下ル路地までの両側町である。『フロイス日本史』は、司祭ヴィレラに大泉坊が言った言葉に、近江国主の六角殿の「永原殿など首席家老が（中略）永原に住んでおられる」とある。近隣町に多くみられるように、京都との身近な「滋賀県野洲郡永原」と、行商その他の交易関係があったと考えられる。「寛永一九年（一六四二）寛永後万治前洛中絵図」に、現町名の「永原町」とみえる。宝暦一二年（一七六二）刊『京町鑑』には「永原町」とあり、以後変化はない。（小西）

永久保《ながひさのほ》〔京丹後市弥栄町〕

旧保名。大宮神社（弥栄町野中）の正慶元年（一三三二）銘の棟札に「造立永久保准大明神御殿壱宇　正慶元季壬申九月廿日大檀那地頭平時清」とあるものが初出となる。平安時代後期〜鎌倉時代にかけて開発された保地名として、永く久しいという意味の吉祥句を用いた地名と思われる。長禄三年（一四五九）の「丹後国郷保庄惣田数帳」にも与謝郡に「永久保」とあり、中世を通じて保地名として用いられた。京丹後市弥栄町野間地域（旧野間村）は、昭和二三年（一九四八）に竹野郡へ編入されるまでは与謝郡に属していた。しかし、慶長七年（一六〇二）の「慶長検地帳」には「野間村」とあり、この段階には使われなくなったようである。現在、地名の痕跡を残すものは何も残っていない。（新谷）

中福知《なかふくち》〔向日市上植野町〕

室町初期まで、小畑川が東流していた頃の河川敷だった。「福」はフケ（泓）の転、「知」はチ（地）で、湿地の意。浸食地形だが、「福」と好字化された。平安〜鎌倉期前半にかけての土器類や井戸跡が出土している。長岡京発掘調査をしていた中山修一が五〇年前、彼は、当時の国鉄向日町操車場附近の約一二〇メートル四方は土の色が周囲とは異なり、またじめじめしていることに気付いて史料を調べたら、長岡京から平安京遷都した翌年、延暦一四年（七九五）一月二九日出された太政官符に「長岡京左京三条一坊八、九、十五、十六町、二坊三、四、六町を勅旨所の藍畑、三条一坊十町を近衛府の蓮池にせよ」（『類聚三代格』）と、建物などの移転跡を有効利用するために藍畑や蓮池にするよう命じたことがわかった（『長岡京発掘』）。中福知から北西約一〇〇メートルの三ノ坪、北ノ田付近である。当時はまだ湿地の名残を留めていた。中福地の西には小字池ノ尻もある。（綱本）

中町《なかまち》〔左京区岩倉〕

愛宕郡の長谷村と花園村の間、岩倉盆地のほぼ中央に位置し、中村と呼ばれていたことに由来する。『雍州府志』の「下賀茂ノ社」の項に「岩倉ト長谷トノ間、中村ニモ亦氏人数家之ニ栖ム。毎年四月初ノ申ノ日、葵祭ノ時、旧例ニ依テ斯ノ処ヨリ葵蔓ヲ献ズ。思フニ古ヘ斯ノ辺ニ到ルマデ悉ク神領ノ内カ」と見える。また、『都名所図会』には「長谷八幡宮」が「長谷・花園・中村三郷の氏神にして、祭は八月十五日、神輿一基あり」とある。明治二二年（一八八九）の市町村制施行によって、岩倉村・長谷村・中村・花園村・幡枝村の五村が合併して「岩倉村」となった。

現在「岩倉」を冠し、旧長谷村・旧花園村・旧幡枝村がそれぞれ長谷町・花園町・幡枝町と呼ばれているのに倣い、旧中村も中町と呼ばれている。（笹川）

仲町《なかまち》〔京丹後市久美浜町〕

一九世紀代と思われる「丹後久美浜図絵」（糸井文庫）に「仲町」とあるものが初出の地名である。これ以前は土居町の一部であったと思われ、人口増加などの要因により分割されたものと思われる。十楽と土居に挟まれた中に位置することに由来する地名と思われる。現在は小字地名として残る。（新谷）

中御門大路《なかみかどおおじ》 →**椹木町通**《さわらぎちょうどおり》

中溝町《なかみぞちょう》〔山科区安朱〕

山科駅東側にある、南北に延びる細長い地域である。現在は、南に流れてきた安祥寺川が安朱山田で急に西へと流れを変えているが、そこから真っ直ぐ南に下った所が中溝町である。扇状地の上を流れる川は暴れ川が多く、安祥寺川も大水の時には安朱山田で曲がらずに真っ直ぐ南へ向かったはずである。その意味でも、この中溝町はかつての安祥寺川の流路の一つと考えられる。「溝」は河川跡の地形から来た地名である。なお、同じ命名の地名が小山地区にも大塚地区にも見られる。（小寺）

中道町《なかみちちょう》〔山科区北花山〕

勧修寺付近を通り花山へ行く道であった川田道に因む名前であろう。延喜三年（九〇三）、醍醐天皇（八八五～九三〇）が、外祖父・宮道氏の館に行くのにこの道を通ったところ、その夜の夢に宇迦之御魂が現れ、この地に祀るようにとの神託があったと、花山稲荷神社（山科西野山欠ノ上町）の社伝に残る。永延二年（九八八）、一条天皇により再建されたとも伝えられている。真偽はともかく、川田道がかなり古くからあったことをうかがわせる。「中道」の「中」は、位置的な意味ではなく、渋谷街道や大石街道に比べての道の広さを表しているのであろう。（小寺）

中山《なかやま》〔左京区岡崎真如堂前町・西福ノ川町・東福ノ川町付近〕

神楽岡（吉田山）と栗原岡《くりはらのおか》（黒谷）との中間にある山。『京都坊目誌』に「中山は、神楽岡と栗原岡との間にある地名にして、浄土寺町字小山に至る汎称なり」とある。同誌は続いて「藤原忠親、此地に住し、子孫に至り、中山を以て称号とす」と記し、中山忠親《ただちか》（一一三一～九五）が中山と呼ばれるのは居住地に由来すると説く。忠親は別業を寺院に改め、「中山堂」と称した。『山槐記《さんかいき》』安元元年（一一七五）八月一二日条には後白河院が浄土寺に御幸し、その帰路、忠親の「中山堂」へ立ち寄ったことが見える。『吉記』養和元年（一一八一）九月二二日条には「中山観音堂ニ参ル」とあり、中山堂には観音が安置されていたことが知られる。貞応二年（一二二三）頃に成立する『海道記《かいどうき》』の冒頭に「白川の渡《わたり》、中山の麓に、閑素幽栖の侘士《わびびと》あり」とあるように、中山は、無常観を抱いて出家遁世した者の隠棲する土地であった。延宝六年（一六七八）刊『京童跡追』は葬送の場として「鳥部山、船岡、中山」と列挙している。（笹川）

長柄《ながら》〔京丹後市久美浜町〕

天文七年（一五三八）の「丹後国御檀家帳」に「なから」とあるものが初出の地名である。佐濃谷川（京丹後市久美浜町）の河口に位置する。地名の語源は、ナガレ（流）から転じたものと思われる。江戸時代は、浦明村の端郷であった。表記としては「長柄」のほか「長良」が見られる。（新谷）

名木《なぎ》〔宇治市伊勢田町〕

名木川に比定されている山川流域跡を造成して誕生した団地であることから、新しく作られた小字名。山川（名木川）は、江戸時代から既に天井川の水無し川であったという。現在は名木よりずっと南で西進して古川に流入している。ちなみに、柿本人麻呂はこの地で「衣手の名木の川辺を春雨に吾立ち濡ると家念ふらむか」（『万葉集』巻九・一六九六）など五首の和歌を詠んでいる。同時に、この辺りは『和名抄』にみえる久世郡那紀郷に比定されており、また、『延喜式』（内膳司）にある奈癸園がおかれたところであるともいわれている。那紀・名木は、巨椋池（旧大池）に自生していた水草ナギ・コナギに由来する名前であろう。ナギ・コナギは、ミズアオイともいわれ、菜葱・小菜葱と書かれる。夏季に紫色の清楚で涼しげな花を多数つける、水田や休耕地でよく見かける大形の一年草で、古く茎や葉は食用にしたという。小字名木が誕生したのは昭和四七年（一九七二）である。（高木）

梛辻《なぎつじ》〔山科区〕

文献に登場するのは中世からで、『山科家礼記』の応仁二年（一四六八）三月一日の項に「なきの辻」が見える。文字通り「梛の木のある、街道の四つ辻にある村」の意味であろう。昭和五一年（一九七六）、山科区が誕生した記念として、山科総合庁舎前にナギの木が植えられた（「区民誇りの木」）。地名となったナギもこの付近にあったのだろうと推定されている。ナギは高さ二〇メートルにも達する針葉樹で、目印として親しまれる。また、ナギは信仰の対象でもあり、京都市中京区に鎮座する梛神社（元祇園社）は、貞観年間（八五九―七七）、京に疫病が流行したとき、播磨国から勧請した牛頭天王の御輿を梛の林中に置いて祀ったことが起源であると伝えられている。左京区の熊野若王子神社の境内には、樹齢四〇〇年以上の梛が神木とされ、禊の木として信仰されてきた。熊野三山でも神木とされ、とくに熊野速玉大社の梛は樹齢一〇〇〇年を誇り、国の天然記念物に指定されている。もともと「ナギ」は「ナギタオス」ことによって「和ギ」になる状態を表す。海上では、風雨が収まって波静かになった状態を「凪」という。そのため、海の民にとっても梛が神木となる。また、草木を薙ぎ払うことによって平らかな土地になることから「祓い清める」意味となるため、梛は神籬（木や枝葉の依り代）として神聖視されてきた。楠の木が信仰の対象となるのも、漢字の「南の木」からきているとの説がある。この地は山科盆地の中央部に位置し、梛の木が盆地全体を祓い清める神木として崇拝されてきたのであろう。

梛辻は大字名であり、現在、区内に「池尻町」「平田町」など、一〇の小字名がある。（小寺）

長刀切町《なぎなたきりちょう》〔下京区〕

万寿寺通室町西入ル小田原町までの両側町である。『京雀』に「此六間（軒か）町は四条通長刀鉾の寄子につくべきを町割にはづれたりければ長刀をれの町と名づけしとにや」とある。「長刀鉾町との関係が切れた」ことによる。「寛永一九年（一六四二）寛永後万治前洛中絵図」に、「長刀きれ町」とある。寛文五年（一六六五）刊『京雀』に、「六けん町」とある。戸数が当時六軒しかなかったのだろう。宝暦一二年（一七六二）刊『京町鑑』に「長刀切町」とあり、以後変化はない。（小西）

長刀鉾町《なぎなたぼこちょう》〔下京区〕

四条通烏丸東入る東洞院までの両側町である。祇園会に当町から「長刀鉾」をだすことによる。四条東洞院烏丸間の応仁乱前の「長刀ほこ」は、再興された明応九年「ほこ」とあり、最初にできた鉾である。長刀鉾が、必ず一番に巡行することになった所以である（『中世京都と祇園祭』）。また、鉾頭につく長刀は三条小鍛冶宗近作で、天文法華の乱で、本国寺を攻撃した六角軍の略奪物のなかにあった。石塔寺麓（滋賀県東近江市蒲生町）の鍛冶左衛門太郎助長が買い取り、あまりの名刀に祇園社に寄進した。この長刀が長刀鉾につくようになったという経緯が興味深い（『天文法華一揆』）。「寛永一四年（一六三七）洛中絵図」に「長刀鉾町」とある。以後変化はない。（小西）

奈具《なぐ》〔京丹後市弥栄町〕

旧村名。奈良期にみえる丹後国竹野郡内の村名。『丹後国風土記』逸文「奈具社」の条に、「竹野郡船木里奈具村」とみえる。同社にまつわる説話は、比治山の真名井で水浴びをしていた八人の天女のうちの一人が、老夫婦のはかりごとによって天に帰れなくなり、娘となって老夫婦と暮らす。天女は酒つくりが巧みで、老夫婦の家は富み栄えたが、老夫婦は天女を自分たちの子ではないから出て行け、と追い出す。天女は比治里荒塩村、丹波里哭木村とさまよい、船木里奈具村にたどりついて、「此処にして我が心なぐしく成りぬ（古事に平善をば奈具志と云ふ）」といってその地にとどまったと伝える。この天女が豊宇賀能売《とようかのめ》命《みこと》で、伊勢外宮の祭神・豊受大神。弥栄町船木にある奈具社は、もと奈具村に鎮座していたとされるが、同村の故地は明らかでない。なお、弥栄町黒部には小字奈具があり、弥生時代中期の集落跡もあることから、故地の可能性が残る。（水野）

奈具海岸《なぐかいがん》〔宮津市〕

栗田湾に面した由良浜から脇に至る約三キロメートルの海岸。海岸沿いに国道三一二号、北近畿タンゴ鉄道宮津線が走る。近くに桃島、遠方に冠島・沓島を望む景勝地である。由良に鎮座する延喜式内社も「奈具」とナグを冠しているが、ナグあるいはナギは「薙・崩」の意を有し、崩壊地形を表す語である。実際この海岸は花崗岩の山塊が海にせり出し崖をなしており、明治二二年（一八八九）京都府による車道建設工事が完了するまで、由良から栗田へは山中の道を利用していた（「長尾峠」参照）。

京都市と丹波・丹後地方を結ぶ馬車営業が次々と開始され、同二六年には京都〜宮津間の乗合馬車が開業した。所要時間は一五時間三〇分、料金は一円四八銭であった。（髙橋）

長筬《なぐさ》〔城陽市平川〕

市北部の宇治市界に接した東西に長い小字名。古川を西端とした田園・住宅地。「筬《おさ》」の意味は、織機の付属具、横糸をまっすぐに整える役割を持つ竹などの棒。長い筬でまっすぐに整えるという意味から長く延びた直線の地形に用いられる（「ナグサ」は「ナガヲサ」の縮まったものか）。すなわち条里制の痕跡を残した地形につけられる。城陽市域を含む南山城の平野部には古代の条里制区画がよく残っており、この区画に沿って市街化が進んだため、平野部市内道路のほとんどがその区画を基に成り立っているといえる。（福富）

名古曽町《なこそちょう》〔右京区北嵯峨〕

大覚寺の苑池にあたる大沢池の北側の地である。かつてこの地にあった嵯峨院内の「なこその滝」にちなむ。大沢池は歌枕として知られ、同滝は百人一首の藤原公任「滝の音は絶えて久しく成りぬれど名こそ流れてなほ聞えけれ」の歌で有名である。大覚寺は、平安初期の嵯峨天皇の離宮である嵯峨院を、皇女である淳和天皇皇后正子が貞観《じょうがん》一八年（八七六）に寺院としたものである。『今昔物語集』巻二四によれば、庭は百済川成の作とあり、滝殿《たきどの》という建物は『源氏物語』や『後拾遺集』などにも登場する。しかし、西行の『山家集』によれば、石組はすでに二条西洞院の閑院《かんいん》に運ばれていたらしい。（岩田）

奈島《なしま》〔城陽市〕

市南部の大字地名。奈島は、中世においては京都と南都を結ぶ水陸の中継地であった。木津川流域になる十六の丈六堂などでは、宿泊や昼食などをとる休息地としての施設があったことが知られる。近世以降、交通の要衝地としての座は、北の長池や南の玉水（井手町）に移動している。一帯には島や低湿地に関する地名が多く、外島・中島・川原口・川田・フケ・五島・久保野などの小字地名が並び、木津川に通じる村落のありようを伝える。大字地名の奈島はそうした地名の総称と考えられる。すなわち河畔にみられる地名で、「ナ」は波または水をいう（『地名の語源』）。奈島は、『宇治拾遺物語』に奈島、『延慶本平家物語』・『太平記』に「梨間」、『東大寺文書』（「山城国悪党交名《きょうみょう》注文」一二九九年）・『大乗院寺社雑事記』に「菜嶋」とみえる。この地ははやくから京都の賀茂社領地であった。（福富・齋藤）

七瀬川町《ななせがわちょう》〔伏見区深草〕

七瀬川は山科大岩山の西麓、深草の谷口町から竹田街道を横断し高瀬川へ合流する川である。七瀬川町は深草と竹田に二つの町があるが、歴史のある深草の方をとりあげる。二つの説がある。谷口町から竹田街道まで七曲り七つの橋、または、七つの瀬があるからと伝承されている（『城下町伏見町名の由来と秘話続』）。一つは平安時代、京都の七つの瀬で行われた七瀬の祓えに倣って、深草のこの川で行われたとする説である。七瀬の祓えは天皇の罪・穢れを人形に託し、賀茂川沿いの河合から二条までの七つの瀬に流す、祓えの行事であった。北白川東滝・朱雀二条南の耳敏川・嵯峨大井川など、飛び地の七つの瀬でも行われた。いずれも勅使が使わされ、陰陽師によって行われた。この行事は一一世紀以降、洛外・近畿の各地で私的に行われるようになった。貴族の山荘が多い深草の地でも、私的に七瀬の祓えが行われたことは、じゅうぶん推定できよう。「七瀬川」は歌枕として使用されているが、深草の七瀬川の初見は未詳である。（明川）

浪花《なにわ》〔京丹後市峰山町〕

貞享三年（一六八六）八月の「備後守様御代峯山御絵図」や宝暦三年（一七五三）の「峯山明細帳」には「下《しも》町」であった地域である。これは、峯山陣屋町を標高の高い北から順に上・中・下と三分した場合の一番低い場所に位置することから「下町」と呼んだもの。明治二年（一八六九）五月の「峰山御用日記」には「浪花町」とあるため、現在の「浪花」へ変化したことがわかる。改称時期は、明治七年の「兵庫縣管下各区並村名取調書」によれば、明治二年であり、元は「大下町」であったとする。（新谷）

難波町《なにわちょう》〔下京区〕

西木屋町通松原下ル万寿寺までの西側片側町である。一八世紀には薪屋仲間が形成されていた（『町と町屋の構造』）。宅地の前には浜地があり、荷揚げ場所であった。そして、浜地と高瀬川の間には三尺（一メートル）ほどの「綱引き道」があり、船を運航するにあたり綱を引いて歩いた。現在も高瀬川から一段低いところに、幅の狭い道が残っている（前掲書）。高瀬川に難波（大阪）とのつながりを表現したのであろう。『町儀難波録』元禄一五年（一七〇二）七月五日の「口上書」(「当町川筋之義ハ三拾弐年以前開発仕」つった)。即ち、寛文一〇年(一六七〇)に開発したといっている。「正徳四年～享保六年(一七一四～二一)(中井家作成)京都明細大絵図」に「難波丁」とあり、宝暦一二年(一七六二)刊『京町鑑』も「難波町」とし、以後変化はない。(小西)

七日市《なぬかいち》〔舞鶴市〕

七のつく日に市が立った三斎市《さんさいいち》を示す地名である。中世には一か月に三回開く市が多かった。古く真倉川は北流し、池内川も北西に流れて、笠水《かさみず》神社の北で高野川に合流していたが、この二つの川の自然堤防が合わさり、やや曲がりながらも南北に一筋の道を形成した。それがのちに京街道となり、中筋とも称されるのだが、庄園田辺郷の庄官の給田公文名《くもんみょう》に続く地に中世市場が立った。村境に公文所の書記官を意味する庵主《あんじゅ》から「案津」という小字が残っている。その中心の四辻は諸道に通じ、一六世紀末に海際に城下町が出来るまで、この地域で最も賑わった所であった。(髙橋)

鍋屋町《なべやちょう》〔下京区〕

麩屋町通仏光寺下ル高辻までの両側町である。『京羽二重』の白山通(麩屋町)の「此町すぢ諸職大概」は、四条下ルに「銅道具」が多いと指摘する。「銅の鍋屋」が店を開いていたと考えられる。例えば、麩屋町四条下るに「鍔」の「持重」の名があるように、金物関係の店が当町近辺に多かった。「寛永一九年(一六四二)寛永後万治前洛中絵図」に、「なへや町」とみえる。宝暦一二年(一七六二)刊『京町鑑』に「鍋屋町」とあり、変化はない。(小西)

名松《なまつ》〔京田辺市薪〕

名松は他の地形と比べると著しく細長い、名松川に沿った場所である。名松はもとは生津(ナマツ、ナマズ)だろう。生津のナマ(生)は乾燥しない湿気のある意、あるいはヌマ(沼)の転訛で、いずれも湿地をいう。ツ(津)は水分で潤う所の意である。府下に宇治市二尾生津などがあり、水辺に位置する。生津をショウズ(清水・小豆・生水など)と呼び、水の湧き出る所の地名もある。(綱本)

生津町《なまづちょう》〔伏見区淀〕

生津は京阪八幡市駅の東、宇治川・木津川が合流する三角地帯で地盤は砂地である。現在、町は木津川の北岸であるが、明治三年(一八七〇)の木津川付け替え工事まで、旧木津川は久御山町下津屋から北西に、今の府道宇治淀線沿いに流れていた。周辺には湊を現す「津」の字の入った下津・上津・川口・生津などの地名が残っているのはそのためである。生津は洪水のために度々逆流して堤防決壊が起こっている。川床が砂の堆積によって高くなるからで、とくに生津の堤切れの記録は多い(『八幡市誌』)。木津川が生津あたりからやや西南に流れ、また北に振るため、生津の堤防切れが多いのである。生津とは「湧出する清《ショウ》水《ズ》」(『民俗地名語彙辞典』)と類語だが、この生津は「生々しい自然のままの状態」、つまり暴れ川がぶつかる「津」の意味と思われる。三つの川に挟まれた平坦低地の集落を生津(岐阜県穂積町)というのも、地形的に似ている。生津の初見は室町時代の「北野天満宮史料」(長享二年〈一四八八〉七月六日)に山城生津より天満宮へ瓜を献上したこと。生津に代官があったこと(同史料、永正二年〈一五〇五〉一〇月一二日)が見える。(明川)

並河《なみかわ》〔亀岡市大井町〕

大堰川右岸に立地する中世の村名。もとは大井村の一部であったが、灌漑用水路を環濠とする環濠集落が出来て、独立した村となった。応永一九年(一四一二)の「北野一切経奥書」に「桑田郡并河村」とあり、「并河」とも書かれた。地名の由来は、大堰川と水路とが村内に並んで流れているからであるという（『桑田記』）。さらに環濠を利用して中世の平城・並河城《なびかじょう》が築かれ、亀岡市教育委員会による発掘調査も行われている。城主はこの地の豪族・並河《なびか》氏である。

明治二二年（一八八九）には合併拡大した大井村の大字となり、昭和三〇年（一九五五）からは亀岡市の大字となって、大井町を冠称した。（安藤）

納屋町《なやちょう》〔下京区〕

土手町通下珠数屋町下ル七条までの両側町である。「元七条通材木町に属し。木材及び薪炭等の貯蔵所ありしより名づく」（『京都坊目誌』）とある（「材木町」参照）。町名の初見は「承応二年（一六五三）新改洛陽並洛外之図」に「なや丁」と記す。「天保二年（一八三一）改正京町御絵図細見大成」に「納や丁」とあり、変化はない。（小西）

納屋町《なやまち》〔伏見区〕

京阪本線伏見桃山駅より大手筋通を西、風呂屋町通との十字路を南入の地点。北は大手筋通、南は油掛通までの細長い商店街の町。「豊公伏見城の図」によると、この辺りに浜松城主堀尾帯刀吉晴の屋敷があり、町名は帯刀町と書かれている。帯刀町の東側にはかなり町家があり、繁華街になる油掛通と交錯している点に注目したい。その帯刀町には国許から送られてくる米を収蔵する倉や業者が居て、油掛商店街への供給源になっていたという。この倉庫業者を納屋衆といった（『まちの履歴書』）とする説が有力である。が、昭和四年（一九二九）伏見市誕生の時、帯刀町から納屋町に変更されたが、突然、改称したのではないはずである。納屋町は既に通称として親しまれる長い時間が必要である。吉晴の倉庫業者の時代ではないだろう。町家が並び、繁華街が近い帯刀町には「従来、俗称商家の納屋が並んでいたため、納屋町を公称町名に変更した」（『城下町伏見町名の由来と秘話』）と思われる。が、江戸時代の地誌では通称の納屋町の記載は見あたらない。（明川）

奈良《なら》〔八幡市〕

木津川の下流左岸に位置する。『和名抄』山城国久世郡十二郷の一つ那羅郷。高山寺本の訓は「奈良」。『山城名勝志』は「男山東木津川西端ニ有二上下二村一」として、現在の八幡市上奈良および下奈良にあてる。はやくに、『日本書紀』欽明天皇二六年（五六五）五月条に「高麗人《こまびと》頭霧唎耶《つむりや》陛《へ》等、投化《まゐき》於筑紫、置《はべり》山背国、今畝原・奈羅・山村高麗人之先祖《おや》也」とみえる奈羅は当郷をさす。『三代実録』元慶六年（八八二）一二月二一日条には畿内および諸国の禁野を定め「今新加禁。久世郡奈良野」とみえる。上奈良郷は室町期にみえる郷名。応永六年（一三九九）一〇月二七日、足利義満が大内義弘討伐（応永の乱）の戦勝を祈り、上奈良郷を北野社に寄進（「北野社家日記」）、以後戦国期に至るまで北野社領だった。下奈良は戦国期に見える地名。大永五年（一五二五）一一月の石清水八幡宮遷宮にあたり、その神人役を催促する同年一〇月日付宮寺政所下文に「下奈良弐人」とみえる（「石清水文書」）。上奈良村・下奈良村とも、江戸期〜明治二二年（一八八九）の村名。同二二年〜現在の大字名。はじめ都々城村、昭和二九年（一九五四）八幡町、同五二年（一九七七）からは八幡市の大字。上奈良は蜻蛉《とんぼ》尻《じり》川が流れを南北から東西に変える外側の位置にあたり、蜻蛉尻川の溢水には他村より被害を受けやすい土地であった。明治一〇年代の『京都府地誌』によれば、水害用小船五艘を有していた。下流の下奈良は南から流れてくる同川が西へ曲りきったところの北側に位置し、増水時には危険だった。両集落とも自然堤防上にあり、周囲は発達した自然堤防と氾濫原である。ナラ（奈良）は、もとはヌラ（野良）でヌル（濡）の転訛であり、湿地を意味する。（綱本）

双ヶ丘《ならびがおか》〔右京区〕

双ヶ丘は仁和寺の南に位置する丘陵で、北から峰が一ノ丘、二ノ丘、三ノ丘と順次低くなりつつ連続する姿からこの名となった。一ノ丘が一一六メートルと最も高く、丘陵の全域が御室双岡町となっている。なお平安京の正中線は、鴨川西岸の線と二ノ丘の山頂を南北に通る線の中間となっている。開発に関してみると、双ヶ丘には一九基の古墳が確認され、最古の築造は七世紀後半と推定されている。文献上では『広隆寺文書』（貞観一五年）に、並里《ならびがり》に広隆寺の田畠と池があった記録が、また『類聚国史』には、天長《てんちょう》七年（八三〇）閏一二月二日に淳和天皇が大納言清原夏野の雙岡宅に行幸したことの記載が早い。後者には同地が天皇遊猟の地であったことも記されており、その後も景勝の地として多くの歌に詠まれてきた。夏野の山荘跡には双丘寺（天安寺）が創建され、後の法金剛院の基となった。兼好法師は二ノ丘西麓に住んだといわれるが、『都名所図会』には近世岡の東長泉寺に移すと記され、縁の地が丘の東に移されたもようである。（岩田）

奈良物町《ならものちょう》〔下京区〕

四条通麸屋町東入ル寺町までの両側町である。『訓続雍州府志』「土産門下」の「渋紙」の項に「漆柿《しぶがき》打破油ニ浸シ傘褶油紙ヲ造ルト云、凡ソ席薦縄之類、或ハ渋紙ニ至テ旅装の具四条京極ノ西ニ在リ是ヲ奈良物町と謂、此類古へ南都自リ来ル」とあるように、撥水の渋紙で作った旅装の具、また、奈良産の茶道具を商う店も多かった。『京雀』の当町名の但し書きに、「奈良火鉢」ともある。「寛永一九年（一六四二）寛永後万治前洛中絵図」、寛文五年（一六六五）刊『京雀』にともに、現町名の「奈良（なら）物町」とある。宝暦一二年（一七六二）刊『京町鑑』に「奈良物町」とあり、変化はない。（小西）

奈良物町《ならものちょう》〔上京区〕

奈良から移り住んだ人たちが、この地を開き、奈良産の品物を商いしたことによると伝える。下京区にも奈良物町があり、ここと同じような伝承がある。町は南北に通る堀川通の両側で北は上長者町通から南は下長者町通までを町域とする。「寛永一四年（一六三七）洛中絵図」に町名が記されてあり、江戸時代からの町名である。（清水）

成生《うなり》〔舞鶴市〕

成生は舞鶴市北部の大浦半島から、さらに北へ若狭湾に突き出している半島の東側にある漁村である。江戸期の地誌とされる『丹後風土記残欠』には「成生」の地名の由来を次のように記している。崇神天皇の世にこの国の青葉山中に陸耳御笠《くがみみのみかさ》という土蜘蛛《つちぐも》が人を苦しめているので、皇子日子《ひこ》坐王《いますのみこ》が討伐の勅命を受け、丹波若狭の国境に至った時、将軍の甲冑《かっちゅう》が鳴動し光輝を発した。将軍のよろいかぶとが鳴り響いた近くに甲《かぶと》によく似た大岩があったので甲岩と名づけ、その地を鳴生と号した、と。甲岩は京都府福井県境の正面崎（甲崎とも）の先に今も存在しており、鎮守鳴生神社の祭神は日子坐王である。

村名は『京都府地誌』（明治一一年）に「元ト鳴生村ト称セシヲイヅレノ頃カ今ノ字ニ改ム」とする。慶長七年（一六〇二）の検地の時には「成生村」である。ナリウのナルは「物が成る」の意ではなく、音がするという意味の「鳴る」と考えたい。鳴り浦がナリウとなったものか。というのもこの地に晩秋から冬にかけて吹く北西の季節風〝うらにし〟は、急激な天候の変化で晴れていても急に激しい風雨や雪に変わり、海はうねり波立ち冷えてくるからである。海が荒れて怒涛《どとう》が迫り岩礁に白波が砕け散る時、海が鳴り響き雷光があれば、まさしくそれは土蜘蛛退治の光景である。

伝承によれば、応安七年（一三七四）成生で大火があったと伝えるので集落形成の古さがうかがえる。細川支配の天正（一五七三〜九二）の頃すでに刺網で鰤《ぶり》をとり、延縄《はえなわ》・鰹網・鯵網・鱵《あご》の洞などの定置網も行われた。大浦半島先端近くにある黒地《くろち》湾は古来風待港としての役割のほかに好漁場であり、鷹の餌取場として魚付林が造成されていた。（髙橋）

成田《なりた》〔宇治市広野町〕

文禄五年（一五九六）閏七月一二日の夜半に起こった直下型大地震で突如として土地が隆起し、低湿地であったところが稲を作ることが出来るようになったという。すなわち、ナヰデン→ナルデン→ナルテ→ナリタと変化したという地震田《なゐでん》からの転訛説である。この辺りは、岩ヶ鼻という小字名が示すように東からせり出す丘陵地の先端部分で、名木川（山川）の川筋に当る。名木川の西側が低湿地であったことは、現陸上自衛隊大久保駐屯地の敷地内に小さい池のあることや、すぐ北側がウトロであることからも伺えることであろう。文禄の大地震といえば、伏見城の天守閣が大破したという慶長大地震のことである。その規模はマグニチュード七・二五、震源地は、大久保地区からの直線距離僅かに二キロメートル以内であったことが推定されている。なお、南に隣接する大久保町成手も、語源は同じであろう。というのは、手は出に通じ、出は田に通じるからである（五ヶ庄新出村＝新田村）。（髙木）

鳴滝《なるたき》〔右京区〕

双ヶ丘の北西側を流れる御室川の谷沿いの地域にあたる。御室川は平岡付近で標高一〇〇メートル近辺を流れるが、中流の宇多野西方になるとそれが七〇メートル近くまで低下する。『山州名跡志』などは、渓流が滝となり水音を高くたてることにより地名が起こったとする。現在の福王子交差点から五〇〇メートル北西に、約五メートルの滝がみられ、これを鳴滝と呼ぶ。鳴滝の記述は、『扶桑略記《ふそうりゃくき》』延喜二年（九〇二）六月一七日の項で、祈雨のため五龍祭を鳴滝北方の十二月谷で行ったというものが早いとしている。平安期には、西河（川）とも呼ばれたり、祓の場として有名であった。歌枕として歌学書にも登場し、藤原道綱母による『蜻蛉日記』天禄《てんろく》二年（九七一）「鳴滝の水」の項には「世の中は思ひのほかに　なるたきの　ふかき山路をたれしらせけむ」という和歌も載せられている。平安期の『和名抄』掲載の田邑郷に属し、江戸期には鳴滝村として、鳴滝窯、鳴滝砥石、植木などが有名であった。（岩田）

縄手《なわて》〔城陽市上津屋・枇杷庄〕

市木津川流域平野部には古代の条里制区画がよく残されており、この区画に沿って市街化が進んだ。そういう地名のあらわれとして、「長筬《なぐさ》」（平川）があるが、他の条里地名として「縄手」がある。縄をピンと引っ張って作り出した地形という意味で、この呼び名がつけられている。城陽市内では上津屋柳縄手があり、先の長筬の西の木津川堤に達する地の小字名である。他に枇杷庄京縄手がある。縄手地名は区画割の形状からきたものである。『城陽市史第一

巻』条里遺構の項には長筬や柳縄手から宇治市、久御山町との市界のあたりが好事例として述べている。（福富）

縄野《なわの》 →**周山**《しゅうざん》

南禅寺《なんぜんじ》 〔左京区〕

この地に南禅寺があることに因む。文永元年（一二六四）亀山天皇によって離宮「禅林寺殿」が造営され、弘安一〇年（一二八七）さらに一宇が新築された。そのとき、従来からの離宮を下御所、新造の御殿を上御所と呼び、上御所に営まれた持仏堂を「南禅院」と名付けた。それが南禅寺の歴史の始まりである。正応四年（一二九一）離宮は禅寺に改められ、「禅林禅寺」とされた。禅林禅寺（南禅寺）は、大火と修復を繰り返し、応仁の乱の兵火で大きな打撃を受けたが、慶長一〇年（一六〇五）徳川家康に重用された以心崇伝（一五六九～一六三三）が南禅寺住職（臨済宗五山派最高位）として塔頭の金地院《こんちいん》に居を構え、南禅寺の復興に尽くした。寛永五年（一六二八）藤堂高虎の寄進で三門が再建され、石川五右衛門が楼上で「絶景かな絶景かな」と花を眺める「南禅寺山門の場」（楼門五三桐）で有名になる。

現在、南禅寺何々町という「南禅寺」を冠する町名が六町ある。（笹川）

難波野《なんばの》 〔宮津市〕

旧村名。広域地名の「府中」の内で拝師郷に属した。「延宝三年郷村帳」に「府中難波野村」とある。天橋立の北の「江尻」の西側に位置するが、籠神社のある「大垣」の東隣であることに意味があるか。「なんば」は「なには」の音訛形で、地名の語源は「な（菜）には（庭）の（野）」と考えられないか。「余佐の宮（後、籠神社）」の菜園の役割を持った土地でなかったか。「野」は、開拓されたところをさした。

地域内に籠神社があり、雄略天皇に父を殺された後、日下部氏の庇護のもと丹後の與謝に逃れた億計・弘計の二王子をかくまったところという伝承があり、二王子をもてなした名残の行事と言われる「いやり福」の習俗があった。（糸井）

に

新井《にい》 〔与謝郡伊根町〕

天文二四年（一五五五）の津母八坂神社（伊根町）の棟札に「新井村」とあるものが初出の地名である。慶長七年（一六〇二）の「慶長郷村帳」以降、「新井村」と表記され、明治時代に至る。地区内の新井崎神社は徐福を祀るものであり、徐福上陸伝承が残されている。千枚田と呼ばれる棚田も美しい。（新谷）

新谷《にいだに》 〔京丹後市久美浜町〕

新谷は、川上谷川中流域右岸の小さな谷の入口に位置する集落。新谷の西方にあたる集落の新庄から、その一部が分離移住して形成されたという。新庄に鎮座する大西神社の氏子でもあったとの言い伝えがあることから、新谷は、新庄から新たにできた村、の意であろう。中世の「丹後国御檀家帳」にも「一　川かみにい谷　家捨四五軒斗」と見える。（水野）

仁江《にえ》 〔南丹市園部町〕

江戸時代以前の文書では「新江村」と書

かれている。村の中央に園部川の支流・雨引川が東南に流れて大きく東北へと蛇行して流れている。耕地と集落は両岸に広がっている。地名の「新江」はこの入り江状の地形から来ていると推測される。室町時代に散見される村名で、応永五年（一三九八）に足利義持が当村地頭職を北野荘に寄進したことが見えている。その後は北野社領船井庄の一村であった（『北野社家日記』）。江戸時代には上新江村と下新江村に分かれた。

上新江村は明治九年に竹井村の一部となり、下新江村は明治二二年（一八八九）からは始め摩気村の、昭和三〇年（一九五五）から園部町の大字となった。（安藤）

贄野池《にえののいけ》〔綴喜郡・久世郡〕

新野池《にいのいけ》・二井の池ともいう。平安・鎌倉期の文学作品（『枕草子』『蜻蛉日記』『更級日記』『中務内侍日記』『平家物語』など）・史書（『愚管抄』など）にあらわれる池。いまその名の池は存在しない。京都から奈良へ向かう中程の地にあり、水鳥騒ぐ池であった。城陽市南部、あるいは井手町北部にあったとされる。井手町多賀～玉水間にあったという地蔵池、あるいは城陽市のJR長池駅付近にあった長池とする説が有力である。木津川や東山麓旧街道との位置関係、さらに『大乗院寺社雑事記』に記される略地図の「新野池十八町池也」（長池に位置する）などからさまざまに論議されてきたが、いまだに確定説はない。『山州名跡志』『拾遺都名所図会』によると長池には悪蛇伝説がみえ、「贄」（生け贄）との関わりが想起される。また前掲地蔵池を、『山城名勝志』が「禁裏御料池ト云按是贄野池歟于今多鯉鮒」と記し、これも「贄」と関わる。ともあれ「贄」と関わる水鳥騒ぐ印象的な池があったことは間違いなく、それが「贄の池」と呼ばれたものであろう。ところでこれまで指摘されてこなかったが、藤原定家『明月記』にたびたびみえる春日社・東大寺参詣随行記事中（建仁三年〈一二〇三〉七月一六日条・寛喜三年〈一二三一〉八月一九日条）、八幡伏拝・贄野池を経て、後者には贄野池を通過後に丈六堂辺（城陽市奈島）に至る記述がある。これは贄野池の位置を決定する一文で、八幡伏拝（城陽市・宇治市境界付近）―贄野池―丈六堂（奈島）―春日社のコースとなり、贄野池は必然的に長池となる。（齋藤）

匂天神町《においてんじんちょう》〔下京区〕

高辻通烏丸東入ル北側の片側町である。町の中央を「駒形の辻子」が通る。「匂天神社あり。往昔祇園旅所大政所の敷地也」（『京都坊目誌』）とあり、現在も烏丸東北角のビルの一階、東南隅に高辻通に面して祀られる。この「匂天神社」に因む。寛文五年（一六六五）刊『京雀』は「ずいうんのづし」とし、「此辻子中程北へ行辻子は竹辻子也」と付記する。宝暦一二年（一七六二）刊『京町鑑』も「瑞音辻子」とある。これは、瑞音寺が当町にあったことによる。高辻通ではあるが、町屋のない通り、辻子であったと考えられる。「明治二年（一八六九）六月瑞音辻子。竹之辻子を合併し。匂天神町と改称す」（前掲書）とある。（小西）

仁王門町《におうもんちょう》〔中京区〕

寛文五年（一六六五）刊『京雀』に「昔をたぎ寺の二王門、この町にあたりて南むきにありける」とあるように、古く愛宕念《おたぎねん》仏寺《ぶつじ》の仁王門が町内にあり、そこからの名と考えられる。ただし愛宕念仏寺自体が当地周辺にあったというのではなく、『京都市の地名』同寺項目の「応仁の乱後の整備に洛中小寺の遺構を充てた結果であろう」とする説に従いたい。

平安京大内裏の東南にあたり、はやくか

ら貴族の邸宅が建てられた。平安中期の藤原伊周《これちか》の邸宅である小二条殿《こにじょうどの》は、当町の周辺と推定される。鎌倉以降も二条内裏・二条高倉殿に隣接することから、公家の町としての性格は残っていた。応仁の乱以降は商業地として発展し、特に製薬業の町として近代に至っている。

当町の町名については、「寛永一四年（一六三七）洛中絵図」に「二条仁王門町」とあり、それ以後は「仁王門町」で変化はない。（真下）

二箇《にか》〔京丹後市峰山町〕

二箇は、文明一一年（一四七九）の「石清水八幡宮領所々散用状」に、「益富保」とともに、石清水八幡宮領の「二箇保」として初出する地名である。また明応九年（一五〇〇）の「二箇益富保散用状」には「二ヶ保」とあり、「二箇」ないしは「二ヶ」と表記された保地名であることがわかる。明徳二年（一三九一）の「足利義満寄進状」には、「益富保」半分のほか、成久保・末成保が石清水八幡宮へ寄進されている。成久保・末成保は、長禄三年（一四五九）の「丹後国郷保庄惣田数帳」までは確認できるが、その後の史料には確認できなくなる。これに替って益富と並んで現われる地名が二箇保である。従って、成久保・末成保の二箇所の保を総称または統合して成立した地名が二箇保と推定される。

慶長七年（一六〇二）の「丹州中郡ノ内二ヶ村御検地帳」（筑波大学所蔵）では「二ヶ村」とあり、その後も「二ヶ村」と表記される。端郷として苗代がある。（新谷）

二箇《にか》〔福知山市大江町〕

由良川右岸、支流田中川との合流点に位置する。谷奥の小平地に市原村が立地する。市原谷は由良川に面した山塊により南北に分かれるが、それぞれ二箇上と二箇下の集落を作り、「二箇」は二つの集落から村が成り立っている。そのことが村名の由来と考える。

二箇村はもと加佐郡有道郷のうち。南有路村、北有路村とともに由良川の鮭漁が盛んであった。また由良川河口の由良港に集まった廻船などが、積み荷を由良神崎の帆掛け高瀬船に積み替えて二箇村まで上がり、そこで有路船に引渡し、有路船が福知山から積んできた荷物を積んで下るという由良川舟運の中継地として活躍した。（高橋）

西《にし》〔木津川市加茂町〕

木津川の北岸、瓶原の西端に位置し、地名もこれにちなむ。西北は神童子へ通じる桜峠に至る平地で、東南は木津川にいたる平地が開け、木津川対岸の法花寺野地内に飛地がある。南部を伊賀街道が走る。木津川に西村の渡しあるいは法花寺野の渡しとも呼ばれる舟渡しがあった。かつては瓶原と旧木津町との間は木津川の川端まで山が迫り交通の難所だった。そのため舟渡しで対岸の法花寺野に渡るか船で木津渡し（旧・木津町、旧・山城町）まで行った。

地内西端をさえぎる西山を柞山《ははそやま》とも呼ぶ。『後撰集』に「柞山峯の嵐の風をいたみふる言の葉をかきぞあつむる」（紀貫之）と詠まれている。『都名所図会』は、歌枕の柞山をこの山にあてるが不詳。（綱本）

西綾小路町《にしあやのこうじちょう》〔下京区〕

「綾小路通に面し、近世京都下京の西限」にある感覚による。綾小路通油小路西入ル油小路と醒ヶ井の半分の位置までの両側町を「東半町」とし、東半町の西端から堀川までの両側町を「西半町」と称する。「寛永一四年（一六三七）洛中絵図」に「西綾小路町」と、東西を分けず一括して記載する。「宝永二年（一七〇五）洛中洛外絵図」で「東綾小路丁」「西同丁」と分立する。『京都坊目誌』の天保年中（一八三〇～四三）分立説は、誤りである。宝暦一二年（一七六二）刊『京町鑑』には、「西綾小路町」とし、但し書きで、「東半丁西半丁二町に分る」とする、一八世紀初頭から、東西の分立が始まった。「天保二年（一八三一）改正京町御絵図細見大成」でも「西綾小路東丁」と「同西丁」に分立している。（小西）

西生洲町《にしいけすちょう》〔中京区〕

西側の、生洲の町。近世期にこの町以南に生洲川魚料理の席が置かれたことからの名称。生洲の様子については『都名所図会』に、席に入ることができるのは男性のみであり、琴や三味線などの音曲が禁止されたことが記され、裕福な町人の男性たちが集い、俳諧などの芸文の宗匠とおぼしき人物を交えて遊興する様子が描かれている。

平安京の東京極大路の東側の、鴨川河川敷に近い地。近世初期の高瀬川の開削に伴って居住地域となった。木屋町通の西側、南は高瀬川一之舟入りの北岸、北は二条通までの、小さな町である。近世初期は木屋町通を隔てて東接する現東生洲町とともに、わかさ町と呼ばれていた（『京雀』）。寛永以後に「こいや町」、「西池す町」「西イケス町」となる。

明治期には生洲料理は鴨川沿岸の大型料理店でも提供された。明治一六年（一八八三）刊『都の魁《さきがけ》』には、女性や芸舞妓も入場する様が描かれる。保冷装置の未発達の時代には、生洲料理は限りない贅沢であり、京の町の水辺は別天地であったに違いない。（真下）

西小《にしお》 →**東小上**《ひがしおかみ》・**東小下**《ひがしおした》

西大路町《にしおおじちょう》〔上京区〕

かってこの地に安楽光院という寺があった。その西門の西に大路があったことによるという。町は東西に通る上立売通をはさんだ両側で、新町通と小川通の中間を町域とする。天保二年（一八三一）の「改正京町絵図細見大成」に「西大路丁」とあり、江戸時代からの町名である。（清水）

西大路町《にしおおじちょう》〔上京区〕

大正五年（一九一六）刊の『京都坊目誌』によると、西大路は戦国時代頃からのこの地域一帯の汎称だとし、平安時代後期に公家の滋野家の屋敷があり、屋敷内に名水の井戸があったので、「滋野井町」と称したが、寛永三年（一六二六）に「西大路町」にしたと記す。町は東西に通る下立売通をはさんだ両側で、東は西洞院通から西は油小路通までを町域とする。天保二年（一八三一）の「改正京町絵図細見大成」に「西大路丁」とあり、江戸時代からの町名である。（清水）

西大路通《にしおおじどおり》〔京都市・南北の通り〕

少しずれるが、平安京の野寺小路にほぼ当たり、さらに北へ南へと延びて、現在では、北大路通の金閣寺前から十条通に至る通り。平安京の小路名の「野寺」は、一条通北辺にあった、飛鳥時代建立の秦氏の氏寺に由来するという。「野」と称するのは「北野」同様、都（うち―さと）の外に位置するからであろう。「西大路」の名は、昭和初期から一〇年代にわたり、都市計画によって幹線道路として整備されたことをきっかけにして付いた名である。

寛永三年（一六二六）に「滋野井町」を改称した西大路町や安楽光院の西側に大路があったことに由来する西大路町がある。（糸井）

西大宮大路《にしおおみやおおじ》 →**御前通**《おんまえどおり》

西賀茂《にしがも》〔北区〕

賀茂川をへだてた上賀茂の西方に位置するので西賀茂の名が起った。古くは桓武天皇、仁明天皇が遊猟にみえ、また、平安京造営に用いた瓦窯跡がある。寛仁二年（一〇一八）朝廷の直轄地から上賀茂社領となり、中世は賀茂六郷のうちの内の河上郷だった（「賀茂別雷神社文書」）。西賀茂の地名が史料に見える早い例は、文明七年（一四七五）一一月二一日付の「賀茂社氏人中置文」（氏人と社司との対立に関する氏人の掟）に「西賀茂」とみえる。太閤検地以後社領は削減され、大部分が大徳寺や公家の所領となる。近世以降は愛宕郡西賀茂村と称した。西の船山（三一七メートル）は五山の送り火の一つ「船形」が焚かれる。

古代の『和名抄』栗栖野郷で、訓みは刊本「久留須野」である。地名の早い例は、『三代実録』貞観一六年（八七四）八月二四日条に、貞観一三年の鴨川・桂川大水害により、北山・高岑寺の仏像を、「栗栖野」の天台僧宗叡が建立した御願寺に移したとある。

栗栖野の語源は、賀茂川の氾濫による砂礫堆積にちなんだもので、栗栖はクリ（礫、栗石）・ス（洲・砂）をいうのであろう。（綱本）

西加舎《にしかや》 →東加舎《ひがしかや》

西側町《にしがわちょう》〔下京区〕

西洞院通六条下ル旧花屋町までの西側片側町である。西洞院通の「西側片側町」であることによる。近世には西本願寺の寺内町であった。「寛永一四年（一六三七）洛中絵図」は「西洞院一丁目」とある。元禄末期洛中絵図には（西本願寺寺内町の）「西洞院一丁目西側」と記される（「井筒町」参照）。この時期東側と分離し、さらに、寛文五年（一六六五）刊『京雀』が「一町目」としたうえで「西上半町西下半町と云」うと付記し、北と南の二町に別れた。『京都市の地名』は「明治二年（一八六九）三月、合併し、『西洞院一丁目西側』と称し、のち略して現町名となった」とする。（小西）

錦小路通《にしきこうじどおり》〔京都市・東西の通り〕

平安京の錦小路に当たる。現在、錦天満宮前の新京極通から壬生川通までであるが、『京町鑑』では、寺町通から千本通までとし、『京都坊目誌』では、寺町通から大宮西入るまでとしている。当初は通りを「具足《ぐそく》小路」（具足は、甲冑など）と称していたが、『宇治拾遺物語』（第一九話）の語る話では、訛って「くそ（屎）小路」と呼ばれていて、それを耳にした天皇（村上帝か）が、あまりに汚い名だ、他に「綾小路」という通りもあること、「錦小路」と改めよ、と命じたことから付いた名だという。『掌中歴』「条路」に「具足小路　依天喜二年（一〇五四）宣旨、改名錦小路」とある。同「京中指図」中には、同宣旨によって「屎小路」を「錦小路」に改めたともある。「ぐそく」が「くそ」と連想されやすく、実際そうもいわれていたのだろう。現在、観光的にも注目を集める食品市場「錦市場」があり、通りに沿って東・中・西の魚屋町がある。（糸井）

西京極《にしきょうごく》〔右京区〕

右京区南端の行政地名。平安京の西端を通る西京極大路からきている。この通りは東京極大路と同様に一〇丈（約三〇・三メートル）の道幅であったと推定される。位置は改修後の天神川と葛野大路のほぼ真ん中にあたり、一部の町界などに確認できる程度である。明治二二年（一八八九）に、葛野郡の川勝寺・郡両村と桂川右岸徳大寺村の飛地団子田とが合併して京極村が成立した。（岩田）

西小路《にしこうじ》〔向日市上植野町〕

今、上植野に西小路・北小路・南小路の地名がある。平城京・平安京では、二条大路～九条大路間の各条の幅は五町＝三〇〇間（五四五メートル）あり、その間に三本の小路が通っていた。そのうち大路の北にあるものを北小路、南にあるものを南小路、中央のものを中小路と呼んだ。南北の場合も同じように、東小路・西小路などがある。純農村であった昭和三年（一九二八）以前の上植野の在所の中の東西の道には、長岡京時代の名残りの道があり、ことに上植野公民館の南を東西に通る道は二条大路と三条大路の間の中小路であった。中小路という名はすでに小字名からは消えてしまったが、上植野に中小路という苗字の家があるところをみると、中小路という地名もかつてはあったのであろう。（中山修一「長岡京に関連する地名」『地名の世界』所収）。（綱本）

西御所町《にしごしょちょう》〔山科区小山〕

文永年間（一二六四～七四）、この地に山階左大臣の山荘があったことから「西ノ御所」と言われ、現在の「西御所町」になったとされる。山階左大臣とは、歌人としても知られる藤原実雄（一二一九～七二）で、洞院家の祖であり、洞院実雄と呼ばれることが多い。この地は風光明媚な地として知られ、貞観元年（八五九）に慈覚大師が創建し、中世には連歌師の心敬が住んだという十住心院も、日野富子が建立した高水寺も、同じ地域内にあった。（小寺）

西小田《にしこだ》 ↓小田《こだ》

西小物座町《にしこものざちょう》〔東山区〕

「小物座」は「薦座」の転訛といい、当地に戦火を逃れた東山阿弥陀ヶ峰宝皇寺の阿弥陀仏を路傍に薦を敷いてお乗せし、通行人に銭を乞うて仮堂を営んだことから生じる（『京都坊目誌』）。所在は三条通白川橋東入ル八丁目。蹴上の東側に位置し、京都から山科に至る古くからの幹線道路に面している。

「新改洛陽並洛外之図」（承応二年〈一六五三〉）に「こものさ丁」とあり、本来は東小物座町とともに一町を形成していたが、次いで「新板平安城東西南北町並洛外之図」（寛文二年〈一六六二〉）は二町にわたり「こものさ丁」と記されていることから、後の東・西二町の成立を暗示している。後、正徳四年（一七一四）の記録には西小物座町とあり、その頃には東西に分かれていたことが知られる。江戸時代は近くの南禅寺領であった。明治二年（一八六九）下京に編入、昭和四年（一九二九）東山区に編成。

東小物座町は、『花洛名勝図会』に、弓屋・藤屋・井筒屋などの茶屋が紹介されるなど、東小物座町には多くの茶屋が存在した。（忠住）

錦部《にしごり》〔左京区〕

愛宕郡の郷の一つ。『和名抄』高山寺本は「迩之古利」、刊本は「尓之古利」と訓む。錦織部が二字化された時に、「織」が落ち、「錦部」となったが、訓は「ニシキオリ」が残り、そこからニシコリあるいはニシゴリへ変化したもの。錦綾の機織りの技術で大王に貢献した、中国系の渡来人の集団が居住していた地域。河内・近江など各地に錦部（にしごり）の地名がある。『日本書紀』雄略天皇七年に陶部《すゑつくり》・鞍部《くらつくり》・画部《ゑかき》・訳語《をさ》（通訳）と共に「錦部《にしごり》」が見える。山城国愛宕郡の錦部郷の郷域は、明確ではないが、『中右記』天仁元年（一一〇八）一〇月三日条に「愛宕郡錦部郷吉田村」とあるので、郷域に吉田村を含んでいたことが知られる。錦部という郷名・地名は早くに見られなくなる。

明治二年（一八六九）、秋築《あきつき》町（「秋築町」参照）に「錦部校」という名の小学校が誕生したが、同二七年、合併して岡崎入江町にある現在の「錦林小学校」となる。

（笹川）

西坂本《にしさかもと》〔左京区一乗寺・修学院付近〕

比叡山へ登る坂の麓で、近江側の東坂（本坂）の坂本に対して、山城側の西坂（禅師坂・雲母坂）の登り口周辺であることによる。西坂本は、『拾遺抄』に「権中納言敦忠が西坂下の山庄のたきのいはにかきつけ侍りける／おとは川せきいれておとすたきつせに人の心の見えもするかな」（雑下・五〇七、伊勢）とあるように、平安時代は、貴族の山荘が建つ地域であり、『平家物語』に「山門の大衆、おびたたしう下洛すと聞こえしかば、武士、検非違使、西坂本に馳せ向かって防ぎけれども、事ともせず、おしやぶッて乱入す」などと見えるように、中世は、比叡山の僧兵と世俗の権力がぶつかる場所であった。（笹川）

西七条《にししちじょう》〔下京区〕

ほぼ、北は松原通南は西梅小路通、東は七本松通、西は佐井通西の紙屋川までの地域である。『松尾神社文書（元久元年〈一二〇四〉三月五日条）』に「西七条神人等不可背惣官之下知」とあり、また、『平家物語』に「宮いざなひまゐらせて、西七条なる所まで出られたりしを」とあるので、鎌倉初期には「西七条」の呼称が一般化していた。この地域の誇りは、平安京の右京の「西市」（内町四町、外町八町）である。「一三世紀後半には『市町田』と称され、一四世紀には『西の七のいちまち』西の七条とよばれていた」（『下京一三〇周年記念誌〈七条第三学区〉』）。西七条を冠する町名は二六町ある。（小西）

西陣《にしじん》〔上京区〕

応仁の乱（一四六七〜七七）の時、細川勝元が率いる東軍と戦った山名宗全が率いる西軍の陣地があったというところから出来た地名である。西陣とは上京区内の広域地名の一つで、東西の通りの今出川通を中心に堀川通から七本松通辺りまでをいうが、その範囲は明確ではない。なお、山名宗全の屋敷は堀川通今出川上ルの「山名町」付近にあったとされている。「西陣」の地名が初めて記されるのは『蔭凉軒日録』という日記の文明一九年（一四八七）正月二四日の条で、戦乱が一応収まって一〇年後のことで、乱を逃れて地方にいた織物業者たちが、この地に集まってきた頃のことである。西陣の地名が高級な絹織物である西陣織の産地として、広く知られるようになるのは、江戸幕府による保護政策が行われた江戸時代初期からである。西陣の範囲について、江戸時代中頃の文書とする『京都御役所向大概覚書』では、「東は堀川、西は七本松通・北野、北は大徳寺・今宮神社の御旅所、南は一条通又は中立売通、町数百六十八町」と記している。これは京都所司代が公式に認めている地域であり、現在もほぼこの地域を指している。（清水）

西高辻町《にしたかつじちょう》〔下京区〕

高辻通堀川東入ル油小路までの両側町である。当町が高辻通に位置し、近世京都の下京の西限が堀川通であり、「高辻の西部」にあることによる。「寛永一九年（一六四二）寛永後万治前洛中絵図」に、すでに「西高辻町」とあり、以後変化はない。（小西）

西田町《にしだちょう》〔下京区〕

仏光寺通猪熊西入る大宮までの両側町である。『京雀』はその付記に「この町の西は大宮通也それより西はみな是田畠なり」という。「寛永一九年（一六四二）寛永後万治前洛中絵図」に「にし田町」とある。寛文五年（一六六五）刊『京雀』、「元禄四年（一六九一）京大絵図」とも、「たゞ町」とする。宝暦一二年（一七六二）刊『京町鑑』に現町名の「西田町」とあり、以後変化はない。

（小西）

西寺町《にしでらちょう》〔伏見区深草大亀谷〕

町内の西は京都教育大のキャンパス、東はJR奈良線沿いにあたる。豊臣秀吉が伏見城築城にあたって寺々を大亀谷の地域に移動させたところから、その寺院街は寺町と呼称した。現在は西寺町・東寺町だけが町名として残っているが、かつては北・中・南の寺町があった。廃城後は田畑と化し、寺院名はほとんど明らかになっていない。その中心は橘俊綱の持仏堂趾の即成就院といわれるが、即成就院も明治になって泉湧寺の塔頭として移転している。

「山城国伏見街衢並近郊図」（一六七〇）には北・中・南の三ケ町は「寺町三丁」と記載されている。『伏見大概記』によると南・中・北の寺町は桝屋町・千本町などとともに大亀谷十三ケ町に属している。「伏見組町家数の覚」（一八三二）によると南寺町戸数一七軒、中寺町戸数六軒、北寺町戸数五軒と、町とは名ばかりの田園地帯であった。現在の西寺町は昭和六年、南北の道路の西側を言い、東側を東寺町というようになった。

（明川）

西天王町《にしてんのうちょう》〔左京区岡崎〕

『京都坊目誌』が岡崎町の字として「西天王」を挙げ「西天王社の旧地也。西天王塚、今に存す」とし、「今、平安神宮蒼龍桜の東北の腋にあり。陵墓伝説地として、諸陵寮より保存せらる」とする。西天王社は、『拾遺都名所図会』が「祭神、牛頭《ごず》天王。岡崎天王と一双の社也。例祭は六月十六日、神輿《しんよ》一基」とするのに対し、『京都坊目誌』は「按るに之れ歓喜光院の鎮守にして、素盞嗚尊、奇稲田姫命を祭れる社壇の址歟。社は元弘年中、吉田に移す。今の須賀神社、是也。岡崎神社を旧時、東天王と謂ひしは、当社に対する称号なり」と記す。歓喜光院《かんきこういん》は、『百錬抄』によると、永治元年（一一四一）二月二一日、鳥羽上皇の女御美福門院藤原得子の御願寺として創建された寺院で、「字西天王西部の地に当る」（『坊目誌』）。この地の西部は、歓喜光院があったため、「クワンゲ（歓喜）」（『山城名勝志』）「官下」「官位喜」（『山州名跡志』）と呼ばれていたらしいが、明治九年、西部と東部が合併し、「西天王」という字名だけが残った。現在、明治二八年（一八九五）に平安京遷都千百年を記念して建てられた平安神宮が西部以外のほとんどの町域を占める。

（笹川）

西野《にしの》〔山科区〕

山科区の中央部に位置し、そこに広がる原野の西の方の意味。藤原高藤（八三八～九〇〇）が鷹狩りをした時に雷雨に遭い、宮道家に雨宿りして一夜を過ごした折に、娘の列子と契りを結ぶ。六年後に再び訪れ、列子と娘・胤子に会い、都に連れて帰る。胤子はやがて宇多天皇の女御となり、醍醐天皇を産む。その奇縁の家の跡が今の勧修寺という、有名なロマンスが『今昔物語集』に載っている。高藤を初め、平安貴族の狩猟地として知られていたのが西野・東野から栗栖野にかけての一帯である。中世には野村郷と呼ばれ、応仁二年（一四六八）には、野村で一郷となしていた（『山科家礼記』）。この地が注目を浴びるのは、文明一〇年（一四七八）、蓮如（一四一五～九九）が小庵を建立したことに始まる。その後、天文元年（一五三二）に焼失するまで、山科本願寺を中心とした一大宗教都市として賑わった。山科本願寺は三重の土塁と濠で囲まれ、御影堂のある御本寺と呼ばれる中心部分、蓮如の家族や信者達が生活した内寺内、そして在家信者や商人達が住んでいた外寺内からなる。また東の離れた所（音羽伊勢宿町あたり）に「南殿」があるが、近年の発掘調査で、二重の濠や土塁、物見櫓風建築物跡などの防御施設が確認された。山科本願寺全体は信仰の場であるとともに、「寺の姿をした城」であったと言えよう。落城後、この地は殆ど開発されることなく、放置された。東野村の名は弘治二年（一五五六）に見えることから（『厳助大僧正記』）、この頃には西野と東野に分かれていたようだ。

西野は大字名であり、現在、区内に「大手先町」「広見町」など、一七の小字名がある。（小寺）

西野町《にしのちょう》〔北区紫野〕

船岡山北麓の隣接する東野町とともに、かつて大徳寺門前から若狭河が流れてきた低湿地だったから、野は、湿地の意であるヌ（沼）が転訛したか。東野町はもと西野町の一部。（綱本）

西洞院通《にしのとういんどおり》〔京都市・南北の通り〕

平安京の西洞院大路をベースに北は一条通を少し上がった武者小路通から、南は十条通まで延びている。途中、JR京都駅で中断。「洞院西大路」とも。「洞院」は上皇の御所の意であるから、一条～二条辺りが官衙街であり、また院・殿が多く建ち並んでいたことから付いた名か。明治まで道沿いに西洞院川が流れていた。それを利用した染屋、紙漉屋もあった。（糸井）

西野山《にしのやま》〔山科区〕

山科の西部に位置する丘陵地帯であることからの命名であろう。この地は中臣遺跡や西野山古墳に見られるように、古代から人々が住み着いた歴史を持つ。すぐ北の北花山村・上花山村に対し、古くは南花山・西花山とも言われていた（『京都府地誌』）。中世になって醍醐寺と山科家とが領有権を争うようになり、「小野西荘」として文献に現れる。一時は醍醐寺側の影響が強かったが、文明一八年（一四八六）、足利義尚によって小野西荘の権益が山科家に回復される（『山科家礼記』）。この頃は「西山」を名乗っており、山科七郷の中でも主導的な役割を果たしていたようだ。江戸時代には全域が禁裏御料となる。『比留田家文書』の、慶長一八年（一六一三）の村高報告書の記載では「西山村」であったが、寛文一一年（一六七一）には「西野山」と記されている。延宝四年（一六七六）には「西之山村」と記されてはいるが、その後はほぼ「西野山」で安定する。「西山」をもともと「ニシノヤマ」と読んでいた可能性もあるが、「ニシヤマ」であったとしても、地名では訓読みの二音＋二音の中に「の」を入れて安定させる傾向が少なくない。地形にも合う「野」の字を得たことで「西野山」として定着したのであろう。

西野山は大字名であり、現在、区内に「岩ヶ谷町」「中臣町」など、一〇の小字名がある。（小寺）

西氷室町《にしひむろちょう》→東氷室町《ひがしひむろちょう》

西沮沢町《にしふけちょう》→北沮沢町《きたふけちょう》

西別院町《にしべついんちょう》→東別院町《ひがしべついんちょう》

西本町《にしほんまち》→東本町《ひがしほんまち》

西前町《にしまえちょう》〔下京区〕

高倉通仏光寺から綾小路の中間点までの両側町、町の南側は仏光寺通に面する。「仏光寺」の門前の通りであることによる。東に隣接する「東前町」に対応している。「寛永一九年（一六四二）寛永後万治前洛中絵図」は、当町と西隣の「仏光寺西町」を含む範囲を「仏光寺門前町」とする。宝暦一二年（一七六二）刊『京町鑑』の「高倉通」の項には、「綾小路下る竹屋町」とあるが、「此町中程に門（当町の北端と一致）是より下仏光寺の境内也」と寺内町であったと付記している。「天保二年（一八三一）改正京町御絵図細見大成」には「前丁」とある。（小西）

西枡屋町《にしますやちょう》〔伏見区〕

京阪本線墨染駅から西方、師団街道を南に入った辺りに位置する。「豊公伏見城の図」には枡屋町が見える。豊臣秀吉が伏見城を築城する時、伏見の町造りに着手したが、まっさきに京都へ通ずる南北の幹線道路、京町通を造った。枡屋町は京町通の北方に位置し、通りの両側は武家屋敷でなく町家が占めている。ここには諸国からやってきた商人・職人が土地を割り当てられて住んでいたところである。鐺屋町・鍵屋町・枡屋町の町名が残っているのは、その名残で、枡屋町は桝屋が集まっていた町と思われる。『伏見大概記』『伏見鑑』に「枡屋町」の記載がある。なお、西桝屋町というのはすでに大亀谷にあった桝屋町に対して「西」を付けたものである。現在は大亀谷の枡屋町はない。（明川）

西町《にしまち》〔右京区常盤〕

明治六年（一八七三）に、常磐・谷・久保（窪）の三村が常盤谷村として合併した。双ケ丘の南西麓が旧谷村で、その南西側に旧常盤村、旧久保村があった。同町は旧常盤村を通る嵯峨街道と、北方の旧宇多野村に通じる道路との交差点北西側にあたる。旧常盤村は御室川右岸にあり、平坦な土地で水や薪炭を欠くことがあったが、村の南方を、東西方向に嵯峨街道が通っていたため、運輸面で利便性が高かった。『京都府地誌』では、菜種・実綿・柿子・製茶を産し自家用以外を洛中に運んだとある。（岩田）

西柳町《にしやなぎちょう》〔伏見区〕

京阪京都線、中書島駅より北。かつてここに遊郭があった。一般的には一帯を中書島といい、小さな島だった。島は葭島といい、島の北に脇坂淡路守の屋敷（「豊公伏見城の図」）があった。淡路守の官位は中務少輔、中国風にいうと中書なので、人は「中書はん」と呼んだ。「中書島」の由来である。葭の繁茂した島が遊郭に変わったのは元禄時代である。伏見城廃城後は屋敷も無く荒廃していたが、伏見奉行の建部内匠守が地元の要望に応えて、元禄一三年（一七〇〇）、三栖泥町（三栖柳町）にあった遊郭をここに移転させた。島を二つに分け、東柳・西柳とした。「柳」は三栖柳町の「柳」が始まりである。現在は東柳・西柳の真ん中の道は中書島駅前通といい、商店・住宅が混在している。かつての花街の面影を捜すのは難しい。今は竜馬通へ繋がる道として、賑やかになっている。（明川）

西山《にしやま》〔京丹後市峰山町〕

西山集落は、峰山町の西部に位置し、吉原庄の西にあたることからの命名というが、同名の山の麓にある集落であり、山名が集落名になったものと考えられる。「慶長郷村帳」では安村、小西村とともに「吉原庄之内」とされている。もと小西村の枝村であったが、明治七年に独立している（明治一七年『町村沿革』）。竹野川支流の小西川源流部、来迎山（四九三メートル）東麓に位置する。また、西山の名は、谷を隔てて位置する小西（「小西」参照）とも関連があるものと思われる。（水野）

西山足立《にしやまあだちそくりゅうじ》〔八幡市〕

旧橋本小字足立寺だった。八幡三大廃寺の一つである足立寺があった。伝承では、奈良時代の官人、和気清麻呂《わけのきよまろ》が当地に寺を建立（現在の和気神社）し、人々が足《あ》立寺《たちでら》と呼んだという。その謂れは弓削道鏡が宇佐八幡宮の神官と結託して称徳天皇皇位を望んだ時、清麻呂が勅使として宇佐八幡の神託を受け阻止。怨んだ道鏡が、清麻呂の足を切ったが、八幡宮に祈って足が元通りになったからという。西山和気《わき》も、足立寺の鎮守社として「和気神社（祭神・和気清麻呂）」（足立寺史蹟公園内）があるところから西山和気とした。ただし、寺は和気清麻呂よりも一〇〇年も古い頃、この地の豪族によって建立され、平安時代の終り頃土砂の下に埋まったものである。（綱本）

廿一軒町《にじゅういっけんちょう》〔東山区〕

開町時に二一軒しか人家がなかったことによるか。所在は大和大路通四条上ル西側に位置する。寛文年間（一六六一～七三）以降、町地となり、茶屋町として発展し、正徳年間（一七一一～一六）には二二軒の茶屋を数えている。明治二年（一八六九）下京に編入、昭和四年（一九二九）東山区に編成。

「新板増補京絵図」（宝永六年〈一七〇九〉）には「廿間」とみえており、それが変化して「増補再板京大絵図」（寛保元年〈一七四一〉）では現町名となる。（忠住）

廿人講町《にじゅうにんこうちょう》〔下京区〕

中珠数屋町通烏丸東入ル間之町までの両側町である。僧侶に対する「二十人構成の真宗教義の講」があったのであろう。東本願寺寺内町の形成は慶長七年（一六〇二）のことで、市街地化は寛永末年以後であろう（『京都市の地名』）。寛文五年（一六六五）刊『京雀』、宝暦一二年（一七六二）刊『京町鑑』ともに、間之町、東洞院間を「二十人講（の）町」、東洞院、烏丸間を「中じゅずや（珠数屋）町」と分けている。「天保二年（一八三一）改正京町御絵図細見大成」には逆に、東洞院東入ルを「中数珠ヤ丁」、西入ルを「廿人講丁」として いて混乱がある。江戸時代は、通り名の「中珠数屋町」と「廿人講丁」とを併用していたと考える。明治初期に「廿人講町」に呼称を統一したのであろう。（小西）

西鞍負小路《にしゆきえこうじ》 →天神通《てんじんみち》

二条裏町《にじょううらちょう》〔右京区太秦安井〕

天神川と御室川との合流点の北東方向にあたる地域である。かつての平安京では、現在の両河川合流点から直線状に南流する天神川の少し東に、西京極大路が通っており、同町は当時の右京二条四坊にあたることになる。この地域に東西に二条大路が通っていたことから、同大路の南に相当する地に二条裏町の名が付いた。（岩田）

二条殿町《にじょうでんちょう》〔中京区〕

二条殿の町。「殿《でん》」は貴人の邸宅や建物。宝暦一二年（一七六二）刊『京町鑑』に「此まちいにしへ関白良実公の御館東側に有りて、二条殿といひしより小名となれり」とあるように、二条御池殿の敷地にあたることからの地名と考えられる。平安京大内裏の東にあたり、早くから貴族の邸宅が建てられた地。

二条殿は二条《にじょう》御池殿《おいけどの》・二条烏丸殿とも呼ばれる邸宅で、二条家の始祖である関白良実（一二一六～一二七〇）の押小路殿を伝領して営まれていた。壮麗な建築群と庭園を有しており、二条良基の造園になる竜《りゅう》躍池《やくち》も、この中にあった。『太平記』にはこの良基の邸宅で光明天皇の帝位を定めた記事が見える。この壮麗な御殿も応仁の乱後に荒廃して行くが、近世に活発な商工業地となるまで、その偉容は長く語り継がれたのだろう。

町名は「寛永一四年（一六三七）洛中絵図」に「二条殿町」とあり、ほぼ同時代の寛永一八年（一六四一）刊の「平安城町並図」には「てむやの町」とあるが、ほぼ変わらない。（真下）

二帖半敷町《にじょうはんじきちょう》〔下京区〕

烏丸通綾小路下ル仏光寺までの両側町である。『京町鑑』に「此町むかし五常寺といひし寺ありて師の坊身まかりし時二人の弟子に寺をふたつに分けて譲りけるゆへ五常寺を二つにわけて二でう半敷町と俗にいひなせりとぞ」とある。五常寺の「常」を「帖」と置き換えたのであろう。「寛永一四年（一六三七）洛中絵図」に「二帖半敷丁」とあり、「天保二年（一八三一）改正京町御絵図細見大成」まで全く変化はない。（小西）

西横町《にしよこちょう》〔中京区〕

西側の横の町。御池之町の西側にあって、東西に横に広がっている地形であることからの名である。

平安京大内裏の東側で左京三条三坊に該当し、町の北側は冷泉天皇の仙洞御所などであった、鴨院の故地である。当町は御池通に南面して、室町通の西側に位置し、町の中央を衣棚通が通る。近世期には京の呉服産業の中心地であり、金座銀座にも近いことから、活発な交易が行われた地である。

町名は「寛永一四年（一六三七）洛中絵図」に「御池西ノ町」、元禄末期「洛中絵図」に「御池西横丁」とあり、宝暦一二年（一七六二）刊『京町鑑』に「西横丁」と見えて以降、変化はない。当町は戦時中の強制疎開で町地の南半分が削られており、残された御池通沿いの部分はビル街となっている。（真下）

西吉原《にしよしわら》 →**東吉原**《ひがしよしわら》

二町目《にちょうめ》〔東山区〕

西に位置する大橋町より派生し、三条大橋より二丁目にあたる「三条大橋東詰二丁目」の略称。東海道の起点である三条大橋に隣接する大橋町の発展により派生した町名。一説に堀川中立売より二丁目にあたるからという説もあるが、やはり三条大橋を起点とした呼び名と考えられる。所在は三条通大橋東入ル。

明治二年（一八六九）下京に編入、昭和四年（一九二九）東山区に編成。

当町を含むこの地域は、その立地から古くから材木商を営むものが多く、江戸期には「材木町」と呼ばれた。（忠住）

二年坂《にねんざか》 →**産寧坂**《さんねいざか》

二尾《におの》〔宇治市〕

古くは「炭山・二尾村百姓納米請状」などに「炭山村・丹尾村御寺領の御年貢…」（元和七年〈一六二一〉）とあるように、丹尾と書かれていることも多く、また、『（二尾村）村誌』（明治一四年〈一八八一〉）にも「二尾本ト丹尾ニ作ル」とあるので、「粘土」「赤土」を産するところからの名であろうか。『宇治市史』の地籍図解説に「この付近一帯の基盤岩は古生層であるが、その上部に赤色の地層がのっているところがある」とある。その場所は、蜷子谷《になごだに》、および、隣接する西笠取仁南《になご》郷・赤坂辺りではないかと思われる。この「蜷」「仁南」は、「二＋ノ」で同語源である。「二」は水銀・辰砂の意かとも考えられるが、二尾にその痕跡はない。西笠取には、第二次大戦中にマンガン鉱があったし、戦後はバライトの採掘も行われていたが、水銀に関わる記録はない。小字下庄の西笠取川畔の笠取山には、ツットイ（土採り）と通称される土砂採場があったという。関係があるのだろうか。池尾同様、一七世紀初頭に炭山村の住人によって開拓されたところで、上醍醐寺との関わりが考えられる。

なお、『（二尾村）村誌』に「応永十年癸未、足利氏ノ臣二尾康高此地ヲ領スルヲ以テ始メトス」とあるところから、二尾康高に由来するという説があるが、二尾康高なる人物の存在は確認されていない。（高木）

二ノ瀬町《にのせちょう》〔左京区鞍馬〕

土地の領有をめぐる貞治五年（一三六六）の『壬生家文書《みぶけもんじょ》』に「二瀬村」の名が見えるのが初見。鞍馬川と貴船川が貴船口で合流した下流域に所在。鞍馬川と貴船川の両河川は、『言継卿記《ときつぐきょうき》』天文一三年（一五四四）七月九日条に大洪水で氾濫して「鞍馬寺大門流レ」「賀茂末社貴船社悉ク流ルト云々」と見えるような、水の豊かな急流で、この二つの瀬が出会う場所だったために「二ノ瀬」と表記されたが、ニノセの語源はミナセ（水生・水成）と同じく、ミノセ（水が瀬になるところ）ではなかったか。鞍馬川と貴船川が合流し、山が両側から迫った谷を急流となって流れていく地形は、桂川・宇治川・木津川が合流し、天王山と男山とが両側から迫る谷を淀川となって流れていく水無瀬付近の地形とよく似ている。ミブ（壬生）がニフ（丹生）に通じる（綱本逸雄「丹生・壬生と水源関連地名」『京都の地名検証3』）ように、ミ（水）ノセからニ（二）ノセが生じたのではあるまいか。（笹川）

二之宮町《にのみやちょう》〔下京区〕

妙法院門跡領の耕地から町地となり、本山延暦寺の鎮守日吉神社（大津市）の「二ノ宮は往時小比叡大明神と称す。祭神は国常立ノ尊とす」（『京都坊目誌』）とあり、語源は「日吉神社の二ノ宮」に由来する。二ノ宮町通正面下ル下珠数屋町までの両側町は、「上二之宮町」と称する。「寛永一四年（一六三七）洛中絵図」に、すでに、「上二ノ宮丁」とみえる。宝暦一二年（一七六二）刊『京町鑑』は「七条新地」の「上二宮町」と記す。天保二年（一八三一）「改正京町御絵図細見大成」も「上二ノ宮丁」とし、変化はない。

二ノ宮町通（鴨川川端より一筋西の通り）七条上ル下珠数屋町までの両側町には、北隣りに「上二之宮町」があることで、「下二之宮町」とする。「寛永一四年（一六三七）洛中絵図」に「下二宮丁」とみえる。宝暦一二年（一七六二）刊『京町鑑』は「七条新地」の「下二宮町」とする。「天保二年（一八三一）改正京町御絵図細見大成」も「下二ノ宮丁」とあり、変化はない。（小西）

二番町《にばんちょう》 →一番町《いちばんちょう》

二本松町《にほんまつちょう》〔左京区吉田〕

『京都坊目誌』に「往昔巨大なる二株の松樹ありしより名とす」とある。『雍州府志』に「二本松　東河原弥勒堂ト吉田トノ間ニ在リ。古ヘ春日大宮ヲ勧請セシ処也」と見える。ここで「東河原」と呼ばれている地域は、おそらく現在の「吉田河原町《かわらちょう》」辺りで、そこに当時「弥勒堂」があったのであろう。鴨川に架かる荒神橋を渡り、東北へ延びる吉田道を行くと、現在の「吉田二本松町」辺りに二本松があり、吉田村を抜け、吉田山の北側を過ぎ、北白川へと入る。『山州名跡志』に「二本松　村外ノ西北一町計ニ在リ」とあるので、吉田村の集落は、吉田道の南、現在の「吉田中大路《なかおおじ》町《ちょう》」辺りにあったと考えられる。北白川からは志賀の山越の道が続く（「北白川」参照）。

『京都坊目誌』に「明治三〇年六月高等学校の敷地と為る」とあるように、現在、京都大学の校地が吉田道を途中分断している。（笹川）

二枚田《にまいだ》〔向日市寺戸町〕

北隣の小字「渋川」との境を今は暗渠になったが（「渋川」参照）、石田川が流れている。古くは、二枚田川といっていた。この地では、一区画の水田に高低があり、その段落部分にあぜを作ったので、田が二枚に見え、この地名が生まれたと伝わる。水田が傾斜していたので、段落をつけて水もちをよくしたのであろうといわれる（京都新聞「乙訓地名物語・一二〇」一九八二年七月一三日付）。（綱本）

若王子町《にゃくおうじちょう》〔左京区〕

この地に鎮座する若王子神社に由来する。若王子神社は、『京都坊目誌』によると、永暦年中（一一六〇～六一）、後白河法皇が熊野那智権現をこの地に勧請したのが始まりという。『平家物語』巻二には、鬼界ヶ島に流された康頼と成経も、熊野権現を勧請し、「若王子《にゃくおうじ》は、娑婆世界の本主《ほんじゅ》、施無畏者《せむいしゃ》の大士《だいじ》、頂上の仏面を現じて、衆生の所願をみて給へり」という祝詞を作って帰京が許可されることを祈念する場面がある。社名は祭神の天照大神の別号「若一《にゃくいち》王子《おうじ》」に因む。本地は十一面観音で、苦を救い、無畏を施す菩薩である。『山槐記』治承二年（一一七八）一一月一二日条に「白川熊野」とあり、高倉天皇中宮、平徳《のり》子《こ》の安産祈願が行われている。その結果、誕生したのが後の安徳天皇である。応仁の乱で荒廃したが、『東西歴覧記』は「今川氏真ノ子、若王子僧正澄存ト云フ人、此ノ地ヲ再興シ、法嗣晃海僧正ヨリ今ノ僧正ニ至リ、繁栄セリ」と記す。神仏混合の信仰のため『菟芸泥赴《つぎねふ》』などには「若王寺」の表記で見える。　（笹川）

如意ヶ嶽《にょいがたけ》〔左京区〕

『山城名勝志』は『諸社根元記』を引用し、如意ヶ嶽は都の東にあって太陽の昇る山であり、「日ノ神、岩戸ヲ出サセ給ヒテ、其御光顕レ出タリケルヲ、八百万ノ神、悦ヒテ皆意《コヽロ》ノ如クナルト宣《ノタマヒ》シヨリ如意山ト名付ク」という説を紹介する。しかし、『菟藝泥赴《つぎねふ》』の「むかし此山下に如意寺あり。其故の名也」とする説が穏当であろう。『山城名跡巡行志』にも「山中ニ寺坊ノ多シ。古ヘ三井寺ノ別院也。仏宇・坊舎、千宇ニ及ブ。今悉ク廃ス。昔シ如意寺アリ」と見える。園城寺に残る鎌倉時代の境内古図（『古絵図が語る大津の歴史』）によると、東の如意寺東門から不動堂・延寿堂・法華堂・講堂・常行堂・三層塔婆・食堂・経蔵・如意寺本堂〈千手観音〉、西の鹿ヶ谷門からは月輪門〈園城寺西門〉・発心門・宝厳院、南の藤尾門からは正宝院〈薬師如来〉・西方院本堂〈阿弥陀〉・深禅院・鐘堂・大慈院・一切経蔵などの堂舎が建ち並ぶ大規模な寺院であった。如意輪寺ともいわれる。如意輪寺において、慶滋保胤（寂心）が臨終を迎え（『続本朝往生伝』）、大江為基（寂照）が住んだ（『伊呂波字類抄』）という。

この山中を京都から大津へ抜ける道は「如意越《にょいごえ》」と呼ばれ、戦乱時には京都攻略あるいは大津への退路として利用された。戦国時代には、軍事的要衝であったこの山に如意城（中尾城）が築かれた。　（笹川）

女布《にょう》〔京丹後市久美浜町〕

女布は、佐濃谷川中流域の右岸に位置し、女布権現山（三四八メートル）が東北方にある。式内社売布《めふ(ひめふ)》神社が鎮座する。ニョウはメフの転訛であると考えられ、女布権現山は女布の谷の源流に位置し、もと「丹生」あるいは「水生」で、水源地に関係した地名であろう。また、売（女）布（メフ）がミョウとなり、売布を「女布」とも書いたものを「女」の音にひかれてニョウというようになったとも考えられる。

丘陵上に北谷一号墳があり、古墳時代前期の佐濃谷川流域の首長墓と目されている。売布神社境内の入口に残る、船の形をした岩は船石といわれ、祭神の豊受姫命がこの船石に乗ってこの地方を巡ったとする伝承がある。京都の貴船神社と同様の伝説である。　（水野）

女布《にょう》〔舞鶴市〕

ニョウはもともとニフ・ニホからきた語である。ニは土・赤土・顔に塗る赤い顔料を意味し、ニが生《うま》れるという意味の語が、ニフである。ニフは長い間に発音が移りニホにもなり、長音化してニュウ・ニョウと発音されることになった。ニフ・ニホは万葉がなで爾布、丹生、仁保などと書かれた。女布村には古く「禰布」という字を使っていたという伝承があり、実際に村中の金峰神社奥の院は禰布社である。

ニを「爾」で表したとき、同意の「汝」から容易に「女」となるらしい。というのは『論語』に一九回登場する「女」という文字の一七回は「汝」の意味で使われており、「爾布」は「女布」なのである。

女布よりほぼ北へ匂崎《におうざき》・大丹生《おおにゅう》・浦入《うらにゅう》とニフ・ニオの地名が続き、それらの地に水銀を匂わせる話があったので、各所の赤土も採取して分析がなされたが、水銀含有率はすべて自然に含まれているとされる数値より低く、赤色は水銀でなく鉄分によるものであった（『丹生の研究』）。一帯に良質の赤色粘土を産し、瓦や壁土に利用されてきた。（髙橋）

如水町《にょすいちょう》〔上京区〕

聚楽第があった時代に、この地と南隣の小寺町にかけて、豊臣秀吉の家臣であった黒田如水（官兵衛）の屋敷があったことによるという。町は南北に通る猪熊通をはさんだ両側と東西に通る一条通の両側を町域とする。天保二年（一八三一）の「改正京町絵図細見大成」に「如水丁」とあり、江戸時代からの町名である。（清水）

鶏鉾町《にわとりぼこちょう》〔下京区〕

室町通り四条下ル綾小路までの両側町である。当町から祇園会に「鶏鉾」をだすのに因む。応仁の乱前に「庭とりほこ」、明応九年（一五〇〇）再興の時「庭鳥山」を出していた。現在は「鶏鉾」を出す（『中世京都と祇園祭』）。鉾の名は天の岩戸神話の常世の長鳴鳥に因む説と中国の堯代に天下がよく治まり、訴訟用の諫鼓も用いられず苔が生え、鶏が宿ったという伝説によるともいう。「人形は、住吉の神形にて、御衣ハもへぎ金紗狩衣ねりの白さし貫を着玉ふ。（中略）舟へかごにて作る花色の水白上りの晒にて包ム。内に金鶏二ツ有」り、「大屋根は、破風の懸魚なし。鶏雌雄あり」（『京都市の地名』）とある。元亀二年（一五七一）『御借米之記』によると、中くみ一七町のうちに、「庭鳥ほこ町」が、すでにみえる。宝暦一二年（一七六二）刊『京町鑑』にも「鶏鉾町」とあり、以後変化はない。（小西）

新治《にんばり》〔京丹後市峰山町〕

旧郷名。『大日本地名辞書』には「神戸郷の北、口枳郷の西とす、峰山町も本郷の域内」としている。「丹後国田数帳」に「新治郷」が見え、また、「丹後国御檀家帳」にも「一　にんはり」と見える。新治郷は平安期から室町期に見える郷名で、『和名抄』（高山寺本）丹後国丹波郡五郷の一つ。刊本は「新沼郷」とするが「沼」は「治」の誤写。新墾（にひはり）→新張・新治（にいばり）から音便変化して「にんばり」になったものと思われる。新しく開墾してできたところである。『中郡誌稿』によれば、昔、苗代の水が濁って使えなかったため、真名井の神が箭を放って天に問うと、白箭三本が下ったところを新たに掘るべしとの神託を得たことにより、以降、この地を新沼郷としたとの伝説があるという。北西部には久次岳に連なる丘陵がある。

地内には十数基の古墳があり、桃谷古墳からは耳璫《じとう》が出土している。竹野川支流の鱒留川中流域に位置する。（水野）

ぬ

塗師屋町《ぬしやちょう》〔下京区〕

「塗師職人の工房」があったことによる。富小路通綾小路下ル仏光寺までの両側町には、『京羽二重』の「此筋諸職売り物」の項に、四条下ル近辺に「ぬし（塗師）」が多いことによる。「寛永一九年（一六四二）寛永後万治前洛中絵図」に「ぬしや町」とある。宝暦一二年（一七六二）刊『京町鑑』にも「塗師屋町」と変化はない。

間之町通楊梅下ル旧六条までの両側町の場合は、宝永二年（一七〇五）刊『京羽二重』（宝永版）の「仏具師」の項に当町の「外村山城」の名があり、この周辺地域には仏具屋が多く、「仏具の漆・金箔加工、仏具関係の漆細工・漆器製造の店（塗師屋）」の居住が考えられる。「寛永一四年（一六三七）洛中絵図」に、すでに現町名の「塗師屋町」とある。宝暦一二年（一七六二）刊『京町鑑』に「塗師屋町」と変わりはない。（小西）

塗師屋町《ぬしやちょう》〔中京区〕

塗り師の町の意。当町は車屋町通を挟む両側町であり、寛文五年（一六六五）刊『京雀』には、東側・西側ともに堅地《かたじ》塗師であると記される。ここからも塗り師が多く居住していたことによると推測される。

ヌシはヌリシからヌッシへと変化したものが、促音無表記によって固定したもの。塗り師は漆細工や漆器製造を業とする人々であるが、近世にはこの種の器物の需要は、かなり広範に及ぶものであった。

平安京大内裏の東にあり、周辺には早くから貴族の邸宅が建てられた。当町は全域が二条天皇・順徳天皇・後深草天皇らの用いた三条坊門内裏（押小路殿）の故地である。中世前半まではそれほど変化はなかったと思われるが、室町以降は足利将軍家に関わる武家の館の設営や商工業者の居住も進んだ。近世期には職人の町となったのだろう。

『京雀』に見える「堅地」とは、木地に漆を塗った布を貼り、さらに漆を上塗りした、上等な仕上げのこと。当町は京の町でも代表的な塗りの町だったと考えられる。ちなみに当町の北側の仁王門突抜町には家具塗師が居住し（『京羽二重織留』）、西側の西押小路町には漆屋（『京独案内手引集』）があった。（真下）

塗師屋町《ぬしやちょう》〔東山区〕

町名は往時塗師屋が多く居住していたことに由来する。所在は大国町通正面下ル。東西に大黒町通を挟み、北は正面通から南は西之門町まで。

『京町鑑』には「其（耳塚町）南上塗師屋町　其南中塗師屋町　其南下塗師屋町」とあり三町に分かれていたことがみえる。明治二年（一八六九）に上、中、下塗師屋町、耳塚《みみづか》町を加えて、「塗師屋町」となる。『洛中洛外惣町数人家数改日記』（一六三七）に「同所（大仏）ぬしや町中組」「下ぬしや町」とあり、町名が固定されていなかった背景がうかがえる。（忠住）

布屋町《ぬのやちょう》〔下京区〕

若宮通五条上ル万寿寺までの両側町である。仏具用の「布屋」の大店か、仏具の金襴の保護布を加工する職人の居住が考えられる。この通りは仏具屋町通ともいわれていた。当町北に平安時代からの老舗「田中伊雅仏具店」もあり、この付近は仏具屋が多かった。「寛永一四年（一六三七）洛中絵図」に「布屋町」とある。「天保二年（一

八三一）改正京町御絵図細見大成」の「布屋丁」まで、異称はない。（小西）

ね

贄田《ねだ》〔綴喜郡宇治田原町〕

郷之口の東、田原川とその支流犬打川合流付近に位置する大字名。古来肥沃な土地とされ、元和九年（一六二三）から禁裏御料。地名の由来は、天皇の御贄を貢進する良田があったことによるといわれる（『宇治田原町史』）。江戸期～明治七年に村を形成、その生産高（石高）を示す地元に残る村高帳によっても「贄田」の所以が確認される。（齋藤）

の

納所町《のうそちょう》〔伏見区〕

宇治川・木津川・桂川の合流する淀の津は平安京と難波とを結ぶ船運の要衝の地であった。今の淀水垂町・下津町辺りに淀の津があった。納所の初見は『大乗院寺社雑事記』（文明一七年〈一四八五〉閏三月一八日条）に「淀のナウソ」とある。この二つの町の東北、桂川の東に当たる場所を納所といった。納所とは淀の津に運びこまれた物資や年貢を保管納置する倉庫の意味といわれている。納所という地名は岡山市・三重県津市など各地にあるが、交通の要衝の地に位置することが指摘されている。なお、秀吉の愛妾淀君の居た旧淀城は納所に築かれたことが、北城跡・南城跡の小字名から推定される。（明川）

野尻《のじり》〔八幡市〕

木津川西岸に位置する。野尻郷が室町期にみえる。文明二年（一四七〇）八月一五日付の「大内政弘寄進状」に「奉寄進 石清水御宝前 山城国綴喜郡野尻郷事」と、石清水八幡宮に寄進されている。木津川の氾濫原で自然堤防が発達しているが、低湿地のため条里遺構がみられない。野尻土井ノ内は浸水を防ぐため土居をめぐらした中世集落だった。野尻はヌ（沼）・シリ（尻）の転で、湿地の端の意だろう。（綱本）

野添《のぞえ》〔長岡京市〕

向日丘陵南端の上植野の段丘と長岡・神足のある低い段丘の間を流れる小畑川の氾濫原に位置する。西は風呂川が境となり、東は一文橋で排水不良の低湿地だが現在は盛土地となって宅地化されている。野添は、氾濫原にある今里小字深田、明星水、川原久保の各一部も含めて昭和五二年（一九七七）八月に住居表示実施により変更して成立、水田から新興住宅地になった。

野はヌ（沼）の転で湿地を意味する。「添」は、川に沿った地をいい、小畑川沿いの水漬きの湿地をいう。川原久保の久保も窪地をいう。（綱本）

野田川町《のだがわちょう》〔与謝郡与謝野町〕

旧町名の野田川町は、昭和三〇年から平成一八年三月までの自治体名。三河内《みごち》、市場、岩屋、山田、石川（以上、別項参照）の五ヶ村が合併してできた町。大字は合併時の各村の七つの大字が継承された。阿蘇海に流れこむ野田川の名前から町名に転じた。「野田」の語源はヌタで、湿地や沼地を表す。加悦谷盆地を流れる野田川は、しばしば氾濫したであろうことが想像される。平成一八年三月、隣接の加悦町、岩滝町とともに合併して、与謝野町の一部となった。（水野）

野寺小路《のでらこうじ》 ↓西大路通《にしおおじどおり》

野中《のなか》〔京丹後市弥栄町〕

地名の由来は、野間谷の中ほどに位置することによるという。宇川上流域の山間部にあって、野中集落付近で宇川がS字状に大きく湾曲している。

野中村は江戸期から明治二二年までは丹後国与謝郡内の村名。もと野間村内の一つの集落であったが、野間村が須川、野中両村に分村して、野間村のうち野中以北の横住、吉野、中津、中山、田中、永谷、川久保などが一つになり野中村となった。その時期は『丹哥府志』では延宝年間（一七世紀後半）と、『野間村誌』では元禄四年（一六九一）といい、定かではない。（水野）

野口《ののぐち》〔南丹市園部町〕

旧郷名。『延喜式』兵部省諸国駅伝馬条に記載される丹波国駅家が設置されたのが野口《ののぐち》である。駅家は『和名抄』にある野口郷にあったと見られる。『大日本地名辞書』は、野口郷を今の埴生の付近とみている。駅の所在地は亀岡市と南丹市の境界線の西・南大谷にある小字の野口とみる説が有力である。野口の語源は明確でないが、本梅川に沿って東南から西北へと細長い平地が続く地域でやや両側の丘陵が狭まっている地形的な特色が地名の由来かもしれない。

承安四年（一一七四）の「丹波国吉冨庄絵図」の写（「真継家文書」）には大堰川右岸に木原村（南丹市八木町）があり、それから山を隔てた南方に「野口牧」と記されている。『御堂関白記』長和五年（一〇一六）一〇月一九日条に「常陸守維時貢馬二十疋、女馬二十疋同献、女施野口」とある「野口」はこの丹波野口牧と見られている。また野口駅の付近には野口庄が成立した。「島田文書」の建久二年（一一九一）一〇月の長講堂所領注文に「野口庄」とあるのが古い。庄園は後白河院の長講堂領であった。後に東寺領の庄園となった。（安藤）

野々宮町《ののみやちょう》〔右京区嵯峨〕

天龍寺の北側で、JR嵯峨野線の南側に野々宮神社があり、それに因む町名である。当神社は、伊勢神社に奉仕した斎宮の野宮の旧地である。野宮は、天皇の代毎に選定される斎王が、伊勢の斎宮に入る前に、一定期間こもるところをいう。ただし、斎宮一代で取り壊される一時的な建物であった。この地での野宮は、大同《だいどう》四年（八〇九）斎宮第二五代の仁子内親王（嵯峨天皇皇女）が最初といわれている。その後、野宮の位置は必ずしも一定せず、斎宮も南北朝時代の初めには完全に途絶えた。明治六年に、小祠が残っていた土地を野々宮神社として再興された。野宮には皮のついた木材が使われたことから、現在も櫟《くぬぎ》の黒木《くろき》鳥居が建てられている。（岩田）

野々村《ののむら》〔南丹市美山町〕

旧庄名。鎌倉時代から文書に見られる荘園名。美山町南西部付近とされる。初見は「摂津鹿田文書」にある承久二年（一二二〇）の「草部末友譲状」である。そこで「三郎男成分」として「野々村御庄」が譲られている。御庄とあるので、もとは皇室領と考えられている。野々村の地名の由来は分からないが、「野にある」という簡明な語源であるかも知れない。庄園の成立の事情について『京都府北桑田郡誌』（大正一二年）は二つの説を載せている。一つは、允恭《いんぎょう》天皇の皇子木《き》梨軽《なしのかるの》皇子《みこ》が河内谷に逃れて居住した後、由良川流域を順次開墾して、野々村庄と名づけた。そして六人の臣下にそれを管理させた。「野々村六番三三ヶ村」と称した。木梨軽皇子はこの地を治めた後、晩年は河内に帰って没したが、皇子の子孫が大内村の紫磨《しま》城に住んでこの地を治めたとする。他の説は、菅原道真の弟、慶能が延喜年間（九〇一～九二三）の頃にこの地に隠れ住んで、後に野々村頼房と名乗った。道真の死後、桑田郡に三〇余地を与えられて野々村庄と名づけた。頼房は天暦三年（九四九）に没したが、遺言によって、その子孫に分配したと伝える。「郡誌」が記す伝承がどの程度、史実を伝えているかは明らかでない。ただ「六番の制」の起源を語るものとして興味深い。「番」は「番頭制」と言われるもので、夫役、賦課のため荘内の有力名主らを任じて、領内を分割支配させたものである。また三三の村名から室町時代頃の当地域の村々の状況が分かる。いずれも江戸時代の村、そして後の大字として地域に地名を残している。（安藤）

野花《のばな》〔福知山市〕

由良川に西から注ぐ支流・牧川の合流点から少し遡った北の山麓側にある村名。もとは「野端」と書かれるが、先端の意味の「ハナ」であり、「野の端」の意味が地名の由来であろう（『地名の語源』）。

当村で江戸時代に酒造業を営み、帯刀御免であった小田家は、鬼退治伝説で知られる用明天皇の皇子麻呂子親王の従臣の子孫とされていた。代替わりごとに、親王を祀る、丹後国竹野郡（京丹後市）の斎宮（竹野）神社に幟竿二本を献上していたという（『丹波志』）。この地域には麻呂子親王の従臣の子孫と伝える家が多いという（『角川日本地名大辞典』）。

昭和三〇年から福知山市の大字となった。（安藤）

延利《のぶとし》〔京丹後市大宮町〕

延利は、長禄三年（一四五九）の「丹後国郷保庄惣田数帳」に「延利保」とあるものが初出であり、鎌倉時代前後に開発された保の一つと推定される。この地を開発した人名に起源するものと思われる。この地区は、丹後国の国府や中世丹後の守護所が置かれた丹後府中（宮津市）から男山（与謝野町岩滝）を経由して等楽寺（京丹後市弥栄町）へ抜ける街道筋にあたり、貞和五年（一三四九）四月に刻まれた「駒返しの滝地蔵」や麻呂子親王の伝承を残す。慶長七年（一六〇二）の「慶長検地帳」では「丹州中郡延利村御検地帳」（糸井文庫）とある。（新谷）

野間《のま》〔京丹後市弥栄町〕

野間の地名の由来は、一説に、「東北の吉野へ通じる谷間」に位置することによるという。また、ノマはヌマ（沼）からの転訛であり、野中（別項参照）地域が沼地であった、古代からの呼称であった可能性もある。沼地であった野中地域を干拓して、新田を造成したのではないかとする。なお、山ことばでは、雪崩のことを方言で「ノマ」ということもあるらしい。宇川の上流から源流部一帯に位置し、古来、野間谷と称される山間地の谷間に、いくつか集落が散在する。『丹哥府志』によれば、これらの集落には平家落人伝説があり、須川（別項参照）には「平家」地名も残る。野間村は鎌倉期から江戸期にかけては丹後国与謝郡内の村名。『丹哥府志』によれば江戸期、味土野、大谷、霰、須川、住山、来見谷、野中、横住、吉野、中津、中山、田中、永谷、川久保などの集落があり、野間庄と総称された。（水野）

野村《のむら》〔与謝郡伊根町〕

慶長七年（一六〇二）の「慶長郷村帳」に「野村」とあるものが初出の地名である。もとは原野が広がっていたことに由来する地名であろうか。「慶長郷村帳」以降、「野村」と表記され、明治時代に至る。なお「慶長郷村帳」には発坂（本坂）村が野村の枝村と記され、元禄一二年（一六九九）の「丹後国郷帳」には本坂村のほか、船津山を挟んで北東側の蒲入村も枝村とされる。この記載通りとすれば、当時の野村の領域はかなり広いものとなる。端郷に吉谷・田坪・寺領・薦池・河来見・朴丸がある。（新谷）

野路地《のろじ》〔城陽市富野〕

市南部富野東部の小字名。『城陽町史』は野路地を「ヤイロジ」とするが、地元では確かにそのようによばれていた。野路地のすぐ東部は大字観音堂だが、もと観音堂村の村名は「八呂路《やいろじ》村」といったという（前掲書）。野路地から八呂路村へと続く道を「やいろーじ道」と呼んだところから、その起点をもヤイロジとよぶようになったとも考えられる（『京都新聞』「大字小字」二〇〇八・六・二四）。そのヤイロジが「野路地」と表記され、それが「ノロジ」へと文字よみにより音が転訛したものか。整理すると、ヤイロジ→ヤロジ（八呂路）→ノロジ（野路地）、といったところか。『更級日記』にみえる「やひろうち」は野路地《やいろじ》をいうとする説もあるが、それだと行程に矛盾が生じる。もっともヤヒロは八尋で長さをいうとすれば（『城陽町史』）、野路地周辺は条里制区画の名残が見られる（「六ノ坪」の地名もある）ことと関わりがありそうだ。なお「富野村絵図」（弘化五年〈一八四八〉）には「野良路」と出ている。（齋藤）

は

灰方《はいかた》〔西京区〕

善峰川上流にあった小さな旧灰方村だが、合併して石作村になって以後も実力を持った村で、大原野全域の政治・教育の中心であった。語源は、ハヒ（灰）はものを焼いた残り滓、カタ（方）はツク（搗く）の意の動詞カツ（搗つ）で、その活用形のカタである。カチイヒ（搗飯・餅）・カチグリ（搗栗）など、カチの形もある。石灰石の粉末状のものを指し、石灰石を砕いて、特別な灰のようにすることをいったもの。石灰は土を固めたり、消毒に使ったり、古代からの重要な生活用材だった。『延喜式』に「石灰工」の語があるように、石灰を処理する職人がいた。そのような専門職がいて、粉末石灰を生産していた土地を示す。

此の地には灰方・灰谷・出灰《いずりは》など「灰」の付く地名が多く、善峰川流域は広域にわたって中世に灰方庄が設置された。鎌倉中期以前から立荘され、朝廷用に焼き石灰が献上されていた。それは『山州名跡志』に「灰方地名。春日一ノ鳥居ノ巽《たつみ》ニ在り。此ノ所大内裏ノ世石灰ヲ焼カシムル所也」とあるので分る。（吉田）

拝師《はいし》〔福知山市〕

由良川支流である和久川と和久川の支流である加良川の流域にある村名。『和名抄』丹波国天田郡一〇郷の一つ。地名の由来について『丹波志』には「この村に牛頭天王を勧請せり、出雲国素戔嗚尊社有地拝師と言う」とあり、この地にあった出雲系の神社との関わりが考えられているが、詳細は分からない。鎌倉時代から室町時代には荘園が設置されていた。

昭和一二年からは福知山市の大字となった。（安藤）

拝田《はいだ》〔亀岡市千代川町〕

村の南を篠山からの愛宕道が通る。国府が置かれた時代の山陰道への支道である。村の八幡宮境内に厄神社があり、国府が置かれたことの痕跡の一つと言われる。国府に近いことから、往古この地に悠紀田、主基田が営まれ、この田を拝したことが地名の由来とされる（『丹波志』）。この地の北の丘陵中腹には古墳時代後期の前方後円墳・拝田一六号墳（全長三五メートル）が築かれており、亀岡盆地北に有力な豪族が居住したことを示している。この古墳の埋葬施設は石棚をもつ横穴式石室であり、紀伊の豪族との関わりが想定されることからも注目すべき古墳である。

明治二二年（一八八九）に千代川村の大字となり、昭和三〇年（一九五五）からは亀岡市の千代川町の大字となった。（安藤）

這登中町《はいのぼりなかまち》〔南区吉祥院〕

平坦な低地にあって違和感のある地名である。和歌山県紀の川市粉河《こかわ》にある福生《ふくお》寺は別名「這い上り寺」という。不義の子として認められず、粉河寺の鳥居の近くに捨てられた子どもが坂を這って上がったので、そのあたりを「這い上町」という珍しい地名になったという記事が紀州藩の地誌『紀伊続風土記』（一八〇六年）にある。当地の由来は、桂川の形成した低地であることから、あふれる水が堤を越えていく様子をさしたものではないかと思われる。昭和三五年に成立した町名である。（入江）

灰屋《はいや》〔右京区京北〕

『和名抄』の桑田郡山国郷に位置する。大堰川支流の灰屋川の上流域の山間部の地名。下流の黒田地区の枝村的集落で一時期上黒田村に属した。中世末期以降、山林の管理や労務に携わる。「灰屋」の名は、「灰屋川」「灰屋谷」「灰屋峠」などにみられるが、これらは地域名「灰屋」によるものであろう。永禄四年（一五六一）の「株沽券」（「来田文書」）に「はいやむらの里」とある。『山城名勝志』や『山城名跡巡行志』によると、西京区の「灰谷」は、「灰方」「出灰」などと同様に「石灰を産出したところ」といわれる。当地も、木材だけでなく「石灰」の採集されたところであったか。「や」は、西日本では珍しいが、「谷」を意味する語「や」で「灰谷」の意であったか。（糸井）

博多町《はかたちょう》〔東山区〕

臨済宗建仁寺派大本山建仁寺の創建の際、九州の博多から来た職人集団が当町内に居住したため。また一説に、建仁寺門前にあたるこの地を含む一帯は荼毘所（火葬場）となり、葬送の場であり、当初「墓場《はかば》町」と呼ばれていたが、正徳二年（一七一二）京都町奉行中根摂津守正包が命じて「博多町」に改称したともいう（『京都坊目誌』）。所在は大和大路通四条下ル三丁目。建仁寺の西側に位置し、当町内を東西に大和大路通と新道通が走る。北は団栗通、南は小松町まで。明治元年（一八六八）下京区に編入、昭和四年（一九二九）に東山区に編成。

当初は、近隣地域と同じく「建仁寺町」と総称され、元禄期（一六八八〜一七〇四）前後では「建仁寺町三町目」と呼ばれた。近世の地誌類や地図では、この建仁寺の門前町であることで、町名の呼称が微細に変化する。「建仁寺片原町」「建仁寺西門前町」「西門前上町」「西門前上之町」、建仁寺中門付近ということから「中の門前町」など。（忠住）

白楽天町《はくらくてんちょう》〔下京区〕

室町通綾小路下ル仏光寺までの両側町である。祇園会で当町が出す山鉾「白楽天山」による。白楽天山は、応仁の乱前にはなく、再興の明応九年（一五〇〇）に白楽天山とある（『中世京都と祇園祭』）。山の名は唐の詩人白楽天にちなみ、杭州長官として赴いた白楽天が秦望山の老松に住む鳥窠禅師道林を訪ねて帰依した話による。山の上には白楽天と道林禅師の人形を配し、松の木が重要な舞台装置となるので、特に壮大な真松が選ばれる（『京都市の地名』）。元亀二年（一五七一）『御借米之記』中組一七町のうちに、すでに、現町名の「白楽天町」とある。寛文五年（一六六五）刊『京雀』に「まつもとの町」とある。これは白楽天山の由緒による松の木に因む。宝暦一二年（一七六二）刊『京町鑑』に「白楽天山町」とあり、「一名松本町とも云」と付記する。寛文中頃から宝暦中頃まで両町名が併用されていたのであろう。「天保二年（一八三一）改正京町御絵図細見大成」には「白楽天丁」とある。（小西）

箱石《はこいし》〔京丹後市久美浜町〕

海岸に箱形の石があったことに由来するという。集落としては、明治一二年（一八七九）前後より開墾が始まり、その後に成立したものである。集落背後に広がる「函《はこ》石浜」と呼ばれる砂浜は、江戸時代に浜詰村と湊宮村の間で、漂着船の積荷をめぐる境界論争があった場所でもあった。またこの場所は、明治二〇年代に入ると石器や土器が採集され、明治三一年（一八九八）には久美浜の稲葉市郎右衛門兄弟や織田幾二郎によって東京人類学会へ紹介された。中国「新」王朝の「貨泉」が採集されたことでも知られ、金石併用期のものとして大正一一年（一九二二）に国の史蹟に指定された。函石浜は、「箱石」・「函石」の両方の表記が見られる。（新谷）

波佐久美《はさくみ》 →千歳《ちとせ》〔舞鶴市〕

波路《はじ》〔宮津市〕

旧村名。旧与謝郡宮津郷内に位置し、宮津城下の東に隣接する農村地帯。「波路村」の名が「慶長検地郷村帳」には「下宮津之内」としてみえる。ただし、もと城下家中屋敷内にも「波路」と称した地区も有り、現在は「波路」地区と「波路町」とがある。地名の由来は不明ながら、宮津湾（宮津港）に面した地域ではあるが、「波（なみ）」とは関わりなく、宮津郷（あるいは宮津城）の中心街からみてはずれに位置する意味の「端地」の意の「はぢ（じ）」であったのであろうか。（糸井）

橋木《はしぎ》〔京丹後市峰山町〕

発信貴山縁城寺の門前集落であったことから、寺の山号に由来する地名と思われる。また、式内社の揆枳神社の揆枳（からたち）を音読したものに由来するとも伝えられる。あるいは、地名「はしき」が、寺の山号や神社名に用いられたとみるべきかも知れない。

橋木にある縁城寺（真言宗）は、インドの善無畏三蔵が開いたと伝える古刹である。本尊の木造千手観音菩薩立像（国重要文化財）は、平安時代後期のものであり、ほかに金堂装笈（府指定文化財）や多くの仏教美術を所蔵する。また中世〜近世にかけては、丹後地域の真言宗寺院の中で最も有力な寺院の一つであり、近世には上山寺・仲禅寺・大慈寺・興法寺などを末寺としていた。門前集落の「橋木」について、初出となるのは慶長七年（一六〇二）の「慶長検地帳」（舞鶴市糸井文庫）であり「丹州中郡橋木村御検地帳」とある。以後、元禄一二年（一六九九）の「丹後国郷帳」にも「橋木村」とある。なお「慶長郷村帳」には「縁城村」、元禄一二年（一六九九）の「丹後国郷帳」の中郡末尾に「縁塚村」という記載がある。そのため一七世紀末葉までは「橋木」「縁城」両方の地名が併存していた可能性があり、その後は、「橋木」に統一されたものと思われる。（新谷）

橋爪《はしづめ》〔京丹後市久美浜町〕

「橋詰」とも書く。川上谷川下流域に位置し、そこに架かる橋との関係で付いた地名、あるいは、渡し場の端を意味していたとも考えられる。久美浜と峰山を結ぶ街道が通る。橋爪、安田、西橋爪からなり、橋爪と西橋爪は川上谷川を挟んで、かなり遠く離れている。往昔、川上谷川が流れるこのあたり一帯は、海が深く入り込み、潟のような形状を成していたといわれることから、この潟のそれぞれの「端」を端詰、西端詰と呼んだことからの命名とも考えられる。弥生時代の集落遺跡があり、古くから開けていたことがわかる。「はしつめ」として戦国期にみえ、「丹後国御檀家帳」に「一　あまのはしつめ　家八拾斗」、とある。（水野）

橋詰町《はしづめちょう》〔下京区〕

川または、堀の橋詰にあることによる。東洞院通旧六条下ル花屋町までの両側町の場合は、「天保二年（一八三一）改正京町御絵図細見大成」が描く東本願寺の寺内町を囲む堀は北は六条通まであった。その堀の「橋詰」である。慶長七年（一六〇二）二月、東本願寺創建以来寺内町で古屋敷に属する。「寛永一四年（一六三七）洛中絵図」に「是より六条寺内壱丁め」とある（「井筒町」参照）。寛文五年（一六六五）刊『京雀』、「元禄四年（一六九一）京大絵図」とともに「橋（はし）つめ町（丁）」とある。宝暦一二年（一七六二）刊『京町鑑』に「橋詰町」とあって、変化はない。

西橋詰町は、寺町通五条上ル万寿寺までの両側町である。西北部は河原町通に接し、東側は高瀬川に接する。町名は当町南側の「鴨川の五条大橋西詰め」に位置することによる。「寛永一九年（一六四二）寛永後万治前洛中絵図」ともに、「はし詰ノ町」とある。宝暦一二年（一七六二）刊『京町鑑』には「橋詰町」とあり、以後変化はない。

南橋詰町は、木屋町通五条下ルにあり、東は高瀬川に接し、北は五条通に接する寺町通の延長線上にある小区画である。「五条大橋の橋詰の南側」にあることによる。「寛永一九年（一六四二）寛永後万治前洛中絵図」には「新善光寺御影堂」とあるのみである。宝暦一二年（一七六二）刊『京町鑑』に、植松町の南に「橋詰町」とあり、「二町つゞき也」とある。西橋詰町と南橋詰町は当初同じ「橋詰町」と考えられる。南橋詰町の部分は「門出八幡の宮」で、「天保二年（一八三一）改正京町御絵図細見大成」にも「カドデ八マン」とある。明治二年（一八六九）二月に廃社になり、その敷地そのものが「南橋詰町」となった（『京都坊目誌』）。（小西）

橋詰町《はしづめちょう》〔伏見区向島〕

観月橋の南詰めに開けた町である。秀吉の伏見城下町造営に伴って掛けられた豊後橋（現在の観月橋）の南詰めから西南へ旧大和街道沿いに発達した町で、橋詰めから来た町名由来である。この街道は巨椋池の堤防沿いの小倉堤を通って、新しい大和街道につながる。橋詰町からさらに西南へ行くと中之町・下之町と続き、向島の人家はこの三ケ町が発祥の地となった（『城下町伏見町名の由来と秘話続』）。『伏見大概記』には「向嶋橋詰町」と記載され、小屋組み二九ヶ町に属している。

現在は国道二四号線が南北を貫き、住宅・商店・工場などがひしめく町となっている。（明川）

波止土濃町《はしどのちょう》〔下京区〕

上ノ口通木屋町東入ル三筋目上る六軒までの両側町である。元妙法院門跡領の耕地であった。その妙法院（天台宗）の本山延暦寺の地主神社、日吉神社との関係から「波止土濃の名は日吉神社の前流を云ふ」（『京都坊目誌』）とある。日吉大社の境内、西本宮前を左に「橋殿橋」が架かっている。この辺りは〝波止土濃〟とも書く聖地で、西本宮創建の原点とされている。（小西）

橋弁慶町《はしべんけいちょう》〔中京区〕

祇園祭に橋弁慶山を出す町。橋弁慶山は黒皮縅《おどし》の装束に身を包んで太刀を構える弁慶と、唐織の稚児装束に身を包んで軽やかに跳梁する牛若丸を造形したもので、台座には高欄や擬宝珠が配された、格調高いものである。当町から橋弁慶山が出されたのは、記録上では明応九年（一五〇〇）までさかのぼることができる。

蛸薬師通りを挟む両側町で、東西は烏丸通から室町通の東側まで。中世には豊かな町衆が居住した地域である。町名は「寛永一四年（一六三七）洛中絵図」に「はし弁慶町」と見え、以後の変化はない。

橋弁慶山の意匠は、牛若丸と弁慶の五条橋での対戦に取材したことは確実であるが、後述のように牛若丸説話がまだ流動していた時期に成ったものという点からも、きわめて貴重である。造形デザインの上からは例えば、チェスター・ビーティー・ライブラリー蔵奈良絵本『弁慶物語』などの挿絵の構図に近く、また隣接する骨屋町から出される、浄明山の筒井浄明と一来法師の意匠とも近似するものがあり、祇園会の風流を考える上で示唆に富むものである。

ちなみに牛若丸は元禄六年（一六九三）仏師康運作、同じく脚部の鉄串は同町に居住した鍛冶師信国作。祇園会の宵山・宵々山の当日には、蛸薬師通北側に面した会所

の二階に置かれた、古色を帯びた御神体を拝見することができる。（真下）

橋本《はしもと》〔八幡市〕

平安期に見える地名。『栄花物語』巻三八の後三条院の天王寺参詣のおり、「橋本の津といふ所に下らせ給て御覧ずれば、国ぐにの船ども、御船どもゝ、目も遙に寄せわたしたり」とみえる。当地は木津・宇治・桂の三河川が淀で合流して淀川となる地の狭隘部にあたっており、古来交通の要衝で、平安中期にはすでに相当の賑わいをみせていた。

明治維新以前は橋本の駅と称し、宿場として発展したところ。幕末には勤皇浪士の監視のため陣屋が設置されており、松平出羽守が自費で建造したものと伝える。昭和三年～現在の大字名。はじめ八幡町、昭和五二年からは八幡市の大字。男山（一四二メートル）西麓に位置し、大坂街道・西国街道沿いにあたる。由来は僧行基が淀川対岸山崎との間に架した橋のたもとに集落ができたことによる。『水鏡』に「神亀三年（七二六）、行基菩薩山崎の橋を作りて云々」とある。橋の流出後も渡船場として賑わった。石清水八幡宮への燈油を運搬したことから古来、「燈油の渡」と称された（「離宮八幡宮略史」）。（綱本）

橋本興正《はしもとこうしょう》〔八幡市〕

この地域は、昔から緑豊かな土地で高所ではあるが水田が数多く存在していた。また、この地区内の道は、河内より男山への参拝道として、古くから多くの人々が利用していた。新町名について、『男山考古録』に興正菩薩が西山足立に草庵を営んで住んでいたといい、この菩薩をすがる人が多く住んでいたので、興正菩薩の「興正」の二文字を用いて「橋本興正」とした。（綱本）

橋本塩竈《はしもとしおがま》〔八幡市〕

『男山考古録』によると、「往昔の安居《あんご》神事の時、塩垢離《ごり》場也」と記す。安居神事は、鎌倉幕府の命を受けて「百姓安居、天下無事」を祈る祭式で、毎年一二月一五日に行われた。寿永二年（一一八三）に始るといわれ戦乱によって途絶えたが、慶長五年（一六〇〇）復活した。塩垢離は塩をふりかけ穢れをとり清浄にすること。しかし、「後世此事廃て、安居神事、其年の祭王の地より最西に当る所に塩をかかりて、其式を執行《とりおこない》て（中略）此塩竈と云所に不来、其塩ゴリバの言転訛して、塩ガマと称せしならむ」という。（綱本）

橋本町《はしもとちょう》〔下京区〕

四条通四条小橋東入ル鴨川までの両側町である。鴨川の「四条橋詰にあるを以て称とす」（『京都坊目誌』）に因む。鴨川の氾濫域にあり、祇園社への参道として形成された（『町と町屋の構造』）（「順風町」参照）。「寛永一九年（一六四二）寛永後万治前洛中絵図」に「中嶋」とある。戦国時代以後、上杉本洛中洛外図屏風に描かれているように、鴨川の四条以南は川幅が倍あって、中島が形成されていた（『洛中洛外の群像』）。「天保二年（一八三一）改正京町御絵図細見大成」になっても「中嶋町」であるから、『京都坊目誌』の指摘のように、「今（大正時代）多くは町名（橋本町）を唱へず。四条中島を通称とす」と、長い間、中嶋町が併用されていた。（小西）

橋本狩尾《はしもととがのお》〔八幡市〕

①石清水八幡宮の摂社・狩尾社があり、『男山考古録』は「男山西尾崎狩尾山に坐り、八幡大御神鎮座已然より此所に鎮座也。常は橋本郷氏の氏神。斗我尾《とがのを》と記されたり」とある。さらに、由来について同書は、古は、天子遊猟の地にて鳥狩尾《とかのお》の地とする説があるが、住人が昔から鳥の狩りをしたから地名となり、社名となったとい

う。②当地は鳩ヶ峰（一四三メートル）の西麓にあり、山腹二ヶ所は急傾斜地で京都府指定の土砂災害警戒箇所である。トガ・オはトグ（研）・オ（尾）の転で、風雨で削られた尾根をいう。（綱本）

走田《はしりた》〔長岡京市奥海印寺〕

奥海印寺の北端、長法寺との境の小高い段丘（走田山）の中腹に式内社走田神社がある。寂照院の背後から登る。「走り」は季節に先駆けてでる野菜・穀物などの意。一般の田よりも早く米が取れる田というのが走田で、神社名となり、地名もこれによるという。竹村俊則『新撰京都名所図会』は、「走田は神嘗祭用の走りの穂（初穂）を作る田（早稲田）といわれるから、当社走田神社はこの地の先住民が五穀豊穣を祈って、農耕守護神をまつったもの」という。ただし、『雍州府志』（一六八六）に記載がなく、『山州名跡志』（一七一一）は、「妙見社、同所（海印寺）後山林中に在り。土人産土神とす。社記未だ考えず」、『山城名跡巡行志』（一七五四）は「走田ノ神社、今妙見菩薩と称する」と式内社にあてるが、創建年代不詳の旧村社だった。明治維新後、妙見菩薩は寂照院に移され、正式に式内社とされた。中塚良（向日市埋蔵文化財センター）によると、走田山南麓は湯谷川の土石流堆積物（扇状地）で、走田断層が東北東―西南西方向に走り、段丘および扇状地を二メートルの断層変位（上下）させ低崖となっている（『長岡京市文化財調査報告書』第二九冊、一九九二）。走田山は背後の山から舌状にのびた小丘で活断層の活動で形成されたとみられる。丘の東・西・北斜面は京都府指定の急傾斜地崩壊危険箇所である。

走田の地名は早く獲れる早稲田からきているというが、走田には田は一枚も無い。妙見菩薩は北極星を神格化したもので、災厄を除く菩薩。奈良・平安時代には盛行し、各地の災害地に多く祀られている。つまり、妙見の古語メウ・ケンは、下一段動詞メ・ゲ（壊・損）を名詞化して宛てたもので崩壊地形を表したものである（『岩波古語辞典』）。土砂災害などの災難除けに、字音の通じる神仏になぞらえて祀り、おすがりしたことが各地にみられる（「弁天芝」参照）。走田も、「ころころ転がる、はじける、割れる」意の「走」を宛てたか。田はタ（手）で処をいう。（綱本）

筈巻《はずまき》〔福知山市〕

由良川は土師《はぜ》川との合流点から北へ流路を変えて、日本海へ向かうが、西からまず和久川がさらに牧川が合流している。その牧川との合流地点北側付近の右岸北方にある村名。特色のある地名であるが、語源については不明。「ハズ」は岬名に見え、外れ（ハズレ）、果て（ハテ）の意味と考えられている（『地名の語源』）。また「マク」は屏風状の大断崖の意味があると言う（『地名の語源』）。牧川と由良川の合流点からは左岸が断崖状となっているから、こうした地形が地名に反映していると考えられる。

明治二二年庵我村の大字となり、昭和一一年（一九三六）からは福知山町の、同一二年からは福知山市の大字となった。（安藤）

吐師《はぜ》〔木津川市〕

木津川が西流から北流に転ずる水衝部の左岸およびその支流域に位置する。集落は左岸段丘上に立地する。地名の初出は、『中右記』承徳元年（一〇九七）二月一〇日条に「土師河北岸」とある。地名は天穂日《あめのほひの》命《みこと》の一四世孫土師《はじ》氏の居所だったことによるという伝承がある（『山州名跡志』一七一一）。『経俊卿記』正嘉元年（一二五七）八月一四日条には「吐師郷」が所見される。

享和二年（一八〇二）の水害で一二〇間

（一一八メートル）堤切。『相楽郡村誌』には「吐師村　藤木川平時水无（無）シ、霖雨ノ際暴漲ス」とある。集落のある段丘と木津川の間は氾濫原で、上・中・下河原、川ノ尻、柳原、下井などの水関連地名が連なる。地名由来は土師にちなむより、吐瀬で、藤木川や木津川の増水で川水が吐き出される瀬をいう浸食地名だろう。（綱本）

土師《はぜ》〔福知山市〕

由良川とその支流・土師《はぜ》川との合流点付近の東岸にある村名。『和名抄』丹波国天田郡一〇郷の一つ。地名の由来は、古代において土師部《はじしべ》が居住していたことによると見られている（『大日本地名辞書』）。平安時代末から室町時代には荘園が設置されていた。

昭和一一年（一九三六）福知山町の、昭和一二年からは福知山市の大字となった。（安藤）

畑《はた》〔京丹後市久美浜町〕

慶長七年（一六〇二）の「丹州熊野郡畑村御検地帳」（筑波大学所蔵）に「畑村」とあるものが初出の地名である。『熊野郡誌』によれば、天文七年（一五三八）の「丹後国御檀家帳」に見える「川かみのそうが」「川かみの屋まへ」は、畑地区の地名とされる。「川かみ」は川上村（郷）であろう。あるいは「川上庄」か。したがって地名の成立は江戸時代初期以前と推定される。京丹後市丹後町や宮津市にも「畑」の地名がある。地名の語源は、開拓されて畑地となったところの意、あるいは急傾斜地で土石流とその被害想定地であることからすると、「ハタク（叩・砕）」の「ハタ」で「タタキクズサレタ地」の意か。江戸時代を通じて畑村と表記され明治時代に至る。（新谷）

畑《はた》〔京丹後市丹後町〕

宇川支流、畑川右岸の袋状の山間部に位置する。畑は焼畑の田であろう。畑村は、江戸期から明治二二年までの丹後国竹野郡内の村名。はじめ宇川村の枝郷で、その後分村し独立。（水野）

畠《はた》〔京田辺市薪〕

ハタケと呼ばずハタと呼ぶ。畠の地という意味だが、畠がここだけにあったとするのは筋が通らない。ハタと同義語にヘタがある、ヘタはフチ・ヘリ・ハシ・ハタなども同義語である。『薪誌』は「このハタは端とすべきではないか、すなわち村里を外れた所と考えたい。この辺り一帯は、かつては岡または小山であった」という。（綱本）

馬代通《ばだいどおり》〔京都市・南北の通り〕

平安京の馬代小路をベースにさらに北へ延び、三条辺り以南は消滅して、現在、金閣寺南で氷室通を引き継ぎ、南下して天神川まで至る通り。「馬対」とも書く。名の由来は、『和名抄』の「葛野郡綿代《めで》郷」によるとされる。葛野郡では最も北端に位置する郷。本来「めで」といっていたものか。「めで」は、綿代（めで）→馬代（めで→ばだい）→馬対という変化か。西ノ京馬《ば》代《だい》町がある。（糸井）

幡枝町《はたえだちょう》〔左京区岩倉〕

初めは「鉾枝」と称していたが、寛平六年（八九四）男山八幡宮（現在・幡枝八幡宮）を勧請したとき幡枝に改称したという（『愛宕郡村志』）。「鉾」はボコ（凹）で「窪んでいるところ」、「枝」はエ（江）・タ（処）で「湿地」で降雨後に湛水する地形をいう。鞍馬から流れてくる鞍馬川と静原から流れてくる静原川が市原で合流して長代川となり、鞍馬盆地の南西部に流れ出て造られた排水不良の後背湿地。ハタも、川のハタ（端）で地形地名。岩倉盆地内の最古の古墳である幡枝古墳がある。『山槐記』治承二年（一一七八）正月二三日条に鞍馬寺参詣の道筋に「波太枝」という地名が見える。『親長卿記』明応二年（一四九三）一〇月八日条には「畑枝」の表記がある。延宝九年（一六八一）三月、黒川道祐はこの地を訪れて『東北歴覧之記』に「幡枝ニ到ル。応仁記ニ載ル畑井田是ナリ。或ハ旗枝トモカケリ。凡ソ幡枝ニ三箇村アリ。幡枝、福枝、土器村是ナリ。土器村ハ専ラ土器ヲ作リ出ス」と記している。幡枝は良質の土が手に入ったのであろう。飛鳥時代の幡枝古窯跡群や『延喜式』所載「栗栖野瓦屋」に比定される栗栖野瓦窯跡などの遺跡が残る。（笹川）

畠山町《はたけやまちょう》〔上京区〕

この地は室町幕府の所在地の西に当たり、町名は管領の畠山氏の屋敷があったことによる。町は室町通と新町通の中間にある南北の小路をはさんだ両側で、今出川通より北を町域とする。天保二年（一八三一）の「改正京町絵図細見大成」に「畠山丁」とあり、江戸時代からの町名である。（清水）

畑谷《はただに》〔与謝郡伊根町〕

慶長七年（一六〇二）の「慶長郷村帳」に「伊室村之内畑谷村」とあるものが初出の地名である。元禄一二年（一六九九）の「丹後国郷帳」にも同様に「伊室村枝村畑谷村」とあり、もとは伊室村（井室）の端郷であったことがわかる。（新谷）

八王子町《はちおうじちょう》〔下京区〕

西木屋町通正面下ル下珠数屋町の延長線上までの西側片側町である。旧妙法院門跡領の耕地であった。町地となるとき、天台宗妙法院の本山延暦寺の鎮守「日吉（大社）祭神の内八王子」を選んだ（『京都坊目誌』）。八王子は「崇神天皇即位元年日枝の坂本八王子山に鎮座せられ。国狭槌尊《くにさつちのみこと》を祭る」（前掲書）とされる。宝暦一二年（一七六二）刊『京町鑑』には「八王子町」とあり、以後変化はない。（小西）

蜂岡町《はちおかちょう》〔右京区太秦〕

歴史上では、『日本書記』推古天皇一一年（六〇三）一一月一日に、秦河勝が蜂岡寺を建立したことが記されており、後の広隆寺も「蜂岡山」の山号を使っている。広隆寺については、元の位置や名称について諸説ある。蜂岡の岡は、広隆寺の位置が周囲から一段と高い段丘の先端部にあたることから、当地の地形を反映した言葉であると推定できる。蜂については、仏教に関連する植物の蓮に関係していると思われる。蓮華の寺のある岡の意味合いで、通俗的に「蜂岡」の使用があったと見てよい。行政区名としては、昭和六年（一九三一）に太秦蜂岡町・同東蜂岡町・同蜂岡町として初めて登場した。（岩田）

八軒《はちけん》〔山科区〕

近世に成立した東海道（三条街道）沿いの町である。文化四年（一八〇七）に挑燈町・髭茶屋町・八軒町の庄屋・年寄の連名で、比留田権藤太宛に提出した三村の「由緒書」（「比留田家文書」）に、「往昔より老人供申伝へ」として、秀吉が西国出兵でこの町を通過した時、人々が桃燈を門々に出して歓迎したことから、後に諸役を免除され、桃燈町の名前が与えられたという話を紹介している。天正年間（一五七三〜九二）、方広寺大仏殿造営の際に街道が付け替えられたことにより、往来する人々が少なくなり、八軒の家が申し出て今の所に移転したため、八軒町と呼ばれた。「八」が正確な数字か、一定の多さを表す末広がりの「八」かは不明である。この地は奈良街道と東海道の分岐点（追分）であり、寛政九年（一七九七）に京都代官に提出した年貢減免嘆願書には、隣の髭茶屋と同じく、旅人相手の茶店や京・大津間の荷物運送を生業とする者が多いと書かれている。

現在、区内の小字名は「屋敷町」のみである。（小寺）

八軒町《はちけんちょう》　〔下京区〕

上珠数屋町通河原町西入ル富小路（下寺町通）までの両側町である。「寛永八年（一六三一）町地となる時。人家僅に八戸あるのみ」（『京都坊目誌』）とある。旧寺内に属し、新屋敷と称す。寛永一四年（一六三七）洛中絵図に「八軒町二丁目」とある。宝暦一二年（一七六二）刊『京町鑑』に「八軒町」とあり、以後変化はない。（小西）

八軒町《はちけんちょう》　〔東山区〕

『京都坊目誌』では耕地の字名によるとあるが、やはり開町当時に人家が八軒しか人家がなかったためと見るべきか。所在は三条通南裏白川筋西入ル二丁目。東山三条の南側に位置し、東大路通の東側に面する。『京都坊目誌』に慶安元年（一六四八）に町地となったとあるが典拠不明。明治二年（一八六九）下京区に編入、昭和四年（一九二九）に東山区に編成。

西に隣接する南西海子《みなみさいかいし》町と併せて「三《さん》条南裏《じょうみなみうら》町」と通称される。（忠住）

八軒屋《はちけんや》　〔宇治市広野町〕

当初八軒の農家の入植から開拓が始まったことに基づく名。広野村東部の西向き斜面、名木川（山川）と中島川に挟まれた丘陵地帯の開拓が始まったのは、宝暦年間（一七五一～六四）以降で、淀藩領整備に関わって行われたものと考えられている。現在、八軒屋谷の小字名が残るが、八軒屋谷は太陽が丘運動公園の所在地である。なお、同じ頃、中島川の谷筋に淀藩士三名が入植していて、三軒屋という通称名が残り、十軒屋という字地もある。また、三軒屋という地名はもう一つ槇島町にあり、大和街道が開かれた後にその堤に移り住んだ三軒の家に因むという。「利兵衛等一札状」（天明八年〈一七八八〉）に「八軒屋庵室」とある。（高木）

八条《はちじょう》　〔下京区〕

東は東寺南（国道一号線）、西は千本通付近、北はJR線路（手前に八条通）、南は九条通に囲まれた地域である。北端にある平安京の「八条大路（現・八条通）」に因む。現在の八条通は、東は須原通、西は桂大橋の手前西京極西向河原町までである。平安京の左京八条三町から一四町にかけて、八条大路、八条坊門小路（塩小路）、大宮大路、朱雀大路（千本）にかこまれた大邸宅、平清盛、時子の西八条第、八条二坊五町には、重盛の邸宅小松殿があった。八条三坊四坊（東洞院大路周辺）には、鳥羽上皇と美福門院得子《なりこ》の子、八条院暲子《あきこ》内親王の八条院領があった。後に東寺に寄進される。八条を冠する町名は一〇町ある。（小西）

八ノ坪《はちのつぼ》　〔山科区音羽〕

山科盆地各地に条里地割の分布が見られるが、そのなごりの地名であろう。条里地割は、天平一四年（七四二）に制定された条里制による土地区分で、土地を約一〇九メートル間隔で碁盤目に区画し、それに番号を付けて表示したものである。山科盆地では、南北の線で区切ったものが「条」で、東から西に向かって数字が増え、西限が九条。東西の線で区切ったものが「里」で、南から北に行くにしたがって数字が増え、北限が一九里。この地は「二条十八里犬伏里」に該当する。それをさらに細分化した「八ノ坪」にあたることからこの地名が残った。（小寺）

八幡町《はちまんちょう》　〔左京区上高野〕

この地に「八幡宮」があったことに由来する。同町は、上高野西明寺山の南、崇道《すどう》神社の参道の西側の高野川右岸地域。町内に蓮華寺や竹林寺がある。『山州名跡志』

に「帰命山蓮華寺　宝幢《ホウドウ》寺ノ北、矢背路《ヤセミチ》ノ北ニ在リ」と見え、続いて「八幡宮　門前ノ東ニ在リ。小祠〈南向〉」とある。蓮華寺の所在地が現在地と変わらないとすれば、この「八幡宮」が町名の起源に違いない。しかし現在、この町内に「八幡」と称すべき社はない。天保二年（一八三一）七月彫刻、慶応四年（一八六八）二月再刻「改正京町御絵図細見大成」を眺めると、高野川左岸に「三宅八マン」、岩倉の花園村へ至る手前に「八幡宮」が描かれている。この間に移建されたものと思われる。（笹川）

八文字町《はちもんじちょう》〔下京区〕

麩屋町通四条下ル綾小路までの両側町である。寛文から元禄にかけて、「鍛冶屋町」といっていたように、当町の「鍛冶屋」に注目すると、貞享二年（一六八五）刊『京羽二重』には「鍛冶屋」の項に「麩屋町四条下る　鍔　持重」とある。また、同書の「此町すじ諸職大概」に「鍛冶」「鍔鍛冶」「銅道具」をあげており、金物関係の店が多かった。この鍛冶屋の店に「八文字屋」があったのであろう。「寛永一九年（一六四二）寛永後万治前洛中絵図」に「八文字町」と現町名が記載されている。宝暦一二年（一七六二）刊『京町鑑』にも「八文字町」とあり、以後変化はない。（小西）

羽束師《はづかし》〔伏見区〕

外環状線横大路の西の羽束師橋を渡った辺りの地域、桂川・鴨川の合流地点の右岸に位置する。羽束は「乙訓羽束郷」（『和名抄』）で、波豆賀之《ハツカシ》と訓まれ、早くから開けた土地である。天平勝宝元年（七四九）「正倉院奴婢帳」に「羽束里」、長元二年（一〇二九）二月二二日付「大法師深幸解案」には「乙訓郡羽津加志下村」と村名が見える。

羽束師は朝廷に直属する品部《ともべ・しなべ》の一つで泥部《はつかしべ》・泊橿部《はつかしべ》と書き、造瓦・土器造・石灰の加熱精製などを行なった（『令集解』八五九～八七七）技術・技能集団だった。この地は桂川、小畑川など、河川が合流する低湿地なので、良質の泥土が採取される地点である。藤原重彦は「一帯は厚い砂礫層の上に厚い粘性土（粘土）がある」（「京都市の地盤について」―「応用地質学の最近の研究」）と指摘している。泥部は泥土で瓦・土器などを製作し、伴造家として集団を率い、羽束首《はつかおびと》・羽束連《むらじ》などとしてここに居住したと思われる。ハツカシはハニ（泥）ツカシ（築）の約、Fanitukasi→Fadukasi（天武紀元年六月条、『岩波古典文学大系』注）。羽束師は造瓦・土器造に由来する地名で、ハツカシはハニカスで、ハニとは埴土、即ち粘土のこと、カスは水に浸して練るという意味をもっている説（『京・伏見歴史の旅』）が有力である。式内社羽束師神社は羽束師の氏神である。『三代実録』貞観元年（八五九）九月八日条には「羽束志神は風を鎮め風雨を祈願する神」として崇敬されている。（明川）

八田《はった》〔舞鶴市〕

由良川下流の左岸に位置する。ハリ（墾）タ（田）の転で、新開墾田を意味する。細川氏の田辺城築城に際し、高野川左岸に居住していた八田村農民を当地に移住させたので、以前の地名を踏襲して「八田《はった》村」と称したのだという説（『京都府の地名』）があるが、それは間違いである。由良川左岸の八田村はあの地に古くから存在したと考える。古墳や平安仏（八戸地《はとち》、小田内《おどち》）のある土地柄で、背後の山に城跡があり、地侍が城を構えることができたということである。「慶長検地帳」には村の階級構成等他の村との違いは見られない。わずか二〇年の間に村が出来上がったとは考えられず、また地元にもその伝承はない。一方、田辺の高野川左岸には丹波の八田《やた》村（綾部市）からの移住者が八田《やた》村を称したと言われている。「桂林寺文書」の康永四年（一三四五）丹後国田辺郷八田村八幡宮への寄進状の「八田村」は「やた」村であろう。舞鶴市引土の小字に八田谷《やただに》、八田ケ《やたが》鼻《はな》、八田峠《やたとうげ》がある。（髙橋）

羽戸山《はどやま》〔宇治市菟道〕

昭和五九年（一九八四）に住宅地として開発された地域が、藤原氏の荘園彼戸院《はどいん》の地域内にあることに因む名。彼戸院は、『中右記』大治五年（一一三〇）一一月八日条に、「宇治彼（波）戸院焼亡」とあるので、一二世紀の初め頃には存在が確認されている。元来、彼戸（院）は、波止場・港津の意で、すなわち、波戸（院）は、宇治川右岸の三室津との深い関わりから成立した荘園名であろう。岡屋津と岡屋庄、宇治津と宇治庄などとの関係と同様である。三室戸寺の寺域の南限が「羽戸山路」と記されている（「太政官符」建武元年〈一三三四〉一一月二〇日付）。「永代売渡し申す茶薗作職の事」（元和四年〈一六一八〉）に「合壱所者字羽戸ト号す」と羽戸は字名になっているし、「大鳳寺村田畑名寄帳　寛文元年」〈一六六〇〉には、羽戸・羽戸薗・羽戸芝・羽戸塚・羽戸前・羽戸山の字名がある。また、「（庄屋長左衛門等届書）覚」（元禄一一年〈一六九八〉）に、「大鳳寺枝郷　羽戸村」と村にもなっている。なお、「宇治十帖」の浮舟の古跡が、字羽戸畷《なわて》と呼ばれた地名に因んで羽戸塚と称されている。羽戸山は、『（菟道村）村誌』（明治一四年〈一八八一〉）には、字地の項にはなく山の項にある。（髙木）

花車町《はなぐるまちょう》〔上京区〕

大正五年（一九一六）刊の『京都坊目誌』によると、応永年間（一三九四～一四二八）に将軍足利義満の乗っていた車が、この地で破損し、その車をこの町に与えたことによるとしている。その車の車輪だというものが、近くの大報恩寺（千本釈迦堂）に保存されている。町は南北に通る千本通をはさんだ両側で、北は寺之内通の南より、南は上立売通の少し北までを町域とする。天保二年（一八三一）の「改正京町絵図細見大成」に「花車丁」と記されていて、江戸時代からの町名である。なお、この町は、今宮神社の祭礼の時には枇杷鉾を出す鉾町である。（清水）

花尻町《はなじりちょう》〔左京区八瀬〕

ハナは、「鼻」で「細く突き出したところ」の意。シリは、「端」で「末、終わり」の意。ハナジリは、「山が細く突き出した末端」の意であり、横高山（標高七六七メートル）の山裾が西に突き出し、また瓢箪崩山《ひょうたんくずれやま》（標高五三二メートル）が北東に細く突き出している、その先端で高野川が蛇行する地域である。『山州名跡志』に「波那志里杜《ハナジリノモリ》　同キ里（大原）ノ南ノ端、路傍ノ右ニ在リ」と見え、八瀬村の最北端、花尻橋を渡った辺りに、こんもりと樹木の繁る、祠のある場所がある。江文神社御旅所である。『山城名跡巡行志』では「波那志里ノ森」という表記である。（笹川）

花背峠《はなせとうげ》〔左京区花脊別所町〕

ハナは「鼻・端」で、「細く突き出したところ」の意。セは「狭」で「山の間の狭いところ」の意か。清水弘「花背峠」（『京都の地名検証2』）は、セは「馬の背」などのセ（背）とも考えられ、尾根筋の鞍部を示すものという可能性も指摘する。『都名所図会』に「大悲山ハくらまの遥奥《はるか》なり。花瀬峠《はなせとうげ》をこへ別所《べっしょ》村に至りて観音堂あり」と見え、『拾遺都名所図会』は「花瀬峠」を立項して「鞍馬の北にあり。此間に唐櫃《からと》岩《いは》といふ大巌《おほいは》あり。高さ廿五丈余《よ》。又摺鉢《すりばち》石《いし》といふあり。大さ八尺ばかり、摺鉢の形に似たり。又桜紅葉の寄生樹《やどりぎ》あり。至って大木にして甚《はなはだ》奇なり。檜の株一本にして立生《たちをひ》ぬ。これを千本檜《せんぼんひのき》といふ。此所、山水の景色《けいしょく》美にして千巌秀《しう》を競ひ、万壑《ばんがく》流れを争ふの名勝なり」とする。『山城名跡巡行志』に「峠ヲ花瀬《ハナセ》ノ嶺《ミネ》ト云フ」とあるように、「花瀬ノ嶺」と呼ばれるほど急勾配の峠で、物産の運搬は大堰川経由で嵯峨へ運んだ。明治三二年（一八九九）現在の花背峠が開通、以後は京都市中と陸上交通で結ばれた。

明治二二年（一八八九）市町村制施行によって別所村・大布施《おおぶせ》村・八桝《やます》村・原地新《はらちしん》田《でん》が合併して「花背村」となった。（笹川）

花園《はなぞの》〔右京区〕

右京区の東端で、衣笠山の南、双ヶ丘の東で妙心寺がある辺りをいう。『雍州府志』では、平安初期の左大臣清原夏野《きよはらのなつの》が群花を苑中に植えたことを「花園」の名の起こりとしている。その後通称として花園が使われたことはあるが、村名としては明治七年（一八七四）以降のことであり、『京都府地誌』では妙心寺域の旧地名の花園に由来するとしている。天安年中（八五七～八五九）には夏野の山荘跡に双丘寺ができ、その北側に光孝・宇多両天皇の御願寺である仁和寺が造営されるなど、近辺には多くの寺院が建立されていった。加えて裕福な民が周辺に集まるようになった。南北朝期に花園天皇が離宮を寺に改めて妙心寺が開かれた。江戸期には、木辻・法金剛院・池上の三村の他、妙心寺周辺に北門前・西門前・南門前の各村があった。明治三〇年（一八九七）には京都鉄道により二条・嵯峨間が結ばれ花園駅が造られ、近郊農業地域として発展した。（岩田）

花園町《はなぞのちょう》〔下京区〕

七条通北、北小路南、堀川西、猪熊東に囲まれた地域の町である。現在、興正寺全域と龍谷大学東部にあたる。当町は大部分を興正寺が占め「興正寺の古名を花園院と称す」（『京都坊目誌』）に因む。興正寺は「仏光寺経豪が門弟を率いて蓮如に帰属し、山科本願寺に隣接して興正寺を建てたところから始まる。東本願寺の分立が実現すると、興正寺も西本願寺を離れることを企て、本願寺と争い、ようやく、明治九年（一八七六）九月興正寺の独立をみた。真宗十派はこれでそろった」（『本願寺』）。（小西）

花園町《はなぞのちょう》〔左京区岩倉〕

二説ある。一つは、天和二年（一六八二）の黒川道祐の旅行記『北肉魚山行記』に見える説で、「花園院」が康永元年（一三四二）妙心寺を創建した際、その花園の地が「夏野左大臣」（『公卿補任』に「雙岡大臣」と見える清原夏野）以来の領地だったので、替地として岩倉のこの地を清原良枝《よしえだ》（『尊卑分脈』によると、花園天皇の侍読）に賜った。それで「之ニ依テ是モ亦花園ト称ス」とする。もう一つは、『山城名勝志』に見える説で、花園左大臣源有仁《ありひと》（一一〇三～四七）の子孫一族がこの岩倉の地に移住したので、「故ニ亦之ヲ華園ト名ク」とする。『康富記』文安四年（一四四七）七月一六日条に「賀茂・上野・花園辺ニ罷越え了んぬ」と見える。花園村では「燈籠躍り」が行われていたらしい。『北肉魚山行記』には「七月十四、十五夜、両所（長谷・花園）ノ村中ノ少婦、大ナル燈籠ヲ頭上ニ戴キ、白キ帷子ニ赤キ裙《もすそ》ヲ垂レ、八幡ノ神前ニテ踊躍ス。太鼓鉦鼓等ノ拍子物アリ。是レヲ燈籠躍リト云。洛人争ヒ観ル。其後大ナル花火数品躍ハ深更ニ及テ終ル。其後大ナル花火数品アリ」とある（「中町」参照）。（笹川）

花園町《はなぞのちょう》〔南区唐橋〕

鎌倉期から見える地名。羅城門旧跡の北西に位置した。嘉禄三年（一二二七）一一月六日付「平正時田地売券」に「売渡申田地事合壱段〈但好明寺御領、字花園也〉」と見えるのが初見（「東寺百合文書」）。平安末期から鎌倉初期の京都市街を描いたとされる『花洛往古図』（一七九一）には、西寺の旧蹟のすぐ東側に「花苑」という記述があり、現在の花園町に該当する。永徳三年（一三八三）二月二一日付の「東寺百合文書」には、地名の起源について、「大師（空海）在世の昔、当寺練行の日、当所をトし花薗を構え、供仏のため款冬《やまぶき》を殖う。之に依て今花薗町款冬田と号す」と述べている。史実であるかどうかは不明だが、大師伝説に基づく地名であると思われる。（入江）

花立町《はなたてちょう》〔上京区〕

大正五年（一九一六）刊の『京都坊目誌』によると、禁裏に御用の花を奉る花屋がこの地に居住していたことによるとし、花立とは花を奉るの意味であるとしている。町は南北に通る室町通をはさんだ両側で、北は中立売通から南は上長者町通までを町域とする。天保二年（一八三一）の「改正京町絵図細見大成」に「花立丁」とあり、江戸時代からの町名である。（清水）

花畑町《はなばたけちょう》〔下京区〕

七条通大宮西入ル櫛笥までの両側町で、西部は櫛笥通に面する部分が北小路まである。「本願寺の境内に入るに及び。仏供花卉を栽培する園圃とす」（『京都坊目誌』）とある。「花卉の園圃」に因む。宝暦一二年（一七六二）刊『京町鑑』、「天保二年（一八三一）改正京町御絵図細見大成」ともに「花畑町（丁）」と記す。（小西）

花見小路通《はなみこうじどおり》〔京都市・南北の通り〕

三条通から建仁寺の東北方、安井北門通に至る道。祇園を象徴する通りであるが、明治以降に整備されたもの。通り名の由来は未詳ながら、赤壁で有名な御茶屋「一力」の南に桜の木があったからとも、所から花街であるからともいわれる。祇園の街作りに建仁寺の多くの塔頭が当てられたが、その旧庭園は花屋敷と呼ばれていたというから、それが通り名の由来かも知れない。（糸井）

花屋町通《はなやちょうどおり》〔京都市・東西の通り〕

平安京の左女牛《さめうし》小路に当たるという。現在、富小路通から天神川左岸に至る通りであるが、一筋南の、新町通と堀川通の間にあり、この方が元の本通りであり、元の左女牛通であった（『京雀』・『京羽二重』）。『京都坊目誌』は、「西は島原に至る」とし、また、阪急西京極駅前までとするものもある。途中、JR山陰本線等で中断している。「花屋町」（「洛中図絵」寛永一四年〈一六三七〉）という町名が通り名になったのであろう。『京都坊目誌』には、「あるいは言ふ、生花をひさぐ家ありしと」と記している。

千本通東側本通りの南に島原遊郭があり、揚屋建築の角屋が残る。東西の本願寺の間の、新旧の花屋町通界隈は、仏具店街といわれるように、各種仏具、数珠や法衣などを商う店が多い。（糸井）

場ノ町《ばのちょう》〔中京区〕

立場《たてば》の町、の意。『京都坊目誌』に「邦語宿駅を立場《たてば》と言ふ故に略して場之町、又馬之町と云ふ」とあるように、ここでの「場」とは、馬や駕籠を交代したり人夫が荷物をおろして休憩した、立場《たてば》のことだろう。寛文五年（一六六五）刊『京雀』では「馬借あるゆへにや」としており、元禄九年（一六九六）から寛保の『京大絵図』には「馬の丁」と見える。これらもここに由来するものであろう。

平安京大内裏の南東にあり、早くから貴族の邸宅地となった。中世には町の東側に足利幕府の京都市政所（町奉行所）が置かれ、そこから里程原票が採られた。里程原票については、織田・豊臣・徳川の政権もこれに従ったという（『京都坊目誌』）。

町名については「寛永一四年（一六三七）洛中絵図」に「場ノ丁」と見える。絵図類には「馬ノ町」の表記も見えるが、バノチョウの名は変わらない。なお里程原票は「京都市道路原票」と名を変えながらも、現在も烏丸通三条の南東角に石柱が置かれている。（真下）

馬場《ばば》〔長岡京市勝竜寺〕

小畑川中流域に位置する東西狭長の地域。地名由来は、永禄一一年（一五六八）勝竜寺城主となった細川藤孝の城下に属し、練兵用の馬場が所在したことによるという（『神足校百年史』神足小学校百年誌編集委員会）。だが、それ以前の文明六年（一四七四）三月「野田泰忠軍忠状」（別本前田家所蔵文書）には、「（文明二年）四月十二日は、勝竜寺北之口に於いて合戦仕り、安富又次郎、馬場并古市相共に焼き、御感状之在り」とすでに存在している。大永二年（一五二二）「小塩荘帳写」（九条家文書）にも「はは（馬場）村」と載り、条里地割遺構などの水田が広がっていたことが伺える。国人・地侍といった小領主の存在する村落には防御を兼ね備えた馬場氏の居館の存在も推定される（『長岡京市史・本文篇一』）。寛正六年（一四六五）の『親元日記』に、西岡被官の一人として馬場弥次郎が載る。当地は向日市上植野町と長岡京市長岡・神足の段丘の間を、頻繁に氾濫を起こす小畑川が流れており、水害常習地である。したがって、馬場も小川豊『あぶない地名』によれば浸食地形語で、ハマ（浜）→ハバ→ババと転訛し、川に沿った水際の平地（扇状地）をいうか。（綱本）

馬場《ばば》〔八幡市八幡〕

一般には乗馬の訓練場所または馬の乗り継ぎ場所を指すが、『男山考古録』によれば、安居《あんご》神事の頭人・馬場小綱尊念をはじめ代々の馬場氏が居住した地であったのにちなむという。安居神事は、鎌倉幕府の命を受けて「百姓安居、天下無事」を祈る祭式で、毎年一二月一五日に行われた。寿永二年（一一八三）に始るといわれ戦乱によって途絶えたが、慶長五年（一六〇〇）復活した。頭人は毎年の神事毎に頭役を務める石清水八幡宮の神人《じにん》（下級神職）をいう。（綱本）

馬場町《ばばちょう》〔北区衣笠〕

衣笠山と大文字山の谷口に位置する町で、西は西馬場町が隣接する。宇多川《うだがわ》流域にある。同川は氷室谷に源を発して金閣寺から南下し御室川に合流するが、近世には紙屋川に流れ込んだ。この谷口に位置する氷室町は低湿な谷底平野で、北・西・南側は京都府ハザードマップでは、急傾斜地崩壊危険箇所、土石流とその被害想定箇所に取り巻かれている。同町南の衣笠山東山腹は山頂から地すべり地でもある。これらの土砂災害警戒箇所の出口に両町がある。氷室町・馬場町は過去にも浸水した区域である。

かつての谷奥からの増水や土砂崩れの影響が考えられ、ババは侵食地形をあらわすハバ・ム（沮、さえぎるの意）の転訛で、水がたまってひかない湿地の意か。南隣は平野上柳町・東柳町である。柳は右側の音符卯（りゅう）は、留の原字で、すべるものを一時留めておくことをいう。つまり、水漬き地を意味する。（綱本）

馬場ノ東町《ばばのひがしちょう》〔山科区安朱〕

馬場は乗馬の練習や競馬をする場所を言う。かつての競馬は「競べ馬」と呼ばれ、二頭以上で競争するのも、武芸を競うだけではなく、神意を伺うという意味があった。現在、上賀茂神社などで行われている流鏑馬（馬で走りながら道の脇に据えられた的を矢で射る行事）も、元来神意を伺うものであった。毘沙門堂から南に真っ直ぐ伸びる約一キロメートルの道も、直線道路であるがゆえに馬場に見立てられたのであろうが、それだけでなく、参道であるという神聖さが加味された命名と見るべきであろう。なお、すぐ西側の馬場ノ西町も同趣旨である。（小寺）

埴生《はぶ》〔南丹市園部町〕

鎌倉時代の寛喜四年（一二三二）に野口庄垣生村の水田六町が宣陽門院から京都の高山寺に寄進されたとの記録があるが、この「垣生村」は埴生村と考えられている（『高山寺縁起』）。しかし「かき（ふ）」から「は（ぶ）」へ音韻変化は想定しにくい。「垣」は「埴」の誤字であろう。「埴生」（ハニフ）が「ハブ」となったもの。もとは「ハニフ」である。「埴生（はぶ）」は粘土地、赤土地のことで特にその傾斜地を指すという（『地名の語源』）。なお当村は本梅川流域で、村の中央に篠山街道（山陰道）が通る。広域の村で東の平坦地に集落があり、西は山地となる。鶏塚北古墳、鶏塚北古墳という二基の古墳がある（『口丹波風土記』）。

昭和三〇年（一九五五）から園部町の大字となる。（安藤）

浜《はま》〔舞鶴市〕

舞鶴市東地区は主に与保呂川の形成した沖積平野である。与保呂川は谷を出て北に転じ海に向かうが、往古は流路が定まらず木々の茂る河原が広がっていたであろう。そこは「森」であり、やがて平地に人が住み「むら」が生まれるが、縄文海進が終わり弥生時代となって、北に沖積平野が伸びていくことになる。そこが「浜」と称されたので、浜は東舞鶴駅東南地域から江戸末期に新田がつくられた浮島辺りまで広大な地を占めることとなった。

大雑把な言い方をすれば、東地区の中央部分は「行永村」と「森」と「浜」から成っていた。それが明治四三年（一九一〇）の舞鶴鎮守府開庁を前に、この地域は碁盤の目の新市街に生まれ変わることになった。しかし、東舞鶴駅付辺より北は依然として大字浜である。（髙橋）

浜詰《はまづめ》〔京丹後市網野町〕

「慶長郷村帳」には「浜爪」とも書く。浜詰は、久美浜町小天橋から、葛野浜、箱石海岸、と続くロングビーチの東端に当たるところからの命名と考えられる。浜詰海岸以東、浜は消失し海食崖に変わる。竹野郡の西端に位置する。

日本海に面した砂丘上に、縄文時代の集落遺跡である浜詰遺跡がある。浜詰海岸はわが国に橘《たちばな》が初めてもたらされた地といわれる、田道間守《たじまもり》の伝承がある。浜詰海岸一帯は「木津の浜」と呼ばれ、夕日が浦、五色浜（御志起浜）などの名勝地がある。恵比寿神社や志布比神社がある。（水野）

浜道裏《はまみちうら》〔城陽市平川〕

市北部木津川流域の小字名。付近の川岸を「浜」と呼ぶのは定着しており、堤と水路の間の畑地域では奈島外ノ浜、枇杷庄東浜、枇杷庄西浜、寺田浜代、の浜のつく地名が現存する。『城陽市史第二巻』によれば浜は港の意味で、江戸時代から戦前まで、京、大阪への農産物の出荷や肥料の搬入に舟が大いに利用されたと記されている。各村が舟運に利用した川沿いの土地をいうと考えられる。かつては浜が重要な交通要所と認識されていたことを語っている。また、平川村では村落の中心から各方面に広がる地域を山道、中道、横道、浜道裏とつけており、村の広がりを道路の特徴で表現している。浜道裏は浜に至る道の裏（北側）の地を意味すると考えられている（『城陽の民話とくらし〈基礎資料編〉』）。
（福富）

波見《はみ》　↓里波見《さとはみ》

早尾町《はやおちょう》　〔下京区〕

上ノ口通木屋町東入ル二筋目上ル六軒までの両側町である。元妙法院門跡領の耕地であったことから、本山（天台宗）延暦寺の地主神社、日吉神社との関係が深い。「日吉七社の内に早尾あり」（『京都坊目誌』）という。「寛永一四年（一六三七）洛中絵図」に「早尾丁」とみえる。宝暦一二年（一七六二）刊『京町鑑』に「六条新地」として「早尾町」とある。
（小西）

林《はやし》　〔久世郡久御山町〕

「京都府地誌」（明治一四年〈一八八一〉）林村の項に「相伝フ本村ハ即チ拝志郷ノ地」とあるように、『和名抄』久世郡の項にある「拝志」は、現林地区に比定されている。「拝志（拝師）」は好字二字化の結果である。当地は低湿地帯に立地しており、東隣りに古川（栗隈大溝《くりくまのおおうなて》に比定）が流れていることから「はやし」は「速し」「速瀬《はやせ》」か。郷名の初出は、『禅定寺文書』（長保三年〈一〇〇一〉）四月八日付の「山城国禅定寺田畠流記帳」に「畠陸段　在拝師郷六条」とあるのが古い。

昭和二九年（一九五四）久御山町成立後は、久御山町林になる。
（髙木）

拝師郷《はやしごう》　〔宮津市・与謝郡与謝野町〕

旧郷名。拝師郷は奈良期から平安期にみえる『和名抄』（高山寺本）丹後国与謝郡六郷の一つ。古くは、速石里とも。高山寺本の訓は「波也之」。『丹後国風土記』逸文「天椅立」条に「与謝郡の郡家の東北の隅の方に速石里有り。此の里の海に長く大きなる前《さき》あり。〈長一千二百廿九丈　広或所九丈以下　或所十丈以上廿丈以下〉先を天の椅立と名づけ、後を久志の浜と名づく」とある。宮津市から与謝野町にかけての阿蘇海を囲む地域一帯に比定される。『和名抄』と『丹後国風土記』逸文では、「拝師郷」と「速石里」で表記は異なるが、速石は速足《はやあし》の意味とする説がある。天橋立（海橋立）を経て府中と須津の間を行き来すると速いことを表している。ただし、「はやし」は郡郷名として、全国的にみられる地名で、樹木の繁茂の意とみられている。拝師郷は鎌倉期から室町期にも与謝郡内の郷名としてみえる。文治四年（一一八八）銘のある、府中の籠神社出土経筒に「拝師郷溝尻村」とみえ、「丹後国田数帳」にも、「一　拝師郷　七町四段二百五十六歩内」とある。
（水野）

隼上り《はやぶさあがり》　〔宇治市莵道〕

這い上がるような急峻な岡であることからの、ハイアガリからの転か。隼上り遺跡では、全長一〇メートルほどの瓦窯跡が四基確認されている。丘陵斜面を利用した登り窯である。「畑寺村名寄帳」（元和四年〈一六一八〉）に「はいあかり」とある。なお、同じ元和四年の「真木島名寄帳」には「ハヤアカリ」、「大鳳寺村田畑名寄帳」（寛文元年〈一六六一〉）には、「奥早上」「奥ハヤカリ」「早上」「ハヤカリ」「口早上」がある。その理由はわからないが、隼の字が当てられるのは、『（莵道村）村誌』（明治一四年〈一八八一〉）からで、「東隼上リ」「西隼上リ」とあり、「はやぶさのぼり」と振り仮名している。なお、昭和二六年（一九五一）宇治市制発足当時の読みは「はやぶさあがり」である。あるいは、「ハヤ（早）」は、険しい地形の意とも考えられる

か。（髙木）

秡所《はらいしょ》〔向日市鶏冠井町〕

阪急西向日駅より北に約一〇〇メートルの一帯を「秡所」という。向日神社の〝斉場〟もあり、神社にゆかりのある地名である。七〇〇年ほど前、鶏冠井地域に疫病がはやり、村人が次々に死んでいった。人々は恐れおののき、その対策に知恵を絞った結果、「明神さまにおすがりしては…」ということになり、向日神社に〝疫病退散〟のお願いをした。同神社はこの地に秡い所を設け、お祓いをしたところ、疫病はおさまり、それ以後、疫病が流行することはなかったという。

お祓いをした場所には、小さな祠がつくられ「芝の斎場」と名付けられ、地名もそれに基づくという。ただし「祓」は俗字の「秡」である。秡所公園東側に「向日社芝斎場」の石碑が建つ。向日神社の「神幸祭（おいで）」神事（五月初旬）では、同神社を出御したご神体が、上植野町の〝お旅所〟に入る前に立ち寄り、お秡いする習わしになっている（京都新聞連載「乙訓地名物語・三七」、一九八二年一月三〇日付）。（綱本）

針木原《はりきはら》〔宇治市五ヶ庄〕

新しく開墾した原野の意。針は、治りで、開拓する・開墾する意、原は、未だ耕作地になっていない広く平らな所の意である。「木」は不明であるが、「柿木原」「はりの木」「老ノ木」「ゑんじゅノ木」など小字名としてはよく使用されている。「大和田村名寄帳」（元和四年〈一六一八〉）に「はりの木ハラ」、上村名寄帳（元和四年〈一六一八〉）に「はりの原」とあるが、「針木原」は『（五ヶ庄）村誌』（明治一四年〈一八八一〉）まで見られない。宇治川右岸の中洲の島で新しく開墾された所である。すぐ下流の「大八木島」、さらに下流の「雲雀島《ひばりじま》」も同じく中洲を開拓した所である。「雲雀島」は、ニヒバリ（新治）からの転訛か、あるいは、ヒラキ（開）からの転訛か。いずれにしろ、開拓・開墾の意であろう。（髙木）

針小路町《はりこうじちょう》〔南区西九条〕

平安京の針小路に由来する。当時の小路の位置とほぼ重なる。別称安曇小路《あつみこうじ》。造営当初の幅員は四丈（一二メートル）であった。「東寺百合文書」によると、堀川小路～大宮大路には東寺領巷所《こうしょ》が点在していたとある。林屋辰三郎は巷所を、「旧平安京の条坊の街路の存したところであって、その後都市の規模の変化によって道路の意味を失って空閑地となり、さらに田地又は宅地化したところをさすのである」（「散所その発生と展開」『古代国家の解体』所収）としている。平安時代末期には平重衡《しげひら》の屋敷があった。（入江）

針屋町《はりやちょう》〔上京区〕

宝暦一二年（一七六二）刊の『京町鑑』には、江戸時代初期の豪商灰屋紹益《はいやしょうえき》の屋敷がこの地にあった。針屋は灰屋の転訛だという。町は南北に通る小川通をはさんだ両側で、北は今出川通から南は元誓願寺通までを町域とする。「寛永一四年（一六三七）洛中絵図」では「らかんの南丁」とある。小川に架かる今出川通の橋のそばに羅漢堂があったのでこの橋を羅漢橋といった。しかし元禄四年（一六九一）の「京大絵図」には「はりや丁」とあり、以後の絵図も針屋丁とする。（清水）

春帯町《はるおびちょう》〔上京区〕

明治二年（一八六九）に、「腹帯丁」と「春日丁」が合併して、両町から一字ずつを取り「春帯町」にした。「春日丁」の由来は、丸太町通の旧称の春日小路からである。「腹帯丁」の由来は、この地に清帯寺という寺があり、本尊の地蔵尊に安産を祈願して腹帯を供えたことによるとする。清帯寺は天正一三年（一五八五）に寺町通六角に移転し、明治六年（一八七三）に廃寺となっている。町は南北に通る新町通をはさんだ両側で、北は下立売通から南は丸太町通までを町域とする。天保二年（一八三一）の「改正京町絵図細見大成」では、椹木町通を境にして北を「腹帯丁」、南を「春日丁」としている。　（清水）

般舟院前町《はんしゅういんまえちょう》〔上京区〕

伏見にあった般舟院という寺を豊臣秀吉の命により、文禄四年（一五九五）に当地に移転した。その寺の門前の町として命名されたのである。町は東西に通る今出川通の南側から北は五辻通までを町域とする。町域の多くを嘉楽中学校が占める。現在も町の北東に般舟院がある。天保二年（一八三一）の「改正京町絵図細見大成」にあり、江戸時代からの町名である。安永八年（一七七九）にこの地に心学講の時習舎が設立された。明治二年（一八六九）にその跡地に小学校が設立された。　（清水）

繁昌町《はんじょうちょう》〔下京区〕

高辻通室町西入ル新町までの両側町である。当町北側の「繁昌神社」に因む。鎌倉時代初期、当町にかつて長門前司という人物の娘姉妹が住んでいた。その妹の方が死亡した際、どうしてもこの地を動かない。そこで家の一角に塚を築いて葬った。この「班女塚」は、「たかだかとしてありける。いかにしたることにか、塚の上に神のやしろをぞ、一いはひ据えてあなる」（『宇治拾遺物語』巻三・一五）という伝承である。社伝によれば、祭神は延喜年間（九〇一〜九二三）藤原繁成の邸宅の功徳池の中島に安芸の宮島から勧請した宗像三女神を祀った。この三女神は弁財天の元でもあり、その別名「針才女」が訛って「繁昌」となったという。「寛永一四年（一六三七）洛中絵図」に「御繁昌町」とある。寛文五年（一六六五）刊『京雀』には「おはんじょの町」とある。宝暦一二年（一七六二）刊『京町鑑』は現町名の「繁昌町」と記す。　（小西）

半田《はんだ》〔福知山市〕

由良川支流・和久川の下流域に位置する村名。当地から北の今安にかけての平地には縄文時代から古代にかけての土器が出土する半田遺跡がある。またここには古代の条里制遺構が見られる。小字名にも五反田、三反田、石ケ坪、松ケ坪、柿ケ坪などの条里関連地名が残る。地名の由来は、条里制による田の区画の半分の田との意味で、条里制にちなむ地名であろう。

明治二二年下豊富村の大字となり、昭和一一年（一九三六）からは福知山町の大字となった。　（安藤）

坂東屋町《ばんどうやちょう》〔下京区〕

室町通五条上ル万寿寺までの両側町である。関東との交易関係のある屋号「坂東屋」の大店があったのであろう。「寛永一九年（一六四二）寛永後万治前洛中絵図」に「バンドや町」とある。宝暦一二年（一七六二）刊『京町鑑』には「坂東屋町」とあり、「北組南組二町に分かる」と付記する。六条坊門小路（現・五条通）が当町真ん中を通っていた発掘調査結果と関連があるかもしれない。「天保二年（一八三一）改正京町御絵図細見大成」には、すでに、「坂東や丁」とあり、その後は二町にはなっていない。　（小西）

般若寺町《はんにゃじちょう》〔右京区鳴滝〕

御室八十八ヶ所霊場西側の谷を南西流する三宝寺川と、南東流する御室川の合流点の北側にあたる。一〇世紀初めにこの地に建立された般若寺が地名の元となる。般若寺は、延喜《えんぎ》年間（九〇一〜九二三）に大江玉淵が檀主となり、開基に観賢僧正をむかえて建立された古義真言宗御室派の寺院である。『日本紀略』安和《あんな》元年（九六八）六月二三日の条に「太政大臣（藤原実頼《さねより》）ならびに右大臣（藤原師伊《もろただ》）、村上御陵に参らる。但し太政大臣は般若寺に参らる。」との記録が残る。また『御堂関白記』に、藤原道長が寛弘《かんこう》八年（一〇一一）二月二三日、「到般若寺滝解除（除災）」と、祓いを行った記録がみられる。その後廃退したが、江戸期に一度再興され再び廃絶した。（岩田）

ひ

稗田野町《ひえだのちょう》〔亀岡市〕

延喜式内社の稗田野神社の存在する地で、神社名が地名の起源であろう。祭神は保食神、大山祇神、野椎神である。上田正昭は亀岡盆地の式内社が松尾神社の秦氏系、皇室神系、出雲系、賀茂系等いくつかの信仰圏を形成していることを指摘する（『篠村史』）。その中で、稗田野神社は出雲系の神社とされている。

明治二二年（一八八九）に奥条、鹿谷、柿花、太田、佐伯、芦ノ山、天川の七ヶ村が合併して成立した村名。昭和三〇年（一九五五）からは亀岡市の町となる。（安藤）

日置《ひおき》〔宮津市・与謝郡伊根町〕

旧郷名・旧村名。現在は丹後半島の東側で若狭湾に面して、世屋川や畑川の下流域にあたる地区。『和名抄』に「与謝郡日置郷」があり、郷名としては丹後半島の東側で拝師郷の北部の広域にわたる郷地域を指した。さらに古く平城宮址出土の木簡「丹後国与佐郡日置郷庸米六斗宇良釆女部身万呂」に地名の存在が確認できる。また、『丹後国風土記』逸文の「浦嶋子」条に「与謝郡日置里、この里に筒川の村あり」とある。しかし、現・日置地区が古代の日置郷の中心地であったのであろう。「丹後国檀家帳」に「ひをき」とするが、「ひおき」が正しい。全国的に見られる地名で、「ひおき」と言うところが多いが、「ひき」「へき」「へぎ」と呼ぶところも多い。この地に中世には鎌倉御家人と称する「日置氏」がいたが、「へき（氏）」と呼んだようだ。当地の禅海寺は日置氏の菩提寺といわれる。

「日置」は部曲「日置部」や「日奉部」とも関係があると言われ、海人族の奉じた太陽神を祭る部民の居住地区であったか。海を隔てて真東に神の島「冠島・沓島」があるが、朝日を崇拝する祭祀の場所であったと推測される。井上辰雄「太陽祭祀と古代氏族—日置部を中心として」（『古代日本人の信仰と祭祀』）には地名「朝妻」との関係についてもふれている。「朝妻」は与謝郡日置郷内にもあり、伊根の北部に位置して海人族の拠点の一つだったと考えられる。（『京都の地名検証』1、および3）。（糸井）

日置《ひおき》〔南丹市八木町〕

日置という地名は日置部の居住地に由来する。所によっては「ひき」「へき」という地名ともなる（『地名の語源』）。松岡静雄は「ひき」が基本の言葉で、日置地名が広く西南日本に分布することから「ひき」あるいは「き」という族名であり、この氏族の居住を示すと提唱している（『日本古語大辞典』）。昭和二六年から八木町の大字となった。（安藤）

日皆田《ひがいだ》〔宇治市五ヶ庄〕

「ひ」は樋で、用水路の意、ガイは開の濁音化、ダは処（タ）で、新しく開墾した処、田圃の意。隣字《あざ》の新開と同じ。全体として、用水路を設けることによって稲作が可能になった処、田圃の意。この附近の黄檗丘陵は、江戸初期に開拓された所である。水論の「取替す証文の事」（文化元年〈一八〇四〉）に、「字宮谷川生水の義ハ、古来より大池・蓮池へ八歩引取り来り、将又《はたまた》弐部通りハ、ひがい田へ仕掛け来り候ニ付、字手洗と申す所ニて、八歩弐部の分水定木これ在り候処」と、古くから日皆田に分水していたことが記されている。元和四年（一六一八）の岡屋村・岡本村・真木島・上村・谷村・畑寺村の各名寄帳に、「ひかいた」「かいたはた」「ひかい本」「二階田」の小字名が見られる。また、「ひの下（樋の下）」「ひのしり（樋の尻）」の小字名の存在も「ひ」が「樋」であったことの傍証になろう。

なお、菟道稚郎子《うじのわきいらつこ》が造営した桐原日桁宮《きりはらのひげたみや》のヒゲタを、干潟を意味するヒゲタからの転訛と考え、日桁宮の位置を宇治川河畔に近い付近にあったものとし、「日皆田」もヒゲタからの転訛ではないかという説がある。（髙木）

比賀江《ひがえ》〔右京区京北〕

『和名抄』の桑田郡山国郷内に位置する。大堰川（上桂川とも）上流の右岸の集落。初見は、宝徳三年（一四五一）の「山国惣庄山地寄進状」（『井本昭家文書』）にみる「比果江村溝口治郎」であるが、「比果江」と表記する。「ヒカエ」と清音だったか。「え」は「江」であるとみると、川沿いの集落を意味したか。（糸井）

東《ひがし》〔京田辺市〕

市の東部。山城大橋の西に位置する。木津川左岸では防賀川下流域から手原川附近にいたる地域は大規模な内水の常習地だった。明治二二年（一八八九）市町村制で草内村の大字、昭和二六年（一九五一）から旧・田辺町大字名。

『山城綴喜郡誌』には「大字東、往昔室町時代は堤防溝渠の設備なく、広茫たる砂地にして、川原と連なり川原村と称し、東西に分ち、西、田辺町大字川原に対して、東村と呼称せしものなり」とある。東村の名は江戸時代からで、「元禄国絵図」（一七〇〇）に「草内村枝郷　東村」と「田辺村枝郷　河原村」の名がみえ明治に至る。つまり、「古くは、東河（川）原と西河（川）原の両村があり、東河原を東、西河原を河原と呼ぶようになった」（『田辺町近代誌』）。

ただし、室町時代より早く南北朝時代から川原村が分かれたようだ。『東院毎日雑々記』応永二年（一三九五）三月二日条に「田辺夫賃上分《ぶちんじょうぶん》（夫役の代納）幣紙二帖ヲ奉ル、…東河原村夫賃催促を為ス」と興福寺の東院領であった東河原村が南北朝時代にすでにみえる。『京都府地誌』は室町中期の武将大館持房が領したとする。この東河原村がのちの東村であるか。地名の変遷から東の地名は「河原の東」を指したといえる。『田辺町近代誌』は、現在の東集落は昔の東村の西部になるという。（綱本）

東合場町《ひがしあいばちょう》〔伏見区醍醐〕

ＪＲ六地蔵駅の東北、奈良街道の合場川

を渡った辺りの東の住宅地。天養二年（一一四五）三月二九日条「醍醐雑事記」に「日野の饗庭川で市が開かれた」とある。「合場」は元、饗場《あいば》のことと思われる。饗庭は神社・朝廷への供物を奉る所から、有力な神社の荘園を意味するようになる。日野に饗庭または御厨《みくりや》があった。饗庭から合場に変容したのは次の伝説であると考えられる。平清盛の五男、重衡は一ノ谷の戦いで捕えられ、奈良へ護送されることになった。重衡の妻は壇ノ浦で入水したが助けられ、日野にある姉のもとに身を寄せていた。重衡は警護の武士の情けで妻を尋ね最後の哀別をした（『平家物語』『源平盛衰記』ほか）。二人が対面したところを「合場」といい、妻が別離を惜しんで、近くの石田丘に登り、琴を弾いたので、そこを「琴弾（引）山」という（『京都府宇治郡名蹟志』）。二人が対面した所を合場（相場）というのは、『京二重織留』に記載されているのが、初見と思われる。琴弾山の由来は「合場」の由来よりも後の付加と思われる。なお重衡の墓はすぐ傍の外街道町にある。

（明川）

東姉小路町《ひがしあねこうじちょう》〔東山区〕

当町が、三条より一筋北の姉小路通の東末にあたるため。当地はかつて青蓮院《しょうれんいん》四坊の一つで、亀山天皇皇子良助法親王が住んだ姉小路坊があり、その後耕地名となっていた。良助法親王を姉小路宮とも称した。所在は三条北裏通白川橋西入ル二丁目。三条通から上がる古川町通の東側に面し、北は左京区と接する。

江戸時代には洛外町続町の一つで、『京都府地誌』は、東に隣接する石泉院《せきせんいん》町と共に、明和三年（一七六六）の開町と伝える。明治二年（一八六九）下京区に編入、昭和四年（一九二九）に東山区に編成。

（忠住）

東生洲町《ひがしいけすちょう》〔中京区〕

東の方の、生簀のある町の意。『京都坊目誌』によると、高瀬川を開削した当時、支流を作って魚を放ち養い、販売もした。人々はこれを生洲と呼んだ。生洲は後には廃止され、町名に残ったとする。

平安京の東京極大路よりも東にあたる当町は、平安時代は鴨川の河川敷の延長上にあったと考えられる。二条河原に面したことから、人の出入りが多く、中世には合戦場ともなっている。近世には高瀬川の開削に伴って、二条浜河岸として物資の集散所として賑わった。

当町は近世前期には現在の西生洲町部分とともに、わかさ町と呼ばれた。この呼称はおそらく、若狭街道経由で都に運ばれた物資の集散地としての呼称であろう。

寛文五年（一六六五）刊『京雀』当該部分に「此町西行は生洲の魚のたな二町ばかりあり。東行は鯉《こい》や魚也《はえ》屋とて名もかくれなきはたごやあり、その二階座敷より東のかたをみれば、北東南の山々隈なくみえわたりまことに絶景の所とて都に人こ、もとに来りあそぶに宿の隙なし」とあるように、鴨川西岸に料理旅館が建ち、眺望を誇った。

実際に川魚料理の席として生洲が行われたのは、この東生洲町と木屋町通を隔てて西接する、西生洲町および以南の高瀬川西岸地域であったが、『京雀』に見えるような、町人たちにとっての水辺の遊興の地としての印象が、「生洲」の名に集約されたのではなかったろうか。

（真下）

東岩倉山《ひがしいわくらやま》〔左京区粟田口大日山町〕

『京羽二重織留』は「四方岩倉」の項目に「伝云、桓武天皇遷都の日、王城の四方に勝地をえらみ、法花経を納め三宝の庫蔵とし、京城鎮護とするものなり」として「東岩倉山」「西岩倉山」「北岩倉山」「南岩倉山」の項目を挙げる。『京羽二重』は「一切経を四方の山に埋れし故、此名（岩蔵山）あり」とする。磐座信仰に関わる山であった。南禅寺の南東に位置し、現在「大日山」と呼ばれる。『京羽二重織留』によると、東岩倉山は「下粟田の上にあり。此所観勝寺《くわんしやうじ》の地なり」という。観勝寺は、弘安六年（一二八三）成立の『沙石集』に「観勝寺ノ大円房上人（真言僧良胤）ノ門徒、不断ニ宝篋印陀羅尼ヲ誦シテ、不可思議ノ功能多ク風聞ス」（真言功能事）、貞和五年（一三四九）成立の『風雅和歌集』に「観勝寺にて理趣三昧おこなひける」（釈教・二〇九〇詞書）などと見えるので、おそらく大日如来が安置されていたのであろう。また、所在地に因んで「東岩倉寺」とも呼ばれたらしく、『山州名跡志』には「亀山上皇…東岩倉寺ヲ以テ勅願寺ト為ス」とある。

　観勝寺は、応仁の乱の兵火で焼亡。江戸初期、僧性演（後に東寺長者、東大寺別当）によって東山安井の地に再興された。一方、東岩倉山は、明治維新に官有地となり、大日山墓地が造成された。（笹川）

東大路通《ひがしおおじどおり》 〔京都市・南北の通り〕

現在は叡山電鉄修学院駅前から九条通りまでの道であるが、祇園石段下から白川に至る道（『京都巡覧記』）が基になっている。その道は、小堀《こつぼり》通（「祇園広道」とも）と呼ばれていたが、大正二年（一九一三）に「東山通」と命名された。京の東側の幹線道路として整備されたのは、そう昔ではない。文字通り、東山の麓を南北に貫通する大路のことからの名。一般には「東山通」と呼ばれている。（糸井）

東小上・東小下《ひがしおかみ・ひがしおした》 〔木津川市加茂町〕

木津川支流赤田川の源流域に西小、支流新川の源流域に東小上・下が互いに隣接した山間部に位置する。南は奈良県と接する。小は小田原の略である。山地一帯は中世の当尾《とうのを》庄（塔尾とも）があり、明徳五年（一三九四）二月二八日条の「東寺百号文書」によると、元近衛家領で、「神供ならびに祭礼要脚（費用）」として春日社に寄進され、のち興福寺領となった。

　庄内には山岳霊場寺院として西小に浄瑠璃寺（西小田原寺）、東小下に随願寺（東小田原寺）などがあった。「浄瑠璃寺流記事」に「一、当山建立ノ年記ノ事　先ズ本堂（浄瑠璃寺）、永承二年（一〇四七）七月十八日コレヲ造立スト云々。東小田原（随願寺）ハ長和二年（一〇一三）建立ト云々」とあり、平安中期に西小に浄瑠璃寺、東小に随願寺が建立された。

　「山城東小田原随願寺請文」（春日神社文書）文暦二年（一二三五）二月二四日条に「謹で請う。早く、大明（神）を共に奉りせしめ御進発の事」とみえる。また、興福寺の門跡・大乗院の『大乗院寺社雑事記』康正三年六月一二日条には「大乗院家和州知行山寺所々事　東小田原」とある。さらに、同書・明応二年（一四九三）一二月二五日条に「一、当寺（隋願寺）本堂炎上は、二百年余年に成り了《をわんぬ》。今は灌頂堂を以って本堂と為す。三重塔崩了」とある。その後、浄瑠璃寺に合併されたとも伝えるが不詳。

　当尾はかつて山岳霊場として岩場の多い山地で、石仏が群集する里として知られる。トウノヲ（当尾、トウノとも）はタヲ（撓）の転訛で、峰をいう（『日本方言大辞典』）。小田原もヲ（尾）・タワ（撓、タヲはタワの母音交替形）・ラ（場所を示す接尾語―『岩波古語辞典』）で、峰峰が続く処の意である。

　西小・東小北側に接して北大門・南大門がある。「浄瑠璃寺流記事」によると、鎌倉初期貞応二年（一二二三）四月に「南大門」の造営がはじまったと推定されており、大門の由来はこれにちなむとされる。北大門仏谷には阿弥陀磨崖仏（平安代後期作、花崗岩、高さ二六〇センチ）がある。当尾地区では最古最大の磨崖仏である。大きな岩の先端をならし、阿弥陀如来坐像を半肉彫りする。浄瑠璃寺との関係で造立されたと考えられている。（綱本）

東海道町《ひがしかいどうちょう》〔山科区安朱〕

「江戸時代の東海道筋にあたることからこの名前がついた」との説もある。御陵中内町に現存する「五条別れ道標」（京都市指定文化財）は、宝永四年（一七〇七）一一月に沢村道範によって建てられたものである。この北面に「右ハ三条通」、東面に「左ハ五条橋　ひがしに六条大仏　今ぐまきよ水道」とあり、御陵中内町が東海道と渋谷街道の分岐点であることが確認できる。蹴上から南西の方向に下ってきた東海道は、ここで東へと方向を変え、ＪＲ線の南側を追分に向かっている（旧三条通）。東海道町は諸羽神社と毘沙門堂の中間にあり、この東海道とはかなり離れている。また、「とうかいどう」ではなく「ひがしかいどう」と読ませていることからも、その説には疑問が残る。毘沙門堂に行く南北直線の表参道（毘沙門道）の東側にあることから、諸羽神社から毘沙門天に参拝するための「東の街道」の意味と考えたい。（小寺）

東加舎《ひがしかや》〔亀岡市本梅町〕

古代の佐伯郷のうちで、中世の賀舎庄に由来する。「平安遺文」仁安四年の「文書」に記される。さらに語源を探ると与謝野町加悦の地名と同様に朝鮮半島南部の伽耶との関連が考えられるが、今のところ定かではない。賀舎庄は、平安時代末に崇徳天皇中宮であった皇嘉門院藤原聖子領であった。現在の「東加舎」と「西加舎」がその地域と考えられる。

明治二二年（一八八九）に本梅村の大字となり、昭和三〇年（一九五五）からは亀岡市の本梅町を冠した大字となった。（安藤）

東側町《ひがしがわちょう》〔下京区〕

西洞院六条下ル旧花屋町までの東側片側町である。西洞院通の「東側の片側町」を意味する。近世西本願寺の寺内町であった。「寛永一四年（一六三七）洛中絵図」、寛文五年（一六六五）刊『京雀』には、「西洞院一丁（町）目」とある（「井筒町」参照）。また、「元禄四年（一六九一）京大絵図」に「小柳町」を「元太夫町」、「金屋町」を「下太夫町」とし、「東側町」は「西洞院一町目」としている。恐らく、「天保二年（一八三一）改正京町御絵図細見大成」に「東側町」とあるので、この版元竹原好兵衛の最初の地図の発行年、天明七年（一七八七）頃からの呼称であろう。（小西）

東側町《ひがしがわちょう》〔中京区〕

明治以前までは永福寺・安養寺・善長寺などの境内にあたり、町名を持たない地域であった。明治五年（一八七二）に寺町通の東側に新京極通が開通した際に、店舗や住地となり、その際に町名がついた。寺町通の東側にあたることからの命名と考えられる。

平安京の東京極大路の東側にあたり、京域外だった地。太閤秀吉の寺町建設によって寺院街となった。近世期には寺町通に沿って北から順に、永福寺（蛸薬師堂）・安養寺・善長寺などの寺院が並んでいた。これらの寺院はいずれも新京極通沿いに現存するが、永福寺は疾病救済の薬師如来信仰、安養寺は女人往生の阿弥陀如来信仰、善長寺は疱瘡神信仰と、それぞれ特色のある信仰を打ち出して、多くの参詣者を迎えていた。また、安産腹帯の信仰を受けた清《せい》帯寺《たいじ》も当町にあったが元治元年（一八六四）に焼亡、現在は西光寺（虎薬師）内に本尊が祀られている。このように当町は、いわば京の庶民たちの精神的な救済のセンターのような役割を果たしていたのであった。（真下）

東九軒町《ひがしきゅうけんちょう》〔中京区〕

東側にある、九軒から構成される町。夷川通を挟む両側町で、町地はきわめて狭い。九軒という呼称は実際に九軒だった時点での命名かと思われる。ちなみに近世には上古京上一条組に属し、一二軒半役を負担した。

平安京大内裏の東側に位置し、『拾芥抄』では小二条殿の地に相当する近世の内裏からは南側の至近にあり、職人町として賑わった。宝暦一二年（一七六二）刊『京町鑑』では「九軒町東半町西半町」として、西側にある西九軒町とひとくみの把握がなされたが、その後、独立したという。町名については近世前期の絵地図に「たたみや町」の名が見えるが、その後は不変である。（真下）

東京極大路《ひがしきょうごくおおじ》 →寺町通《てらまちどおり》

東小田《ひがしこだ》 →小田《こだ》

東衣手町《ひがしころもでちょう》〔右京区西京極〕

桂川が南へ曲がる箇所の東岸で、西京極の北端に位置する。元の郡《こおり》村の中心部にあたり、東衣手町の他、西衣手町・北衣手町・南衣手町がみられる。古来歌枕として有名な「衣手森《ころもでのもり》」にちなむ。桂川河道は、古くは現流路よりもっと南側だった。金田章裕『微地形と中世村落』によると、洪水によって河道は変遷し、一四世紀頃は、桂上野と桂徳大寺の間に位置し、今も北から東へ迂回する旧河道が認められる。「衣手森」の位置については、近世の『山城名勝志』に「衣手森　松尾社家説云、衣手森元□（松）尾社東に在り、衣手社其内に坐す。然に洪水漂流して森木絶えて河原となす」、『菟芸泥赴』に「衣手森　松尾の南の森とぞ一説に松尾の前の河原ありし洪水に流がれて跡もなし」とあり、いずれも松尾社近辺とする説をとり、洪水で移動したことを載せている。したがって、洪水により東へ河道変遷するとともに現在地に移動したのであろう。鎌倉前期の藤原定家は「ほととぎす声のあらはるるころもでのもるの雫を涙にやかる」（拾遺愚草）と詠んでいる。当時の神社は、桂上野西南の桂川北岸あたりに位置していたとみられる。「衣手」とは「衣服の袖」をいい、たもと、そばの意。つまり、衣手森は、桂川河畔の森という意だろう。現在松尾大社の境外摂社の三宮神社が町内にあり、これが衣手社の後身と伝えられている。（岩田）

東沢《ひがしさわ》〔京田辺市薪〕

この地には良質の湧き水があり、近隣の人々の生活用水として使われてきた。東沢に弁財天社があり、この町内会を弁天町と呼ぶ。弁財天はインドの河神で、日本では各地の水辺に祭られる。西隣の西沢も湧水が多い場所。現在は埋め立てられているが、もとは人が入ると背が立たないような湿田で、この辺りの田には木を縦横に入れ、農耕時はこれを踏んで沈まないようにしていた（『薪誌』）。（綱本）

東塩小路《ひがししおこうじ》〔下京区〕

ほとんどJR京都駅の敷地、東は高倉通、西は堀川通に囲まれた地域である。「葛野郡各町村沿革調」の「古老ノ伝聞」に、「源融の六条河原院に築かれた塩竈に海水を運ぶための道にあたっていたため塩小路という名がつけられた」（『京都市の地名』）とある。東塩小路を冠する町名は九町ある。（小西）

東竹屋町《ひがしたけやちょう》〔左京区〕

『京都坊目誌』が「元聖護院村に属せる田疇なり。東丸太町と共に町地となる。凡そ竹屋町の東に直《あた》るを以て此名あり」とするように、竹屋町通の鴨東に位置することによる。東竹屋町通に面した東西に細長い町。「坊目誌」は続けて、「西は蚤《はや》く開けしも、東は明治十九年まで畑地也。二十年絹糸紡績会社を起立し、二十三年疏水船溜を穿《うが》ち、其西北、水利を用る各種の工場建ち、雑舎忽《たちま》ち稠密《ちゅうみつ》す」と記す。なお、東竹屋町の東の畑地に「桜塚」（左府塚）という左大臣藤原頼長の墓があったが、それに関して『京都坊目誌』は「明治二十年、絹糸紡績会社創設に際し社地に入る。其後、社業発展の結果、敷地狭隘《きょうあい》に名を籍《か》り、無情にも之を発《アバ》き、地を夷《たいら》ぐ。塚の下に石棺の如きものを発見す。会社は之を相国寺境内に移す。古蹟保存は終に金力の為に犯さる。事業の発展は慶すべきも、史蹟を失ふは亦歎ずべき也」と記す。（笹川）

東町《ひがしちょう》〔下京区〕

下魚棚通油小路東入ル南側、西洞院通下る西側の各片側町である。二条から当地に移住したので、「二条城からみて東」ということではないか。慶長七年（一六〇二）二条城築城に際し、「二条より移住す。元禄の始め今の名に改む」（『京都坊目誌』）とあるが、すでに、「寛永一四年（一六三七）洛中絵図」に「東丁」とあり、誤りであろう。（小西）

東中筋通《ひがしなかすじどおり》 →**天使突抜通**《てんしつきぬけどおり》

東野《ひがしの》〔山科区〕

山科区の中央部に位置し、そこに広がる原野の東の方の意味。藤原高藤（八三八～九〇〇）が鷹狩りをした時に雷雨に遭い、宮道家に雨宿りして一夜を過ごした折、娘・列子と契りを結ぶ。六年後に再び訪れ、列子と娘・胤子に会い、都に連れて帰る。胤子はやがて宇多天皇の女御となり、醍醐天皇を産む。その奇縁の家の跡が今の勧修寺という、有名なロマンスが『今昔物語集』に載っている。高藤を初め、平安貴族の狩猟地として知られていたのが東野・西野から栗栖野にかけての一帯である。中世には野村郷と呼ばれ、応仁二年（一四六八）には、野村で一郷となしていた（『山科家礼記』）。この地が注目を浴びるのは、文明一〇年（一四七八）、蓮如（一四一五～九九）が小庵を建立したことに始まる。その後、天文元年（一五三二）に焼失するまで、山科本願寺を中心とした一大宗教都市として賑わった。山科本願寺は三重の土塁と濠で囲まれ、御影堂のある御本寺と呼ばれる中心部分、蓮如の家族や信者達が生活した内寺内、そして在家信者や商人達が住んでいた外寺内からなる。また東の離れた所（音羽伊勢宿町あたり）に「南殿」があるが、近年の発掘調査で、二重の濠や土塁、物見櫓風建築物跡などの防御施設が確認された。山科本願寺全体は信仰の場であるとともに、「寺の姿をした城」でもあったと言えよう。落城後、この地は殆ど開発されることなく、放置された。西野村の名は慶長一七年（一六一二）が所見だが、東野村の名は弘治二年（一五五六）に見えることから（『厳助大僧正記』）、一六世紀後半には西野と東野とに分かれていたようだ。東野は大字名であり、現在、区内に「井ノ上町」「舞台町」など、一四の小字名がある。（小寺）

東ノ町《ひがしのちょう》〔右京区常盤〕

明治六年（一八七三）に、双ケ丘南西麓の常磐・谷・久保（窪）の三村が合併して常盤谷村が生まれた。位置は、東北側から旧谷村、旧常盤村、旧久保村と続いていた。同町は旧常盤村の南を通る嵯峨街道に沿う地で旧村の東に位置していた。旧常盤村は御室川右岸にあり、平坦な土地で水や薪炭を欠くことがあったが、村の南方を、東西方向に嵯峨街道が通っていたため、運輸面で利便性が高かった。『京都府地誌』では、菜種・実綿・柿子・製茶を産し、自家用以外を洛中に運んだとある。（岩田）

東洞院通《ひがしのとういんどおり》 〔京都市・南北の通り〕

平安京の東洞院大路（の一部）に相当する。現在は、丸太町通から塩小路通を南へJR京都駅に至る。洞院川があった（『京都坊目誌』）。口頭では「ひんがしのとい」ということもあった。洞院東大路とも。「洞院」は上皇（院）の邸宅を意味するが、この通り沿線には院や里内裏が多く存在した。それは結果的に名の通りになったのか、計画的にそういう通りとして計画されたことを意味する名であったのかはよくわからない。一坊隔てて西洞院大路もあることも合わせて考えるべきであろう。音読みする漢語に由来するか。

交通量の多い道路で、車馬道路として機能していたが、それも九条以南が、そのまま大和街道（竹田街道）に繋がっているという、いわば流通の大動脈であったことによる。江戸中期になると、その渋滞を解消すべく、この通りを北行きの一方通行とした。日本で最初の「一方通行」という交通規制が行われた通りである。（糸井）

東畑《ひがしばた》 〔相楽郡精華町〕

町の西部。木津川支流煤谷《すすたに》川源流の山中に位置し、南・西部は奈良県に接する。明治一〇年代の『京都府地誌』に「水利極テ不便ニシ毎ニ旱害」と載る。「元禄国絵図（山城国）」に「東畑三百十三石余」とみえる。江戸期～明治二二年（一八八九）の村名。同年の市町村制施行で東畑・山田・柘榴・乾谷村と合併してできた山田荘村、昭和二六年（一九五一）精華村、同三〇年から精華町の大字。集落は小字嶽《だけ》ケの東側にあり、四方は山に囲まれる。集落は植田の人々が移住・開拓したと伝え、当初、畑八軒と称されたという。東畑の畑は端で、嶽ケの山の東端を意味するか。（綱本）

東日野殿町《ひがしひのどのちょう》 〔上京区〕

平安時代からの公家の日野家の屋敷が、この地にあったことによる。日野家は藤原氏の北家の流れで、伏見の日野の地に法界寺を建立し、のちに法界寺薬師堂を建立した藤原資業《すけなり》から日野家を名乗った。町は東西に通る一条通をはさんだ両側で、室町通と新町通の中間にあり、上京中学校を含む町域であり、西隣に西日野殿町がある。天保二年（一八三一）の「改正京町絵図細見大成」に「東日の殿丁」、「西日の殿丁」とあり、江戸時代からの町名である。（清水）

東氷室町《ひがしひむろちょう》 〔左京区上高野〕

上高野氷室山の西側の、高野川に架かる花園橋と山端《やまばな》橋の間の高野川左岸にある。高野川に近い西側が西氷室町、氷室山に近い東側が東氷室町である。この地が『延喜式』に見える愛宕郡氷室五ヶ所の一つ「小野氷室」周辺に想定されていることに由来する。綱本逸雄「賀茂にかかわる地名」（『京都の地名検証3』所収）は「カモ氏は主水司の氷室を領有していた」、山城の氷室の所在は「ほとんどが上賀茂社の周辺に集中する」とし、井上光貞説として、「小野」を「鞍馬二ノ瀬付近」をあげるが、『堀河百首』には「氷室」という題が見え「松がさきなるひむろ」（五二六・紀伊）が詠まれ、『行宗集』にも「氷室」の題で「まつがさきなるひむろ」（二一三）などと松ヶ崎の「氷室」が詠まれ、それを受け、『千載和歌集』の詞書には「をののひむろ山」（春下・一〇四）が見え、『俊成五社百首』に「炭がまも氷室もおなじ小野山は火と水とこそへだてなりけれ」（四六八）などと詠まれているので、俊成は「小野氷

室」の所在を松ヶ崎に近い、上高野の小野山と考えていたことが知られる。（笹川）

東別院町《ひがしべついんちょう》〔亀岡市〕

亀岡市の西方で大阪府に近い高地が東・西の別院町であり、広い面積を占める。別院の名は、この地が「仁和寺領弥勒寺別院」と称されたことに由来している。平安時代から鎌倉時代に渡って真言・天台の両宗が大きな力を持っていたと推定されている（『新修亀岡市史』第一巻）。「仁和寺文書」の「六波羅御教書案」によると、別院荘は東西別院町から大阪府北部にかかる広い地域と見られている。なお、この地の冬の寒さを利用して江戸時代後期から昭和四〇年代まで寒天づくりが盛んに行われていたことも特筆される。

昭和三〇年（一九五五）からは亀岡市の町名となる。

西別院は、昭和三〇年（一九五五）から町名となる。（安藤）

東堀町《ひがしほりちょう》〔上京区〕

聚楽第の東側の堀の跡地であることによる。町は北は上長者町通から南は下長者町通まで、東は大宮通の東側から西は松屋町通までが町域である。天保二年（一八三一）の「改正京町絵図細見大成」では、東側を「東堀丁」とし、西側を「清水丁」としている。明治七年（一八七四）提出の『全国村名小字調査書』では、明治二年（一八六九）に東堀丁と清水丁が合併して東堀町にしたと記している。（清水）

東本町《ひがしほんまち》〔京丹後市久美浜町〕

慶長七年（一六〇二）の「慶長検地帳」に「本町」とあるものが初出の地名である。久美浜城下町の中で、松倉城に近い中心的な町場であったことに由来するものと思われる。この地は、天文七年（一五三八）の「丹後国御檀家帳」に「家五百軒斗」と記され、弘安八年（一二八五）に一遍上人が踊念仏を行った「丹後の久美の浜」の場所に比定される。現在は、西本町・東本町に二分されている。一九世紀代と思われる「丹後久美浜図絵」（糸井文庫）に見られる「本町西町」「本町東町」の記載が、現在の西本町・東本町の祖形と思われる。明治六年（一八七三）の地籍図である「第九大区壱之小区丹後国熊野郡久美浜村見取図」には「西本町」「東本町」とあり、現在はいずれも小字地名として残る。（新谷）

東前町《ひがしまえちょう》〔下京区〕

堺町通仏光寺上ル綾小路の中間点までの両側町で、南端は仏光寺通に面する。仏光寺の門前の東にあることによる。「西前町」の東に隣接する。（「西前町」参照）。「寛永一四年（一六三七）洛中絵図」には、「仏光寺西町」、「西前町」とともに、「仏光寺門前町」とある。「寛永一九年（一六四二）寛永後万治前洛中絵図」には「仏光寺東ノ町」とある。宝暦一二年（一七六二）刊『京町鑑』に「仏光寺東前町」とあり、「天保二年（一八三一）改正京町御絵図細見大成」には、現町名の「東前丁」とある。（小西）

東丸太町《ひがしまるたちょう》〔左京区〕

丸太町通の鴨東に位置することによる。川端丸太町から熊野神社手前までの、丸太町通に面した東西に細長い町。この地は、元永元年（一一一八）三月、白河法皇によって院御所「白河北殿」が造営された場所に当たるが、保元の乱で崇徳上皇の御所となったため、平清盛・源義朝らに攻められて炎上する（『兵範記《へいはんき》』保元元年〈一一五六〉七月一一日条）。『京都坊目誌』には「始め聖護院村に属せし野径《やけい》にして、西は丸太町に通じ、要口に熊野神社の華表《かひょう》（鳥居）あり。左右は田疇《でんちゅう》也。嘉永（一八四八～五四）以来、川端通に僅かに人家を建て、漸次《ぜんじ》、東に連なり…町の中央南方に、文久二年（一八六二）南部藩の京邸を設く。…其北方に明治十年以来、山階ノ宮別邸あり。転々して三十五年十月五日、天理教会所を新築し河原町より之に移る。爾来、其付近、人家稠密《ちゅうみつ》す」とある。（笹川）

東門前町《ひがしもんぜんちょう》〔左京区〕

東大路通三条上ルの両側町『京都坊目誌』に「初め法皇寺、此地にあり。故に名づく」とある。同誌によると、法皇寺は「始め山城国乙訓郡今里にありて僧行基の開く所也。或は云ふ、推古天皇の御願寺にして帝の建立なりと。之を乙訓寺と号す。弘仁二年（八一一）僧空海を以て別当とす〈性霊集にあり〉。乃ち真言宗たり。宇多帝、脱屣《だっし》の後、之に行在《あんざい》す。爾来《じらい》、法皇寺と称す。其後、蓮華王院の辺に移す。寺僧争論の事あり。足利義満、南禅寺の僧伯英〈入明の僧〉に命じ、禅宗とし、南禅寺大寧院に附属す。元禄六年（一六九三）智積院学寮修展に際し、徳川綱吉、命じて此地に移し」たという。宝永五年（一七〇八）三月の大火以後の「新地」の様子を詳しく示す『都すゞめ案内者』付録絵図にも、この地に「法皇寺」の大きな境内が見えるが、まもなく荒廃したらしい。

北門前町の「東寺町通《ひがしてらまち》」が仁王門通を越えて法皇寺境内を貫通し、『京都坊目誌』によると、やがてそれが「東山通《ひがしやま》」となり、「大正元年、東山線道路拡張のため、此所の二間内外の道路を九間に展べ、南北に貫通して、軌道を敷設し、同二年三月十五日、電車を通す」という（「北門前町」参照）。元禄六年（一六九三）に「伏見桃山城内」からこの地へ移って「法皇寺の鎮守」とされた「満足稲荷社」だけが、規模を縮小しながらも東門前町に現存する。（笹川）

東吉原《ひがしよしわら》〔舞鶴市〕

田辺城北方、伊佐津川右岸の川尻に位置する。漁業・海産物製造・加工業を中心にした町。城下町田辺の漁民は、かつて竹屋町から魚屋町尻に住して漁業を行っていた。田辺籠城の時の功によって、細川幽斎（藤孝）から領内の波打際三間は漁猟が自由に認められる権利を受けたと伝える。浜辺には葦《あし》が茂っていたものか、アシの音が「悪《あ》し」に通じるのを忌みきらって、「善し」「ヨシ」と呼び、一帯を吉原と称して、親町の町年寄が差配していた。やがて、竹屋町・平野屋町尻を西吉原、丹波町・魚屋町尻を東吉原と称したが、享保一二年（一七二七）の火災により城下の大部分が消失した際、藩の命令で下安久村海際の現在地に移住させられた。その折に北の位置に東吉原、南に西吉原が位置することになった。

田辺城下において、産土神・朝代神社の祭礼は最大の行事であったが、神輿《みこし》行列の先頭は常に東吉原の振り物、西吉原の舟屋台であった。「吉原の太刀振」（東吉原）は舞鶴市指定の無形民俗文化財となっており、「吉原の万灯籠《まんどろ》」は西吉原の保存会で継承されている。ともに京都府登録文化財である。（髙橋）

日ヶ谷《ひがたに》〔宮津市〕

旧村名。旧与謝郡日置郷に属する。犀川の中・上流域の山間部の谷間に散在する集落をまとめていう広域地名。「慶長検地郷村帳」には「火ヶ谷村」とするが、「延宝三年郷村帳」では「日ヶ谷村」と表記する。地形から「谷」にあたることはあきらかであるが、「ひが」については、よくわからない。「ふかたに（深谷）」の音変化したものか。（糸井）

光リ堂町《ひかりどうちょう》〔中京区〕

光堂のある町。光堂は「堂を金箔などで装飾したり、金色に塗った本尊を祀ったりしてある阿弥陀堂」（『大日本国語辞典』）。

寛文五年（一六六五）刊『京雀』に「中比この町にひかりだうとて寺あり。その本尊の阿弥陀仏光明を放給ひしとにや」とあるように、町内に光堂があったことからの地名と考えられる。仏光寺の旧地の伝承もあるが、不明である。

京都御苑の南側、丸太町通と烏丸通の交差点の南東にある。町地の北側は丸太町通りに面しているが、丸太町通の拡張のために町地が削られており、きわめて狭い町となっている。古くから人の往来のある地であり、中世には「光り堂」がランドマークとなっていたのだろう。（真下）

引土《ひきつち》〔舞鶴市〕

ヒキ・ヒクは「退・低」の意で、ヒキツチは「低い土地・低湿地」を意味する語である。古くは高野川に真倉川・池内川が合流し、この一帯はしばしば洪水に襲われるところであった。田辺に城を築くに当たり、真倉川と池内川を合わせた、いわゆる伊佐津川の瀬替《せがえ》がされたので、それまでの湿地は干拓され田畑となった。当村は京街道が通り、城下町と接していたため北部は町屋化が進み引土町・引土新町として田辺城下の一町となる。村中に京口見張番所が置かれ、京橋から松縄手にかけては藩主参勤交代の町役人らの送迎場所となった。高野川左岸に鋳物師《いもじ》が居住しており、幕末国松六左衛門は藩命をうけて大砲を鋳造した。（髙橋）

樋口小路《ひぐちこうじ》　→**万寿寺通**《まんじゅじどおり》

樋口町《ひぐちちょう》〔下京区〕

油小路通松原下る万寿寺までの両側町である。「六条殿に入る池水の土樋門のありし所と。又万寿寺の古名樋口に採るとも云ふ」（『京都坊目誌』）の前者ではなく、当町が南端に接する「樋口小路」によると考える。「寛永一九年（一六四二）寛永後万治前洛中絵図」に「樋口乃町」と読める。「元禄四年（一六九一）京大絵図」にも「ひ口の丁」とあり、その後変化はない。（小西）

日暮通《ひぐらしどおり》〔京都市・南北の通り〕

開通は元和年間（『京都坊目誌』）とも、慶長末年かとも。いずれにしろ徳川の世になって、二条城の開城にともない、かつて占めていた、豊臣秀吉の聚楽第が廃城した敷地内に設けられた通り。松屋町通と智恵光院通の中間にある。当初は北は一条通からであったが、現在は中立売通から、二条城に突き当たる竹屋町通に至る。「ひぐれ」でなく「ひぐらし」、一日を過ごすの意。名の由来について『京都坊目誌』は「相伝ふ聚楽第の正門、此街に当る。門の構造装飾極めて華麗にして、望見するもの暮るるを知らず」といわれたのが由来という。出水通と交差する辺りに、「日暮門址」とするところ有り。（糸井）

髭茶屋《ひげちゃや》〔山科区〕

近世に成立した東海道（三条街道）沿いの町である。文化四年（一八〇七）に挑燈町・髭茶屋町・八軒町の庄屋・年寄の連名で、比留田権藤太宛に提出した三村の「由緒書」（「比留田家文書」）に、「往昔より老人供申伝へ」として、秀吉が西国出兵でこの町を通過した時、人々が桃燈を門々に出して歓迎したことから、後に諸役を免除され、桃燈町の名前が与えられたという話を紹介している。天正年間（一五七三～九二）、方広寺大仏殿造営の際に街道が付け替えられたことにより、往来する人が少なくなり、申し出て今の所に移転した。「面体ニ髭沢山成老人茶店し経営居候ニ付」髭茶屋と呼ばれるようになったという。「髭面の老人」についての資料はなく、実在していたのか、店の看板として髭面の人物が描かれていたのか、「昼餉茶屋」が訛ったものかは不明。この地は奈良街道と東海道の分岐点（追分）であり、寛政九年（一七九七）に京都代官に提出した年貢減免嘆願書には、隣の八軒と同じく、旅人相手の茶店や京・大津間の荷物運送を生業とする者が多いと書かれている。

髭茶屋は大字名で、現在、区内の小字名は「桃燈町」「屋敷町」の二つである。（小寺）

肥後町《ひごまち》〔伏見区〕

伏見区役所の西、疏水（濠川）の東。「豊公伏見城の図」によると、この辺りに肥後熊本藩邸細川越中守の屋敷があったのに由来するといわれている。しかし、細川忠興の子息忠広が熊本藩の領主として移封されるのが寛永九年（一六三二）になるので「豊公伏見城の図」は信用できない。秀吉の時代は加藤清正が肥後守にあたるからである。その意味では家康の時代になってから、細川家の肥後町が生まれたと考えるべきだと思われる。『伏見大概記』にも「肥後町」に「細川越中守御殿有」とある。幕末にはここに林肥後守（伏見奉行）の屋敷があったから名付けられたとする説があるが、同じ幕末の「城州伏見札の辻」の地図には「細川ヒゴ丁」とあり、林肥後守の屋敷は確認できない。細川の屋敷の場所は変わっていないといえる。なお、肥後守清正の屋敷は町名でなく肥後橋として残されている。（明川）

久次《ひさつぎ》〔京丹後市峰山町〕

久次は、古代の比治里《ひじのさと》の一部として比定される地であると考えられる。『丹後国風土記』逸文「奈具社」の条に「丹後国丹波郡の郡家の西北の隅の方に比治里有り」と見える。竹野川支流の鱒留《ますどめ》川流域に位置し、集落西方に久次岳《ひさつぎ》（五四一メートル）がある。久次岳は咋石《くいし》岳とも呼ばれ、峰山町赤坂（別項参照）に鎮座する式内社の咋《くい》岡《おか》神社はもともとこの地にあったという（『丹哥府志』など）。久次は、この咋石（クイシ）がもとクシであり、クシに「久次」の漢字を当てて後、ヒサツギと訓読するようになったのではないかとする。「クシ」は「奇《く》し」か。宮谷には弥生後期から古墳前期の遺跡があり、式内社の比沼麻奈為《ひぬまない》神社が鎮座する。同社の祭神は豊受大神《とようけのおおかみ》、ニニギノ命、天児屋根《あめのこやね》命、太玉《ふとたま》命。また、南東方一〇キロほど隔たったところに磯砂《いさなご》山（六六一メートル）があり、比治《ひじ》山、真《ま》名為《ない》岳、足占《あしうら》山の別名をもつ。同逸文にある比治山伝説の地として、久次岳説と磯砂山説がある。「丹後国田数帳」には、丹波郷の中に「久次保」とみえる。（水野）

菱川町《ひしかわちょう》〔伏見区羽束師〕

外環状線横大路の西の羽束師橋を渡った辺りの地域、桂川と鴨川の合流地の右岸、桂川と小畑川の氾濫によってできた砂礫層・粘土層の低湿地だった。菱川はその中央にあたる。仁平三年（一一五三）八月八日条の「台記別記」に荘園の名前として「菱河御庄」、建長五年（一二五三）の「近衛家文書」に「山城国菱河庄」が見える。菱川の「菱」は洲（ヒジ）といい、砂が盛り上がってできた島、泥ぬかるみ（『万葉集』三四四八、『古今集』序）の意味があるので、そこから由来した菱川《ひじがわ》ではないか。「ひし」の語源はヒシグ（拉）・ヒシゲルの語幹ともいう（地名用語語源辞典）。文明八年（一四七六）四月一一日付の「久我御領並び諸散在田数指出張」には中ヒシ川の地名が見える。菱川町は羽束師四ケ町の中では大きな町なので、古くから集落が開け、水害はあまり無かった村だったと推定される。（明川）

菱田《ひしだ》〔相楽郡精華町〕

町の北端。木津川左岸の河岸平野で水田が開ける。条里遺構を示す五ノ坪・六ノ坪・七ノ坪・八ノ坪・九ノ坪・十ノ坪などの小字地名が残る。『和名抄』下狛郷の一地域、のち下狛、菱田に分かれる。

地名としては早くには鎌倉期の寛元二年（一二四四）と推定される「大和春日神社文書」に「山城国菱田宿」とみえ、奈良街道の宿として存在したことが知られる。室町期は北野社領荘園・菱田荘だった。『蔭凉軒日録』長禄三年（一四五九）一〇月二四日条に、菱田中次郎なる人物が北野社青梅院領菱田荘を押領した記事がみえる。

ヒシはヒジの清音化で、ヒジとよむ地名は湿地を指すものが多い。ヒジ（泥）は泥やヌカルミをいう古語である（松尾俊郎『日本の地名　歴史のなかの風土』）。田は条里制水田を指す。地形分類図（池田碩ほか「南山城、木津川流域の段丘地形」『奈良大学紀要』九、一九八〇）をみると、木津川左岸西方にかつては蛇行曲流していた旧河道が残る。下狛から北側の大字菱田、京田辺市宮津にかけて川原、久保（窪）、川田地名が多く連なって残り、一帯は低湿地だったことを示す。（綱本）

比治里《ひじのさと》〔京丹後市峰山町〕

古地名。比治里は、『丹後国風土記』逸文「奈具社」の条に見える。同逸文には「丹後国丹波郡の郡家の西北の隅の方に比治里有り。此里の比治山の頂に井有り。其の名を真井《まなゐ》と云ふ。今は既に沼となれり。」とある。この比治里は、現在の峰山町鱒留《ますどめ》から久次《ひさつぎ》にかけての一帯付近に比定される。つまり、久美浜町と境を分かつ、比治山《ひじやま》峠の東方に広がる山峡の里を広く比治里と称したのではないか。同逸文にある比治山伝説の地としては、久次岳（五四一メートル）説と磯砂山《いさなご》（六六一メートル）説がある。久次岳は真名井《まない》山、あるいは真名井ケ嶽ともいわれ、また、磯砂山は「一山四名」の山として、比治山の別称をもつ。いずれにしても、比治里はこの両山岳を含む山系にすっぽりと囲まれた山峡の里である。なお、先の逸文には「（老夫婦の惨酷な仕打ちを恨んだ天女が）我が心、荒塩に異なることなしと云ひしかば、仍りて比治の里の荒塩の村と云ふ」とある。荒塩村は奈良期に見える丹後国丹波郡内の村名であるが、『丹哥府志』『丹後旧事記』などは、峰山町荒山が荒塩村の遺名であろうとする（「荒山」「久次」参照）。（水野）

菱屋町《ひしやちょう》〔下京区〕

西中筋通（現在は堀川通の拡張後堀川通の歩道の位置）北小路下ル七条までの東側片側町である。屋号「菱屋」という大店があったのであろう。近世には西本願寺寺内町となった。「寛永一九年（一六四二）寛永後万治前洛中絵図」に「西中筋四町目」とある（「井筒町」参照）。「元禄四年（一六九一）京大絵図」は油小路通に現町名の「ひしや丁」とある。ところが、この絵図は六条通から始まる一つ西の通（西中筋）と油小路を六条で分離しない地図になっている。寛文五年（一六六五）刊『京雀』は油小路通と醒ヶ井通との間の竪町《たつちょう》として「ひしや町」と正しく記す。宝暦一二年（一七六二）刊『京町鑑』も西中筋通の「菱屋町」とする。（小西）

比治山《ひじやま》〔京丹後市峰山町〕

古代の山名。比治山は、『丹後国風土記』逸文に、「丹後國の丹波の郡の郡家の西北の隅の方に比治《ひぢ》の里あり。此の里の比治山の頂に井あり。其の名を真井《まなゐ》と云ふ。」として見える山である。『風土記』逸文の比治山は、峰山町久次《ひさつぎ》にある標高五四一・四メートルの久次《ひさつぎ》岳（別名、咋石《くいし》岳ともいう）であるとする説と、現磯砂《いさなご》山であるとする説がある。磯砂《いさなご》山は「一山四名」の山として、比治山の別称ももつ。また、峰山町の西方に位置し、久美浜町と境を分かつ峠を比治山《ひじやま》峠と呼ぶ。一方、久次岳と磯砂山を総称して比治山と呼ぶこともあり、一定しない。こうしてみると、水の豊かな比治の里を取り囲む山系を総称して比治山と言ったのではないかと考えられる。

（水野）

毘沙門《びしゃもん》〔亀岡市千歳町〕

大堰川左岸で牛松山の西麓にある村名。かつて国分寺の正門が集落の入口にあり、その門に毘沙門天像が祀られていたことが地名の由来となったと言われる（『丹波志』）。毘沙門天像は明治六年（一八七三）に新造されて、村内の曹洞宗神応寺に安置されている。

昭和三〇年（一九五五）からは亀岡市の千歳町の大字となった。

（安藤）

毘沙門町《びしゃもんちょう》〔下京区〕

若宮通五条下ル楊梅通までの両側町である。当町には、昭和二〇年（一九四五）の五条通の強制疎開までは、西側に大蓮寺という寺があった。開基深誉上人（寛永一〇年〈一六三三〉没）が祇園社（観慶寺）の勧進をつとめた縁で、明治維新の神仏分離時に、薬師如来立像（定朝の嗣子覚助作の公算大）など七体の仏像を大蓮寺に移した。その仏像の中に毘沙門天立像があった（『平安時代彫刻史の研究』）という記録もある。また、平安時代からの老舗仏具店の田中伊雅仏具店が、強制疎開時、大蓮寺の向いにあった（現在は万寿寺通角）。その仏具店の社長のご母堂の回想では、仏具店に隣接して町内の「毘沙門天」があった。後に、大蓮寺に預かってもらわれた。後者が妥当であろう。「寛永一四年（一六三七）洛中絵図」、「寛永一九年（一六四二）寛永後万治前洛中絵図」とも、「毘沙門町」と、現町名を記す。宝暦一二年（一七六二）刊『京町鑑』に「毘沙門町」とあり、変化はない。

（小西）

毘沙門町《びしゃもんちょう》〔中京区〕

毘沙門天の町の意。「毘沙門」は、毘沙門天の略称。四天王・十二天の一で、北方の守護神。また七福神の一でもあり、財宝・金属の守護神として鉱山・製鉄関係者や鍛冶師の信仰を受けた。『京雀』には「そのかみこの町に毘沙門堂あり今は姉小路通あぶらのこうぢを西へ入町かぢや町の北行にうつしかえて侍り」とあり、ここからは当町に古く毘沙門堂があったことと、姉小路油小路西のかぢや町（現・鍛冶町）へ移転したことが知られる。『京雀』後続部分には、この町に来金道・伊賀守金道・丹後守吉通・越中守政俊・出羽守国道という、五人の名鍛冶の居住したこととともに、各種刀剣が製造されたことが記される。

当町の毘沙門天も、おそらく鍛冶師たちの信仰を受けたものであろう。なお当町の周辺には「夷川町」「弁財天町」「大黒町」など、福神信仰と関わる地名が多く、中世末から近世にかけての福神信仰の隆盛との関わりが考えられる。

当町は平安京の大内裏の東にあたり、『拾芥抄』によれば平安期には東側は大炊殿、西側は陽成院の一部に相当。近世期には二条城の東にあたり、近隣の町地とともに職人町を形成していた。町名については近世期を通じて変化はない。

（真下）

毘沙門町《びしゃもんちょう》〔東山区〕

安井門跡（蓮華光院）の本尊が毘沙門天であったことが町名由来となったとする（『京都府地誌』）。所在は東大路通松原上ル四丁目。建仁寺のある小松町の東に隣接し、東大路通に面する。

明治元年（一八六八）下京区に編入、昭和四年（一九二九）に東山区に編成。

町名の由来となった安井門跡は、平家打倒で挙兵した以仁王の子道尊が仁和寺（右京区）境内に建立した寺で、その後葛野郡太秦村安井（右京区）を経て元禄八年（一六九五）に当地に移転したもので、旧地にちなんで安井門跡とした。したがって当町もその頃から町として発展したものと考えられる。安井門跡は明治九年（一八七六）に廃寺となった。なお『京都坊目誌』に「元禄八年（一六九五）以来、安井門前と称す」とあり、安井門跡が当町に移転して間もなく、「安井門前」の名が通行した。さらに後には、当地に人家が多く建てられたことから「安井門前町」は「安井新屋敷」とも言われたという（『京内まいり』）。

（忠住）

毘沙門堂町《びしゃもんどうちょう》〔山科区安朱〕

毘沙門堂は、大宝三年（七〇三）、文武天皇の勅願により上京区の出雲路の地に、僧行基によって開山されたことに始まる。度重なる戦乱により、寛文五年（一六六五）、当地に再興された。『雍州府志』に「寛文年中門主公海僧正之を再興す。五百七十石の寺産あり。此の地元禁裏の御領地たり。之を賜い寺となさしむ」とあり、門跡寺院として崇拝されたきた。ただし、毘沙門堂は安朱稲荷山町に鎮座しており、毘沙門堂町は寺院の裏山一帯を指す地名である。毘沙門天は多聞天と同一とされ、北方を守護する仏である。毘沙門堂は毘沙門天が示現される場所であるが、常住されている訳ではない。人々の祈りによって北方からやって来るのであり、その通り道として、あるいは、毘沙門天の住む場所（仏の住む世界を支える須弥山の北方）に繋がる聖地として意識され、あえて寺院の北側を毘沙門堂町と名付けたのであろう。なお、毘沙門堂が建立されて以来、この地に「屋敷町」「桟敷町」「馬場ノ西町」など、毘沙門堂に因む地名が多く生まれた。

（小寺）

樋尻《ひじり》〔城陽市寺田・富野〕

城陽市内に二ヶ所、小字名として存在する。「寺田樋尻」・「富野小樋尻」である。また市内市辺には樋ノ上という小字名もある。この三つに共通するのは、東部丘陵地から流れ落ちる「山川」が平野部に達した天井川となった付近に位置することである。樋尻・小樋尻に共通するのはその堤が解消する部分で、川はそこから掘りこみ河川となった位置からこの地名が始まる。樋ノ上は堤の上流域にある。すなわち「樋」は、平野の一段高い堤の通水施設であり、それが途切れるところが樋尻である。寺田の樋尻を意識して隣の富野では、小樋尻となったものであろう。

（福富）

備前島町《びぜんじまちょう》〔中京区〕

蛸薬師通河原町東入ルの町。「備前」の語については『京都坊目誌』『京都府地誌』に、高瀬川開削時に備前国から舟師を招き居住させた地であるという伝承がみえる。「島」については、町地の東側に高瀬川が流れ、南北には高瀬川の水を引いた舟入があって、三方を水路に囲まれるという、あたかも島の状態を呈したことによる。

鴨川の河川敷に近く、平安京では京域外にあたる地であり、慶長一六年（一六一一）の高瀬川開削以降に町地となった。高瀬川沿いの三条通・四条通周辺に共通する傾向でもあるが、開発直後は木材をはじめとする物資の集散・加工地として機能し、後に藩邸が並んだ。当町の場合は土佐藩邸があり、町内北側の岬神社は、往時の土佐藩邸の鎮守の神だったとされる。

寛文頃までは町域・町名が流動しており、「ならや町」「しおや町」「土佐殿ほりばた」の三町から成ると表示する地図（「寛文末洛中洛外大図」）がある一方で、「豊前島の町」（寛文五年〈一六六五〉刊『京雀』）の名も見える。「備前島」に統一されるのは、宝暦一二年（一七六二）刊『京町鑑』以降であった。

（真下）

櫃川町《ひつがわちょう》〔山科区西野〕

櫃川に因む地名である。かつては旧安祥

寺川（御陵山ノ谷から厨子奥を経て粟栖野を通り勧修寺で山科川に合流する）を山科川と呼び、その下流を櫃川と呼んだとする説と、醍醐山地を源流とする現在の山科川を近世中期までは櫃川とも呼んだという説とがある。平安時代からの歌枕であり、現在の伏見区桃山町西尾あたりで大和街道が櫃川を渡る橋を「櫃河の橋」と称した。「日暮れなば岡の屋にこそ臥し見なめ明けて渡らん櫃河の橋」（作者不詳・『梁塵秘抄』）の歌に見られるように、風景の美しさだけではなく、「櫃川を渡る」ことに思い入れが強かったようだ。なお「櫃」は食料品や貴重な物を入れる容器である「ヒツ」を指すのか、「石櫃」を指すのかは不明である。前者ならば、櫃川は「山科盆地の田畑を潤し食料をもたらす川」、あるいは「それらを運搬する川」となる。後者ならば「巨石や古墳に因む川」の意味となろう。（小寺）

日出《ひで》〔与謝郡伊根町〕

岩ケ鼻日吉神社（宮津市岩ヶ鼻）の天文一八年（一五四九）の棟札（伊祢庄一宮山王社）に「日出村」とあるものが初出の地名である。慶長七年（一六〇二）の「丹州与佐郡伊祢庄日出村御検地帳」（筑波大学所蔵）から、中世には伊祢庄の領域に含まれていたことがわかる。「慶長検地帳」以降は、「日出村」と表記され、明治時代に至る。（新谷）

氷所《ひどころ》〔南丹市八木町〕

当地には古代に朝廷に氷を献上する氷室があったことが地名の由来である。地名「氷室」は旧神吉下村の向山北麓にある小字名。幡日佐・氷室（はたひさ・ひむろ）両神社（八木町氷所）。祭神は「品陀和気《ほむだわけの》命《みこと》」と「氷室命」、幡日佐神社は延喜式内社。創祀時期は不明。一六六九年に同町神吉地区にあった氷室神社を合祀して、幡日佐・氷室両神社となった。氷室とは冬にできた氷を夏まで保管しておく場所の事で、昔は神吉区に氷室があり、夏になると御所へ氷を献上していたという。『延喜式』（主水司）には「丹波国桑田郷池辺一所」として氷室が所在したことを記す。また承久三年（一二二一）の北条時房書状「氷室文書」には「丹波国神吉氷室司等訴事」とあって、氷室は氷室司の管理のもとにあったことが分かる。また文明五年（一四七三）の「氷室文書」では「禁裏御料所丹波国氷所内氷室神主名主百姓跡」とあり、「氷所」が禁裏御料所であったことが知られる。

氷所は室町期から戦国時代には丹波国船井郡吉富新庄のうちの保名として現れる。そして江戸時代から「氷所村」であったが、昭和二六年から八木町の大字となった。（安藤）

日野《ひの》〔伏見区〕

醍醐寺の南、法界寺の辺りの丘陵地。日野は古くから桓武天皇・公家らの遊猟地であった（『類聚国史』延暦一四年〈七九五〉三月一六日他）。日野は各地にある地名である。①「日当たりの良い地」藤岡説。②「ヒノキの生えていた原野の檜野」吉田茂樹説。③公家日野氏の名字地。④藤原鎌足が山科に住んでいた時、老翁からこの地に天押雲命を祀れと託宣を受けた。地形が奈良の春日野に似ているので春日野の札を立てたところ、鹿が標識の「春」をなめて抹消、神慮と思い、日野と称するようになった（『古寺巡礼京都』法界寺）。④は日野資業がここに日野寺（法界寺）を建立したのは一二世紀半ばと思われる。奈良の春日社が藤原氏の氏寺的性格を帯びるのは一一世紀頃になるので、桓武天皇の遊猟地の頃からの春日野は考えられない。平安後期にここで毎月三回、「市」が開かれていたことは、人の出入りする自由な丘陵地としての

条件が整っていた場所ではなかったか。即ち日の当たる「日野」ではなかったか。（明川）

日ノ岡《ひのおか》〔山科区〕

日ノ岡は、東国から京へ入る時の東海道最後の登り道の地であり、幾多の歴史の舞台ともなってきた。語源として次の三説がある。①三方が山に囲まれており、東の方だけが開かれていて、日の出とともにまず日があたる地だから（『山州名勝志』『宇治郡名勝誌』）。これに類似する説として、天智天皇がこの地に狩りに来た際、この地を日の出る岡と評したことによる（『陵ヶ岡』一九八〇）、また、「朝暾の風向が佳絶なるところより此の名が生まれた」（『京都府山科町誌』）との説もあるが、朝日が当たることが共通点である。②この地に日向大神宮が鎮座しており、「日向」を「ひのおか」と読むから。日向大神宮は、社伝によれば「顕宗天皇の御宇筑紫日向の襲の高千穂槵觸峯にありし神代の跡を此日御山に移し社殿を創建」（『京都府宇治郡誌』）とある。顕宗天皇は二三代目の天皇で、四八五年から八七年まで即位していたとされる。応仁・文明の乱で焼失し、江戸時代になって再建される。境内の朝日の清水から事代主の神像が出たとの伝説があり、現在も新年を迎える「若泉祭」として伝統が受け継がれている。「京都の伊勢神宮」とも呼ばれている。③都の地から近江の地へ向かう境界となる岡の意味だから（吉田金彦説）。つまり、雅の地と鄙の地を隔てる岡、ヘナルオカ（隔岡）であったのが、ヒノオカと呼ばれるようになったとする。

日ノ岡は大字名で、現在、区内に「朝田町」「夷谷町」など、八つの小字名がある。（小寺）

樋之口町《ひのくちちょう》〔中京区〕

（高瀬川の）取水溝（樋の口）がある町、の意。二条通を挟む両側町で、東西は木屋町通から河原町通の東側まで。実際の取水口は「角倉与一殿樋口やしき」（『京町鑑』）と呼ばれた角倉了以邸内にあり、現在の行政区分では東生洲町にあたる。樋之口町という町名は、関係者によって開削から間もない時期につけられた地名だろう。

高瀬川が角倉了以によって起工されたのは、今からおよそ四〇〇年前の、慶長一六年（一六一一）のことだった。京から伏見までの約一〇キロメートルの水路は、二条通の鴨川西岸から取水し、その際には北から南へ流れる高低差を利用した用水を引くことで、これを容易にした。

木屋町通北部の高瀬川の流れは、現在は一之船入付近以北については暗渠となっているが、天保二年（一八三一）刊「改正京町御絵図細見大成」などを見るならば、実際の取水路よりも北側にあたる部分の水路が、二条通の手前まで引かれていたことがわかる。おそらく水量の調整や増水時の対策としての水路と考えられるが、このような高瀬川の水流の全体像から見れば、一之船入町の北部にあたる当町が「樋之口町」であることは、きわめて自然なことといえよう。（真下）

樋之下町《ひのしたちょう》〔下京区〕

高倉通松原下ル万寿寺までの両側町である。当町西側の長香寺と町民の絆は強く、天明八年（一七八八）と元治元年（一八六四）の二度にわたる大火で類焼した時、そのたびごとに、近隣町内の浄財で再建されている。同寺の伽藍の「樋の下」に守られている町民の意識が表れている。長香寺の寺伝によると、この寺の建立の由来は、家康の側女中おこちゃが、京都に、浄土宗僧称阿（中井正和）を開山とする寺の建立を希望し、所司代板倉勝重が一町四方の寺地を指定し、幕府金座頭後藤庄三郎、大工頭中井家の初代中井大和守正清の努力で、慶長一四年（一六〇九）には本堂、書院、庫裏など主な建物が完成した。本尊阿弥陀如来は恵心僧都（源信）作と伝えられる。中井正和がこの寺地を拝領し、捨て置きがたいと中井家代々の墓所と定めた。「寛永一九年（一六四二）寛永後万治前洛中絵図」に、すでに現町名の「ひの下町」とある。宝暦一二年（一七六二）刊『京町鑑』には「樋下町《ひのした》」と記す。以後変化はない。

（小西）

樋ノ尻《ひのじり》　〔宇治市宇治〕

樋は、用水路で、水路の最後尾の意。折居山一帯を水源とする折居川は、小規模な扇状地を形成し、平常時は水無し川であったが、その伏流水によって名水・良質の茶園地をもたらしていた。一方、ちょっとした雨でも増水しては、宇治郷中心部に溢れ出す暴れ川でもあった。そのため、北流していた流れを、扇状地上部、一ノ坂あたりで北西に変更し、樋を設けて井川を越え、宇治川旧流路の一つである古川に流入させていた。寛永一〇年（一六三三）、この井川との交差点に長さ一二間（約二二メートル）、内法《うちのり》三尺五寸（約一メートル）四方の石樋を架した。そのことからの名。「宇治郷総絵図」（一八世紀前半頃）では樋尻。「宇治郷明細帳写」（延享元年〈一七四四〉）に「宇樋尻井筋用水」とある。字地としては、『（宇治郷）村誌』（明治一四年〈一八八一〉）に「樋尻」とあり、ヒジリと振り仮名がある。石樋跡は掛越《かけこし》といわれたが、現在、小字名は残っていない。昭和二六年（一九五一）市制発足時は、樋ノ尻。（髙木）

緋明神町《ひのみょうじんちょう》　〔右京区嵯峨小倉山〕

小倉山の東麓で二尊院の南側にあたる地で、田畑がみられる。平安期初めの嵯峨天皇第二皇女である有智子内親王の墓に祀られた緋の明神の名に由来する。明神のあるところは、有智子内親王の山荘の跡と伝えられており、現在は墓は方形、榊の生垣が周りを囲む。内親王は弘仁《こうにん》元年（八一〇）に賀茂社の初代斎王となり、天長《てんちょう》八年（八三一）に退下してこの地に住んだ。後世、墓の上に小祠をつくり、姫明神として祀った。これが緋の明神や日裳《ひも》明神と称された後、嵯峨天皇皇后（檀林皇后）の緋の袴を埋めたとする緋袴明神と誤って伝えられた。明治初年に発見された条里図により内親王の墓と判った。

（岩田）

氷室町《ひむろちょう》　〔北区西賀茂〕

鷹峯の北西の山中には、『延喜式』主水司に愛宕《おたぎ》郡氷室五ヶ所とよばれる氷室がいくつかみえる。長坂氷室、栗栖野氷室など、その山中の地形を利用した氷の貯蔵庫が存在した。とくに栗栖野氷室はその跡が残り、禁裏に氷を供具する任を務めた清原氏の領地である。

（天野）

姫髪山《ひめがみやま》　〔福知山市〕

福知山市街地の西北にある山で、和久川流域と牧川流域の間に位置する。標高は約四〇六メートル。『丹波志』では「姫神山」と記される。また南東山麓に長安寺があるため「長安寺山」とも称される。山名の由来は、和久の地にある天照玉命神社の神体山（神南備山）であったと考えられており、女神への信仰が地名の背景となっている。

長安寺は、薬師如来を本尊とする臨済宗の寺院で、山号は医王山。「寺伝」では元は真言宗寺院であり、往古は金剛山善光寺と称し二五の坊院を有していたというが、応永年間（一三九四～一四二八）に焼失したという。寺の裏には福知山藩一〇代藩主朽木綱方の歯を埋葬した塚があり、その碑文は綱方が師事した儒者・佐藤一斎が撰したものである（『京都府の地名』）。

（安藤）

百軒長屋《ひゃくけんながや》 〔伏見区桃山町〕

桃山東陵の南に位置する。慶長元年（一五九六）秀吉が明からの講和使節を伏見城に迎えるため、急きょ使節随行員の宿舎をたくさん建てたという（『城下町伏見町名の由来と秘話続』）。それを百軒長屋というのが由来である。場所は城のお舟入りの近くで、学問所の北側にあたる。一説には船入りの仕事に携わる身分の低い武士たちがたくさん住んでいた長屋なので、この名があるという。

山林・竹林の多い地域だが、多くは乃木神社・桃山御陵の所有地となっている。船入りの辺りは埋め立てられ、一部は新興住宅地となっている。 （明川）

百万遍町《ひゃくまんべんちょう》 〔上京区〕

大正五年（一九一六）刊の『京都坊目誌』では、正保元年（一六四四）に官命により、寺町通荒神口にあった百万遍知恩寺の近辺の百万遍町に住む人たちが、この地に移住させられ、もとの町名を付けたとする。町は南北に通る千本通の両側で、北は仁和寺街道の少し南から南は上長者町通までを町域とする。「寛永一四年（一六三七）洛中絵図」では、まだ畑地となっているが、承応二年（一六五三）の「新改洛陽并洛外之図」には「百万返丁」とあり、このころに町屋が出来てきたと考えられ、江戸時代からの町名である。 （清水）

日吉町《ひよしちょう》 〔東山区〕

当町の北を通る七条通の西端にある氏神の新日吉《いまひえ》神社から由来するという（『京都坊目誌』）。所在は七条通鞘町西入ル。七条大橋の東南に位置し、北は七条通、南は一《いちの》橋宮ノ内《はしみやのうち》町まで。

かつては鴨川の河原が広がっていたと考えられ、慶長年間（一五九六〜一六一五）にそれを耕地化したが、町としての展開は遅く、後の『京町鑑』にようやく「日吉町」の名をみる。明治元年（一八六八）下京区に編入、昭和四年（一九二九）に東山区に編成。 （忠住）

平居町《ひらいちょう》 〔下京区〕

五条西木屋町から南西に斜行する道路に沿って、六条通の延長線上までの両側町で、一部北部で西木屋町に接する。「本町西部の地は概ね土居敷の藪地なり。宝暦八年（一七五八）川口庄助。増野伊右衛門等官許を得て之を開拓し。遂に町地と為し」（『京都坊目誌』）たとある。「お土居を平らにした跡地の町」の意であろう。「寛永一四年（一六三七）洛中絵図」は「ヒライ丁」とある。町域は現町域より南に広い部分とする。宝暦一二年（一七六二）刊『京町鑑』に、「五条新地」の「平居町」とある。「天保二年（一八三一）改正京町御絵図細見大成」は竹林院、等善寺の東側「南京極丁」の位置を「平居丁」としている。「寛永一四年の洛中絵図」と視点が同じである。 （小西）

平尾《ひらお》 〔木津川市山城町〕

北を不動川、南を鳴子川が西流し、沿岸には東西に旧集落が連なる。両河川の間には、「川」「河原」「池」「岸」など河川の氾濫や土地の低湿を示す小字名が目立ち、氾濫原・後背湿地・自然堤防からなる地形条件をよく示す。

不動川南岸付近は近世、小平尾村だった。貞享元年（一六八四）の「平尾村絵図」（山城町教育委員会蔵）によれば東部の山地ははげ山であり、不動川は砂川で、土砂流出による天井川の発達によって集落・田畑は大きな影響を受け、治山治水が課題だった。『相楽郡誌』は、はげ山の原因について、「中古奈良東大寺等建築用材の此川（木津川）筋に仰ぎしより漸次森林は伐採せられ漸く土砂を流すに至りし」と記す。

鳴子川北岸付近は近世は大平尾村だっ

た。「平尾村絵図」によれば、鳴子川は砂川で、低地に入って天井川を形成し、木津川への流入口では田地より川床まで五間の高さがあった。北河原村境と川との間には「平尾荒場」が広がり、南岸堤は北河原村が修理し小竹を植えている。

　鳴子川付近の地区は、昭和二八年ころまで低湿地をなしていたが、鳴子川の破堤による埋積と、それにともなう耕地整理の結巣、今では高燥な水田地帯となっている。平尾の初見は、『大乗院寺社雑事記』文明一七年（一四八五）一〇月一九日条に「平生」、挿図に「ヒラウ」とある。平は傾斜地を指し、生は長くのびる意で、平生は山裾に延びた傾斜地をいうのだろう。（綱本）

平岡町《ひらおかちょう》〔下京区〕
　鴨川川端正面上ル一筋北の通り、西の通りにも面する。当町も元雑色支配の耕地であるから、その字名「平岡」を町名とした（「菊屋町」参照）。「寛永一四年（一六三七）洛中絵図」に「平岡丁」とみえる。宝暦一二年（一七六二）刊『京町鑑』の「六条新地」に「平岡町」とある。位置は「七条新地であるが、六条新地の支配下にある」と但し書きをしている。（小西）

平川《ひらかわ》〔城陽市〕
　市最北部の大字名。木津川東岸の平坦地に位置する。地名は東部丘陵地帯からもと西方の古川に注いだ川の名とも、あるいは木津川が現在より東を流れていた頃の名ともいわれるが不詳。大谷川の扇状地には車塚古墳をはじめとする久津川古墳群がある。またその南方（平川古宮）に平川廃寺（白鳳～平安初期）がある。平川廃寺発掘の際、地下から幾筋かの旧河道が発見されており、それらが大谷川の扇状地を西の古川に向かって流れていた平川であろう。扇状地の土砂に遺跡が埋没していたことから、いくたびもの氾濫があったものと考えられている。現在大谷川（上流はもと山川とも呼ばれた）は西北に向かって流れており、人工による付け替え工事によるものといわれる。その川を『日本書紀』仁徳紀にみえる「栗隈大溝《くりくまのおおうなで》」とみなす説もある。平川（平河）の文献初見は、鎌倉時代末期の正安元年（一二九九）に出された「六波羅御教書案」（『史料が語る城陽近世史第四集』）。江戸期に村名「平川村」。もと扇状地から平地へ流れていた川名が語源で、その付け替えによる川筋変更後も以前の川への記憶が残され、語り伝えられたものであろう。（福富・齋藤）

開キ町《ひらきちょう》〔北区衣笠〕
　開キ町は紙屋川両岸にまたがる地域である。紙屋川が蛇行し、鷹峰旧御土居町西の低湿な谷底低地で両岸は崖である。谷底低地は北野天満宮まで続く。近世には流域で新田開発が行われ、「正式二万分一地形図」（「京都北部」、明治四十二年測図）では、衣笠村開で、崖下の東岸縁に集落がある。あたりは竹林や水田があった。開の由来は、開墾地をいうのだろう。昭和一六年（一九四一）以降に西岸にも人々が住みついたという。過去に莫大な土砂を流失し、それが下流の市街地に水害を引き起こす原因になったということで、昭和一〇年の京都大洪水の経験もあって、昭和三三年（一九五八）比高六・五メートル、長さ七四メートルの衣笠砂防堤が造られた。だが、以後堤の上流側で平成八年（一九九六）・同九年・同一一年・同一二年と浸水が生じるようになった。平成二四年七月一五日一時間九〇ミリの豪雨で紙屋川が氾濫、沿岸の衣笠開キ町のすり鉢型の河川敷にある砂防ダム内集落が冠水した。（綱本）

開町《ひらきちょう》〔宇治市〕
　新規に開かれた所の意。現在は独立して

大字になっているが、もともとは、小倉村の人々によって開拓された、小倉村の飛び地であった所。本村の人たちが、あまりに水害が度重なるので移転を検討した場所であったという。その時には、結局、村を挙げての移住は実現しなかった。宇治市内には、大開・新田・新開・新村・出村・新屋敷など、新しく開墾したり干拓したりしたことを示す字名は数多い。上林又兵衛家に遺されている近世中期の絵図によれば、寛文九年（一六六九）から開拓されて、畑地になっている。『（小倉村）村誌』（明治一四年〈一八八一〉）の飛地の項に「宇治郷内字開キ畑」とある。　（高木）

平田《ひらた》〔与謝郡伊根町〕

岩ケ鼻日吉神社（宮津市岩ヶ鼻）の天文一八年（一五四九）の棟札（伊祢庄一宮山王社）に「平田村」とあるものが初出の地名である。熊野郡（久美浜町）にも、同名の平田村が存在する。山がちな地形の中でわずかであっても平野が見られることに由来する地名であろうか。慶長七年（一六〇二）の「慶長郷村帳」以降は「平田村」と表記され、明治時代に至る。　（新谷）

平田谷《ひらただに》〔京田辺市薪〕

傾斜のゆるい底の浅い平たい谷あいの地で、盆地状に広がる（「百々坂《ももさか》」参照）。文字通り平田の「田」は「平たい」（イ音脱落）の「田」の宛字である。鎌倉時代の弘安二年（一二七九）九月二〇日に、薪荘と大住荘が「平駄山《ひらだやま》」の領界や柴取りの事で相論し、文暦年間の差図を幕府に提出している。平駄山は平田山を指し、材木・柴がたくさんあった地である。今は、ゴルフ場になっている。　（綱本）

平出《ひらで》〔宇治市東笠取〕

この地域を開拓した人たちが、滋賀県大津市瀬田川沿いの平津村の人々であったことからの分村名で、平津村出村の意ではないか。笠取地区には、平出以外にも、稲出・奥出・別所出・黒出・辻出・森出と、出の付く小字名がある（森出以外は現存する）が、いずれも、稲津・黒津・森など と、対応する村々が大津市に存在する。笠取、わけても東笠取の人々は、今日でも買物など滋賀県側に出ることが多く、大津市との関わりが深い。延宝七年（一六七九）の文書である。「黒手村」も、黒出村と同じ意であろう。元禄一三年（一七〇〇）に筆写された「村方中本家山高帳」（原本は天正二〇年〈一五九二〉）に、「平出村分・稲出村分」の記載がみられる。　（高木）

平野《ひらの》〔北区〕

京都市北区にある平野神社周辺地域の名称。歌枕として著名であり、『八雲御抄』に「寄神社也」と記すように、平野神社を指す場合が多く神社に由来する町名であると考えられる。平野神社は延暦一三年（七九四）の平安遷都に伴い、平城京にまつられていた今木神・久度神・古開神を勧請したとされる式内社である（『京都市の地名』）。現在も方形の境内を取り囲む形で平野宮本町、平野宮北町、平野宮西町、平野鳥居前町と神社を中心とした方角で町名標記が残っている。

江戸時代までは小北山とも称されていた地域であるが、平野神社が中心にあるため、平野と呼称されるようになったものと考えられる。　（天野）

平野町《ひらのちょう》〔下京区〕

「平野屋」という大店が語源であったと考える。両替屋と分糸屋に多い屋号である（『京羽二重』）が、当町の場合は、仏具、寺院関係の法衣などの布地に関係して、「分糸屋」の大店の可能性が高い。新町通正面下ル北小路までの両側町の場合は、西本願寺の旧寺内町に属していた。「寛永一九年（一六四二）寛永後万治前洛中絵図」に、六条から数えて「新町三丁目」とする。寛文五年（一六六五）刊『京雀』は「三町目」とのみ記す。宝暦一二年（一七六二）刊『京町鑑』には「平野町」とある。

上平野町は不明門通五条下ル鍵屋町までの両側町で、貞享二年（一六八五）刊『京羽二重巻二』の「此通諸職人」の項に「仏具」の職人が多いとある。「上」「下」一町節があり、『京都市の地名』は、二町に分かれた年代はわからないとするが、寛永一四年の絵図で、すでに、「上」「下」がついており、南北一町の時期はなかったと考える。宝暦一二年（一七六二）刊『京町鑑』に「上平野町」とあり、以後変化はない。

下平野町は、不明門通鍵屋町下ル六条までの両側町で、北の町に対して「下」を冠する。「寛永一九年（一六四二）寛永後万治前洛中絵図」は、「下平野町」とする。宝暦一二年（一七六二）刊『京町鑑』も、「下平野町」と記し、以後も変化はない。（小西）

平野道《ひらのみち》〔京都市・南北の通り〕

一条・三条両天皇の火葬塚そばの鏡石通から南へ仁和寺街道に至る通り。平野神社の東面を通ることから付いた名。ちなみに、平野神社前から東に延び、北野天満宮の北面を通る、東西の通りは「平野門前通」という。

平野神社は、桓武天皇が平安遷都に際して、「今木神」など四座を移して祀った式内社で、「二十二社」の一つ。「今木神」は、桓武天皇の母高野新笠の祖先である百済王を祀ったもの。「今木」は今来で、新しく渡来してきたことを意味する。どこから移されたかについては、大和国高市郡（今来郡）から長岡京へ、さらにそこから移されたとする説など、諸説がある。（糸井）

平屋《ひらや》〔南丹市美山町〕

上平屋と下平屋に分かれていた。下平屋は由良川上流の右岸にある村。その上流側に上平屋がある。古代は『和名抄』に記す桑田郡弓削郷の地。鎌倉時代には野々村庄に属した。下平屋遺跡から縄文時代の石棒、凹み石などが出土している。また下平屋集落は城山の東麓にあり、城山には中世に豪族・川勝氏が築城した島城跡があり、地域の中心であった。地名の由来は明らかでないが、早くから開けた所で、家々が建ち並ぶ様子を語る地名であろう。

昭和三〇年（一九五五）から美山町の大字となった。（安藤）

飛龍《ひりゅう》〔向日市寺戸町〕

このあたりはかつては湿地帯の水田で、降雨時は東を流れる農業用水の深田川（寺戸川）が溢れ、水浸しになった（「渋川」参照）。中世に桂川流域の諸荘園を灌漑する目的で桂川用水が開削された。用水は桂（京都市）の川岡、向日市の物集女、寺戸、森本などに送られ「寺戸川」と呼ばれた。阪急京都線以東は広大な桂川の氾濫原でかつては水田地帯だった。向日丘陵側から麓の段丘を経て流れる雨水はこの地に集中した。

地名由来は、突風が吹くと水は竜巻のように舞い上がることがあり、あたかも竜が飛ぶように見えたので、「飛りょう」と呼ぶようになったという伝承がある。江戸時代の寺戸村の字名は「飛りよう」であるが、ヒロイ（従）の転訛だろう。『岩波古語辞典』に「ひろい（従）〈ヒロキ（広）の音便形〉同じ位階のうちの低い方。正位を『おほい』というに対する」とある。つまり、地形では「低い地」をいい、河川沿岸の水害地をいう（『あぶない地名』）。さらに、昭和三〇年から四〇年代の高度成長期の急激な宅地開発による市街化の形成に伴い、地中への浸透量が減り、多くの雨水が寺戸川に一気に流れ込むようになった。浸水被害を守るため、京都府は二〇〇一年から西京区・南区・向日市域の雨水貯留施設「呑龍」を建設し、長岡京市勝竜寺まで二〇二三年に完成予定である。二〇一一年は向日市域がほぼ完成しており、被害が軽減された。（綱本）

広河原《ひろがわら》 〔左京区〕

京都市最北部の山地を水源とする早稲谷《わせたに》川や能見川が桂川に合流する辺りの谷間集落で、もともと「船ヶ原」と書かれて「ふながはら」と呼ばれていた土地。それが訛って「ひろがはら」となったと考えられる。フナ（船形の窪地）ガ（の）ハラ（開けたところ）か。寛永（一六二四～四四）頃からこの地に丹波国山国《やまぐに》庄の十ヶ村が山番として出入りし、徐々に定着する人口を増やしていき、寛文（一六六一～七三）頃には山国十ヶ村の出村となっていたが、延宝元年（一六七三）に八桝村などの近隣諸村と組んで山国十ヶ村と境相論を起こし、独立村としての性格を強めていく。当時はまだ「船ヶ原」と呼ばれていて、「広河原村」の初見は延宝四年（一六七六）の検地帳である。

広河原村は、昭和三二年（一九五七）、左京区に編入されるまで、「愛宕郡《おたぎ》」という郡名を冠していた（「愛宕《おたぎ》」参照）。（笹川）

広沢町《ひろさわちょう》 〔右京区嵯峨〕

広沢町は広沢池の大半を占める地域で、町名は池の名称に因る。西日本では「沢」は、水たまりや池などの湿地の意味をもつ。広沢池は西方にある大沢池より大きく、周囲一・三キロメートルあるため池で、造営は、永祚《えいそ》元年（九八九）西北の朝原山に遍照寺が建立された折にとも、さらに古く秦氏一族による開墾の時ともいわれる。公家の日記の『九暦《きゅうれき》』承平《じょうへい》六年（九三六）一一月六日に載る例が早い。嵯峨野の開拓のため、八世紀ないし九世紀頃に建設されたのではないかと推定されている。広沢池は、古来より観月の名所として名高い。元は嵯峨町上嵯峨字広沢。別に江戸期～明治中期の池裏村を元とする「嵯峨広沢」という地名があり、それを冠した六町が存在する。（岩田）

広芝の辻《ひろしばのつじ》 〔宇治市五ヶ庄芝の東・西浦・梅林・大林〕

芝は芝原で、広い草原にある四辻の意。芝原は、「芝原　七拾四間　稲干場／四拾間　牛飼場／是は往古よりの稲干場斯の如し」と「小倉検地帳」（延宝七年〈一六七九〉）にあるように、稲干場や牛飼場に使われている、丈の低い草の生えた広場である。古く五ヶ庄村の一つ広芝村のあったところである。広芝の辻は、六地蔵・木幡を経て南下してきた奈良街道がそのまままっすぐ宇治橋まで至る道と、宇治川河畔の御殿の浜（岡屋津）から東行して上ってくる道とが交差する地点で、制札場も設けられている交通の要衝であった。御殿の浜からの道は、直進すれば自然地形に沿って崖下を巻くように、万福寺門前から大鳳寺村を通って、同じく宇治橋に至る。前者は奈良朝成立後に計画された道であり、後者は古くからある自然道路であろう。『宣胤卿記』永正八年（一五一一）二月二七日条に「典侍已前行云云於宇治ノ廣芝追付…」とある。芝の付く小字名が、元和四年（一六一八）の「五ヶ庄名寄帳」には、芝の北・芝の口・芝のそい・芝の東・芝西・芝あらてん・高芝・芝ノ畑・芝口小てん・芝ノソへなど数多く見られるが、そのうち現存するのは芝の東のみで、広芝の辻の北東に位置している。（高木）

広野町《ひろのちょう》 〔宇治市〕

広野は、広い、人の手の入っていない荒れ地の意。柳田国男の「野といふのは山の裾野、緩傾斜の地帯を意味する」（『地名の研究』）というのがよく当てはまる地形である。大久保村東側の、西に開けたなだらかな山林・原野の開拓が、淀城主永井尚政の発議によって着手されたのは、「円蔵院文書」によれば、慶安二年（一六四九）のことである。そこはもともと広野と呼ばれていて、大久保村に属する土地だったので、「今度興聖寺御建立成し為され候ニ付、大久保村広野新田ニ興聖寺末寺円蔵院…」（承応二年〈一六五三〉）とあるように、当初は大久保村広野新田という名が使われている（「新田《しんでん》」参照）。「山城国郷帳」（元禄一三年〈一七〇〇〉）には広野村と記されており、遅くとも元禄頃までには村落としての姿をととのえていったものと推察される。奈良街道沿いの両側に、町並みが計画的に整備されたのと、ちょうど宇治へ向かう奈良街道と伏見に向かう大和街道との分岐点であったこともあって、『（広野村）村誌』（明治一四年〈一八八一〉）によれば、大久保村が一〇九戸であった時に、広野村は二七七戸と、親村を凌いでいた。

久世郡大久保町広野が宇治市広野町になったのは、昭和二六年（一九五一）の宇治市制発足時からである。（高木）

広橋殿町《ひろはしどのちょう》〔上京区〕

この地に鎌倉時代からの公家である広橋家の屋敷があったことによる。広橋家は藤原氏の流れで、日野家から分かれた家系で、内大臣などになった家柄である。町は東西に通る一条通をはさんだ両側で、東は烏丸通から西は室町通までを町域とする。「寛永一四年（一六三七）洛中絵図」や元禄四年（一六九一）の「京大絵図」では「西一条丁」とするが、天保二年（一八三一）の「改正京町絵図細見大成」では「広橋殿丁」とし、江戸時代後半からの町名である。（清水）

日和田《ひわだ》〔京丹後市網野町〕

日和田は、和田（ワタ）に「日」を付したものではないか。「ワタ」は「ワダ（曲）」（『広辞苑』）で、地形が入り曲がっているところを意味する。日和田も山峡が大きく湾曲したところで、佐濃谷川支流の三原川上流域に位置する。狭い谷間に位置し、ヒワ（罅）タ（処）、つまり、ひび割れた狭い谷間の意とも考えられる。（水野）

琵琶台《びわだい》〔宇治市〕

昭和五五年（一九八〇）に住宅地として造成・開発された地域に、宇治七名園の一つ琵琶園があったことに因む名。台は、微高地であったところから、当時新興住宅地の名として流行《はや》ったもの。宇治市内の大字名としては折居台・平尾台・天神台などがある。琵琶園は、宇治市役所辺りにあった。宇治市役所庁舎入り口前に、「琵琶園跡」の碑がある。琵琶園命名の由来は、そこが湿地であったことによるらしい。すなわち、琵琶は水輪《みわ》の転で、水辺の湾曲している地形で、湿潤なところのこと。折居川は、水無し川であったとはいえ、その西側、現字琵琶の辺りは湿地で、地形図をみると、折居川に等高線がぐっと入り込んでいる。近くには名水常夜《とこよ》ノ井もあった。その南側の緩斜面にできたのが琵琶園である。七名園は、足利義満が作らせ、室町時代まで溯るというが、「もり祝《いわい》宇もじ川しも奥のやまふもとの朝日琵琶を弾くなり」と名寄せ歌が知られるのみで、はっきりした史料はない。『嘉木誌』（天保八年〈一八三七〉）に「大内義弘に命じて久世郡宇治本郷に茶を植えさせらる。所謂七名園是なり」とあって、同じ茶園名が記されている。『（宇治郷）村誌』（明治一四年〈一八八一〉）の字地の項に「琵琶」とあるのみである。

なお、楽器の琵琶を伏せたように丸く膨

らんだ地形によるとも、また、古くは枇杷と書かれていたこともあって、植物枇杷の実の形、すなわち楕円形の地形からともいう説がある。（高木）

琵琶町《びわちょう》〔南区唐橋〕

もと七条村唐橋字琵琶塚・籠田。琵琶塚は四ツ塚の一つであったらしい（「四ツ塚」参照）。全国に散見される琵琶塚の名称から類推すると、前方後円式の古墳で、その形から琵琶塚と呼ばれたのではないかと思われる。（入江）

枇杷庄《びわのしょう》〔城陽市〕

市西部の大字名。西城陽高校辺の整然とした田んぼの区割りの残るところがある（条里制地名の痕跡を示す小字京縄手など）地域。枇杷庄村落（江戸期〜明治前期に村を形成）から北の京都を指してまっすぐに伸びる区割りの地、という印象は今でも残っている。「枇杷庄」の地名の由来は、もと当地は近衛家の荘園の一で、同家の祖藤原基通（平安末〜鎌倉初）の屋敷を「枇杷殿」と称したことから枇杷庄の地名が生まれたとも（『城陽町史』）、あるいは水輪（みわ）の転音（木津川はこの地のあたりで向きを変えている）ともいう（『大日本地名辞書』）。前者については、「枇杷殿」というのは平安京における藤原基経（平安前期）の屋敷であり（『拾芥抄』）、その息仲平は『大鏡』によると「枇杷の大臣《おとど》」と称された）、史実とは違うが、基通は晩年を京田辺市西中央部の普賢寺で過し、「普賢寺殿」と称されている。近衛氏が室町期以降枇杷庄とかかわりがあるのは確かで、近衛政家日記『後法興院記』文明一一年（一四七九）八月三日条に「一条院坊人好実上洛、就枇杷庄儀也」とみえている。そうした背景が「枇杷殿」伝承を生み、地名の語源をなしたと思われる。なお地元では「びわんしょう」と呼ばれている。（齋藤）

ふ

封シ川町《ふうしかわちょう》〔山科区椥辻〕

この地域の中央を山科川と封ジ（シ）川が流れている。また、地下水が湧く所も多く、その地は「生水」と呼ばれている。水量の豊富なことは農業に適している反面、治水対策が必要となり、この地は水との戦いを繰り返してきた。語源は、「この地に旧山科川が流れていたが、現在の山科川に流域を変えたために、川の水を止め使われなくなったので『封シ川』と呼ばれた」（鏡山次郎）との説が妥当であろう。この地周辺には旧流路の痕跡と認められる所が少なくない。（小寺）

武衛陣町《ぶえいじんちょう》〔上京区〕

室町幕府の管領斯波義将《しばよしまさ》は足利尊氏より武衛の称号を贈られた。この地に斯波義将の屋敷である「武衛陣」があったことによる。その後、この地に一三代将軍の足利義輝が「足利武衛陣第」を建てている。町は南北に通る室町通をはさんだ両側で、北は下立売通から南は椹木町通までを町域とするが、町域の大部分は平安女学院高校の校地である。天保二年（一八三一）の「改正京町絵図細見大成」に「武衛陣丁」とあり、江戸時代からの町名であるが、その後東と西に分れていたようで、明治七年（一八七四）提出の『全国村名小字調査書』では、東武衛陣丁と西武衛陣丁が明治二年（一八六九）に合併したとある。　（清水）

深草《ふかくさ》〔伏見区〕

深草は稲荷山の南西麓に位置するが、東高西低の野である。この地は番神山古墳・けんか山古墳など、早くから古代人が住み着いた。渡来人秦氏の根拠地として開けたところで、平安時代の貴族の墳墓・山荘・堂塔が営まれたところである。「紀伊郡深草郷」（『和名抄』）、「山城国紀伊郡深草里」（『欽明天皇即位前紀』）、皇極天皇二年（六四三）紀に「深草屯倉《みやけ》」と呼ばれる朝廷の倉庫の記載がある。この語は古い。最初は其処を徑由するというフ（経）カ（処）とクサ（川を渡る）という三語構成であった。稲荷山丘陵を経由して東西に行き交う。そして古い鴨川をも渡る、という意味であったらしい（吉田金彦）。深草弥生遺跡調査によると、シルト層（砂と粘度の中間の細かさをもつ層）よりアシの植生が認められ、低湿地であったことが判明している（三木善則「伏見の歩み」『伏見の歴史と文化』）。このことからフカはフケ（深ける・泓）の転で湿地、クサは「腐」で低湿地とする説（『民俗地名語彙辞典』）もある。

深草は葦・茅萱・浅茅生などの生える、文字通り草深い野であったことが推測される。『伊勢物語』一二三段に、「年を経て住み来し里を出でていなばいとど深草野とやなりなむ」が記載されている。深草の里を私が去って行ったら、名のとおり草深い荒れ野になってしまうことでしょうの意味である。「草深い」という文学的解釈も行なわれるようになった故である。　（明川）

深草稲荷御前町《ふかくさいなりおんまえちょう》〔伏見区〕

ＪＲ奈良線稲荷駅前、稲荷大社の表参道とＴ字型に交差する本町通の土産物屋・食堂などの商店街中心の町。御前町の由来は文字通り、稲荷大社の社頭、つまり門前にあたる町からきている。『伏見大概記』に「稲荷御前町」、『伏見鑑』に「摂取院稲荷御前町」の記載がある。摂取院は慶長年間（一五九六～一六一五）に僧道無の開いた寺であったが、国鉄（ＪＲ）稲荷駅の新設にあたって移転した。

賑やかだった商店街は国鉄稲荷駅（明治一二年（一八七九））・京阪伏見稲荷駅（明治四三年）などの新設によって、町の光景が変化した。伏見人形などのお土産の店は少なくなり、今はコンビニ、クリニックビル、喫茶店などとなり、由緒ある料理旅館も平成二二年、壊されて更地になってしまった。　（明川）

深草町《ふかくさちょう》〔下京区〕

東洞院通五条上ル万寿寺までの両側町である。鎌倉末期、当町の南に隣接する万寿禅寺の敷地に加えられた。厨と園地があったと考えられる（『平安京提要』）。万寿禅寺の園地があったとすると、『京雀』の「ふかき」を「深い花卉」から変じたと考えると、「花卉」が「草」となっても不思議ではない。万寿禅寺の「園地」に因む。「寛永一四年（一六三七）洛中絵図」に、すでに現町名の「ふか草町」とある。寛文五年（一六六五）刊『京雀』には「ふかき町」とある以外は、宝暦一二年（一七六二）刊『京町鑑』にも「深草町」とあり、以後、変化はない。　（小西）

深谷町《ふかたにちょう》〔右京区嵯峨鳥居本〕

京北町に源を発する清滝川は、高雄を通り落合で保津峡に合流する。この合流部分と少し上流の清滝の間は、金鈴峡《きんれい》と呼ぶ深い谷がみられる。この谷の左岸側にあたる山が深谷山と呼ばれ、この一帯を深谷町と呼ぶ。深谷町の東の谷間は愛宕山への参道となっており、石造りの第一鳥居が建てられている。ここには愛宕念仏寺《おたぎねんぶつでら》や嵯峨に檀林寺を建立して檀林皇后と呼ばれる嵯峨天皇皇后の陵墓がある。（岩田）

深田村《ふかたむら》〔京丹後市弥栄町〕

旧村名。深田村は、明治二二年（一八八九）の町村制施行時に、国久村・小田村・井辺村・船木村・黒部村が合併してできた村である。村名は、深田部神社（弥栄町黒部）の名前に由来する。古くは海原であったものの漸次水が引き、その跡が深い沼田となったため深田と呼ぶようになったとされる（『弥栄町誌』）。その後、昭和八年（一九三三）に鳥取村・深田村・溝谷村・吉野村が合併して弥栄村となった。現在、「深田」を冠した施設などは残っていない。（新谷）

福来《ふき》〔舞鶴市〕

倉谷の東、天清川から若狭街道に面した地域が村域である。「慶長検地帳」に「福来村」と見える。集落は南に佐武嶽《さぶがたけ》連山をもち、地形がやや北に傾斜しているため、河川による灌漑を行うことが出来ず山腹に用水池を作って農業用水としている。不老長寿の霊薬を求めて渡来した徐福が、青葉山に行く途中に出迎えの者と出会い「徐福来る」とよんだのが、後世に徐がとれて福来となったという伝承がある。しかし、天清川右岸の丘「向山」に小字イモジがあり、上安《うやす》に抜ける道はイモジ道とよばれている。中世には鋳物師が居住していたと考えられ、フキは「たたら吹き」からきたとする。鋳物師はのち南の大久保谷の奥に移住したと伝え、また同村善照寺の「記録帳」には慶長一〇年（一六〇五）に「行永村」から分かれたとある。（髙橋）

富貴屋《ふきや》〔京丹後市峰山町〕

貞享三年（一六八六）八月の「備後守様御代峯山御絵図」には「鉄砲町」とあり、その後、江戸時代後期には「吹矢町」となった。鍛冶屋が多かったことに由来する町名と思われ、「ふきや」の読みに吉祥字の「富」や「貴」をあてたもの。（新谷）

奉行町《ぶぎょうちょう》〔伏見区〕

京阪本線伏見桃山駅東南、市営桃陵団地に位置する。慶長五年（一六〇〇）、徳川家康が出先機関として桃山南口付近に伏見奉行所を開設したが、寛永二年（一六二五）現在の奉行町に移動した。町名はその場所に由来する。伏見は近世都市として発展するにつれ要衝の地となり、幕府は町奉行より位の高い人物を奉行にし、伏見の船舶の出入りや西国大名の往来を監視させた。位の高い人物とは例えば小堀遠州、その孫の政方などである。政方は安永九年（一七八〇）奉行となり、善政で評判が高かったが、愛妾の色香におぼれ、圧政で町民を苦しめた。そのため、文殊九助らの直訴にあい、政方は罷免されている。

慶応三年（一八六七）鳥羽伏見の戦いには新撰組が奉行所に陣を敷き、薩長軍と戦ったが、大砲を打ち込まれ全焼。明治になって大阪第四師団工兵隊第四大隊兵営などを経て、同一六師団工兵大隊の兵舎などが建てられた。昭和二〇年（一九四五）の終戦後は進駐軍アメリカの宿舎、後、宿舎は京都市に払い下げとなって昭和三三年、市営桃陵団地が竣工された。なお、東（西）奉行町・奉行前町の町名は昭和三六年、桃陵町から分立。奉行所の跡地に由来して新しく名付けられたものである。それ以前の通称は「工兵隊」か。呼称は未詳である。（明川）

福稲《ふくいね》〔東山区〕

合併した二つの東福寺村の「福」と稲荷

村の「稲」とを繋いだ合成地名。JR東福寺駅に近い鴨川と琵琶湖疏水が分離する辺りから、南は伏見区まで。鴨川沿いに南北に長く伸びる広範囲な町域をもつ。

東福寺村はもともと東福寺外境内の一村落として、東に隣接する門前町（現・本町十一～二十二丁目）とともに東福寺所領に帰したが、門前町の町方に比べ村方として発展は遅かった。明治七年（一八七四）に南隣の稲荷村と合併して、福稲《ふくいね》村と称したが、大正七年（一九一八）四月に再び分離。その際に、福稲の呼称を残してそれぞれの町名に冠した。

「福稲」をかぶる町名は「福稲柿本町」「福稲上高松町」「福稲川原町」「福稲岸《きし》ノ上《かみ》町」「福稲御所ノ内町」「福稲下高松町」「福稲高原町」の七町ある。「柿本町」は、『八坂法観寺《やさかほうかんじ》古文書』四月一六日付に「柿ノ本里」あり、この古い里名による。当初は「柿ノ本」。「御所ノ内町」は当地にあった法性寺御所（離宮）にちなむとされる。「岸ノ上」「高松」「川原」の称は、旧字名に依拠する。（忠住）

福王子町《ふくおうじちょう》〔右京区宇多野〕

双ヶ丘の北西側にある。『山州名跡志』には、福王子村は「始め福王神に作る」とあり、このあたりの地主神である夫荒の神が福王神へ、さらに福王子と転じて村名ができたと考える。『雍州府志』では、境内の傍らにある夫の荒神の社は、丹波国氷室から禁裏に氷を運ぶために疾走してきた役夫がここで倒れて絶命したことがあり、その御霊を祀ったところと伝える。古代は『和名抄』にある葛野郡田邑郷にあたる。中世には仁和寺周辺に発達した村落の一つとなり、江戸期に福王子村として存在、明治七年（一八七四）まで続いた。（岩田）

福島町《ふくしまちょう》〔下京区〕

東洞院通五条下ル鍵屋町までの両側町である。烏丸通に「大坂町」があり、東隣の「福島町」も大阪の「福島」との行商関係があったと推定する。「寛永一九年（一六四二）寛永後万治前洛中絵図」に、現町名の「福嶋町」とある。宝暦一二年（一七六二）刊『京町鑑』、「天保二年（一八三一）改正京町御絵図細見大成」ともに「福島（嶋）町（丁）」とある。（小西）

福田川《ふくだがわ》〔京丹後市網野町〕

福田川は、網野町を縦断して北流する延長一〇・九キロメートル、流域面積三〇・五平方キロメートルの河川。源流は町の南端の久次岳（標高五四一・四メートル）で、公庄川、新庄川などの支流を合流して、浅茂川漁港で日本海に注ぐ。下流域の平地は、部分的には、かつて潟湖で、浅茂川湖とよばれたあたりが埋立によって造成されたものである。福田の「ふく」は、袋状に入り込んだ土地を表すとする説がある。かつて、東にある離湖とともに水路で通じ、「水の江」をなしていたところから、福田川河口の水の江が袋のようにふくれた地形から福田の地名ができたのであろうとする（『探訪丹後半島の旅　上』）。（水野）

福地町《ふくちちょう》〔左京区南禅寺〕

虎関師錬《こかんしれん》（一二七八～一三四六）の詩文集『済北集《さいほくしゅう》』は「弘安ノ間、離宮ヲ城東ニ建ツ。其地、元、福地ト号ス。山木殷森トシテ、水石明媚ナリ」とし、続けて地名「福地」の由来を「平治ノ元メ、金吾将軍信頼《のぶより》（一一三三～五九）、誅ニ伏ス。其子、某、時ニ尚ホ幼シ。軍事ニ干《アヅカラ》ズト雖モ、逆蔭ヲ以テ奥州ニ竄セラル。州人、其ノ簪纓ノ族ヲ憐レミ、多ク黄金ヲ与フ。治承ノ赦ニ都ニ回ルニ、帰橐ニ金多シ。都人、金侍従ト号ス。宅ヲ此地ニ構ヘ、家資富繁ナリ。世ニ言フ、某、金ヲ以テ此山ヲ埋ム。福地ノ称、此ニ於テ立テリ」と記す。この由来説は、福地と当てられた漢字に引かれての付会であろう。フクはフケ（泓）の転、チはツチ（土）の約で、フクチは白川や草川の流れる「湿地」の意の地名と考えられる。『山州名跡志』は、上記「其子、某、時ニ尚ホ幼シ」の「時尚」を「某」の注記で人名と見、「南禅寺草創ヨリ先キ住ム所ノ人」として「藤ノ時尚《トキナヲ》」を挙げて「藤ノ信頼ノ子」とする。『京都坊目誌』にも「藤原時尚ノ址　字福地にあり」と見えるので、架空の人物「時尚」の邸宅址が作られたらしい。『京都坊目誌』は同じ逸話を、一方では人名「時尚」で紹介（六波羅蜜寺の「地蔵堂ノ址」の項）しながら、また一方では「青蓮院屏風系図に、信頼の子、信親に作り、従五位下、侍従とあり。尚ほ考ふべし」と記す。『尊卑分脈』でも「信頼」の子は肩書に「侍従、従五下」とある「信親」一人である。　（笹川）

福知山市《ふくちやまし》　〔京都府〕

現在の丹波地方の北西部にある盆地にあって、丹波最大の都市を形成している市の名。分国以前の旧丹波国を考えれば、中央部に位置しており、交通上の要衝でもあった。「福知山」の地名は、「大志万家文書」（『福知山市史　資料編』）の天正七年（一五七九）「備後守氏継感状」に「福知山表」とあって、この地で合戦があったことを記している。ただこの文書は検討の余地があるとされる（『角川日本地名大辞典』）。「福知山」の地名の定着には、福知山城とその城下の形成が基になっていると考えられる。城は由良川、土師《はぜ》川の合流点に造られ、川が自然の外堀となっているが、その地を「フケ（泓）チ（地）」つまり水害常習の湿地を意味する語に由来する地名だったと考えられる。

福知山城の前身は、小笠原長清の後裔という塩見氏が築いた山城であった。その頃は「福知山」の地名はまだ無かったとされる。塩見氏は後に姓を横山と改めた。天正七年（一五七九）八月に明智光秀は横山城を居城とした横山（塩見）信秀を攻略して信秀を自刃させた。そしてここに城代を置き、横山城を近世的城郭へと改築させたのが福知山城の始まりである（『日本城郭大系十一　京都・滋賀・福井』）。『丹波志』では、その築城に際して明智光秀が城名を付けたと記している。すなわち「然ルニ当城ハ天正年中明智光秀改縄築城トイヘリ。信長公ヨリ光秀ニ丹波国ヲ賜リ江州坂本并丹州亀山ヲ居城ニス、平谷一国勢強大ニシテ国中ノ侍ヲ従ヘテ後独立ノ志有、依之福智ノ文字ヲ以為地名歟」と記している（『福知山市域の地名』）。

江戸時代には福知山藩の城下町。明治維新後には官有地となった城郭、武家屋敷地に福知山を冠称した内記町、岡ノ町、裏ノ町、中ノ町が成立した。明治二二年福知山町が成立し、昭和一二年に福知山市となる。　（安藤）

福田寺町《ふくでんじちょう》　〔下京区〕

高倉通万寿寺上ル西入ル。元この地に存在した「福田寺」に因む。福田寺は、文永九年（一二七二）に鎌倉幕府将軍宗尊親王が帰洛し、東山汁谷（現・東山区渋谷）に建立した。慶長三年（一五九八）豊国社造営のため、当町に移された。その後、他の寺と同様、天正年間に下寺町（現・本塩竈町）に移転した（『京都坊目誌』）。寛永一九年から貞享三年までの絵図には、辻子の形が描かれ、町名の記載はない。「天保二年（一八三一）改正京町御絵図細見大成」に、初めて「ふくでんじ丁」とある。　（小西）

福本町《ふくもとちょう》　〔下京区〕

西洞院通北小路から七条までの両側町である。「中古此地東側に稲荷の祠あり。勧請年月詳ならず。世に福本稲荷と称す。寺内に属するに及び之を他に移し町名となす」（『京都坊目誌』）とある。「福本稲荷」に因む。近世西本願寺の寺内町であった。「寛永一四年（一六三七）洛中絵図」に（六条から数えて）「西洞院四丁目」（「井筒町」参照）とある。寛文五年（一六六五）刊『京雀』に「ふくもと町」、宝暦一二年（一七六二）刊『京町鑑』に「福本町」とあり、以後変化はない。（小西）

福本町《ふくもとちょう》〔左京区〕

『京都坊目誌』に「宝永五年（一七〇八）の開地也。元、高倉通丸太町上る、福本町の民居を之に移す」とある。大火後の皇宮地域拡張のための移転である。たしかに元禄四年（一六九一）刊「新撰増補京大絵図」には、高倉通丸太町通上ルに「ふく本丁」という町名が見える。移転前の地名をそのまま採用したのである。仁王門通と孫橋通の間を南北に走る通りを「新高倉通」と呼び、その北側の両側町と仁王門通以北「清光寺」の敷地が福本町である。現在、新高倉通の東側も、北の一部を除き、「正行寺」と「生蓮寺」の敷地となっている。「清光寺」「正行寺」「生蓮寺」ともに「新撰増補京大絵図」では寺町丸太町周辺に名前の見える浄土宗の寺院で、宝永五年三月類焼し、六月にこの地に移ってきたのである。宝永五年（一七〇八）三月の大火以後の「新地」の様子を詳しく示す『都すゞめ案内者』付録絵図には「新高くら通」の東側に「正行寺」「正蓮寺」、仁王門通の北に「清光寺」の寺名が見え、その南に「ふくもと丁」とある。（笹川）

袋尻《ふくろじり》〔城陽市寺田〕

市中央部の小字名。東部大川原・簗留あたりから下流付近は川に沿って砂防指定地となっている。これらの下流は丘陵裾の「丁子口《ちょうしぐち》」、「市ノ久保」、平野に出て「袋尻」、と連なり、最後には「樋尻」に到達する。「丁子口」は「銚子、つまり酒を注ぐ器、の口」の意味で、これらの地名が確定した当時人が住んでいた寺田村落から眺めると、これらの堤は丘陵を落ちてくる土砂流をじょうごのように留めて導く「袋」の形であり、袋の尻から寺田の南をかすめる堤（樋）に乗せて樋尻に向かう流れであった。これが「袋尻」の語源であろう。（福富）

袋町《ふくろちょう》〔東山区〕

北を音羽川が流れて、五条通にまで通じない袋小路であったので「袋町」と呼んだという（『京都坊目誌』）。所在は大黒町通五条下ル一丁目。五条大橋の東、大黒通五条下ルに位置する。

町化は早く『京雀』に「ふくろ丁」の名がみえる。なお当町中央を南北に走る大黒町通は袋町筋ともいわれる。明治二年（一八六九）下京区に編入、昭和四年（一九二九）に東山区に編成。

新門前通大和大路東入ルの松原町も、俗に袋町といわれる。このように、町内が通りぬけできない町を「袋町」と汎称する。（忠住）

フケ《ふけ》〔城陽市奈島〕

フケは城陽市唯一のカタカナ地名。低湿地や深田を示す地名で全国各地にみられる。フケは「深」で、深日、福家、不毛などの字がよく表記されている（近世村絵図では「ふけ」表記）。宇治市の「富家」のように、好字があてられたりする（福家もそうである）例は多い。奈島の地は、青谷川・長谷川の天井川と木津川堤防に三方が囲まれる低地で、東部丘陵から流出する水の集水地になっていた。そのため以前は水はけの悪い泥田・深田であったことによる地名である。一九五四年に木津川に動力排水ポンプが設置され、大きな被害はなくなった。フケの地の近くにある深広寺《じんこう》（寺

伝によれば一六世紀創立）の寺名は、かつての被害の歴史を語っているようでもある。（齋藤）

泓《ふけ》〔山科区四ノ宮〕

現在は名神高速道路のインターチェンジがあり、真上を高架道路がループ状に走っている。かなり盛り土もされており、昔の面影は皆無に近い。この町と三条通を隔てて南側に接するのが音羽八ノ坪。古代条里制による「二条一八里」に該当する地であり、この泓もおそらく水田か湿田であったと推定できる。そもそも「フケ」というのは全国各地に見られる地名で、柳田国男は、「水づいた低地をフケといい、深泥の田をフケ田というのもウキ田の転であろう」と述べている（『地名の研究』）。不毛・富家・福家・更ケ・深・浮気などの字が使われ、日本を代表する湿地地名である。この近くの山科区丹田も湿地を表す「ニタ・ヌタ」である可能性が残るのも参考になろう。（小寺）

冨家殿《ふけどの》〔宇治市五ヶ庄〕

フケは湿地、殿は、地名などについてそこにある邸宅に対する尊称、間接的には、その邸宅に住む人を表す（『日本国語大辞典』）意で、すなわち宇治川のほとりに営んだ別業邸宅であることからの名。冨家は佳字化。もともと、冨家は、藤原頼長の父忠実の別称であった。その後、冨家殿は、その地にある藤原家・近衛家が領する荘園の意になり、さらに地名としての五ヶ庄と同様の意味でも用いられるようになった。その時期は、一四～一五世紀頃か。「家門管領廿五所の事」（建武三年〈一三三六〉）の中に見られる「冨家殿」が家領としての使用の最古の記録。また、『後法興院雑事要録』文明一五年（一四八三）条に「五ヶ庄冨家村」、同じく長享元年（一四八七）条に「冨家殿号五ケ庄」とあり、冨家・冨家殿が五ケ庄と同様に、地域名になっていたことがわかる。なお、フケに関わる小字名は「冨家殿真木方御内検帳之事」（明応二年〈一四九三〉）に「フケ」「フケノ」、また、元和四年（一六一八）の日付のある岡屋村・上村・畑寺村・谷村・真木島の各名寄帳に、「フケ」「ふけ川成」「ふけ辻」の名が見える。（高木）

吹前《ふけまえ》〔宇治市槇島町〕

宇治川を挟んだ東側の、ちょうど前に五ヶ庄冨家殿があった所からの名か。「吹」は湿地の意のフケである。秀吉による宇治川改修以前は、現在の宇治川を挟んだ両地区は、間に中洲が少なくなかったこともあって大変緊密な関係にあった。「真木島名寄帳」（元和四年〈一六一八〉）には、飛び地であったのか、あるいは出作であったのか、岡本・おり坂・はと山・ひらまち・ふくすみなど、現在の五ヶ庄・莵道に存在する小字名など、四〇もの小字が記されている。また、逆に「大鳳寺村田畑名寄帳」（寛文元年〈一六六一〉）には、「まき」を冠する小字「槇ノ内」「真木辻」「槇ノ向」「真木向ノ内」が含まれている。冨家殿を意識した吹前という名は十分考えられるところである。（高木）

なお、虚無僧の祖とされる普化宗の僧虚《こ》竹《ちく》朗《ろう》庵《あん》（室町時代の人）が住んだ「吸江庵」は、もともと槇島の吹前の辺りにあったが、洪水で流失したため、五ヶ庄に移されたという（『山城名勝志』）。すなわち、以前に、普化宗の「吸江庵」があったところの意という説がある。（「冨家殿《ふけどの》」参照）（高木）

普賢寺《ふげんじ》〔京田辺市〕

地勢は大阪・奈良との府県境に近く、木津川中流の支流普賢寺川流域に位置し、低い丘陵地と普賢寺川の浅い谷からなる。普賢寺谷は、仁徳期に百済系の筒木韓人奴理《つつきのからひとぬり》能美《のみ》や欽明朝に任那の多々良公が移り住んだといわれ（『新撰姓氏録』山城国諸蕃任那）、奴理能美によって当地に蚕飼を始めたという。継体天皇の筒城宮の旧地ともいい、普賢寺川が形成した河谷は古代における先進文化地域とされている。これは、普賢寺川が古くから河内・大和・近江・山背を結ぶ河谷交通の重要な交通路を形成していた反映とみられている。ほかに式内社地祇神社、近衛基通《もとみち》公墓、画人伊藤若冲が住んだという若冲屋敷址、中世の城館跡も多い。

　語源について、吉田東伍は、「普賢寺址寺堂今廃し村名と為る、而も寺址を大御堂《おほみだう》と称し、尚観音寺とよぶ一廃宇を存す。或云普賢寺は初め天武天皇勅建僧義淵開基、親山寺と曰ふ、堂塔宏麗時人呼て筒城大寺と云へり」（『大日本地名辞書』）と記す。現在普賢寺下大門に、普賢寺の後身という真言宗智山派大御堂観音寺がある。同寺西南（坤）方向の丘陵上で旧寺のものという塔跡の心礎が検出された。『京都府田辺町史』も同様に寺名を「普賢教寺」「息長山普賢寺」として奈良期の創建・寺歴を説明する。

　だが、『山州名跡志』は「大御堂　作（創建）不詳。塔跡は堂の坤山上に在り、右此所開基・寺号不詳。兵乱の為伝記を失う」と記す。つまり、近世まで創建・寺歴不詳だったが、吉田らが引用する義淵開基以降の解説は、「普賢寺補略録―『興福寺官務牒疏』所収」「興福寺別院普賢教寺四至内之図」「山城国普賢寺郷惣図」や「山城国綴喜郡筒城郷朱智庄佐賀庄両惣図」（『京都府田辺町史』巻頭挿図）など、すべて近世末期の偽文書「椿井文書」の引用である。

　奈良期創建では平地伽藍が採用されるのが通例であるが、地祇神社裏の丘の上に塔址・心礎が建立されるのはずっと後世である（史敏刊行会『史敏』二〇〇五年四月ほか）。「普賢寺」は再三災禍に遭い灰燼に帰したのにもかかわらず、天平一六年（七四四）作という本尊（十一面観音）だけ残るのも疑問だが、のち観音寺と称する。寺歴不詳だが、鎌倉初期の辞書『伊呂波字類抄』に「普賢寺　山城国に在り」と載るのが早い例だろう。それ以前の史料に寺名は見当たらないが、地名は綴喜郷に既にあった寺院にならったのであろう。　（綱本）

普甲山《ふこうさん》〔宮津市・福知山市大江町〕

普甲寺山とも。宮津城下を南へ最も奥まった小田地区にある山の名。「普甲」を冠する地名には、「普甲寺」、延喜式内社「布甲神社」、「（北近畿丹後鉄道・宮福線の）普甲トンネル」、そして「普甲峠」がある。「普甲峠」は「普甲道」とも言い、「元普甲道」と「今普甲道」とがあり、現在はまた少し異なるルートになっている。古文献では「延喜式神名帳」を始め、普甲寺の上人のことにふれた『拾芥抄』に「普甲」と、『沙石集』には「迎講事」として「丹後国梟鴨《ふかふ》ト云所ニ上人アリ、（中略）聖衆来迎ノ儀ヲゾ願ケル」と見える。これは早く『今昔物語集』巻一五第二三語が伝える丹後の迎講の話（高僧伝）がその源流であろう。但し地名は出てこない。普甲寺は、周辺の山々を含めて山岳道場として修験道の修行の場であったようだ。

　都人の歌として和泉式部や藤原光俊朝臣の和歌に「与佐の大山」と詠まれた山は、丹後の地誌類（『丹後与佐海図誌』など）では「普甲山」のこととしている（一説に東にあってより高い「杉山」を当てる、また、西にあってこの地では最も高い「千丈ヶ嶽〈大江山〉」とも）。「普甲嶺」「布甲山」とも表記し、また京極高広によって「千歳山〈嶺〉」の異名を与えられてもいる。また、

「延喜式神名帳」の「(与謝郡)布甲神社」が注目される。「布甲」の名は、「普甲山」からとも言われるが、その周辺に神社の跡地も今では確定できない。

「普甲峠」は、上宮津から加佐郡大江町(現・福知山市)へ抜ける街道に有り、山陰道から丹後の国府へ行く枝道の一つであったと考えられる(丹後国国府へは福知山・雲原から与謝峠を越えて加悦谷に抜けるルートが公式であったとされている)。

さて、「普甲」は本来何につけられた名であったか。山の名か、寺の名か、峠の名か、神社の名か。音読みの字音語であったとすれば、寺の「山号」で仏教用語から取ったと考えられる。それがそのまま山の名になったとみる説もある。しかし、山号は当地の和語地名を字音語化することもある。また、もとが「山号」でなければ、字音語が峠や神社の名にまで用いられるというのは不自然である。ここで注目されるのが、普甲寺があった宮津市小田にある「富《ふ》久能《くのう》(野?)神社」をもとの「式内社布甲神社」とみる「丹後国式内神社調書」の説である。それによると、祭神を「天之吹尾命」とするものがあり、加悦谷にぬける「温江峠」を「吹尾越え」「吹尾峠」とも言うことに注目している。つまり「普甲(布甲)峠」の名は和語の「吹尾」に基づくという推定である。おそらく「吹き合ふ」(海からの風と内陸からの風とがぶつかり合うの意)の融合形から「ふかふ」または「ふかを」になり、「ふかう→ふこう」と変化してきたのであろう。「ふかふ」「ふかを」の段階で「布甲」「吹尾」の字が当てられたか。先の「調書」には、「(宮津市小田の小字)富《ふ》久《く》の地にある社、中古来妙見と称して太しき古社なり」とする。(糸井)

藤木町《ふじきちょう》〔中京区〕

藤の木のある町。藤は初夏に美しい花を咲かせる蔓性落葉高木で、和歌や美術の世界で愛でられてきた。また、藤原氏の家紋としても重んじられた。ちなみに『京都坊目誌』には、昔、この西に源三位頼政の家があり、そこに大きな藤の木があったという伝承を載せる。頼政は鵺《ぬえ》退治で名高い源氏の武将。宇治川の合戦で負けて平等院で自決したとされる。

鴨川に近い当町は、東隣する梅之木町とともに、文明九年(一四七七)に日蓮宗妙伝寺が建てられた。同寺は天文法華の乱で泉州・四条などに一時移転した後に、宝永五年(一七〇八)に鴨川東岸の東寺町に移転。町地となったのはこれ以降で、藤木町という町名も、梅木町とともに付けられたと想像される。

ちなみに隣接する橘柳町と常盤木町も、同じ大火で焼けて鴨川東岸に移転した、日蓮宗要法寺の境内地で、その後に町地となっている。(真下)

藤ノ木町《ふじのきちょう》〔右京区太秦安井〕

町の中を東西に太子道が通るが、元は平安京の大炊御門《おおいのみかど》大路であった。この地には昭和期まで小さな森があり、地名は弁財天を祀った祠の側に藤の古木があったことに因ると思われる。同町東に隣接する中京区西ノ京にも藤ノ木町がある。『山城名跡巡行志』では、「同村の巽一町余路傍の南に在り、榎藤を纏う。伝えて謂う柿本の紀僧正此に住まいす」とある。(岩田)

藤森《ふじのもり》〔伏見区深草〕

藤森にある藤森神社の創建年は未詳だが、『百錬抄』天永元年(一一一〇)七月三〇日条に「藤杜」が見える。地名としては『とはずかたり』(鎌倉末期)巻二・三に「藤森といふ程」、『夫木抄』(一三一〇)に「ふじのもり」とあるので、藤森の呼称は鎌倉末から始まり、室町時代に普及したものと、思われる。その「藤」は何に由来するのか。①藤森神社は諸社十二神を合祀しているが、その一つに藤尾社がある。藤尾社は舎人親王を祭神とする。元、稲荷山上（「藤森社縁起」）にあったが、平安時代、稲荷の山麓に移転し、更に藤森社へ移動する。藤尾神は舎人親王だけに、既存の藤森の神々をさし退けて主神となっている。藤森の「藤」は藤尾の杜（森）の「藤」ではないだろうか。「地下の水位が低い深草野に藤森と呼ばれる森林が形成されたのは湧水があったためである」（久米直明「伏見深草の自然環境」『伏見学ことはじめ』）。②地形から見ると、フジは元々垂れ下がる状態という共通の概念があり、山の裾野の地形をフジという地名の例（赤城山麓の藤木・榛名山麓の長藤）が多い（『民俗地名語彙辞典』）。フジは長いスロープの美しい形態とされる。藤森がある深草野は緩傾斜地であるので、ここから付いた地名とも考えられる。③藤森神社一帯はかつて藤の叢林であったから「藤の森」とする説がある。宗祇の句に「藤咲く杜の若葉」もあり、明治時代までは遠くから神社の藤の花が見えたという。これは藤森の社名が普及し、逆に藤が植えられた可能性も考えられる。④吉田金彦は「フジ（藤）は古代人のフツ（経津）の地で、人が往来し、住むというフ（経）が約ってフジ（藤）となったもの、それに山とか村を意味する『森』が付いたことばが藤森である」（『京都の地名を歩く』）とするのは原義についての解釈である。（明川）

藤森玄蕃町《ふじのもりげんばちょう》〔伏見区深草〕

京阪本線墨染駅の北。町域は藤森神社の西に位置する。「豊公伏見城ノ図」によると、藤森神社の東に玄蕃町が記されている。加賀大聖寺城主山口玄蕃頭の屋敷が神社の南、鳥居崎町へ曲がる北角、今の風呂屋にあったので、それを地名としたようだ。『伏見大概記』には玄蕃町とあるので、藤森玄蕃町と「藤森」を付けたのは後世と思われる。安政年間（一八五四～六〇）には玄蕃町の筋違橋通には丹後屋亀次郎・紙屋吉兵衛ら、有力商人の町家が立ち並んでいた（『城下町伏見町名の由来と秘話続』）ので、その面影が明治・大正まで残っていたという。なお、玄蕃町の由来として、藤森神社の神官、藤森玄蕃が暫く隠棲したという説。豊臣秀吉に仕えた有馬玄蕃邸の址という説もある（前掲書）。前者は歴史的に確認できないし、後者の有馬邸は山口玄蕃邸よりかなり南に位置（「豊公伏見城ノ図」）しているので、場所的に合わない。昔は商家や屋敷の面影があったが、今はマンション・駐車場を含めた住宅地になっている。（明川）

藤ノ森町《ふじのもりちょう》〔北区紫野〕

東・西を冠する両町がある。船岡山東南の西・東藤ノ森町の藤はフチ（淵）、森はモリ（漏）で池の淵をいうか。かつて川も流れていたといわれ、『山州名跡志』は「有栖河　舟丘の卯辰（東南東）方より流る細流を云也。水源は今宮鳥居東を北より南に流れ、そこにては若狭河と号し、その下は大徳寺門前を流れて来也。今あるべき流にあらず」と伝える。船岡山山麓東南側はかつて低湿地であったことが伺える。（綱本）

罧原町《ふしはらちょう》〔右京区梅津〕

嵯峨罧原町と梅津罧原町は、堤防に沿いつつ北と南に隣接している。古代に大堰川（桂川）に建設された罧原堤に因む地名である。罧原堤は、下嵯峨地域の南端から松尾橋に至る南北約一キロメートルの長さがあり、大堰川の水勢が強まる東側に建設されたものである。堤は葛野大堰とも呼ばれ、当地に渡来した秦氏により建設されたが、その年代は五世紀とも七世紀とも考えられている。この大堰の建設により従来の葛野川の名称が大堰川に変わったとされている。なお、フシは柴の古語、ハラは林の意味で、罧原は、柴を編んだ垣を立てて築き上げた堤を表していると思われる。　（岩田）

伏見街道《ふしみかいどう》〔京都市〕

文禄三年（一五九四）豊臣秀吉は伏見城（指月城）の築城に着手したが、伏見と京都を結びつける街道としてこの道も開いたといわれている。五条通から本町通を南下して、東福寺、伏見稲荷大社、藤森神社などの西側を通り、国道二四号線（奈良街道）に至る。その先南は「京町通」に引き継がれる。ほぼ琵琶湖疏水の左岸に沿っているが、京阪墨染駅近くで橋を渡っている。京から伏見に向かう通りであることから付いた名。別に「大和街道」ともいうが、三条下がった若松通に発して南下してきた「大和大路通」を泉湧寺通で引き継いでいるといえるからである。　（糸井）

伏見区《ふしみく》〔京都市〕

伏見は桂川・鴨川・宇治川に沿った氾濫原と深草丘陵・伏見山（桃山）丘陵の西南一帯を指している地域。「雄略紀」一七年に「山城国内村俯見村」とあるが、大和の俯見説もあり確定はできない。『万葉集』（巻九・一六九九）に「伏見」、「臥見の里」（『拾遺和歌集』）、寛治七年（一〇九三）一二月二四日条の『中右記』に橘俊綱の別業の「臥見亭」が記載されるが、この伏見山荘造営以後は「伏見の里」（『後拾遺和歌集』）は明らかに伏見を指す。臥見は高い所から俯瞰する説があるが、高所は桃山丘陵からなのか、逆にご神体の稲荷山を伏し見るから来たのかも知れない。伏見が「伏水」と記載されるのは江戸中期の『伏見鑑』『都花月名所』からである。地質からいえば「伏水」は的をえている。桃山丘陵は砂礫層・粘土層なので、山麓は豊富な地下水源に恵まれ、伏見の酒造業が繁栄してきた。伏見の由来は地下水脈の「伏水」ことを指していると考えられる。　（明川）

伏見浜《ふしみはま》〔伏見区〕

京阪伏見桃山駅から大手筋通を西、最初に渡る川が濠川である。この川の南北が伏見浜の位置。濠川は文禄三年（一五九四）豊臣秀吉が伏見城築城の時、造成された伏見城の外堀にあたる。外堀は築城にともなう宇治川の流路改修工事により宇治川の派流と繋がり、この辺り一帯が浜となった。江戸時代、上流にある毛利橋から下流の阿波橋までの両岸には多くの問屋が蔵を並べ、多くの船着場が存在した。それらを一括して伏見浜（伏見にある浜）という。過書船を中心とする過書町が伏見浜ともいえるが、現実には大きな過書船は濠川・高瀬川が合流する宇治川派流一帯の浜地へも出入りしていたので、伏見浜の名称は広く使用していた可能性がある。浜の付く地名は現在も宇治川派流一帯の地に東浜・西浜・柿ノ木浜、浜の付かない地名の京橋・表町なども船着場であった。それらを総称して伏見浜、その中心は京橋、さらにその南の伏見港へと移行していく。

明治三年（一八七〇）、伏見大阪間に初の蒸気船が就航、伏見港は大いに賑わうが、明治一〇年東海道線が開通、明治一八年、三十石船が姿を消して港は衰退していく。三栖にある伏見港公園・三栖閘門はその名残である。　（明川）

藤本寄町《ふじもとよりちょう》〔下京区〕

四条通油小路西入ル柏屋町までの北側片側町である。北に隣接する「藤本町」（中京区）は、応仁乱後の明応九年（一五〇〇）に祇園会の山鉾巡行に「コマサライ山伏山」を出していた（『中世京都と祇園祭』）。当町が「柏屋町」から独立する際に、その「藤本町の（山伏山の）寄町」であったことによる。「天保二年（一八三一）改正京町御絵図細見大成」が「藤本寄丁」と記載する。それ以前の絵図、地誌は南に隣接する柏屋町に含まれている。（小西）

藤和田《ふじわだ》〔久世郡久御山町〕

「藤」は、藤原氏の荘園であったところから被せられたもの。「和田」は、「ワ（曲）・タ（処）」で、「河川の曲流する所」をいい、御牧郷中央部をかつて北流していた旧木津川左岸に広がっていた所の意である。「御牧郷村名宮寺初記」（文政一一年〈一八二八〉）の「藤和田村名の初」の項に「古来八南都のみやこの時、藤原氏の旧跡御田の有る是ニよつて藤和田村と申す」とある。『続日本後紀』承和一〇年（八四三）九月一六日の条にみえる藤原愛発《なりとき》の別業の記事や、小字名として残る御所ノ内・封戸殿《ふごでん》なども藤原氏との関わりを示す。また、当地にある大藤《おおふじ》神社が、「春日ノ社　在藤和田村　封戸北河頭二村供ニ祭ル」（『山城名跡巡行志』）とあって近世には春日社と呼ばれていたことが知られる。仁治元年（一二四〇）九月二五日付の「家田宝清処分状」に「山城国藤和田薗」とみえ、また、長禄三年（一四五九）一一月一〇日付の「細川勝元施行状」に藤輪田とあることから、その開発の古いことが知られる。石清水八幡宮領（善法寺坊領）として鎌倉時代から室町時代にかけて存在した菜園、藤和田園があったところである。

昭和二九年（一九五四）、久御山町成立後は、久御山町藤和田になる。（高木）

札ノ辻町《ふだのつじちょう》〔宇治市六地蔵〕

近世、幕府など行政機関は、法令・禁令などを掲げた高札を、宿場・街道の追分・渡船場・関所など交通の要所々々に設けて人々に徹底させたが、その場所を「札の辻」と呼んだ。当時、六地蔵は陸路・水路の要衝地であり、大津・山科・醍醐を経てきた北陸街道が、六地蔵の家並みの中で伏見街道と出合いT字路の辻を形成していて、高札を立てるには格好の場所として利用されたことによる名。したがって、札の辻地名は全国的に多数存在する。また、ここは、古く金（鐘）ケ辻と呼ばれていた。辻の傍らに鐘を吊り、宿駅の合図にその鐘を打ったためという。日野での平重衡と北ノ方大納言佐殿との別れの場面に、この辻の鐘が効果的に使われている（『平家物語』）。「六地蔵村検地帳」（延宝七年〈一六七九〉）に「札ノ辻」がある。（高木）

二俣《ふたまた》〔京丹後市久美浜町〕

「慶長郷村帳」では、「二股」とも書く。二俣は、佐濃谷川とその支流の二俣川がつくる二つの谷筋が出合うところからの命名であろう。一つの谷は尉ケ畑《じょうがはた》へ、もう一つの谷は奥山に通ずる。青地《あおじ》岳（四四六メートル）の東北麓に位置する。奥山には、カンナ流しやたたらの跡があるという。「延宝郷村帳」には「佐野庄二俣分」と見え、「天保郷帳」に「佐野村枝郷二俣村」とある。（水野）

不断《ふだん》〔京丹後市峰山町〕

もと峯山陣屋町の制札（高札）場があったため、「札町」と呼ばれた。貞享三年（一六八六）八月の「備後守様御代峯山御絵図」には「札」、宝暦三年（一七五三）の「峯山明細帳」、明治二年（一八六九）五月の「峰山御用日記」には「不断」と表記される。明治七年の「兵庫縣管下各区並村名取調書」には「不断」に「フダ」という振り仮名が付される。「不断」と表記されるようになってから、「ふだ」から「ふだん」へと読みが変わったものと思われる。峯山陣屋町の町人地では、最も北側に位置する。宝暦一二年（一七六二）に作成された「峯山町中間口帳」や明治六年（一八七三）作成と推定される「豊岡県管下十一大区丹後国中郡一ノ小区峯山町川北地引絵図」では、「制札」と書かれたところがあり、札（不断）町の由来を証している。（新谷）

府中《ふちゅう》〔宮津市〕

天橋立西部の内海（阿蘇海）の北岸に位置し、字「国分」を中心に周辺一帯を指す広域地名。名はもと丹後国の国府があった地域であることに由来する。国衙の正印と鑰をご神体とするという「印鑰社」（現在・飯役社）があり、国分寺址や国衙関連の地名と思われる字名もある。国府があったことは明らかであるが、いつ頃から国府が存在したかについては確定できないところがある。初見は「慕帰絵詞」の貞和四年（一三四八）の記事「かの国府に下着しける」だという（『京都府の地名』）。『和名抄』（名古屋市博物館本）では、国府の所在を「加佐郡」とするが、現地にそれを称するものはなく疑問視されている。当「府中」に国府があったのはさらに遡り、旧丹波国から丹後国が分国されて以降余り時をおかず設置されたのではないだろうか。さらに遡った旧丹波国時代では、伝承ながら旧丹波郡（京丹後市峰山町）や旧熊野郡（京丹後市久美浜町）に国府があったという伝承がある。（糸井）

仏具屋町《ぶつぐやちょう》〔下京区〕

「慶長以来。仏器法具を製し。販ぐ家多し。故に名とす」（『京都坊目誌』）とある。不明門通六条下ル花屋町までの両側町には、現在も東本願寺の門前一帯に仏具店が並ぶ。「寛永一四年（一六三七）洛中絵図」に、「因幡一丁目」とある。不明門通が「因幡堂突抜」なので「因幡」名をつけ、因幡堂から四町南だが東本願寺寺内町が六条を起点にしているので、改めて「一丁目」とした。寛文五年（一六六五）刊『京雀』に現町名の「仏具や町」とみえ、宝暦一二年（一七六二）刊『京町鑑』も「仏具屋町」とある。

油小路通旧花屋町下ル正面までの両側町は、西本願寺の前にあり、貞享二年（一六八五）刊『京羽二重』の「諸職商家」の項に「五条下仏具屋」とある。仏具屋の多い町であることがうかがえる。「近世は西本願寺の寺内町に属し、最も早い時期に成立した古町の一つ。なかでも権威のある『由緒町』と呼ばれた」（『京都市の地名』）。「寛永一九年（一六四二）寛永後万治前洛中絵図」に「油小路二丁目」とある（「井筒町」参照）。寛文五年（一六六五）刊『京雀』、宝暦一二年（一七六二）刊『京町鑑』にも、現町名の「仏具屋町」とある。（小西）

仏現寺町《ぶつげんじちょう》〔南区西九条〕

『京都坊目誌』によると、かつてこの地に仏眼寺という寺があったことに由来する。明治初年まで草堂が一宇あったが、その後廃絶したようである。「仏眼」は悟りを開いた者の一切を見、一切を知る眼をいう。日蓮聖人御遺文『撰時抄』に引用されているので、近世以降にできた日蓮宗系の寺院ではないかと考えられる。（入江）

仏光寺通《ぶっこうじどおり》〔京都市・東西の通り〕

平安京の五条坊門小路に相当する。現在、鴨川の西岸から佐井西通に至る通り。高倉通を下がった西側にある仏光寺の存在が通りの名の由来である。仏光寺は、配所から戻った親鸞聖人が山科に建立した興正寺が元で、元応二年（一三二〇）には東山の渋谷《しぶたに》に移転、このとき仏光寺と改名し、さらに天正一四年（一五八六）、現在地に移転した。それ以降に現在の通り名が付いたことになる。この通りの、新町通と西洞院通の間の北と南に菅原道真邸の址があり、菅大臣神社が祀られている。（糸井）

筆石《ふでし》〔京丹後市丹後町〕

筆石の地名は、丹波道主命の孫鐸石別命ゆかりの地によることからとする。また、畑井弘は「筆石は、鐸石《ぬでし》であり、銅鐸《ぬで》（どうたく）のことであり、鐸石別尊は筆石別尊であろうとする」（『天皇と鍛冶王の伝承』）。竹野川河口東方、犬ケ岬の西方に位置する海岸沿いの集落。筆石から竹野に至る海岸線には屏風岩などの奇岩があり、景勝地である。「ふてし」が、戦国期の丹後国竹野郡内の地名として見える。「丹後国御檀家帳」に「一　ふてし　家六拾軒斗」とある。（水野）

不動堂町《ふどうどうちょう》〔下京区〕

「当町に不動堂明王院あるを以てなり」（『京都坊目誌』）とある。不動堂明王院は七条西洞院の宇多天皇亭子院の後身で、「智証大師作の名不動という」（『京都市の地名』）。南不動堂町は、塩小路通西洞院西入ル堀川までの南側片側町で、「稲荷大社の田中社の神輿の輿丁をだす慣習があった」（『京都坊目誌』）（「稲荷町〔下京区〕」、「中野之町」参照）。寛永一二年（一六三五）の段階では村で、同年一〇月一〇日の所司代板倉宗重の下知状に「不動堂村百姓中」とある（『京都市の地名』）。寛永末（一六四〇以後）と思われる「寛永以後万治以前京都全図」に「不動丁」とあるのに、宝暦一二年（一七六二）刊『京町鑑』でさえ、油小路町の南に「不動堂有」りとし、町名を記述していない。なお、塩小路をはさんで町が南北に分かれたのは、昭和四一年（一九六六）である。

北不動堂町は、塩小路通西洞院西入ル堀川までの北側片側町で、「南不動堂町」の北にあるので「北」の字を冠する。元不動堂町として、南不動堂町とともに一町であった。（小西）

船井郡《ふないぐん》〔京都府〕

旧郡・郷名。『和名抄』丹波国の郡の一つ。郡内には刑部・志麻・船井・出鹿・田原・余戸・城崎、野口・須知・鼓打・木前の一一郷があった。なお木前と城崎は同名と考えられている。郡名「船井」の起源地は、郷名「船井」によって推定され、船井郷の位置は式内社・船井神社の所在地が手掛かりとなっている。船井神社の現在の所在地は南丹市八木町船枝《ふなえだ》である。船枝はもとは舟枝村であった。「船井神社沿革記」によると、神社は今より約三〇〇メートル西北の大堰川寄りの河畔にあったという。また村名も元は「船居多」であったのを「舟枝」に改めたとも伝える。『大日本史神祇志』では「船井神社（中略）凡船舶之所謂之船居」と記し、船井は船居、すなわち船舶の寄港地であることを述べている。『大日本地名辞書』「丹波」に「船井河」の記載があり、「主基所の歌詠に見ゆ。保津川の流れを指すか」として「万代の数を積みたる船居にて　広き恵みを汲みて知りぬる」という古歌を紹介しており、そこでは船が見える風景が歌われている。船井神社が所在するのは、亀岡盆地の一番北寄りの大堰川付近であって、「船井」を「船居」とし、船の寄港地を想定することには無理のない地点である。船井神社の祭神は住吉三神であって航海の神である。吉田金彦は海路安全の神である住吉三神を祀っていることに着目して、神社を祀ったのは丹波系海人族の人々であることを示唆した（『古代地名を歩く　京都滋賀』）。水運に恵まれた亀岡盆地では、木材を船や筏で運搬する人たちや、造船に携わる人々が居住して、その技を発揮していたことが分かる。

現在、市町村合併が進んだ結果、船井郡内の町村は亀岡市、南丹市となり、京丹波町だけが船井郡に残っている。（安藤）

船枝《ふなえだ》〔南丹市八木町〕

承安四年（一一七四）の「丹波国吉冨庄絵図」の写（「真継家文書」）に地名がある。船枝は、もとは「舟枝村」であった。「船井神社沿革記」によると、村名は元は「船居多」であったのを「舟枝」に改めたと伝える。船居多は『大日本史神祇志』では「凡船舶之所謂之船居」すなわち船舶の寄港地であることを述べている。船井神社はこの船枝に鎮座する（「船井」参照）。

昭和二六年からは八木町の大字となる。（安藤）

船岡《ふなおか》〔南丹市園部町〕

慶長一一年（一六〇六）に角倉了以は、船井郡世木村殿田（南丹市日吉町）から山城国嵯峨村（京都市右京区）までの水路を開削して水運の利便を大きく高めた。園部町の北東で、平地部から山間の狭隘部に入る入口付近が「船岡」である。そして角倉了以の大堰川開削によって当地は水運の中継港となった。地名の由来も「船の着く岡」の意味と考えられる。

明治九年（一八七六）に上河内村、松尾村、藁無村が合併して船岡村となった。（安藤）

船岡山《ふなおかやま》〔北区紫野〕

船岡山は、京都盆地の北部に位置する小丘陵で、標高は一一一・七メートル、『山州名跡志』に「形類船」と形容されるように、山容が船のようなかたちをしていることから付けられたと考えられる。地形図上では全国に一一ヶ所存在することが確認され、そのほとんどが盆地場の小丘陵の形態である（『京都の地名検証』）。船岡山には祭祀遺跡が確認され、また平安時代から『枕草子』にも「岡は船岡」と岡の一番にあげられるように、平安貴族にとってもランドマークとして認識されていた。また船岡山は、平安京造営時の基準点としても考えられ、平安京中心軸である朱雀大路の北の延長線にあたり、かつ二条大路と一条大路間の距離（四七〇丈）と、一条大路と船岡山の距離が同じであることが地形図上で確認でき、強い計画性の存在が考えられる（『景観から歴史を読む』）など、平安京の都市構造を考える上で重要な基準となる山でもある。（天野）

船木《ふなき》〔京丹後市弥栄町〕

旧郷名。船木は、竹野川中下流域右岸に位置する。文字どおりに解してよいとすれば、船に使用する材木の供給地を意味する。舟木郷は奈良期の丹後国竹野郡内の郷名で、平城宮跡出土木簡に「丹後国竹野郡舟木郷生部須□□・□□斗」とみえる。また、『丹後国風土記』逸文「奈具社」の条には、「竹野郡船木里奈具村」とあり、老夫婦の家を追い出された天女が比治里荒塩村、丹波里哭木村とさまよい歩いた末、同村にたどりついて、ようやく心が「奈《な》具《ぐ》志《し》久《く》」なったという。式内社の奈具神社が鎮座し、豊宇賀能売命《とようかのめのみこと》を祀る。『和名抄』（高山寺本）には「舟木（郷）」の記載はない。

平安末期から戦国期には、船木荘としてみえる。伊根町妙光寺の鐘の銘に「…本願舟木庄溝谷…」（『日本古鐘銘集成』）とみえ、当時、弥栄町船木と溝谷が含まれる地域であったと考えられる。（水野）

船坂《ふなさか》〔南丹市園部町〕

園部の町の西で天引川と本梅川が合流する地点の北側山麓に「船坂」がある。この船坂には奈良時代に「船坂杣《そま》」があったことが「西大寺資財流記帳」の記録によって知られている。丹波の国は奈良に都が置かれたころから木材の供給地であった。平安京が造営されることになってさらに多量の木材が丹波の山から伐り出され、大堰川を利用して嵯峨野付近まで運搬されたことと考えられる。『新修亀岡市史』によると、平安宮の応天門と東西楼の料材を丹波国で採取したこと、また平安新宮の宮城門や宮垣、内裏の校書殿の造営が丹波国司に命じられたことが述べられている。また同書では、天平宝字三年（七五九）に新羅との戦争に備えて三年計画で全国に五〇〇艘の軍船の建造が命じられた中で、山陰道では一四五艘が割り当てられたので（『続日本紀』）、丹波国も相応の分担をしたことが推定されている。造船がどこで行われたかはまだ不明であるが、船坂、船岡、船枝といった大堰川やその支流にある、船の付く地名は、丹波に居住した船造りの人たちの存在を窺わせるものであろう。

『北野社家日記』の長享三年（一四八九）の記録に「舟坂村」の名が見える。また「北野神社文書」の永正五年（一五〇八）の「室町幕府奉行人連署奉書」によると、丹波国守護細川高国の被官・小畠貞明が興田村、船坂村、宍人村などを押領したことが分かる（『角川日本地名大辞典』）。

昭和三〇年（一九五五）から園部町の大字となった。（安藤）

船戸町《ふなとちょう》〔南区吉祥院〕

全国的に河川の近く、水路と陸路の交わる土地などに散見される地名である。渡し場、船着き場、船をしまっておくための小屋が多数あったなどの由来が考えられる。当地の東側を流れる西高瀬川は、文久三年（一八六三）に、角倉了以により開削された大堰川を、京都側の終点である渡月橋上流から、市中心部に直接引き込むための人工河川として、嵯峨（渡月橋上流）～千本三条が開削された。明治三年（一八七〇）、当時の京都府が事業を引き継ぐ形で伏見の鴨川まで延伸した。市内へは南区で収穫された藍や蔬菜《そさい》などが運ばれ、市内からは肥料となる屎尿が運ばれた。船戸は、吉祥院天満宮のすぐ北側に位置し、収穫物が、集約されるのにふさわしい場所であった。西高瀬川の水運としての役割は、陸路の充実とともに大正期以降になると急速に失われていく。（入江）

船鉾町《ふなぼこちょう》〔下京区〕

新町通綾小路下ル仏光寺までの両側町である。祇園会の山鉾巡行で当町から出す「船鉾」に因む。船鉾は神功皇后の神話による。御座船の上に皇后と住吉明神、鹿島明神、そして、水先案内の龍神安曇磯良の人形を乗せる。鉾とはいうものの真木がなく形態は山に近い。洛中洛外図屏風には帆柱を描く。今はない。胴幕に「太閤秀吉寄付のだんだうすじのどうまく」があり、今は倉庫に納めている。「寛永一九年（一六四二）寛永後万治前洛中絵図」には「ふくろや町」と読める。当町蔵の文書箱に「元和二年（一六一六）正月吉日、七日船鉾町」という墨書があるので、現町名と併用されていたと考えられる。応仁の乱前の書き出しに「大船」とあり、綾小路上ルの「大船（凱旋船）鉾」と二台の船鉾がでていた（『中世京都と祇園祭』）。船鉾巡行の運営には、一町として関わり、一町で「船鉾町」名が定着していた時期もあったらしい。（小西）

舟屋町《ふなやちょう》〔下京区〕

東中筋通高辻下ル松原までの両側町である。五条天使社の北に当たり、天使突抜通と同じ通りである。五条天使は疫神で、西洞院川に流していることから、「流れ」と「舟」の連想によると考えられる。「寛永一九年（一六四二）寛永後万治前洛中絵図」に、「天使（ノ）つきぬけ舟屋（や）丁（町）」とする。天使突抜（一丁目～四丁目）にさきがけて、高辻通から松原（五条天使社）までの「突抜」を町民の営為で造ったものである（『近世都市の歴史地理』)。寛文五年(一六六五)刊『京雀』に「舟や町」とあり、宝暦一二年(一七六二)刊『京町鑑』に「船屋町」と字はちがうものの変わりはない。　(小西)

船屋町《ふなやちょう》〔中京区〕

東洞院通押小路下ルの町。「船屋」は、船屋形のこと。祇園会に船屋形を出す町の意。『京都坊目誌』によると、もとこの町には祇園会に出す船型の山棚があったこと、それは慶長年間に新町通四条南入ル町に譲与したこと、明治維新前まではこの町から封物を送る例があったことが知られる。下京区新町通綾小路下ル船鉾町の船鉾には、応仁の乱以前からの古い歴史があり、この船屋町の「山棚」との具体的な関わりについては不明。近世には当町は凱旋船鉾の寄町だった。

平安京大内裏の南東にあたり、当町の西側は二条天皇の三条坊門内裏の一部に相当する。中世には裕福な材木商が居住して、祇園祭を支えた経緯が考えられる。近世には内裏や二条城、室町筋にも近いという位置の上から、呉服商・両替商・長崎糸割符商などが軒を並べた。町名については近世期以降、不変である。　(真下)

麓町《ふもとちょう》〔下京区〕

油小路通高辻下ル松原までの両側町である。一遍上人の開基といわれる「麓」と称する時宗道場があった。「寛延三年(一七五〇)中古京師内外地図」には、当町東側方一町に「麓場」が描かれている。「寛永一四年(一六三七)洛中絵図」にすでに現町名の「麓町」とみえる。「寛永一九年(一六四二)寛永後万治前洛中絵図」、宝暦一二年(一七六二)刊『京町鑑』ともに「麓之(の)町」とあり変化はない。(小西)

麩屋町通《ふやちょうどおり》〔京都市・南北の通り〕

平安京の富小路(の一部)に当たる。この辺りは、応仁の乱以降、道路ともども荒廃していたが、天正一八年(一五九〇)秀吉による京都大改造計画によって再生した折、「麩屋町通」と呼ばれるようになったようだ。古来の「富小路」の名は、一筋西の通りの名になって残っている(「富小路通」参照)。丸太町通から五条通に至る。「白山通」とも呼ばれていたが、それは二条通下がった所に「白山神社」があったからで、麩屋町と呼ばれるようになるのは、この通りには豆腐、麩麺類を商う店が集中していたから(『京羽二重』)とみるのが通説。　(糸井)

古市場《ふるいちば》〔綴喜郡井手町多賀〕

山城大橋南東の国道二四号に沿う小字名。その地の中央辺りが南北の境界なっている。東手に山城多賀駅がある。すぐ西側は木津川である。かつてはその水運を生かした交易の場として栄えた。文永八年(一二七一)の高神社の記事(『高神社流記』)によると、奉納の内訳は米(三石)よりも銭(四四貫八五三文)が圧倒的に多く、多賀地区の貨幣経済の発達を如実に語っている(『井手町史第四集』)。神社改築のための奉加(勧進に応じての寄進)を米よりも銭貨で納めるほどに市が成長していたことを意味している。それが地名としていまに残されている事実を、南古市場・北古市場の小字名が物語っているといえよう。だがこの地域は周囲よりも小高い場所に位置していたために、一六世紀末豊臣秀吉が宇治川に太閤堤を築いた際、ここの土地を堤建設に使うために住民を追い出し、やむなく数百メートル東に移転したという伝承がある。かつての繁栄のあかしが、「古市場」という地名のなかに込められている。　(齋藤)

古御旅町《ふるおたびちょう》〔下京区〕

黒門通のJR線路南側から僅か北へはいる位置の西側片側町である。二条城築城の際、この地に移転させられた出屋敷の一つである。「往昔稲荷神社上中両社の旅所あり。（中略）明治六年八月許可を得て廃社す」（『京都坊目誌』）とある。江戸時代の絵図には町名の記載がない。（小西）

古川《ふるかわ》〔城陽市・久世郡久御山町・宇治市〕

木津川東岸の平野部を城陽市～久御山町にかけて直線状に流れている川の名。もと巨椋池に注入していたが、池干拓後の現在は北部で西に折れ、宇治川に合流している。条里制遺構に沿っているところから人工による疎水とみなされ、『日本書紀』推古紀にみえる「栗隈大溝《くりくまのおおうなで》」を、古川にあてる説が有力である。古川は、木津川が現在より東よりに流れていた当時の、旧河川を利用して人工的に造成された川とみられ、それゆえ木津川本流と対照的な意味合いにおいて「古川」と呼ばれたものであろう。（福富・齋藤）

古川町《ふるかわちょう》〔伏見区羽束師〕

外環状線横大路の西の羽束師橋を渡った辺りの地域、桂川・鴨川の合流地点の右岸に位置する。『山槐記』治承三年（一一七九）一一月二一日条に関白藤原基房が罷免され大宰府に下向するとき、「古川宿」で出家したという。治承四年には中山忠親が福原へ行くとき、「古河」から乗船している。古川は西国への船運の要衝の地であった。古川（河）の地名由来はよく分かっていないが、二つ考えられる。一つは砂礫層・粘土層の低湿地・洪水の多発地なので川筋の移動が激しく、古くからあった川筋を指した地名。一つは古河（コガ）と呼び、空閑《コガ》地・未開地ではなかったか、と推定される。「元禄郷帳」に「古川村」、「天保郷帳」に「古川村」、明治二二年（一八八九）には志水・鴨川など四ケ村と合併して羽束師村となったが、昭和二五年（一九五〇）、京都市伏見区に編入された。四ケ村名は大字として継承し、羽束師を冠称する。（明川）

古御所町《ふるごしょちょう》〔右京区常磐〕

双ケ丘の西南麓にあたる。鳥羽天皇の皇女八条女院暲子《あきこ》内親王が建てた山荘の常盤殿や寛平（宇多）法皇の南御堂がこの地にあったことから名が起こる。『平家物語』巻七「一門都落」には「八条女院の仁和寺の常葉殿にわたらせ給ふに」とある。承安《しょうあん》四年（一一七四）に、女院はこれを寺に改めて蓮華心院と名付けた。八条女院は、鳥羽天皇と母の美福門院から広大な領地を相続したので、その所領は八条院領と呼ばれ、後の大覚寺統の有力な財源となった。後の蓮華心院については不明となる。（岩田）

古城《ふるしろ》〔乙訓郡大山崎町大山崎〕

天王山（二七〇メートル）山頂にある古城・山崎城にちなむ地名である。この城は古くから西国街道の要衝だった。建武五年（一三三八）六月二六日付「林真弘軍忠状」（『前田家文書』）に「山城国山崎警固事、八王子山（天王山）に馳参じ…」と載る。応仁の乱では、「山名弾正（是豊）は、兵庫より山崎に責上げ、天王山を山城拵えて、相拘《かま》えて、上下を淀・鳥羽・八幡を支えて居られければ」（『応仁記』）というように、山城・摂津東部・河内北部を制圧する重要拠点であり、争奪戦が繰り返された。天正の山崎合戦に勝利した秀吉は、山崎城を居城としたが、大坂城に本拠を移した後破却された。（綱本）

古城町《ふるしろちょう》〔中京区〕

古い城の町。平安時代を通じて藤原氏の主要な邸宅とされた、閑院があったことによる町名。一六世紀末に羽柴秀吉の邸宅が置かれたことも関わる可能性もあるが、「寛永一四年（一六三七）洛中絵図」に「古しろ町」の町名が見えることからは、一七世紀初頭にすでに古い過去のことであった、閑院に由来すると考えるのが穏当であろう。後述のように閑院がしばしば里内裏とされて、実質的に政治の中心的な立場を果たしてきたことも、忘れてはならない。

　平安京大内裏にほど近い、堀川通二条の東に位置する。平安初期に左大臣藤原冬嗣（七七五～八二六）によって広大な敷地をもつ邸宅が営まれたのも、このような好立地によるのだろう。閑院は藤原氏の隆盛に伴って、鎌倉期の正元元年（一二五九）に焼亡するまでの約四五〇年の間に、後三条、堀河、高倉、後鳥羽の各天皇の里内裏となった。その後、明徳四年（一三九三）から天正年中（一五七三～九二）までは、日蓮宗の大寺院である妙顕寺の境内地となり、その跡地に羽柴秀吉の邸宅が置かれた。羽柴邸の跡地は、当町に南接する下古城町にわたるもので、近世初期に「牢の町」と呼ばれる獄舎が営まれている。近世を通じて当町はおおむね商人の町であった。（真下）

古殿《ふるどの》〔京丹後市峰山町〕

　貞享三年（一六八六）八月の「備後守様御代峯山御絵図」には「丸山町」とあり、宝暦三年（一七五三）の「峯山明細帳」に「古殿町」と初出する地名である。明治六年（一八七三）作成と推定される「丹後国中郡第十一大区一ノ小区峰山古殿町見取図」では、「豊岡県貫族《かんぞく》」と記されることから、江戸時代には武家の居住地であったと思われる。地名もこれにちなむ。明治七年の「兵庫縣管下各区並村名取調書」には「元貫族《かんぞく》居住屋敷字茶園場冨貴谷ト唱明治五壬申年合町如今」とあり、明治初期に字茶園場および字冨貴谷であったものが明治五年に統合して古殿町になったことがわかる。現在は、京都府立峰山高等学校が所在する。（新谷）

古宮《ふるみや》〔城陽市平川〕

　市北部の東部丘陵地に連なる扇状地の地名。一九七二年に発掘された「平川廃寺」発掘場所から、宮（神社）あとが確認された。その地が平川古宮で、もと「宮はん」があったという地元の伝承（『城陽の民話と暮らし』）どおりの発掘であった。この宮跡は廃寺発掘による塔の基壇上に確認され、寺院廃絶後の塔跡の高まりを神社建物に利用していたことがわかっている（「城陽市埋蔵文化財調査報告書第一集」）。この古宮の移転場所が近鉄久津川駅西にある平井神社である。すなわち平井神社はもとは平川廃寺の地「古宮」にあったわけである。伝承が発掘によって確かめられたものであり、伝承や古地名の重要性があらためて証明されたかたちである。（福富・齋藤）

古門前通《ふるもんぜんどおり》〔京都市・東西の通り〕

　知恩院前の東大路通から大和大路通に至る道。『京都坊目誌』は、慶長八年（一六〇三）に開通したとするが、知恩院の拡張に伴って、知恩院への参道として、寛永年間（一六二四～四四）に設けられたとみられている。「門」とは、知恩院の華頂通にある門で、道はこの門に直面する。知恩院の開通当初は「新道」と呼んでいたが、白川北通の一筋南に「新門前通」が設けられて、「古門前通」と称するようになった。

　知恩院は、法然上人ゆかりの地に立つ、浄土宗の総本山。特に元和七年（一六二一）建立の三門は国宝で、日本最大の楼門として有名。「古」「新」とも通りは職人町として栄えたが、特に古美術商が多く、「新」の方は海外にも知られる通りで、片カナ、ローマ字の看板が目に付く。（糸井）

風呂垣内《ふろかいと》〔宇治市広野町〕

　垣内は、一定の枠内に囲まれた地域で、

ここでは、屋敷地内の意か。宇治にも垣内の小字名は数・種類ともに多い。古い例としては、「東笠取村本家山名寄帳」（天正二〇年〈一五九二〉）に「谷かいと」とある。検地帳などの史料から拾い出して重複を厭わずに数えれば約五〇字《あざ》、約二五種類ある。表記は、一般的な垣内（界道が一例）か仮名書きのかいと・カイトである。若干の例を挙げれば、単独のかいとを始めとして、東かいと・西かいと・中かいと・おくのかいと・畑寺垣内・吉田垣内・垣内畠・垣内屋敷・かいと田などなど。宇治川東側に目立つのは、史料が多いためだろうか。

風呂は、フクロ（袋）からの転で、袋状に水に囲まれた遊水地、あるいは、ヒク（低）・ド（処）の転で、低湿地のことか。この地域は、現在、陸上自衛隊大久保駐屯地となっていて、大きく変貌している。地籍図を見ると、西側が名木川に接し雑木林がその境を区切っている。全面畑地で湿地はない。ただ、名木川の左岸一帯は、文禄五年（一五九六）の大地震までは低湿地であったらしい。字地が西まで広がっていたとすれば、フクロ（袋）、ヒク（低）・ド（処）の可能性はある。なお、江戸初期と思われる絵図（県《あがた》神社所蔵）に宇治郷県《あがた》通り・本町通り・新町通りに挟まれた区域にふくろ町があり、また、同じ頃の宇治郷総絵図にも、本町通りと谷町の交差する辺りに「御袋」とある。フクロ地名か。『（広野村）村誌』（明治一四年〈一八八一〉）の字地の項に「風呂垣内」とあるのみ。

なお、「広野村友平等書類受取帳写」（寛政九年〈一七九七〉）の中に駕籠などと共に「野風呂　壱ツ」とある。あるいは、北隣りに接する伊勢田集落に最近まであった弘法さんの講の際にたてる薬風呂の風習との関わりはないだろうか。（高木）

風呂屋町《ふろやまち》〔伏見区〕

毛利橋通の伏見区役所の西、風呂屋町通を南下する辺りに位置する。風呂屋町は風呂桶職人が住んでいたのが、町の由来といわれているが、豊臣秀吉の伏見城築城時代には、風呂屋町はなく、大名屋敷が占めている。徳川家康が江戸に幕府を開いてから、伏見の大名屋敷跡に町家が立ち並び、風呂屋職人の町が出来たようだ。初見は未詳だが、『伏見大概記』に「風呂屋町」、「伏見組町家数の覚」（一八三二）には「上風呂屋」、「下風呂屋」の記述がある。

大正九年（一九二〇）頃、町内には風呂桶屋が七軒ほどあったという。上風呂屋町、下風呂屋町は昭和四年、伏見市制実施の時、合併されて風呂屋町となった。（明川）

分木町《ぶんきちょう》〔東山区〕

「分木」とは境界を示す榜示木のことで、当地が境界となる地理的な位置にあったとするか。『京都坊目誌』はもとは田畑の字名からという。所在は三条大橋東入ル六丁目。東山三条の東側に位置し、三条通に面し町内を東西に三条通、南北に古川町通が交差して走る。

元は青蓮門院領。明治二年（一八六九）に下京区に編入、昭和四年（一九二九）に東山区に編成。

『京雀跡追』で「ぶんこ町」とあるのは異称か。（忠住）

豊後橋町《ぶんごばしちょう》〔伏見区〕

京阪宇治線観月橋駅西辺り一帯、現在の観月橋が昔の豊後橋にあたる。豊臣秀吉が伏見城造営の時、大友豊後守に命じて架橋させた。宇治川を改修し巨椋池の向島に橋を架け、槇島堤・巨椋堤（太閤堤とも。現在の国道二四号線）を築いた。橋の名は始め桂橋といったが、豊後守の工事だったので、その名に因み豊後橋と呼称したとする説がある。が、当時、秀吉傘下の豊後守は大友豊後守ほかにも散見するので、この説の根拠は決めがたい。むしろ、橋の北、十字路の西北詰にあった大友豊後守の屋敷名に因んだとする説が有力である。

『伏見大概記』『伏見鑑』「伏見組町家数の覚」（一八三二）に「豊後橋町」が見られる。江戸末に豊後橋は焼失、明治六年（一八七三）、観月橋と改名、現在のものは昭和一二年（一九三七）、さらに交通渋滞改称のため、昭和四九年に新観月橋が完成している。（明川）

分銅町《ぶんどうちょう》〔上京区〕

当町の近辺に「秤口町」、「天秤丸町」などの町名があり、秤に関係する分銅の文字が付けられたと考えられる。当町にある松林寺は周囲より一段低い土地にあり、その地は聚楽第の外堀（天秤堀）の跡地といわれている。町は南北に通る智恵光院通をはさんだ両側で、出水通と下立売通の間を町域とする。天保二年（一八三一）の「改正京町絵図細見大成」に「分銅丁」とあり、江戸時代からの町名である。（清水）

へ

平《へい》〔京丹後市丹後町〕

治安三年（一〇二三）の「石清水八幡宮文書目録」（石清水文書）に「丹後国平庄」とあるものが初出の地名である。この段階には石清水八幡宮領の荘園として立庄されていた。宇川河口に立地し、土地が平らなことに由来すると思われる。現在は「へい」と呼ぶが、当初からのものかどうかは、不明。平庄は、寛喜四年（一二三二）以降、石清水八幡宮領に関する史料の中に見られる。これらの史料には、郡名が記されるものがないが、長禄三年（一四五九）の「丹後国郷保庄惣田数帳」には、与謝郡の項目に「平庄」が記され、八幡領となっている。

また丹後町平の八幡宮に奉納された応永一一年（一四〇四）の鰐口銘には「敬白八幡宮丹後国宇河庄」とあり、平地区が宇河庄の領域に含まれていたことがうかがえる。この鰐口のある平八幡宮は、石清水八幡宮領であった時代の名残りをとどめるものと思われる。しかし「田数帳」の「平庄」は与謝郡に記載されており、竹野郡に属する丹後町平と同一領域を指すものか検討が必要である。

その後、元禄一二年（一六九九）の「丹後国郷帳」には、「宇川枝村」として平村があり、その後は単独表記される。（新谷）

日置《へき》〔福知山市夜久野町〕

由良川の支流牧川の上流域で街道にそう所に位置する村名。この地名の場合は「ひおき」ではなく「へき」と呼ばれることが注目される。地名の由来には「南面した山麓に立地することによる」、「日ごと祭祀を行う日祀の料田があったことによる」などの諸説が出されている（『角川日本地名大辞典』）。松岡静雄は語源に遡って次のような説を提唱している。要約すると、「日置」は「ヒキ」であり、「ヒオキ」や「ヘキ」は訛った発音である。そして置はキの仮字として用いられた。ヒキは族名から出たもので、キ族の名によるのであり、ヒは秀の意味である。天平五年（七三三）『出雲風土記』編纂に関わった出雲郡の大領正八位下・置部臣は正倉院文書計会帳にある「天平五年―略―出雲郡大領正八位日置部臣佐提麻呂」と同一人物と考えられるので、「オキの臣」を「ヒキの臣」とも称したことを示している。そして「オ」「ヒ」はいずれも接頭語で、もとは「キの臣」であろう。」としている（『日本古語大辞典』）。

　さてこの地の日《ひ》置《おき》から、そして宮津市日置（「日置《ひおき》」参照）からも弥生時代の銅剣形石剣が出土している事実は大変興味深いことである。

　当地は丹波漆の産地としても知られていた。昭和三一年（一九五六）に中・下の夜久野村が合併した夜久野町の大字となった。（安藤）

別院《べついん》　→東別院町《ひがしべついんちょう》

別所町《べっしょちょう》　〔左京区花脊〕

　天台宗の念仏別所があったため「別所」と呼ばれた。同地の福田寺《ふくでんじ》はもと叡山三千坊の一と伝えられ、円城坊《えんじょうぼう》など坊の付く字名も残っている。『日次紀事』や『雍州府志』の「別曽村」という当て字、『山城名跡巡行志』の「別所《ベツソ》〈村名〉」というルビに見られる通り、「べっそ」とも呼ばれていた。花背峠を北へ下りる旧道沿いに位置する福田寺は、平安時代、北方弥勒浄土の地にある寺として信仰を集め、付近には花背経塚が営まれた。「黄金の仏」と称される金銅製毘沙門天立像（重要文化財・平安時代）も、この経塚から発掘されたものである。仁平元年（一一五一）の石造塔婆や康永三年（一三四四）の石造宝塔も残され、南北朝時代までは信仰を集めていたが、室町時代に入って廃絶。天和元年（一六八一）に永平寺無碍《むげ》禅師が中興、以後は曹洞宗となった。（笹川）

弁慶石町《べんけいいしちょう》　〔中京区〕

　弁慶石のある町。弁慶石とは『義経記《ぎけいき》』などに登場する、武蔵坊弁慶の伝説をもつ石。寛文五年（一六六五）刊『京雀』には弁慶石について、「昔はくらま口に武蔵坊弁慶が常に腰かけ休みたる大石ありし。ある年の大水に流れて此町に来れり…」として、古く鞍馬口にあったものが洪水に流されて当町へ来たとする。石自体については一方で、寛文五年（一六五六）成立『扶桑京華志』などに、鞍馬口にあったが洪水で三条御幸町に流され、その後、七条の水薬師の境内に移されたとするなど、諸説がある。

　当町は平安中期以降の三条東京極大路の西にあたる地で、嵯峨天皇の勅願所であった京極寺は、この辺りに置かれたと考えられ、中世には三条京極の篝屋が置かれている（『太平記』）。このように京域の東端に近いという位置の上からは、希代の豪傑ゆかりの巨石が鴨川の洪水時に鞍馬口から流れついたとする『京雀』の伝説も、ありそうなことと考えられる。なお、瀬田勝哉は『臥雲日件録抜尤』享徳元年（一四五二）一一月六日条にみえる、奥州衣川を出発して五条橋に運ばれたという弁慶石が、当町の弁慶石と同一であると考証する（『洛中洛外の群像』）。

　町名については、近世を通じて不変。おそらく三条通に面して置かれたその石が、何にもまさる町の目印になって来たのだろう。なお、弁慶石は現在、三条通北側のモダンなビルの一角に置かれている。（真下）

弁財天町《べんざいてんちょう》　〔下京区〕

　諏訪町通松原下ル万寿寺までの両側町である。「往時弁財天の祠此町にあり故に名く。因に云下河原弁天町は当町より開拓し移住せり」（『京都坊目誌』）とある。その「弁財天の祠」は、当町の高齢者が伝承を語るように「当町にあった藤原俊成邸内」にあったという。「寛永一九年（一六四二）寛永後万治前洛中絵図」に「弁財天町」と現町名が記される。宝暦一二年（一七六二）刊『京町鑑』にも「弁財天町」とあり、変化はない。（小西）

弁財天町《べんざいてんちょう》〔中京区〕

弁財天を祀る町。『京都坊目誌』には、古くこの地に弁財天の祠があり応仁の乱の時点で焼失したが、天正の頃に町内の人家の井戸掘りの際に土中から弁財天像が出現した、そこで小祠を築いてこれを祀ったとの伝承を載せる。像は空海の作であり、宝永天明期の火災に遭って寺町通円福寺に遷すも、元治元年の大火で焼失したとするが、あくまで伝承の域を出ない。

ここではむしろ、夷川通を軸にした周辺地に毘沙門町・大黒町という、福神由来の町名が集中していることに注目したい。「夷川」の通り名じたい、「恵比寿・大黒」で一対とされる福神由来の名である。また毘沙門天と弁財天はしばしば夫婦に擬せられ、ともに財宝や金融の守護神とされる。中近世は福神信仰が流行した時代であり、夷川通沿いに鍛冶屋が多かったことも関わって、「福神揃え」の意図が働いたと考えられよう。

平安京大内裏の南東であり、大炊御門町尻小路の南にあたる。『拾芥抄』によれば藤原師実の邸宅で堀川天皇の里内裏ともなった、大炊殿跡の地。中世以降は酒造業や職人たちが居住し、近世には二条城にほど近いことから美濃郡上藩の京屋敷や呉服商、俳諧師や各種職人の居住が確認される。（真下）

弁財天町《べんざいてんちょう》〔東山区〕

開町以前に当地の付近にあった大和橋畔に弁才天が祀られていたことによる（『雍州府誌』）とされるが、この弁財天は現存しない。所在は大和大路三条下ル三丁目西側。川端通と縄手通（大和大路通）に東西を挟まれ、北は新五軒町、南は白川まで。

寛文一〇年（一六七〇）頃より始まった大和大路開発の一環として、荒野だった北隣の新五軒町と共に町家に開かれ、茶屋が開かれたという。江戸時代には祇園外六町を構成する町の一つであり、茶屋町として発展した。この地の茶屋は夜にのみ営業するため「蛍茶屋」と呼ばれたが、大正元年（一九一二）の府布令により、道路に面した営業を禁じられた。明治二年（一八六九）下京区に編入、昭和四年（一九二九）に東山区に編成。（忠住）

弁天芝《べんてんしば》〔長岡京市粟生〕

大昔、光明寺が建つより以前から、この地に弁天さまがまつってあったという。今の阿弥陀寺（東山区泉涌寺の末寺）が弁天さまの祠があったところだという伝承がある。それを境に西の山地を「弁天山」といっていたが、今は弁天芝に統一されている。阿弥陀寺は山地にあったそうだが、明治の中頃に奥では不便というので、弁天さまの地に移したという（「乙訓地名物語・六二」京都新聞連載、一九八二年三月一九日付）。

弁天芝は光明寺の南側の独立丘に位置する。麓の東西両側を光明寺断層が走る。麓の南北は低湿な谷底低地で、南北斜面は阿弥陀寺の場所も含めて二ヶ所は京都府指定の急傾斜地崩壊危険箇所となっている。七福神の一つ、弁天さま（弁才天）は、もとインドの川神で、災厄を除き、福徳を与える女神で、日本では水難除けとして川辺や水田の用水路によく祀られている。しかし、弁天芝は山地で川のないところだ。弁天の弁はベ（辺）・ノ（野）・デ（出）・シバ（シバク「打つ・殴る」の語幹）の転訛であろう。つまり、弁天さんを祀った場所（現阿弥陀寺）は、丘陵端の突出した崩れやすいところの意である。活断層が過去に繰り返し活動することによってその時の変位が蓄積されて地名として残されたといえよう。急傾斜地崩壊危険箇所なので土砂災害から守ってもらうため女神におすがりしたと見られる。同様に阿弥陀寺の阿弥陀もアビ（暴、発）・タ（手、処の意）の転訛で地面が削られる意だろう。妙見（もとメゲル＝壊れるの転訛）も含めて各地の災害危険箇所では、災難除けに神や仏におすがりして祀った例が多い（『あぶない地名』）。

（綱本）

ほ

法皇寺町《ほうおうじちょう》〔左京区〕

新高倉通三条上ルの町。『京都坊目誌』に「法皇寺、此東にあり、故に名とす」とある。正和四年（一三一五）「六角油小路」に創建された日蓮宗興門派（本門宗）の本山「要法寺」は、「醒が井綾小路の南」「寺町二条の北」と転々していたが、宝永五年（一七〇八）の大火後この地に移ってきた。当時この地には、元禄六年（一六九三）に移転を終えた「法皇寺」があって、「法皇寺町」と呼ばれていた。宝永五年三月の大火以後の「新地」の様子を詳しく示す『都すゞめ案内者』付録絵図には、「法皇寺」の大きな境内が見え、その西に「要法寺」の名がある。法皇寺の繁栄ぶりは、現在も周辺に残る「東門前町」「西門前町」「南門前町」「北門前町」という地名が示しているが、まもなく荒廃したらしい。『京都坊目誌』によると、「明治十一年十二月、寺を南禅寺金地院に移し、同二十一年十一月、同寺牧護庵に転じ、同庵を改めて法皇寺とす」という。

（笹川）

宝鏡院東町《ほうきょういんひがしまち》〔上京区〕

当町の西に人形寺として有名な宝鏡寺があり、その寺の東にある町としたことによる。町は東西に通る寺之内通と南北に通る小川通の交差点一帯を町域とする。この辻は「百々の辻」と呼ばれ、小川に架かる橋が百々橋であった。応仁の乱ではこの橋付近で、東軍と西軍が激しく応戦をしたといわれている。天保二年の「改正京町絵図細見大成」には「宝鏡院殿東丁」とある。

（清水）

法金剛院村《ほうこんごういんむら》〔右京区〕

旧村名。双ケ丘の東南麓にあたる地で、『京都府地誌』によれば、一六世紀の天正年間に法金剛院村になった（花園村）という。寺院名に基づく地名の一つで、当地の法金剛院の寺域になったことに因る。法金剛院の地は、平安期の初めに右大臣清原夏野の山荘があったところで、その後寺院とされ、双丘寺とも天安寺とも称されたが、一〇世紀には記録にはみえなくなった。大治《だいじ》四年（一一二九）に鳥羽天皇中宮の待賢《たいけん》門院《もんいん》璋子《たまこ》が、法金剛院をこの地に建立した。境内では大池が掘られ、滝が設けられ、双ケ丘や衣笠山を背景にした眺望が優れていた。庭園はその後埋没したが、昭和四九年から発掘が行われ、青女の滝も復元された。この滝は平安後期の浄土式庭園の中にあって現存する唯一のものとして有名で、国の特別名勝に指定されている。法金剛院村は、明治七年（一八七四）まで続いた。　（岩田）

傍示木《ほうじのき》〔乙訓郡大山崎町大山崎〕

　領地の境界を示すために立てた杭や石などを立てるが、立てた木を傍（牓）示木の意という。南は中世の離宮八幡宮領の北境だった「堀尻」で小字境界に五位川が流れる。西国街道と久我畷との分岐点でもある。

　北境には江戸末期まで「東の黒門」と呼ばれる木門が立っていた。小さな枡形道の先、左手に案内板「離宮八幡宮神領と黒門跡」がある。それによると、中世、離宮八幡宮の油座は室町幕府から油の専売権等の特権を与えられ、油座を構成する神人たちはその特権で富を築いた。東は五位川、西は水無瀬川までを神領として幕府に認められ、東と西の入口には東の黒門、西の黒門が設けられ、各々番人が置かれていた。天正の山崎合戦のとき、明智光秀軍は東黒門で秀吉軍の先鋒隊・高山右近と対峙した。黒門は、幕末の禁門の変で焼失したそうだ。

　また、かつてあった四本の傍示石の一つが立っていて「守護不入之所」と刻まれ、守護の神領内への立入りを拒む権利を持っていた。そのうち二本が残り、現在、離宮八幡宮の境内に二本の角柱型傍示石が移設されている。一基は高さ三〇〇センチ、正面に「従是西八幡宮御神領守護不入之所」、右側面に「殺生禁断之所」、左側面に「大山崎総（惣）荘」と彫り、もと東門外にあった。もう一基は高さ二五〇センチ、「従是北　八幡宮御神領　大山崎総荘」、右面「守護不入所」、左面「殺生禁断所」と刻み、もと南門外にあったという。町指定文化財である。

　久我畷はこの戦いに敗れた明智光秀が逃走した道としても有名だ。分岐点の北東角に地蔵道標がある。道中安全を祈ったこの道標（高さ九三センチ、花崗岩製）は、舟形光背を負う半肉彫りの地蔵菩薩の右脇に「右八わたみち」左脇に「左よどふしみ」と彫り、江戸時代の作である。久我畷は大山崎から伏見区久我までの畷（縄手）、つまり、一直線に続く古道である。八世紀末、平安遷都頃構築されたことが発掘調査で確認された。久我畷の初見は『大平記』で、道が狭く泥田に足を取られた悪路だが、近世は大山崎から伏見・淀へ抜ける道として維持された。

　さらに、枡形道には石碑「石敢當《いしがんとう》」（高さ一二一センチ、花崗岩製）がある。石敢當は、中国伝来の魔除けの石柱で、道路の突き当たりや門・橋などに建てられる。辻などは悪魔がいるとされるからである。府下では東山区と当地にしかない珍しい「魔よけ石」である。セキカントウともいう。南側の川崎家の三代前が昭和以前に建てたという。　（綱本）

放生川《ほうじょうがわ》〔八幡市〕

　大谷川の部分名称。美濃山を水源とする御幸谷《みゆきだに》川と合し、戸津《とうづ》の西を北流、戸津の北で蜻蛉尻川を合わせて北へ流れ、平谷《びょうだに》の買屋橋から放生川と名を変えて男山山下を北流し、下流の科手《しなで》からそのまま淀川へ流れ込む尾無《みなし》川と、西行して大谷を通り橋本樋門へ流れるものとに分かれていたが、現在は科手から橋本への流れのみである。川の名の由来は石清水八幡宮の放生会がこの川で行われたことによる。放生会は供養のために、捕らえた魚や鳥などの生物を川に放してやる法会。宇佐八幡宮から伝わったもので、養老四年（七二〇）豊前守宇奴首《うののおびと》男人《をひと》が、宇佐大神を奉じて隼人征伐を行い多数を殺戮したので、毎年放生会を修するよう大神が宣託したことにより始められたという。『今昔物語集』巻一二（於石清水行放生会語）では、前世にこの国の帝王であった八幡大菩薩が、その殺生を償うため行うと記す。　（綱本）

法勝寺町《ほうしょうじちょう》〔左京区岡崎〕

かつてこの地周辺に法勝寺《ほっしょうじ》があったことによる。法勝寺は、左大臣師実《もろざね》から献上された白川の地（「白川（しらかわ）」参照）に、白河天皇が創建した御願寺である。『百錬抄』承暦元年（一〇七七）一二月一八日条には「法勝寺ヲ供養ス。天皇行幸」とある。法勝寺は、さらに整備・増築が続けられ、『扶桑略記』によれば、永保元年（一〇八一）一〇月二七日条に「法勝寺九重塔、礎ヲ据エ、心柱ヲ竪ツ」とあり、その後二年の歳月を費やし、永保三年一〇月一日に九重塔が完成する。「法勝寺御塔供養呪願文」（朝野群載）によると、金堂の南、瑤池の中島に構え、八角九重であったという。『山槐記』元暦二年（一一八五）七月九日条には、地震によって半壊し、『百錬抄』承元二年（一二〇八）五月一五日条もは、落雷によって焼亡したことが見える。その後、再建された塔の高さが二七丈（約八二メートル）と記録に残るので、いかに壮大な建造物だったかが分かる。やがて再建された九重塔も、失火や戦火に炎上し（『太平記』巻二一「法勝寺塔炎上事」）、延宝九年（一六八一）八月、この地を訪れた黒川道祐は『東西歴覧記』に「法勝寺ノ九重塔ノ跡、今、塔ノ壇トテ残レリ」と記す。この「塔ノ壇」は字名にもなり、『京都坊目誌』は岡崎町の字として「塔之壇」を挙げ、「法勝寺九重八角塔の跡也」と記す。　（笹川）

坊城通《ぼうじょうどおり》〔京都市・南北の通り〕

平安京の坊城小路の一部が残っているもので、現在、三条通から七条通に至る通り。途中松原通と万寿寺通の間が中断する。「城」は、一つの「坊」を囲む垣のことというが、通り名としての語源は不明。通りの西側に、新撰組の屯所となった壬生郷士の八木家があり、その南には壬生寺がある。「壬生」という地名が広域にわたっていたことが分かる。坊城通は、「壬生」地域の中心的な通りであった。　（糸井）

祝園《ほうその》〔相楽郡精華町〕

木津川左岸に位置する。地内は平坦な農耕地である。奈良期～平安期に見える郷名。『和名抄』山城国相楽郡七郷の一つ「波布曽乃」（刊本）。天平宝字八年（七六四）一〇月の「祝園郷地売買券」（唐招提寺文書）に「祝薗郷長□合地弐段壱佰□（在祝薗郷）、戸主綾（綾）部毗登浄麿之家者此矣」とあるのが史料の初見である。

式内社祝園神社がある。『新抄格勅符抄』（神事諸家封戸、大同元年牒）に「祝園神　四戸山城国」とみえる古社。神社では毎年正月行われる居籠祭（忌籠、五穀豊穣の儀式）が有名。古来歌枕となっており、「いかなれば同じ時雨に紅葉する柞のもりの薄くこからむ」（堀河右大臣『後拾遺集』）、「時わかぬ波さへ色にいづみ河はゝその杜に嵐ふくらし」（藤原定家『新古今集』）などと詠まれた。歌学書にも『能因歌枕』の「国々の所々名・山城国」には「はゝその森」と載る。

語源は、①『日本書紀』崇神天皇一〇年九月二七日条に、武埴安彦が反乱を起こしたが敗れ、多くの兵士が切り殺されたことから、その死者を葬った地を「羽振苑《はふりその》」という。『京都府相楽郡誌』は「祝園村　本村は羽振苑と云ふ蓋し羽振は屠《ほふる》（殺す）の義なり」とする。吉田金彦も、国語上から見ると、漢字「羽振」は当て字で正しくは「祝《はふり》」であるという。この語はもとハフ

（這、地上に伏せる）から出たハフル（放ち棄てる）で、死者を放置することをいう。それが「葬送する」の意味になり、さらに「死者を弔《とむら》い、不祥・汚れを去って、御魂《みたま》鎮《しずめ》の祭をする」ところの「祝」の意味に展開したものである（『京都の地名を歩く』）。②神社は木津川自然堤防上に鎮座するが、その森を柞森《ははそのもり》という。川べりの低地に当時、柞（ナラ、ブナ科）の多かったことは、『万葉集』巻九にある歌句、「山科の石田の小野のははそ原」（巻九・一七三〇）などでも伺えるが、この森の名「ははその」の部分が地名「はふその」と語呂が合い、植物地名とも考えられる。ただ、柞森は木津川市加茂町の柞山とする近世の地誌もある。③ハフソノについて、ハフは「放《はふ》り（放ち捨てる）」で木津川から土砂が放出された、ソノはソネ（曽根）の転で「砂礫地」をいい、微高地の「自然堤防」を示すともいう。（綱本）

宝塔寺山町《ほうとうじやまちょう》〔伏見区深草〕

京阪本線深草駅の東、七面山の西南麓、宝塔寺に位置する。日蓮宗妙顕寺派の寺が宝塔寺で、宝塔は日蓮・日朗・日像三代の遺骨を納めた宝塔があるのが由来。「山」は七面山《しちめんやま》が背後にあるので、総称していったものと思われる。山号は深草山《じんそうざん》、寺はもと鶴林寺《かくりんじ》と号した。

宝塔の由来は『山州名跡志』『近畿歴覧記』（江戸中期）によれば、日朗の弟子日像上人が日蓮宗を広めるため、法華の題目を石塔婆に彫り、京の七口の一つである伏見口に建てたものである。後世、そこに日蓮、日朗二人の遺骨を納め、それを御塔といった。後、日像が妙顕寺で遷化したので、深草で火葬。寺名は釈迦の入滅時、沙羅双樹が鶴の白色に転じたように日像を讃え、鶴林寺と号し、御塔は宝塔寺と称したとされる。宝塔寺の寺名は日像没後、妙顕寺の日堯上人が改名したと伝えられる。

なお、本堂の背後に極楽寺を開創した藤原基経を祀る昭宣堂があるのは、宝塔寺の前身が極楽寺であったからである。（明川）

法然院町《ほうねんいんちょう》〔左京区鹿ヶ谷〕

この地に法然院があったことに由来する。ただし、現在の法然院の所在地は、鹿ヶ谷御所ノ段町で、善気《ぜんき》山の山麓に位置する。建永元年（一二〇六）法然は、弟子の住蓮・安楽と「別時念仏ヲ始メ、六時礼讃ヲ勤メ」（山城名勝志）た。延宝九年（一六八一）八月、この地を訪れた黒川道祐は『東西歴覧記』に、江戸初期「知恩院満誉ノ弟子、京極浄教寺ノ住持」であった道念がこの地に居住して「法然院ト号シ」たのが法然院の始まりとし、その後「知恩院ノ万無和尚、斯ノ処ニ移シテ再興」し、「延宝九年六月二十五日遷化ス。遺言ニテ此ノ処ニ葬レリ。…此山ヲ古ヨリ善気山ト称ス。清泉アリ。善気水ト称ス。方丈ノ本尊、弥陀ハ智証大師ノ作、是レ則チ古ヘ浄教寺ノ所有ナリ」と記す。万無和尚によって再興された故に、法然院は「万無《まんむ》寺」とも呼ばれる。（笹川）

坊ノ池《ぼうのいけ》〔久世郡久御山町〕

「山城国久世郡御牧郷村名宮寺初記」（文政一一年（一八二八））の「坊ノ池村初」にあるように、現在も観音寺の秘仏（晋山《しんざん》式にのみ開帳される）とされている観世音菩薩像が引き上げられたという池が、石清水八幡宮僧坊の所領内にあったことに因む名である。久御山町は、木津川を挟んで向かい側であることから、石清水八幡宮との関わりが深く、大西坊・桜井坊・梅本坊・滝本坊・橋本坊・松ノ坊など僧坊も多かった。保元三年（一一五八）一二月三日付の「官宣旨」に、石清水八幡宮極楽寺領の荘園の一つとして島田園が見えるし、一三世紀中ごろから後半にかけて、石清水八幡宮善法寺坊領の藤和田薗も存在していた。坊ノ池の名は、文明六年（一四七四）九月一五日付の「大内政弘寄進状」に「山城国久世郡御牧庄内坊池郷事」にみえる。

　中島村からの分村。『元禄郷帳』（元禄一三年〈一七〇〇〉）に御牧郷一三ヶ村の中にすでに坊池村の名がある。昭和二九年（一九五四）、久御山町誕生とともに久御山町坊ノ池に。（高木）

坊門町《ぼうもんちょう》〔下京区〕
　平安京の坊門（小路）は、常に「横通りの○条大路」より二つ北の通りを指し、当町をその坊門小路が貫くことに因む。北は綾小路より南、南は松原より北、西は中京区との区境界より東、東は松屋町通よりやや東で大宮通の両側町の西端までの広域町で、当町の場合、両側町ではなく、本国寺寺内町のような広域の町の様相を呈していて、その中心に五条坊門小路が貫いている。「天保二年（一八三一）改正京町御絵図細見大成」によれば、町形成の経緯は、当町最北端の綾小路通大宮西入るに西方寺、法善寺、光縁寺と並び、その西に藤堂屋敷がある。その南側成道院の南に帰命院がありその南門前の仏光寺通に「帰命院前町」があった。その西、櫛笥通の延長線上の道を西入ル北側に岡崎屋敷があり、南側に肥後屋敷があって、その間が「田中町」とある。岡崎屋敷の東側の道が「寺の前町」とある。高辻通大宮西入る北側の寺は現在は西往寺だが、当絵図には正法寺とあり、その前の竪通りを「正法寺前通」としている。まとめると、「帰命院前町」「田中町」「寺之前町」「正法（西往）寺前町」の四町が明治二年（一八六九）に合併して「坊門町」となったと考えられる。
　坊門中之町は、黒門通塩小路下ルJR線路手前までの東側片側町と一筋東の小路を含む。「八条坊門（現・塩小路）が北の部分を貫いている」（『京都坊目誌』）とある。二条城築城の際、この地に移転させられた出屋敷の一つである。江戸時代の絵図には町名の記載がない。
　八条坊門町は、塩小路通大宮東入ル黒門までの両側町で、東側が黒門通にも面する。平安京の「八条坊門小路（ほぼ現・塩小路）に接していること」に因む。江戸時代の絵図には町名の記載はない。（小西）

法林寺門前町《ほうりんじもんぜんちょう》〔左京区〕
　『京都坊目誌』に「法林寺、此地にある故なり」とある。『京羽二重』に「法林寺三条大橋東詰上ル。俗にだんのと云。開山、袋中上人」とあり、「だんの」とは、『都名所図会』に「浄土宗にして、本尊阿弥陀仏は恵心僧都の作也。古ハ悟真《ごしん》寺と号して、良忠上人の弟子、道光《どうこう》法師建立す。応仁の乱後、荒廃に及ぶ。慶長年中（一五九六～一六二〇）、袋中《たいちゅう》上人、再建ありて栴檀《せんだん》王《のう》院《いん》と号す（今、略して檀王と呼ぶ）」とあるように、「栴檀王院」の略称である。宝永五年（一七〇八）刊『都すゞめ案内者』上の「三条大橋」の挿絵には、「東つめ」北側に「だんのほうりん寺」が見える。『都名所図会』は続けて「主夜神《しゅやじん》祠《やしろ》は、開基袋中上人の勧請也。縁起に曰ふ、慶長八年（一六〇三）三月十五日、袋中上人、別行《べつぎょう》に入りて念仏したまふに、忽然として朱衣《あかきころも》に青袍《あおきひたたれ》を著して光明の中に顕れ、上人に告げて曰はく、われは華厳《けごん》経《きょう》に説きたまひし婆珊婆演底主夜神《ばさんばえんていしゅやしん》也。専修念仏の行者を擁護すべし、と。則ち、秘符を授けたまふ。夫より応験《おうけん》新たにして、常に詣人《けいじん》多し」と記す。（笹川）

北斗町《ほくとちょう》〔東山区〕
　当町に寿永二年（一一八三）、一説には永暦元年（一一六〇）、院御所法住寺境内に後白河院により造営された北斗堂が所在したが、建長元年（一二四九）炎上し荒廃した。その後耕地の字名となっていたものを町名とした（『京都坊目誌』）。所在は大和大路通七条下ル、大和大路の西側。

元は法住寺殿の境域であった。明治元年（一八六八）下京に編入、昭和四年（一九二九）東山区に編成。（忠住）

ボケ谷《ぼけだに》〔京田辺市田辺〕

京田辺市と枚方市の境界にある峠に進出してきた企業が、「所在地の小字地名が企業イメージにふさわしくない」として、地名変更を市当局に求めた。平成一三年（二〇〇一）九月、甘南備山東南麓の谷間の企業が所有する「ボケ谷」と「アチラ谷」の変更について、京田辺市は一二月定例市議会で、町名変更を可決した。アチラ谷だけ「甘南備台」と改名され、企業所有地外のボケ谷は残った。（古川章「ボケ谷・アチラ谷」『京都の地名検証』所収）。ボケ谷は周りに土崖が多い場所である。ボケはホケ・ホゲの転で、動詞ホグ（解）・ルの連用形ホゲである。「呆《ぼ》け」と同義である。転じて崩れやすい「崖」を意味し（『地名の語源』）、徳島県の大歩危《おおぼけ》・小歩危《こぼけ》は急崖地である。（綱本）

鉾立《ほこたて》〔京田辺市興戸〕

興戸を通る古道沿いに「鉾立」という地名があり、現在は北鉾立・南鉾立に分かれている。京田辺市内には古代に平城京から山陰諸国を結ぶ主要官道「山陰道・山陽道」（奈良街道）が通っていた。神功《じんぐう》皇后がここを通過した時、手にした鉾を立てかけた、という伝承が残り、地名の由来とされる。北鉾立の地には松、南鉾立には杉の木が植えられ、村人達は注連縄《しめなわ》をして崇めてきた。北鉾立の松は昭和一六年頃暴風で倒れた。南鉾立の杉の木は現在JR同志社前駅前の、いまでは細い道になった古山陰・山陽道沿いに立つが、昭和四〇年頃枯れ二代目である。鉾立の由来となった人物、神功皇后は古代三韓出兵の中心として戦前は神格化されたが、紀元二〇〇年頃という神話の登場人物が、奈良時代に造られた官道沿いに鉾を立てかけることは論理的に無理である。周辺には神功皇后に関連する伝説が多く残るが、これも当地の奈良時代およびそれ以後の交通路としての重要性からくる伝承といえよう（『京都の地名検証2』）。

北・南鉾立は興戸地域の北端と約一キロ離れた南端に位置する。いずれも西側の背後に丘陵を控え、交通の要所として旧街道脇にある。鉾立のホコ（鉾）はホ（秀）・コ（処）で突き出た所（『地名の語源』）。タテ（立）は「低地に臨んだ丘陵の端で、通常は昔武人が城砦を構えて居たと伝えられる場所」（『地名の研究』）である。つまり、城があった丘陵突端をふくむ低地一帯をいう。北鉾立は、西方の丘陵に田辺城があった（「奥ノ城」参照）。南鉾立には室町末期、西方の山中に城主藤原長門守季長《すえなが》の居城とする興戸城があり秀吉に滅ぼされたという。かつて南鉾立にあった天正元年（一五七三）再建の光照寺に「興戸城主藤原長門守季長」と刻んだ位牌を安置していた。周辺一帯に城があり、寺はその位牌堂であった（『田辺町郷土史・社寺編』『京都府田辺町史』）。（綱本）

鉾田町《ほこでんちょう》〔中京区〕

鉾が転じる町の意。ここでのホコは、下御霊社の剣鉾の意。デンには「田」があてられているが、中近世語のデング・テング（伝供・転供）に由来することも考えられる。『日葡辞書』「テング」項には「神」とか「仏」とかに或るものを手送りで供えること、また、比喩として、「物が手から手に渡って行くこと」とある。鉾は神輿と同様に神霊がそこに宿ると信じられた依代であり、担ぎ手の交代や方向転換の際には、所定の位置で行うことが必要とされた。宝暦一二年（一七六二）刊『京町鑑』には、下御霊神社の鉾が当地まで至った由が見え、二条河原に面した町内地で、祭礼時に鉾が担ぎ手の交代をしたことも考えられるのである。

河原町通二条の東側にあり、古くからの交通の要地であった。二条河原は中世には合戦場となり、「二条河原の落書」でも名高い地である。町の東側は二条橋のたもとで、元禄頃は馬乗り馬場であった。

町名については寛文五年（一六六五）刊『京雀』に、「そみん町」と見える。「そみん」を蘇民将来の意と考えるなら、下御霊神社の祭礼との関わりはより強くなるだろう。（真下）

星野町《ほしのちょう》〔東山区〕

当町の南に北斗七星を祀る北斗堂があったことによる（『京都坊目誌』）。所在は東大路通松原上ル東入ル。八坂の塔（法観寺）の西側で、清水坂と八坂通の間に位置する。

町名の初出は『京都巡覧記』にみえるのが早い。しかし『京都坊目誌』によれば、町地としては明治七年（一八七四）に開けたとあるが、「京都洛中洛外大絵図」（一七八八）に当町名がみえるため、開町は江戸後期と考えられる。しかし明治四〇年（一九〇七）まで人家はなかった（『京都坊目誌』）という。明治元年（一八六八）下京に編入、昭和四年（一九二九）東山区に編成。（忠住）

細野《ほその》〔右京区京北〕

『和名抄』の桑田郡池辺郷に位置する。田尻広域地名であるが、多くが山林地区。田尻谷川、芦見谷川などが合流して細野川（もと細川か）となり、中地地区で大堰川に注ぐ。明治初期に、細川庄に属する四集落や田尻、長野、余野《よの》の村々を合わせて細野（村）としたことによる地名。細川庄の「細」をもとに命名された合成地名である。（糸井）

細見辻《ほそみつじ》〔福知山市三和町〕

土師川《はぜがわ》の支流・細見川の下流域に位置する江戸時代の村名。道の交差点である辻あたりを本村とし、少し上流の細見中出、その奥の細見奥を枝村とする。中世の地域豪族の細見氏の山城、細見辻城が残っている。細見の地名は、豪族・細見氏が居住したことによると見られる。

昭和三一年から三和町の一部となる。（安藤）

布袋野《ほたいの》〔京丹後市久美浜町〕

布袋野は、法沢山《ほうたくさん》（六四四メートル）の麓、川上谷川の源流部に位置する。駒返《こまがえし》峠を越えると、兵庫県に通じ、古来、但馬国出石と交流が深いという。地名「布袋野」は、もちろん「布袋」の表記からただちに「布袋状の土地」と考えるわけにはいかないが、当地は山に囲まれた狭隘な土地である上に、その内側をさらに低い丘陵で囲まれたところに集落が立地しているところから、あるいは「袋状になった野」としたものかもしれない。今後の解明に待ちたい。あるいは「法沢」（ホウタク）の転訛語か。

付近には「鋳師《いもじ》谷」や「ビクニ屋敷」などの地名が残り、カンナ山にはカンナ流しの溝が、奥山にはたたら跡も残る。（水野）

牡丹鉾町《ぼたんほこちょう》〔上京区〕

今宮神社の祭礼の際に牡丹鉾を出していたことによる。町は南北に通る千本通をはさんだ両側で、北の上立売通と南の五辻通の中間を町域とする。天保二年（一八三一）の「改正京町絵図細見大成」には「大下丁」とある。明治七年（一八七四）提出の『全国村名小字調査書』によると、明治二年（一八六九）に「旧大下之丁を牡丹鉾

町に改称した」とあり、明治になってからの町名である。（清水）

法花寺野《ほっけじの》〔木津川市加茂町〕

東・北・西の三方が木津川に囲まれ大きく湾曲する南岸に位置し、南は山地である。奈良時代から平安初期にかけての寺院または宮殿跡と思われる遺跡が出土したという。ただし、『相楽郡村誌』は「法華寺野村　開創の年紀攷《かんが》（考）フ可カラス」と記す。

地名の由来は、正称を法華滅罪寺と称した山城国分尼寺があった地だからという説がある。だが、西側の谷は京都府ハザードマップで指定する「土石流とその被害想定箇所」である。ホッケジノはホッケ・ジノの転訛で、ホッケは古語ホキ（崖）の転訛語が考えられる。ホケ・ボケも同じで、川岸の崖で水流が当たる所。ジノは動詞シノ・ル（反る、しなう）の清音化（転成語）で、ホッケシノは湾曲した崖地をいうのだろう。（綱本）

保津町《ほづちょう》〔亀岡市〕

大堰川（保津川）左岸の集落であり、かなり高台まで家並みがある。川端に保津川下りの乗り場があり、集落には船頭さんの家も多い。古来、筏流しの港であり、地名も港に由来するものである。地名の由来は「掘り津」から「ほ津」となったとの吉田金彦説がある（『京都滋賀古代地名を歩く』）。土砂が堆積しやすい現地の地勢から見て妥当な説と考えられる。大堰川を利用した筏流しによる木材の運搬は、奈良時代から行われていた。したがって地名も古代に遡ると思われる。

保津川下りは、亀岡盆地南端の狭い山峡から嵐山までの間。川の周囲に聳え立つ岩壁は散光虫の遺骸が堆積して作られたチャートという岩石で層状をなし、書物を重ねたような形状をしている。古代から中世へとずっと続いた筏による木材運搬の苦労と危険を大きく解消したのが角倉了以であった。角倉了以は保津川を広くして、川を利用した運搬に大いに利便を与えた。船井郡世木村殿田（南丹市日吉町）から山城国嵯峨村（京都市右京区）までの水路の開削である。慶長一一年（一六〇六）の事であった。

保津峡の入口にあたる保津の地にも弥生時代に村が作られたことが出土遺物から推定されている。そして古墳時代には中期に有力な古墳が造られたことが最近明らかになった。これらの古墳はいずれも古道に沿い、あるいは古道からよく見える所に築造されたと考えられる。古道と関りの深い古墳の事例となっている。足利健亮説（『新修亀岡市史』ほか）では、古山陰道は篠町を直進して保津川の岸近くに達し、保津川がやや山寄りに向きを変える所で少し川幅が狭くなるので、そこで川を渡って保津川東岸を山裾にそって斜めに直進して北へ向かったと推定する。ここも交通の要衝として有力な地域をなしていた。

保津は平安時代後期から南北朝時代には荘園が置かれ、室町時代には保が置かれていた。藤原頼長『台記』の仁平三年（一一五三）に「保津御庄」とあり、また「近衛家文書」の建長五年（一二五三）の「近衛家領目録」に「保津筏師」とあり、筏師の拠点であったと見られる。

昭和三〇年（一九五五）からは亀岡市の大字となった。（安藤）

ホッパラ町《ほっぱらちょう》〔山科区日ノ岡〕

大正一一年（一九二二）の「京都都市計画図」には「ホツ原」と書かれている。語源については諸説があるが確定していない。①農耕や樹木育成に適さない荒地で、ほったらかしにされてきた。「ほっぱられた地（放り出された地）」の意味。②東海道の改修などで出た残土が放り出されていた地の意味。いずれにせよ、開墾されずに「放り出された地」と考えたい。なお、江戸時代の刑場に近く、刑死人を埋めるために原っぱを掘った「掘り原」が語源という説もあるが、江戸時代の刑場はその場に死体を埋める例が多く、「近くだから」というのには疑問が残る。また、琵琶湖疏水のホッパー（砂利運搬船）の船置き場であり、ホッパーがホッパラになったという説も、琵琶湖疏水から当地への水路がなく、無理がある。（小寺）

布袋屋町《ほていやちょう》（中京区）

「布袋屋」を屋号とする店、または布袋像を売る店のある町。寛文五年（一六六五）刊『京雀』では、布袋屋を屋号とする職人の在住によって「ほていや町」と呼ばれ、その後に安置した薬師如来が貴賤の信仰を集めて「布袋薬師」と呼ばれた経緯を述べる。一方、『京都坊目誌』では、中世以来当町にあった菩提《ぼだい》薬師が布袋《ぶだい》薬師へと転訛した上で、ついに誤って「布袋屋町」と呼ばれるに至ったとするが、こじつけの感を否めない。

布袋は中国明州奉化出身の禅僧で、腹を露出して袋を背負った姿が福相とされ、弥勒の化身と信じられた。日本では七福神の一とされて揃いで描かれるが、また単独で画題となり影像とされることも多い。近世の京の町では竈の神と一体とされ、富貴繁盛の象徴として信仰された。

当町にある天台宗大福寺は本尊が薬師如来であり、『京雀』に記される「布袋薬師」に擬せられる。同寺の創建年代は不明だが、中近世の福神信仰隆盛の機運の中で、当寺の薬師如来が布袋信仰を複合した経緯も考えられる。

当町は中世末期に置かれた遊里、二条柳町の一角にもあたる。この布袋薬師が評判を呼んだのは、当代の福神信仰の隆盛に加えて、周辺に人の出入りの頻繁な状況があったかもしれない。当地の近隣には夷川の通り名に加えて、毘沙門町、達磨町など、福神に由来する町名が点在しており、福神流行の一端をのぞかせる。（真下）

仏主《すほど》（船井郡京丹波町）

難読地名の一つに挙げられる。「仏住」とも書かれる。「ホド」に「仏」の字が当てられていることから、仏の古い読み方、「ホト」に由来している地名であろう。中国に仏教が伝わった時、仏は当時の発音で「プト（仏都）」と呼ばれたようである。それが日本に伝わり、「ホトケ」と呼ぶ基となったのである（『古典基礎語辞典』）。したがって「仏住」は文字通り仏の住む地の意味とみられる。ただ当地が上和知川の最上流地域の山間の村であることから、仏教との関わりは不明である。

昭和三〇年（一九五五）から和知町の大字となった。（安藤）

骨屋町《ほねやちょう》（下京区）

扇の骨の制作職人が「骨屋」である。その職人の店があったと考えられる。六条通高倉東入ル堺町までの南側片側町である。「寛永一四年（一六三七）洛中絵図」、宝暦一二年（一七六二）刊『京町鑑』に、すでに「骨や町」とあり、以後変化はない。

もう一つの同名の町は、高辻通烏丸西入ル室町までの両側町である。「寛永一九年（一六四二）寛永後万治前洛中絵図」、宝暦一二年（一七六二）刊『京町鑑』ともに「ほねや（骨屋）町」とあり、変化はない。（小西）

骨屋町《ほねやちょう》（中京区）

骨屋の町。骨屋とは、「扇の骨を製造する職人」（『時代別国語大辞典』）。「骨」を必要とする業種にはこのほか、屏風や傘などもあるが、『京雀』に「此町には扇のほねや多し」と見える。これに従いたい。

平安京の大内裏の南東に位置しており、平安中期以降は貴族の邸宅が建てられた。中近世には活発な商工業の活動が展開されて、祇園会には当町から宇治川の合戦をかたどった、浄明山が出された。また当町の場合は烏丸通を隔てた東側に、西国三十三ケ所の観音霊場である六角堂があることから、近世の比較的早い時期から巡礼宿が作られた。延宝六年（一六七八）刊『京雀跡追』には、「扇のほね師、中比よりたへたり。今は大方これもみな、旅人の宿かす所」と記される。（真下）

洞ヶ峠《ほらがとうげ》〔八幡市南山〕

高野街道の山城・河内の国境にあり、南峠ともいう。交通・軍事上の要地として中世しばしば陣所が置かれ、争奪戦が繰り広げられた。観応三年（一三五二）三月から始まる八幡合戦（正平戦役）には、『園太暦』同月二八日条に「昨日八幡合戦必定也、赤松勢取陣於洞ケタウ下南辺、官軍及酉刻押寄合戦」とある。『太平記』巻三一（八幡合戦事付官軍夜討事）に「宰相中将殿三万余騎の勢を率し、宇治路を回て木津川を打渡り、洞峠に陣を取んとす、是は河内・東条の通路を塞て、敵を兵粮に攻ん為也」とある。天正一〇年（一五八二）の秀吉・光秀の山崎合戦に際し、どちらに味方をするかという筒井順慶の日和見は創作であり、順慶はここに来ていない。『山城綴喜郡誌』は「往古の地勢自然隧洞の如くなりしと、依て此名あり」という。生駒山地が北にのびた標高七〇メートルの丘陵地の山間に位置し、谷底平野の源頭部である。「洞」は谷の意で、『新撰字鏡』に「谽（保良）」とある。（綱本）

堀《ほり》〔福知山市〕

由良川支流である土師《はぜ》川上右岸にある村。南は兵庫県氷上郡と接する丘陵地帯である。村内に一宮《いっきゅう》神社があって、神社の参道の北には藩の馬場があり、「桜の馬場」と呼ばれた。

大正七年（一九一八）からは福知山町の、昭和一二年（一九三七）からは福知山市の大字となった。（安藤）

濠川《ほりかわ》〔伏見区〕

京阪伏見桃山駅から大手筋通を西、最初に渡る川が濠川にあたる。濠川は文禄三年（一五九四）豊臣秀吉が伏見城築城の時、造成された伏見城の外堀にあたる。外堀は築城にともなう宇治川の流路改修工事により宇治川の派流と繋がり、この辺り一帯が浜となった。現在、濠川は「ゴウガワ」と呼んでいる。明治二七年、琵琶湖疏水と繋がり、上流を疏水、下流を堀川と呼んでいる。（明川）

堀川通《ほりかわどおり》〔京都市・南北の通り〕

平安京の東堀川小路をベースに北へはさらに延び、南では一部消えている通りで、現在、北は賀茂川の御薗橋西を少し下がった辺りから八条通までの通り。八条坊門辺りで油小路通に吸収されている。南北に流れる堀川に沿った通りであったのが名の由来。右京にも対をなす西堀川（紙屋川・天神川）があって、左京のは東堀川といった。「自然の流域に人工を加へた」（『京都坊目誌』）川であったから「堀」と称した。堀川の両岸に沿って堀川通は造られていた。現在の堀川通は、右岸（西側）の通りである。

堀川一条には一条戻り橋があり、洛中洛外の境を象徴する橋で、様々な伝承が残る。堀川は市中への木材の運搬に利用され、堀川材木商人と呼ばれる人たちもいた。『一遍上人絵伝』には、七条堀川付近で三人の男が川に入って筏を流す様子が描かれている。また『京町鏡』（宝暦一二年（一七六二））には「此川に十一号有り」（一

一の異名がある）と指摘し、埋《うめ》川、芥川や面影川などを列挙して、さらに「いづれも古歌あれども略之」とある。（糸井）

堀切谷《ほりきりだに》〔京田辺市薪〕

この地域一帯は堀切古墳群といって、大小無数の横穴式石室を伴う古墳があった。多くの古墳が築かれ、そのため山を掘る作業がなされたことから、堀切と呼ばれたものという（「百々坂《ももさか》」参照）。しかし、堀切は通常、「切通し」を指す。『太平記』巻一六に「堀切たる処もなく」などと用いられている。堀切谷は東西に広がる古墳群中央の谷筋に車道が貫通しているが、崖地で一九七〇年代までは山道（北西―南東）が走っていた。（綱本）

堀越《ほりこし》〔京丹後市弥栄町〕

堀越は大宮町久住と弥栄町等楽寺を結ぶ峠のことであり、それが集落名になっている。竹野川支流溝谷川の分水嶺に位置する。一般的には、坂が越へ、越が峠へと変遷している。堀越峠とも呼ばれる。（水野）

堀子町《ほりこちょう》〔南区上鳥羽〕

堀子は、堀子川に由来する。堀小川ともいい、西高瀬川中流域の四条通以南から御前通五条辺りまでの堀川の支流の呼称である。近代まで農業用水路として利用された。堀子川は文久三年（一八六三）の「西川通船路新開図」によると、西七条・梅小路を通り、現在の西高瀬川の河道の東側（当地の位置に対応する）を通り、鴨川に合流していた。旧河道を知る手がかりとなる小字名である。（入江）

堀詰町《ほりづめちょう》〔下京区〕

間之町通七条上る下珠数屋町までの両側町である。「元此辺溝渠の棄水七条内浜に至る。落口のありしに依り名とす」（『京都坊目誌』）とある。しかし、「天保二年（一八三一）改正京町御絵図細見大成」に描かれている東本願寺の堀が当町西に隣接しており、材木町の舟入りの運河の末端が東に隣接することよりも、東本願寺の堀の東南角に接していることに、「堀の詰め所」の意味を求める。宝暦一二年（一七六二）刊『京町鑑』に「堀詰町」とあり、以後変化はない。（小西）

堀ノ内《ほりのうち》〔八幡市川口〕

周囲を堀で囲む環濠集落の武家屋敷があったことにちなむ。川口は低地で、敵からの防衛だけでなく、氾濫や洪水に対して集落を周囲より高い自然堤防上に築き浸水を防ぐ意味を持った。周囲の堀とともに屋敷地の石積みや内部の通路は袋小路かぎざぎざの雁木形が多く、典型的な中世村落の姿を示す。（綱本）

堀之内町《ほりのうちちょう》〔下京区〕

高辻通新町西入ル西洞院までの両側町である。当町の真ん中を通る若宮通の高辻南は、きりしたんの南蛮寺があり、（「菊屋町」参照）。その南が藪で（「藪下町」参照）、北は「堀」であった。「寛永一九年（一六四二）寛永後万治前洛中絵図」に、「堀内（ノ）町」とある。宝暦一二年（一七六二）刊『京町鑑』に「堀之内町」とあり、その後も変化はない。（小西）

堀之上町《ほりのかみちょう》〔下京区〕

大宮通中堂寺下ル花屋町までの東側片側町である。「中世此地に本圀寺の溝梁ありしを填《うずめ》て市場とす」（『京都坊目誌』）とあって、本圀寺には「堀（濠）」があり、その「堀を埋めた上につくった町」である。寛文五年（一六六五）刊『京雀』には両側町の「土井のうへ町」とある。宝暦一二年（一七六二）刊『京町鑑』には、「上堀之上町」「下堀之上町」に分かれている。この変化について、『京都坊目誌』は「貞和（一三四五～九）以来本国寺の境内なり。天正年中町地となり。土居の上町と呼ひ。後ち堀の上町と称し。南北二丁たり。明治二

年（一八六九）合併す。」とする。（小西）

本覚寺前町《ほんかくじまえちょう》〔下京区〕

五条通河原町西入ル富小路までの北側片側町である。当町南側の「本覚寺」に因む。「寛永一四年（一六三七）洛中絵図」から「天保二年（一八三一）改正京町御絵図細見大成」まで「本覚寺前町（丁）」と変化はない。（小西）

本坂《ほんざか》〔与謝郡伊根町〕

慶長七年（一六〇二）の「慶長郷村帳」に「野村之内発坂村」とあるものが初出の地名である。元禄一二年（一六九九）の「丹後国郷帳」にも同様に「野村之内枝村本坂（発坂）村」とある。本坂村が野村の端郷であったことのほか、もとは「発坂」と表記されていたこともわかる。延宝九年（一六八一）の「丹後国与謝郡等郷村高帳面」には「本坂村」と表記されており、これが現在の地名表記の初出となる。もとは「ほっさか」であったものが「ほんざか」へと変化したものであろうか。「ホツ」「ホン」は「ホリ」の変化形とみると、地すべり地で「ほりさけてできた地」の意と考えられないか。（新谷）

本庄《ほんじょ》〔船井郡京丹波町〕

当地は中世に設置された和智庄に属しており、その中心的な集落であったので、「本庄」と称されたと考えられる。本庄集落の山麓には当地の鎮守の阿上《あじょう》三所神社がある。祭神は豊受比売命、三穂津比売命、誉田別命である。『明治神社誌料』によると、貞観年間（八五九～八七七）以前には集落の背後の天王山に鎮座していて、養蚕に関係の深い神社だったという。本庄には昭和三〇年（一九五五）に和知町が成立した時、役場が置かれていた。

昭和三〇年（一九五五）から和知町の大字となった。（安藤）

本庄村《ほんじょうむら》〔与謝郡伊根町〕

旧村名。慶長七年（一六〇二）の「丹州与佐郡本庄村御検地帳」・「丹州与佐郡本庄内浦嶋社領分御検地帳」（筑波大学所蔵）に「本庄（村）」とあるものが初出の地名である。江戸時代には、本庄を冠する村として、本庄上村・本庄宇治村・本庄浜村の三村があった。このうち本庄宇治村には、浦島伝説で有名な宇良（浦島）神社が鎮座する。地名の語源は、筒川（河）庄のもっとも中心的な位置にあったことを意味する「筒川本庄」を省略して「本庄」と表記したものと推定される。また明治二二年（一八八九）の町村制施行時には、蒲入村・長延村・本庄上村・本庄宇治村・本庄浜村・野室村が合併して成立した村の名として「本庄村」が採用された。昭和二九年（一九五四）一一月には、伊根村・朝妻村・筒川村・本庄村が合併し伊根町となり、本庄村は消滅した。現在は、伊根町立本庄小学校等にその名残りを残す。（新谷）

品田《ほんで》〔京丹後市久美浜町〕

長禄三年（一四五九）の「丹後国郷保庄惣田数帳」に「御品田《ほんでん》」とあるものが初出の地名である。品田とは、その位（品）に応じて親王・内親王に対して朝廷から与えられた田地のことを指しており、それ故、「御」をつけたものか。あるいは、木簡にみる「私里」との関係を考えてみるべきか。地名の語源は品田であったことに由来すると思われる。現在は「ほんでん」を略して「ほんで」と呼ばれている。慶長七年（一六〇二）の「慶長郷村帳」以降は品田村と表記され、明治時代に至る。（新谷）

先斗町通《ぽんとちょうどおり》〔京都市・南北の通り〕

寛文八年（一六六八）幕府によって、鴨川の大改修が行われた際に、右岸に造成された通り。三条通の一筋南の通りから四条通に至る。その後南には西石垣通が続くが、すぐ木屋町通に合流する。「ぽんと」

はポルトガル語とされる。「先」の意とされ、川に接する地（先っちょの地）を意味したか。「先」は「前、崎」に通じるが、通りができる以前から「御崎」と云われる土地であったという。蛸薬師河原町の東、備前島町の北側に岬神社がある。通り沿いに「先斗町歌舞練場」があり、御茶屋や割烹の店などが建ち並ぶ。（糸井）

本法寺前町《ほんぽうじまえちょう》〔上京区〕

天正一八年（一五九〇）に豊臣秀吉の命により一条通堀川にあった本法寺が当地に移転させられた。その寺の門前町として町が形成されたので、この町名が付けられた。町は南北に通る小川通をはさんだ両側で、北は上御霊前通より、南は寺之内通より少し北まで、西の本法寺を含めた地域を町域とする。当町には日蓮宗の本法寺のほかに、豊臣秀吉から千家の再興を許され、当地を拝領した千利休の子の宗淳と孫の宗旦が居住した。その子孫の表千家、裏千家の家元の屋敷が現在もある。（清水）

本町《ほんまち》 →**東本町**《ひがしほんまち》

本丸町《ほんまるちょう》〔伏見区向島〕

観月橋の南、宇治川の対岸にあたる所に位置する。『伊達日記』によると、秀吉は伏見の向島にお城（向島城）を普請したが、普請半ば地震によって破損、秀吉は木幡山へ伏見城を築城し移転、後の向島城は徳川家康が繕って居城とした。本丸町は向島城の本丸があった所で、今の中島町から本丸へ大手筋があり、南へ二ノ丸、三ノ丸と続いた。

向島城が解体された後、明治維新までは二ノ丸と本丸の一部を江戸本庄二つ目の高井家が領し、年貢米二〇〇石を徴した（『城下町伏見町名の由来と秘話続』）。現在はガレージ・住宅地となっている。（明川）

本満寺前町《ほんまんじまえちょう》〔上京区〕

本満寺の前にある町による。日蓮宗の本満寺は、応永一七年（一四一〇）に今出川通新町の関白近衛道嗣の屋敷内に建立され、天文八年（一五三九）に関白近衛尚通《このえひさみち》が現在地に移し、禁裏の勅願所とした。町は寺町通の東側の鶴山町にある本満寺の前で、寺町通の西側を町域とする。天保二年（一八三一）の「改正京町絵図細見大成」に記されているので、江戸時代からの町名である。（清水）

本梅町《ほんめちょう》〔亀岡市〕

延徳四年（一四九二）の『蔭凉軒日録』の丹波国に「本免庄補任事」として庄園名「本免庄」が現れている。従って元は「本免」と表記する地名であったと考えられる。荘園制のもとで免田という年貢や課役免除の田地が設定されたので、本免はこの免田から来ていると思われるが、確定的ではない。

明治二二年（一八八九）に東加舎、西加舎、井手、平松、中野の五ヶ村が合併して成立した村名。昭和三〇年（一九五五）からは亀岡市の町名となる。（安藤）

本柳水町《ほんりゅうすいちょう》〔下京区〕

西洞院通仏光寺下ル高辻までの両側町である。『京都坊目誌』の「古へ柳ノ水の称する井水あり」に因む。「寛永一九年（一六四二）寛永後万治前洛中絵図」は「本柳水町」と現町名を記す。寛文五年（一六六五）刊『京雀』は「下柳の水町」とあり、宝暦一二年（一七六二）刊『京町鑑』にも「下柳水町」とある。「天保二年（一八三一）改正京町御絵図細見大成」に現町名の「本柳水丁」とあるので、町名の併用は、一八世紀末までのことと想定する。（小西）

ま

舞ケ辻《まいがつじ》〔京田辺市薪〕

甘南備山の登り口に舞ヶ辻がある。山頂には式内社に比定される神南備神社があり、これに関わる地名とされる。『新抄格勅符抄』に「甘南備神　一戸、山城国、宝亀二年充《ゆるし》奉ル」と神封《しんぽう》の寄進が載る。現祭神は近代以降に決められたもので、「甘南備寺文書」では「月読神」とする。志賀剛は、「薪村は隼人の移住した土地で、大住の月読神もこの甘南備山頂の神を祭ったもの」（『式内社の研究』第三巻）という。語源は、①『薪誌』は「薪の人々は山神の降臨を仰ぎ、ここで舞を舞ったので舞ヶ辻と呼んだ」と記す。隼人舞の奉納地とみられる。②あるいは、舞ヶ辻の別名をカマトギともいう（カマは崩壊浸食谷をいう）。激しい水流で山から沢へ流れ出した礫や砂利を「まいし（舞石）」（『日本方言大辞典』）といい、舞石が流出した辻を指すとも考えられる。（綱本）

舞鶴市《まいづるし》〔京都府〕

旧藩名。明治二年（一八六九）の版籍奉還に際し、田辺藩を舞鶴藩にしたことに始まる。田辺は紀伊国にもあって、紛らわしいので改称するよう太政官より沙汰があり、「笠水」「舞鶴」が奉答されたが、公文《くもん》名《な》にある神社名である笠水《かさみず》は当時田辺藩とは同姓の牧野貞寧《さだやす》が常陸国笠間（八万石）を領しており、混同されるおそれがあるとして、三万五千石と格の低い丹後の牧野家は辞退させられ、「舞鶴」に決まったという。舞鶴を推した根拠について、当時田辺藩と経済関係のあった西宮の商家の記録の中に「国元御地名改　城号を称舞鶴与唱候」とあって、藩主の居城名をもって「舞鶴」と称することになったのである。

江戸時代の「嶽家文書」に信長から丹後国を賜った細川藤孝（幽斎）が清道峠《つがい》森境の山に登り見分の時、森の方より番の鶴がたち来て円満寺の田の方に行ったが、鶴が居たところを御殿とした。城の縄張りは光秀の指図を受けて築城し、「城名ハ武鶴城ト改ムル者也」と。さらに「御城之図舞鶴《フクワク》城《ゼウ》ト云」と記す「田辺町図」があり、「武《ぶ》鶴《かく》」城が「舞《ぶ》鶴《かく》」城に通じ、やがて「まいづる（舞鶴）城」と言われるようになったものと思われる。「武」には「まう（舞）」意がある。あるいは、同じ字音であることから、佳字化する意味で、「舞」の字を用いるようになったか。江戸末期には丹後田辺の城下町に伊勢参宮のための「舞鶴講」があり、俳人の結社に「舞鶴社」があった。（髙橋）

前川原《まえかわはら》〔相楽郡精華町菱田〕

明治一〇年代の『京都府地誌』は「往古此辺ヲ城垣外ト云、今世改メテ前川原ト云ヘリ、城隍《しろのほり》ノ跡今尚存セリ」といい、大北城跡がある。この城は、大和筒井氏の被官として応仁の乱に東軍方に属し、「東軍方山城国十六人衆」の一員であったと推定される下狛大北氏の築城と考えられている。築城時期は不明。菱田集落の南部にあった国人大北氏の居館を中心に、集落を城砦として利用したものと考えられ、奈良街道（歌姫越）を押える。大北氏が史料にみえる早い例は、『大乗院寺社雑事記』応仁二年（一四六八）一一月八日条で、「当門跡領菅井庄事、下狛之大北・大南同致違乱」とある。集落の南、つまり前は川原だっただろう。（綱本）

前田《まえだ》〔向日市寺戸町〕

「前田」の地名は、屋敷などの前にあっ

た田を指し、それが地名に転じた。谷川健一編『地名の話』で、一志茂樹は、「前田という地名は、昔の有力社寺とか、有力な人の住んでいたところとか、特殊な屋敷の前の田圃だけに限って指す言葉。前田といわれている田はだいたい、いわゆる上田」という。「北垣内」の北、「中村垣内」の東にある「北前田」は、かつての願徳寺（のち宝菩提院）の北前にあたる。あるいは、室町期に寺戸を本拠地とした土豪竹田氏の館が南垣内（旧・御所の内）にあり、その北前の田をいうか。（綱本）

真苧屋町《まおやちょう》〔下京区〕

七条通烏丸東入ル東洞院までの両側町である。真苧は「カラムシで、その繊維でつくった麻糸」「真苧薦はカラムシで作ったむしろ」（『岩波古語辞典』）とある。当町にあったであろう「薦やむしろの製作をする店」に因む。東本願寺寺内町古屋敷に属していた。寛文五年（一六六五）刊『京雀』に「まをの町（丁）」とある。宝暦一二年（一七六二）刊『京町鑑』は現町名と同じ文字の「真苧屋町」とある。（小西）

勾金駅《まがりかねのうまや》〔与謝郡与謝野町〕

古代の駅名の一つ。『和名抄』（名古屋市博物館本）に「与謝郡駅家（郷）」を載せるが、どの地かは不明だが、「勾金駅」のことであろう。与謝野町与謝の東部の大江山裾を古代の山陰道が南北に通り、勾金駅《まがりかねのうまや》が小字山河《さんご》にあったといい、地名が残る。また、沿道に式内社の宇豆貴神社や、山河に菊部神社が鎮座するが、勾金の語源は不詳。加悦谷の「後野《うしろの》」あたりとみる説もある。（水野）

牧《まき》〔福知山市〕

由良川支流・牧川の下流域の左岸に位置する村名。『西方院縁起』『曽我井伝記』などによると、当地は鎌倉時代には大野村と称してしていたが、駿河国牧ノ荘の豪族・牧氏がこの地の河口氏を滅ぼして居住したため、「牧村」となったという（『角川日本地名大辞典』）。当地の牧古墳群は六世紀末から七世紀にかけての横穴式石室を埋葬施設とする古墳群で約三〇基より成っている。中でも弁財古墳からは、四神四獣八鈴鏡が出ていて注目される。平安時代の瓦経も発見されている。

明治二二年下河口村の大字となり、昭和二四年（一九四九）からは福知山市の大字となった。（安藤）

槇尾山《まきおざん》〔宇治市槇島町飛び地〕

マキは、槇島村の槇、オは、尾で山の意、ヤマも文字通り山の意で、尾に山の意があるという意識が薄れて屋上屋を重ねたものであろう。すなわち、槇島村の所有する山の意。槇島村は、他に、槇永山・六石山と、宇治川天ヶ瀬付近に合せて三ヶ所の飛び地の山を持っていた。これには、志津川村との関わりがあるようで、志津川の古老が語るには、槇島が、洪水などで疲弊したときには志津川が援助し、逆に、志津川が疲弊したときには槇島が手助けをするというような関係にあったという。その経緯はわからなくなっているそうである。これらの飛び地は、現在、宇治市に委譲されている。宇治橋に立って上流側を見ると川の左手に見える、一番目立つ山である。「未谷道筋願書留」（安永三年〈一七七四〉）に「槇嶋村領字六石山」とある。槇尾山も同じ頃には飛び地になっていたであろう。

なお、「源氏物語」橋姫の巻にある薫大将の歌「朝ぼらけ家路も見えず尋ねこし槇の尾山は霧こめてけり」の槇の尾山は、朝日山の西側にあるというので、槇尾山とは合わない。朝日山の、宇治川を挟んだ南側に、槇尾山という百メートルほどの山がある。それか。（髙木）

槇島町《まきしまちょう》〔宇治市〕

琵琶湖沿岸から伐り出されて宇治川を流された材木が集積される所、貯木場のような所からの名か。真木は、すぐれた材木となる木、杉や檜など良質の建材となる木である（『時代別国語大辞典』）。『後法興院雑事要録二』（文明一一年（一四七九））に「同（山城）板屋田真木嶋内一町五反」とあるように古くは「真木」と表記する例が多い。槇島は、宇治川流路改修以前にできた中洲の島の中で最も大きなものであった。改修以後は、槇島堤・薗場堤・小倉堤（大和街道）によって輪中化したが、かえって、洪水の被害は増加した。元和四年（一六一八）に「真木島名寄帳」があり、行政地として認知されている。

なお、朝日山麓に定住した渡来人今来（木）氏が開拓した島であることから、今木ノ島がマキノシマに転訛したものという説がある。そのために、槇島住民の産土神が宇治上神社なのであり、その背後の離宮山（朝日山）は、古名を今来嶺《いまきのみね》といったとも伝える。宇治若郎子《うじのわきいらつこ》の和歌に「妹らがり今木の嶺に茂り立つ嬬松《つま》の木は古人見けむ」（『万葉集』巻九・一七九五）がある。

（高木）

蒔田町《まきたちょう》〔東山区〕

元々の耕地の字名を町地とする際に町名とした。所在は塩小路通本町東入ル。三十三間堂の西南角に位置し、町の北側に塩小路通（瓦屋町通）が走る。

元和年間（一六一五～一六二四）以来妙法院に属する耕地であった。明治二年（一八六九）に下京区に編入されたが、昭和四年（一九二九）に東山区に編成。

「洛中洛外大図」（一六七二）に「まいた町」、『京町鑑』に「蒔田町」とみえる。

（忠住）

槇尾町《まきのおちょう》〔右京区梅ヶ畑〕

周山街道が宇多野から御経坂峠を越えて清滝川に下った辺りをいう。この地にある西明寺は、天長《てんちょう》年間（八二四～八三四）に弘法大師の弟子智泉法師が開基となって創建されたが後に荒廃し、建治《けんじ》年中（一二七五～一二七八）に和泉国槇尾山寺の自證上人により再興された（『雍州府志』）。これが地名の起こりとされる。他方『明恵上人行状』には上人が元久《げんきゅう》元年（一二〇四）に紀州から上洛して「槇尾に移り住む」と、また『高山寺文書』の寛喜《かんぎ》二年（一二三〇）の記載には「西限槇尾谷押河谷北」とあり、自證上人の再興以前から地名となっていたことが考えられる。明治七年（一八七四）、中島・平岡・一ノ瀬・善妙寺の四村が梅ヶ原村を結成した際、梅ヶ畑村字槇ノ尾となる。

（岩田）

真葛原《まくずがはら》〔東山区〕

東山山麓の林下町知恩院付近から鷲尾町双林寺付近までの古称で、真葛が生い茂っている原野だったため。

古代から山野であり、『京羽二重』に「知恩院の上なる芝原なり」とある。『雍州府志』に「同寺（知恩院）山門ノ南ニ在リ。今鎮守八幡ノ社焉ニ在リ。慈鎮和尚歌ヲ詠ズル所ノ真葛原是ナリ」とあるのは、比叡山横川《よかわ》の真葛原ともいわれ、当地との特定は困難ではあるが、この東山山麓の台地で詠まれたものと推定できる。近世に入ってからは寺域に入り風光明媚な景勝地となり、歌枕としてもよく詠まれた。「我恋は松を時雨の染かねてまくづが原に風さはぐなり　慈鎮」、「深山より松の嵐や通ふらん真葛原に露ぞこぼるる　順徳院」

（忠住）

真倉《まぐら》〔舞鶴市〕

「倉」のクラは谷を意味する古語であり、「真《ま》」は完全な・立派な意を表す接頭語である。あるいは「マ」は「間」の意で、谷間を示す。つまり「マ」も「クラ」

も「谷」を意味したか。真倉の谷は、土地の隆起により北に流れることになった真倉川（伊佐津川）により、山間を開析しながらほぼ真北に伸びるが、丹波との国境に近い最も南の谷間に真倉の中心集落がある。藩主参勤交代時に最初の休憩をとる地である。真倉は田辺領の最南部に位置し国境の村であるので、村内に領内番所および穀物収納期のみ口留番所が置かれた。（髙橋）

孫橋町《まごはしちょう》〔左京区〕

この地に孫橋が架かっていたことに由来する。孫橋は、『京都坊目誌』によると、「大橋・小橋に対する称号」で、鴨川に注ぐ「末白川《スエシラカワ》」に架かる橋である。「白川の本流は古へ此所なりしも、天正十八年（一五九〇）三条大橋を架設す。東方の地型、為に高上し、一旦の洪水より、自然流域を変更し、今の三条白川橋の上下を本流と為し、此所は遂に支流となる」という。かつて白川は、現在の孫橋通に沿うような流路を東から西へ流れ、三条通より北で孫橋を潜り、鴨川に注いでいたのである。『山城名跡巡行志』が「孫橋」を「三条東橋爪（詰）、北へ上ル処ヲ石垣町ト名ヅク。此橋、弥勒川〈白川分流〉ヲ跨グ」と解説するので、一八世紀半ばには白川の支流となったその川は「弥勒川」と呼ばれていたことが分かる。同時に、その川を跨ぐ孫橋の「橋梁は、寛文九年（一六六九）町地となりし時、石橋を架設し」（『坊目誌』）、周辺は「石垣町」という町名だったことも知られる。しかし、『京町鑑』にはもう「北孫橋町」「南孫橋町」と二町の名が見えるので、まもなく町名が変更されたらしい。二町は「明治六年一町に合す」（『坊目誌』）という。（笹川）

政ヶ谷《まさがだに》〔相楽郡精華町南稲八妻〕

集落西方に中世の軍事やマツリゴト（政）の中心地「政ヶ谷」周辺に、「掘割」「門口《もんぐち》」「尻谷（城谷）」「猫ヶ谷（根小屋谷）」などの城砦関連とみられる地名がある。

中世の名主や国人などの居館は主として丘陵や台地の先端などにあり、その廻りに家臣らの集落が形成された。この集落形態を根小屋といい、主に戦国時代に各地で発達した。小字政ヶ谷と東隣の小字谷ノ池、小字尻谷の集落には、敵が直接乱入しないためのT字路・カギ型路（雁木形）、袋小路が多く残り、戦国城下集落の特徴を示す。山城国一揆（一四八五〜一四九三）の舞台だった稲八妻城址とみられていたが、集落の形態はそれ以降のものである。

稲八妻城は精華町北稲八間の城山とする説がある（「城山」参照）。城は文献上には載るが、両地点とも城跡は未だ確定されていない。『精華町史・本文篇』「戦国時代の城郭」の執筆者・中井均は、南山城の中世城館は小規模な土から成る城という。戦国期に入ると虎口《こぐち》（城への入口）を直進できないように食違いにしたり、馬出しという城門前に半円形の土塁などを築いた。つまり、山城国一揆終焉の地となった稲屋妻城は北稲八間にあり、南稲八妻の城はその後に造られた戦国期の特徴を示す城である。この地は河内国と通じる街道傍に位置する要衝である。

南稲八妻の城は、『大乗院寺社雑事記』によれば明応七年（一四九八）、大和の筒井順慶らが攻め落し、河内の和田弾正が稲八妻に入部している。『室町殿日記』には天文頃（一五三二〜一五五五）からは、奥田甚介という国人が城主として勢力をのばし、幕府の実権を握る三好長慶、松永久秀と対立した。永禄二年（一五五九）二月二二日の夜、将軍足利義輝の命をうけて、久秀が攻め落とし、三五〇余の首級をあげた。その結果、久秀は将軍より下狛・稲八妻の地を全て領地として与えられ、城に手を加えて大和国侵攻への拠点とした。

その後、『多聞院日記』永禄一一年（一五六八）九月三〇日条に「稲八妻昨夜退城了」とある。当時、稲八妻氏が松永久秀の被官として当城に入っていた。稲八妻氏が退城したのは、九月二六日、織田信長が足利義昭を擁して入京したためで、松永久秀は信長に臣従し山城、大和の掃蕩が進められ、稲八妻城は不要となった。

戦乱で城主は度々替わったが、当地に基盤をもった国人稲八妻氏として「稲八妻孫八」「蕕八妻長松房」「いなや与三郎」などの名前が、室町期の史料『多聞院日記』天文二年（一五三三）五月一六日条・同一九年（一五五〇）八月二日条・永禄九年（一五六六）二月一六日条に散見される。（綱本）

正宗《まさむね》〔伏見区桃山町〕

桃山丘陵の北斜面、最上町の東、海宝寺付近に位置する。豊臣秀吉の伏見城下に伊達政宗の屋敷があったので町名とした。屋敷は広大で現在の海宝寺にある木斛（もっこく）は樹齢四〇〇年、政宗の手植えのものという。

海宝寺は「最上町ニアリ」（『京都府地誌』）といわれてきたが、寺の移転の事実はない。昔、最上町界が広大で、その一角に寺があったらしい。その名残か、「桃山政宗最上」の名の自治会がある。奈良線の東の辺りは京野菜の桃山大根の畑であったが、今は栽培されてなくて住宅地となっている。

（明川）

馬地《まじ》〔京丹後市久美浜町〕

応仁三年（一四六九）六月の「岸本坊眼阿譲状」（本願寺文書）に「馬地日なた尾」という、馬地の小字地名が記された史料が初出となる。この段階には、口馬地・奥馬地の区別はないが、天文七年（一五三八）の「丹後国御檀家帳」には、現在と同じように「くみのまじ」「くみのおくまじ」と区分される。川や谷筋が交（マジ）わることに由来する地名かと思われるが、仮名づかいが異なる（地名はヂ、交はるはジ）。慶長七年（一六〇二）の「慶長郷村帳」には「馬地村」とあり、奥馬地村・河梨村を端郷として記載する。ここには神谷村の名は見られないが、元禄一二年（一六九九）の「丹後国郷帳」には神谷村も端郷に含まれる。この時期には、谷の上流部分が奥馬地村、下流に近い部分が口馬地村と明確に分離したようである。明治二二年（一八八九）の町村制施行時には、口馬地村・奥馬地村とともに、神谷村・三谷村・栃谷村と合併して久美谷村となり、それぞれ大字地名として現在に至る。

（新谷）

鱒留《ますどめ》〔京丹後市峰山町〕

地名としての初出は、「時宗過去帳」の「同（貞治）四年（一三六五）八月一六日作阿弥陀仏　益富」である。明徳三年（一三九二）の「足利義満寄進状」「室町幕府管領細川頼元施行状」、「丹後守護一色満範遵行状」（石清水文書）に「丹後国成久末成益富保」が石清水八幡宮領に寄進されたことが記され、これ以前に「益富保」として開発された保として存在したことがわかる。現在は「鱒留」と表記するが、もとは「益富」であることがわかり、ますます富み栄える意味の吉祥句と思われる。地名の成立は中世前期以前と推定される。

室町時代にかけて益富保は、二箇保とともに石清水八幡宮領として記録にあらわれる。慶長七年（一六〇二）の「慶長郷村帳」および元禄一二年（一六九九）の「丹後国郷帳」には「益富村」とある。現在の「鱒留」という表記は、延宝九年（一六八一）の「丹後国与謝郡等郷村高帳面」に初出する。その後は「鱒留」の表記が用いられ、現在に至る。端郷として、八幡神社のムクロジや平家落人伝承が残る大成や、「さんねも」の羽衣伝承の舞台として有名な大路があり、磯砂山は本地区に属する。（新谷）

升屋町《ますやちょう》〔下京区〕

高倉通旧六条下る花屋町までの両側町である。升屋は桝屋と同じ意味で、当町にも桝屋が居住したのであろう。「寛永一四年（一六三七）洛中絵図」に「桝や町」とある。宝暦一二年（一七六二）刊『京町鑑』にも「升屋町」とあり、変化はない。（小西）

桝屋町《ますやちょう》〔下京区〕

御幸町通高辻下ル松原までの両側町である。京舛は舛屋福井作左衛門が扱っていたが、福井家が絶えたので、京舛の寸法を決めるのに、舛金物鍛冶の清水平蔵も立ち会っている（『京都御役所向大概覚書』）記載から、権威のある桝屋の存在がうかがえる。当町に京舛製作の「桝屋」が居住したのではないか。「寛永一九年（一六四二）寛永後万治前洛中絵図」に「五条桝屋町」とある。寛文五年（一六六五）刊『京雀』、宝暦一二年（一七六二）刊『京町鑑』、ともに「ますや（升屋）町」と変わらない。（小西）

桝屋町《ますやちょう》〔東山区〕

元来祇園社領の畑地であったのを、宝暦年間（一七五一～一七六四）枡屋喜兵衛が官の許可を得て当地を開発したので「枡屋」とした（『京都府地誌』『京都坊目誌』）。ただし両書には宝暦一〇年（『京都府地誌』）、宝暦八年（『京都坊目誌』）と成立時期に相違がある。高台寺南門通下河原町東入ル八坂の塔（法観寺）の東側に位置し、町内を二年坂が通る。

法観寺門前町の一つで辰巳新地遊里の一環をなし、当町の開拓も遊興地拡張を目的としたもの。明治元年（一八六八）に下京区に編入されたが、昭和四年（一九二九）に東山区に編成。（忠住）

町小路《まちこうじ》**・町尻小路**《まちじりこうじ》〔京都市・南北の通り〕↓新町通《しんまちどおり》

松井《まつい》〔京田辺市〕

小字向山の西方の女夫木ケ原《めおとぎがはら》に雄松・雌松の両大木があり、その傍らの井戸を松井とよんだのにちなむ（『田辺町近代誌』）か。市の最北端、木津川中流域の左岸に位置する。松井は奈良期に見える村名。『続日本紀』天平神護元年（七六五）八月一日条に「絞益女《ますめをしめる》於綴喜郡松井村」と見え、巫女の紀益女が謀反を企てた和気王に近侍し、天皇と道鏡を呪詛したとの理由で当村において絞殺されている。見せしめに奈良街道と荒坂越とが交わる交通の要衝であった当地が選ばれたと思われる。松井地域の東側に小字の古松井があり、木津川の決壊によって現在地に西遷した元の遺称地名という（『京都府田辺町史』）。（綱本）

松ケ崎《まつがさき》〔左京区〕

『小馬命婦集』には「すさきに松いといたうたてり、見に行けばちどりみなたちぬ／ひとりねをみにこそきつれ我ならでまつがさきにも千鳥住みけり」（二）という一首が見え、洲崎に松林のあったことが地名の由来のようにも考えられるが、マツは、「纏《まつ》わる」という語があるように、「巻く、曲がる」の意とも考えられる。高野川と岩倉川が合流する辺りは、たしかに「丸く曲がった洲崎」になっている。植物地名よりも地形地名の方が原初的な場合が多いので、後者が本来であろう。『日本紀略』によると、弘仁元年（八一〇）一〇月二七日、嵯峨天皇が「大嘗会《だいじょうえ》」に際して「松崎川《まつがさきがわ》」で「禊《みそぎ》」をし、天暦元年（九四七）六月二七日、朱雀上皇が「六月禊」により「松崎川原」で「禊」を行っている。禊ぎに適した清浄の地だった。『貫之集』によると、延長二年（九二四）に制作された左大臣忠平の「北の方の御屏風」には、「嵯峨野」などと並んで「松ヶ崎」の絵が描かれていて、既に名所として知られた。『枕草子』や『源氏物語』にも地名が見える（『京都の地名検証2』笹川「松ヶ崎」）。歌枕としては、『拾遺和歌集』神楽歌に見える近江国「松ヶ崎」（滋賀県近江八幡市にある長命寺山西南麓の琵琶湖畔）もあり、区別が必要。

現在、松ヶ崎何々町という「松ヶ崎」を冠する町名が五〇町ある。（笹川）

松川町《まつかわちょう》〔下京区〕

松原通寺町東入ル木屋町までの両側町である。元崇親院領の耕地であった。その字名「松川」は、松原の「松」と鴨川高瀬川の「川」に因む。当初清水町にふくまれていたようであるが、享保九年（一七二四）の冬に「松原通寺町東入る町、（中略）今度別々町と成松川町と申候（『月堂見聞集』『京都市の地名』）」とある。宝暦一二年（一七六二）刊『京町鑑』に「松川町」とある。（小西）

松原通《まつばらどおり》〔京都市・東西の通り〕

平安京の五条大路に相当する。現在は、清水寺の門前町から佐井西通を西へ入った所までの通り。清水寺への参道に繋がっていて、東大路通から清水寺までは「清水坂」といわれる。現在の五条通は、元は平安京の六条坊門小路であり、現在の松原通が本来の平安京の五条大路であった。ことは天正一八年（一五九〇）、豊臣秀吉が五条大橋を六条坊門に移したことによる。東山七条に建立した大仏殿（方広寺）への参道の橋としたもので、当初は大仏橋と呼んでいたが、正保二年（一六四五）に石橋に変えたとき、橋の名も「五条大橋」と改名した。やがて通り名も五条通となっていった。一方、もとの五条通は当初「五条松原通」（『京雀』寛文五年〈一六六五〉）と呼ばれたらしい。「松原」とは、「古は寺町より四五町西へ松の並木ありし」故であろう。「中昔京師地図」にも通りに面して松並木が描かれている。『京都坊目誌』にも「応仁乱後街路凋落し、人家稀少なり。独り玉津島神社の並木の松樹のみ繁茂す」と記している。やがて「五条」が取れて、現通り名となった。

この通りは、歴史的に、また伝承的に話題の豊富な通りである。五条天神社のように、この通りが、元五条通であったことの証しもいくつか残る。『義経記』によると、牛若丸と弁慶が最初に出会ったのが、この五条天神社で、さらに二人は清水寺で闘っている。五条大橋での決闘も今の五条大橋ではなかった。松原橋（元の五条大橋に相当）を東へと進むと、清水寺に行き着くが、途中、六道珍皇寺や「幽霊（子育て）飴」の店などがある。（糸井）

松原中之町《まつばらなかのちょう》〔下京区〕

松原通柳馬場東入ル麩屋町までの両側町である。「松原通」の地名の起源となった新玉津島神社の松原がこの町より見え、「両側町の真ん中を、その松原通が貫通している」ことに因む。「寛永一九年（一六四二）寛永後万治前洛中絵図」には「松原通中ノ町」とある。寛文五年（一六六五）刊『京雀』、宝暦一二年（一七六二）刊『京町鑑』ともに、単に「中の（之）町」とする。以後変化はない。（小西）

松室《まつむろ》〔西京区〕

「村名、松ノ尾ノ南ニ在リ」（『山州名跡志』）とあるように、桂川が曲流している松尾橋～上野橋間の南岸に位置する。月読神社があり、多くは松尾山域で、松尾大社の南、松尾山懐にある松尾大社の神領だったから「松室」といった。語義は「お祭り人の村」で、松尾神や月読神に奉仕する人々が、固まって住んでいた集落を表す。マツ（松）は「祭り」、ムロはムラ（村・群れ・集落）と共通語源である。ムロ地名は御室・三室・岩室・小室・山室・氷室など「室」の字を使う事が多く、血族や職業などの同一集団の居住区を特示する際に用い、行政的表示でいう「村（邑）」の基礎になっている。

　南北に山田村があり、隣接して松尾谷村がある。注目されるのは、松尾谷村と接してこの村が東西に分村している。その東の一方は小さいけれど桂川の曲部に接しており、しかも西芳寺川が注ぐので、東の松室村は肥沃な地となり、松室遺跡もあるように、古代から交通の要衝として栄えたのである。山室氏が禰宜を務めた月読神社がここに勧請されているのも、平安時代以後、最福寺・華厳寺・西光寺・西芳寺など、ここに寺院僧房が軒を連ねて門前町のようになったのも、東の川と西の山を結ぶ古い間道が開かれたのと関わっている。間道とは唐櫃越のことで、丹波亀岡に抜ける山道と四条街道を結んでおり、山室はその出入り口に当たる。（吉田）

松本町《まつもとちょう》　〔下京区〕

町または付近の（巨）松があったことによる。岩上通木津屋橋下ル塩小路までの東側片側町は、旧西九条村の元藪地で、宝暦年中（一七五一～六三）に町地となったという（『京都坊目誌』）。北に隣接する伊勢松町の松に連なって、当町にも松があったと考えられる（「伊勢松町」参照）。「天保二年改正京町御絵図細見大成」に「まつ本丁」とある。

　猪熊通四条下ル綾小路までの両側町の場合は、「往年此町に巨松有しを以て松ノ下町と呼べり。天明六年今の名に改むと云ふ」（『京都坊目誌』）とある。「松下」を寛永以来「まつもと」と読ませており、音は同じである。「寛永一九年（一六四二）寛永後万治前洛中絵図」に「松下《まつもと》町」とある。宝暦一二年（一七六二）刊『京町鑑』は「松下町」とする。「天保二年（一八三一）改正京町御絵図細見大成」に、字と音ともに「松本丁」となる。（小西）

松屋町《まつやちょう》　〔下京区〕

　五条通烏丸東入ル東洞院までの北側片側町である。烏丸通五条上ルに檜皮屋、烏丸五条の諸職に「竹材木」商が多いことなどから、材木を扱う屋号「松屋」の大店があったと推定する。「寛永一九年（一六四二）寛永後万治前洛中絵図」に「松や町」とある。「天保二年（一八三一）京町御絵図細見大成」も「松ヤ丁」と変化はない。

　若宮通新花屋町下ル旧花屋町までの東側片側と旧花屋町若宮東入ル両側町は「東松屋町」と称し、その西に隣接する旧・花屋町通若宮西入ル西洞院までの両側町は「西松屋町」と称する。当町の場合は、「天正以前若宮八幡の社地にして松樹ありしより名とす」（『京都坊目誌』）とあり、「若宮八幡の松」に因む。「寛永一四年（一六三七）洛中絵図」に（寺内町の）「花屋町筋三丁目」（堀川から数えて三丁目）とある。寛文五年（一六六五）刊『京雀』、「元禄四年（一六九一）京大絵図」ともに、「まつや（松ヤ）町」とのみ記す。宝暦一二年（一七六二）刊『京町鑑』に現町名の「東松屋町」「西松屋町」に分かれる。（小西）

松尾《まつを》　〔西京区〕

　松尾は初め「松の尾」と言った。普通名詞の言い方「松の尾」から「の」の字が除かれて、マツオに変じたのである。「松の」が「祭り」に相当する語義を持っているので、全体として「祭りの山」「神をお祭した尾根」の意味となる。京都盆地を山が囲み、尾根が幾つもあるので、水尾・岩尾・草尾・高雄・槇尾・栂尾・牛尾・西尾・長尾など、オ（ヲ）を付けて細かく峰を呼び分ける例が多い中、「松の尾」は特に「祭りの山」として注目された。「松の」が「祭り」に由来するのは根拠がある。『古事記』にある神代の話である。大年神のお子様「大山咋神」が、松の尾に棲み付かれたという。この神は「近江国の日枝山に坐し、亦葛野の松の尾に座す鳴鏑を持つ神」で、別名を「山末之大主の神」とも言ったというのである。松の尾神は大山に「杭を立てるようにしっかりと住まわれた神」であり、「全山端々までの大地主神」である、ということになって、祭られた神名が「松の尾＝祭りの山」を示している。祭儀というものは、すべて神のご降臨を待ち受けて行われるものであるから、来迎のマツ（待つ）心は祭礼のマツ（祭り）行為になる、という不変の斎行が、語源にあると認めなければならない。常緑の針葉樹の松に神が宿るとして、鉾を立て松明を燃やす民俗神事はその表れである。

　松尾大社の奥山には、古代祭祀を偲ばせる巨大な磐座がある。それよりさらに注目すべきは、西方山上一帯に径一〇メートル内外の円墳が数箇点在して居ることで、松尾山古墳の存在が、先住の人たちの住居址として松尾祭祀の遺跡と連なると思われる。

　松尾山古墳の東麓にあるのが、かつて松尾大明神と云い、今、松尾大社と呼ばれる松尾大神御社である。本社は、『秦氏本系帳』によると、筑紫の胸形坐中都大神が戊申年三月松埼日尾に天下り、大宝元年川辺腹男秦忌寸都理が日埼岑よりさらに松尾に奉請したのだ、と伝えている。九州より渡来の神が磐座のある松尾山に降臨したというのである。祭神は大山咋神と市杵嶋姫命の二座であるから、嵐山と桂川の古代を整備した秦氏が、当地の安泰と発展のために、山の神に加えて水の神をも祀ったと云うわけである。式内社としての松尾神社は、丹波国の亀岡や甲斐国の塩山にもあるが、当松尾社には、特有の神話がある。それは秦氏の子女が葛野川で衣装を洗っている時、飛んできた一矢を持ち帰って供えると、妊娠して男の子が生まれた。それが松尾大明神だという伝承である。こういう伝承も面白いところがある。これも考えれば、土地の殖産興業の守護神として信奉される代表的存在たる所以になっているのであろう。　（吉田）

万里小路《までのこうじ》　→柳馬場通《やなぎのばんばどおり》

真幡木町《まはたぎちょう》　〔伏見区竹田〕

　近鉄京都線竹田駅の西、安楽寿院の北に位置する。真幡木は「真幡寸庄」として「安楽寿院文書」（一一四三）に出てくる。現在、真幡寸神社は竹田の城南宮境内の中に祀られているが、元、深草の藤森神社の前身と推定されている。藤森神社の境内にある旗塚は神功皇后が新羅から帰国したとき、軍船の軸先の旗を埋納したものといわれ、その旗のことを纛旗《とうき》といい、ハタタギと呼んだ。このハタタギから真幡寸の名が付いたとされている。藤森神社の主神であった真幡寸神は竹田へ移動し、このあたりを真幡寸の里と呼称したのが由来である。この辺りは秦氏の勢力下であったので、真幡寸神は秦氏の氏神であったといわれる。

　後、真幡寸社は城南宮に移され、真幡寸町には神社が存在しない。　（明川）

真弓《まゆみ》　〔北区〕

　清滝川の支流である真弓川上流の村で、真弓八幡村、真弓善福村からなる地域。その語源は『京都府地誌』によれば、坂上田村麻呂が征夷の際、この地の木材を弓材としたことを伝えるが根拠に乏しい。地形図上で見ると真弓川自体が大きく東側に湾曲した全長約一〇キロと短い川であることからその形状が弓に似ており、その河川から地域名がついた可能性も指摘できる。真弓川の上流域に真弓の鎮守である八幡社があり真弓八幡と称する。（天野）

万里小路町《まりこうじちょう》〔下京区〕

柳馬場通仏光寺下ル高辻までの両側町である。柳馬場通は、平安京の「萬里小路《までのこうじ》」にあたる。その読みは明治時代に近代風にした。「寛永一九年（一六四二）寛永後万治前洛中絵図」に「仏光寺東かた町」とある。寛文五年（一六六五）刊『京雀』は「しぶかみ町」とある。宝暦一二年（一七六二）刊『京町鑑』は東側を「東片原町」、西側を「渋紙町」とする。『京都坊目誌』によると「明治二年（一八六九）六月両町は合併」したという。万里小路町はその後の命名であろう。（小西）

丸木材木町《まるきざいもくちょう》〔中京区〕

「丸木」は伐り出したままの木、または皮をはいだままの材木の意。『京都坊目誌』に、木材を蒐集し販売する家があることからの地名とある。ただし同書ではその起源を「開坊以来」とするが、堺町通の両側町であり御池通の南にあたるという位置からすれば、近世初頭以降、高瀬川経由で運搬された木材が当町に一旦集散され、京の各所に売りさばかれたと考えるのが穏当だろう。ちなみに堺町通に沿って当町に南接する大坂材木町も、同様の業種の町。

平安京内裏の東にあたり、平安中期以降は当町の周辺には多くの貴族の邸宅が建てられた。鎌倉期には藤原通成の邸宅が置かれ、『増鏡』弘安六年（一二八三）一月七日条に、後宇多天皇の里内裏として使用されたと記される。

中世以降は武家の活動の舞台ともなり、足利尊氏の弟である足利直義《ただよし》の館が造成された。近世は商業地として活発な経済活動が展開された。町名については「寛永一四年（一六三七）洛中絵図」に、「丸木材木町」と見えるが、寛文五年（一六六五）刊『京雀』では「中ざいもく町」となる。宝暦一二年（一七六二）刊『京町鑑』には「丸木材木丁」と見える。（真下）

丸太町通《まるたまちどおり》〔京都市・東西の通り〕

平安京の春日小路をベースに東へ西へと延びて、現在は、鹿ケ谷《ししがたに》通から、平安神宮の北面、京都御苑の南面を通り、西は嵯峨小学校前に至る通り。『京羽二重』には「東は寺町通より西へひぐらし通まで」とある。『京雀』に「此筋の西ほり川に丸太のざいもくやおほくあるゆへに」と通り名の由来を説明している。また堀川通辺りに「丸太町」という町名も残るが、堀川の水運を利用して木材の集散地であったことからついた町名で、通り名もその町名に由来する。（糸井）

丸屋町《まるやちょう》〔下京区〕

「丸屋」の屋号をもつ大店が存在したことに因む。御幸町通綾小路下ル仏光寺までの両側町の場合は、寛永の絵図が、建築と関係のある「四条瓦屋」と記し、寺町や仏光寺などに「竹材木」店の多いことを考えると、材木商の「丸太」の「丸屋」であろう。「寛永一九年（一六四二）寛永後万治前洛中絵図」に「四条瓦や町」とある。寛文五年（一六六五）刊『京雀』、宝暦一二年（一七六二）刊『京町鑑』、ともに、「丸屋町」とあり、以後変化はない。

綾小路通猪熊西入ル大宮までの両側町の場合は、旗本蔵元に「丸屋勘三郎」があるが、『京羽二重』の「此通商家」の項の当町の近隣、「大宮綾小路上る」に「米大豆商」「万雑穀商」が多いとあり、当町にも米蔵元や雑穀商の「丸屋」があったのではなかろうか。「寛永一九年（一六四二）寛永後万治前洛中絵図」に、現町名の「丸屋町」とある。宝暦一二年（一七六二）刊『京町鑑』に「丸屋町」とある。

西中筋通正面下ルに西面する東側片側町は、「近傍に（南に隣接）菱屋町あり。之に対する称号なり（『京都坊目誌』）」とある。旧西本願寺の寺内町であった。「客屋一二町」の一つといわれる（『京都市の地名』）。「寛永一九年（一六四二）寛永後万治前洛中絵図」に、「西中筋（醒ヶ井の一つ東の通り）三町目」とある（「井筒町」参照）。寛文五年（一六六五）刊『京雀』、宝暦一二年（一七六二）刊『京町鑑』に「まるや（丸屋）町」とある。（小西）

丸山《まるやま》〔京丹後市久美浜町〕

丸山は古代、中世の記録にはみえない。佐濃谷川の中流域に位置するが、往昔、東方の女布《にょう》（別項参照）から移住してできた集落と伝える。集落西方の丘陵には古墳が確認されており、丸山はこれらの山の形状から付けられたものか、あるいは人名に由来するものか、今後の解明に待ちたい。（水野）

円山町《まるやまちょう》〔東山区〕

町内にある円山公園の東側に位置する安養寺の山号、慈円山にちなむ。当町の北東角には東山三十六峰の一つの円山《まるやま》が位置する。所在は八坂鳥居前東入ル。知恩院の南側に位置し、円山公園の北半分を占める。華頂《かちょう》山、粟田口山を背負う円山《まるやま》の山裾に広がる。

真葛原《まくずがはら》の一部で粟田口村に編入され、明治一〇年（一八七七）五月に下京十五区に入り、円山町と命名。昭和四年（一九二九）から東山区に編成。

旧称を「吉水《よしみず》」といい、吉水とは霊水・吉祥水のことで、当町内にある安養寺内にあったとされる。建久年中（一一九〇～一一九九）天台座主慈鎮上人が安養寺に隠棲し、ここを「吉水の庵」「吉水坊」と称した。そこからこの付近を「吉水」とも称した。

さらに当町・鷲尾町・祇園町北側の一部にかかる一帯を円山公園と呼ぶ。公園の名称は円山町内にある安養寺の山号滋円山にちなむ。古代は南辺の双林寺付近は葛が生い茂り、真葛ヶ原と呼ばれた山野で、後に祇園社や安養寺の境内地となった。江戸期には安養寺の六支坊（也阿弥《やあみ》、左阿弥、蓮《れん》阿弥《なみ》、正阿弥、眼阿弥、端之寮《はしのりょう》）が散在し、貸し座敷として利用された。しかし明治初年の廃仏毀釈（「神仏分離令」）により官有地となり、明治一九年（一八八六）に公園となる。（忠住）

饅頭屋町《まんじゅうやちょう》〔中京区〕

饅頭屋のある町。当町には日本最古の饅頭屋として名高い塩瀬家が、一五世紀後半から寛政一〇年（一七九八）まであった。塩瀬家の祖先は、建仁寺両足院の開基、竜山徳見に従って元より渡り、奈良を経由して京で開業した。

烏丸通を挟んで三条通から六角通に及ぶ当町は、平安時代以来貴族の邸宅が建てられ、中世には町衆の住む商工業地として賑わった。六角堂に隣接するこの地は、饅頭を製造販売するには最適な地であったろう。

南北朝期に奈良で初めて作られた饅頭は、中世には京の茶人たちに迎えられた。後には太閤秀吉をはじめとする、権力者の愛顧を受けた。なお、中世の辞書として名高い『饅頭屋本節用集』は、室町末期に塩瀬の祖である饅頭屋宗二が、奈良で刊行したものである。（真下）

万寿寺通《まんじゅじどおり》〔京都市・東西の通り〕

平安京の樋口小路に当たるが、現在は河原町通から佐井西通までの通り。ただし途中、JR山陰本線など三ヶ所で中断している。「樋口通」とも。東洞院通を下がった東側に、京都五山の一つとして知られる禅

寺・万寿寺があったことから付いた通り名。現在は移転して、東山の臨済宗東福寺の塔頭の一つになっている。　（糸井）

政所町《まんどころちょう》〔南区吉祥院〕

昭和六年、宮ノ前町から現町名に改められた。道真北政所の住居があったことに由来する。政所とは、菅原道真の正室、島田忠臣《ただおみ》の娘宣来子《のぶきこ》をさす。嘉祥三年（八五〇）に生まれ、貞観一七年（八七五）頃に文章生であった道真に嫁ぎ、嫡男・菅原高《たか》視《み》や宇多天皇の女御となった衍子《えんし》らを生んだとされる。昌泰《しょうたい》二年（八九九）、道真邸で行われた宣来子の五〇歳の賀に御幸した宇多上皇から、従五位下が叙された。夫道真の大宰府への左遷後も京都で過ごしたが、その後の動向や死亡時期については伝えられていない。　（入江）

万灯呂山《まんどろやま》　→**大峰**《おおみね》

み

三重《みえ》〔京丹後市大宮町〕

旧郷名。三重は水の辺、水辺《みへ》とする説がある。三重集落は竹野川上流域右岸の山麓に沿って展開するため、竹野川の水辺からきた地名かもしれない。また三重谷は南西から北東へ延び狭隘なまま五十河谷へと続く。小字西外に所在する古墳時代後期の西外古墳群は、馬具を副葬しており、有力な首長墓と考えられる。

三重郷は、『和名抄』（高山寺本）丹後国丹波郡五郷の一つ。『大日本地名辞書』には、「今三重村及び五十河なるべし、本郡の東偏にして、竹野川此に発源す。延喜式、与謝郡三重神社は今三重村の郡分《こおりわけ》と字する地に在り、…此郷往昔与謝の域内なりしごと」とある。竹野川が最初に大きく湾曲する内側に位置する酒戸古《さかとこ》（逆鉾とも）は、もと三重神社があった、郡分と称する小字と思われる。明治二十四年に諏訪、三谷、酒戸古（逆鉾）の三社を合祀して三重神社ができた。　（水野）

御影堂町《みえいどうちょう》〔下京区〕

「元御影堂新善光寺の境内なり」（『京都坊目誌』）とある。「新善光寺御影堂」に因む。五条通寺町西入ル河原町まで（万寿寺で寺町と河原町が交差し、東西が逆になる）の南側片側町は、明治二年（一八六九）二月に町地となるまでは、境内そのものであった。新善光寺は「天長元年（八二四）檀林皇后橘ノ嘉智子の創立に係り。僧空海を以て開基と為す。」「弘安七年（一二八四）後嵯峨帝の皇子入寺し。僧一遍を師とし。落飾して王阿と号す。是より時宗と為」（前掲書）すとあり、この「時宗に属してから慶派の大仏師との関係が深く、本尊を快慶作という阿弥陀如来とし（中略）たという」（『山城名勝志』）（「材木町」参照）。「寛永一九年（一六四二）寛永後万治前洛中絵図」には「新善光寺御影堂」とある。「天保二年（一八三一）改正京町御絵図細見大成」には「御影堂」とある。

御影堂前町は、五条通寺町西入ル御幸町までの北側片側町で、「新善光寺御影堂」の前にあるので「前」の字を付加する。「寛永一九年（一六四二）寛永後万治前洛中絵図」には、すでに「御影堂前町」とある。寛文五年（一六六五）刊『京雀』、宝暦

一二年（一七六二）刊『京町鑑』に「み江いだう（御影堂）前（の）町」とあり、以後変化はない。（小西）

弥加宜神社《みかげじんじゃ》〔舞鶴市〕

旧若狭街道を白鳥峠から舞鶴東地区に入ると、神社の森につき当り、左に曲がることになる。一般に大森神社とよばれ、参道は樹木におおわれている。与保呂川の流れの先にあって、水鎮めの社であったろう。のちに流路は変えられたが、伏流水が境内に泉となって、清く美味なる水が年中増減なく湧くので、世に霊水「杜《もり》の清水」として珍重された。

『延喜式』神名帳にみえる加佐郡「弥加宜神社」に比定される。主祭神は天御影命であり、もともと南の椿谷小字弥加宜に鎮座していたが、いつのまにか今の地に遷ったと伝える。ミカゲには「神や貴人の御魂の依りつく所」の意がある。天御影命は近江国野洲（滋賀県野洲市）の三上山に鎮座し、武器・刀・斧などを造り始めた神とするが、別名天目一箇神《あめのまひとつのかみ》は鍛冶の神である。椿谷には鋳物師山・いもじ屋敷・いもじふき場の呼称が残り、一六〇〇年前後に鋳物師が居住していた。鉄と関わりがある神社なので、ユニバーサル造船株式会社（舞鶴市字余部下）の参詣があるという。（髙橋）

御影町《みかげちょう》〔下京区〕

新町通高辻下ル松原までの両側町である。五条寺町の「新善光寺御影堂」が、当初、「此町にあり。故に名づく」（『京都坊目誌』）とあり、「御影堂」に因む（「御影堂町」参照）。「寛永一九年（一六四二）寛永後万治前洛中絵図」に「みかけ町」とある。寛文五年（一六六五）刊『京雀』、「貞享三年（一六八六）京大絵図」ともに、「さし物や町」とする。一七世紀末くらいまで、両町名が併用されていたと考えられる。宝暦一二年（一七六二）刊『京町鑑』に「御影町」となり、以後変化はない。（小西）

味方町《みかたちょう》〔綾部市〕

由良川右岸に位置する地区。村の東に錫杖ヶ嶽がそびえ、西の山裾は洪積台地の味方平であり紫水公園がある。由良川河畔には笠原神社が鎮座し，一帯は縄文～古代の遺物包含地である。「三方」とも書く。地区は山家、上林と綾部城下を結ぶ交通の要衝にあたる。

江戸時代から明治二二年（一八八九）の村名。明治二二年に綾部町の大字となり、昭和二八年（一九五三）味方町となった。（安藤）

瓶原《みかのはら》〔木津川市加茂町〕

木津川北岸に位置する。三日ノ原・三香ノ原・御鹿原・甕原《みかのはら》とも書いた。現在、地区名として残る。古くは南岸の法花寺野も含まれたという。木津川を挟んで加茂盆地とともに、古くは布当乃原《ふたのはら》・布当乃野《ふたのぬ》と呼ばれた。『続日本紀』和銅六年（七一三）六月二三日条に、元明天皇が「甕原の離宮《とつみや》（外宮）に行幸す」とあり、離宮が営まれていた。『山城志』（一七三六）などの近世の地誌は、甕原離宮を小字井平尾西隣の岡崎にまたがる地に比定する。

天平一二年（七四〇）には、聖武天皇がこの地に四年間恭仁京を造営した。後に山城国分寺も置かれた。

恭仁京の正式名称は大養徳《おおやまと》恭仁大宮《くにのおおみや》。『万葉集』（巻六・一〇五一）に「三日の原布当《ふたぎ》の野辺を清みこそ大宮所定めけらしも」とある。歌枕としても知られ、『枕草子』『五代集歌枕』『八雲御抄』に記される。「布当」は、『万葉集』では、フタギとよみ、布当の野辺・布当の原・布当山などが詠まれた。『八雲御抄』（五名所・野）に「ふたい　ミかのはら也、宮也」と記す。田辺福麻呂《さきまろ》の長歌とされる「久邇《くに》の新《あたらしき》京《みやこ》を讃めたる歌」（『万葉集』巻六・一〇五〇）では、瓶原の景観を詠んでいる。「山並の宜しき国と　川次《かはなみ》のたち合ふ郷《さと》と　山城の鹿背山《かせやま》の際《ま》に　宮柱太敷《ふとしき》き奉《まつ》り　高知らす布当の宮は　川近み瀬の音《と》ぞ清き　山近み…春されば岡辺《をかへ》もしじに巌《いはほ》には　花咲きををり　あなおもしろ　布当の原」――要約すると、「山々も美しく続き、流れゆく川々が集まりくる里として、山城の鹿背山のほとりに、高々と君臨なさる布当の宮は、川が近いので瀬の音が清らかに聞こえる。山が近いので…春になると岡のほとりもいっぱいに岩には花が咲きこぼれ、ああ趣深いことだ、布当の原」（中西進『万葉集』全訳注より）という。

瓶原地区では、木津川沿いに自然堤防と氾濫原があり、その北に高い段丘、扇状地などが北の山麓へ続く。恭仁京は段丘上に造営された。東側は木津川へ支流和束川（布当《ふたゐ》川とも二井川とも称す）が注ぎ、河口右岸に小高い流岡山（布当山《ふたぎやま》ともいう。「岡崎［木津川市加茂町］」参照）が位置する。

布当山は、『万葉集』の（巻六・一〇五五）に「布当山山なみ見れば…」と詠まれる。

流岡山は木津川の河流が強く当たる水衝部にあたるが、恭仁京へ洪水流が流れ込むのを防ぐ役割があった。和束川は井平尾に旧河道跡があり（国土地理院「治水地形分類図」）、かつてこの丘の北側を迂回して流れ、例幣の山中から発して岡崎の段丘下を南流する蛇吉川に合流して木津川に注いでいたとみられる。

岡崎は『相楽郡村誌』に「地味　水利極めて便なれとも時として水溢の患あり」とある。井平尾《いびらお》（「井ノ平」とも呼ばれた）も『同書』に「地味　水利極めて便なれとも却て水溢の患あり」とあり、木津川と和束川の洪水流を被りやすい土地である。流岡山北の井平尾小字北置堤《おきて》・南置堤は、西側の恭仁京へ洪水流が流れ込むのを防ぐため、堤防状のものが構築されたのではないかといわれる（『加茂町史第一巻』）。和束川が西に流れていた時期の堤防だろう。井平尾はかつてはヰノヒラとも訓み、「井ノ平」と称したから、井は古語「ゐ」で「出づる水」の意（『日本語単語音節の辞典』）、平は平地（氾濫原）で、洪水を受けやすい地をいったか。

和束川右岸の井平尾岸之上に春日神社がある。創建不詳だが、二井《ふたつのゐ》と呼ぶ名水があり天平時代から清水が湧いているという。和束川の別称二井川もこれにちなむ。北側の井戸を樫ノ井、南側を柏ノ井と呼ぶ。俗に夫婦井戸・菜切井戸と呼ばれた。神社はこの井戸の泉を神格化したものといわれる。瓶原は、『万葉集』に詠う「山々が続き、川々が集まり来る岡辺の里」であることが地勢から察せられる。『和名抄』水泉《いづみ》郷であり、泉の里でもある。『都名所図会』に「むかし瓶を埋み置きけり。それに河水流れ入りてわきかへるやうに出づるなりとぞ」と記すが、瓶原の由来は、「みか」はミカ（水処）であろう。

布当は、二つの湧水があるフタヰ（二井）であろうが、二河川が合流する意もある。『和名抄』長門国厚狭《あつさ》郡の郷名に二処《ふたゐの》郷《ごう》がある。刊本は「布多井」と訓む。厚東《ことう》川《がわ》が支流大田川と宇部市櫟原《いちいばら》辺りで合流するが、合流点櫟原側に独立丘が横たわり、瓶原の流岡山と地形が似る。ヰは川の意もあり「二つの川の合流点」の地をいう（『古代地名語源辞典』）。

瓶原は中世には東大寺などの荘園となり、次第に水田開発が進んだ。明治二二年（一八八九）、例幣・西・河原・岡崎・井平《いびら》尾《お》・奥畑各村を合わせ瓶原村施行。昭和二八年（一九五三）に加茂町発足して瓶原の呼称は地区・施設名として残る。二〇〇七

年三月加茂町は山城町・木津町と合併し木津川市となった。（綱本）

三河内《みごち》〔与謝郡与謝野町〕

慶長七年（一六〇二）の「慶長郷村帳」に「三河内村」とあるものが初出の地名である。地名の語源は、野田川・岩屋川・加悦奥川の三つの川に三方を囲まれていることに由来する、または「御神地」に由来するものとも伝えられている。「みかはうち」→「みかうち」→「みこうち」→「みごち」と変化した地名であろう。「慶長郷村帳」以降は、「三河内村」として明治時代に至る。（新谷）

三坂《みさか》〔京丹後市大宮町〕

「坂」に「み（御）」の接頭語を付した敬称語であろうか。竹野川上流域右岸、大宮町の南東部に位置する。集落の東南部から三重に抜ける峠を「三坂峠」と呼んでおり、地形的に「坂」（峠をなす）であるものが、いつか「み坂」となり、三坂峠と表記されるようになったものと思われる。三坂の初出は不明であるが、この三坂峠頂上付近の、通称比丘尼屋敷《びくにやしき》と呼ばれる場所からガラス釧、ガラス勾玉、鉄剣、朱などが出土し、同遺跡は弥生時代後期のものと目される。また、三坂峠の入口の南側山麓には女性首長墓の大谷古墳が、さらに集落北西端には近畿北部の後期弥生墓制を代表する三坂神社墳墓群がある。こうしたことから、三坂という敬称は、もと神坂《かみさか》であったかもしれず、あるいはこうした遠い時代の記憶を踏まえているのかもしれない。神社に一座大明神、干塩大明神がある。（水野）

御陵《みささぎ》〔山科区〕

山科盆地の北西に位置し、中世には山科七郷の一つ。天智天皇（六二六～七一）の御陵（山科陵）があることから名づけられた、敬語名詞による地名である。天智天皇崩御については「天皇馬に駕り山階郷に幸す。更に還御することなし。永く山林の交わり奉ずる所を知らず。御沓の落つる所を以て其の陵となすと」（『帝王編年記』）とある。「沓だけが残った」というのは、法厳寺（牛尾観音）の「延鎮が尊敬する行叡を訪ねていったところ、和尚の履き物が落ちていたので、この地で往生されたと悟り、寺を建立した」との伝承と同じである。「沓だけを残して身体ごと他界する」というのは、その人がとくに貴人・偉人であったことを表すためであり、中国の神仙思想の影響であろう。『延喜式』には「兆域東西一四町、南北一四町」とある。中世以降大いに荒れていたのを「大正十年参道御陵域の御拡張ありて儼然たる山陵となれり現今の兆域東西五町南北十四町」（『京都府宇治郡誌』）とあり、南北は同じだが、東西には現在の約三倍もあったことが分かる。次にこの地に大きな影響を与えたのは、仁明天皇の女御であった藤原順子（八〇九～七一）の発願により、嘉祥元年（八四八）に真言宗安祥寺が建立されたことである。開基は入唐僧である恵運。一時は「山上山下塔頭七百余」といわれるほど繁栄し、寺領も安朱・上野・陵町一帯に広がっていた。南北朝の頃に戦火で焼失。寛文五年（一六六五）、毘沙門堂が建立される時に一〇万坪が削られたといわれている。江戸時代になり、東海道筋に面するところは多くの旅人や運送業者の行き交う地となり、おおいに栄えた。

御陵は大字名で、現在、区内に「牛尾町」「久保町」等、三〇の小字名がある。（小寺）

御射山町《みさやまちょう》〔中京区〕

御射山の神、つまり諏訪神社を祀る町。京町内に祀られる諏訪社に由来する命名。京の町には諏訪明神を祀る神社が、知られる限り二つあった。一つは下京区下諏訪町の諏訪神社であり、もう一つがこの御射山町の諏訪ノ社。東洞院の当地に諏訪の神が祀られたのは福田晃によれば足利尊氏の寵臣であった諏訪円忠の勧請という（『神道集説話の成立』『京都の伝説 洛中洛外を歩く』）。「御射山」の名は長野県の諏訪神社の摂社であり狩猟の神である、御射山神に由来する。京でのこの諏訪神社の信仰の中核は、中世近世においては殺生・肉食に対する罪を滅するという、お札「鹿食免《かじきめん》」にあった。当代の仏教で禁じられた殺生の罪を許すというその札は、合戦への出動が求められた武士階層や猟師たちには、精神的な救いを差し伸べるものであり、熱い支持を受けたのだった。

町名については「寛永一四年（一六三七）洛中絵図」では「すはの丁」。寛保初期（一七四一〜）の「京大絵図」で「御射山町」となる。

中近世には京においても諏訪社の信仰は盛んなものがあり、往時は祇園会に「御射山」の名の山を出すほどの勢いがあった。しかし明治以降は漸次信仰が忘れられ、現在「諏訪ノ社」は、民家の奥にひっそりと祀られている。東洞院通蛸薬師北東角には御射山公園があり、その特徴ある地名と緑の空間によって、四条通烏丸から至近のオフィスとビジネスの街並みに潤いを与えている。（真下）

水尾《みずお》〔右京区嵯峨〕

山城国西北の最深部で愛宕山の南西麓にあたる山間村落である。「みずのお」「みのお」ともいい、奈良期からみえる地名である。『京都府地誌』によれば、初めは水雄と記したが、清滝の川尻にあたることから水尾とするようになったという。山の尾根を表す尾に注目する説や、草木の茂った岡（瑞岡《みづお》）と解する説がある。『続日本紀』の宝亀《ほうき》三年（七七二）一二月二五日に光仁天皇が「山背国水雄岡」に御幸したことが記されており、その後も狩猟の地・隠遁の地となった。なかでも九世紀後半の清和天皇は、譲位後に当地に逗留した縁により、崩御後には水尾に陵が造られた。また清和天皇を祀る清和天皇社がある。中世以降は山城・丹波両国を結ぶ街道沿いの集落として栄えた。村人は農業・林業・狩猟の他、柚子や枇杷などの果樹栽培、樒の行商などを行って生計をたてていた。江戸期以降の果樹栽培の伝統は続けられ、「柚子の里」として有名である。（岩田）

水主《みずし》〔城陽市〕

市南部の木津川右岸に水主がある。『和名抄』久世郡水主郷の地である。今はミズシというが、もとはミヌシともいった。中世には「御厨子」とも書いた。旧水主村（江戸期〜明治前期）の産土神である水主神社の「水主」はミヌシである。水主神社は延喜式内社であり、この地の水主一族が祖神（天火明命《あめのほあかりのみこと》）を祀ったものといわれる。『新撰姓氏録』山城国神別に「水主《みぬしの》直《あたい》」がみえる。水主は文字通りの水の主であり、『日本書紀』仁徳紀・推古紀が伝える栗隈大溝《くりくまのおおうなで》との関係が考えられる。その大開削に功があったのが水主一族であったろう。大和政権の朝廷とも婚姻関係のあった栗隈氏主宰の栗隈大溝に木津川から水を取り入れる水門管理を司った氏族であった。『日本書紀』天智紀にみえる妃の一人、栗隈首徳万《くりくまのおびとくまろ》の娘黒媛娘《くろひめいらつめ》は水主皇女《みぬしのひめみこ》を生んでいるが、この「水主皇女」（『万葉集』巻二〇・四四三九にも「水主内親王《みぬしのひめみこ》」がみえる）の「水主」を『日本書紀』・『万葉集』注釈書の多くはモヒトリ・モンドリ（主水）としているが、早く折口信夫『万葉集辞典』が指摘するように、栗隈氏の本拠地の南に位置する水主との関係からきた名に違いない。『文徳天皇実録』天安二年（八五八）七月一二日条には、「宣命雨師」として「水主」の名がみえ、「祈雨の為なり、夜に入り天陰り小雨」とあり、貴船社などとともに水主社が神に雨乞い祈祷を司った記事がみえる。水主氏は、水の管理者として世に聞こえた存在であったようだ。水主の地名はそういった由来による。

（齋藤）

水垂町《みずたれちょう》　〔伏見区淀〕

京阪淀駅の北西、桂川の右岸に位置する。平安時代から水垂は納所・下津とともに淀津の中心地であった。水垂の初見は源俊頼が永長二年（一〇九七）淀へ行く途次の歌の詞書に「水おちといふ所をすぐとてよめる」（『散木奇歌集』）とある。「水おち」は水垂を指していると思われる。水垂は「水落ち」「水浸リ」ミズヒタリ、即ち水が浸く所、または垂水のことであろう。水垂の地名が表記されるのは、正和四年（一三一五）一一月付「兵庫関悪党交名注進状案」（「東大寺文書」）に「観音四郎水垂」、文明八年（一四七六）の「久我家文書」に「水垂分」と記されている。江戸時代には水垂は北が伏見六町の一つの水垂町、南が紀伊郡水垂村となっている。

（明川）

三栖町《みすちょう》　〔伏見区下鳥羽〕

京阪京都線中書島駅の西、濠川と繋がる宇治川派流に架かる肥後橋の南北、伏見港公園・三栖神社辺りの地域。しかし、下三栖は高瀬川を越えた横大路の地域を指している。「山城安楽寿院公文所下文」（嘉禄元年〈一二二五〉六月付「山城橘木社文書」）に安楽寿院領「上三栖庄」、下三栖庄は嘉吉二年（一四四二）一〇月一六日条の『管見記』（「西園寺家記録」）に「下三栖庄」が見える。室町時代には「三栖庄」（『実隆公記』）の記載が見えるが、上・下の三栖庄を含め、三つの線引きは明らかではない。三栖は天武天皇を祭る三栖神社が地名になったとする説があるが、その縁起は未詳である。旧村社で式内社ではない。三栖の「ス」は「洲」ではないかと思われる。和歌山県田辺市にある「三栖」も川の流域に成立した地名であるが、下鳥羽の三栖町の地理的条件とよく似ている。三栖は南に宇治川、東に高瀬川をひかえた低湿地であった。三栖は三洲とも書くので、三つの洲があったのが地名の始まりと思われる。現在三栖町は住宅・マンションが立ち並んでいる。

（明川）

水取《みずとり》　〔京田辺市〕

市の南部に位置し、鬼灯川《ほおずき》が普賢寺川に合流する付近にある。普賢寺谷の中心にあたり、旧普賢寺村の中心地であった。当地は蘭日辞書『訳鍵』（一八一〇）を著した蘭学者藤林普山（淳道）の出生地である。江戸期～明治二二年（一八八九）の水取村、二二年普賢寺村大字となる。昭和二六年（一九五一）からは田辺町大字、一九九七年市制施行後京田辺市の字名。

語源について、①吉田東伍は「新撰姓氏録に云、左京神別水取連《もひとりのむらじ》、饒速日命《にぎはやひのみこと》六世孫伊香色雄《いかがしこを》之後。多々羅の西南に水取村《みずとり》あり、古の水取《もひとり》の里にあらずや」（『大日本地名辞書』）とし、『京都府田辺町史』も「水《もひ》取司《とりのつかさ》からきている」という。水取浄楽の普賢寺川岸辺に「水取司遺跡」（一九二八年春　京都・三宅安兵衛依遺志建之）の石碑がある。水取司（主水司）は律令制で、天皇の供御の水・粥、氷室など司った役所をいうが、当地については史料にない。

水取同様に水戸は古訓モヒトリといい、川の出入り口、水源地を意味する水処（ミト）である。水取は水戸で、源流の水を取る水処の義と考えられる。用水に関する地名であり、古川章は、水取集落の周辺に数ヶ所の溜池の字名が残り、「戸尻」は堤防で、それらの大小の池が川の水を調整していたのではないか（『京都の地名検証』）という。（綱本）

水無《みずなし》〔綴喜郡井手町井手〕
木津川支流玉川の下流域北岸に位置する地。江戸期～明治五年（一八七二）においては水無村であったが、同明治五年南岸の石垣村とともに井手村に合併している。いまは水無の地名はない。地名の由来は、玉川は古来水が少量の川であったため水無川と呼ばれたことによる。『源平盛衰記』に以仁王が詠んだという「山城の井手の渡に時雨して水なし河に浪や立つらん」という歌が記載されており、『山州名跡志』も水無川を玉川と指摘している。古代・中世において東大寺領玉井庄があった地である。また、水無では道が東西・南北に直行しており、古代条里制をとる集落であることが指摘されている（『井手町史第三集』）。なお、『枕草子』にみえる「水無池」の所在地は不明であるが、当地にあったか（『井手町史第二集』）。（齋藤）

水梨《みずなし》〔綾部市五泉町〕
旧村名。由良川に注ぐ上林川の支流・畑口川流域にある地区。丹波国何鹿郡上林郷の内。「光明寺文書再建奉加帳」に「水無村」とあるのが初見（『綾部市史 史料編』）。地名の由来は明確ではないが、畑口川の水量が少ないため度々、水不足の不便があったため「水無」と呼ばれたと推定される。
江戸時代から明治七年（一八七四）の村名。現在五泉町の字。（安藤）

溝尻《みぞしり》〔宮津市〕
天橋立西部の内海（阿蘇海）の北岸に位置し、「府中」と呼ばれる地区の一画をなす。地名の初見は、籠神社の境内から出土した、文治四年（一一八八）の経筒に「大日本国山陰道丹後国与謝郡拝師郷溝尻村」とあるもの。阿蘇海を中心とした漁業の盛んな集落である。海岸部の地に「溝尻」の名は意味が取りにくいが、国府の施設に関わった地名かも知れない。溝尻には国衙に関わる小字名が多く見られるという（『京都府の地名』）。（糸井）

溝谷《みぞたに》〔京丹後市弥栄町〕
溝谷は、竹野川とその支流の溝谷川が合流する付近に位置する。溝谷は昔、「卜《と》の邑」（外村《とのむら》）（「外村」参照）と称したという。『丹後旧事記』によれば、地名は、丹《たに》波《わ》道主命《みちぬしのみこと》が外村に建立した溝谷神社から流れ出る、川の谷口にあたることに由来するという。しかし、溝谷という地形上の地名がまずあって、後に神社名になったものであろう。伊根町菅野にある妙光寺の天文二三年（一五五四）六月二八日付鐘銘に、「舟木庄溝谷」とみえる（『日本古鐘銘集成』）。（水野）

溝野《みぞの》〔京丹後市網野町〕
溝野は、木津川支流の俵野川上流域に位置する、狭隘な谷間に位置するところから命名されたものと思われる。昔、「おこう野村」（「葛野《かずらの》」参照）から移住して開拓された地の一つというが、もとの「おこう野村」はどこか不詳。真玉神社がある。木津庄の枝郷。（水野）

御薗口町《みそのぐちちょう》〔北区上賀茂〕
賀茂別雷神社の参道南にあたる町名で、御薗の名称から、かつては神社への供物ための畑であったことが想定でき（『京都市の地名』）、賀茂別雷神社と深く関連した町名である。またその西側の賀茂川にかかる御薗橋は、賀茂祭（葵祭）の際にのみ勅使を通すために架けられる橋で、その出入り口に相当することから「口」と称されていると考えられる。また賀茂川対岸の地域は、享保年間作成の「京大絵図」（同志社

女子大学蔵）によると「小川口」と称されていた。（天野）

御薗橋通《みそのばしどおり》〔京都市・東西の通り〕

賀茂川に架かる御薗橋西詰から西へ紫竹西通までの道で、洛中からの上賀茂（賀茂別雷）神社への参道とされてきた。橋の名が通りの名になっている。「御薗」は、橋の近くにあった、上賀茂神社の菜園のことで、神社に供える花なども栽培されていたという。（糸井）

深泥池《みぞろがいけ・みどろいけ》〔北区上賀茂〕

鞍馬街道沿いに位置する池で、周囲は約一・五キロメートル、水深は約二メートルであるが池底には数メートルの泥が深く堆積している様子から付けられたことにちなむ（『京都市の地名』）。また池周辺の生物群が「深泥池生物群集」として国の天然記念物に指定されている。

標記の仕方はさまざまであり、行基がこの地で修法した際に、池の上に弥勒菩薩が現れたという伝承から、「御菩薩池」とも表記され、『類聚国史』では平安時代初期に淳和天皇が「泥濘池」に御幸したことが記される。さらに後白河法皇の編んだ『梁塵秘抄』にも「いづれか貴船に参る道　賀茂川箕里御菩薩池（後略）」という今様が存在する。古代より鞍馬街道、および貴船方面に行く際には必ず通過するため、さまざまな形で表現される。また明治二二年測量の仮製地形図「京都」では「宇御《み》泥《ぞろ》池」と字名標記が見える。（天野）

弥陀次郎川《みだじろうがわ》〔宇治市木幡・五ヶ庄〕

西方寺本尊の阿弥陀如来像を淀川から漁師網で引き上げたという、淀一口《いもあらい》の漁師水次郎、俗称弥陀次郎伝説による名。五ヶ庄広岡谷を水源として、五ヶ庄・木幡の境界を西流し、隠元橋南で宇治川に注ぐ小河川。古く大谷川と呼ばれていたこの河川が、このように呼ばれるようになったのは明治以降と考えられている。しかし、弥陀次郎伝説そのものは古く鎌倉時代までさかのぼる。「弥陀次郎さん」と呼んで親しまれている西方寺には、「西方寺本尊阿弥陀如来縁起」（近衛信尋）が現存していて、その中で「文保二年（一三一八）卯月十七日申刻斗り、いつくともなくおのこ一人きたり」と同伝説が書き始められている。後々にも『京童』（明暦四年〈一六五八〉）などにも紹介されている。（髙木）

三谷《みたに》〔京丹後市久美浜町〕

応仁三年（一四六九）六月の「岸本坊眼阿譲状」（本願寺文書）に「三谷のくまたに」という、三谷の小字地名が記された史料が初出となる。天文七年（一五三八）の「丹後国御檀家帳」には、「くみの見谷」「見谷の内くち谷」という記載があり、現在の奥三谷・口三谷に相当すると考えられる。地名の語源は、深い（ミ）谷に由来するものであろうか。慶長七年（一六〇二）の「慶長郷村帳」には、三谷村と三谷村之内口谷村の記載があり、「丹後国御檀家帳」と類似した状況であったことがわかる。延宝九年（一六八一）の「丹後国与謝郡等郷村高帳面」以降は、「三谷村」となり、明治時代に至る。（新谷）

三津《みつ》〔京丹後市網野町〕

西隣の遊《あそび》の浦、掛津《かけづ》まで含めて、三つの小さな入江を認めることができるところから三つの津、三津と呼ばれるようになったものか。あるいは「津」に接頭語の「み」を付した敬称語（御津）であろうか。当地の三津には大きな川の河口があるわけではないところから、あくまで海の津を意識したものであろう。網野町北東部の海岸沿い、戸倉山《とくらさん》（二二四メートル）の西南麓に位置する。天正一五年（一五八七）四月、田辺から船で松倉城に遊んだ細川幽斎（藤孝）の詠んだ歌に「根あがりの松に五色の

糸かけて琴引き遊ぶ三津の浦々」がある。（水野）

三日市《みっかいち》〔舞鶴市〕

三日市は由良川右岸、二瀬川の扇状地上にある。由良川は古くより舟運によって交易物資が運ばれていた。主に右岸の街道が発達したが、ことに三日市は対岸の大川神社への参拝のための渡しなどがあって賑わった。三日・一三日・二三日に市日をもつ三斎市が立ったので、三日市と称されるようになったものである。（髙橋）

光富保《みつとみのほ》〔京丹後市大宮町〕

旧保地名。長禄三年（一四五九）の「丹後国郷保庄惣田数帳」に「光富保」とあるものが初出となる。平安時代後期～鎌倉時代にかけて開発された保地名の一つである。地名の語源は、光り富むという意味の吉祥句を用いたものと思われる。天文八年（一五三九）の「披露事記録」には「丹後国光富保　付三重内久住村」とあり、光富保が久住村（大宮町）に該当することがわかる。江戸時代以降、「光富保」の地名は見られず、現在、その痕跡は見られない。（新谷）

三盛町《みつもりちょう》〔東山区〕

この地に屋敷を構えていた平氏一門の清盛・頼盛・教盛三兄弟の名を取ったことによる。所在は柿町通六波羅裏門通西入ル。松原橋の東、六波羅密寺の南側に位置する。

平氏の六波羅邸の一部にちなみ元は「泉《いずみ》殿《どの》町」と称する（『再板本京町鑑』）。しかし、天保年間（一八三〇～四四）頃、現町名に改称されたと考える。明治元年（一八六八）に下京区に編入されたが、昭和四年（一九二九）に東山区に編成。（忠住）

水戸《みと》〔船井郡京丹波町〕

丹波高原の入口にある村。三戸野峠（観音峠）を越えて東南に下ると南丹市園部町上木崎に通じる。ミトは入谷や狭隘な所を意味する言葉であり、当地の地形の特色から名付けられた地名である（『地名の語源』）。昭和二六年（一九五一）に須知町の大字となり、昭和三〇年から丹波町の大字となった。（安藤）

御堂殿町《みどうでんちょう》〔右京区山ノ内〕

右京区太秦と中京区西ノ京の間にあり、御池通の北側に位置する。浄土真宗本願寺派（西本願寺）の角坊《すみのぼう》があることによる。御堂は同寺院の中心となる建造物のこと。鎌倉中期、この地に親鸞の実弟尋有僧都《じんうそうず》の禅坊である禅法院があり、親鸞も傍らに角坊という草庵を建てたという。またここは親鸞の入寂の地といわれている。安政四年（一八五七）には、本願寺派門主広如が親鸞終焉の地として、草庵の号をとった角坊別院を建立した。（岩田）

水度坂《みとさか》〔城陽市寺田〕

JR城陽駅南部の小字名。駅南東部の『延喜式』神名帳にみえる水度神社（『山城国風土記』に「水渡社」）の参道を中心とする地域。旧奈良街道に面して鳥居があり（西限）、参道は東の山手に向かう。周辺は住宅街で、神社へのゆるやかな上り坂の参道が地名の由来である。参道は豊かな樹木に覆われ、京都府の「自然二百選」にも選定されている。水度坂の東限は神社手前の参道階段までである。水度神社主神の天照《あまてる》国照《くにてる》彦天火明命《あめのほあかりのみこと》は『新撰姓氏録』山城国神別「水主直《みぬしのあたい》」一族の祖神であり、同じく祭神の一の少童豊玉姫命《わたつみとよたまひめ》は水神で、水と関わる神社である。「水度」の語源は、同市の水主神社同様木津川のミト（水門・水戸、あるいは水処）を管理していた水度氏の、農耕に不可欠な水を司る神の祭祀に携わってきた由縁によるものであろう。「水度坂」は江戸期からの地名であろうか。（齋藤）

味土野《みどの》〔京丹後市弥栄町〕

往昔、「三戸野」と記した。ミトやミドは、水処、水戸、水度であり、水が浸しやすい場所や湿地、水の出口のこと。分水嶺に近いところにあり、谷の水が流れ出るところを意味する。味土野は弥栄町にある山間部の集落名で、宇川渓谷の最上流部（野間川）に位置し、標高は五〇〇メートルに近い。細川ガラシャ（戦国時代の武将細川忠興夫人玉）幽閉の地として知られる。幽閉は天正一〇年（一五八二）から一二年までおよそ二年間に及んだ。ガラシャはキリスト教の洗礼名。隠棲地跡地は女城と呼ばれ、館を建てるために平坦にならされた、ごく狭い地である。北西の方角に標高六一三メートルの金剛童子山が聳え、周囲に見えるのはすべて山の頂である。辺りに平地は全くなく、視界は遮られ、孤立感は極まる。幽閉中にガラシャが詠んだとされる「身をかくす里は吉野の奥ながら　花なき峰に呼子鳥鳴く」には哀切感が漂う。（水野）

湊宮《みなとみや》〔京丹後市久美浜町〕

文明一六年（一四八四）の「本願寺制法条々」（本願寺文書）に「自湊之塩任先例可有相違事」とあるものが初出の地名である。天文七年（一五三八）の「丹後国御檀家帳」には「くみのみなと」とあり、中世を通じて「湊」と呼ばれた。読んで字の如く久美庄の湊であったことに由来する地名であり、中世久美庄の領域では重要な位置を占めた地域であった。なお同書に「えびすの神主」とあるものは、現在の蛭子《ひるこ》神社を指す。慶長七年（一六〇二）の「慶長郷村帳」には「湊村」とある。「丹後国御檀家帳」に「家五百軒」と記されていて、松井康之の久美浜支配期には嫡男与八郎の墓が作られたなどの点から、久美浜（久美の浜）と並ぶ都市的な空間であったことに由来するものと思われる。延宝九年（一六八一）の「丹後国与謝郡等郷村高帳面」に「宮村」とあるものが湊宮村と思われ、「湊宮」という地名の初出と思われる。その後、元禄一二年（一六九九）の「丹後国郷帳」以降は「湊宮村」と表記され明治時代に至る。

江戸時代の湊宮村には、「湊五軒家」と呼ばれる豪商があり、廻船により財をなしていたと伝える。「明細帳」によれば、湊の廻船は、享保一五年（一七三〇）には一八艘であったものが漸減し、天保一一年（一八四〇）には〇艘となった。これは湊宮村と大向村の間にあった水戸口が土砂の堆積により浅くなり、大きな船が通れなくなったことに起因すると思われる。なお明治の町村制施行時の「湊村」は、中世の地名に由来するものであった。（新谷）

南《みなみ》〔綴喜郡宇治田原町〕

犬打川下流域の、明治二二年（一八八九）以後の大字名。明治八年以降では綴喜郡の村名であった。老中村・符作村・名村・切林村が合併して南村成立。地名の由来は田原郷の南部に位置するところからといわれる。この地は『宇治拾遺物語』に大海人皇子（天武天皇）にまつわる栗伝承がみられるように、古来栗の産地として知られ、田原郷南部からの朝廷への栗の献上地として認識されていたと思われる。だが明治五年（一八七二）に栗林は開墾されて茶園となり、以後栗は姿を消した。（齋藤）

美浪《みなみ》　→兎並《うなみ》

南有路《みなみありじ》　→有道《ありじ》

南稲八妻《みなみいなやづま》　→北稲八間《きたいなやづま》

南木之本町《みなみきのもとちょう》〔東山区〕

当地にあった長田塚《おさだづか》（長田首塚）の上に皀莢《さいかち》の大木があったのにちなみ、当地とその北側一帯（現西海子町・南西海子町・北木之元町）を当初は皀莢《さいかち》町と呼んだ。当町名はこの皀莢の大木があったことにちなむ（『山州名跡志』）。所在は三条南裏通二筋目白川筋西入ル二丁目南側。南は進之町《しんのちょう》、北は北木之本町まで。当町中央部を東大路通が南北に走る。

『京都坊目誌』に寛文六年（一六六六）の開町とみえるが、絵図などに町名が示されるのは延宝二年（一六七四）『四方洛外町続之町々小名之覚』まで待たれる。しかし当時からすでに町名が分かれて記載されており、南北二町の兆候がみえる。明治二年（一八六九）に下京区に編入されたが、昭和四年（一九二九）に東山区に編成。（忠住）

南御所町《みなみごしょちょう》〔左京区〕 →北御所町《きたごしょちょう》

南西海子町《みなみさいかいしちょう》〔東山区〕

西海子町の南に当たることによる。所在は三条南裏白川筋西入ル三丁目。東山三条の西南に位置し、当町中央部を東大路通が南北に走る。

江戸期は青蓮院領でもと畑地であった。『京都坊目誌』は寛永二一年（一六四四）の開町とするが、寛永六年（一六二九）からとも伝えられる。文献上では延宝二年（一六七四）に町名見えるのが早い。明治二年（一八六九）に下京区に編入されたが、昭和四年（一九二九）に東山区に編成。

三条通の南裏に位置することから、東隣の八軒町《はっけんちょう》と合わせて「三条南裏町」の通称をもつ（『改正増補京羽二重大全』）。（忠住）

南田辺《みなみたなべ》 →北田辺《きたたなべ》

南棟梁町《みなみとうりょうちょう》〔東山区〕

『京都府地誌』は、天正一四年（一五八六）豊臣秀吉の方広寺大仏建立のため、造営の工房を置いた所と伝え、『京都坊目誌』も「時人呼んで棟梁の町と云ふ。北にも亦同名の町あるを以て、のちに南の字を冠す」と「北棟梁町」に対して南を冠した由来を記す。所在は塩小路通本町東入上ル。三十三間堂の西側に位置する。

『洛外町続町数小名并家数改帳』（一七一四）に「大仏境内南棟梁町」とみえる。明治元年（一八六八）に下京区に編入されたが、昭和四年（一九二九）に東山区に編成。

当町を北へ通る小路が行止まりゆえに「袋町」の俗称がある。（忠住）

南ノ口《みなみのぐち》〔宇治市大久保町〕

環濠集落の正門である南口があった所からの名。大久保集落が環濠集落であったのではないかというのは、袋小路もしくはT字形道路が認められること、また、西・南・東の各境界辺に水路があったことが認められること、さらに、内部の屋敷地も西方の元の水田面とくらべると二メートルから五メートルの高燥地に立地していることなどからの判断である（『宇治市史』）。その出入り口が南向けに存在していたのである。同じく環濠集落的と判断されている伊勢田町にも、集落の中心である「毛語」の南側に南口という地名があった。「伊勢田村検地帳」（延宝七年〈一六七九〉）には、「南ノ口」とあり、「伊勢田百史集」（昭和五一年〈一九七六〉）の地域の人たちが往時を回想して共同で作成した詩文の中に「花も恥かし年頃で／嫁御を迎えるその時は／うど口《ぐち》通って南口《みなみぐち》／村は総出で大さわぎ」と、南口という小字の存在とそれが正門であったことを伺わせる一文がある。『（大久保村）村誌』（明治一四年〈一八八一〉）の字地の項に「南口」とあるのみである。（髙木）

南蓮池町《みなみはすいけちょう》 →北蓮池町《きたはすいけちょう》

南八田《みなみはった》〔南丹市園部町〕

南北朝時代の貞和六年（一三五〇）「清和院文書」の「沙弥見阿寄進状」の中に、「丹波国船井庄八田内」として地名が出ており、同村の田を清和院に寄進していることが分かる。「佐竹藩採集文書」明徳三年

（一三九二）の「足利義満袖判御教書」によると佐竹氏領となっているが、やがて『北野社家日記』に村名が現れるので、北野社領となっていることが分かる。これらの文書に出る八田村は、園部町南八田と考えられている。（安藤）

南浜町《みなみはまちょう》〔伏見区〕

京阪中書島駅より北、京橋・蓬莱橋の川べりにある旅籠寺田屋の東付近。かつて、伏見南浜小学校があったが、今は丹後町に移転している。

宇治川派流の船着場の一つ、三十石船などの発着場の京橋には東・西・北にそれぞれ浜があった。が、南浜は北浜の南でなく、京橋の東の位置となる。伏見の町の南端にあたるので、そこから付いた名前と思われる。それが町名となった。南浜には本陣・馬借の伝馬所。旅籠・船宿が並んでいた。初見は寛文一〇年（一六七〇）の「山城国伏見街衢近郊図」の「南浜三丁」と思われる。『伏見大概記』、『伏見鑑』に「南浜町」。「安永新彫伏見絵図」（一七七二〜八一）に「南浜丁」が見える。鳥羽伏見の戦いでこの辺り一帯は全焼した。（明川）

南町《みなみまち》〔右京区梅津〕

元東梅津村の集落内の南部分にあたるので名付けられたと考えられる。当地は、桂川の左岸で水勢が弱まる北側に位置し、古代以来桂川の上流部から供給される材木の揚陸地となった。江戸初期には、筏浜ともよばれた。江戸期には、桂川上流の嵯峨、下流の川勝寺と三ヶ所材木屋という共同の市場組織をつくり、材木の流通を独占した。後に株仲間を結成するが、廃止令・再興令を経て明治初年に衰退した。梅津は、材木取り扱いでは上流の嵯峨とは不利な位置にあり、材木業は次第に衰えた。（岩田）

南町《みなみまち》〔下京区〕

木津屋橋通油小路東入ル西洞院までの両側町で、西洞院通にも面する。「七条以南は尚耕地にして。慶長再開の時京都の南端たり。故に此名あり」（『京都坊目誌』）とある。宝暦一二年（一七六二）刊『京町鑑』、「天保二年（一八三一）改正京町御絵図細見大成」ともに「南町（丁）」と記す。（小西）

南町《みなみまち》〔東山区〕

当町が祇園社の南の方角にあるため。古くは「祇園《ぎおん》南《みなみ》町」と称したが、略して「南町」。祇園社殿、正門ともに南面し、中世における門前町の形成範囲も下河原町方面へ展開していたことから、当町の門前町としての発展も推測できる。所在は下河原町通高台寺門前上ル西側。八坂の塔（法観寺）の北西、下河原町《しもかわらまち》通の北側に位置する。東は下河原町、西は上田町まで。

『京都坊目誌』に慶長一〇年（一六〇五）の開町とあるが典拠不明。明治元年（一八六八）に下京区に編入、同二年（一八六九）「高台寺門前町」を合併、昭和四年（一九二九）に東山区に編成。（忠住）

南山《みなみやま》〔京田辺市三山木〕

普賢寺川南岸の台地に位置し、近世は高木村（現・高木区）の枝郷として、「元禄国絵図」（一七〇〇）に載る。明治九年（一八七六）高木村・出垣内村・山本村と合併、三山木村となった。享保一四年（一七二九）の山城国高八郡村名帳には旗本浅井主水知行二五二・七石と記される。旗本浅井氏は江戸時代を通じてこの地の領主となり、隣村出垣内村の石高と合わせ五〇〇石の知行を得ていた。浅井光政が築いたと伝える山城跡が今も南山の光照寺の北側にあり、「南山」はこの城名に起源するといわれる。あるいは、当地が本村の旧高木村の南にある山に位置したことによるともいう。（綱本）

峰ケ堂《みねがどう》〔西京区御陵〕

西京区桂坂ニュータウン東部に位置す

る。京都盆地を一望できるこの丘陵上にかつて法華山寺があり同寺を俗に峰の堂といった。北側を唐櫃越が通り、山城から丹波へ抜ける山路の入り口にあたる。

法華山寺は三井寺の学僧証月房慶政が南宋から帰国した後、建保七年（一二一九）〜貞応元年（一二二二）に開山したと伝える。仏教説話集『沙石集』巻九下には、慶政が「如説《にょせち》（仏の説《おしえ》通り）修行して臨終せんと、ただ一人松尾の奥に、仮に庵を結びて修行」していたが、地元民から時料（四季に供する金品）を受けて次第に寺をなし、臨終を迎えたという。慶政は師事した延朗上人の墓所を立てている。また、親交のあった関白九条道家らが寺領を寄進し大伽藍となった。その様子を後崇光院著『看聞日記』永享五年（一四三三）三月一八日付では「次峯堂参、伽藍猶殊勝、仏閣多建、羅漢（本尊）拝見、此寺重宝云々、開山証月上人延朗上人弟子云々」と記している。

眼下に山陰道を収める峰の堂は北東の谷の堂とともに軍事拠点として南北朝の内乱、明徳の乱、応仁の乱など中世・戦国の合戦場となった。谷の堂は西芳寺川の谷口にかつてあった最福寺をいうが、寺の俗称は西芳寺一帯の平野部と山間部が谷村だったことに因む。最福寺の開山は三井寺の学僧で慶政の師である延朗上人、創建は安元二年（一一七六）と伝える（『塵添壒嚢鈔』）。

元弘三年（一三三三）、後醍醐天皇が配流先の隠岐を脱出、同年四月二日、天皇の命令を受けた千種忠顕が、但馬へ流されていた聖護院静尊法親王といわれる「若宮」を押し立てて、篠村から出発し、「西山の峰堂を御陣に召され、相従う軍勢二十万騎、谷堂、葉室、衣笠、万石大路《まんごくおおみち》、松尾、桂里《かつらのさと》に居《ゐ》余《あまつ》て、半は野宿に充満《みちみち》たり」（『太平記』巻八）と布陣する。忠顕は巧をあせって、赤松入道円心ら山崎・八幡に布陣した味方に先駆け、鎌倉幕府方の六波羅攻めをするが逆に敗退し、峰の堂の本陣を捨てて丹波へ逃走。これを追って四月九日六波羅勢が押し寄せ「谷堂峰堂に乱入し、仏閣神殿を打破り、火を懸けたれば、惣じて堂舎三百余箇所、在家五千余宇、一時に灰燼と成」（同八）った。この後、足利尊氏が丹波篠村で倒幕の旗を揚げ、幕府は倒れる。

建武三年（一三三六）正月、建武政権を離反した尊氏は鎌倉から出立し京を攻めるが、後醍醐天皇方の反撃に会い、西国へ撤退する。このとき敗走路に選んだのが老ノ坂越・唐櫃越だった。いったんは九州まで落ち延びた尊氏はすぐ勢いを盛り返し東上、八月新田義貞との京都争奪戦に臨んでは革島、林ら西岡の土豪らに峰の堂を警固させている。（『徴古雑抄』『革島家文書』）。

下って、「明徳の乱」（一三九一）にも、山名満幸の反乱軍が京都の足利義満を攻めるため、丹波から峰の堂に布陣した。『明徳記』によると、その直前に丹波・篠村で合戦の評定をするが、大葦次郎という将が「この勢当国に着きたる事は、定めて京都へも聞こえぬらん。しからば敵桂川を越して老の当下（峠）に馳あがて相支え候はゞ、ゆゆしき大事にて、只今夜山をこして峰の堂に陣をめされて、京勢のはたらきをめの下に見おろし、八幡の御勢（反乱仲間の山名氏清）と徹合《てつしあい》て（呼応して）御合戦有べきか」と峰の堂の重要性を説き、明徳二年一二月二六日夜、満幸軍と幕府軍は対峙、明徳の乱が始まるが幕府軍の勝利で、満幸は丹波へ逃げ帰った。

戦国時代に入ると、峰の堂跡に城が築かれる。天文三年（一五三四）九月、京都を支配していた細川晴元は一向一揆等との戦闘のため、奉行人の茨城長隆が西岡の寺社本所領（荘園）から半済米を徴収し、すべて「峰城之米」として用いるよう配下に命じている（「茨城長隆奉書案」）。半済とは本所領の年貢半分を兵糧料所として軍勢に預けおく制度である。なお、『川角太閤記』では、本能寺の変で明智光秀が「老の坂へかかり、谷のとう、峯のとうを打ちすぎて」とあるが、大軍が唐櫃越を通過したのどうかは地理上疑問視されている。

戦国期は鉄砲出現で平地が主戦場となり、山城は無用となる。乙訓に平城の勝龍寺城ができると、戦場はそちらへ移り、明智光秀が山崎の合戦でこの城に陣を構え秀吉を迎え撃った。峰の堂・谷の堂は、唐櫃越を通る軍勢の通過点となり、戦闘は無くなった。

最近の発掘調査で、峰の堂城は唐櫃越の南側の丘陵の尾根・谷に曲輪が残る大規模な城郭で、要所には堀切や土塁も築かれたことが判明した。城郭遺構の中を唐櫃越が横断している。谷の堂は華厳寺の北に、延朗の木像を安置している延朗堂が残っているのみで訪れる人もいない。（綱本）

峰山町《みねやまちょう》〔京丹後市〕

峰山は、永禄一二年（一五六九）にこの地を訪れた連歌師里村紹巴の『天橋立紀行』に「嶺山」とあるのが初出である。これ以前は、吉原庄の領域に含まれていたものと思われる。地名の由来は、権現山（峰山町吉原）山頂に金峯山の末社と伝える蔵王権現が祀られたことから、金峯山になぞらえて「峯（嶺）山」と名づけられたと推定される（伊藤太）。地名の成立は戦国時代と思われる。江戸時代には、「嶺山」ないしは「峯山」の表記が使われており、当初の「嶺山」は、権現山をさすものであったと思われるが、織豊期の城下町・江戸時代の峯山藩の陣屋町にいたって権現山の麓に展開した町名として使用されるようになった。「峰山」が用いられるのは、明治時代に入ってからである。明治時代には、京極氏を藩主とする峯山藩の峯山陣屋町の範囲の町名に峰山が冠せられた。明治二二年（一八八九）には、峯山陣屋町の範囲の町が合併し、峰山町として町制施行した。昭和三〇年（一九五五）の峰山町・五箇村・吉原村・丹波村・新山村の合併（翌三一年九月には長善村字長岡編入合併）に際しては、峰山町の町名が採用された。その後、平成一六年（二〇〇四）の合併による京丹後市においても町名は残り、現在に至る。（新谷）

美濃屋町《みのやちょう》〔下京区〕

木屋町通松原上ル高辻までの東側片側町で、東は鴨川に接し、西は高瀬川に面する。「寛文一〇年（一六七〇）美濃屋源右衛門と云ふ者。許可を得て畠地を拓き。始めて人家を建設せしより町名となる」（『京都坊目誌』）とある。寛文九年～一〇年（一六六九～七〇）にかけての鴨川新堤建設以後、町地として開発された。宝暦一二年（一七六二）『京町鑑』にも「美濃屋町」とあり、以後変化はない。（小西）

美濃山《みのやま》〔八幡市〕

美濃山は男山丘陵の南部に位置し、大谷川上流のひとつ、御幸谷《みゆきだに》川の水源地である。明治二二年（一八八九）有智郷村～戦後八幡市の大字名。かつては「大字美濃山は、元と山岳連亘《れんこう》・荒蕪《こうぶ》未開の地にして、絶えて人煙を視ざりき」（『山城綴喜郡誌』）だった土地である。元禄期から「美濃山新開」の開拓が始まり、享保一二年（一七二七）に完成。村は周囲を山で囲まれた低平な地にある。近代以前は「水流潦堰《りょうえん》」（前掲書）で雨水が溜まり、悪水（汚水）滞留のため掘削工事や麓の洪水防止の土砂留を近隣の村が共同で行っていた。江戸期～明治二二年（一八八九）の村名。同二二年有智郷村大字美濃山となる。昭和二九年八幡町、同五二年からは八幡市の大字。

　地名由来は、『山城綴喜郡誌』『名所都鳥』（一六九〇）は、平安末期～鎌倉前期の後鳥羽院にお側仕えした美濃局（八幡宮別当垂井光清の三女）がこの地に別殿を構えたからという。別殿は上皇が御幸した意を示す字名「美濃山御幸・御幸谷」として遺存する。ただし、関祖衡・並河永『山城志』（一七三四）は「箕ノ山　内里村西に在り、里《さと》乃ち名区（有名な区域）なり、後鳥羽院寵妃は善法寺光清第三女也。此に居るに因り美濃局と云う」と記し、箕ノ山に居住したから美濃局と称したとする。『男山考古録』（一八四八）には「村の東に小高き山上に、松樹生茂りたる林中に小社あり。里俗祈雨などありて常に龍神を祀るといふ」とある。干天の時は雨乞いを祈る山でもあり、明治中頃でも村周辺には灌漑用の大小の溜池が二十数ヶ所確認される（『明治前期関西地誌図集成』）。美濃は水源や湿地帯などを意味する水生《みのう》（壬生・水分）であろう。　（綱本）

三浜《みはま》〔舞鶴市〕
　大浦半島の北端に位置し、若狭湾に面している。東隣の小橋《おばせ》と当地はかつて一村であったといい、小橋を含めて白砂の三つの浜があったことによると伝える。しかし、地元の小学校『百周年記念誌』は「オバセの方が語源的には古くつけられた可能性があり、この土地の形態からオバセ（山に囲まれた港湾）、ミハマ（美しい白砂の浜辺）のある地を海を主とした生活の好適地として住みついた」、つまり「美浜」という考えを載せている。あるいは「御浜」か。
　かつて小さい潟《かた》があったとされ、砂州であった一帯では、小橋川より有舌尖頭器が出土、古墳時代後期の丸山古墳が存在し、その頃から平安時代にかけての製塩土器が出土している。三浜では野原・小橋と共同で冠島の老人島《おいとじま》明神を祀ってきた。村内の海蔵寺に老人島明神の鍵取が受け継がれている。　（高橋）

三原《みはら》〔京丹後市久美浜町〕
　三原は、久美浜町関から網野町日和田に通ずる、狭小な谷筋の中ほどに位置する。地内を佐濃谷川支流の三原川が流れる。地すべりで形成された広い緩傾斜地に集落がある。三原は、「ミ（水）ハラ（原）」で、広大な山地の谷部にあるところから、急傾斜地で水害の起こりやすいことに由来するものか。また、「原」の字は古訓でフと読むことから、「三原」は「ミブ（水生）」の意味で、やはり水源に関係した地名である可能性もある。　（水野）

壬生川通《みぶがわどおり》〔京都市・南北の通り〕
　平安京の壬生大路（美福門大路とも）に当たるが、今は北部はなく、後院通の壬生車庫前から九条通に至る通り。「壬生通」とも。途中梅小路公園及びＪＲ東海道線で中断する。今はないが、壬生川が流れていたことによる。『京都府地誌』によると、昔この通りの辺りは湧き水多く、耕作に適していた。『拾芥抄』の西京図にも多くの泉の記載がある。「みぶ」は「水生」の意で、「みずのえ」の「壬」の字に代えて、「壬生」で「みぶ」と読ませたもの。もと「水生」と表記したが、「水生（壬生）」は、通り名として用いられる以前に、一定の広い地域を指す古地名でもあったのだろうか。京野菜の壬生菜、芹などの産地として知られた。また、染色関係の業者も多く集まっていたようだ。　（糸井）

美福門大路《みふくもんおおじ》　→**壬生川通**《みぶがわどおり》

御牧《みまき》〔久世郡久御山町〕
　『延喜式』左右馬寮に「山城国美豆《みず》厩《うまや》畠十一町。野地五十町余」とある朝廷の放牧地があったことに因む名。『山州名跡志』

に「美豆。御牧一双ノ所也。古美豆御厩アリ。御牧ヨリ馬ヲ捕テ。此厩ニ畜繋シ也」とある。御牧は「野地五十町余」に当るのであろうか。御牧は淀川や旧大和川の河川敷が放牧地に活用されていたように、木津川畔から淀川にかけてのこの低地も放牧地として利用されていたのであろう。北川顔《づら》の馬嶋・馬場崎、藤和田《ふじわだ》の馬場崎野の小字名もその名残であろう。美豆御牧となるのは、室町時代からで、『実隆公記』文明一六年（一四八四）一一月二日の条に「自美豆御牧大根百本召寄之」とあり、また、石清水八幡宮の島田園・藤和田薗も存在し、荘園化している。その荘域は、近世の御牧郷域と重なるであろう。

寛永一四年（一六三七）の木津川流路の付け替えで美豆と御牧とは分断された。その後、明治の改修で再び地続きに戻ったが、美豆は現在、京都市淀美豆町である。近世、御牧郷の村数は、『元禄郷帳』（元禄一三年〈一七〇〇〉）によると、北川顔村・藤和田村・封戸《ふご》村・嶋田村・江ノ口村・野村・森村・坊之池村・中島村・釘貫村・相島村・西一口《いもあらい》村・東一口村の一三ヶ村で、領域は中堤より西側の地域である。明治九年（一八七六）合併して久世郡御牧村に、昭和二九年（一九五四）、久御山町誕生によって御牧の行政地名は消滅し、御牧小学校・御牧保育所などの公共施設に名をとどめるのみである。

（高木）

三俣《みまた》〔福知山市〕

由良川支流である土師《はぜ》川中流域と、東から土師川に注ぐ平石川の流域にある村名。中世の荘園「三俣戸荘」が置かれた地。川の合流点を含む地域であるから「ミマタ（水又・三つの岐れ）」であろう。三俣戸荘は鎌倉時代から室町時代の荘園である。興福寺領であり、「大乗院文書」で、文永二年（一二六五）の「興福寺人夫召注文」の中に「三俣戸荘庄」の地名が見える。

「正保郷帳」には「三股村」と書かれる。昭和三〇年（一九五五）からは福知山市の大字となった。

（安藤）

三室戸《みむろど》〔宇治市菟道〕

三室は、御室・御諸・三諸などとも書かれるが、本来の意は、「神が降臨して依り付くところ」（『日本国語大辞典』）のこと。この地でいえば、古く三室の山といわれた明星山のことで、戸は所の意か。すなわち、神が降臨して依り付く山のある所の意。宇治の各地域にも集落毎に、神々の依代としての山や森が存在する。かぐや姫の名付け親である「三室戸斎部のあきた」の住まいが三室戸であるとすれば、一〇世紀中頃には、現三室戸の近辺にその舞台としての集落が想定されるだろう。一方、三室戸寺の創建時期は九世紀ないし一〇世紀ころではないかといわれている。したがって、三室村は三室戸寺の門前町として成立した村であり、その名も三室戸寺に由来するとも考えられる。ただ、三室という名は地域の人々の心に根ざした深い信仰から生まれた地名であると考えると、むしろ三室戸寺という名が、三室の里に造営されたことによって付けられたものと考えたい。

「炭山村明細書写」（正保三年〈一六四六〉）の領域を記したところに「南方ハ三室境、岩ノふちわたり川限り」とあり、三室（戸）村は江戸時代初期には存在していたことがわかる。『（菟道村）村誌』（明治一四年〈一八八一〉）によれば、明治八年（一八七五）に大鳳寺村と合併して菟道《うぢ》村となり、行政名としての三室の名は消える。しかし、三室戸寺や京阪電鉄三室戸駅などとの関わりで道路標識など通称名としては、今も親しまれていて、広く使われている。

（高木）

宮《みや》　〔京丹後市丹後町〕

宮の地名は、式内社の竹野神社（祭神は天照大神）が鎮座している地であることによる。竹野神社は斎宮《いつきのみや》ともいう（「竹野」参照）。「神社記」によれば、推古朝、鱏《えい》古《こ》、軽足《かるあし》、土車《つちぐるま》の三人の賊が、与佐郡三上の岳で蜂起したため、勅命により麻呂子《まろこ》皇子が征伐に赴き、竹野郷まで追って滅ぼした、という。このため麻呂子皇子を斎宮に祀り、北狄の守護神として崇めたとする。竹野神社裏には全長一九〇メートルの前方後円墳神明山古墳がある。『丹哥府志』によれば、竹野神社の斎女は久美浜町市場から出ているという。宮は竹野川河口部の右岸に位置する。（水野）

宮川《みやがわ》　〔亀岡市宮前町〕

神尾《かんのお》山の山裾に鎮座する宮川神社の横を、清流・宮川が流れている。この神社が地名の元となったと考えられる。宮川神社は式内社「神野神社」に比定されている。とすると、神社の「宮川」が当地の地名や神社名のもとになったとも考えられる。主祭神は伊可古夜姫《いかこやひめ》であり、この姫は下鴨神社の祭神・建角身命《たけつぬみのみこと》の妃で、玉依姫の母であるという。このことから宮川神社の氏子達は毎年、葵祭りに参加してきた歴史をもっている。神尾山の周辺の山野は、「神が鎮まる」と古代人が感じたのがうなずけるほど清浄感に満ち、周囲の静かな佇まいも古代の景観が残っているかに思われる。神社はもと神尾山の山中にあったが、明智光秀の丹波攻めの際の戦いで焼失し、現在地に移ったと伝えられている。宮川神社から神尾山を登った中腹に金輪寺という真言宗の寺院がある。寺伝によれば、平安時代・延暦年中の開基で一時衰退した後、鎌倉時代に栂《とが》ノ尾の明恵上人が再興したとされる。金輪寺の少し北側の山頂部に本格的な中世の城・神尾山城がある。『言継《ときつぐ》卿記』などに見えていて、丹波の有力な城の一つであったことが記録されている。

山麓の集落の歴史は弥生時代に遡る。特に弥生時代の住居跡の中には八角形住居跡が見出されて注目された（『宮川遺跡発掘調査概要』）。

明治二二年（一八八九）に宮前村の大字となり、昭和三〇年（一九五五）からは亀岡市の宮前町の大字となった。（安藤）

宮川筋《みやがわすじ》　〔東山区〕

宮川とは鴨川の美称で、町名もそれにちなむ。所在は鴨川東側四条から五条通の間。四条河原の東岸沿い、北は四条通から南は松原通までが一町目〜五町目、松原通から五条通までが六町目〜八町目。

きっかけは四条河原で阿国《おくに》歌舞伎が盛んになった慶長年間（一五九六〜一六一五）に開発が始まり、当初は見物客が一服する茶店から始まった。その後寛文年間（一六六一〜七三）四条河原の河川地を開いて一〜五丁目の新地となり、承応三年（一六五四）には四条から縄手通にかけて芝居小屋がかかり、当町を含む四条大橋から縄手通、清水寺門前の道筋は多くの茶屋でにぎわった。延宝二年（一六七四）には「東河原新屋敷」として「宮川町一町目」から「五町目」の名が登場する。しかし南側六町目〜八町目付近は、建仁寺領に属しており、正徳年間（一七一一〜一六）には他の建仁寺領地と併せて「建仁寺領新家地」と呼ばれた。四条河原に属した一〜五町目とは支配が異なっていた。元禄一二年（一六九九）京都町奉行滝川丹後守利庸に所司代松平紀伊守信庸が命じて開かせた。宝暦元年（一七五一）には、一〜五町目に六町目以下を加えて、遊里営業の許可を受け、後に六〜七町目および東の西御門町まで遊里は広がった。明治元年（一八六八）に下京区に編入されたが、昭和四年（一九二九）に東山区に編成。

水害を防ぐための石垣が築かれたことから宮川筋一町目を「石垣町」とも呼んだ。また対岸の斎藤町（下京区）を西石垣町略して「西石《さいせき》」と呼ぶのに対して、東石垣町略して「東石《とうせき》」とも称した（『京町鑑』）。

また、宮川筋六町目を一筋東側の新道「新宮川町」に対して、俗に「古宮川町」と呼んだ。（忠住）

宮木町《みやきちょう》〔中京区〕

宮の木、つまり神社の材木を提供する町の意。『京都府地誌』では、この町の北側が宮木丹波守邸地で、はじめは「宮木前町」だったとする。しかし、延宝六年（一六七八）刊『京町鑑』では、当町が「堀川御池下ル　丸木材木町」の仲間の一であるとして、観世一代能の際に舞台などの役を務めること、および、祇園祭礼の神輿を渡す四条の仮橋を年番で設置する役を担ってきたとする。この説に従いたい。

平安京大内裏の南東に位置し、中世の応仁の乱以降には、職人たちの居住する地域となっていた。町名は近世初期の絵地図に「みやき丁」とあり、それ以降もおおむね「宮木町（丁）」だが、元禄期の地図には「丸や丁」と見える。「丸や」も、木工関連の名称であり、堀川も近いことから木材業者の居住が推察される。（真下）

三宅《みやけ》〔京丹後市丹後町〕

「みやけ」は大化の改新以前の古代大和政権の天皇や土豪の直轄領があったところで、三宅、屯倉、宮家、屯宅、正倉などの表記が用いられる。もともと「三宅」は「御（み）宅（やけ）」で、米麦などの収穫物を納める倉庫や、これを経営する役所の名称に由来する。丹後町の三宅は、竹野川《たけのがわ》下流域の左岸に位置することから、開化天皇妃竹野媛《たかのひめ》ゆかりの式内社竹野神社との関係が想定されてよいであろう。（水野）

三宅町《みやけちょう》〔亀岡市〕

六世紀前半の筑紫国造《つくしのくにのみやつこ》磐井《いわい》の反乱の後に各地に屯倉《みやけ》が設置される。丹波では「蘇《そ》斯岐《しき》屯倉」が設置された。蘇斯岐屯倉の比定地は、三宅という地名が残ることから、桑田郡内であった、現在の亀岡市三宅町付近と推定されている。倭政権の直轄地としての屯倉が置かれたことが地名の起源とみられている。

明治二二年（一八八九）に亀岡町の大字となり、昭和三〇年（一九五五）からは亀岡市の町名となっている。（安藤）

三宅町《みやけちょう》〔左京区上高野〕

この地に朝廷の直轄領「屯倉《みやけ》」があったことに由来する。上高野三宅町は、三宅八幡宮の西側の地域で、そのさらに西側で岩倉三宅町と接する。三宅八幡宮は、「改正京町御絵図細見大成」（一八六八年再刻）を眺めると、高野川左岸に描かれ、「三宅八マン」と記されている。現在地である岩倉の花園村へ至る手前には、別に「八幡宮」が描かれている。明治になり、この「三宅八マン」と「八幡宮」とが、「八幡宮」の所在地で一つになったと考えられる。なお、『山州名跡志』に見える、高野川右岸「矢背路《ヤセミチ》ノ北」に所在する「帰命山蓮華寺」の「門前ノ東」にあった「八幡宮」がその前身であろう。「小祠〈南向〉」とある（「八幡町」参照）。（笹川）

宮津《みやづ》〔京田辺市〕

市の南東部。東方を木津川が流れ、東部は水田地帯、西部は丘陵地帯。天井川の中小河川が東方の木津川に流入しており、たび重なる氾濫に見舞われている。地名は明治九年（一八七六）に合併した江戸期からの旧村宮ノ口・江津からとる。（綱本）

宮津市《みやづし》〔京都府〕

旧郷名・庄名。若狭湾の西部の丹後半島

と栗田半島に挟まれた宮津湾の沿岸地域に位置する。『和名抄』の郷名で言えば、ほぼ宮津郷および拝師郷・日置郷の一部に渡る地域と言える。「宮津郷」の存在は、『和名抄』以前、平城宮址出土の木簡で確認できる。「宮津郷烏賊二斤太」「丹後国与謝郡宮津郷酒米五斗」とあって、漁業や農業ともに盛んであったことを思わせる。宮津郷の中心は、宮津湾の奥まった処に位置する良港を抱えた、現在の宮津市市街地地域であったと思われる。

地名「宮津」は文字通り、「宮」の「津（港）」の意味であろう。しかし、「宮」については従来、その実態―いずれの「宮」のことかは、判然としないと言われているが、丹後国一の宮である式内社籠神社の元をなしたと見られる「よさのみや（与佐宮・匏宮）」（今は籠神社の奥宮とされる）ではないだろうか。宮津市宮本の「和貴宮神《わきのみや》社」（祭神：天之水分神、豊受毘売神）は籠神社の別宮であることから、もと「わけのみや」（分の宮）と称されたと伝える（『宮津府志』）。今は「わきのみや」と呼ぶ。港から南へ上宮津を通り普甲峠を越えて加佐郡へ抜ける道中に元伊勢を称する神社「皇大神社（内宮）」「豊受大神社（外宮）」がある。「宮」の「津」はこれらの神社と「与佐宮」を結ぶ関係―神の渡御などがあったことを意味するのではないか。籠神社への航路は、外海（宮津湾）を行って「江尻」に着く場合と、内海（阿蘇海）を行く場合とが考えられる。（糸井）

宮田《みやでん》〔京田辺市松井〕

往古天神社《あまつかみのやしろ》の神田であったことによる。式内社に比定されている天神社（現・松井向山）は元松井交野ケ原にあった（『京都府田辺町史』）。『続日本紀』延暦六年（七八七）一一月五日条に「天神を交野に祀る」とある。（綱本）

宮ノ口《みやのくち》〔京田辺市三山木〕

宮津白山に、宮ノ口公民館の施設名として残る。明治九年（一八七六）宮ノ口村と江津村が合併して宮津村となった。その昔、天王の朱智神社（牛頭《ごず》天王社、「天王」参照）の大鳥居がこの地にあり、参道の入り口になっていた。そこから、神社への入口を表す「宮ノ口」の名がついたという。朱智神社の参拝者は、この大鳥居をくぐり、三山木南山の南側を西に行き水取を経由して参詣をしたと伝えられている。（綱本）

宮ノ口町《みやのくちちょう》〔右京区梅ケ畑〕

宇多野から高雄に通じる周山街道の北側に位置する平岡八幡宮の南に隣接する地で、文字通り同八幡の入口にあたる。平岡八幡宮は、応神天皇を祭神とし、梅ケ畑一帯の産土神で、梅ケ畑八幡とも呼ぶ。平岡八幡宮は、大同《だいどう》四年（八〇九）に神護寺の鎮守として、弘法大師が宇佐八幡から勧進したものである。元はやや東南方向、平岡村の谷の狭隘部にあたる梅ケ畑山崎にあったものを、貞応《じょうおう》元年（一二二二）に神護寺浄覚上人が現在地に移した。（岩田）

宮ノ谷・宮ノ平《みやのたに・みやのひら》〔城陽市寺田〕

市中央部の小字名。JR奈良線城陽駅の東側に位置する。鴻ノ巣山山麓の式内社水度神社の北が宮ノ谷、南が宮ノ平となる。「平」は、段丘上の平地をいう。周辺は昭和四〇年代の高度経済成長期に開発され、城陽宮の谷団地・城陽宮の原団地などの住宅街となっている。城陽高校建設の際に宮ノ平古墳が発掘されている。地名の「宮」は宮（水度神社）のあるところを意味する。江戸期に成立の地名か。（齋藤）

宮ノ前町《みやのまえちょう》〔左京区鹿ケ谷〕

大豊《おおとよ》神社がこの地に鎮座することに由来する。大豊神社は、元来、本殿背後の如意山椿ヶ峰を神山とした山岳信仰の聖地で、平安時代以降の御霊《ごりょう》信仰の高まりのなかで天神《てんじん》社となり、鎮疫の神として信仰を集めた神社。『京都坊目誌』によると、大豊神社は「鹿ヶ谷一円の産土神《うぶすながみ》」で、「祭神、少彦名命、菅原道真とす。往昔、如意山椿が峰に鎮座す。故に椿峰山天神と称す。寛仁年中（一〇一七～二一）今の地に遷し、大豊大明神と号す。或云、円城寺の鎮守なりと。応仁元年（一四六七）兵火に罹る。再造の年月を詳らかにせず」という。「円城寺《えんじょうじ》」は、右大臣藤原氏宗《うじむね》（八一〇～七二）の山荘「東山白河第」（『日本三代実録』貞観一四年二月七日条）を死後に寺院としたもの。宇多天皇が少年時代に過ごし、宇多天皇の曾孫源英明《ふさあきら》が承平三年（九三三）一一月六日、同寺に遊び「冬日、円城寺ノ上方ニ遊ブ」（『本朝文粋』）と題する詩を作り、「紅葉ヲ踏ミテ遥ヲ尋ネ、青苔ヲ占メテ階ヲ昇ル」の句を残している。『京都坊目誌』は字「宮の前」の東に「円城寺」という旧字があったが、「明治九年合併して一に宮の前とす」記す。　（笹川）

宮ノ元町《みやのもとちょう》〔右京区嵯峨野〕

京福電鉄嵐山本線の有栖川駅の南に位置する。地名は下嵯峨街道（三条通）に南面して斎宮《さいぐう》神社があることによる。『山城名跡巡行志』に「一葉抄に云く、伊勢斎宮の野宮は嵯峨野の有栖河に在りと云云」との記述があり、伊勢神宮に仕える斎王が有栖川に野宮《ののみや》をつくり潔斎した跡と伝えている。近世には野宮として巡検使が毎年派遣されてきたが、その負担が大きく、庄屋が先頭になり「野宮ニ非ラズ」と認めさせた。村内では神明社と称して例祭を五月二三日と定めたが、明治二六年（一八九三）には、伊勢と同じ一〇月一七日に復した。　（岩田）

宮ノ脇町《みやのわきちょう》〔右京区嵯峨水尾〕

水尾にある清和天皇社（清和神社）の北西隣にあたることからなる地名である。清和天皇は、文徳天皇の第四皇子で、母染殿皇后は藤原良房の娘明子である。天安《てんあん》二年（八五八）に九歳で即位、貞観《じょうがん》一八年（八七六）に譲位したが、在位中に外祖父良房が人臣初の摂政となった。元慶《がんぎょう》四年（八八〇）に没したが、遺詔により水尾に御陵が造られた。清和天皇社は清和山の御陵とは反対側にあたる東の山の麓に位置する。清和天皇社には、元の氏神である四所神社も摂社として祀られている。同社は、染殿皇后が信仰していた大原野神社の祭神四柱を移したものと伝えられる。いずれも創建年は不明である。　（岩田）

宮前町《みやまえちょう》〔右京区山ノ内〕

西大路三条の西方で山ノ内浄水場跡の東方に位置する。町名は、町内北側に旧山ノ内村の鎮守である山王《さんのう》神社が存在することによる。同社の周辺には同様の地名である宮脇町がある。同社の勧請年は不明であるが、その存在は同村が比叡山の領地であったことからと思われる。平安京では三条四坊四町・五町・一二町で、右衛門府町に比定される。　（岩田）

三山木《みやまき》〔京田辺市〕

市の東部。明治九～二二年（一八七六～八九）の綴喜郡の村名。木津川支流遠藤川の流域に位置する。現在三山木には、山本・山崎・南山西・南山東・高木・出垣内・二叉・江津・宮ノ口・同志社住宅の行政区および自治会がある。古代の都亭駅の一つ山本駅旧跡、南山義塾跡などがある。

当地名は明治九年（一八七六）、南山・出垣内（山崎を含む）・山本および高木の四ヶ村の合併時、三山（南山・山本・山崎）と高木の木を合わせて三山木となる。またこの時三山木村の南にあった「宮ノ口・江津（石戸を含む）」も一字ずつをとって「宮津村」と命名され、その後明治一七年（一八八四）「三山木村」に編入統合された。そして大正時代に大谷は南山東に、南山は南山西に変更された。（綱本）

宮村《みやむら》〔宮津市〕

旧宮津郷に属し、宮津市大手川右岸に位置して、南北に惣地区と今福地区とに挟まれた地区。地名「宮村」は、「慶長検地郷村帳」に「下宮津之内」として見えるが、もとは「猪岡《いのおか》」と称したようだ。「宮津下村御検地帳」（慶長七年〈一六〇二〉）に「猪ノ岡」「猪ノ岡村」とあるのが「宮村」に当たるという（『京都府の地名』）。「宮村」の由来は、京丹後市丹後町や福知山市などのそれと同様、神社（宮）に関わると見られ、ここでは「猪岡八幡宮（現八幡神社）」の在る村の意であろう。八幡宮のある八幡山の麓に「男山」という字地名があるように、この宮は山城の石清水八幡宮の神を勧請したものである。（糸井）

宮脇《みやわき》〔乙訓郡大山崎町下植野〕

地内に白山神社があり、地名は神社の脇という意である。北隣は境野（旧・御坊塚）で古墳群があるが、天正の山崎合戦では、一帯は明智光秀が前線基地をかまえたところである（「下植野」参照）。

白山神社は白山大権現とも称し、江戸初期からあったという。祭神は素盞嗚命という（『乙訓郡誌』）。近年、離宮八幡宮の末社となったが、現在閉鎖されている。石鳥居の二本の柱には、それぞれ「元禄十一年（一六九八）二月」「白山大権現」と刻む。素盞嗚命の本地仏・牛頭天王は、除疫神で眷属は龍蛇神なので各地では雨乞いの神として祀られている。また、役行者が大峰山に牛頭天王を勧請したといわれ修験道に取り入れられた。白山は修験の山だが、麓にある全国の白山神社の総本社・白山比咩《しらやまひめ》神社（石川県）は白山権現という。

下植野の白山神社は、歯痛平癒を祈る信仰もあったという。境内の手水石鉢に「明治元年九月二十四日　講中」とあり、眼病に効く柳谷観音の千眼講のように、歯痛に悩む信者達の講があったのだろう。また、二基の石灯籠（江戸期）に「氏子中」の銘があるので下植野村の氏神（土地の鎮守の神）だった。

中京区にも白山神社（麩屋町通御池上ル）があり、やはり、歯痛平癒を祈る信仰の社で治承年間（一一七七～一一八一）の創建と伝わる。桜町天皇（一七三五～四七）が歯痛の時、ある女房が当社の神箸と神塩を天皇に献じたところ、たちまち歯痛が治り、天皇から御紋付の提灯を賜った故事に由来するという。歯痛の参詣者は神箸・神塩を授けてもらい歯に塩つけて平癒を祈るという。ただし、下植野の同名神社と関わりは不詳。また、東隣は小字宮本だが、その関係も不明である。（綱本）

宮脇《みやわき》〔南丹市美山町〕

『和名抄』の桑田郡弓削郷に属し、中世には野々村庄の村であった。由良川の支流・原川の流域にある。原川右岸で由良川との合流地点から約五〇〇メートル南の山裾にこの地域の氏神・道相《どうそ》神社が鎮座している。地名は道相神社の脇にあることに由来している。神社の祭神は木梨軽皇子《きなしのかるのみこ》、神武天皇、五瀬命《いつせのみこと》。「社伝」では允恭《いんぎょう》天皇の皇子木梨軽皇子が河内谷に逃れて一〇余年間隠れ住み、やがて宮脇に来て永住の地とし、神武天皇と五瀬命を祀った軽野神社を創建したという。その後、村人が木梨軽皇子を合わせ祀って道相神社と改名したとされる。木梨軽皇子は『古事記』によると、弟の穴穂皇子との皇位継承の争いに敗れて、伊予に流刑となり、その地で没したと記される悲運の皇子であるが、この地との関わりは明らかでない。

宮脇村から原川沿いに東南方向に原村があり、その南に日吉町下佐々江に通じる峠道があり、そこに愛宕山の遥拝所がある。文明五年（一四七三）野々村庄に火災が頻発したため、村人が求めた愛宕山遥拝の適地がその場所であり、鳥居と神楽殿を建てて神楽を奏して祈願したところ、火災がなくなったという伝説が残る。この峠は今も「神楽坂」と呼ばれている。神楽殿は今はないが、鳥居は改築を続けているという（『京都府の地名』）。

昭和三〇年（一九五五）から美山町の大字となった。（安藤）

宮脇町《みやわきちょう》〔右京区山ノ内〕

西大路三条の西方で山ノ内浄水場跡の東方に位置する。町名は町内に旧山ノ内村の鎮守である山王《さんのう》神社が存在することによる。同社南側にも同様の地名である宮前町がある。同神社の勧請年は不明であるが、その存在は同村が比叡山の領地であったことからと思われる。平安京では三条四坊一町・二町・三町で、春日太夫領にあたる。（岩田）

妙顕寺前町《みょうけんじまえちょう》〔上京区〕

天正一二年（一五八四）、豊臣秀吉の命により、西洞院通二条の地より当地に移転してきた日蓮宗の妙顕寺の門前に開かれた町で、妙顕寺も含まれる。町は南北に通る新町通と小川通の中間で、北は上御霊前通から南は寺之内通の南までを町域とする。「寛永一四年（一六三七）洛中絵図」に記されており、江戸時代からの町名である。（清水）

明星町《みょうじょうちょう》〔宇治市〕

志津川と莵道との間にまたがる新興住宅地で、町の北東方面にある明星山の名前から。明星山（標高二三三メートル）は、山頂付近には磐境《いわさか》らしい露岩の点在が見られる、いかにも神が降臨する所として古代住民の信仰の対象にするのにふさわしい山である。もともと三室山と呼ばれ、また、近世には、郷ノ原山とも渋谷山とも呼ばれているが、三室戸寺が創建されるに際して山号としたので、それが山の名前としてとってかわったものである。その時期は比較的新しいというが、『（志津川村）村誌』（明治一四年〈一八八一〉）の彊域の項に「北ハ本郡莵道村ト郷ノ原・明星山」とあり、山の名として認知されている。昭和四七年（一九七二）に莵道と志津川にまたがる雑木林や田圃を宅地造成してできた住宅地である。（高木）

妙心寺町《みょうしんじちょう》〔右京区花園〕

双ヶ丘の東側にある妙心寺の寺域にあたる。右京区に多く存在する寺院名に基づく地名の一つ。妙心寺は、花園上皇が仁和寺領の花園御所跡を禅寺に改めたものである。創建には諸説あるが、上皇が関山《かんざん》慧玄《えげん》を開山として管領させる綸旨を暦応《りゃくおう》五年（一三四二）に出しているのが確かな記録である。戦国期の一六世紀初めに大徳寺から独立した地位を得て、江戸期には隆盛をむかえ塔頭七三を数えた。現在は臨済宗妙心寺派本山で、南から勅使門・三門・仏殿・法堂・寝殿・方丈などが並び、その周辺に約四〇の塔頭が並んでいる。（岩田）

妙伝寺町《みょうでんじちょう》〔下京区〕

西洞院通四条下ル綾小路までの両側町である。天文法華の乱（「柿本町〔下京区〕」参照）で焼亡し、堺に避難後、当地に寺を建てた。「日蓮宗妙伝寺此町にあり」（『京都坊目誌』）に因む。元亀三年（一五七二）『御膳方月賄米帳』の「川ヨリ西組」に「西洞院妙伝寺町」とみえる。「天保二年（一八三一）改正京町御絵図細見大成」まで「妙伝寺丁」と、変化はない。（小西）

妙法山《みょうほうざん》〔左京区松ヶ崎〕

延宝九年（一六八一）この地を訪れた黒

川道祐が『東北歴覧之記』に「毎年秋七月一六日ノ晩、炬火《かがりび》ヲ以テ妙法ノ二字ヲ山腹ニ点ズ」と記すように、五山の送り火で「妙」「法」の二文字が点火される山であることに由来する。西山（標高一三三メートル）に「妙」、東山（標高一八六・五メートル）に「法」が点火される。もし二つの文字が同時にできたものであれば、逆の配置になったはずで、二つの文字は別々の時期に造られたと考えられるが、江戸初期には「妙法」の送り火が既に揃っていた。もともと松ヶ崎は、比叡山の西麓に当たり、宗教的には天台宗の強い土地柄であった。『権記《ごんき》』によると、正暦三年（九九二）六月八日、源保光が天台宗の寺院「円明寺《えんみょうじ》」の創建供養を行っている。同寺は「松ヶ崎寺」とも呼ばれた。徳治二年（一三〇七）に松ヶ崎寺の住職「実眼僧都」が日像の説法を聴き、天台宗から法華宗へ改宗し、寺号も「妙泉寺《みょうせんじ》」と改めた。一方、天正二年（一五七四）に日生を開基として創建された「本涌寺《ほんゆうじ》」は、日蓮宗の僧侶養成学問所「松ヶ崎檀林《だんりん》」として栄えた。大正七年（一九一八）松ヶ崎小学校の敷地拡張のため、二つの寺は合併し、「本涌寺」の「涌」と、「妙泉寺」の「泉」を合わせ、本涌寺の旧地に「涌泉寺《ゆうせんじ》」が誕生した（『京都の地名検証2』）。（笹川）

妙満寺町《みょうまんじちょう》〔下京区〕

綾小路通堀川西入ル猪熊までの両側町である。日蓮宗妙満寺の寺名による。創建当時は六条坊門（現・五条）室町にあった。応仁の乱の兵火にかかって焼失し、当町北側に移ってきた。「寛永一四年（一六三七）洛中絵図」に、すでに「妙満寺町」とある。宝暦一二年（一七六二）刊『京町鑑』にも「妙満寺町」とあるが、「北側南側二町に分る」と付記する。「天保二年（一八三一）改正京町御絵図細見大成」にも「南北、妙満寺丁」とみえ、北側と南側の二町に分かれている。「明治二年（一八六九）合併して一とす」（『京都坊目誌』）とある。（小西）

妙満寺前町《みょうまんじまえちょう》〔中京区〕

妙満寺の門前の町。昭和四三年（一九六八）まで、当町から寺町通を隔てた東向いにあたる榎《えのき》町に、日蓮宗妙満寺があったことによる名。妙満寺の境内地は、大寺院であることから近世を通して町名を持たず、西側地域の名称となった。

当町は寺町通に東面し、二条通に北面している。平安時代初期は鴨川河川敷につながる京域外の地と見なされたが、平安中期以降は京域の東端にあたる、東京極大路の二条付近とみなされる。太閤秀吉の寺町建設以降は寺町通を隔てて東に妙満寺、南東に本能寺という、日蓮宗の大寺院の門前町となった。

妙満寺は顕本法華宗総本山。永徳三年（一三八三）、会津出身の僧日什《にちじゅう》が六条坊門室町に法華堂を建立したのを創始とする。その後綾小路通東洞院、泉州堺など転々とした後、天正一一年（一五八三）に寺町通二条下ルの地に再建した。不受不施派の中心的位置に立ち、中近世に幾多の苦難を受けた寺院であるが、安珍清姫で名高い紀州道成寺の鐘や塔頭成就院の「雪の庭」など、多くの文化財をもつ。ちなみに妙満寺の旧伽藍は、現在、京都市営駐輪場となっている

町名についてはほぼ近世を通じて変化はない。明治六年（一八七三）には旧本能寺北側部分に京都府栽培試験場が建設され、同二八年（一八九五）には京都市会議事堂となる。これに並行して周辺は商店街・オフィス街となっていった。（真下）

妙楽《みょうらく》〔宇治市宇治〕

古く妙楽寺があったといわれる所からの

名。しかし、妙楽寺については、一七世紀の頃から既にはっきり分かっておらず、宇治郷代官上林峯順が、「元久世郡妙楽寺ハ茶薗畑ニ罷り成り御年貢地にて御座候」と記しており、『兎道旧記浜千鳥』（元禄一〇年〈一六九七〉）にも「普門院　習学院　常楽寺　妙楽寺　佛土寺　理覚院　閻魔堂今亡所と為す」とある。字妙楽は元平等院の境内で、県《あがた》通りよりは西、本町通よりは北、谷の辻からの道よりは東、新町通りよりは南のほぼ四角形の地域である。古くふくろ町・ぢぞうのずし（地蔵堂町）・うわんのずし・大亀町・ほむらのずし（ほむら町）・いけどの町の小字があった所である。「宇治郷明細書写」（延享三年〈一七四六〉）でも、池殿町・地蔵堂町・今内町の名があり、妙楽はない。県通りの東側の蓮華でも同様で、「郷中竪書」（文政一三年〈一八三〇〉）には、大工町・鷺橋町・今内町・薬師町・大亀町・池殿町・桜町があり、蓮華・妙楽はない。おそらく、幕末か明治に入ってから、まとめられたのであろう。『（宇治郷）村誌』（明治一四年〈一八八一〉）には、字地の項に「蓮華　妙楽」とある。ちなみに、蓮華は、平等院境内の美しさはさながら浄土に比せられるということで、蓮華と名付けたものか。　（高木）

妙楽寺《みょうらくじ》〔船井郡京丹波町〕

由良川の支流・高屋川と水呑川との合流点の北方にある山間の村。妙楽寺の名は、『新編一宮市史』に収められた「妙興寺文書」の応永一八年（一四一一）に丹波妙楽寺と妙興寺が「尾張国鈴置郷領家職」について争っている記事がある。この妙楽寺はこの地にあった寺と考えられている。従って地名の由来はこの寺名によるものと思われる。今、この寺は残っていない。

昭和三〇年から瑞穂町の大字となった。　（安藤）

妙蓮寺前町《みょうれんじまえちょう》〔上京区〕

日蓮宗系の本門法華宗の大本山の妙蓮寺は、天文一四年（一五四五）、豊臣秀吉の命により大宮通元誓願寺より当地に移転してきた。その寺の前に開かれた町である。町は東西に通る寺之内通をはさんだ両側で、東の堀川通と西の大宮通の中間で、妙蓮寺を含む地域を町域とする。天保二年（一八三一）の「改正京町絵図細見大成」にあり、江戸時代からの町名である。　（清水）

弥勒《みろく》〔綴喜郡井手町井手〕

井手山地の麓に所在の小字名。登り坂の竹藪の小道の奥の岩に線刻の三体の仏像があり、弥勒磨崖仏と呼ばれている。奈良時代に橘諸兄が館を建てた時に鬼門除けとして刻まれたという伝説がある。高さ二メートル、幅四メートルの花崗岩に刻まれたものである。三体は、線の風化具合から同時に刻まれたものではないとされているが、それぞれの年代は特定されていない。磨崖仏からさらに登ると平地に出るが、そこは井手城の跡とされる。それは室町時代後期といわれるから、磨崖仏線刻の年代もそのころと思われる。地名の由来は、その弥勒磨崖仏による。　（齋藤）

水原《みわら》〔船井郡京丹波町〕

土師川《はぜがわ》の上流にある村。五条山、天狗山、つつじ尾山などの山々に囲まれ、丹波高原の一部をなしている。村内を福知山からの京街道が横断している。この地域の中心的村落。中世に「水原庄」が置かれた。『経尋記』の大永元年（一五二一）に薬師寺領「内藤分国（丹波）水原庄」において久我通言の違乱があったので、同寺別当経尋が丹波守護代内藤貞正に久我家との折衝を依頼している記録がある。地名の由来は不明である。

昭和三〇年から瑞穂町の大字となった。　（安藤）

む

向島《むかいじま》〔伏見区〕

向島は京阪中書島駅から観月橋の南一帯の地域。伏見の中心地からいうと、宇治川の対岸地域になる。この辺り一帯は昔、山科川、宇治川、桂川、木津川などが流れ込んだ巨大な湖（巨椋《おぐら》池）であった。池には流れ込む土砂が造り出した無数の島が存在した。向島は上島・下島・津田島などの一つであったが、対岸の島の総称のように使われたようだ。秀吉伏見在城のとき「宇治川ノ前岸ニ在ルヲ以ツテ向島」（『京都府地誌』）と称した。対岸の「向かいの島」の意である。伊達成実の『伊達日記』（天正から慶長の記録）に「慶長元年太閤様、伏見の向島に御城を構え候」が初見と思われる。

御城とは徳川家康が居城する向島城のことだが、伏見城が取り壊される頃に向島城も解体、享保年間には開墾・干拓されて葭島新田村誕生。明治二二年（一八八九）、町村制実施により、伏見に属していた向島中之町・下之町・向島橋詰町と葭島新田が合併して紀伊郡向島村となる。昭和四年（一九二九）、伏見市に編入された。昭和一六年、巨椋池干拓事業が竣工、開墾地は昭和四〇年代に向島ニュータウンが完成。昭和五三年、近鉄向島駅が設置された。

（明川）

向代町《むかいだいちょう》〔伏見区竹田〕

近鉄上鳥羽駅より東南、鴨川の右岸に位置する。鴨川左岸を内代といったのに対し、右岸を向代（ムカイダイ）といった。元は内田、向田といっていたものが、訛って「田」が「代」となり、現在の町名になったと伝えられている（『城下町伏見町名の由来と秘話』）。同様に、向代町の東、深草向川原町も鴨川の向こう岸の河原であった所からの地名である。現在は村田機械・京阪バス車庫・近畿運輸局などの企業が目立っているが、マンションなどの住宅地も点在している。

（明川）

向谷・向山《むかいだに・むかいやま》〔京田辺市松井〕

松井は日向隼人（宮崎県）の移住地で、向山・向谷はともに「日向」の日が脱落した地名という（『京都府田辺町史』一九六八）。

（綱本）

向山《むかいやま》〔山科区小山〕

集落の南にある小高い山を向山といい、それによる命名。平安末期の「山階郷古図」にこの山の位置が示され、「音羽里小山」と書かれていることから、小山という地名の元であるとも考えられる。集落の東側にある音羽山一帯は、「小山」の項でも詳述したように、修験道の霊場であったと考えられる。行場の多くは、その入口に修験道の開祖である役小角が、一本足の高下駄を履き、前鬼・後鬼を従えて岩に座す像が置かれ、「迎えの行者」と呼ばれている。行場という聖地を俗界から区分するための仕掛けでもある。この地は音羽山・牛尾山への正面登山口に当たり、単なる「向いにある山」ではなく、「迎えの山」の意味で命名されたのであろう。

（小寺）

百足屋町《むかでやちょう》〔中京区〕

「百足屋」という屋号の店がある新町通錦小路上ルの両側町。『京都坊目誌』に「往時此町に百足屋某なる」豪商が住んでいたことからの名とあり、これに従う。

ムカデは毘沙門天の眷属と信じられ、毘沙門天信仰が庶民に普及してゆくとともに、ムカデの持つ強い呪力も信仰の対象となった。たとえば中世の英雄譚である『俵藤太物語』には、近江の三上山のムカデ退治が述べられるが、それはこの時代の人々のムカデに対する畏怖を反映したものであろう。このことはまた、中近世に流行した福神信仰と関わるものであり、金属や富の守護神とされた毘沙門天信仰の隆盛とともに、その眷属たるムカデの呪力も信仰の対象となった。

当町に百足屋なる豪商が存在したという確証はないが、中近世の商人たちにその名が尊ばれたことは想像に余ることであった。なお中京区夷川通柳馬場西入ルにも百足屋町があり、その東側には「俵藤太」を連想させる俵屋町があって、福神信仰の隆盛を偲ばせる。

平安京の南東にあり、周辺には貴族の邸宅が建てられた。中世以降は商工業地として、活発な交易が展開された。近世初頭の豪商、茶屋四郎次郎の邸宅が置かれたのも、当町である。町内の新町通沿いには現代も大規模な町家が残され、往時をしのばせる。　（真下）

向日市《むこうし》〔京都府〕

嵐山山塊から南南東に続く向日丘陵南端部に位置する。最南端の最高部は向日山と呼ばれ、式内社向日神社がある。向日神社の祭神は四神あり、向日神・火雷神《ほのいかつちのかみ》と残り二神の玉依姫命・神武天皇で後世に付加されたものという。『延喜式』神名帳（九二七）には「向神社《むかへのかみのやしろ》」とみえる。向（むかへの）神社、向（むかふの）神社とも称した（『式内社調査報告』第一巻）。①「向日」の地名はこの向日山・向日神社によるという。②向日山は、『続後撰集』の土御門《つちみかど》院の歌に「早苗とる伏見の里に雨過ぎてむかひの山に雲ぞかかれる」と詠まれており、向日の由来は、当地が山城盆地に突出する丘陵南端の高台に位置し、あたかも旭日に対峙するかのような地勢によるともいう。③さらに、本居宣長は『古事記伝』で、向日神は、大年神の御子白日《しらひ》神の誤りとする。大年神には、韓神《からかみ》のような渡来系の神など一六の御子がおり、白日神の異母兄弟神に、大山咋神《おおやまくひのかみ》（松尾神）がいる。松尾神は秦氏の守護神である。当地はかつては物集《もずめ》郷で、秦氏系物集氏とのかかわりが強い。

『続日本紀』大宝二年（七〇二）七月八日条の「山背国乙訓郡にある火雷神《ほのいかづちのかみ》、旱《ひでり》ごとに雨に祈る」とみえるが、現在の向日神社の祭神とされる。『三代実録』貞観元年（八五九）正月二七日条には、正六位上の神階から「向神従五位下」が授けられた。創建は向日神社の「旧聞抄」に養老二年（七一八）と伝える。また、『延喜式』に載る神名「向神」にたいして、半世紀ほど前の元慶三年（八七九）の「向日二所社御鎮座記」は「向日神」とあり「向神」は誤りだという説がある。だが、「旧聞抄」とともに同書は原本がすでに無く、天正一一年（一五八三）の奥書がみられ、後世の偽作説も指摘されている。『長岡京市史・第一巻』は、長岡京廃都後に現在地に鎮座した説もあると記す。

かつて、向神社は上ノ社、乙訓坐《おとくににます》火雷神社は下ノ社と称し、二座鎮座していたが、建治元年（一二七五）下社を合祀して相殿に配祀したという（乙訓坐火雷神社の旧社地は西方約八〇〇メートルの角宮《すのみや》神社＝長岡京市井ノ内＝に比定する説もある）。

向神社に二座鎮座していたとすると、「向」は、古語「むかふ（対）」でもあり対座する意がある。文字通りの社名で、合祀後は二座配祀を表示するため、火雷神の「火」を「日」として「向日《むかひ》」と表記したか。「火」（古形はホ）はヒともいい、「万葉集」でも「燃ゆる火（ひ）も」（巻二・一六〇）と詠んでいる。上代仮名遣いで

「日」は甲類、「火」は乙類で別語だが、平安期に入るとくずれる。

あるいは、志賀剛は「社名の向は社地のムックリした丘の地形に名称であるらしい」という。（綱本）

向日町《むこうまち》〔向日市〕

近世初期から、西国街道・愛宕道・丹波道沿いに、商工業者が集住した町場である。天正二〇年（一五九二）の「前田玄以定書」があり、向日神社門前に町場を作ることを認められたのが始まりで、地名も神社名に由来する。元和二年（一六一六）西岡一円（乙訓北部）に商売が禁止されたが、向日町だけは商渡世が許された。「当町銘々渡世（なりわい）書帳」（一六一六）によれば、町は上・下両町に分かれていた。幕末まで両町合わせて一〇〇軒余の町屋があり、郡内の商業・文化の中心地だった。伊能忠敬が全国測量中に宿泊した富永屋が現存する。

神社のある向日山の別称は勝山という。文禄元年（一五九二）朝鮮出兵の時、当社を参詣した秀吉に、山名を聞かれた社人が機智を働かせて勝山とこたえ、秀吉が喜悦したという（『山州名跡志』一七一一）。（綱本）

武者小路通《むしゃのこうじどおり》〔京都市・東西の通り〕

『拾芥抄』に「又一条北有小路、武者ノ小路・今小路」とあることから、中世から存在は確認できるが、天正年間、秀吉の京都改造によって再興した通り。烏丸通から西は小川通まで至る。名の由来は不詳。「無車小路」とも表記されたという（『京都坊目誌』）。小川通を東に入った所に、茶の湯三千家の一つ武者小路千家の「官休庵」がある。この家名は通り名からつけられたか。（糸井）

六人部庄《むとべのしょう》〔福知山市〕

旧郷名・旧荘園名・旧村名。「六人部」は平安時代の『和名抄』に見える丹波国天田郡の一〇郷の一つ。『大日本地名辞書』は旧上六人部村、中六人部村、下六人部村一帯に比定している。語源については不明である。

平安時代末には荘園が設置された。『吾妻鑑』の元暦元年（一一八四）四月条によると、源頼朝が清盛の異母弟・平頼盛に対して、その母であり頼朝の命を助けた池禅尼の恩に報いるため返付した三四ヶ所の荘園の一つである。その後、南北朝時代には天竜寺領であった。（安藤）

紫野《むらさきの》〔北区〕

船岡山、大徳寺一帯にひろがる広域地名。平安京周辺、とくに洛外の北—北西の地域には、「野」と付く地名が数多く見られる。野は一般に非耕作地を示し、都からの近接性から禁野として、あるいは大規模な寺社境内地として活用されてきた。

「紫」と付く由来は不明であるが、『類聚国史』に桓武天皇が紫野に遊猟に行く記述が初出であり、平安初期からの地名であることがわかる（『京都市の地名』）。紫色の染料ともなる紫草が生えていたことに由来するという説がある（『街道をゆく』三四 大徳寺散歩、中津・宇佐のみち）。ほかに、禁猟区は村のサキ（先）にあるからムラサキ（村前）の意とも解されている。（天野）

村ノ内町《むらのうちちょう》〔右京区常盤〕

明治六年（一八七三）に、双ケ丘南西麓の常磐・谷・久保（窪）の三村が常盤谷村として合併した。北東側から南西方向に旧谷村、旧常盤村、旧久保村と続いていた。同町域は旧常盤村の中心部にあたる地で、旧常盤村を東西に通る嵯峨街道に、北方の旧宇多野村から通じている道路の東側にあたる。旧常盤村は御室川右岸にあり、平坦な土地で水や薪炭を欠くことがあったが、村の南方を東西方向に嵯峨街道が通っていたため、運輸面で利便性が高かった。『京都府地誌』では、菜種・実綿・柿子・製茶を産し、自家用以外を洛中に運んだとある。（岩田）

室《むろ》〔京丹後市峰山町〕

明治二年（一八六九）五月の「峰山御用日記」以前は、織元（峰山町）とともに、「中町」であった地域である。明治二年（一八六九）五月の「峰山御用日記」には「室町」とある。改称時期は、明治七年「兵庫縣管下各区並村名取調書」によれば、明治二年である。丹後ちりめんを京都の室町へ出荷していた者が多かったことからついた町名と思われる。（新谷）

室橋《むろはし》〔南丹市八木町〕

村内に平安時代末の僧・文覚が開削したと伝える文覚池があり、また文覚が建てたという室橋堂があって、文覚との関わりが注目される。また室橋集落の西端の山麓にある如城寺は木曽義仲の念持仏を託された巴御前がこの地に来て没したのでその墓を立て、建立された寺であると伝える。集落の南東に巴御前の墓との伝承のある五輪塔が残されている。さらに八木町美里の西光寺は文覚が再興したと伝えている。室橋は室端であるかもしれないが、地名の由来は不明である。

明治二二年（一八八九）に新庄村の大字となり、昭和二六年（一九五一）からは八木町の大字となった。（安藤）

室町通《むろまちどおり》〔京都市・南北の通り〕

平安京の室町小路をベースにして、さらに北にも南にも延びて、現在では、北は北山通の大橋西橋詰から南は十条通少し下がった所まで至る。途中、東本願寺とJR京都駅で中断している。通りの名としては最も古くから知られる名の一つではあるが、命名の由来はもう一つよくわからない。「室」の字から想像されるのは、各種の品物を納める倉庫の建ち並ぶ通りであったのかと想像される。室町は小路の一つの名に過ぎないが、歴史的には大きな名となった。時代を区切る名（室町時代）として残る。室町は、「花の御所」と呼ばれた室町幕府の所在地であった。幕府は今出川通の北、上立売通の南にあって、室町通と烏丸通との間を占めていた。（糸井）

め

目川《めかわ》〔宇治市槇島町〕

「目」は、紀伊郡と久世郡との境目であることの意と考えられる。秀吉改修前の宇治川には三本の流れがあったといわれている。一番南側の細い流れは別にして、境目が二本目なのか、三本目なのか、定説はない。ただ、『（槇島村）村誌』（明治一四年（一八八一））の彊域の項に、「…北ハ紀伊郡向嶋村ト養水溝ヲ以テ界ス」とある。地籍図を見ると、目川は向島村と直接接しているわけではなく、小字本屋敷が介在している。しかし、本屋敷は、もともと目川の人たちが居住していた所であったという。宇治川現流域の左岸から近鉄奈良線まで広い範囲に広がる通称名であるから、線引きをどこにするかは別にして、紀伊郡と久世郡との境目が、ちょうどその辺りにあったのではないか。滋賀県栗東市の目川地区は金勝川流域にあり集落との境目を指すことから起った名という。久御山町と京都市淀の境界線にも際目《さいめ》町がある。

なお、「目」が渡河点の意という説がある。東目川が、ちょうど隠元の渡しの辺りにあり、また、槇の継ぎ橋といわれる橋（舟橋か）があったともいわれているからである。ただ、西目川の指す渡河点の存在がはっきりしない。（高木）

も

最上町《もがみちょう》〔伏見区桃山〕

桃山丘陵の西北斜面、海宝寺の西、二四号線の東西に位置する。豊臣秀吉の伏見城下に最上駿河守義光の屋敷、西に水野対馬守の屋敷があり、山崎町・伊達町などの町民の居住地であったが、これらは廃され（『続町名の由来と秘話』）、最上の屋敷名をとって町名としたものである。「豊公伏見城ノ図」によると最上屋敷の西には北条安房守・水野左近大夫の屋敷、東には義光の伯父の仙台中納言伊達政宗の屋敷がある。とくに最上屋敷と伊達政宗の屋敷は広大で、いずれも町名の由来（政宗町）となっている。最上屋敷は現在の桃山中学校にあった。『伏見大概記』に最上町の記載がある。最上義光は出羽国の戦国大名、秀吉に仕えたが関が原では東軍につき、五七万石の大名になった。現在、最上町は新旧の混在する住宅地となり、マンションも多い。（明川）

物集女《もずめ》〔向日市〕

物集女の由来については、①吉田東伍は、「持部もつべ」という部民の一種が居住していたとする。②吉田茂樹は物集（モノアツメ）で、長岡京建設時に「物資を集めた所」という。③丹羽基二・楠原佑介らは、地形が行き詰まりの所とする。④丹羽は産物の集散地だという。しかし地形的には、物集女は向日丘陵の東麓に南北に広がる桂川の河岸段丘にあり、行き詰まりというのは無理がある。

吉田金彦は喪祭に人が集まるモヅメ（喪詰め）という。「物集女」は、『和名抄』刊本では「乙訓郡物集　毛豆女」、高山寺本に「物集　毛都米」と載り、「モツ（ヅ）メ」と訓む。『続日本後紀』承和七年（八四〇）五月一三日の条には、淳和天皇の火葬が「物集村」で行われ、「骨は砕き粉にし、大原野西山嶺上で散らした」とある。また、宏壮な前方後円墳（車塚）の所在地として有名である。周辺には古墳・山陵が散在する。

古代、天皇葬礼に際し、遊部《あそびべ》が殯宮《もがりのみや》に供養し、歌舞を奏して鎮魂の儀を行った（『令義解』）。また、上代、葬礼の時に泣く役目の女（哭女《なきめ》）がいた。『古事記』上巻によると、天若日子《あめわかひこ》が亡くなったる時「喪屋を作りて、鷺を掃持《ははきもち》とし、雀を碓女《うすめ》、雉《きざし》をもって哭女とし、日八日夜八夜《ひやかよやよ》を遊びたりき」とある。殯は前方後円墳に埋葬前に棺を喪屋や殯宮に仮安置したと推察される。

仁徳天皇は百舌鳥耳原中陵《もずのみみはらのなかのみささぎ》に葬られた。名前の由来は、陵墓造営中に野から鹿が走り込んできて絶命。その鹿の耳の中からモズが現れたことから地名を「百舌鳥耳原」と名づけられたという伝承がある。また、この古墳の北は皇子の反正天皇陵、南は同皇子の履中天皇陵がある。『古事記』にはそれぞれ「御陵は毛受之耳上原、毛受、毛受野に在り」と記す。百舌鳥とは絶えず啼く鳥という意味からすれば、「モヅメ」は「喪詰め」の義であろう。もとの地名が分かりにくいのは、和銅六年（七一三）以降、朝廷が支配する諸国の土地管理のため、地名を好字化・二字化（字音転用）せよと勅命を下したからである。百舌鳥野付近には古墳や埴輪の製造を掌った土《は》師氏《じし》にかかわる「土師町」の地名が残っている。そこから物集郷北の大江郷（西京区大枝）にも大江氏（もとは土師宿禰《すくね》）が来住していた。葬礼に関わる地名が分布している。　（綱本）

元真如堂町《もとしんにょどうちょう》　〔上京区〕

大正五年（一九一六）刊の『京都坊目誌』によると、町名は文明三年（一四七一）より天正一五年（一五八七）まで、当地に天台宗の真如堂極楽寺があったことによるとしている。町は東西に通る一条通をはさんだ両側で、東は新町通から西は西洞院通までを町域とする。正徳四年（一七一四）以後の「京都明細大絵図」に「元真如堂丁」とあり、江戸時代からの町名である。真如堂は天正一五年に寺町今出川下ルに移転した。現在その地に真如堂前町がある。真如堂は元禄六年（一六九三）に現在の岡崎（左京区）に再移転した。　（清水）

元誓願寺通《もとせいがんじどおり》　〔京都市・東西の通り〕

中世の今小路（『拾芥抄』）の一部をベースに、豊臣秀吉の京都改造計画によって生まれた通り。新町通から七本松通に至る。『京羽二重』では、「新町から千本通の西、釈迦堂の門の筋まで」としている。堀川通今出川南にあった誓願寺が、天正一三年（一五八五）、秀吉の命によって、現在の新京極通六角に移転させられたことによって、「元」をつける。通りの名がついたのは、寺が移転した後のことになる。なお、七本松通以西には、古い「今小路」の名が残っている。　（糸井）

元竹田町《もとたけだちょう》　〔中京区〕

中世末から近世初期にかけて名医として名高かった、竹田道安《どうあん》が居住したことにちなむ町。道安は儒者・藤原惺窩に学んだ、儒医。後水尾天皇・東福門院・将軍秀忠らの治療にあたったことで名高い。道安が当町に居住したのは、中世末期のことで、近世初期には三条通烏丸西入御倉町に転居した。

元（本）竹田町の名は、「寛永一四年（一六三七）洛中絵図」に見えるが、宝暦期（一七五一～六四）まで、「常円《じょうえん》ノ町」の名もあった。宝暦一二年（一七六二）刊『京町鑑』以降は「元竹田町」となる。　（真下）

元町《もとちょう》　〔東山区〕

宝永年間（一七〇四～一一）に近隣の他町に先だって街並みが開けたことにちなむという（『京都坊目誌』）。所在は古門前通《ふるもんぜんどおり》大和大路東入ル。縄手通（大和大路通）の東側に位置し、当町内中央を古門前通が走る。古門前通は大和大路より知恩院黒門に至る参詣道で、当初は新道《しんみち》と称したが、後に南に新門前通《しんもんぜんどおり》が開通したことにより名付けられる。

文献では『洛外町続町数小名并家数改帳』（一七一四）に「知恩院古門前元町」と見える。明治二年（一八六九）に下京区に編入されたが、昭和四年（一九二九）に東山区に編成。（忠住）

元頂妙寺町《もとちょうみょうじちょう》〔上京区〕

日蓮宗の頂妙寺が永正六年（一五〇九）に、四条通万里小路《までのこうじ》から当地に移転してきたが、大永三年（一五二三）に高倉通槌木町（現在は京都御苑の内）に再移転した。当地はこの頂妙寺の跡地であるとして名が付けられた。町は南北に通る新町通をはさんだ両側で、北は上長者町通の少し南から、南は下長者町通までを町域とする。天保二年（一八三一）の「改正京町絵図細見大成」では「本頂妙寺丁」と記されている。明治七年（一八七四）提出の『全国村名小字調査書』では、「元頂妙寺丁」とあり、「本」が「元」になったのは江戸時代末期のことであろう。頂妙寺は、寛文一三年（一六七三）に、禁裏の拡張により、現在地の仁王門通大菊町に移転している。（清水）

元百万遍町《もとひゃくまんべんちょう》〔上京区〕

永徳三年（一三八三）、足利義満が相国寺を建立するために、その地にあった浄土宗の百万遍知恩寺を当地に移した。その後、豊臣秀吉の都市改造により、寺町通今出川に移転させられた。その跡地に開かれた町であることによる。町は南北に通る油小路通をはさんだ両側で、一条通より北を町域とする。天保二年（一八三一）の「改正京町絵図細見大成」には「百万遍丁」とあり、明治七年（一八七四）提出の『全国村名小字調査書』にも「百万遍町」とあり、「元」がない。現町名になったのは、明治一二年（一八七九）の町組改正のころと思われる。百万遍の由来は、元弘元年（一三三一）に疫病が流行した際、知恩寺の住持が七日間に百万回の念仏を唱え、疫病を静めたことにより、後醍醐天皇より百万遍の寺号を賜ったことによる。なお、この寺は寛文二年（一六六二）に現在地の今出川東大路に再移転した。（清水）

元法然寺町《もとほうねんじちょう》〔中京区〕

もと、当町に浄土宗の大寺である、法然寺があったことにちなむ。法然寺は建久八年（一一九七）に熊谷直実によって当地に建立されたと伝える。直実が出家して法然に弟子入りし、蓮生坊と名乗った経緯については、『平家物語』をはじめとする各種の軍記・説話類に述べられる。天正一九年（一五九一）に太閤秀吉の寺町建設に伴って移転（現・下京区中之町）、その後昭和三九年（一九六四）に現在地である右京区嵯峨立石町へ移転した。

錦小路を挟む両側町で烏丸通に近く、周辺は早くから商工業の盛んな地域であった。応仁の乱以前には当町から祇園会に「弁慶衣川山」が出されており、町衆の活発な活動が想像される。この地に法然寺が置かれたのは、建久八年（一一九七）から天正一九年（一五九一）まで、ほぼ中世を通しての時期にあたる。

町名については「寛永一四年（一六三七）洛中絵図」では、青屋町とされる。青屋は主として藍染《あいぞめ》を行う染色職人や、これを家業とする家のことで、当地にある時期、同種の職人が居住したことによる地名と考えられる。それが元禄末期「洛中絵図」には元法然寺町となり、その後は不変。その改称の背後には、中近世の京の町では青屋が差別の対象となった経緯も考えられる。（真下）

元本能寺町《もとほんのうじちょう》〔中京区〕

もと、本能寺があった町。日蓮宗の大寺院である本能寺が、天正一〇年（一五八二）に焼亡するまで当町にあったことによる名。

当町は堀川通の東にあたる小川通を挟む両側町。平安京大内裏の南東、左京四条二坊四保一五町にあたり、白河上皇の院の長の藤原実季《さねすえ》の邸宅の故地である。本能寺が当地に建てられたのは、天文一〇年（一五四一）。現在の元本能寺南町にかけての広大な敷地を持っていたが、天正一〇年（一五八二）の本能寺の変で焼亡し、太閤秀吉の寺町建設に伴って、現在地へ移転した。

近世以降は二条城が近いこともあって藩邸が建てられ、また染色を業とする人々が住む、職人町ともなった。（真下）

元妙蓮寺町《もとみょうれんじちょう》〔上京区〕

妙蓮寺という寺がこの地にあった。寺は天文五年（一五三六）の「天文法華の乱」で、延暦寺の衆徒による焼討ちで焼失した。その後、寺は再建されたが、豊臣秀吉の都市改造により、天文一五年（一五四六）に寺之内通大宮東入ルの地に移転した。妙連寺があった跡地であるとして名が付けられた。町は東西に通る元誓願寺通をはさんだ両側で、大宮通と智恵光院通との中間を町域とする。天保二年（一八三一）の「改正京町絵図細見大成」に記されているので、江戸時代からの町名である。（清水）

元屋敷町《もとやしきちょう》〔山科区大塚〕

京都市の調査により、この地に寺院等があったことが確認され、「元屋敷廃寺遺跡」と名付けられている。詳細は不明だが、すぐ南に「壇ノ浦」という地名があることと考え合わせると、「屋敷」は単なる住居ではなく、寺院、あるいはそれに付属する大きな建物がかつてあり、その記憶からの命名であろう。（小寺）

元両替町《もとりょうがえちょう》〔下京区〕

室町通松原下ル万寿寺までの両側町である。町名の一般的な推移として、「元」の字は、当町起源の移転先がその町名を名乗った場合、こちらが元々の町だと主張する場合である。両替商が三条、二条の烏丸西に展開する以前に、当町に集結していたと考えられる。「寛永一四年（一六三七）洛中絵図」に「本両替町」とあり、「天保二年（一八三一）改正京町御絵図細見大成」も「元両替丁」とし、変化はない。（小西）

物部郷《もののべごう》〔与謝郡与謝野町〕

旧郷名。『和名抄』（高山寺本）丹後国与謝郡六郷の一つとして、平安期に見える郷名。与謝野町石川には小字として「物部谷」があり、蘇我石川宿禰命を祭神として祀る式内社の物部神社が鎮座している。従って、郷名はもともと物部氏ゆかりの地に、蘇我氏が新たに勢力を張った歴史を物語るものであろう。物部郷は室町期にも見え、「丹後国田数帳」に「一　物部郷少神田　四段七十八歩　御免」とある。現在の与謝野町石川付近に比定される。（水野）

物部町《ものべちょう》〔綾部市〕

犀川中流域の小盆地に位置する。平安期にみえる郷名で、『和名抄』丹波国何鹿郡一六郷の一つに「物部」（郷）がある。地名の由来は古代の氏族物部氏ゆかりの地であったことによると推定される。『三代実録』の貞観一一年（八六九）一二月条に「授丹波国正六位上物部簀掃《すはき》神従五位下」とあって、この地の氏神が物部氏ゆかりの神社であったことが知られる。これは現在の式内・須波技部《すはきべ》神社と考えられている。中世には建久年間に信濃から地頭としてこの地に来た上原氏が物部城を拠点として何鹿郡西部を支配した。

昭和三〇年（一九五五）に物部村が綾部市と合併し物部町となった。（安藤）

紅葉町《もみじちょう》〔下京区〕

東中筋通正面下ル北小路までの両側町で

ある。「付近には文覚高雄等の町名あるを以て紅葉町」（『京都坊目誌』）としたとある。文覚が高雄の神護寺の再興に力を尽くしたことからの連想から「高雄の紅葉」に因む（「文覚町《もんがく》」参照）。近世西本願寺寺内町であった。寛永一四年（一六三七）洛中絵図は「天使突抜三丁目」とある（「井筒町」参照）。寛文五年（一六六五）刊『京雀』、「元禄四年（一六九一）京大絵図」、宝暦一二年（一七六二）刊『京町鑑』に「紅葉（もみぢ）町（丁）」とあり、変化はない。　（小西）

百々坂《ももさか》〔京田辺市薪〕

薪の面積の六〇％は、山地や丘陵と谷である。大きく甘南備山、同山を源流とし北流する手原川左岸の平田谷丘陵群、右岸のウマノセ山塊群の三群に大別される。ウマノセ山塊群は地形が馬の背のように屹立し、起伏が激しく、この名が付けられた。大阪層群大住礫層からなり、周りの土地が低く、風雨による土地の浸食が激しく、昭和初期に砂防工事が行われた。西面の小字は、斧窪・大崩・大欠《おおがき》・堀切谷である。東面は、百々坂・大仏谷・長尾谷・小欠《おがき》だが、大仏谷の土砂採取が進み、ウマノセの面影はない。

百々はママ（崖）の転で、『万葉集』巻九・一八〇八にも「真間の井」とある。甘南備山と大仏谷にはさまれた百々坂は、井手川（手原川）の流れの中では最も急峻な所で、川底は岩盤、両岸は絶壁となっている。　（綱本）

桃山《ももやま》〔伏見区桃山〕

伏見城が元和五年（一六一九）に廃城、跡地になった古城山には寛永一四年、元、武士の西野弥平次が大阪天満から「黒仁（くろに）」という桃の苗を貰いうけ植樹した。桃山の地名は三浦樗良《ちょら》の「桃山や裾ばかり見る人通り」（『仮日記』一七七七）が初出のようだが、それまでに「伏見の里に桃花盛り」（『恕法親王日記』一六七四）とか、芭蕉の「我が衣にふしみの桃の雫せよ」（『野ざらし紀行』）などと桃が詠まれているので、伏見の桃は少しずつ増えて著名となり、地名化されていったと思われる。JR桃山駅の傍の龍雲寺が寛政年間、周辺の多くの桃の木から「桃」を付け、信濃の阿弥陀を真似て桃山善光寺と称するのも、その例であろう。　（明川）

森町《もりまち》〔右京区常盤〕

双ケ丘の南端の西南麓にあたる。「常盤《ときは》杜《もり》」として歌枕になってきた。源師時《もろとき》の日記『長秋記』天永《てんえい》四年（一一一三）八月には、鳥羽天皇の松尾行幸について「二条支《き》辻子《づし》より北行し、中御門末より西行し、常盤杜の南を経て、浮橋に至る」との記載がみられる。常盤杜は、歌枕として『新古今集』『新勅撰集』『後鳥羽院集』『拾遺愚草』などの歌に採り上げられている。明治一〇年代の『京都府地誌』には「字西町ノ北ニアタル。今鋤シテ耕野トナル」とあり、明治以前には杜がみられたが、その後開墾されたと想像される。　（岩田）

森廻り町《もりまわりちょう》〔山科区音羽〕

若宮八幡宮の鎮座地であり、同社の鎮守の森に因む地名である。社伝によれば「天智天皇近江国志賀の都より山科へ行幸の際勧請し給ひし」（『京都府宇治郡誌』）とあり、七世紀の創設と伝えられている。旧三条通と奈良街道の分かれ（追分）に近く、志賀の宮から山科盆地へ入った場所として重要視されたのであろう。境内に二基の供養塔があり、『宇治郡名勝誌』には「社殿ノ傍ニ、二基ノ古墳アリ。一ハ大津皇子、一ハ粟津親王ノ墓ナリト云ヒ伝フ。共ニ五輪ノ古塔ヲ置ケリ」と紹介されている。　（小寺）

森本《もりもと》　〔京丹後市大宮町〕

森本は南流する竹野川の上流域右岸、木《き》積嶽《づみだけ》（二七〇メートル）の南麓に位置することからの命名か。あるいは、府道三重森本間の田圃の中にある森に鎮座する大杉神社（祭神は天児屋命ほか）の神森との関連で名づけられたものか。森本にはほかに、文永七年（一二七〇）に勧請された大屋神社があり、この社は籠神社、大宮売《おおみやめ》神社に次いで丹後三の宮ともいわれる。小字井内口にある、縄文時代から鎌倉時代にかけての沖田遺跡から、集落跡が確認されており、当地の開闢の歴史は古いことがわかる。中世の成吉越中守《なるよしえっちゅうのかみ》の城跡が残る。　（水野）

森本町《もりもとちょう》　〔向日市〕

向日丘陵東南麓から桂川中流域右岸の氾濫原に位置する。由来は丘陵から緩傾斜の段丘の下、つまり盛りあがった（小高い所）下《もと》にある場所からきているか。鎌倉期に森本郷がみえる。『賀茂注進雑記』に、山城国森本郷ほか五郷の賀茂別雷社領に対して神役に勤仕すべしとの文治二年（一一八六）九月五日付の源頼朝下文《くだしぶみ》（公文書）がある。森本町は昭和四七年（一九七二）以降の町名だが、その前身、森本村は明治七年（一八七四）西土川村と白井村の二村が合併して成立した。白井村の小字に上森本、下森本がある。どういういきさつで西土川村、白井村となったか不詳だが、土川、白井の名が登場するのは応永七年（一四〇〇）『三鈷寺文書』の山城国寺領目録が最初で、「土河名田四段」、白井は「白井前名田参段」とみえる。室町末期には東西の土川に分離しており、『東寺百合文書』文明一九年（一四八七）三月一二日条の「他所未進（年貢など未納）人数里坪事」に「壱町東土川方、此内弐段西土川本あみ作」とみえる。『梵舜日記』元和元年（一六一五）六月二二日条に「西土川村」と載る。

小字下森本の一部地域は江戸時代「柳町」と称し、現在も通称している。渋川同様ＪＲ線路にはばまれてすぐ湛水した（「渋川」参照）。「柳」は各地の川辺に多い地名で、柳の旁《つくり》卯（リュウ）は、留の原字であり、一時とめておくことをいう。すなわち、増水時の湛水地をさした。　（綱本）

森山《もりやま》　〔城陽市富野〕

ＪＲ奈良線長池駅東北丘陵地の小字名。昭和五一年（一九七六）に宅地造成中に森山遺跡（縄文時代後期～古墳時代の複合集落遺跡）が発見され、昭和五三年（一九七八）に国指定史跡になっている。他の縄文遺跡が平地で発見されているのに対し、丘陵地での遺跡は珍しく、当時の生活状況が解明される貴重な遺跡とされる。文字通りの森をなす丘陵が地名の由来であろう。「富野村絵図」（弘化五年〈一八四八〉）に「森山」がみえている。　（齋藤）

文覚町《もんがくちょう》　〔下京区〕

東中筋通北小路下ル七条までの両側町である。文覚は、高雄の神護寺が荒れ果てていたのを嘆き、復興に後白河法皇の荘園寄進を願い、勧進帳をもって「院の御所法住寺へぞ参りたりける。御奉加あるべき由奏聞しけれども」（『平家物語』）、その時は、太政大臣藤原師長など近臣たちが音曲を奏で、今様をうたい、法皇もつけ歌をしていたが、「文覚が大音声出で来て、調子もたがひ、拍子もみな乱れにけり」（前掲書）。家来と文覚の取っ組み合いの後、当町の牢に入れられる。この「文覚」に因む。近世には西本願寺の寺内町であった。「寛永一四年（一六三七）洛中絵図」に「天使突抜四丁目」（「井筒町」参照）とある。寛文五年（一六六五）刊『京雀』に「もんがくの町」、「元禄四年（一六九一）京大絵図」、宝暦一二年（一七六二）刊『京町鑑』にも「文覚（丁）町」とあり、変化はない。

（小西）

門口《もんぐち》〔宇治市槇島町〕

槇島城の大手門があったことによる名か。信長に歯向かった足利義昭が立て籠もった槇島城の城址ははっきり特定されたわけではないが、微高地が存在する、現在の薗場・大幡・北内・門口付近ではないかといわれている。寛文一一年（一六七一）の茶園売渡し証文に「地ハ古城ニ是有り」とあるように、茶園のある所が古城と呼ばれていたことがその裏付けとなるだろう。秀吉改修前の宇治川は、槇島の東側には中洲が点在し継ぎ橋があったほどである。信長の本隊も五ヶ庄側から攻めている。宇治川改修前には本流が流れていたと思われる南側が、搦め手であった。槇島村の検地帳が残っていず、古い小字名の存在は確認する術がないが、『(槇島村)村誌』（明治一四年（一八八一））の字地の項に「門口村ノ中央ヲ称ス」とある。

（高木）

門前町《もんぜんちょう》〔下京区〕

もと、本圀寺の寺内町で「門前」にあることによる。

西門前町は、大宮通松原下ル五条より北約四〇メートルまでの東側片側町で、日蓮宗本山本圀寺の西門前にあるので「西」の字を冠する。「寛永一九年（一六四二）寛永後万治前洛中絵図」に、「上五条町」とある。向かい側の「上五条丁」と両側町であった。宝暦一二年（一七六二）刊『京町鑑』は「本国寺西門前町」とし、「天保二年（一八三一）改正京町御絵図細見大成」には「西門前丁」とある。

北門前町は、松原通堀川西入ル大宮までの南側片側町で、本圀寺の北門前にあるので、「北」の字を冠する。「寛永一九年（一六四二）寛永後万治前洛中絵図」の記載は「森ヶ辻堂町」と読める。本圀寺北部に森があり、北側の来迎堂を森ヶ辻堂と俗称していた（「来迎堂町」参照）。寛文五年（一六六五）刊『京雀』は両側町の「頼光堂町」とする。宝暦一二年（一七六二）刊『京町鑑』が「本圀寺北門前町」とし、「天保二年（一八三一）改正京町御絵図細見大成」にも「北門前町」とあるので、宝暦以後は来迎堂町と分かれて独立し、南側片側町となった。

南門前町は、大宮通五条より約四〇メートル北より中堂寺通（楊梅通）までの東側片側町で、本圀寺の南門前にあるので、「南」の字を冠する。「寛永一九年（一六四二）寛永後万治前洛中絵図」に、西門前町から当町の範囲までも、「上五条町」となっている。宝暦一二年（一七六二）刊『京町鑑』は「本国寺南門前町」とあり、「天保二年（一八三一）改正京町御絵図細見大成」には「南門前町」とある。

（小西）

門前町《もんぜんちょう》〔左京区田中〕

知恩寺《ちおんじ》の門前に当たる町。知恩寺は、知恩院・清浄華院・金戒光明寺とともに浄土宗四ヶ本山の一で、俗に「百万遍《ひゃくまんべん》」の名で知られる。『莵芸泥赴《つぎねふ》』に「此寺の開基、勢観坊といふ。小松の内府重盛公の孫、備中守師盛の長男也。源氏に恐れて十三歳にて法然上人の弟子となる。上人遷化の後、賀茂の功徳院、河原堂に住て一心念仏の行をつとむ。是今の知恩寺のはじめ也。中頃、京極正親町の南にありしを承応二年（一六五三）六月二十一日炎上のヽち此所にうつる。百万遍といふゆへは、当寺の中世に浄忠上人、世に疫病をこなはるヽころ、念仏をとなへしめてこれを治せしめんとて、珠のわたり三寸ばかりの百八の念珠をつくりて、諸人にかして念仏百万遍となへしむ。其頃、盛にかりはやらせし故、寺

号をいはで、只百万遍といひつけたりとぞ」とある。（笹川）

門前町《もんぜんちょう》〔中京区〕

寺社の門前の町。ここでは神泉苑および、これを護持する護国寺の門前にあたることからの名。

当地は平安京の左京三条一坊四保一五町の地で、内裏の南東に位置する。ここには平安京建設の当初から、天然の湧水を利用した、広大な苑地が営まれた。延暦一九年（八〇〇）七月一九日の桓武天皇御幸（『日本紀略』）をはじめとして、平安前期の皇族・貴族たちはこの地でたびたび遊宴を催し、詩歌に興じたことが知られる。また、貞観五年（八六三）の神泉苑御霊会・同一一年（八六九）の祇園御霊会の際にも、ここが主要な会場となっている。

京都盆地の有数の水源にあたる神泉苑の池は、貞観四年（八六二）の飢饉の際には一般に水汲が開放され（『三大実録』）、以後、旱魃の際には灌漑用水に活用されることとなる。また九世紀中頃からは飢饉の際の雨乞いの地として、たびたび密教僧による祈雨祈祷の場としての性格を強めてゆく。『義経記』などに見える白拍子静御前の舞の奉納伝説も、このような中で生まれたと考えられる。

中世以降は荒廃し、苑地の北部分は慶長七年（一六〇二）から始まった二条城建設で埋め立てられ、一部は掘割となった。

現在、神泉苑を管理している真言宗の護国寺は、慶長一二年（一六〇七）に荒廃した苑地を整備して建設したものである。町名は近世期には「神泉苑門前町」とされ、近代以降、「門前町」とされた。（真下）

や

八百屋町《やおやちょう》〔下京区〕

青果物（八百屋）の市か、八百屋の存在に由来する。『京都坊目誌』には「貞享三年（一六八六）地図には八百屋町と一ヶ町たり。その後分離して西の字を冠す」とある。「八百屋町」からその西と南の町が独立して「西、南八百屋町」となったと考えられる。七条通堀川西入ル、南は下魚棚通にも面する。「往昔此付近は市町のありし所。其の遺風存して。天正の頃菜蔬の市場と為る」（『京都坊目誌』）とある。「寛永一四年（一六三七）洛中絵図」、宝暦一二年（一七六二）刊『京町鑑』ともに「東八百屋（丁）町」とある。「天保二年（一八三一）改正京町御絵図細見大成」で「八百屋丁」となる。

西八百屋町は、七条通猪熊東入ル西堀川までの両側町で、七条堀川の現・八百屋町と同じ町であった。のち独立して「西」の字を冠する。「寛永一九年（一六四二）寛永後万治前洛中絵図」に、すでに「西やおや町」とある。寛文五年（一六六五）刊『京雀』、「元禄四年（一六九一）京大絵図」ともに一ヵ町の「やを（八百）屋（や）町（丁）」とある。宝暦一二年（一七六二）刊『京町鑑』で「西八百屋町」に戻る。

南八百屋町は、猪熊通西堀川通の間（岩上通の延長線上）、下魚棚通下ル木津屋橋までの両側町で、下魚棚通、西堀川通にも面する。七条堀川の現・八百屋町と同じ町であったが、のち独立して、八百屋町の南に位置しているので、「南」の字を冠する。「寛永一四年（一六三七）洛中絵図」、「元禄四年（一六九一）京大絵図」、宝暦一二年（一七六二）刊『京町鑑』に「魚棚四町目より下る」に「八百屋（やおや）町（丁）」とある。「南八百屋町」に改名されたのは明治二年（一八六九）という（『京都坊目誌』）。

楊梅通西洞院東入ル若宮までの両側町は、魚の棚にも近く、当町に「八百屋の大店」があったと推定する。「寛永一九年（一六四二）寛永後万治前洛中絵図」に「八百や町」とある。宝暦一二年（一七六二）刊『京町鑑』にも「八百屋町」とあって、変化はない。

室町通六条下ル花屋町までの両側町では、隣接する六条通に魚青果物の市場があったので、「青果の店」があったと考えられる。東本願寺寺内町の古屋敷に属した。「寛永一四年（一六三七）洛中絵図」、寛文五年（一六六五）刊『京雀』にも「八百（屋）や町」とある。「天保二年（一八三一）改正京町御絵図細見大成」にも「八百屋丁」とする。（小西）

屋賀《やか》〔南丹市八木町〕

大堰川およびその支流三俣川流域の村。平安時代の丹波国府の所在地と推定されており、屋賀は国府の「やかた（館）」を語源とするものであろう。丹波国府については、大堰川の西岸で亀岡盆地の北端の丘陵裾に位置する千代川説と大堰川東岸のこの八木町屋賀説の二説がある。承安四年（一一七四）の「丹波国吉冨庄絵図」の写（「真継家文書」）には八木町屋賀に国府の墨書のある建物が描かれており、平安時代に屋賀に国府があったことは確かである。屋賀説は魚澄惣五郎が『南桑田郡誌』で説いている。奈良時代の国府については木下良が、国府関係の地名が多く残存する千代川説を提唱した（『古代文化』）。そして平安時代後期に屋賀に移転したとする。これまで千代川説が有力であったが、近年の千代川町での発掘調査の努力によっても墨書土器は多く出土しているものの、確定的な建物跡はまだ発見されていない。そして最近、京都府埋蔵文化財調査研究センターの調査で池尻遺跡から奈良時代の大型建物跡が確認され、屋賀説も大きな注目を集めている。

昭和二六年（一九五一）からは八木町の大字となった。（安藤）

八木嶋《やぎしま》〔南丹市八木町〕

江戸期の村名。『船井郡誌』によると、村内には蓼堰《たでせき》と島堰の二つの堰があり、地名は村内の大堰川中州の島状の地形に由来するかと推定される。

八木嶋では国道九号バイパス道路建設に伴って調査された八木嶋遺跡の存在が注目される。この遺跡では古墳時代後期の豪族居館跡が発見された。それは主殿を中心に対照的に建物が配置された七世紀のものである。付近にはやはり七世紀代の坊田古墳群があり、豪族居館を営んだ首長の墓と推定されている。

昭和二六年からは八木町の大字となる。（安藤）

八木町《やぎちょう》〔南丹市〕

亀岡盆地北方の大堰川流域に位置する。『北野社家日記』に文明三年（一四七一）の

「室町幕府奉行人秀久奉書」が記録されていて、その中に「八木」の地名が見られる。地名の由来は不明である。なお承安四年（一一七四）の「丹波国吉冨庄絵図」の写（「真継家文書」）では「木原村」と記されている。また『親俊日記』の天文七年（一五三八）に「ヤキ城責衆年貢数多在之」とある。この頃は丹波守護代内藤氏の所領であり、その居城・八木城は南方の城山にあった。八木城の築城時期は明らかでないが、麓の竜興寺が建立された一五世紀中頃には、この地に守護所があり、守護代が屋敷を構えた地域と見られるので、山城も存在したと思われる。

明治二二年（一八八九）に八木村と柴山村が合併して八木村となり、大正四年（一九一五）に八木町となる。（安藤）

八木村《やぎむら》〔京丹後市丹後町〕

旧村名。明治二二年（一八八九）の町村制施行時に岩木村・吉永村・内垣村・西谷村・矢畑村・一段村・神主村・力石村・是安村・相川谷村が合併して成立した村名。岩木・神主以外の集落を「八ヶ村」と称し、これと岩木村の「木」をとって命名された村名という。八木村は、大正一四年（一九二五）徳光村と合併して豊栄《とよさか》村が発足した段階に消滅した。現在、その痕跡をとどめるものは見られない。（新谷）

薬王坂《やくおうざか》〔左京区静市静原町〕

薬王菩薩を安置する御堂が坂の上にあったか。鞍馬から静原に抜ける坂。『吉記《きっき》』承安四年（一一七四）二月一六日条には、藤原（吉田）経房（一一四三〜一二〇〇）が自邸から先ず鞍馬寺に参り、「薬王坂を越え」て江文寺を参拝した記録が見える。『平家物語』によれば、寿永二年（一一八三）七月二四日、後白河法皇が「鞍馬へ御幸」さらに「薬王坂など申すさがしき嶮難を凌がせ給ひて、横河の解脱谷」へ向かったという。鞍馬・薬王坂・静原・江文峠・八瀬大原・八瀬路・比叡山は、洛北を横断する重要な道であった。『山州名跡志』には「土人《ドジン》ヤッコ坂、或ハヤコウ坂トイフ」とある。（笹川）

薬師町《やくしちょう》〔東山区〕

京阪京都線清水五条駅の東北、西福寺の西に薬師町がある。ここに元天台宗の城東寺があった。『百錬抄』承元四年（一二一〇）の条に出てくる寺で応仁の乱で破壊され、丈六の本尊の薬師如来の首だけが残った。後世、人々は作り添えて半丈六とし小堂を建てた（『拾遺都名所図会』）。城東寺は絹買い薬師堂ともいわれ庶民の信仰をあつめたが、この薬師堂が町名の由来である。元禄三年（一六九〇）の『人倫訓蒙図彙』によると、建仁寺薬師の図子に熊野比丘尼がいたことが書かれている。薬師の図子は比丘尼図子とも呼ばれ、江戸時代から明治二〇年まで続いた薬師町の旧称である。粟田口神明山に住んでいた比丘尼達がこの地に移動（『拾遺都名所図会』）し、薬師堂は熊野比丘尼達の根拠地となった。城東寺は明治六年（一八七三）に廃寺となり、本尊の薬師如来は行方不明である。（明川）

薬師前町《やくしまえちょう》〔下京区〕

烏丸通高辻下ル松原までの西側片側町である。向かい東側は因幡堂町で平等寺因幡堂が存在する。通称「因幡薬師」というこの堂の前にある。「寛永一四年（一六三七）洛中絵図」には、「稲葉堂の西片町」とある。寛文五年（一六六五）刊『京雀』、宝暦一二年（一七六二）刊『京町鑑』、ともに「いなばやくし（因幡薬師）前町」とする。「天保二年（一八三一）改正京町御絵図細見大成」で、現町名と文字も同じ「薬師前丁」となる。（小西）

薬師山《やくしやま》〔北区大宮〕

薬師山西町・薬師山東町の両町がある。

一ノ井町の北隣である。薬師山東町には正徳年間（一七一一〜一六）建立の一様院があり、本尊・薬師如来である（同町浄心院は子院）。薬師如来は、衆生の病気や身の安全を救うといわれ現世利益が得られると信仰されてきた。本尊が薬師如来ということで、地名も薬師山となったというが、地形からみれば薬師信仰も全国同様に災害と関連するだろう。

　京都府ハザードマップでは、両町南部は急傾斜地崩壊危険箇所である。薬師山の字名は、相楽郡精華町薬師山、綴喜郡宇治田原町南薬師山にもある。前者は急傾斜地崩壊危険箇所、後者は土石流による被害想定箇所が二ヶ所ある。楠原佑介によると、全国的に薬師山・薬師岳は信濃川地震帯の新潟県に多い。薬師はクスシともいうが、クヅシ（崩）→クズシと、「四つ仮名」の類音転訛という。ジとヂ、ズとヅのいわゆる「四つ仮名」の混同は室町以降である（『この地名が危ない』）。つまり、薬師山は山崩れの山という意である。（綱本）

役出町《やくでちょう》〔山科区音羽〕

　中世には山科七郷とされ、ともに山科家の支配を受けていたこともあり、住民の連帯感と自治意識は強かった。享徳三年（一四五四）には、山科から京に向かう街道の途中に東福寺が関所を設けたことに対し、醍醐の農民とともに七郷で一揆に参加し（『師郷記』）、関を撤廃させている。長禄元年（一四五七）には幕府に対して徳政一揆を行い、勝利している。これらの統一行動を支えたのが、「おとな」と呼ばれた上層の農民を中心として維持・運営された「寄合」であり、会合は定期的に持たれていた（『山科家礼記』）。役出町を始め、当区に「乙出町」「前出町」と「出」のつく地名が多いのは、寄合などへの村の役を出すための分担を表していたのであろう。（小寺）

役人町《やくにんちょう》〔上京区〕

　この地は、平安時代に平安京の官庁街があった所であり、また、江戸時代には禁裏の役人たちが居住していた所でもあった。町名はこのことによる。町は東西に通る中立売通をはさんだ両側で、東は堀川通から西は黒門通までを町域とする。天保二年（一八三一）の「改正京町絵図細見大成」に「役人丁」とあり、江戸時代からの町名である。（清水）

夜久野町《やくのちょう》〔福知山市〕

　由良川の支流牧川の上・中流域にある村名。『和名抄』に見える丹波国天田郡の一〇郷の一つ「夜久郷」に由来する。鎌倉時代から室町時代にかけても「夜久郷」の地名は文書で確認されている。地名の起源には県境に位置する宝山（標高三五〇メートル）が深く関係している。「田倉山」と（あるいは「多倉山」とも）称す山で太古火山活動の跡を裾野に残している。すなわちこの地は火山灰を起源とするクロボクと呼ばれる黒土が堆積し、「夜久野ヶ原」と呼ばれる高原地帯となっているのである。地名起源の説の一つに「焼け野」から変化したとするのは、この黒土が根拠となっている。この外に薬草が多く採れたとする「薬草説」と、地頭・夜久氏が居住したからとする説があるが確定的ではない。吉田金彦も宝山の存在に着目して、夜（ヤ）は屋（ヤ）の意味で「屋根形をした山がある所の意味」としている（『京都滋賀古代地名を歩く』）。当地では大字平野の菖蒲池遺跡と大字大油子の荒堀遺跡から縄文時代早期の土器が発見されており、早くから人々が居住したことが明らかになっている。

　昭和三一年（一九五六）に中・下の夜久野村が合併して夜久野町となり、昭和三四年には上夜久野村も加わった。（安藤）

八雲村《やくもむら》〔舞鶴市〕

旧村名。明治二二年（一八八九）の町村制施行により、由良川左岸の八田《はった》・八戸《はと》地《ち》・丸田・和江村が「丸八江村」となり、右岸の上東・下東・中山・水間・三日市村が「東雲村《しののめ》」となったが、昭和三年（一九二八）に両村が合併して「八雲村」となった。この地域では明治の頃まで由良川を大雲川と言っていた（明治二六年陸軍測量部地図）。福知山市大江町有路に架かる橋は大雲橋である。

昭和三〇年（一九五五）川筋の五村が合併し加佐町となったことで村名は消えた。しかし舞鶴市立八雲小学校、八雲橋、八雲保育園、八雲区民センター、八雲配水池、八雲郵便局などが八雲を冠している。

（高橋）

矢倉町《やくらちょう》〔山科区厨子奥〕

「矢倉」は武器倉庫やそれを保管する櫓等、要塞を指す言葉である。永禄元年（一五五八）七月二四日に「勝軍城の人数、山科花山郷、四手野井城の辺り放火す」（『言継卿記』）とある。勝軍城とは左京区の瓜生山に築かれた城のこと。四手野井城（四手井城とも称す）は、中世の土豪であった四手井氏の城であり、「矢倉町」の地名が残ったことにより、この辺りに土塁等が築かれ、武器倉庫等があったことが推察できる。近くの「尾上町」も、これに因む地名か。

（小寺）

弥栄町《やさかちょう》〔京丹後市〕

昭和八年二月、竹野郡内の溝谷村、吉野村、鳥取村、深田村の四ヶ村が合併して弥栄村が誕生。新しい村名は当時の京都府知事横山助成に一任した結果、新村の「いやさか」の発展を願って弥栄村と命名された。その後、昭和三〇年に野間村と弥栄村が合併して弥栄町が誕生した。弥栄町は丹後半島中央の山間部から南西の平野部にまで広がる地域。同町には奈良時代から平安時代にかけての製鉄、鍛冶などの鉄生産にかかわる遠處（所）遺跡や、『丹後国風土記』逸文に載る、天女伝説の式内社の奈具神社などがあり、古代から開けた丹後半島の栄光を担う地域の一つ。その後、平成一六年四月に、京丹後市の一つの町となった。

（水野）

八坂通《やさかどおり》〔京都市・東西の通り〕

聖徳太子創建と伝えられる古刹・法観寺の八坂塔への参道として発達した道で、大和大路通から東へ法観寺門前に至る。さらに東南に三年坂（産寧坂）が続く。八坂塔への道であることから付いた名であるが、八坂氏は、高句麗系の渡来氏族で「八坂」郷に由来する。八坂神社周辺がその拠点であったと思われる。地名としても『和名抄』に「愛宕《おたぎ》郡八坂郷」が存在する。八坂塔の西側にある金剛寺（八坂の庚申堂）は、日本三大庚申の一つで、庚申信仰で知られる。

（糸井）

八塩岡《やしおのおか》〔左京区岩倉長谷町〕

ヤは多数、シホは「入」で布を染料に浸す度数を表す接尾語。ヤシホは、染め汁に幾度も浸してよく染めること。また、その染めた布や糸。『万葉集』に「紅之《くれなゐの》　八塩《やしほ》尓染而《にそめて》」（巻一九・四一五六）、『古今和歌六帖』に「くれなゐのやしほのころも」（三四八八）などと見える。紅で幾度も染めた衣のような紅葉の美しい、長谷《ながたに》にあった岡を、藤原公任が比喩的に「やしほの岡」と名付けたのである。『公任集』に「ながたにに、くれなゐのをかといふは、れいのくさ木にもあらず、人のなもしらぬ、きどものはやしにてあるが、いみじうめでたう紅葉するなりけり、やしほの岡とつけたまへりける」（一四五詞書）とある。『公任集』によれば、「紅の　やしほの岡の紅葉ばの色」（一四七）を観るために「三井寺」から「にふだうの中将」(成信)が長谷の公任を訪ねたり、「みくしげどの」(道長の子教通の女生子、母は公任の女)が「やしほの岡のめでたきを御覧」になるため「わたらせ給へりける」ことがあったりした。

『山州名跡巡行志』には「古ハ楓数本アッテ名ヲ得タリ。今尚少残レリ」とある。　(笹川)

屋敷町《やしきちょう》〔山科区安朱〕

安朱地区の三つの屋敷町は、毘沙門堂への参道沿いに続いている地域であり、毘沙門堂に因む地名と考えられる。「屋敷」は有力者や資産家の大きな居住地を指すとともに、「屋敷育ち」(武家屋敷に育つこと、また、育った人)、「屋敷勤め」(武家屋敷に勤めること)、「屋敷奉公」(武家屋敷に勤めること)など、武家屋敷を指すことも少なくない。毘沙門堂の場合は、寺侍達を初めとして、多くの関係者がいた重要な場所と考えたい。一方、髭茶屋の屋敷町は、東海道沿いの繁華な所であり、大きな商家や運輸業者などが軒を連ねていたのであろう。　(小寺)

矢代中《やしろなか》〔右京区京北〕

『和名抄』の桑田郡有頭《うつ》郷内に位置する。大堰川の支流明石川流域の山間の集落。集落内を若狭街道が通る。かつて周山村に属した。地元では、源頼政が矢を射て御所の鵺退治をした報償に、当地に五八〇石を賜ったことから「矢代」というと伝える。しかし、「矢(や)」が「谷(や)」とすると、「谷の地」の意がもとか。あるいは、「代」は「田」のことを意味するので「矢代」は「谷田」の意ともみられる。鎌倉末期のものといわれる「あやめ塚」があるが、頼政の妻の菖蒲前の供養塔という。集落には猿田彦命を祀る周山日吉神社があり、祭礼には、起源が室町初期以前といわれる「田楽躍り」の神事が行われている。　(糸井)

社横町《やしろよこちょう》〔上京区〕

当町にある櫟谷七野《いちいだになの》神社の横の町ということで名が付けられた。町は東西に通る上御霊前通をはさんだ両側で、大宮通の少し西寄りを町域とする。天保二年(一八三一)の『改正京町細見大成』では「社薬師丁」とある。明治七年(一八七四)提出の『全国村名小字調査書』では「社横町」とあり、江戸時代末期には現町名になったと思われる。周辺には、この神社にちなむ「竪社北半町」、「東社町」、「中社町」などがある。　(清水)

安《やす》〔京丹後市峰山町〕

天文七年(一五三八)の「丹後国御檀家帳」に「よしわらの里屋す」とあるものが初出であり、吉原庄の領域に含まれていたことがわかる。ここには、丹後守護一色氏の「御一家」である吉原氏が居住していた。『峰山郷土史』は、小西川の流域の洲にできた村であったため「屋(野)洲(やす)」と呼ばれたものとする。

吉原氏は、長禄三年(一四五九)の「丹後国郷保庄惣田数帳」によれば、吉原庄の半分を領有していたと記される。安は、吉原氏が居住した吉原庄の中心地であったことがわかる。慶長七年(一六〇二)の「丹州中郡吉原内安村御検地帳」では「吉原内安村」、「慶長郷村帳」では「吉原庄之内安村」とあり、中世吉原庄の領域にあったことを示す。近世には、峯山藩の陣屋町であった峯山町に隣接することとなった。そのため、峯山陣屋町の人口増加により、安村の領域の一部が陣屋町へ取り込まれることとなった。明治六年(一八七三)作成と推定される「豊岡県管下十一大区丹後国中郡一ノ小区峯山町川北地引絵図」「豊岡県管下十一大区丹後国中郡一ノ小区峯山町川南地引絵図」には、「安村高之内」として

御旅町と堺町が見えるため、この両町は安村の領域であったことがわかる。（新谷）

安田町《やすだちょう》〔宇治市〕

ヤ（湿地）＋ス（洲）＋タ（処）の意で、古代の「栗隈大溝《くりくまおおうなで》」に擬せられる、集落の直ぐ西側を流れる古川の堆積物によってできた洲に生まれた集落であるところから名付けられたものか。すなわち、滋賀県の野洲と同じである。漢字表記は安田しかみられない。安田村が記録に見られるのは、「小倉村他二ヶ村漁師訴状写」（正徳四年〈一七一四〉）に、訴訟相手として伊勢田村・新田村とともに安田村の名が出ているのが最も古い。中世環濠集落村の遺構的な形態もあるが、しかし、村そのものの存在はさらに古く、その区域は、古代条里制の、久世郡条里六条北端の里の六ノ坪の範囲にすっぽりと合致する。集落内部の疏菜畑から須恵器の破片が出土していることも考えあわせると、古くからの居住地であったことになる。水害に悩まされながら、一貫してこの狭い小字大納言に最大二〇戸にも満たない世帯数で居住し続けてきたことになる。すぐ北側を八幡道が通り、東隣の伊勢田町、西隣の林町などと関係が深い。（高木）

八瀬《やせ》〔左京区〕

ヤ（数の多い）セ（瀬）で「あちこちで川が急流となっている地域」の意。あるいはヤ（美称）セ（狭）で「山が両側に迫った山間の地」の意か。いずれにせよ、大原と上高野の間の、東西から山の迫り、高野川の流れが多くの瀬を形成している地形に合致する。『小右記』寛仁三年（一〇一九）二月一六日条に「八瀬・横尾等、天台領ト為ス事」と見えるように、平安時代の八瀬は、延暦寺領であった。

横川が整備されていくと、八瀬から比叡山へ登るルートが利用されることも多くなり、藤原行成や道長が「八瀬路」を使っている（『京都の地名検証3』笹川「八瀬路」）。登山口に位置し、また青蓮院門跡の支配する所でもあった八瀬の人々は、青蓮院門主の登山に扈従して「八瀬童子」と呼ばれた（『華頂要略』門主伝・寛元三年〈一二四五〉一月一八日、弘安七年〈一二八四〉一一月一九日、永和元年〈一三七五〉三月晦日条）。こうした門跡寺院への奉仕は、建武三年（一三三六）の後醍醐天皇の綸旨「八瀬童子等、年貢以下ノ事、課役一向、免除セラルル所也」のように、八瀬村の年貢免除の特権へと繋がる。『歌枕名寄』には「八瀬」に「瘦せ」を掛けた「おほ原へゆくとはなしに恋すればやせとほりぬる物にぞ有りける」（四三七）という清輔詠が見える。

現在、北から「八瀬花尻町」「八瀬秋元町」「八瀬近衛町」「八瀬野瀬町」の四町がある。（笹川）

矢田《やた》〔京丹後市峰山町〕

『峰山郷土史』では、地名の由来を『丹後国風土記』逸文「奈具社」の条にみえる天女が、当地まできて養父母の家を退く決心がついたことから、当地を屋退《やた》と名づけたとする。しかし、祭神として天酒大明神の伝説をもつ同地内の式内社矢田神社は、伊加賀色許売命《いかがしこめのみこと》を祭神とすることから、矢田地名は物部系氏族矢田部氏の祖を祀ったことに由来するのではないか。峰山町に隣接する弥栄町芋野には石上神社があり、鎌倉期の正慶二年（一三三三）付石上神社棟札写しに「丹後国竹野郡芋野郷石上大明神」とみえ（『竹野郡誌』）、同社が物部氏の祖神である饒速日尊《にぎはやひのみこと》を祀っていることとも関連がありそうである。なお、弥栄町と境を接する地内の大田南五号墳からは、青龍三年（二三五）銘のある銅鏡が出土しており、当地が古代から開けた先進地であることもこのことを裏づける。このほか、『峰山郷土史』によれば、矢田神社に八丁四面の神領田があり、八丁四面の田が「八田」または「弥田」にあてはまるからとも、矢を以って豊作を占う儀式を行ったゆえであるとか、中川と竹野川の合流点で沃土が積み重なってできた肥沃の野原を開拓して生まれた「野《や》田《た》」に、矢田の字を当てたものか、などとする諸説がある。 （水野）

矢田町《やだちょう》 〔下京区〕

綾小路通新町西入ル西洞院までの両側町である。寛延三年（一七五〇）『中古京師内外地図』に当町西南部に矢田寺が存在する。この寺名に因む。『京都坊目誌』に「承和一二年（八四五）僧満米。大和国に矢田山金剛寺を創し。地蔵尊ノ像を造り本尊とす。其後年月詳ならず。京師斯ノ地に仏堂を建て別院と為し。矢田寺と号し」たとある。祇園会の巡行に「伯牙山」を出している。元亀二年（一五七一）『御借米之記』の中くミ一七町のうちに「矢田町」がみえる。宝暦一二年（一七六二）刊『京町鑑』に「矢田町」とあって、変化はない。 （小西）

矢田町《やたちょう》 〔亀岡市〕

中世の矢代庄が地名の基とされる。源平が争った時代、源頼政は弓の名手として知られた。頼政が宮中で鵺《ぬえ》を退治し、その恩賞として当地に領地を拝領したのが矢代庄である。国道の南の団地内に頼政塚と伝える塚が祀られている（亀岡市西つつじケ丘）。宇治川の合戦に破れ自害した頼政の首を、家人の井ノ隼太が知行地であった当地に持ち帰って葬ったという伝承が残る。また亀岡市横町の古世地蔵堂には頼政の守り本尊と伝える地蔵尊を祀る矢田地蔵がある。錫杖の代わりに矢を持った姿が珍しい。

明治二二年（一八八九）に亀岡町の大字となり、昭和三〇年（一九五五）からは亀岡市の町名となった。 （安藤）

八津合町《やつあいちょう》 〔綾部市〕

由良川に注ぐ上林川の中域に位置する地区。中世の上林庄の地である。明治七年（一八七四）八ヶ村が合併して八津合村となった。綾部市内では、睦寄町（「睦」は六つの意）、五津合町も同様の命名法による地名。現在は、綾部市の町名の一つとなっている。 （安藤）

八ツ柳町《やつやなぎちょう》 〔下京区〕

鴨川端上ノ口通上ル六軒までの西側片側町である。「旧妙門領（妙法院門跡領）に属する村落及び耕地なり。宝永三年（一七〇六）町地と為る。時に坂本（現大津市）の浜にある地名八ツ柳に取る。蓋し日吉祭典の日。神輿出船の所たり。以て佳名と為す」（『京都坊目誌』）とある（「鍵屋町〔下京区〕」参照）。「寛永一四年（一六三七）洛中絵図」に「ヤツヤナギ丁」とみえる。宝暦一二年（一七六二）刊『京町鑑』に「七条新地（遊里）」の「八ツ柳町」とある。以後変化はない。 （小西）

柳谷《やなぎだに》 〔長岡京市浄土谷〕

浄土谷の柳谷川の源流、大阪府との府境に位置する。西山浄土宗楊谷《ようこく》寺があり地名はこれにちなむ。楊谷寺は大同元年（八〇六）清水寺の開祖延鎮が、霊夢により当地の柳の間から本尊（十一面千手千眼観音）を発見、一宇を建てて安置したのが始まりという。境内の独鈷《どっこ》水（お香水）という泉は空海が祈祷により独鈷（法具）で得たものと伝え、眼病に効く霊水として本尊とともに柳谷観音信仰を集めた。西国街道や淀川の狐川渡し（大山崎町）から柳谷へ行く道々には、江戸時代に信者たちが建てた「左　柳谷千眼講」「すぐ（真直ぐ）や奈き谷」などの道標や地蔵石仏が多く見かけられ信仰の厚さを物語る。 （綱本）

柳町《やなぎちょう》〔下京区〕

二条柳町、人名、宝物、柳の木など、柳または、柳名が語源である。東中筋通旧花屋町下ル正面までの両側町である。「近傍に花屋。紅葉。若松。等の町名あり」（『京都坊目誌』）、「西本願寺をひかえて柳をとりいれた」（『京都市の地名』）「柳の木」に因む。「寛永一九年（一六四二）寛永後万治前洛中絵図」に「天使突抜二丁目」とする（「井筒町」参照）。『京都坊目誌』は「寛保年中（一七四一～三）柳町と改む」とする。宝暦一二年（一七六二）刊『京町鑑』は現町名の「柳町」とあって、以後変化はない。

楊梅通新町東入ル室町までの両側町は、「上柳町」と称する。二条柳町の遊郭を当町地域に移設し、当町は、寛永一七年（一六四〇）に朱雀野（島原）に移転するまで、一〇年間、当町が上ノ町、蛭子町が中ノ町、銭屋町が下ノ町として、六条三筋町という遊郭であった。「二条柳町」と「上ノ町」による命名である。これは、慶長七年（一六〇二）の「江戸幕府による二条城の設営は、上、下両京の町外れになってさびれていた二条通を大手筋とした」そのため「二条柳町の遊里を六条三筋町に移転させるなど、二条城を中心とした整備が進められ」（『角倉素庵』）ためである。そのため、大坂との水運を担う高瀬川の「一の舟入」を二条通の東端にした。寛永一九年（一六四二）寛永後万治前洛中絵図に「柳町上町」とある。宝暦一二年（一七六二）刊『京町鑑』に「上柳町」とあり、以後変化はない。

小柳町は、西洞院通五条下ル鍵屋町通の延長線上付近までの両側町で、「本町以東の地は。慶長七年十一月より寛永十七年七月まで。三十九年間遊郭たり。之を新屋敷と称し。俗に六条柳町と云ふ。此町東側は。其門口に当たり。柳樹を植えし所なり。依て小柳町と号す。」（『京都坊目誌』）という伝承がある。「寛永一九年（一六四二）寛永後万治前洛中絵図」に、「太夫町」とある。これは、遊郭の太夫が語源である。寛文五年（一六六五）刊『京雀』には「もと大夫町」とあり、南側に隣接する「金屋町（下大夫町）」とともに傾城町であったと但し書きしている。宝暦一二年（一七六二）刊『京町鑑』は、現町名の「小柳町」とする。以後変化はない。

上柳町は仏光寺通烏丸東入ル東洞院までの両側町で、「この町に昔上柳某住す世に上柳といへる古金襴も元此家の至宝なり」（『京町鑑』）というのを由来としている。宝暦一二年（一七六二）刊『京町鑑』に「上柳町」とあり、以後変化はない。

諏訪町通六条下ル花屋町までの両側町も上柳町と称する。『改正京町御絵図細見大成』の図にあるように、北丁、上柳丁のすぐ北側（六条通）に東本願寺の寺内町の範囲を示す堀がある。その堀端の柳並木に因むのであろう。「寛永一四年（一六三七）洛中絵図」に「堂前二丁目」とある。宝暦一二年（一七六二）刊『京町鑑』に「上柳町」とあり、以後変化はない。

（小西）

柳馬場通《やなぎのばんばどおり》〔京都市・南北の通り〕

平安京の万里《まで》小路（の一部）に当たる。応仁の乱以降荒れ果てていた通りを、天正一八年（一五九〇）に豊臣秀吉が復活させた通り。丸太町通から五条通に至る。再興が進むに従って、旧名とともに、当時の土地柄を反映させて、新たに「柳馬場」とも呼ばれるようになったが、「柳」は、天正一七年二条界隈に秀吉の意向で設けられた「二条柳町」という大遊里にちなんだもの。「柳暗花明」（花柳街）というように柳自体遊里につきもので、実際柳の並木が造成されていたという（『京雀』など）。もっとも遊里自体は、早くも慶長七年（一六〇二）には、二条城の造営に関わって、六条に移された。「馬場」というわけは、遊里が六条に移った跡地が慶長九年、豊国祭臨時祭礼の大規模な馬揃えの場に用いられたことにちなむといわれている。

「万里（小路）」は、現在「まで」と呼ぶのが通称であるが、本来は「まり」「まんり」だったと思われる。「万里の長城」など、漢語「万里」を用いたのは、瑞祥地名なのであろう。（糸井）

矢畑《やばた》〔京丹後市丹後町〕

天文七年（一五三八）の「丹後国御檀家帳」に「吉長の屋はた」とあるものが初出の地名である。吉永保の領域に含まれていたものと思われる。ヤ（谷）・ハタ（端）の意味で、谷口の集落であったことを意味する、または耕地が矢のように細長いものであったことに由来する地名であろうか。延宝九年（一六八一）の「丹後国与謝郡等郷村高帳面」には「矢畑村」とあり、明治時代に至る。（新谷）

八幡町《やはたちょう》〔上京区〕

大正五年（一九一六）刊の『京都坊目誌』によると、創建年代が不詳である八幡社が当地にあったことによる。同社は宝永五年（一七〇八）三月の大火で焼失して廃社になったという。町は南北に通る小川通をはさんだ両側で、北の下立売通と南の椹木町通の中間を町域とする。天保二年（一八三一）の「改正京町絵図細見大成」に「八幡丁」とあり、江戸時代からの町名である。（清水）

藪下町《やぶしたちょう》〔下京区〕

松原通西洞院東入ル新町までの両側町である。当町の真ん中を南北に貫く若宮通の松原上ル町を「だいうす町といふ。其町に昔きりしたんの住みて法をすゝめしに、太閤の御時破却せらる。其時はきりしたんの住ける家の北は堀、南は竹藪也。されば（中略）此町は藪のした町と云也」（『京雀』）とある。南蛮寺の南の「竹藪」に因む。宝暦一二年（一七六二）刊『京町鑑』に「藪之下町」とあり、「天保二年（一八三一）改正京町御絵図細見大成」は現町名の「藪下町」とする。（小西）

藪之内町《やぶのうちちょう》〔伏見区深草〕

ＪＲ稲荷駅の東に位置する。北部の半分は稲荷大社の社地にあたる。明治中期までは人家が少なく殆ど藪地であったのが町名由来。現在は稲荷神社社務所の周辺に藪地が残っている。

深草町制時代（一九二二～三〇）は西ノ内町といったが、京都市編入（一九三一）の時、通称藪之内町と改称した（『城下町伏見町名の由来と秘話』）。現在、戸数が二五〇を超え、町域も広大なので藪ノ内町を便宜上、三つに分けている（『まちの履歴書』）。町内にあるぬりこべ地蔵堂は歯痛に霊験のある地蔵で、今もお参りが絶えない。元は深草の練兵場付近にあつたものだが、用地買収により、ここへ移転された。（明川）

山家《やまが》〔綾部市〕

旧村名。由良川とその支流上林川の合流点を中心とした広域の地区。「安国寺文書」（『綾部市史　資料編』）の寛正二年（一四六一）「何鹿郡所領注文」に「山家」とみえている。

古墳のある、最も西の西原が最初に開けた所である。地名の由来は明確ではないが、山間の集落を意味していると思われる。広瀬の甲が峯には式内社・伊也神社と鎌倉時代の経塚がある。伊也神社の上には土豪・和久氏の山家城跡がある。

『丹波志』によると、天正の頃、城には四方に堀と馬場や掘り抜き井戸があったという（『日本城郭大系十一　京都・滋賀・福井』）。和久氏は明智光秀の軍門に降って帰農した。豊臣秀吉に従った谷衛友は伊也神社付近に陣屋を構え、何鹿郡内に所領一万六千石を有し、関が原では家康に属して所領を安堵された。

明治二二年（一八八九）九ヶ村が合併して山家村が成立し、村役場は鷹栖に置かれて村の中心となった。昭和二五年（一九五〇）綾部市と合併し、村名としての「山家」は消えた。（安藤）

山川町《やまかわちょう》〔下京区〕

旧花屋町通西洞院西入ル東中筋までの両側町である。「始め須弥山町と云ふ。近傍に高雄町。紅葉町あり。之に対し今の名となる（『京都坊目誌』）」という。文覚上人の牢があった文覚町、彼と「高雄の神護寺」との関係から「高雄町」、高雄の紅葉から「紅葉町」、そして、美しい高雄の「山川町」へと連想される。旧西本願寺の寺内に属していた。宝暦一二年（一七六二）刊『京町鑑』は現町名の「山川町」とする。以後変化はない。（小西）

山際《やまぎわ》〔宇治市小倉町〕

小高い丘の際に沿うように立地しているところからの名。伊勢田町の中心部字毛語の東側にある南山・中山・北山、その北側に続く、小倉町の西山・東山と、この辺りには山の付く小字が南北に並んでいる。地形図で見ると、一五メートルの等高線が更新統丘陵の裾を縦に通っていて、等高線の間隔は比較的詰まっている。地籍図では全面畑地・茶畑で、毛語の西側が田圃であるのと対照的である。江戸末期、小倉村が、洪水を避けて村全体での移住を考えたという現開町も、その小高い丘の上にあり、また、大和街道がこの丘陵の上を通っており、その急坂は三昧の坂と呼ばれるほどきついものであった。山際の直北に井川が西流している。「小倉村検地帳」（延宝七年〈一六七九〉）にある「山そへ」がそれではないかと思われる。『（小倉村）村誌』（明治一四年〈一八八一〉）では、省略されていて、存否は確認できない。（高木）

山国《やまぐに》〔右京区京北〕

旧郷名。『和名抄』の桑田郡山国郷に相当する。旧京北町の東北部及び愛宕《おたぎ》郡花脊の一部を郷域とする、広域地名。式内社山国神社がある。地元の文書類から、平安遷都の折、山国庄が都・禁裏に木材を供給する御杣御料地に定められ、多くの杣工が官人として移住していることが分かる。古墳等古代遺跡も多く、古くから開けた土地であったようだ。「山国」の地名は、特定の集落名にはないが、一帯の広域地名として、山（木材）を産出する地域（国）の意であろう。天元三年（九八〇）の「某寺資材帳」（「金比羅宮文書」）に「丹波国山国庄」とある。木材は、筏士が上桂川（大堰川）を運んだ。明治維新の折活躍した山国隊の誕生地としてよく知られる。（糸井）

山越《やまごえ》〔右京区〕

広沢池の東側にあたる地の行政地名で、地域を区切る意味がある。古い時代に、平安京から大覚寺方面に「千代の古道」が、常盤村付近から音戸山の南を経由して広沢池に通っていた。古道は平安期以来の歌枕で、この山越の地であることから村名になったと考えられる。江戸期は、山越《やまこし》村といったが、江戸期元禄・天保の郷帳類には村高の記載がない。いっぽう『仁和寺文書』の貞享《じょうきょう》元年（一六八四）の項には山越村に関する記述が、寛政六年（一七九四）には『山越村林名前帳』と村名が付く文書がある。おそらく南側に広がる常盤村の枝村であったのではないかと推察できる。当村は広沢池西側の大覚寺と、双ヶ丘の北にある仁和寺の間にあって、両者の争論の対象となったこともある。（岩田）

山崎《やまさき》〔京田辺市三山木〕

サキ（先、崎）は「丘や山の端が平地に終わる突端」（『民俗地名語彙事典』）をいう。古くは普賢寺郷に属して山佐奇と書き、丘陵が東に突出した先端部なので山先からきている。その突出部の横穴式石室古墳上に山崎神社がある。山崎神社の御神体が縄文時代の石棒であることから、山崎は古代より人々の生活の地とされる。明治二〇年（一八八七）に縄文中期の石棒や金環・勾玉・須恵器が出土した。

神社に「曾々保利蹟《あと》」と伝わる。『新撰姓氏録』右京皇別「酒部公《さかべのきみ》」に載る「曾々保利」は、『古事記』応神段に、日本で最初の大陸醸酒法を伝えた渡来人酒人須々許《すすこ》理《り》とある人物と同一だという。サキ（崎）↓サカ（酒、同行の音通）から派生した付会か（「興戸《こうど》」参照）。丘陵突端部を示す「崎、先」から転訛した地名が京田辺市の丘陵東端に目立ち、いずれも地名由来が酒に付会した貴種譚となっている（「興戸」、「鉾立《ほこたて》」参照）。

神社の祭神は額田大中日子命《ぬかたのおほなかつひこのみこと》と大友皇子。「壬申の乱」で大友皇子（弘文帝）が敗走し縊死した所がこの地の「山前《やまさき》」（異説がある）という。『日本書紀』天武天皇元年（六七二）七月二三日条に「大友皇子走《に》げて入らしむ所無し。乃ち還りて山前に隠る。自から縊焉《くびれぬ》」と載る。やはり、貴種譚のひとつだろう。（綱本）

山科《やましな》〔向日市鶏冠井町〕

向日市の南部、JR京都線と新幹線の間に位置する荘園領主・山科家の名が地名となった。室町期に山科家領「長岡荘」が現れ、鶏冠井町付近一帯を占めたが「山科」はその一部である。山科家は藤原北家の末裔、代々洛外山科に住して地名を家名とした公家。室町時代は朝廷の財政面を担当し、また、有識の装束衣紋を家業とした。

『教言卿記』応永一二年（一四〇五）九月二三日条に「長岡藁十五束初到、珍重々々」とある。文明九年（一四七七）一〇月三日および一一月一五日に幕府と朝廷から所領安堵を受けており（『山科家礼記』一〇月九日・一一月一七日）、室町期を通じて山科家が当荘に関係した。「明治六年鶏冠井村古地図」（『向日市史史料編付図』）では、「西山科」「中山科」「東山科」の三つがあった。明治一〇年代の『京都府地誌』には、「山科」とだけ記されている。（綱本）

山科区《やましなく》〔京都市〕

山科は東を音羽山・醍醐山山地、北を比叡山地、西を東山・桃山丘陵に囲まれた盆地であり、北から流れる音羽川・四ノ宮川・安祥寺川の複合扇状地となっている。それらの山に囲まれた階段状の地形を指す言葉が「ヤマ」であり「シナ」である。「天皇、山科野に縦猟したまふ」（『日本書紀』天智天皇八年）、「天皇、馬を駕し山階郷に幸ず」（『扶桑略記』天智天皇一〇年）など、「山科」「山階」を初めとして「山品」「山之奈」などと表記されてきたが、「昔ハ山階、今ハ山科ト書ク」（『山科郷文書』）とあるように、古代では「山階」が多かった。この「階」は「道が次々に階段状に並ぶ」の意味であり、その地形をよく表している。なお、「シナ」は、古代南方語で光を表す「東雲」の「シノ」が語源であるとの説や、「シナノキが生い茂っていた原生林であった」との説もあるが、いずれも山科と結びつける根拠が弱い。

旧石器時代から人々が住み着いた地（中臣遺跡等）で、近江京の頃は狩猟地として、平安遷都以降は東国や北国等への交通の要衝の地として重要な位置を占めてきた。「山科」はもともとは盆地の一部を指していた地名だが、地域の発展にしたがって、盆地全体を指す概念となっていった。

都の近隣地として、食料の供給地であるとともに、貴族の別業の地であり、勧修寺・安祥寺・山科本願寺など、有力寺院が多く甍を競う信仰の地でもあった。中世には、野村・大宅・西山・花山・御陵・安祥寺・音羽が山科七郷と呼ばれ（『山科家礼記』）、住民の連帯意識を培ってきた。近世になると「山科十七カ村」に発展し、享保一四年（一七二九）の「享保村名帳」によれば二二村となっている。明治以降は宇治郡山科村となり、二三の大字となった。昭和六年（一九三一）に京都市東山区に編入され、同五一年（一九七六）、山科区として独立した。なお、山科区の小字名で「〜町」となっている所は、京都市編入時に人が住んでいた所、「〜町」がついていない所は人が少ないか無人の所であった。　（小寺）

山城（山代・山背）《やましろ》〔京都府〕

京都府南部の古代国名の一つ。国語は一つヤマシロだが、用いられた漢字が文献ごとに異なるので、古典に反映された作者の時代的意味の違いが伺える。『古事記』は「山代」、『日本書紀』は「山背」、『万葉集』は「山代・山背・開木代」の三様式である。「代《しろ》」はナハシロ（苗代、稲の苗を育てる土地・床《とこ》）、ムシロ（筵、身を横たえ包む藁《わら》などで編んだ敷物）、ヤシロ（社、神がお住まいの家屋）など、拠るべき材料・用具をいうから、イハシロ（岩代、洞窟《いはや》を棲処《すみか》としている）に準じてヤマシロ（山代）も考えられる。「山代」は「山に暮らし山を棲家とした」と言う意味で、この狩猟民時代を反映した語は、国造《くにのみやつこ》の時代まで及んだと見られる。次のヤマシロ（山背）は律令政治の整った奈良時代語で、平城宮から見て奈良山のウシロ（身尻《みしり》の転、後方）にあるという大和朝廷のやや優越的言い方である。次に「開木代《やましろ》」とある『万葉集』の歌は二例とも奈良ではなく、京都の久世郡の歌で、山代の木々が伐採されて開発されたことを「開木」で表した、と見られる。奈良より古い「山代」の時代の遅れを、開発で進んでいるという意気込みが感じられ、文学とはいえ、歴史地理の理解に役に立つ。次に、桓武天皇の詔勅で「山背」から改められた「山城」の表現には、周囲の山を城壁とした天下太平・四神相応・天子南面の大いなる平安京の理念を謳歌したものだ。

奈良と京都は共に天皇の都が長くあった地で、大和も山城も国名に「山」が付いている。しかし大和の山と山城の山とは同じ山ではなく、その違いは古典文学に用いられた修辞法で分る。枕詞に大きな差異がある。奈良は「そらみつ大和」で「大空に栗や橡《とち》の木が一杯茂って覆いかぶさっている大和」の意であり、京都は「つぎねふ山代」で、「峰々が断続的に連なっている山城（代）」だ、という意味である。このような国語の解釈を入れると、歴史地理が深く理解され、面白くなる。　（吉田）

山城町《やましろちょう》〔東山区〕

町名は堀尾山城守または河合山城という土豪の屋敷址に由来する（『京都坊目誌』）。所在は大国町通松原下ル二丁目。岡崎通の西に位置し、北を白川の旧流路に沿って左京区に接する。

もと建仁寺南門前の北御門町のうちに含まれ、元禄六年（一六九三）九月に当町を置いたとされるが、開坊はそれより早く、『洛中洛外惣町数人家数改日記』（一六三七）に「門前山城町」の名がみえる。明治元年（一八六八）に下京区に編入されたが、昭和四年（一九二九）に東山区に編成。「洛中洛外大図」（一六七二）には「山城屋屋敷町」と記す。　（忠住）

山田《やまだ》〔与謝郡与謝野町〕　↓上山田《かみやまだ》

山田《やまだ》〔相楽郡精華町〕

町の南部。東流する木津川支流山田川の中・下流域の山間部で、大坂街道が走る。東・南・北部は木津川市に接する。集落は山田川両岸および北部丘陵際に立地する。

山田の成立時期は不詳だが、平安後期〜戦国期に見える山田郷。戦国時代には戦場となり、『多聞院日記』永正四年（一五〇七）一〇月一日条に「今日自此方木津・山田辺被取取懸了」とみえる。由来は文字通り山間に水田地帯が広がることに因むだろう。（綱本）

山田《やまだ》〔木津川市加茂町〕

木津川中流域の南岸の山中に位置し、笠置町に接する。平安期に山田牧があり加茂町中央部から南部におよんだ。牧は牛馬の飼育をするため設定された土地で、早くから開拓されたところである。地名はこれにちなむが、山田の田は、方向・範囲を示すテ（手）の古形タ（『岩波古語辞典』）で、山手つまり山の土地・場所を示す。

山田牧は一二世紀前半右大臣（藤原家忠）家領だったが、隣接する東大寺領賀茂荘と堺相論（境界争い）、天治二年（一一二五）三月二九日付「山城国賀茂荘住人等解《げ》（上申文書）」に「右大臣家御領山田牧」とあり、牧の性格をもつ荘園だった。その後、高陽院《かや》（摂関家）に伝領された。

室町時代には正長元年（一四二八）一一月の「広橋家雑掌《ざっしょう》（荘園の雑事を扱う役人）言上状」に「山田庄　并《ならびに》当尾と号す」とあり、『経覚私要鈔《きょうがくしようしょう》』（興福寺大乗院第一八世門跡経覚の日記）も「山城国山田庄、号当尾事、地下人等押領」と記す。山田庄は当尾とも称された。山田は当尾郷の北に続く地であるから、室町時代に興福寺末の慈恩院領であった当尾郷に含まれた地で、興福寺領となっていたとされる。（綱本）

大和大路通《やまとおおじどおり》〔京都市・南北の通り〕

三条下がった若松通から泉涌寺通に至る道。『洛陽勝覧』が「縄手　大和大路と称す、いにしへの大和街道なればなり」とするように、古くから、五条に発する伏見街道につながり、さらに大和（奈良）へと通ずる道であったことによる。「縄手」とは、鴨川の東岸に沿った、三条と四条の間の道で、昔は「縄手通」といって、大和大路とは別にみていた。また、四条から五条の間は、「建仁寺通」といい、五条から南は、「大仏仁王門通」とも呼んでいた。

建仁寺は、栄西が創建した臨済宗の寺院、大和大路は、この西面を通る。大仏仁王門は、秀吉が建てた方広寺大仏殿のもののこと。（糸井）

大和町《やまとちょう》〔東山区〕

大和大路筋にちなむ。所在は大和大路通四条下ル一丁目。川端通の東、四条大橋南側に位置する。

明治元年（一八六八）に下京区に編入されたが、昭和四年（一九二九）に東山区に編成。

「洛中洛外大図」（一六七二）に「建仁寺町」、『京都洛中洛外大絵図』（一七八八）に「建仁寺北門前町」、『宝暦町鑑』に「大和町」とみえる。（忠住）

山中越《やまなかごえ》〔左京区〕

荒神口の荒神橋東から大津市の山中町を通って南志賀町に至る。

『京雀』に「山中越《やまなかごえ》とて白川の里の東にこゆれば山中の里あり。これより東坂本に出る也」とあるように、「山中の里」（滋賀県大津市山中町）を越えていくので「山中越」という。『京羽二重織留』は「北白川より山路を経て江州大津へかよふ道」とし、「今道とも云」とする。「今道」とは、古道「志賀の山越」に対していわれたもの。「志賀の山越」は歌枕としてもよく知られている。代表歌に紀貫之の「志賀の山越えに女の多く逢えりけるに詠みてつかはしける」歌として「梓弓春の山辺を超え来れば道もさりあへず花ぞ散りける」（『古今和歌集』）がある。「山の井」が景物として知られる。平安末期、志賀寺（崇福寺）の消長と軌を一にして、志賀寺への参詣道でもあった「志賀の山越」の道はほとんど廃絶する（『平安文学の環境』）。顕昭『古今集註』が「是ハ如意越ヨリハ北今路越ヨリハ南ニ志賀ヘ越ル路アリトイヘリ」というように、当時すでに比叡山無動寺や東坂本の日吉社へ向かう「今路越（今道）」の方がよく知られていたのである。元禄三年（一六九〇）刊『名所都鳥』によれば、織田信長が近江国安土城を居城としていた時、京より安土に行く者は、多く「山中越を経て、東坂本より舟に乗て」行ったという。また『東北歴覧之記』には「是（北白川）ヨリ江州志賀ヘ越ル道アリ。至テ峻嶮ナリ。是古ニ所謂志賀ノ山越ナリ。今ハ山中越ト云フ」とあるように、「志賀の山越」も「今路越」も、さらに『多聞院日記』永禄一三年（一五七〇）三月二〇日条に見える信長の家臣の拵《こしら》えた「新路」も、「山中の里」を通過する故に「山中越」と呼ばれたのであろう。（糸井・笹川）

山名町《やまなちょう》〔上京区〕

室町時代中期の守護大名の山名宗全（持豊）の屋敷がこの地にあったことによる。町は今出川通より一つ北の小路をはさんだ両側で、堀川通より西を町域とする。天保二年（一八三一）の「改正京町絵図細見大成」に「山名丁」とあり、江戸時代からの町名である。山名宗全は応仁の乱において、西軍の総帥として細川勝元の東軍と戦った武将である（「西陣」参照）。（清水）

山ノ内《やまのうち》〔右京区〕

右京区の東端にあり、南を四条通、北を御池通、西を天神川とする地域で、旧平安京の条坊に含まれる。『太秦村行記』には、「山ノ内は、古へより叡山の領なり。故に叡山の内と云へること也と云ふ」と地名の由来が示されている。現在の嵐電山ノ内駅南方にある山ノ内小学校には弥生遺跡があり、古くから生活の舞台となっていたことが分かる。後に延暦寺領となるが、ここは伝教大師最澄の母、妙徳尼が生まれたところであると伝えられる。弘仁八年（八一七）に母が亡くなると、最澄は菩提を弔うため寺を建立した。山ノ内宮前町の紫雲山念仏寺がそれで、慈母観音像が安置されている。また、御池通の北側には「親鸞聖人御往生之旧地」の碑が立つ。親鸞往生の地は複数の説があり、その一つとされている。側に浄土真宗本願寺派の角坊《すみのぼう》があるが、安政四年（一八五七）に親鸞の草庵の号をとって建立されたものである。近世以降は、河川やため池による灌漑により農業地帯として発展し菜種などが特産となった。幕末期には物資運搬のために西高瀬川が東西方向に開鑿されている。（岩田）

山端《やまばな》〔左京区〕

ヤマ（山）ハナ（端・鼻）で「山の先端」の意。『北肉魚山行記』に「山鼻村ニ至ル」とあり、『雍州府志』冒頭に掲げられている「賀茂川以東図」には「山花町」と見える。『山州名跡志』に「山端《ヤマバナ》〈地ノ名〉松崎ノ東北ニ在リ。民家有リ。此所、松崎山ノ東ノ崎《サキ》ナリ」とある。『山城名跡巡行志』には「山端〈茶店多シ〉」とあり、「山端・高野ノ間ニ長谷路アリ〈橋ヲ渡リ北へ行クコト三町許ニシテ長谷・花園相分ル〉」とあるように、高野から八瀬・大原へ行く人、岩倉の長谷・花園へ行く人がそれぞれに分かれていく分岐点に多くの茶店が営まれたのである。その名残として平八茶屋が今もある。

現在、山端何々町という「山端」を冠する町名が一一町ある。　（笹川）

山伏《やまぶし》〔乙訓郡大山崎町円明寺〕

円明寺団地南の田園の中に土が盛り上がり直径三〇メートルくらいのこんもりとした森がある。『乙訓郡誌』（一九四〇）は墳墓（塚）としている。森の中の小祠は「山伏の塚」と呼ばれ、昔から大日如来といわれる石仏が東向きに鎮座している。修験道における信仰の中心は大日如来である。各地の修行場には「大日岳」などの冠称地名が分布する。地名の山伏は石仏にちなんだものと考えられる。しかし、山伏が修行するような場所ではないので、「山」は突起した所、「伏」は節の意で、やはり瘤のように盛り上がった所の意もあろうか。

『京都乙訓・山城の伝説』（京都新聞社）によると、その昔、江戸末期の天保年中（一八三〇～四四）円明寺村の農民、兵左衛門の家が火事で焼けた。建て直すため、代々耕してきた山伏の土地を同じ村の弥衛門に売った。次の夜から弥衛門の夢まくらに大日如来が立ち、「早く帰してくれ」と呼び続けた。山伏の土地には大日如来を祀った塚があったからだ。弥衛門からこの話を聞いた兵左衛門は気味悪くなって買い戻した。噂は村中に広まり、森の木を切った人が災難にあったり、医者から見放された患者が日参して完治した話も伝えられた。今もお参りする人が絶えず、花や水が供えられている。

石仏は高さ八六センチ、花崗岩製の光背を背に負い半肉彫り。頭は螺髪、頭頂部は肉髻で宝冠をかぶらず、印相は弥陀の定印で阿弥陀如来である。鎌倉時代の作といわれる。　（綱本）

山伏山町《やまぶしやまちょう》〔中京区〕

山伏山の町。祇園会に町内から山伏山を出すことからつけられた地名。

山のご神体は超人的な験力をもつことで知られた浄蔵貴所《じょうぞうきしょ》。大峯入りの姿といわれる山伏装束をまとっている。応仁の乱以前からの古い山である。

室町通を挟む両側町で、北は蛸薬師通、南は錦小路通のやや南側まで。中近世の室町筋の繁栄を担った町の一つである。

山伏山のご神体である浄蔵貴所は、平安中期の高名な学者である三善清行《みよしきよつら》の子。清行は『今昔物語集』に載る妖怪退治譚でも名高く、浄蔵も八坂の塔のゆがみを直した話や鴨川の流れを直した話、一条戻橋の上で父・清行を冥界から呼び戻した話など、超人的な逸話に事欠かない。

都市の疫神祭である祇園会には、疫病神に打克つ強い呪力が求められた。その中で浄蔵貴所の験力にも期待が寄せられたのであろう。神仏習合の信仰を伝える山で、祇園祭期間には現在も、六角堂の法印の祈祷や聖護院山伏の巡拝が行われている。

明治二年（一八六九）、占《うら》出《で》山《やま》町（別項参照）の心学道場明倫舎をもとに作られた尋常小学校（後の明倫小学校）は、明治八年（一八七五）に当地に移転。地域の財力と誇りを示すべく、戦前には東洋一といわれる諸施設を備えた学校として発展したが、戦後の高度経済成長期以降のドーナツ化による人口減少に伴って廃校となり、現在は京都市芸術センターとなっている。（真下）

山本《やまもと》〔京田辺市三山木〕

江戸時代の山本村は明治九年（一八七六）以降、三山木村のち旧田辺町の大字名となる。現在、行政地区名・山本として残る。『和名抄』山城国綴喜郡一〇郷の一つ、山本郷である。

もともとは、谷岡武雄によると、最初の山本村は飯岡段丘南麓に立地し、現在地よりも東北に位置していたという。そこは木津川に近くて洪水のため、山本駅設置以後、三山木古屋敷へ転居した。寛延四年（一七五一）、さらに今日のごとく古い宿駅の西側へ再度移転した（『平野の開発』）。

ここはちょうど平城京から京都盆地を結ぶ廊下地帯で、律令制下初めて都亭駅（駅《うま》家《や》）が置かれ、『続日本紀』和銅四年（七一一）正月二日条に「綴喜郡山本駅《やまもとのうまや》」と載る。平城京と太宰府を結ぶ山陽道や、また淀を経て丹波へと続く山陰道の要所として設けられた。

交通集落の機能が後退した後、『三代実録』貞観一二年（八七〇）七月二九日条に「山城国言、綴憙郡山本山頽裂陥、長廿二丈、広五丈一尺、深八尺、底広四丈八尺、相去七丈、小山堆起」と載るが、「山本山」は飯岡の小山のこととされる。

古代の山本駅からは、船で木津川を渡り宇治田原を経て近江国勢田へ通じる交通の要路だった。塔之島の寿宝寺南側を通る府道を東に進むと、木津川に架かる玉水橋の西端に至る。明治一〇年代の『京都府地誌』によれば、山本には木津川東岸石垣村（現・井手町）の合藪《あいやぶ》（玉川河口）とを結ぶ舟渡しがあり、山本の渡と称していたが、明治三七年（一九〇四）に木造玉水橋が架設され消滅した。「山本の渡し・船着場路」（一九七四年三月建立　田辺町文化財保護委員会）の石碑がある。また、府道を西へ進むとJR三山木駅西北の南北に走る旧街道と交わる附近を「二又」と通称している。道路の分岐点を意味する地名である。

地名由来については、山本とは当初に位置した飯岡の「山の麓」の意であろう。飯岡は古代には山本郷に属したとされる。また駅に関係する地名としては、山本地区周辺の道中・荒馬の地名が遺存する。現在、鶴沢公園がある寿宝寺《じゅほうじ》隣には、「和銅四年設定山本駅旧跡」（一九二八年秋　京都三宅安兵衛遺志建之）の石標が建てられ、塔之島には、「駅鈴」に関係した「鈴」という通称名がある。南側の八反坪と古屋敷の境界西側から数個の古鈴が出土したという。八反坪に「古代山本里ならびに山本駅遺址之碑」（一九八六年十二月吉日、林憲三建之）が建つ。附近で近年の三山木駅区画整理事業に伴う発掘調査から奈良から平安時代にかけての掘立柱建物跡が確認され、「山本駅」に関連した施設と見られている。

（綱本）

八幡市《やわたし》〔京都府〕

淀川・桂川・木津川の合流地右岸に位置する。北西部に男山丘陵があり、淀川をはさんで乙訓郡大山崎の天王山に相対する。三河川の合流地付近は非常な隘路を成し、古来、当地は交通・軍事上の要衝であった。石清水八幡宮の鎮座地で、貞観二年（八六〇）宇佐から僧行教が勧請した。地名は同社に由来するが、『男山考古録』では「ヤハタ」となっていたが、正応五年（一二九二）「室屋若怠状案」では初めて現在と同様「ヤワタ」と変わっている。のちに八幡八郷（内四郷・外四郷）と称される八幡宮膝下所領の一定の範囲を示す地名へと転化していった。明治二二年（一八八九）八幡町に八幡荘の川口村を加え新たに八幡町が成立（他の八幡荘はのち久世郡淀町を経て京都市に編入）。昭和二九年（一九五四）に都々城・有智郷両村を合併し、同五二年に市制施行。

（綱本）

八幡町《やわたちょう》〔下京区〕

西洞院通万寿寺下ル五条までの両側町である。「天明火災前、八幡大明神の祠アリシヲ以テ相唱フト古老云フ」（『京都府地誌』）とあるによる。「寛永一九年（一六四二）寛永後万治前洛中絵図」に「八幡町」とある。宝暦一二年（一七六二）刊『京町鑑』には「八幡町」とある。「天保二年（一八三一）改正京町御絵図細見大成」に

も「八まん丁」とあり、この最初の版ができた翌年に、当町の八幡宮が焼亡してしまった（『京都坊目誌』）。（小西）

ゆ

夕顔町《ゆうがおちょう》〔下京区〕

堺町通高辻下ル松原までの両側町である。当町西側の民家の外に、昭和四年（一九二九）一月に京都史跡会が建てた「夕顔之墳《つか》」の石碑がある。その民家の庭に、夕顔の墓とされ、宝篋印陀羅尼《ほうきょういんだらに》を納める「室町期の宝篋印塔」がある（『京都の地名検証2』）。しかし、「光源氏のかよひ給ひし夕がほの宿といふはいとあやし源氏物語五十四帖の寓言なれば（中略）すべてすぢなくはかなき事」（『莵芸泥赴《つぎねふ》』）には違いない。また、「紫式部が想定した夕顔の家は、（夕顔町西側ではなく）高辻西洞院西二軒目である」（『角田文衛著作集7　紫式部の世界』）という説もある。しかし、この説には「光源氏が車を止めた位置は大路ではないのか。権勢家に付属する庶民は大路に門を構えられないか。当町は、具平親王邸（千種殿）への順路としてほんとうに不適切か」などの疑問点も多い。源氏物語夕顔の巻のモデルと思われる村上天皇第七皇子具平親王と、下女「大顔」との恋愛事件は、当時は都で誰知らぬ者はいないといわれた。ここは「大顔」の住まいであった。ただ、本名の「大顔の墳」とするよりも、有名な「夕顔の墳」にしたほうが、「後世の人々には分かりやすい」と考えたのであろう。「寛永一九年（一六四二）寛永後万治前洛中絵図」に、「かしや町通ゆふがお町」とある。宝暦一二年（一七六二）刊『京町鑑』は「上鍛冶屋町」とあり、「夕顔町とも云」うと付記する。「天保二年（一八三一）改正京町御絵図細見大成」に「夕顔丁」とある。（小西）

油池《ゆけ》〔京丹後市久美浜町〕

川上谷川河口部の左岸、意布伎《いぶき》山東南麓にある、小さな谷間に位置する。昔は、意布伎と称したが、和銅六年（七一三）の勅で地名の好字化により油池にしたと伝える。「イフキ」→「イウキ」→「ユウキ」→「ユウケ」の変化か。式内社の意布伎神社が鎮座し、祭神は気吹戸主《きぶきどぬし》神。油池は、当地の山の名と、式内社名、及びその祭神から、踏鞴《たたら》や製鉄との関連が想定される。とすれば、「油」は湯（金属を熔かしたもの）で、「池」はその容れものを意味したのではないか。社殿はもと、意布伎山中腹の神座《こうざ》と呼ばれる場所に鎮座していたといい、そこには小さな池がある。踏鞴や製鉄が行われていたとすれば、その技はまさに神格化されていたといえよう。「ゆうけ」は戦国期に見え、「丹後国御檀家帳」に「一　ゆうけ　家百軒斗」とある。　（水野）

遊田《ゆうでん》　〔宇治市伊勢田町〕

「遊」は、「仕事、勉強、働きなどをしていない状態にある」こと（『国語大辞典』）で、せっかく開拓したのに使われない状態にある田圃の意。名木川（山川）によって作られたデルタ先端部の低湿地の、八幡道以北を田圃にしたもの。開発がいつごろから始まったものか明確でないが、開発を巡っては、小倉村などの漁民との争いが絶えなかった。「小倉村他二ヶ村漁師訴状」（正徳四年〈一七一四〉）に「殊ニ伊勢田村山川大池（巨椋池）え流れ込み申し候ニ付、土砂馳出し御運上場大分ニ埋り大芝と成り、六拾年以来新田両度相改め、凡そ町反五十町歩余新田ニ罷り成り、悉く漁場せはまり申し候」とある。ただ、巨椋池（旧大池）との水位があまり変わらないためせっかくの新田も水害を被むることが多かった。地籍図では、東の大池側は水に浸かっているし、すぐ西隣の小字砂田にいたっては大半が水没している。したがって、「（伊勢田）新田村免状」（延宝七年〈一六七九〉）にあるようにしばしば「此取当水損皆無」となった。伊勢田新田村は、八幡道と名木川（山川）とが交差する辺りに形成されている。「山城国絵図」（正保年間〈一六四四～四八〉）には、その名はないが、「伊勢田村之内新田村検地帳」（延宝七年〈一六七九〉）には載っているので、その前後には成立していたようである。同検地帳には、「ゆうでん」「砂田」の名もある。『（伊勢田村）村誌』（明治一四年〈一八八一〉）に「遊田《ユウデン》」とある。　（髙木）

行永《ゆきなが》　〔舞鶴市〕

与保呂川沿岸に位置する。『村誌』に大永年間（一五二一～二八）に当時の村名「幸野《ゆきの》」を古名「行永」と改めたとある。行永でもっとも早く開けていたところの一つが「池の辺《べ》」といわれる。椿谷の鋳物師が金屋に下りてきたように、池の辺の農民も谷から平野へ出てきたのではないか。

地元には、近江国坂田村の息長一族が古代の倉梯《くらはし》の地に移り住んだ、行永という地名は息長水依比賣《おきながみずよりひめ》の息長から出たという伝承がある。しかしそれは如何なものか。「行」の用字の場合は、中世の名《みょう》起源の場合が多いといわれ、実際近くの志楽庄に「行永名」があり、江戸期に庄屋を務めた行永家（字小倉）が今日まで続いている。「行く」がユクともイクともいえることを考えると（当地方では岩もユワと言う）、「池の辺」のイケ（池）がユケ、ユク、ユキになるのは案外に容易と思われる。池から離れ平地に住みついた住民がユキノ、ユキノべそして「行永」の文字を充ててユキナガを称するようになったのではないか。「幸野」は町内会では現在も使われている。　（髙橋）

遊行前町《ゆぎょうまえちょう》　〔東山区〕

当町にかつてあった時宗遊行派法国寺（現・歓喜光寺《かんきこうじ》）の門前にあったことから。なおこの法国寺は後陽成天皇（一五七一～一六一七）の母・新上東門院が、父・勧修《かじゅう》寺晴右《じはるすけ》の追善供養に建てた寺で、当初「豊《ほう》国《こく》寺」と称し秀吉も帰依したが、豊臣滅後、徳川家を憚り「法国《ほうこく》寺」に改称したという。後明治四〇年（一九〇七）五月に京極錦小路にあった時宗歓喜光寺が後に当地に移転し、法国寺を吸収した。同寺は昭和五〇年（一九七五）に山科区へ移転。所在は東大路通五条上ル。東大路通を挟んで五条坂へ上がる坂入口北側付近一帯と、飛び地となった五条坂沿い北側の地。

　江戸時代初期には当地の名が見られるが、やがて五条通をはさんで南北に町が分かれ、「遊行前北側町」、「遊行前南側町」となった。明治二年（一八六九）北側町の一部が「遊行前町」と改称し、南側町の全部と北側町の大部が「五条橋東五丁目」となって現在に至る。明治二年（一八六九）に下京区に編入されたが、昭和四年（一九二九）に東山区に編成。（忠住）

弓削《ゆげ》〔右京区京北〕
　『和名抄』に桑田郡弓削郷とあり、古い郷名で、範囲は広域にわたり、村名にもみられる。大堰川の支流弓削川流域に当たる。山国郷とともに禁裏御料地として、都の造営などの折、木材を供給する土地であった。木材は弓削川、大堰川（桂川）の筏流しによって運ばれた。京都から南丹市美山町を抜けて若狭にいたる幹線道路が貫通している。地名の初出は、『続日本紀』養老六年（七二二）に「丹波国韓鍛冶首法麻呂、弓削部名麻呂」とある記事。「弓削部」は、弓を作ることを職掌とする部民の集団を意味するが、「弓削」は当地が弓削部の開いた土地であったことによる地名であろう。配流先の下野国から密かに逃れてきた弓削道鏡が当地に隠れ住んでいたという伝承があり、下中（町）の福徳寺には、弓削道鏡のものと伝える墓がある。（糸井）

油江《ゆご》〔舞鶴市〕
　油江の集落は、由良川河口近くの右岸に立地し、集落とその西側自然堤防との間に旧由良川の川道であった幅の比較的広い細長い沼地がある。この沼地は由良川下流の湊としても利用されていた。ユゴのユは溝・溝川・用水路を意味する語であり、ゴはコウ、ゴウの約で「川」の意であり「江」の字を用いたもので、以前は「ゆごう」といっていたと考える。（髙橋）

弓槻《ゆづき》〔右京区京北〕
　『和名抄』の桑田郡有頭《うつ》郷内に位置し、後宇都（宇津）庄（吉富本庄）に含まれた。林業を主な生業とする地区。弓削地区同様、弓の生産地であったことによるか。「ゆづき」は斎槻、神聖な槻の木のこと。古代の歌に「梓弓真弓槻弓《つきゆみ》、」（『神楽歌』・『伊勢物語』）とあるが、「槻弓」は槻の木で造った、丸木の弓をいう。（糸井）

柚之木町《ゆのきちょう》〔東山区〕
　元々耕地で町名は字柚之木とよぶ耕地に由来するという（『京都坊目誌』）。土地の言い伝えでは大きな柚子《ゆず》の木があったからとも伝えられるが不詳。語源からみれば、ユノキとはエノキの転訛で、エは江、キは処。「江の処」で川のそばという意味と解せる。所在は三条通北裏岡崎西入ル。岡崎通の西に位置し、北を白川の旧流路に沿って左京区に接する。
　明治二年（一八六九）に下京区に編入されたが、昭和四年（一九二九）に東山区に編成。（忠住）

弓木《ゆみのき》〔与謝郡与謝野町〕
　天文七年（一五三八）の「丹後国御檀家帳」に「いミの木」「いみの木の地下にて」とあるものが初出の地名である。永禄一二年（一五六九）にこの地を訪れた連歌師里村紹巴の『天橋立紀行』には「忌木」と表記される。「忌木」という表記は、慶長七年（一六〇二）の「丹州与佐郡忌木庄長男山御検地帳」や「慶長郷村帳」の「忌木村」に引き継がれ、延宝九年（一六八一）の「丹後国与謝郡等郷村高帳面」に至り、現在と同じ「弓木村」となった。地名の語源は、けがれを除くための木を立てたことに由来するとされ、当初は忌木（いみのき）であったものが、音変化して「ゆみのき」となり、「弓木」と表記するようになった。延宝九年以降は「弓木村」と表記され、明治時代に至る。

　なお室町時代に丹後守護であった一色氏が最後に本拠地としたのは弓木城であった。宝永六年（一七〇九）に編さんされた『丹後田辺府志』以降、江戸時代に記された軍記物には「弓木城」と記されるが、一六世紀代にこの表記が用いられたかは検討が必要である。　（新谷）

弓矢町《ゆみやちょう》〔東山区〕

　近世、祇園社に奉仕する祇園犬神人《いぬじにん》（別名・弦召《つるめそ／つるめせ》）がこの辺りに居住した。犬神人は弓矢を製造して祇園社に納め、祇園祭の際には武具を付けその弓矢を携えて神事を警固奉仕したため、この町名が生まれた。近代まで祇園祭の神幸祭（神輿渡御）の際には露払いとして神役警護にあたるのが当町の伝統であった。所在は松原通大和大路東入ル。六波羅蜜寺の北側に位置し、北は小松町、南は北御門町・薬師町、東は轆轤町に接する。当町内を松原通が走る。

　現在の町域は旧物吉村の一部を含む。明治元年（一八六八）に下京区に編入されたが、昭和四年（一九二九）に東山区に編成。

　町名の初見は『洛中洛外惣町数人家数改日記』（一六二七）に「坂弓矢町《さかゆみや》」と見える。これは河原より清水坂の入り口にあたるため、坂ないし坂面《さかおもて》と称された。また「前瀬崎《ぜぜがさき》」の汎称もある（『山州名跡志』）。

（忠住）

湯谷《ゆや》〔亀岡市東別院町〕

　かつて村の東方の道傍に石舟（石風呂）があり、「湯壷」と呼ばれた。今は万願寺に移転されている。往古、その石舟の近辺に温泉が涌いていたことが地名の由来という（『丹波志』）。

　明治二二年（一八八九）に東別院村の大字となり、昭和三〇年（一九五五）からは亀岡市の東別院町の大字となった。（安藤）

湯屋谷《ゆやだに》〔綴喜郡宇治田原町〕

　鷲峰山《じゅぶせん》の北麓で、田原川源流の山間渓谷地になる大字名。江戸～明治前期に村を形成。塩谷・中谷・西谷などの谷あいにのぞんで集落が散在する。語源は、当地長福寺の享保一一年（一七二六）なる由来書（『宇治田原町史』所収）によれば、和銅二年（七〇九）に温泉が湧出し（由来書は養老年中とするが、『町史』の訂正に従う）、行基が開いたとされる湯泉山湯原寺があったとされることによる。万葉歌人の湯原王（施基《しきの》皇子《みこ》の子）居住地ともいうが、施基皇子の宇治田原居住伝承から派生した伝承（「湯原」の名により生じたものと思しい）であろう。同由来書中に「湯谷の里」「湯屋院長福寺」の文字がみえる。なお吉田金彦氏は、「湯屋谷」は、湯屋谷の中の「釜ヶ谷」同様、和束町にその例が多い、鉱山や鉱業に関わる地名であるという新たな視点を開いている（『京都の地名を歩く』）。南山城地方はかつて鉱山地帯であったという）。今後の検討課題であろう。湯屋谷は茶祖永谷宗円の出身地で、製茶業の最も盛んな地である。（齋藤）

由良《ゆら》〔宮津市〕

　由良ヶ岳（六四八メートル）の北麓、由良川河口の左岸に位置し、北は若狭湾に面する。ユラはユルの変化で、風や波で砂がゆり上げられた地形をいう。由良は砂丘上にある村である。耕地が狭いために塩浜・廻船などに従事する者が多かった。由良の湊千軒長者という言葉もあるように由良川右岸の神崎と共に廻船業に携わり、当村の船主ばかりでなく、宮津や岩滝の船主の船頭・水主もつとめた。古くは丹後国加佐郡のうち。田辺藩領の西端にあり、宮津境に領内番所、由良川河口左岸に年貢を収納する米蔵を建て、「口留番所」である由良番所が置かれた。当村には山椒大夫伝説にちなむ、如意寺の身代わり地蔵、安寿の塩汲みの浜、厨子王の柴勧進、山椒大夫が竹鋸で首を挽かれたという「首挽きの松」などがある。昭和三一年に宮津市に編入したので村名を解消し、宮津市の大字となった。

「由良川」は、丹波山地の東境、京都府南丹市美山町芦生《あしう》の杉尾峠（七五六メートル）に源を発し、日本海の若狭湾に注ぐ大河である。明治二九年の河川法制定により、河口部の名称をもって川全体を由良川と称することになった。それまでは川沿いの地域毎に河川名があり、上流では大野川や和知川、福知山市付近では天田川《あまだがわ》や音無瀬川、下流では大川、大雲川などと呼ばれていた。この川は各地での漁業の他に、福知山盆地より下流河口までは勾配の緩やかな川であったので、古くより輸送・交通の手段として舟運が発達した。また流域には縄文遺跡・弥生遺跡が数多く存在し、古くからの人々の暮らしを知ることができる。

（髙橋）

由良ヶ岳《ゆらがたけ》〔宮津市・舞鶴市〕

由良ヶ岳は、宮津市と舞鶴市の境に位置する標高六四〇メートルの山で、丹後冨士、宮津冨士などともいわれる。由良川河口部左岸にあって、西方にある赤岩山（六六九メートル）と並び、丹後山地を形成する、大江山から東方へ続く稜線上に位置する。『丹哥府志』によれば、由良山如意寺は、真言宗熊野権現の別当であり、中世には修験道の道場であったと思われる。山名は、由良地名にちなむものであろう。

（水野）

由良川《ゆらがわ》〔京都府〕

由良川は、丹波山地の三国岳《みくにだけ》を源流に、京都府北部を流れる延長一四六キロメートル、流域面積一、八八二平方キロメートルの京都府最大の河川。三国岳（七七五・九メートル）は、京都府、滋賀県、福井県境に位置する。丹波地方を流れて、宮津市由良と舞鶴市神崎の間を日本海に注ぐ。川の名は、河口左岸の地「由良」にちなむものである。「由良」地名は淡路島、和歌山、山形、高知の海岸などに広く分布する。

古名を大芋《おくも》川、天田《あまだ》川ともいう。また、中流部では大野川、和知川、音無瀬《おとなせ》川などの部分称をもつ。河川名「由良川」の初見は、今井似閑《じかん》の「橋立の道すさみ」（享保五年〈一七二〇〉）とされる。なお、宮津市南西部の新宮に流れを発し、宮津市脇で栗田湾に注ぐ延長約二キロメートル、流域面積六・七平方キロメートルの小河川に大雲《おくも》川がある。由良川のことを大芋《おくも》川、あるいは大雲川と呼んできた経緯もあり、宮津市の脇で栗田湾に注ぐこの大雲川との呼称関係が気になるが不詳。

（水野）

岼《ゆり》〔福知山市三和町〕

土師川《はぜがわ》に西北から注ぐ支流・河合川の上流で、西方の谷からの支流周辺の山間の村名。「ユリ」は山と平を合わせたその漢字のとおり、山地の小平坦地の意味で（『地名の語源』）、地形的な特色が地名の由来となっている。

『巡察記』（佐藤信淵）によると、当村は「烟草、繭、楮、椶《えだ》モ売リ出シ、茅ハ千駄ニ及ヒ、薪木ハ五千駄ニ余レリ、蒟蒻《こんにゃく》玉モ百駄ニ下ラズ」と記されている。

昭和三一年から三和町の大字となった。

（安藤）

よ

様子見町《ようすみちょう》〔山科区西野〕

山科本願寺に因む地名。近くの阿芸沢町に山科中央公園があるが、ここに土塁と濠が築かれており、濠は近年までプールとして利用されていた。その北側を取り囲むような細長い地域である。「様子見」は「高い場所から状況を把握する」の意味であり、なんらかの見張り台的な施設があったと思われる。山科本願寺の北西に当たり、都からやってくる人々を最も早く認知できる場所でもある。（小寺）

楊梅通《ようばいどおり》〔京都市・東西の通り〕

平安京の楊梅小路の一部に相当する。現在、東洞院通から堀川通までの、比較的短い通り。東中筋通（天使突抜通）までとも。名の初見は、藤原定家『明月記』建仁三年（一二〇三）の「夜半許南有火、楊梅南、室町西一町焼」。名の由来は、詳細不明。通りに面して、楊梅が植えられていたことによるか。「楊梅」は「やまもも」のことで、平安京では「やまもも小路」と呼ばれた。

本通りの新町通を上がった東側辺りに、『池亭記』などの著作で知られる慶滋保胤《よししげのやすたね》の邸宅があった。平安期には貴族の邸宅が並び立った通りといわれる。また、秀吉時代に設けられた遊郭が、二条城の造営に伴い、慶長七年（一六〇二）二条柳町から六条柳町（六条三筋町とも）に移された。室町通と新町通の間に当たる。多くの有名な遊女の中で吉野太夫が最もよく知られている。遊郭の有様は、「洛中洛外図屏風」にも描かれている。『京都坊目誌』に「天使突抜以東を雪踏《せった》屋町（通）とも称す」とある。「せったやが多く住」した故であった（『京羽二重』・『京町鑑』）。（糸井）

要法寺町《ようほうじちょう》〔下京区〕

醒ヶ井通綾小路下ル仏光寺までの両側町である。「中昔日蓮宗要法寺。此地にありしを以てなり」（『京都坊目誌』）とある。要法寺は京都法華二一ヵ寺のひとつで、天文法華の乱で堺に逃れた上行院と住本寺が、天文一一年（一五四二）一一月、洛内還住の勅許をえて合併し、要法寺として再建された。「寛永一九年（一六四二）寛永後万治前洛中絵図」に、すでに、現町名の「要法寺町」がみえる。宝暦一二年（一七六二）刊『京町鑑』に「要法寺町」とある。以後変化はない。（小西）

横大路《よこおおじ》〔伏見区〕

現在は桂川と鴨川の合流点、桂川の東岸に位置するが、以前はもっと東に集落があった。横大路は「鳥羽横大路辺り」（『園太暦』文和二年〈一三五三〉六月八日条）、「横大路の者」（『看聞御記』嘉吉三年〈一四四三〉五月六日条）と室町時代には地名があったようだ。なぜ横大路なのかは、よく分かっていないが、江戸時代の地誌から推定できる。それによると横大路は「下鳥羽の南北の端より竹田に出る道」（『菟芸泥赴』）で、『山州名跡志』によると、豊臣秀吉伏見城築城の時、桂川堤を造って横大路を東西通りにした。「古は東方、今田畠の地にして中に往還道あり。横大路と号するは伏見の城より西に当たりて、此の路、摂津の国河内等より都に到る街道なる謂なり」。「さて横大路も東又西へ通ふ所なり」（『京師巡覧集』）とある。横大路は東西の街道で、南北の鳥羽作り道からの岐路で、西の竹田へ通じていたのである。横大路は古代、奈良盆地を東西に横切る古道の呼称であるが、東西の道に由来の特徴がある。（明川）

横鍛冶町《よこかじちょう》〔中京区〕

横に広がった地形の、鍛冶屋の住む町。丸太町通を挟んで北側に隣接する上鍛冶町に対して、横広がりの地形であることからの名であろう。『京雀』に「かぢや町（現・横鍛冶町）この町は北南両行なから鍛冶やなり」とあり、『京雀跡追』に「かぢや町（現・横鍛冶町）・丸や町（現・中之町）右二町は万鍛冶多シ。かぢさいくいろいろ、中にもやすりの上手あり」とある。

当町は平安京大内裏の東側にあり、桓武天皇の皇子である賀陽親王の邸宅である高《か》陽《や》院跡に相当する。平安中期以降は藤原摂関家の邸宅となり、鎌倉期に炎上するまで壮麗な御殿が棟門を並べた。邸内にはおそらく苑池が営まれたと考えられるが、その豊富な水脈が近世の鍛冶業にも役立ったのだろう。中世には応仁の乱を挟んで商工業者が居住し、近世期には二条城にも近く、北側の上鍛冶町とともに職人町を形成した。

呼称については近世を通じておおむね「横鍛冶町（丁）」または「横鍛冶屋町」だが、「鍛冶や丁」とする絵図もある。（真下）

与謝郡《よさぐん》〔京都府〕

与謝郡は古代から近代にわたる丹後国五郡の一つで、丹後国のほぼ中心部に位置する。もともと丹波国に所属していたが、和銅六年（七一三）に、加佐郡、丹波郡、竹野郡、熊野郡の四郡とともに分轄され、丹後国の一郡となった。『日本書紀』雄略天皇二二年七月条に「余社郡」、藤原宮跡出土木簡に「与謝評」、また「余社郡」（『顕宗・仁賢天皇前紀』）、「与謝郡」（『釈日本紀』『延喜式』『和名抄』）などと見える。『和名抄』刊本は「与佐」と訓じる。郡内に地名「与謝」（「与謝郡」参照）があり、鎌倉時代には「余佐郷」も見える。「与謝」の語源は、「イサ（沙）」の転で砂地か。あるいは、イザナギの尊が余社宮《よさのみや》で子神らに依事《よざ》したことによる、また、豊受《とようけの》大神《おおかみ》が天吉葛《あまのよさかずら》に真名井水を盛ったことによる、などと伝える。『和名抄』高山寺本は、与謝郡に宮津、日置、拝師《はやし》、物部、山田、謁叡《あちえ》の六郷をあげ、刊本ではこれに神戸郷を加える。『丹後国風土記』逸文「天《あまの》椅立《はしたて》」条には、「与謝郡の郡家の東北の隅の方に速石里有り」と見えて、天橋立の近くに与謝郡の郡家があったことを示唆している。「丹後国田数帳」時代の与謝郡は、近代の与謝郡域よりも広い。これは、竹野郡域や丹波郡（後・中郡）域の一部が、かつて与謝郡域であったことがあるからである。

天橋立は宮津市江尻から文殊まで続く砂嘴で、長さは約三・六キロメートル。この日本三景の一つ天橋立の砂嘴の内湾の海を阿蘇海《あそのうみ》、東に広がる海を与謝海《よさのうみ》といい、宮津湾につながる。また、阿蘇海と与謝海を併せて与謝海と呼ぶこともある。与謝海は与謝郡の名を負う（「阿蘇海」参照）。（水野）

葭島《よしじま》〔伏見区〕

葭島は二つの地域から成り立っている。京阪中書島の南と納所の南である。どちらも離れているが、かつては巨大な巨椋《おぐら》池の一部に位置していた。地名の由来は巨椋池の北と西に点在した葭島のあった所である。言い換えれば生い茂った葭や菰がある島のあるところである。享保七年（一七二二）近江の堀井長円が北の開墾に着手、以後、開墾が続けられ、葭島新田（「天保郷帳」）の村名を用いた。現在の金井戸・矢倉の二町にあたる。南の納所の開墾地は渡場島町にあたり、京都競馬場の付近である。（明川）

吉田《よしだ》〔左京区〕

「神楽岡」の地名が古く、同地に吉田社が勧請されて以後の地名（「神楽岡」参照）。京都大学吉田キャンパスで発掘が行われた時、弥生時代の田の跡が発見された。この地に、人の耕作した良い田の弥生遺跡が確認されたことによって、「ヨシダ(吉田)」の語源は文字通り「良い田」の意としてよい。吉田社は、社伝によると貞観年中(八五九~七七)の勧請というが、『日本紀略』寛和二年(九八六)一二月一七日条に「詔シテ吉田社ヲ以テ大原野ニ准ジテ、二季祭ヲ行ハシム。四月中ノ申ノ日ト、十一月中ノ酉ノ日ト」と見え、この頃、吉田社の祭礼が始まったことが知られる。ただし、四月の祭礼は「中ノ申ノ日」ではなく「中ノ子ノ日」に行われたらしい。『小右記』によれば、永祚元年(九八九)四月一四日「甲子」に「今日吉田祭ノ事」、長徳元年(九九五)四月二四日「庚子」に「吉田祭ノ日」などとある。

『山城名勝志』に「当社、元吉田山ノ西ニ座ス。文明中神楽岡ノ麓ニ遷ス。旧趾ニ今ニ株ノ松有リ」という「社家ノ説」が紹介されていて、それによれば、初めの吉田社の社地は現吉田二本松町辺りで、文明年中(一四六九~八七)に現在地へ遷座されたことになる。現在、吉田何々町という「吉田」を冠する町名が一四町ある。(笹川)

吉田《よしだ》〔舞鶴市〕

曹洞宗瑠璃寺境内の樹齢三〇〇年と伝えるしだれ桜(市指定文化財)が村を有名にしている。天正八年(一五八〇)中院通勝《なかのいんみちかつ》が勅勘を蒙った時に、親交のあった細川幽斎(藤孝)公が近くの年取島に小庵を結んで住まわせ、対岸のこの地に京都吉田山の桜を移してなぐさめたとして、村も「吉田村」と称するようになったと伝える。「慶長検地郷村帳」には「吉田村」と見える。京都市左京区吉田神社では、先年絶えてしまった桜を吉田村より移し、幽斎桜と称している。(髙橋)

吉永《よしなが》〔京丹後市丹後町〕

長禄三年(一四五九)の「丹後国郷保庄惣田数帳」に「吉永保」とあるものが初出の地名である。平安時代後期~鎌倉時代にかけて開発された保地名の一つとして、吉が永く続くという吉祥句を用いたものと思われる。「吉長」とも表記する。天文七年(一五三八)の「丹後国御檀家帳」には「吉長の御城」のほか、「吉長の内いかん谷」「吉長の内寺谷」「吉長の屋はた」「吉長の内たん」が見られ、吉永を中心に一段や矢畑あたりまで吉永保の領域にあったことがわかる。慶長七年(一六〇二)の「丹州竹野郡吉永村御検地帳」(筑波大学所蔵)以降、明治時代に至るまで「吉永村」と表記される。(新谷)

芳野町《よしのちょう》〔東山区〕

もと「桜町」と称したが、寛延三年(一七五〇)桜町天皇崩御に伴い、桜の字を避け桜にちなむ「芳野」に改めたという(『京都坊目誌』)。所在は大和大路通五条下ル一丁目東入ル。五条通の南側に位置する。元々「上芳野町《かみよしの》」「下芳野町《しもよしの》」と分かれていたが、明治二年(一八六九)に両町を合併し下京区に編入されたが、昭和四年(一九二九)に東山区に編成。(忠住)

吉野村《よしのむら》〔京丹後市弥栄町〕

旧村名。吉野村は、明治二二年(一八八九)の町村制施行時に、吉沢村と芋野村・堤村が合併してできた村である。村名は、吉沢村の「吉」と芋野村の「野」をとって命名された。昭和八年(一九三三)には鳥取村・深田村・溝谷村・吉野村が合併して弥栄村となり、現在は京丹後市立吉野小学校にその名残りを残す。(新谷)

吉原《よしはら》〔京丹後市峰山町〕

峯山藩の陣屋や上級武士の居住区域であった地域の地名である。本地域は、江戸時代の峯山藩の時代には、地名の記録が見られない。本地名の初出は、明治六年（一八七三）に作成された「壬申地券地引絵図」に相当する「丹後国中郡第十一大区一ノ小区峰山吉原町見取図」である。明治七年の「兵庫縣管下各区並村名取調書」には「元郭内ニ而表町北町ト唱明治五壬申年合町如今」とあり、明治初期には表町・北町と呼ばれる二つの町があったが、明治五年に統合され吉原町と命名されたことがわかる。峯山陣屋背後の権現山上に鎌倉～室町時代にかつて存在し、吉原庄を支配した吉原氏（丹後守護一色氏の一族）の居城であった吉原山城の名前からとったものと思われる。明治二二年（一八八九）の町村制施行（峰山町合併）までは峰山吉原町、その後は峰山町吉原と表記される。なお同じ明治二二年の町村制施行時に成立した吉原村と混同されることが多いが、由来の異なる全く別の地名である（「吉原庄」参照）。（新谷）

吉原庄《よしはらのしょう》〔京丹後市峰山町〕

旧庄・村名。古代においては丹波郡新治郷に含まれていた領域と思われる。地名の語源は、ヨシ（葦）が茂る野原が広がっていることに由来するものであろうか。文永五年（一二六八）の「上卿藤原伊頼宣旨案」（壬生家文書）では「桜井宮門跡領円助親王相続管領事」とされた各地の荘園の一つに「丹後国吉原庄」とあり、これが初出となる。院政期に、新治郷より分割され、随心院領として立荘された際の地名と推定される。天文七年（一五三八）の「丹後国御檀家帳」では「よしわらの里屋す」とあり（「屋す」は字名「安」のこと）、慶長七年（一六〇二）の「慶長検地帳」では「吉原内安村」、「慶長郷村帳」では「吉原庄之内安村」「吉原庄之内西山村」「吉原庄之内小西村」と記され、吉原庄の領域に安・西山・小西が含まれることがわかる。しかし江戸時代には使われなかったものと思われる。明治二二年（一八八九）の町村制施行時には、吉原庄の領域であった小西村・西山村・安村のほか、菅村・新治村が合併して吉原村となった。その後、昭和三〇年（一九五五）の峰山町合併に際して吉原村は消滅し、現在は京丹後市立吉原小学校の名前にその名を残す。なお現在の峰山町吉原は、全く別の由来をもつ地名である（「吉原」参照）。（新谷）

吉水町《よしみずちょう》〔下京区〕

開発の主導者、または、有名人「吉水某」の居住による。不明門通松原下ル万寿寺までの両側町の場合、当町が面する不明門通は、当初「因幡堂突抜」として町民の営為で開発された。その主導者名による命名であろう。「寛永後万治前洛中絵図」に「因幡堂突抜一丁目」とある。「天保二年（一八三一）改正京町御絵図細見大成」で、初めて「吉水町」と記される。この前後の時期に町が形成されたと考えられる。

堀川通仏光寺下ル高辻までの西側片側町は、東側の東堀川通は昭和二〇年（一九四五）の堀川通の拡張と堀川の暗渠化で道路となり、両側町の消滅で片側町となった。「始め吉水法印と云ふ人住せし」（『京都坊目誌』）とある。「寛永一九年（一六四二）寛永後万治前洛中絵図」、寛文五年（一六六五）刊『京雀』、ともに、堀川を挟んで、東側を「東吉水町」西側を「西吉水町」としている。宝暦一二年（一七六二）刊『京町鑑』、「天保二年（一八三一）京町御絵図細見大成」ともに、それぞれ東西がつく。（小西）

吉原《よしわら》 →東吉原《ひがしよしわら》

吉沢《よっさわ》〔京丹後市弥栄町〕

地名の初出は、長禄三年（一四五九）の「丹後国郷保庄惣田数帳」に「吉沢保」とあるものである。平安時代後期～鎌倉時代にかけて開発され、この地を開発した人名

（苗字か）に起源するものと思われ、地名の成立は中世前期と推定される。『弥栄町誌』によれば葭《よし》沢という大きな沢が山中に湖のようにあったことに由来するという。

現在、吉沢は「よっさわ」と呼びならわされており、丹後地域の難読地名の一つに挙げられている。

天文七年（一五三八）の「丹後国御檀家帳」では、「吉沢の里」と記される。慶長七年（一六〇二）の「丹州竹野郡吉沢村御検地帳」（糸井文庫）以降は「吉沢」となり明治時代に至る。

端郷として小原と表山があるが、表山は昭和三四年に廃村となった。小原には、集落背後の山上に和銅元年（七〇八）に遍然上人が開いたと伝える小原山興法寺があり、門前集落であったと思われる。（新谷）

四ツ塚町《よつづかちょう》〔南区〕

この地に四つの塚があったことによる。『台記』（藤原頼長）には「四陵」、『玉葉』（九条兼実）『山槐記』（藤原忠親）には「四墓」と見えるように、平安期には四ツ塚という地名はまだ定着していなかったようだ。一七世紀の黒川道祐著『近畿歴覧記』（「東寺往還」）によると、この地に地名の由来となった四つの塚（狐塚・光明塚・経塚・他の一箇所は不明）があったという。中でも狐塚はもっとも有名で、近世の京都案内や地図にも記載されている。黒川道祐著『雍州府志』では、狐塚に関連した記事として、「京師五墓所」として四ツ塚・三条河原・千本・中山（黒谷から吉田山にいたる間の一段と低い丘）・延年寺（鳥戸山）を挙げている。かつて罪人を処刑した地であり、後に東寺の僧の葬場にもなった。また一説には、狐塚・杉塚・経田塚・琵琶塚の四つの塚があり、杉塚は、狐塚の東、経田塚と琵琶塚は、九条通をはさんだ東西にあったともいう。経田・琵琶は今も町名として残っている。交通の要衝にあるので、古地図にもしばしば地名が登場する。軍記物語などに敗残の将が処刑されたことが伝えられている。（入江）

四辻《よつじ》〔与謝郡与謝野町〕

慶長七年（一六〇二）の「慶長郷村帳」に「四辻村」とあるものが初出の地名である。京都・福知山方面から与謝峠を越えて北上してきた街道と、但馬・出石方面から岩屋峠を越えて東へ向う街道が交わる地点に立地しており、文字通り四辻に位置することに由来する地名と思われる。中世以来、陸上交通の要衝であったものと推定される。「慶長郷村帳」以降は、「四辻村」として明治時代に至る。（新谷）

淀《よど》〔伏見区〕

淀はかつては宇治川・木津川・桂川の合流する低湿地帯。淀川の起点にあたる。『日本後紀』延暦二三年（八〇四）七月二四日条に「桓武天皇が与等津に行幸する」が初見である。「与等」は「淀」のことで、「与度」「澱」「与杼」とも書き、「津」は湊のことである。与等津《よどつ》は平安京と難波とを結ぶ船運の要衝の地で、今の水垂町・下津町辺りといわれている。地名の由来は①「淀川は三つの川が落ち合って深いので淀みぬるく流れる」（『拾遺名所図会』）の「よどむ」。『万葉集』（巻九・一七一四）に「よどめる淀に」とある。②淀は「ヨリト」、即ち「寄処・寄門」（『和訓栞』）が語源で、三つの川が一つに寄り合う川の意味の二説がある。自然的条件からいえば②の方が説得力がある。現在、城跡がある淀城は元和九年（一六二三）、伏見城廃城に伴い、江戸幕府が松平定綱に命じて寛永二年（一六二五）新淀城を建てたものである。秀吉の愛妾淀君の居た旧淀城とは違う場所で、その場所は納所といわれている。（明川）

与保呂《よほろ》〔舞鶴市〕

与保呂谷は丹後・丹波・若狭境の三国岳《みくにだけ》とその南西の丹波との境をなす養老山から流れる与保呂川に刻まれた構造谷である。わずかに北を三国岳より発する祖母谷川とほぼ平行に西流するのだが、祖母谷川がほぼ真直ぐに舞鶴湾（東港）に注ぐのに対し、与保呂川はゆるやかな谷をわずかに屈曲しながら流れ、谷を出たところで大きく北へ流れを変えている。ヨホロという地名は「往古豊宇気大神の神勅により仕丁《よぼろ》等が設置されたことによる」（『丹後風土記残欠』）と説かれたりするが、納得しがたい。ヨウロ（「そろそろ」）の意から「緩傾斜地」または「緩やかな流れ」の表す地形語と思われる。養老山の養老も同じ意で、瑞祥地名としたものである。

与保呂村は、鎌倉期～室町期には近江の朽木氏が丹後国倉橋庄内与保呂村の地頭職を相伝している。慶長年間に与保呂村は上村と下村に分村したといい、下村はのち「木ノ下村」と改称。明治二二年には常・与保呂上・木ノ下の三ヶ村が合併して与保呂村となる。（髙橋）

嫁付川《よめつけがわ》〔城陽市寺田・久世・平川〕

市中央部の川名。嫁付川は寺田から久世を経て嫁付自治会付近の平川区を通り、市域西部を貫く古川に至る全長三キロほどの川である。川は掘り下げた人工河川である。「嫁付川という名前は昭和初期に行われた土地改良事業の際、現在見られるようにL字型に曲がって久世・寺田方面に伸ばされた時に付けられたもので」「一説にはこの排水路を作ったのが戦時中で男性は兵役でほとんどいなかったため、女性の手で作られたからこの名となった」ともいう（『城陽市民俗調査報告集』第二集）。『城陽市史第二巻』には昭和八年（一九三三）頃より農村不況対策事業として、堤塘を削平しその土地を分配したことと、新水路を作ったことが述べられている。この新水路が現在の嫁付川である。戦争中、男がいなかったという異常な状況を伝える命名である。（福富）

万町《よろずまち》〔宮津市〕

江戸初期京極高知を継いだ高広によって宮津城の築城および宮津城下の整備がほぼ完成したと言われる。宮津市大手川の西側（左岸）に町屋や家中屋敷が集中したが、城下町の組織の中心となったのは、「本町」を始めとする「六幹町」と呼ばれる町々で、その一つに「万町」が設けられた。本町の北側の魚屋町に対して、南側に位置する東西に長い町である。その一部を「呉服町」「かちや（鍛冶屋）町」とも呼んだようであるが、名のとおり、いろいろな商いの町家が軒を連ねていたのであろう。今も宮津市の字名として残る。（糸井）

万屋町《よろずやちょう》〔下京区〕

河原町通上珠数屋町下ル下珠数屋町までの東側片側町である。当町西側は「渉成園」で、紺屋町が御用達の「染屋」であるのと同様、生活物資の御用達「万屋」があったのであろう。町の形成は溜池町に同じ。町名の初見は「承応二年（一六五三）新改洛陽並洛外之図」で「よろづや丁」と記される。「元禄四年（一六九一）京大絵図」、「天保二年（一八三一）改正京町御絵図細見大成」ともに「万ヤ丁」とある。（小西）

四番町《よんばんちょう》 →一番町《いちばんちょう》

ら

来迎院町《らいこういんちょう》 〔左京区大原〕

この地に来迎院のあることに由来する。『吉記』承安四年（一一七四）二月一六日条に「次イデ大原ニ向カフ。…次イデ来迎院ニ参ル。故良仁上人ノ草創ニシテ、本覚房上人、当時止住スルノ所也。次イデ上人ニ謁ス」とある。融通念仏の開祖、良忍は、初めは「良仁」とも書いた。一二歳で比叡山に登り、嘉保元年（一〇九四）大原の別所に隠棲し、勝林院の永縁らに従って声明梵唄の法を習い、その秘奥を極め、天仁二年（一一〇九）来迎院を創建した。以来、来迎院は、勝林院と並ぶ声明音律の中心となり、大原二流の一流をなした。『玉葉』元暦元年（一一八四）九月一五日条には「大原来迎院ニ於テ、薬師供ヲ始ム。本成房、之ヲ勤ム。…今夜、大原聖人本成房来リ、数刻、法文ヲ談ズ」とあり、本尊の薬師如来も平安末期には安置されていたことが窺える。「本成房」とは、来迎院の念仏聖「湛教《たんきょう》」で、建礼門院出家の戒師や後白河法皇崩御の際の導師を務め、九条兼実も「末代ニ有難キノ上人也。貴ムベシ」と絶賛している。『続後撰和歌集』には「後徳大寺左大臣、西行法師などともなひて大原にまかれりけるに、来迎院にて、寄老人述懐といふ事をよみ侍りけるに／山のはにかげかたぶきてかなしきはむなしくすぎし月日なりけり」（雑中・一一二〇、縁忍上人）と見え、詠歌の舞台にもなった。（笹川）

来迎堂町《らいごうどう》 〔下京区〕

松原通堀川西入ル大宮東入るまでの北側片側町である「始め来迎堂新善光寺此地にあり」（『京都坊目誌』）とある。「来迎堂」は当町北側にあった。「寛永一四年（一六三七）洛中絵図」に「来迎堂丁」とある。寛文五年（一六六五）刊『京雀』に「頼光堂町」とあり、「源頼光の住給へり後に寺となして頼光堂と称せし」と付記する。「元禄四年（一六九一）京大絵図」に「来迎堂丁」とあり、宝暦一二年（一七六二）刊『京町鑑』にも「来迎堂町」とあり、以後変化はない。（小西）

羅城門町《らじょうもんちょう》 〔南区唐橋〕

朱雀大路の南端に、北端の朱雀門と相対して、平安京の正門として建てられた羅城門に由来する。中国では「大きい城の城郭」の意味。平安京では重層の門で正面七間。読み方は、呉音で「らじょうもん」、漢音では「らせいもん」。「らいせい門」（『宇治大納言物語』『世継物語』）や「らせい門」（『拾芥抄』）とも呼ばれ、「らいしょう（頼庄）」（『延喜式』）や「らしょう」（『拾芥抄』）は俗称とされる。江戸時代には、唐橋村字来生《あざらいせい》といった。来生は「らいせい」のあて字である。羅城門は高さと幅に対して奥行が短いことから風に弱く、弘仁七年（八一六）、大風により倒壊。その後再建されたものの、天元三年（九八〇）の暴風雨で再び倒壊し、以後再建されることはなかった。明治二八年（一八九五）、平安遷都千百年紀年祭の事業の一つとして花園児童公園内に「羅城門遺址」の石標が建てられたが、その位置は東寺南門を基点として計測のうえ推定されたものであり、遺構は今に至るまで確認されていない。（入江）

り

離宮町《りきゅうちょう》〔山科区西野〕

山科本願寺に因む地名。内寺内にあたる地で、古絵図に「家中」と書かれているように、北側は蓮如、実如、証如の家族等が住んでいた。南側は外寺内と同じく信者達が生活していた。本願寺の土塁と濠も、蓮如の晩年に約六割が完成していたと言われ（『本願寺史』）、実如の時代になるとこの寺内町に多くの信者や商人達が集まっていた。誰の「離宮」かは特定できないが、この時代になって休息所的な施設が造られたのであろう。（小寺）

竜華越《りゅうげごえ》〔左京区大原小出石町〕

山城国から近江国「竜華村《りゅうげ》」（滋賀県大津市）へ「途中峠《とちゅう》」を越える道。途中峠を越えるので、「途中越」ともいう。『日本文徳天皇実録』天安元年（八五七）四月二三日条に「始メテ近江国ノ相坂・大石・龍花等ノ三処ノ関剗《かんさん》ヲ置キ、国司健児等ヲ配分シ之ヲ鎮守セシム」と見え、「龍花（竜華）」に関所が設けられたことが知られる。『平治物語』によると、平治元年（一一五九）の乱に敗れた源義朝が京都からの敗走に用いたのが「竜華越」であり、『平家物語』の「木曾最期」でも「木曾は長坂を経て丹波路へ赴くとも聞こえけり。また竜華越にかかって北国へとも聞こえけり」と語られている。（笹川）

柳水町《りゅうすいちょう》〔中京区〕

柳水《りゅうすい》の町。「柳水」は、町内にある柳《やなぎ》の水《みず》の音読。貞享三年（一六八六）刊『雍州府志』に、織田信長の次男の信雄《のぶかつ》が柳を植えたという説があり、また正徳元年（一七一一）刊『山州名跡志』では、傍らに柳があることからの名であるとして、柳樹に鳳凰が巣を営む夢告を受けたという、北朝期の日蓮宗青柳寺の創建説話を紹介する。

当地は平安京ではおよそ西洞院大路六角の北にあたる。大路を平行して流れる西洞院川は平安京では大規模な氾濫を起こす川であり、明治期に暗渠となるまでは、一定の水量があった。当地の豊富な湧水は、このような水脈の上に成っていた。

平安末期の当町付近には、崇徳院の御所があった（『今鏡』）。近世初期には織田信雄の邸宅があり、信雄が柳を植え、千利休がこの水をめでて茶をたてたことから、歴代の茶人から名水としての評価を得ることとなったという（『雍州府志』）。安永九年（一七八〇）刊の『都名所図会』には、茶筅売りの姿をした空也僧とともに柳の水が描かれており、京の町の名物だった様子が伺える。町名については近世を通して「柳水町」であり、変化はない。（真下）

龍門町《りゅうもんちょう》〔右京区嵯峨天龍寺〕

ＪＲ嵯峨嵐山駅の南側の地である。暦応《りゃくおう》二年（一三三九）に天龍寺が出来たことにより、その門前にあたることから付けられた名である。天龍寺門前に至る道に、芹川（現瀬戸川）にかかる龍門橋がある。これは元は歌詰橋と呼ばれた。平安期に西行がこの橋のたもとで童児（他説では女）と歌を詠みあった際に、「つぼの内にほひし花はうつろひて　霞は残る春のしるしに」への返歌に困り、引き返したとの言い伝えがあり、歌詰橋の名の起こりとされている（『嵯峨誌』）。（岩田）

龍安寺《りょうあんじ》〔右京区〕

衣笠山の西南山麓にある地である。江戸期の『山州名跡志』に「今寺院の傍の地を何門前と其寺号を呼なり。仮令は等持院門前、東福寺門前と」と説明されているように、村内北にある龍安寺に因む。ここは西の大内山と東の衣笠山との間の谷の入口にあったことから谷口と称されてきた。『京都府地誌』によれば、その後の宝徳《ほうとく》二年（一四五〇）に龍安寺が建立され、同四年には龍安寺領となって以降、龍安寺門前と称された。ただし谷口の地名も併用された。天正《てんしょう》一七年（一五八九）には、龍安寺領、妙心寺領、等持院領に分領された。明治三年（一八七〇）には妙心寺北門前を合併した。谷口村は江戸期から明治二二年（一八八九）までの村名である。　（岩田）

両替町通《りょうがえまちどおり》〔京都市・南北の通り〕

　天正一八年（一五九〇）、豊臣秀吉の京都改造計画によって、平安京の烏丸小路と室町小路の間に設けられた通り。丸太町通から三条通に至る。名が示すような通りの特徴がみられるようになったのは、江戸期になっての慶長年間以降である。まず慶長五年（一六〇〇）、徳川家康がこの通りに「金座」を設けた。翌年、後藤庄三郎に金銀の貨幣の鋳造を命じている。その年伏見・大手筋に「銀座」を設けているが、同一三年（一六〇八）にはそれもこの通りに移転させている。さらに翌年には、三条上がった町には「朱座」も置かれた。特に二条通から三条通にかけて、金銀座に関係する者の住居が集中した。こうして両替町通の名が定着することになった。

　この通りの開通にあたり、二条良基の元屋敷で、名園（「上杉本洛中洛外図屏風」に描かれている）で知られた二条御池殿が、御所の南面に移されている（「中むかし公家町絵図」）。　（糸井）

林下町《りんかちょう》〔東山区〕

　知恩院桜の馬場に近接し、その松並木の下の意とする（『京都坊目誌』）。所在は新橋通大和大路東入ル三丁目。東大路通から知恩院道に入る付近から、円山公園の北側、知恩院、青蓮院の敷地を含む広大な町域。当町内を知恩院道・神宮寺道が走る。

　『京町鑑』に「こつほり町西入　林下町」とあり、『京都巡覧記』にも同様の記載がある。ちなみに「こつほり町」とは現在祇園町北側に編入された「松原町（祇園町松原町）」の旧称「こっぽり町」のこと。正徳三年（一七一三）に町地となり、祇園内六町の一つでもある。しかし、現町域は、東から北にかけて知恩院境内全域を含んで粟田口に及び、南は円山公園から祇園町北側に接するほどに広大な町域となっている。明治二年（一八六九）に下京区に編入されたが、昭和四年（一九二九）に東山区に編成。　（忠住）

る

瑠璃渓《るりけい》〔南丹市園部町〕

園部川上流にあたる天引川の渓谷の名。大阪府に近い山間の地である。地質は古生層の花崗岩であり、巨石や奇岩が見られ、その中を清流が流れ降っている。元は「滑《なめら》渓《きょう》」と呼ばれていた。園部藩主小出氏もこの景勝を賞していた。天保年間、藩主が景色を愛でて度々狩猟に訪れたので、村人はその接待の労を避けるため楓樹を伐採してしまったという（『角川日本地名大辞典』）。明治三八年（一九〇五）に郡長・三宅武彦はこの渓谷を「瑠璃渓」と改称し、観光客を迎えるため楓や桜を植樹した。以来、景勝地として知られるようになり、昭和七年（一九三二）国の名勝に指定された。今は上流に堰き止め湖の通天湖が造られ、少年自然の家や温泉、フラワーガーデンなどの施設のある観光地となっている。（安藤）

れ

冷泉小路《れいぜいこうじ》 ↓夷川通《えびすがわどおり》

例幣《れいへい》〔木津川市加茂町〕

瓶原地区のほぼ中央に位置する。恭仁京の中心部大極殿跡をふくむ地域である。例幣とは、朝廷から伊勢神宮の神嘗祭《かんなめさい》に際して御幣を捧げることをいい、そのため派遣された勅使を「例幣使」という。戦国期に中断したが、正保四年（一六四七）に復活し、伊勢神宮に加えて日光東照宮へも例幣使が派遣されることになり、その費用をまかなうための所領「例幣使料」が瓶原郷の領主・藤堂家（三重県）によって奥畑・口畑・仏生寺・登大路・東の各村に設定された。明治九年（一八七六）口畑・仏生寺・登大路・東の四ヶ村が合併して例幣村と称した（『京都府地誌』）。例幣使料の境界を示した「傍示石」の石柱が、例幣の恭仁京跡・蛇吉川岸辺・恭仁小学校・恭仁神社などに七基ほど今でも残っている。（綱本）

蓮華蔵町《れんげぞうちょう》〔左京区聖護院〕

『京都坊目誌』に「古へ此地に、白河帝御建造の蓮華蔵院あり。故に名とす」とある。『山城名勝志』も「蓮華蔵院」に「旧跡ハ、聖護院ノ森ノ坤《ひつじさる》、鴨河ノ東二町許ニ在リ。今、田ノ字、蓮華蔵ト云フ」と注す。『百錬抄』永久二年（一一一四）一二月二九日条に「太上皇、蓮華蔵院ヲ供養ス。行幸有リ」と見え、供養に参列した藤原宗忠は『中右記』一一月二九日条に「新御願之地、本是覚円大僧正ノ房也。…九体弥陀尊像」と記しているので、創建供養は一一月だったこと、白河法皇の御願寺として創建されたこと、本尊が九体九品阿弥陀仏像だったことなどが知られる。

『京都坊目誌』は続けて「中古以来、聖護院領の田地なり。…明治二十三年四月九日、琵琶湖疎水工事成り、天皇皇后両陛下、此所に臨幸し、疏水船溜中島に通水式を行ふ」と記す。（笹川）

蓮台野《れんだいの》〔北区〕

平安京周辺、とくに洛外の北―北西の地域には、「野」と付く地名が数多く見られる。野は一般に非耕作地を示し、そのための土地利用形態として都からの近接性から禁野として、あるいは大規模な寺社境内地として活用されてきた（『景観から歴史を読む』）。この蓮台野は洛北七野のひとつであり、東の鳥辺野、北西奥嵯峨野の化野と並び、洛外の主要な葬送地として知られてきた。「野守鏡」には、定覚上人が恵心僧都の始めた二十五三昧会にならい、三昧を行ったところ、蓮花化生したところから蓮台野と名付けたという伝承を伝えている（『京都市の地名』）。また市街地からの隔絶した空間として、葬送地として使用されることもあった。しかし一六世紀末には豊臣秀吉による御土居築造により、御土居ラインの内側に位置することとなった。（天野）

ろ

六軒町《ろくけんちょう》〔東山区〕

開町の時に、人家がわずかに六軒だったことによる（『京都坊目誌』）。所在は団栗通大和大路西入ル。団栗の辻子（団栗通）の北側に位置する。

江戸初期に建仁寺門前町の一画として町地となった。明治元年（一八六八）に下京区に編入されたが、昭和四年（一九二九）に東山区に編成。（忠住）

六地蔵《ろくじぞう》〔宇治市〕

平清盛が、保元二年（一一五七）に大善寺をはじめ、洛外の要所六ヶ所に六地蔵を一体ずつ納め、もって都の鎮護と旅人の安全とに利したことによる名。六地蔵回りの民間信仰によってその名が定着した。ルイス・フロイスの『日本史』（永禄二年〈一五五九〉）に「川を遡り、六地蔵という地に達し」とある。村名としては、延宝七年（一六七九）に「山城国紀伊郡六地蔵村検地帳」がある。

なお、「少納言入道信西、地蔵六体を造り、斯の地に安置す。故に世に六地蔵と謂う」（『雍州府志』）とも、また、「小野篁が六道の思想を盛りこむ六体の地蔵尊を手づから彫って、ここに安置した」（「大善寺寺伝」）ともいう。

古くは紀伊・宇治郡界が伏見山の稜線にあり、すべて宇治郡内に位置していた。文禄年間、伏見城下へ編入され、紀伊郡所属の六地蔵町となり、六地蔵宿駅として繁栄する。明治維新後は、紀伊郡に併合される。しかし、明治二二年（一八八九）、郡界が山科川に変更したため、山科川以東の村域が紀伊郡から切り離されて宇治郡宇治村に編入される。昭和二六年（一九五一）の宇治市制発足時に宇治郡東宇治町六地蔵から宇治市六地蔵になる。（高木）

六躰町《ろくたいちょう》〔伏見区深草大亀谷〕

ＪＲ藤森駅の南に位置する。町は畑地が住宅地を囲んでいる。豊臣秀吉が伏見城築城にあたって寺々を大亀谷に移動させた。その中の一つに隆閑寺の地蔵堂があり、木彫の地蔵は六地蔵の一躰で小野篁作といわれている。町名は六躰地蔵があったところ（『伏見叢書』）から生まれた。『伏見大概記』に「大亀谷六躰町」とあるのが初見と思われる。伏見城廃城後、寺の多くは分散した。三昧墓地道にあった隆閑寺の篁作の地蔵尊は、丹波橋通の石屋町に移され、今は本成寺境内に祀られている（『城下町伏見町名の由来と秘話続』）。（明川）

六道町《ろくどうちょう》〔右京区嵯峨大覚寺門前〕

大覚寺の南側にあたる地域。地名としては明治の嵯峨地籍図が初見である。江戸初期の「洛外図」屏風には、上嵯峨村に小野篁塔、えんま道、六道が描かれており（『京都の地名検証3』）、六道が「六道の辻」であったことがうかがえる。さらに、永正《えいしょう》一六年（一五一九）の井関家文書には、大覚寺に関して「境内北嵯峨六道」の記載がみえることから、当時から通称名としてあったようだ。六道は、平安期に葬送地として有名であった化野の東にあたり、室町期にはその役割がこの周辺にも拡大したと考えられる。本来の六道の辻は、北西の今林陵の近辺と考えられる。（岩田）

六道の辻《ろくどうのつじ》〔東山区〕

松原通轆轤《ろくろ》町と新シ町の間の南に至る丁字路付近の通称。当地が鳥辺野葬送地の入口付近に位置することから、謡曲「熊野」「愛宕の寺も打過ぎぬ。六道の辻とかや。実におそろしや此道は、冥途に通ふなるものを」というように、ここが鳥辺野葬送地の入口に当たり、冥界へ繋がる通路とされた。この「六道」の語源は諸説あり、簡単にまとめると、仏教において輪廻する六つの道（地獄・畜生・餓鬼・修羅・人・天）であるとも、「六度」すなわち「六波羅蜜」仏教において菩薩が修めなくてはならない六つの実践徳目であり、此岸（迷い）から彼岸（悟り）に至る行が「六道」の転訛（五来重）とも、東山山麓の麓道《ろくどう》とも、ロクは霊の古語で霊が集まる原野という意ともある。また伝承によると、六道は六波羅と同じく「髑髏《どくろ》原」に由来するともいわれる。さらに古来、一地点から六本の道が分かれているところを「六つ辻」と呼び、しばしば「六地蔵」の小地名が見られる。この六つ辻も「六道（りくどう・ろくどう）」と呼ばれた。これは、まだ見ぬ土地（＝異界）へと通じる岐路に差し掛かるときには、仏教における輪廻する六つの道が起想されやすいからである。このように、葬送地に近接するゆえの地理的要因が多く関係する当地は、その解釈もミステリアスに解されやすく、その解釈に支えられて親しまれてきた。しかしここで注目したいのは、明川忠夫が「六道引接の為、六道に六堂あり（中略）その一堂は後の珍皇寺」（『京都坊目誌』）から、当地に珍皇寺境内の弘法大師像などをはじめとして各像を祀る御堂が六堂あり、その入口として「六道（堂）の辻」と解していることである（『京都の地名検証』）。この「六道の辻」の所在の明確な位置は諸説あるが、おおよそ大体珍皇寺門前の丁字路付近からその西約二〇〇メートル先にある西福寺（東山区轆轤町）付近を指す。

近世には珍皇寺境内、本堂の前を六道の辻と称することがあった（京まいり）ともいうが、これは後世の付会であり古来の説と位置が異なる。この臨済宗建仁寺派の大椿山珍皇寺（東山区小松町）は、小野篁《たかむら》が冥途を自由に行き来したといわれる井戸を持つことから、江戸時代前後から「六道珍皇寺」と呼ばれ、現在も盂蘭盆会には「六道詣り」で親しまれている。この六道珍皇寺を、古くは「愛宕《おたぎ》寺」（『伊呂波字類抄』）とも称した。現在は、西福寺脇に「六道之辻」、六道珍皇寺門前に「六道の辻」とそれぞれに石碑が立つ。（忠住）

六ノ坪《ろくのつぼ》〔京田辺市松井〕

「坪」地名は古代の条里制（田地の区画法）の名残である。条里制は六町（約六五四メートル）の幅で碁盤目状に区画し、これを里という。里はさらに一町間隔で縦横に区切って三六に区分けし、その一区画を坪という。綴喜郡は千鳥式坪並みで、南西角から北へ順次数えて一ノ坪～六ノ坪となる（『平野の開発』）。

京田辺市に残る数詞に関する坪地名は松井六ノ坪のほか、田辺十曽（三）、河原一ノ坪、興戸十曽（三）、草内一ノ坪、同五ノ坪、三山木八ノ坪、同八反坪、宮津柿《かき》（四）ケ坪などがある。かつては東一、二、三、四、八、九の各坪と十曽（三）、十曽堤、飯岡六ノ坪も遺存していた。里については、河原里ノ内、田辺北里、南里、薪里ノ内、松井里ケ市などがある。また「東大寺奴婢帳」には、甲作（河原）里と山本里がみられる。（綱本）

六波羅《ろくはら》〔東山区〕

当地にある六波羅蜜寺にちなむ。六波羅蜜寺は、天暦五年（九五一）に市聖空也上人が当地に真言宗普陀落山西光寺《さいこう》を創建、空也没後に弟子中信が中興して天台宗に改宗し六波羅蜜寺と改称した。この弟子中信が「六度」（「六波羅蜜」と呼ばれ、仏教において菩薩が修めなくてはならない六つの実践徳目のことで、迷いから悟りに至る行と解する、「六度」とも呼ばれる）を行ったことで「六波羅蜜寺」と改称したという（『伊呂波字類抄』）。この寺名「六波羅蜜《ろくはらみつ》」から地名「六波羅《ろくはら》」への考察として、柿木重宜（『京都の地名検証３』）が詳しい。仏教語「波羅蜜」は古代サンスクリット語pāramitā（＝彼岸に到った）を原義とし、この仏教語の六つの徳目が「六波羅蜜」である。そこから四拍の省略語を好む日本語の特質と、霊の古語である「ロク」から、霊が集まる処（原野）として「六波羅《ロクハラ》」という語が地名として続いてきたという。一説には「麓《ロク》原《ハラ》」すなわち東山山麓の原の意とも、鳥辺野に続く葬送地としての「髑髏《どくろ》原」の転訛ともいわれる。宮川筋五町目辺りから日吉町辺りにかけての鴨川東岸一帯の総称で、現松原通と七条通の間を指す。

平安末期に平氏一門の邸宅が松原通から南の五条通にかけて建ち並び、この平家一族の居住地域を「六波羅」と称された。その後も鎌倉幕府の六波羅探題が置かれるなど当地は武家政治の拠点をなしたが、元弘（一三三一～三四）の争乱後、近世末の市街化までは寺院を残すのみに荒廃した。（忠住）

六番町《ろくばんちょう》 ↓一番町《いちばんちょう》

六兵ヱ池公園《ろくべえいけこうえん》〔山科区西野八幡田町〕

渋谷街道と牛尾街道の交差点の西北角に、もともとは西野村の住人が共有していた「総池」という池があった。周囲約三〇〇メートルの大きな用水池であったが、この北側に五代目清水六兵衛が別荘を建てたために「六兵衛池」と呼ばれるようになった。五代目清水六兵衛（一八七五～一九五九）は帝国芸術院会員で多彩な作風が特徴。子ども達には遊び場として、地域の人たちには憩いの場所として親しまれていたので、平成一〇年（一九九八）、埋め立てられて公園になった時に「六兵ヱ池公園」と命名された。（小寺）

六万部《ろくまんぶ》〔与謝郡伊根町〕

延宝九年（一六八一）の「丹後国与謝郡等郷村高帳面」に「六万部村」とあるものが初出の地名である。『丹哥府志』によれば、地名の語源は、藤原保昌と和泉式部の「朝妻」の故事（「朝妻村」参照）にまつわる六万部の法華経と六万本の卒塔婆に由来するという。元禄一二年（一六九九）の「丹後国郷帳」には「伊室村枝村六万部村」とあり、もとは伊室村（井室）の端郷であったことがわかる。（新谷）

鹿谷《ろくや》〔亀岡市薭田野町〕

村の西の山並みには今も鹿が住む。鹿にちなむ地名と推定されるが、地名の由来は判然としない。この丘陵の中腹に独鈷《とっこ》山千手寺がある。寺の開基は弘法大師と伝える。大師が唐からの帰路、独鈷をなげたところ、この山に落ちたが、大師が帰朝後に丹波国山内庄を訪れた時、独鈷を鹿の導きで見つけたとの伝説が残っている。一帯は修験道の人々が活躍した山であり、この伝承もそれらの人々が伝えたものであろう。

山麓の鹿谷遺跡では、平成四年に古墳時代中～後期の集落が発見されたから歴史の古い村の一つである。また亀岡では始めて旧石器時代末期の木葉型尖頭器が見つかった遺跡でもある。江戸時代には桑田郡の内で旗本村上氏の知行地。「天保郷帳」では「山内鹿谷村」とある。

明治二二年（一八八九）に薭田野村の大字となり、昭和三〇年（一九五五）からは薭田野町を冠した大字となった。（安藤）

轆轤町《ろくろちょう》〔東山区〕

当町は古来葬送の地で、開拓の折に人骨が多く露出していたため髑髏《どくろ》町と呼ばれたが、後の寛永年間（一六二四～四四）に、所司代板倉宗重の命により轆轤《ろくろ》町と改名された（『京都坊目誌』）。当町には子育て幽霊で有名な「幽霊子育飴」を売る飴屋「みなとや」がある。その他語源説としては、清水焼で有名な五条坂に近く、その製陶業に従事した職人たちが多く居住したからとも言われるが詳細は不明。所在は松原通大和大路東入ル二丁目。古代は当町付近一帯が部民《べのたみ》の鳥部《とりべ》の居住地であったといわれる。平安期以降、当町を含む一帯は広く鳥辺野《とりべの》葬送地となったが、後にこの地に六波羅探題がおかれ政治の中心地となると、葬送地は東大路以東へと推移した。明治初年までは畑地であり、明治元年（一八六八）に下京区に編入されたが、昭和四年（一九二九）に東山区に編成。清水坂坂下（松原通）に位置する当地は、隣接する弓矢町とともに、江戸時代初期には、坂面《さかおもて》轆轤町、坂弓矢《さかゆみや》町と呼ばれた。（忠住）

六角通《ろっかくどおり》〔京都市・東西の通り〕

平安京の六角小路に相当するが、現在、西木屋町通から佐井西通のさらに西一筋までの通り。ただし、『京都坊目誌』には「東は寺町に起こり、西は神泉苑町西方に至る」とする。通りの北面にある六角堂（頂法寺）が、聖徳太子にまつわる伝承を伴い、創建が平安京以前とされていることから、小路の名もこの六角堂に由来すると云われる。聖徳太子が四天王寺を建立する用材を求めてやってきて、如意輪観音の夢告げにより、御堂を建てたのが起こりという。通りの門から入ったところに、六角形の石があり、京の「へそ石」とか「要石《かなめいし》」とか呼ばれている。六角堂は、華道の家元「池坊」の本拠となっている寺で、住職は代々家元が務める。通りに面して、室町後期から六角町がある。近世には、町内の六角通西側には、豪商の三井家の邸宅が置かれるなど、大商人の町の様相を呈した。（糸井・真下）

わ

和江《わえ》〔舞鶴市〕

ワ（和）は「回、曲」であり山裾、川、海岸などの曲がりくねったあたりの意である。エ（江）は川、海、湖などの一般的呼び名で、とくに陸に入り込んでいる部分をさすことが多い。かつて和江村の北の寺山はほぼ直角に由良川に突出しており、その寺山の岬のために川の流路は東西に分かれ、西島や瀬戸島（寺島）を形成していた。由良川に流れ込む和江谷川の扇状地の上に集落があり、まさしく和江は山裾にあって、川の曲がりくねった所に立地していた。和江谷は入り江になっていたため、川の流れがゆるやかで和んでいた所から「和」の字が充てられたのだろう。古来宮津街道の由良川渡船場で、対岸中山村との間は舟でつながっていた。舟渡りの安全な「なごし江」からきたともいわれる。

村域内の川底より縄文式土器・弥生式土器・土師器・蛤刃石斧などが採取され、また古墳六基が存在しており、古くから開けたところである。小字堂の奥には国分寺跡と伝えるところがあり、「山椒大夫」に関する伝承地が村内にいくつかある。（髙橋）

若狭街道《わかさかいどう》〔左京区〕

京都から若狭へ行く街道。『京町鑑』に「三条より知恩院古門前通まで」の「古川《ふるかは》通」について「是古の若狭街道《わかさかいだう》也」とあるので、古門前通が白川に交わる知恩院総門前辺りが若狭街道の出発地点とされた時期もあったのだろう。『山城名跡巡行志』は「若狭街道」の道筋を「河東ノ岸ヨリ高野河の端ヲ北へ行（キ）、新田山端ヲ経、高野ニ至（ル）」とし、『都名所図会』は「大原八八瀬の北一里にあり。若狭街道《わかさかいだう》にして東西に八ツの郷《けう》あり」とする。高野川左岸を北上、山端《やまばな》を経て上高野に至り、八瀬から大原へ続く道である。大原から先は、現在の国道三六七号で滋賀県高島市朽木《くつき》を抜け、三〇三号で福井県若狭町に入り、二七号で小浜市に至るルートとほぼ重なる。この道は、「鯖街道」とも呼ばれるが、長い歴史を勘案するならば、むしろ「塩の道」であったこと、この道以外にも、京名物の鯖鮨の鯖を運んだ道があったことを網本逸雄（『京都の地名検証』「鯖街道」）が指摘している。『山城名跡巡行志』には「久多越」「小川越」といわれる「若狭路」も紹介されている。（笹川）

若松町《わかまつちょう》〔下京区〕

共通するのは、隣接地の社寺の「松」に因む。高倉通五条下ル二丁目花屋町から上珠数屋町通りまでの両側町の場合は、当町の南端に接する渉成園の「松」に因んだものであろう。東本願寺の寺内町の新屋敷に属していた。「寛永一四年（一六三七）洛中絵図」は現町名の「わか松町」とする。宝暦一二年（一七六二）刊『京町鑑』は「若松町」とある。以後変化はない。

西若松町は、油小路六条下ル旧花屋町までの両側町で、隣接する西本願寺の「松」に因むのであろう。明治一一年（一八七八）、新町花屋町の「東若松町」が、当時同名の「若松町」であったので、「西の字を冠」（『京都坊目誌』）して区別した。近世は西本願寺の寺内町であった。「寺内町が開かれて以来の古町の一つ。寺内六一町のなかでも権威のある『由緒町』で、また旅館街『客屋十二町』の一つ（『京都市の地名』）」という。「寛永一九年（一六四二）寛永後万治前洛中絵図」に、（寺内町の）「油小路壱丁目」とある（「井筒町」参照）。寛文五年（一六六五）刊『京雀』は「わか松町」とする。宝暦一二年（一七六二）刊『京町鑑』にも「若松町」とある。

東若松町は、新町通旧花屋町下ル正面までの両側町で、「四本松町」といった時期があり、「文禄以前若宮八幡の封域たりる西側の地に松林あり。町地となるに及び松樹四株存ず。故に名と」（『京都坊目誌』）したとある。ところが、西側に同名の町があり、宝暦の時点で、同じ「松」に因んで「若松町」と変えた。さらに、西の油小路にまた同名の「若松町」があったため、「明治一一年（一八七八）それぞれ『東』と『西』をつけ区別した」（『京都坊目誌』）とあり、当町には「東」の字を冠した。近世西本願寺寺内町であった。「寛永一九年（一六四二）寛永後万治前洛中絵図」に「新町二丁目」（「井筒町」参照）とある。元禄四年（一六九一）版『京大絵図』には「四本松町」とある。宝暦一二年（一七六二）刊『京町鑑』に「若松町と変えた」とある。（小西）

若宮町《わかみやちょう》〔下京区〕

八幡宮、その他の神社などで、「勧請した社」を新宮、または、「若宮」という（『岩波仏教辞典』）ことに因む。または、当町にあった寺社に関係する社の名による。

上ノ口通り河原町西入ル万年寺荘厳寺の間の道より西まで（唐物町東端）の両側町では、八幡宮を祀っていたと思われる。旧寺内に属し新屋敷と称していた。宝暦一二年（一七六二）刊『京町鑑』には「市姫辻子」の隣の項に「若宮町」とある。「天保二年（一八三一）改正京町御絵図細見大成」にも「若宮丁」と変わりはない。

木屋町通七条下ル一筋目東入ると、須原通の両側町は、旧妙法院門跡領の耕地であった。天台宗妙法院門跡領は、延暦寺に属するため、守護神日吉神社関係に由来する町名を付けるが、当町の場合は、山王大宮大権現の摂社のひとつ「若宮」に因む（『雍州府誌』）。「文政の頃（一八二〇年代）に町地と為す（『京都坊目誌』）」とある。宝暦一二年（一七六二）刊『京町鑑』には「七条新地」の「稲荷町」の「南裏町」とある。天保二年の絵図にも町名は記載されていない。

若宮通六条下ル新花屋町までの両側町には、若宮八幡宮がある。当町が含まれる左女牛西洞院の旧地は、源頼義（九八八～一〇七五）の屋敷地（後には義家邸）だったところで、屋敷内への八幡宮勧請に始まると伝えられる（『足利将軍若宮八幡宮参詣絵巻』）。創建は天喜元年（一〇五三）で、当初「有炎上六条南町西小屋一二宇也（六条の南と新町の西との間の一二軒が焼けた）」（『本朝世紀』仁平二年〈一一五二〉五月二一日条）とあるように、町屋が一二軒あり、一町四方の社域はなかったと思われる。鎌倉初期に、源頼朝が「左女牛御地を六条若宮に寄せ奉ら令め給う。（中略）是れ六条以南。西洞院東壱町也」と、この町の全域が八幡宮の所領となった（『吾妻鏡』文治三年〈一一八七〉正月一五日条）。旧・西本願寺寺内町である。「寛永一九年（一六四二）寛永後万治前洛中絵図」に「若宮図子一丁目」とある（「井筒町」参照）。宝暦一二年（一七六二）刊『京町鑑』にも「若宮町」とあり、変化はない。

上若宮町は、若宮通六条下ル鍵屋町通の延長線上付近までの両側町である。若宮町の上（北）の町による命名である。宝暦一二年（一七六二）刊『京町鑑』には「上若宮町」と、現町名がでてくる。（小西）

若宮通《わかみやどおり》〔京都市・南北の通り〕

新町通と西洞院通の間を貫通する道で、造成当初は、天正一八年（一五九〇）に設けられた釜座通に属していた。高辻通の菅大臣社前から七条通に至る通り。源頼義が勧請したという、元若宮八幡宮（後に現在の東山五条に移転）の神域を貫通していたことから付いた名。当社は源家は勿論室町の将軍家からも篤い信仰を受けていた。ただし、一九世紀初め頃までは、菅大臣社の門前町が菊屋町であったことから「菊屋町通」とも、五条の南北に仏具店が多かったことから一時期「仏具屋通」ともいわれたという。菊屋町はキリシタンバテレンが住んでいたこと（『京雀』）から、一七世紀前半頃には「だいうす町」とも呼ばれた。（糸井）

和久《わく》（福知山市）

旧郷名。『和名抄』に見える丹波国天田郡の郷名の一つ。地名の由来については、由良川と和久川が合流する付近では、本流も支流も曲がっているという特徴があり、「ワク」は、カワワ（河曲）・イソワ（磯曲）などというワ（曲・輪）に場所を示すク（処）が付いたものであるとする吉田金彦の説（『京都滋賀古代地名を歩く』）があり、妥当な見解であると考える。鎌倉時代から室町時代には荘園が設置された。郷の範囲は福知山市内の笹尾《さそ》、正明寺、市寺、厚、荒河、岩井、奥野部、新庄、和久寺、大門、今安などの地域に比定されている（『角川日本地名大辞典』）。（安藤）

和久寺《わくでら》（福知山市）

由良川の支流・和久川の流域で姫髪山の南麓にある村名。村内の棚田の中に白鳳時代の寺院跡が残っている。この寺院の存在が地名の由来となったと考えられる。発掘調査の結果、八弁蓮華文の軒丸瓦と重巻文の軒平瓦が出土し、三重塔跡が発見された。今も塔心礎である礎石が残されている。丹波では最も古い寺院跡の一つとして注目される。また集落の北の山裾には横穴式石室を埋葬主体とする小規模な古墳が三〇数基築かれた和久古墳群がある。

昭和一二年から福知山市の大字となった。（安藤）

和国町《わこくちょう》（左京区）

『京都坊目誌』に「宝永五年（一七〇八）の開地にして、元、堺町丸太町上る、駒本町の町民を移し、和国町と号す」とある。大火後の皇宮地域拡張のための移転である。大火以前の「新撰増補京大絵図」（一六九一年刊）を見ると、堺町丸太町上ルには「こまひき丁」という町名があるが、「駒本町」は見当たらない。『京雀』（一六六五年刊）には「堺町通」の町名として「こまひき町」が挙げられ、「いにしへ望月の駒を禁中に引まいらせしを、此町のわたりにて引つくろひけりとかや。今は世にとなへあやまりて、こまふく町といふ」とある。「こまひき町」が「こまふく町」さらに「こまもと町」と変化していたのであろう。移転先の仁王門通から孫橋通の間に「新間之町通」を通し、その両側町を「和国町」とした。大火以後の『京町鑑』（一七六二年刊）によると、「和国町」には「祖隆寺」なる東本願寺の末寺があるというが、現存する寺は「願隆寺」である。また『京都坊目誌』は「毎年、下御霊《しもごりょう》神社私祭に列する葵鉾は、此町の守護なり。享保元年（一七一六）八月、津山少将の母、元照院より神社に寄附するものに係る。吹散は、元文五年（一七四〇）七月、桜町帝、及び安永五年（一七七六）八月、後桃園帝より二流下賜せらる。共に当町に於て守護す」と記す。「毎年、下御霊神社私祭に此町より菊鉾を出す」町を「菊鉾町」と命名したのに対して、「葵鉾町」とせず何故「和国町」としたのか、その命名の由来は不明（「菊鉾町」参照）。（笹川）

鷲尾町《わしおちょう》（東山区）

当地にある高台寺の山号鷲峰山に依り、命名は豊臣夫人という（『京都坊目誌』）。なお『京都坊目誌』では当町の東南にも「鷲尾」の地名が散見されることに異を唱えているが、当地が下川原遊里を形成する一町であったことを考慮すれば、遊里拡大とともに鷲尾の名も拡大したとも考えられる。また異説ではあるが、一説に町名は公家鷲尾家の旧領地であることに由来するともいわれる。所在は下河原町通高台寺北門前。南北を円山公園敷地（円山町）と高台寺敷地（下河原町）に挟まれ、当町中央に円山音楽堂が位置する。

古くは真葛原《まくずがはら》の一隅を占め、北は祇園社境内、南は高台寺境内に接し、のちに東の天台宗双林寺境内を含むように拡大し、慶長一〇年（一六〇五）高台寺創建に際し町地となる。明治元年（一八六八）に当町は下京区に編入、昭和四年（一九二九）東山区に編成。当町の南に高台寺北門があるゆえに、往時は「高台寺門前町」という名でも親しまれた（『京町鑑』）。（忠住）

和水町《わすいちょう》〔上京区〕

豊臣秀吉が築城した聚楽第の内にあった庭園の池から流れ出した水が大宮通を流れていたので、大宮通を和泉通とも呼んでいた。町名はこの和泉によるという。町は南北に通る大宮通をはさんだ両側で、北は中立売通の少し南から上長者町通までを町域とする。天保二年（一八三一）の「改正京町絵図細見大成」に「和水丁」と記されていて、江戸時代からの町名である。（清水）

渡シ場町《わたしばちょう》〔伏見区向島〕

宇治川に架かる隠元橋の北西に位置する。宇治市槇島町と隣接し、対岸の宇治五ケ庄へ渡る渡船場が町名の由来である。渡し場は黄檗宗隠元禅師が寛文元年（一六六一）宇治の黄檗山万福寺を創建したとき、建築資材の陸揚げに渡しを利用したので「隠元の渡し」「隠元浜」とも呼ばれた。

二〇〇年以上続いた渡し場が廃止されたのは昭和二四年（一九四九）、隠元橋が架設されたからである。町は元、紀伊郡大字向島村小字渡シ場といったが、昭和六年（一九三一）京都市に編入され渡シ場町となった。なお、中書島の南、宇治川公園付近の葭島にも渡場島町があるが、この町名も宇治川への渡し場が由来である。（明川）

和田野《わだの》〔京丹後市弥栄町〕

慶長七年（一六〇二）の「慶長郷村帳」に「和田野村」とあるものが初出であり、それ以前は「恒枝保」と呼ばれていたとされる。地名の由来は、大永のころに和田大和守の居城があったためとも伝える（『弥栄町誌』）が、むしろ逆で和田野に居住したため和田と称したとする方が自然であろう。慶長七年以降は「和田野村」と表記されれ明治時代に至る。（新谷）

和知《わち》〔船井郡京丹波町〕

鎌倉時代に和智荘が置かれた地。ワチの語源は、川が湾曲して流れているということで、「輪地」あるいは「輪内」という意味である（『京都滋賀古代地名を歩く』）。

嘉禎四年（一二三八）の「北条時房下地状案」に「丹波国和智荘園地頭職事」と地名が見えている。弘安六年（一二八三）の「関東下地状」には「仁和寺領丹波国和智庄」とあるので、領家が仁和寺であったことが分かる。天正年間には和智庄には、安栖里《あせり》に片山氏、出野に出野氏、粟野に粟野氏という土豪が割拠しており、「和知衆」と称されたという。

昭和三〇年（一九五五）両村が合併して和知町となり、本庄に役場が設置された。（安藤）

和束《わづか》〔相楽郡和束町〕

木津川支流和束川を囲む山並地帯。江戸時代の一四村から明治の四村を経て、昭和の和束町・湯船村の合併で一九五六年から相楽郡最大の現在の和束町になった。当地は奈良時代から平城京寺院の木材・雑木の供給地として知られ、「和束杣《わづかそま》・和束杣《わづかそま》山《やま》」という用語が大伴家持の歌にも出て来る。この和束杣山はどの山を指すのか諸説がある中、『和束町史』では旧杣田村・木屋峠越道の西側にそびえる湯谷山が有力である、と紹介している。

言葉の意味として「和束」はどうなのか。地理的に和束川が屈曲して流れている所に違いは無いのだが、地名の由来は当地の歴史事情に基づく。松岡静雄によると和束の語意は、「ワ（槨）ツカ（塚）の意。陵墓所在地なるが故に此の名を負うたのである」（『日本古語大辞典』一九二九年）とあるように、聖武天皇の安積皇子のお墓でもって土地柄を表す。安積親王の墓は太鼓山古墳とも呼ばれているように、丸い小丘の上に築かれ、場所としても見晴らしの良い交通の要衝にある。家持は和豆香山に急死された親王の葬られた事を悲しみ、しかも小さい杣山なので親王様のお墓と気付かずにいることを残念がって詠んでいる（『万葉集』巻三・四七五、四七六）。『京都府遺跡地図』によると、一一基の古墳があったが、半数は消滅し、残りも小円墳であるので、親王の古墳を以って代表されるようになった、小さいけれど目に付く所に在る「丸いお墓の塚」と云うのが適当である。聖武天皇の第一皇子として天子の位も期待されたのに、僅か一七歳で急死された安積親王は、和束の杣山が遊猟で馴染んだ所であった。親王の付き人だった家持の哀悼追慕の心は土地の人にも伝わったに違いなく、家持の思いどおりにワヅカ（和豆香）といえば「親王さんのお墓のある杣山だ」が後の通念になったのではないか。（吉田）

藁田《わらんでん》〔南区上鳥羽〕

藁の田「藁田」は他に青森・福島で三例見られるが、「わらんでん」の読み方は独特である。伏見区深草平田《ひらた》町がかつて「ひらんでんちょう」と呼ばれていたという例もあるように、田を「でん」と読むのは古態を存していると考えられる。南北朝末期に見える字名「藁田《わらだ》」は当地に該当する。明徳二年（一三九一）一二月一八日付「尼性心寄進田地目録」（「東寺百合文書」）に「弐段、左京職田〈号藁田〉」とある。年貢の藁をとる田であったことに由来すると考えられる。（入江）

湾漂山《わんぴょうざん》〔木津川市加茂町井平尾〕

井平尾の東端の和束川沿いの小字で、湾漂山（二一〇メートル）がある。『山城国相楽郡村誌』は「湾漂山、一に布当山《ふたぎ》と云」と記す。ただし、布当山は、「流岡山」、「恭仁宮背後の山々」、「鹿背山の別名」の各説があるが「流岡山」だろう（「瓶原《みかのはら》」参照）。『瓶原古今志』（四之巻）には「湾漂山と名付は、二井川（和束川）に水わだかまりてたゞよふ所有る故に、此山の名有り」という。湾漂山の西北麓は和束川が蛇行し氾濫原が広がる。増水時は河流が流れ込む処である。湾は湾曲、漂はタダヨヒ（漂ひ）の音読で、川の湾曲部の水が滞る場所をいい、同書のいうとおりだろう。（綱本）

あとがき

京都が建都千二百年を祝ったのは、平成六年（一九九四）で、それをきっかけに直前からの京都ブームが最高潮に達したのでした。そんな中、京都の地に初めて本格的な京都の地名を研究する団体、京都地名研究会（吉田金彦会長）が組織され発足したのが、平成一三年（二〇〇一）、さらに平成一七年（二〇〇五）には『源氏物語』千年紀を迎えました。この間、いわゆる「京都本」と言われる本の出版が相次ぎ、今もその余韻は冷めやらずと言った様相を呈しています。

本辞典の出版企画が持ち上がり、編者と出版社によって編集が本格的にスタートしたのは、平成二一年（二〇〇九）の九月でした。京都本では、歴史的由緒の豊かさ故に京都の地名に関する本も一角をなし、すでにいろいろ出版されてきていますが、俗解も含め従来言われてきたことを「観光」ねらいに切り貼りして編集し直した、これといって目新しいところもないものがほとんどです。本辞典はそれらに飽き足らず、地名研究の立場から、これまでの研究の成果や知見を生かし、さらに新しい解釈も織り込んだ辞典を目指しました。その意味で、『角川日本地名大辞典・京都府編』（角川書店）、『京都府の地名』（日本歴史地名大系二六、平凡社）『京都市の地名』（同上、二七）は常に目配りしておかなければならない基本的な辞典ですが、しかし、これらが各「地名」の指す地域に関する「地誌」を目指したものであるのに対して、本辞典は、地名の由来、いわば「語源」（どうしてそういう地名になっているか）の解明を目指したものです。「地誌」（どういう土地であったか）は二の次としています。

二〇一三年は、和銅六年（七一三）に旧丹波国から丹後国が分国して一三〇〇年目という記念の年に当たります。「丹波《たんば》」と「丹後《たんご》」、漢字の使い方が同じように思えますが、実は全く異なります。「たんば」は和語「たには」の音便形で「たんば」も和語であり、和語「たには」を漢字の音だけを借りて表記したのが「丹波」です。それに対して「たんご（丹後）」は漢語です。訓読みは「たにはのみちのしり」ですが、地名の漢字二字化の詔勅によって「丹後」と表記されました。「たんば」の方には「旦波」「但波」なども漢字を当てましたが、「たんご」は「丹後」としか漢字は当てられません。本来、耳のことばとして伝えられてきた和語地名に「漢字」を当てて表記するようになって、地名の音声と漢字表記との関係に様々なケースが生じてきてしまいました。世に「難読地名」と呼ばれるものが多く発生しています。しかも漢字は、語としての音声も意味も持っている字（表語文字）です。漢字で地名を表記してきたことが、かえって日本の地名の研究を一層難しくしてきている面のあることは否定できません。

本辞典で考察上特に留意したことは、可能なかぎり「初出例」を確認し重視すること、表記の漢字（その意味）に振り回されないように気をつけること、日本語の歴史的変遷にもとる―矛盾する説明にならないようにすること、新出の木簡や文献に注意を配ること、などでした。その上で、執筆者それぞれにおいて現在考えられる「由来―語源説」を開陳する努力を心がけました。それでも不明のまま残されたものも多くありますが、多少とも今後の地名研究に資するものがあれば幸いと祈っています。

東京堂出版の編集部には、企画の発端を福島光行氏、編集開始当初は渡部俊一氏、そして渡部氏が急逝された後その後を引き継がれた酒井香奈氏に格別なお世話になりました。牛歩の編者たちに常に鞭を打ってくださり、時を移さずここまで辿り着くことができたのもお三人のお陰です。心から感謝の意を表します。

二〇一三年九月一日　糸井通浩

『青谷村誌』 青谷村誌編集部 一九四一
『足利将軍若宮八幡宮参詣絵巻』 村井康彦編 国際日本文化研究センター 一九九五
『明日香村史』上-下 明日香村史刊行会 一九七四
『あぶない地名』 小川豊 三一書房 二〇一二
『海人手古良集』（『新編国歌大観』） 角川書店
『網野町誌』（上） 網野町誌編纂委員会 網野町 一九九二
『綾部市史 史料編』 綾部市史編纂委員会編 綾部市 一九七七
『遺跡地図台帳』 京都市埋蔵文化財センター
『伊勢田史友会三十年誌』 伊勢田史友会 二〇〇一
『伊勢田百史集』 伊勢田史友会 一九七六
『伊勢物語』（『新編日本古典文学全集』一二） 小学館
『一遍上人絵伝』（「一遍聖絵」）『日本絵巻大成』別巻 中央公論社
『井手町史』（第一集-四集） 井手町史編集委員会 一九七四-八二
『井手の里を歩く 改訂版』 井手町商工会編 二〇〇五
『井本昭家文書・吹上家文書・来田文書（京北）』 野田只夫編『丹波国山国荘史料』（一九五八）、『丹波国黒田村史料』（一九六六）
『伊呂波字類抄』 鎌倉時代 （『日本古典全集』） 現代思潮社
『岩波古語辞典』 大野普ほか編 岩波書店 一九八〇
『岩波仏教辞典』 中村元ほか編 岩波書店 一九八九
「上杉本洛中洛外図」（天正二年） 国宝 米沢市上杉博物館
『宇治郡各町村沿革調』 京都府 一八八六
『宇治郡誌』 京都府宇治郡編 臨川書店 一九八四
『宇治市史』（第一巻-六巻） 宇治市役所 一九七三-八一
『宇治拾遺物語』（『日本古典文学大系』二七） 岩波書店
『宇治田原町史』 宇治田原町史編纂委員会 一九八〇
『宇治の散歩道』（第一集-第三集） 宇治市文化財愛護協会編 宇治市文化財愛護協会 二〇〇五-〇九
「宇治昔噂聞書」 若原英式 季刊情報誌「観光 宇治」（昭和五八-）の連載
『宇治名勝誌』 田村文治郎編 宇治町 国華新聞社出版部 一九一二
「宇城久の歴史と文化」『宇治地区保護司会六〇周年記念誌』 宇治地区保護司会六〇周年記念誌編集委員会 編 宇治地区保護司会 二〇一〇
『太秦村誌』 貴船繁次 一九二四
『歌枕』 奥村恒哉 平凡社 一九八四
『歌枕名寄』（『新編国歌大観』） 角川書店
『歌枕の里鹿背山の歴史と地名』（『地名探究』4号） 齋藤幸雄 京都地名研究会 二〇〇六
『菟原村史』 菟原村史編纂委員会 編 三和町役場菟原支所 一九五七
『浦のしほ貝』（『新編国歌大観』） 角川書店
『恵慶法師集』（『新編国歌大観』） 角川書店
『易林本小山版 節用集』 文化書房博文社 一九七一
『易林本節用集』 一五九七年刊 （中田祝夫『古本節用集六種研究並びに総合索引・影印編』 一九七九）
『絵図が語るふるさとの景観』 城陽市歴史民俗資料館編 城陽市歴史民俗資料館 一九九八
『延喜式』（一九六五年）（『新訂増補国史大系』二六） 吉川弘文館
『往生伝・法華験記』（『日本思想大系 新装版』） 岩波書店
『近江の伝説』 渡辺守順 第一法規出版 一九七四
『応用地質学の最近の研究』 笠間太郎ほか編 日本応用地質学会関西支部 一九八二
『大江匡房』 川口二郎 吉川弘文堂 一九六八
『大阪府の地名』Ⅱ （『日本歴史地名大系』二八） 平凡社 一九八六
『大宮町誌』 大宮町誌編纂委員会 大宮町 一九八二
『大山崎史叢考』 吉川一郎 創元社 一九五三
「大山崎町文化協会だより」 第九号 大山崎町文化協会編 二〇〇五
『翁の発生』 折口信夫 （『近代日本思想体系』二二） 筑摩書房 一九七五
『巨椋池』（宇治文庫三） 宇治市歴史資料館編 宇治市教育委員会 一九九一
『巨椋池干拓六十年史 二一世紀の歩み』 巨椋池土地改良区 二〇〇一
『巨椋池ものがたり』 巨椋池ものがたり編纂委員会編 久御山町教育委員会 二〇〇三

『御土居堀ものがたり』 中村武生 京都新聞出版センター 二〇〇五
『乙訓郡誌』 吉川民二（京都府郷土誌叢刊 第六冊） 臨川書店 一九八四
『男山考古録』 藤原尚次 石清水八幡宮社務所 一八四八 一九六〇再刊
『踊り念仏』 五来重 平凡社ライブラリー 一九九八
『小野篁集』（『新編国歌大観』） 角川書店
『改正京町御絵図細見大成』（『新修京都叢書』二三） 臨川書店
『街道をゆく三四 大徳寺散歩、中津・宇佐のみち』 司馬遼太郎 朝日新聞社 一九九四
『下学集』 古本下学集七種研究並びに総合索引 風間書房 一九七一
『下学集』 亀井孝校訂 岩波文庫 一九四四
『隔蓂記』 鳳林承章著、赤松俊秀編纂 思文閣出版
『蜻蛉日記』（『新日本古典文学大系』二四） 岩波書店
『加佐郡誌』 京都府教育会加佐郡部会 臨川書店（『京都府郷土誌叢刊』一三） 一九八五
『華頂要略』 門主伝二十八巻（仏書刊行会『大日本仏教全書』） 名著普及会
『学研新古語辞典』 学研 一九八六
『角川日本地名大辞典』二六 京都府（上・下） 角川書店 一九八二
『鎌倉遺文 古文書編二』 竹内理三編 東京堂出版 一九七一
『加茂町史』一－五 加茂町史編纂委員会編 加茂町 一九八八－九九
仮製二万分一地形図「京都」 日本陸軍参謀本部陸地測量部 一八八九
仮製二万分一地形図「伏見」 日本陸軍参謀本部陸地測量部 一八八九
『川岡百年史』 川岡小学校創立百周年事業委員会編 川岡小学校創立百周年事業委員会 一九七七
『川を考える地名』 小川豊 山海堂 一九八九
「寛永以降万治以前京都全図」 京都・中井家旧蔵
『看聞御記』（『続群書類従』補遺二） 続群書類従完成会
『義経記』（『日本古典文学大系』三七） 岩波書店
『北桑田郡誌』 京都府教育会北桑田郡部会 北桑田郡 一九二三
『吉記』（『増補史料大成』二九－三〇） 臨川書店
『九暦』 藤原師輔（『大日本古記録』九） 東京大学史料編纂所編纂 岩波書店
『京内まいり』（『新修京都叢書』九） 光彩社
『京師巡覧集』（『新修京都叢書』一二） 臨川書店
『京雀』（『新修京都叢書』一） 臨川書店
『京童跡追』（『新修京都叢書』一） 臨川書店
『京大絵図』 享保年間 同志社女子大学蔵
『京丹後市の考古資料』 京丹後市史資料編 京丹後市 二〇一〇
『京都・大枝の歴史と文化』 村井康彦編 思文閣出版 一九九一
『京都乙訓・山城の伝説』 京都新聞社編 京都新聞社 一九九七
『京都御役所向大概覚書』 岡田信子他 校訂 清文堂出版 一九八八
『京都北山を歩く1』 沢潔 ナカニシヤ出版 一九八九
『京独案内手引集』（『新修京都叢書』三） 光彩社
『京都滋賀南部の山』 内田嘉弘 ナカニシヤ出版 一九九二
『京都市内およびその近辺の中世城郭復元図と関連資料』 山下正男 京都大学人文科学研究所調査報告 第三五号 一九八六
『京都都市史の研究』 山田邦和 吉川弘文館 二〇〇九
『京都市の地名』（『日本歴史地名大系』二七） 平凡社
『京都社会史研究』 同志社大学人文科学研究所編（同志社大学人文科学研究所研究叢書一二） 法律文化社 一九七一
『京都巡覧記』（天保二年） 池田東籬 八木書店
『復刻 京都小学三十年史』 京都市小学校創立三十年紀念会編 第一書房 一九八一
『京都庶民生活史』 鹿島研究所出版会 一九七三
『京都大事典 府域編』 淡交社 一九九四
『京都地学ガイド 現地に見る京都五億年の旅』 地学団体研究会京都支部編 法律文化社 一九七八
『京都地籍図』第1巻（京都地籍図 第一編（上京之部）、第二編（接続町村之部） 不二出版 二〇〇八
『京都の大路小路』 森谷克久監修 小学館 二〇〇三
『京都の地震環境』 植村善博 ナカニシヤ出版 一九九九
『京都の地名検証』一－三 京都地名研究会編 勉誠出版 二〇〇五－一〇
『京都の地名由来辞典』 源城政好・下坂守編 東京堂出版 二〇〇五
『京都の地名を歩く』 吉田金彦 京都新聞出版センター 二〇〇三
『京都の伝説―洛中洛外を歩く』 福田晃・真下美弥子 淡交社 一九九四
『京都の美術史』 赤井達郎 思文閣出版 一九九〇
『京都伏見の旅』 山本真嗣 山川出版社 一九九一
『京都府相楽郡誌』 京都府教育会相楽郡部会 名著出版 一九七二

「京都府相楽郡村誌」（『木津町史』史料編Ⅲ） 木津町史編纂委員会 一九八七
『京都府田辺町史』 田辺郷土史会 一九六八
『京都府地誌』 京都府 京都府立総合資料館蔵（稿本） 一八八一－八四
『京都府の地名』（『日本歴史地名体系』二六） 平凡社
『京都府山科町誌』 石川松衛編 山科町 一九三〇
『京都坊目誌』（『新修京都叢書』一七－二二） 臨川書店
『京都町触の研究』（日向進『町と町家の構造』） 京都町触研究会編 岩波書店 一九九六
『京都民俗志 改訂版』 井上頼寿 平凡社（東洋文庫） 一九六八
『京都山科 東西南北』 山科の魅力冊子編集プロジェクト編 山科区区民部まちづくり推進課 二〇一〇
『京都・山城寺院神社大事典』 平凡社編 平凡社 一九九七
『京羽二重』（『新修京都叢書』二） 臨川書店
『京羽二重織留』（『新修京都叢書』二） 臨川書店
『京羽二重織留大全』（『新修京都叢書』六） 光彩社
『京・伏見歴史の旅』 山本真嗣、水野克比古撮影 山川出版社 一九九一
『京町鑑』（『新修京都叢書』一〇） 光彩社、（『新修京都叢書』三） 臨川書店
『京童から町衆へ』 林屋辰三郎・加藤秀俊編（『京都庶民生活史一』） 講談社 一九七四
『玉葉』 九条兼実 国書刊行会 一九〇六－〇七
『近畿歴覧記』（『新修京都叢書』一二） 臨川書店
『近世都市・京都』 鎌田道隆 角川書店 一九七六
「近代都市形成期における土地区画整理事業の果たした役割」『日本都市学会年報』三三 天野太郎 二〇〇〇
『公任集』（『新編国歌大観』） 角川書店
『空也の寺 六波羅蜜寺』 五来重 淡交社 一九六九
『愚管抄』（『日本古典文学大系』 新装版） 岩波書店
『公卿補任』（『新訂増補国史大系』五七） 吉川弘文館
『草枕と旅の源流を求めて』 吉田金彦 勉誠出版 二〇〇四
『熊野三所権現順礼先達職之事』応仁元年（一四六七）二月七日付 若王子神社文書
『久美浜町誌』 久美浜町誌編纂委員会 久美浜町 一九七五
『久御山町史 一・二・資料編』 久御山町史編纂委員会編 京都府久御山町 一九八六－一九九二
『栗隈県寺院址の歴史的背景』（『歴史読本』一〇月号） 山田良三 一九七六
『栗隈の歴史と地名』（『地名探究』六） 齋藤幸雄 京都地名研究会 二〇〇八
『訓読 雍州府志』 立川美彦編 臨川書店 一九九七
『景観から歴史を読む』 足利健亮 日本放送出版協会 一九九八
『京城勝覧』（『新修京都叢書』一二） 臨川書店
『けいはんな風土記』 関西文化学術研究都市推進機構編 関西文化学術研究都市推進機構 同朋舎出版（発売） 一九九〇
『元亨釈書』（『新訂増補国史大系』三一） 吉川弘文館
『兼好法師集』（『新編国歌大観』） 角川書店
『源氏物語』（『新日本古典文学大系』一九－二三） 岩波書店
『現代語から古語が引ける 古語類語辞典』 芹生公男編 三省堂 一九九五
『講座日本の伝承文学八 在地伝承の世界（西日本）』 福田晃ほか編 三弥井書店 二〇〇〇
『広報じょうよう』 城陽市
『古絵図が語る大津の歴史』 大津市歴史博物館 二〇〇〇
『誤解された万葉語』 吉田金彦 勉誠出版 二〇〇八
『古今和歌集』（『日本古典文学大系』八） 岩波書店、（『新編国歌大観』） 角川書店
『古今和歌六帖』（『新編国歌大観』） 角川書店
『新訂増補国史大系』全六〇巻 吉川弘文館 一九二九－七六
『語源探求』一－五 日本語語源研究所 明治書院 一九八六－九七
『古語拾遺』 斎部広成撰 岩波文庫 一九八五
『古今集註』（『日本歌学大系』 別四） 風間書房
『古今著聞集』（『日本古典文学大系』八四） 岩波書店
『古事記年報』四一 古事記学会編 一九九一
『古寺巡礼京都』二九 井上靖・塚本善隆監修 淡交社 一九七八
『後拾遺和歌集』（『新編国歌大観』） 角川書店
『後撰和歌集』（『新編国歌大観』） 角川書店
『五代集歌枕』（『新編国歌大観』） 角川書店
『古代国家の解体』 林屋辰三郎 東京大学出版会 一九五五
『古代丹後王国はあった』 伴とし子 東京経済 一九九八

『古代丹後文化圏』　峰山高等学校郷土史研究会
『古代地名語源辞典』　楠原佑介・桜井澄夫・柴田利夫・溝手理太郎　東京堂出版　一九八三
『古代地名を歩く　京都滋賀』　吉田金彦　京都新聞社　一九八七
『古代日本の「地域王国」と「ヤマト王国」』（上・下）　門脇禎二　学生社　二〇〇〇
『古代文化』　公益財団法人古代学協会
『古典基礎語辞典』　大野晋ほか編　角川学芸出版　二〇一一
『この地名が危ない』　楠原佑介　幻冬舎　二〇一一
『小馬命婦集』（『新編国歌大観』）　角川書店
『権記　一－三』（『史料纂集』一－三）　続群書類従完成会
『今昔物語集』（『新日本古典文学大系』三三－三七）　岩波書店
『厳助大僧正記』（『続群書類従』三〇輯上）　続群書類従完成会
金比羅宮文書　野田只夫編『丹波国山国荘史料』（一九五八）、『丹波国黒田村史料』（一九六六）、『平安遺文』第二巻三一〇
『災害と地名』　小川豊　山海堂　一九八六
『西宮記』（『新訂増補故実叢書』六・七）　明治図書出版
『西寺の沿革とその特質』（『北海学園大学人文論集』二三・二四）　追塩千尋　二〇〇二
『最須敬重絵詞』（『続群書類従』第九輯上）　続群書類従完成会
『嵯峨誌』　堀永休編　臨川書店　一九七四
『更級日記』（『新日本古典文学大系』二四）　岩波書店
『山槐記』（『増補史料大成』二六－二八）　臨川書店
『山家集』（『新編国歌大観』）　角川書店
『山州名跡志』（『新修京都叢書』一九）　光彩社、（『新修京都叢書』一五、一六）　臨川書店
『式内社の研究』三　志賀剛　雄山閣　一九七七
『式内社調査報告第一巻』　式内社研究会　皇學館大學出版部　一九七九
『重家集』（『新編国歌大観』）　角川書店
『市制三〇年誌』　宇治市　一九八三
『篠村史』　林屋辰三郎・上田正昭編　臨川書店　一九八七
『四方洛外町続之町々小名之覚』　荻野家文書所収　一六七四
『下京一三〇周年記念誌（七条第三学区）』　下京区一三〇周年記念事業実行委員会　二〇一一
『沙石集』（『新編日本古典文学全集』）　小学館
『拾遺抄』（『新編国歌大観』）　角川書店
『拾遺都名所図会』（『新修京都叢書』七）　臨川書店
『拾遺和歌集』（『新編国歌大観』）　角川書店
『拾芥抄』（『新訂増補故実叢書』二二）　吉川弘文館
『拾玉集』（『新編国歌大観』）　角川書店
『重篇応仁記』（改定史籍集覧　三）　すみや書房　一九七一
『城陽市埋蔵文化財調査報告書第一集』　城陽市教育委員会　一九七二
『巡察記』　佐藤深淵（『綾部市史資料編』）　綾部市　一九七七
『俊成町古文書』　俊成町玉虫家蔵　京都新聞取材、一九七九年一〇月一五日朝刊市民版
『小右記』一－一一（『大日本古記録』）　東京大学史料編纂所　岩波書店
『城下町伏見町名の由来と秘話』　吉田酔痴　吉田酔痴出版　一九八一
『城下町伏見町名の由来と秘話続』　吉田酔痴　吉田酔痴出版　一九八二
『承久記』（『新日本古典文学大系』四三）　岩波書店
『掌中歴』　三善為康　古辞書創刊刊行会　一九七三
『城陽市史』（一－四）　城陽市史編纂委員会編　一九七九－二〇〇二
『城陽史誌』　大森正雄編　一九七六
『城陽市文化財地図』　城陽市教育委員会　一九八八
『城陽市民俗調査報告書』一－三　城陽市歴史民俗資料館編　一九九五－二〇〇六
『城陽町史第一巻』　城陽町教育委員会編　一九六九
『城陽の民話と暮らし』　城陽市教育委員会編　一九九三
『城陽の民話と暮らし・基礎資料編』　城陽市教育委員会編　二〇〇九
『昭和京都名所図会』全七巻　竹村俊則　駸々堂出版　一九八〇－八九
『史料京都の歴史』一－一六　京都府　平凡社　一九九四
『史料が語る城陽近世史』（一－四）　城陽市教育委員会　一九八四－九〇
「白砂・白坂を考える」（『やましろ』二〇）　福富城介　城南郷土史研究会　二〇〇五
『新古今和歌集』（『新編国歌大観』）　角川書店
『新修亀岡市史』　亀岡市史編纂委員会編　亀岡市　一九九五－二〇〇四
『新抄格勅符抄』（『新訂増補国史大系』二七）　吉川弘文館

『新撰京都名所図会』三（洛中の部 一） 竹村俊則 白川書院 一九五八
『新撰姓氏録』 温故學會 一九八三
『新撰増補京大絵図』（『新修京都叢書』二三） 臨川書店
『新撰朗詠集』（『新編国歌大観』） 角川書店
『新勅撰和歌集』（『新編国歌大観』） 角川書店
『神典』 大倉精神文化研究所編 神社新報社 一九六五
『神道集説話の成立』 福田晃 三弥井書店 一九八四
『新編一宮市史 資料編五』 一宮市 一九六三
『人名地名の語源』 山中襄太 大修館書店 一九七五
『人倫訓蒙図彙』 朝倉治彦校注 東洋文庫（平凡社） 一九九〇
『菅原道真生誕地の研究』 風間書房 一九七二
『角倉素庵』 林家辰三郎 朝日新聞社 一九七八
『精華町史 史料編Ⅰ・Ⅱ』 精華町史編纂委員会 精華町 一九八九、一九九二
『精華町史 本文編』 精華町史編纂委員会 精華町 一九九六
『精華町の史跡と民俗』 精華町史編纂委員会 精華町 一九八八
『醒睡笑』（上・下） 安楽庵策伝 岩波文庫 一九八六
『全国村名小字調査書』 内務省地理局編纂善本叢書 明治前期地誌資料 ゆまに書房 一九八六－八七
『千載和歌集』（『新編国歌大観』） 角川書店
『前ヤマトを創った大丹波王国』 伴とし子 新人物往来社 二〇〇四
『桑下漫録』 矢部朴斉著、永光尚編 南郷書房出版部 一九八四
『総合日本民俗語彙 改訂』 柳田国男監修 民俗學研究所編 平凡社 一九七〇
『続古事談』（『新日本古典文学大系』四一） 岩波書店
『続後撰和歌集』（『新編国歌大観』） 角川書店
『続日本紀』（『新訂増補国史大系』二） 吉川弘文館
『続日本後紀』（『新訂増補国史大系』三） 吉川弘文館
『尊卑分脈』（『新訂増補国史大系』五八） 吉川弘文館
『大雲寺縁起』（『続群書類従』第二十七輯上） 続群書類従完成会
『大系日本の歴史 四』 永原慶二編 小学館 一九九二
『大日本古記録』 東京大学史料編纂所 岩波書店
『大日本古文書』 東京大学史料編纂所 岩波書店
『大日本地名辞書』 吉田東伍 冨山房 一九〇〇－〇七
『大日本地名辞書 増補』 吉田東伍 冨山房 一九六九
『大悲山寺縁起』（『続群書類従』第二十七輯上） 続群書類従完成会
『太平記』（『日本古典文学大系』三四－三六） 岩波書店、（『新編日本古典文学全集』） 小学館
『薪誌』 薪誌刊行委員会編 田辺町 薪誌刊行委員会 一九九一
『竹取物語』『新編日本古典文学全集』 小学館
『大徳寺文書』 大日本古文書 東京大学史料編纂所編
『田辺町郷土史・社寺編』 田辺郷土史会 一九六三
『田辺町近世近代資料集』 田辺町近代誌編纂委員会 一九八七
『田辺町近代誌』 田辺町近代誌編纂委員会 一九八七
『谷川健一著作集』一－一〇 三一書房 一九八〇－一九八八
『多聞院日記』（『増補続史料大成』三八－四二） 臨川書店
『俵屋宗達 琳派の祖の真実』 古田亮 平凡社 二〇一〇 丹後国加佐郡寺社町在日記 舞鶴・布川家蔵写本 享保一六年
『丹後町史』 丹後町史編纂委員会 丹後町役場 一九七六
『探訪 丹後半島の旅』（上・中・下） 沢潔 文理閣 一九八三 丹波国郷帳 元禄一三年、写本・京都府立総合資料館蔵
『丹波志』 永戸貞著 古川茂正編 名著出版 一九七四
『親長卿記』（『増補史料大成』四〇－四四） 臨川書店
『池亭記』（天元五年） 慶滋保胤・『本朝文粋』所収 天元五年
『地名語源辞典』 山中襄太編 校倉書房 一九八二
『地名語源辞典 続』 山中襄太編 校倉書房 一九七九
『地名探究』 京都地名研究会編 二〇〇三－
『地名伝承学論補訂』 池田末則 クレス出版 二〇〇六
『地名の研究』 柳田国男 古今書院 一九三九、（筑摩書房 『柳田國男全集 二〇』）
『地名の語源』 鏡味明克・鏡味完二 角川書店 一九七七
『地名の社会学』 今尾恵介 角川学芸出版 二〇〇八
『地名の世界』 橋本真 古今書院 一九八四
『地名の探求』 松尾俊郎 新人物往来社 一九八五
『地名用語語源辞典』 楠原佑介・溝手理太郎編 東京堂出版 一九八三
『中近世都市の歴史地理』 足利健亮 地人書館 一九八四

『中世京都と祇園祭』 脇田晴子 中央公論新社 一九九九
『中世日記紀行集』（『新日本古典文学大系』五一） 岩波書店
『中右記 一－七』（『増補史料大成』九－一五） 臨川書店
『朝野群載』（『新訂増補国史大系』） 吉川弘文館
『菟芸泥赴』（『新修京都叢書』一二） 臨川書店
『角田文衛著作集七 紫式部の世界』 法蔵館 一九八四
『貫之集』（『新編国歌大観』） 角川書店
『徒然草』（『日本古典文学大系』三〇） 岩波書店
『帝王編年記』（『新訂増補国史大系』一二） 吉川弘文館
『貞信公記』 藤原忠平（『続々群書類従』五） 一九七〇
『天皇と鍛冶王の伝承』 畑井弘 現代思潮社 一九八二
『天文法華一揆』 今谷明 洋泉社 二〇〇九
『東西歴覧記』（『新修京都叢書』一二） 臨川書店
「東寺古文零聚」 伴信友編 小浜市立図書館蔵
『東北歴覧之記』（『新修京都叢書』一二） 臨川書店
『言継卿記』 山科言継 続群書類従完成会 一九六五－九八
『土佐日記』（『新日本古典文学大系』二四） 岩波書店
『俊忠集』（『新編国歌大観』） 角川書店
『土砂災害警戒箇所点検マップ』 京都府建設交通部砂防課 二〇〇三
『土地条件図』（京都南部） 国土地理院 一九六四
「長池について考える」『和訶羅河』創刊号 緑と教育と文化財を守る会 一九七八
『長岡京市史』 長岡京市史編纂委員会編 一九九一－一九九七
『長岡京発掘 新版』 福山敏男ほか 日本放送出版協会 一九八四
「中昔京師地図」 不明・宝暦三年 日本文化研究センター 一九九五
「中昔公家町絵図」 京都・中井家文書 慶長末年
『謎の丹波路』 春木一夫 神戸新聞総合出版センター 一九九四
『二水記』 鷲尾隆康 岩波書店 一九八九－九七
『日本逸史』（『新訂増補国史大系』八） 吉川弘文館
『日本紀略』（『新訂増補国史大系』一〇、一一） 吉川弘文館
『日本近代思想体系六「教育の体系」』 一九九〇 岩波書店
『日本系譜綜覧』 日置昌一 改造社 一九三六
『日本後紀』（『新訂増補国史大系』三） 吉川弘文館
『日本国語大辞典』 全一四巻 小学館 二〇〇二－二〇〇三
『日本古語大辞典』 松岡静雄 刀江書院 一九六三
『日本古鐘銘集成』 坪井良平 角川書店 一九七二
『日本古代国家の研究』 井上光貞 岩波書店 一九六五
『日本古代手工業史の研究』 浅香年木 法政大学出版局 一九七一
『日本語単音節の辞典―古語・方言・アイヌ語・琉球語』 伊東節子 古今書院 一九九三
『日本語の語源』 田井信之 角川書店 一九七八
『日本三代実録』（『新訂増補国史大系』四） 吉川弘文館
『日本地震列島』 尾池和夫 朝日文庫 一九九二
『日本城郭大系十一 京都・滋賀・福井』 平井聖ほか編 新人物往来社 一九八〇
『日本商人の源流』 佐々木銀也 教育社 一九八一
『日本書紀』（『新訂増補国史大系』一） 吉川弘文館、（『日本古典文学大系』） 岩波書店
『日本書紀通釈』 飯田武郷 教育出版センター 一九八一
『日本地名語源事典』 吉田茂樹 新人物往来社 一九八一
『日本地名大事典 上・下』 吉田茂樹 新人物往来社 二〇〇四
『日本地名伝承論』 池田末則 平凡社 一九七七
『日本地名ルーツ辞典』 池田末則・丹羽基二編 創拓社 一九九二
『日本地理志料』 巻之一－七一 邨岡良弼 東陽堂 一九〇二－〇三 臨川書店 一九六六
『日本の活断層 分布図と資料』 新編 活断層研究会編 東京大学出版会 一九九一
『日本の地名 歴史のなかの風土』 松尾俊郎 新人物往来社 一九七六
『日本の地名』 鏡味完二 角川書店 一九六四
『日本仏教彫刻史の研究』 毛利久 法蔵館 一九七〇
『日本方言大辞典 全三巻』 徳川宗賢監修 小学館 一九八九
『日本文徳天皇実録』（『新訂増補国史大系』三） 吉川弘文館
『丹生の研究』 松田壽男 早稲田大学出版部 一九七〇
『野道の歴史を歩く 二』 谷岡武雄 古今書院 二〇〇二
「八幡宮略縁起（井川家蔵）」 京都府北桑田郡誌 一九二三
『発掘ものがたり宇治』（宇治文庫七） 宇治市歴史資料館編 宇治市歴史資料

館　一九九六
『花園天皇宸記　一－三』（『史料纂集』一－三）　続群書類従完成会
『日次紀事』（『新修京都叢書』四）　臨川書店
『卑弥呼の孫トヨはアマテラスだった』　伴とし子　明窓出版　二〇〇七
『百錬抄』（『新訂増補国史大系』一一）　吉川弘文館
表層地質図　京都東北部・京都東南部・水口（土地分類基本調査図）　京都府農林部耕地課編　一九八四
『兵範記　一－五』（『増補史料大成』一八－二二）　臨川書店
「琵琶湖疏水」（『京都歴史アトラス』）　藤井正・天野太郎　中央公論社　一九九四
『備後の国風土記』　武田祐吉編　岩波文庫　一九三七
『福知山市域の地名』　天野主　岡村印刷所　一九八二
『福知山市史　史料編』　福知山市史編纂委員会 編．福知山市　一九七八－八四
『伏見鑑』（『新撰京都叢書』五）　臨川書店
『伏見学ことはじめ』　聖母女学院短大伏見研究会　思文閣出版　一九九九
『伏見大概記』（『新撰京都叢書』五）　臨川書店
「伏見の歴史と地名―指月と観月のものがたり」『京の歴史・文学を歩く』　知恵の会編　二〇〇八
『伏見の歴史と文化』　聖母女学院短大伏見研究会　思文閣出版　二〇〇三
『扶桑京華志』（『新修京都叢書』二二）　臨川書店
『扶桑略記』（『新訂増補国史大系』一二）　吉川弘文館
『風土記』（『日本文学大系』）　岩波書店
『船井郡誌』　船井郡教育会編　船井郡教育会　一九一五
「ふるさと命名伝」　京都新聞三丹版連載　一九七二－七三
『文選』（『新釈漢文大系』）　明治書院
『平安京左京六条三坊五町跡』　京都市埋蔵文化財研究所編　京都市埋蔵文化財研究所　二〇〇五
『平安京散策』　角田文衛　京都新聞社　一九九一
『平安京提要』　古代学協会編　角川書店　一九九四
『平安時代彫刻の文化史的研究』　佐々木英夫　国書刊行会　二〇〇四
『平安文学の環境』　加納重文　泉書院　二〇〇八
『平家物語』（『日本古典文学全集』二九・三〇）　小学館
『平治物語』（『新日本古典文学大系』四三）　岩波書店
『平中物語』（『新編日本古典文学全集』一二）　小学館
『平野の開発』　谷岡武雄　古今書院　一九六四
『平野の地形環境』　日下雅義　古今書院　一九七三
『碧山日録』（『増補続史料大成』二〇）　臨川書店
『崩壊地名』　小川豊　山海堂　一九九五
『豊公伏見城ノ圖』　藤林武 監修　吉田地図株式会社　二〇〇九
『北肉魚山行記』（『新修京都叢書』一二）　臨川書店
『法華経』（上・中・下）　岩波文庫　一九六二－一九六七
『保元物語』（『新日本古典文学大系』四三）　岩波書店
『細見村史』　細見村史編纂委員会　三和町　一九五六
『堀河百首』（『新編国歌大観』）　角川書店
『本願寺』　井上鋭夫　講談社学術文庫　二〇〇八
『本願寺史』　一－三　本願寺史料研究所　一九六一－六九
『本朝世紀』（『新訂増補国史大系』九）　吉川弘文館
『本朝文粋』（『新日本古典文学大系』三三－三七）　岩波書店
『舞鶴市史・通史編　上』　舞鶴市史編纂委員会　舞鶴市　一九九三
『枕草子』（『新日本古典文学大系』二五）　岩波書店
『まちの履歴書』　京都新聞連載　京都新聞　一九六七－六八
『万葉集』（『新編国歌大観』）　角川書店
『万葉集辞典』（『折口信夫全集』一一）　中央公論社
『萬葉集山城歌枕考』　大井重二郎　立命館出版部　一九三六
『万葉植物新考』　松田修　社会思想社　一九七〇
『御堂関白記　上・中・下』　大日本古記録　東京大学史料編纂所、岩波書店
『南桑田郡誌』　京都府教育会南桑田郡部会　一九二四
『南山城の歴史的景観』　乾幸次　古今書院　一九八七
『南山城山村民俗文化財調査報告書　山村のくらしⅡ』　京都府立山城郷土資料館編　一九八八
『峰山郷土史』（上・下）　峰山町　一九六三－六四
『宮川遺跡発掘調査概要』　高野陽子ほか　京都府埋蔵文化財調査センター　一九九六
『都すゞめ案内者』（『新修京都叢書』三）　臨川書店
『都名所車』（『新修京都叢書』五）　臨川書店

『都名所図会』（『新修京都叢書』一一） 光彩社、（『新修京都叢書』六） 臨川書店

「宮野大明神記録帳」（京北） 野田只夫編『丹波国山国荘史料』（一九五八）、『丹波国黒田村史料』（一九六六）

『民俗地名語彙辞典』上・下 松永美吉 三一書房（谷川健一編『日本民俗文化資料集成』一三・一四） 一九九四

『向日市史』 向日市史編纂委員会編 一九八三－一九八八

『明月記』一－三 藤原定家（『史料纂集』） 国書刊行会

『明治前期関西地誌図集成』 地図資料編纂会編 柏書房 一九八九

『名所都鳥』（『新修京都叢書』五） 臨川書店

『飯の社会学』 吉方一広 日本公論社 一九三五

『基熙公記』 陽明文庫蔵 一六六五－一七二二

『師守記』一－一一（『史料纂集』一－一一） 続群書類従完成会

『八雲御抄』（『新編国歌大観』） 角川書店

『弥栄町誌』 弥栄町史編纂委員会 竹野郡弥栄町 一九七〇

『康富記』一－四（『増補史料大成』三七－四〇） 臨川書店

『八瀬記』 京都府立総合資料館蔵

『八幡市誌』全三巻 八幡市誌編纂委員協議会編纂 八幡市 一九八〇－八六

『山科家礼記』（『史料纂集』一） 続群書類従完成会

『山科の地名由来について』二〇一〇 鏡山次郎レポート

『山城国綴喜郡村誌』 京都府編 一九〇二

『山城志』 並河永著 正宗敦夫編（『五畿内志』上） 日本古典全集刊行会 一九二九

『山城綴喜郡誌』 京都府教育会綴喜郡部会 一九〇八 名著出版 一九七二

『山城名勝志』（『新修京都叢書』） 光彩社、（『新修京都叢書』一三・一四） 臨川書店、大島武好編（底本：西園寺文庫本） 龍溪書舎 一九九六

『山城名跡巡行志』（『新修京都叢書』） 光彩社、（『新修京都叢書』二二） 臨川書店

『大和物語』（『新編日本古典文学全集』一二） 小学館

『雍州府志』（『新修京都叢書』一〇） 臨川書店

「洛中洛外惣町数人家両数改日記」（『板倉政要』） 巻四 一六三七

『洛中洛外の群像』 瀬田勝哉 平凡社 一九九四

『洛陽勝覧』 史料京都見聞記一 法蔵館 一九九一

『梁塵秘抄』（『新日本古典文学大系』五六） 岩波書店

『類聚国史』（『新訂増補国史大系』五・六） 吉川弘文館

『鹿苑日録』 辻善之助編 続群書類従完成会 一九六一－六二

『六百番歌合』（『新編国歌大観』） 角川書店

『わが郷土』 丸山小学校創立百周年記念会誌 記念誌編集委員会 一九七六

『和歌初学抄』 冷泉家時雨亭文庫編 冷泉家時雨亭叢書 二〇〇五

『和名類聚抄（古写本声点本）本文および索引』 馬淵和夫 風間書房 一九七四

『諸本集成 倭名類聚抄』 源順著 京都大学文学部国語学国文学研究室編 臨川書店 一九六八

その他

宇治市

八幡市

久世郡　久御山町

[右京区]

[伏見区]

[東山区]

[南区]

[山科区]

［中京区］

[北区]

[上京区]

亀岡市

京都市

[左京区]

綾部市

船井郡　京丹波町

南丹市

宮津市

地域別索引

本文見出し語下の〔所在地〕にしたがって採録し、各地域の見出しの下に50音順に配列した。所在地表示が複数あるものは、それぞれの見出しの下に収めた。郡名等は「その他」に収録したものもある。なお、見出しの各地域名は府内の北より順に掲載した。「→」の先に参照として表示した地名は同地域内の項目を示す。

京丹後市

執筆者一覧

●編者（別掲）

吉田金彦
糸井通浩
綱本逸雄

●執筆者（五〇音順）

明川忠夫　説話・伝承学会会員
天野太郎　同志社女子大学准教授
安藤信策　元京都府立丹後郷土資料館館長
入江成治　京都橘中学校・高等学校教諭
岩田　貢　龍谷大学教授
小寺慶昭　龍谷大学名誉教授
小西宏之　京都地名研究会常任理事
齋藤幸雄　京都地名研究会常任理事
笹川博司　大阪大谷大学教授
清水　弘　京都地名研究会常任理事
新谷勝行　京丹後市教育委員会文化財保護課職員
髙木千載　元日本語語源研究会事務局長
髙橋聰子　舞鶴市文化財保護委員
忠住佳織　龍谷大学大学院文学研究科博士課程満期退学
福富城介　緑と教育と文化財を守る会会長
真下美弥子　京都精華大学教授
水野孝典　（ペンネーム冨貴高司）日本ペンクラブ会員

編者略歴

吉田金彦（よしだ・かねひこ）
1923年生まれ。京都大学文学部卒。姫路獨協大学名誉教授。日本語語源研究所所長。京都地名研究会会長。著書に『吉田金彦著作選』（全8巻、明治書院）『京都の地名を歩く』（京都新聞出版センター）など。

糸井通浩（いとい・みちひろ）
1938年生まれ。京都大学文学部卒、日本語学専攻。京都教育大学・龍谷大学名誉教授。京丹後市市史編纂委員。主な共編著『物語の方法—語りの意味論』『日本地名学を学ぶ人のために』『国語教育を学ぶ人のために』（以上　世界思想社）、『京都学を楽しむ』（勉誠出版）ほか。

綱本逸雄（つなもと・いつお）
1941年生まれ。近畿大学理工学部卒。京都地名研究会常任理事（前事務局長）。共著に『大阪地名の謎と由来』（プラネットジアース）、『奈良の地名由来辞典』（東京堂出版）、『京都の地名検証1・2・3』（勉誠出版）、『日本地名学を学ぶ人のために』（世界思想社）、『日本地名ルーツ辞典』（創拓社）、『語源辞典植物編』（東京堂出版）ほか。

京都地名語源辞典

2013年 10月30日　初版発行
2014年　7月20日　再版発行

編　　者　吉田 金彦，糸井 通浩，綱本 逸雄

発 行 者　小林 悠一

発 行 所　株式会社東京堂出版
〒101-0051　東京都千代田区神田神保町1-17
電話 03-3233-3741　振替 00130-7-270
http://www.tokyodoshuppan.com

地図製作　オフィス・ユウ
印刷・製本　東京リスマチック株式会社

ISBN978-4-490-10841-5　C1521